J. von Staudingers
Kommentar zum Bürgerlichen Gesetzbuch
mit Einführungsgesetz und Nebengesetzen
Buch 3 · Sachenrecht
§§ 903–924
(Eigentum 1 – Privates Nachbarrecht)

Kommentatorinnen und Kommentatoren

Dr. Rainer Hausmann
Professor an der Universität Konstanz

Dr. Stefan Heilmann
Richter am OLG Frankfurt, Honorar-
professor an der Fachhochschule
Frankfurt a. M.

Dr. Jan von Hein
Professor an der Universität Freiburg i. Br.

Dr. Christian Heinze
Professor an der Universität Hannover

Dr. Tobias Helms
Professor an der Universität Marburg

Dr. Dr. h. c. mult. Dieter
Henrich
Professor an der Universität Regensburg

Dr. Reinhard Hepting †
Professor an der Universität Mainz

Dr. Carsten Herresthal, LL.M.
Professor an der Universität Regensburg

Christian Hertel, LL.M.
Notar in Weilheim i. OB.

Dr. Stephanie Herzog
Rechtsanwältin in Würselen

Dr. Katharina Hilbig-Lugani
Professorin an der Universität Düsseldorf

Joseph Hönle
Notar in München

Dr. Ulrich Hönle
Notarassessor in Amberg

Dr. Bernd von Hoffmann †
Professor an der Universität Trier

Dr. Heinrich Honsell
Professor an der Universität Zürich,
Honorarprofessor an der Universität
Salzburg

Dr. Norbert Horn
Professor an der Universität zu Köln,
Vorstand des Arbitration Documentation
and Information Center e.V., Köln

Dr. Peter Huber, LL.M.
Professor an der Universität Mainz

Dr. Rainer Hüttemann
Professor an der Universität Bonn

Dr. Florian Jacoby
Professor an der Universität Bielefeld

Dr. Rainer Jagmann
Vorsitzender Richter am Oberlandesgericht Karlsruhe

Dr. Ulrich von Jeinsen
Rechtsanwalt und Notar in Hannover,
Honorarprofessor an der Universität
Hannover

Dr. Joachim Jickeli
Professor an der Universität zu Kiel

Dr. Dagmar Kaiser
Professorin an der Universität Mainz

Dr. Bernd Kannowski
Professor an der Universität Bayreuth

Dr. Rainer Kanzleiter
Notar a. D. in Ulm, Honorarprofessor
an der Universität Augsburg

Dr. Sibylle Kessal-Wulf
Richterin des Bundesverfassungsgerichts,
Karlsruhe

Dr. Fabian Klinck
Professor an der Universität Bochum

Dr. Frank Klinkhammer
Richter am Bundesgerichtshof, Karlsruhe

Dr. Steffen Klumpp
Professor an der Universität Erlangen-
Nürnberg

Dr. Hans-Georg Knothe
Professor an der Universität Greifswald

Dr. Jürgen Kohler
Professor an der Universität Greifswald

Dr. Stefan Koos
Professor an der Universität
der Bundeswehr München

Dr. Rüdiger Krause
Professor an der Universität Göttingen

Dr. Heinrich Kreuzer
Notar in München

Dr. Hans-Dieter Kutter
Notar a. D. in Nürnberg

Dr. Gerd-Hinrich Langhein
Notar in Hamburg

Dr. Arnold Lehmann-Richter
Professor an der Hochschule für Wirtschaft
und Recht Berlin

Stefan Leupertz
Richter a. D. am Bundesgerichtshof,
Honorarprofessor an der TU Dortmund

Dr. Martin Löhnig
Professor an der Universität Regensburg

Dr. Dr. h. c. Manfred Löwisch
Professor an der Universität Freiburg i. Br.,
Rechtsanwalt in Lahr (Schw.), vorm.
Richter am Oberlandesgericht Karlsruhe

Dr. Dirk Looschelders
Professor an der Universität Düsseldorf

Dr. Stephan Lorenz
Professor an der Universität München

Dr. Ulrich Magnus
Professor an der Universität Hamburg,
Richter am Hanseatischen Oberlandes-
gericht zu Hamburg a. D.

Dr. Peter Mankowski
Professor an der Universität Hamburg

Dr. Heinz-Peter Mansel
Professor an der Universität zu Köln

Dr. Peter Marburger
Professor an der Universität Trier

Dr. Wolfgang Marotzke
Professor an der Universität Tübingen

Dr. Sebastian A. E. Martens
Professor an der Universität Passau

Dr. Dr. Dr. h. c. mult. Michael
Martinek, M.C.J.
Professor an der Universität
des Saarlandes, Saarbrücken, Honorar-
professor an der Universität Johannesburg,
Südafrika

Dr. Annemarie Matusche-
Beckmann
Professorin an der Universität
des Saarlandes, Saarbrücken

Dr. Jörg Mayer
Honorarprofessor an der Universität
Erlangen-Nürnberg, Notar in Simbach
am Inn

Dr. Dr. Detlef Merten
Professor an der Deutschen Universität
für Verwaltungswissenschaften Speyer

Dr. Tanja Mešina
Richterin, Baden-Baden

Dr. Rudolf Meyer-Pritzl
Professor an der Universität zu Kiel,
Richter am Schleswig-Holsteinischen
Oberlandesgericht in Schleswig

Dr. Peter O. Mülbert
Professor an der Universität Mainz

Dr. Dirk Neumann
Vizepräsident des Bundesarbeitsgerichts
a. D., Kassel, Präsident des Landes-
arbeitsgerichts Chemnitz a. D.

Dr. Hans-Heinrich Nöll
Rechtsanwalt in Hamburg

Dr. Jürgen Oechsler
Professor an der Universität Mainz

Dr. Hartmut Oetker
Professor an der Universität zu Kiel,
Richter am Thüringer Oberlandesgericht
in Jena

Wolfgang Olshausen
Notar in Rain am Lech

Dr. Dirk Olzen
Professor an der Universität Düsseldorf

Dr. Sebastian Omlor, LL.M.,
LL.M.
Privatdozent an der Universität des
Saarlandes

Dr. Gerhard Otte
Professor an der Universität Bielefeld

Dr. Lore Maria Peschel-Gutzeit
Rechtsanwältin in Berlin, Senatorin
für Justiz a. D. in Hamburg und Berlin,
Vorsitzende Richterin am Hanseatischen
Oberlandesgericht zu Hamburg i. R.

Dr. Frank Peters
Professor an der Universität Hamburg,
Richter am Hanseatischen Oberlandes-
gericht zu Hamburg a. D.

Dr. Axel Pfeifer
Notar in Hamburg

Dr. Jörg Pirrung
Richter am Gericht erster Instanz
der Europäischen Gemeinschaften i. R.,
Professor an der Universität Trier

Dr. Ulrich Preis
Professor an der Universität zu Köln

Dr. Maximilian Freiherr von
Proff zu Irnich
Notar in Köln

Dr. Manfred Rapp
Notar in Landsberg am Lech a. D.

J. von Staudingers
Kommentar zum Bürgerlichen Gesetzbuch
mit Einführungsgesetz und Nebengesetzen

Buch 3
Sachenrecht
§§ 903–924
(Eigentum 1 – Privates Nachbarrecht)

Neubearbeitung 2016
von
Christoph Althammer
Herbert Roth

Redaktor
Karl-Heinz Gursky

Sellier – de Gruyter · Berlin

**Die Kommentatorinnen
und Kommentatoren**

Neubearbeitung 2016
§§ 903, 904: CHRISTOPH ALTHAMMER
§§ 905–924: HERBERT ROTH

Neubearbeitung 2009
§§ 903, 904 ./.
§§ 905–924: HERBERT ROTH

Neubearbeitung 2002
§§ 903, 904: HANS HERMANN SEILER
§§ 905–924: HERBERT ROTH

Dreizehnte Bearbeitung 1996
§§ 905–924: HERBERT ROTH

Sachregister

Rechtsanwältin Dr. MARTINA SCHULZ,
Pohlheim

Zitierweise

STAUDINGER/ALTHAMMER (2016) Einl 1 zu
§§ 903 ff
STAUDINGER/ROTH (2016) § 905 Rn 1

Zitiert wird nach Paragraph bzw Artikel
und Randnummer.

Hinweise

Das Abkürzungsverzeichnis befindet
sich auf www.staudingerbgb.de.

Der Stand der Bearbeitung ist jeweils
mit Monat und Jahr auf den linken Seiten
unten angegeben.

Am Ende eines jeden Bandes befindet
sich eine Übersicht über den aktuellen Stand
des „Gesamtwerk STAUDINGER".

MIX
Papier aus verantwortungsvollen Quellen
FSC www.fsc.org FSC® C016439

Die Deutsche Nationalbibliothek verzeichnet diese Publikation in der Deutschen National-
bibliografie; detaillierte bibliografische Daten sind im Internet über http://dnb.dnb.de abrufbar.

ISBN 978-3-8059-1187-0

© Copyright 2016 by oHG Dr. Arthur L.
Sellier & Co. – Walter de Gruyter GmbH,
Berlin. – Printed in Germany.

Satz: fidus Publikations-Service, Nördlingen.

Druck und Bindearbeiten: Hubert & Co.,
Göttingen.

Umschlaggestaltung: Bib Wies, München.

⊗ Gedruckt auf säurefreiem Papier,
das die DIN ISO 9706 über Haltbarkeit
erfüllt.

Inhaltsübersicht

_____

* Zitiert wird nicht nach Seiten, sondern
nach Paragraph bzw Artikel und Randnummer;
siehe dazu auch „Zitierweise".

Abschnitt 3
Eigentum

Einleitung zu §§ 903 ff

Schrifttum

1. Allgemeines Schrifttum zum Eigentums-begriff

ACHTERBERG, Eigentumsberührung durch Verkehrsberuhigung, JA 1984, 21

AHNIS/BARTSCH, Überblick über Leitungsrechte in der Energiewirtschaft, IR 2013, 122

AICHER, Das Eigentum als subjektives Recht (1975)

ANDERSEN, Probleme der Wandlung des Eigentumsbegriffs (1984)

ANN, Privatrecht und Patentrecht? – Gedanken zur rechtssystematischen Einordnung eines Fachs, GRUR Int 2004, 696

APELT, Geschichte der Weimarer Verfassung (1946) 339

ARNDT, Rechtsfolgen der Sozialisierung, DRZ 1947, 37

vARNIM, Gemeinwohl und Gruppeninteressen (1977)

ders, Besteuerung und Eigentum, VVDStRL 39 (1981) 286

AUER, Der privatrechtliche Diskurs der Moderne (2014)

BACHOF, Begriff und Wesen des sozialen Rechtsstaats, VVDStRL 12 (1954) 37

BADURA, Zur Lehre von der verfassungsrechtlichen Institutsgarantie des Eigentums, betrachtet am Beispiel des „geistigen Eigentums", in: FS Maunz (1981) 1

ders, Eigentum, in: BENDA/MAIHOFER/VOGEL (Hrsg), Handbuch des Verfassungsrechts (1983) 653

ders, Die Rechtsprechung des Bundesverfassungsgerichts zu den verfassungsrechtlichen Grenzen wirtschaftspolitischer Gesetzgebung im sozialen Rechtsstaat, AöR 92 (1967) 382

ders, Eigentumsordnung, in: Sozialrechtsprechung, Verantwortung für den sozialen Rechts-staat, in: FS zum 25-jähr Bestehen des Bundessozialgerichts, Bd 2 (1979) 673

ders, Der Eigentumsschutz des eingerichteten und ausgeübten Gewerbebetriebs, AöR 98 (1973) 153

ders, Möglichkeiten und Grenzen des Zivilrechts bei der Gewährleistung öffentlicher und sozialer Erfordernisse im Bodenrecht, AcP 176 (1976) 119

ders, Eigentumsgarantie und Benutzungszwang, DÖV 1964, 539

ders, Die soziale Schlüsselstellung des Eigentums, BayVBl 1973, 1

ders, Eigentum im Verfassungsrecht der Gegenwart, Verhandlungen des 49. DJT, Bd 2, Teil T (1972)

ders, Der Eigentumsschutz des eingerichteten und ausgeübten Gewerbebetriebes gegenüber der staatlichen Intervention im Bereich der Wirtschaft, in: FS zum 125-jähr Bestehen d Jurist Gesellsch zu Berlin (1984) 1

BADURA/RITTNER/RÜTHERS, Mitbestimmungsgesetz und Grundgesetz, Gemeinschaftsgut-achten (1977) 253

BALLERSTEDT, Unternehmen und Wirtschaftsverfassung, JZ 1951, 486

vBAR, Gemeineuropäisches Sachenrecht I (2015)

BARTLSPERGER, Das Grundrecht auf Naturgenuß in naturschutzrechtlichen Bezügen, in: FS K Obermayer (1986) 3

F BAUR, Die „Naßauskiesung" – oder wohin treibt der Eigentumsschutz?, NJW 1982, 1734

ders, Möglichkeiten und Grenzen des Zivilrechts bei der Gewährleistung öffentlicher und sozialer Erfordernisse im Bodenrecht, AcP 176 (1976) 97

Christoph Althammer

ders, Zur Wirksamkeit des Eigentumsschutzes, in: FS Meier-Hayoz (1982) 27

ders, Die gegenseitige Durchdringung von privatem und öffentlichem Recht im Bereich des Bodeneigentums, in: FS Sontis (1977) 181

J F BAUR, Der Konflikt zwischen Eigentümer und Dritten bei der Tiefennutzung von Grundstücken, ZHR 1986, 507

BENDA, Bedeutung und Garantie des Eigentums (1967)

ders, Eigentum und Eigentumsbindung, in: Gespräche, Bitburger Jahrbuch (1972/73) 53

ders, Verfassungsrechtliche Grenzen der Besteuerung, DStZ/A 1973, 49

ders, Industrielle Herrschaft und sozialer Staat (1966)

BENDA/KREUZER, Eigentum und Eigentumsbindung, ZSR 1974, 1

BENDER/RÖHLE, Nachbarschutz im Zivil- und Verwaltungsrecht (1972)

BENSCHING, Nachbarrechtliche Ausgleichsansprüche – zulässige Rechtsfortbildung oder Rechtsprechung contra legem? (2002)

BERCHTOLD, Eigentumsbeschränkungen und allgemeines Interesse, Zs f Verwaltung 1983, 123

BERG, Entwicklung und Grundstrukturen der Eigentumsgarantie, JuS 2005, 961

BERGER, Aushöhlung des Eigentums? in: Gesellschaftspolitische Kommentare (1978) 283

A BERGER, §§ 903 S 1, 1004 BGB als „Gesetz" im Sinne von Art. 8 II GG, Jura 2013, 279

BERGNER, Eigentumsbeschränkungen außerhalb von Gesetzen und Rechten Dritter (2013)

BERING, Rechte der Straßenanlieger, Gruchot 44, 394

BERTRAM, Das Fluchtlinienurteil des Reichsgerichts, VerwArch 35, 411

BETTERMANN, Geldentwertung als Rechtsproblem, ZRP 1974, 13

BIELENBERG, Verfassungsrechtliche Eigentumsgarantie und Sozialbindung im Städtebau, DVBl 1971, 441

ders, Bodenrecht und Bodenrechtspolitik (1976)

ders, Reform des Städtebaurechts und der Bodenordnung in Stufen. Verfassung, Städtebau und Bodenrecht (1969)

BINDING/KRUSE, Das Eigentumsrecht (deutsch von LARSEN) I (1931); III (1936)

BLÜMEL (Hrsg), Aktuelle Probleme des Enteignungsrechts, Speyerer Forschungsbericht 23 (1982)

BÖCKENFÖRDE, Eigentum, Sozialbindung, Enteignung, in: Gerechtigkeit in der Industriegesellschaft, Materialien zum Rechtspolitischen Kongreß der SPD am 5., 6. und 7. Mai 1972 in Braunschweig (1972) 25

ders, Eigentum, Sozialbindung des Eigentums, in: ders, Staat, Gesellschaft, Freiheit (1976) 318

W BÖHMER, Diskussionsbeitrag zu „Grundrechtsschutz des Eigentums, seine Grenzen und Beschränkungen im öffentlichen Interesse", in: SPANNER, Grundrechtsschutz des Eigentums (1977) 63

ders, Die rechtsgeschichtlichen Grundlagen der Abgrenzungsproblematik von Sozialbindung und Enteignung, Der Staat 1985, 157

ders, Grundfragen der verfassungsrechtlichen Gewährleistung des Eigentums in der Rechtsprechung des Bundesverfassungsgerichts, NJW 1988, 2561

ders, Eigentum aus verfassungsrechtlicher Sicht, in: J F BAUR (Hrsg), Das Eigentum (1989) 39

BOGENSCHÜTZ, Das Stockwerkseigentum, ein aussterbendes Recht in Hohenzollern, BWNotZ 2002, 58

H BOGS, Bestandsschutz für sozialrechtliche Begünstigungen als Verfassungsproblem, RdA 1973, 26

W BOGS, Zum Bestandsschutz sozialer Berechtigungen gegen Enteignung, ZfSozialreform 1968, 515

ders, Zum Bestandsschutz öffentlich-rechtlicher Positionen im Sozialversicherungsrecht, in: FS Braess (1969) 11

BONIFACIO, Zwei Vorschläge für eine Weiterentwicklung des Wohnungseigentumsrechts, ZWE 2011, 105

BREUER, Die Bodennutzung im Konflikt zwischen Städtebau und Eigentumsgarantie (1976)

BRIESEMEISTER, Die Dereliktion von Wohnungseigentum, ZWE 2007, 218

BROHM, Rechtliche Möglichkeiten zur Rohstoffsicherung, NJW 1980, 857

vBRÜNNECK, Die Eigentumsgarantie des Grundgesetzes (1984)

ders, Die Ausweitung von Eigentumsgarantie durch Richterrecht, in: Grundrechte als Fundament der Demokratie (1979) 215 ders, Das Wohl der Allgemeinheit als Voraussetzung der Enteignung, NVwZ 1986, 425

BULLA, Der verfassungsrechtliche Eigentumsschutz, DVBl 1972, 529

BUNSEN, Der Schutz des Eigentums im BGB, Bernhöfft und Binders Beitr Heft 6, 419

BURGHARDT, Eigentumssoziologie (1980)

CALLIES, Eigentum als Institution (1962)

ders, Aktuelle Probleme des Eigentums, Zeitschrift für evang Ethik 1991, 162

DU CHESNE, Das Grundrecht, SächsArch 15, 157

CHLOSTA, Der Wesensgehalt der Eigentumsgewährleistung (1975)

CITRON, Der Staat und das Eigentum, „Die Gegenwart" Nr 117

CLEMENS, Reichsleistungsgesetz und Art 14 Abs 3 des Bonner Grundgesetzes, MDR 1950, 588

DÄUBLER, Eigentum und Recht in der Bundesrepublik Deutschland, in: DÄUBLER/SIELING/WENDELING/WELKOBORSKI, Eigentum und Recht. Die Entwicklung des Eigentumsbegriffs im Kapitalismus (1976) 141

DAHM, Deutsches Recht (1951) 501

vDANWITZ/DEPENHEUER/ENGEL, Berichte zur Lage des Eigentums (2002)

DARAGAN, Trusts und gespaltenes Eigentum, ZEV 2007, 204

DARMSTAEDTER, Der Eigentumsbegriff des BGB, AcP 151 (1950/51) 311

DECKER, Geistiges Eigentum als Kreditsicherheit (2012)

DEPENHEUER, Der Mieter als Eigentümer, NJW 1993, 2561

ders, Staatssanierung durch Enteignung? (2014)

DICKE, Zur Begründung eines Menschenrechts auf Eigentum, EuGRZ 1982, 361

DIEDERICHSEN ua, Die Haftung für Demonstrationsschäden, NJW 1970, 777

DIEMER, Sozialrechtliche Anwartschaften und der Eigentumsschutz des Art 14 GG, VSSR 1982, 325

DIETLEIN, Grundrechtlicher Eigentumsschutz und soziale Sicherung, ZSR 1975, 129

DIETZE, Zur Verteidigung des Eigentums (1978)

DITTUS, Planung und Sozialgebundenheit des Eigentums, DVBl 1957, 329

ders, Baurecht im Werden (1951)

DITTUS/ZINKAHN, Baulandbeschaffung. Kommentar zum Baulandbeschaffungsgesetz (1954)

DRASCHKA, Steuergesetzgebende Staatsgewalt und Grundrechtsschutz des Eigentums (1982)

R DREIER, Eigentum in rechtsphilosophischer Sicht, ARSP 1987, 159

DROBNIG, Eigentum und Vertrag im sozialistischen Recht, Jahrb für Sozialwirtschaft 2, 157

DÜRIG, Das Eigentum als Menschenrecht, ZStW 109 (1953) 326

DOGTOGLOU, Die Schutzgrenzen des verfassungsmäßig garantierten Grundeigentums, in: FS Hauß (1978) 203

ders, Der Staat und die vermögenswerten öffentlich-rechtlichen Berechtigungen seiner Bürger, in: FS Apelt (1958) 13

DORNER, Big Data und „Dateneigentum", CR 2014, 617

EFFER-UHE, Die Folgen der Verjährung des Vindikationsanspruchs, AcP 215 (2015) 245

EHMANN, Wohnungseigentum ist kein Eigentum mehr, JZ 1991, 222

EICHLER, Wandlungen des Eigentumsbegriffs (1938)

EISSEL, Eigentum, Texte zur politischen Bildung (1978)

ELTZBACHER, Die Unterlassungsklage (1906)

ENGELKEN, Ist der Planungswertausgleich verfassungswidrig?, DÖV 1976, 8

ders, Zur Trennung zwischen „planungsbedingten" und sonstigen Bodenwertsteigerungen, DVBl 1974, 750

ders, Abschöpfung planungswidriger Bodenwertsteigerungen: Ziele und Konsequenzen der vorliegenden Vorschläge, DÖV 1974, 685

ders, Zum Planungswertausgleich, DÖV 1974, 361 u 403

ERDMANN, Art 14 GG und die Auferlegung von Geldleistungspflichten, DVBl 1986, 659

ERLER, Maßnahmen der Gefahrenabwehr und verfassungsrechtliche Eigentumsgarantie (1977)

ERNST, Grundeigentum in Städtebau und Gesellschaftsordnung, in: FS Müller-Armack (1961) 605

ders, Die Reform des städtischen Bodenrechts als Aufgabe der Gesetzgebung, in: ERNST/BONCZEK, Zur Reform des städtischen Bodenrechts (1971)

ESCHENBACH, Die ausgleichspflichtige Inhaltsbestimmung, JURA 1998, 401

EULER, Recht am Bild der eigenen Sache? – Wie frei sind gemeinfreie Kulturgüter?, AfP 2009, 459

FAEHLING, Die Eigentumsgewährleistung durch Art 14 des Grundgesetzes als Schranke der Besteuerung (Diss Hamburg 1964)

FARKE, Öffentliche Bedeutung privater Wirtschaftsunternehmen und Sozialpflichtigkeit des Eigentums (1973)

FEHLING/FAUST/RÖNNAU, Grund und Grenzen des Eigentums- und Vermögensschutzes, JuS 2006, 18

FICKER, Grundfragen des deutschen interlokalen Rechts (1952)

FINGER, Verfassungsschutz des Mieters aus Art 14 Abs 1 S 1 GG?, ZMR 1993, 545

FINGER/MÜLLER, Privates Hausrecht auf öffentlichen Straßen? – Möglichkeiten und Grenzen des „Straßenpachtmodells", NVwZ 2004, 953

FINKENAUER, Eigentum und Zeitablauf (2001)

FLÖTER/KÖNIGS, Verletzung des Rechts am grundstücksinternen Bild der eigenen Sache und Übertragbarkeit der dreifachen Schadensberechnung auf deliktische Schadensersatzansprüche aus Eigentumsverletzung, ZUM 2012, 383

FLOSSMANN, Der Eigentumsschutz im sozialen Rechtsstaat (1979)

ders, Eigentumsbegriff und Bodenordnung im historischen Wandel (1976)

FLUME, Grundsatzfragen der Mitbestimmung, Inhalt und Entscheidungsmaximen, DB 1952, 513

ders, Steuerwesen und Rechtsordnung, in: FS Rudolf Smend (1952) 59

FORSTHOFF, Zur Lage des verfassungsrechtlichen Eigentumsschutzes, in: FS Maunz (1971) 89

ders, Eigentumsschutz öffentlich-rechtlicher Rechtsstellungen, NJW 1955, 1249

ders, Verfassungsmäßiger Eigentumsschutz und Freiheit des Berufs, in: Staatsbürger und Staatsgewalt, Jubiläumsschrift zum 100-jährigen Bestehen der deutschen Verwaltungsgerichtsbarkeit (1963) Bd II 19

FRANK, Gedanken zur Verjährung des Eigentumsherausgabeanspruchs, in: FS Stürner I (2013), 123

FRANTZ, Verfassungseigentum aus der Sicht der Zivilrechtswissenschaft (Diss Hamburg 1970)

FRANZEN, Die Verfassungsmäßigkeit der Bestimmungen über die Abtretung von Gelände für den öffentlichen Bedarf, DÖV 1952, 359

FRIAUF, Steuerrecht und Verfassungsrecht, DStZ/A 1975, 359

ders, Eigentumsgarantie und Koalitionsfreiheit, Gewerkschaftsreport 1978, 9

ders, Eigentumsgarantie, Geldentwertung und Steuerrecht, Steuerberater-Jahrbuch 1971/72, 425

ders, Verfassungsrechtliche Grenzen der Wirtschaftslenkung und Sozialgestaltung durch Steuergesetze (1966)

ders, Steuergesetzgebung und Eigentumsgarantie, JURA 1970, 299

ders, Eigentumsgarantie, Leistung und Freiheit im demokratischen Rechtsstaat. Bemerkungen zur verfassungsrechtlichen Funktion der Eigentumsgarantie, in: GEMPER (Hrsg), Marktwirtschaft und soziale Verantwortung (1973) 438

ders, Öffentliche Sonderlasten und Gleichheit der Steuerbürger, in: FS Jahrreiß (1974) 45

ders, Unternehmenseigentum und Wirtschaftsverfassung, DÖV 1976, 624

ders, Eigentumsgarantie und Steuerrecht, DÖV 1980, 480

FRIAUF/WENDT, Eigentum am Unternehmen, Legitimation und Funktion des privaten Produktiveigentums in Rechtsprechung und Rechtslehre (1977)

FROWEIN, Eigentumsschutz im Europarecht, in: FS Kutscher (1981) 189

FÜLLER, Eigenständiges Sachenrecht? (2006)

FÜSSER/KREUTER, Wie viel Eigentumsschutz verträgt der Denkmalschutz?, BayVBl 2009, 747

FÜSSLEIN, Entstehungsgeschichte der Artikel des Grundgesetzes, Art 14, JbÖffR NF 1, 144

GAENTSCH, Die Bodenwertabschöpfung im Städtebauförderungsgesetz (1965)

GÄRTNER, Wohnungsmietrechtlicher Bestandsschutz auf dem Weg zu einem dinglichen Recht?, JZ 1994, 440

GÄTHGENS, Die Sozialbindung des Eigentums und ihre Grenzen in der Rechtsprechung der Zivilgerichte, BBauBl 1970, 364

GALPERIN, Die Grenzen der Mitbestimmung, BB 1951, 257

GANSCHEZIAN/FINCK, Schädigung von Gewerbebetrieben durch Beschränkungen des Straßenverkehrs, NJW 1969, 161

GANSER, Eigentum und Bodenrecht, Stadtbauwelt 1985, 32

GASSNER, Die Situationsgebundenheit des Grundeigentums und das Gesetz, NVwZ 1982, 165

GAST, Wirtschaftliches Eigentum im Zivilrecht, in: FS Ernst Wolf (1985) 87

GEIGER, Das landwirtschaftliche Grundeigentum im Spannungsfeld zwischen Eigentumsgarantie und Sozialbindung (1978)

ders, Die Eigentumsgarantie des Art 14 GG und ihre Bedeutung für den sozialen Rechtsstaat, in: Eigentum und Eigentümer in unserer Gesellschaftsordnung, Veröffentlichungen der Walter-Raymond-Stiftung (1960) 185

GEMPER, Geldentwertung, Nominalwertprinzip und Besteuerung, BB 1972, 761

GEORGIADES, Eigentumsbegriff und Eigentumsverhältnis, in: FS Sontis (1977) 149

GIESE, Von der Unfreiheit des Grundeigentümers, DNotZ 1951, 390

ders, Grundgesetz für die Bundesrepublik Deutschland (3. Aufl 1953)

ders, „Rechtsstaatliche" Städteplanung, DWohnW 1952, 277

GIESE/BÖSEBECK, Rechtsgutachten über Fragen des Mitbestimmungsrechts (1951)

GLASER/DRÖSCHEL, Das Nachbarrecht in der Praxis (1971)

GLÖCKNER, Eigentumsrechtlicher Schutz von Unternehmen – Eine rechtsvergleichende Studie zum deutschen Recht, zum Recht der EMRK und zum Europarecht (2005)

GLOSE, Privateigentum und Städteplanung, Die neue Stadt 1948 Heft 4

GMELIN, Über die Rechtsverhältnisse an öffentlichen Straßen, WürttZ 48, 277

GÖTZ, Bauleitplanung und Eigentum (1969)

GOLDHAMMER, Geistiges Eigentum und Eigentumstheorie (2012)

H GOLDSCHMIDT, Eigentum und Eigentumsteilrechte in ihrem Verhältnis zur Sozialisierung (1920)

GOTTHOLD, Zur ökonomischen „Theorie des Eigentums", ZHR 144 (1980) 545

GRAF, Die Vergleichsmiete in verfassungsrechtlicher Sicht, NJW 1976, 1480

GRALKA, Time-Sharing bei Ferienhäusern und Ferienwohnungen (1986)

GRAPENGETER, Planungsschäden nach geltendem Recht (1952)

ders/FORSTHOFF ua, Erfordernisse der Bau- und Bodengesetzgebung – Weinheimer Gutachten – (1952)

GREWE, Der Begriff des sozialen Staates in der deutschen Verfassungsentwicklung, Der Arbeitgeber 1950/51, Heft 24/1, 39

GURLIT, Hotelverbot für Rechtsextremisten, NZG 2012, 698

GUT, Freiheit und Ordnung des Bauens, DÖV 1952, 520

HAAS/TRAEGER, Die Ablieferung von Pflichtexemplaren im Lichte der Eigentumsgarantie, DÖV 1980, 16

HÄBERLE, Vielfalt der Property Rights und der verfassungsrechtliche Eigentumsbegriff, Schriften des Vereins für Socialpolitik, Bd 140 (1984) 63

HAGEMANN, Baulenkung nach § 12 Pr FluchtlinienG, Städtetag 1952, 58

HAMANN, Rechtsstaat und Wirtschaftslenkung (1953) 79

ders, Wirtschaftslenkung und Grundgesetz, BB 1951, 341

ders, (Urteilsbesprechung), NJW 1952, 1176

HAMELBECK, Landesrechtliche Grundeigentumsbeschränkungen ohne Entschädigung, JW 1929, 714

HAMMANN, Eigentum in der Zeit (Diss Tübingen 1985)

HAMMER, Benutzungszwang und Eigentumsgarantie, BayVBl 1962, 103

HANS, Wohnraumbewirtschaftung und Baurecht, ZMR 1952, 197

HARBRECHT, Zur rationalen Ausgestaltung von Eigentumsrechten am Boden, Schriften des Vereins für Socialpolitik, Bd 140 (1984) 303

HASE, Eigentum als Teilhaberecht: Überlegungen zur Absicherung spezialrechtlicher Ansprüche durch Verfassungsrecht, in: FS Ridder (1989) 259

HATTENHAUER, Grundbegriffe des bürgerlichen Rechts (1982) § 7

ders, Zur Neudefinition des Eigentumsbegriffs im Bodenrecht, Stadtbauwelt 1967, 1244

ders, Über vereintes und entzweites Eigentum, in: J F BAUR (Hrsg), Das Eigentum (1989) 83

HAVERKATE, Eigentumsschutz und Weiterentwicklung im Recht der sozialen Sicherheit, ZRP 1984, 217

HECKEL, Kirchengut und Staatsgewalt, in: FS Rudolf Smend (1952) 103

HECKER, Eigentum als Sachherrschaft: zur Genese und Kritik eines besonderen Herrschaftsanspruchs (1990)

HEDEMANN, Das Eigentum im Wandel, DNotZ 1952, 6

ders, Die Umwandlung des Eigentumsbegriffs, Recht und Wirtschaft 1922, 585

ders, Die Fortschritte des Zivilrechts im 19. Jh, 2. Teil Bd 1 (1930), Bd 2 (1935)

ders, Schutz dem Eigentum, BB 1952, 961

HEINZE, Grundrechtsschutz des Eigentums nach dem Mitbestimmungsurteil des Bundesverfassungsgerichts, BB 1979, 1796

HELD, Geld und Boden (1937)

HENCKEL, Sachenrecht im neuen Staudinger, JZ 1997, 333

HENDLER, Zur bundesverfassungsgerichtlichen Konzeption der grundgesetzlichen Eigentumsgarantie, DVBl 1983, 873

HERRMANN, Kernstrukturen des Sachenrechts (2013)

HERZOG, Eigentum, in: Evangelisches Staatslexikon (2. Aufl 1975) Sp 514

HEUCHERT, Das Eigentum in der Theorie der Property Rights, in: J F BAUR (Hrsg), Das Eigentum (1989) 125

HEYLAND, Zur hessischen Sozialisierung, ÖV 1950, 608

HOENIG, Grundeigentum und Baufreiheit (1952)

HÖCH, Bestandsschutz und Eigentum im Wasserrecht, ZfW 2009, 65

HÖRIG, Rauch, Ruß, Geräusch und ähnliche Einwirkungen im § 906 und die zivilrechtlichen Ansprüche gegen sie (1906)

HÖSCH, Eigentum und Freiheit (2000)

ders, Inhaltsbestimmung oder Enteignung, JA 1998, 727

HOFMANN, Das System des privatrechtlichen Hausrechts, Jura 2014, 141

HOLZHEY/KOHLER (Hrsg), Eigentum und seine Gründe (1983)

HOPPE, Bauleitplanung und Eigentumsgarantie, DVBl 1964, 165

HORN, Ein Jahrhundert Bürgerliches Gesetzbuch, Zur Sozialbindung des Eigentums, NJW 2000, 40, 44

HORST, Das „Messie-Syndrom" im Immobilienrecht, NJW 2010, 827

E R HUBER, Wirtschaftsverwaltungsrecht, Bd II (2. Aufl 1954) 1

ders, Grundgesetz und wirtschaftliche Mitbestimmung (1970) 86

HUBMANN, Geistiges Eigentum, in: BETTERMANN/NIPPERDEY/SCHEUNER, Die Grundrechte, Bd IV/1 (1960) 1

HÜBNER, Eigentumsgarantie und Eigentumsbindung, Ann Univ Saraviensis, VIII (1960) 87

H P IPSEN, Die hessische Bodenreform vor dem Bundesverfassungsgericht, DVBl 1953, 617

ders (Urteilsbesprechung) JZ 1953, 663

ders, Kartellrechtliche Preiskontrolle als Verfassungsfrage (1976)

ders, Das Bundesverfassungsgericht und das Privateigentum, AöR 91 (1966) 86

ders, Aktionär und Sozialisierung in Verkehrs- und Energiewirtschaft (Rechtsgutachten 1949)

ders, Rechtsfragen der Investitionshilfe, AöR 78 (1971) 284

ders, Der hessische Sozialisierungsbefehl, ÖV 1952, 225

J IPSEN, Neuere Entwicklungen der Eigentumsdogmatik, in: Recht u Wirtschaft, Ringvorlesung im Fachbereich Rechtswissenschaft d Universität Osnabrück 1984/85 (1985) 129

ISBARY, Die Sozialverpflichtung des Eigentums in der Raumordnung, Der Landkreis 1966, 379

ISELE, Die wettbewerbsrechtliche Zulässigkeit von Hausverboten gegenüber Konkurrenten, GRUR 2008, 1064

ISENSEE, Umverteilung durch Sozialversicherungsbeiträge (1973)

ISSING/LEISNER, „Kleineres Eigentum", Grundlage unserer Staats- und Wirtschaftsordnung (1976)

JÄNICH, Geistiges Eigentum: eine Komplementärerscheinung zum Sacheigentum? (2002)

JAHN, Zur Problematik von „Verfügungs- und Nutzungseigentum" sowie von „städtebaulichem Erbbaurecht", in: FS Ernst (1980) 231

JAHN/STRIEZEL, Google Street View is watching you, K&R; 2009, 753

JAHR, Zum römischen (romanistischen) Begriff des Eigentums (des subjektiven Rechts), in: GS Kunkel (1984) 69

JACOB, Ausschließlichkeitsrechte an immateriellen Gütern (2010)

JAKOBS, Eigentumsbegriff und Eigentumssystem des sowjetischen Rechts (1965)

JAUERNIG, Zum zivilrechtlichen Schutz des Grundeigentums in der neueren Rechtsentwicklung, in: FS d Jur Fakultät Heidelberg (1986) 87

ders, Zivilrechtlicher Schutz des Grundeigentums in der neueren Rechtsentwicklung, JZ 1986, 605

JUNKER, Das „wirtschaftliche" Eigentum als sonstiges Recht im Sinne des § 823 Abs 1 BGB, AcP 193 (1993) 348

KÄHLER, Vom bleibenden Wert des Eigentums nach der Verjährung des Herausgabeanspruchs, NJW 2015, 1041

KAISER, Verfassungsrechtliche Eigentumsgewähr, Enteignung und Eigentumsbindung in der Bundesrepublik Deutschland, in: Staat und Privateigentum, Beiträge zum ausländischen öffentlichen Recht und Völkerrecht, Bd 34 (1960) 5

KARPEN, Grundeigentum und Bergbaurechte nach dem Bundesberggesetz vom 13. 8. 1980, AöR 106 (1981) 15

D KATZENSTEIN, Der gegenwärtige Stand der Rechtsprechung des BVerfG zum Eigentumsschutz sozialrechtlicher Positionen, in: FS O Bachof (1984) 63

KAYSER, Eigentum als Garantie für die Verwirklichung der Freiheit, ZOV 1994, 81

KEISER, Eigentumsrecht in Nationalsozialismus und Facismo (2005)

KERN, Typizität als Strukturprinzip des Privatrechts. Ein Beitrag zur Standardisierung übertragbarer Güter (2013)

KERSTEN/MEINEL, Grundrechte in privatisierten öffentlichen Räumen, JZ 2007, 1127

KESSLER, Die Koalitionsfreiheit als Funktionselement der Eigentumsgarantie? Am Beispiel des Verfassungsstreits um die Mitbestimmung, in: Grundrechte als Fundament der Demokratie (1979) 182

KIMMEL, Eigentum und Polizei (Diss München 1967)

KIMMINICH, Grenzen der Sozialbindung des Eigentums, Agrarrecht 1980, 177

ders, Eigentum und private Naturgüternutzung, NuR 1983, 1

ders, Eigentum, Enteignung, Entschädigung (1976)

ders, Erweiterung des verfassungsrechtlichen Eigentumsbegriffs?, Der Staat 14 (1975) 397

ders, Art 14 GG, in: Bonner Kommentar (65.–67. Lieferung 1992)

ders, Das Grundrecht auf Eigentum, JuS 1978, 217

KIRCHHEIMER, Unabhängigkeit der Richter, Gleichheit vor dem Gesetz, und Gewährleistung des Privateigentums nach der Weimarer Verfassung (1926)

ders, Reichsverfassungswidrigkeit des preußischen Fluchtliniengesetzes, Die Justiz 1930, 553

KIRCHHOF, Besteuerungsgewalt und Grundgesetz (1973)

ders, Besteuerung und Eigentum, VVDStRL 39 (1981) 213

F KLEIN, Eigentumsbindung, Enteignung, Sozialisierung und Gemeinwirtschaft im Sinne des Bonner Grundgesetzes (1972)

ders, Reinhardts Beitrag zur Abgrenzung der Enteignung von der Eigentumsbindung, in: FS Reinhardt (1972) 451

ders, Eigentumsgarantie und Besteuerung, Steuer und Wirtschaft 1966, 433

ders, Art 14 GG als Schranke steuergesetzlicher Intervention, in: FS Neumark (1970) 229

ders, Bodenwertzuwachssteuer und Artikel 14 des Grundgesetzes, DÖV 1973, 433

ders, Vermögensbildung und Eigentumsgarantie (1974)

KLÖPFER, Vorwirkung von Gesetzen (1974)

ders, Grundrechte als Entstehungssicherung und Bestandsschutz (1970)

KMENT, Netzausbau und Eigentum, EnWZ 2015, 57

KNOLL, Eigentumseingriffe und Umgestaltung

Christoph Althammer

der gesellschaftlichen Verhältnisse, AöR 79 (1953/54) 455 und 81 (1956) 157

KÖHLER, Straßenbau und Eigentumsschutz, DVBl 1963, 618

KOETTGEN, Grundprobleme des Wasserrechts (1925)

KOHLHAAS, Der Eingriff in den eingerichteten und ausgeübten Gewerbebetrieb (Diss Köln 1974)

KOLBINGER, Das wirtschaftliche Eigentum an Aktien (2008)

KORSCH, Mitbestimmung und Eigentum (1951)

KRÄMER, Die Eigentumsgarantie des Art 14 GG in der Rechtsprechung des Bundesverfassungsgerichts, NJW 1977, 1426

KRAUSE, Eigentum an subjektiven öffentlichen Rechten (1982)

KRAUSS, Das geteilte Eigentum im 19. und 20. Jahrhundert (Diss Tübingen 1999)

KREBS/BECKER, Die Teilverdinglichung und ihre Anwendung auf Internetdomains, JZ 2009, 932

KREILE, Die Sozialbindung des geistigen Eigentums, in: FS Lerche (1993) 251

KRETZSCHMAR, Das Eigentum an Grundstücken, SächsArch 12, 385

KRÖMER, Die Sozialisierung in der sowjetischen Besatzungszone Deutschlands als Rechtsproblem (1952)

KRÖNER, Die Eigentumsgarantie in der Rechtsprechung des BGH (2. Aufl 1969)

ders, Begriffe und Grundprobleme der Rechtsprechung des BGH zur Eigentumsgarantie, DVBl 1969, 157

KROESCHELL, Eigentumsordnung und Eigentumsbegriff, Agrarrecht 1981, Beilage 2, 31

ders, Grundeigentum im Wandel der Geschichte, in: FS Büttner (1986) 65

KROHN, Der Eigentumsschutz gewerblicher Betriebe in der neueren Rechtsprechung des BGH, GewArch 1977, 145; 1979, 249

ders, Die neuere Rechtsprechung des BGH zur verfassungsrechtl Eigentumsgarantie nach der „Naßauskiesungsentscheidung" des BVerfG, WM 1984, 825

KROHN/LÖWISCH, Eigentumsgarantie, Enteignung, Entschädigung (3. Aufl 1984)

H KRÜGER, Naturschutz und Eigentum, Gutachten, Hamburg (1955)

ders, Die Bestimmung des Eigentumsinhalts (Art 14 Abs 1 S 2 GG), in: FS Schack (1966) 71

ders, Die Einschränkung von Grundrechten nach dem Grundgesetz, DVBl 1950, 625

ders, Grundgesetz und Kartellgesetzgebung (1950)

ders, Rechtsfragen der Sozialisierung in Hessen, AöR 77 (1951/52) 46

ders, Staatsverfassung und Wirtschaftsverfassung, DVBl 1951, 363

KUCKEIN, Die Eigentumsordnung in der Bundesrepublik Deutschland unter besonderer Berücksichtigung des Wesens des Eigentums (Diss Würzburg 1973)

KÜBLER, „Eigentum verpflichtet" – eine zivilrechtliche Generalklausel?, AcP 159 (1960/61) 236

ders, Eigentumsschutz gegen Sachabbildung und Bildreproduktion?, in: FS F Baur (1981) 51

KÜBLER/SCHMIDT/SIMITIS, Mitbestimmung als gesetzgebungspolitische Aufgabe. Zur Verfassungsmäßigkeit des Mitbestimmungsgesetzes 1976 (1978)

KÜCHENHOFF, Mitbestimmung und Grundrechte, DÖV 1952, 453

ders, Das Wesen des Baurechts (1953)

KÜHNE, Unterirdische Grundstücksnutzungen als Gegenstand des Zivil-, Berg-, Energie- und Umweltrechts, RdE 2009, 14

KÜHL, Eigentumsordnung als Freiheitsordnung (1984)

KÜLPMANN, Der Schutz des Eigentumsbestandes durch Art 14 Abs 1 GG, JuS 2000, 646

O KUNZE, Mitbestimmung in der Wirtschafts- und Eigentumsordnung, RdA 1972, 257

ders, Die Funktion des Eigentums im modernen Gesellschaftsrecht – Gestaltungsformen und Probleme, in: Marburger Gespräch über Eigentum – Gesellschaftsrecht – Mitbestimmung (1967) 77

LADEUR, Entschädigung für Waldsterben?, DÖV 1986, 445

LAMMEK/ELLENBERG, Zur Rechtmäßigkeit der Herstellung und Veröffentlichung von Sachaufnahmen, ZUM 2004, 715

LANGER, Staatshaftung für Waldschäden wegen Verletzung grundrechtlicher Schutzpflichten?, NVwZ 1987, 195

LECHNER, Inhalt und Schranken des Eigentumsrechts der Sondereigentümer und Sondernutzungsberechtigten, NZM 2005, 604

LEHMANN, Die Unterlassungspflicht im Bürgerlichen Recht, Fischers Zwanglose Hefte 15 Heft 1 (1906)

LEIBHOLZ/LINCKE, Denkmalschutz und Eigentumsgarantie, DVBl 1975, 933

LEIPOLD, Eigentum und wirtschaftlich-technischer Fortschritt (1983)

LEISNER, Privates Interesse als öffentliches Interesse, DÖV 1970, 217

ders, Sozialbindung des Eigentums nach privatem und öffentlichem Recht, NJW 1975, 233

ders, Sozialbindung des Eigentums (1972)

ders, Eigentümer als Beruf, JZ 1972, 33

ders, Privateigentum – Grundlage der Gewerkschaftsfreiheit, BB 1978, 100

ders, Eigentumswende? Liegt der Grundwasserentscheidung des BVerfG ein neues Eigentumsverständnis zugrunde?, DVBl 1983, 61

ders, Verfassungsrechtliche Grenzen der Erbschaftsbesteuerung (1970)

ders, Der Eigentümer als Organ der Wirtschaftsverfassung, DÖV 1975, 73

ders, Privateigentum ohne privaten Markt?, BB 1975, 1

ders, Das Eigentumssyndikat, DVBl 1976, 125

ders, Wertzuwachsbesteuerung und Eigentum (1978)

ders, Jagdrecht und Eigentum, NuR 1981, 11

ders, Verfassungsrechtlicher Eigentumsschutz der Anwaltspraxis, NJW 1974, 478

ders, Freiheit und Eigentum – Die selbständige Bedeutung des Eigentums gegenüber der Freiheit, in: FS Jahrreiß (1974) 135

ders, Regalien und Sozialbindung des Eigentums, DVBl 1984, 697

ders, Eigentum als Existenzsicherung?, in: FS K Obermayer (1986) 65

LEPSIUS, Besitz und Sachherrschaft im Öffentlichen Recht (2002)

ders, Geld als Schutzgut der Eigentumsgarantie, JZ 2002, 313

LEUSCHNER, Gibt es das Anteilseigentum wirklich?, NJW 2007, 3248

LEVERKUEHN, Die Nationalisierung und das Privateigentum, Beiträge zum Öff Recht, hrsg v ERNST WOLFF (1950) 1

LIMPENS, Funktion und Grenzen der Inhalts-

bestimmung des Eigentums iS von Art 14 Abs 1 S 2 des Grundgesetzes (Diss Köln 1973)

LINDE, Raumforschung und Soziologie, Raumforschung und Raumordnung 1950, 191

LIVER, Eigentumsbegriff und Eigentumsordnung, in: FS Gschnitzer (1969) 247

ders, Das Eigentum (Schweiz Priv R) V/1 (1977)

LOCHMANN, Die Einräumung von Fernsehübertragungsrechten an Sportveranstaltungen (2005)

LOTH, Der nationalsozialistische Eigentumsbegriff, JW 1935, 1752

LÜCKE, Amerikanische Eigentumsrechtsprechung und deutsche Parallelen, VerwArch 1976, 48

LUEG, Sozialbindung des Eigentums und Bürgerliches Sachenrecht (Diss Münster 1975)

LUTTERMANN, Eigentum und Erbrecht als wertlose Garantien?, ZErb 2009, 77

LUTZ, Eigentumsschutz bei „störender" Nutzung gewerblicher Anlagen (1983)

MAASSEN, Panoramafreiheit in den preußischen Schlossgärten, GRUR 2010, 880

MAHNE, Eigentum an Versorgungsleitungen (2009)

MAIERHÖFER, Jagdduldungszwang und Europäische Menschenrechtskonvention, NVwZ 2012, 1521

MALLMANN, Wirtschaftliches Mitbestimmungsrecht und Enteignung, AöR 77 (1951) 366

MAMMITZSCH, Die Eigentumsgarantie des Grundgesetzes und die Stabilität des Geldwertes (Diss München 1968)

MAUNZ, Zur Neugestaltung des Enteignungsrechts, DJZ 1935, Sp 1011

ders, Hauptprobleme des öffentlichen Sachenrechts (1933)

ders, Neue Entwicklungen im öffentlichen Bodenrecht, BayVBl 1973, 569

ders, Bodenrecht vor den Schranken des Grundgesetzes, DÖV 1975, 1

ders, Wandlungen des verfassungsrechtlichen Eigentumsschutzes, BayVBl 1981, 321

MAUME, Bestehen und Grenzen des virtuellen Hausrechts, MMR 2007, 620

F MAYER, Bodenrechtsreform aus öffentlich-rechtlicher Sicht, DB 1974, 1209

ders, Sozialbindung und Gemeinwohlvorbehalt als verfassungsrechtliche Grenzen einer

Christoph Althammer

Arbeitnehmermitbestimmung im Betrieb, DB
1975, 400
ders, Privateigentum und Recht auf Naturgenuß, DVBl 1964, 302
MAYER/MALY, Das Eigentumsverständnis der
Gegenwart und die Rechtsgeschichte, in:
FS H Hübner (1984) 145
ders, Eigentum und Verfügungsrechte in der
neueren deutschen Rechtsgeschichte, Schriften
des Vereins für Socialpolitik, Bd 140 (1984) 25
MAYER/REICH (Hrsg), Mitbestimmung contra
Grundgesetz? (1975)
MEESSEN, Vermögensbildungspläne und
Eigentumsgarantie, DÖV 1973, 812
MEIER/HAYOZ, Verfassungsentwurf und Eigen-
tumsgarantie, Schriftenreihe des Schw Handels-
und Industrievereins, Nr 15 (1978)
MENGER, Das bürgerliche Recht und die
besitzlosen Klassen (5. Aufl 1908)
MERK, Das Eigentum im Wandel der Zeiten
(1934)
MESTMÄCKER, Wirtschaftsordnung und Staats-
verfassung, in: FS F Böhm (1975) 383
MEYER/ABICH, Der Schutzzweck der Eigen-
tumsgarantie (1980)
MÖGELE, Grundrechtlicher Eigentumsschutz für
Gemeinden, NJW 1983, 805
MOENCH, Denkmalschutz und Eigentums-
beschränkung, NJW 1980, 1545
MOEZER, Die Rechtslage hinsichtlich der
Anbringung von Außenreklame in Bayern,
BayBgm 1953, 12, 34
MOSICH, Das Grundeigentum und seine Be-
grenzung nach §§ 905 u 906 BGB, JherJb 80, 255
E F MÜLLER, Der völkerrechtliche Eigentums-
schutz (Diss Marburg 1981)
G MÜLLER, Eigentum in unserer Zeit – eine
verfassungsrechtliche Betrachtung, DWW 1971,
308
ders, Privateigentum heute, ZSR 1981, 1
HORST MÜLLER, Gedanken über Bodeneigen-
tum und Städtebau, in: FS vHippel (1967) 263
MÜLLER/ENGELHARDT, Eigentum, Enteignung
und Entschädigung im Bonner Grundgesetz, JR
1950, 137
MÜLLER/ERZBACH, Die Relativität der Begriffe
und ihre Begrenzung durch den Zweck des
Gesetzes, JherJb 61, 347

MÜLLER/GATERMANN, Soziales Mietrecht und
Eigentumsgarantie, NJW 1985, 2628
NAUMANN, Eingriffe in die Reklamefreiheit
unter Kontrolle der Verwaltungsgerichte, DVBl
1951, 398
ders, Außenreklame und Baupflege, Der Mar-
kenartikel 1953 Heft 9
ders, Beschränkungen der Reklamefreiheit im
städtischen Grundbesitz, ZMR 1952, 171
K NAUMANN, Die Sozialpflichtigkeit des
Eigentums, Rechtspflegerblatt 1980, 65
NEGRO, Das Eigentum (1963)
NEISSLEIN, Waldeigentum und Gesellschaft,
Eine Studie zur Sozialbindung des Eigentums
(1980)
NELL-BREUNING, Die Funktion des Eigenheims
in der Sozialordnung unserer Zeit, Schriftenreihe des Deutschen Volksheimstättenwerks
Nr 4 (1951) 31
NEMECZEK, Hausverbot und schuldrechtliche
Bindung, Jura 2013, 393
NEUNER, Das nachbarrechtliche Haftungs-
system, JuS 2005, 487
NICOLAYSEN, Eigentumsgarantie und vermö-
genswerte subjektive öffentliche Rechte, in:
FS Schack (1966) 107
NIPPERDEY, Die für das Wirtschaftsleben
wesentlichen Rechte, Beiträge zur Rechtsfor-
schung, hrsg v ERNST WOLFF (1950) 218
ders, Die Grundprinzipien des Wirtschaftsver-
fassungsrechts, DRZ 1950, 193
ders, Soziale Marktwirtschaft und Grundgesetz
(3. Aufl 1965)
NÜSSGENS/BOUJONG, Eigentum, Sozialbindung,
Enteignung (1987)
NUMM, Sozialisierung in Hessen, ÖV 1950,
Heft 201
NUSSBERGER, „Illegitimes" Eigentum?, DÖV
2006, 454
OBERNDORFER, Grundprobleme des Eigen-
tumsschutzes im freiheitlich-demokratischen
Rechtsstaat, in: FS Broermann (1982) 647
OFFERMANN/CLAS, Eigentum in der Europäi-
schen Gemeinschaft (1974)
ÖHLINGER, Anmerkungen zur verfassungs-
rechtlichen Eigentumsgarantie, in: FS Klecatsky
(1980) 699
OHLY, Geistiges Eigentum?, JZ 2003, 545
OLZEN, Aktuelle zivilrechtliche Probleme des

Eigentums, in: J F BAUR (Hrsg), Das Eigentum (1989) 103

ders, Geschichtliche Entwicklung des zivilrechtlichen Eigentumsbegriffs, JuS 1984, 328

OSWALD, Besteuerung und Eigentumsgarantie, DStZ/A 1977, 265

PAGENHOPF, Freiheit und Bindung des Eigentums, NJW 1952, 1193

PAHLOW/EISFELD, Grundlagen und Grundfragen des Geistigen Eigentums (2008)

PAPIER, Eigentumsgarantie und Geldentwertung, AöR 98 (1973) 528

ders, Grundgesetz und Wirtschaftsordnung, in: BENDA/MAIHOFER/VOGEL (Hrsg), Handbuch des Verfassungsrechts (2. Aufl 1994) 799

ders, Besteuerung und Eigentum, DVBl 1980, 787

ders, Mitbestimmungsgesetz und Verfassungsrecht, ZHR 142 (1978) 71

ders, Das Mitbestimmungsurteil des BVerfG – eine kritische Würdigung aus verfassungsrechtlicher Sicht, ZGR 1979, 444

ders, Verfassungsschutz sozialrechtlicher Rentenansprüche, -anwartschaften und „-erwerbsberechtigungen", VSSR 1973, 33

ders, Die Beeinträchtigung der Eigentums- und Berufsfreiheit durch Steuern vom Einkommen und Vermögen, Der Staat, Bd 11 (1972) 483

ders, Unternehmen und Unternehmer in der verfassungsrechtlichen Ordnung der Wirtschaft, VVDStRL 35 (1977) 55

ders, Eigentumsgarantie des Grundgesetzes im Wandel (1984)

ders, Recht der öffentlichen Sachen (3. Aufl 1998)

ders, Rechtliche Bindung und gerichtliche Kontrolle planender Verwaltung im Bereich des Bodenrechts, NJW 1977, 1714

ders, Durchleitungen und Eigentum, BB 1997, 1213

ders, Die Weiterentwicklung der Rechtsprechung zur Eigentumsgarantie des Art 14 GG, DVBl 2000, 1398

PARODI, Eigentumsbindung und Enteignung im Natur- und Denkmalschutz (1984)

PATHE, Die westdeutschen Aufbaugesetze, DVerw 1950, 33

PAWLOWSKI, Substanz- oder Funktionseigentum?, AcP 165 (1965) 395

PERNTHALER, Qualifizierte Mitbestimmung und Verfassungsrecht (1972) 67

ders, Der Grundrechtsschutz des Eigentums, vor allem im Hinblick auf die Beschränkungen durch die öffentliche Bauordnung, in: Grundrechtsschutz des Eigentums (1977) 25

PESCHEL/ROCKSTROH, Big Data in der Industrie, MMR 2014, 571

A PETER, Grundeigentum und Naturschutz (Diss Bielefeld 1993)

H PETER, Wandlungen der Eigentumsordnung und der Eigentumslehre seit dem 19. Jahrhundert (1949)

A PEUKERT, Güterzuordnung als Rechtsprinzip (2008)

W PEUKERT, Der Schutz des Eigentums nach Art 1 des Ersten Zusatzprotokolls zur Europäischen Menschenrechtskonvention, EuGRZ 1981, 97

PFISTER, „Zweigliedrige" Rechtswidrigkeitsprüfung und Eigentumsschutz, JZ 1976, 156

PICOT, Gewinnumverteilung und Verfassungsrecht (1978)

vPLESSEN, Qualifizierte Mitbestimmung und Eigentumsgarantie (1969) 72

PLEYER, Eigentum und Wirtschaftsordnung, JuS 1963, 8

PODLECH, Eigentum – Entscheidungsstruktur der Gesellschaft, Der Staat, Bd 15 (1976) 31

POHL/vGERMAR/MEUZER, Bau-, Siedlungs- und Wohnungswesen (Grundriß 1953)

POPESCU, Verschuldensunabhängige Störerhaftung für den unzureichend gesicherten WLAN-Anschluss, VuR 2011, 327

POSCHTER, Die moderne Eigentumslehre (1928)

QUARITSCH, Eigentum und Polizei, DVBl 1959, 455

L RAISER, Zur Eigentumsgarantie des Grundgesetzes, AöR 78 (1951) 118

ders, Funktionsteilung des Eigentums, in: FS Sontis (1977) 167

ders, Das Eigentum als Menschenrecht, in: FS Baur (1981) 105

ders, Das Eigentum als Rechtsbegriff in den Rechten West- und Osteuropas, RabelsZ Bd 26 (1961) 230

RAMSAUER, Die faktischen Beeinträchtigungen des Eigentums (1980)

ders, Über den Unterschied von Inhaltsbestim-

Christoph Althammer

mung und Schrankenbestimmung des Eigentums, DVBl 1980, 539

RASCH, Die Umverteilung des Vermögenszuwachses von Unternehmen in verfassungsrechtlicher Sicht, BB 1973, 253

REHBINDER, Grundfragen des Umweltrechts, ZRP 1970, 250

REICH, Eigentumsgarantie, paritätische Mitbestimmung und Gesellschaftsrecht, AuR 1975, 257

REICHERT, Das Hausrecht in Wohnungseigentumsanlagen, ZWE 2009, 289

vREINERSDORFF, Keine Einspeisung von Inhalten in Kabelnetze ohne Zustimmung des Netzbetreibers, MMR 2002, 222

REINHARDT, in: REINHARDT/SCHEUNER, Verfassungsschutz des Eigentums (1954) 1

RENGELING, Das Grundeigentum als Schutzobjekt der Eigentumsgarantie (Art 14 GG) und als Gegenstand verwaltungsrechtlicher Planung, Gestaltung und Schrankensetzung, AöR 105 (1980) 423

REUSS, Der Wesenskern des Eigentums im Sinne der Rechtsprechung zu Art 14 GG, DVBl 1965, 384

RICHTER, Die Rechtsprechung des BVerfG zum Eigentumsbegriff des Art 14 GG (Diss Hamburg 1971)

RIDDER, Der Grundrechtsschutz des Eigentums, seine Grenzen und Beschränkungen im öffentlichen Interesse, in: Grundrechtsschutz des Eigentums (1977) 39

RIEGEL, Verfügungs- und Nutzungseigentum?, BayVBl 1975, 417

ders, Das Eigentum im europäischen Recht (1975)

RIEHL, Über Immissionsprozesse, Gruchot 51, 142 (Sonderabdruck unter dem Titel: Über die Klagen zur Abwehr der Belästigungen durch Rauch, Gerüche usw)

RING, Grundstrukturen des Bergwerkseigentums, NotBZ 2006, 37

RINGE, Baugenehmigung und Flächennutzungsplan, DVBl 1953, 296

RITTNER, Unternehmensverfassung und Eigentum, in: FS Schilling (1973) 363

ders, Die Funktion des Eigentums im modernen Gesellschaftsrecht, in: Marburger Gespräche

über Eigentum – Gesellschaftsrecht – Mitbestimmung (1967) 50

RITTSTIEG, Grundgesetz und Eigentum, NJW 1982, 721

ders, Eigentum als Verfassungsproblem (2. Aufl 1976)

ders, Zur Entwicklung des Grundeigentums, JZ 1983, 161

ROELLECKE, Eigentumsgarantie und Rendite am Beispiel des Wohnungsbaus, ZRP 1993, 472 ff

ders, Mietwohnungsbesitz als Eigentum, JZ 1995, 74

RÖMER, Entstehung, Rechtsform und Funktion des kapitalistischen Privateigentums (1978)

RÖPER, Ansprüche, Eigentums-, Verfügungs- und Nutzungsrechte auf den Wald in Deutschland (BR), Schriften des Vereins für Socialpolitik, Bd 140 (1984) 319

RÖTHEL, Grundfragen des privaten Nachbarrechts, JURA 2005, 539

ROHWER/KAHLMANN, Zum Eigentumsschutz sozialrechtlicher Positionen, DVBl 1964, 7

ders, Rentenversicherung und Eigentumsschutz, SGb 1980, 325

H ROTH, Das Hausrecht in Justizgebäuden zwischen Privatrecht, Rechtspflegetätigkeit und Gerichtsverwaltung, in: FS Schilken (2015) 415

K ROTH, Die öffentlichen Abgaben und die Eigentumsgarantie im Bonner Grundgesetz (1958)

ROZEK, Die Unterscheidung von Eigentumsbindung und Enteignung (1998)

RUDOLPH, Die Bindungen des Eigentums (1960)

RÜFNER, Bodenordnung und Eigentumsgarantie, JuS 1973, 593

ders, Die Eigentumsgarantie als Grenze der Besteuerung, DVBl 1970, 881

ders, Eigentumsgarantie und Besteuerung, in: FS Broermann (1982) 349

ders, Unternehmen und Unternehmer in der verfassungsrechtlichen Ordnung der Wirtschaft, DVBl 1976, 689

RULAND, Eigentumsschutz für Hoheitsträger, BayVBl 1979, 746

RUPP, Privateigentum an Staatsfunktionen? (1963)

ders, Grundgesetz und „Wirtschaftsverfassung" (1974)

RÜTHERS, Ein Grundrecht auf Wohnung durch die Hintertür?, NJW 1993, 2587

SALADIN, Unternehmen und Unternehmer in der verfassungsrechtlichen Ordnung der Wirtschaft, VVDStRL 35 (1977) 7

SAMMLER, Eigentum und Währungsparität (1975)

SAMHAT, Die Pflicht des Vorbehaltsverkäufers zur Verschaffung eines Anwartschaftsrechts, JR 2014, 501

SANDERS, Störerverantwortlichkeit bei Grundstücksgrenzen überschreitenden Grundwasserschäden – Probleme bei „abdriftenden" und „abreißenden" Schadstofffahnen, Zeitschrift f. Wasserrecht, 2012, 124

SCHAAF, Time Sharing – Modell oder Risiko? Ein Versuch rechtlicher Einordnung des Teilzeiteigentums aus rechtsvergleichender Sicht, ZIP 1984, 908

SCHADE, Eigentum und Polizei, AöR 25 (1909) 266

vSCHALBURG, Die Grenzen der Sozialbindung des Eigentums, in: Gesellschaftspolitische Kommentare (1977) 40

ders, Die Einschränkungen des Grundeigentums in den Forstgesetzen und Landschaftsschutzgesetzen des Bundes und der Länder, NJW 1978, 303

SCHAPP, Die neue Wissenschaft vom Recht, Bd 2: Wert, Werk und Eigentum (1932)

SCHELCHER, Gesetzliche Eigentumsbeschränkung und Enteignung, AöR 57 (1930) 321

ders, Eigentum und Enteignung nach der Reichsverfassung, FischersZ 60 (1927) 137

ders, Art 153. Die Rechte und Pflichten aus dem Eigentum, in: NIPPERDEY (Hrsg), Die Grundrechte und Grundpflichten der Reichsverfassung, 3. Bd (1930) 196

SCHENKE, Besteuerung und Eigentumsgarantie, in: FS Armbruster (1976) 177

SCHEUNER, Eigentum und Eigentumsbindung, RVBl 57 (1936) 5

ders, Die Garantie des Eigentums in der Geschichte der Grund- und Freiheitsrechte, in: SCHEUNER/KÜNG, Der Schutz des Eigentums (1966) 5

SCHLOSSMANN, Begriff des Eigentums, JherJb 45, 289

SCHMIDL, Zum virtuellen Hausrecht als Abwehrrecht, K&R; 2006, 563

W SCHMIDT, „Vertrauensschutz" im öffentlichen Recht. Randpositionen des Eigentums im spätbürgerlichen Rechtsstaat, JuS 1973, 529

SCHMIDT/ASSMANN, (Urteilsanm zu BGH DVBl 1973, 627), DVBl 1973, 633

ders, Die eigentumsrechtlichen Grundlagen der Umlegung, DVBl 1982, 152

ders, Grundfragen des Städtebaurechts (1972)

ders, Die Eigentumsbeschränkungen für Straßenanlieger, in: Ein Vierteljahrhundert Straßenrechtsgesetzgebung (1980) 259

ders, Der öffentlich-rechtliche Schutz des Grundeigentums in der neueren Rechtsprechung, DVBl 1987, 216

SCHMIDT/BLEIBTREU/SCHÄFER, Besteuerung und Eigentum, DÖV 1980, 489

SCHMOLKE, Das Servitutenrecht des BGB aus rechtsökonomischer Sicht, WM 2010, 740

E SCHNEIDER, Schutz des Eigentums durch den Bundesgerichtshof, HuW 1952, 402

H SCHNEIDER, Der verfassungsrechtliche Schutz von Renten der Sozialversicherung (1980)

R SCHNEIDER, Rechtsnorm und Individualakt im Bereiche des verfassungsrechtlichen Eigentumsschutzes, VerwArch 58, 197, 301

SCHNITZ, Enteignung oder soziale Bindung des Eigentums?, DWohnW 1953, 127

SCHOBER, Internationales Time-Sharing von Wohnungen. Moderne Entwicklungen beim Eigentum an Ferienwohnungen, DB 1985, 1513

SCHOLTISSEK, Die Eigentumsgarantie des Grundgesetzes, BB 1952, 981

R SCHOLZ, Konzentrationskontrolle und Grundgesetz (1971)

ders, Eigentum im sozialen Rechtsstaat, DWohnW 1982, 137

ders, Paritätische Mitbestimmung und Grundgesetz (1974) 75

ders, Entflechtung und Verfassung (1981)

ders, Identitätsprobleme der verfassungsrechtlichen Eigentumsgarantie, NVwZ 1982, 337

SCHRAMM, Zur Rechtsnatur des Eigentums aus der Bodenreform, NJ 2004, 448

SCHRÖR, Inanspruchnahme des Nachbargrundstücks zur Gebäudedämmung, NZBau 2008, 706

Christoph Althammer

SCHÜTZ, Eingriffe in das Eigentum und Verfassungsschutz, DWW 1954, 165

ders, Umlegung und Verfassung, DWohnW 1953, 195

SCHULTE, Eigentumsrecht und Bergschaden, ZfB 1951, 297

ders, Eigentum und öffentliches Interesse (1970)

ders, Zur Dogmatik des Art 14 GG (1979)

ders, Freiheit und Bindung des Eigentums im Bodenrecht, JZ 1984, 297

SCHULZE, Das private Hausrecht. Schutzrecht für die Gebrauchsnutzung von Räumen, JZ 2015, 381

SCHWAB, Zur geschichtlichen Entwicklung des Eigentumsbegriffs, Hist Lex z politisch-soziale Sprache in Deutschland, Bd 2 (1975) 65

SCHWABE, Art 14 GG und die hoheitliche Zuerkennung privater Einwirkungsbefugnisse, DVBl 1973, 103

SCHWARTLÄNDER/WILLOWEIT, Das Recht des Menschen auf Eigentum (1983)

SCHWERDTFEGER, Die dogmatische Struktur der Eigentumsgarantie (1983), dazu RÜFNER, NJW 1983, 2689

ders, Eigentumsgarantie, Inhaltsbestimmung und Enteignung – BVerfGE 58, 300, JuS 1983, 104

ders, Unternehmerische Mitbestimmung der Arbeitnehmer und Grundgesetz (1972) 217

ders, Zur Verfassungsmäßigkeit der paritätischen Mitbestimmung (1978)

SEIBERT, Zur Schrankenbestimmung des Eigentumsschutzes, EuGRZ 1976, 217

SEIDL/HOHENVELDERN, Die Sozialpflichtigkeit des Eigentums und dessen Schutz im heutigen Völkerrecht, in: Almanach (1977) 75

SEELIGER, Das Überbauen von Leitungen – eine Eigentumsstörung, NJOZ 2014, 281

SEIFERT, Sozialbindung des Eigentums und Enteignung bei der Festsetzung von Wasserschutzgebieten (Diss Bonn 1982)

SEILER, Fotografierverbote, Eigentumsrecht und Panoramafreiheit, K&R 2010, 234

SELLMANN, Sozialbindung des Eigentums und Enteignung, NJW 1965, 1689

SELMER, Der Aufopferungsanspruch auf vermögensrechtlichem Gebiet (Diss Frankfurt 1965)

ders, Steuerinterventionismus und Verfassungsrecht (1972)

ders, Unternehmensentflechtung und Grundgesetz (1981)

SENDLER, Die Konkretisierung einer modernen Eigentumsverfassung durch Richterspruch, DÖV 1971, 16

ders, Zum Wandel der Auffassung vom Eigentum, DÖV 1974, 73

ders, Zum Funktionswandel des Eigentums in der planenden Gesellschaft, GewArch 1975, 353

ders, Wer gefährdet wen: Eigentum und Bestandsschutz den Umweltschutz – oder umgekehrt?, Umwelt und Planungsrecht 1983, 33 u 73

SEYBOLD, Das Grundeigentum und seine Beschränkungen, Deutscher Notartag (1952) 106

SHIRWANI, Eigentumsschutz und Energiepolitik. Die Garzweiler-Entscheidung des BVerfG, EnWZ 2015, 3

SIEGRIST/SUGARMANN, Eigentum im internationalen Vergleich. 18. – 20. Jahrhundert (1999)

SIMSHÄUSER, Sozialbindungen des spätrepublikanisch-klassischen römischen Privateigentums, in: FS Coing Bd 1 (1982) 329

SÖFKER, Fragen der verfassungsrechtlichen Eigentumsgarantie bei der Erhebung von Ausgleichsbeträgen für städtebaulich bedingte Wertsteigerungen, DVBl 1975, 467

SÖHN, Eigentumsrechtliche Probleme des gemeindlichen Anschluß- und Benutzungszwangs (Diss München 1955)

SOELL, Die Bedeutung der Sozialpflichtigkeit des Grundeigentums bei der Landschaftspflege und dem Naturschutz, DVBl 1983, 241

SONTIS, Strukturelle Betrachtungen zum Eigentumsbegriff, in: FS Larenz (1973) 981

STARCK, Die Auskiesungsurteile des BGH vor dem BVerfG – NJW 1977, 1960, JuS 1977, 732

E STEIN, Zur Wandlung des Eigentumsbegriffs, in: FS Müller (1970) 503

STIER, Das sog wirtschaftliche und formaljuristische Eigentum (1933)

STROEBEL, Städteplanung und Bauaufsicht, BBauBl 1953, 449

STUBY, Der Eigentumsbegriff des Grundgesetzes und seine normativen Anforderungen für die Gegenwart, DuR 1974, 157

R STÜRNER, Privatrechtliche Gestaltungsformen bei der Verwaltung öffentlicher Sachen (1969)

Suhr, Eigentumsinstitut und Aktieneigentum (1966)

ders, Entfaltung der Menschen durch die Menschen. Zur Grundrechtsdogmatik der Persönlichkeitsentfaltung, der Ausübungsgemeinschaften und des Eigentums (1976)

ders, Das Mitbestimmungsgesetz als Verwirklichung verfassungs- und privatrechtlicher Freiheit, NJW 1978, 2361

Tietzel, Zur Entstehung des Privateigentums, Ordo 1986, 105

Thiel, Zur Handhabung der Reichsgaragenordnung, DVBl 1954, 349

ders, Europa 92: Grundrechtlicher Eigentumsschutz im EG-Recht, JuS 1991, 274

Thoma, Moderne Eigentumsbeschränkungen, BayZ 1931, 117

ders, Über die Grundrechte im Grundgesetz für die Bundesrepublik Deutschland. Recht, Staat, Wirtschaft 3 (1951) 9

ders, Enteignung und Sozialisierung, VVDStRL 10 (1952) 74

Timm, Eigentumsgarantie und Zeitablauf (1977)

Timmann, Das Patentrecht im Lichte von Art 14 GG (2008)

Tipke, Erbschaftssteuerrecht und GG, ZRP 1971, 158

Triepel, Goldbilanzverordnung und Vorzugsaktien (1924)

vTrotha, Grundzüge einer Neuordnung des Bodenrechts, DÖV 1973, 253

Ule, Rentenkürzungen als Enteignung?, ZfSozialreform 1956, 181

ders, Preisstop für Bauland im Bereich von Entlastungsstädten, VerwArch 54, 345

Vinding/Kruse, Das Eigentumsrecht, Bd I–III (1931–1936)

Vogel, Kontinuität und Wandlungen der Eigentumsverfassung (1976)

ders, Bodenrecht und Stadtentwicklung, NJW 1972, 1544

Wallraff, Das Eigentum und seine Position in der Gesellschaft, in: Adam/Blüm ua, Vermögen, Teilhabe u Verfügung (1983) 1

Wannagat, Die umstrittene verfassungsrechtliche Eigentumsgarantie für die Renten der

gesetzlichen Rentenversicherung, in: FS H Peters (1975) 171

Warfsmann, Enteignung und Eigentumsbindung im Baurecht (Diss Göttingen 1962)

Warschauer, Grundlinien einer Philosophie des Eigentums, DRiZ 1911, 709

R H Weber, Eigentum als Rechtsinstitut. Beurteilungsstand und Entwicklungstendenzen, ZSR 1978, 161

W Weber, Eigentum und Enteignung, in: Neumann/Nipperdey/Scheuner, Die Grundrechte II (1954) 331

ders, Eigentum und öffentliche Verwaltung im neuen Reich, DJZ 1935, Sp 659

ders, Die verfassungsrechtlichen Grenzen sozialstaatlicher Forderungen, Der Staat 4 (1965) 409

ders, Umweltschutz im Verfassungs- und Verwaltungsrecht, DVBl 1971, 806

ders, Das Eigentum und seine Garantie in der Krise, in: FS Michaelis (1972) 316

ders, Öffentlich-rechtliche Rechtsstellungen als Gegenstand der Eigentumsgarantie in der Rechtsprechung, AöR 91 (1966) 382

ders, Zur Problematik von Enteignung und Sozialisierung nach neuem Verfassungsrecht, NJW 1950, 401

ders, Die Dienst- und Leistungspflichten der Deutschen (1943)

H Wendt, Recht zur Versammlung auf fremdem Eigentum?, NVwZ 2012, 606

R Wendt, Eigentum und Gesetzgebung (1985)

ders, Das Mitbestimmungsgesetz als Überschreitung der gesetzgeberischen Regelungsbefugnis, NJW 1978, 2369

ders, Besteuerung und Eigentum, NJW 1980, 2111

Wehrsig, Eigentum und Rechtsform bei Savigny und Luhmann (Diss Berlin 1976)

Weitenauer, Grundeigentum und Bergbau, JZ 1973, 73

Werner, Die Funktion des Grundeigentums in der Rechts- und Sozialordnung unserer Zeit, DVBl 1951, 597

ders, Das Problem der Kodifikation des Baurechts, DVBl 1952, 261

ders, Geltendes und werdendes Baurecht, DVBl 1952, 657

Christoph Althammer

ders, Rechtsschutzfragen im geltenden Baurecht, NJW 1953, 765

Wernsmann, Die Steuer als Eigentumsbeeinträchtigung?, NJW 2006, 1169

Werthenbruch, Eigentum und Verfassungsrecht, in: Eigentumsordnung und katholische Soziallehre (1970) 43

Wesel, Die Entwicklung des Eigentums in frühen Gesellschaften, ZVerglRW 1982, 17

H Westermann, Freiheit des Unternehmers und des Grundeigentümers (1973)

ders, Zulässigkeit und Folgen einer Aufspaltung des Bodeneigentums in Verfügungs- und Nutzungseigentum (1975)

ders, Die Befugnis zum Bauen nach der Rechtsprechung und nach dem Bundesbaugesetz als Frage der Inhaltsbestimmung des Grundeigentums im Rahmen von Art 14 GG, in: FS Nipperdey (1965) II 765

ders, Die Bestimmung des Rechtssubjektes durch Grundeigentum (1942)

ders, Das Baurecht im Rechtssystem, BBauBl 1952, 137

H P Westermann, Zur Rechtslage des privaten Eigentums und der schuldrechtlichen Verpflichtungen nach der Zusammenführung der beiden Rechtsordnungen im vereinten Deutschland, in: Heckel (Hrsg), Die innere Einheit Deutschlands inmitten der europäischen Einigung (1997) 115

Weyreuther, Der Nachteilsausgleich für Nutzungsbeschränkungen in Wasserschutzgebieten, Umwelt u Planungsrecht 1987, 41

ders, Die Situationsgebundenheit des Grundeigentums (1983)

Wieacker, Wandlungen der Eigentumsverfassung (1936)

Wilhelm, Das Recht am eingerichteten und ausgeübten Gewerbebetrieb und das Gesetz gegen den unlauteren Wettbewerb, in: FS Canaris (2007) 1293

Willoweit, Zur geschichtlichen Entwicklung des Eigentumsbegriffs, Histor Jb 94 (1974) 131

Wipfelder, Die grundrechtliche Eigentumsgarantie im sozialen Wandel, in: FS Küchenhoff (1972) 2 Halbbd, 747

Witten, Schwierigkeiten mit dem und im nachbarlichen Gemeinschaftsverhältnis: Konflikte durch Bäume an der Grenze, UPR 2005, 60

Wittig, Der Erwerb von Eigentum und das Grundgesetz, NJW 1967, 2185

M Wolf, Beständigkeit und Wandel im Sachenrecht, NJW 1987, 2647

M Wolff, Reichsverfassung und Eigentum, in: FS Kahl (1923) 2

Würdinger, Wandlungen in der Eigentumsverfassung, ZAKDR 1936, 70

Würthwein, Schadensersatz für Verlust der Nutzungsmöglichkeit einer Sache oder für entgangene Gebrauchsvorteile? (2001)

Zacher, Der Regierungsentwurf eines Mitbestimmungsgesetzes und die Grundrechte des Eigentums, der Berufsfreiheit und der Vereinigungsfreiheit, in: FS H Peters (1975) 223

Zech, Information als Schutzgegenstand (2012)

Zeuner, Störungen des Verhältnisses zwischen Sache und Umwelt als Eigentumsverletzung, in: FS W Flume (1978) Bd I 775

Zinkahn/Büge, Der Rechtsschutz gegen Verunstaltung (Baugestaltung und Außenreklame) (1952).

2. Einzelschrifttum zum Enteignungs- und Entschädigungsrecht

Althaus, Umfaßt die Enteignungsentschädigung den merkantilen Minderwert eines Grundstücks?, NJW 1970, 793

Angerer, Enteignung und enteignungsgleicher Eingriff durch Maßnahmen des Natur- und Landschaftsschutzes, BayVBl 1964, 387

Aust/Jacobs/Pasternak, Die Enteignungsentschädigung (7. Aufl 2014)

Axer, Primär- und Sekundärrechtsschutz im öffentlichen Recht, DVBl 2001, 1322

Badura, Entschädigung nach Enteignungsgrundsätzen (1971)

Battis, Erwerbsschutz durch Aufopferungsentschädigung (1969)

ders, Nochmals: Enteignung, enteignungsgleicher Eingriff, Aufopferung. – Epilog auf eine Grabrede, NJW 1971, 1593

ders, Eigentumsschutz und Entschädigung. Zur Eigentumsrechtsprechung des BVerfG, NVwZ 1982, 585

ders, Novelliertes Bundesbaugesetz und Grundgesetz, DÖV 1978, 113

BAUER, Die Behandlung der sog unverdienten Wertsteigerungen bei der Enteignungsentschädigung (1975)

BAUSCHKE/KLÖPFER, Enteignung, enteignungsgleicher Eingriff, Aufopferung, NJW 1972, 1233

BEITZKE, Probleme der Enteignung im Internationalprivatrecht, in: FS Leo Raape (1949) 93

BENDER, Staatshaftungsrecht (3. Aufl 1981)

ders, Sozialbindung des Eigentums und Enteignung, NJW 1965, 1297

ders, Zur gegenwärtigen Situation des Staatshaftungsrechts, Baurecht 1983, 1

ders, Die Rechtsprechung des BGH zum Staatshaftungsrecht 1984/85, JZ 1986, 838 u 888

ders, Zur staatshaftungsrechtlichen Problematik der Waldschäden, VerwArch 1986, 335

BIELENBERG, Ist die Bemessung der Enteignungsentschädigung nach dem Verkehrswert im Bundesbaugesetz verfassungswidrig?, DVBl 1974, 113

BORNHAK, Enteignungsrecht und Eigentumsbeschränkung, DJZ 1933, Sp 338

BOTHE, Enteignung, enteignungsgleicher Eingriff, Aufopferung, JuS 1976, 515

BOUJONG, Entschädigungs- und Ausgleichsansprüche im Zusammenhang mit Umweltschäden, Umwelt u Planungsrecht 1987, 81

ders, Entschädigungen für Verkehrslärmimmissionen, Umwelt u Planungsrecht 1987, 207

BRUNNER, Die zivilgerichtliche Rechtsprechung zur Enteignungsentschädigung, JBl 1975, 580

BRÜNNING, Die Aufopferung im Spannungsfeld von verfassungsrechtlicher Eigentumsgarantie und richterrechtlicher Ausgestaltung, JuS 2003, 2

BULLINGER, Die Enteignung zugunsten Privater, Der Staat Bd 1 (1962) 449

BURGI, Die Enteignung durch „teilweisen" Rechtsentzug als Prüfstein für die Eigentumsdogmatik, NVwZ 1994, 527

DEBELIUS, Die Struktur des Anspruchs aus einem rechtswidrigen enteignungsgleichen Eingriff (Diss Marburg 1968)

DEINTGER, Der Begriff der Enteignung, RVBl 1939, 269

DETTERBECK/WINDHORST/SPROLL, Staatshaftungsrecht (2000)

DIESTER, Neue Wege zur Lösung der Probleme des Enteignungsrechts, NJW 1954, 1140

ders, Enteignung und Entschädigung (1953)

ders, Wiederherstellung kriegszerstörter Gebäude und Reichsgaragenordnung, DVBl 1950, 424

DIETLEIN, Verfassungsrechtliche Probleme der Enteignungsentschädigung, DÖV 1973, 258

DITTUS, Die Enteignungsentschädigung nach heutigem Recht, NJW 1965, 2179

DÖBEREINER, Der „enteignende" Eingriff bei Immissionen, NJW 1968, 1916

DÖRR, Die neuere Rechtsprechung des Bundesverfassungsgerichts zur Eigentumsgarantie des Art 14 GG, NJW 1988, 1049

DÜRIG, Zurück zum klassischen Enteignungsbegriff, JZ 1954, 4

ders, Grundfragen des öffentlich-rechtlichen Entschädigungssystems, JZ 1955, 521

EHLERMANN, Wirtschaftslenkung und Entschädigung (1957)

EHRENFORTH, Die Enteignungsentschädigung nach Art 14 GG, DVBl 1950, 266 ff

ders, Enteignungsentschädigung und Bodenreform, DRZ 1949, 270

FORKEL, Zum „Opfer" beim Aufopferungsanspruch, JZ 1969, 7

FRENZEL, Das öffentliche Interesse als Voraussetzung der Enteignung (1978)

FRIAUF, Der Entschädigungspflichtige beim enteignungsgleichen Eingriff, in: FS Lange (1976) 963

FRITZEN, Enteignung und Entschädigungsmaßstab, RdL 1953, 5

GAEDKE, Das materielle Enteignungsrecht, DÖD 1950, 77

GANSCHEZIAN/FINCK, Enteignungsentschädigung für Vorgärten, NJW 1966, 1396

GEIGER, Zur Abgrenzung der Eigentumsbeschränkung vom Enteignungstatbestand, in: Grundeigentum – Inhalt und Schranken, Hefte der deutschen Gesellschaft für Agrarrecht (1971) 28

GELZER/BUSSE, Der Umfang des Entschädigungsanspruchs aus Enteignung und enteignungsgleichem Eingriff (2. Aufl 1980)

GIESE, Enteignung und Entschädigung früher und heute (1950)

ders, Zur Frage der Enteignungsentschädigung nach dem GG, NJW 1950, 290

ders, Enteignung durch Kollektivakt, DRiZ

Christoph Althammer

1951, 192; Enteignung ohne Ende, DRiZ
1953, 61
GRAF, Um den Enteignungsbegriff, Der Städ-
tetag 1950 Heft 5
GRAMLICH, „Privatbegünstigende" Enteignung
als Verfassungsproblem, JZ 1986, 269
GRONEFELD, Preisgabe und Ersatz des enteig-
nungsrechtlichen Finalitätsmerkmals (1972)
HAAS, Eigentum und Enteignung, MDR 1951,
650 und MDR 1952, 648
ders, System der öffentlich-rechtlichen Ent-
schädigungspflichten (1955)
HAMANN, Zur Abgrenzung von Enteignung und
Sozialbindung, NJW 1952, 401
HAUEISEN, Die Rechtsprechung über Bau-
sperren als Enteignungsmaßnahmen,
WürttStaatsAnz 1952, Nr 28
HARTUNG, Entschädigung für Straßenverkehrs-
lärmimmissionen in der Rechtsprechung des
BGH (1987)
HEIDENHAIN, Amtshaftung und Entschädigung
aus enteignungsgleichem Eingriff (1965)
E HERRMANN, Eigentum und Aufopferung
„dem Wohle des gemeinen Wesens",
in: FS Seiler (1999) 601
H P IPSEN, Enteignung und Sozialisierung,
VVDStRL 10 (1952) 74
ders, Gesetzliche Indienstnahme Privater für
Verwaltungsaufgaben, in: FS E Kaufmann
(1950) 151
JAKOB, Eingriff kommunaler Satzungen in
„Freiheit und Eigentum", DÖV 1970, 666
JANSSEN, Der Anspruch auf Entschädigung bei
Aufopferung und Enteignung (1961)
ders, Gefährdungshaftung im deutschen öffent-
lichen Recht, NJW 1962, 939
JARASS, Inhalts- und Schrankenbestimmung
oder Enteignung?, NJW 2000, 2840
JARMER, Raumordnung und Enteignung, RVBl
1942, 142
JASCHINSKI, Der Fortbestand des Anspruchs aus
enteignendem Eingriff (1997)
JELLINEK, Entschädigungspflicht für baurecht-
liche Eigentumsbeschränkungen (1929)
ders, (Urteilsbesprechung), DVBl 1951, 283
ders, Schadensersatz aus Amtshaftung und
Enteignungsentschädigung, JZ 1955, 147
JOCHUM/DURNER, Grundfälle zu Art. 14 GG,
JuS 2005, 230

KATZENSTEIN, Die Entschädigungspflicht des
Staates aus rechtswidrig schuldloser Ausübung
öffentlicher Gewalt, MDR 1952, 193
KEMMLER, Ersatzansprüche wegen Beeinträchtigungen des Eigentums, JA 2005, 156
KESSLER, Zum enteignungsgleichen Eingriff,
DRiZ 1979, 261
KIMMINICH, Die öffentlich-rechtliche Entschädigungspflicht, JuS 1969, 349
KIRCHHEIMER, Die Grenzen der Enteignung
(1930)
KONOW, Eigentumsschutz gegen Eingriffe der
öffentlichen Hand (1968)
ders, Zur Frage der Subsidiarität des Aufopferungsanspruchs, DVBl 1968, 205
ders, Schadensersatz oder Entschädigung bei
rechtswidrigen enteignungsgleichen Eingriffen?,
JR 1964, 410
KONZEN, Aufopferung im Zivilrecht (1969)
KREFT, Grenzfragen des Enteignungsrechts in
der Rechtsprechung des BGH und des BVerwG,
in: FS Heusinger (1968) 167
ders, Aufopferung und Enteignung (1968)
ders, Bemessung der Enteignungsentschädigung
nach der Rechtsprechung des BGH, WM Son-
derbeilage Nr 7/1982
ders, Öffentlich-rechtliche Ersatzleistungen
(2. Aufl 1998)
KRÖNER, Probleme der Ordnungsmäßigkeit der
Enteignung, BBauBl 1978, 124
ders, Zur Entschädigung beim Denkmalschutz,
in: FS Geiger (1989) 475
KROHN, Entschädigung für Umweltschutzmaß-
nahmen in der Landwirtschaft, Agrarrecht 1986
(Heft 12) Beil 1, 18
ders, Enteignung, Entschädigung, Staatshaftung
(1993)
KRUMBIEGEL, Der Sonderopferbegriff in der
Rechtsprechung des BGH (1975)
KULENKAMP, Die Vorwirkung der Enteignung
(Diss München 1972)
KÜLPMANN, Enteignende Eingriffe?
(Diss Köln 1999)
KUSCHMANN, Die Abgrenzung der Enteignung
und der Aufopferung von der Amtshaftung in
der Rechtsprechung des Bundesgerichtshofs,
NJW 1966, 574
KUTSCHER, Die Enteignung (1938)
KUTSCHERA, Bestandsschutz im öffentlichen

Recht: zugleich ein Beitrag zur Dogmatik des Art 14 GG (1990)

LAYER, Prinzipien des Enteignungsrechts (1902)

LECHNER, Zur Fortbildung des allgemeinen Grundenteignungsrechts, DÖV 1950, 298

LEGE, Enteignung und „Enteignung", NJW 1990, 864

ders, Enteignung als Güterbeschaffungsvorgang, NJW 1993, 2565

ders, Wohin mit den Schwellentheorien?, JZ 1994, 431

ders, Der Rechtsweg bei Entschädigung für „enteignende" Wirkungen, NJW 1995, 2745

LERCHE/SCHEUNER, Amtshaftung und enteignungsgleicher Eingriff, JuS 1961, 237

LINDNER, Die Abgrenzung zwischen Enteignung und Eigentumsbindung im Bereich des heutigen Bau- und Bodenrechts (Diss Frankfurt 1956) 63

LOY, Die zweckgebundene Entschädigung bei der Enteignung von Grundstücken, DÖV 1951, 117

LÜCKE, Wiederaufbau, Enteignung, Entschädigung, HuW 1953, 282 (Berliner Recht)

LUHMANN, Öffentlich-rechtliche Entschädigung, rechtspolitisch betrachtet (1965)

MAIWALD, Entschädigungspflichtige Eigentumseingriffe?, BayVBl 1990, 101

MAURER, Der enteignende Eingriff und die ausgleichspflichtige Inhaltsbestimmung des Eigentums, DVBl 1991, 781

MAURY, Die Enteignungsentschädigung für erhaltene Reste kriegszerstörter Gebäude, Haus- und Grundbesitz 1950, Heft 10, 7

ders, Die Entschädigung bei der Enteignung von Trümmerstellen, DVBl 1953, 73

ders, Entschädigungslose Enteignungen, MDR 1954, 144

ders, Parkauflagen, DVBl 1950, 634

ders, Ein Bundesbaugesetz, DVBl 1951, 135

MELCHINGER, Salvatorische Entschädigungsklauseln als Ausgleichsentschädigungsregeln im Sinne des Art 14 I GG, NJW 1991, 2524

MEYER/THIEL/FROHBERG, Enteignung von Grundeigentum (5. Aufl 1959)

MURSWIEK, Entschädigung für immissionsbedingte Waldschäden, NVwZ 1986, 611

MUTIUS, Eigentumsgarantie und Anspruch auf

Rückübereignung bei Nichtverwirklichung des Enteignungszwecks, VerwArch 1975, 283

NEUFANG, Das Grundstücksenteignungsrecht (1952)

OPFERMANN, Die Enteignungsentschädigung nach dem Grundgesetz (1974)

OSSENBÜHL, Staatshaftungsrecht (5. Aufl 1998)

ders, Die Struktur des Aufopferungsanspruchs, JuS 1970, 276

ders, Enteignungsgleicher Eingriff und Gefährdungshaftung im öffentlichen Recht, JuS 1971, 578

ders, Abschied vom enteignungsgleichen Eingriff?, NJW 1983, 1

ders, Der Anspruch wegen rechtswidriger Eigentumsverletzung (enteignungsgleichen Eingriffs) – eine Zwischenbilanz, in: FS Geiger (1989) 475

OSTERLOH, Eigentumsschutz, Sozialbindung und Enteignung bei der Nutzung von Boden und Umwelt, DVBl 1991, 906

PAGENDARM, Die Rechtsprechung des BGH zum RLG, NJW 1952, 1313

PAPIER, Enteignungsgleiche und enteignende Eingriffe nach der Naßauskiesungs-Entscheidung, JuS 1985, 184

ders, Zum Schicksal des enteignungsgleichen Eingriffs, NVwZ 1983, 258

ders, Abschied vom enteignungsgleichen Eingriff?, NJW 1971, 2157

ders, Aktuelle Probleme des Planungsschadensrechts nach § 44 BBauG, Baurecht 1976, 297

ders, Der enteignungsgleiche und enteignende Eingriff, Jura 1981, 65

PATHE, Zweck und Zulässigkeitsvoraussetzungen der Enteignung, BBauBl 1953, 245

PETER, Zur neueren Enteignungsrechtsprechung des BGH, JZ 1969, 549

PIETZKER, Zur Entwicklung des öffentlich-rechtlichen Entschädigungsrechts – insbesondere am Beispiel der Entschädigung von Beschränkungen der landwirtschaftlichen Produktion, NVwZ 1991, 418

REICH, Die Zwangsenteignung in Bayern, BayBgm 1952, 53

REINKEN/SCHWAGER, Die neuere Rechtsprechung des BGH zum Amtshaftungsrecht, DVBl 1986, 985

Christoph Althammer

RIDDER, Enteignung und Sozialisierung,
VVDStRL 10 (1952) 124, 174

RIEGEL, Abschied von der Sonderopfertheorie,
BayVBl 1973, 403

ders, Aktuelle eigentumsrechtliche Probleme im
Polizeirecht, BayVBl 1981, 289

ROLLER, Enteignung, ausgleichspflichtige Inhaltsbestimmung und salvatorische Klauseln,
NJW 2001, 1003

H ROTH, Der bürgerlich-rechtliche Aufopferungsanspruch als Problem der Systemgerechtigkeit im Schadensersatzrecht (2001)

RÜFNER, Die Berücksichtigung der Interessen
der Allgemeinheit bei der Bemessung der Enteignungsentschädigung, in: FS Scheuner (1973)
511

SCHACK, Aufopferungsanspruch bei Körper-
und Impfschäden, MDR 1951, 263

ders, Das Maß der Enteignungsentschädigung,
MDR 1953, 195

ders, Generelle Eigentumsentziehungen als
Enteignungen, NJW 1954, 577

ders, Öffentlich-rechtliche Entschädigung und
Schadensersatz, BB 1959, 1259

ders, Der enteignungsgleiche Eingriff, JZ 1960,
625

ders, Eigentumsschutz gewerblicher Rechtspositionen, BB 1963, 1227

ders, Neueres Schrifttum zur öffentlich-rechtlichen Entschädigung, JZ 1966, 300

ders, Das Gruppenopfer bei der Enteignung,
NJW 1967, 613

ders, Bürgerlich-rechtlicher und öffentlich-rechtlicher Entschädigungsanspruch bei
Immissionen, NJW 1968, 1914

ders, Enteignung öffentlicher Wege zugunsten
Privater, DVBl 1965, 588

ders, Entschädigung bei „legislativem
Unrecht"?, MDR 1953, 514

ders, Der für den Aufopferungsanspruch neben
der Enteignungsentschädigung verbleibende
Raum, JZ 1956, 425

ders, Enteignung „nur zum Wohle der Allgemeinheit", BB 1961, 74

ders, Die Enteignungstheorie des Bundesverwaltungsgerichts, NJW 1963, 750

ders, Enteignungsentschädigung bei nicht
beabsichtigten Schäden, DÖV 1965, 616

ders, Der Einfluß des Gesetzgebers auf den
Aufopferungsanspruch, DÖV 1967, 613

SCHACK/MÜNCH/KNOLL/REINHARDT, Gutachten, in: 41 DJT 1955 Bd I

SCHAUMANN, Enteignung und Enteignungsentschädigung, JZ 1960, 142

SCHENKE, Staatshaftung und Aufopferung – Der
Anwendungsbereich des Aufopferungsanspruchs, NJW 1991, 1777

ders, Der Rechtsweg für die Geltendmachung
von Ausgleichsansprüchen im Rahmen der
Sozialbindung des Eigentums, NJW 1995, 2745

SCHERZBERG, Die Subsidiarität des „enteignungsgleichen Eingriffs", DVBl 1991, 84

SCHEUNER, Grundlagen und Art der Enteignungsentschädigung, in: REINHARDT/SCHEU-
NER, Verfassungsschutz des Eigentums (1954) 63

ders, Die Abgrenzung der Enteignung, DÖV
1954, 587

SCHICK, Untergesetzliche Rechtssätze als Ent-
eignungsnormen, DVBl 1962, 774

SCHLETTE, Aktuelle Probleme der ausgleichspflichtigen Inhalts- und Schrankenbestimmung,
JuS 1996, 204

SCHLICK, Neuere Rechtsprechung des BGH zur
Amtshaftung und zur Entschädigung aus enteignungsgleichem Eingriff im Zusammenhang
mit dem Baurecht, BauR 2008, 290

R SCHMIDT, Staatshaftung f Waldschäden, ZRP
1987, 345

SCHMIDT/ASSMANN, Formen der Enteignung,
JuS 1986, 833

ders, Zur Dogmengeschichte und jüngeren
Entwicklung der Enteignungsentschädigung, in:
FS W Weber (1974) 589

ders, Öffentlich-rechtlicher Grundeigentums-
schutz und Richterrecht, in: Richterliche
Rechtsfortbildung, in: FS d Jur Fakultät Heidelberg (1986) 107

ders, Bemerkungen zum Boxberg-Urteil des
BVerfG, NJW 1987, 1587

SCHMITT/KAMMLER, Enteignungsentschädigung
und staatliche Unrechtshaftung, in: FS E Wolf
(1985) 595

ders, Das „Sonderopfer" – ein lebender Leich-
nam im Staatshaftungsrecht?, NJW 1990, 2515

E SCHNEIDER, Enteignung und Aufopferung
(1964)

ders, Globalentschädigung bei Verstaatlichungsmaßnahmen, JZ 1952, 407

ders, Eingriffsschwere oder Einzelakt? Die hintergründigen Entscheidungskriterien in der Enteignungsrechtsprechung des BGH, DÖV 1965, 292

SCHOCH, Die Eigentumsgarantie des Art 14 GG, Jura 1989, 113

ders, Rechtliche Konsequenzen der neuen Eigentumsdogmatik für die Entschädigungsrechtsprechung des BGH, in FS Boujong (1996) 655

SCHREIBER, Beschränkt dingliche Rechte, Jura 2006, 270

ders, Der nachbarrechtliche Ausgleichsanspruch im Sachenrecht, Jura 2011, 263

SCHULTE, Enteignung und privatrechtliche Aufopferung, DVBl 1965, 386

SCHULTHES, Die Höhe der Enteignungsentschädigung (Diss Köln 1965)

SCHULTZ, Enteignungsentschädigung nach dem Grundgesetz, BB 1951, 12

SCHULZE/OSTERLOH, Entschädigungspflichtige Inhalts- und Schrankenbestimmung des Eigentums und Enteignung, NJW 1981, 2537

dies, Das Prinzip der Eigentumsopferentschädigung im Zivilrecht und im Öffentlichen Recht (1980)

SCHUMACHER, Schutz des Eigentums, ZHK 113, 166

ders, Der Begriff der Enteignung, NJW 1951, 53

SCHWABE, Die Enteignung in der neueren Rechtsprechung des BVerfG, JZ 1983, 273

ders, Die Misere des Enteignungsbegriffs, in: FS Thieme (1993) 251

SEIDL/HOHENVELDERN, Konfiskation und Enteignung im internationalen Privatrecht (1952)

ders, Getarnte Konfiskation von Auslandsvermögen, BB 1953, 837

SELLSCHOPP, Zur Frage der Entschädigung in der Bodenreform, DÖV 1952, 242

SPYRIDAKIS, Gedanken über einen allgemeinen privatrechtlichen Aufopferungsanspruch (1977) 241

STEFFEN, Der Aufopferungsanspruch in der Rechtsprechung des Bundesgerichtshofs, DRiZ 1967, 110

STÖDTER, Zur Frage der öffentlich-rechtlichen Entschädigung, RVBl 1934, 518

ders, Öffentlich-rechtliche Entschädigung (1933)

ders, Über den Enteignungsbegriff, DÖV 1953, 97 u 136

SURÉN, Entschädigungspflichtige Enteignung oder entschädigungslose Eigentumsbindung, HuW 1951, 414

THOMA/WOLTER, Zweckentfremdung und Enteignung, MDR 1958, 203

WÄCHTER, Zivilrechtliche Zweifelsfragen und Unklarheiten beim Verfall (§§ 73 ff StGB), StraFo 2006, 221

WAGNER, Der Haftungsrahmen in der Lehre vom Sonderopfer, in: FS Jahrreiß (1964) 441

ders, Kritik an der Rechtsprechung zum Enteignungsrecht, DRiZ 1965, 114

ders, Eingriff und unmittelbare Einwirkung im öffentlich-rechtlichen Entschädigungsrecht, NJW 1966, 569

ders, Die Abgrenzung von Enteignung und enteignungsgleichen Eingriffen, NJW 1967, 2333

WARTH/PLENK, Eigentum im Zivil- und Steuerrecht, Steuer und Studium 2009, 61

WENZEL, Der Störer und seine verschuldensunabhängige Haftung im Nachbarrecht, NJW 2005, 241

WEYREUTHER, Die Bedeutung des Eigentums als abwägungserheblicher Belang bei der Planfeststellung nach dem Bundesfernstraßengesetz, DÖV 1977, 419

ders, Probleme der Rechtsprechung zum Enteignungsverfahren, DVBl 1972, 93

ders, Über die Verfassungswidrigkeit salvatorischer Entschädigungsregelungen im Enteignungsrecht (1980)

WIGGINGHAUS, Die Rechtsstellung des enteigneten Grundeigentümers (Diss Bielefeld 1978)

WILHELM, Grundsätze des materiellen Enteignungsrechts, DÖV 1965, 397

ZINKAHN, Wichtige Probleme des Baurechts, insbes des Enteignungsrechts, DWohnW 1951, 136

ders, Außenwerbung und BaugestaltungsVO, DÖV 1953, 161

ders, Die Novelle zum Bundesbaugesetz – ein weiterer Schritt zur Reform des Bodenrechts, BBauBl 1974, 375

ZUCK, Gewerbebetrieb und Enteignungsentschädigung (1971).

Christoph Althammer

Systematische Übersicht

Alphabetische Übersicht

I. Einführung. Überblick über den dritten Abschnitt des Sachenrechts: Eigentum

1. Eigentum iSd BGB

Der dritte Abschnitt des dritten Buches ist dem **Eigentum** als dem im Zentrum des **1** sachenrechtlichen Systems stehenden, „vollkommensten und wichtigsten" Recht (Mot III 22 = MUGDAN III 13) gewidmet. In den Regelungen dieses Abschnittes kommen folgende Grundprämissen des Gesetzgebers zum Ausdruck:

a) Eigentum ist in römisch-rechtlicher Tradition als das **Vollrecht** an einer Sache **2** zu verstehen; der Eigentümer vereinigt in sich alle Befugnisse an einer Sache. Eigentum ist demnach „das umfassendste Herrschaftsrecht, das die Rechtsordnung an einer Sache zuläßt" (WOLFF/RAISER § 51 II). Einzelbefugnisse, etwa zur Nutzung oder zum Gebrauch, lassen sich nicht als Eigentumsrechte auf verschiedene Personen übertragen. Die Lehre vom geteilten Eigentum (Obereigentum, Nutzungseigentum ua) hat keine Gefolgschaft erfahren (vgl zu dieser Diskussion auch PAPIER, in:

MAUNZ/DÜRIG [2014] Art 14 GG Rn 26 und zu verschiedenen Konstruktionen in der Urheber-
rechtstheorie [„Schöpfungseigentum"] auch JÄNICH, Geistiges Eigentum: eine Komplementärerscheinung zum Sacheigentum? [2002] 170 ff; KERN, Typizität als Strukturprinzip des Privatrechts
[2013] 112). Teilberechtigungen an einer Sache existieren nur in Gestalt beschränkt
dinglicher Rechte, welche vom Eigentumsrecht abgespalten werden (Mot III 262 =
MUGDAN III 145).

3 b) Anknüpfungspunkt ist ein **enger Sachbegriff**. Sachen sind gem § 90 als körperliche Gegenstände zu verstehen (zur Einschränkung des Sachbegriffs durch § 90a – Tiere – vgl
STAUDINGER/SEILER [2012] Einl 16 zum SachenR; NK-BGB/RING § 903 Rn 10 f; EICHENHOFER
NJW 2008, 2828 f). Der in anderen Rechtsordnungen und auch in der Reichsverfassung
von 1871 (Art 4 Nr 6: „geistiges Eigentum") weiter gefasste Eigentumsbegriff wurde
also nicht übernommen (Mot III 257 = MUGDAN III 142; WÜRTHWEIN, Schadensersatz für
Verlust der Nutzungsmöglichkeit einer Sache oder für entgangene Gebrauchsvorteile? [2001] 76).
Eigentum kann es demnach nur an Sachen in diesem eng begriffenen Sinn geben –
im Gegensatz etwa zu anderen dinglichen Rechten wie Nießbrauch und Pfandrecht,
die auch an Rechten bestehen können (WOLF/WELLENHOFER, Sachenrecht[29] § 2 Rn 14).

4 c) Der Eigentumsinhalt kennt auch Grenzen. Wenn das Eigentum als das Vollrecht an einer Sache zu verstehen ist, bedeutet dies nicht, dass sein Inhalt unbegrenzt
ist. Eigentum, insbesondere an Grundstücken, ist in vielfältiger Weise beschränkt.
Den Gesetzesverfassern war, wie die Materialien belegen (Mot III 257 ff = MUGDAN
III 142 ff), bewusst, dass die Beschreibung des Eigentumsinhalts in einer Beschreibung seiner **zahlreichen Beschränkungen** besteht; vgl unten Rn 51 ff. Ein pflicht-
ungebundenes zivilrechtliches Eigentum existiert also nicht (so aber O DEPENHEUER,
in: FS Leisner [1999] 284 f; mit Recht kritisch O LEPSIUS, Besitz und Sachherrschaft im Öffentlichen
Recht [2002] 138 f (Fn 10)). Andererseits machen es diese Überlegungen nicht notwendig, das Eigentum von vornherein nur „als ‚Bündel' rein relativer, interpersonaler
Rechtsbeziehungen" zu verstehen, „so dass im Ergebnis sowohl der unmittelbare
Sachbezug der dinglichen Rechte als auch der Unterschied zwischen dinglichen und
obligatorischen Rechten obsolet" würde (so aber zur in den USA entstandenen Bündeltheorie AUER, Der privatrechtliche Diskurs der Moderne [2014] 120 ff, unter Rekurs auf HOHFELD
23 Yale L J, 16 ff).

2. Aufgaben des Gesetzgebers

5 Nach diesen Prämissen waren dann die Regelungsaufgaben für den Gesetzgeber
klar: Der Inhalt des Eigentums musste bestimmt werden *(Erster Titel)*. Nach der
Entscheidung für das Grundbuchsystem waren getrennt nach Grundstücken und
beweglichen Sachen Regelungen über den Erwerb und den Verlust des Eigentums
notwendig *(Zweiter* und *Dritter Titel)*. Unerlässlich war es ferner, den privatauto-
nomen Schutz des Eigentums durch Gewährung von Ansprüchen aus dem Eigentum
zu gewährleisten *(Vierter Titel)*. Schließlich haben die Gesetzgeber sich nach eingehender Rechtfertigung (Mot III 434 f = MUGDAN III 242) für die Zulässigkeit der
Mitberechtigung mehrerer Personen an einer Sache in der Form des Miteigentums
entschieden *(Fünfter Titel)*.

II. Überblick über den ersten Titel des dritten Abschnittes: Inhalt des Eigentums

1. Eigentum als das Vollrecht an einer Sache

Wie viele andere kontinentale Zivilrechtsordnungen versteht das BGB das Eigen- **6** tum als das umfassende Voll- oder Herrschaftsrecht an einer Sache (vgl etwa für die Schweiz Art 641 S 1 ZGB: beliebige Verfügungsbefugnis in den Schranken der Rechtsordnung; für Frankreich Art 543, 544 Code civil *[propriété]*; für Österreich §§ 353, 354 ABGB: „Befugniß, mit der Substanz und den Nutzungen einer Sache nach Willkühr zu schalten, und jeden Andern davon auszuschließen"). Dies wird nicht im strengen Sinne einer Definition zum Ausdruck gebracht, sondern die Eingangsvorschrift des § 903 normiert nur den wesentlichen Inhalt der dem Eigentümer zustehenden Rechte. Da die dort erwähnten umfassenden Befugnisse fast denknotwenig mit den entsprechenden Befugnissen der Eigentümer anderer Sachen kollidieren, waren einschränkende Regelungen notwendig. Auch nach den Gesetzesverfassern war selbstverständlich, dass ein umfassendes Herrschaftsrecht in einer Rechtsordnung nicht ohne Grenzen existieren kann (eingehend auch O LEPSIUS, Besitz und Sachherrschaft im Öffentlichen Recht [2002] 139 f). Ein wesentliches Thema des ersten Titels ist demnach die Frage nach Art und Umfang der Eigentumsbeschränkungen.

2. Eigentumsbeschränkungen

a) Allgemeine Beschränkungen des Eigentums

Die Gesetzesmaterialien (Mot III 258 = MUGDAN III 143) unterscheiden deutlich **7** danach, ob solche Beschränkungen allgemeiner Art sind, also „zugunsten eines jeden lauten, der durch seine Tätigkeit in den räumlichen Herrschaftsbezirk des Eigentümers hineinwirkt", oder ob sie speziell nachbarrechtlicher Art sind, also zu Lasten des einen und zugunsten des anderen Nachbarn wirken. Die wichtigste allgemeine Beschränkungsnorm findet sich in § 903 selbst, insofern als nach dem einschränkenden Nebensatz der Vorschrift das Gesetz (insbesondere in Gestalt von Normen des öffentlichen Rechts, F BAUR AcP 176 [1976], 97) oder die Rechte Dritter die Eigentümerbefugnisse begrenzen, wobei neuerdings über eine Ausweitung des Wortlauts nachgedacht wird (so mit Blick auf richterrechtliche Eigentumsbeschränkungen BERGNER, Eigentumsbeschränkungen außerhalb von Gesetzen und Rechten Dritter [2013] 140, siehe unten § 903 Rn 5). Die Liste der allgemeinen Beschränkungen wird fortgesetzt und endet mit dem Angriffsnotstand des § 904, der besagt, dass der Eigentümer Sacheingriffe in Notsituationen unter bestimmten Voraussetzungen zu dulden hat. Bewegliche als auch unbewegliche Sachen betreffende allgemeine Beschränkungen können schließlich §§ 138, 226 bis 229 und 826 entnommen werden.

b) Insbesondere: das Nachbarrecht

Für das Eigentum an Grundstücken existieren überdies besondere Regelungen, die **8** im Folgenden näher erläutert werden. An sich ergibt sich bereits aus der in § 903 enthaltenen allgemeinen Beschränkungsnorm, dass die Befugnisse des Grundstückseigentümers dort ihre Grenzen finden, wo das Grundstückseigentum eines anderen beeinträchtigt wird und dessen Eigentumsschutz einsetzt. Insoweit hat diese Norm auch für die Rechtsbeziehungen zwischen Grundeigentümern besondere Bedeutung.

Gleichwohl existieren zwischen benachbarten Grundstücken spezielle Sachproble-
me, die nach speziellen rechtlichen Lösungen verlangen (vgl SOERGEL/BAUR[13] Rn 44).

In den Gesetzesmaterialien wird dazu erläutert, dass Grundstücke – anders als
bewegliche Sachen – „im Raume eine unveränderliche Lage" einnehmen, „keine
gesonderte Existenz" führen, „Teil eines zusammenhängenden Ganzen sind"
(Mot III 258 = MUGDAN III 142) und dass daher eine Regelung der Eigentümerbefugnisse bei Grundstücken besonders dringlich erscheinen muss. Das damit angesprochene Nachbarrecht ist in den §§ 906 ff bewusst lückenhaft gefasst. Die Gesetzesverfasser wollten „nur ein solches Maß von Eigentumsbeschränkung" bestimmen,
„das für alle lokalen Verhältnisse passt" (Mot III 259 = MUGDAN III 143). Die besonderen lokalen Bedürfnisse dagegen sollten in den Landesgesetzen berücksichtigt
werden. Die meisten Länder haben von der ihnen zugestandenen Kompetenz
(Art 124 EGBGB) Gebrauch gemacht und umfassende Nachbargesetze erlassen (vgl
bereits STAUDINGER/SEILER [2012] Einl 95 f, 100 zum SachenR), sodass für die privatrechtlichen Verhältnisse zwischen Nachbargrundstücken sowohl das BGB als auch Landesrecht gilt (vgl auch die umfassende Übersicht über landesrechtliche Nachbargesetze bei STAU-
DINGER/RAWERT [2012] Art 124 EGBGB Rn 13 f).

Zu nennen sind etwa für Baden-Württemberg das Gesetz über das Nachbarrecht idF
vom 8. 1. 1996 (GBl 54), zuletzt geändert durch Gesetz vom 1. 7. 2004 (GBl 469), für
Berlin das Nachbarrechtsgesetz vom 28. 9. 1973 (GVBl 1654), geändert durch Gesetz
vom 11. 7. 2006 (GVBl 819), für Brandenburg das Nachbarrechtsgesetz vom 28. 6.
1996 (GVBl I 226), geändert durch Gesetz vom 30. 11. 2007 (GVBl I 193), für Hessen
das Nachbarrechtsgesetz vom 24. 9. 1962 (GVBl 417), geändert durch Gesetz vom
10. 12. 2009 (GVBl I 631). Weitere Nachbarrechtsgesetze kennen Niedersachsen,
Nordrhein-Westfalen, Rheinland-Pfalz, Saarland, Sachsen, Sachsen-Anhalt, Schleswig-Holstein und Thüringen (vgl im Einzelnen bei STAUDINGER/RAWERT [2012] Art 124 EG-
BGB Rn 13 f). Des Weiteren sind nachbarrechtliche Regelungen etwa für Baden-
Württemberg im AGBGB vom 26. 11. 1974 (GBl 498), geändert durch Gesetz vom
23. 11. 2010 (GVBl 738) enthalten. Für Bayern gilt Gleiches für das AGBGB vom
20. 9. 1982 (GVBl 803), geändert durch Gesetz vom 29. 7. 2010 (GBl 555). Ähnliche
Regelungen des AGBGB finden sich für Berlin, Brandenburg, Bremen, Hamburg,
Hessen, Niedersachsen, Rheinland-Pfalz, Schleswig-Holstein und Thüringen, vgl
AGBGB vom 3. 12. 2002 (GVBl 424), geändert durch Gesetz vom 25. 11. 2004 (GVBl
853).

Nachbarrechtliche Bestimmungen kommen in analoger Anwendung auch im Verhältnis von Mit- oder Wohnungseigentümern, welche eine Alleinnutzung abgegrenz-
ter Gartenteile verabreden, zur Anwendung (BGHZ 174, 20 Rn 8 ff = NJW 2007, 3636).
Denn durch die Einräumung von Sondernutzungsrechten kann eine ähnliche Interessenlage wie zwischen Grundstücksnachbarn entstehen.

9 Das BGB enthält in den §§ 905 ff nur bruchstückhafte Regelungen über die räumlichen Beziehungen zwischen Nachbargrundstücken. So regelt § 905 S 1 etwa die
Thematik der vertikalen Erstreckung des Eigentums „nach oben und unten". Sachlich betreffen diese Vorschriften so unterschiedliche Gegenstände wie Immissionen,
Überbau, Notweg, ferner gefahrdrohende Bauten und Erdeingriffe sowie Einrichtungen und Pflanzen im Grenzbereich. Die Wirkungen der gesetzlichen Anordnung

bestehen naturgemäß meist darin, dass die Beschränkung des Eigentums einerseits eine Bestätigung der Eigentumsbefugnisse für den begünstigten Nachbarn andererseits bedeutet. Es ist dann im praktischen Ergebnis nicht von Belang, ob die gesetzliche Kollisionsentscheidung negativ als Verbot (zB der Vertiefung in § 909) zu Lasten des beschwerten Eigentümers oder positiv/offensiv als Unterlassungsanspruch (zB bei gefahrdrohenden Anlagen nach § 907) zugunsten des Nachbareigentümers gefasst ist; das Gesetz benutzt, wie gezeigt, beide Möglichkeiten.

Ein Überblick über die gesetzlichen Regelungen des Interessenausgleichs unter **10** Nachbarn im Einzelnen ergibt folgendes: Relativ selten wird das Eigentum ohne Entschädigung beschränkt. Das kommt vor (BAUR/STÜRNER[18] § 25 B II Rn 3: wegen mangelnden Eigeninteresses des Eigentümers) bei unwesentlichen Beeinträchtigungen durch Immissionen (§ 906 Abs 1), bei Einwirkungen über oder unter der Oberfläche iSd § 905 S 2 (nicht zum Nachbarrecht gehörig). – Mehrfach wird die Eigentumsbeschränkung iSd allgemeinen Aufopferungsgedankens (BAUR/STÜRNER[18] § 25 C Rn 4: aus überwiegendem Einwirkungsinteresse des Nachbarn) mit einer Entschädigung verbunden, so bei ortsüblichen Immissionen iSd § 906 Abs 2, beim entschuldigten Überbau (§§ 912–916), beim Notweg (§§ 917 f). Für einen Sonderfall wird die Eigentümerbefugnis nicht beschränkt, sondern ausdrücklich bestätigt (Verbot der Zuführung unwägbarer Stoffe durch besondere Leitung, § 906 Abs 3).

Weiter wird bei bestimmten Sachlagen der Eigentumsschutz gegenüber Nachbargrundstücken vorverlegt und ein vorbeugender Rechtsschutz zugelassen. Das gilt für die Herstellung oder Haltung gefahrdrohender Anlagen (§ 907) und bei drohendem Gebäudeeinsturz (§ 908). – In Bagatellsachen bemüht das Gesetz sich um eine vereinfachte Konflikterledigung; in diesem Sinne sind das Selbsthilferechte bei störenden Wurzeln und Zweigen (§ 910) sowie der Eigentumsentzug bei Überfallfrüchten (§ 911) zu verstehen.

Den seit jeher vorkommenden Unklarheiten und Schwierigkeiten im Zusammenhang mit den Grundstücksabgrenzungen sollen mehrere Vorschriften entgegenwirken. So wird ein Anspruch auf gemeinschaftliche Setzung fester Grenzzeichen gewährt (§ 919). Bei Grenzunklarheiten soll eine Grenzscheidungsklage helfen (§ 920). Die beiderseitigen Benutzungsrechte an Grenzanlagen, Grenzbäumen und -sträuchern werden in §§ 921–923 geregelt. – Schließlich zieht § 924 mit der Anordnung der Unverjährbarkeit bestimmter nachbarrechtlicher Ansprüche die Konsequenz aus der Tatsache, dass solche Ansprüche ständig neu entstehen (vgl näher STAUDINGER/ROTH [2015] § 924 Rn 1 f).

III. Arten des Eigentums, Vorbemerkung

Die Bezeichnung „Eigentum" kommt außer in den §§ 903 ff noch in anderen Be- **11** reichen des bürgerlichen Rechts vor. Darüber hinaus wird sie auch in Rechtsgebieten außerhalb des bürgerlichen Rechts verwandt. So kennt das Verwaltungsrecht das öffentliche Eigentum, das Verfassungsrecht das Eigentum iSv Art 14 GG, das Steuerrecht das wirtschaftliche Eigentum und das Wirtschaftsrecht das geistige Eigentum. Gemessen an der klaren Begriffsbildung des privaten Sachenrechts, das unter dem Eigentum das Vollrecht an einer Sache versteht, verdienen nicht alle diese Anwendungsfälle die Bezeichnung als Eigentum. Vielmehr besteht in der Rechtssprache offensichtlich eine gewisse Neigung, das Wort gewissermaßen als sprachliches Kürzel allgemein für Rechtspositionen an Gegenständen mit gewichtigen Einzelbefugnissen zu verwenden (vgl zu der inhaltlich von vornherein sehr weit verstandenen Begrifflichkeit *property* im angloamerikanischen Recht JÄNICH, Geistiges Eigentum – Eine Komplementärerscheinung zum Sacheigentum? [2002] 59 ff; AUER, Der privatrechtliche Diskurs der Moderne [2014] 93 ff). Über die einzelnen Verwendungsarten unterrichten die folgenden Abschnitte IV–VII (Rn 12 ff).

IV. Bürgerlich-rechtliches Eigentum

12 Im bürgerlichen Recht gibt es die folgenden Arten des Eigentums:

1.   Alleineigentum (§ 903); dazu vgl § 903 Rn 2.

2.   Miteigentum nach Bruchteilen

Damit gemeint ist die Mitberechtigung mehrerer Eigentümer einer ungeteilten Sache zu ideellen (rechnerischen) Bruchteilen (§§ 1008 ff). Die Bruchteile selbst sind Eigentum im Rechtssinne (BGHZ 36, 368; SOERGEL/STÜRNER[13] vor § 1008 Rn 1 ff; VIEWEG/WERNER, Sachenrecht [2013] § 3 Rn 10 f). Das Miteigentum ist eine Unterart der Bruchteilsgemeinschaft gem §§ 741 ff. Hinsichtlich des einzelnen Bruchteils existiert eine freie Verfügungsbefugnis der jeweiligen Miteigentümer (§ 747 S 1). Miteigentum gelangt durch rechtsgeschäftliche Begründung oder durch gesetzliche Anordnung (§§ 947 Abs 1, 948, 963, 984) zur Entstehung. Aus der ebenfalls entstehenden Miteigentümergemeinschaft resultieren eine Reihe von Rechten und Pflichten (BGHZ 115, 1, 7 f; BGH NJW 2007, 2255 ff). Zweifelhaft erscheint deswegen, ob auf den Miteigentumsanteil auch verzichtet werden kann (verneinend BGHZ 115, 1, 7 ff = NJW 1991, 248; BGH NJW 2007, 2254).

3.   Gesamthandseigentum

Das **Gesamthandseigentum** betrifft die Berechtigung einer Gemeinschaft zur gesamten Hand an einer Sache (MünchKomm/SÄCKER[6] § 903 Rn 16; VIEWEG/WERNER, Sachenrecht [2013] § 3 Rn 11). Anders als beim Miteigentum nach Bruchteilen vermag der Gesamthandseigentümer nicht über seinen Anteil an der gesamthänderischen Verbindung eigenständig zu verfügen. Denn als Eigentümer der Sache sind alle Mitglieder in ihrer gesamthänderischen Verbindung zu begreifen. Solche Gesamthandsgemeinschaften sind: die BGB-Gesellschaft (§§ 705 ff) mit Ausnahme der BGB-Innengesellschaft, die OHG (§§ 105 ff HGB), die KG (§ 161 HGB), das Gesamtgut bei der (fortgesetzten) ehelichen Gütergemeinschaft (§§ 1416, 1485), die Miterbengemeinschaft (§ 2032), der nicht rechtsfähige Verein (§ 54). Im Unterschied zum bloßen „Haben und Halten", wie es für die Bruchteilsgemeinschaft prägend ist, besteht beim Gesamthandseigentum ein weitergehender (gesellschaftsrechtlicher) Zweck (vgl auch VIEWEG/WERNER, Sachenrecht [2013] § 3 Rn 11). Alle Gesamthänder können jedoch über die gesamte Sache gemeinschaftlich verfügen.

4.   Wohnungseigentum

Im Zusammenhang mit dem Eigentumsbegriff sind auch das **Wohnungseigentum** bzw das **Teileigentum** zu nennen (§ 1 Abs 1, 2, 3 Wohnungseigentumsgesetz [WEG] vom 15. 3. 1951 [BGBl I 175]; wesentlich reformiert durch das Wohnungseigentumsänderungsgesetz vom 26. 3. 2007 [BGBl I 370]; näher zur Gesetzgebungsgeschichte LECHNER NZM 2005, 604 ff; NIEDENFÜHR NJW 2007, 1841). In rechtsdogmatischer Hinsicht handelt es sich um Ausnahmen vom Grundsatz (§§ 93, 94), wonach wesentliche Bestandteile nicht Gegenstand besonderer Rechte sind (VIEWEG/WERNER, Sachenrecht [2013] § 3 Rn 13). **Wohnungseigentum** ist gemäß § 1 Abs 2 WEG das Sondereigentum an einer Wohnung in Verbindung mit dem Miteigentumsanteil an dem gemeinschaftlichen Eigentum, zu dem es gehört. Wohnungseigentumsgemeinschaften werden vorrangig auf der Ebene des Privatrechts geschützt (VGH München ZWE 2013, 293 f). Die Gemeinschaft der Wohnungseigentümer ist nach der Judikatur rechtsfähig, soweit sie bei der Verwaltung des gemeinschaftlichen Eigentums am Rechtsverkehr teilnimmt (BGH NJW 2005, 2061; NJW 2006, 2087, 2088; BRIESEMEISTER ZWE 2006, 15; DEMHARTER NZM 2006, 81, 82). Nach § 1 Abs 1, 2, 6 WEG finden die Vorschriften über das Wohnungseigentum auch entsprechende Anwendung auf das **Teileigentum**, das an nicht zu Wohnzwecken dienenden Räumen eines Gebäudes begründet werden kann. Bis zum Inkrafttreten des BGB war in Teilen des Deutschen Reiches, besonders in Württemberg, zudem das **Stockwerkseigentum** verbreitet (näher LECHNER NZM 2005, 604 ff; BOGENSCHÜTZ BWNotZ 2002, 58; vgl bereits THÜMMEL JZ 1980, 125; ZEPPERER BWNotZ 1985, 49). Das BGB hat die Neubegründung von Stockwerkseigentum verboten (Art 189 Abs 1 S 3 EGBGB), das bis dahin bestehende Stockwerkseigentum jedoch ausdrücklich aufrechterhalten (Art 182 EGBGB). Zwischen 1900 und 1951 war demnach die Neubegründung von Stockwerks-/Wohnungseigentum ausgeschlossen.

5. Bergwerkseigentum

Darunter ist das Recht zu verstehen, innerhalb eines bestimmten Bewilligungsfeldes Bodenschätze zu gewinnen und sich anzueignen sowie bestimmte vorbereitende und nachfolgende Tätigkeiten vorzunehmen (§§ 8, 9 Bundesberggesetz [BBergG] vom 13. 8. 1980 [BGBl I 1310], zuletzt geändert durch Gesetz vom 7. 8. 2013 [BGBl I 3154]; vgl dazu BGHZ 178, 90 = BGH NJW 2009, 762; BAUR/STÜRNER[18] § 30 Rn 1 ff; KÜHNE, in: FS Säcker [2011] 105, 109 ff; ausführlich RING NotBZ 2006, 37; VIEWEG/WERNER, Sachenrecht [2013] § 3 Rn 14). Nach der Reform des Bergrechts durch das BBergG wird allerdings bezweifelt, ob das neue Bergwerkseigentum noch dem Privatrecht zuzurechnen ist (vgl STAUDINGER/SEILER [2012] Einl 94 zum SachenR). Nach § 8 Abs 2 BBergG sind die für Ansprüche aus dem Eigentum geltenden Vorschriften des bürgerlichen Rechts entsprechend anzuwenden. Nach der Judikatur stellt sich das Bergwerkseigentum als eine der Beleihung zugängliche Erweiterung der nicht beleihbaren Bewilligung nach § 8 Abs 1 BBergG dar (siehe zur Bedeutung von § 906 Abs 2 S 2 BGB in diesem Zusammenhang BGH NJW 2009, 762 Rn 12: „Funktionell ersetzt der so verstandene Ausschließlichkeitscharakter von Bewilligung und Bergwerkseigentum die im horizontalen Grundstücksnachbarverhältnis bestehenden, in den §§ 904 ff BGB – insbesondere in § 906 BGB – bestimmten Duldungspflichten"). Vgl zum wirtschaftlichen Eigentum an einem bergfreien Bodenschatz aus steuerrechtlicher Sicht BFH BB 2012, 2940 mAnm OSTERLOH.

6. In Rechtsprechung und Rechtslehre wird eine Reihe **weiterer Eigentums-** **13** **bezeichnungen** verwendet, die unterschiedliches Gewicht haben. Trotz der Einbeziehung neuer technischer Entwicklungen wird die Existenz eines selbständigen „Dateneigentums" aber bisher überwiegend verneint (vgl zur Diskussion DORNER CR

2014, 617; **aA** HOEREN MMR 2013, 486; vgl zur Teilverdinglichung von Internetdomains KREBS/
BECKER JZ 2009, 932). Vgl zur Frage, inwieweit bloße Informationen einen Schutzgegenstand der Rechtsordnung darstellen ZECH, Information als Schutzgegenstand
(2012) 20 ff.

a)   Allgemein anerkannt ist auch der Begriff des **Sicherungseigentums** an beweglichen Sachen als Instrument der Kreditsicherung. Dieses wird zwar nach den Über-
eignungsvorschriften der §§ 929, 930 erworben, ist seiner Funktion nach aber nur ein
im BGB nicht vorgesehenes (vgl §§ 1205 f) besitzloses Pfandrecht. Der formellen
Eigentümerposition des Sicherungsnehmers steht die wirtschaftliche Position des
Sicherungsgebers gegenüber (so STAUDINGER/WIEGAND [2011] Anh zu §§ 929–931 Rn 21).
Daher folgt das Sicherungseigentum, besonders was den Schutz sowie die Behandlung in der Zwangsvollstreckung und in der Insolvenz angeht, eigenständigen Regeln, welche von der Eigentumsordnung abweichen. Nach Auffassung des BGH
stellt das Sicherungseigentum kein volles und ungebundenes Eigentum dar. Stattdessen verbleibt die Nutzungsmöglichkeit regelmäßig bei dem Sicherungsgeber, um
diesem die Fortführung des Betriebes zu ermöglichen (BGH NJW 2007, 216 = JuS 2007,
490). Art und Umfang des Verwertungsrechts des Sicherungsnehmers ergeben sich in
erster Linie aus den der Sicherungsübereignung zu Grunde liegenden Vereinbarungen. Weitere Verwertungsarten als die Veräußerung (wie die Nutzungsziehung, den
Verfall des Sicherungseigentums oder den Selbsteintritt des Sicherungsnehmers) soll
dies nicht erfassen (BGH NJW 2007, 216 = JuS 2007, 490). Abweichendes gilt nur, wenn
die Parteien dies in der Sicherungsabrede vereinbart haben (BGH NJW 2007, 216 =
JuS 2007, 490). Diese restriktive Sichtweise der Rechtsprechung führt dazu, dass der
Begriff des Sicherungseigentums von vornherein einen von § 903 abweichenden
Inhalt besitzt (ähnlich wohl LORENZ LMK 2006, 204400 „Es ist ja gerade Wesen und wirtschaftlicher Zweck der Sicherungsübereignung, als besitzloses Sicherungsrecht dem Sicherungsnehmer nur
das ‚nackte' Eigentum, nicht aber die Nutzungsmöglichkeit zuzuweisen, die beim Sicherungsgeber
verbleiben soll"). Das Sicherungseigentum stellt ein selbständiges Rechtsinstitut dar,
das auch in der Lehrbuch- und Kommentarliteratur in umfangreichen und geschlossenen Abschnitten gewürdigt wird, wenngleich dort meist nur vom rechtsgeschäftlichen Begründungsakt („Sicherungsübereignung") und weniger von der sachlich
passenden Bezeichnung des Rechtes selbst („Sicherungseigentum") die Rede ist.
Mit dem Sicherungseigentum ist der gesetzliche Typenkatalog des Sachenrechts
gewohnheitsrechtlich erweitert worden (nähere Angaben in STAUDINGER/WIEGAND [2011]
Anh zu §§ 929–931; MünchKomm/OECHSLER⁶ [2013] Anh §§ 929–936; VIEWEG/WERNER [2013] § 12
Rn 1 ff).

14 b)   Bei weiteren in diesem Zusammenhang verwendeten Eigentumsbezeichnun-
gen lässt die inhaltliche sowie terminologische Präzision und Praktikabilität mitunter
zu wünschen übrig. Dies gilt etwa für die Kategorie der **Treuhandgeschäfte**, um die
sich das moderne Schrifttum bemüht (vgl die Nachweise in STAUDINGER/WIEGAND [2011]
Anh zu §§ 929–931 Rn 310 ff; MünchKomm/SCHRAMM⁶ [2012] Vor § 164 Rn 28; VIEWEG/WERNER,
Sachenrecht [2013] § 3 Rn 12). Obwohl es, wie offen zugegeben wird, weder einen
gesetzlich geregelten noch einen allseits anerkannten Begriff der Treuhand gibt,
wird die Treuhand doch allgemein dahin beschrieben, dass durch sie dem Treuhänder eine Position eingeräumt wird, die ihm im Außenverhältnis mehr Rechte gewährt, als er nach dem Innenverhältnis, also nach dem Treuhandvertrag zwischen
ihm und dem Treugeber, ausüben darf („überschießende Rechtsmacht"). Im Ergeb-

nis handelt es sich um eine Aufspaltung zwischen rechtlichem und wirtschaftlichem Eigentum (Baur/Stürner, Sachenrecht[18] § 3 Rn 34), die vor allem in der Zwangsvollstreckung mit Blick auf die Drittwiderspruchsklage (§ 771 ZPO) Probleme bereitet. Treuhand in diesem Sinne kann nach einer häufig genannten Unterscheidung eigennützig (Sicherungstreuhand) oder fremdnützig (Verwaltungstreuhand) verfasst sein (Überblick bei M Löhnig, Treuhand [2006] 107 f, 121 f; Palandt/Bassenge[74] § 903 Rn 35). Bei beiden Arten wird der Treuhandzweck wirkungsvoll erreicht, wenn es zu Vollrechtsübertragungen kommt. Ist demnach Sacheigentum als Treugut Gegenstand des Treuhandvertrages, dann erhält der Treuhänder Volleigentum, das aber wegen seiner im Treuhandvertrag im Einzelnen festgelegten treuhänderischen Bindung als **fiduziarisches Eigentum** oder **Treuhandeigentum** bezeichnet wird (Vieweg/Werner, Sachenrecht [2013] § 3 Rn 12; Wolf/Wellenhofer, Sachenrecht[29] § 2 Rn 10 ff). Ein Hauptfall des Treuhandeigentums ist demnach das soeben beschriebene Sicherungseigentum, das nach außen Eigentum ist, intern aber lediglich Pfandrechtsfunktion hat.

Anders sieht es die Lehre vom sog **wirtschaftlichen Eigentum**, deren Gehalt schon das Reichsgericht entwickelt hat, ohne allerdings die Bezeichnung „wirtschaftliches Eigentum" zu verwenden (RGZ 45, 80, 85; 91, 12, 14; 91, 277, 279), und der auch ein Teil der Lehre gefolgt ist. Danach scheidet das Treugut zwar juristisch, nicht aber wirtschaftlich aus dem Vermögen des Treugebers aus. In verwirrender Weise wird dann von einigen Autoren formuliert, dem Treugeber stehe wirtschaftliches Eigentum zu, dem Treuhänder dagegen formelles oder rechtliches Eigentum (zu Einzelheiten vgl Olzen, Die Bedeutung des „wirtschaftlichen Eigentums" für die privatrechtliche Störerhaftung [Diss Bochum 1975] 114 ff; ferner N Reich AcP 169 [1969] 247, 251 ff; zum wirtschaftlichen Eigentum im Steuerrecht vgl unten Rn 50; zur Diskussion auch Löhnig, Treuhand [2006] 85 f).

c)   Ebenso wenig ist es hilfreich, mit dem Terminus „Eigentum" die Position des **15** Käufers unter Eigentumsvorbehalt zu kennzeichnen. Die dafür häufig gebrauchte Bezeichnung **Vorbehaltseigentum** ist irreführend, weil nach zutreffender hM (vgl MünchKomm/H P Westermann[6] § 449 Rn 1, 6 mwNw) die Kaufsache bis zum Eintritt der Bedingung (vollständiger Bezahlung des Kaufpreises) im Eigentum des Verkäufers bleibt, während der Käufer eine Position erhält, die jedenfalls nicht Eigentum zu nennen, sondern als Anwartschaftsrecht zu bezeichnen ist (vgl Staudinger/ Seiler [2012] Einl 46 zum SachenR; Samhat JR 2014, 501).

7.   Geistiges Eigentum

Die Bezeichnung kommt in der heutigen Gesetzessprache nicht mehr vor (anders **16** noch Art 4 Nr 6 der Reichsverfassung von 1871), wird aber von der höchstrichterlichen Judikatur (BGHZ 17, 266, 278; 97, 37, 43; BVerfGE 31, 255, 263; 49, 382, 392) und in der urheberrechtlichen Literatur verwandt. Der Begriff findet heutzutage auch in den TRIPS-Abkommen *(Trade Related Aspects of Intellectual Property Rights)* Verwendung. Die Lehre vom geistigen Eigentum spielt in der Geschichte des deutschen Urheberrechts eine große, allerdings wechselnde Rolle (Einzelheiten bei E Ulmer, Urheber- und Verlagsrecht [3. Aufl 1980] 54 ff, 105 ff). Nachdem Druckwerke vor Nachdruck zunächst nur und unvollkommen durch Privilegien geschützt waren, setzte sich im europäischen Naturrecht des 18. Jahrhunderts der Gedanke durch, dass das Verhältnis des Urhebers zu seinem Werk dem Eigentum an Sachen ähnelt (vgl zur Bedeutung des Allgemeinen Preußischen Landrechts von 1794 I 8 § 2 auch Ann GRUR IntT 2004, 696, 697).

Christoph Althammer

Mit diesem Gedanken und der daraus entstehenden Idee vom geistigen Eigentum wird die theoretische Grundlage für einen besseren Schutz der geistigen Arbeit gelegt. In der späteren deutschen Rechtslehre werden dann allerdings die Unterschiede hervorgehoben, die zwischen Urheberrecht und Sacheigentum bestehen, sodass die gedankliche Verbindung zwischen den beiden Rechten sich wieder lockert. Daher wird es auch bei den Vorarbeiten zum BGB abgelehnt, den Begriff des Eigentums auf Erzeugnisse der geistigen Arbeit auszudehnen (vgl SCHUBERT, Die Vorentwürfe der Redaktoren zum BGB, Sachenrecht 1 [1982] 492 ff; Mot III 257 = MUGDAN III 142; JÄNICH, Geistiges Eigentum: eine Komplementärerscheinung zum Sacheigentum? [2002] 82 ff); das geistige Eigentum als privatrechtlicher Begriff ist damit verworfen. Ein dogmatisch „weiter" Eigentumsbegriff, der das geistige Eigentum integriert, stieß anders als im englischen und französischen Recht in Deutschland auf keinen Widerhall (JÄNICH, Geistiges Eigentum: eine Komplementärerscheinung zum Sacheigentum? [2002] 63 f; AUER, Der privatrechtliche Diskurs der Moderne [2014] 106 f). Mit den Lehren vom Urheberrecht als Persönlichkeitsrecht und als besonderem Immaterialgüterrecht (KOHLER ua) nimmt die dogmatische Entwicklung des Urheberrechts in Deutschland dann endgültig eine andere Richtung. So kommt es, dass im Urheberrechtsgesetz vom 9. 9. 1965 (BGBl I 1273), zuletzt geändert durch ÄndG vom 5. 12. 2014 (BGBl I 1974), das Urheberpersönlichkeitsrecht (§§ 12 ff) und die einzelnen Verwertungsrechte des Urhebers (§§ 15 ff) unterschieden werden und ferner eigenständige Vorschriften über die Sanktionen bei Rechtsverletzungen (§§ 97 ff) vorgesehen sind (vgl zur historischen Entwicklung auch ANN GRUR IntT 2004, 696, 697; PAHLOW, in: PAHLOW/EISFELD, Grundlagen und Grundfragen des Geistigen Eigentums [2008] 1 ff). Gerade im Hinblick auf den negatorischen Schutz (Unterlassungs- und Schadensersatzansprüche) einzelner Rechte des geistigen Eigentums bestehen durchaus Parallelen zum Sacheigentum, wenngleich die Unterschiede dominieren (WOLF/WELLENHOFER, Sachenrecht²⁹ § 2 Rn 140).

17 Wenn heute vom geistigen Eigentum die Rede ist (AUER, Der privatrechtliche Diskurs der Moderne [2014] 107 will aufgrund der internationalen Einflüsse sogar von einer Renaissance der Begrifflichkeit sprechen), geschieht dies häufig im Zusammenhang mit dem verfassungsrechtlichen Eigentumsschutz des Art 14 GG (BeckOK/FRITZSCHE § 903 Rn 10). Der weite Eigentumsbegriff dieses Artikels (vgl unten Rn 25) umfasst, wie seit langem anerkannt ist, auch das Urheberrecht, soweit es sich um dessen vermögenswerte Seiten handelt (JACOB, Ausschließlichkeitsrechte an immateriellen Gütern [2010] 2 ff). Geistiges Eigentum sind also nach diesem Verständnis die vermögenswerten Befugnisse des Urhebers an seinem Werk, die Art 14 GG verfassungsrechtlich garantiert (ausführlich OHLY JZ 2003, 545 ff; ANN GRUR IntT 2004, 696, 697). Das Bundesverfassungsgericht hat in mehreren Entscheidungen Inhalt und Grenzen dieser Garantie, insbesondere die gerade bei Werkschöpfungen besonders wichtige soziale Bindung, im Einzelnen bestimmt (BVerfGE 31, 229 – Kirchen- und Schulgebrauch; BVerfGE 31, 248 – Bibliotheksgroschen, BVerfGE 31, 270 – Schulfunksendungen; BVerfGE 31, 275 – Schallplatten; BVerfGE 49, 382 – Kirchenmusik; BVerfG GRUR 2012, 53; GRUR 2010, 999; vgl ferner BGHZ 141, 13, 25 – Kopienversanddienst einer öffentlichen Bibliothek). Nicht zu Unrecht wird neuerdings für das „Privatrecht der Moderne" aber eine „Überprotektion" des geistigen Eigentums und der Urheberrechte konstatiert (so AUER, Der privatrechtliche Diskurs der Moderne [2014] 152 ff). Die überhandnehmende Gewährung von Ausschließlichkeitsrechten für nichtkörperliche „Eigentumsgegenstände" („Propertisierung") gehe zu Lasten der Gemeinfreiheit und schade folglich den Berechtigten (so die These von AUER, Der privatrechtliche Diskurs der Moderne [2014] 152 ff; insgesamt kritisch dazu RÜTHERS JZ 2015,

243 f). Das „geistige Eigentum" wird hier sehr kritisch als „Peripherie-Entwicklung" mit potenziell freiheitsschädlichen, also gegenläufigen Folgen gedeutet (so AUER, Der privatrechtliche Diskurs der Moderne [2014] 107 ff). Zudem wird (mit Recht) als Manko erkannt, „dass sich die Konturen der Immaterialgüterrechte ... gerade nicht anschaulich entlang der physischen Sachgrenzen körperlicher Objekte abstecken lassen, sondern mit neuentstandenen ... Schutzinteressen ... neue Bedürfnisse nach rechtsförmiger Verdinglichung aufwerfen" (AUER, Der privatrechtliche Diskurs der Moderne [2014] 116).

V.   Verfassungsrechtliches Eigentum

1.   Rechtsgrundlage für dieses Thema ist **Art 14 GG**. Die Vorschrift lautet:

Art 14 GG   18

(1) Das Eigentum und das Erbrecht werden gewährleistet. Inhalt und Schranken werden durch die Gesetze bestimmt.

(2) Eigentum verpflichtet. Sein Gebrauch soll zugleich dem Wohle der Allgemeinheit dienen.

(3) Eine Enteignung ist nur zum Wohle der Allgemeinheit zulässig. Sie darf nur durch Gesetz oder auf Grund eines Gesetzes erfolgen, das Art und Ausmaß der Entschädigung regelt. Die Entschädigung ist unter gerechter Abwägung der Interessen der Allgemeinheit und der Beteiligten zu bestimmen. Wegen der Höhe der Entschädigung steht im Streitfalle der Rechtsweg vor den ordentlichen Gerichten offen.

Der zivilrechtliche Eigentumsbegriff ist seit jeher als Verfassungsbegriff zu begreifen (vgl jüngst RÜTHERS JZ 2015, 245 f unter Bezug auf LORENZ VON STEIN), also auch dem Wandel der konstitutionellen Verhältnisse unterworfen. Dies betrifft sowohl seine Prägung als auch seine Bedeutung. Umgekehrt knüpft auch der gegenwärtige verfassungsrechtliche Eigentumsbegriff an den zivilrechtlichen an (DEPENHEUER, in: vDANWITZ/DEPENHEUER/ENGEL, Berichte zur Lage des Eigentums [2002] 124). Die Regelungen des Art 14 GG lassen sich in folgende Grundsätze zusammenfassen: Das Eigentum wird garantiert und damit verfassungsrechtlich geschützt; sein Inhalt wird aber nicht definiert (Art 14 Abs 1 S 1 u 2 GG). Das Eigentum wird sozialer Bindung („verpflichtet"; „Wohl der Allgemeinheit") unterworfen (Abs 2), deren Gehalt vom Gesetzgeber zu bestimmen ist (Abs 1 S 2). Die soziale Bindung kann auch den Entzug des Eigentums (Enteignung) rechtfertigen (Abs 3 S 1). Die Enteignung kann „durch Gesetz" erfolgen (sog Legalenteignung) oder „auf Grund eines Gesetzes", also durch behördlichen Vollzugsakt, der durch ein dazu ermächtigendes Gesetz gedeckt ist (sog Administrativenteignung) (Abs 3 S 2). Die Enteignung ist entschädigungspflichtig (Abs 3 S 2 ff).

2.   Normzweck des Art 14 GG

Die Vorschrift regelt das Verhältnis zwischen Eigentum und Staat und bezweckt in **19** erster Linie den Schutz des Eigentums gegen staatliche Eingriffe; Art 14 GG ist also als ein Abwehrrecht des Bürgers gegen den Staat zu begreifen (im Schrifttum wird im Zusammenhang mit dem Abwehrcharakter auch von einer „Bestandsgarantie" gesprochen, vgl

SCHOCH Jura 1989, 113, 117). Gewährleistung und Schutz des Eigentums sind damit zu rechtfertigen, dass der Einzelne Eigentum benötigt, um die materielle Basis für seine freie Entfaltung und seine eigenverantwortliche Lebensgestaltung zu sichern (BVerf-GE 50, 290, 339; 68, 193, 222; 115, 97, 110; 123, 186, 258; 131, 66, 80; BVerfG NJW 2009, 1259; NVwZ 2010, 512; NJW 2012, 2500; NVwZ 2014, 211, 213). Eigentum rechnet demnach zu den Grundbedingungen der Verwirklichung individueller Freiheit (als kennzeichnend für den „modernen Eigentumsbegriff" sieht AUER, Der privatrechtliche Diskurs der Moderne [2014] 94 f, 106 f, die Kriterien der Dinglichkeit und Freiheit an). – Daraus entsteht notwendig die Frage nach den Grenzen der Eigentumsgewährleistung. Aus der sozialen Gebundenheit des Bürgers ergibt sich, dass ihm weder im Verhältnis zu seinen Mitbürgern (vgl § 903) noch im Verhältnis zur Allgemeinheit schrankenloses Eigentum zustehen kann. Art 14 GG versucht dieses „Spannungsverhältnis" zwischen individualrechtlicher Freiheitsgarantie und sozialer Gebundenheit des Eigentums zu lösen. Bei der Bestimmung der Rechtsposition Eigentum muss die Rechtsordnung diese denknotwendig gegenüber Nachbarpositionen abgrenzen.

20 Abgrenzungsaufgaben entstehen einmal aus der *Sozialpflichtigkeit* des Eigentums; zu klären gilt es insbesondere, wann Eigentumsbeschränkungen das Eigentum lediglich inhaltlich bestimmen, im Interesse des Gemeinwohls daher entschädigungsfrei hinzunehmen sind, und wann sie nach Art und Umfang als entschädigungspflichtige Enteignung zu beurteilen sind (tiefgreifend dazu O LEPSIUS, Besitz und Sachherrschaft im Öffentlichen Recht [2002] 123 ff; zum Primat der Gesetzgebung im Hinblick auf die Sozialpflichtigkeit des Eigentums auch ROZEK, Die Unterscheidung von Eigentumsbindung und Enteignung [1998] 65 ff). Zum anderen ergeben sich Abgrenzungsprobleme aus der *Erweiterung des Eigentumsbegriffs*. Schon seit langem ist zwecks Gewährleistung eines effektiven verfassungsrechtlichen Rechtsgüterschutzes anerkannt, dass der Begriff des verfassungsrechtlichen Eigentums vermögenswerte Güter aller Art umfassen kann und insoweit über den des bürgerlichen Rechts hinausreicht. Von besonderer Bedeutung ist deswegen gerade in jüngerer Zeit die Frage, ob und inwieweit andere Rechtspositionen als die des bürgerlich-rechtlichen Eigentums vom Eigentumsbegriff des Art 14 GG erfasst werden und damit verfassungsrechtlichen Schutz genießen. – Diese Probleme sind die materiellrechtlichen Hauptthemen des Art 14 GG.

3. Grundsätze zur Anwendung des Art 14 GG

21 Aus diesen relativ klaren Vorgaben ist im Laufe einer bis heute nicht abgeschlossenen Entwicklung ein kompliziertes System von Begriffen und Regeln entwickelt worden, das im Rahmen dieser Kommentierung nur in den Grundzügen darzustellen ist.

a) Garantie des Eigentums
Das verfassungsrechtliche Schrifttum erkennt in Art 14 GG zwei (oder drei) Garantiefeststellungen mit unterschiedlichen Funktionen (grundlegend dazu PAPIER, in: MAUNZ/DÜRIG [2014] Art 14 Rn 11 ff; SCHWERDTFEGER, Die dogmatische Struktur der Eigentumsgarantie [1983]; DEPENHEUER, in: vMANGOLDT/KLEIN/STARCK, GG [2010] Art 14 Rn 91 f; Überblick bei BERG JuS 2005, 961 ff):

22 aa) Nach der sog **Institutsgarantie** wird durch Art 14 Abs 1 GG das Privateigentum als Rechtseinrichtung gewährleistet (diese Institutsgarantie in der Bedeutung neuerdings in Frage stellend Luttermann ZErb 2009, 77 ff: „Eigentum und Erbrecht als wertlose Garantien?"). Die Garantie richtet sich an den Gesetzgeber. Sie besagt nicht, dass damit vermögenswerte Güter aller Art im Sinne des eben genannten weiten Eigentumsbegriffs gegen Beseitigung oder Eingriffe geschützt sind, sondern sie hat eine sehr viel eingeschränktere Bedeutung. Mit ihr soll (nur) erreicht werden, dass dem Bürger ein gewisser Bestand an subjektiven Rechten zur Verfügung steht, die ihm von privatem Nutzen sind (Privatnützigkeit) und über die er grundsätzlich frei verfügen kann (Verfügungsbefugnis, vgl BVerfGE 50, 290, 339; 78, 58, 71; 83, 201, 208; BVerfG NJW 1986, 2561, 2562; NJW 2001, 413; NJW 2001, 1783; DVBl 2007, 1555; NJW-RR 2008, 26; NVwZ 2009, 905, 908; NJW 2011, 2497, 2498, st Rspr; Überblick bei Berg JuS 2005, 961, 963; Cremer, Freiheitsgrundrechte [2003] 126); es muss ihm also „ein elementarer Bestand grundrechtlich geschützter Betätigung im vermögensrechtlichen Bereich" erhalten bleiben (BVerfGE 24, 367, 389; ferner BVerfGE 58, 300, 339; Cremer, Freiheitsgrundrechte [2003] 126). Diese Garantie wird deswegen auch als „objektivrechtlicher, ordnungspolitischer Ansatz" umschrieben (Schwerdtfeger JuS 1983, 104, 105; Berg JuS 2005, 961, 963), woraus sich zugleich Inhalt und Grenzen der Institutsgarantie ergeben. Der Gesetzgeber ist demnach sicherlich gehindert, das Sacheigentum ersatzlos abzuschaffen (ebenso NK-BGB/Ring Anh § 903 Rn 10; nach einem Grund für diese Privilegierung des Sacheigentums fragt Hösch, Eigentum und Freiheit [2000] 61 f). Denn diese Institutsgarantie gewährleistet „einen Grundbestand von Normen, die als Eigentum im Sinne dieser Grundrechtsbestimmung bezeichnet werden" (BVerfGE 24, 367, 389 = NJW 1996, 309), wozu das Sacheigentum bereits aufgrund seiner immensen gesellschaftlichen Bedeutung sicher gehört. Der Gesetzgeber wäre jedoch nicht gehindert, den Eigentumsinhalt zu verändern (MünchKomm/Säcker⁶ § 903 Rn 16), sofern dabei der Wesensgehalt des Sacheigentums nicht angetastet wird (Art 19 Abs 2 GG). Bei Eingriffen in subjektive Rechte außerhalb des Eigentums ist der Entscheidungsspielraum des Gesetzgebers erheblich größer, weil hier lediglich dem Bürger ein nicht näher definierter Grundbestand an vermögensrechtlicher Betätigung erhalten bleiben muss. Insoweit steht diese Institutsgarantie dem Gesetzgeber nicht im Weg, wenn er subjektive Rechte außerhalb des Eigentums beseitigen oder in sie eingreifen will. So könnte er etwa aus Anlass einer Reform des Sachenrechts bestimmte dingliche Rechte auch abschaffen (beispielsweise das Vorkaufsrecht, die Reallast oder die Rentenschuld). Derartige Reformen könnten in Deutschland etwa auch zur Förderung der Harmonisierung des europäischen Sachenrechts vollzogen werden, ohne dass Art 14 Abs 1 GG entgegenstünde. – Die aktuelle Bedeutung der Institutsgarantie ist demnach unter den gegenwärtigen Verhältnissen in der Bundesrepublik Deutschland nur gering. Die Garantie erfüllt eine Art Warnfunktion und hat eher programmatischen Charakter. Insbesondere spielt der weite Eigentumsbegriff für die Institutsgarantie keine erkennbare Rolle (ebenso NK-BGB/Ring Anh § 903 Rn 10, 11).

bb) Nach der sog **Bestands-** oder **Individualgarantie** wird durch Art 14 Abs 1 GG **23** der Schutz der konkreten Rechtsstellung des einzelnen Eigentümers bezweckt („schützt den konkreten Bestand an vermögenswerten Gütern vor ungerechtfertigten Eingriffen durch die öffentliche Gewalt", BVerfG NVwZ 2010, 512, 515). Die Garantie verschafft dem Eigentümer ein subjektives Recht gegen Eigentumsbeeinträchtigungen und damit Schutz gegen Enteignung. Der individuelle Eigentumsschutz wird also durch die Bestandsgarantie des Art 14 Abs 1 GG gewährleistet (vgl etwa BVerfGE 105, 252 = NJW 2002, 2621; BVerfG NVwZ 2010, 512, 515; VGH Mannheim BeckRS 2014, 50147: Bestandsgarantie wird berührt bei Festsetzung einer Gemeinbedarfsfläche auf Privatgrundstück; Hösch, Eigentum und Freiheit [2000] 207). Wie seit langem anerkannt ist, darf ein effektiver Schutz sich inhaltlich nicht allein auf das Sacheigentum iSd BGB beschränken, sondern er muss sich auch auf andere Vermögenspositionen beziehen (statt vieler Vieweg/Werner, Sachenrecht [2013] § 3 Rn 1). Die Erweiterung des traditionellen zivilrechtlichen Eigentumsbegriffs ist also, wie bereits bemerkt, ein Kennzeichen des verfassungsrechtlichen Eigentumsschutzes und wirkt sich im Rahmen der Bestandsgarantie aus; Näheres dazu sogleich in Rn 25.

24 cc) Bei einem rechtmäßigen Entzug des Eigentums im Wege der Enteignung wandelt sich die Bestandsgarantie des Art 14 Abs 1 GG in eine **Eigentumswertgarantie** um (BVerfGE 35, 348, 361; 56, 249, 260 f; Berg, JuS 2005, 961 ff; Papier, in: Maunz/Dürig [2014] Art 14 Rn 8 f spricht gleichbedeutend von einer Tauschwertgarantie), dh es ist die in Art 14 Abs 3 GG vorgeschriebene Entschädigung zu leisten. Das Entschädigungsrecht hat heute aber nur sekundären Charakter, während in der Weimarer Reichsverfassung (Art 253) die Eigentumsgarantie primär nur in einer Wertgarantie, in einem Anspruch auf Entschädigung, bestand (BVerfGE 24, 367, 400; Papier, in: Maunz/Dürig [2014] Art 14 Rn 8 f; H-P Schneider, in: FS vBrünneck [2011] 67 ff; Böhmer NJW 1988, 2536). Aus Art 14 Abs 1 GG folgt auch keine allgemeine Wertgarantie vermögenswerter Rechtspositionen (BVerfGE 105, 252 = NJW 2002, 2621; BVerfG NVwZ 2010, 512, 515). Insbesondere die in der neueren Rechtsprechung des BVerfG anerkannte Rechtsfigur der ausgleichspflichtigen Inhalts- und Schrankenbestimmung (s unten Rn 31) birgt aber die Gefahr, dass in der gerichtlichen Praxis aus der Eigentumsbestandsgarantie vorschnell eine Eigentumswertgarantie wird (so zu Recht Külpmann JuS 2000, 649).

b)   Begriff des Eigentums iSd Art 14 GG
25 Art 14 GG definiert das Eigentum nicht. Folgt man der Lehre von den beiden (oder drei) in Art 14 Abs 1 GG enthaltenen Eigentumsgarantien (s soeben Rn 22 ff), so zeigt sich, dass es einen einheitlichen Eigentumsbegriff iSd Art 14 GG nicht gibt. Nach der Institutsgarantie ist „Eigentum" verhältnismäßig **eng** zu verstehen. Der Begriff deckt lediglich einen (nicht näher zu definierenden) Mindestbestand an Vermögensrechten, die den Bürgern einen hinreichenden Freiraum für eigene vermögensrechtliche Aktivitäten gewährleisten. – Dagegen ist „Eigentum" iSd Bestandsgarantie ein **weiter** Begriff. Er umfasst grundsätzlich jede konkrete subjektive und vermögenswerte Rechtsposition (so die ganz hM; vgl etwa BVerfGE 83, 201, 209; BGHZ 83, 1, 3; BeckOK/Fritsche § 903 Rn 4; Fehling/Faust/Rönnau JuS 2006, 18, 19), also im Sachenrecht außer dem Sacheigentum auch alle beschränkten dinglichen Rechte (und auch Belastungen wie Hypotheken, Grundschulden, Pfandrechte). Weitere Beispiele (vgl die Zusammenstellung bei Papier, in: Maunz/Dürig [2014] Art 14 Rn 195 ff; Detterbeck, Allgemeines Verwaltungsrecht [2015] § 22 Rn 1113): Immaterialgüterrechte (vgl Ahrens, in: FS Blumenwitz [2008] 211 ff), Aneignungsrechte, Mitgliedschaftsrechte sowie Rechte am eingerichteten und ausgeübten landwirtschaftlichen Gewerbebetrieb oder an der gleichfalls eingerichteten und ausgeübten Arztpraxis (vgl für einen Eingriff in einen landwirtschaftlichen Pachtbetrieb BGH NVwZ-RR 2008, 297, 298; des Weiteren BGH NJW 2004, 281; BGHZ 161, 305 = NJW 2005, 748; aber ausdrücklich offen lassend für den Gewerbebetrieb BVerfG NJW 2002, 2621, 2625; NVwZ 2009, 1426, 1428; NJW 2010, 3501, 3502; ausführlich und kritisch Hösch, Eigentum und Freiheit [2000] 17 ff; vgl des Weiteren Badura, in: FS Papier [2013] 207 ff; Glöckner, Eigentumsrechtlicher Schutz von Unternehmen – Eine rechtsvergleichende Stu-

die zum deutschen Recht, zum Recht der EMRK und zum Europarecht [2005] 32 ff); Anteilseigentum (BVerfGE 100, 289, 301; NJW 2001, 279; NJW 2007, 3268; ZIP 2007, 2121; vgl zur
Bewertung Tonner, in: FS K Schmidt [2009] 1581).

Nach dieser weit gefassten Definition des Eigentums können auch schuldrechtliche
Ansprüche von Art 14 Abs 1 GG geschützt sein (BGHZ 140, 156, 161 – Anspruch aus
§ 607; BVerfGE 68, 193, 222; 45, 142, 179 – Anspruch aus § 433 Abs 1; NJW 2005, 879 – Schadens-
ersatz- und Schmerzensgeldansprüche von Zwangsarbeitern; BGH NJW 2010, 1948, 1950; Sachs
JuS 2005, 1026, 1027), falls sie eine gewisse Bestandskraft haben. Das ist unzweifelhaft
zu verneinen bei jederzeit kündbaren Leih- und ähnlichen Verträgen (BGHZ 144, 29,
51), idR zu bejahen bei der Wohnungsmiete, weshalb das BVerfG konsequent und zu
Recht das Besitzrecht des (Wohnungs-)Mieters als im Grundsatz zu schützende
Rechtsposition iSd Art 14 GG anerkannt hat (BVerfGE 89, 1, 7; BVerfG NJW 2000, 2658;
NJW 2011, 1723, 1724; dazu etwa Jochum/Durner JuS 2005, 221). Die weiteren Folgerungen
des Gerichts, insbesondere die Verpflichtung der Zivilgerichte, außer der Beachtung
der Vertragsvereinbarungen und der gesetzlichen Mietrechtsflut auch noch (in zu
vermeidender, weil irreführender Terminologie) „die beiden miteinander konkur-
rierenden Eigentumspositionen von Vermieter und Mieter" (BVerfGE 89, 1, 8; BVerfG
NJW 2000, 2658, 2659; NJW-RR 2004, 440; NJW 2011, 1723, 1724; MünchKomm/Säcker[6] § 903
Rn 1) abzuwägen, sind mehr als problematisch und abzulehnen (Nachweise der überwiegend kritischen Literatur bei Baur/Stürner[18] § 29 Rn 64 Fn 2; vgl insbesondere Jauernig/
Berger[15] vor § 903 Rn 14: Eine gesetzliche Einschränkung der Vermieterbefugnisse über Art 14
Abs 1 S 2 und Abs 2 GG genüge). Eine andere Möglichkeit hätte sicherlich darin be-
standen, den Mieterschutz Art 2 GG zuzusprechen, „so daß dem speziellen Grundrecht des Eigentümer-Vermieters das allgemeine Grundrecht des Mieters auf einen
angemessenen räumlichen Lebensbereich gegenüberstünde" (so überzeugend Baur/
Stürner[18] § 29 Rn 64).

Subjektive öffentlich-rechtliche Vermögenspositionen können gleichfalls durch den
weiten Eigentumsbegriff erfasst werden (BGHZ 6, 270, 278; 27, 69, 73), im Falle von
sozialversicherungsrechtlichen Positionen nach der einschränkenden Differenzierung des Bundesverfassungsgerichts allerdings nur dann, wenn sie nicht ausschließlich auf staatlicher Gewährung beruhen, sondern auf eigene Leistung des Berechtigten zurückzuführen sind und außerdem der Sicherung seiner Existenz dienen
(BVerfGE 22, 241, 253; 53, 257, 290 f; 69, 272, 300; 72, 9, 19; 97, 271, 283 = NJW 1998, 3109;
BVerfGE 112, 368, 396 = NJW 2005, 2213; ebenso das Bundessozialgericht [BSGE 5, 40, 43 f; BSG
NJW 1992, 260, 261]; Jochum/Durner JuS 2005, 221; Berg JuS 2005, 961, 965). Gerade die
Anerkennung des Besitzrechts des Wohnungsmieters sowie sozialversicherungs-
rechtlicher Rentenanwartschaften als verfassungsrechtlich geschützte Positionen
iSv Art 14 Abs 1 GG hat Kritik hervorgerufen, weil das BVerfG damit die zentrale
Bedeutung der Verfügungsbefugnis des Eigentümers leugne (Depenheuer, in: vDan-
witz/Depenheuer/Engel, Berichte zur Lage des Eigentums [2002] 124). Insoweit wird von
den Kritikern die Verfügungsfreiheit als Lackmustest für die Eigentumsqualität
einer Rechtsposition im Wirtschaftsleben beschrieben (so Depenheuer, in: vDan-
witz/Depenheuer/Engel, Berichte zur Lage des Eigentums [2002] 124), was aber verkennt,
dass ein Defizit an jener Verfügungsfreiheit, wie dies beim Wohnungsmieter der Fall
ist, durch seine rechtliche Nutzungsbefugnis, welche elementare Bedeutung für die
eigenverantwortliche Lebensgestaltung besitzt, kompensiert werden kann. Den
Kern dieser eigenverantwortlichen Lebensgestaltung mit der Verfügungsbefugnis

zu identifizieren und dem die reale Nutzungsbefugnis des Rechteinhabers (und deren existenzsichernde Bedeutung) unterzuordnen, erscheint dem verfassungsrechtlichen Eigentumsbegriff einer modernen, auf Ressourcenallokation angewiesenen Gesellschaft nicht angemessen. Der verfassungsrechtliche Eigentumsbegriff wird dadurch noch nicht „zum Chiffre für die Entmündigung des Bürgers im Namen des Sozialstaates" (so aber DEPENHEUER, in: vDANWITZ/DEPENHEUER/ENGEL, Berichte zur Lage des Eigentums [2002] 126).

Diese Lösung vom Begriff des Sacheigentums nahm bereits unter der Geltung von Art 153 Abs 1 WRV ihren Anfang (SCHNEIDER, in: ISENSEE/KIRCHHOF, HdbStR I [3. Aufl 2003] § 5 Rn 37). Mit Blick auf die verfassungsrechtliche Aufgabe von Art 14 GG, die eigenverantwortliche Lebensgestaltung zu schützen, vermag der Gesetzgeber auch völlig neue vermögenswerte Rechte zu kreieren (BERG, JuS 2005, 961, 963). – Definitionsgemäß nicht zum „Eigentum" iSd Bestandsgarantie gehört das **Vermögen als solches** (BVerfGE 27, 326, 343; 78, 232, 243), da es ein entsprechendes subjektives Recht nicht gibt, ferner nicht bloße Aussichten, Erwartungen, Chancen (BVerfGE 20, 31, 34; 28, 119, 142; 30, 292, 335; 68, 193, 222 f; 83, 201, 210; BVerfG NJW 1992, 1878, 1879; BVerfGE 105, 252, 277 = NJW 2002, 2621; BVerfG NVwZ 2007, 1168, 1169; offen lassend BVerfGE 115, 97 = NJW 2006, 1191), da es an einem konkreten, einem Rechtssubjekt zuzuordnenden Wert fehlt (vgl zur Problematik LEPSIUS JZ 2003, 313 ff). Unklar ist, ob die Wertstabilität des Geldes Inhalt der Eigentumsgarantie ist (KÖHLER JZ 2013, 957 ff; offen lassend BVerfGE 129, 124, 173 = NJW 2011, 2946, 2949; hierzu ELICKER/HEINTZ DVBl 2012, 141). Zweifelhaft und im Einzelfall zu entscheiden ist auch die Frage des Eigentumsschutzes von Betriebs- und Geschäftsgeheimnissen (vDANWITZ DVBl 2005, 597 ff; BRAMMSEN DÖV 2007, 10 ff; DEPENHEUER, in: FS Schenke [2011] 99 ff; zurückhaltend BEYERBACH, Die geheime Unternehmerinformation [2012] 168 f, 182, 223 f). Betriebs- und Geschäftsgeheimnisse sind idR auch nicht über das Anwendungsfeld des geistigen Eigentums von Art 14 Abs 1 GG erfasst (BEYERBACH, Die geheime Unternehmerinformation [2012] 223: mit Blick auf die Rechtsfigur der immaterialgüterrechtlichen Anwartschaftsrechte).

Beispiele für eigentumskräftige Rechtspositionen iSd Art 14 GG in der neueren höchstrichterlichen Rechtsprechung: Urheberrecht (BGH NJW 1999, 1953; NJW 2003, 1655; BVerfGE 129, 78, 101 ff = NJW 2011, 3428, 3432 f; BVerfG NJW 2012, 754 ff); Patentrechte (BVerfGE 36, 281, 290 = GRUR 1974, 142, 143; STJERNA GRUR 2007, 17, 18; TIMMANN, Das Patentrecht im Lichte von Art 14 GG [2008] 54 ff); Jagdausübungsrecht (BGHZ 143, 321; 145, 83); Geldeigentum (Euro) (BVerfG NJW 1998, 1934, 1936 ff: Eingriff zu bejahen, aber verfassungsrechtlich legitimiert); der Vergütungsanspruch des Arbeitnehmererfinders (BVerfG NJW 1998, 3704); Anteilseigentum des Aktionärs (BVerfG ZiP 1999, 532; 2000, 1670, 1673; NJW 2007, 3265; NJW 2007, 3268 – Squeeze-out); Aktionärsabfindung (BVerfG NZG 2000, 28); Grundstücksnutzungen mit Bestandsschutz (BGHZ 140, 285, 289 ff); Fährgerechtigkeit (BGHZ 94, 373); Bergwerkseigentum in den neuen Bundesländern (BVerwG DtZ 96, 283); Besitzrecht des Wohnungsmieters (BVerfGE 89, 1, 6; BVerfG NJW 2000, 2658); Bebaubarkeit von Grundstücken und bauliche Nutzungsmöglichkeit (BVerfG DÖV 2003, 376); eine Differenzierung ist hinsichtlich Internetdomains erforderlich (relativ wirkendes vertragliches Nutzungsrecht, nicht verdinglichtes absolutes Recht: BVerfG GRUR 2005, 261; KREBS/BECKER JZ 2009, 933; einschränkend auch BGH NJW 2012, 2034).

c)   Inhaltsbestimmung, soziale Bindung

26 Mit der Frage nach dem Begriff des „Eigentums" iSd Art 14 GG hängt die weitere

Frage danach zusammen, wie Inhalt, Umfang und Grenzen der durch Art 14 GG geschützten Rechtspositionen, insbesondere des Sacheigentums (s soeben Rn 25), näher zu bestimmen sind. Insoweit ist die Abgrenzung zwischen der *(entschädigungs-freien) Inhaltsbestimmung* des Eigentums, mit der seine Sozialbindung konkretisiert wird (vgl etwa BVerfGE 110, 1, 24 = NJW 2004, 2073, 2077), und der *(entschädigungspflichtigen) Enteignung* von besonderer Bedeutung (vgl oben Rn 20). Art 14 GG selbst äußert sich dazu nicht; die Vorschrift erklärt lediglich Bindungen und Beschränkungen des Eigentums durch Gesetz für zulässig.

aa) Nach der früheren Auffassung des **BGH** und der früheren Rechtsprechung des **27** **BVerfG** (vgl die Nachweise bei PAPIER, in: MAUNZ/DÜRIG [2014] Art 14 GG Rn 36 f) schützt Art 14 GG das Eigentum so, „wie es das bürgerliche Recht und die gesellschaftlichen Anschauungen geformt haben" (BVerfGE 1, 264, 278; 11, 64, 70; 28, 119, 142), es sind also die Wertungen der §§ 903 ff maßgebend, und auf derselben Linie liegt die häufig benutzte Formulierung des **BVerfG**, nach der die **Privatnützigkeit** und die grundsätzliche **Verfügungsbefugnis** über den Eigentumsgegenstand für das verfassungsrechtlich geschützte Eigentum kennzeichnend sind (zB BVerfGE 50, 290, 339).

Da es schrankenloses Eigentum nicht gibt, folgt daraus, dass der Eigentümer zumutbare Rücksichtnahmen auf Allgemeinbelange auch ohne Entschädigung hinnehmen muss (so die Formel von BAUR/STÜRNER[18] § 25 A Rn 1; dort auch der zutreffende Hinweis auf die beispielhafte Interessenabwägung in § 906). Weiter ergibt sich daraus, dass die Grenze zur (entschädigungspflichtigen) Enteignung überschritten sein könnte, wenn die Belastungen für den Eigentümer nicht mehr zumutbar sind. Die notwendige genauere Abgrenzung zwischen **Sozialbindung** und **Enteignung** wurde mit unterschiedlichen Kriterien versucht (Überblick über die Entwicklung bei PAPIER, in: MAUNZ/DÜRIG [2014] Art 14 GG Rn 37 ff; BERG JuS 2005, 961, 965 ff):

Nach der Rechtsprechung des **RG** war die Enteignung nach formalen Kriterien zu **28** bestimmen; sie lag vor, wenn dem einzelnen Bürger durch einen Einzelakt ein Sonderopfer abverlangt wurde (sog **Einzelakttheorie**; vgl nur RGZ 129, 146, 149; 137, 163, 167, 170; 139, 177, 183; dazu E HERRMANN, in: FS Seiler [1999] 601, 607 ff). – Der **BGH** hatte diese Auffassung übernommen und weiterentwickelt. Danach war das Sonderopfer materiell als ein Verstoß gegen den Grundsatz der Lastengleichheit aller zu verstehen (BGHZ 6, 270, 280: „Der Verstoß gegen den Gleichheitssatz kennzeichnet die Enteignung"; sog **Sonderopfertheorie**; vgl BGHZ 30, 338, 341 ff; dazu E HERRMANN, in: FS Seiler [1999] 601, 607). Für den Bereich des Grundeigentums hatte das Gericht seine Auffassung weiter verfeinert und auf die **„Situationsgebundenheit"** des Grundstücks abgestellt, die zu einer Beschränkung seiner Nutzung führen kann. Unter der „Situation" des Grundstücks seien zu verstehen seine Lage und Beschaffenheit, seine Einbettung in die Landschaft und Natur; auf alle diese Umstände habe der Eigentümer im Hinblick auf die Sozialbindung des Eigentums Rücksicht zu nehmen (zur Sozialbindung aus privatrechtlicher Sicht AUER, Der privatrechtliche Diskurs der Moderne [2014] 130 ff). Das Gericht hatte in diesem Zusammenhang das Leitbild des „vernünftigen und umsichtigen Eigentümers" geprägt, „der auch das Gemeinwohl nicht aus dem Auge verliert" und unter dem Einfluss solcher Attribute von bestimmten Formen der Nutzung absieht (vgl die Zusammenfassung in BGHZ 87, 66, 71; ferner BGHZ 121, 73, 78; 123, 242, 252). – Demgegenüber waren für das **BVerwG** Schwere und Tragweite des Eingriffs unter Berücksichtigung der Ortsbezogenheit und der geschichtlichen Entwicklung entscheidend (sog **Schweretheorie**; vgl BVerwGE 5, 143, 145; 7, 297, 299; 11, 68, 75; 15, 1). Teilweise bevorzugten beide Gerichte auch eine *Kombination* der beiden Theorien (vgl nur BGHZ 60, 126, 132; BVerwGE 15, 1).

29 Wesentlich für den Rechtsschutz und insbesondere die Entschädigungspflicht war jedenfalls, dass außerhalb des traditionellen Enteignungsrechts unter der Herrschaft dieser Theorien auch rechtmäßige oder rechtswidrige Eingriffe in eine durch Art 14 Abs 1 GG geschützte Rechtsposition sowie inhaltsbestimmende Rechtsakte (Art 14 Abs 1 S 2 GG), die die Opfergrenze überschritten, „Enteignung" iSv Art 14 Abs 3 GG sein konnten und damit der Entschädigungsregelung dieser unmittelbar oder analog anzuwendenden Vorschrift unterlagen (vgl KROHN, Enteignung, Entschädigung, Staatshaftung [1993] Rn 1). Daher wurde diese bürgerfreundliche oder -schützende Auffassung als weiter oder **extensiver Enteignungsbegriff** des **BGH** gekennzeichnet. Im Gefolge der neueren Rechtsprechung des BVerfG, welche sogleich darzustellen ist (s ausführlich unten Rn 30 ff), hat der BGH aber diesen weiten Enteignungsbegriff **inzwischen verabschiedet** und den neuen Enteignungsbegriff des BVerfG übernommen (BGHZ 121, 328, 331 ff = NJW 1993, 2095; BGH NJW 1993, 2605 f; BURMEISTER/RÖGER JuS 1994, 841 ff; ENGELHARDT NVwZ 1994, 337 ff; LEGE JZ 1994, 431 ff).

30 bb) Die moderne Rechtsprechung des BVerfG (zunächst in BVerfGE 52, 1, 29 [„Kleingarten"]; später verdeutlicht und verfestigt in BVerfGE 58, 300 [„Naßauskiesung"]; historisch rückblickend zur Bedeutung des Judikats im Machtkampf gegen den BGH LEGE JZ 2011, 1084; zu dieser Entscheidung auch instruktiv AUER, Der privatrechtliche Diskurs der Moderne [2014] 139 f) hat diesen Rechtszustand in mehrfacher Hinsicht verändert, wobei im Folgenden nur einige wesentliche Entwicklungen nachgezeichnet werden können.

(1) Das Gericht hat sich von der bisherigen, im Großen und Ganzen einheitlichen Basis des Eigentumsverständnisses entfernt und einen **neuen Eigentumsbegriff** entwickelt. Danach müssen Begriff und Inhalt des von der Verfassung gewährleisteten Eigentums aus der Verfassung selbst gewonnen werden. Diese aber kennt nach Auffassung des BVerfG einen Eigentumsbegriff „aus der Natur der Sache" nicht, und auch die privatrechtliche Eigentumsordnung ist für sie nicht maßgebend. Vielmehr ist es Aufgabe des einfachen Gesetzgebers, Inhalt und Umfang des Eigentums konstitutiv zu bestimmen. Die Position des Eigentümers wird also konkretisiert „aus der Zusammenschau aller in diesem Zeitpunkt geltenden, die Eigentümerstellung regelnden gesetzlichen Vorschriften. Ergibt sich hierbei, dass der Eigentümer eine bestimmte Befugnis nicht hat, so gehört diese nicht zu seinem Eigentumsrecht" (BVerfGE 58, 300, 336).

Da auch die private Eigentumsordnung der §§ 903 ff zum einfachen Gesetzesrecht gehört, muss ihre Bedeutung für den verfassungsrechtlichen Eigentumsinhalt geklärt werden. Hierzu hat das BVerfG sich darauf berufen, dass dem Reichsgesetzgeber von 1871 die Kompetenz „zum Erlaß öffentlich-rechtlicher Vorschriften, deren es für das Verhältnis des Eigentümers zur Allgemeinheit bedurft hätte" (BVerfGE 58, 300, 332), gefehlt habe, und daraus gefolgert, dass den privatrechtlichen Eigentumsvorschriften im Rahmen des Art 14 GG kein Vorrang vor den öffentlich-rechtlichen Vorschriften, die eigentumsrechtliche Regelungen treffen, zukommt. Die zivilrechtlichen Eigentumsbefugnisse in der Fassung der §§ 903 ff sind demnach nicht bestandsgeschützt; vielmehr gilt: Bei der Bestimmung der verfassungsrechtlichen

Rechtsstellung des Eigentümers wirken „bürgerliches Recht und öffentlich-rechtliche Gesetze gleichrangig zusammen" (BVerfGE 58, 300, 336). So kann das öffentliche Recht auch gewisse, von § 903 an sich gedeckte Eigentümerbefugnisse reglementieren oder vollkommen ausschließen, sodass der Inhalt des verfassungsrechtlichen Eigentums begrenzt ist und diese Befugnisse von vornherein nicht erfasst (so PAPIER, in: MAUNZ/DÜRIG [2014] Art 14 GG Rn 37 f mit dem Beispiel der durch das Wasserhaushaltsgesetz beschränkten Grundwassernutzung).

Hieraus ergibt sich für das BVerfG, dass der einfache Gesetzgeber von einem weiten Gestaltungsermessen Gebrauch machen darf. Die Vorgaben, die er nach der Judikatur des BVerfG zu beachten hat (vgl die Übersicht bei SCHWERDTFEGER JuS 1983, 104, 106 f; BERG JuS 2005, 961, 965), sind die folgenden: Die *Strukturprinzipien* des privaten Eigentums (Privatnützigkeit, grundsätzliche Verfügungsbefugnis), auf die Art 14 Abs 1 verweist; die *Sozialpflichtigkeit* des Eigentums, die Art 14 Abs 2 GG regelt; schließlich muss der Gesetzgeber den Grundsatz der *Verhältnismäßigkeit* berücksichtigen. (Nur) der Grundsatz der Verhältnismäßigkeit ist dann auch das Prinzip, nach dem das BVerfG entscheidet, ob der Gesetzgeber die Grenzen seiner Gestaltungsfreiheit eingehalten hat. So ist es bezeichnend, dass von einem „dynamischen Eigentumsbegriff" (PAPIER, in: MAUNZ/DÜRIG [2014] Art 14 GG Rn 37) gesprochen wird. Zugespitzt wird neuerdings im Schrifttum auch von einer verfassungsrechtlich fundierten „Bündeltheorie" gesprochen (AUER, Der privatrechtliche Diskurs der Moderne [2014] 141). Die „öffentlichrechtlich disponible Lückenhaftigkeit der Eigentümerbefugnisse" sei „zum Definitionsmerkmal des verfassungsrechtlichen Eigentumsbegriffs" erhoben worden (AUER aaO). In der Tat wurde durch diese Rechtsprechung des BVerfG der eigentliche Konflikt zwischen Privatnützigkeit und Sozialbindung zunächst nur verdeckt, wenngleich mE die spätere Rechtsprechung dann durch ein reichhaltiges Spektrum an Einzelfallkasuistik viel zur für die Praxis wichtigen Begriffsklärung beigetragen hat und rechtssichere Maßstäbe geschaffen hat.

(2)   Das **BVerfG** hat ferner einen gegenüber der früheren Auffassung (oben Rn 29) **31** eingeschränkten, **engen Enteignungsbegriff** begründet, der sich durch formale Kriterien auszeichnet. Danach ist Enteignung iSv Art 14 Abs 3 GG der gezielte staatliche Zugriff auf das Eigentum des Einzelnen durch vollständige oder partielle Entziehung konkreter subjektiver Rechtspositionen, welche dem Einzelnen nach geltendem Recht als Eigentum zustehen (BVerfGE 58, 300, 330; 70, 191, 199; 101, 239, 259 = NJW 2000, 413; BVerfGE 134, 242 = NVwZ 2014, 211; JARASS NJW 2000, 2841, 2843; PAPIER DVBl 2000, 1398 f; ROLLER NJW 2001, 1003 f; BERG JuS 2005, 961, 965; DETTERBECK, Allgemeines Verwaltungsrecht [2015] § 22 Rn 1119; die von der Rechtsprechung vollzogene formale Unterscheidung zwischen Inhaltsbestimmung und Enteignung wird kritisiert von WILHELM JZ 2000, 905, 909 ff). Vor allem in seiner Entscheidung zur Baulandumlegung hat das BVerfG deutlich herausgearbeitet, dass die hoheitliche Güterbeschaffung nach der staatlichen Intention gerade der **Erfüllung öffentlicher Aufgaben** dienen muss (BVerfGE 104, 1 ff; ebenso BVerfGE 112, 93, 109; 114, 1, 59; 134, 242 = NVwZ 2014, 211; PAPIER, in: MAUNZ/DÜRIG [2014] Art 14 GG Rn 355; JARASS NJW 2000, 2845; DURNER/KARRENSTEIN DVBl 2014, 182 ff; FRENZ NVwZ 2014, 194 ff; KÜHNE NVwZ 2014, 321). Wenn der hoheitliche Entzug von Rechtspositionen hingegen den Ausgleich privater Interessen bezwecken soll, kommt lediglich eine Inhalts- und Schrankenbestimmung des Eigentums in Betracht, die eigenständigen Rechtmäßigkeitsvoraussetzungen unterliegt (BVerfGE 101, 239, 259; 104, 1; 112, 93, 109 = NJW 2005, 879, 881) und uU eine Ausgleichspflicht nach sich zieht

Christoph Althammer

(näher ROLLER NJW 2001, 1003 f). Insoweit wird zu Recht von einer Rückkehr zum „klassischen" engen Enteignungsbegriff gesprochen (PAPIER, in: MAUNZ/DÜRIG [2014] Art 14 GG Rn 355). Schließlich kann auch dann nicht auf Art 14 Abs 3 GG zurückgegriffen werden, wenn der Gesetzgeber bei der generellen Neugestaltung eines Rechtsgebiets existierende Rechte ersatzlos beseitigt, ohne dass dafür eine Entsprechung fortexistiert (BVerfG NJW 1991, 1807, 1808).

Nur in dem genannten Anwendungsbereich gilt die in Art 14 Abs 3 GG normierte Entschädigungspflicht (DETTERBECK, Allgemeines Verwaltungsrecht [2015] § 22 Rn ff). Streng davon zu trennen ist folglich die Inhalts- und Schrankenbestimmung des Art 14 Abs 2 S 2 GG, mit welcher definiert wird, was dem Einzelnen nach geltendem Recht als Eigentum zusteht. Deren praktisches Anwendungsfeld ist zwar deutlich erweitert worden, ohne damit aber die Möglichkeiten des Gesetzgebers für einen entschädigungslosen Zugriff auf privatrechtliche Eigentumspositionen zu verbessern. Denn, wie erwähnt, unterliegt auch die Inhalts- und Schrankenbestimmung engen Rechtmäßigkeitsanforderungen (näher PAPIER, in: MAUNZ/DÜRIG [2014] Art 14 GG Rn 355). Inhalts- und Schrankenbestimmungen können insbesondere am Grundsatz der Verhältnismäßigkeit scheitern und sind dann dem Vorwurf der Verfassungswidrigkeit ausgesetzt. Insoweit erkennt auch das BVerfG im Einzelfall einen Ausgleichsbedarf an, sodass von einer „ausgleichspflichtigen Inhaltsbestimmung" als Rechtsinstitut gesprochen werden kann (ROLLER NJW 2001, 1003, 1005). Durch die Gewährung eines finanziellen oder anderweitigen Ausgleichs kann für die Betroffenen die Belastung begrenzt und damit die Verhältnismäßigkeit der Regelung gewahrt werden (BVerfGE 58, 137 ff – Pflichtexemplarentscheidung; BVerfG NJW 1999, 2877 f; ROLLER NJW 2001, 1003, 1005; HÖSCH, Eigentum und Freiheit [2000] 7 f kritisiert nicht zu Unrecht, dass durch die Pflichtexemplarentscheidung des BVerfG die klare Unterscheidung zwischen entschädigungspflichtiger Enteignung und entschädigungsloser Inhaltsbestimmung wieder nivelliert worden sei).

(3)   Diese neuere Rechtsprechung des BVerfG hatte zunächst scharfe **Kritik** erfahren (vgl insbesondere BAUR NJW 1982, 1734; LEISNER DVBl 1983, 62; MAYER/MALY, in: FS Hübner [1984] 145, 148, 157; Überblick auch bei PAPIER, in: MAUNZ/DÜRIG [2014] Art 14 GG Rn 523 f), ist andererseits aber auch **verteidigt** und zT begrüßt worden (vgl insbesondere DÖRR NJW 1988, 1049; BÖHMER NJW 1988, 2561 ff; ferner SCHOCH Jura 1989, 113, 118; LEGE NJW 1990, 864 ff). Moniert wurde (vgl BAUR aaO) ua der Zirkelschluss, der darin bestehe, dass die Verfassungsmäßigkeit des einfachen Gesetzes an den Normen der einfachen Gesetze gemessen werden soll, sodass die wichtige Frage nach der inhaltlichen Fixierung des verfassungsrechtlichen Eigentums letztlich unbeantwortet bleibe (vgl auch die kritische Stellungnahme bei E HERRMANN, in: FS Seiler [1999] 601, 604 mit Fn 17).

32 (4)   Tragweite und Auswirkungen der neueren Rechtsprechung des BVerfG sind in den vergangenen Jahrzehnten aber in wichtigen Punkten geklärt worden und für den Rechtsanwender besser abzuschätzen (die pessimistische Zwischenbilanz bei OSTERLOH DVBl 1991, 906, 907 f muss also relativiert werden). Insoweit können einige gesicherte Feststellungen getroffen werden:

– Mit der Ablehnung eines vorgegebenen, überpositiven Eigentumsbegriffes und mit der Akzentuierung der gesetzgeberischen Gestaltungsfreiheit durch das **BVerfG** schien der verfassungsrechtliche Eigentumsschutz zwar eine Schwächung erfahren zu haben, was auch von eher positiven und wohlwollenden Beobachtern

der gewandelten Judikatur bestätigt wurde (vgl SCHWERDTFEGER JuS 1983, 104, 107: „…
für das Eigentum ungünstiger als die bisherige Vorstellung …"). Andererseits hat die jüngere Rechtsprechung des BVerfG Substantielles zur Klärung offener dogmatischer und praktischer Fragen beitragen können, sodass die behauptete begriffliche
Schwächung kaum spürbar ist.

– Der **BGH** führt seine inhaltlich überzeugende Rechtsprechung zum enteignenden
und enteignungsgleichen Eingriff fort, stützt sie aber seit BVerfGE 58, 300 („Naßauskiesung") nicht mehr auf Art 14 Abs 3 GG, sondern auf gewohnheitsrechtlich
anerkannte Aufopferungsgrundsätze (vgl die instruktive Übersicht bei E HERRMANN, in:
FS Seiler [1999] 601, 616 ff; Näheres auch unten Rn 38, 42 und vor allem STAUDINGER/ROTH
[2015] § 906 Rn 82, 85 f). Abgesehen von diesem Wechsel der Rechtsgrundlagen hat
das Gericht seine entschädigungsfreundliche Rechtsprechung aber auch inhaltlich,
nämlich für den Fall des sog legislativen Unrechts, eingeschränkt (vgl unten Rn 44)
und außerdem unter dem Einfluss der verfassungsgerichtlichen Monita die Bedeutung des verwaltungsgerichtlichen Primärrechtsschutzes stärker gewichtet und
berücksichtigt (vgl unten Rn 45). Im Übrigen hat sich aber auch der BGH dem **engen
Enteignungsbegriff des BVerfG** angeschlossen (s oben Rn 29), ohne dass dies einen
Widerspruch zu seiner Interpretation des enteignenden und enteignungsgleichen
Eingriffs bedeuten würde (STAUDINGER/ROTH [2015] § 906 Rn 82).

– Das **BVerwG** hat seine frühere Enteignungsauffassung (oben Rn 28) aufgegeben
und folgt nach einer zunächst eher vermittelnden Stellungnahme (BVerwGE 84, 361,
366 f, 370 f) inzwischen konsequent den neuen Enteignungsrichtlinien des BVerfG
(BVerwGE 94, 1, 6 f; BVerwG NJW 1990, 2572, 2573; NVwZ 1993, 772; kritisch GÖTZ DVBl 1993,
1356).

d)   Eingriffsarten, Rechtsschutz
Der demnach verfassungsrechtlich garantierte Eigentumsinhalt (s oben Rn 25) ist **33**
nicht sakrosankt. Mit der seit dem ausgehenden 18. Jahrhundert entstehenden verfassungsrechtlichen Garantie des Eigentums ist gleichzeitig der Grundsatz zur Geltung gekommen, dass aus Gründen des Gemeinwohls hoheitliche Eingriffe in das
private Eigentum zugelassen werden müssen, die allerdings rechtsstaatlich abzusichern sind. Diese sog Enteignung als ein hoheitlicher rechtmäßiger Eingriff in privates Eigentum ist verfassungsrechtlich heute in Art 14 Abs 3 GG geregelt (zur
historischen Entwicklung des Enteignungsbegriffs vgl das Schrifttum bei E HERRMANN, in: FS Seiler
[1999] 602 Fn 4). – Weiter hat sich gezeigt, dass die Problematik hoheitlicher Eingriffe
in privates Eigentum mit Hilfe des positiven Rechts allein nicht befriedigend zu
lösen ist. Die Enteignungsvorschriften, der verwaltungsgerichtliche Rechtsschutz
und der Eigentumsschutz des BGB (deliktische Haftung in Gestalt der Amtshaftung
gem § 839, Art 34 GG) reichen für eine effektive Wahrung privater Rechtspositionen nicht aus. Daher sind heute neben den „klassischen" Enteignungsvorschriften
des Art 14 Abs 3 GG weitere Eingriffsarten mit bestimmten Voraussetzungen und
Rechtsfolgen anerkannt. Im Einzelnen sind zu unterscheiden:

aa)   Enteignung (Art 14 Abs 3 GG)
Sie wird von der Rechtsprechung definiert als ein staatlicher, meist durch Verwal- **34**
tungsakt erfolgender, rechtmäßiger, unmittelbarer Zugriff auf das Eigentum des
Einzelnen mit dem Ziel der Entziehung oder Belastung (BVerfGE 52, 1, 27; 56, 249,

260; 70, 191, 199 f; 101, 239, 259; BVerfGE 134, 242 = NVwZ 2014, 211; vgl auch oben Rn 31). Die hoheitliche Güterbeschaffung muss zudem gerade die Erfüllung öffentlicher Aufgaben bezwecken (BVerfGE 104, 1 ff; ebenso BVerfGE 112, 93, 109; 114, 1, 59; 134, 242 = NVwZ 2014, 211; Papier, in: Maunz/Dürig [2014] Art 14 GG Rn 355).

Die **Voraussetzungen** der Enteignung sind im Einzelnen: **(1)** Ein zielgerichteter Eingriff in den verfassungsrechtlich geschützten Eigentumsinhalt (s näher oben Rn 25, 31) ist notwendig; eine bloße gesetzliche Inhalts- und Schrankenbestimmung, sei sie auch verfassungswidrig, genügt nicht. Verfassungswidrige Inhalts- und Schrankenbestimmung und Enteignung stehen zueinander in einem Exklusivitätsverhältnis. Abgrenzungsprobleme können sich freilich bei schwerwiegenden Nutzungsbeschränkungen stellen (weiterführend Axer, in: FS Isensee [2002] 121, 141 ff). – **(2)** Der Eingriff muss „zum Wohl der Allgemeinheit" (Art 14 Abs 3 S 1 GG) erforderlich sein. Ein Eingriff lediglich „im Interesse der Allgemeinheit" genügt nicht (vgl auch BVerfG NJW 1999, 1176; Berg JuS 2005, 965 f; vgl auch Böhmer, Sondervotum zu BVerfGE 56, 266, 274: „Nicht alles, was öffentliches Interesse weckt, dient auch dem allgemeinen Wohl, und ist erst recht nicht zum allgemeinen Wohl erforderlich"). Das Grundgesetz unterscheidet die beiden Begriffe sehr deutlich (vgl Art 14 Abs 3 S 1 einerseits, Art 14 Abs 3 S 3 andererseits). Es muss sich vielmehr um ein besonders schwerwiegendes, dringendes öffentliches Interesse handeln (BVerfGE 74, 264, 289 „Boxberg"; BVerfG NVwZ 2014, 211, 214 Rn 173 f), das gegenüber dem benachteiligten Individualinteresse deutlich überwiegt. Nur solche besonderen Gemeinschaftsinteressen kommen in Betracht, wobei dies naturgemäß auch von der Schwere der konkreten Enteignung und deren Notwendigkeit abhängt (BVerfG NVwZ 2009, 1283, 1284). Grundsätzlich steht dem Gesetzgeber aber nach dem BVerfG bei der Auswahl der Gemeinwohlziele ein weiter Einschätzungsspielraum offen, welcher nur eingeschränkt kontrollierbar ist. Von vornherein ausgeschlossen sind jedoch Enteignungszwecke, welche ausschließlich dem Interesse Privater dienen (BVerfG NVwZ 1987, 487) bzw rein fiskalische Erwägungen im Blick haben (BVerfG NVwZ 2014, 211, 214 Rn 173 f). – **(3)** Wie immer, wenn ein Konflikt zwischen konträren Verfassungsgütern zu lösen ist, muss der **Grundsatz der Verhältnismäßigkeit** beachtet werden. Daraus folgt, dass der Eingriff nach Art und Umfang nicht weitergehen darf, als es das besondere öffentliche Interesse erfordert (BVerfG NVwZ 2003, 726, 727; NVwZ 2009, 1283, 1286). Daher kann zum Beispiel statt des Eigentumsentzuges lediglich die Bestellung eines Nutzungsrechts ausreichend sein. – Zusammengefasst muss es also unumgänglich erforderlich sein, zur Erfüllung der betreffenden besonderen öffentlichen Aufgabe das konkrete Eigentumsobjekt in die Hände des Staates zu bringen (BVerfGE 38, 175, 179 f; 56, 249, 261; BVerfG NJW 1999, 1176; BVerfG NVwZ 2014, 211, 214 Rn 182 f, 187 f). – **(4)** Die Enteignung darf nur durch Gesetz (Legalenteignung) oder aufgrund eines Gesetzes (Administrativenteignung) erfolgen (Art 14 Abs 3 S 2 GG); eine richterliche Enteignung ist vom Gesetzgeber nicht vorgesehen. Aber auch eine Legalenteignung muss nach Auffassung des BVerfG auf Ausnahmefälle beschränkt bleiben, da diese für den Bürger einen verkürzten Rechtsschutz mit sich bringt (BVerfGE 58, 300, 331; 95, 1, 22; Papier, in: Maunz/Dürig [2014] Art 14 GG Rn 563 ff). Das Enteignungsgesetz muss schließlich Regelungen treffen über Art und Umfang des Eingriffs, über die Zwecke der Enteignung und über das Enteignungsverfahren (BVerfGE 56, 249, 261 ff; Berg JuS 2005, 965 f). – **(5)** Das Enteignungsverfahren muss insbesondere Art und Ausmaß der Entschädigung regeln (sog Junktimklausel, Art 14 Abs 3 S 2 GG). Bei Fehlen einer Entschädigungsregelung ist das Enteignungsgesetz als nichtig anzusehen (BVerfGE

58, 300, 319 = NJW 1982, 745, 746). Salvatorische Entschädigungsregeln sind nicht ausreichend (näher PAPIER DVBl 2000, 1398, 1405). – **(6)** Die Entschädigung gewährt einen Ausgleich nicht nur für den vom Betroffenen erlittenen Substanz-, Rechtsverlust (BGHZ 30, 338, 357; 91, 20, 30), sondern im Rahmen des Angemessenen auch für sonstige auf der Enteignung beruhende Vermögensnachteile (Folgeschäden) (BGHZ 95, 28, 30; BGH NJW 2004, 281; DETTERBECK, Allgemeines Verwaltungsrecht [2015] § 22 Rn 1126 ff; vgl zur Bemessung der Enteignungsentschädigung nach den Grundsätzen der EMRK auch EGMR NJW 2007, 1259).

Rechtswege: Über die Rechtmäßigkeit der Enteignungsmaßnahme entscheiden die **35** Verwaltungsgerichte (§ 40 Abs 1 VwGO), über die Höhe der Enteignungsentschädigung entscheiden die Zivilgerichte (Art 14 Abs 3 S 4 GG). Jedoch kann eine Entschädigung nur eingeklagt werden, wenn eine gesetzliche Anspruchsgrundlage existiert (BGH NJW 1982, 745, 746). Manche neueren Enteignungsgesetze treffen vereinfachte Regelungen, zB § 113 BauGB. Danach werden Enteignungsplan und Entschädigung in einem einheitlichen Enteignungsbeschluss festgelegt. Dieser kann nur durch Antrag auf gerichtliche Entscheidung angefochten werden. Die Entscheidung ergeht dann durch die beim LG gebildete Kammer für Baulandsachen (§§ 217 ff BauGB).

Enteignungsgesetze: Der **Bund** hat die konkurrierende Gesetzgebungskompetenz für **36** das Enteignungsrecht in den Sachgebieten der Art 73, 74 GG (Art 74 Nr 14 GG). Ein allgemeines Bundesenteignungsgesetz für diese Materien gibt es nicht. Aber zahlreiche Einzelgesetze des Bundes enthalten Enteignungsregelungen, zB BauGB §§ 85 ff; BFStrG §§ 8 Abs 9, 9a Abs 2, 19; LuftVG § 28; EnWG § 45. Weitere Einzelheiten bei PAPIER, in: MAUNZ/DÜRIG [2014] Art 14 GG Rn 552.

Den **Ländern** steht demnach das Recht zur Gesetzgebung über das Enteignungsrecht in den Sachgebieten der Art 73, 74 GG zu, soweit der Bund von einer Kompetenz keinen Gebrauch macht, ferner in den Materien außerhalb der Sachgebiete der Art 73, 74 GG. Durch den landesrechtlichen Vorbehalt des Art 109 EGBGB wird im Übrigen klargestellt, dass das BGB das Enteignungsrecht, obwohl es mindestens teilweise eine sachenrechtliche Materie darstellt, nicht regelt (vgl STAUDINGER/SEILER [2012] Einl 96 ff, 99 zum SachenR). Die Länder haben besondere Enteignungsgesetze erlassen (vgl die Zusammenstellung in STAUDINGER/MERTEN [2012] Art 109 EGBGB Rn 29 bzw Vorauflage; PAPIER, in: MAUNZ/DÜRIG [2014] Art 14 GG Rn 553). Darüber hinaus gibt es zahlreiche Enteignungsregelungen in Einzelgesetzen der Länder.

bb) Enteignender Eingriff
Er liegt vor, wenn eine **rechtmäßige** hoheitliche Maßnahme – meist atypische und **37** unvorhergesehene – Auswirkungen auf eine von der Eigentumsgarantie des Art 14 GG umfasste Rechtsposition des Betroffenen unmittelbar zur Folge hat (vgl KEMMLER JuS 2005, 158). Im Vordergrund stehen somit rechtswidrige Nebenfolgen (meist Zufallsfolgen) von im Ausgangspunkt rechtmäßigen Verwaltungshandlungen (KEMMLER JuS 2005, 158; vgl etwa den BGHZ 57, 359 zugrunde liegenden Sachverhalt: Beeinträchtigungen des Gewerbebetriebes eines Straßenanliegers infolge des Baus einer Untergrundbahn; BGHZ 140, 200: Beeinträchtigung eines Hauses durch Straßenbauarbeiten; BGHZ 166, 37: Überlauf eines Regenrückhaltebeckens). Während die Enteignung iSd Art 14 GG *rechtliche* Befugnisse entzieht, schränkt der enteignende Eingriff *faktisch* die Nutzung des Eigentums ein

Christoph Althammer

oder macht sie unmöglich. Sind derartige faktische Folgen einer öffentlich-rechtlichen Tätigkeit so erheblich, dass sie „die Schwelle des enteignungsrechtlich Zumutbaren überschreiten" (BGHZ 91, 20, 26 f; ferner BGHZ 94, 373, 374 f; 100, 335, 337; 102,
350, 361; 112, 392, 399; 117, 240, 252; 122, 76, 77 f; 129, 124), muss Entschädigung geleistet
werden. Vgl zu Beeinträchtigungen durch Immissionen hoheitlicher Verwaltung
ausführlich STAUDINGER/ROTH (2015) § 906 Rn 83.

38 **Rechtsgrundlage** für den Entschädigungsanspruch wegen enteignenden Eingriffs war
nach früherer Auffassung des **BGH** Art 14 Abs 3 GG in analoger Anwendung (vgl
nur BGH NJW 1980, 770). Nach der neueren Rechtsprechung des **BVerfG** enthält diese
Vorschrift dagegen lediglich einen Maßstab für die Rechtmäßigkeit zielgerichteter
Eingriffe; für eine Enteignungsentschädigung ist eine vom Gesetzgeber geschaffene
Anspruchsgrundlage notwendig (BVerfGE 58, 300, 319), die im Falle des enteignenden
Eingriffs fehlt. Der **BGH** ist dieser Richtlinie insofern gefolgt, als er Art 14 Abs 3
GG nicht mehr als Entschädigungsgrundlage heranzieht (so ausdrücklich BGHZ 90, 17,
31: für den enteignungsgleichen Eingriff; zu den Einzelheiten vgl E HERRMANN, in: FS Seiler [1999]
601, 616, 620 f). Statt dessen stützt das Gericht den Entschädigungsanspruch nunmehr
in mittlerweile gefestigter Rechtsprechung auf den „Aufopferungsgedanken in seiner richterrechtlich geprägten Ausformung" (BGHZ 90, 17, 31; ferner BGHZ 91, 20, 28; 94,
373, 374; 97, 114, 117; 100, 335, 337; 112, 392, 399; 122, 76, 77 f; 123, 242, 244; 126, 379, 381; 133, 265,
267; 133, 271, 273 f); es führt damit die traditionelle, bereits vom Reichsgericht begründete Rechtsprechung über die Grundsätze zur entsprechenden Anwendung der
§§ 74, 75 Einl ALR weiter (vgl dazu BGHZ 90, 17, 29; vgl zur Abgrenzung von der ausgleichspflichtigen Inhalts- und Schrankenbestimmung EPPING/LENZ NVwZ 2005, 858). Nachdem auch
im Schrifttum diese Auffassung überwiegend jedenfalls im Grundsatz gebilligt wird
(vgl die Nachweise in BGHZ 91, 20, 27 u E HERRMANN aaO 601, 630 f; ferner PAPIER JuS 1985, 184,
185; ders, in: MAUNZ/DÜRIG [2014] Art 14 GG Rn 708, 716; BAUR/STÜRNER, Sachenrecht[18] § 13
Rn 20; KEMMLER JuS 2005, 158; DETTERBECK, Allgemeines Verwaltungsrecht [2015] § 22 Rn 1161;
kritisch dagegen DÖRR NJW 1988, 1049, 1053 f; LEGE NJW 1990, 864, 869; MAURER DVBl 1991,
781 ff mwNw), ist also heute als Rechtsgrundlage für den Entschädigungsanspruch
richterrechtlich entwickeltes Gewohnheitsrecht anzunehmen (**Aufopferungsgewohnheitsrecht**). Jedoch schließen spezialgesetzliche Ausprägungen des Anspruchs aus
enteignendem Eingriff eine Anwendung des allgemeinen Instituts aus (VGH Baden-
Württemberg DÖV 2005, 790).

39 Die **Voraussetzungen** des enteignenden Eingriffs sind im Einzelnen:

(1)   Der verfassungsrechtlich geschützte Eigentumsinhalt (vgl oben Rn 25) muss
betroffen sein (vgl BGHZ 94, 373, 375; KEMMLER JA 2005, 158). – **(2)** In diesen Eigentumsinhalt muss durch öffentlich-rechtliches Verwaltungshandeln unmittelbar eingegriffen sein. Der bloße adäquat kausale Zusammenhang zwischen Verwaltungshandeln
und Schaden genügt dafür nicht (BGHZ 100, 335, 338). Unmittelbarkeit ist zu bejahen,
wenn das Verwaltungshandeln die besondere Gefahrenquelle schafft, aus der dann
Schaden entsteht, ohne dass es die letzte Ursache in der Kausalkette darstellen
müsste (BGHZ 60, 302, 310 f; 100, 335, 338; KEMMLER JuS 2005, 158). Unmittelbarkeit ist zu
verneinen, wenn „ein ganz außerhalb der hoheitlichen Maßnahme liegendes, selbständiges Ereignis" (BGH NJW 1980, 770) den Schaden verursacht hat. – **(3)** Der
Eingriff muss zu einem Sonderopfer im Allgemeininteresse führen (DETTERBECK, Allgemeines Verwaltungsrecht [2015] § 22 Rn 1171; KEMMLER JuS 2005, 158). Der Betroffene muss

ungleich stärker belastet werden, als dies nach der allgemeinen Risikolage der Fall wäre; die Schwelle des enteignungsrechtlich Zumutbaren muss überschritten sein (BGHZ 100, 335, 337; 102, 350, 361; 117, 240, 252; 122, 76, 78; BGH NVwZ 2004, 1018, 1019; NJW 2005, 1363; NVwZ 2006, 1086; OLG Rostock NVwZ 2000, 475). Im Liegenschaftsrecht dienen als Abgrenzungsmaßstab insbesondere die Regelungen des § 906, die auch für Emissionen öffentlicher Einrichtungen analog heranzuziehen sind (BGHZ 91, 20, 21 f; 122, 76, 79; näher STAUDINGER/ROTH [2015] § 906 Rn 83). Ferner sind Verhältnismäßigkeit und Zumutbarkeit zu berücksichtigen (BGHZ 57, 359, 365 ff). – **(4)** Die Entschädigung ist nach den Grundsätzen der Enteignungsentschädigung zu bemessen (vgl oben Rn 34 aE). – **(5)** Ausgeschlossen ist die Haftung dann, wenn es sich um nachteilige Auswirkungen eines Gesetzes handelt, die „in einer Vielzahl von Fällen auftreten", zu „massenhaft auftretenden Schäden" führen (BGHZ 102, 350, 361 f; vgl auch Rn 44, 47; DETTERBECK, Allgemeines Verwaltungsrecht [2015] § 22 Rn 1172), da hier von einem Sonderopfer begrifflich nicht mehr die Rede sein kann.

Rechtsweg: Entschädigungsansprüche aus enteignendem Eingriff sind im Zivil- **40** rechtsweg zu verfolgen (§ 40 Abs 2 S 1 VwGO; vgl BGHZ 91, 20, 28; 122, 76, 79; DETTERBECK, Allgemeines Verwaltungsrecht [2015] § 22 Rn 1175; **aA** SCHWERDTFEGER JuS 1983, 104, 110; ders, Die dogmatische Struktur der Eigentumsgarantie [1983] 39 f; LEGE NJW 1993, 2745, 2749).

Beispiele für enteignende Eingriffe aus der Rechtsprechung: BGHZ 37, 44 (Waldbrand durch Schießübungen); BGHZ 40, 355 (Einführung einer gemeindlichen Müllabfuhr); BGHZ 57, 359 (Bau der Frankfurter U-Bahn); BGHZ 57, 370 (Schäden durch gemeindliche Kläranlagen); BGHZ 60, 119 (Hochspannungsleitung); BGHZ 70, 212 (Großbaustelle); BGHZ 72, 289 (Ausschachtungen); BGHZ 80, 111; 117, 240, 252 ff (Überschwemmungsschäden infolge Hochwasserschutzmaßnahmen); BGHZ 91, 20 (starke Geruchsbelästigung durch öffentliche Kläranlage); BGHZ 94, 373 (Einstellung eines Fährbetriebes wegen Baus einer Flussbrücke); BGHZ 97, 114; 361 (schwere Verkehrsimmissionen); BGHZ 122, 76; 129, 124 (Fluglärm); BGHZ 112, 392, 399 f (Jagdschäden durch Manöver); BGHZ 102, 357 ff (keine Staatshaftung für die neuartigen [emittentenfernen] Waldschäden; ebenso BVerfG NJW 1998, 3264); BGHZ 133, 265 (Betriebsstilllegung aufgrund gesetzlicher Regelung); BGHZ 133, 271 (Einschränkung landwirtschaftlicher Bodennutzung durch Festsetzung eines Wasserschutzgebiets); BGHZ 140, 200 (Schädigung eines denkmalgeschützten Gebäudes durch Straßenbauarbeiten der öffentlichen Hand); BGHZ 140, 285, 298 (schwere Verkehrsimmissionen/Autobahnlärm; teilweise Abweichung von BGHZ 97, 114, 117); BGHZ 166, 37 (Überlauf eines Regenrückhaltebeckens).

cc) Enteignungsgleicher Eingriff

Von einem enteignungsgleichen Eingriff kann gesprochen werden, wenn eine **rechts-** **41** **widrige** hoheitliche Maßnahme in das geschützte Eigentum eingreift. Während es sich bei der Enteignung iSd Art 14 GG um einen rechtmäßigen Eingriff handelt, ist der enteignungsgleiche Eingriff rechtswidrig. Die Statuierung einer derartigen (verschuldensunabhängigen) Unrechtshaftung war geboten, weil die positivrechtliche, verschuldensabhängige Amtshaftung gem § 839 iVm Art 34 GG sich als nicht ausreichend erwiesen hatte. Als Rechtfertigung dieser Staatsunrechtshaftung bietet sich der naheliegende Vergleich mit der Enteignung iSd Art 14 GG und der daraus abzuleitende Erst-recht-Schluss an (grundlegend dazu BGHZ 6, 270, 290): Wenn bei

Christoph Althammer

der Enteignung ein rechtmäßiges Sonderopfer Entschädigungsansprüche auslöst, muss dies erst recht für rechtswidrige Sonderopfer gelten. Dieser Satz hat allerdings in der neueren Rechtsprechung des BGH eine wesentliche Einschränkung erfahren (vgl unten Rn 44).

42 **Rechtsgrundlage** für den Entschädigungsanspruch wegen enteignungsgleichen Eingriffs ist nach der neueren Rechtsprechung des BGH richterlich entwickeltes Gewohnheitsrecht (**Aufopferungsgewohnheitsrecht**; vgl BGHZ 90, 17, 29; 100, 136, 145; 102, 350, 357; 111, 349, 352; 136, 182, 186; OLG Karlsruhe NVwZ-RR 2014, 332; OLG Brandenburg NVwZ-RR 2000, 78; Detterbeck, Allgemeines Verwaltungsrecht [2015] § 22 Rn 1135; ferner oben Rn 38). In der Gesetzgebung (§ 232 BauGB idF der Bek v 23. 9. 2004 [BGBl I 2414]) wird der enteignungsgleiche Eingriff ausdrücklich erwähnt. Er wird als ein von der Zivilrechtsprechung entwickeltes Rechtsinstitut des einfachen Rechts auch von der neueren Rechtsprechung des BVerfG anerkannt (BVerfG DVBl 1991, 1253).

43 Die inhaltlichen **Voraussetzungen** des enteignungsgleichen Eingriffs sind im Grundsatz bereits aus dem Vergleich mit der Enteignung abzuleiten. Die Eingriffe würden sich „für den Fall ihrer Zulässigkeit sowohl nach ihrem Inhalt wie nach ihrer Wirkung als Enteignung darstellen" (BGHZ 6, 270, 290). Es müssen demnach die Voraussetzungen der Enteignung, also insbesondere eine unmittelbare Einwirkung (OLG Hamm NVwZ 2002, 380: Unmittelbarkeit verneint bei eigenverantwortlichem Handeln Dritter) auf eine fremde, Eigentumsschutz genießende Rechtsposition (vgl BGHZ 76, 387, 392; 78, 41, 44; 84, 230, 232 f; 94, 373, 375; 102, 350, 358; 117, 240, 252; 125, 19, 21; 125, 258, 264) vorliegen, lediglich das Erfordernis der Rechtmäßigkeit ist nicht gegeben. Beispiel (nach Papier JuS 1985, 184, 186): Eine auf die §§ 85 ff BauGB gestützte Enteignung erweist sich als rechtswidrig, weil die gesetzlichen Voraussetzungen des Enteignungseingriffs nicht vorliegen. Erforderlich ist zudem wie bei der Enteignung staatliches Handeln (BGH NJW 2003, 1308: der unmittelbaren oder mittelbaren Staatsverwaltung; OLG Düsseldorf NVwZ 2001, 1449) – Die Entschädigung ist nach den Grundsätzen der Enteignungsentschädigung zu bemessen (vgl oben Rn 34 aE; ebenso NK-BGB/Ring Anh § 903 Rn 48). Nicht gewährt wird jedoch ein voller Schadensersatz (BGH NJW 2007, 830, 834; NVwZ 2007, 485, 486 f). Für die Verjährung gilt ebenfalls (wie beim Anspruch aus enteignendem Eingriff) die Dreijahresfrist nach § 195 iVm § 199 Abs 1 BGB analog (BGH DÖV 2007, 386; Detterbeck, Allgemeines Verwaltungsrecht [2015] § 22 Rn 1158; **aA** Dötsch DÖV 2004, 279).

44 Der **BGH** hat seinen früheren Ansatz etwas modifiziert (vgl dazu E Herrmann, in: FS Seiler [1999] 601, 616 ff). *Erweitert* hat ihn das Gericht (seit BGHZ 32, 208, 211 f) durch die Annahme, dass aus der Rechtswidrigkeit des Eingriffs in der Regel die Auferlegung eines Sonderopfers gefolgert wird; die Rechtswidrigkeit des Eingriffs indiziert also das Sonderopfer (Baur/Stürner[18] § 13 Rn 18). – Stark *eingeschränkt* hat der BGH die Haftung in seiner neueren Rechtsprechung zum sog **normativen** oder **legislativen Unrecht** (BGHZ 100, 136, 145 ff; 102, 350, 359, 367; 111, 349, 353; BGH BeckRS 2015, 08777; Detterbeck, Allgemeines Verwaltungsrecht [2015] § 22 Rn 1148 ff; Papier, in: Maunz/Dürig [2014] Art 14 GG Rn 45). Im Gegensatz zu seiner früheren Auffassung (BGHZ 56, 40, 42) vertritt er – unter dem Einfluss der gewandelten Enteignungsrechtsprechung des BVerfG (vgl oben Rn 29) – die Ansicht, dass kein entschädigungspflichtiger enteignungsgleicher Eingriff vorliegt, wenn der Eingriff aufgrund eines verfassungswidrigen Gesetzes oder einer darauf gestützten Maßnahme erfolgt ist (anders bei untergesetzlichen Normen [Rechtsverordnungen, Satzungen], die aufgrund rechtswirksamer Gesetze ergangen sind, vgl BGHZ 111, 349, 353); die Entscheidung darüber, ob für derartiges legislatives Unrecht Entschädigung zu gewähren sei, müsse dem Gesetzgeber überlassen bleiben. Dieser Meinungswandel wird im Wesentlichen mit folgenden Argumenten begründet (BGHZ 100, 136, 145 ff; 102, 350, 362): Gegen den Vollzug verfassungswidriger Gesetze habe der Betroffene grundsätzlich primären Rechtsschutz in Anspruch zu nehmen; ferner sei es außerordentlich problematisch, durch ein lediglich richterrechtlich gestaltetes Haftungsinstitut wie den enteignungsgleichen Eingriff die Staatsfinanzen mit weitgehenden Entschädigungshaftungen zu belasten und damit in die Haushaltsprärogative des Parlaments einzugreifen (vgl auch DETTERBECK, Allgemeines Verwaltungsrecht [2015] § 22 Rn 1149); hinzu komme, dass für eine gesetzliche Regelung der Haftung für rechtswidrige Parlamentsgesetze sehr unterschiedliche Lösungen denkbar seien. Im Schrifttum werden jedoch Ausnahmen erwogen und eine Haftung bei sog „Individualgesetzen" mit klar abgrenzbarer Adressatengruppe und bei „verstecktem legislativem Unrecht" (näher dazu WILHELM JZ 2000, 912; DETTERBECK, Allgemeines Verwaltungsrecht [2015] § 22 Rn 1152, 1153) bejaht.

Abgrenzung: Da es sich um rechtswidrige Eingriffe der öffentlichen Gewalt handelt, **45** gegen die sich der Betroffene regelmäßig mittels des *verwaltungsgerichtlichen Primärrechtsschutzes* zur Wehr setzen kann, ist das Verhältnis dieses Rechtsschutzes zum Entschädigungsanspruch aus enteignungsgleichem Eingriff zu klären. Nach der neueren Rechtsprechung des BGH (BGHZ 90, 17, 31 f; ferner BGHZ 91, 20, 23 ff; weitere Urteile bei KROHN, Enteignung, Entschädigung, Staatshaftung [1993] Rn 47; außerdem BGHZ 140, 200, 201; 140, 285, 297) geschieht dies durch die analoge Anwendung des § 254: Der Betroffene muss, wenn ihm dies zumutbar ist, die zulässigen verwaltungsgerichtlichen Rechtsbehelfe gegen die Eingriffsmaßnahmen ergreifen, um den Schaden abzuwenden. Die Zumutbarkeit, entsprechende Rechtsbehelfe zu ergreifen, wird man bejahen müssen, wenn ein „Verschulden in eigener Angelegenheit" vorliegt (OLG Brandenburg NVwZ-RR 2000, 78; AXER DVBl 2001, 1327). Unterlässt er dies, ist regelmäßig der Entschädigungsanspruch für Nachteile ausgeschlossen, die durch eine Anfechtung hätten vermieden werden können. Bei der Prüfung der Zumutbarkeit sind auch das Kostenrisiko und die Möglichkeit schneller Abhilfe zu berücksichtigen (vgl BGHZ 90, 17, 32; 91, 20, 24; 97, 114, 125 f). Praktisch ist damit der Betroffene, wenn er die ihm zumutbare Anfechtung eines ihn belastenden Verwaltungsaktes unterlässt, nur ausnahmsweise aus enteignungsgleichem Eingriff anspruchsberechtigt (vgl die Angaben bei KROHN aaO Rn 29, 48, 50).

Rechtsweg: Für die Entscheidung über Entschädigungsansprüche aus enteignungs- **46** gleichem Eingriff sind die Zivilgerichte zuständig (§ 40 Abs 2 S 1 VwGO; vgl BGHZ 90, 17, 31).

Beispiele für enteignungsgleiche Eingriffe aus der Rechtsprechung: BGHZ 73, 161, 180 (faktische Verhängung einer Bausperre über das Grundeigentum); BGHZ 78, 41 (rechtswidrige Unterbindung einer gewerblichen Tätigkeit); BGHZ 90, 17 (einstweilige Sicherstellung von Landschaftsbestandteilen); BGH NJW 1984, 2516 (Wirkungen eines nichtigen, aber vollzogenen Bebauungsplans); BGHZ 125, 358 (rechtswidrige Ablehnung einer Bauvoranfrage); BGHZ 118, 253 (rechtswidrige Versagung des Einvernehmens nach § 36 BauGB); BGHZ 102, 350, 357 ff (keine Staatshaftung

Christoph Althammer

für die neuartigen [emittentenfernen] Waldschäden); BGHZ 134, 316; 136, 182 (rechtswidrige Versagung einer Teilungs- oder Grundstücksverkehrsgenehmigung); BGHZ 140, 285, 297 (zur Rechtswidrigkeit eines Planfeststellungsbeschlusses); OLG Hamm NVwZ 2002, 379 (Ausweisung eines Baugebiets im Bebauungsplan und erhöhter Schwerlastverkehr); OLG Karlsruhe NVwZ-RR 2014, 331 (Versagen einer Verkehrsampel und „feindliches Grün"; Abweichung zu BGHZ 54, 332, 338).

dd) Abschließende Bewertung

47 Als Folge der Judikatur des BVerfG und des BGH bleibt der Bürger bei Eigentumseingriffen aufgrund legislativen Unrechts ohne zivilrechtliche Entschädigung, sodass der Umfang des Eigentumsschutzes in der Tat eingeschränkt ist (s oben Rn 44; Erklärungen dafür finden sich etwa bei vDanwitz, Verwaltungsrechtliches System und europäische Integration [1996] 317 ff). Insoweit tritt der Eigentumsschutz zugunsten fiskalischer Interessen zurück und die Haushaltsprärogative des Parlaments bleibt gewahrt. Obwohl diese Rechtslage für den jeweiligen Betroffenen sehr unbefriedigend sein kann, ist sie doch aufgrund höherrangiger staatlicher Interessen und der inzwischen erfolgten gewohnheitsrechtlichen Verfestigung dieser Judikatur zu akzeptieren (aA Staudinger/Seiler [2002] Rn 47). Sicherlich gilt das Argument, dass die Staatsfinanzen durch Entschädigungsleistungen belastet werden, auch für andere rechtswidrige Eingriffe, die nicht auf legislativem Unrecht beruhen, sodass die Entschädigungsrechtsprechung des BGH in ihrer Unterscheidung inkonsistent erscheint (so insbesondere Staudinger/Seiler [2002] Rn 47). Gleichwohl ist das Ausklammern besonders sensibler Bereiche eine Entscheidung, welche die Rechtsprechung in erster Linie an der genannten Haushaltsprärogative festmachen sollte und weniger an der inneren Konsistenz des staatlichen Entschädigungssystems.

Trotzdem könnte es sich zukünftig empfehlen, System und Dogmatik dieses Entschädigungsrechts zu *vereinfachen,* indem die beiden Ansprüche aus enteignendem und enteignungsgleichem Eingriff zu einer *einheitlichen Anspruchsgrundlage* (etwa unter der Bezeichnung des enteignungsgleichen Eingriffs) zusammengefasst werden, da ein einleuchtender Grund für deren getrennte Existenz nicht ersichtlich ist (zustimmend E Herrmann, in: FS Seiler [1999] 601, 632 ff; ein Musterbeispiel für die unübersichtliche Rechtslage bieten die Urteilsgründe in BGHZ 102, 350, 357 ff). Die entscheidende Voraussetzung beider Haftungsgründe ist die unmittelbare Beeinträchtigung des durch Art 14 Abs 1 GG geschützten Eigentums, also die Einwirkung auf eine konkrete subjektive Rechtsposition des Rechtsinhabers (so zu Recht BGHZ 94, 373, 375; 102, 350, 357), wodurch diesem ein Sonderopfer auferlegt wird. Die Frage der Rechtmäßigkeit oder Rechtswidrigkeit der Einwirkung ist nicht entscheidungserheblich; charakteristisch erscheint der Gedankengang in BGHZ 91, 20, 23 ff, wo das Gericht zunächst erwägt, ob der Eigentumseingriff rechtswidrig war, dann aber unentschieden lässt, ob ein enteignender oder ein enteignungsgleicher Eingriff vorliegt, da in jedem Fall ein Entschädigungsanspruch zuzuerkennen sei.

VI. Öffentliches Eigentum

1. Begriff, Anwendungsfälle

48 Der Begriff ist dem BGB und der gesamten Reichs- und Bundesgesetzgebung unbekannt (vgl dazu bereits Staudinger/Seiler [2002] Einl 88 zum SachenR). Seinen modernen

Ursprung hat er im französischen Recht (domaine public). O MAYER (Deutsches Verwaltungsrecht II [3. Aufl 1924] 49 ff) hatte versucht, ihn in das deutsche Verwaltungsrecht einzuführen, mit nur geringem Erfolg. Die Wissenschaft beurteilt ihn bis heute kritisch bis ablehnend (vgl nur PAPIER, Recht der öffentlichen Sachen [3. Aufl 1998] 5 ff; ferner PAPIER, in: MAUNZ/DÜRIG [2014] Art 14 GG Rn 75 ff). Das Reichs- und Bundesrecht hat ihn, wie erwähnt, nicht übernommen.

Die Landesgesetzgeber sind zwar, wie das Bundesverfassungsgericht entschieden hat (s sogleich), befugt, öffentliches Eigentum zu schaffen (zur verfassungsrechtlichen Zulässigkeit s BVerfGE 24, 367, 385; 42, 20, 28), soweit es das Bundesrecht zulässt (Art 55 EGBGB schließt nur „privatrechtliche" Vorschriften der Landesrechte aus). Sie haben aber von dieser Kompetenz nur vereinzelt Gebrauch gemacht (vgl NK-BGB/RING § 903 Rn 24 f; WEBER/KMENT JA 2013, 119). In *Hamburg* besteht öffentliches Eigentum an öffentlichen Wegen, die der Stadt Hamburg gehören (§ 4 Abs 1 Hamb WegeG v 22. 1. 1974 [GVBl 41, 83]; zulässig, da Art 74 Nr 22 GG dem Bund die Zuständigkeit nur für den Sachbereich Bau und Unterhaltung von Landstraßen für den Fernverkehr gibt, vgl BVerfGE 42, 20, 28 ff) sowie an Hochwasserschutzanlagen, die der Stadt Hamburg gehören (§§ 4a, 55 Hamb WasserG v 29. 3. 2005 [GVBl 97]; zulässig wegen des Vorbehalts in Art 66 EGBGB zugunsten landesgesetzlicher Vorschriften für das Deich- und Sielrecht; vgl BVerfGE 24, 367, 387 ff). In *Baden-Württemberg* (vgl dazu BAUR/STÜRNER[18] § 27 Rn 47; BOGENSCHÜTZ BWNotZ 2003, 103) gibt es öffentliches Eigentum am Bett der Gewässer erster und zweiter Ordnung (§ 5 Abs 1 Baden-Württ WasserG idF der Bek v 3. 12. 2013 [GBl 389]). – Nach diesen landesrechtlichen Vorschriften wird durch das öffentliche Eigentum eine hoheitliche Sachherrschaft begründet (vgl zur Fragestellung auch KMENT/WEBER JA 2013, 119, 121). Die Vorschriften entziehen die im öffentlichen Eigentum stehenden Gegenstände dem Rechtsverkehr und schließen die Regelungen des bürgerlichen Rechts über das Grundeigentum entweder aus oder erklären sie nur insoweit für anwendbar, als sie nicht der Zweckbestimmung der öffentlichen Gegenstände und den aus dem öffentlichen Recht folgenden Beschränkungen entgegenstehen. Dies bedeutet, dass Verfügungsrechte ausschließlich dem Staat zugewiesen sind und eine Übertragung nur noch zwischen einzelnen öffentlich-rechtlichen Funktionsträgern möglich ist (vgl ENGEL, in: VDANWITZ/DEPENHEUER/ENGEL, Berichte zur Lage des Eigentums [2002] 15).

2. Modifiziertes Privateigentum an sog öffentlichen Sachen

Außerhalb dieses schmalen Anwendungsbereichs des öffentlichen Eigentums gibt es **49** für öffentliche Sachen ein **modifiziertes Privateigentum**, dh sie sind Gegenstand privatrechtlichen Eigentums, unterliegen aber gleichzeitig öffentlich-rechtlicher Sachherrschaft (vgl BGHZ 19, 85, 90 = NJW 1956, 104; RGZ 150, 216, 218; 123, 181; BayVGH BayVBl 2012, 504; STAUDINGER/SEILER [2002] Einl 88 f zum SachenR; STAUDINGER/ROTH [2015] § 906 Rn 4; STAUDINGER/JICKELI/STIEPER [2012] Vorbem 18 zu § 90; NK-BGB/RING § 903 Rn 26 f; O LEPSIUS, Besitz und Sachherrschaft im Öffentlichen Recht [2002] 145 ff; DETTERBECK, Allgemeines Verwaltungsrecht [2015] § 19 Rn 969 ff). So besitzt ein ehemals auf einer Steilküste gelegener, aber durch Abbruch der Küste zum Meeresstrand gewordener Teil eines Grundstücks weiter eine Privateigentumsfähigkeit (OLG Schleswig NJW 2001, 1074). Hierher gehört etwa auch der Inhalt des Hausrechts des Präsidenten am Gerichtsgebäude, da es der bürgerlich-rechtlichen Sachherrschaft eines privaten Hauseigentümers ähnelt (kritisch H ROTH, in: FS Schilken [2015] 415, 419). Gleichwohl wird dafür geworben, diese privatrechtliche Betrachtungsweise aufzugeben, da die Rechtsfolge des § 903 nicht uneingeschränkt passe (so bedenkenswert H Roth, in: FS Schilken [2015] 415, 419 mwNw). Zum Bedarf eines rechtssicheren Instruments für Räume mit allgemeinem Publikumsverkehr vgl Schmiegel, in: JbJZivRw 2012, 347, 370 f. Zur Unwirksamkeit von Fotografierverboten in den Nutzungsbedingungen öffentlicher Einrichtungen, sofern das Fotografieren vom Widmungszweck umfasst ist, vgl BGH NJW 2011, 749, 751; krit Stieper, Rechtfertigung, Rechtsnatur und Disponibilität der Schranken des Urheberrechts (2009) 420 ff; vgl auch unten § 903 Rn 11.

VII. Wirtschaftliches Eigentum

50 Der Begriff kommt in der Gesetzessprache nicht vor, wird aber im steuerrechtlichen Schrifttum verwandt (zu seiner vereinzelten Verwendung in der Literatur zum bürgerlichen Recht vgl oben Rn 14). Durch ihn soll eine *steuerrechtliche Zuordnung* erreicht werden, um den Personenkreis festzulegen, der zur Erfüllung bestimmter Steueransprüche verpflichtet ist (vgl Tipke/Lang, Steuerrecht [22. VBl 2015] § 5 Rn 110 ff). Wird der Steueranspruch aus der Herrschaftsgewalt des Steuerpflichtigen über Wirtschaftsgüter abgeleitet, gilt zunächst der Grundsatz, dass jeder Gegenstand seinem (bürgerlich-rechtlichen) Eigentümer zuzurechnen ist (§ 39 Abs 1 AO); maßgebend sind also die sachenrechtlichen Regelungen des BGB über das Eigentum. Ein selbständiger steuerrechtlicher Eigentumsbegriff wird nicht kreiert. Abweichend von diesem Grundsatz ist das Wirtschaftsgut steuerlich nicht dem Eigentümer zuzurechnen, sondern demjenigen, der – ohne Eigentümer zu sein – die *tatsächliche Gewalt* über das Gut in der Weise ausübt, dass er den Eigentümer im Regelfall für die gewöhnliche Nutzungsdauer von der Einwirkung auf das Wirtschaftsgut wirtschaftlich ausschließen kann (§ 39 Abs 2 Nr 1 S 1 AO). Die AO nennt folgende Beispiele: Bei Treuhandverhältnissen sind die Wirtschaftsgüter dem Treugeber, beim Sicherungseigentum dem Sicherungsgeber und beim Eigenbesitz dem Eigenbesitzer zuzurechnen (§ 39 Abs 2 Nr 1 S 2 AO); vgl dazu das grundlegende Leasing-Urteil des BFH (BStBl II 1970, 264 sowie BFH BStBl II 1991, 628). Fälle dieser Art werden im Schrifttum unter dem Begriff des wirtschaftlichen Eigentums zusammengefasst (vgl zur Definition näher Koenig, in: Koenig, Abgabenordnung [3. Aufl 2014] § 39 Rn 14 ff). Einen eigenständigen, vom bürgerlichen Recht abweichenden Eigentumsbegriff kennt das Steuerrecht nicht; so benutzt § 39 Abs 1 AO den Begriff „Eigentümer" und meint damit das bürgerlich-rechtliche Eigentum. Es ist im Übrigen eine geläufige Vorstellung, dass einzelne Rechte und Pflichten vom Eigentum abgelöst und anderen Personen zugewiesen werden, ohne dass es deshalb sinnvoll erscheint, die neu entstehende Rechtsposition als eine besondere Art des Eigentums zu bezeichnen.

Zu weiteren Einzelheiten aus Rechtsprechung und Schrifttum vgl BFH 67, 434, 437; 97, 466; Stier, Das sogenannte wirtschaftliche und formal-juristische Eigentum (1933); Seeliger, Der Begriff des wirtschaftlichen Eigentums (1962); Werndl, Wirtschaftliches Eigentum (1983); Schuster, Wirtschaftliches Eigentum bei Bauten auf fremdem Grund und Boden, DStZ 2003, 369; Hensgens, Wirtschaftliches Eigentum bei Bauten auf fremden Grund und Boden, NJW 2004, 264; Gebel, Wirtschaftliches Eigentum im Erbschaft- und Schenkungsteuerrecht, BB 2004, 537; Lüdenbach/Hoffmann, Wirtschaftliches Eigentum und bilanzielle Ertragsrealisierung bei rechtsunwirksamen Geschäften, DB 2009, 861; Sistermann/Beutel, Spaltung und Begründung von wirtschaftlichem Eigentum, DStR 2011, 1162.

VIII. Über den Eigentumsbegriff in historischer Sicht

1. Vorbemerkung

Der Eigentumsbegriff ist eine unerschöpfliche Themenquelle, welche seit jeher **51** neben Juristen auch Philosophen, Soziologen und Politikwissenschaftler beschäftigt (vgl etwa SIEGRIST/SUGARMANN, Eigentum im internationalen Vergleich. 18. – 20. Jahrhundert [1999]; siehe auch den Überblick bei SCHWAB, Stichwort „Eigentum", in: BRUNNER/CONZE/KOSEL-LECK, Geschichtliche Grundbegriffe, Bd. 2 [1975] 89 ff, 94 ff). Auch jenseits des wissenschaftlichen Kontexts stellt das Eigentum seit langem ein Synonym für wirtschaftliche Macht dar und ist damit Gegenstand heftiger ideologischer und politischer Auseinandersetzungen geworden („Eigentum ist Diebstahl"; vgl dazu etwa KRIER, Sozialismus für Kleinbürger [2009] 80 ff). Dies hat auch Verständnis und Darstellung seiner Geschichte beeinflusst, und zwar keineswegs nur positiv. Allerdings hat die intensive Beschäftigung mit dem Eigentum das Interesse für seine historische Entwicklung auch außerhalb der rechtshistorischen Fächer verstärkt. Aber die geschichtlichen Argumentationen dort leiden häufig unter zu grober, einseitiger Verallgemeinerung, unter Missverständnissen und Deutungen, die gesicherter rechtshistorischer Erkenntnis nicht standhalten und korrigiert werden müssen (vgl dazu die kritischen Bemerkungen bei MAYER/MALY, in: FS Hübner [1984] 145 ff). Geschichte ist nur mit Sachkunde und Vorsicht als Arsenal für die Auseinandersetzungen der Gegenwart verwendbar. Schließlich kann nicht geleugnet werden, dass die jahrtausendalte Geschichte des Eigentums in Europa keineswegs auch nur in den groben Linien bereits mit hinreichender Genauigkeit erforscht ist (vgl den Überblick bei KERN, Typizität als Strukturprinzip des Privatrechts [2013] 44 ff, 56 ff). Im Folgenden können schon aus Raumgründen die politisch-ideologischen Konflikte, die in der Geschichte des Eigentums eine Rolle gespielt haben (vgl dazu HATTENHAUER, Grundbegriffe des Bürgerlichen Rechts [2. Aufl 2000] 12 ff mit Lit 129; KERN, Typizität als Strukturprinzip des Privatrechts [2013], 44 ff, 56 ff), nicht beschrieben werden. Ebenso wenig ist es möglich, einen auch nur halbwegs informativen Überblick über die Geschichte des Eigentums als Rechtsbegriff zu geben (eine gute Übersicht mit eingehenden Nachweisen zum Forschungsstand bei OLZEN JuS 1984, 328 ff; SCHWAB, Stichwort „Eigentum", in: BRUNNER/CONZE/KOSELLECK, Geschichtliche Grundbegriffe, Bd 2 [1975] 89 ff, 94 ff; KERN, Typizität als Strukturprinzip des Privatrechts [2013] 68 ff; ferner WIELING I § 8 II). Die Darstellung muss sich auf den vielfach verkannten Eigentumsbegriff des BGB, wie er sich aus den Gesetzesmaterialien erschließt, beschränken und knüpft daran einige rechtshistorische Folgerungen und Anmerkungen. Klar ist jedoch, dass zahlreiche soziale und politische Umwälzungen den Eigentumsbegriff beeinflussten (vgl etwa zur Fehldeutung des Eigentumsrechtes unter dem nationalsozialistischen Programmsatz „Gemeinnutz geht vor Eigennutz" eingehend RÜTHERS, Die unbegrenzte Auslegung [7. Aufl 2012] 351 ff, 365; SCHMITZ-BERNING, Vokabular des Nationalsozialismus [2007] 259 ff; KERN, Typizität als Strukturprinzip des Privatrechts [2013] 134 ff; grundlegend in jüngerer Zeit auch KEISER, Eigentumsrecht in Nationalsozialismus und Facismo [2005]). Für die Ideengeschichte des Eigentums ist die Gesellschaftsgeschichte unmittelbar prägend gewesen. Kennzeichnend für die nationalsozialistische Epoche war die Betonung der Pflichtgebundenheit subjektiver Rechte, und insbesondere des Eigentumsrechts, im Sinne der Volksgemeinschaft, sodass insbesondere die weite gesetzgeberische Formulierung von § 903 S 1 im Sinne eines grundsätzlich schrankenlosen Eigentumsbegriffes stark kritisiert wurde (ausführlich RÜTHERS, Die unbegrenzte Auslegung [7. Aufl 2012] 351).

2. Der Eigentumsbegriff des BGB nach den Vorstellungen des historischen Gesetzgebers

52 Bei einem so alten und häufig besprochenen Thema wie dem Eigentum sind die **Materialien zum BGB** besonders aufschlussreich, weil dort die Gesetzesverfasser ihre Arbeit rechtfertigen, indem sie zunächst unter meist eingehenden historischen Hinweisen den juristischen Sachstand ihrer Zeit referieren, um daran anschließend ihre eigenen Auffassungen und Gesetzesvorschläge zu diskutieren und zu begründen (vgl zur historischen Entwicklung auch E HERRMANN, Kernstrukturen des Sachenrechts [2013] 34 ff). Für den Begriff des Eigentums haben die Informationen im ersten Stadium der Gesetzesvorarbeiten, also in den sog Vorentwürfen, besondere Bedeutung, weil allein dort ausführlich Stellung genommen wird, während die eigentlichen Gesetzesberatungen sich nur knapp dazu vernehmen lassen. Dies ist regelmäßig dann der Fall, wenn die Vorentwürfe den Gegenstand überzeugend besprechen und das Thema im Übrigen nicht besonders problematisch erscheint. So liegt es auch beim Eigentum.

53 a) Der für das Sachenrecht zuständige Referent JOHOW gibt in den **Vorentwürfen** eine klar gegliederte, umfangreiche Bestandsaufnahme zum Thema Eigentum (vgl SCHUBERT, Die Vorentwürfe der Redaktoren zum BGB, Sachenrecht 1 [1982] 490 ff). Zunächst ist für ihn „nicht zweifelhaft" (aaO 491), dass Gegenstand des Eigentums nur *körperliche Sachen* sein können. Damit sind, wie in längeren Ausführungen begründet wird, Rechte, Sachgesamtheiten und Urheberrechte vom Eigentumsbegriff ausgeschlossen. – In einem kurzen zweiten Abschnitt (aaO 495 ff) wird der *Begriff* des Eigentums zu bestimmen versucht, letztlich erfolglos: Nach JOHOWS Ausführungen ist zwar klar, dass Eigentum Sachherrschaft bedeutet, die „an sich" unbegrenzt und schrankenlos ist, trotzdem ist eine exakte Definition vor allem im Hinblick auf die zahlreichen Eigentumsbeschränkungen schwierig, vielleicht unmöglich, aber auch nicht notwendig, da praktisch bedeutungslos (vgl auch FÜLLER, Eigenständiges Sachenrecht? [2006] 376, der meint, dass sich aus den Vorentwürfen mit Sicherheit nur entnehmen lasse, dass es sich um „ungeteiltes Eigentum" handeln soll). Der Verfasser gewinnt dieses Ergebnis nach einer Überprüfung aller Definitionsversuche in den Kodifikationen (ALR, ABGB, Code civil, sächs BGB ua) sowie in der Literatur (SAVIGNY, PUCHTA, UNGER, ARNDTS, WINDSCHEID, DERNBURG ua). – Wesentlich wichtiger sind für ihn die in einem dritten Abschnitt eingehend dargelegten *Beschränkungen* des *Eigentums* (aaO 499 ff), die sich durch Natur, Gesetz oder Willenserklärungen ergeben können, und zwar zunächst nur „im allgemeinen"; lediglich die Kategorie der „gesetzlichen" Eigentumsbeschränkungen, die vollständig gar nicht aufgezählt werden können, bedarf einer genaueren systematischen Betrachtung. – Der Verfasser kommt zu folgendem Gesetzesvorschlag:

§ 85

Der Eigenthümer hat das Recht, die Sache zu besitzen und über dieselbe mit Ausschließung Anderer zu verfügen, soweit nicht Beschränkungen dieses Rechts durch Gesetz oder durch Rechte Dritter begründet sind.

54 b) Die **erste Kommission** ändert an diesem einfachen und klaren Konzept nichts. Die Motive (Mot III 257 ff = MUGDAN III 142 ff) wiederholen in knapper Zusammenfassung den Gedankengang der Vorentwürfe. Man stellt klar, dass der Entwurf

„weniger eine Definition geben, als den wesentlichen Inhalt der dem Eigenthümer zustehenden Rechte feststellen" will (Mot III 262 = Mᴜɢᴅᴀɴ III 145). Dabei sei die positive Seite dieser Feststellung von geringerer Wichtigkeit als deren negative Seite, nämlich dass die ausschließliche Verfügungsbefugnis des Eigentümers so weit reicht, als nicht eine Beschränkung nachgewiesen werde. Hauptthema der Erörterungen sind demnach die zahlreichen Eigentumsbeschränkungen. Der Gesetzesvorschlag der ersten Kommission lautet:

E I 848

Der Eigenthümer einer Sache hat das Recht, mit Ausschließung Anderer nach Willkür mit der Sache zu verfahren und über dieselbe zu verfügen, soweit nicht Beschränkungen dieses Rechtes durch Gesetz oder durch Rechte Dritter begründet sind.

c)   Auch die **zweite Kommission** zieht das vorgeschlagene Konzept nicht in Zwei- **55** fel, sondern erörtert nur noch die sachliche und sprachliche Fassung der positiven sowie der negativen Seite der Eigentümerbefugnisse (Prot 3523 = Mᴜɢᴅᴀɴ III 577 f). Noch einmal wird betont, dass einerseits das Eigentum anderen Beschränkungen als den durch Gesetz oder Rechte Dritter begründeten nicht unterworfen sei, dass andererseits aber der Hinweis auf die Eigentumsbeschränkungen unentbehrlich sei. Nur sprachkosmetische, keine sachliche Bedeutung hat der Ersatz des Ausdrucks „nach Willkür" in § 848 durch „nach Belieben" (Prot 3524 f = Mᴜɢᴅᴀɴ III 578). Die Fassung des E II § 818 entspricht dann bereits wörtlich dem später Gesetz gewordenen § 903 BGB.

d)   Zusammenfassung
Die Anerkennung privaten Eigentums ist für die Gesetzesverfasser ein selbstver- **56** ständliches Grundprinzip der Kodifikation, das keiner besonderen Begründung bedarf und nur gelegentlich am Rande erwähnt wird (Prot 3523 = Mᴜɢᴅᴀɴ III 577: „... grundlegende Bedeutung des Eigenthumes für die gesammte Staats- und Gesellschaftsordnung"). Aber damit verbinden sie keineswegs bestimmte Postulate hinsichtlich des Inhalts dieses Eigentums. Sie stellen weder fest, dass das Eigentum unbeschränkt ist – das wäre angesichts des umfangreichen, von ihnen selbst verfassten Katalogs an Eigentumsbeschränkungen auch unsinnig gewesen – noch fordern sie die Unbeschränktheit auch nur. Mit anschaulicher Klarheit heißt es in den Vorentwürfen: „Das Gesetz stellt mithin den Inhalt des Eigenthums fest, indem es zunächst voll giebt, sodann aber das gegebene wieder beschränkt" (Sᴄʜᴜʙᴇʀᴛ, Die Vorentwürfe 503). Das Eigentum reicht so weit, wie es nicht beschränkt ist. Daraus folgt einmal die mehrfach angesprochene *Konsolidationslage* oder *Elastizität* des Eigentums: Fallen Beschränkungen weg, konsolidiert sich das Eigentum wieder (kritisch, aber nicht überzeugend Wɪᴇʟɪɴɢ I § 8 II 1c Fn 34: „die ‚Elastizität' kommt jedem Recht zu"). Ferner ergibt sich daraus, dass das Eigentum als nicht beschränkt *vermutet* wird, wenn Beschränkungen nicht feststellbar sind. In diesen beiden rechtstechnischen Merkmalen, der Konsolidationslage und der Vermutung für die Unbeschränktheit des Rechts, sehen die Gesetzesverfasser das Kennzeichnende des Eigentums (so unmissverständlich Mot III 262 = Mᴜɢᴅᴀɴ III 145), nicht in seiner tatsächlich bestehenden oder auch nur geforderten Unbeschränktheit. Von einer derartigen Vorstellung ist ihr Eigentumsverständnis, wie die Gesetzesmaterialien und insbesondere die Kataloge der zahlrei-

chen Eigentumsbeschränkungen belegen, weit entfernt (vgl dazu FÜLLER, Eigenständiges Sachenrecht? [2006] 378).

3. Rechtshistorische Folgerungen und Anmerkungen

57 a) Das soeben dargestellte Eigentumskonzept der BGB-Verfasser ist in der Folgezeit bis heute immer wieder als ein Dokument extrem liberalistischer Rechtsanschauung be- oder verurteilt und damit missverstanden worden. Die Gründe dafür sind vielfältig. Eine Ursache ist darin zu sehen, dass die Kritik unbesehen Äußerungen der *Pandektenwissenschaft* des 19. Jahrhunderts zum Eigentum auf das *BGB-Konzept* überträgt. In der Tat gibt es in dieser Wissenschaft vielfach Eigentumsbeschreibungen, die, geprägt vom Pathos des liberalen Individualismus, von der Totalität, von der vollkommenen, unbegrenzten, ausschließlichen rechtlichen Sachherrschaft und in ähnlichen Wendungen reden (vgl die Zusammenstellungen und Zitate in den Vorentwürfen, SCHUBERT, Die Vorentwürfe 497 f; ferner bei MünchKomm/SÄCKER[6] § 903 Rn 11 ff). Aber das entspricht, wie gezeigt, nicht den Vorstellungen und der Sprache der BGB-Verfasser, die sich gerade von solchen Äußerungen distanziert haben. Man kritisiert also einen Gegenstand, den es so nicht gegeben hat. Der Eigentumsbegriff des BGB ist nicht derjenige eines großen Teils der Pandektenwissenschaft des 19. Jahrhunderts. Ein Monstrum wie das „abstrakte, formalisierte, totale und absolute Eigentum" (MünchKomm/SÄCKER[6] § 903 Rn 16) ist mit Sicherheit nicht das Produkt der BGB-Verfasser (**aA** FÜLLER, Eigenständiges Sachenrecht? [2006] 379 Fn 40, der diese Sichtweise für „überspitzt und in der Sache nicht zutreffend" hält). Ein guter Beleg für dieses Urteil ist ua die historische Tatsache, dass unter der Geltung und Herrschaft dieses angeblich liberalistischen Eigentumsbegriffs des BGB die einschneidendsten Eigentumsbeschränkungen stattgefunden haben, die die europäische Privatrechtsgeschichte kennt.

58 b) Das Eigentumskonzept des BGB findet sein historisches Vorbild demnach weniger in der Pandektenwissenschaft des 19. Jahrhunderts als vielmehr im *klassischen römischen* Recht der Antike. Unzweifelhaft ist das Eigentum (dominium, proprietas) der zentrale Begriff des römischen Sachenrechts, der systematisch abgesetzt wird einerseits vom Besitz als der tatsächlichen Sachherrschaft und andererseits von den beschränkten dinglichen Rechten (näher zum römischen Eigentumsverständnis etwa KERN, Typizität als Strukturprinzip des Privatrechts [2013] 44 ff: Eigentum als Vollrecht und Besitz als faktische Herrschaft). Aber in den Schriften der klassischen Juristen, die sonst Definitionen keineswegs meiden, findet sich keine Definition dieser wichtigen Einrichtung; auch allgemeine Äußerungen über die „Unbegrenztheit" oder „Totalität" dieses Rechts gibt es dort nicht. Vielmehr ist das römische Eigentum zahlreichen Beschränkungen unterworfen. Es gibt in Rom bereits ein ausgeprägtes *Nachbarrecht;* darüber hinaus sind andere soziale Bindungen vielfältiger Art namentlich beim Grundeigentum überliefert, die im Laufe der Entwicklung sich wandeln. Sie sind allerdings erst in der neueren Forschung genauer erkannt und hervorgehoben worden (vgl SIMSHÄUSER, in: FS Coing I [1982] 329, 334 ff; ferner die Nachweise bei KUNKEL/MAYER/MALY, Römisches Recht [1987] 151, 153). Es findet sich sogar die Vorstellung, dass das Eigentumsrecht durch starke Beschränkung, etwa durch Bestellung eines Nießbrauchs, seine Substanz so weitgehend einbüßen kann, dass dem Eigentümer nur die nuda proprietas verbleibt (dazu WIELING, Studi Guarino Bd 5 [1984] 2519 ff; SCHWAB, Stichwort „Eigentum", in: Brunner/Conze/Koselleck, Geschichtliche Grundbegriffe, Bd 2 [1975] 70 ff).

c) Vor diesem Hintergrund bedarf dann auch die häufig vorgetragene Auffassung **59** der Korrektur, der *römischrechtliche* Eigentumsbegriff, dem das BGB folge, sei ein individualistischer, gekennzeichnet durch Absolutheit und Bindungsfreiheit, während das *deutschrechtliche* Eigentumsverständnis stärker von Sozialbindungen geprägt sei. Diese Antinomie erweist sich bei näherer Betrachtung als ungenau. Wie erwähnt, unterliegt auch das römische Eigentum vielfältigen Bindungen (Richtigstellungen in diesem Sinn bei Mayer/Maly, in: FS Hübner [1984] 145 f, 149; ferner bei Kroeschell, in: FS Thieme [1977] 34 f, 68 ff; vgl zum klassischen römischrechtlichen Begriffsverständnis im Unterschied zu den Eigentumsformen der vor- und nachklassischen Epoche Auer, Der privatrechtliche Diskurs der Moderne [2014] 102; Kern, Typizität als Strukturprinzip des Privatrechts [2013] 54 ff; Jänich, Geistiges Eigentum: eine Komplementärerscheinung zum Sacheigentum? [2002] 35 ff).

d) Nur noch historische Bedeutung kommt schließlich der (gemeinrechtlichen) **60** Lehre vom **geteilten Eigentum** zu (vgl dazu auch Füller, Eigenständiges Sachenrecht? [2006] 378). Sie entsteht im Bodenrecht der mittelalterlichen Jurisprudenz, als diese sich um eine juristische Klärung der Rechtsverhältnisse zwischen Lehnsherrn und Lehnsmann bemüht. Danach wird dem Grundherrn das *Obereigentum* (dominium directum) am Boden zugewiesen, das im Wesentlichen das Verfügungsrecht enthält, während dem Bauern das *Untereigentum* (dominium utile) zusteht, das zur Bodennutzung berechtigt (vgl dazu Coing, Europäisches Privatrecht I [1985] 292 f und Auer aaO 101, die sich deswegen wundert, „wie das Eigentum überhaupt seine systemprägende Stellung innerhalb des modernen Privatrechtsdenkens erlangen konnte"; Kern, Typizität als Strukturprinzip des Privatrechts [2013] 68 ff). Mit dem Ende des Lehnswesens wird dann auch die Lehre vom geteilten Eigentum bekämpft und beseitigt. Als ihr erfolgreichster Gegner gilt Thibaut (Versuche über die einzelnen Theile der Theorie des Recht II [2. Aufl 1817] 67 ff; dazu Wiegand, Wissenschaft und Kodifikation des Privatrechts im 19. Jahrhundert III [1976] 118 ff). Für die BGB-Verfasser ist die Lehre bereits ein Relikt, das nur noch knapp erwähnt und abgelehnt wird, über das eine ernsthafte Auseinandersetzung aber nicht mehr stattfindet (vgl Mot III 262 f = Mugdan III 145). Gleichwohl war dieser Entwicklungsprozess ein schwieriger, dem erst mit der Abschaffung der hoheitlichen Privilegienordnung im Zuge der Ideale der Französischen Revolution Erfolg beschieden war (vgl auch Auer, Der privatrechtliche Diskurs der Moderne [2014] 101). Die gleichheitswidrige Privilegiengewährung in Zeiten absolutistischer Herrschaft war der schärfste Widersacher des modernen Eigentumsbegriffs (vgl dazu Klippel, Das Privileg in der deutschen Staatsrechtslehre des 19. Jahrhunderts, in: Dölemeyer/Mohnhaupt, Das Privileg im europäischen Vergleich, Bd 2 [1999] 285 ff).

Auch in neuerer Zeit ist unter dem Eindruck von Bodenknappheit und Bodenspekulation vor allem in Großgemeinden erneut vorgeschlagen worden, das Eigentum an Liegenschaften in ein Ober- und Untereigentum zu teilen (H J Vogel NJW 1972, 1544, 1546; ferner L Raiser, in: Festgabe Sontis [1977] 167 ff). Danach soll das Obereigentum (Verfügungseigentum) auf die „Gemeinschaft" übergehen, während das Untereigentum (Nutzungseigentum) als ein kündbares oder auch befristetes Recht den Bürgern einzuräumen ist. Mit Recht ist diese „Rückkehr in den Ständestaat" (Hattenhauer, Grundbegriffe des Bürgerlichen Rechts [2. Aufl 2000] 150) überwiegend abgelehnt worden (kritisch vor allem KROESCHELL, in: FS Thieme [1977] 34, 66 ff; MAYER/MALY, in: FS Hübner [1984] 145, 156 f; FÜLLER, Eigenständiges Sachenrecht? [2006] 378).

Eine andere Frage ist, ob sich bestimmte Einrichtungen des geltenden Rechts, zB Sicherungseigentum, Wohnungseigentum, Erbbaurecht, mit der Denkfigur des geteilten Eigentums erfassen lassen. Dies wird man mit der eingehenden Untersuchung von KRAUSS (Das geteilte Eigentum im 19. und 20. Jahrhundert [Diss Tübingen 1999]) zwar theoretisch für möglich halten können. Vorzuziehen wegen ihrer sachlichen Vorzüge (vgl dazu nur STAUDINGER/SEILER [2012] Einl 5, 38 ff zum SachenR) ist aber die hL, nach der es sich hier um durch Gesetz oder Gewohnheitsrecht legitimierte Erweiterungen des Typenkatalogs der beschränkten dinglichen Rechte handelt, die aber an der zentralen Stellung des Eigentums als des Vollrechts an einer Sache nichts ändern.

IX. Eigentum in der DDR

61 Vgl dazu STAUDINGER/SEILER (2002) Einl 101 ff zum SachenR; ferner ausführlicher STAUDINGER/SEILER[12] Rn 59.

X. Internationales Privatrecht/Europäische Rechtsvereinheitlichung

62 Vorschriften über das deutsche internationale Sachenrecht enthält das **Gesetz zum internationalen Privatrecht für außervertragliche Schuldverhältnisse und für Sachen** v 21. 5. 1999 (BGBl I 1026, in Kraft getreten am 1. 6. 1999), und zwar in Art 43 bis 46 EGBGB (vgl dazu STAUDINGER/SEILER [2002] Einl 110 zum SachenR. Zu den Einzelheiten vgl BT-Drucks 14/232, 14 ff sowie die Erläuterungen bei PALANDT/THORN[74] zu EGBGB Art 43 ff). Art 44 EGBGB ist durch Gesetz v 10. 12. 2008 (BGBl I 2401) hinsichtlich der Überschrift neu gefasst und im Wortlaut geändert worden: In Art 44 EGBGB ist im Hinblick auf Immissionen ein Verweis auf das internationale Deliktsrecht der Rom II-VO erfolgt. Hinsichtlich einer möglichen Rechtsvereinheitlichung sind die Vorschläge des Gemeinsamen Referenzrahmens für ein europäisches Sachenrecht – Grundprinzipien und Eigentumserwerb (an beweglichen Sachen) in Buch VIII zu beachten (hierzu kritisch STADLER JZ 2010, 380 ff; BAUR/STÜRNER[18] § 64 Rn 151; Überblick über die Regelungen auch bei KLINCK, in: STAUDINGER/Eckpfeiler [2014] W Rn 130).

XI. Eigentumsgarantie im europäischen Recht

63 Das Eigentum wird auch im **europäischen Verfassungsrecht** geschützt. Dies ergibt sich aus **Art 6 Abs 1 EUV iVm Art 17 EU-GR-Charta**, wonach jede Person das Recht hat, „ihr rechtmäßig erworbenes Eigentum zu besitzen, zu nutzen, darüber zu verfügen und es zu vererben". Die positiven Befugnisse des Eigentümers werden dabei stärker exemplarisch umschrieben, als dies für § 903 BGB und Art 14 Abs 1 GG der Fall ist. Ähnlich wie bei Art 14 Abs 1 GG ist das Eigentumsverständnis ein weites, das neben dem Sacheigentum auch sonstige Vermögensrechte, wenngleich nicht bloße Erwerbschancen, erfasst (VIEWEG/WERNER, Sachenrecht [2013] § 3 Rn 2). Diese grundrechtliche Verbürgung mit Primärrechtsrang haben nicht nur die Organe der EU (Art 53 Abs 1 EU-GR-Charta) zu beachten, sondern auch die Mitgliedstaaten bei der „Durchführung des Unionsrechts" (vgl VIEWEG/WERNER, Sachenrecht [2013] § 3

Rn 2), wobei gerade diese Begrifflichkeit in der jüngsten Rechtsprechung des EuGH sehr weit ausgelegt wird (EuGH NJW 2013, 1415).

Auch Art 1 EMRKZusProt schützt das Eigentum (ausführlich vDanwitz in: vDanwitz/ Depenheuer/Engel, Berichte zur Lage des Eigentums [2002] 220 ff; Ehlers, Europäische Grundrechte und Grundfreiheiten [4. Aufl 2014] § 5 Rn 3 ff; Glöckner, Eigentumsrechtlicher Schutz von Unternehmen – Eine rechtsvergleichende Studie zum deutschen Recht, zum Recht der EMRK und zum Europarecht [2005] 72 ff, 83 ff). Die Vorschrift lautet: „Jede natürliche oder juristische Person hat das Recht auf Achtung ihres Eigentums. Niemandem darf sein Eigentum entzogen werden, es sei denn, dass das öffentliche Interesse es verlangt, und nur unter den durch Gesetz und durch die allgemeinen Grundsätze des Völkerrechts vorgesehenen Bedingungen". Insoweit verstößt die nach §§ 8–10 BJagdG bestehende Pflicht der Grundstückseigentümer, die Jagd durch Jagdpächter der Jagdgenossenschaft zu dulden, gegen den von Art 1 EMRKZusProt intendierten Eigentumsschutz (EGMR NJW 2012, 3629 – Große Kammer; vgl dazu Maierhöfer NVwZ 2012, 1521; kritisch zur Thematik bereits Engel, in: vDanwitz/Depenheuer/Engel, Berichte zur Lage des Eigentums [2002] 18). Durch diese Sichtweise wird das Eigentumsrecht als Freiheitsrecht gestärkt, weil die bloße finanzielle Beteiligung der Eigentümer am Jagdertrag an der Intensität des Eingriffs nichts ändert (zu Recht Maierhöfer NVwZ 2012, 1521). Einschränkungen des Eigentums sind also auch auf europäischer Ebene nicht selbstverständlich durch Geldzahlungen ausgleichbar.

Titel 1
Inhalt des Eigentums

§ 903
Befugnisse des Eigentümers

Der Eigentümer einer Sache kann, soweit nicht das Gesetz oder Rechte Dritter entgegenstehen, mit der Sache nach Belieben verfahren und andere von jeder Einwirkung ausschließen. Der Eigentümer eines Tieres hat bei der Ausübung seiner Befugnisse die besonderen Vorschriften zum Schutz der Tiere zu beachten.

Materialien: E I § 848; II § 818; III § 887; Mot III 257 = MUGDAN III 142; Prot 3526 = MUGDAN III 578; JAKOBS/SCHUBERT, Sachenrecht I 441.

Satz 2: G zur Verbesserung der Rechtsstellung des Tieres im bürgerlichen Recht v 20. 8. 1990 (BGBl I 1762) Art 1 Nr 4; BT-Drucks 11/5463, 4, 7; 11/7369, 3, 5, 7.

Systematische Übersicht

Alphabetische Übersicht

Christoph Althammer

I.   Einführung

1 §§ 903 ff des 1. Titels im Abschnitt 3 beschäftigen sich mit dem Inhalt des Eigentums und den damit zusammenhängenden Rechtsfragen. Von diesen Gegenständen sind bereits in den vorangegangenen Erläuterungen die folgenden angesprochen worden:

1. der **Begriff** des Eigentums; dazu Einl 1–3, 6 zu §§ 903 ff;

2. die **Arten** des Eigentums; dazu Einl 11 ff zu §§ 903 ff;

3. die **Beschränkungen** des Eigentums; dazu Einl 4, 7 ff zu §§ 903 ff;

4. die **Entstehungsgeschichte** des § 903; dazu Einl 51 ff zu §§ 903 ff.

Zu § 903 S 2 vgl unten Rn 31.

II. Bedeutung des § 903 S 1

1. Inhalt des Eigentums, Sachherrschaft

§ 903 S 1 leitet den ersten Titel ein, ohne dabei den Begriff des Eigentums im **2** technischen Sinn zu definieren (anders WIELING I § 8 II 1c Fn 24 unter Hinweis auf SONTIS, in: FS Larenz [1973] 981, 995). Vielmehr setzt die Vorschrift voraus, dass es sich um das Vollrecht an einer Sache im Sinne eines körperlichen Gegenstandes handelt (vgl Einl 1–3 zu §§ 903 ff). § 903 beschreibt als Inhalt des Eigentums die mit dem Eigentum verbundene Rechtsmacht und verwendet damit ein Merkmal, das für alle absoluten Rechte charakteristisch ist. Absolute Rechte sind dadurch gekennzeichnet, dass der Rechtsinhaber auf bestimmte Rechtsobjekte einwirken und fremde Einwirkungen ausschließen darf (vgl dazu STAUDINGER/SEILER [2002] Einl 18 zum SachenR; BeckOK/FRITZSCHE Rn 17). Für das Eigentum ist demnach nicht spezifisch, dass es eine interne und externe Rechtsmacht enthält; diese gibt es bei anderen absoluten Rechten ebenfalls. Die Besonderheit des Eigentums besteht vielmehr darin, dass dieses Recht sich auf körperliche Gegenstände, Sachen, bezieht und dem Rechtsinhaber eine umfassende Rechtsmacht gewährt (vgl auch WÜRTHWEIN, Schadensersatz für Verlust der Nutzungsmöglichkeit einer Sache oder für entgangene Gebrauchsvorteile? [2001] 76; SCHWAB/LÖHNIG, Einführung in das Zivilrecht [2013] Rn 292; anders dagegen die sog Bündeltheorie, welche den engen Sachbezug in Frage stellt, vgl etwa AUER, Der privatrechtliche Diskurs der Moderne [2014] 121). Dementsprechend formuliert § 903, dass der Eigentümer mit der Sache nach Belieben verfahren (**Einwirkungsrechte**, positive Befugnisse, positiver Eigentumskern) und andere von jeder Einwirkung ausschließen darf (**Ausschließungsrechte**, negative Befugnisse, negativer Eigentumskern).

Bei den Gesetzesberatungen ist erwogen worden, ob es nicht ausreiche, die nach außen gerichtete, negative Befugnis des Eigentümers, andere von jeder Einwirkung auszuschließen, in die Vorschrift aufzunehmen, die positive Befugnis dagegen unerwähnt zu lassen (vgl Prot 3523 f = MUGDAN III 577). Die zweite Kommission hat dies verneint, und zwar einmal mit der Überlegung, immerhin sei eine Gestaltung des Eigentums logisch denkbar, nach der der Eigentümer zwar jeden von Einwirkungen auf die Sache ausschließen, aber selbst nicht beliebig mit der Sache verfahren könne. Zum anderen hat sie hervorgehoben, dass der Umfang des Ausschließungsrechts sich nach dem positiven Inhalt des dinglichen Rechts richte, weshalb auch dieser beschrieben werden müsse.

2. Schranken des Eigentums

Eigentum ist nicht als schrankenloses Recht zu begreifen. Insofern kann sich § 903 **3** nicht damit begnügen, die umfassende Rechtsmacht des Eigentümers zu beschreiben, sondern muss sich auch zu den Schranken des Eigentums äußern („soweit nicht das Gesetz oder Rechte Dritter entgegenstehen"). Diese rechtstechnisch nüchterne und gänzlich unpathetische Verweisungsnorm hat wohl vielfach die Einsicht in seine überragende Bedeutung verdeckt. Durch sie werden zahllose Beschränkungen des Eigentums zugelassen und wirksam, sodass in der Rechtswirklichkeit von der Totalität und Absolutheit des Eigentums, die von der Kritik angeprangert wird (vgl Einl 57 zu §§ 903 ff; zur Diskussion auch WÜRTHWEIN, Schadensersatz für Verlust der Nutzungsmöglichkeit einer Sache oder für entgangene Gebrauchsvorteile? [2001] 76 Fn 13), nicht die Rede sein

Christoph Althammer

kann. Insoweit sind Zweifel an der Bedeutung des Eigentums als umfassender Herr-schafts- und Verfügungsgewalt durchaus berechtigt (vgl OLZEN JuS 1984, 328 ff und näher unten Rn 8). Durch § 903 S 1 partizipiert der Inhalt des Eigentums am ständigen Wandel der Gesellschaft. In gesetzestechnisch einfacher Weise wird damit die **soziale Bindung** des Eigentums verwirklicht, auch wenn der knappe Wortlaut des Satzes dies auf den ersten Blick nicht erkennen lässt. Immerhin erkannten schon die Gesetzesverfasser (vgl nun auch BERGNER, Eigentumsbeschränkungen außerhalb von Gesetzen und Rechten Dritter [2013] 13, 113 ff), dass *„in dieser Abgrenzung des Eigentumsinhalts" „der Hauptwert der ganzen Bestimmung"* liegt (Prot 3525 = MUGDAN III 578). Auf die Spitze treibt diese Überlegungen die sog „Bündeltheorie", wenn sie „Privatrecht und öffentliches Recht gleichermaßen an der Bestimmung des Eigentumsinhalts beteiligt" sieht (AUER, Der privatrechtliche Diskurs der Moderne [2014] 142; kritisch RÜTHERS JZ 2015, 243). Gleichwohl kann in diesen beiden Einschränkungen auch eine Begünstigung des Eigentümers gesehen werden, da weitere Schranken (etwa in Form schuldrechtlicher Vereinbarungen) gerade nicht zulässig sind (so die Deutung von BERGNER, Eigentumsbeschränkungen außerhalb von Gesetzen und Rechten Dritter [2013] 115).

3. Weitere Eigenschaften des Eigentums

4 Aufgrund des Ineinandergreifens der beiden genannten Eigenschaften des Eigentums – Vollrecht an einer Sache sowie Beschränkungen durch Gesetz und Rechte Dritter – ergeben sich zwei weitere Strukturkennzeichen des Eigentums, die schon in den Gesetzesmaterialien erwähnt werden, ohne dass sie aber in das Gesetz aufgenommen worden sind (vgl dazu Einl 56 zu §§ 903 ff): Solange Beschränkungen des Eigentums nicht feststellbar sind, wird vermutet, dass es nicht beschränkt ist; wer Beschränkungen behauptet, hat diese zu beweisen (**Vermutung für die Nichtbeschränktheit** des Eigentums). Des Weiteren ist anerkannt, dass das Eigentum sich wieder festigt, konsolidiert, wenn Beschränkungen wegfallen. Positive Befugnisse des Eigentümers leben dann von selbst wieder auf. Insoweit sprechen die Motive von der **Konsolidationslage** des Eigentums, das somit ein elastisches Recht darstellt (vgl nunmehr auch WILHELM, Sachenrecht [4. Aufl 2010] 63 ff; BERGNER, Eigentumsbeschränkungen außerhalb von Gesetzen und Rechten Dritter [2013] 51). Auch bei der Einräumung von beschränkt dinglichen Rechten kommt es aber zu keiner Übertragung eines Teilbereichs des Eigentums (eines „Eigentumssplitters"). Vielmehr existiert lediglich eine Duldungspflicht des Eigentümers (BERGNER, Eigentumsbeschränkungen außerhalb von Gesetzen und Rechten Dritter [2013] 50 f).

4. Grenzbereiche und weitergehende Beschränkungen

5 Grundsätzlich scheint mit der Aussage des § 903 der Inhalt des Eigentums umfassend und abschließend beschrieben zu sein: Soweit nicht Gesetz und Rechte Dritter entgegenstehen, setzt sich die Sachherrschaft des Eigentümers durch. Es gibt aber Situationen, in denen diese Formel versagt. Dazu gehören in erster Linie die Fälle, in denen das Recht des Eigentümers mit dem Eigentumsrecht oder sonstigen absoluten Rechten Dritter kollidiert (allgemein BERGNER, Eigentumsbeschränkungen außerhalb von Gesetzen und Rechten Dritter [2013] 78 ff, 113 ff). Zwar sind zahlreiche solcher Konflikte durch das Gesetz gelöst, zB im Nachbarrecht oder auch im Verhältnis des Eigentümers zu den beschränkten dinglichen Rechten, aber die Lösungen sind nicht

lückenlos. In Kollisionsfällen dieser Art sind angemessene Antworten durch Rückgriff auf allgemeine Grundsätze und Überlegungen zu suchen. Dazu gehört etwa der Grundsatz, dass (gesetzlich oder durch Rechte Dritter nicht untersagte) Betätigungen innerhalb der räumlichen Grenzen eines Grundstücks prinzipiell zum Eigentumsinhalt dieses Grundstücks gehören. Heranzuziehen ist ferner das aus § 242 sich ergebende Gebot gegenseitiger Rücksichtnahme oder das Verbot des Rechtsmissbrauchs (zu weiteren Einzelheiten s unten Rn 26 ff sowie STAUDINGER/ROTH [2015] § 906 Rn 126 ff). Im Ergebnis hat der Eigentümer demnach weitere Einschränkungen seines Rechts hinzunehmen. Näher diskutiert werden in diesem Zusammenhang Eigentumsbeschränkungen, die allein auf der Rechtsprechung („Richterrecht") oder tatsächlichen Handlungen beruhen und welche die eigentumsrechtliche Zuweisung beeinflussen (näher BERGNER, Eigentumsbeschränkungen außerhalb von Gesetzen und Rechten Dritter [2013] 139 f). Vorgeschlagen wird etwa, um die Diskrepanz zwischen der an der Rechtssicherheit orientierten gesetzlichen Eigentumsordnung und der richterlichen Einzelfallgerechtigkeit zu überwinden, § 903 um folgende (weitgehende) Passage zu ergänzen: „Der Eigentümer hat Handlungen vorzunehmen, zu dulden oder zu unterlassen, soweit die objektiv erkennbaren Interessen eines Dritten daran die des Eigentümers erheblich übersteigen" (so BERGNER, Eigentumsbeschränkungen außerhalb von Gesetzen und Rechten Dritter [2013] 140). Damit erhielte die Judikatur aber einen bedenklichen Freibrief zur Aufweichung der bisher doch weitgehend klaren inhaltlichen Strukturen des Eigentums als dinglichem Vollrecht.

Überdies haben einige in diesem Zusammenhang diskutierte Probleme in Wahrheit nicht den Eigentumsinhalt zum Gegenstand. Dies gilt etwa, wenn die Frage der Eigentumsbeeinträchtigung im Rahmen der Anspruchsnormen des § 1004 und § 823 geprüft und dann mit anderen Anspruchsvoraussetzungen vermengt wird. So stellt zB die auch nur vorübergehende Blockierung eines Grundstücks zweifellos eine Eigentumsverletzung dar (vgl zum Meinungsstand auch MünchKomm/WAGNER[6] § 823 Rn 182), die zB mit einer auf § 1004 gestützten einstweiligen Verfügung bekämpft werden könnte. Davon zu unterscheiden ist jedoch die Frage, ob in solchem Fall ein messbarer ersatzfähiger Schaden (§ 823 Abs 1) vorliegt.

5. Rechtsnormqualität des § 903

§ 903 ist ein *erklärender,* nämlich den Inhalt des Eigentums beschreibender Rechtssatz (vgl zur abzulehnenden „Summentheorie" WÜRTHWEIN, Schadensersatz für Verlust der Nutzungsmöglichkeit einer Sache oder für entgangene Gebrauchsvorteile? [2001] 77). Zwar spricht der Wortlaut der Vorschrift davon, dass Dritte von jeder Einwirkung auf die Sache ausgeschlossen werden können. Dennoch enthält § 903 S 1 *keine Anspruchsgrundlage* (BERGNER, Eigentumsbeschränkungen außerhalb von Gesetzen und Rechten Dritter [2013] 114). Vielmehr sind die Normen, mit denen der Eigentümer seine Befugnisse rechtlich durchsetzen kann, andernorts zu finden (dazu unten Rn 12). **6**

6. § 903 im Urteil der Rechtswissenschaft

Im Ergebnis haben die Gesetzgeber des BGB auf eine Definition des Eigentums verzichtet und sich damit begnügt, in § 903 als den Inhalt des Eigentums sowohl die Befugnisse des Eigentümers als auch deren Beschränkungen durch Gesetz und Rechte Dritter zu beschreiben. Zunächst hat auch die Rechtswissenschaft der Frage **7** nach einer sachgerechten Definition des Eigentums „kaum mehr als theoretische Bedeutung" (PLANCK [1. und 2. Aufl 1902] Vor § 903 Anm 1) beigemessen. Die Frage ist aber dann doch weiter erörtert worden, und zwar vor allem unter dem Gesichtspunkt, ob es für die Definition genüge, das Eigentum als das umfassende Herrschaftsrecht zu bezeichnen oder ob in die Definition auch die Beschränkung der Herrschaft hineinzunehmen sei (vgl die Angaben bei PLANCK/BRODMANN [5. Aufl 1933] Vor § 903 Anm 1). Im neueren Schrifttum kommt dieser Fragestellung keine eigentliche Bedeutung mehr zu, vielmehr werden die gesetzlichen Aussagen in § 903 mit Recht weitgehend als begrifflich klar und inhaltlich ausreichend beurteilt.

8 Allerdings gibt es auch heute noch oder wieder Äußerungen, die die früheren Auseinandersetzungen um Wesen und Rechtsnatur des Eigentums fortsetzen (vgl dazu bereits Einl 51 ff zu §§ 903 ff). So wird zum einen bemängelt (zum folgenden vgl PRÜTTING[35] [2013] Rn 322 f; ferner SONTIS, in: FS Larenz [1973] 981 ff), § 903 sei sachlich irreführend, da die gesetzlichen Einschränkungen des Eigentums an Umfang und Bedeutung stark zugenommen hätten und damit, jedenfalls im Liegenschaftsrecht, fast wichtiger geworden seien als die dem Eigentümer verbliebenen Befugnisse. Weiter wird für die Eigentumsbeschreibung eine deutlichere Akzentuierung der sozialen Gebundenheit des Eigentums verlangt. In der Rechtsstellung des Eigentümers seien Befugnisse und Pflichten untrennbar miteinander verbunden. Eigentum soll demnach als ein „Inbegriff von Rechten und Pflichten" (PRÜTTING[35] [2013] Rn 323) aufzufassen sein. Eine konkrete und aussagekräftige Definition allerdings wird nicht vorgeschlagen.

Derartige Kritik verkennt das BGB-Konzept, wenn sie meint, dieses verteidige die „Schrankenlosigkeit des Eigentums" (PRÜTTING[35] [2013] Rn 323). Ein unbeschränktes Eigentum haben die BGB-Verfasser sich nicht vorgestellt und auch nicht vorgeschlagen (dazu bereits Einl 52 ff zu §§ 903 ff). Überdies wird von der Kritik keine Ersatzlösung angeboten, die hinter den Vorzügen des BGB-Konzepts, insbesondere seiner begrifflichen Klarheit und damit der Rechtssicherheit, nicht zurückbleibt. Letztlich richtet sich die Kritik gegen das auf dem Prinzip der Privatautonomie beruhende System der subjektiven Rechte (dazu bereits STAUDINGER/SEILER [2002] Einl 18 ff zum SachenR), ohne das aber ein bürgerliches Recht nicht sinnvoll bestehen kann.

III. Befugnisse des Eigentümers

9 Gemäß § 903 kann der Eigentümer mit der Sache nach Belieben verfahren und andere von jeder Einwirkung ausschließen. Die Vorschrift kennzeichnet damit die Befugnisse des Eigentümers, indem sie eine **positive** und eine **negative** Wirkung hervorhebt.

1. Einwirkungsrechte (positive Befugnisse)

10 Hinsichtlich der positiven Befugnisse (Nutzungsfunktion) enthält § 903 S 1 keine enumerative Aufzählung, sondern eine Art Generalermächtigung (WOLF/WELLENHOFER, Sachenrecht[29] § 2 Rn 3). Denn eine detaillierte und vollständige Inhaltsbeschreibung dieser (positiven) Rechtsmacht ist nicht möglich (dazu etwa BERGNER, Eigentumsbeschränkungen außerhalb von Gesetzen und Rechten Dritter [2013] 115). Vielmehr wird das Eigentumsrecht durch seine Schranken geprägt. Der Eigentümer kann mit der Sache nach Belieben verfahren, also durch Handlungen oder Unterlassungen in beliebiger

Weise auf die Sache einwirken (vgl auch NK-BGB/RING Rn 3; VIEWEG/WERNER, Sachenrecht [2013] § 3 Rn 6). Dies kann durch *tatsächliche* oder *rechtliche* Maßnahmen geschehen (vgl MÜLLER Rn 285 f). Als erstere kommen in Betracht Benutzung, Nutzung, Veränderung, Verbrauch, Beschädigung oder Vernichtung der Sache. Diese faktische Herrschaftsmacht drückt sich auch in der Befugnis aus, den Aufenthaltsort der Sache zu bestimmen (SOERGEL/BAUR[13] Rn 33). Als rechtliche Maßnahmen sind in erster Linie die Verfügungen zu erwähnen (§§ 873, 925 sowie §§ 929 ff). So kann der Eigentümer sein Eigentum übertragen, belasten, aufgeben (§§ 928, 953) oder von Todes wegen darüber verfügen. Darüber hinaus kommen Regelungen der Benutzung in Betracht (vgl BGHZ 124, 39). Umgekehrt lässt sich von einer Nutzungsbefugnis nicht sofort auf Eigentumsbefugnisse schließen. So gewährt die Zuteilung einer Telefonrufnummer (von der fehlenden Sachqualität iSv § 90 BGB abgesehen) zwar ein Nutzungsrecht, verleiht dem Berechtigten aber keine eigentümerähnliche Stellung im Sinne von § 903, wofür die faktischen Übertragbarkeitsbeschränkungen ausschlaggebend sind (OLG Köln MMR 2001, 190; LG Düsseldorf BeckRS 2012, 20659). Grundsätzlich ist die tatsächliche Rechtsausübung nicht Bestandteil der Zuweisungen des Eigentumsrechts (so eingehend BERGNER, Eigentumsbeschränkungen außerhalb von Gesetzen und Rechten Dritter [2013] 39, 139).

2. Ausschließungsrechte (negative Befugnisse)

Gemäß § 903 vermag der Eigentümer Dritte von jeder Einwirkung auf die Sache 11 auszuschließen **(Ausschlussfunktion)**.

a) Einwirkungen auf die Sache

Da sich der Umfang des Ausschließungsrechts aus dem positiven Inhalt des Eigentums ergibt (s oben Rn 2), kann der Eigentümer alle Einwirkungen Dritter auf die Sache ausschließen, die ihm selbst gestattet sind (vgl auch PEUKERT, Güterzuordnung als Rechtsprinzip [2008] 58 f). Vom Ausschließungsrecht erfasst ist somit **grundsätzlich jede beliebige Einwirkung** Dritter auf die Sache, also zB Besitzveränderung, Benutzung, Nutzung, Veränderung, Verbrauch, Beschädigung oder Vernichtung der Sache durch Dritte (vgl die umfassende Übersicht über die Erscheinungsformen von Eigentumsbeeinträchtigungen bei STAUDINGER/GURSKY [2012] § 1004 Rn 20 ff). So wird die Grundstücksnutzung objektiv beeinträchtigt, wenn die Grundstückszufahrt durch Parken im öffentlichen Verkehrsraum vor der Zufahrt blockiert wird (BGHZ 144, 200 = NJW 2000, 2901; BGH NZM 2011, 632 Rn 9 ff; OLG Saarbrücken OLGR 2005, 497). Eine abwehrfähige Einwirkung ist auch in der Benutzung fremden Eigentums in Gestalt vorhandener fremder Infrastruktureinrichtungen wie Telefon- oder Fernsehkabel für die Durchleitung eigener Angebote zu sehen (so auch BGHZ 156, 172, 175 ff = NJW 2003, 3762; OLZEN/ KÖHLER JR 2004, 372 f). – Zu den Einwirkungen gehört auch die Zuführung sog unwägbarer Stoffe (Imponderabilien) auf Grundstücke, für die § 906 eingehende Regelungen trifft (Einzelheiten bei STAUDINGER/ROTH § 906 Rn 115 ff; STAUDINGER/GURSKY [2012] § 1004 Rn 25 ff; zur Frage negativer Einwirkungen s unten Rn 27 sowie STAUDINGER/ROTH [2015] § 906 Rn 122; s auch BGH NZM 2003, 727; NJOZ 2005, 3210, 3211). Auch (versuchte) Beeinträchtigungen der Rechtsposition des Eigentümers sind Einwirkungen auf die Sache (vgl STAUDINGER/GURSKY [2012] § 1004 Rn 31 ff; MÜLLER Rn 287 f). Ebenfalls eine Eigentumsbeeinträchtigung soll in der Blendwirkung von Photovoltaik-Anlagen auf Nachbargrundstücke liegen (OLG Stuttgart EnWZ 2013, 326). Keine Einwirkung auf das Eigentum liegt in einem Unterlassen, das die Sache nicht gefährdet. Dies gilt etwa für die Nichtaufnahme eines Kunstgegenstandes in ein Werkverzeichnis (OLG Hamm GRUR-RR 2005, 177 f; BeckOK/Fritzsche Rn 21). Denn eine Rechtsanalogie zu § 908 und § 909 kommt hier grundsätzlich nicht in Betracht. Abgrenzungsprobleme bereitet die Frage, inwieweit auch das **Fotografieren eines fremden Gegenstandes** oder **Grundstücks** eine iSv § 1004 Abs 1 abwehrfähige positive Einwirkung darstellt (vgl Vieweg/ Werner, Sachenrecht [2013] § 9 Rn 18). Dies hängt davon ab, ob der sachliche Zuweisungsgehalt des Eigentumsrechts auch unmittelbar Bildaufnahmen vom Objekt mit einschließt. Richtigerweise begründet das bloße Fotografieren keine zur Abwehr nach §§ 903, 1004 Abs 1 berechtigende Einwirkung, da weder eine tatsächliche noch rechtliche Einwirkung auf das Eigentum vorliegt (im Ergebnis ebenso Staudinger/ Gursky [2012] § 1004 Rn 80; Staudinger/Roth § 906 Rn 174; MünchKomm/Baldus[6] § 1004 Rn 47; offen gelassen in BGH NJW 1975, 778; BGHZ 44, 288, 29). Gleiches gilt für das ungenehmigte Filmen eines Gebäudes und die Verwertung der Filmaufnahmen (vgl für die Gestattung der Fernsehübertragung von Sportveranstaltungen Lochmann, Die Einräumung von Fernsehübertragungsrechten an Sportveranstaltungen [2005] 131 ff). Allerdings bejaht die Judikatur (vgl dazu bereits BGH NJW 1975, 778 ff [„Schloss Tegel"]; NJW 1989, 2251 [„Friesenhaus"]; ausführlich zum Themenkomplex auch Staudinger/Gursky [2012] § 1004 Rn 80) eine Eigentumsbeeinträchtigung bei einer gewerblichen Nutzung der Fotografien von Privatgebäuden, die nicht von der öffentlichen Straße her einsehbar sind. Dies sei auch dann anzunehmen, wenn der Eigentümer das Betreten des Grundstücks (und die Fotografie oder die Filmaufnahme) gestattet habe. Anderes gelte nur, wenn das fragliche Gebäude von einer anderen Stelle aus als dem Grundstück, auf dem es sich bleibend befindet, fotografiert oder gefilmt werde. Diese Sichtweise ist durch den BGH in der Entscheidung „Stiftung Preußische Schlösser und Gärten" bestätigt worden (BGH NJW 2011, 749 f). Diese Verwertungsbefugnis des Eigentümers wird auf das Grundstückseigentum und das Fruchtziehungsrecht nach § 99 Abs 3 zurückgeführt (vgl für Filmaufnahmen auch LG Hamburg NJW-RR 2012, 1253). Ein der zivilrechtlichen Eigentumsordnung fremdes „Recht am Bild der eigenen Sache" soll nach dem Selbstbekenntnis der Judikatur trotz dieses Vorwurfs in der Literatur (Lehment GRUR 2011, 327; ders, Das Fotografieren von Kunstgegenständen [2008] 99 ff; Schack JZ 2011, 375; Stieper ZUM 2011, 331) aber nicht ins Leben gerufen werden. Denn ein ausschließliches Verwertungsrecht entstehe erst, wenn Lage und Nutzung des Grundstücks rein tatsächlich dazu führten, dass verwertungsfähige Aufnahmen nur vom Grundstück selbst und nicht von öffentlichen Plätzen oder anderen Grundstücken aus angefertigt werden könnten. Keine Eigentumsbeeinträchtigung soll von vornherein vorliegen, wenn Fotografieren und Filmaufnahmen nicht kommerziell genutzt werden (KG NJOZ 2013, 931: Veröffentlichung von Filmaufnahmen von Verkehrsmitteln einer Gesellschaft, die öffentlichen Nahverkehr betreibt). Eine Eigentumsbeeinträchtigung scheide auch dann aus, wenn der Grundstückseigentümer aus öffentlich-rechtlichen Gesichtspunkten zur Gestattung verpflichtet sei (BGH NJW 2011, 749 Rn 13 ff; NJW 2013, 1809 Rn 12 ff; KG GRUR-Prax 2013, 94; zustimmend Flöter/Königs ZUM 2012, 383 ff; Schabenberger GRUR-Prax 2011, 139; vgl für fremde Kunstwerke auf dem Grundstück auch AG Hamburg MMR 2012, 836, 837). Trotz dieser feinsinnigen Unterscheidung ist der Vorwurf der Literatur an den BGH, wonach dieser das Verhältnis von Urheberrecht und Sacheigentum grundlegend verkenne (Lehment GRUR 2011, 327), berechtigt. Denn im Ergebnis wird dem Eigentümer einer Sache ein unbeschränktes ausschließliches Verwertungsrecht für die Ablichtung dieser Sache zuerkannt. Aus dem Fehlen konkreter Urheberrechte Dritter, welche eine fotografische Verwertung durch den

Eigentümer verbieten, kann nicht umgekehrt ein Ausschließlichkeitsrecht des Sacheigentümers hergeleitet werden (überzeugend LEHMENT GRUR 2011, 327 f).

In jüngerer Zeit hatte sich die Rechtsprechung auch mit der **dogmatischen Ausgestaltung des Hausrechts** sowie den sich hieraus ergebenen Befugnissen und Beschränkungen des Inhabers näher zu beschäftigen (s die gelungene Aufarbeitung dieser Judikatur durch SCHULZE JZ 2015, 381 ff; s auch WOLF/WELLENHOFER, Sachenrecht[29] § 2 Rn 5). Das Hausrecht wird auf das Grundstückseigentum bzw den -besitz gestützt. Normative Grundlage bilden §§ 858 ff, 903 und 1004 (BGH NJW 2006, 1054; NJW 2006, 377; hingegen wird das Hausrecht in der früheren Judikatur nur vorausgesetzt, aber nicht dogmatisch untermauert: BGH NJW 1965, 1527, 1529; NJW 1989, 2251 – Friesenhaus). Nach dem BGH wird dem Inhaber die Entscheidungsbefugnis darüber eingeräumt, „wem er den Zutritt zu der Örtlichkeit gestattet und wem er ihn verwehrt" (BGH NJW 2006, 1054; NJW 2006, 377; NJW 2010, 535; NJW 2011, 749; BAG NZA 2009, 1347; RÖTHEL LMK 2006 177478; zum [unkritischen] Aufgreifen dieser Bausteine der Rechtsprechung im Schrifttum eingehend SCHULZE JZ 2015, 381 ff). Es dient der Wahrung der äußeren Ordnung in dem Gebäude, das dem Hausrecht unterliegt, und insofern der Sicherstellung des von dem Eigentümer vorgegebenen Benutzungszwecks. Im zweiten Urteil des BGH „in der Sache Preußische Gärten und Parkanlagen" wurde klargestellt, dass auch die kommerzielle Nutzung von Fotografien, die ohne Erlaubnis des Grundstückseigentümers von dessen Grundstück aus entstanden sind, unzulässig ist (s BGH NJW 2013, 1810 f). Der Inhaber des Hausrechts kann auf diese Weise, „den Zutritt nur zu bestimmten Zwecken ... erlauben und die Einhaltung dieser Zwecke mittels eines Hausverbots" durchsetzen (vgl BGH NJW 2006, 1054: „Verkehrsflughäfen"; NJW 2006, 377: „Übertragungsrechte für [Sport-]Veranstaltungen"). Er unterliegt dabei aber eventuell bestehenden öffentlich-rechtlichen Bestimmungen, welche für die Benutzung des Gebäudes grundsätzlich einen Kontrahierungszwang vorsehen. Auch das allgemeine Persönlichkeitsrecht und der allgemeine Gleichheitsgrundsatz verlangen deswegen für den Ausschluss einer bestimmten Person einen sachlichen Rechtfertigungsgrund (WOLF/ WELLENHOFER, Sachenrecht[29] § 2 Rn 5). Rechtlich basieren auch die Fernseh- und Hörfunkrechte der Sportveranstalter auf dem Hausrecht (BGH NJW 2006, 377, 379). Problematisch kann dann die marktbeherrschende Stellung eines Unternehmens sein (§ 20 Abs 1 GWB).

Die verfassungsrechtlich geschützte Versammlungsfreiheit (Art 8 GG) kann bei einem grundrechtsgebundenen Unternehmen unter Berufung auf das Hausrecht nur beschränkt werden, „wenn der Rückgriff ... dem Schutz individueller Rechtsgüter oder der Verfolgung legitimer, hinreichend gewichtiger öffentlicher Zwecke des Gemeinwohls dient", was bei der für Flughäfen typischen Gefährdungslage denkbar erscheint (BVerfGE 128, 226 = NJW 2011, 1201 = DVBl 2011, 416 = JZ 2011, 568 [mAnm ENDERS] – Fraport; BGH NJW 2006, 1054; kritisch BERGER JURA 2013, 279 ff). Darüber hinaus kann das Hausrecht auch durch § 19 AGG Einschränkungen unterliegen (WOLF/WELLENHOFER, Sachenrecht[29] § 2 Rn 5). Schranken können sich ebenso aus betroffenen Rechten Dritter ergeben: Beispielsweise hat der Betreiber eines Altenheims bei einem Hausverbot gegen eine unerwünschte Fußpflegerin das Selbstbestimmungsrecht der Heimbewohner und die Berufsausübungsfreiheit der Fußpflegerin zu berücksichtigen (LG Detmold NJW-RR 2011, 1238, 1239 f). Steht der Inhaber des Hausrechts in vertraglicher Beziehung zum Adressaten eines Hausverbots, das gewissermaßen die Kehrseite der positiven Befugnisse des Hausrechtsinhabers sym-

bolisiert, bedarf es „besonders gewichtiger Sachgründe" (BGH NJW 2012, 1725; WOLF/
WELLENHOFER, Sachenrecht[29] § 2 Rn 5; dazu NEMECZEK JURA 2013, 393 ff). Von der Rechtsprechung anerkannt ist auch eine Art „virtuelles Hausrecht" analog §§ 858, 903,
1004 (LG Hamburg BeckRS 2009, 10331; LG München K&R 2007, 283): Dieses erlaubt dem
Inhaber, die Nutzung seiner Internetpräsenz in ähnlicher Weise zu beschränken, wie
dies der Inhaber des Hausrechts an einer körperlichen Sache vermag. Vgl zur Problematik negativer und ideeller Einwirkungen Rn 27 ff.

b)   Rechtsbehelfe zur Verwirklichung der Ausschließung

12   Die Rechtsbehelfe, die die Rechtsordnung dem Eigentümer zur Abwehr oder zum
Ausgleich von Einwirkungen Dritter auf das Eigentum zur Verfügung stellt, sind
vielfältig. Dabei enthält § 903 S 1 selbst noch keine Anspruchsgrundlage zur Ver-
wirklichung der Eigentümerbefugnisse. Zur Verfügung stehen Rechte zur Selbstver-
teidigung und zur Selbsthilfe, also Notwehr (§ 227), Notstand (§§ 228, 904) oder auch
Selbsthilfe (§ 229) etwa zugunsten eines gefährdeten Anspruchs aus § 985. Des
Weiteren gewährleisten mehrere Anspruchsnormen einen umfassenden Schutz des
Eigentums. Zu erwähnen sind in erster Linie Ansprüche auf Herausgabe der Sache
(§ 985; § 823 Abs 1 und Abs 2 iVm Schutzgesetzen – Schadensersatz im Wege der
Naturalrestitution), die sich bis in das Vollstreckungsrecht auswirken (§ 771 ZPO,
§ 47 InsO), ferner auf Beseitigung oder Unterlassung von Eigentumsstörungen
(§ 1004), auf Berichtigung des Grundbuchs (§ 894). Weitere Ansprüche mit unterschiedlichen Inhalten ergeben sich aus § 823 Abs 1, 2 iVm Schutzgesetzen
(Geldersatz), §§ 987 ff (Geldersatz und Nutzungsherausgabe), §§ 907 ff (spezielle
Eigentumsstörungen), § 1005 (Verfolgungsrecht). Die Verjährung des Eigentums-
herausgabeanspruchs (§ 985) nach § 197 Abs 1 Nr 2 in 30 Jahren schafft kein *nudum
ius* (so tendenziell aber FRANK, in: FS Stürner I [2013] 123 ff, mit umfassender rechtsvergleichender
Analyse; aA mit Recht KÄHLER NJW 2015, 1042), da das Eigentum selbst ein unverjährbares
Recht darstellt (vgl zur Unverjährbarkeit des Eigentumsherausgabeanspruchs in Frankreich und
Italien FRANK, in: FS Stürner I [2013] 123 ff). So kann für den Eigentümer ein neuer
Herausgabeanspruch gegenüber Dritten entstehen, wenn diese die Sache nicht durch
einen einverständlichen Übertragungsvorgang vom Vorbesitzer erhalten haben
(KÄHLER NJW 2015, 1042 f). Bei der Verjährung des Anspruchs aus § 1004 Abs 1 darf
der weiterhin rechtswidrige Zustand vom gestörten Eigentümer auf eigene Kosten
beseitigt werden (BGH NJW 2011, 1068; NJW-RR 2014, 1043, 1044). Denkbar ist zwar, dass
diese Befugnis des Eigentümers ausnahmsweise verwirkt ist (BGH NJW-RR 2014, 1043,
1044). Die **Verwirkung** führt jedoch nicht zum Verlust des Eigentums selbst, sondern
lediglich der Ansprüche auf Störungsbeseitigung nach § 1004 Abs 1 sowie der eigenen Beseitigungsbefugnis (BGH NJW-RR 2014, 1043, 1044; BALDUS LMK 2014 363017;
NK-BGB/RING Rn 63). Auf landesgesetzlichen Vorschriften basierende spezielle Ver-
jährungs- und Ausschlussfristen (Art 124 EGBGB) stehen der Geltendmachung von
Ansprüchen aus § 1004 Abs 1 nicht entgegen (BGH NJW 2004, 1035, 1037). Für nach-
barschaftliche Streitigkeiten ist vor der gerichtlichen Anspruchsdurchsetzung regelmäßig ein obligatorisches Schlichtungsverfahren (§ 15a EGZPO) nach den jeweiligen Landesgesetzen durchzuführen.

IV.   Beschränkungen des Eigentums

13   Gemäß § 903 werden die Eigentümerbefugnisse durch entgegenstehende Gesetze
und Rechte Dritter eingeschränkt. Diese Zweiteilung ist bereits in den Vorentwür-

fen zum BGB vorgeschlagen und im weiteren Verlauf der Gesetzgebungsarbeiten nicht mehr in Zweifel gezogen worden (vgl Einl 51 ff zu §§ 903 ff). Bei wörtlichem Verständnis des Textes lässt sich die Vorschrift zunächst dahin verstehen, dass der Eigentümer bei der Verwendung seines Eigentums an die allgemeinen Normen gebunden ist, also etwa bei rechtsgeschäftlichen Verfügungen an die Regeln und Grenzen der Rechtsgeschäfte, zB §§ 134, 138, oder auch an die Schranken, die das Delikts- und Gefährdungshaftungsrecht dem menschlichen Verhalten setzt. Im engeren und eigentlichen Sinn aber bedeutet der einschränkende Nebensatz des § 903, dass es Gesetze und Rechte Dritter gibt, die Inhalt und Grenzen speziell des Eigentums konkretisieren und festlegen. Die Festlegung ist nicht lückenlos (zur Frage, wie die vorhandenen Lücken zu schließen sind, vgl oben Rn 5 und unten Rn 26 ff; s aktuell auch Bergner, Eigentumsbeschränkungen außerhalb von Gesetzen und Rechten Dritter [2013] 113 ff).

1.   Beschränkungen durch Gesetz

Unter Gesetz ist nach **Art 2 EGBGB** jede Rechtsnorm zu verstehen. Damit sind alle   **14** Rechtsregeln normativen Charakters gemeint, die die folgenden vier Merkmale aufweisen: tatsächliche und normative Geltung, Außenwirkung, Drittbindung und Generalität (Staudinger/Merten [2012] Art 2 EGBGB Rn 5 ff, 14; dort auch weitere Einzelheiten). Für den Bereich des § 903 von Bedeutung sind in erster Linie die *Verfassungsgesetze, einfachen Gesetze* und *Rechtsverordnungen* des Bundes/Reichs und der Länder (eine Übersicht über die weiteren Rechtsnormen iSd Art 2 EGBGB bei Staudinger/ Merten [2012] Art 2 EGBGB 2 Rn 30 ff). – Schon zZ der Entstehung des BGB war klar, dass die gesetzlichen Beschränkungen iSd § 903 zum großen Teil dem **öffentlichen Recht** angehören (Planck [1. u 2. Aufl 1902] Vor § 903 Anm 4) und sowohl in Reichs- als auch in Ländergesetzen angeordnet waren. Als die wichtigsten Materien, für die die damalige Landesgesetzgebung zuständig war, wurden das Enteignungsrecht, Baurecht, Wasserrecht, Bergrecht, Agrar- und Forstrecht genannt (Planck aaO). Umfang und Bedeutung öffentlichrechtlicher Eigentumsbeschränkungen haben sich seitdem noch wesentlich verstärkt (vgl unten Rn 16 ff; sowie Staudinger/Seiler [2002] Einl 71 ff zum SachenR). Dieser Entwicklungsprozess wird auch kritisch gesehen. So will Auer, Der privatrechtliche Diskurs der Moderne (2014) 159 ff, darin „paternalistische" Einschränkungen der modernen Eigentumsordnung erkennen. Zahlreiche öffentlichrechtliche Inhalts- und Schrankenbestimmungen führten dazu, dass anstatt von absoluten Herrschaftsrechten lediglich von „Rechtebündeln" gesprochen werden könne. Privatrechtliche Beschränkungen des Eigentums sind sowohl im BGB als auch in den Landesrechten normiert. Keine große praktische Bedeutung kommt der dogmatischen Frage zu, in welcher Weise gesetzliche Eigentumsbeschränkungen auf das Eigentumsrecht einwirken (näher zur sog Außentheorie und zur Immanenztheorie Bergner, Eigentumsbeschränkungen außerhalb von Gesetzen und Rechten Dritter [2013] 48 f).

Im Einzelnen gilt folgendes:

a)   Privatrechtliche Eigentumsbeschränkungen durch Gesetz

Zu nennen sind in erster Linie die Vorschriften des ersten Titels (§§ 904 ff). Sie   **15** beziehen sich fast ausschließlich auf Grundstücke und regeln das **Nachbarrecht** (vgl die Übersicht in Einl 7 ff zu §§ 903 ff). Das Nachbarrecht gehört aber auch zur landesrechtlichen Gesetzgebungskompetenz (Art 124 EGBGB), von der die Länder Gebrauch gemacht haben, sodass neben den §§ 904 ff die umfassenden Nachbarrechtsgesetze der Länder und die in ihnen enthaltenen Eigentumsbeschränkungen zu beachten sind (vgl die Zusammenstellung dieser Gesetze bei STAUDINGER/ALBRECHT [2012] Art 124 EGBGB Rn 11 ff).

Außerhalb solcher privatrechtlicher Beschränkungen durch Gesetze ist auf die problematische Lehre vom **nachbarlichen** (nachbarschaftlichen, nachbarrechtlichen) **Gemeinschaftsverhältnis** hinzuweisen (vgl monographisch DENEKE, Das nachbarliche Gemeinschaftsverhältnis [1987]; BENSCHING, Nachbarrechtliche Ausgleichsansprüche [2002] 159 f; eingehend zum Verhältnis von gesetzlicher und außergesetzlicher Eigentumsbeschränkung in diesem Zusammenhang BERGNER, Eigentumsbeschränkungen außerhalb von Gesetzen und Rechten Dritter [2013] 82 ff). Danach entsteht aus dem notwendigen Zusammenleben von Grundstücksnachbarn die aus § 242 folgende Pflicht zur gegenseitigen Rücksichtnahme, die zu Eigentumsbeschränkungen führen kann (vgl STAUDINGER/SEILER [2002] Einl 34 zum SachenR; STAUDINGER/ROTH [2015] § 906 Rn 247; STAUDINGER/GURSKY [2012] § 1004 Rn 67, 171; NK-BGB/RING Rn 82 f; BeckOK/FRITZSCHE Rn 35 ff). Jedoch enthalten §§ 905 ff und die landesrechtlichen Nachbarrechtsgesetze ins Einzelne gehende Sonderregelungen, sodass auf die Grundsätze des nachbarlichen Gemeinschaftsverhältnisses nach der Judikatur nur dann zurückgegriffen werden kann, „wenn ein über die gesetzliche Regelung hinausgehender billiger Ausgleich der widerstreitenden Interessen dringend geboten erscheint" (BGHZ 157, 33, 38 = NJW 2004, 1037 – Kiefernnadeln; BGH NZM 2005, 318). Sollte dies im Einzelfall anzunehmen sein, kann die Ausübung einiger aus dem Eigentum folgender Rechte ganz oder teilweise ausgeschlossen sein. Insbesondere das Verhältnis dieser Lehre zu § 906 bei der Zuführung von unwägbaren Stoffen ist zweifelhaft, was für atypische Ausnahmefälle Bedeutung erlangt, wo der Hinweis auf die Ortsüblichkeit keine Rechtfertigung verschafft (vgl etwa BGH NJW-RR 2003, 1313). Im Ergebnis wird den gesetzlichen Bestimmungen der Vorrang eingeräumt, sodass weitergehende, auf das nachbarliche Gemeinschaftsverhältnis gegründete Duldungspflichten iSv § 1004 Abs 2 nur ausnahmsweise denkbar sind (vgl für § 906: BGH NJW 1991, 2826; NJW 2000, 1719, 1720; OLG Koblenz NJW-RR 1989, 1176, 1177; vgl für § 910 Abs 1 S 2: BGH NZM 2005, 318; vgl für § 917: BGHZ 112, 1, 3 = NJW 1990, 2555, 2556; OLG Köln NJW-RR 1992, 213; OLG Saarbrücken NZM 2003, 80). Neben Duldungs- und Ausgleichspflichten („außergesetzlich entwickelte Notbehelfe", vgl STAUDINGER/ GURSKY [2012] § 1004 Rn 27) können aus dem nachbarlichen Rücksichtnahmegebot aber auch weitere Ansprüche folgen, wie der Anspruch auf rechtzeitige Ankündigung von Abrissmaßnahmen, die das Nachbargrundstück beeinträchtigen (BGH NZM 2012, 735), oder ein Anspruch auf Zurückschneiden der Hecke ab einer bestimmten Höhe, soweit das Landesrecht keine vorrangigen Regelungen vorsieht (LG Saarbrücken NJW-RR 1991, 406, 407; LG Zweibrücken MDR 1997, 1119; STOLLENWERK NZM 1998, 324, 325 mwNw; dazu BeckOK/FRITZSCHE Rn 35 f). Insoweit beinhaltet das nachbarliche Gemeinschaftsverhältnis ein allgemeines Gebot der Rücksichtnahme zwischen den Nachbarn, welches inhaltlich über die speziellen nachbarrechtlichen Vorschriften des BGB hinausreicht (NK-BGB/RING Rn 81 f).

Auch außerhalb von § 906 entfalten das **nachbarliche Gemeinschaftsverhältnis** und die aus ihm folgende Rücksichtnahmepflicht ihre Bedeutung als Duldungsgrund iSv § 1004 Abs 2 (verneint von BGHZ 157, 33, 38 [Zurückschneiden von Bäumen nach Ablauf der Ausschlussfrist des § 54 Abs 2 NdsNachbarrechtsG]). Welche Rechtsfolgen und insbesondere Rechtspflichten sich im Einzelnen aus dieser allgemeinen Pflicht ergeben, ist aber weiterhin eine umstrittene Frage. Der BGH hat die Lehre vom nachbarlichen Gemeinschaftsverhältnis bisher zurückhaltend erwähnt und ihre Anwendung nur in „Ausnahmefällen" für möglich gehalten bzw vereinzelt bejaht (vgl BGHZ 42, 374, 377; 58, 149, 157; 88, 344, 352; BGH NJW 1991, 1671, 1672; 2826, 2827; 1995, 2633, 2634; 2001, 3119, 3120; 2003, 1392; 2004, 1037; NZM 2005, 318; 2011, 632; NJW-RR 2012, 1160; 2013, 652; prägnant BGHZ 88, 344, 352: Es geht nicht an, die gesetzliche Regelung des Privatrechts mit Hilfe des nachbarrechtlichen Gemeinschaftsverhältnisses in ihr Gegenteil zu verkehren; dazu auch NK-BGB/RING Rn 82; BREHM/BERGER, Sachenrecht[3] § 6 Rn 28; vgl zum [umstrittenen] Vorliegen eines „gesetzlichen Schuldverhältnisses" BGHZ 135, 235, 244; WESTERMANN/GURSKY/EICKMANN, Sachenrecht [2011] § 61 Rn 41 ff). Die Grundsätze des nachbarlichen Gemeinschaftsverhältnisses werden auch auf nicht unmittelbar aneinandergrenzende Grundstücke erstreckt, sofern diese durch die Parzellierung eines früher einheitlichen Grundstücks entstanden sind (BGH NJW 2003, 1392 f). Insoweit wird eine Duldungspflicht iSv § 1004 Abs 2 bejaht. Die Grundsätze sollen auch im Verhältnis zwischen Grundstückseigentümer und Bergbauberechtigtem Anwendung finden (BGHZ 178, 90 = NJW 2009, 762 mAnm H ROTH LMK 2009, 280109; BeckOK/FRITZSCHE Rn 35).

Gleichwohl kann von einer gewohnheitsrechtlichen Verfestigung dieser Lehre nur in Teilbereichen die Rede sein, zumal in einem ihrer Hauptanwendungsbereiche, dem Immissionsrecht, seit der Neufassung des § 906 eine im Wesentlichen befriedigende Regelung des positiven Rechts zur Verfügung steht (ebenfalls zurückhaltend BENSCHING, Nachbarrechtliche Ausgleichsansprüche [2002] 158 ff, 173 ff, unter Rekurs auf die nach § 903 S 1 im Grundsatz unbeschränkte Rechtsmacht des Eigentümers). Des Weiteren ist der Begriff des nachbarlichen Gemeinschaftsverhältnisses selbst nicht unstreitig, sodass zT eine andere Terminologie vorgeschlagen wird, welche die bestehenden Interessengegensätze besser zum Ausdruck bringen soll (so etwa STAUDINGER/ROTH [2015] § 906 Rn 241: „Rücksichtnahmegebot", mit dem Vorteil der Begriffskonvergenz zum öffentlichen Baurecht).

Daneben existieren kaum privatrechtliche, das Eigentum beschränkende Vorschriften, die sich nicht nur auf Grundstücke, sondern allgemein auf Sachen beziehen. Hierzu gehört § 904, wonach der Eigentümer in einer bestimmten Notsituation Sacheingriffe zu dulden hat (sog aggressiver Notstand), sowie § 226, wonach die Ausübung eines Rechts unzulässig ist, wenn sie allein bezweckt, einem anderen Schaden zuzufügen (Schikaneverbot). Beide Vorschriften haben, soweit es um Beschränkungen des Eigentums geht, keine große praktische Bedeutung (vgl § 904 Rn 11; MünchKomm/GROTHE[6] § 226 Rn 1). Im Schrifttum zu § 226 wird zwar der sog Neidbau, dh der Bau, der nicht den eigenen Nutzen, sondern allein die Schädigung des Nachbarn zum Zweck hat, erwähnt (so noch STAUDINGER/SEUFERT[10/11] § 226 Rn 19). In der einzigen dazu zitierten Entscheidung (OLG Hamburg SeuffA 59 Nr 124) wird das Vorliegen eines Neidbaus aber gerade verneint.

b)   Öffentlich-rechtliche Eigentumsbeschränkungen durch Gesetz
Wesentlich größere Bedeutung als privatrechtliche Eigentumsbeschränkungen **16** kommt Beschränkungen zu, die auf öffentlich-rechtlichen Vorschriften beruhen (vgl etwa WOLF/WELLENHOFER, Sachenrecht[29] § 24 Rn 30). Diese betreffen typischerweise das Grundeigentum. Die wichtigsten Anwendungsgebiete sind die folgenden:

aa)   Baurechtliche Beschränkungen
Das Baugesetzbuch (idF der Bek v 23. 9. 2004 [BGBl I 2414]; BauGB; zuletzt geändert **17** durch Art 1 des Gesetzes v 20. 11. 2014 [BGBl I 1748]) enthält die Rechtsgrundlagen

für alle Maßnahmen, die eine geordnete geplante Bebauung eines Gemeindegebietes zum Ziel haben.

α) Bauleitplanung

Bauleitpläne, welche Eigentumsbeschränkungen beinhalten, gliedern sich in Flächennutzungspläne und Bebauungspläne (Baur/Stürner[18] § 26 Rn 5). Der Flächennutzungsplan bildet eine Vorstufe örtlicher Planung und entfaltet keine unmittelbare Außenwirkung gegenüber den Grundstückseigentümern. Er bindet aber die Gemeinden. Der von den Gemeinden aus dem Flächennutzungsplan entwickelte Bebauungsplan bestimmt dagegen verbindlich, welche Bauvorhaben planungsrechtlich auf den betroffenen Grundstücken zulässig sind. Bebauungspläne definieren Inhalt und Schranken des Grundeigentums (BVerfG NJW 1989, 1271; BVerfG NVwZ 2003, 727). Soweit ein Bebauungsplan existiert, bemisst sich die Zulässigkeit baulicher Anlagen allein nach §§ 30 f BauGB iVm der Baunutzungsverordnung (BauNVO). So kommt etwa Festsetzungen nach § 9 Abs 1 Nr 21 BauGB (über Geh-, Fahr- und Leitungsrechte) eigentumsbeschränkende Wirkung zu (Wolf/Wellenhofer, Sachenrecht[29] § 24 Rn 27).

β) Sicherung der Bauleitplanung

Um zu verhindern, dass während der Entwicklung eines Bebauungsplanes Vorhaben nach der alten Lage genehmigt werden, die dem Plan entgegenstehen würden, kann die Gemeinde eine Veränderungssperre nach § 14 BauGB oder einen befristeten Genehmigungsstopp gem § 15 BauGB beschließen. – Ein weiteres Mittel zur Sicherung der Bauleitplanung ist das in den §§ 24 ff BauGB verankerte gemeindliche Vorkaufsrecht, welches es neben der nach den §§ 85 ff BauGB zulässigen Enteignung der Gemeinde möglich macht, das für öffentliche Zwecke erforderliche Gelände in ihre Hand zu bekommen.

γ) Regelung der baulichen und sonstigen Nutzung

Nach den §§ 30 f BauGB richtet sich die Zulässigkeit baulicher Anlagen im Einzugsgebiet eines Bebauungsplanes. Ergänzend zu den dort genannten Bestimmungen ist die Baunutzungsverordnung heranzuziehen. Bei Fehlen eines Bebauungsplanes wird die Zulässigkeit eines Bauvorhabens im Innenbereich nach § 34 BauGB und im Außenbereich, wo die Bebauung nur ausnahmsweise gestattet ist, nach § 35 BauGB beurteilt. Neben dem BauGB enthalten auch die Landesbauordnungen eigentumsbeschränkende Bestimmungen, etwa über Zugänge und Zufahrten auf den Grundstücken, Abstandsflächen, Standsicherheit, Gebäudetrennwände oder Brandwände (nach OVG Saarland BauR 2011, 825 folgt aus der Nichteinhaltung der zivilrechtlichen Anforderungen des saarländischen Nachbarrechts nicht automatisch auch eine Verletzung des öffentlich-rechtlichen Rücksichtnahmegebotes, da öffentliches und privates Nachbarrecht strikt zu trennen seien). – Die Rechtsgrundlage für die Erteilung einer **Bauerlaubnis** ist im Bauordnungsrecht der Länder geregelt (vgl etwa § 72 Abs 1 S 1 der Hamburgischen Bauordnung v 14. 12. 2005 [GVBl 525, 563] oder Art 55 Abs 1 der Bayerischen Bauordnung v 14. 8. 2007 [GVBl 588]). Danach besteht ein Anspruch auf Erteilung der Bauerlaubnis, wenn das Vorhaben den öffentlichrechtlichen Vorschriften entspricht. Diese gliedern sich in erstens planungsrechtliche Vorschriften (§§ 14, 15, 30 ff BauGB), zweitens ordnungsrechtliche Vorschriften (Landesbauordnungen) sowie drittens sonstige Vorschriften (LandeswasserG, FernstraßenG, BImSchG usw). So sehen §§ 9 bis 11 FStrG Beschränkungen für Bauanlagen sowie die Duldung von

Schutzmaßnahmen entlang von Bundesfernstraßen vor. Hinsichtlich der Errichtung bzw der Vornahme wesentlicher Änderungen gefährlicher Anlagen besteht für den Eigentümer eine Genehmigungspflicht nach §§ 4 ff BImSchG. Zu beachten sind hier insbesondere die nach § 7 BImSchG erlassenen Rechtsverordnungen sowie die normkonkretisierenden Verwaltungsvorschriften TA Luft und TA Lärm. Eine eigentumsbeschränkende Wirkung kann sich bei nicht genehmigungsbedürftigen Anlagen auch aus dem speziellen Pflichtenkanon in §§ 22 ff BImSchG ergeben. Von „paternalistischen" Einschränkungen der modernen Eigentumsordnung spricht insoweit Auer, Der privatrechtliche Diskurs der Moderne (2014) 159 ff. – Erhebliche Eigentumsbeschränkungen enthält auch das ins Baugesetzbuch eingegliederte Städtebaurecht. Es will im Bereich der Städte die rechtlichen Voraussetzungen für die Sanierung und die Entwicklung schaffen. Als Instrumentarium stellt es dafür ua zur Verfügung: die Genehmigungspflicht von Verträgen über Grundstücke im Sanierungsgebiet (§ 144 BauGB) sowie Handlungspflichten, die dem Eigentümer auferlegt werden (Abbruch, Bau-, Pflanz- und Modernisierungsgebote, §§ 176 ff BauGB).

bb) Raumordnungsrechtliche Beschränkungen
Für die Zwecke der großflächigen Raumplanung hat der Bundesgesetzgeber im **18** RaumordnungsG v 22. 12. 2008 (BGBl I 2986) Grundsätze niedergelegt, die zwar nicht unmittelbar den Grundstückseigentümer binden, aber gem § 4 RaumordnungsG von den Bundesbehörden und den Ländern bei ihrer Planung zu berücksichtigen sind. Auch diese Raumplanung ihrerseits verpflichtet und berechtigt nicht unmittelbar den Grundstückseigentümer. Die Grundsätze der Raumordnung und der Landesplanung sind aber insbesondere von den Gemeinden bei der Aufstellung ihrer Bauleitpläne zu beachten (§ 1 Abs 4 BauGB).

cc) Agrar- und forstrechtliche Beschränkungen
Zur Erhaltung von landwirtschaftlichen und forstwirtschaftlichen Betrieben sieht **19** das GrundstücksverkehrsG v 28. 7. 1961 (BGBl I 1091, 1652, 2000) eine staatliche Genehmigungspflicht für die **Veräußerung** von land- oder forstwirtschaftlich genutzten Grundstücken vor (§ 2 GrundstücksverkehrsG). Die Genehmigung soll die Zersplitterung der Grundstücke und die Veräußerung an nicht fachkundige Erwerber verhüten (s dazu die Versagungsgründe in § 9 GrundstücksverkehrsG). Der Schaffung lebensfähiger Betriebsgrößen in der Landwirtschaft dient auch das FlurbereinigungsG idF der Bek v 16. 3. 1976 (BGBl I 546), welches das Instrumentarium für eine Einziehung und Neuverteilung von Grundstücksflächen bereitstellt. – Spezielle **forstrechtliche Eigentumsbeschränkungen** finden sich insbesondere in dem als Rahmengesetz verfassten BundeswaldG v 2. 5. 1975 (BGB I 1037) idF v 31. 7. 2010 (BGBl I 1050) und den entsprechenden landesrechtlichen Vorschriften. So enthalten die §§ 9–12 BundeswaldG Regelungen über die Größe des Holzeinschlages, den Zwang zum Abholzen kranker Bestände und die Pflicht zur Aufforstung. § 14 BundeswaldG erlaubt das Betreten des Waldes (auch des Privatwaldes) zur Erholung. Entsprechende Vorschriften finden sich in den jeweiligen Landeswaldgesetzen (Baden-Württemberg: LandesWaldG v 31. 8. 1995 [GBl 685]; Bayern: BayWaldG v 22. 7. 2005 [GVBl 313]; Berlin: LandesWaldG v 16. 9. 2004 [GVBl 391]; Brandenburg: LandesWaldG v 20. 4. 2004 [GVBl 137]; Bremen: BremWaldG v 31. 5. 2005 [BremGBl 207, 314, 399]; Hamburg: LandesWaldG v 13. 3. 1978 [GVBl 74]; Mecklenburg-Vorpommern: LandesWaldG v 27. 7. 2011 [GVBl 870]; Niedersachsen: LandesWaldG v 21. 3. 2002

Christoph Althammer

[GVBl 112]; Nordrhein-Westfalen: LandesForstG v 24. 4. 1980 [GV 546]; Rheinland-Pfalz: LandeswaldG v 30. 11. 2000 [GVBl 504]; Saarland: LandesWaldG v 26. 10. 1977 [GBl 1009]; Sachsen: LandesWaldG v 10. 4. 1992 [GVBl 137]; Sachsen-Anhalt: Landes-WaldG v 13. 4. 1994 [GVBl 520]; Schleswig-Holstein: LandesWaldG v 5. 12. 2004 [GVBl 461]; Thüringen: WaldG v 18. 9. 2008 [GVBl 327]; vgl ferner die Übersicht bei STAU-DINGER/J MAYER [2012] Art 119 EGBGB Rn 78 ff).

dd) Umweltrechtliche Beschränkungen
α) Bundesimmissionsschutzgesetz

20 Das BImSchG (idF der Bek v 17. 5. 2013 [BGBl I 1274]) sieht für die Eigentümer und Benutzer gefährlicher Anlagen eine Genehmigungspflicht hinsichtlich des Errichtens solcher Anlagen oder der Vornahme wesentlicher Änderungen vor (§§ 4 ff BImSchG). Diese wird nur erteilt, wenn bestimmte Richtlinien eingehalten werden. Für diese Pflichten der Betreiber genehmigungspflichtiger Anlagen stellt § 5 BImSchG allgemeine Grundpflichten auf, während § 7 BImSchG vorsieht, dass die allgemeinen Anforderungen durch Verordnungen näher präzisiert werden. Solche Verordnungen verweisen auf Verwaltungsvorschriften, wie etwa die TA (Technische Anleitung) Luft oder die TA Lärm. Die immissionsrechtlichen Anforderungen werden in erster Linie den Daten dieser Anweisungen entnommen. Darüber hinaus können die zuständigen Behörden gegen die Betreiber nicht genehmigungspflichtiger Anlagen einschreiten, soweit diese bestimmte Immissionswerte überschreiten (§§ 22–25 BImSchG).

β) Atomrechtliche Beschränkungen

Für die Genehmigung von Kernenergieanlagen sowie für die Verwahrung und den Besitz von Kernbrennstoffen enthält das AtomG idF der Bek v 15. 7. 1985 (BGBl I 1565) besondere Vorschriften (vgl §§ 5 ff AtomG).

γ) Naturschutzrechtliche Beschränkungen

Das BundesnaturschutzG idF der Bek v 29. 7. 2009 (BGBl I 2542) sowie die entsprechenden Landesnaturschutzgesetze (vgl die Übersicht bei STAUDINGER/J MAYER [2012] Art 119 EGBGB Rn 101 ff) enthalten zahlreiche Vorschriften, in denen das Eigentum an Naturdenkmalen, Naturschutzgebieten und Landschaftsschutzgebieten gewissen Beschränkungen unterworfen wird, die sich insbesondere auf die tatsächliche Nutzung beziehen (näher SCHUMACHER/FISCHER-HÜFTLE, Bundesnaturschutzgesetz [2. Aufl 2010]). Weitere landesrechtliche Eingriffe erlaubt Art 111 EGBGB. Art 141 Abs 3 BayVerfassung statuiert eine Beschränkung der tatsächlichen Verfügungsgewalt des Eigentümers auf Verfassungsebene („die Zugänge zu Bergen, Seen, Flüssen und sonstigen landschaftlichen Schönheiten freizuhalten und allenfalls durch Einschränkungen des Eigentumsrechtes freizumachen"; vgl dazu VG München BayVBl 1992, 506).

δ) Wasserrechtliche Beschränkungen

Das WasserhaushaltsG des Bundes idF der Bek v 31. 7. 2009 (BGBl I 2585) sowie die Landeswassergesetze enthalten zahlreiche eigentumsbeschränkende Regelungen zum Schutz der oberirdischen Gewässer, der Küstengewässer und des Grundwassers. Nach § 41 Abs 1 Nr 1 WHG haben die Gewässereigentümer Unterhaltungsmaßnahmen am Gewässer zu dulden.

ee) Denkmalschutzrechtliche Beschränkungen

Für unter Denkmalschutz stehende Gebäude sehen die Denkmalschutzgesetze der **21** Länder (Übersicht über die Ländergesetze bei STAUDINGER/J MAYER [2012] Art 119 EGBGB Rn 132 ff; BAUMGART, Das Niedersächsische Denkmalschutzgesetz im Lichte der Eigentumsgarantie [2010]; FÜSSER/KREUTER BayVBl 2009, 747; MELCHINGER, Die Eigentumsdogmatik des Grundgesetzes und das Recht des Denkmalschutzes [1994]) *Veränderungsverbote* und *Erhaltungspflichten* sowie *Benutzungspflichten* vor. Die Veränderungsverbote richten sich nicht nur gegen den Gebäudeeigentümer selbst, sondern auch gegen benachbarte Grundstückseigentümer, wenn durch Maßnahmen auf deren Grundstück das Erscheinungsbild des Denkmals beeinträchtigt wird. Ein Gebäude gehört in den Normbereich der Denkmalschutzgesetze, wenn es als Kulturdenkmal einzustufen ist. Der Eigentümer eines solchen Gebäudes hat dieses instandzuhalten, pfleglich zu behandeln und vor Gefährdung zu schützen (so zB § 7 Abs 1 Hamburger DenkmalschutzG v 5. 4. 2013 [GVBl 142]). Auch den Eigentümern benachbarter Grundstücke kann untersagt werden, bauliche Anlagen zu errichten oder Änderungen vorzunehmen, die zu einer Beeinträchtigung des Erscheinungsbildes des Denkmals führen (§ 8 Hamburger DenkmalschutzG). Zur Vereinbarkeit denkmalschutzrechtlicher Regelungen mit der Eigentumsgarantie vgl BVerfGE 100, 226 (zu § 13 Abs 1 S 2 RhPfDenkSchPflG): Danach sind Vorschriften, die Inhalt und Schranken des Eigentums festlegen, mit Art 14 Abs 1 GG unvereinbar, wenn sie eine unverhältnismäßige Belastung des Eigentümers beinhalten. Auch gesetzliche Vorkehrungen in Form von Ausgleichsregelungen sind vor diesem Hintergrund unzureichend, sofern dem betroffenen Eigentümer ausschließlich ein Entschädigungsanspruch in Geld zugebilligt wird.

ff) Verkehrsrechtliche Beschränkungen

α) Straßenrechtliche Beschränkungen

Die §§ 9–11 BFStrG idF der Bek v 28. 6. 2007 (BGBl I 1206) regeln zahlreiche Be- **22** schränkungen von Bauanlagen und die Duldung von Schutzmaßnahmen entlang der Bundesfernstraßen.

β) Luftverkehrsrechtliche Beschränkungen

Das LuftVG idF v 10. 5. 2007 (BGBl I 698) regelt in § 1 Abs 1 die Freiheit des Luftraumes abweichend von § 905 BGB. In den §§ 12–17, 18a LuftVG sind darüber hinaus zahlreiche Baubeschränkungen in der Nähe von Flughäfen normiert. Insbesondere enthält § 18a LuftVG ein Bauerrichtungsverbot bei der Störung von Flugsicherungseinrichtungen.

γ) Wasserverkehrsrechtliche Beschränkungen

§ 11 des BundeswasserstraßenG idF der Bek v 23. 5. 2007 (BGBl I 962, ber BGBl I 2008, 1980) legt den Anliegern von Bundeswasserstraßen im Interesse der Unterhaltung derselben besondere Pflichten, wie etwa das Dulden einer Bepflanzung der Ufer oder die Verpflichtung, die Ufergrundstücke in erforderlicher Breite so zu bewirtschaften, dass die Unterhaltung der Wasserstraße nicht beeinträchtigt wird, auf (vgl ferner oben Rn 20 aE).

δ) Weitere verkehrsrechtliche Beschränkungen finden sich etwa im TelekommunikationsG v 22. 6. 2004 (BGBl I 1190), nach dessen § 76 Abs 1 Nr 1 und Nr 2 der Eigentümer eines Grundstücks unter bestimmten Voraussetzungen die Errichtung

usw von Telekommunikationslinien zu dulden hat (noch zu § 57 TKG aF: zulässige Inhaltsbestimmung iSv Art 14 Abs 1 S 2 GG, vgl BVerfG NJW 2000, 798; 2001, 2960; BGH NJW 2002, 678; BGHZ 145, 16, 26; BVerfG NJW 2003, 196; vgl ferner § 904 Rn 50). Nach Auffassung des LG Bonn MMR 2008, 489 begründe § 76 TKG ein gesetzliches Schuldverhältnis zwischen Grundstückseigentümer und Nutzungsberechtigten im Sinne der Telekommunikationslinie, was zu einer Beschränkung des zivilrechtlichen Eigentumsrechts führe. Eine Verpflichtung, primär auf staatliche Grundstücke zuzugreifen, existiere nicht (vgl zur Problemlage auch ENGEL, in: vDANWITZ/DEPENHEUER/ ENGEL, Berichte zur Lage des Eigentums [2002] 17). Zur Frage des zukünftigen Ausbaus der deutschen Energienetze vgl KMENT EnWZ 2015, 57.

ε) Über die in diesen Bereich gehörenden Eigentumsbeschränkungen durch **Gemeingebrauch** an Wegen, Gewässern und Wäldern vgl STAUDINGER/ROTH (2009) § 905 Rn 24, 31, 34 f; STAUDINGER/GURSKY (2012) § 1004 Rn 182.

gg) Wirtschaftslenkende Beschränkungen

23 Eigentumsbeschränkungen ergeben sich auch aus wirtschaftslenkenden Maßnahmen der öffentlichen Hand, wie sie etwa das EnergiewirtschaftsG idF v 7. 7. 2005 [BGBl I 1970, 3621] enthält oder wie sie beispielsweise in den §§ 19 ff GWB idF v 26. 6. 2013 [BGBl I 1750, 3245] zur Bekämpfung des Missbrauchs marktbeherrschender Stellungen durch marktbeherrschende Unternehmen niedergelegt sind. Nach § 2 GrundstücksverkehrsG bedürfen die rechtsgeschäftliche Veräußerung land- und forstwirtschaftlicher Grundstücke der Genehmigung, um entsprechende Betriebe zu erhalten und eine Zersplitterung der Grundstücke zu verhindern. Entsprechende Versagungsgründe finden sich in § 9 GrundstücksverkehrsG.

hh) Sonstige Beschränkungen

24 Hier sind beispielhaft zu erwähnen:

α) **Polizeirechtliche Beschränkungen**, insbesondere durch die Generalermächtigung (zB in § 3 Abs 2 a Hamburger SOG) und die Standardmaßnahmen (zB in §§ 11 ff Hamburger SOG).

β) Maßnahmen nach der **StPO** wie etwa die Beschlagnahme nach §§ 94 ff StPO und § 108 StPO oder die Sicherstellung von Gegenständen nach §§ 111b ff StPO.

γ) **Beschränkungen nach dem Bundesleistungsgesetz**
Nach § 2 des BundesleistungsG idF v 27. 9. 1961 (BGBl I 1769) kann zur Abwendung schwerwiegender Gefahren für die Bundesrepublik Deutschland insbesondere im Verteidigungsfall ua die Überlassung von Grundstücken, Gebäuden und beweglichen Sachen zum befristeten Gebrauch, Mitgebrauch oder anderweitiger Nutzung verlangt werden.

δ) **Beschränkungen durch die Straßenverkehrszulassungsordnung (StVZO)**
Die Pflicht zur technischen Überprüfung eines Fahrzeuges nach § 29 StVZO idF v 26. 4. 2012 (BGBl I 679) trifft den Halter, der meist mit dem Eigentümer des Fahrzeugs identisch ist.

ε)   Beschränkungen durch Bibliotheksgesetze
Nach § 14 Abs 1 S 1 des BundesG über die Deutsche Nationalbibliothek v 22. 6.
2006 (BGBl I 1338) muss von jedem, der berechtigt ist, ein Medienwerk zu verbreiten
oder öffentlich zugänglich zu machen und seinen Hauptwohnsitz in der Bundesrepublik hat, das Medienwerk in zweifacher Ausfertigung an die Deutsche Nationalbibliothek in Frankfurt am Main abgeliefert werden. Daneben bestehen auch landesrechtliche Regelungen wie etwa das Hessische Bibliotheksgesetz v 20. 9. 2010
(GVBl I 295).

ξ)   Beschränkungen durch das Infektionsschutzgesetz
§§ 16 ff Infektionsschutzgesetz idF v 20. 7. 2000 (BGBl I 1045) enthalten zahlreiche
Duldungspflichten hinsichtlich der Vernichtung und Entseuchung von Gegenständen.

η)   Beschränkungen durch das Tierschutzgesetz
Das TierschutzG idF v 18. 5. 2006 (BGBl I 2205) enthält zahlreiche Beschränkungen
hinsichtlich der Haltung von Tieren. – Zu § 903 S 2 vgl unten Rn 31.

ϑ)   Beschränkungen durch das Tiergesundheitsgesetz
§ 6 Tiergesundheitsgesetz idF v 22. 5. 2013 (BGBl I 1324) ermächtigt das Bundesmi-
nisterium mit Zustimmung des Bundesrates, Rechtsverordnungen zur Vorbeugung
vor und Bekämpfung von Tierseuchen zu erlassen, die eigentumsbeschränkende
Vorschriften enthalten (bspw Schweinehaltungshygieneverordnung idF v 2. 4. 2014
[BGBl I 326]).

ι)   Beschränkungen durch das Bundesberggesetz
Beschränkungen eigentumsrechtlicher Art können sich auch aus dem Bundesberggesetz (BBergG) ergeben. Durch das in §§ 77 ff BBergG geregelte Grundabtre-
tungsverfahren kann es sogar zur (verfassungsrechtlich zulässigen) Enteignung fremder Grundstücke (und sogar zu Gunsten Privater) kommen (vgl in diesem Kontext
BVerfG 134, 242 = NVwZ 2014, 211 – Garzweiler; dazu Shirvani EnWZ 2015, 3; Frenz NVwZ
2014, 194 ff; Kühne NVwZ 2014, 321 ff). Im Vordergrund steht dabei auch die staatliche
Energiepolitik als Gemeinwohlziel iSv Art 14 Abs 3 GG.

2.   Beschränkungen durch Rechte Dritter

Im engeren und eigentlichen Sinn (vgl oben Rn 13) sind darunter die *absoluten* Rechte **25**
außerhalb des Eigentums zu verstehen, die zu Einwirkungen auf Sachen berechti-
gen. Dazu gehören in erster Linie die beschränkten dinglichen Rechte an einer
Sache, zB Erbbaurecht, Dienstbarkeiten (§§ 1018 ff, §§ 1090 ff), Pfandrechte (vgl
Staudinger/Seiler [2002] Einl 21 f zum SachenR). Diese beschränken die Rechtsmacht
des Eigentümers, indem sie den Rechtsinhabern Teilberechtigungen an der Sache
gewähren (vgl BFH Bbg 2005, 770 f; BGH NJW 1989, 2122; Müller Rn 291; Wieling I § 8 II 2 b).
Eine Beschränkung kann sich aber auch aus anderen Rechten Dritter ergeben (vgl zu
einer Beschränkung durch das Urheberrecht des Architekten BGH NJW 1974, 1381; NJW 2008,
3784, 3787: Der sich ergebende Konflikt könne nur durch eine Abwägung der betroffenen Interessen
gelöst werden).

Nicht zu den Rechten Dritter iSd § 903 gehören *schuldrechtliche* Ansprüche, die sich auf Sachen beziehen, wie etwa die Ansprüche des Mieters oder Pächters (Palandt/ Bassenge[74] Rn 27; **aA** OLG Bamberg NZM 2009, 859: mietvertragswidrige Photovoltaik-Anlage, die durch den Eigentümer auf dem Gebäudedach angebracht wird; wohl auch BeckOK/Fritzsche Rn 67; allgemein zur Abgrenzung Füller, Eigenständiges Sachenrecht? [2006] 8 ff, 37 ff; eingehend zur Entscheidung des OLG Bamberg Bergner, Eigentumsbeschränkungen außerhalb von Gesetzen und Rechten Dritter [2013] 52 f, der diese mit Recht ablehnt). Nach der das Vermögensrecht beherrschenden Unterscheidung zwischen dinglichen und obligatorischen Rechten beschränken solche Ansprüche nicht das Eigentumsrecht als solches, vielmehr begründen sie lediglich persönliche Verpflichtungen des Vertragspartners/Eigentümers. Inhalt und Umfang der Eigentümerbefugnisse sind gesetzlich vorgegeben und folglich der gestaltenden Vertragsfreihheit entzogen (deutlich Bergner, Eigentumsbeschränkungen außerhalb von Gesetzen und Rechten Dritter [2013] 53). Unzutreffend erscheint somit die Aussage, wonach sich die Eigentümer durch eine im Mietvertrag vereinbarte entsprechende Ausgestaltung der Mietsache ihres Rechtes nach § 903 begeben würden (so aber OLG Bamberg NZM 2009, 859; **aA** hier mit Recht BeckOK/Fritzsche Rn 67; ausführlich zur Problemstellung Bergner, Eigentumsbeschränkungen außerhalb von Gesetzen und Rechten Dritter [2013] 52, 53). Käme der schuldrechtlichen Abrede bereits eine den Inhalt des Eigentums gestaltende Wirkung zu, bräuchte es keines schuldvertraglichen Unterlassungsanspruchs mehr (diese Konsequenz wird von OLG Bamberg NZM 2009, 859 übersehen; mit Recht dagegen Bergner, Eigentumsbeschränkungen außerhalb von Gesetzen und Rechten Dritter [2013] 53) – Zu den Sonderregelungen bei der Grundstücks-, Wohnungsmiete vgl §§ 571, 580 und Einl 25 zu §§ 903 ff.

3. Grenzbereiche (und nicht geregelte Beschränkungen)

26 Vgl dazu bereits oben Rn 5. Da der Eigentumsinhalt durch Gesetze und Rechte Dritter nicht vollständig festgelegt wird, bleiben die Fälle lösungsbedürftig, in denen eine konkrete positivrechtliche Regelung fehlt, aber notwendig ist. Es geht vor allem um die Problembereiche im Nachbarrecht, in denen die Eigentumssphären mehrerer Beteiligter gegeneinander abzugrenzen sind. Im Einzelnen gehören dazu:

27 **Negative Einwirkungen**: Darunter sind Handlungen auf einem Grundstück innerhalb seiner räumlichen Grenzen zu verstehen, die gewisse natürliche Vorteile von dem Nachbargrundstück abhalten, zB das Abhalten von Licht und Luft durch Bau an der Grenze, das Abschatten der Funk- und Fernsehwellen durch die Errichtung eines Hochhauses und vergleichbare Vorgänge (BGHZ 69, 1 = NJW 1977, 1770; BGHZ 113, 384, 386 = NJW 1991, 1671; OLG Frankfurt NJW-RR 2000, 1542; BGHZ 113, 384, 387 f = NJW 1991, 1671; NK-BGB/Ring Rn 34 f; Wolf/Wellenhofer, Sachenrecht[29] § 24 Rn 5 f). Nach der durchaus problematischen hM sind derartige Bestätigungen, die sich in den räumlichen Grenzen des Grundstücks halten, keine Einwirkungen auf das Nachbargrundstück iSd § 903 (Näheres bei BGHZ 88, 344 ff = NJW 1984, 729; BGH NJW-RR 2003, 1313; Palandt/ Bassenge[74] Rn 9 f; **aA** etwa Wolf/Wellenhofer, Sachenrecht[29] § 24 Rn 5 f; vgl zum Meinungsstand ausführlich Staudinger/Roth [2015] § 906 Rn 122 ff; Staudinger/Gursky [2012] § 1004 Rn 65 ff, dort auch Vorschläge für eine sachgerechte Lösung; ferner Müller Rn 288). Gleichwohl stützen Rechtsprechung und Lehre Abwehr- und Ausgleichsansprüche im Einzelfall auf die Grundsätze des nachbarlichen Gemeinschaftsverhältnisses (BGH NJW 1991, 1671, 1672; NJW-RR 2003, 1313; Wolf/Wellenhofer, Sachenrecht[29] § 24 Rn 5 f), was insbesondere dogmatisch angreifbar ist, weil damit eine Aufwertung des richterrechtlich geprägten Instituts zu Lasten des gesetzlichen Anspruchs aus § 1004 Abs 1 einher-

geht (vgl deswegen die begrüßenswerten Lösungsvorschläge von STAUDINGER/ROTH [2015] § 906
Rn 122 ff; STAUDINGER/GURSKY [2012] § 1004 Rn 65 ff). Insoweit spricht viel dafür, auch
negative Einwirkungen § 1004 Abs 1 unterfallen zu lassen.

Ideelle (immaterielle, ästhetische) **Einwirkungen**: Darunter sind Handlungen auf
einem Grundstück innerhalb seiner räumlichen Grenzen zu verstehen, die das äs-
thetische/sittliche Empfinden der Nachbarn verletzen, zB das Betreiben eines Bor-
dells in einer Wohngegend (vgl auch Art 297 EGStGB, der die Landesregierungen
ermächtigt, durch Rechtsverordnung entsprechende Verbotsverordnungen zu erlassen, wovon einige Bundesländer Gebrauch gemacht haben) oder eines Schrottplat-
zes neben einem Hotel. Nach wohl noch überwiegender Meinung handelt es sich
auch in solchen Fällen grundsätzlich nicht um Einwirkungen auf das Nachbargrundstück iSv § 903 (vgl etwa BGH NJW-RR 2003, 1313; NJW 1975, 170 [möglicherweise abweichend
bei schwerwiegenden Fällen]; NJW 1985, 2823; BeckOK/FRITZSCHE Rn 27; HORST NJW 2010, 827,
828; **aA** etwa WOLF/WELLENHOFER, Sachenrecht[29] § 24 Rn 10; Näheres zum Meinungsstreit bei
STAUDINGER/ROTH [2015] § 906 Rn 130 ff, der für eine Öffnung des Anwendungsbereichs von § 1004
Abs 1 eintritt; MÜLLER Rn 289, 726 ff; STAUDINGER/GURSKY [2012] § 1004 Rn 76 mit einer diffe-
renzierenden Lösung; vgl zum Problemkomplex auch PALANDT/BASSENGE[74] Rn 10). Abwehr-
und Ausgleichsansprüche stützt die Judikatur im Einzelfall wiederum (in dogmatisch
angreifbarer Weise) auf die Grundsätze des nachbarlichen Gemeinschaftsverhältnisses (zu formell dagegen in der Argumentation BeckOK/FRITZSCHE Rn 27). Die Rechtsprechung beschäftigt haben beispielsweise Fälle, in denen eine Beeinträchtigung des
ästhetischen Empfindens durch Parabolantennen auf dem Nachbargrundstück behauptet wurde (OLG Frankfurt NJW-RR 1989, 464; NK-BGB/RING Rn 56 ff). Während der
Grundstückseigentümer unter Berufung auf sein Eigentumsrecht auch Toleranz
gegenüber einer unansehnlichen Parabolantenne auf seinem Grund und Boden
einzufordern vermag, deren Beseitigung folglich nicht nach § 1004 Abs 1 verlangt
werden kann (aber uU nach den Grundsätzen des nachbarlichen Gemeinschaftsverhältnisses), gilt dies für den Inhaber einer Eigentumswohnung von vornherein
nicht. Denn für bauliche Veränderungen (§ 14 WEG) ist die Zustimmung aller Wohnungseigentümer erforderlich (vgl für die Anbringung einer Videokamera BGH NJW-RR
2012, 140; NJW-RR 1994, 1036). Im Einzelfall kann ein Abwehranspruch auch auf eine
Verletzung des allgemeinen Persönlichkeitsrechts gestützt werden (dafür STAUDINGER/
GURSKY [2012] § 1004 Rn 78). Weniger überzeugend ist es dagegen, die Anwendung von
§ 1004 Abs 1 wegen Art 4 GG und der Gefahr einer unzulässigen Weltanschauungs-
kontrolle zu verneinen, aber im Gegenzug nahezu dieselben Ergebnisse mit Abwehransprüchen, die auf § 1004 analog iVm § 823 Abs 2 (unter Anwendung drittschützender Normen des öffentlichen Rechts) gestützt werden, zu erreichen (so aber
BeckOK/FRITZSCHE Rn 28 ff).

Bei Kollisionen des Eigentums mit **andersartigen absoluten Rechten** Dritter, zB des **28**
Eigentums an einem Gebäude mit dem Urheberrecht des Architekten, der das
Gebäude geplant hat, gibt es keinen einseitigen Vorrang des einen oder anderen
Rechts. Vielmehr ist der aus der Kollision entstehende Rechtskonflikt im Wege einer
Abwägung der jeweils betroffenen Interessen zu lösen (BGH NJW 2008, 3784, 3787).
Danach muss der Eigentümer zumutbare Beschränkungen seiner Befugnisse zu-
gunsten des bedrohten Urheberrechts hinnehmen (so im Ergebnis die st Rspr, vgl RGZ
79, 397, 400; BGHZ 33, 1, 15; 62, 331, 334; NJW 2008, 3784, 3787). Es kann sich aber auch das
Eigentum durchsetzen, zB in Konkurrenz zu einer Marke (vgl §§ 1 ff MarkenG

Christoph Althammer

v 25. 10. 1994, BGBl I 3082; früher: Warenzeichen), wenn es sich um den marken-
rechtlich freien Privatgebrauch der Sache handelt (BGHZ 100, 51, 58; OLG Köln NJW
1995, 1759, 1760), oder in Konkurrenz zu einem Namensrecht, wenn es sich um eine
namensrechtlich nicht schutzwürdige Beeinträchtigung handelt (OLG Köln NJW 1995,
1759, 1760).

29 Weiterhin kann zweifelhaft sein, inwieweit bei **Gebrauchsbehinderungen**, Dispositi-
onsbeeinträchtigungen und allgemein bei Störungen des Verhältnisses der **Sache zur
Umwelt** Eigentumsverletzungen vorliegen (vgl aktuell BGH NJW 2015, 1174). In solchen
Fällen ist es notwendig, die Eigentumssphäre von den Sphären der Person und
rechtsgeschäftlichen Beziehungen abzugrenzen (vgl dazu im Einzelnen ZEUNER, in:
FS Flume I [1978] 775; SOERGEL/SPICKHOFF[13] § 823 Rn 30, ferner MünchKomm/WAGNER[6] § 823
Rn 180 ff; BERGNER, Eigentumsbeschränkungen außerhalb von Gesetzen und Rechten Dritter
[2013] 26 ff). Diskutiert wird auch, inwieweit richterliche Urteile, welche die Existenz
bestimmter Verkehrspflichten im Zusammenhang mit § 823 Abs 1 festhalten, zur
Verkürzung der Entscheidungsfreiheit des Eigentümers und Beschränkungen führen
(BERGNER, Eigentumsbeschränkungen außerhalb von Gesetzen und Rechten Dritter [2013] 61).

4. Wirkungen der Beschränkungen

30 Durch die Eigentumsbeschränkungen wird bewirkt, dass der Eigentümer, soweit die
Beschränkungen reichen, die positiven (oben Rn 10) und negativen (oben Rn 11) Befugnisse nicht ausüben darf; insbesondere kann er im Umfang der Beschränkungen die
ihm zustehenden Rechtsbehelfe mangels Eigentumsverletzung nicht geltend machen
(vgl zum rein dogmatischen Streit zwischen sog Außentheorie und Immanenztheorie BERGNER,
Eigentumsbeschränkungen außerhalb von Gesetzen und Rechten Dritter [2013] 48 f; siehe auch
oben Rn 14). – Greift der Eigentümer unter Nichtbeachtung von Eigentumsbeschränkungen in einen fremden geschützten Rechtsbereich ein, können die betroffenen
Rechtsinhaber ihrerseits dagegen mit den dafür vorgesehenen Rechtsbehelfen vorgehen, also zB mit dem Anspruch aus § 1004 direkt oder durch Verweisung (§§ 1027,
1090 Abs 2, 1065, 1227; § 11 Abs 1 S 1 ErbbauVO), ferner aus § 823 Abs 1. Spezielle
Rechtsbehelfe zum Schutz betroffener Nachbarn sind in §§ 907 f, 910 f vorgesehen.

Öffentlich-rechtliche Beschränkungen haben in erster Linie die Verwaltungsbehörden nach den einschlägigen gesetzlichen Vorschriften über das Verwaltungshandeln
(VerwaltungsverfahrensG des Bundes und der Länder, BauGB, SOG der Länder
usw) durchzusetzen. Aber auch Privatpersonen können die Beachtung solcher Beschränkungen erzwingen, wenn sie sich aus sog *drittschützenden Normen* ergeben.
Drittschutz ist zu bejahen, wenn die spezielle Norm, auf der eine Verwaltungsent-
scheidung beruht, nicht nur das öffentliche Interesse schützen soll, sondern auch
dazu bestimmt ist, die rechtlichen Interessen konkreter einzelner Bürger in bestimmter Hinsicht zu schützen (sog *Schutznormtheorie,* dazu ERICHSEN, in: ERICHSEN/
EHLERS, Allg VerwR [14. Aufl 2010] Rn 30; MAURER, Allg VerwR [18. Aufl 2011] § 8 Rn 8 ff).
Solche Normen gibt es in erster Linie im Baurecht, wo sich zum *Baunachbarschutz*
eine umfangreiche und unübersichtliche Entscheidungspraxis entwickelt hat (vgl
WAHL JuS 1984, 577, 579; MAURER, Allg VerwR [18. Aufl 2011] § 8 Rn 9; BAUR/STÜRNER[18] § 25
Rn 43 ff, jeweils mwNw).

V. Tierschutz (§ 903 S 2)

§ 903 S 2 ist durch G v 20. 8. 1990 (BGBl I 1762) Art 1 Nr 4 dem ersten Satz der **31** Vorschrift angefügt worden. Im Entw der Bundesregierung (BT-Drucks 11/5463, 7) heißt es zur Begründung, „auch nach dem Bürgerlichen Gesetzbuch" bestehe „eine besondere Verpflichtung und Verantwortung des Menschen", „dem Tier als Lebewesen besonderen Schutz und Fürsorge zuteil werden zu lassen". Daher bestimme die vorgeschlagene Regelung, „daß sich die Eigentumsrechte an einem Tier nur nach Maßgabe des Tierschutzgesetzes und anderer tierschützender Vorschriften ausrichten". Bei den Beratungen wurde dieser Ergänzung des § 903 eine „wichtige Signalfunktion" (BT-Drucks 11/7369, 5) zugeschrieben, und trotz des sicherlich berechtigten Einwandes, die Vorschrift sei „lediglich ein im Bürgerlichen Gesetzbuch entbehrlicher Programmsatz ohne Rechtsfolgen" (BT-Drucks 11/7369, 7), ist der Vorschlag dann Gesetz geworden.

Soweit § 903 S 2 regeln will, dass die Befugnisse des Tiereigentümers durch tierschützende Vorschriften beschränkt sind, ergibt sich dies schon aus dem Nebensatz des ersten Satzes von § 903. Soweit die Vorschrift etwa darauf hinweisen will, dass tierschützende Vorschriften zu beachten sind, folgt dies bereits aus allgemeinen (rechts-)staatlichen Grundsätzen. Die Vorschrift ist demnach ohne juristischen Gehalt. Derartige Deklarationen beeinträchtigen das Niveau der Kodifikation. Sie verwirren zudem den Leser, der jedenfalls von einer Vorschrift des BGB einen eigenständigen Inhalt erwartet, und informieren ihn nicht einmal ausreichend, weil die Globalverweisung auf tierschützende Vorschriften nur einen sehr dürftigen Informationswert besitzt. Insofern hat die Vorschrift nicht einmal eine nennenswerte deklaratorische, dh bestätigende Bedeutung (zustimmend HENCKEL JZ 1997, 333, 341; kritisch auch ERMAN/WILHELMI[14] Rn 11; BAUR/STÜRNER[,18] § 3 Rn 4; BREHM/BERGER[3] § 1 Rn 54).

Der Herrschaftsmacht des Eigentümers eines Tieres widerspricht es beispielsweise, wenn Dritte dieses entgegen dem Willen des Eigentümers füttern, selbst wenn diesem dadurch kein Schaden droht (LG Meiningen NJW-RR 2014, 94, 95, bezeichnenderweise ohne § 903 S 2 zu zitieren).

§ 904
Notstand

Der Eigentümer einer Sache ist nicht berechtigt, die Einwirkung eines anderen auf die Sache zu verbieten, wenn die Einwirkung zur Abwendung einer gegenwärtigen Gefahr notwendig und der drohende Schaden gegenüber dem aus der Einwirkung dem Eigentümer entstehenden Schaden unverhältnismäßig groß ist. Der Eigentümer kann Ersatz des ihm entstehenden Schadens verlangen.

Materialien: E II rev § 889; E III § 888; Prot 8515 = MUGDAN I 802; JAKOBS/SCHUBERT, Sachenrecht I 446.

Christoph Althammer

Schrifttum

ALLGAIER, Zum Verhältnis und zur Abgrenzung von defensivem und aggressivem Notstand, VersR 1989, 788

BINDER, Ansprüche aus dem nachbarrechtlichen Gemeinschaftsverhältnis und ihr Versicherungsschutz, VersR 2003, 1226

BRAND/LENK, Probleme des Nötigungsnotstands, JuS 2013, 883

J BRAUN, Subjektive Rechtfertigungselemente im Zivilrecht?, NJW 1998, 941

BÜNEMANN/HÖMPLER, Nötigungsnotstand bei Gefahr für nicht höchstpersönliche Rechtsgüter, JURA 2010, 184

CANARIS, Notstand und „Selbstaufopferung" im Straßenverkehr, JZ 1963, 655

ders, Die zivilrechtliche Haftung bei strafrechtlichem Notstand, JZ 1971, 399

DEUTSCH, Die Selbstaufopferung im Straßenverkehr, AcP 165 (1965) 193

DIURNI, Notstand und Nothilfe. Eine dogmatische Untersuchung auf der Grundlage des deutschen und italienischen Zivilrechts (1998)

dies, Schädigende Nothilfe – Haftungszurechnung im Europäischen Privatrecht, ZEuP 2006, 583

ERB, Der rechtfertigende Notstand, JuS 2010, 17

FISCHER, Die Rechtswidrigkeit mit besonderer Berücksichtigung des Privatrechts (1911)

HIMMELREICH, Nothilfe und Notwehr, insbesondere zur sogenannten Interessenabwägung, MDR 1967, 361

HOGENSCHURZ, Die Entwicklung des Prinzips der Aufopferungshaftung in den zivilrechtlichen Notstandsfällen: am Beispiel der Schadensersatzpflicht des § 904 S 2 BGB (1997)

HORN, Der Ersatzpflichtige im zivilrechtlichen Notstand, JZ 1960, 350

HUBMANN, Der bürgerlichrechtliche Aufopferungsanspruch, JZ 1958, 489

A HUECK, Notstand gegenüber einer mitgefährdeten Sache, JherJB 68 (1919) 205

R JANSEN, Der Schadensersatzanspruch wegen Noteingriffs in fremdes Eigentum (§ 904 BGB) (1936)

N JANSEN, Die Struktur des Haftungsrechts (2001)

KELLE, Der Schadensersatz aus § 904 BGB (1913)

KÖNDGEN, Rechtsverletzung im Notstand – das „effiziente Delikt"?, in: FS Huber (2006) 377

KOEPCHEN, Die Nothilfe des § 904 BGB mit besonderer Berücksichtigung der Frage des Haftpflichtigen nebst einem Überblick über die historische Entwicklung (1911)

KONZEN, Aufopferung im Zivilrecht (1959)

KRAFFERT, Der Ersatzpflichtige im Falle des § 904 BGB, AcP 165 (1965) 435

KÜPER, Zum rechtfertigenden Notstand bei Kollision von Vermögenswerten, JZ 1976, 515

LAMPE, Defensiver und aggressiver übergesetzlicher Notstand, NJW 1968, 88

OETKER, Über Notwehr und Notstand nach den §§ 227, 228, 904 des Bürgerlichen Gesetzbuchs, erläutert an Beispielen aus der Praxis (1911)

PAWLIK, Der rechtfertigende Notstand (2002)

L SCHULZE/OSTERLOH, Das Prinzip der Eigentumsopferentschädigung im Zivilrecht und im öffentlichen Recht (1980)

PETERS, Die Duldungspflicht des Eigentümers nach § 904 des deutschen bürgerlichen Gesetzbuchs, erläutert an Beispielen aus der Praxis (1911)

RÖTHEL, Grundfragen des privaten Nachbarrechts, Jura 2005, 539

SCHLANG, Der zivilrechtliche Notstand des § 904 BGB mit einem Überblick über die historische Entwicklung (1934)

K SCHREIBER, Die Rechtfertigungsgründe des BGB, Jura 1997, 29

SCHÜNEMANN, Selbsthilfe im Rechtssystem (1985)

SELIGSOHN, § 904 Satz 2 BGB; zugleich ein Beitrag zum Rechte der Luftfahrt, JW 1913, 72

SINGER, Die Schadensersatzpflicht im Falle der Nothilfe (1916)

SPÖHR, Die Schadensersatzpflicht bei der Nothilfe gem § 904 BGB (1966)

TITZE, Die Notstandsrechte im deutschen BGB und ihre geschichtliche Entwicklung (1987)

vTUHR, Der Notstand im Zivilrecht (1988)

TRAPPENBERG/SCHEURL, Die zivilrechtlichen Folgen der Rettung des Selbstmörders, Leonhards Studien Heft 47 (1932)

VAHLE, Die eigenmächtige Durchsetzung von subjektiven Rechten, DVP 2006, 309
ders, Selbstschutzrechte Privater, DVP 2008, 403
WEIMAR, Die zivilrechtliche Haftung bei strafrechtlichem Notstand, NJW 1962, 2093
WENDTLAND, Die Nothilfe des § 904 BGB (1913)
WILHELMI, Risikoschutz durch Privatrecht (2009)

WILTS, Die zivilrechtliche Haftung bei strafrechtlichem Notstand, NJW 1962, 1852; 1964, 708
W WOHLERS, Einschränkungen des Notwehrrechts innerhalb sozialer Näheverhältnisse, JZ 1999, 434
ZIESCHANG, Der rechtfertigende und der entschädigende Notstand, JA 2007, 679.

Systematische Übersicht

Alphabetische Übersicht

Christoph Althammer

I. Einführung

1. Zivilrechtssystematische Überlegungen

1 a) Nach der Grundaussage von § 903 S 1 kann der Eigentümer andere Personen von jeder Einwirkung auf die Sache ausschließen. Insoweit normiert § 904 eine erste Beschränkung dieser Eigentümermacht (vgl auch MünchKomm/Säcker[6] Rn 1): Dem Eigentümer wird das Recht versagt, Einwirkungen auf seine Sache zu verbieten, sofern sie zur Abwendung einer gegenwärtigen Gefahr notwendig sind und wenn der durch die Gefahr drohende Schaden im Vergleich zu dem dem Eigentümer entstehenden Schaden unverhältnismäßig groß ist. § 904 beinhaltet also – aus der Perspektive des betroffenen Eigentümers betrachtet – eine **Eigentumsbeschränkung**. Dieser Gesichtspunkt war schließlich auch für den systematischen Platz der Vorschrift im Sachenrecht entscheidend, nachdem ihr Inhalt zunächst im Zusammenhang mit den Notwehr- und Notstandsrechten des Allgemeinen Teils erörtert worden war (dazu unten Rn 10). Denn auch § 228 („Verteidigungsnotstand") statuiert eine generelle Eigentumsschranke, hat aber einen anderen Regelungsstandort erfahren. Vgl zur Bedeutung aus strafrechtlicher Sicht (insbesondere mit Blick auf §§ 34, 35 StGB) Jauernig/Berger[15] Rn 8.

2 b) § 904 verleiht überdies dem Einwirkenden einen Rechtfertigungsgrund, sodass seine Eingriffe in fremde Sachgüter nicht mehr als rechtswidrig gelten können. Weil die Rechtfertigung sich aus einer Gefahrensituation ergibt, enthält § 904 – aus der Perspektive des Einwirkenden betrachtet – ein **Notstandsrecht**, und da dieses Recht eine an der Gefahr unbeteiligte Sache erfasst, wird er als aggressiver, offensiver Notstand oder **Angriffsnotstand** bezeichnet (Erb JuS 2010, 17, 19; Pawlik, Der rechtfertigende Notstand [2002] 7 f, 9), der von anderen gerechtfertigten Eingriffen zu unterscheiden ist (dazu unten Rn 5 ff). Besonders dogmatisch aussagekräftig ist diese Begriffswahl indes nicht.

3 c) § 904 erlaubt es in Satz 2, dass der Eigentümer unabhängig vom Verschulden des Einwirkenden Schadensersatz beanspruchen kann. Insoweit kann er zwar im

Interesse der Erhaltung des höherwertigen Rechtsguts die Einwirkung auf die Sache nicht verhindern, jedoch wird er für die dadurch eingetretenen Verluste entschädigt. Insoweit tritt das Recht auf Schadensersatz an die Stelle des ausgeschlossenen Abwehranspruchs, substituiert diesen gewissermaßen (KÖNDGEN, Rechtsverletzung im Notstand – das „effiziente Delikt"?, in: FS Huber [2006] 396, 397, der daraus auch Konsequenzen für die Höhe des Schadensersatzes ziehen will). Damit lässt sich die gedankliche Gesamtregelung des § 904 als gesetzliche Konkretisierung des **allgemeinen Aufopferungsgedankens** deuten („dulde und liquidiere") (vgl BGHZ 16, 366, 370; 63, 234, 236; 92, 357, 363; 117, 240, 251; MünchKomm/SÄCKER⁶ Rn 1; PALANDT/BASSENGE⁷⁴ Rn 1; BAUR/STÜRNER¹⁸ § 25 Rn 4; LARENZ/CANARIS, SchR II § 85 I 1; KONZEN 108; K SCHREIBER Jura 1997, 29, 32; BeckOK/FRITZSCHE Rn 1); zum Teil wird im älteren Schrifttum auch die Annahme eines enteignungsähnlichen Tatbestandes favorisiert (vgl PLANCK/STRECKER Anm 3, 3 b β; PLANCK/KNOKE § 228 Anm 8), was aber keine sachlichen Unterschiede mit sich bringt. Denn mit dieser unterschiedlichen Nomenklatur wird keine wesentliche inhaltliche Diskrepanz zum Ausdruck gebracht, weil zivilrechtliche Aufopferung und die Enteignung sachlich eng zusammenhängen. Eine § 904 S 2 verwandte Regelung findet sich auch in § 14 Nr 4 WEG (GOTTSCHALG NZM 2010, 427).

d) Im zivilrechtlichen **Haftungssystem** wird § 904 einer Gruppe von Normen **4** zugerechnet, die unter den Oberbegriff der **zivilrechtlichen Aufopferungshaftung** (andere Bezeichnungen: Haftung für erlaubte Eingriffe, Eingriffshaftung, Ausgleichshaftung, Ausgleich für Reststörungen) zusammengefasst werden (dazu grundlegend vor allem L SCHULZE/OSTERLOH 6 ff, 13 ff, 295 ff passim; KONZEN 24 ff, 107 ff, 123 ff passim; vgl auch SPYRIDIAKIS, in: FS Sontis [1977] 242 ff; NK-BGB/RING Rn 1; WENDEHORST, Anspruch und Ausgleich [1999] 186; ausführlich HOGENSCHURZ, Die Entwicklung des Prinzips der Aufopferungshaftung in den zivilrechtlichen Notstandsfällen am Beispiel der Schadensersatzpflicht des § 904 S 2 BGB [1997]; KÖNDGEN, Rechtsverletzung im Notstand – das „effiziente Delikt"?, in: FS Huber [2006] 396). Freilich beweisen diese unterschiedlichen Begriffsfelder bereits, dass eine rechtstheoretische Aufarbeitung des Aufopferungsgedankens niemals wirklich gelungen ist (mit Recht KÖNDGEN, Rechtsverletzung im Notstand – das „effiziente Delikt"?, in: FS Huber [2006] 380). Die als Geltungsgrund des Notstands dienende Güter- und Interessenabwägung wird denn vereinzelt auch eher als wertungsjuristische Methode angesehen und nicht als echtes Rechtsprinzip (so KÖNDGEN, Rechtsverletzung im Notstand – das „effiziente Delikt"?, in: FS Huber [2006] 380: „philosophischer Utilitarismus"). Zu dieser Gruppe gehören vor allem Ansprüche aus dem Notstandsrecht (neben § 904 S 2 zB § 917 Abs 2 S 1, ferner § 25 Abs 3 LuftVG) und aus dem Nachbarrecht (zB § 912 Abs 2 S 2; ferner § 14 BImSchG). Gemeinsames Kennzeichen dieser Ansprüche ist die übereinstimmende **formale** Struktur: Der Inhaber eines vermögenswerten Rechts ist verpflichtet, einen Rechtsverlust hinzunehmen, kann aber dafür andererseits Ausgleich verlangen; dem Eingriffsrecht entspricht also der Ersatzanspruch. Dagegen ist es wohl ausgeschlossen, für alle diese Ansprüche einer Aufopferungshaftung einen aussagekräftigen gemeinsamen **materiellen** Haftungsgrund zu benennen (zutreffend L SCHULZE/OSTERLOH 302 ff, 310 ff). Dazu sind die Einzeltatbestände in ihren konkreten Regelungen zu unterschiedlich. Es ist also nicht möglich, aus einem entsprechend formulierten abstrakten Obersatz Folgerungen für die Auslegung und Anwendung solcher Ansprüche zu gewinnen. Das gilt zB auch für die umstrittene Frage, ob im Falle des § 904 S 2 der Einwirkende oder der Begünstigte passiv legitimiert ist (Eingriffs- oder Begünstigtenhaftung, dazu unten Rn 34 ff). Gerade in jüngerer Zeit finden sich auch Versuche, die Vorschrift vor dem Hintergrund **rechts-**

Christoph Althammer

ökonomischer Überlegungen, insbesondere des KALDOR/HICKS-Tests (vgl dazu EIDEN-MÜLLer, Effizienz als Rechtsprinzip [3. Aufl 2005]), näher zu hinterfragen (KÖNDGEN, Rechtsverletzung im Notstand – das „effiziente Delikt"?, in: FS Huber [2006] 381: „latente Tauschstruktur des rechtfertigenden Angriffsnotstandes").

2. § 904 und konkurrierende Vorschriften

5 **a)** Von dem Angriffsnotstand des § 904 ist der defensive Notstand oder **Verteidigungsnotstand** des § 228, der dadurch gekennzeichnet ist, dass die drohende Gefahr von der beschädigten oder zerstörten Sache selbst ausgeht (Beispiel: Hund fällt Passanten an), abzugrenzen. Gemeinsam ist beiden Vorschriften in den Voraussetzungen, dass eine Gefahrenlage bestehen muss. Des Weiteren existieren Übereinstimmungen in den Wirkungen dergestalt, dass der Eingriff gerechtfertigt und eine Schadensersatzsanktion angeordnet ist. Im Übrigen sind aber erhebliche Unterschiede bemerkbar (**aA** ENNECCERUS/NIPPERDEY § 241 II 1, der die Unterschiede für geringfügig hält). § 904 verlangt eine gegenwärtige Gefahr, § 228 nur eine drohende (vgl aber unten Rn 13). Bei § 904 ist die von der Einwirkung betroffene Sache an der Gefahrenlage unbeteiligt, während bei § 228 die Gefahr gerade von der betroffenen Sache ausgeht (vgl auch STAUDINGER/REPGEN [2014] § 228 Rn 2). Im Fall des § 904 muss der drohende Schaden unverhältnismäßig groß sein (RÖTHEL, Normkonkretisierung im Privatrecht [2004] 225, spricht von einem „qualifizierten Ausgewogenheitsmaßstab"), der durch die Einwirkung entstehende Schaden muss also bedeutend geringer sein als der dem Einwirkenden drohende; dagegen genügt es für § 228, dass der verursachte Schaden nicht außer Verhältnis zur drohenden Gefahr steht. Nach § 904 ist Schadensersatz ohne Rücksicht auf Verschulden zu leisten (vgl in rechtsvergleichender Hinsicht vBAR, Gemeineuropäisches Deliktsrecht II Rn 502 m Fn 137; DIURNI ZEuP 2006, 583 ff), nach § 228 entsteht die Schadensersatzpflicht nur dann, wenn die Gefahr durch den Handelnden verschuldet ist. Bei § 904 wird der Vermögensverlust also kompensiert, indem ihm regelmäßig eine Schadensersatzpflicht nachfolgt. § 228 benennt den Handelnden als den Ersatzpflichtigen; § 904 schweigt zu dieser Frage. Insgesamt ist die Rechtslage in § 228 aus naheliegendem Grund für den Bedrohten günstiger als in § 904.

6 **b)** **Notwehr** (§ 227) gegenüber Sachen kommt in Betracht, wenn die gefahrdrohende Sache von einem rechtswidrig Angreifenden als Werkzeug und Angriffsmittel benötigt wird (Beispiel: Hundehalter hetzt Hund auf Passanten). In diesem Fall wäre es nicht sachgerecht, Abwehrmaßnahmen gegen die den Angriff veranlassende Person nach § 227 und Abwehrmaßnahmen gegen das Angriffsmittel nach § 228 zu beurteilen. Es gilt vielmehr allein § 227 (JAUERNIG/MANSEL[15] § 227 Rn 2; ENNECCERUS/NIPPERDEY § 240 II 6 und Fn 9; abweichend STAUDINGER/RERPGEN [2014] § 227 Rn 15).

7 **c)** Nicht ausdrücklich durch den Gesetzgeber geregelt ist die Sachlage, bei der das in fremdem Eigentum stehende Einwirkungsobjekt selbst gefährdet ist, wenn also die drohende Gefahr sich ausschließlich gegen die Sache, auf die eingewirkt wird, oder gegen ihren Eigentümer richtet (Beispiel: vom Sturm bedrohte Segeljacht wird bei den Rettungsmaßnahmen leicht beschädigt; Nachbar schlägt Haustür des abwesenden Inhabers ein, um Wasserschaden zu verhüten). In diesen Situationen ist der Tatbestand des § 904 zwar nach seinem Wortlaut erfüllt, jedoch würde mit der Anwendung der Vorschrift ihre teleologische Zielrichtung verfehlt. Methodologisch geboten ist eine teleologische Restriktion, weil die ratio des Gesetzes (Aufopferung

eigenen, unbeteiligten Gutes zur Erhaltung fremder höherer Werte gegen Entschädigung) nicht zutrifft, wenn die Einwirkung zugunsten des Eigentümers selbst erfolgt (vgl dazu Trappenberg/Scheurel 40 ff, 50 ff; Planck/Strecker Anm 2a; so nun auch Hogenschurz, Die Entwicklung des Prinzips der Aufopferungshaftung in den zivilrechtlichen Notstandsfällen am Beispiel der Schadensersatzpflicht des § 904 S 2 BGB [1997] 7). Für diesen Fall könnte auf den Ausgleichsmechanismus der **berechtigten Geschäftsführung ohne Auftrag** zurückgegriffen werden (§§ 677 ff), welche nach hM einen Rechtfertigungsgrund für Eingriffe in fremde absolute Rechte schafft, sodass die Rechtswidrigkeit der Einwirkung und damit auch Schadensersatzansprüche nach §§ 823 ff oder aus anderen Rechtsgründen ausgeschlossen sind (vgl Staudinger/Bergmann [2015] Vorbem 8 zu §§ 677 ff; Althammer, Schuldrecht II 2. Gesetzliche Schuldverhältnisse [2015] Rn 14).

d) § 904 besitzt nach Wortlaut und Zweck auch dann keine Anwendungsberech- **8** tigung, wenn der Einwirkende *eigene* Sachen zur Gefahrenabwehr einsetzt, die dabei beschädigt oder zerstört werden (Selbstaufopferung). Auch für diesen Fall sind die Regelungen der **berechtigten Geschäftsführung ohne Auftrag** (§§ 677 ff) heranzuziehen (Althammer, Schuldrecht II 2. Gesetzliche Schuldverhältnisse [2015] Rn 49). Denkbar ist hier wiederum, dass der Einwirkende als Geschäftsführer seinen Schaden in Form von Aufwendungsersatz analog §§ 683 S 1, 670 von dem Gefährdeten als Geschäftsherrn verlangen kann (vgl BGHZ 38, 270, 277; Staudinger/Martinek [2006] § 670 Rn 19 ff; MünchKomm/Seiler⁶ § 683 Rn 18 ff). Dabei kann es sich um Fälle der Selbstaufopferung im Straßenverkehr handeln (Beispiel: Autofahrer fährt mit seinem Auto gegen einen Baum, um den Zusammenstoß mit einem Kleinkind zu vermeiden). Nach der Rechtsprechung (BGH NJW 1957, 869) scheidet ein Anspruch auf Aufwendungsersatz nach den Grundsätzen der Geschäftsführung ohne Auftrag regelmäßig aus, wenn der Autofahrer als Halter den Entlastungsbeweis nach § 7 Abs 2 StVG nicht führen kann (näher Friedrich NZV 2004, 227 ff; Althammer, Schuldrecht II 2. Gesetzliche Schuldverhältnisse [2015] Rn 49). In dieser Situation ist die Frage nach einer analogen Anwendung von § 904 S 2 BGB besonders virulent, aber richtigerweise zu verneinen (vgl auch LG Erfurt VersR 2002, 454). Denn die Vorschrift nimmt die Differenzierung zwischen eigenen und fremden Sachen ernst.

e) Über die Sachlage, bei der Sachgüter mehrerer Personen gemeinsam von **9** Gefahr bedroht und dann einzelne Sachen zugunsten anderer Sachen aufgeopfert werden, vgl unten Rn 10, 50.

3. Zur Entstehungsgeschichte und Bedeutung des § 904

a) Die **Entstehungsgeschichte** des § 904 ist kurz, weil die Vorschrift erst im letzten **10** Teil der Gesetzgebungsarbeiten zum BGB in die Beratungen eingeführt wurde. Zudem besitzt sie keine nennenswerten historischen Vorläufer. Im Corpus iuris civilis finden sich allerdings einige verstreute Stellen, in denen es um Einwirkungen auf fremde, unbeteiligte Sachen in Gefahrensituationen geht. Sie sind sämtlich unter dem Namen des römischen Juristen Ulpian überliefert:

Dig 9, 2, 49, 1; 43, 24, 7, 4; 47, 9, 3, 7 (Einreißen des vom Feuer nicht erfassten Nachbargebäudes zwecks Brandbekämpfung): kein Besitzinterdikt des Nachbarn, keine Ersatzklage wegen Sachbeschädigung oder Feuersbrunst;

Christoph Althammer

Dig 9, 2, 29, 3 (Kappen von Ankertauen und Fischernetzen, in die sich ein Schiff infolge eines Sturms verwickelt hatte): keine Ersatzklage wegen Sachbeschädigung;

Dig 19, 5, 14 pr (Überbordwerfen fremder Waren bei Seenot zur Rettung eigener): keine Ersatzklage des Eigentümers.

Da den römischen Juristen die begriffliche Trennung von Rechtswidrigkeit und Schuld noch fremd war (vgl Kaser/Knütel, Römisches Privatrecht [20. Aufl 2014] 505 ff), erörtern sie die genannten Notstandsfälle unter dem Gesichtspunkt der culpa (Schuld). Bemerkenswert ist, dass diese und damit die Ersatzpflicht des Eingreifenden durchgehend verneint wird. Für die beiden Aussagen des § 904 in Satz 1 und Satz 2 gibt es also in der römischen Überlieferung keine Vorbilder (vgl auch Wieling I § 8 II 2 c).

Lediglich im Seerecht ist, ausgehend vom Fall des sog Seewurfs (Überbordwerfen von Waren in Seenot, s soeben Dig 19, 5, 14 pr; dort allerdings Verneinung der Ersatzklage), eine Sonderentwicklung zu verzeichnen. Der Gedanke der Gefahrengemeinschaft mit der Folge, dass der Eigentümer der geopferten Waren unter bestimmten Bedingungen anteilig zu entschädigen ist, hat sich zunächst in der aus dem hellenistischen Bereich stammenden lex Rhodia de iactu durchgesetzt und sich dann bis heute im Recht der großen Haverei (§§ 588 ff HGB; das 5. Buch des HGB wurde neu gefasst mWv 25. 4. 2013 durch Gesetz vom 20. 4. 2013 [BGBl I 831]) erhalten (vgl dazu unten Rn 50). Für das allgemeine Zivilrecht aber hat weder dieser Gedanke noch die eben zitierte Kasuistik eine wesentliche Rolle gespielt. Die genannten Stellen werden bis ins 19. Jahrhundert als Beleg neben anderen dafür zitiert, dass es in Fällen von Sachbeschädigung, die nach der lex Aquilia zu beurteilen sind, ein Recht zur Beschädigung geben kann (vgl nur Windscheid, Pandekten II [9. Aufl 1906] § 455 Fn 11). Aber zu allgemeinen Regeln haben sich die Fälle und Entscheidungen Ulpians über den heute sog Angriffsnotstand weder im antiken römischen Recht noch im gemeinen und Pandektenrecht verdichtet. Der Angriffsnotstand ist daher den Kodifikationen und Entwürfen des 18. und 19. Jahrhunderts unbekannt. Die Feststellung, das Recht, im Notstand auch aggressiv vorzugehen und in die Güterwelt eines unbeteiligten Dritten verletzend einzugreifen, ließe sich in der Geschichte nirgends finden (so Titze 37 ff, 70), trifft daher jedenfalls im Kern das Richtige.

So kommt es, dass der Angriffsnotstand weder im ersten Entwurf noch (zunächst) im zweiten Entwurf des **BGB** berücksichtigt ist, dass er in den Beratungen der ersten Kommission überhaupt nicht erwähnt wird und dass er bei den Beratungen der zweiten Kommission nur in einer kurzen Andeutung vermutet werden kann (Mugdan I 801). Erst bei der Revision des zweiten Entwurfs (Prot VI 213–216 = Mugdan I 802–806) wird mit Erfolg eine Regelung dieses Notstands gefordert und dies mit plakativen Beispielen (der Eigentümer eines Kahn sei sonst berechtigt, den Ertrinkenden, der sich an den Kahn klammert, in das Wasser zurückzustoßen ua) und mit dem Hinweis auf die große praktische Bedeutung des Themas begründet. Die Diskussion in der Kommission behandelt eingehend die Frage der Rechtmäßigkeit der Einwirkung und die Erfordernisse der Gefahr. Dagegen wird nicht erwähnt, dass die Regelung über die Entschädigung mit der entgegenstehenden römischen Tradition bricht (s soeben).

b) Im Widerspruch zu der angeblich großen **Bedeutung** des § 904 für die Rechts- **11**
praxis, welche die Gesetzesverfasser betonen, steht der rechtstatsächliche Befund.
Insoweit legen die zu § 904 seit 1900 veröffentlichten Gerichtsentscheidungen Ge-
genteiliges nahe, woran sich auch in jüngerer Zeit kaum etwas geändert hat.
Insoweit ergibt die nähere Betrachtung der von § 904 erfassten Fallsituationen, dass
auch ohne die Existenz der Vorschrift sich an den praktischen Ergebnissen nichts
Wesentliches ändern würde. § 904 S 1 ordnet die Rechtmäßigkeit der Einwirkung an
und bewirkt hauptsächlich, dass die Abwehr der Einwirkung durch den betroffenen
Eigentümer unrechtmäßig, Notwehr gegen die Einwirkung also ausgeschlossen ist.
Derartige Abwehrmaßnahmen des Eigentümers sind bereits deshalb wenig zu
erwarten, weil es sich meist um plötzlich auftretene Not- und Gefahrenlagen
handelt, sodass Reaktionen des Eigentümers nicht möglich sind oder auch aus
Einsicht unterbleiben (KÖNDGEN, Rechtsverletzung im Notstand – das „effiziente Delikt"?,
in: FS Huber [2006] 396: Abwehranspruch käme in der Praxis regelmäßig zu spät). Bestätigt wird
diese Vermutung dadurch, dass solcherlei Situationen in den Gerichtsentscheidungen praktisch nicht vorkommen. Das gilt zB für Eingriffe anlässlich von Brand-
katastrophen, ganz abgesehen davon, dass es sich dabei meist um Maßnahmen der
Feuerwehr mit öffentlich-rechtlicher Legitimation handelt. Manche der vorgebrachten Beispiele sind auch aus anderen Gründen nicht besonders überzeugend: Der
den Ertrinkenden vom Kahn stoßende, selbst ungefährdete Eigentümer etwa ist
wohl ein Phantom, das jedenfalls im praktischen Zivilrecht vernachlässigt werden
kann. Gegenstand von gerichtlichen Auseinandersetzungen ist in der Praxis nicht
das Abwehrrecht des Eigentümers, sondern der Ersatz der Schäden, die durch den
Sacheingriff entstanden sind, also die in § 904 S 2 normierte Schadensersatzpflicht.
Insoweit kommt Satz 2 der Vorschrift die eigentliche forensische Bedeutung zu
(KÖNDGEN, Rechtsverletzung im Notstand – das „effiziente Delikt"?, in: FS Huber [2006] 396).
Aber auch ohne die Existenz von § 904 S 2 würde die Schadensersatzpflicht in aller
Regel aus § 823 Abs 1 folgen, da derartige Einwirkungen regelmäßig vorsätzliche Ver-
letzungen fremden Eigentums darstellen. Der dürftige historische Normenbefund
ließ die geringe rechtspraktische Bedeutung der Vorschrift bereits vorausahnen.
Insoweit dient § 904 eher einer als notwendig empfundenen systematisch-begriff-
lichen Abrundung des Notwehr- und Notstandsrechts, als dass er die Rechtswirklichkeit bereichern würde. Des Weiteren ist durchaus zweifelhaft, ob diese Abrundung überzeugend gelungen ist. Insbesondere in den Fällen der Rettung bedrohter
Sachen (oben Rn 7) oder der Gefahrengemeinschaft (oben Rn 10) erscheinen die Wirkungen der Vorschrift fragwürdig. Die strikte Schadensersatzpflicht wird hier mit
Recht als zu „starr" empfunden (so OLG Freiburg JZ 1951, 223, 226).

II. Voraussetzungen der Notstandslage des § 904

1. Gegenwärtige Gefahr

Nach wohl überwiegender Auffassung ist darunter ein schadendrohendes Ereignis zu **12**
verstehen, das sofortige Abhilfe verlangt (AG Vieren v 26. 9. 2012, Az 33 C 231/11 – juris;
MünchKomm/SÄCKER[6] Rn 4; SOERGEL/BAUR[13] Rn 5; PALANDT/BASSENGE[74] Rn 2; MÜLLER Rn 309;
BeckOK/FRITZSCHE Rn 5 f). Damit sind die beiden für diese Voraussetzung wesentlichen Merkmale allgemein gekennzeichnet, der unmittelbar bevorstehende Schaden
und die Notwendigkeit umgehender Abwehrmaßnahmen. Im Folgenden sind diese
Erfordernisse zu präzisieren:

Christoph Althammer

a)   Gefahr bedeutet eine Situation, die die Sicherheit so stark beeinträchtigt, dass Schaden zu entstehen droht.

13 aa)   Über die **Quelle** der Gefahr ist in § 904 nichts gesagt; sie ist grundsätzlich irrelevant. Es kann sich also um Einwirkungen handeln, die von Menschen verursacht, durch Sachen, zB Tiere hervorgerufen oder auch auf Naturkräfte zurückzuführen sind.

Problematisch ist indes die Situation, dass die Gefahr von der Sache ausgeht, auf die eingewirkt wird, wenn also Gefahrenquelle und Einwirkungsobjekt identisch sind (Beispiel: Passant tötet angreifenden fremden Jagdhund; vgl auch OLG Koblenz NJW-RR 1989, 541). Insoweit sind die Voraussetzungen des Rechtfertigungsgrundes des § 228 erfüllt, was vor allem für die Schadensersatzsanktion wesentlich ist, da sie im Falle des § 904 stets, im Falle des § 228 nur bei Verschulden des Handelnden besteht. Die demnach wichtige Abgrenzung zwischen den beiden Tatbeständen kann in den nicht seltenen Fällen zweifelhaft sein, in denen das Einwirkungsobjekt zwar nicht – wie in dem oben genannten Beispiel – aktiv als „Angreifer" tätig ist, immerhin aber passiv durch seine Existenz geeignet ist, bei der Verwirklichung der Gefahr mitzuwirken. Es kommt dann auf die Auslegung des Tatbestandsmerkmals „durch die Sache drohende" Gefahr in § 228 an.

Eine *weite Auslegung* lässt es genügen und will daher § 228 anwenden, wenn „eine an sich ungefährliche Sache infolge besonderer Umstände zum mittelbaren Träger der Angriffsgefahr" wird (BALLERSTEDT JZ 1951, 227, 228; ferner OGHZ 4, 99, 104; STAUDINGER/REPGEN [2014] § 228 Rn 9; ENNECCERUS/NIPPERDEY II § 241 Fn 9; weitgehend unter Berufung auf einen angeblichen Wandel in der Rspr des RG durch RGZ 143, 387; dazu unten).

Mit Rücksicht auf die schutzwürdigen Interessen des Geschädigten ist der *engen Auslegung* zu folgen, die für § 228 verlangt, dass die Sache unmittelbar aus sich heraus ein fremdes Rechtsgut gefährdet und – als Person gedacht – als Angreifer zu behandeln wäre (MünchKomm/vFELDMANN[3] § 228 Rn 2 [gegen eine schematische Lösung nunmehr MünchKomm/GROTHE[6] § 228 Rn 2]; ferner RGZ 71, 240, 242; 88, 211, 214; BGB-RGRK/ JOHANNSEN § 228 Anm 6, 9; STAUDINGER/REPGEN [2014] § 228 Rn 16; BeckOK/FRITZSCHE Rn 5 f; vgl zum Meinungsstand nun auch HOGENSCHURZ, Die Entwicklung des Prinzips der Aufopferungshaftung in den zivilrechtlichen Notstandsfällen am Beispiel der Schadensersatzpflicht des § 904 S 2 BGB [1997] 7 f, 10).

Nicht als gefahrdrohende Sachen iSv § 228, sondern nach § 904 sind daher zu beurteilen (Beispiele aus der Rspr):

Ein Damm, der bei einem Unwetter große Regenmassen anstaut; Gefahrenquelle sind die Regenmassen (RGZ 71, 240, 242; MünchKomm/GROTHE[6] § 228 Rn 8);

Netze, die sich im Meer mit anderen Netzen zu verwickeln drohen; Gefahrenquelle sind Seegang und Sturm (RGZ 88, 211, 215; MünchKomm/GROTHE[6] § 228 Rn 8);

Tabak, der auf einem Gut verwahrt und im April 1945 vom Verwahrer der Bevölkerung preisgegeben wird, weil diese andernfalls das Gut wegen des Tabaks zu stürmen drohte; Gefahrenquelle ist die plünderungsbereite Menschenmenge (OGHZ 4, 99 nimmt verfehlt § 228 an; ebenso BALLERSTEDT aaO; **aA** zu Recht STAUDINGER/SEUFERT[11] Rn 10; MünchKomm/GROTHE[6] § 228 Rn 8; STAUDINGER/ Repgen [2014] § 228 Rn 18);

ein verladener Bagger, den die Reichsbahn 1945 verkauft, um die Gleise für den Verkehr zu räumen; Gefahrenquelle ist der infolge der Kriegseinwirkungen mangelhafte Zustand der Betriebsmittel (BGHZ 2, 37 ff);

jüdisches Umzugsgut, das 1941 ein deutscher Spediteur auf Anordnung der Polizeibehörde aus seiner Schweizer Filiale nach Deutschland zurückbringt, wo es beschlagnahmt wird; Gefahrenquelle sind die Unrechtsmaßnahmen, die für den Fall der Nichtbefolgung der Anordnung zu erwarten waren (OLG Freiburg JZ 1951, 223, 226 nimmt übergesetzlichen Notstand an; vgl ferner BALLER-STEDT JZ 1951, 227 f);

ein Kraftrad, das durch unzulässige Geschwindigkeit und Geräuschentwicklung die Allgemeinheit gefährdet (OLG Hamburg VRS 1, 273); Gefahrenquelle ist der Fahrer.

Umstritten ist die Bedeutung von RGZ 143, 387: in einem Schiffstank gelagertes Schmieröl wird durch chemische Löschmittel unbrauchbar, die zur Bekämpfung eines Schiffsbrandes eingesetzt waren. Das RG folgt der Ansicht des Berufungsgerichts mit einem knappen Satz, wonach § 228 anzuwenden sei, weil die Löschmaßnahmen erforderlich waren, um die Gefahr einer weiteren Ausdehnung des Brandes, besonders auch durch Entzündung des Schmieröls, abzuwenden. Eine verbreitete Ansicht sieht darin einen Wandel der Rspr des RG von der engen zur weiten Auslegung des Merkmals der gefahrdrohenden Sache iSv § 228 (s soeben), was aber nicht zutrifft. Aber ein bewusster Wandel ist angesichts der eben beschriebenen knappen und argumentationslosen Fassung der Urteilsgründe auszuschließen. Eine unbewusste Änderung ist gleichfalls nicht anzunehmen, da das Ergebnis der Entscheidung sich auch mit enger Auslegung des § 228 begründen lässt. Denn Schmieröl ist wegen seiner Feuergefährlichkeit eine Gefahrenquelle, wenn in der Nähe ein Brand ausgebrochen ist (im Ergebnis ebenso MünchKomm/GROTHE[6] § 228 Rn 8; ähnlich STAUDINGER/ REPGEN [2014] § 228 Rn 19; PALANDT/ELLENBERGER[74] Rn 6).

bb) Hinsichtlich **Richtung** und **Ziel** der Gefahr sieht § 904 ebenfalls keine Angaben vor, sodass es unerheblich ist, gegen wen die Gefahr sich richtet, ob gegen denjenigen, der die Einwirkung vornimmt, oder gegen einen anderen (MünchKomm/SÄCKER[6] Rn 6; SOERGEL/BAUR[13] Rn 8; ERMAN/WILHELMI[14] Rn 5).

Aus teleologischen Gründen darf sich die Gefahr jedoch nicht ausschließlich gegen den Eigentümer des Einwirkungsobjekts richten; vgl dazu oben Rn 7. – Gleichgültig ist es ferner, ob die Gefahr der Person oder dem Vermögen des Gefährdeten droht; jedes anerkannte Lebens- und Rechtsgut ist durch § 904 geschützt (allgemeine Meinung, vgl PLANCK/STRECKER Anm 2a; MünchKomm/SÄCKER[6] Rn 6; SOERGEL/BAUR[13] Rn 8; ERMAN/ WILHELMI[14] Rn 5; BeckOK/FRITZSCHE Rn 5 f; PALANDT/BASSENGE[74] Rn 2; HOGENSCHURZ, Die Entwicklung des Prinzips der Aufopferungshaftung in den zivilrechtlichen Notstandsfällen am Beispiel der Schadensersatzpflicht des § 904 S 2 BGB [1997] 6). Auch muss kein bedeutendes Rechtsgut von einer Gefahr bedroht sein, da die Wertfrage allein im Rahmen der Verhältnismäßigkeitsprüfung verortet ist. Hingegen wird der drohende Ausfall eines bevorstehenden Gewinns nicht als schutzwürdiges Interesse anzuerkennen sein (HECK § 49 Nr 11; PLANCK/STRECKER Anm 2a; WIELING I § 8 II 2 c Fn 57), was aber aus rechts-ökonomischer Perspektive durchaus zweifelhaft erscheint, insbesondere wenn man § 904 einen latenten Tauschcharakter zuspricht (so KÖNDGEN, Rechtsverletzung im Not-

Christoph Althammer

stand – das „effiziente Delikt"?, in: FS Huber [2006] 396 f). Allein aus rechtsdogmatischer Sicht kann der Gewinn von der Vorschrift auch dann nicht erfasst sein, wenn eine Existenzbeeinträchtigung droht. Denn § 904 hat aus dieser Warte nur die Erhaltung des gegenwärtigen Zustands im Blick.

cc)   Keine Rolle spielt schließlich, ob der Handelnde oder ein anderer die Gefahr **verschuldet** oder nicht verschuldet hat, ferner ob die Gefahr **vorhersehbar** war oder nicht (allgemeine Meinung, vgl nur PLANCK/STRECKER Anm 2a; MünchKomm/SÄCKER[6] Rn 6; SOERGEL/BAUR[13] Rn 8; ERMAN/WILHELMI[14] Rn 5; HOGENSCHURZ, Die Entwicklung des Prinzips der Aufopferungshaftung in den zivilrechtlichen Notstandsfällen am Beispiel der Schadensersatzpflicht des § 904 S 2 BGB [1997] 5). Jedoch kann § 254 auf den Anspruch aus § 904 S 2 analog angewendet werden, wenn der Eigentümer selbst zur Gefahrentstehung beigetragen hat (s unten Rn 41).

14   **b)**   Vorausgesetzt wird eine **gegenwärtige** Gefahr, was bedeutet, dass der Eintritt des Schadens unmittelbar bevorsteht, Abwehrmaßnahmen also umgehend einzuleiten sind, soll der Schaden vermieden werden. Eine feste gesetzliche Definition existiert nicht (HOGENSCHURZ, Die Entwicklung des Prinzips der Aufopferungshaftung in den zivilrechtlichen Notstandsfällen am Beispiel der Schadensersatzpflicht des § 904 S 2 BGB [1997] 4). Rasches Eingreifen muss aber erforderlich sein (RGZ 57, 187, 191; PLANCK/STRECKER Anm 2b; MünchKomm/SÄCKER[6] Rn 4, 7; ZIESCHANG JA 2007, 680; ERB JuS 2010, 21), wobei eine objektive *ex ante*-Perspektive maßgeblich ist (RG JW 1926, 1145; MünchKomm/SÄCKER[6] Rn 9; vgl auch unten Rn 25). Nach allgemeinem Sprachverständnis sind demnach ausgeschlossen einerseits solche Gefahren, die nur *zukünftig* drohen, und andererseits solche Gefahren, die bereits *vergangen* sind, weil sie sich entweder nicht verwirklicht oder bereits Schaden verursacht haben.

15   **aa)**   Die Grenze zwischen zukünftiger und gegenwärtiger Gefahr lässt sich allgemein kaum präzise bestimmen (PLANCK/STRECKER Anm 2a). Da der Begriff der Gefahr selbst sich auf die Zukunft bezieht (drohender, dh bevorstehender Schaden), sind also innerhalb des Bereichs zukünftiger Entwicklungen mehrere Wahrscheinlichkeits- und damit Gefahrenstufen zu unterscheiden. Dabei kommt es auf zwei Daten an, einmal auf die Wahrscheinlichkeit des Eintritts des gefährlichen Ereignisses überhaupt („ob") und zum anderen auf den vermutlichen Zeitpunkt („wann"). Für beide Daten können die Werte durchaus unterschiedlich sein. Ein langsam fortschreitender Erdrutsch wird mit hoher Wahrscheinlichkeit (eines Tages) das Tal erreichen; dies allerdings erst in Jahrzehnten. Umgekehrt ist das „Ob" eines Blitzeinschlags während eines ausgebrochenen Gewitters (in Mitteleuropa) je nach den Umständen relativ unwahrscheinlich; wenn aber, steht er unmittelbar bevor. Bei der gegenwärtigen Gefahr nun ist für beide Daten ein hoher Grad an Wahrscheinlichkeit und zeitlicher Nähe notwendig. Es muss also sehr wahrscheinlich sein, sowohl dass der drohende Schaden überhaupt eintritt als auch dass dieses in naher Zukunft geschieht.

16   **bb)**   Für die Auslegung des Merkmals der gegenwärtigen Gefahr erscheint die Gegenüberstellung mit den sprachlichen Fassungen **inhaltlich ähnlicher Bestimmungen** nur bedingt hilfreich. Nach wohl überwiegender Auffassung verlangt das *„Drohen"* der Gefahr in § 228 einen geringeren Wahrscheinlichkeitsgrad als die *„gegenwärtige"* Gefahr in § 904 (STAUDINGER/REPGEN [2014] § 228 Rn 13, 14; PLANCK/KNOKE § 228

Anm 1b; MünchKomm/GROTHE[6] § 228 Rn 5 aE; BGB-RGRK/JOHANNSEN § 228 Rn 10; JAUERNIG/ MANSEL[15] § 228 Rn 2; ausführlich zum Meinungsspektrum HOGENSCHURZ, Die Entwicklung des Prinzips der Aufopferungshaftung in den zivilrechtlichen Notstandsfällen am Beispiel der Schadensersatzpflicht des § 904 S 2 BGB [1997] 5, der aber in praktischer Hinsicht kaum unterschiedliche Ergebnisse erkennen mag); doch ist es bisher nicht überzeugend gelungen, diesen Unterschied sprachlich genauer zu kennzeichnen. Falls drohende Gefahr dann vorliegen soll, wenn eine Schädigung des bedrohten Gutes unmittelbar bevorsteht (so STAUDINGER/REPGEN [2014] § 228 Rn 13; BGB-RGRK/JOHANNSEN § 228 Rn 10), passt diese Kennzeichnung jedenfalls auch auf die gegenwärtige Gefahr. Ein wesentlicher, für die Rechtsanwendung praktisch verwertbarer Unterschied zwischen den beiden Fassungen liegt offensichtlich nicht vor (ENNECCERUS/NIPPERDEY II § 241 Fn 10; HOGENSCHURZ, Die Entwicklung des Prinzips der Aufopferungshaftung in den zivilrechtlichen Notstandsfällen am Beispiel der Schadensersatzpflicht des § 904 S 2 BGB [1997] 5). – *Sichere Voraussehbarkeit,* die § 907 verlangt, erfordert Gewissheit, soweit diese auf hypothetischem Wege überhaupt zu erreichen ist, mithin ein „Höchstmaß an Wahrscheinlichkeit" (BGH NJW-RR 2003, 1314; JAUERNIG/BERGER[15] § 907 Rn 2) und also wohl mehr, als nach § 904 zu fordern ist. Hingegen werden mit dem *Drohen einer Gefahr* (§ 908) oder der *Besorgnis von Beeinträchtigungen* (§ 1004 Abs 1 S 2) geringere Anforderungen an die Wahrscheinlichkeit angelegt (dazu E HERRMANN, Der Störer nach § 1004 [1987] 159 m Fn 25).

Zum inhaltlichen Verständnis von § 904 können die Begriffsbestimmungen der Ge- **17** fahrenstufen im **Polizeirecht** wenig beitragen. Dies gilt vor allem für die Definition des **polizeilichen Notstands**, also der Ausnahmesituation, in der – ähnlich wie in § 904 – die Polizei in den Rechtskreis unbeteiligter Personen eingreifen darf (vgl auch ausführlich STAUDINGER/REPGEN [2014] § 228 Rn 6, 7). Mitverantwortlich dafür ist bereits der divergierende Wortlaut dieser Bestimmungen in den Polizeigesetzen: *Gegenwärtige erhebliche* Gefahr, *unmittelbar bevorstehende* Gefahr, *unmittelbar bevorstehende erhebliche* Gefahr. Die Vorschriften sind aber einheitlich dahin zu interpretieren, dass die Gefahr unmittelbar vor ihrer Verwirklichung stehen muss (akute Gefahr) und der Schadenseintritt fast mit Gewissheit, dh mit einer an Sicherheit grenzenden Wahrscheinlichkeit, zu erwarten ist (vgl zu alledem DREWS/WACKE/ VOGEL/MARTENS, Gefahrenabwehr [9. Aufl 1986] § 22, 2 a; KNEMEYER, Polizei- und Ordnungsrecht [11. Aufl 2007] Rn 347 ff; SCHOCH Jura 2007, 676 ff; SCHOCH/SCHOCH, Besonderes Verwaltungsrecht [15. Aufl 2013] II 255; GUSY, Polizeirecht [9. Aufl 2014] Rn 470). Nach dieser Begriffsbestimmung ist für den polizeilichen Notstand ein höherer Grad an Wahrscheinlichkeit des Schadenseintritts notwendig, als er für den zivilrechtlichen Notstand § 904 verlangt wird. Der Eingriff durch die Polizei müsste folglich einem strengeren Maßstab als der Eingriff durch den Mitbürger unterliegen. Ein sachlicher Grund für diese Differenzierung ist nicht erkennbar.

cc) Über die **Dauer** der Gefahr enthält das Merkmal der Gegenwärtigkeit der **18** Gefahr keine Aussagen. Gegenwärtig ist keineswegs mit „(rasch) vorübergehend" gleichzusetzen. Zwar sind gegenwärtige Gefahren häufig von relativ kurzer Dauer (zB Unwetter, Sturm, Seenot). Aber es gibt auch Gefahren, die sich über eine längere Zeit – nicht selten jahrelang – hinziehen (zB das einsturzgefährdete Bauwerk, der Blindgänger). Solche Gefahren sind definitionsgemäß dann gegenwärtig, wenn der Zeitpunkt des Schadenseintritts zwar ungewiss ist, mit dem Eintritt aber doch jederzeit gerechnet werden muss (BGH LM Nr 3; OLG Hamm NJW 1972, 1374;

OLGR Braunschweig 1995, 207). – Der Gesichtspunkt der Gefahrendauer spielt in anderer Hinsicht eine Rolle. Bei Langzeitgefahren wird häufig für Planung und Ausführung der Gefahrenabwehr mehr Zeit zur Verfügung stehen. Dann sind nur solche Maßnahmen, die fremde Sachgüter möglichst schonen, als notwendig iSv § 904 anzuerkennen, während Kurzzeitgefahren typischerweise rasches Handeln erfordern, sodass eine sorgfältige Vorbereitung der Gefahrenabwehr erschwert oder unmöglich ist und daher auch weniger überlegt geplante Maßnahmen notwendig iSv § 904 sein können.

19 **c)** Im Anschluss an RGZ 57, 187, 191 (vgl ferner OLG Hamm OLGE 12, 121) wird teilweise zusätzlich verlangt, dass das schadendrohende Ereignis **außergewöhnlich** sein müsse (BGB-RGRK/AUGUSTIN Rn 6; HECK § 49 Nr 11). Der Meinung ist nicht zu folgen, weil sie den Anwendungsbereich des § 904 ohne überzeugenden Grund zu stark einschränkt (ebenso PLANCK/STRECKER Anm 2a; MünchKomm/SÄCKER[6] Rn 4; MÜLLER Rn 309; WIELING I § 8 II 2 c Fn 58; K SCHREIBER Jura 1997, 29, 32). Ein Unwetter im Hochgebirge oder Sturm auf hoher See sind keineswegs außergewöhnlich und trotzdem unzweifelhaft Ereignisse, die Eingriffe nach § 904 rechtfertigen können. Die Vorschrift stellt mit Recht allein auf die Gegenwärtigkeit der Gefahr ab und differenziert nicht nach der Typizität des schadendrohenden Ereignisses.

2. Einwirkung auf eine fremde Sache

20 Damit ist die Notstandshandlung gekennzeichnet, die zur Abwehr der Gefahr vorgenommen wird.

a) Die **Einwirkung** ist entsprechend dem Zweck des § 904 in einem weiten Sinn zu verstehen (allgemeine Meinung; vgl nur MünchKomm/SÄCKER[6] Rn 7; SOERGEL/BAUR[13] Rn 9; BeckOK/FRITZSCHE Rn 10; HOGENSCHURZ, Die Entwicklung des Prinzips der Aufopferungshaftung in den zivilrechtlichen Notstandsfällen am Beispiel der Schadensersatzpflicht des § 904 S 2 BGB [1997] 7). Jede Handlung, die den Status quo der Sache verändert, kommt in Betracht. Die Einwirkung kann danach bestehen in Zerstörung, Beschädigung, Veränderung, Gebrauch, auch Veräußerung der Sache (letzteres offengelassen in BGHZ 2, 37, 45); auch die Weggabe oder Verlagerung einer Sache fällt darunter (verneint in OLG Freiburg JZ 1951, 223, 226).

Beispiele: Niederreißen eines fremden Zauns, Eindringen in ein fremdes Gebäude, um Feuer zu löschen; Betreten eines Grundstücks zur Durchführung von Bauarbeiten wegen akuter Einsturzgefahr; Benutzung eines Zimmers wegen plötzlicher schwerer Erkrankung (OLG Frankfurt SeuffA 62 Nr 8); Unterfangen eines wegen Bauarbeiten umsturzgefährdeten Nachbargebäudes (OLG Karlsruhe Justiz 1991, 12); Löscharbeiten auf einem Nachbargrundstück (OLGR Nürnberg 1999, 324); Durchfahren eines fremden Grundstücks im Notfall (OLG Karlsruhe NJW-RR 1995, 1042, 1043); Zerstörung oder Beschädigung fremden Eigentums bei Reanimationsversuchen (OLG Bamberg NVwZ-RR 2006, 226); faltbare Feuerrutsche auf fremdes Grundstück bei Brand oder in anderer konkreter Gefahrensituation (OLG Koblenz NZM 2007, 342 f); verneint wird eine Einwirkung durch Fotografieren eines Gebäudes von einer allgemein zugänglichen Stelle aus (Beispiel: „Google Streetview", BGH NJW 1989, 2251, 2252; ERNST CR 2010, 178, 183; Überblick auch bei BeckOK/FRITZSCHE Rn 10); weitere Beispiele oben Rn 13.

b) Die Einwirkung auf die Sache braucht **nicht unmittelbar** den Schaden herbei- **21**
zuführen. Es genügt ursächlicher Zusammenhang zwischen der Notstandshandlung
und dem zu ersetzenden Sachschaden; ein Unterschied zwischen unmittelbaren und
bloß mittelbaren Einwirkungen wird nicht gemacht (RGZ 156, 187, 190: Das Öffnen der
Schleuse, das zur Vermeidung eines Dammbruchs geschieht und dazu führt, dass die herausströ-
menden Wassermassen den benachbarten Gemüseanbau vernichten, ist eine Einwirkung auf das
Gemüseland, obwohl die Handlung sich nicht unmittelbar gegen das Land richtet).

c) Nicht einheitlich beurteilt wird der **subjektive Tatbestand** der Einwirkung. **22**
Aktueller Anlass für diese Fragestellung sind vor allem Gefahrensituationen im
Straßenverkehr, bei denen Ausweichmanöver zu Schäden führen (vgl den Sachverhalt
in BGHZ 92, 357 ff: Motorradfahrer weicht, um Frontalkollision mit verkehrswidrig fahrendem Pkw
zu vermeiden, auf die Gegenfahrbahn aus und beschädigt dort entgegenkommenden Pkw; ähnliche
Sachverhalte in BGH VersR 1955, 10, 11; OLG Karlsruhe VersR 1952, 183; LG Bielefeld VersR
1952, 184; LG Aachen NJW-RR 1990, 1122). Nach der **Rspr** (BGHZ 92, 357 ff; BGH VersR 1955,
10, 11; RGZ 113, 301, 302; OLG Stuttgart OLGE 20, 404 f; OLG Kiel SchlHA 1930, 146; KG JR
1950, 345; OLG Karlsruhe VersR 1952, 183; LG Bielefeld VersR 1952, 184; LG Aachen NJW-RR
1990, 1122; OLG Rostock BeckRS 2010, 22989) und der weitaus überwiegenden Ansicht im
Schrifttum (MünchKomm/Säcker[6] Rn 7; BGB-RGRK/Augustin Rn 5; Soergel/Baur[13] Rn 9;
Palandt/Bassenge[74] Rn 3; Müller Rn 313; NK-BGB/Ring Rn 8; BeckOK/Fritzsche Rn 11, 12;
zweifelnd Horn JZ 1960, 350, 354 Fn 52) muss die Einwirkung bewusst und gewollt, also
vorsätzlich, mindestens mit Eventualvorsatz, vorgenommen werden. Damit wäre es
notwendig, dass der Handelnde die Schädigung der Sache zumindest als mögliche
Folge seines Eingriffs in den fremden Rechtskreis erkannt und billigend in Kauf
genommen hat (LG Aachen NJW-RR 1990, 1123). Zur Begründung (vgl insbesondere die
eingehende Stellungnahme in BGHZ 92, 357, 359 ff) wird einmal auf den finalen Wortsinn
der in § 904 verwandten Begriffe „Einwirkung" und „zur Abwendung einer gegenwärtigen Gefahr" verwiesen: Zu ihnen gehöre zwingend eine zielgerichtete und vom
Willen getragene Handlungsweise, ungewollte Beschädigungen einer Sache seien
nicht ausreichend; begrifflich erforderlich sei für § 904 demnach ein Einwirkungs-
wille – ebenso wie für die §§ 227, 228 ein Verteidigungs- oder Abwehrwille notwendig sei. Außerdem wird befürchtet, dass der Verzicht auf diese Finalität zu einer dem
Schadensrecht fremden reinen Kausalitätshaftung führen könnte und damit auch die
Grenzen zur Gefährdungshaftung verwischt würden. Fallen etwa im Zuge einer
Brandbekämpfung Dachziegel vom Dach eines Gebäudes und beschädigen einen
auf einer gegenüberliegenden Parkfläche abgestellten Pkw, sind die Vorausetzun-
gen von § 904 nicht erfüllt. Denn die Einwirkung auf die fremde Sache muss nach
dieser Auffassung die Gefahrenabwehr bezwecken, sodass die zufällige Einwirkung
auf den Pkw nicht genügt (OLG Rostock BeckRS 2010, 22989). Insoweit kann das plötz-
liche Ausweichmanöver eines Motorradfahrers aufgrund eines rechtsschwenkenden
Radfahrers nicht als Einwirkung verstanden werden, wenn es infolge zur Beschädigung eines Pkw kommt. Dies gilt insbesondere, wenn der Motorradfahrer hoffen
konnte, gefahrlos an dem Pkw vorbeizufahren (LG Aachen NJW-RR 1990, 1123).

Eine **Mindermeinung** (Konzen 114; ders JZ 1985, 181, 183; Schnorr von Carolsfeld, in:
FS Molitor [1962] 365, 368 Fn 5; J Braun NJW 1998, 941, 944; Jauernig/Berger[13] Rn 2; Brehm/
Berger[3] § 6 Rn 7) beruft sich auf den Zweck des § 904, der in der Erhaltung höher-
wertiger Rechtsgüter durch einen Rettungsakt zu Lasten des geringer eingeschätzten
Eigentums bestehe, und sieht in der Legitimierung von Erhaltungsmaßnahmen sol-

Christoph Althammer

cher Art den wesentlichen Kern der Vorschrift. Sie folgert daraus, dass es gleichgültig sei, ob der dabei entstehende Schaden bewusst oder unbewusst verursacht werde. Notwendig ist daher für diese Auffassung nicht ein Verletzungswille, sondern (allenfalls) ein Rettungswille des Eingreifenden.

23 **Stellungnahme**: Die hL stimmt mit der Entstehungsgeschichte der Vorschrift insofern überein, als für den Gesetzgeber nur gewollte Einwirkungen auf fremde Sachen Regelungsgegenstand des § 904 waren; die hier geprüfte Fragestellung stand ihm ausweislich der Gesetzesmaterialien nicht vor Augen. Im Übrigen aber sind die formulierten Gegengründe der hL nicht durchgreifend: Die sprachliche Fassung der Vorschrift lässt sich auch mit der Mindermeinung vereinbaren (zutreffend KONZEN JZ 1985, 181, 182). § 904 verlangt dem Einwirkenden keine Güterabwägung ab (so aber MünchKomm/SÄCKER[6] Rn 7), sondern das Güterverhältnis ist objektives Tatbestandsmerkmal, die Güterabwägung also Aufgabe des Rechtsanwenders (vgl zum Meinungsstreit auch KÖNDGEN, Rechtsverletzung im Notstand – das „effiziente Delikt"?, in: FS Huber [2006] 395, der an dieser Stelle mit rechtsökonomischen Gesichtspunkten argumentiert). Eine „reine" Kausalitätshaftung ist nicht zu befürchten, vielmehr entspricht die Struktur des § 904 auch nach der Mindermeinung den traditionellen Schadensersatznormen: Der haftungsbegründende Tatbestand besteht in einem bewussten und gewollten Rettungsakt zugunsten eines Rechtsguts (also keine „reine" Kausalität), und erst daraus entsteht – wie ua bei § 823 Abs 1 mittels haftungsausfüllender, „reiner" Kausalität – die Schadensersatzpflicht. Damit kann auch von einer „Verwischung" der Grenzen zur Gefährdungshaftung nicht die Rede sein.

Dennoch sind die Einwände der hL in ihrer prinzipiellen Ablehnung einer extensiven Anwendung des § 904 berechtigt, weil die Gegenmeinung die Bedeutung der Vorschrift verkennt. Die Vorschrift ist, anders als es vielfach nach den publizierten Stellungnahmen den Anschein hat, kein Hilfsmittel, mit dem (angebliche) Lücken im Delikts- und Gefährdungshaftungsrecht zu schließen sind, sondern sie hat vorrangig zum Ziel, Eingriffe in fremde, an einer Gefahr unbeteiligte Sachen zu legitimieren; sie ist – daher auch ihre Stellung im Sachenrecht – Mittel zur Eigentumsbeschränkung. Die Schadensersatzsanktion ist dann nur eine Konsequenz, die notwendig ist, um den geschädigten Eigentümer nicht schlechter zu stellen, als er ohne den § 904 S 1 stehen würde (s oben Rn 11); die Sanktion hat demnach lediglich Gleichstellungs-, keine Erweiterungsfunktion. Die Legitimationswirkung nun ist, wie namentlich auch die Entstehungsgeschichte zeigt, problematisch, und man sollte sie daher eng begrenzen. Dies gilt besonders für solche Fälle wie die umstrittenen Situationen im Straßenverkehr, in denen es in Wahrheit gar nicht um die Legitimation von Eingriffen (mit der Folge zB, dass Notwehr gegen sie ausgeschlossen ist; abweichend, aber wenig überzeugend JAUERNIG/BERGER[15] Rn 2), sondern um den außervertraglichen Schadensausgleich geht. Dessen Regelung sollte man den in erster Linie dafür zuständigen und in einer langen Entwicklung detailliert und ausgewogen gestalteten Instituten des Delikts- und Gefährdungshaftungsrechts überlassen. Demnach ist eine restriktive Anwendung der Vorschrift vorzuziehen und auf dieser Linie mit der hL zu verlangen, dass die Einwirkung, die § 904 vorschreibt, **bewusst** und **gewollt** erfolgt (zu Unrecht kritisch zur vorliegenden Stellungnahme JAUERNIG/BERGER[15] Rn 2).

24 **d)** Nach der Fassung der Vorschrift („Eigentümer einer Sache") muss die Sache, auf die eingewirkt wird, in **fremdem** Eigentum stehen. Handelt es sich um *eigene*

Sachen des Einwirkenden, ist § 904 nicht anwendbar, was vor allem für Fälle der Selbstaufopferung im Straßenverkehr relevant ist (s oben Rn 8). Bei **herrenlosen** Sachen kommt eine Duldungspflicht iSv § 904 S 1 sinnvollerweise nur in Betracht, wenn ausschließliche, dh bestimmten Rechtssubjekten zugewiesene Aneignungs-rechte (§§ 928 Abs 2; 958 Abs 2) bestehen (so nun auch NK-BGB/Ring Rn 9). Dann ist § 904 analog anzuwenden, wie dies auch im Fall des Verteidigungsnotstandes nach § 228 befürwortet wird (Staudinger/Repgen [2014] § 228 Rn 22; MünchKomm/Grothe[6] § 228 Rn 7).

3.   Notwendigkeit der Einwirkung

Schließlich muss die Einwirkung zur Abwendung der gegenwärtigen Gefahr erfol- **25** gen und notwendig sein. Das bedeutet im Einzelnen:

a)   Die Abwehrmaßnahme muss nach allgemeiner Erfahrung geeignet sein, die gegenwärtige Gefahr abzuwenden; untaugliche Mittel scheiden von vornherein aus (s auch Hogenschurz, Die Entwicklung des Prinzips der Aufopferungshaftung in den zivilrecht-lichen Notstandsfällen am Beispiel der Schadensersatzpflicht des § 904 S 2 BGB [1997] 12). Un-tauglichkeit liegt nicht nur vor, wenn die Maßnahme überhaupt nicht geeignet ist, die Gefahr zu beseitigen, sondern auch dann, wenn die Maßnahme deshalb (noch) nicht wirkt, weil vorher über längere Zeit hinweg noch andere Hindernisse beseitigt werden müssen (vgl BGHZ 2, 37, 44). – Über die Tauglichkeit hinaus erfordert das Merkmal der Notwendigkeit ferner, dass andere gleichfalls geeignete Mittel nicht zur Verfügung stehen, die entweder keine oder weniger gewichtige Eingriffe in fremde Rechtskreise zur Folge haben (Planck/Strecker Anm 2b β; MünchKomm/Säcker[6] Rn 9; Bockelmann JZ 1959, 495, 498; Müller Rn 311; BeckOK/Fritzsche Rn 13). Beispiel: Benutzung eines fremden Pkw, um Arzt für Schwerkranke zu benachrichtigen, ist nicht notwendig, wenn telefoniert werden kann. Auch die Möglichkeit eines Aus-weichens vor der Gefahr kann die Notwendigkeit der Einwirkung ausschließen. Gibt es demnach mehrere geeignete Mittel, die fremdes Eigentum verletzen, ist nur dasjenige notwendig iSv § 904, das die nach Art und Umfang geringste Verletzung verursacht.

Die Tauglichkeit der Maßnahme und die sachgerechte Auswahl unter mehreren geeigneten Maßnahmen sind nach **objektiven Maßstäben** zu beurteilen (allgM, vgl nur OLG Brandenburg v 25. 2. 2010, Az 12 U 123/09 – juris: behauptete akute Gefahr der Ersti-ckung; Planck/Strecker Anm 2b β; MünchKomm/Säcker[6] Rn 9; Hogenschurz, Die Entwick-lung des Prinzips der Aufopferungshaftung in den zivilrechtlichen Notstandsfällen am Beispiel der Schadensersatzpflicht des § 904 S 2 BGB [1997] 14). Sofern die Gefahr objektiv anders abgewendet werden kann, besteht kein Rechtfertigungsgrund (OLG Brandenburg v 25. 2. 2010, Az 12 U 123/09 – juris; MünchKomm/Säcker[6] Rn 9). Auf die subjektive Ein-schätzung der Einwirkenden kommt es nicht an, anders als etwa bei Eingriffen in fremde Rechtskreise im Wege der Geschäftsführung ohne Auftrag, wo ein subjektiv-objektiver Maßstab anzuwenden ist (§§ 683, 670; dazu Staudinger/Bergmann [2015] § 683 Rn 1; MünchKomm/Seiler[6] § 683 Rn 16; § 670 Rn 9).

b)   Entspricht die Einwirkung den vorstehend (Rn 25) erläuterten Maßstäben, **26** muss sie als notwendig angesehen werden. Zur Notwendigkeit gehört nicht, dass die Gefahr durch die Maßnahme tatsächlich abgewendet wird. Die Einwirkung braucht also nicht erfolgreich zu sein. Der nach allgemeiner Erfahrung taugliche Rettungsversuch ist auch dann notwendig iSv § 904, wenn er misslingt (unstreitig; vgl PLANCK/STRECKER Anm 2b β; MünchKomm/SÄCKER⁶ Rn 9; ERMAN/WILHELMI¹⁴ Rn 6; MÜLLER Rn 311; WIELING I § 8 II 2 c). In einer Notlage kann die Abgabe einer Erfolgsgarantie nicht erwartet werden.

4. Unverhältnismäßige Größe des drohenden Schadens

27 Der Eingriff in fremde Sachen, der zur Abwendung gegenwärtiger Gefahr notwendig ist, kann von der Rechtsordnung nur dann gebilligt werden, wenn auf der Gegenseite ein erheblich höherrangiges Interesse zu schützen ist (HOGENSCHURZ, Die Entwicklung des Prinzips der Aufopferungshaftung in den zivilrechtlichen Notstandsfällen am Beispiel der Schadensersatzpflicht des § 904 S 2 BGB [1997] 13). Das Gesetz bringt diesen Gesichtspunkt durch das Erfordernis zur Geltung, dass der drohende Schaden unverhältnismäßig groß sein muss gegenüber dem Schaden, der dem Eigentümer aus der Einwirkung entsteht. Notwendig ist also eine **Güterabwägung**. Auf der einen Seite ist der Sachschaden zu berücksichtigen, der dem Eigentümer infolge der Einwirkung entsteht; demgegenüber müssen auf der anderen Seite die Einbußen, die dem betroffenen Rechtsgut drohen, als erheblich höherwertig einzuschätzen sein (RÖTHEL, Normkonkretisierung im Privatrecht [2004] 225, spricht von einem „qualifizierten Ausgewogenheitsmaßstab", der im Zivilrecht die Regel sei). Der Gesetzgeber hat bewusst davon abgesehen, den Kreis der zu schützenden Rechtsgüter zu begrenzen; insofern solle es keine Beschränkung geben (Prot VI 216 = MUGDAN I 804). Es sind also prinzipiell alle bedrohten Rechtsgüter in die Güterabwägung einzubeziehen.

Bei der Konkretisierung der Güterabwägung kommt es dann zunächst auf die **Art** des betroffenen Rechtsguts an. Ist das bedrohte Rechtsgut gleichfalls eine Sache oder ein vermögenswerter Gegenstand, stehen sich also sach- und vermögenswerte Güter gegenüber, dann sind die beiderseitigen Verluste (nicht die Werte der beiderseitigen Sachgüter) in Geld abzuschätzen. Unverhältnismäßigkeit des drohenden Schadens iSv § 904 ist dann zu bejahen, wenn der abzuwendende Schaden an der bedrohten Sache mindestens 50 % höher ist als der durch die Einwirkung dem Eigentümer entstehende Schaden (ähnlich MünchKomm/SÄCKER⁶ Rn 11; ferner RG JW 1908, 611; PLANCK/STRECKER Anm 2c; K SCHREIBER Jura 1997, 29, 32; WILHELMI, Risikoschutz durch Privatrecht [2009] 243; anders MÜLLER Rn 314: doppelt so hoch; grundsätzlich zweifelnd auch KÖNDGEN, Rechtsverletzung im Notstand – das „effiziente Delikt"?, in: FS Huber [2006] 396 mit rechtsökonomischer Argumentation). Insoweit ist also bei der Interessenabwägung keine rein ökonomische Perspektive gefragt. – Nach der Aufwertung von **Tieren** in der neueren Zivilgesetzgebung, insbesondere auch im Schadensrecht (vgl § 251 Abs 2 S 2; ferner § 90 a S 2, § 903 S 2; dazu § 903 Rn 31) ist es nur konsequent, auch bei der Güterabwägung iSv § 904 den Affektionswert von Tieren zu berücksichtigen (Beck-OK/FRITZSCHE Rn 14). Insoweit überzeugt der Vorschlag, Unverhältnismäßigkeit iSv § 904 und damit die Rechtmäßigkeit der Einwirkung dann zu bejahen, wenn der Wert des geschützten Tieres ebenso hoch ist wie der Wert der zerstörten Sache (WIELING I § 8 II 2 c Fn 63; MünchKomm/SÄCKER⁶ Rn 12).

Ist das bedrohte Rechtsgut dagegen keine Sache oder kein sonstiger Vermögensgegenstand, steht also das Eigentum anderen als materiellen Rechtsgütern gegenüber, dann ist die Güterabwägung nach allgemeinen Rechtsgrundsätzen vorzunehmen. Danach ist klar, dass das Leben immer erheblich höherwertig ist, selbst im Vergleich zu hohen Sachverlusten (vgl auch WILHELMI, Risikoschutz durch Privatrecht [2009] 242; HOGENSCHURZ, Die Entwicklung des Prinzips der Aufopferungshaftung in den zivilrechtlichen Notstandsfällen am Beispiel der Schadensersatzpflicht des § 904 S 2 BGB [1997] 15). Das Gleiche gilt für schwere *Körper-* oder *Gesundheitsverletzungen* schon allein wegen der damit verbundenen Lebensgefahr. Immaterielle Interessen und höchstpersönliche Rechtsgüter haben gegenüber materiellen Interessen regelmäßig Vorrang. Dagegen kann es bei leichten Körperverletzungen an der erheblichen Höherwertigkeit fehlen, wenn etwa auf der anderen Seite die Zerstörung einer sehr wertvollen Sache abgewandt wird (PLANCK/STRECKER Anm 2c; WIELING I § 8 II 2 c; HOGENSCHURZ, Die Entwicklung des Prinzips der Aufopferungshaftung in den zivilrechtlichen Notstandsfällen am Beispiel der Schadensersatzpflicht des § 904 S 2 BGB [1997] 15; abweichend MÜLLER Rn 314: Zur Abwendung einer Körperverletzung dürfe grundsätzlich auf eine Sache eingewirkt werden). – Auch bei Entziehung der *Freiheit* ist nach der Schwere des Eingriffs zu differenzieren. Ist zB jemand versehentlich in einem Zimmer eingeschlossen, so ist dieser Freiheitsverlust, wenn er kurzfristig bleibt, sicherlich nicht erheblich höherwertig im Vergleich zu dem Schaden, der durch die sofortige Zertrümmerung der Tür entsteht (vgl PLANCK/STRECKER Anm 2c). Problematisch ist die Frage, welche Rolle in dieser Güterabwägung einem ausgeprägten Affektionsinteresse an einer Sache zukommt (vgl HOGENSCHURZ, Die Entwicklung des Prinzips der Aufopferungshaftung in den zivilrechtlichen Notstandsfällen am Beispiel der Schadensersatzpflicht des § 904 S 2 BGB [1997] 16).

III. Rechtsfolgen der Notstandslage des § 904

1. Rechtmäßigkeit der Einwirkung (§ 904 S 1)

Die Vorschrift versagt dem Eigentümer der Sache das (aus § 903 folgende) Recht, **28** die Einwirkung auf die Sache zu verbieten; § 904 S 1 normiert also einen Rechtfertigungsgrund für Eingriffe in fremdes Eigentum, obgleich der Wortlaut der Vorschrift im Vergleich zu §§ 227, 228 weniger eindeutig ist. Der Eingriff des Einwirkenden ist somit rechtmäßig (siehe etwa MünchKomm/SÄCKER⁶ Rn 13), die Abwehr gegen diesen Eingriff ist rechtswidrig (vgl zum früheren Meinungsstreit HOGENSCHURZ, Die Entwicklung des Prinzips der Aufopferungshaftung in den zivilrechtlichen Notstandsfällen am Beispiel der Schadensersatzpflicht des § 904 S 2 BGB [1997] 37 f). Daraus folgt im Einzelnen:

a) Selbsthilferechte des Eigentümers (insbesondere ein Notwehrrecht) gegenüber **29** dem Einwirkenden gem §§ 227, 859 bestehen nicht (**aA** die früher vertretene „Deliktstheorie", welche von der Rechtswidrigkeit der Eingriffshandlung ausging). – Ansprüche des Eigentümers gegen den Einwirkenden wegen Beeinträchtigung oder Verletzung des Eigentums gem §§ 1004, 823 Abs 1, Abs 2 sind wegen fehlender Rechtswidrigkeit der Einwirkung ausgeschlossen; das Gleiche gilt für Ansprüche des Eigentümers wegen Besitzstörung gem § 862 (uU auch gem § 861 wegen Besitzentzuges) mangels verbotener Eigenmacht (§ 858 Abs 1), da das Gesetz (§ 904 S 1) die Störung/Entziehung gestattet.

b) Da die Abwehr des Eigentümers gegen den Eingriff rechtswidrig ist, darf der **30** Einwirkende sie mit Gewalt bekämpfen (§ 227; vgl MünchKomm/SÄCKER⁶ Rn 13; MÜLLER Rn 314a). Insoweit kommen deliktische Ansprüche des Einwirkenden gegen den Eigentümer wegen der Folgen der Abwehr durch den Eigentümer in Betracht.

Dabei handelt es sich um eine Verschuldenshaftung, welche voraussetzt, dass der Eigentümer das Recht des anderen zum Angriff kannte oder kennen musste (vgl Planck/Strecker Anm 3a β). Sofern eine Notstandshandlung verhindert wird, ist eine Haftung des Eigentümers nach §§ 823 Abs 2 iVm § 904 als Schutzgesetz denkbar (Hogenschurz, Die Entwicklung des Prinzips der Aufopferungshaftung in den zivilrechtlichen Notstandsfällen am Beispiel der Schadensersatzpflicht des § 904 S 2 BGB [1997] 44).

31 c) Diese deliktische Verantwortlichkeit kann nicht nur den Eigentümer treffen, sondern in **entsprechender Anwendung** von § 904 S 1 auch andere Personen, die zur Untersagung oder Abwehr von Sacheingriffen berechtigt sind (vgl Prot VI 216 = Mugdan I 804: „... verstehe sich von selbst ..."; RGZ 156, 187, 190). Hierzu rechnen die Inhaber beschränkter dinglicher Rechte (Nießbrauch, Grunddienstbarkeit usw) oder obligatorischer Besitzrechte (Miete, Pacht) an der Sache (BGH NJW 2002, 1576; Hogenschurz, Die Entwicklung des Prinzips der Aufopferungshaftung in den zivilrechtlichen Notstandsfällen am Beispiel der Schadensersatzpflicht des § 904 S 2 BGB [1997] 7), aber auch solche Personen, denen zwar kein Recht zum Besitz zusteht, die aber Besitzschutz iSd §§ 859 ff in Anspruch nehmen können. Alle diese Berechtigten haben demnach analog § 904 S 1 den Sacheingriff zu dulden mit den oben zu a) und b) geschilderten Konsequenzen.

2. Anspruch auf Duldung der Einwirkung

32 Durchaus zweifelhaft erscheint, ob § 904 S 1 dem Einwirkenden einen klagbaren Anspruch gegen den Eigentümer auf Duldung der Einwirkung auf die Sache gewährt. Eine ältere Meinung verneint die Existenz eines solchen Anspruchs, weil dies dem Erfordernis des sofortigen Handelns widerspreche; reiche die Zeit für eine Klage, so bestehe kein Notstand (OLG Hamm OLGE 12, 121; Planck/Strecker Anm 3a γ). § 904 betrifft danach nur außergewöhnliche und plötzlich hervortretende Fälle drohender Gefahr. Die wohl herrschende Gegenmeinung nimmt dagegen an, dass § 904 auch im Falle länger anhaltender Gefahren in Betracht komme (OLG Hamm NJW 1972, 1374; MünchKomm/Säcker⁶ Rn 14; Soergel/Baur¹³ Rn 15; Erman/Wilhelmi¹⁴ Rn 5; Palandt/ Bassenge⁷⁴ Rn 4; K Schreiber Jura 1997, 29, 32; vgl zur Problemstellung auch Hogenschurz, Die Entwicklung des Prinzips der Aufopferungshaftung in den zivilrechtlichen Notstandsfällen am Beispiel der Schadensersatzpflicht des § 904 S 2 BGB [1997] 41 f). Letzteres trifft zu, da auch gegenwärtige Gefahren von längerer – auch jahrelanger – Dauer denkbar sind (vgl oben Rn 18 und den Sachverhalt in OLG Hamm NJW 1972, 1374: von Einsturz bedrohter Bergbauschacht). An der Unmöglichkeit der Tatbestandsverwirklichung kann der Anspruch auf Duldung der Einwirkung also nicht scheitern. Die sich aus § 904 S 1 ergebende Duldungspflicht ist auch rechtstheoretisch einklagbar, wenn in ihr eine unselbständige Unterlassungspflicht (Nebenpflicht) gesehen wird (vgl zur Diskussion MünchKomm/Bachmann⁶ § 241 Rn 23, 24; Lenzen NJW 1967, 1261; Fritzsche, Unterlassungsanspruch und Unterlassungsklage [2000] S 358 ff). Praktisch relevant wird die Frage nach der Klagbarkeit allein im Rahmen des einstweiligen Rechtsschutzes. Insoweit ist eine einstweilige Verfügung (§§ 935, 940 ZPO) nicht von vornherein ausgeschlossen (vgl OLG Hamm NJW 1972, 1374).

3. Schadensersatzanspruch des Eigentümers (§ 904 S 2)

33 Der Eigentümer kann Ersatz des Schadens verlangen, der ihm durch die Einwirkung auf die Sache entsteht (zusammen mit § 906 Abs 2 S 2 dient § 904 S 2 auch der Begründung des nachbarrechtlichen Ausgleichsanspruchs, vgl OLG Düsseldorf NJW-RR 2010, 1106, 1107; auch der Anspruch nach § 14 Nr 4 HS 2 WEG ist dem Vorbild von § 904 S 2 nachempfunden, BGH NJW 2010, 2347 Rn 24; vgl zur rechtsdogmatischen Einordnung dieses Anspruchs ausführlich HOGENSCHURZ, Die Entwicklung des Prinzips der Aufopferungshaftung in den zivilrechtlichen Notstandsfällen am Beispiel der Schadensersatzpflicht des § 904 S 2 BGB [1997] 47 ff). Diese Schadensersatzpflicht versteht sich als Ausgleich für das Sonderopfer, das der Notstandspflichtige erbringen muss (PAWLIK, Der rechtfertigende Notstand [2002] 7 f, 9). Dazu gilt im Einzelnen folgendes:

a) Aktivlegitimation

Die Aktivlegitimation besitzt nach dem Wortlaut der Vorschrift der Eigentümer der Sache, ohne dass diese Formulierung abschließenden Charakter hätte. Da von der Duldungspflicht aber auch andere an der Sache Berechtigte betroffen sein können (vgl soeben Rn 31), sind auch sie (analog § 904 S 2) anspruchsberechtigt, sofern die Voraussetzungen im Übrigen, also insbesondere ein adäquat kausaler Schaden, bei ihnen vorliegen (vgl RGZ 156, 187, 190; OLGR Braunschweig 1995, 207; BGH NJW 2002, 1576, 1577; MünchKomm/SÄCKER[6] Rn 15). Ist demnach zB die durch den Eingriff beschädigte oder zerstörte Sache vermietet, kommen Ersatzansprüche sowohl des Eigentümers (wegen Mietzinseinbußen) als auch des Mieters (wegen Besitzbeeinträchtigung) in Betracht. Denn für die Kompensation des Ausschlusses von Abwehransprüchen spielt es keine Rolle, ob diese petitorischer oder possesorischer Natur sind (vgl BGH NJW 2002, 1576, 1577; HOGENSCHURZ, Die Entwicklung des Prinzips der Aufopferungshaftung in den zivilrechtlichen Notstandsfällen am Beispiel der Schadensersatzpflicht des § 904 S 2 BGB [1997] 7). Ersatzberechtigt können auch der mittelbare Besitzer (§ 868) und allgemein der Inhaber eines zur Aussonderung berechtigenden Herausgabeanspruchs sein (überzeugend KUHN, Ersatzaussonderungsrecht und Drittwiderspruchsklage [2008] 124).

b) Passivlegitimation

§ 904 nennt – anders als § 228 („der Handelnde") – den Ersatzpflichtigen nicht **34** ausdrücklich. Daraus entsteht keine Schwierigkeit, wenn der Einwirkende – wie häufig – eine ihm selbst drohende Gefahr abzuwenden versucht, wenn Handelnder und Gefährdeter demnach dieselbe Person sind. Dann kann auch nur diese ersatzpflichtig sein. Die Passivlegitimation wird dagegen zweifelhaft, wenn Handelnder und Gefährdeter nicht identisch sind, wenn also der Einwirkende Nothilfe zugunsten eines Dritten geleistet hat. Dann fragt sich, ob der Handelnde oder der Gefährdete/ Begünstigte dem Eigentümer haftet. Die Lösung der Frage ist seit dem Inkrafttreten des BGB umstritten (ältere Belege bei PLANCK/STRECKER Anm 3b β). Sie wird inzwischen unter dem Leitwort der „Eingriffs- oder Begünstigtenhaftung" diskutiert; die Argumente sind seit langem ausgetauscht (zutreffend KONZEN JZ 1985, 182; eingehende Nachweise zu den einzelnen Auffassungen und deren Argumenten bei GURSKY, Sachenrecht [5. Aufl 1999] 19 ff). CANARIS spricht insoweit von einer „Rechtsverweigerungslücke" des Gesetzes (CANARIS, Die Feststellung von Lücken im Gesetz [1983] 141; vgl dazu WENDEHORST, Anspruch und Ausgleich [1999] 186).

aa) Bereits seit Beginn dieser Kontroverse bis heute spricht sich die wohl **hL** – **35** parallel zu § 228 – grundsätzlich für die Verantwortlichkeit des Handelnden/Einwirkenden **(Eingriffshaftung)** aus (PLANCK/STRECKER Anm 3b β; dort auch ältere Literatur;

ferner aus der Rspr: RGZ 113, 301, 303; BGHZ 6, 102, 105; OLGR Nürnberg 1999, 324; AG Halle 3. 12. 2009, 93 C 2078/09 – juris; BayObLGZ 2002, 35; aus der Literatur: SOERGEL/BAUR[13] Rn 23; ERMAN/WILHELMI[14] Rn 8; PALANDT/BASSENGE[74] Rn 5; JAUERNIG/BERGER[15] Rn 5; BAUR/STÜRNER[18] § 25 Rn 8; MÜLLER Rn 315; BREHM/BERGER[3] § 6 Rn 10; vgl zum Meinungsstand HOGENSCHURZ, Die Entwicklung des Prinzips der Aufopferungshaftung in den zivilrechtlichen Notstandsfällen am Beispiel der Schadensersatzpflicht des § 904 S 2 BGB [1997] 82 ff). Weil die Duldungspflicht des Eigentümers dem Einwirkenden gegenüber besteht, müsse er auch von diesem den Ausgleich erhalten (BayObLGZ 2002, 35). Nach hL treffen Einwirkungsrecht und Schadensersatzpflicht somit regelmäßig bei derselben Person zusammen – **Sonderfälle**: Nach der Rspr soll die Haftung ausnahmsweise nicht den tatsächlich Einwirkenden treffen, wenn dieser als Organ, im Auftrag eines Dritten oder in einem sonstigen Abhängigkeitsverhältnis zu einem Dritten gehandelt hat; dann soll der Dritte ersatzpflichtig sein (BGHZ 6, 103; BGH LM Nr 2; ferner RGZ 113, 301, 306). Aber darin liegt kein Widerspruch zum Prinzip der Eingriffshaftung (zutreffend Münch-Komm/SÄCKER[6] Rn 16), weil in solchen Fällen der den Eingriff veranlassende Dritte „im Rechtssinne der Einwirkende" (so schon RGZ 156, 187, 190) ist, während die tatsächlich Handelnden lediglich als dessen Organe, Repräsentanten oder Gehilfen tätig werden (vgl die Parallele bei der Geschäftsführung ohne Auftrag; dazu Münch-Komm/SEILER[6] § 677 Rn 20 Fn 51). – Ferner soll der Handelnde dann von der Haftung befreit sein, wenn er sich bei Passivität wegen unterlassener Hilfeleistung gem § 323c StGB strafbar gemacht hätte (OLG Rostock BeckRS 2010, 22989; PALANDT/BASSENGE[74] § 904 Rn 5; ERMAN/WILHELMI[14] Rn 8; dazu auch DIURNI ZEuP 2006, 583, 592; **aA** BAUR/STÜRNER[18] § 25 Rn 8; SOERGEL/BAUR[13] Rn 23; BREHM/BERGER[3] § 6 Rn 10); dann soll der Begünstigte oder der Staat als der den Eingriff Erzwingende haften.

Trifft also nach der hL die Ersatzpflicht aus § 904 S 2 grundsätzlich den Einwirkenden, so handelt es sich aber nur um eine **vorläufige Verantwortlichkeit**. Da auch nach der herrschenden Auffassung letztlich der Begünstigte den Schaden zu tragen hat, ist es für sie klar, dass der ersatzpflichtige Einwirkende bei dem Begünstigten nach den Vorschriften der §§ 662 ff, §§ 677 ff oder §§ 812 ff Regress nehmen kann. Darin kann ein weiterer Vorteil gesehen werden: Denn nur auf diese Weise wird geklärt, ob die Nothilfe dem wirklichen oder mutmaßlichen Willen (§ 683) des Geschäftsherrn entsprach (BREHM/BERGER[3] § 6 Rn 10). Für die Haftung des Handelnden wird auch in Ansatz gebracht, dass gerade diesem gegenüber die Duldungspflicht nach § 904 S 1 besteht.

36 **bb)** Die **Gegenmeinung** sieht den Gefährdeten, also den durch die Einwirkung Begünstigten (unmittelbar), für ersatzpflichtig an (**Begünstigtenhaftung**; vgl die ältere Literatur bei PLANCK/STRECKER Anm 3b β; ferner LG Essen MDR 1998, 780; MünchKomm/SÄCKER[6] Rn 17; LARENZ/CANARIS, SchR II § 85 I 1 b; HUBMANN AcP 155 [1955] 85, 131; HORN JZ 1960, 350, 352; CANARIS NJW 1964, 1993; KRAFFERT AcP 165 [1965] 453 ff; KONZEN 107 ff; ders JZ 1985, 181, 182; aber auch DIURNI ZEuP 2006, 583, 590, 591; HOGENSCHURZ, Die Entwicklung des Prinzips der Aufopferungshaftung in den zivilrechtlichen Notstandsfällen am Beispiel der Schadensersatzpflicht des § 904 S 2 BGB [1997] 81, bezeichnet diese Auffassung als überwiegend). Dafür wird auch auf prozessualer Ebene argumentiert: Während die Eingriffshaftung uU zwei Verfahren nach sich ziehe (die Klage des geschädigten Dritten auf Schadensersatz gegen den Handelnden und die Klage des Handelnden aus Geschäftsführung ohne Auftrag gegen den Begünstigten), vermeide die Begünstigtenhaftung diese Verfahrensverdoppelung (DIURNI ZEuP 2006, 583, 591).

cc) Eine **dritte Meinung** schließlich spricht sich für die Haftung des Einwirkenden **37** und des Begünstigten als **Gesamtschuldner** aus (WIELING I § 8 II 2 c; BeckOK/FRITZSCHE Rn 21; PALANDT/BASSENGE[74] Rn 5; vgl zum Meinungsstand auch HOGENSCHURZ, Die Entwicklung des Prinzips der Aufopferungshaftung in den zivilrechtlichen Notstandsfällen am Beispiel der Schadensersatzpflicht des § 904 S 2 BGB [1997] 87). Wird danach der Einwirkende in Anspruch genommen, kann er gem § 426 Abs 1, Abs 2 bei dem Begünstigten als dem letztlich Verantwortlichen Rückgriff nehmen. Nur vordergründig eine neue Sichtweise erhält die Debatte dadurch, dass danach differenziert wird, ob der formell Begünstigte (der Handelnde) und/oder der materiell Begünstigte hafte (WENDEHORST, Anspruch und Ausgleich [1999] S 187 f, die mit dieser Unterscheidung den Streit von der dogmatischen auf die rechtspolitische Ebene heben will).

dd) Stellungnahme

Aus der *Entstehungsgeschichte* der Vorschrift, auf welche mit unterschiedlichen **38** Folgerungen Bezug genommen wird (vgl etwa einerseits PLANCK/STRECKER Anm 3b β, andererseits KRAFFERT AcP 165 [1965] 453, 459; MünchKomm/SÄCKER[6] Rn 17; eingehend HOGENSCHURZ, Die Entwicklung des Prinzips der Aufopferungshaftung in den zivilrechtlichen Notstandsfällen am Beispiel der Schadensersatzpflicht des § 904 S 2 BGB [1997] 86), lassen sich keine wesentlichen Argumente zur Entscheidung der Kontroverse ziehen. Dies folgt bereits daraus, dass sie sich von den gegensätzlichen Standpunkten für die eigene These vereinnahmen lässt. Zwar war in dem Antrag aus der Mitte der 2. Kommission, der schließlich zur Aufnahme des § 904 führte, als Regelung ua vorgeschlagen: „Der Einwirkende ist dem Eigentümer zum Schadensersatze verpflichtet", und in gleichem Sinne bezeichnete ein Parallelantrag den „Handelnden" als den Schadensersatzpflichtigen (Prot VI 213 = MUGDAN I 802). Doch ist den (recht ausführlichen) Beratungsprotokollen (Prot VI 213–219 = MUGDAN I 802–806) kein Hinweis darauf zu entnehmen, dass die Passivlegitimation der Schadensersatzpflicht erörtert wurde (so nun auch HOGENSCHURZ, Die Entwicklung des Prinzips der Aufopferungshaftung in den zivilrechtlichen Notstandsfällen am Beispiel der Schadensersatzpflicht des § 904 S 2 BGB [1997] 87). Dass bei der Redaktion der Vorschrift die Bezeichnung des Ersatzpflichtigen entfernt wurde, erfolgte ebenfalls ohne nähere Diskussion und irgendeinen Hinweis auf das Problem. Insoweit kann der anzutreffenden Quellenlage nur der Schluss entnommen werden, dass die Gesetzesverfasser die Frage offensichtlich nicht als Problem gesehen und daher auch nicht geregelt haben (abweichend, aber unannehmbar KRAFFERT AcP 165 [1965] 459). – Des Weiteren folgt aus der Rechtsgeschichte die Einsicht, dass § 904 die Rechtsstellung des Eigentümers verbessert, da er nach früherem Recht in derartigen Notstandssituationen regelmäßig entschädigungslos blieb (s oben Rn 10).

Auch aus *allgemeinen Rechtsprinzipien* lässt sich keine Antwort auf die Frage ableiten. Ein allgemeines zivilrechtliches Aufopferungsprinzip wird zu Recht nicht anerkannt (KONZEN 152 ff; L SCHULZE/OSTERLOH 309); maßgebend sind die einzelnen gesetzlich normierten Aufopferungsansprüche mit ihrer konkreten Regelung (die im Fall des § 904 S 2 aber gerade mehrdeutig ist). Auch aus dem allgemeinen verfassungsrechtlichen Gebot der Eigentumsopferentschädigung lässt sich lediglich der Grund für die Entschädigungspflicht (Haftungsgrund) bestimmen; eine Aussage über die Person des Verpflichteten (Haftungszurechnung) ist damit nicht getan. Dementsprechend trifft es auch nicht zu, dass die Haftungszurechnung zum Begünstigten als dem Wesen der Aufopferungshaftung gemäß bezeichnet werden muss (so zu Recht L SCHULZE/OSTERLOH 39 ff, 185, 296 mit zahlreichen weiteren Nachweisen).

Christoph Althammer

Schließlich wird in der Diskussion auch die Frage aufgeworfen und für maßgeblich gehalten, ob der Begünstigte oder der Einwirkende der *bessere Schuldner* des Eigentümers ist. Wenn dazu auf Aspekte wie die Erkennbarkeit, Erreichbarkeit, Solvenz des Schuldners oder auf die Praktikabilität der Rechtsdurchsetzung abgehoben wird, dient dies nicht der Rechtssicherheit. Denn um diese Merkmale kann es im Einzelfall ganz unterschiedlich bestellt sein, ohne dass generelle Erfahrungssätze dazu existieren. So kann der Passant, der bei der Rettung des wohlhabenden Bürgers das Boot des Eigentümers beschädigt hat, mittellos oder unerkannt verschwunden sein. Ebenso ist es denkbar, dass der Retter präsent und solvent ist, jedoch der Begünstigte mittellos erscheint. Besonders diffizil wäre die Lage, wenn der Einwirkende der Fiskus ist, jedoch begünstigt alle Einwohner des gefährdeten Dorfes sind (RGZ 156, 187, 190). In genereller Betrachtung lässt sich hier also nicht feststellen, ob der Eigentümer bei der Eingriffs- oder bei der Begünstigtenhaftung besser steht. Einen „natürlichen Schuldner" gibt es nicht. Sicher vorteilhaft ist es aber, wenn der Eigentümer sowohl den Einwirkenden als auch den Begünstigten iSd dritten Meinung (s oben Rn 37) wahlweise in Anspruch nehmen kann.

Da der Begünstigte nach einhelliger Auffassung ohnehin der letztlich Verpflichtete ist, erscheint seine unmittelbare Inanspruchnahme durch den Eigentümer aus Gründen der Praktikabilität geradezu geboten. Im Kern muss also die Frage im Vordergrund stehen, ob der Eigentümer mit dem Einwirkenden einen weiteren Schuldner erhält und damit der Eigentumsschutz verstärkt wird oder aber, ob der Einwirkende von der Haftung freibleibt und damit die Nothilfe privilegiert wird. In der ersten Alternative trüge dann der Einwirkende bei seiner Inanspruchnahme durch den Eigentümer das Risiko, den Regressanspruch gegen den Begünstigten nicht realisieren zu können. Die besseren Gründe sprechen deswegen für die zweite Alternative, also für die **Begünstigtenhaftung**. Rechtspolitisch ist es allemal sinnvoller, den altruistisch handelnden Nothelfer freizustellen, um sein Eingreifen nicht zu hemmen (WENDEHORST, Anspruch und Ausgleich [1999] 188). Zudem darf aus rechtshistorischer Sicht nicht vergessen werden, dass der Eigentümer früher in derartigen Situationen meist überhaupt entschädigungslos blieb. Insoweit erscheint es wenig geboten, ihm nun verstärkten Schutz durch die Gewährung von zwei Schuldnern zukommen zu lassen. Hinzu kommt die Überlegung, dass der Nothelfer als Geschäftsführer ohne Auftrag den in Gefahrsituationen entstandenen Schaden üblicherweise nicht zu tragen hat (vgl nur MünchKomm/SEILER⁶ § 683 Rn 19). Schließlich muss Beachtung finden, dass die Haftungsfreistellung des Einwirkenden an die engen Grenzen des § 904 S 1 gebunden ist. Wenn der Eingriff den relativ strengen Voraussetzungen dieser Vorschrift nicht genügt, tritt die Rechtsfolge des § 904 S 2 nicht ein, sodass der Einwirkende in aller Regel deliktisch verantwortlich ist.

c)   Handlungsfähigkeit des Einwirkenden

39 In rechtsdogmatischer Hinsicht handelt es sich bei § 904 S 2 (im Gegensatz zu § 228 S 2) um einen Fall verschuldensunabhängiger Verantwortlichkeit, sodass weder die Geschäftsfähigkeit noch die Deliktsfähigkeit des Einwirkenden zu prüfen sind (hM, vgl PLANCK/STRECKER Anm 3b α; MünchKomm/SÄCKER⁶ Rn 18; ERMAN/WILHELMI¹⁴ Rn 8; MÜLLER Rn 316 a; WIELING I § 8 II 2 c Fn 66). Dies führt zu fragwürdigen Ergebnissen, wenn der Einwirkende nicht selbst begünstigt und außerdem deliktsunfähig ist. Nach der hM, die den Einwirkenden grundsätzlich für passiv legitimiert hält (s soeben Rn 35), müsste dieser trotz Deliktsunfähigkeit haften. Auch diese Problemkonstellation lässt es

sinnvoller erscheinen, der Begünstigtenhaftung den Vorzug zu geben. Folgt man jedoch der hM, ist jedenfalls dem Vorschlag zuzustimmen, die Haftung nur nach Maßgabe des § 829 eintreten zu lassen (MünchKomm/SÄCKER[6] Rn 18; MÜLLER Rn 316 a; abweichend ERMAN/WILHELMI[14] Rn 8; PALANDT/BASSENGE[74] Rn 5).

d) Mehrere Einwirkende/Begünstigte

Sie haften als Gesamtschuldner (BGH LM Nr 2; BGB-RGRK/AUGUSTIN Rn 11; ERMAN/ **40** WILHELMI[14] Rn 8; BeckOK/FRITZSCHE Rn 21).

e) Umfang des Schadens

Nach den allgemeinen Grundsätzen über die sog **haftungsausfüllende Kausalität** (vgl **41** nur BGHZ 57, 25, 27; BGH NJW 1971, 1982; ferner STAUDINGER/SCHIEMANN [2005] § 249 Rn 8 ff) sind alle Schäden zu ersetzen, die adäquat kausal durch die Einwirkung entstanden sind (RGZ 156, 187, 190; BGHZ 36, 217, 221). Für die Einzelheiten kann auf die zu den §§ 249 ff geltenden Grundsätze verwiesen werden (vgl auch BayObLGZ 1994, 140, 146; BeckOK/FRITZSCHE Rn 19; eingehend HOGENSCHURZ, Die Entwicklung des Prinzips der Aufopferungshaftung in den zivilrechtlichen Notstandsfällen am Beispiel der Schadensersatzpflicht des § 904 S 2 BGB [1997] 141, 142). Im Einzelfall kann auch auf die allgemein anerkannten Grundsätze zur sog **überholenden Kausalität** und zu den sog **Anlagefällen** zurückgegriffen werden (vgl STAUDINGER/SCHIEMANN [2005] § 249 Rn 35 ff, 97 ff). Gerade bei größeren Gefahren (Brand, Überschwemmung ua), in denen notwendige Sacheingriffe iSv § 904 erfolgt sind, kann es vorkommen, dass die durch die Notstandshandlung geschädigte Sache bei Unterbleiben dieser Handlung ebenfalls Schaden erlitten hätte (vgl die Fälle in RGZ 156, 187, 191; OLG Karlsruhe NJW 1949, 585). Dann sind Hinweise auf den „Sinn" oder die „Sondernatur" des § 904 (so OLG Stuttgart NJW 1949, 585; MünchKomm/SÄCKER[6] Rn 15) entbehrlich. Vielmehr folgt dann aus den Regeln zu den Anlagefällen, dass die Ersatzberechtigung des Eigentümers ganz oder teilweise entfällt, weil der Schaden ganz oder teilweise nicht auf die Einwirkung zurückzuführen ist (vgl auch BAUR/STÜRNER[18] § 25 Rn 10; BeckOK/FRITZSCHE Rn 19). Wenn das durch die Einwirkung beeinträchtigte Rechtsgut ohnehin durch die drohende Gefahr dem Untergang geweiht schien, tendierte sein Wert bereits gegen Null (HOGENSCHURZ, Die Entwicklung des Prinzips der Aufopferungshaftung in den zivilrechtlichen Notstandsfällen am Beispiel der Schadensersatzpflicht des § 904 S 2 BGB [1997] 142). Mitunter werden hinsichtlich der Höhe des Schadensersatzanspruches im Schrifttum konkrete Einschränkungen gefordert, weil dieser nur als Äquivalent für den ausgeschlossenen Abwehranspruch diene und somit auf den Beseitigungsschaden an der Sache selbst zu limitieren sei (so KÖNDGEN, Rechtsverletzung im Notstand – das „effiziente Delikt"?, in: FS Huber [2006] 396, 397). Dem könnte zwar zunächst aufgrund des erwähnten Substitutsgedankens zuzustimmen sein (s oben Rn 2 f). Jedoch ist die einschränkungslose Formulierung des Gesetzgebers in § 904 S 2 ernst zu nehmen: Zu ersetzen ist das volle Interesse des Eigentümers (auch entgangener Gewinn) und nicht nur eine bloße billige Entschädigung, wie sie für Aufopferungsansprüche an sich üblich ist (HOGENSCHURZ, Die Entwicklung des Prinzips der Aufopferungshaftung in den zivilrechtlichen Notstandsfällen am Beispiel der Schadensersatzpflicht des § 904 S 2 BGB [1997] 141).

Auch **§ 254** ist nach allgemeiner Ansicht auf den Anspruch aus § 904 S 2 analog anzuwenden (MünchKomm/SÄCKER Rn 20; ERMAN/WILHELMI[14] Rn 8; JAUERNIG/BERGER[15] Rn 6; HOGENSCHURZ, Die Entwicklung des Prinzips der Aufopferungshaftung in den zivilrechtlichen Notstandsfällen am Beispiel der Schadensersatzpflicht des § 904 S 2 BGB [1997] 142). Somit ist

Christoph Althammer

der Anspruch zu kürzen, wenn der Eigentümer nach Vorschriften der Verschuldens- oder Gefährdungshaftung für das Entstehen der Gefahrenlage und damit des Schadens mitverantwortlich ist. Die durch § 254 vorgeschriebene Abwägung kann, wie allgemein anerkannt ist (STAUDINGER/SCHIEMANN [2005] § 254 Rn 111; MünchKomm/OETKER[6] § 254 Rn 105 ff), auch dazu führen, dass einer der Beteiligten den Schaden allein zu tragen hat. Der Anspruch aus § 904 S 2 entfällt demnach, wenn der Eigentümer die Gefahrenlage allein verschuldet hat (im Ergebnis ebenso BGHZ 6, 102, 110; LG Freiburg NJW-RR 1989, 683 mit ablehnender Anm ALLGAIER VersR 1989, 788; MünchKomm/SÄCKER[6] Rn 20; SOERGEL/BAUR[13] Rn 21; BeckOK/FRITZSCHE Rn 19). Dagegen ist nicht zu kürzen, wenn die Sache des Eigentümers, ohne dass dieser aus Verschulden oder Gefährdung verantwortlich ist, lediglich ursächlich für die Gefahrenlage geworden ist (MünchKomm/SÄCKER[6] Rn 21). Das weiter in diesem Zusammenhang vorgebrachte und unterschiedlich gelöste Problem, ob der Ersatzanspruch bei höherer Gewalt entfällt (MünchKomm/SÄCKER Rn 20; SOERGEL/BAUR[13] Rn 20), gehört nicht in den Sachbereich des § 254. Es handelt sich vielmehr um die Frage, ob die Einwirkung iSd § 904 bewusst und gewollt erfolgt sein muss oder ob auch zufällige Sachbeschädigungen ausreichen können (dazu oben Rn 22 f).

f)   Verjährung

42 Der Anspruch aus § 904 S 2 verjährt in der allgemeinen Frist des § 195 (RGZ 167, 14, 27; BGHZ 9, 209; PLANCK/STRECKER Anm 3b γ; MünchKomm/SÄCKER[6] Rn 22; SOERGEL/BAUR[13] Rn 26; PALANDT/BASSENGE[74] Rn 6; ERMAN/WILHELMI[14] Rn 14; HOGENSCHURZ, Die Entwicklung des Prinzips der Aufopferungshaftung in den zivilrechtlichen Notstandsfällen am Beispiel der Schadensersatzpflicht des § 904 S 2 BGB [1997] 143). Für den Verjährungsbeginn gilt § 199 Abs 1 und Abs 3.

g)   Beweislast

43 Nach den allgemeinen Regeln hat der Eigentümer die Beweislast für sämtliche Tatbestandsmerkmale von § 904 S 1 und S 2 zu tragen, also für die gegenwärtige Gefahr, die bewusste und gewollte Einwirkung auf seine Sache, die Notwendigkeit der Einwirkung, die unverhältnismäßige Größe des drohenden Schadens (S 1) sowie für den Schaden und die Kausalität (S 2; vgl MünchKomm/SÄCKER[6] Rn 23). Misslingt der Beweis der Rechtmäßigkeit des Eingriffs nach S 1, kommen die Ersatzansprüche aus §§ 823 ff in Betracht, die den Eigentümer insofern besser stellen, als der Sacheingriff nur fahrlässig zu sein braucht (§ 823 Abs 1) und die Beweislast für die diesen Anspruch ausschließende Rechtmäßigkeit des Eingriffs nunmehr den Einwirkenden trifft. In zweifelhaften Fällen kann es daher für den Eigentümer empfehlenswert sein, sein Schadensersatzbegehren zunächst auf § 823 Abs 1 und erst dann auf § 904 S 2 zu stützen, wenn die Rechtmäßigkeit des Eingriffs erwiesen ist. Im Ergebnis kann der Eigentümer seine Klage alternativ auf § 904 S 2 oder auf § 823 Abs 1 gründen, wenn zweifelhaft ist, ob der Schaden auf dem hinzunehmenden Eingriff oder auf einer konkreten Sorgfaltspflichtverletzung beruht.

IV.   Analoge Anwendung des § 904

44 Die Frage einer analogen Anwendung des § 904 wurde zwar vielfach im Schrifttum und auch in der Judikatur angesprochen (vgl nur HECK § 49 Nr 10; MünchKomm/SÄCKER[6] Rn 24; BAUR/STÜRNER[18] § 25 Rn 9; SOERGEL/BAUR[13] Rn 24; ERMAN/WILHELMI[14] Rn 7, 8; vgl aus der Judikatur LG Aachen NJW-RR 1990, 1122, 1123; BayObLGZ 2002, 35: im Kontext von Art 27

BayFwG; weitere Literatur im Folgenden), jedoch sind bisher keine allseits anerkannten und praktikablen Antworten gefunden worden. Zu unterscheiden ist danach, ob es sich um die aus dem Rechtfertigungsgrund des ersten Satzes und der Schadenersatzpflicht des zweiten Satzes bestehende Gesamtregelung des § 904 oder nur um die Teilregelung des zweiten Satzes handelt.

1. a) Die vorstehenden Ausführungen haben einen gelegentlichen Bedarf für eine **45** analoge Anwendung der **Gesamtregelung** des § 904 erkennen lassen, um den gesetzgeberischen Grundgedanken – Duldung von Sacheingriffen zur Rettung deutlich höherwertiger Güter gegen Entschädigung – konsequent und lückenlos durchzuführen. So ist nicht nur der Eigentümer, sondern sind auch alle anderen Personen duldungspflichtig, die zur Untersagung und Abwehr von Eingriffen in die Sache befugt sind (vgl oben Rn 31). Ferner kommt eine Duldungspflicht nicht nur bei fremden, sondern auch bei herrenlosen Sachen in Betracht, an denen ausschließliche Aneignungsrechte bestehen (vgl oben Rn 24). In diesen Fällen erscheint die analoge Heranziehung von § 904 als Notwendigkeit und entspricht dem Gerechtigkeitspostulat.

b) Darüber hinaus ist aber durchaus fraglich und größtenteils ungeklärt, ob wei- **46** tere Analogien zur Gesamtregelung erforderlich oder möglich sind. Sie lassen sich jedenfalls nicht auf ein allgemeines zivilrechtliches Aufopferungsprinzip stützen, da es nach zutreffender hM ein solches Prinzip nicht gibt (vgl oben Rn 4). Die Lösung ist vielmehr durch eine wertende Betrachtung der einzelnen Tatbestandselemente des § 904 S 1 zu finden. Hierbei ergibt sich, dass die Voraussetzungen der gegenwärtigen Gefahr, der Notwendigkeit der Einwirkung und der unverhältnismäßigen Größe des drohenden Schadens unverzichtbar sind. Diese Merkmale dienen dem Schutz des fremden unbeteiligten Rechtskreises, der nicht vermindert werden darf. § 904 ist aus dogmatischer und historischer Sicht eine Ausnahmevorschrift, die zu Lasten des fremden Rechtskreises geht. Das Opfer, das diesem abverlangt wird, muss von strengen Voraussetzungen abhängig gemacht werden. Insofern setzt die Vorschrift Mindestanforderungen, die durch Analogien nicht unterschritten werden dürfen. – Der Kreis der zu schützenden Rechtsgüter dagegen ist, wie sich gezeigt hat (oben Rn 27), prinzipiell erweiterbar, sodass in dieser Hinsicht die Analogiefrage entfällt. – Sie bleibt schließlich für die Rechtsgüter zu beantworten, in die eingegriffen werden darf. Indem das Gesetz das Eigentum nennt, hat es, wie sich aus den Gesetzesberatungen ergibt (Prot VI 216 = Mugdan I 804), rechtmäßige Eingriffe in Leib, Leben, Gesundheit und Freiheit unbeteiligter Personen ausgeschlossen; gegen derartige Eingriffe müsse unter allen Umständen Notwehr zulässig sein. Dieser Wertung ist auch heute noch zu folgen (im Ergebnis ebenso MünchKomm/Säcker Rn 24; Weimar NJW 1962, 2093; vgl auch Wilhelmi, Risikoschutz durch Privatrecht [2009] 243). Eine rechtmäßige Notstandshandlung kommt deswegen nur bei Sachgütern im weiteren Sinne in Betracht. Insoweit erscheint der Wortlaut des § 904 zu eng, womit im Wege eines Erst-recht-Schlusses, wie auch der Gesetzgeber erkannt hat, die Vorschrift für andere dingliche Rechte und den Besitz ebenfalls anwendbar ist (Prot VI 216; Mugdan I 804) und darüber hinaus auf alle subjektiven Privatrechte (zutreffend Heck § 49 Nr 10; Westermann/Gursky/Eickmann § 28 II 2 b; Soergel/Baur[13] Rn 3; aA BGB-RGRK/Augustin Rn 3; N Jansen, Die Struktur des Haftungsrechts [2001] 572). Über das ausdrücklich genannte Eigentum hinaus kommt daher eine analoge Anwendung des § 904 bei Eingriffen in

Christoph Althammer

alle subjektiven Privatrechte in Betracht, auch wenn kaum praktische Fälle außerhalb von Sacheingriffen vorkommen werden.

47 2.   Auch eine analoge Anwendung nur der **Teilregelung** des § 904 S 2 ist denkbar und wird im Schrifttum für einige Fälle befürwortet, in denen aus unterschiedlichen Gründen die allgemeine deliktische Haftung nach den §§ 823 ff entfällt, gleichwohl aber eine Schadensersatzsanktion für notwendig gehalten wird. Diese Lücke im Haftungssystem soll dann durch § 904 S 2 zu schließen sein.

48 **a)**   Zu einer derartigen Lücke kann es kommen, wenn, wie in § 904 S 1, die Rechtswidrigkeit des Eingriffs ausgeschlossen ist und demzufolge eine deliktische Haftungsnorm nicht eingreift. Das ist der Fall beim strafrechtlichen sog **rechtfertigenden** Notstand der § 34 StGB und § 16 OWiG (früher übergesetzlicher Notstand). Dieser deckt sich sachlich teilweise mit dem Anwendungsbereich des § 904, greift teilweise aber über ihn hinaus (PAWLIK, Der rechtfertigende Notstand [2002] 7 ff). So wird – wie in § 904 S 1 – gefordert, dass eine gegenwärtige Gefahr für ein wesentlich höherwertiges Rechtsgut abzuwenden ist; im Übrigen aber wird allgemein auf eine „Tat" abgestellt und nicht lediglich auf einen Eingriff in Sachen. Da diese Notstandsregelung nach inzwischen allgemeiner Meinung (vgl nur STAUDINGER/REPGEN [2014] § 228 Rn 3; MünchKomm/GROTHE[6] § 228 Rn 2; BGB-RGRK/JOHANNSEN § 228 Rn 18; ENNECCERUS/NIPPERDEY II § 241 V; K SCHREIBER Jura 1997, 29, 33) auch im Zivilrecht die Rechtswidrigkeit ausschließt, ist die Haftung des Einwirkenden nach den §§ 823 ff nicht begründet. Die notwendige Schadensersatzsanktion wird dann zutreffend mit einer analogen Anwendung des § 904 S 2 begründet (hM, vgl die Angaben soeben); eine Mitbeteiligung des Verletzten ist gem § 254 zu berücksichtigen (vgl oben Rn 41), nach **aA** ist dann § 228 analog anzuwenden (CANARIS JZ 1963, 655, 659).

49 **b)**   Auch wird § 904 S 2 von manchen zur Schließung angeblicher Haftungslücken in **Notsituationen** favorisiert, in denen Eingriffe rechtswidrig, aber schuldlos erfolgt sind (etwa im Falle des „Geldnotstands", vgl dazu KÜPER JZ 1976, 515 f; KÖNDGEN, Rechtsverletzung im Notstand – das „effiziente Delikt"?, in: FS Huber [2006] 394). Möglich ist dies, wenn der in § 904 S 1 vorgeschriebene Wertabstand nicht eingehalten ist, wenn also das gefährdete Rechtsgut den durch die Einwirkung entstandenen Schaden an Wert nur geringfügig übersteigt oder ihm gleichwertig ist; ferner soll dies jedenfalls in Betracht kommen, wenn eine Gefahrenlage irrtümlich angenommen oder eine Einwirkung unnötigerweise vorgenommen worden ist (so KONZEN 177 ff mwNw; Beispiele bei WILTS NJW 1962, 1852; 1964, 708; WIELING I § 8 II 2 c; ferner bei WEIMAR NJW 1962, 2094, der allerdings eine andere Lösung befürwortet). Mitunter wird zur Begründung einer Schadensersatzpflicht aus § 904 S 2 auch auf den Rechtsgedanken von § 231 („Irrtümliche Selbsthilfe") zurückgegriffen (so CANARIS, Die Feststellung von Lücken im Gesetz [2. Aufl 1983] 79 ff; zustimmend HOGENSCHURZ, Die Entwicklung des Prinzips der Aufopferungshaftung in den zivilrechtlichen Notstandsfällen am Beispiel der Schadensersatzpflicht des § 904 S 2 BGB [1997] 140).

Gegen diese Ansichten spricht prinzipiell, dass sie § 904 S 2 aus der Gesamtregelung dieser Vorschrift herauslösen und damit zum Grundgedanken dieser Aufopferungsregelung in Widerspruch geraten (ebenso nun STAUDINGER/REPGEN [2014] § 228 Rn 45). Anders als in § 904 S 1, § 34 StGB wird in den genannten Fällen der Betroffene gerade nicht vom Gesetz gezwungen, den Eingriff nach dem Motto des „dulde und liquidiere" hinzunehmen, sondern er kann sich gegen ihn wehren, ein Opfer wird ihm nicht abverlangt (ebenso STAUDINGER/REPGEN [2014] § 228 Rn 45). Eine Duldungspflicht des Eigentümers als Anknüpfungspunkt der Vorschrift existiert nicht. Infolgedessen besteht kein Grund, ihm einen verschuldensunabhängigen Schadensersatzanspruch zu gewähren, der im Haftungssystem ohnehin eine Ausnahme darstellt. – Hinzu kommt weiter, dass es an einer klaren Definition und Abgrenzung der widerrechtlichen Notstandslagen fehlt; die Angaben dazu (s soeben) sind zu unpräzise, und die Erweiterung des Anwendungsbereichs des § 904 S 2 bleibt damit unbestimmt. Allein auf einen „Begünstigungsgedanken" lässt sich die Haftung nicht stützen (so zu Recht CANARIS JZ 1963, 655, 658 f; BGHZ 92, 357, 362; LG Aachen NJW-RR 1990, 1122, 1123), und auf den Einzelfall abzustellen (so OLG Freiburg JZ 1951, 223, 226) ist auch keine überzeugende Lösung. – Im Einzelnen zeigt sich schließlich, dass die vorgebrachten Beispiele sachgerecht nach den herkömmlichen Deliktsvorschriften zu lösen sind (zustimmend KÖNDGEN, Rechtsverletzung im Notstand – das „effiziente Delikt"?, in: FS Huber [2006] 394 Fn 74). Es geht immer um vorsätzliche und nicht gerechtfertigte Eingriffe in fremde Rechtsgüter, die grundsätzlich nach den §§ 823 ff zum Schadensersatz verpflichten. Insofern ist auch eine Haftungs- und Regelungslücke nicht erkennbar (aA etwa HUBMANN JZ 1958, 492 f). Sofern der Einwirkende sich geirrt hat, bleibt seine Haftung unberührt, wenn der Irrtum auf Fahrlässigkeit beruht. Dabei werden an die Vermeidbarkeit des Verbotsirrtums besonders strenge Anforderungen gestellt (allgM, vgl nur OLG Brandenburg v 25. 2. 2010, Az 12 U 123/09 – juris; STAUDINGER/REPGEN [2014] § 228 Rn 44; zur Diskussion HOGENSCHURZ, Die Entwicklung des Prinzips der Aufopferungshaftung in den zivilrechtlichen Notstandsfällen am Beispiel der Schadensersatzpflicht des § 904 S 2 BGB [1997] 139). In aller Regel sind die Eingriffe demnach verschuldet, sodass die §§ 823 ff eingreifen.

c) Noch weiter vom gesetzlichen Vorbild des § 904 S 2 entfernt sich die hL, die analog § 904 S 2 den Eigentümer für ersatzberechtigt hält, wenn ihm Schäden durch Einwirkungen entstanden sind, die er gem **§ 905 S 2** nicht verbieten kann (Nachweise in STAUDINGER/ROTH [2015] § 905 Rn 39). Die Meinung ist abzulehnen (zutreffend PLANCK/STRECKER § 904 Anm 6; BAUR/STÜRNER[18] § 25 Rn 3; STAUDINGER/ROTH [2015] § 905 Rn 39), weil es sich in § 905 S 2 nicht um Aufopferung zugunsten des überwiegenden Interesses eines anderen handelt, sondern um eine gesetzliche Eigentumsbeschränkung mangels Eigeninteresses des Eigentümers. Für den Ersatz gelten vielmehr die §§ 823 ff.

V.   Weitere Regelungen zivilrechtlicher Aufopferung in Notsituationen

§ 904 steht im größeren Zusammenhang der sog zivilrechtlichen Aufopferungshaftung, und dort ist die Vorschrift der Gruppe der **Notstandsfälle** zuzurechnen, die auf dem gemeinsamen Grundgedanken beruhen, dass der Eigentümer in bestimmten Notsituationen Eingriffe zu dulden hat, zum Ausgleich aber Ersatz für die eingetretenen Verluste beanspruchen kann (vgl oben Rn 3 f). Weitere Vorschriften aus diesem Bereich: Nach § 917 Abs 1 ist der Notweg, der zur ordnungsmäßigen Benutzung eines Grundstücks notwendig ist, von den betroffenen Nachbarn zu dulden; nach § 917 Abs 2 sind diese aber durch eine Geldrente zu entschädigen. – Im Luftrecht ist das Recht der Notlandung geregelt. Das Luftfahrzeug ist berechtigt, aus Gründen der Sicherheit und zur Hilfeleistung außerhalb von Flugplätzen zu landen (§ 25 Abs 2 Nr 2 LuftVG), der dadurch entstandene Schaden ist dem Berechtigten zu ersetzen (§ 25 Abs 3 LuftVG). – Beeinträchtigen Telekommunikationslinien die

50

Christoph Althammer

Benutzung eines Grundstücks, ist der Eigentümer unter bestimmten Voraussetzungen zur Duldung verpflichtet; für die Beeinträchtigung kann er von dem Betreiber der Telekommunikationslinie einen angemessenen Ausgleich oder Schadensersatz verlangen (§ 76 Abs 2 TelekommunikationsG v 22. 6. 2004 [BGBl I 1190]).

Eine ähnliche Rechtslage kann sich in Fällen **gemeinsam erlittener Gefahren** ergeben. In dieser Hinsicht sind im Seerecht von Bedeutung die Vorschriften über die große Haverei (§§ 588 ff HGB, § 78 Abs 1 BinnenSchG), dh über die Rechtslage, die entsteht, wenn dem Schiff und/oder der Ladung zwecks Rettung aus gemeinsamer Gefahr vorsätzlich Schäden zugefügt werden. Dann sind diese Schäden unter bestimmten Voraussetzungen von Schiff, Fracht und Ladung gemeinschaftlich zu übernehmen (§ 588 Abs 1 HGB, § 78 Abs 1 BinnenSchG). – Der Gedanke, dass in einer Gefahrengemeinschaft die Verluste gemeinschaftlich zu tragen sind, hat sich als so überzeugend erwiesen, dass er gelegentlich auch im allgemeinen Zivilrecht, dem er an sich unbekannt ist, verwandt wird, so etwa bei der sog Selbstaufopferung im Straßenverkehr (BGHZ 38, 270, 278; MünchKomm/Säcker[6] Rn 27); auch im Fall von OHGZ 4, 99 (von Plünderung bedroht sind Sachgüter sowohl des Verwahrers als auch des Hinterlegers, dazu oben Rn 13) hätte er herangezogen werden können.

VI. § 904 und das öffentliche Recht

51 Aus der systematischen Stellung und der Funktion des § 904 ergibt sich, dass die Vorschrift bei Ausübung *hoheitlicher Tätigkeiten* nicht anwendbar ist (vgl BGHZ 117, 240, 251; RGZ 113, 301, 304; 156, 187, 189; OLGR Nürnberg 1999, 324; OLG Bamberg NVwZ-RR 2006, 226; OLG Rostock BeckRS 2010, 22989; Erman/Wilhelmi[14] Rn 4; Henckel JZ 1997, 333, 341). Denn die Vorschrift trägt dem allgemeinen Aufopferungsgedanken in seiner zivilrechtlichen Ausprägung Rechnung (OLG Rostock BeckRS 2010, 22989). So ist zB Selbsthilfe gegen Maßnahmen, die eine Ordnungsbehörde zur Abwehr einer Wassergefahr für ein Wohngebiet trifft, nicht zulässig; deren Rechtmäßigkeit ist in dem dafür vorgesehenen Verfahren nach der VwGO zu überprüfen. Verursachen solche Maßnahmen, wie etwa im Fall von BGHZ 117, 240, Überschwemmungsschäden, so sind Entschädigungsrechte des betroffenen Eigentümers nach den Grundsätzen des enteignenden Eingriffs (dazu oben Einl 37 ff zu §§ 903 ff) oder des enteignungsgleichen Eingriffs (dazu oben Einl 41 ff zu §§ 903 ff) oder auch nach den polizeirechtlichen Vorschriften der Länder über die Entschädigung bei Maßnahmen gegen Dritte (zB § 10 Abs 3 Hamburger SOG) zu beurteilen. Eine Anwendung von § 904 S 2 wird aber befürwortet, wenn im hoheitlichen Handeln zugleich die Besorgung eines privatrechtlichen Geschäfts liegt (Beispiel: Hilfeleistung durch Löscharbeiten gegenüber einem Dritten aufgrund der Fortdauer der Gefahr, so OLGR Nürnberg 1999, 324). Letztere Auffassung erscheint aber bedenklich, weil sie keine klare Abgrenzung erlaubt und das abschließende System öffentlich-rechtlicher Ausgleichsmechanismen in Frage stellt.

§ 905
Begrenzung des Eigentums

Das Recht des Eigentümers eines Grundstücks erstreckt sich auf den Raum über der Oberfläche und auf den Erdkörper unter der Oberfläche. Der Eigentümer kann jedoch Einwirkungen nicht verbieten, die in solcher Höhe oder Tiefe vorgenommen werden, dass er an der Ausschließung kein Interesse hat.

Materialien: VE § 86; E I § 849; II § 819; III § 889; Jakobs/Schubert SR I 447; Schubert, SR I 642; Mot III 263; Prot III 120 ff; Mugdan III 145, 578.

Schrifttum

Axer, Der Anliegergebrauch an Straßen, DÖV 2014, 323

Barber, Air Ambushing oder parasitäre Werbung im Luftraum, WRP 2006, 184

JF Baur, Der Konflikt zwischen Eigentümer und Dritten bei der Tiefennutzung von Grundstücken, ZHR 150 (1986) 507

vDanwitz, Straßen- und Wegerecht, in: Schoch (Hrsg), Besonderes Verwaltungsrecht (15. Aufl 2013) Kap 7, S 739 ff

Dietz, Grundrechtskollisionen im öffentlichen Raum. Gemeingebrauch, Anliegergebrauch und Sondernutzung als Beispiele grundrechtsgeprägter Erlaubnisverfahren, AöR 133 (2008) 556

Erbguth, Recht der öffentlichen Sachen, JURA 2008, 193

B Fuchs, Die Zulässigkeit der Inanspruchnahme von Nachbargrundstücken bei der Ausführung von Tiefbauarbeiten (2004)

Ganschezian/Finck, Straßeneigentum und Gemeingebrauch, NJW 1957, 285

Goeke, Das Grundeigentum im Luftraum und im Erdreich (1999)

Grziwotz/Lüke/Saller, Praxishandbuch Nachbarrecht (2005)

Grziwotz/Saller, Bayerisches Nachbarrecht (3. Aufl 2015)

Heinzmann, Der Wärmeschutzüberbau bei geschlossener Bauweise und unterschiedlicher Gebäudehöhe oder unterschiedlicher Gebäudetiefe, BWNotZ 2006, 153

Herrmann, Der Konflikt zwischen Verkehrswegen, Leitungsrechten und Bergbau in der neueren Rechtsprechung des Bundesgerichtshofs, WM 2011, 1781

Hildesheim, Zum Umfang des Herrschaftsrechts des Grundstückseigentümers nach §§ 903, 905 BGB – BVerfGE 58, 300, JuS 1985, 96

Hoeren, Handbuch Wegerechte und Telekommunikation (2007)

Karrenstein, Errichtung und Betrieb von Erdgasspeichern in unterirdischen Hohlraumstrukturen (2015)

Kment/Weber, Recht der öffentlichen Sachen, JA 2013, 119

Koch, Aktuelle Probleme des Lärmschutzes, NVwZ 2000, 490

Lakkis, Was summt in der Höhe, was brummt und gluckert in der Tiefe?, in: FS Schilken (2015) 62

Lindig, Über die fiktive und funktionelle Gegenständlichkeit des Grundstücks, AcP 169 (1969) 459

Maass, Nachbarrechtliche Probleme bei der Baudurchführung, BauR 2007, 1650

Much, Die Rechtsfragen der Ablagerung von CO_2 in unterirdischen geologischen Formationen usw (2009)

Mosich, Das Grundeigentum und seine Begrenzung nach §§ 905 und 906 BGB, IherJb 80 (1930) 255

Papier, Recht der öffentlichen Sachen (3. Aufl 1998)

Rath, Vorbauten an öffentlichen Straßen, BlGBW 1954, 101

Herbert Roth

RUHWEDEL, Fluglärm und Schadensausgleich im Zivilrecht, NJW 1971, 641

SCHLADEBACH, Luftrecht (2007)

ders, Lufthoheit (2014)

A SCHMID, Rechtliche Bewertung ziviler Drohnenflüge, K u R 2015, 217

H SCHNEIDER, Die Anliegernutzung im neuen Straßenrecht, NJW 1963, 276

H SCHULTE, Freiheit und Bindung des Eigentums im Bodenrecht, JZ 1984, 297

STADLER, Das Nachbarrecht in Bayern (7. Aufl 2004)

STELKENS, TKG-Wegerecht – §§§ 68–77 TKG (2010)

ders, Das Recht der öffentlichen Sachen, Die Verwaltung 2013, 493

TURNER, Zur Auslegung des § 905 BGB, JZ 1968, 250

ders, Das Recht zur Anlage und Nutzung unterirdischer Hohlräume, BB 1969, 156

WELLER, Rechtliche Probleme der Untertagedeponie, ZfB 1988, 342

WYSK, Ausgewählte Probleme zum Rechtsschutz gegen Fluglärm, ZLW 1998, 19.

Älteres Schrifttum s STAUDINGER/SEUFFERT[11].

Systematische Übersicht

Alphabetische Übersicht

Herbert Roth

I.   Normzweck

1   § 905 bedeutet eine weitere **Konkretisierung** des Eigentumsinhalts (§ 903) (Lakkis, in: FS Schilken [2015] 61, 63). § 905 S 1 erstreckt das **Eigentümerinteresse** senkrecht nach oben und senkrecht nach unten und erweitert nach seinem Normzweck das Grundeigentum. Das Herrschaftsrecht des Eigentümers erstreckt sich dagegen nicht nach §§ 903, 905 auf ein benachbartes öffentliches Straßengrundstück, von dem aus die Zufahrt auf sein Grundstück verhindert oder erschwert wird. Doch besteht insoweit ein Anspruch aus § 1004 Abs 1 analog zur Teilhabe am **Gemeingebrauch** an dem

Straßengrundstück, womit Zugangsbehinderungen abgewehrt werden können (BGH NJW-RR 2011, 1476 Rn 10). Über die sich in § 905 S 2 anschließende Einschränkung des Verbietungsrechts hinaus werden dem Grundstückseigentümer insbes durch das **öffentliche Recht** vielfältige und immer neue Schranken gezogen, sodass § 905 mehr und mehr an Bedeutung verliert (GOEKE 140 ff; zur Tiefennutzung aber JF BAUR ZHR 150 [1986] 507 ff). Entgegen der Verheißung des § 905 S 1 hat vor allem § 1 LuftVG (abgedruckt in SARTORIUS Ergänzungsband Nr 975) den *Luftraum* (dazu WYSK ZLW 1998, 18, 19) und das BVerfG (BVerfGE 58, 300 = NJW 1982, 745) das *Grundwasser* enteignet (MEDICUS, AT[10] Rn 128; AK-BGB/WINTER Rn 1). § 905 bildet daher in weiten Bereichen nur noch eine durch öffentliches Recht ausgehöhlte privatrechtliche Hülle. Aus neuerer Zeit sind noch §§ 4, 7 **BBodSchG** (abgedruckt in SARTORIUS I Nr 299) zu erwähnen. Mit den gemachten Einschränkungen muss die Aussage gesehen werden, dass die mit § 905 bewirkte Erstreckung des Machtbereichs des Eigentümers auf das Erdreich unter der Erdoberfläche und den Luftraum darüber für die Ausübung seines Herrschaftsbereiches unerlässlich ist. Vor allem bewirkt § 1 Abs 1 LuftVG mit seinem Gemeingebrauch am Luftraum, dass Eigentümer und Besitzer sowohl zur Duldung direkter Überflüge wie zur Hinnahme von Beeinträchtigungen aus Über- und Vorbeiflügen über § 906 BGB hinaus verpflichtet sind. § 905 ist in neuerer Zeit auch Gegenstand von **rechtspolitischen Überlegungen** (Gesetzesvorschlag bei B FUCHS 310).

Nach zutreffender Auffassung begründet § 905 S 1 kein Eigentum an der **Luftsäule**   **2** (insofern ebenso die bei SCHUBERT 642 wiedergegebene Begründung von JOHOW) über dem Grundstück oder an dem gesamten **Erdkörper** unterhalb der Oberfläche (insoweit anders die Vorstellung von JOHOW, bei SCHUBERT 642). Vielmehr ist § 905 S 1 wörtlich zu nehmen: „Das Recht... erstreckt sich". § 905 S 1 enthält den rechtlichen Schutz der **Interessensphäre** (oder das Herrschaftsrecht) des Grundeigentümers nach oben und unten (RGZ 132, 398; PALANDT/BASSENGE[74] Rn 1; ERMAN/WILHELMI[14] Rn 1; PWW/LEMKE[9] Rn 1; LINDIG AcP 169 [1969] 459, 462). Soweit § 905 S 1 nach **aA** eine Eigentumserstreckung nach oben und unten bedeuten soll (PLANCK/STRECKER 270 Anm 1 mwNw), ist die Streitfrage ohne praktische Bedeutung (zum Luftraum NIEMEYER, Verh 31. DJT [1912] Bd 2 S 29, 39 f). Gemeint ist, dass die Herrschaft des Eigentümers sich nur insoweit erstreckt, als für die Ausübung ein **konkretes Interesse** besteht (PRÜTTING, Sachenrecht[35] Rn 310). Diese Begrenzung der individuellen Herrschaftssphäre vermittelt zugleich einen **raumordnenden Bezug** (MOSICH IherJb 80 [1930] 255, 265 f), was die Rspr in der Sache durch eine gewisse Objektivierung des Eigentümerinteresses anerkannt hat (MOSICH IherJb 80 [1930] 255, 267).

§ 905 ist **keine Anspruchsgrundlage**; diese findet sich in § 1004 Abs 1, § 823 Abs 1, 2   **3** (SOERGEL/JF BAUR[13] Rn 7; BAMBERGER/ROTH/FRITZSCHE[3] Rn 1; RÖSCH in: jurisPK-BGB[5] Rn 3). Während § 905 S 1 den Umfang der möglichen Eigentumsbeeinträchtigung iS des § 1004 Abs 1 näher konkretisiert, bedeutet § 905 S 2 eine Einschränkung iS des § 1004 Abs 2. Bisweilen (STAUDINGER/GURSKY [2013] § 1004 Rn 176) wird § 905 S 2 auch als **echte Inhaltsbegrenzung** des Eigentums verstanden; doch bleibt dieses unterschiedliche Verständnis im Ergebnis folgenlos. Eine vergleichbare Frage ergibt sich für § 906 (dort Rn 3).

Herbert Roth

II. Eigentümer; sonstige Berechtigte

4 Das Verbietungsrecht aus § 1004 Abs 1 steht neben dem in § 905 genannten **Eigentümer** auch dem **Wohnungs- oder Teileigentümer** (§ 1 Abs 2, 3 WEG) zu, sowie den **Erbbau-** und **Dienstbarkeitsberechtigten**, soweit deren Rechte durch die Einwirkung beeinträchtigt werden (§ 11 ErbbauRG; §§ 1027, 1065, 1090 Abs 2 BGB). Daneben ist auch der **Grundstücksbesitzer** (§ 862) geschützt (OLG Bremen OLGZ 1971, 147; BAMBERGER/ROTH/FRITZSCHE³ Rn 2; BGB-RGRK/AUGUSTIN Rn 4) sowie überhaupt jeder **Nutzungsberechtigte** (BGH NJW 1981, 573; BARBER WRP 2006, 184). § 905 findet auch auf die Eigentümer von **öffentlichen Sachen** Anwendung, insbes auch auf Eigentum an Straßen oder Gewässern, soweit nicht die privatrechtlichen Eigentümerbefugnisse im Umfang der bestehenden, durch **Widmung** bewirkten, öffentlichen Sachherrschaft verdrängt worden sind. Öffentliche Sachen (näher zur Einordnung STAUDINGER/ H H SEILER [2012] Einl 89 zum SachenR; ERBGUTH JURA 2008, 193; PAPIER Jura 1979, 93; PAPPERMANN JuS 1979, 794, 795) unterstehen nach der Lehre des **modifizierten Privateigentums** grundsätzlich der bürgerlich-rechtlichen Eigentumsordnung (BGHZ 19, 85, 90 = NJW 1956, 104 mAnm NEDDEN ebd 469 im Anschluss an RGZ 150, 216, 218; 123, 181; 123, 187, 188 f; 125, 108 f; 132, 398, 400; **aA** PEINE JuS 1987, 169, 178; STAUDINGER/SEILER [2012] Einl 89 zum SachenR: Dienstbarkeit des öffentlichen Rechts). Doch bestehen über die Begrenzungen des § 905 S 2 hinaus weitere Beschränkungen des Eigentümerinteresses im Bereich des **Gemeingebrauchs** (unten Rn 24, 31), insbes in seiner Unterform des **Anliegergebrauchs** (unten Rn 24 ff). Vielfältige Einschränkungen ergeben sich aus dem **Wasser- und Bergrecht** (unten Rn 6, 30), wobei Landesrecht zu beachten ist (früher Art 65 EGBGB [Wasserrecht]; jetzt aufgehoben durch Art 13 des G zur Neuregelung des Wasserrechts v 31. 7. 2009, BGBl I 2585; zu den Konsequenzen für das **Landeswasserrecht** unten § 909 Rn 16; Art 124 EGBGB [nachbarrechtliche Eigentumsbeschränkungen]).

III. Luftraum; Erdkörper; Festlandsockel

5 Unter **Luftraum** iS des § 905 wird der senkrecht über dem Grundstück befindliche Raum (Luftsäule) verstanden (PALANDT/BASSENGE⁷⁴ Rn 1), der theoretisch „bis zum Mond" und noch darüber hinaus reicht. Ungenau ist die in § 905 S 1 enthaltene Bezugnahme auf den „Erdkörper unter der Oberfläche", der sich theoretisch keilförmig bis zur Erdmitte erstreckt (Materialien bei SCHUBERT 642; DEHNER, Nachbarrecht [Stand: Oktober 2014 Lfg 57] B § 1 I, II 1). In erweiternder Auslegung werden darunter auch natürliche und künstliche **Höhlen** (JAUERNIG/BERGER, BGB¹⁵ Rn 1) verstanden, was insbes für die **Untergrundspeicherung** von Gas sowie Rohöl und Atommüll von Bedeutung sein kann, lässt man die öffentlich-rechtlichen Vorgaben einmal beiseite (BGH MDR 1981, 567 [Untergrundspeicherung von Rohöl durch den Inhaber einer Salzabbaugerechtigkeit]; BGB-RGRK/AUGUSTIN Rn 4; PALANDT/BASSENGE⁷⁴ Rn 1; MünchKomm/SÄCKER⁶ Rn 6; PLANCK/STRECKER Anm 2 S 270 f; HECK, Sachenrecht § 49 S 214 f; grundsätzlich auch TURNER JZ 1968, 250; ders BB 1969, 156; ausführlich JF BAUR ZHR 150 [1986] 507 ff).

6 Nach der früher ganz hL sollte sich das Recht des Eigentümers nach § 905 auch auf das **Grundwasser** als Teil des Erdkörpers erstrecken (BGHZ 69, 1, 3 f; BGH NJW 1978, 2290; BayObLGZ 1967, 7, 12 = NJW 1965, 973; HILDESHEIM JuS 1985, 96, 97 mwNw in Fn 2). Doch soll seit dem „Naßauskiesungsbeschluß" des BVerfG das Grundwasser vom Herrschaftsrecht des Grundeigentümers nicht mehr erfasst werden und damit aus dem Anwendungsbereich des § 905 herausfallen (BVerfGE 58, 300, 336 f = NJW 1982, 745; zust

OLG Frankfurt NJW-RR 1986, 819, 820 [Mülldeponie]; MünchKomm/Säcker[6] Rn 5; Rösch in: jurisPK-BGB[7] Rn 8; mit Recht krit F Baur NJW 1982, 1734; Leisner DVBl 1983, 61; Hildesheim JuS 1985, 96 mwNw; jetzt in der Konzeption ebenso § 4 Abs 2 WHG nF). Betroffen ist das gesamte unterirdische Wasser, soweit es nicht künstlich gefasst ist (BVerwG DVBl 1968, 32; Palandt/Bassenge[74] Rn 2; Hildesheim JuS 1985, 96, 97; Breuer, Öffentliches und privates Wasserrecht[3] Rn 28 f). Die Grundwasserbenutzung regelt sich nach den §§ 2 Abs 1 Nr 3, 3 Nr 3 WHG (abgedruckt in Sartorius I Nr 845 idF des G v 31. 7. 2009, BGBl I 2585). Auf Erlaubnis (§§ 8, 10 WHG) oder Bewilligung (§§ 8, 10 WHG) hat der Eigentümer keinen Anspruch (BVerfGE 58, 300). Es gilt das Bewirtschaftungsermessen des § 12 Abs 2 WHG. Der BGH musste der Rspr des BVerfG wegen § 31 BVerfGG folgen (BGHZ 84, 223, 226; 230, 236). Wegen § 2 Abs 1 Nr 1, § 3 Nr 1 WHG gilt für *Quellwasser* das gleiche wie für Grundwasser. Einwirkungen auf Grundwasser, die sich auch auf das Grundwasser unter dem Nachbargrundstück auswirken, verstoßen nicht gegen § 823 Abs 1 (BGHZ 69, 1 = NJW 1977, 1770). Zu beachten sind aber § 909 (dort Rn 14) und die Landesnachbarrechte (§ 909 Rn 16 ff).

Dagegen unterfallen Bodenbestandteile, die nicht gem § 3 Abs 2 S 1 BBergG dem **7** **Bergregal** (unten Rn 30) unterliegen, insbes Sand oder Kies, weiterhin dem Herrschaftsrecht des Eigentümers aus § 905 (BGH NJW 1984, 1169, 1172; OLG Celle ZfB 122 [1981] 447; JF Baur ZHR 150 [1986] 507, 528 f; Pfützenreuter jurisPR-SteuerR 27/2008 Anm 2).

Eine Sonderregelung besteht für die Aufsuchung und Gewinnung von Bodenschät- **8** zen (vor allem Mineralien und sonstige anorganische Bodenschätze) auf dem **Festlandsockel**. Nach Art 77 Abs 1 des UN-Seerechtsübereinkommens (SRÜ) (abgedruckt in Sartorius II Nr 350) übt der Küstenstaat über den Festlandsockel souveräne Rechte zum Zweck seiner Erforschung und der Ausbeutung seiner natürlichen Ressourcen aus. Nach Art 79 Abs 1 SRÜ haben alle Staaten das Recht, auf dem Festlandsockel unterseeische Kabel und Rohrleitungen zu legen (Einzelheiten bei Heintschel von Heinegg, in: Ipsen [Hrsg], Völkerrecht [6. Aufl 2014] § 45 Rn 22).

IV. Einschränkungen des Verbietungsrechts nach § 905 S 2

Nach § 905 S 2 kann der Eigentümer Einwirkungen nicht verbieten, die in solcher **9** Höhe oder Tiefe vorgenommen werden, dass er an der Ausschließung kein Interesse hat (zB BGHZ 110, 17, 21 [unterirdische Speicherung von Gas]; OLG Stuttgart NJW 1994, 739 [rückverankerte Bohrpfahlwand im Nachbargrundstück]; OLG Hamburg NJW-RR 1991, 403; OLG Düsseldorf OLGZ 1991, 211 [Abwasserleitung]). Die Bedeutung der Vorschrift kann in der Zukunft zunehmen, wenn der Eigentümer etwa ein Interesse daran hat, in großer Tiefe **Bohrungen** vorzunehmen („geothermische Bohrungen") (Lakkis, in: FS Schilken [2015] 61, 69). Nach hL müssen die Einwirkungen des § 905 **sinnlich wahrnehmbar** sein, wobei **negative Einwirkungen** nicht darunter fallen (zum Begriff unten § 906 Rn 122 ff; Glaser/Dröschel, Das Nachbarrecht in der Praxis [3. Aufl 1971] 79 f). Anders als bei § 906 kommt es für die Bestimmung des Ausschließungsinteresses des Eigentümers nicht darauf an, ob die Einwirkungen von einem benachbarten Grundstück ausgehen, oder ob es sich um eine ortsübliche Beeinträchtigung handelt oder nicht (BGB-RGRK/ Augustin Rn 5; MünchKomm/Säcker[6] Rn 7; NK-BGB/Ring[2] Rn 14). Doch können für die Interessenbewertung die näheren örtlichen Verhältnisse in Betracht kommen (RGZ 97, 25, 27). Rspr und Lit legen das Verbietungsrecht des Eigentümers mit Recht **weit** aus (Soergel/JF Baur[13] Rn 1; NK-BGB/Ring[3] Rn 10).

Herbert Roth

10 Das Verbietungsrecht kann sich auf jedes **schutzwürdige Interesse** stützen, wenn es sich nur auf eine Beziehung zur Benutzung des Grundstücks gründet (BGH MDR 1981, 567 [Untergrundspeicherung von Rohöl]; PALANDT/BASSENGE[74] Rn 4; MünchKomm/SÄCKER[6] Rn 9; JF BAUR ZHR 150 [1986] 507 ff). Maßgebend ist in erster Linie die Verkehrsanschauung (zur damit verbundenen Objektivierung oben Rn 2), wobei die örtlichen Verhältnisse zu berücksichtigen sind (RGZ 97, 25, 27; MünchKomm/SÄCKER[6] Rn 8). Entscheidend sind die **konkreten Verhältnisse** (BGH MDR 1981, 567; OLG Hamburg MDR 1957, 37; insoweit auch OLG Düsseldorf NZM 2007, 582), weil bei einem Abstellen auf die abstrakte Möglichkeit der Interessenbeeinträchtigung das Ausschließungsinteresse des Eigentümers fast uferlos wäre. Geschützt wird auch ein **künftiges Nutzungsinteresse** (BGHZ 125, 56, 64 [Fernmeldekabel der Post]; BGH MDR 1981, 567; NJW 1957, 1396, 1397; OLG Hamburg MDR 1957, 37), sofern es nicht um eine völlig fernliegende Möglichkeit geht. Die Norm ist auch im **öffentlichen Recht** anwendbar, wenn etwa ein Grundstückseigentümer eines nicht bebaubaren Grundstücks gegen einen in einer Verlegungstiefe von 1,7 m befindlichen kommunalen Schmutzwasserkanal nach § 1004 Abs 1 analog vorgeht (VG München U v 19. 4. 2007 Az M 10 K 06. 1472 juris Rn 36; auch VGH München U v 26. 2. 2007 Az 4 ZB 06.1905 juris Rn 16 [Verbietungsinteresse bejaht]; ebenso VGH München B v 15. 2. 2008 Az 4 ZB 07.601 juris; VG München U v 30. 11. 2006 Az M 10 K 01. 2455, juris Rn 26, 30 [Verbietungsinteresse verneint]; VG Ansbach U v 30. 1. 2007 Az AN 1 K 04.00596 juris Rn 45 [Verbietungsinteresse bejaht]; VG Regensburg Urteil v 23. 10. 2006 Az RO 13 K 05.1913 juris [Verbietungsinteresse verneint bei Wasserversorgungsleitung]; OVG Thüringen U v 3. 9. 2008 Az 1 KO 559/07 juris Rn 104, 105 [Verbietungsinteresse verneint bei Wasserversorgungsleitung]). Das Interesse braucht nicht vermögensrechtlicher Natur zu sein. Es reicht auch ein **ästhetisches Interesse** aus (BGH MDR 1981, 567; OLG Hamm Urteil v 22. 1. 2007 Az 5 U 126/06 juris Rn 25 [Thermostat und Dachrinne]), so zB das Interesse des Straßeneigentümers, eine Verunstaltung des Ortsbildes durch in die Straße hineinragende Werbeschilder zu verhindern (GANSCHEZIAN/FINCK NJW 1957, 285, 286). Geschützt wird auch das Interesse des Eigentümers am Anblick des freien Himmels, sodass das Spannen von Kabeldrähten über dem Grundstück verhindert werden kann (RGZ 59, 116, 118; MünchKomm/SÄCKER[6] Rn 8; enger HEROLD BlGBW 1956, 197, 198).

11 Nicht ausreichend ist das Interesse des Grundstückseigentümers, sich für die Gestattung der Einwirkung ein **Entgelt** auszubedingen, weil er damit nicht sein Interesse an der unbeschränkten Ausübung seines Eigentums, sondern am Nichtbestehen der Einschränkung nach § 905 S 2 geltend machen würde (BGH NJW 1957, 1396, 1397; MDR 1981, 567; RGZ 123, 181 f; BGB-RGRK/AUGUSTIN Rn 14). Aus diesem Grund kann etwa die Projizierung von **Lichtbildern** auf den Himmel über dem Eigentümergrundstück durch „Lichtkanonen", Laser oder Scheinwerfer zu Werbe- oder Kunstzwecken (MANDL DJZ 1933, 1116) nicht von dem betroffenen Eigentümer mit der Begründung untersagt werden, er wolle sich eine Vergütung ausbedingen (zutreffend TRUSEN DJZ 1934, 534). Die gleichen Erwägungen gelten auch für von Flugzeugen durch Rauch uä erzeugte **Reklameschriften** auf dem Himmel (TRUSEN DJZ 1934, 534, 535). Selbst wenn der Eigentümer kein kommerzielles Interesse verfolgt, wird ihm gegen ausreichend hohe Überflüge mit Zeppelinen mit Werbeaufschrift, mit Sportflugzeugen mit angehängten Werbebanden, mit Heißluftballonen oder gegen in die Luft projizierte Lichtbilder regelmäßig kein Verbietungsrecht nach § 1004 Abs 1 zustehen (ausführlich BARBER WRP 2006, 184 ff). Helfen kann hier vor allem das **Wettbewerbsrecht** unter dessen Voraussetzungen. Auch steht (Bsp nach HECK, Sachenrecht § 49 S 214 f) dem Eigentümer kein Anteil am Eintrittsgeld zu, wenn sich etwa die

Höhle eines Grundstücksnachbarn unterirdisch auf sein Grundstück erstreckt, ohne dort einen Eingang zu haben. Etwas anderes gilt, wenn sich der Nachbar selbst einen Eingang schafft (Erman/Wilhelmi[14] Rn 4). Auch kann der Eigentümer fremde Stromleitungen nicht deshalb verbieten, weil er selbst ein Elektrizitätswerk betreibt und ihm durch die Leitungen des anderen Unternehmers **Konkurrenz** gemacht wird. Er kann sein Ausschließungsrecht nur darauf stützen, dass er durch die fremden Drähte an der Ausnützung des eigenen Grundstücks gehindert wird (RG JW 1928, 503 mAnm Meisner; Erman/Wilhelmi[14] Rn 5). Auch die Anlegung eines Eisenbahntunnels unter dem Grundstück kann nicht mit der Begründung untersagt werden, der Eigentümer sei an einem Konkurrenzunternehmen beteiligt (Bsp von BGH MDR 1981, 567).

Zur Vermeidung des § 905 S 2 reicht es aus, wenn der Eigentümer ein Interesse an **12** der Nutzung durch einen von ihm dazu berechtigten **Dritten** hat. Wird demnach das Nutzungsrecht eines Dritten am Grundstück durch unterirdische Einwirkungen (etwa durch Untertunnelung eines Weges) gestört, so ist der Eigentümer selbst in der Ausnutzung seines Eigentums betroffen (BGH NJW 1981, 573).

Das Verbietungsinteresse setzt nicht voraus, dass gerade die **Oberflächennutzung** des **13** betroffenen Grundstücks beeinträchtigt wird (BGH MDR 1981, 567 gegen Turner JZ 1968, 250; ders BB 1969, 156; Melsbach JW 1913, 909; Lindig AcP 169 [1969] 459, 465). Die Interessen des Eigentümers sind nicht nur insoweit geschützt, als ein begrenzter Teil des Erdkörpers zu Zwecken der Oberflächennutzung zugeordnet ist. Das Gesetz weiß nichts von einer Beschränkung auf die „Oberflächenorientierung" (so aber Turner JZ 1968, 250, 254; dagegen JF Baur ZHR 150 [1986] 507, 514; Weller ZfB 1988, 342, 352 [ehemalige Grubenbaue eines Bergwerks]).

Bei Einwirkungen in die **Tiefe** sind für einen Ausschluss des Eigentümerinteresses **14** strenge Maßstäbe anzulegen (BGH MDR 1981, 567; JF Baur ZHR 150 [1986] 507, 517 ff). So braucht durch den Eigentümer der Bau einer U-Bahn in einer Tiefe von 13–15 m nicht entschädigungslos geduldet zu werden (BGHZ 83, 61, 64; Gather DWW 1966, 51, 52 re Sp). In derartigen Fällen bedarf es vielmehr regelmäßig der Bestellung einer Grunddienstbarkeit. Auch wird insbes der Eigentümer (Straßeneigentümer) mit Rücksicht auf eine künftige Nutzung des Erdkörpers für eine Bebauung (BGHZ 125, 56, 64 [Fernmeldekabel in einer Tiefe von 2 oder 2,3 m]), die Verlegung der Kanalisation, den U-Bahnbau, für Unterführungen, Versorgungsleitungen ua stets ein Ausschließungsinteresse haben, um eine unterirdische Nutzung, wie zB einen Kellerbau in den Straßenkörper hinein, verhindern zu können (Ganschezian/Finck NJW 1957, 285, 287; Herold BlGBW 1956, 197, 198). Auch im Übrigen kann die Hindurchführung eines *Tunnels* unterhalb eines Grundstücks verboten werden, wenn nur ein geringer Abstand zur Oberfläche besteht und mit Erschütterungen oder gar Einsturzgefahr zu rechnen ist (RG JW 1912, 869), oder eine Untertunnelung die künftig vorgesehene Benutzung eines Weges für den Einsatz von Transportfahrzeugen erschwert (BGH NJW 1981, 573). Eine Straßenbahngesellschaft musste freilich die Verlegung eines *Fernheizrohrs* in einer Tiefe von 1,79 m unter dem Bahnkörper hinnehmen (OLG Bremen OLGZ 1971, 147; zu Abwasserleitungen in 5 m Tiefe OLG Hamburg NJW-RR 1991, 403; OLG Düsseldorf OLGZ 1991, 211). Auch unterirdische unschädliche Zuführungen (RG WarnR 1913 Nr 419) oder eine *Quellfassung* unterhalb des Grundstücks können nicht verboten werden, wenn die Grundstücksfestigkeit und der Grundstückswert nicht beeinträchtigt werden (OLG München OLGE 26, 20). Vergleichbar liegt es, solange der

Betrieb eines unterirdischen *Gastiefspeichers* den Tonabbau im Tagebau nicht beeinträchtigt (BGHZ 110, 17, 21).

15 Bei Einwirkungen in die **Höhe** wird ein Ausschließungsinteresse des Straßeneigentümers gleichfalls in aller Regel anzunehmen sein, um den Luftraum *über* der Straße, zB für Oberleitungen der Straßenbahn, Freileitungen der Versorgungsbetriebe sowie für Beleuchtungsanlagen, Verkehrszeichen oder Überbrückungen freihalten zu können (BGH WM 1976, 213, 214; GANSCHEZIAN/FINCK NJW 1957, 285). Die Möglichkeit der **künftigen Inanspruchnahme** des Luftraums über der Straße wird kaum jemals zu verneinen sein. § 905 ist nicht einschlägig, wenn nicht der Luftraum über dem Straßenkörper genutzt wird wie etwa bei der **Hauswandwerbung**. Insoweit ist nicht das Straßenrecht, sondern das Bauplanungs- und Bauordnungsrecht anwendbar (LG Berlin Urteil v 5. 9. 2006 Az 15 O 252/06 juris Rn 43). Gleichwohl ist das Verbietungsrecht des Straßeneigentümers vielfältig durch **Gemeingebrauch** oder **Anliegergebrauch** beschränkt (unten Rn 24). Nach den dargestellten Grundsätzen muss ein 3 m über dem Erdboden errichtetes größeres *Gaststättenvordach,* das 3,40 m in den Luftraum einer Straße hineinragt, von der Stadtgemeinde als Eigentümerin auch bei einer breiten verkehrsreichen Straße in einer Großstadt nicht schon nach § 905 S 2 geduldet werden (BGH LM Nr 2; RGZ 132, 398; zu den Aspekten der Anliegernutzung unten Rn 28). Auch braucht eine 10 m über der Straße in diese hineinragende *gewerbliche Lichtreklame* nicht nach § 905 S 2 gestattet zu werden (RGZ 123, 181; wohl aber wurde Gemeingebrauch bejaht, unten Rn 28). Ferner sollte ein Verbietungsanspruch nicht schon nach § 905 S 2 scheitern müssen, wenn ein *Tankstellenschlauch* von der Tankstelle über die Straße zum Kraftfahrzeug geführt wird (RGZ 150, 216, 218, 226; abl vBOHLEN JW 1936, 1600; großzügiger RGZ 123, 181). Eine auf § 1004 Abs 1 gestützte Klage des Straßeneigentümers gegen eine in die Straße hineinragende *Werbeanlage* (Nasenschild) war wegen Benutzung des öffentlichen Luftraums (zur Sondernutzung unten Rn 28) erfolgreich (BGH NJW 1978, 2201). Vergleichbares gilt für *Warenautomaten,* die sich in den Straßenluftraum erstrecken (BGH NJW 1973, 1281, 1282). Bei **öffentlichen Sachen** liegt die Problematik nicht bei § 905 S 2, sondern im Gemein- und Anliegergebrauch (unten Rn 24, 31), der das Straßeneigentum über die Grenzen des § 905 S 2 hinaus beschränkt (GLASER/DRÖSCHEL 85 f).

16 Innerhalb des reinen **Privatrechtsbereichs** kann sich ein Grundstückseigentümer etwa gegen einen überschwenkenden *Baukran* des Nachbarn wehren (OLG Karlsruhe NJW-RR 1993, 91; OLG Düsseldorf NJW-RR 1989, 1421; AG Arnsberg MDR 1980, 579; zur uneinheitlichen Rspr MAASS BauR 2007, 1650, 1656; **aA** OLG Düsseldorf NZM 2007, 582 [bloßes Schwenken ohne Last in 25 m Höhe und keine Nutzung des Luftraums durch den betroffenen Nachbarn] mit Anm KLEPPER IBR 2007, 251; LG Kiel BauR 1991, 380) oder eine angebaute *Regenrinne* (LG Kassel ZMR 1999, 713). Verhindert werden kann auch der Bau eines *Erkers* in den Luftraum (RG SeuffA 65 Nr 241; HEROLD BIGBW 1956, 197, 198), soweit nicht abweichendes Landesnachbarrecht eingreift. Abwehrbar ist auch die Anfüllung des Luftraums mit *Sand* (RGZ 60, 138, 140). Gegen überhängende *Reklametafeln* ist ein Abwehranspruch aus § 1004 Abs 1 nur dann ausgeschlossen, wenn die Tafel so hoch angebracht ist, dass an ihrer Entfernung keinerlei schutzwürdiges Interesse mehr bestehen kann (OLG Hamburg MDR 1969, 576 [LS]). Grundsätzlich über § 1004 Abs 1 verbietbar sind in den Luftraum hineinragende *Ausbauchungen* von Mauern (BGHZ 28, 110, 115; unten § 912 Rn 15). Bei nicht *entschuldigtem unrechtmäßigem* **Grenzüberbau** gem § 912 wird das Eigentum am Gebäude auf der Grenzlinie des Grundstücks real geteilt (BGHZ 102, 311, 314; 27, 204; unten § 912 Rn 76). Wenn eine Duldungs-pflicht schon nach § 905 S 2 zu bejahen ist, kommt § 912 nicht zur Anwendung (BGH WM 1976, 213, 214; unten § 912 Rn 15). Verboten werden kann auch die *nicht lotgerechte Errichtung* einer *Giebelmauer,* sofern nicht die Voraussetzungen des § 912 vorliegen (RGZ 88, 39, 41). Nicht geduldet werden muss der sog *„Wärmeschutzüberbau"* in den Luftraum über dem Dach des Nachbargebäudes (HEINZMANN BWNotZ 2006, 153, 155) oder *Drahtseilbahnen,* die in 9,5 m Höhe über ein Grundstück verlaufen (OLG Kassel OLGE 18, 121). Das Gleiche gilt für *elektrische Leitungen,* die in geringer Höhe über dem Dach angebracht sind (OLG Celle OLGE 5, 383; OLG Kiel Recht 1910 Nr 1588 [LS] – 10 m Höhe).

Es besteht keine generelle Duldungspflicht in Bezug auf *Stromversorgungsleitungen* **17** nebst der diesen dienenden Anlagen, insbes von das Grundstück überspannenden Drähten, sofern nicht eine Duldungspflicht des Tarifkunden nach der **NAV** (unten Rn 29) oder vergleichbaren Vorschriften besteht (BGHZ 66, 37, 42 = JZ 1976, 369 mAnm PICKER; GRZIWOTZ/LÜKE/SALLER 1. Teil Rn 17; unten Rn 29). Auch im Übrigen haben **Versorgungsunternehmen** kein Recht, fremde Grundstücke für ihre Leitungsanlagen zu benutzen; sie sind auf *Enteignung* nach § 85 f BauGB (abgedruckt in SARTORIUS I Nr 300) in Form einer Zwangsdienstbarkeit (VG München U v 19. 4. 2007 Az 10 K 06. 1472 juris Rn 28); § 45 EnWG (abgedruckt in SARTORIUS I Nr 830) oder auf den Abschluss von Konzessionsverträgen zu verweisen (auch § 917 Rn 6). Eine Festsetzung nach § 9 Abs 1 Nr 21 BauGB begründet keine Duldungspflicht (VG München U v 19. 4. 2007 Az 10 K 06. 1472 juris Rn 28). Ob ein Eigentümer *Dachantennen* seines Mieters dulden muss, hängt von einer gegenseitigen Interessenabwägung ab, die mE nicht nach § 905 S 2, sondern nach *Mietrecht* zu beurteilen ist (LG Düsseldorf MDR 1952, 614; LG Ravensburg NJW 1955, 65; wN bei BGB-RGRK/AUGUSTIN Rn 5 aE). Maßgebende Bedeutung hat das Grund-recht auf Informationsfreiheit (BVerfG NJW 1992, 493 mwNw).

§ 905 gilt auch für den Luftraum über dem im Privateigentum stehenden **Bett eines** **18** **Wasserlaufs**. Das Verbietungsrecht des Eigentümers wird nicht dadurch aufgehoben, dass zwischen dem Flussbett und den den Fluss überspannenden Stromleitungen *Brücken* liegen, die dem öffentlichen Verkehr dienen (RG JW 1928, 502 mAnm MEISNER; DEHNER B § 1 II 2).

Wird das Grundstück entgegen § 905 genutzt, so ist dem Eigentümer nach berei- **19** cherungsrechtlichen Grundsätzen der **Nutzungswert** gem §§ 812 Abs 1 S 1 Alt 2, 818 Abs 2 zu ersetzen (BGH MDR 1981, 567). In Betracht kommen im Falle des Ver-schuldens auch Schadensersatzansprüche aus § 823 Abs 1, 2.

V. Über § 905 S 2 hinausreichende Einschränkungen des Verbietungsrechts

Das Eigentum wird vielfach über das Ausschließungsinteresse des § 905 S 2 hinaus **20** eingeschränkt. Hier liegen die Einbruchstellen des **öffentlichen Rechts** in das privat-rechtliche Eigentum (oben Rn 1).

1. Schwerpunkt Luftraum

a) LuftVG
Bei planfestgestellten **Flughäfen** verdrängt das öffentliche Recht weithin das Pri- **21**

vatrecht (Überblick bei SCHLADEBACH Rn 557 ff), wogegen für nicht planfestgestellte Flughäfen vor allem der Ausgleichsanspruch nach § 906 Abs 2 S 2 in Frage kommt (BGHZ 161, 323 ff mit zust Anm H ROTH LMK 2005 I 52; unten § 906 Rn 148). Nach § 1 Abs 1 LuftVG, § 1 Abs 2 LVO (vermeidbarer Lärm) ist die ordnungsgemäße Benutzung des Luftraums durch Luftfahrzeuge grundsätzlich frei (dazu WYSK ZLW 1998, 18 ff; KOCH NVwZ 2000, 490, 497 ff; MARTIN NJW 1972, 564). Auch wenn etwa durch **Tiefflüge** oder den Lärm von startenden und landenden Flugzeugen an sich ein Ausschließungsinteresse nach § 905 S 2 zu bejahen wäre, ist dem Eigentümer der Abwehranspruch aus § 1004 Abs 1 genommen. § 905 S 2 BGB soll insoweit durch § 1 LuftVG „überholt" sein (DEHNER B § 1 II 7; MEYER ZMR 1963, 262). ME sollte erwogen werden, § 1 LuftVG iVm § 1 Abs 2 LVO einschränkend dahin auszulegen, dass Luftverkehr nur dann hinzunehmen ist, wenn er nicht mehr Lärm verursacht als nach dem jeweiligen Stand der Technik unvermeidbar ist (zutreffend LASSALLY ZMR 1964, 163, 164; ERMAN/WILHELMI[14] Rn 3; iE DEHNER B § 1 II 7 Fn 162). Auch intensiver oder häufiger Überflug durch **„Drohnen"** braucht wohl nicht geduldet zu werden (LAKKIS, in: FS Schilken [2015] 61, 66; A SCHMID K u. R 2015, 217, 218; SOLMECKE/NOWAK MMR 2014, 431, 434). Grundsätzlich darf die Bundesrepublik Deutschland ohne Verstoß gegen Art 30 EGV (Art 28 EG) strengere **Lärmgrenzwerte** festlegen als in der Richtlinie des Rates 80/51 EWGV v 20. 12. 1979 vorgesehen ist (EuGH NVwZ 1998, 1057; BVerwG NVwZ 2000, 570 [LS]). *Rechtspolitisch* unzureichend ist der „Ausgleich" des Ausschlusses nach § 905 S 2 BGB durch die in § 33 LuftVG angeordnete allgemeine Gefährdungshaftung (RUHWEDEL NJW 1971, 641, 643 f). Zudem fällt selbst hier der Nachweis adäquater Verursachung schwer, wie der „Silberfuchsfall" zeigt (RGZ 158, 34). Nach richtiger Auffassung müssen *militärische Tiefflüge* unter 300 m über Grund nicht geduldet werden (VG Darmstadt NJW 1988, 3170; 1990, 1249 [LS]; SOERGEL/JF BAUR[13] Rn 4; auch VG Oldenburg NJW 1989, 1942 [anders aber bei NATO-Partnern]; **aA** BVerwG NJW 1995, 1690; 1994, 535; VG Münster NVwZ 1990, 290; BGH NJW 1993, 2173, 2175 [nicht justitiabler Beurteilungsspielraum]; WYSK ZLW 1998, 18, 33 f). Die **verwaltungsgerichtlichen Unterlassungsklagen** sind gleichwohl sämtlich erfolglos geblieben. Halten jedoch die Luftstreitkräfte der **NATO** bei militärischen Tiefflügen die im gesundheitlichen Interesse festgesetzten Flugzeiten nicht ein, so haftet die Bundesrepublik Deutschland nach Art 34 GG, § 839 BGB (BGHZ 122, 363). Die **zeitlichen Grenzen** für Starts und Landungen nach § 1 der Landeplatz-LärmschutzV v 5. 1. 1999 (BGBl I 35) können über § 823 Abs 2 BGB von den Betroffenen durchgesetzt werden. Von größerer Bedeutung ist der **verwaltungsgerichtliche Rechtsschutz** gegen die Festlegung von An- und Abflugstrecken durch das Luftfahrt-Bundesamt (BVerwG NJW 2000, 3584 mit Anm HUFEN JuS 2001, 406; BVerwG DVBl 2004, 382; NVwZ 2004, 1229; CLAUSING JuS 2001, 998). Gegen diese Festlegung gem § 27a Abs 2 S 1 LuftVO durch Rechtsverordnung können betroffene Flughafenanwohner Rechtsschutz im Wege der Feststellungsklage nach § 43 VwGO erlangen (zu den Grenzen des Rechtsschutzes KUKK NVwZ 2001, 408; GEIS, in: FS Bartlsperger [2006] 215, 219 ff).

b)   TKG; PBefG; BauGB; landesrechtliche Regelungen

22   Nach § 68 Abs 1 S 1 TKG (abgedruckt in SARTORIUS Ergänzungsband Nr 920) ist der Bund befugt, Verkehrswege für die öffentlichen Zwecken dienenden **Telekommunikationslinien** unentgeltlich zu benutzen, soweit nicht dadurch der Widmungszweck der Verkehrswege dauernd beschränkt wird (Einzelheiten bei STELKENS 58 ff; J SCHERER NJW 2006, 2016, 2021; BURGI DVBl 2001, 845; auch § 917 Rn 5). § 69 Abs 1 TKG gestattet die Übertragung des Wegerechts auf die Betreiber öffentlicher Telekommunikati-

onsnetze. Die dagegen erhobenen Kommunalverfassungsbeschwerden sind erfolglos geblieben (BVerfG NVwZ 1999, 520). Die Schonung der Baumpflanzungen an Verkehrswegen regelt § 73 TKG (STELKENS 274 ff Rn 18 ff). Für Grundstücke, die keine Verkehrswege sind, ist § 76 TKG einschlägig (J SCHERER NJW 2006, 2016, 2021; zu § 57 Abs 1 Nr 1 TKG aF und der Entschädigungspflicht nach § 57 Abs 2 S 2 TKG aF, BGH NJW 2000, 3206 [die Verfassungsbeschwerde wurde nicht zur Entscheidung angenommen, BVerfG NJW 2001, 2960]; Übersicht bei J SCHERER NJW 2000, 783 f). Die in der Norm festgelegte Duldungspflicht stellt eine zulässige Inhaltsbestimmung des Grundeigentums gemäß Art 14 Abs 1 S 2 GG dar (BVerfG NJW 2002, 798; BGH NJW-RR 2004, 1314 f). Die Norm gilt auch für die Errichtung, den Betrieb und die Erneuerung von Telekommunikationsanlagen auf Bahngrundstücken (BGH NJW-RR 2004, 1314). § 76 Abs 1 Nr 2 TKG orientiert sich in seiner Auslegung an § 906 Abs 1 S 1 BGB (BGH WM 2005, 194, 195 zur Vorgängerregelung). Anders als die Vorläuferregelung des § 10 TWG begründet § 76 TKG eine Duldungspflicht für die Nutzung durch *unterirdische* Telekommunikationslinien. Das Aufstellen von Masten und anderer oberirdischer weithin sichtbarer und dauerhafter Anlagen ist durch Nr 2 nicht gedeckt (BVerfG NJW 2000, 798, 800 mit Anm SCHUSTER MMR 2000, 87). Doch soll die bloße Kreuzung des Luftraums eines Grundstücks durch eine darüber geführte Leitung im „Regelfall" eine unwesentliche Beeinträchtigung darstellen (BVerfG NJW 2000, 798, 800; SCHÜTZ NVwZ 1996, 1053, 1057). Das ist nach einfachem Recht zweifelhaft (oben Rn 10). Wesentlich beeinträchtigt wird das Grundstück auch durch das Einpflügen oder Eingraben von Kabeln, wenn es dadurch dauerhaft in seiner Nutzbarkeit betroffen ist (so die Erwägung von BVerfG NJW 2000, 798, 800; SCHÜTZ NVwZ 1996, 1053, 1058). § 76 Abs 2 S 1 TKG gibt einen verschuldensunabhängigen bürgerlich-rechtlichen Ausgleichsanspruch, der aber wegen der modernen Verlegetechniken selten praktisch werden wird (OLG Hamm MMR 1999, 168). Nach § 32 Abs 1 Nr 2 **PBefG** (abgedruckt in SARTORIUS I Nr 950) sind die Eigentümer ua von Grundstücken verpflichtet, das Anbringen oder Errichten von Haltevorrichtungen für elektrische Leitungen, von Signalen und Haltestellenzeichen zu Zwecken des **Straßenbahn-**, Obus-, U-Bahn-Betriebes und des sonstigen in den §§ 1, 4 PBefG genannten Verkehrs zu dulden. Im Rahmen der Grundstückserschließung hat der Eigentümer gem § 126 **BauGB** (abgedruckt in SARTORIUS I Nr 300) das Anbringen von Haltevorrichtungen und Leitungen für Beleuchtungskörper der **Straßenbeleuchtung** einschließlich der Beleuchtungskörper und des Zubehörs sowie Kennzeichen und Hinweisschilder für Erschließungsanlagen hinzunehmen. Doch werden dadurch Abwehransprüche nicht ausgeschlossen (OVG Lüneburg NVwZ 1994, 713, 714).

Manche **Nachbarrechte der Länder**, die aufgrund des in Art 124 EGBGB enthaltenen **23** Vorbehalts erlassen wurden (zB § 7b NRG Baden-Württemberg; unten § 912 Rn 21), regeln Duldungspflichten gegenüber hineinragenden Bauteilen einer **Grenzwand** (PALANDT/BASSENGE[74] Rn 1; STAUDINGER/ALBRECHT [2013] Art 124 EGBGB Rn 26 ff). Vielfach dürfen auch **Schornsteine** höhergeführt, Lüftungsanlagen und Antennenanlagen angebracht werden (STAUDINGER/ALBRECHT [2013] Art 124 EGBGB Rn 26 ff).

c) Gemeingebrauch; Anliegergebrauch; Sondernutzungen

Auch öffentliche Sachen, vor allem **Straßen**, unterstehen der bürgerlich-rechtlichen **24** Eigentumsordnung. Die privatrechtlichen Eigentümerbefugnisse an der Straße werden jedoch im jeweiligen Umfang der durch die **Widmung** festgelegten öffentlich-rechtlichen Sachherrschaft verdrängt (BGHZ 9, 373, 380; 19, 85, 90; 21, 319, 327; ERBGUTH JURA 2008, 193, 196; KMENT/WEBER JA 2013, 119; STELKENS Die Verwaltung 2013, 493, 520).

Beschränkungen der Eigentümerbefugnisse über § 905 S 2 hinaus ergeben sich durch den **Gemeingebrauch** und den **Anliegergebrauch** („gesteigerter Gemeingebrauch"), die das Ausschließungsinteresse hinsichtlich des zur Straße gehörenden Luftraums einschränken können (vDANWITZ Kap 7 Rn 69; PAPPERMANN/LÖHR/ANDRISKE, Recht der öffentlichen Sachen [1987] 6 ff). So unterfällt etwa das Aufstellen von Mülltonnen oder das Abstellen von Sperrmüll am Vortag dem Anliegergebrauch (AXER DÖV 2014, 323, 325; KMENT/WEBER JA 2013, 119, 122). Soweit Gemeingebrauch (für Bundesstraßen § 7 FStrG; abgedruckt in SARTORIUS I Nr 932; für Landstraßen zB Art 14 BayStrWG: abgedruckt in ZIEGLER-TREMEL Nr 790; zum Begriff DIETZ AöR 133 [2008] 556, 559) und Anliegergebrauch reichen, sind Ansprüche des Straßeneigentümers aus § 1004 Abs 1 ausgeschlossen. Insoweit kann auch kein Nutzungsentgelt verlangt werden (H SCHNEIDER NJW 1963, 276; AXER DÖV 2014, 323, 325; Ausnahme in § 7 Abs 1 S 4 FStrG: Maut). Liegt dagegen eine Nutzung des Luftraums vor, die über den Gemein- und Anliegergebrauch hinausgeht **(Sondernutzung)** (zB § 8 Abs 10 FStrG; Art 18, 22 BayStrWG; zum Begriff DIETZ AöR 133 [2008] 556, 571), kann der Straßeneigentümer aufgrund seines Eigentums grundsätzlich im **ordentlichen Rechtsweg** sowohl Unterlassung (BGHZ 19, 85 = NJW 1956, 104 m krit Anm NEDDEN ebd 469; RGZ 123, 181; 123, 187, 188 f; 125, 108 f; 132, 398, 400) als auch ein privates Nutzungsentgelt verlangen (BGHZ 19, 85; RGZ 150, 216, 218; ERMAN/WILHELMI[14] Rn 8). Die **Straßengesetze** unterscheiden zwischen Sondernutzungen nach öffentlichem Recht, wenn der Gemeingebrauch beeinträchtigt werden kann und unterwerfen die Nutzung dem öffentlichen Gebührenrecht (Sondernutzungsgebühren), zB Art 18 Abs 1 S 1, Abs 2a BayStrWG, und Sondernutzungen nach bürgerlichem Recht, wenn durch die Benutzung der Gemeingebrauch nicht beeinträchtigt werden kann, zB § 8 Abs 10 FStrG, Art 22 Abs 1 BayStrWG. Diese Benutzung untersteht den Normen des bürgerlichen Rechts (NK-BGB/RING[3] Rn 26 Fn 73; ERBGUTH JURA 2008, 193 ff; zu Art 22a BayStrWG sogleich unten Rn 25).

25 Für **gemeingebrauchsverträgliche Sondernutzungen** wie etwa Nutzungen weit oberhalb der Straße (PAPIER 104), teilen die Straßengesetze (§ 8 Abs 10 FStrG; Art 22 BayStrWG) damit die privatrechtliche Betrachtungsweise (zu den Ausnahmen in Berlin und Hamburg, die öffentliches Eigentum kennen, PAPIER 126 f). Danach vollzieht sich die Gestattung des Straßeneigentümers in den Formen des Bürgerlichen Rechts und kann von einem privatrechtlichen Entgelt abhängig gemacht werden. § 905 spielt gleichwohl auch eine Rolle im Recht der öffentlich-rechtlichen Sondernutzungsgebühren aufgrund einer **Satzungsbestimmung** (oben Rn 24). Das für die Gebührenschuld entscheidende wirtschaftliche Interesse des Gebührenschuldners richtet sich insofern nach § 905, als der Träger der Straßenbaulast noch ein Interesse am Ausschluss von Einwirkungen auf den Luftraum über der Straße haben muss. Das gilt etwa für Sondernutzungen gemäß Art 22 Abs 1 BayStrWG (Hineinragen von Vordächern und Balkonen über der Straße außerhalb des Verkehrsraums), die gemäß Art 22a S 1 BayStrWG dem **öffentlichen Recht** unterworfen sind (VGH München NVwZ-RR 2007, 223). Die Gemeinde kann wegen **§ 905 S 2 analog** als Straßenbaubehörde Einwirkungen auf den Luftraum der Straße, die in so großer Höhe vorgenommen werden, dass sie an der Ausschließung kein Interesse haben kann, weder von einer Sondernutzungserlaubnis abhängig machen noch dafür Sondernutzungsgebühren erheben.

26 Eine andere Haltung nehmen die Straßengesetze für den Regelfall der „Oberflächennutzung" an Straßen ein, die den **Gemeingebrauch beeinträchtigt** (öffentlich-rechtliche Sondernutzung), wie zB Fremdreklameschilder (Nasenschilder), die in den Straßenraum hineinragen, oder Warenautomaten (dazu PAPIER 89, 90; ERMAN/WIL-HELMI[14] Rn 7, 8; PAPPERMANN/LÖHR JuS 1980, 581). Derartige Sondernutzungen bedürfen einer **öffentlich-rechtlichen Sondernutzungserlaubnis** (zB § 8 Abs 1 FStrG; Art 18 Abs 1 BayStrWG). Dafür können auch öffentlich-rechtliche Sondernutzungsgebühren erhoben werden (§ 8 Abs 3 FStrG; Art 18 Abs 2a BayStrWG). Gegen eine unerlaubte Sondernutzung kann aufgrund von öffentlich-rechtlichen Eingriffsermächtigungen (§ 8 Abs 7a FStrG; Art 18 a Abs 1 BayStrWG; dazu VGH München NVwZ 1985, 207 [in den Straßenraum hineinragendes Ansteckttransparent]) oder wenigstens aufgrund der ordnungsrechtlichen Generalklausel (PAPIER 83) eingeschritten werden. Trotz der im Bereich der Sondernutzungen nach öffentlichem Recht gegebenen Rechtsbehelfen des öffentlichen Rechts kommen daneben nach wohl hL **privatrechtliche Abwehransprüche** des Straßeneigentümers aus § 1004 Abs 1, die im ordentlichen Rechtsweg geltend zu machen sind, in Betracht. Das Privatrecht wird nicht durch öffentliches Sonderrecht verdrängt (PAPIER 81). Für den Regelfall im Straßenrecht, dass Eigentümer der Straße und Straßenbaulastträger als Inhaber der öffentlich-rechtlichen Sachherrschaft in einer Person (zB häufig die Gemeinde) zusammenfallen (vgl aber das FStrPrivFinG v 30. 8. 1994, BGBl I 2243), hält die zivilrechtliche Rspr an den Rechtsbehelfen des Zivilrechts fest. So war die Klage einer Stadt aus § 1004 Abs 1, gerichtet auf Beseitigung einer in den Luftraum der Straße hineinragenden Werbeanlage, erfolgreich, nachdem sie zuvor erfolglos eine Sondererlaubnis angeboten und ein Entgelt verlangt hatte (BGH NJW 1978, 2201). Da es sich um eine Sondernutzung des öffentlichen Rechts handelte, wäre auch ein Verbot seitens der Stadt durch **Verwaltungsakt** in Frage gekommen. Für eine Zurückdrängung des Privatrechts besteht auch kein Anlass. Vielmehr konkurrieren beide Rechtsschutzmöglichkeiten gleichrangig miteinander. Für den Straßeneigentümer besteht **Rechtsschutzwahl** (auch MünchKomm/SÄCKER[6] Rn 15 aE). Wegen der Rechtskraftfähigkeit von privatrechtlichen Titeln fehlt einer Klage vor den ordentlichen Gerichten auch nicht das Rechtsschutzbedürfnis. Der bloße Erlass eines Verwaltungsakts vermag dem Straßeneigentümer nicht die gleiche Sicherheit wie ein Urteil zu bieten (dazu allgemein H ROTH, UTR Bd 12 [1990] 329 ff). Allerdings ist auch im Bereich des Privatrechts eine Bindung des Straßeneigentümers als Träger der öffentlichen Gewalt nach den Grundsätzen des **Verwaltungsprivatrechts** anzuerkennen. Insbes besteht bei der Geltendmachung der Abwehrklage aus § 1004 Abs 1 BGB eine Bindung an den Gleichheitsgrundsatz des Art 3 Abs 1 GG. Man wird daher einer Gemeinde als Straßeneigentümerin nicht gestatten dürfen, in derselben Straße nur ein Nasenschild zu verbieten und die übrigen 20 Schilder zu dulden.

Umstritten sind die **Rechtsbehelfsmöglichkeiten** im Bereich der **Sondernutzung nach** 27 **öffentlichem Recht**, wenn private Sachherrschaft an der Straße und öffentliche Sachherrschaft auseinanderfallen, wie es etwa bei der Anlegung von vorübergehenden **Wegeprovisorien** geschieht (PAPIER 12). Nach wohl hL ist neben der durch den Straßenbaulastträger zu erteilenden öffentlich-rechtlichen Sondernutzungserlaubnis (zB zur Anbringung von Nasenschildern mit Fremdwerbung) noch die Gestattung des privaten Eigentümers erforderlich. Nach der Gegenauffassung soll dem privaten Eigentümer keine private Gestaltungsbefugnis mehr verbleiben, weil Entscheidungen über die Bewältigung einer hoheitlichen Aufgabe nicht von der Rechtsmacht eines Privaten abhängig sein dürfen (BayObLGZ 1980, 121; PAPPERMANN JuS 1979, 794, 799; PAPIER 125 ff; NEDDEN NJW 1956, 81). Mit Recht hält die zivilrechtliche Rspr (BGHZ 9,

Herbert Roth

373, 380; 19, 85, 91; 21, 319, 330; 28, 34, 43 f; BGH NJW 1965, 387) überwiegend an einer bürgerlich-rechtlichen Restherrschaft fest, ohne dabei nur die gemeinverträglichen bürgerlich-rechtlichen Sondernutzungen (oben Rn 25) im Auge zu haben (aA Bay-ObLGZ 1980, 121, 127 m abl Anm ZIPPELIUS DÖV 1980, 923, 924 [die eingelegte Verfassungsbeschwerde blieb erfolglos: VerfGH 34, 55 = BayVBl 1982, 238, 240]). Die abweichende Auffassung läuft iE auf eine Sozialisierung des Wegeeigentums hinaus (zum dualistischen Prinzip vDANWITZ, in: SCHOCH [Hrsg], Besonderes Verwaltungsrecht[15] S 739 ff Rn 17 ff).

28 Die nachfolgenden **Rechtsprechungsfälle** verstehen sich als bloße Beispiele, weil sie teilweise lang zurückliegende Entscheidungen betreffen (dazu GOEKE 119 ff) und im Übrigen vielfach unterschiedliches Landesrecht zum Gegenstand haben. Regelmäßig wird eine Duldungspflicht des Straßeneigentümers trotz vorhandenen Ausschließungsinteresses aus dem Gesichtspunkt des **Anliegergebrauchs** („gesteigerter Gemeingebrauch") zu bejahen sein, wenn *Lichtreklame* an Häusern nur geringfügig in die Straße hineinragt (RGZ 123, 181 [Anbringung 10 m über der Straße]). Unter diesem Gesichtspunkt zu dulden ist auch die Benutzung des Straßenluftraums mit dem *Tankschlauch* zum Betanken (RGZ 150, 216, 218; aber oben Rn 15) oder zum Füllen des Heizöltanks mit einer *Schlauchleitung* (BGB-RGRK/AUGUSTIN Rn 9 aE). Dagegen umfasst der Gemeingebrauch des Straßenanliegers nicht das Recht, einen von ihm auf der Straßenfläche einschließlich des Bürgersteigs errichteten *Bauzaun* zum Zweck der Fremdreklame zu benutzen. Ein derartiges Recht kann sich nur bei einer entsprechenden örtlichen Entwicklung des Gemeingebrauchs ergeben (BGHZ 22, 395). Im Allgemeinen gibt die Anliegerbenutzung auch nicht die Befugnis, ein *Vordach* mit einer Flächenausdehnung von 31 qm zu errichten, das in 3 m Höhe 3,40 m in den Luftraum über der Straße hineinragt, auch wenn es sich um eine breite, verkehrsreiche Straße in einer Großstadt handelt (BGH LM Nr 2; auch RGZ 132, 398). *Kleinere Vordächer* vor Gaststätten, Kaufhäusern, Lichtspieltheatern und dgl für gewerbliche Zwecke dürften noch unter den Anliegergebrauch fallen (offengelassen von BGH LM Nr 2). Das Gleiche wird zu gelten haben für *Sonnenschutzmarkisen* sowie für nach *außen öffnende Türen und Fensterläden* (GANSCHEZIAN/FINCK NJW 1957, 285). Dagegen handelt es sich regelmäßig schon um Sondernutzung bei *Schaufenstern* und *Schaukästen,* die über die Baufluchtlinie hinausragen, bei *Erkern* und *Balkonen* (RG SeuffA 65 Nr 241; zu *Vorbauten* RATH BlGBW 1954, 101) sowie bei über die Straße gespannten *Wäscheleinen* (GANSCHEZIAN/FINCK NJW 1957, 285, 288). Bei angebrachten *Warenautomaten* ist eine Sondernutzung jedenfalls dann zu bejahen, wenn sie durch *Dritte* aufgestellt werden (BGH NJW 1973, 1281, 1282 [zu baden-württembergischem Landesrecht]). Streng verfährt die Rspr auch mit *Werbeauslegern,* die sich in den Luftraum erstrecken (BGH NJW 1978, 2201: Sondernutzung). Jedenfalls muss das für *gemischte Werbeanlagen* gelten, auf denen zB zugleich für das Gasthaus und die Brauerei geworben wird (PAPPERMANN/LÖHR JuS 1980, 580, 581). Dagegen wird man die *reine Eigenwerbung* mit Wirtshausschildern, die in den Luftraum ragen, noch zum Anliegergebrauch rechnen können (OLG Hamm DÖV 1975, 577; PAPIER 89 mwNw in Fn 37). Ablehnung verdient die Entscheidung, wonach eine **gemeingebrauchsverträgliche Sondernutzung** nach Bürgerlichem Recht gem Art 22 Abs 1 BayStrWG (hier: Verteilen von politischen Flugblättern in der Fußgängerzone) deshalb nicht entgeltpflichtig sein soll, weil die Sondernutzungsgebühr die Gegenleistung dafür darstelle, dass die Gemeinde die mit der Sondernutzung verbundene Beeinträchtigung des Gemeingebrauchs duldet (VGH München NJW 1978, 1940). Damit wäre der Eigentümer der Straße enteignet, obwohl nach Bürgerlichem Recht keine Verpflichtung zu der

unentgeltlichen Einräumung einer gemeingebrauchsverträglichen Sondernutzung
besteht (Schörnig BayVBl 1980, 685). Der bayer Gesetzgeber hat als Folge dieser
Entscheidung Art 22 a BayStrWG geändert.

d) NAV

Im Bereich der **Elektrizitätsversorgung** verpflichtet § 12 NAV (VO über Allgemeine   **29**
Bedingungen für den Netzanschluss und dessen Nutzung für die Elektrizitätsversorgung in Niederspannung v 1. 11. 2006, BGBl I 2477; abgedruckt im Sartorius Ergänzungsband Nr 830b) den Tarifkunden zur Duldung entsprechender Leitungen, auch wenn
das vom Kunden benutzte Grundstück selbst nicht an das Netz angeschlossen ist
(dazu Unberath/Fricke NJW 2007, 3601, 3602; Scholtka/Baumbach NJW 2008, 1128, 1129;
Gross NJW 2007, 1030). Früher war der Vertragsinhalt zwischen dem Versorgungsunternehmen und dem Kunden näher bestimmt durch § 8 der VO über Allgemeine
Bedingungen für die Elektrizitätsversorgung von Tarifkunden (AVBEltV v 21. 6.
1979, BGBl I 684). Dort wurden Stromabnehmer ua verpflichtet, Leitungen zum
Zweck der örtlichen Versorgung uä auf ihren im gleichen Versorgungsgebiet liegenden Grundstücken unentgeltlich zu dulden (BGH NJW 2010, 2802). Die NAV beruht
jetzt auf § 18 Abs 3 EnWG.

2.   Schwerpunkt Erdkörper unter der Oberfläche

§ 905 umfasst grundsätzlich die **Bodenbestandteile** (oben Rn 7). Davon gibt es wichtige
Ausnahmen (zum Grundwasser oben Rn 6):

a)   BBergG

Bodenbestandteile, die dem **Bergregal** gem § 3 Abs 2 Satz 1 BBergG unterliegen,   **30**
werden nicht vom Herrschaftsrecht des Eigentümers nach § 905 BGB erfasst. Die
wichtigsten und volkswirtschaftlich bedeutsamsten Bodenschätze sind damit aus
dem Grundeigentum herausgenommen und einer umfassenden öffentlich-rechtlich
geprägten Nutzungsordnung unterworfen (dazu Schulte JZ 1984, 297, 300; Überblick durch
Beckmann Agrar- und Umweltrecht 2012, 1 ff). § 905 ist in diesem Bereich ohne Bedeutung
(RGZ 161, 203, 305; Baur/Stürner, Sachenrecht[18] § 30 Rn 1 ff; Hoppe/Beckmann, Grundeigen-
tumsschutz bei heranrückendem Bergbau [1988] 27 ff; ferner Weller ZfB 1988, 342 ff; zur Konkurrenz von § 905 mit Bergbaurechten JF Baur ZHR 150 [1986] 507, 525 ff). Grundeigene
Bodenschätze wie etwa **Quarzsand** (§ 3 Abs 4 BBergG) unterstehen aber dem § 905
BGB (Herrmann WM 2011, 1781, 1783).

b)   Gemeingebrauch; Anliegergebrauch; Sondernutzungen

Auch bei an sich bestehendem Verbietungsrecht des Eigentümers (oben Rn 14) finden   **31**
sich Eigentumsbeschränkungen, soweit **Gemeingebrauch** und **Anliegernutzung** reichen (zum Luftraum oben Rn 24 ff). Im Vordergrund stehen die Benutzungen von **öffentlichen Straßen** „in der Tiefe des Straßenkörpers" (Papier 120). Anders als die
Oberflächennutzungen (oben Rn 26) behindern diese die öffentlich-rechtliche Benutzung der Straße nicht, oder – bei Verlegung von Versorgungsleitungen – allenfalls
vorübergehend. Es handelt sich im Wesentlichen um Sondernutzungen, die den
Gemeingebrauch nicht beeinträchtigen. Die Straßengesetze (zB § 8 Abs 10 FStrG;
Art 22 Abs 1 BayStrWG) unterwerfen diese Sondernutzungen weitgehend dem
Bürgerlichem Recht (Einzelheiten bei Papier 120; Erbguth JURA 2008, 193 ff). Wichtige
Beispielsfälle bilden die **privatrechtlichen Konzessionsverträge** zwischen den Straßen-

eigentümern und den Versorgungsunternehmen über die Verlegung von Leitungen in den Straßenkörper. Nach § 46 EnWG haben die Gemeinden ihre Verkehrswege insoweit diskriminierungsfrei durch Vertrag zur Verfügung zu stellen (zum Muster-Rahmenvertrag 1974 HERRMANN WM 2011, 1781). Die Verlegung und Instandsetzung von Wasser-, Fernheizungs-, Gas-, Strom- und Abwasserleitungen untersteht weithin dem **privaten Recht** (zu den neuen Bundesländern SEELIGER DtZ 1995, 34; HARTUNG VIZ 1995, 6). Da ein Interesse des Straßeneigentümers nach den Kriterien des § 905 S 2 wohl stets zu bejahen sein wird (oben Rn 14; insbes GANSCHEZIAN/FINCK NJW 1957, 285, 287), kann er seine in den Formen des Bürgerlichen Rechts zu erteilende Gestattung auch von einem privatrechtlichen Entgelt abhängig machen. Wird der **Verkehrsweg eingezogen**, so kann der Grundstückseigentümer nach § 1004 Abs 1 Beseitigung der Kabel verlangen (BGHZ 125, 56). Sondernutzungen nach öffentlichem Recht sind etwa in den Straßenuntergrund hineingebaute *Kellerräume* (GANSCHEZIAN/FINCK NJW 1957, 285) sowie die Verlegung von *Thermalwasserrohrleitungen* (BayObLGZ 1980, 121). Nach § 68 Abs 1 TKG ist der Bund unter den dort geregelten Voraussetzungen befugt, Verkehrswege für die öffentlichen Zwecken dienenden **Telekommunikationslinien** unentgeltlich zu benutzen („Nutzungsberechtigung"). Für Grundstücke, die keine Verkehrswege sind, begründet § 76 Abs 1 Nr 2 TKG eine Duldungspflicht auch für die Nutzung von unterirdischen Telekommunikationslinien (zur Reichweite BVerfG NJW 2000, 798, 800).

32 Die Gemeinden sind als Wegeeigentümer bei der Bestimmung der Höhe des zu verlangenden Entgelts aufgrund ihrer Monopolstellung den Bindungen des **Verwaltungsprivatrechts** unterworfen, vor allem dem Gleichheitsgrundsatz des Art 3 Abs 1 GG (PAPIER 128). Eine entsprechende Regelung trifft § 46 EnWG.

c) NDAV; AVBWasserV; AVBFernwärmeV

33 Im Bereich der **Gasversorgung** wird der Vertragsinhalt festgelegt durch die NDAV (VO über Allgemeine Bedingungen für den Netzanschluss und dessen Nutzung für die Gasversorgung in Niederdruck v 1. 11. 2006, BGBl I 2485; abgedruckt im SARTORIUS Ergänzungsband Nr 830c; dazu SCHOLTKA/BAUMBACH NJW 2008, 1128, 1129; GROSS NJW 2007, 1030), die in § 12 den Tarifkunden zur Duldung entsprechender Leitungen verpflichtet, auch wenn das benutzte Grundstück des Kunden selbst nicht an das Netz angeschlossen ist. Entsprechende Duldungspflichten, insbes für Leitungen, enthalten für die Versorgung mit **Wasser** und **Fernwärme** § 8 der VO über Allgemeine Bedingungen für die Versorgung mit Wasser (AVBWasserV v 20. 6. 1980, BGBl I 750; abgedruckt im SARTORIUS Ergänzungsband Nr 830d; dazu OLG Hamm NJW-RR 1992, 346) sowie § 8 der VO über Allgemeine Bedingungen über die Versorgung mit Fernwärme (AVBFernwärmeV v 20. 6. 1980, BGBl I 742; abgedruckt im SARTORIUS Ergänzungsband Nr 830e). Art 243 EGBGB ermöglicht auch eine VO über allgemeine Bedingungen für die Entsorgung von **Abwasser**. Im Bereich dieser Verordnungen ist das Verbietungsrecht nach § 1004 Abs 1, insbes für Durchführungen zur Versorgung von Nachbargrundstücken, ausgeschlossen (zur NAV oben Rn 29). Insoweit sind die betreffenden Unternehmen nicht auf ein Notleitungsrecht angewiesen (unten § 917 Rn 6 f). Möglich sind auch **Duldungsanordnungen** nach § 93 WHG (DURINKE NdsVBl 2011, 239, 240). Die vom Nachbarn gestattete Verlegung einer *Abwasserleitung* kann eine **Leihe** bedeuten (LG Freiburg MDR 1994, 1218). Die jahrzehntelange Duldung unterirdischer Leitungen schließt einen **Widerruf** der Gestattung nicht aus (BGH NJW-RR 2014, 1043). Eine **Gemeinde** kann für ihre kommunale Wasserversorgung nicht Privatgrundstücke unter Berufung auf § 905 S 2 in Anspruch nehmen (VGH München BayVBl 2011, 372). Tut sie es gleichwohl, so hat der Gestörte einen auf § 1004 Abs 1 analog (schlicht hoheitliche Tätigkeit) gestützten Anspruch auf Entfernung der Leitungen.

3. Sonstiger Gemeingebrauch

Neben dem Gemeingebrauch an öffentlichen Straßen (oben Rn 24, 31) besteht auch **34** Gemeingebrauch im **Wasserrecht**, durch den der Gewässereigentümer in vergleichbarer Weise beschränkt wird (ausführlich PAPIER 131 ff). § 25 WHG nF verweist auf die Tätigkeiten, die nach Landesrecht als Gemeingebrauch zulässig sind. Gemeingebrauch ist anerkannt für das Baden, Waschen, Viehtränken, Schwimmen, Schöpfen mit Handgefäßen und den Eissport, soweit die natürlichen oberirdischen Gewässer betroffen sind (PAPIER 134 f; ERBGUTH JURA 2008, 193 ff; zB Art 21 BayWG). Mit Ausnahme etwa von Art 4 S 3 BayWG (abgedruckt in ZIEGLER-TREMEL Nr 930) muss der Gewässereigentümer zudem alle wasserwirtschaftlichen Nutzungen seines Gewässers, die erlaubnisfrei sind, oder für die eine Bewilligung oder Erlaubnis erteilt ist, **unentgeltlich hinnehmen**. Von der privatrechtlichen Restherrschaft des Eigentümers bleibt daher nur mehr wenig (mit Recht krit PAPIER 143; zum Gemeingebrauch BGHZ 28, 34, 37; OLG Bremen VersR 1977, 327; zum Meeresstrand BGHZ 44, 27 und MünchKomm/SÄCKER[6] Rn 17).

Der **Gemeingebrauch am Wald** besteht in der Regel im entgeltfreien Betreten sowie **35** im Sammeln von Waldfrüchten und Pilzen (dazu RINCK MDR 1961, 980; LEISNER AgrarR 1980, 126; GASSNER NuR 1983, 114; Nachw bei PALANDT/BASSENGE[74] § 903 Rn 32). Gesetzliche Regelungen finden sich in § 14 BWaldG (abgedruckt in SARTORIUS I Nr 875: Betreten des Waldes) und im Landesrecht (zum Reiten BVerfG NJW 1989, 2525).

VI. Sonstiges; Gemeinwichtige Anlagen

§ 905 ist entsprechend anwendbar, wenn **mehrere Anlagen** wie zB Gas- oder Strom- **36** leitungen sich auf oder unter demselben Grundstück gegenseitig beeinträchtigen (aA RGZ 81, 216; unten § 906 Rn 113). Die Rspr tritt für den Ausschluss von Unterlassungs- und Beseitigungsansprüchen ein, wenn diese zur Stilllegung von im öffentlichen Interesse errichteten **gemeinwichtigen Anlagen** führen würden. So liegt es etwa für der Energieversorgung dienende **unterirdische Speicher** (OLG Celle ZfB 122, 447; zust SOERGEL/JF BAUR[13] Rn 17; zweifelhaft, unten § 906 Rn 29, 42). Zum Ausgleich dient ein bürgerlich-rechtlicher **Aufopferungsanspruch** (unten Rn 41).

Eine von § 905 abweichende Sonderregelung ist in § 984 für den **Schatzfund** getrof- **37** fen worden, wo zwischen Entdecker und Eigentümer der Sache Miteigentum nach §§ 1008 ff, 741 ff entsteht.

An sich nach §§ 1004 Abs 1, 905 zu verbietende Einwirkungen können durch ent- **38** sprechende **Dienstbarkeitsbestellung** gestattet sein (§§ 1018, 1090). Auch kann bei **Vermietung** von Grund und Boden der Raum über oder unter der Oberfläche mitvermietet sein (RGZ 108, 204, 206 [Betrieb einer elektrischen Straßenbahn]). Abgrenzungskriterien sind nicht aus § 905 S 2, sondern aus den mietvertraglichen Regelungen zu entnehmen (Rspr bei BGB-RGRK/AUGUSTIN Rn 5). Schließlich kann sich trotz

Ausschließungsinteresses eine Duldungspflicht aus **Überbau** gem § 912 ergeben (BGH NJW 1975, 1313; BGB-RGRK/Augustin Rn 6).

VII. Ersatzansprüche

39 Nach hL kann der Eigentümer für solche Schäden Ersatz verlangen, die durch Einwirkungen verursacht werden, die er gem § 905 S 2 nicht verbieten kann. Dabei soll es sich in Analogie zu den §§ 904 S 2, 867 S 2 BGB; 14 BImSchG um einen **verschuldensunabhängigen Aufopferungsanspruch** handeln (OLG Bremen OLGZ 1971, 147; Erman/Wilhelmi[14] Rn 9; Palandt/Bassenge[74] Rn 5; Bamberger/Roth/Fritzsche[3] Rn 11; BGB-RGRK/Augustin Rn 14; MünchKomm/Säcker[6] Rn 19; Jauernig/Berger[15] Rn 6; Wolff/Raiser, Sachenrecht § 52 S 182; Pleyer AcP 160 [1960] 168, 170). Der Anspruch soll sich gegen den Einwirkenden (OLG Bremen OLGZ 1971, 147; BGB-RGRK/Augustin Rn 14) und nur in besonderen Ausnahmefällen gegen den durch den Eingriff Begünstigten richten. Bei Anerkennung eines derartigen Anspruchs muss der Eigentümer die Ursächlichkeit der Einwirkung für den Schaden und dessen Umfang beweisen (Baumgärtel/Laumen, Handbuch der Beweislast im Privatrecht [2. Aufl 1999] § 905 Rn 3). Gegen die Anerkennung eines derartigen Anspruchs ist mit Recht eingewandt worden, dass § 905 S 2 dem Eigentümer kein Sonderopfer im überwiegenden Interesse eines anderen auferlegt, sondern ihn nur in die Grenzen seines Eigentums aufgrund **mangelnden Eigeninteresses** zurückweist (Baur/Stürner, Sachenrecht[18] § 25 Rn 3; Planck/Strecker Anm 6 S 273; Soergel/JF Baur[13] Rn 18; Meisner/Ring/Götz, Nachbarrecht in Bayern [7. Aufl 1986] § 1 Rn 29). Tritt später gleichwohl ein Schaden auf, so bestand nicht „unerkannt" ein Verbietungsrecht des Eigentümers; vielmehr ist lediglich ein verschuldensabhängiger Schadensersatzanspruch aus § 823 Abs 1 gegeben (aA PWW/Lemke[9] Rn 7).

40 Eine nach § 905 S 1 **verbotene Einwirkung** verpflichtet zum Schadensersatz unter den Voraussetzungen des § 823 Abs 1, 2. Auch bei nach § 905 S 2 erlaubten Einwirkungen kann ein Schadensersatzanspruch aus § 823 Abs 1 gegeben sein, wenn zB durch mangelhafte Ausführung schuldhaft ein Schaden verursacht wird (MünchKomm/Säcker[6] Rn 18; Jauernig/Berger[15] Rn 6; PWW/Lemke[9] Rn 7; Bitzer DZWiR 1995, 367, 372). Auch die hL erkennt an, dass sich der verschuldensunabhängige Schadensersatzanspruch nur auf die Fälle des § 905 S 2 stützt und nicht gegeben ist, wenn der Abwehranspruch aus § 1004 Abs 1 etwa deshalb ausscheidet, weil der Eigentümer wegen Gemeingebrauchs duldungspflichtig ist (Erman/Wilhelmi[14] Rn 9).

41 Ein verschuldensunabhängiger **bürgerlich-rechtlicher Aufopferungsanspruch** kommt in Betracht, wenn der Eigentümer durch die aus übergeordneten Interessen hinzunehmende Tiefennutzung seines Grundstücks durch einen anderen unzumutbar beeinträchtigt wird (BGHZ 110, 17 ff [unterirdische Speicherung von Gas: Aquiferspeicher]; H Roth, Der bürgerlich-rechtliche Aufopferungsanspruch [2001] S 15; Einzelheiten bei Schulz/Reese RdE 2011, 8). So liegt es, wenn vom Tonabbau abgesehen werden muss, weil ein Energieversorgungsunternehmen die tieferen Schichten für die Gasspeicherung in Anspruch nimmt (oben Rn 36). Solange die Rspr an der (kritikwürdigen) Versagung des Abwehranspruches aus Gründen des **Gemeinwohls** festhält, ist damit notwendigerweise aus Billigkeitsgründen ein derartiger Aufopferungsanspruch verbunden.

VIII. Beweislast

Der **Einwirkende** muss beweisen, dass der vom Eigentümer behauptete Umstand für 42
ein bestehendes Ausschließungsinteresse nicht besteht, da es sich bei § 905 S 2 um
einen **Ausnahmetatbestand** handelt (BGH MDR 1981, 567; NJW 1981, 573; VGH München
BayVBl 2011, 372, 373; ERMAN/WILHELMI[14] Rn 5; PALANDT/BASSENGE[74] Rn 5; BGB-RGRK/AU-
GUSTIN Rn 12; GOEKE 174; ohne die Einschränkung der Eigentümerbehauptung MünchKomm/SÄ-
CKER[6] Rn 12). Die Widerlegung der das Ausschließungsinteresse begründenden Umstände erstreckt sich nicht auf solche Umstände, die zwar vorstellbar sind, auf die
sich aber der Eigentümer nicht beruft (BGH NJW 1981, 573; SOERGEL/JF BAUR[13] Rn 15;
DEHNER B § 1 II 3 Fn 46). Behauptet der Eigentümer dagegen ein Interesse, so muss
diese Möglichkeit stets widerlegt werden (SOERGEL/JF BAUR[13] Rn 15). Enger wird bisweilen formuliert, dass der Einwirkende jede vom Eigentümer behauptete Möglichkeit eines Interesses widerlegen muss, sofern sich das Interesse als solches erkennen
lässt (BAUMGÄRTEL/LAUMEN/PRÜTTING/SCHUSCHKE, Beweislast[3] § 905 Rn 1). Etwas anderes
kann nur gelten, wenn sich trotz fehlender Behauptung ein Ausschließungsinteresse
als Folge einer **allgemeinen Erfahrung** aufdrängt (BGH NJW 1981, 573). Bei Nichtbeachtung liegt ein Verstoß gegen § 286 ZPO vor. Aus einer längeren **Duldung** eines
Zustands allein kann noch nicht auf eine Genehmigung geschlossen werden (OLG
Hamburg MDR 1969, 576 [LS]). Bei Einwirkungen in die Tiefe ist ein **strenger Maßstab**
an den Nachweis anzulegen, dass der Eigentümer kein Verbietungsinteresse hat
(BGH MDR 1981, 567; BAUMGÄRTEL/LAUMEN/PRÜTTING/SCHUSCHKE, Beweislast[3] § 905 Rn 1).

Eine entsprechende Beweislastverteilung gilt, sofern gegenüber dem Anspruch aus 43
§ 1004 Abs 1 **Gemeingebrauch** (oben Rn 24, 31) geltend gemacht wird. Der sich auf den
Gemeingebrauch Berufende hat dessen Voraussetzungen zu beweisen. Insbes muss
gegenüber der auf § 1004 Abs 1 gestützten Klage des Straßeneigentümers auf Unterlassung eines bestimmten Gebrauches die Duldungspflicht gem § 1004 Abs 2
bewiesen werden (BAUMGÄRTEL/LAUMEN/PRÜTTING/SCHUSCHKE, Beweislast[3] § 905 Rn 2).

§ 906
Zuführung unwägbarer Stoffe

**(1) Der Eigentümer eines Grundstücks kann die Zuführung von Gasen, Dämpfen,
Gerüchen, Rauch, Ruß, Wärme, Geräusch, Erschütterungen und ähnliche von
einem anderen Grundstück ausgehende Einwirkungen insoweit nicht verbieten,
als die Einwirkung die Benutzung seines Grundstücks nicht oder nur unwesentlich
beeinträchtigt. Eine unwesentliche Beeinträchtigung liegt in der Regel vor, wenn die
in Gesetzen oder Rechtsverordnungen festgelegten Grenz- oder Richtwerte von den
nach diesen Vorschriften ermittelten und bewerteten Einwirkungen nicht überschritten werden. Gleiches gilt für Werte in allgemeinen Verwaltungsvorschriften, die
nach § 48 des Bundes-Immissionsschutzgesetzes erlassen worden sind und den Stand
der Technik wiedergeben.**

**(2) Das Gleiche gilt insoweit, als eine wesentliche Beeinträchtigung durch eine
ortsübliche Benutzung des anderen Grundstücks herbeigeführt wird und nicht durch
Maßnahmen verhindert werden kann, die Benutzern dieser Art wirtschaftlich zumutbar sind. Hat der Eigentümer hiernach eine Einwirkung zu dulden, so kann er**

von dem Benutzer des anderen Grundstücks einen angemessenen Ausgleich in Geld verlangen, wenn die Einwirkung eine ortsübliche Benutzung seines Grundstücks oder dessen Ertrag über das zumutbare Maß hinaus beeinträchtigt.

(3) Die Zuführung durch eine besondere Leitung ist unzulässig.

Materialien: VE § 105; E I § 850; II § 820; III § 890; JAKOBS/SCHUBERT, SR I 450 ff; SCHUBERT, SR I 705 ff; Mot III 264 = MUGDAN III 146; Prot III 123 ff = MUGDAN III 580. Geändert durch das GewOÄndG v 22. 12. 1959, BGBl I 781 und Art 2 § 4 des SachenRÄndG v 21. 9. 1994, BGBl I 2457, 2489. Vgl STAUDINGER/BGB-Synopse 1896–2005 (2005) § 906.

Schrifttum

1. Ältere Darstellungen (vor dem 1. 6. 1960)

HABSCHEID, Nachbarrecht und Verkehrsfortschritt, MDR 1954, 260

HERSCHEL, Zur Neugestaltung des Immissionsrechts, JZ 1959, 76

IHERING, Zur Lehre von den Beschränkungen des Grundeigentums im Interesse der Nachbarn, IherJb 6 (1863) 81 (zum gemeinen Recht)

KLAUSING, Immissionsrecht und Industrialisierung, JW 1937, 68

ders, Richterspruch und Immissionsrecht, JW 1938, 1681 ff, 1821 ff

MOSICH, Das Grundeigentum und seine Begrenzung nach §§ 905 und 906 BGB, IherJb 80 (1930) 255

ORTLOFF, Aus dem Nachbarrecht, ArchBürgR 26 (1905) 327

PAGENKOPF, Statische und dynamische Betrachtungsweise der Ortsüblichkeit iS des § 906, LZ 1932, 742

RIEHL, Über Immissionsprozesse, Gruchot 51 (1907) 142

SCHULTE, Nachbarschutz gegen Immissionen, NJW 1954, 495

WINDSCHEID/KIPP, Lehrbuch des Pandektenrechts (9. Aufl 1906) § 169 (S 864 ff).

Im Übrigen Nachw bei STAUDINGER/SEUFERT[11].

2. Neuere Darstellungen

ABRAHAM, Schutz vor industriellen Immissionen durch das Bürgerliche Gesetzbuch (1997)

ADAMS, Zur Aufgabe des Haftungsrechts im Umweltschutz, ZZP 99 (1986) 129

ALLGAIER, Bau und Betrieb von Mobilfunkanlagen, Agrar- und Umweltrecht 2007, 196

AUER, Neuere Entwicklungen im privatrechtlichen Immissionsschutz. Untersucht anhand der Rechtsprechung zu Art. 684 ZGB und § 906 BGB (Zürich 1997)

AUST/JACOBS/PASTERNAK, Die Enteignungsentschädigung (7. Aufl 2014)

P BAUMANN, Die Haftung für Umweltschäden aus zivilrechtlicher Sicht, JuS 1989, 433

BAUMGÄRTEL/LAUMEN/PRÜTTING, Handbuch der Beweislast, Bürgerliches Gesetzbuch. Sachenrecht (3. Aufl 2010)

F BAUR, Die ideelle Immission, in: FS Michelake (1972) 59

ders, Die privatrechtlichen Auswirkungen des Bundesimmissionsschutzgesetzes, JZ 1974, 657

ders, Möglichkeiten und Grenzen des Zivilrechts bei der Gewährleistung öffentlicher und sozialer Erfordernisse im Bodenrecht, AcP 176 (1976) 97

ders, Die gegenseitige Durchdringung von privatem und öffentlichem Recht im Bereich des Bodeneigentums, in: FS Sontis (1977) 181

ders, Die Entstehung des Umweltschutzrechts aus dem Sachenrecht des BGB, JZ 1987, 317

J F BAUR, Immissionsschutzrecht in der Rechtsprechung des Bundesgerichtshofs – gestern und heute, in: Festgabe Fünfzig Jahre BGH (2000) 849

BEDDIES, Die Entwicklung des bergrechtlichen Grundsatzes des „Dulde und liquidiere" und das Urteil des Bundesgerichtshofs vom 19. September 2008 zu § 906 Abs 2 Satz 2 BGB, in: FS Kühne (2009) 455

BENDER/DOHLE, Nachbarschutz im Zivil- und Verwaltungsrecht (1972)

BENECKE, Grundlagen und Grenzen verschuldensunabhängiger Haftung, VersR 2006, 1037

BENSCHING, Nachbarrechtliche Ausgleichsansprüche – zulässige Rechtsfortbildung oder Rechtsprechung contra legem? (2002)

BERGER, Grundfragen umweltlicher Nachbarklagen (1982)

BERTKAU, Nachbarrechtlicher Ausgleichsanspruch nach § 906 Abs 2 S 2 BGB, zfs 2012, 483

BITZER, Grenz- und Richtwerte im Anwendungsbereich des § 906 BGB (2001)

ders, Die Bedeutung von Grenz- und Richtwerten im privaten Immissionsschutzrecht, BauR 2002, 1019

BIRK, Umwelteinwirkungen durch Sportanlagen, NVwZ 1985, 689

BISCHOFS, Die Nutzungspriorität im privaten Immissionsschutzrecht (2006)

BORRMANN/GRECK, Abwehr ideeller Immissionen im Grundstücksrecht, ZMR 1989, 130

BREUER, Die Bodennutzung im Konflikt zwischen Städtebau und Eigentumsgarantie (1978)

ders, Öffentliches und privates Wasserrecht (3. Aufl 2001)

BRITZ, Baumschutz durch umweltbewußte Nachbarrechtsjudikatur der Zivilgerichte?, DÖV 1996, 505

BROSS, Gedanken zum Verhältnis von öffentlichem Baurecht und zivilrechtlichem Nachbarschutz, in: FS Hagen (1999) 357

ders, Berührungsbereiche zwischen öffentlichem Baurecht und Zivilrecht, VerwArch 89 (1998) 489

BROX, Zur Lösung nachbarlicher Interessenkollisionen, JA 1984, 182

BUCKEL, „Priorität" und „Vorbelastung" im öffentlichen und zivilen Immissionsschutzrecht (2009)

BÜRGEL, Schutz vor Verkehrslärm an Straßen und Schienenwegen, NJW 1996, 1804

CH CALLIESS, Öffentliches und privates Nachbarrecht als wechselseitige Auffangordnungen, Die Verwaltung 2001, 169

DE WITT, Zivilrechtlicher Entschädigungsanspruch wegen Lärms oder Rechtsbehelfe des Planfeststellungsverfahrens? Das Verfahren City Tunnel Leipzig, NZM 2010, 428

DEHNER, Nachbarrecht (Stand: Juni 2015, Lfg 58 (Loseblatt), B § 16

E DEUTSCH, Nachbarrecht und Sportstätte, VersR 1984, 1001

DIECKMANN, Fragwürdige Begründungen im Streit um Katzen in Nachbars Garten, NJW 1985, 2311

DIEDERICHSEN, Zivilrechtliche Probleme des Umweltschutzes, in: FS R Schmidt (1976) 1

DIEDERICHSEN/A SCHOLZ, Kausalität und Beweisprobleme im zivilrechtlichen Umweltschutz, WiVerw 1984, 23

DIETRICH/KAHLE, Immissionsschutzrechtliche Beurteilung von Kindergartenlärm und Lärm von Kinderspielplätzen, DVBl 2007, 18

DOLDERER, Das Verhältnis des öffentlichen zum privaten Nachbarrecht, DVBl 1998, 19

vDÖRNBERG, § 14 Satz 2 des Bundes-Immissionsschutzgesetzes als Staatshaftungsnorm bei emittentenfernen Waldschäden durch Immissionen, NuR 1986, 45

DÖTSCH, Wasserschadenshaftung im Mehrfamilienhaus analog § 906 II 2 BGB?, NZM 2004, 177

ders, Ausgleichsanspruch analog § 906 II 2 BGB bei Beeinträchtigung durch Mangel am Gemeinschaftseigentum usw, NZM 2010, 607

DÜRR, Das Gebot der Rücksichtnahme – Eine Generalklausel des Nachbarschutzes im öffentlichen Baurecht, NVwZ 1985, 719

DURY, Zur Anwendbarkeit der Sportanlagen – Lärmschutzverordnung im zivilrechtlichen Nachbarstreit, NJW 1994, 302

ders, Abwehr von Immissionen – eine Domäne des Richterrechts, in: GS Burmeister (2005) 149

EIFERT, Umweltschutzrecht, in: SCHOCH (Hrsg), Besonderes Verwaltungsrecht (15. Aufl 2013) Fünftes Kapitel, S 546 ff

ELSHORST, Ersatzansprüche benachbarter Grundstücksbesitzer gegen Bauherren bei Beeinträchtigungen durch Baumaßnahmen, NJW 2001, 3222

ENDRES, Eigentumsfreiheitsklage contra Naturschutz (1997)

H ENGLER, Welche Möglichkeiten des Schutzes vor schädlichen Umwelteinflüssen bietet das Zivilrecht?, AgrarR 1972, 371

K ENGLER, Der öffentlich-rechtliche Immissionsabwehranspruch (1995)

ERBGUTH/SCHUBERT, Zum Scheitern des

Umweltgesetzbuches usw, in: UTR Band 104 (2010) 7

FEHN/LASCHET, Die Bestimmung der Ortsüblichkeit im Sinne des § 906 BGB, UPR 1998, 7

FORKEL, Immissionsschutz und Persönlichkeitsrecht (1968)

FRITZ, Das Verhältnis von privatem und öffentlichem Immissionsschutzrecht nach der Ergänzung des § 906 I BGB, NJW 1996, 573

FUCHS, Die Zulässigkeit bei der Inanspruchnahme von Nachbargrundstücken bei der Ausübung von Tiefbauarbeiten (2004)

GAENTZSCH, Ausbau des Individualschutzes gegen Umweltbelastungen als Aufgabe des bürgerlichen und des öffentlichen Rechts, NVwZ 1986, 601

GEIGER, Aktuelle Rechtsprechung zur Feinstaubproblematik, DAR 2007, 181

GELZER, Zivilrechtliche und öffentlichrechtliche Probleme bei der Nutzung von Spiel- und Sportanlagen in Wohngebieten, in: FS Korbion (1986) 117

GERLACH, Privatrecht und Umweltschutz im System des Umweltrechts (1989)

GEULEN, Rechtsschutz Dritter gegen Flughafenlärm, NJW 2001, 1038

GLASER, Das Nachbarrecht in der Rechtsprechung (2. Aufl 1973)

GLASER/DRÖSCHEL, Das Nachbarrecht in der Praxis (3. Aufl 1971)

GRAMLICH, Musik im Mehrfamilienhaus, NJW 1985, 2131

GREINERT, Der Beweis der Kausalität bei der Umwelthaftung (2007)

GRZIWOTZ, Zivilrechtliche Lösungen bei Lärmkonflikten, in: MITSCHANG (Hrsg), Aktuelle Fach- und Rechtsfragen des Lärmschutzes (2010) 155

GRZIWOTZ/LÜKE/SALLER, Praxishandbuch Nachbarrecht (2. Aufl 2013)

GRZIWOTZ/SALLER, Bayerisches Nachbarrecht (3. Aufl 2015)

GRUNSKY, Neue Rechtsprechung und Literatur zum Nachbarrecht, JurA (Zivilrecht I) 1970, 407

HAAG, Öffentliches und privates Nachbarrecht (1996)

HAGEN, Sportanlagen im Wohnbereich, UPR 1985, 192

ders, Der nachbarrechtliche Ausgleichsanspruch nach § 906 II 2 BGB als Musterlösung und Lösungsmuster, in: FS Lange (1992) 483

ders, Immissionsrechtlicher Nachbarschutz vor den Zivilgerichten, ZfIR 1999, 413

ders, Zum Topos der Priorität im privaten Immissionsschutzrecht, in: FS Medicus (1999) 161

ders, Harmonisierung des Lärmschutzes gegenüber Sport und Spiel – Rückschau und Ausblick, in: FS Röhricht (2005) 1175

G HAGER, Umweltschäden – ein Prüfstein für die Wandlungs- und Leistungsfähigkeit des Deliktsrechts, NJW 1986, 1961

HINZ, Ideelle und negative Einwirkungen im Nachbarrecht, JR 1997, 137

E HERRMANN, Natureinflüsse und Nachbarrecht (§§ 1004, 906 BGB) – drei Entscheidungen, NJW 1997, 153

EIKE vHIPPEL, Staatshaftung für Waldsterben?, NJW 1985, 30

HORST, Rechtshandbuch Nachbarrecht (2. Aufl 2006)

ders, Nachbarliche Rechte aus der Verletzung des Persönlichkeitsrechts, DWW 2001, 122

ders, Behinderte und chronisch Kranke im Nachbarrecht, DWW 2001, 54

HÖTZEL, Immissionsschutzrechtliche Probleme der Massentierhaltung, AgrarR 1978, 57

JABORNEGG/STRASSER, Nachbarrechtliche Ansprüche als Instrument des Umweltschutzes (1978)

JARASS, Verwaltungsrecht als Vorgabe für Zivil- und Strafrecht, VVDStRL 50 (1991) 239

ders, Aktuelle Rechtsprobleme des Lärmschutzes an Straßen und Schienenwegen, UPR 1998, 415

JAUERNIG, Zivilrechtlicher Schutz des Grundeigentums in der neueren Rechtsprechung, JZ 1986, 605

ders, Zum zivilrechtlichen Schutz des Grundeigentums in der neueren Rechtsentwicklung, in: FS der Juristischen Fakultät zur 600-Jahr-Feier der Ruprecht-Karls-Universität Heidelberg (1986) 87

H JOHLEN, Bauplanungsrecht und privatrechtlicher Immissionsschutz, BauR 1984, 134

M JOHLEN, Die Beeinflussung privater Immissionsabwehransprüche durch das öffentliche Recht (2001) ders, Weitere Annäherung von privatem und öffentlich-rechtlichem Immissionsschutz, BauR 2001, 1848

KARSTEN, Der nachbarrechtliche Ausgleichsanspruch gemäß § 906 Abs 2 Satz 2 BGB analog (1998)

KASTENS, Zur Bedeutung des Landschaftspflegerechts und Nachbarrechts beim Bau von Sportanlagen im Rahmen der Bauleitplanung, SchlHA 1985, 97

KASTNER, Entschädigung wegen Straßenverkehrslärms – Anwendungsbereich und Bedeutung von § 42 BImSchG, NJW 1975, 2319

KATZENSTEIN, Von Wasserrohrbrüchen und fehlgehenden Silvesterraketen, in: FS Picker (2010) 425

KERST, Welche Rechte bestehen bei Störungen und Belästigungen durch Baumaßnahmen?, NJW 1964, 181

KIMMINICH, Das Recht des Umweltschutzes (1972)

KLEINDIENST, Der privatrechtliche Immissionsschutz nach § 906 BGB (1964)

ders, Geldausgleich für Beeinträchtigungen durch Verkehrslärm?, NJW 1968, 1953

KLEINLEIN, Neues zum Verhältnis von öffentlichem und privatem Nachbarrecht, NVwZ 1982, 668

ders, Das System des Nachbarrechts (1987)

KLINDT, Negative Immissionen im Nachbarrecht des BGB, ZMR 1993, 204

ders, Nachbarrechtlicher Immissionsschutz nach der Änderung des § 906 I BGB, DWW 1996, 45

KLÖHN, Zeitliche Priorität als Argument im Nachbarrecht, AcP 208 (2008) 777

KLOEPFER, Umweltrecht (3. Aufl 2004)

ders, Rechtsschutz im Umweltschutz, VerwArch 76 (1985) 371; 77 (1986) 30

J KOHLER, Duldungspflichtabhängige Aufopferungshaftung als Grenze der Umweltgefährdungshaftung, NuR (2011) 33: 7

KÖHLER, Sportlärm und Nachbarschutz, JURA 1985, 225

KONRAD, Verwaltungsrechtsschutz im Nachbarschaftsverhältnis, BayVBl 1984, 33; 70

ders, Privatrechtlicher und öffentlich-rechtlicher Immissionsschutz, in: FS Münchener Juristische Gesellschaft (1996) 133 ff

KONZEN, Aufopferung im Zivilrecht (1969)

KRÄHE, Sportstätten und Nachbarschutz – Eine Zwischenbilanz der Rechtsprechung der Verwaltungsgerichte und der ordentlichen Gerichte, in: SCHEFFEN, Haftung und Nachbarschutz im Sport (1985) 19

KREGEL, Änderung von § 906 I BGB im Rahmen des Sachenrechtsänderungsgesetzes, NJW 1994, 2599

KROHN, Enteignung, Entschädigung, Staatshaftung (1993)

KRÜGER, Planfeststellung und zivilrechtlicher Immissionsschutz bei Flug- oder Straßenlärm, ZfIR 2007, 2

ders, Der vertikale Nachbar, in: FS Säcker (2011) 91

KÜHN Umweltschutz durch Privatrecht (2007)

KÜHNE, Bergrecht und Nachbarrecht, in: FS Säcker (2011) 105

KUNZ, Tierlärm als Rechtsproblem, ZMR 1985, 397

KÜNZL, Zur Abwehr ideeller Immissionen, NJW 1984, 774

B LANG, Ortsunüblichkeit und Wesentlichkeit von Immissionen (Wien 2012)

E LANG, Grundfragen des privatrechtlichen Immissionsschutzes in rechtsvergleichender Sicht, AcP 174 (1974) 381

LANDMANN/ROHMER, Umweltrecht. Loseblatt (75. Aufl 2015)

LAUFKE, Bemerkungen zum Nachbarrecht, in: FS H Lange (1970) 275

LENKE, Rechtsschutz von Anrainern gegen die Bauauswirkungen von Verkehrsvorhaben, Das Grundeigentum 2014, 33 ff

LITTBARSKI, Zivilrechtliche Probleme des Umweltschutzes im Spiegel der Rechtsprechung (1984)

D LORENZ, Entschädigungs- und Ausgleichsansprüche bei Beeinträchtigungen durch Fluglärm, DB 1973, Beil 6

LÜCK, Maklerrecht, Nachbarrecht, Immobilienrecht (2008)

LUMMERT/THIEM, Rechte des Bürgers zur Verhütung und zum Ersatz von Umweltschäden (1980)

LÜNEBORT, Nachbarrechtlicher Ausgleichsanspruch nur bei „grenzüberschreitender" Immission?, NJW 2012, 3745

Herbert Roth

LUTZ, Eigentumsschutz bei störender Nutzung
gewerblicher Anlagen (1983)
MARBURGER, Zur Reform des § 906 BGB, in:
FS Ritter (1997) 901
ders, Ausbau des Individualschutzes gegen
Umweltbelastungen als Aufgabe des bürger-
lichen und des öffentlichen Rechts, Verh des 56.
DJT, Bd I, Gutachten C (1986) 1
MARBURGER/H HERRMANN, Zur Verteilung der
Darlegungs- und Beweislast bei der Haftung für
Umweltschäden – BGHZ 92, 143, JuS 1986, 354
J MARTENS, Der verwaltungsrechtliche Nachbarschutz – Eine unendliche Geschichte?, NJW
1985, 2302
W MARTENS, Öffentlich-rechtliche Probleme
des negatorischen Rechtsschutzes gegen
Immissionen, in: FS Schack (1966) 85
ders, Negatorischer Rechtsschutz im öffentlichen Recht (1973)
H-J MARTIN, Fluglärmgesetz und Fluglärm-
haftung, NJW 1972, 558
MAULTZSCH, Zivilrechtliche Aufopferungsansprüche und faktische Duldungszwänge
(2006)
MEDICUS, Zivilrecht und Umweltschutz, JZ
1986, 778
ders, Umweltschutz als Aufgabe des Zivilrechts – aus zivilrechtlicher Sicht, Natur + Recht
1990, 145
MEISNER/RING/GÖTZ, Nachbarrecht in Bayern
(7. Aufl 1986)
MITTENZWEI, Umweltverträglichkeit statt
Ortsüblichkeit als Tatbestandsvoraussetzung des
privatrechtlichen Immissionsschutzes, MDR
1977, 99
MOHR, Die Bewertung von Geruch im Immissionsschutzrecht (2010)
MÖLLER, Sein und Sollen im Nachbarrecht – zur
rechtlichen Bewältigung von Immissionen. Die
Amrumer Inselbahn und die Vogelkoje Mee-
rum, in: FS Rottleuthner (2011) 228
MORADI KARKAJ, Die Gesamtlärmbewertung
im Immissionsschutzrecht (2007)
MÜHL, Die Ausgestaltung des Nachbarrechts-
verhältnisses in privatrechtlicher und öffentlichrechtlicher Hinsicht, in: FS Raiser (1974) 159
ders, Das Gebot der Rücksichtnahme im Baurecht und die Verbindungslinien zum privaten
Bodenrecht, in: FS Baur (1981) 83

NAWRATH, Die Haftung in Fällen der Unauf-
klärbarkeit der Verursachungsanteile bei sum-
mierten Immissionen, NJW 1982, 2361
NEUNER, Das nachbarrechtliche Haftungssystem, JuS 2005, 385
NICK, Die Beweislastverteilung im zivilrechtlichen Umweltschutz, AgrarR 1985, 343
OEHMEN, Umwelthaftung (1997)
OLZEN, Zivilrechtlicher Schutz gegen
Belastungen aus der Umwelt, JURA 1991, 281
OSSENBÜHL/CORNILS, Staatshaftungsrecht
(6. Aufl 2013)
OTTO, Konflikte durch Bäume an der Grenze,
DWW 2004, 284
PAPIER, Immissionen durch Betriebe der
öffentlichen Hand, NJW 1974, 1797
ders, Recht der öffentlichen Sachen
(3. Aufl 1998)
ders, Wirkungen des öffentlichen Planungs-
rechts auf das private Immissionsschutzrecht, in:
PIKART/GELZER/PAPIER, Umwelteinwirkungen
durch Sportanlagen (1984) 97
ders, Enteignungsgleiche und enteignende Ein-
griffe nach der Naßauskiesungs-Entscheidung –
BGHZ 90, 17 und BGH NJW 1984, 1876,
JuS 1985, 184
ders, Sportstätten und Umwelt, UPR 1985, 73
PEINE, Öffentliches und privates Nachbarrecht,
JuS 1987, 169
PEINEMANN, Zu aktuellen zivilrechtlichen Problemen ländlicher Immissionen, AgrarR 1972,
377
PETERSEN, Duldungspflicht und Umwelthaftung
(1996)
PFEIFER, Lärmabwehr auch ohne objektive
Kriterien, DWW 1990, 264
PFEIFFER, Die Bedeutung des privatrechtlichen
Immissionsschutzes (1987)
POPESCU/MAJER, Der nachbarrechtliche Aus-
gleichsanspruch – Grenzen der Analogie zu
§ 906 II 2 BGB mit Fallübersicht, NZM 2009,
181
dies, Die abgeirrte Feuerwerksrakete. Vorbeugender Unterlassungsanspruch und nachbarrechtlicher Entschädigungsanspruch, NZM
2010, 231
RACHLITZ/RINGSHANDL, Der bürgerlich-rechtliche Aufopferungsanspruch, JuS 2011, 970
RANK, Entschädigungsansprüche wegen Lärm-

immissionen durch Straßenverkehr, BayVBl 1985, 481

REBLER/SCHEIDLER, Immissionsschutz im Straßenverkehr (2006)

REGENFUS, Komplexe Prozessführung: Durchsetzung zivilrechtlicher Abwehransprüche bei behördlichen Genehmigungserfordernissen (2007)

ders, Rechtsprobleme bei der Errichtung von Windkraftanlagen, Jura 2007, 279

REHBINDER, Umweltrecht, RabelsZ 40 (1976) 363

ders, Privates Immissionsschutzrecht, in: Grundzüge des Umweltrechts (3. Aufl 2007) 501 ff

REINHARDT, Lärmschutzmaßnahmen bei Planung und Bau von Bundesfernstraßen, NJW 1974, 1226

ROESCH, Zur Frage des Anspruchs auf Schadloshaltung für Immissionen, ZMR 1972, 101

RÖGER, Lichtimmissionen (2014)

ROMBACH, Schienenverkehrslärm als Rechtsproblem (2009)

RONELLENFITSCH/R WOLF, Ausbau des Individualschutzes gegen Umweltbelastungen als Aufgabe des bürgerlichen und des öffentlichen Rechts?, NJW 1986, 1955

G H ROTH, Materiellrechtliche und prozessuale Aspekte eines privatrechtlichen Umweltschutzes, NJW 1972, 921

H ROTH, Rechtskraftprobleme durch doppelgleisige Rechtswege im Immissionsschutzverfahren, in: UTR Bd 12 (1990) 329

ders, Beweisfragen um das private Immissionsrecht, in: UTR Bd 104 (2010) 223

ders, Der bürgerlich-rechtliche Aufopferungsanspruch, in: ROTH/LEMKE/KROHN, Der bürgerlich-rechtliche Aufopferungsanspruch als Problem der Systemgerechtigkeit im Schadensersatzrecht. Schriftenreihe der Juristischen Studiengesellschaft Karlsruhe Bd 245 (2001) 1 ff

ders, Zur Bedeutung des Bürgerlichen Rechts bei der Abwehr von Störungen durch die Deutsche Bahn, NVwZ 2001, 34

ders, Das Wahlrecht des Gläubigers zwischen Handlungs- und Unterlassungsvollstreckung bei Immissionsurteilen, in: FS Ishikawa (2001) 443

ders, Zur Bedeutung des § 906 BGB für deliktische Schadensersatzansprüche, JuS 2001, 1161

ders, Eigentumsfreiheitsanspruch aus § 1004 BGB und Rechtsnachfolge nach den §§ 265, 266 ZPO, in: FS Leipold (2009) 143

RÖTHEL, Privatrechtliche Ansprüche bei Lärmbeeinträchtigungen, JURA 2000, 617

dies, Normkonkretisierung im Privatrecht (2004)

dies, Der Gedanke der Priorität im privaten Nachbarrecht: prior tempore, potior usu?, UTR Bd 90 (2006) 207

RU-HUEI-LIU, Europäisierung des deutschen Umweltrechts (2008)

RUHWEDEL, Fluglärm und Schadensausgleich im Zivilrecht, NJW 1971, 641

RUMMEL, Ersatzansprüche bei summierten Immissionen (1969)

SALJE, Die Ersatzpflicht des Betreibers für Immissionsschäden in der Nachbarschaft der Anlage, DAR 1988, 302

F SCHACK, Die Entschädigungsansprüche ohne Rücksicht auf Verschulden im Immissionsbereich, BB 1965, 341

ders, Die Rechtsprechung zur Entschädigungsart bei von öffentlichen Betrieben verursachten Immissionsschäden, DB 1968, 2115

ders, Bürgerlich-rechtlicher und öffentlich-rechtlicher Entschädigungsanspruch bei Immissionen, NJW 1968, 1914

SCHAPP, Das Verhältnis von privatem und öffentlichem Nachbarrecht (1977)

SCHEIDLER, Immissionen durch Tiere, DVBl 2007, 936

ders, Zivilrechtliche Unterlassungs- und Abwehransprüche gegen Immissionen durch Tiere, MDR 2009, 142

SCHELINSKI, Ausgleichsansprüche des Vermieters gegen den störenden Bauherren nach § 906 BGB, NZM 2005, 211

I SCHERER, Das Asylantenwohnheim in der Nachbarschaft, JR 1997, 309

SCHILLER, Erstattungs- und Entschädigungsansprüche der Grundstücksanwohner von Flugplätzen nach der Novelle zum Fluglärmgesetz 2007, ZLW 2008, 192

SCHLADEBACH, Luftrecht (2007)

SCHLECHTRIEM, Nachbarrechtliche Ausgleichsansprüche und Schadenersatzhaftung, in: FS Gernhuber (1993) 407

A Schmidt, Der nachbarliche Ausgleichsanspruch (2000)

Schmidt-Assmann, Zur Bedeutung des § 906
BGB für das straßenrechtliche Immissionsver-
hältnis, in: FS Pikalo (1979) 273

ders, Schutz gegen Verkehrslärm, in: Salzwedel, Grundzüge des Umweltrechts (1982) 303

Schreiber, Der nachbarrechtliche Ausgleichsanspruch im Sachenrecht, JURA 2011, 263

M Schröder, Verwaltungsrecht als Vorgabe für
Zivil- und Strafrecht, VVDStRL 50 (1991) 198

H Schulte, Freiheit und Bindung des Eigentums im Bodenrecht, JZ 1983, 297

Seidel, Öffentlich-rechtlicher und privatrechtlicher Nachbarschutz (2000)

Sellner, Immissionsschutzrecht und Industrieanlagen (2. Aufl 1988)

Simitis, Haftungsprobleme beim Umweltschutz,
VersR 1972, 1087

Simon, Rundfunkstörungen und Mietrecht,
ZMR 1986, 1

Skauradszun, Neues vom BVerfG zu Musi-
kern als Emittenten?, ZMR 2010, 657

Soell, Schutz gegen Fluglärm, in: Salzwedel,
Grundzüge des Umweltrechts (1982) 329

Speiser, Entschädigungsansprüche wegen Verkehrslärms, NJW 1975, 1101

Spiess, Der Ausgleichsanspruch nach § 906 II
BGB – LG Wiesbaden, NJW 1979, 2617,
JuS 1980, 100

Stadler, Das Nachbarrecht in Bayern
(7. Aufl 2004)

Stich, Immissionsschutz im bürgerlichen Recht,
in: Salzwedel, Grundzüge des Umweltrechts
(1982) 289

Stoermer, Der Schutz vor Fluglärm usw (2005)

Stollenwerk, Kinderlärm im Miet-, Woh-
nungseigentums- und Nachbarrecht, NZM 2004,
289

Stresemann, Versteinert und leicht ange-
staubt?, in: FS Wenzel (2005) 425

Stühler, Harmoniert das öffentliche mit dem
privaten Immissionsschutzrecht?, BauR 2004,
614

Süss, Die verschuldensunabhängige Haftung
analog § 906 Absatz 2 Satz 2 BGB (1998)

Thier, Zwischen actio negatoria und Aufopferungsanspruch: Nachbarliche Nutzungskonflikte
in der Rechtsprechung des 19. und 20. Jahrhun-

derts, in: Das Bürgerliche Gesetzbuch und seine
Richter (2000) 407

Tiedemann, Vom Mythos der negativen
Immissionen, MDR 1978, 272

Vieweg, Sportanlagen und Nachbarrecht, JZ
1987, 1104

ders, Die Unbestimmtheit des § 906 BGB, in:
FS Großfeld (1999) 1251

ders, Vertikale Nachbarschaft im öffentlichen
Recht und im Zivilrecht, in: FS Link (2004) 985

ders, Beweisverträge als Instrument privatauto-
nomer Gestaltung immissionsgeprägter Nach-
barkonflikte, UTR Bd 78 (2004) 351

Vieweg/Regenfus, Die Bedeutung des Bau-
planungsrechts für die Auslegung und Anwendung des § 906 BGB, in: FS Bartlsperger (2006)
405

Vieweg/Röthel, Der verständige Durchschnittsmensch im privaten Nachbarrecht, NJW
1999, 969

Günter Wagner, Ortsüblichkeit bei Immissionen, insbesondere bei Bauarbeiten, NJW
1971, 595

Gerhard Wagner, Wesentlichkeit gleich
Erheblichkeit?, NJW 1991, 3247

Walz, Marktbezogener Umweltschutz und
privatrechtlicher Immissionsschutz, in: FS Raiser (1974) 185

Weick, Die rechtliche Bewältigung von Schäden durch Bäume, NJW 2011, 1702

ders, Sturmschäden – ein unbewältigtes Haf-
tungsproblem, JR 2011, 6

Wellenhofer, Verschuldensunabhängige Haftung im Nachbarrecht, in: FS M Wolf (2011) 323

Wenzel, Der Störer und seine verschuldensunabhängige Haftung im Nachbarrecht, NJW
2005, 241

H Westermann, Die Funktion des Nachbarrechts, in: 1. FS Larenz (1973) 1003

ders, Ansprüche auf Ersatz von Aufwendungen
für Schallschutzmaßnahmen nach § 42 Bundes-
immissionsschutzgesetz und allgemeinem
Recht, in: FS Ernst (1980) 501

H P Westermann, Das private Nachbarrecht
als Instrument des Umweltschutzes, in: Umweltschutz und Privatrecht (1990) 103

Weyreuther, Das bebauungsrechtliche Gebot
der Rücksichtnahme und seine Bedeutung für
den Nachbarschutz, BauR 1975, 1

WILHELMI, Risikoschutz durch Privatrecht
(2009) 81 ff

WÜRDINGER, Humoristisches Nachbarrecht,
NJW 2009, 732

WYSK, Ausgewählte Probleme zum Rechtsschutz gegen Fluglärm, ZLW 1998, 18

ZIEGLMEIER, Bindungsprobleme bei doppel-
gleisigen Rechtsschutzkonkurrenzen im Nach-
barschaftsrecht (2003).

3. Rechtsprechungsübersichten

a) Rechtsprechung des BGH

SCHERER, Die Rechtsprechung des Bundesgerichtshofs zum nachbarlichen Gemeinschaftsverhältnis und zum Immissionsrecht, DRiZ
1963, 49

ders, Das Nachbarrecht in der Rechtsprechung
des Bundesgerichtshofs, BB 1965, 253

PIKART, Die Rechtsprechung des Bundesgerichtshofs zum Nachbarrecht, WM 1969, 82

MATTERN, Die neuere Rechtsprechung des
Bundesgerichtshofs zum Nachbarrecht, WM
1972, 1410

ders, Die neuere Rechtsprechung des Bundesgerichtshofs zum Nachbarrecht, WM 1979, 34

GEHRMANN, Die Rechtsprechung des Bundesgerichtshofs zu § 906 BGB, GewArch 1979, 287

HAGEN, Die neuere Rechtsprechung des Bundesgerichtshofs zum Nachbarrecht, WM 1982,
410

ders, Aktuelle Fragen aus der höchstrichterlichen Rechtsprechung zum Nachbarrecht
(2. Aufl 1983)

ders, Die neuere Rechtsprechung des Bundesgerichtshofs zum Nachbarrecht, WM 1984, 677

SCHNITZERLING, Nachbar-, Unterlassungs- und
Grundstückseigentumsrecht in der
BGH-Rechtsprechung 1983/84, BlGBW 1985,
176

BITZER, Rechtsprechung zum privaten Nachbarrecht, DZWiR 1995, 367

HAGEN, Privatrechtlicher Immissionsschutz –
aus der Rechtsprechung des Bundesgerichtshofes, ZfBR 1995, 61

KAHL/SCHMIDT, Neuere höchstrichterliche
Rechtsprechung zum Umweltrecht, JZ 2006,
125, 130 ff (zum öffentlichen Recht

KAHL, Neuere höchstrichterliche Rechtsprechung zum Umweltrecht, JZ 2010, 668 ff, 718 ff;
2012, 667 ff, 729 ff; 2014, 722 ff, 772 ff (zum öffentlichen Recht).

b) Rechtsprechung der Instanzgerichte

GEHRMANN, Abwehr von Immissionen, BlGBW
1969, 161 (auch zur reichsgerichtlichen Rechtsprechung)

GAISBAUER, Aus der Rechtsprechung zum
Nachbarrecht 1970, DWW 1971, 282

ders, Die Rechtsprechung zum Nachbarrecht in
den Jahren 1972 und 1973, DWW 1975, 83

ders, Die Rechtsprechung zum Nachbarrecht in
den Jahren 1974 bis 1977, DWW 1979, 13 ff;
35 ff; 58 ff

SCHNITZERLING, Neue Entscheidungen zu den
Amts- und Haftpflichtrechten sowie zum
Nachbarrecht, DWW 1985, 172

ders, Neue Entscheidungen zum Nachbarrecht
und den nachbarrechtlichen Grunddienstbarkeiten, DWW 1986, 230.

c) Rechtsprechung zu speziellen Immissionen

GATHER, Die höchstrichterliche Rechtsprechung zur Bekämpfung des Verkehrslärms,
DWW 1980, 6

HAGEN, Höchstrichterliche Rechtsprechung
zum Problemkreis Nachbarschutz und Sportstätten, in: Recht und Sport 17 (1992) 1

J MÜLLER, Nachbars Laub – Ein Überblick über
die Rechtsprechung zur Entschädigung für
Nadel- und Laubfall, NJW 1988, 2587

SCHNITZERLING, Zur Duldungspflicht von
Immissionen in der neueren Rechtsprechung,
DWW 1980, 9

WIETHAUP, Rechtsprechung zum Baustellen-,
Betriebs- und Fabriklärm, BB 1963, 1157

ders, Neuere Rechtsprechung zum Luftrein-
halterecht, BB 1969, 1198

ders, Lärmbekämpfungsrecht, ZMR 1970, 35

ders, Rechtsprechungsübersicht zum Straßenverkehrslärm, BB 1972, 293

ders, Übersicht über die Rechtsprechung zum
Straßenverkehrslärm, DAR 1974, 152.

Herbert Roth

Systematische Übersicht

Alphabetische Übersicht

Herbert Roth

Herbert Roth

Herbert Roth

I. Allgemeines

1. Normzweck

1 § **906** ist die „Generalnorm zivilrechtlichen Nachbarschutzes" im Rahmen des bürgerlichrechtlichen Nachbarrechts der §§ 905 bis 924 (BGHZ 198, 327 Rn 8 = NJW 2014, 458 mit Anm H ROTH LMK 2014, 355577; BGHZ 157, 188, 193 mit Anm H ROTH JZ 2004, 916; PWW/LEMKE[9] Rn 1; NK-BGB/RING[3] Rn 6; jurisPK-BGB/VIEWEG/REGENFUS[7] Rn 20; WESTERMANN/GURSKY/EICKMANN/H P WESTERMANN[8], Sachenrecht § 61 Rn 2; umfassend WILHELMI, Risikoschutz durch Privatrecht [2009] 81 ff). Die Norm bezweckt den notwendigen **Interessenausgleich** von Grundstücksnachbarn im Hinblick auf bestimmte Einwirkungen, die von einem anderen Grundstück ausgehen (BVerfGE 128, 1, 75; KLEINDIENST 12 ff; OEHMEN Rn 16; SCHREIBER JURA 2011, 263; NK-BGB/RING[3] Rn 4). Ein beiderseitig unbeschränktes Recht, mit dem Grundstück iS des § 903 Alt 1 nach Belieben zu verfahren, würde ebenso wie ein uneingeschränktes Recht, den jeweils anderen gem § 903 Alt 2 von jeder Einwirkung mit der Folge des Beseitigungs- und Unterlassungsanspruchs nach § 1004 Abs 1 auszuschließen, eine **sinnvolle Nutzung** beider Grundstücke unmöglich machen (BGHZ 54, 56, 59; 88, 344, 346 mAnm MÜHL JZ 1984, 848; VIEWEG/WERNER, Sachenrecht[6] § 9 Rn 34; HAGEN, in: FS Herm Lange [1992] 483; PEINE JuS 1987, 169, 170). Die §§ 1004, 906 gehören zu den Inhalts- und Schrankenbestimmungen des **Eigentums** gem Art 14 Abs 1 S 2 GG (BVerfGE 128, 1, 70 f).

2. Regelungsgegenstand; Regelungsnotwendigkeit

2 Regelungsgegenstand des § 906 sind die **grundstücksbezogene Abwehr** von Einwirkungen (BGHZ 92, 143) und die **Erlaubnis** zur Einwirkung (H WESTERMANN, in: 1. FS Larenz [1973] 1003, 1005). Die Regelungsnotwendigkeit ergibt sich daraus, dass der rechtlichen Abgrenzung von Grundstücken kein gleichlautendes Verbot von mechanischen oder physikalischen Hinüberwirkungen auf das andere Grundstück entsprechen kann: „Wir leben auf dem Grunde eines Luftmeeres. Dieser Umstand führt mit Notwendigkeit eine Erstreckung der Wirkungen der menschlichen Tätigkeit in die Ferne mit sich. Einerseits überliefern schon die gewöhnlichen Lebensfunktionen und mehr noch die wirtschaftlichen und gewerblichen Vorgänge dem Luftmeere eine Menge von gasförmigen und in der Luft suspendierten Körpern, welche der Bewegung des Luftmeeres folgen. Andererseits ist die menschliche Tätigkeit von physikalischen Wirkungen begleitet, welche sich weiter fortpflanzen, wie Erschütterungen, Wärme, Geräusch, Licht." (Mot III 264 = MUGDAN III 146).

3. Verhältnis zu § 1004

Die Vorschrift steht systematisch zutreffend im Dritten Abschnitt, Erster Titel des **3** Sachenrechts, der den Inhalt des Eigentums betrifft (H WESTERMANN, in: 1. FS Larenz [1973] 1003, 1005). Allerdings ist § 906 (abgesehen von Abs 2 S 2) **keine Anspruchsgrundlage** (PWW/LEMKE[9] Rn 4; StudK-BGB/M WOLF Anm 1; vRÖMER IBR 2010, 630). Diese findet sich im Abwehranspruch des § 1004 Abs 1 (zB BGHZ 54, 56, 60; OLG Celle DWW 1987, 294 [vermietender Eigentümer als mittelbarer Störer]). Nach manchen Autoren soll im Verhältnis von § 1004 und § 906 unterschieden werden: Soweit § 906 Abs 1 einen Verbietungsanspruch ausschließt, weil die Einwirkung die Benutzung des Grundstücks nicht oder nur unwesentlich beeinträchtigt, handelt es sich nach einer Ansicht um eine **Inhaltsbegrenzung** des Eigentums mit der Folge, dass eine Eigentumsbeeinträchtigung nach § 1004 Abs 1 nicht vorliegt (STAUDINGER/GURSKY [2013] § 1004 Rn 25, 176; KLEINDIENST 19 ff; PICKER, Der negatorische Beseitigungsanspruch [1972] 110 Fn 268; OLZEN JURA 1991, 281, 284; BGH JZ 2010, 631 Rn 18 spricht für den Fall von § 906 Abs 1 von einem „fehlenden Ausschließungsinteresse des Eigentümers"). Dagegen soll eine **rechtshindernde Einwendung** iS des § 1004 Abs 2 begründet werden, soweit sich eine Duldungspflicht des Eigentümers aus § 906 Abs 2 S 1 ergibt (STAUDINGER/GURSKY [2013] § 1004 Rn 25 mwNw; BGH JZ 2010, 631 Rn 18 spricht für § 906 Abs 2 davon, dass das Interesse des Eigentümers aufgrund besonderer Umstände hinter das Interesse des Beeinträchtigenden „zurücktritt"). ME sollte aus Gründen des Wertungsgleichlaufs mit den für § 906 allgemein anerkannten Behauptungs- und Beweislastgrundsätzen (unten Rn 199 ff; 234 f; 271 f) § 906 Abs 1 und Abs 2 S 1 durchgängig als **Einwendung** gedeutet werden (H ROTH UTR Bd 104 [2010] 223, 224; ebenso SOERGEL/MÜNCH[13] § 1004 Rn 240 ff; MünchKomm/BALDUS[6] § 1004 Rn 199; StudK-BGB/M WOLF Anm 1; AK-BGB/WINTER Rn 1; jurisPK-BGB/VIEWEG/REGENFUS[7] Rn 166; VIEWEG/WERNER, Sachenrecht[6] § 9 Rn 28; ähnlich WILHELMI 81).

4. Verhältnis zum Vertrag; WEG

§ 906 gibt für die Frage, ob der Mieter gegenüber dem Vermieter bei auftretenden **4** Immissionen die Miete mindern kann, nicht den geeigneten Maßstab ab. Vielmehr kommt dem **Mietvertragsrecht** der Vorrang vor der Abgrenzung des § 906 zu (BGH NJW 2015, 2177 Rn 43 [aber Ausstrahlungswirkung des § 906]; BayObLG NJW 1987, 1950; HORST DWW 2008, 332, 333; ELSHORST NJW 2001, 3222, 3224; jurisPK-BGB/VIEWEG/REGENFUS[7] Rn 26; allgemein RÖTHEL JURA 2000, 617, 622; krit C SCHMIDT NJW 1991, 153; ferner W FRANK WuM 1986, 75 mwNw). Für das Verhältnis von Vermieter und Mieter enthalten die §§ 535, 536 die geeigneten Maßstäbe (LG Landshut NZM 1998, 761, 763; anders LG Berlin Das Grundeigentum 2011, 1685, 1686). Es ist daher eine Frage des konkreten Mietvertrages, welchen Einwirkungen der Mieter vertragsgemäß ausgesetzt werden darf und welche Lärmbelästigungen das Mietverhältnis von Anfang an prägen. So kann sich für den Wohnungsmieter eine **Mietminderung** gem § 537 ergeben, wenn von Baumaßnahmen in der Nachbarschaft Immissionen ausgehen, die den vertragsgemäßen Gebrauch beeinträchtigen, selbst wenn der Vermieter als Eigentümer nach dem

Maßstab des § 906 die Immissionen entschädigungslos dulden muss (LG Göttingen
NJW 1986, 1112; AG Schöneberg Das Grundeigentum 2011, 1491; Horst MDR 2011, 1022; anders
LG Bonn WuM 1986, 115 [unterlassener Minderungsvorbehalt bei *voraussehbaren* Immissionen
durch bauliche Maßnahmen auf einem Nachbargrundstück]; ferner LG Hannover ZMR 1969, 281
mAnm Schriftleitung; LG Wiesbaden ZMR 1958, 15; NK-BGB/Ring³ Rn 10; Kerst NJW 1964, 181,
183; BGH NJW 2015, 2177 Rn 42 verneint bei Kinderlärm einen Mangel der Mietsache im Wege der
ergänzenden Vertragsauslegung). Wird einem Mieter durch den **Wohnungseigentümer**
eine vom *Inhalt der Teilungserklärung* abweichende störende Nutzung gestattet,
so können die anderen Wohnungseigentümer nach § 1004 Abs 1 dagegen vorgehen,
ohne an die Voraussetzungen des § 906 gebunden zu sein (OLG Karlsruhe NJW-RR
1994, 146). Es besteht grundsätzlich keine Pflicht des Wohnungseigentümers zur
Durchführung von nachträglichen *Schallschutzmaßnahmen* (OLG Stuttgart NJW-RR
1994, 1497 [Altbau]; zu den einzuhaltenden Qualitätsstandards BGH NJW 2009, 2439; 2009, 2441).
Auch im Verhältnis von **Wohnungseigentümern zueinander** ist § 906 BGB wegen der
§§ 14, 15 WEG nicht direkt einschlägig, doch kann § 906 BGB Anhaltspunkte für
zulässige oder unzulässige Einwirkungen geben (BayObLG NJW-RR 2005, 385 [Dunstab-
zug: Wertung des § 906 Abs 3]; 2001, 156, 157 [Küchengerüche]; LG Hamburg NZM 2011, 589
[Staubentwicklung]; jurisPK-BGB/Vieweg/Regenfus⁷ Rn 26; Vieweg, in: FS Link [2004] 985, 999;
dagegen hebt OLG Düsseldorf NJW 2008, 2194, 2196 in erster Linie auf die Sondervorschriften der
§§ 14, 15 WEG ab [Küchengerüche]; ebenso OLG Düsseldorf NJW 2009, 3377 [Kinderlärm: gemil-
derter Maßstab]; LG Karlsruhe ZWE 2012, 102; Einzelheiten bei Horst DWE 2008, 4, 6; bisweilen
werden § 14 Nr 1 WEG und § 906 BGB auch nebeneinander zitiert: OLG Düsseldorf WuM 2011,
248). Auf die in § 906 Abs 1 S 2 genannten Werte kommt es aber nicht an, da
innerhalb einer Wohnungseigentumsanlage ein gesteigertes Maß an **Rücksichtnahme**
verlangt wird (BGH NJW 2014, 1233 Rn 11).

5 Im Verhältnis **mehrerer Mieter** eines Mehrfamilienhauses kann sich der gestörte
Mieter nach § 328 BGB gegenüber dem störenden Mieter auf die Einhaltung der
Hausordnung berufen, wenn etwa übermäßig musiziert wird. Auf die Ortsüblichkeit
braucht daher nicht zurückgegriffen zu werden (BGHZ 157, 188, 194 = BGH NJW 2004,
775, 777; LG Potsdam NJW-RR 2014, 1418 [Rauchen auf Balkon]; offengelassen in OLG München
NJW-RR 1992, 1097; unten Rn 107). Es sind mehrere Fragen auseinanderzuhalten: *1.* geht
es um die Duldungspflicht gegenüber einem Abwehranspruch aus § 862 wegen
Besitzstörung. Die **Grenzen der Duldungspflicht** können nach den in § 906 Abs 1
S 1 niedergelegten Tatbestandsmerkmalen (Wesentlichkeit) ermittelt werden
(H Roth JZ 2004, 918, 919). Für das störende **Rauchen** auf dem Balkon hat das der
BGH bejaht und eine Regelung nach Zeitabschnitten befürwortet (BGH NJW 2015,
2023 mit zust Anm H Roth LMK 2015, 371622). Dagegen hatte die (überholte) instanz-
gerichtliche Rspr vorher nicht auf § 906 zurückgegriffen. Danach sollten Mieter in
einem Mehrfamilienhaus in der Regel gegen andere Mieter keinen Anspruch darauf
haben, dass **Rauchen** auf einem benachbarten **Balkon** zu fest bestimmten Tages-
zeiten unterlassen wird (LG Potsdam NJW-RR 2014, 1418). *2.* geht es um die Frage, ob
ein Mieter gegen den anderen einen Ausgleichsanspruch nach § 906 Abs 2 S 2 in
direkter Anwendung haben kann, obwohl die Beeinträchtigungen (Imponderabilien) innerhalb desselben Grundstücks stattfinden. Wegen der Vergleichbarkeit der
Sachverhalte ist dieser Anspruch zu befürworten, obwohl die Störung nicht von
einem anderen Grundstück ausgeht (näher H Roth JZ 2004, 919; anders wohl BGH NJW
2004, 775 [dort aber obiter dictum]; unten Rn 107). *3.* geht es um den verschuldensunabhängigen Aufopferungsanspruch des Mieters gegen den störenden Mieter in analo-

ger Anwendung des § 906 Abs 2 S 2 etwa bei Grobimmissionen, wie etwa einem Wasserschaden. Dieser Anspruch ist zu verneinen, weil seine Gewährung sonst zu einer weiteren Gefährdungshaftung führte (zutreffend BGH NJW 2004, 775 mit insoweit zust Anm H ROTH JZ 2004, 919; unten Rn 70, 107, 112).

5. Rechtstatsächliche Bedeutung

a) Privatrecht

§ 906 regelt den **privatrechtlichen Immissionsschutz**. Die Bedeutung der Vorschrift ist **6** wegen der bestehenden Bevölkerungsdichte, der fortschreitenden technischen Entwicklung mit den damit verbundenen verstärkten Immissionen sowie des Zusammenrückens der Räume praktisch groß und noch immer im Steigen begriffen (dazu ERMAN/WILHELMI[14] Rn 1; BGB-RGRK/AUGUSTIN Rn 1; MÜHL, in: FS Baur [1981] 83, 103; ROESCH ZMR 1972, 101; F BAUR JZ 1987, 317 ff). Zu eng ist es, den Anwendungsbereich des § 906 in erster Linie in den kleinräumigen Immissionen zu sehen, wie etwa bei Grundstücksnutzungen zum „Wohnen, zu Kleingewerbe, Handel, Dienstleistungen, Freizeitaktivität und Vergnügung" (so freilich AK-BGB/WINTER Rn 1; FELDHAUS DWW 1969, 94; H SCHULTE JZ 1984, 297, 298; KETTELER JuS 1994, 913 f; ENDERS/REITER VersR 1991, 1329, 1330). Damit wird die institutionelle Bedeutung des § 906 für zu gering erachtet, die auf **raumordnende Funktionen** iS der besten Ausnutzung des Raumes unter Vermeidung nachteiliger Emissionen der Raumnutzung zielt (H WESTERMANN, in: 1. FS Larenz [1973] 1003, 1013 ff; H P WESTERMANN 103, 105 [„lenkende Funktion"]; GERLACH 72 ff; PFEIFFER 32; NK-BGB/RING[3] Rn 8; skeptisch E LANG AcP 174 [1974] 381 ff; WALZ, in: FS Raiser [1974] 185, 216; HORN AcP 176 [1976] 307, 315 f; SCHAPP 34 f; KLOEPFER VerwArch 76 [1985] 371, 379 f; ENGLER AgrarR 1972, 371; abgewogen F BAUR AcP 176 [1976] 97, 108 f; G H ROTH NJW 1972, 921). Nicht unterschätzt werden sollte der **Präventiveffekt zivilrechtlicher Haftung** aus den §§ 1004, 906 und die dadurch bewirkte Durchsetzung öffentlicher Interessen mit Hilfe des Privatrechts (DIEDERICHSEN, in: FS R Schmidt [1976] 1 ff; ADAMS ZZP 99 [1986] 129, 144 ff; F BAUR JZ 1987, 317, 319; zurückhaltend E LANG AcP 174 [1974] 381, 383; MEYER/ABICH ZRP 1999, 428, 431; REHBINDER RabelsZ 40 [1976] 363, 394 ff; wohl ganz abl E vHIPPEL ZRP 1986, 233, 235). Überhaupt hat die Zurückdrängung subjektiver Privatrechte, insbes der Ausschluss privatrechtlicher Unterlassungsansprüche (zB § 11 LuftVG; oben § 905 Rn 1) im Umweltschutz viele „Sünden" erst ermöglicht (MEDICUS, AT[10] Rn 72; ders JZ 1986, 778, 784). § 906 bildet eine ausreichende Grundlage für die Entwicklung eines **allgemeinen privatrechtlichen Umweltschutzrechts** (BT-Drucks 12/7425 v 27. 4. 1994, 87: „Generalnorm des zivilrechtlichen Nachbarschutzes"; ebenso die Tendenz von MARBURGER 101, 119; jurisPK-BGB/VIEWEG/REGENFUS[7] Rn 20). Soweit Art 2 Abs 2 S 1 GG Schutz gegen die Einwirkungen benachbarter Anlagen verlangt, hat der Gesetzgeber dem durch die Vorschriften des zivilen und öffentlichen Nachbarrechts, vor allem mit § 906 BGB und § 22 BImSchG ausreichend Rechnung getragen (BVerfG NJW 1997, 2509). Es braucht nicht zugegeben zu werden, dass das private Nachbarrecht in einer auf „ökologisches Gleichgewicht bedachten spätindustriellen Gesellschaft" keine ausreichende Ergänzung des **öffentlichen Rechts** ist (aA SIMITIS VersR 1972, 1087, 1091 li Sp; ihm zust MünchKomm/SÄCKER[6] Rn 1; skeptisch auch BREUER DVBl 1986, 849, 853; zur Bedeutung des § 906 im Instrumentarium des Umwelthaftungsrechts STAUDINGER/KOHLER [2010] Einl 38 ff zum UmweltHR). Eine empfindliche Lücke des Zivilrechts, die auch durch das öffentliche Recht nur unvollkommen geschlossen werden kann, findet sich freilich bei den *summierten Immissionen* (dazu ADAMS ZZP 99 [1986] 129, 145 ff; unten Rn 277).

b) Öffentliches Recht

7 Allerdings ist der Umweltschutz iSe „aktiven staatlichen Vorsorge, Planung und Verteilung" in erster Linie mit den Instrumenten des **öffentlichen Rechts** zu bewirken (BGB-RGRK/Augustin Rn 1; Breuer, Umweltschutzrecht Rn 57 ff; Ketteler JuS 1994, 826 ff; 909 ff; Jauernig JZ 1986, 605; Medicus JZ 1986, 778; zum umweltschutzrechtlichen Vorsorgeprinzip Sendler JuS 1983, 255, 256; Soell ZRP 1980, 105). Die wesentlichsten bundesrechtlichen Rechtsgrundlagen finden sich im **BImSchG** als dem Kernstück des öffentlichen Immissionsschutzrechts (dazu Jarass JuS 2009, 608), dem AtG; KrW-/AbfG sowie weiteren Gesetzen nebst Ausführungsvorschriften und Landesrecht (Fundstellen bei Kloepfer, Umweltschutz [Loseblatt-Textsammlung]; Palandt/Bassenge[74] Rn 2; rechtsvergleichender Überblick bei Rehbinder RabelsZ 40 [1976] 363 ff). Dabei breiten sich **europarechtliche Rechtsquellen** immer weiter aus (Ru-Huei-Liu 77 ff). Die Lärmminderungsplanung betreffen etwa die §§ 47a bis 47 f BImSchG (Scheidler NVwBl 2007, 245). Ob und wann es zu einer **Kodifikation** des Umweltrechts in einem **Umweltgesetzbuch** kommt, lässt sich nicht mit hinreichender Deutlichkeit sagen. Der Entwurf eines Umweltgesetzbuches wurde im Januar 1998 veröffentlicht (Storm NVwZ 1999, 35; zur Entwicklung Kloepfer DÖV 1995, 745 mwNw; zum Referentenentwurf Schrader ZRP 2008, 60); seine parlamentarische Umsetzung ist 2009 gescheitert (Erbguth/Schubert UTR Bd 104 [2010] 7 ff; dazu auch Bohne/Kloepfer, Projekt eines Umweltgesetzbuchs 2009; Knopp DVBl 2010, 929; Rehbinder, in: FS Sellner [2010] 89). Auf die gegenläufigen Tendenzen der öffentlich-rechtlichen **Beschleunigungsgesetze** wie des Verkehrswegeplanungsbeschleunigungsgesetzes v 16. 12. 1991 (BGBl I 2171) und des Planungsvereinfachungsgesetzes v 17. 12. 1993 (BGBl I 2123) hin zur Zurückdrängung des Umweltrechts kann hier nur hingewiesen werden (etwa Erbguth JZ 1994, 477). Das am 14. 11. 2007 in Kraft getretene **„Umweltschadensgesetz"** v 10. 5. 2007 (BGBl I 666; dazu L Diederichsen NJW 2007, 3377; Marburger/Emmermacher, in: FS Werner [2009] 410; Schrader/Hellenbroich ZUR 2007, 289; Sons Phi 2007, 86; Kohler UTR Bd 104 [2010] 187 ff) betrifft rein ökologische Schäden und ist kein Instrument des Immissionsschutzes. Vielmehr geht es um die Verantwortlichkeit des Verursachers von Umweltbeeinträchtigungen gegenüber der Behörde nach öffentlichem Recht (zu der zugrunde liegenden EG-Umwelthaftungsrichtlinie Marburger, in: FS Rehbinder [2007] 237). Die Gefahrenabwehrpflicht des § 5 USchadG dürfte neben dem negatorischen Anspruch aus §§ 1004, 906 BGB stehen und dessen bisherige Auslegung nicht beeinflussen. Auch die direkte oder analoge Anwendung des § 906 bleibt bei Vorliegen der tatbestandlichen Voraussetzungen unberührt (Kohler UTR Bd 104 [2010] 187, 194 ff).

II. Einwirkungen des öffentlichen Rechts auf die §§ 1004, 906

8 Auch wenn das öffentliche Umweltschutzrecht vorrangig den Ausgleich zwischen den mit Umwelteinwirkungen verfolgten Interessen und den dadurch betroffenen Belangen der **Allgemeinheit** im Auge hat (Ketteler JuS 1994, 826 ff; 909 ff; Sendler JuS 1983, 255; Rechtsprechungsübersicht durch Kahl/Schmidt JZ 2006, 125; Kahl JZ 2014, 722 ff; 772 ff), so betrifft es auch den Interessenausgleich zwischen den widerstreitenden Interessen beteiligter Privater (Breuer, Umweltschutzrecht Rn 99). Dabei kann es zu Konkurrenzen, Überschneidungen und Überlagerungen von öffentlichem und privatem Umweltschutzrecht kommen (Kleinlein 79 ff; auch Staudinger/Kohler [2010] Einl 12 ff zum UmweltHR; J F Baur, in: Festgabe BGH [2000] 849 ff; ein anderer Ansatz bei Peine JuS 1987, 169 ff; Pfeiffer 97 ff; zum öffentlich-rechtlichen Immissionsschutzrecht Fälle bei Kment/Braun JURA 2011, 414 ff; 490 ff). Im Ganzen trifft die Formulierung zu, wonach die

Zuordnung von Verwaltungsrecht und Privatrecht durch **Berücksichtigung der verwaltungsrechtlichen Regelungen**, nicht aber durch eine starre Bindung an sie gekennzeichnet ist (JARASS VVDStRL 50 [1991] 238, 269; für den Vorrang des öffentlichen Rechts dagegen DOLDERER DVBl 1998, 19 ff). Der Rückgriff auf die „Einheit der Rechtsordnung" ist wegen des pauschalen Maßstabes kein zureichender Grund für eine Vorgabewirkung des Verwaltungsrechts (M SCHRÖDER VVDStRL 50 [1991] 196, 205). Auch § 906 Abs 1 S 2, 3 bringt keine Änderung der **Beweislast** im Vergleich mit der früheren Regelung (unten Rn 202).

1. Rechtsbehelfskonkurrenzen

Ein Privater kann nach richtiger Auffassung gegen Immissionen vor den Verwal- 9 tungsgerichten und vor den ordentlichen Gerichten grundsätzlich (zu den Ausnahmen unten Rn 19 ff) nebeneinander und gleichzeitig sowie auch nacheinander **Rechtsschutz** nachsuchen (BVerwG NJW 2003, 3360, 3361 [Anspruch vor dem LG aus §§ 1004, 906 auf Unterlassung der Lärmeinwirkungen und Klage vor dem VG gegen den Landkreis auf bauaufsichtliches Einschreiten gegen Live-Musik Veranstaltungen in der vom Beigeladenen betriebenen Halle]; PWW/LEMKE[9] Rn 5; REGENFUS Jura 2007, 279, 285; zu der problematischen Aufspaltung der Gerichtsbarkeiten grundlegend ZIEGLMEIER 19 ff). Es handelt sich jeweils um **verschiedene Streitgegenstände** mit der dadurch eröffneten Möglichkeit, dass die jeweils angerufenen Gerichte die einzuhaltenden Zumutbarkeitsgrenzen unterschiedlich beurteilen (dazu jurisPK-BGB/VIEWEG/REGENFUS[7] Rn 176; VIEWEG/RÖTHEL DVBl 1996, 1171; krit STÜHLER BauR 2004, 614, 628; aber unten Rn 37 zur gleichbedeutenden Auslegung von Wesentlichkeit gem § 906 BGB und Erheblichkeit gem § 22 BImSchG). So kann es vor allem liegen, wenn der Betreiber einer nicht genehmigungsbedürftigen Anlage gegen seine Pflichten aus § 22 Abs 1 Nr 1 BImschG verstößt. Da dieser Vorschrift nach zutreffender Auffassung drittschützender Charakter zukommt (JARASS BImSchG[10] § 22 Rn 40; DÜRR NVwZ 1982, 297; **aA** SELLNER NJW 1976, 265, 267 f), steht dem Betroffenen gegen die zuständige Behörde die **verwaltungsgerichtliche Verpflichtungsklage** gem § 42 VwGO, gerichtet auf Erlass einer Maßnahme nach § 24 BImSchG, zu (dazu JARASS BImschG[10] § 24 Rn 20). Bei schweren langandauernden nächtlichen Lärmbelästigungen kann das Nichteinschreiten von Behörden einen Verstoß gegen Art 8 EMRK begründen (EGMR NJW 2005, 3767). Neben der gegen die Behörde gerichteten Verpflichtungsklage kommt unter den Voraussetzungen des § 906 auch die **Abwehrklage** nach § 1004 Abs 1 gegen den Betreiber in Betracht. Vergleichbar liegt es für genehmigungsbedürftige Anlagen (§ 4 BImSchG), soweit es um nachträgliche Anordnungen nach § 17 BImSchG geht (dazu STICH 289, 295; SELLNER Rn 436 ff). Die öffentlich-rechtliche Verpflichtungsklage gegen die Behörde auf Anordnung nachträglicher Anordnungen gem § 17 BImSchG ist begründet, wenn die Beeinträchtigungen über § 906 BGB hinausgehen (F BAUR, in: FS Sontis [1977] 181, 191 Fn 27). Daneben bleiben im Rahmen des § 14 S 1 BImSchG privatrechtliche Rechtsbehelfe gegen den Betreiber der Anlage möglich (ausführlich H ROTH UTR Bd 12 [1990] 329, 338 ff). Im Anwendungsbereich von **landesrechtlichen Immissionsschutzgesetzen** kann etwa der belästigte Nachbar gegen unnötiges Laufenlassen von Motoren zB nach Art 12 Abs 1 Nr 1 BayImSchG sowohl die Verwaltungsgerichte als auch nach §§ 1004, 906 BGB (oder im Wege des quasinegatorischen Beseitigungsanspruchs nach §§ 1004, 823 Abs 2 BGB) die Zivilgerichte anrufen (ferner KONRAD BayVBl 1984, 33, 35 ff). Auch bei gleichem Rechtsschutzziel liegen **unterschiedliche Streitgegenstände** zugrunde, sodass bei gleichzeitig erhobenen Klagen der Einwand der **Rechts-**

hängigkeit nicht entgegen steht (H Rотн UTR Bd 12 [1990] 329, 341; Seidel Rn 31 ff; **aA** VG Würzburg NVwZ 1999, 799, 800; Zieglmeier 153 ff, 165 ff). In gleicher Weise können Zivil- und Verwaltungsgerichte auch nacheinander bei **Rechtskraft** der einen Entscheidung angerufen werden (unten Rn 14). Wegen der unterschiedlichen Vollstreckungsmöglichkeiten kommt es auch nicht zu einer Rechtskrafterstreckung kraft Sinnzusammenhanges (H Rотн UTR Bd 12 [1990] 329, 337 f). Es stellt grundsätzlich keinen Verstoß gegen Treu und Glauben dar, wenn der Betroffene gegen die Genehmigung zum Bau einer Lärmschutzwand des Störers Widerspruch einlegt und gleichzeitig seinen privatrechtlichen Abwehranspruch vor den Zivilgerichten verfolgt (BGH NJW 1995, 132; dazu Hagen ZfIR 1999, 413, 414). Auch kann der Gestörte zB wegen Einwirkungen aus gem § 16 GenTG genehmigten **Freilandversuchen** um Rechtsschutz vor dem VG gegen die Genehmigung nachsuchen und gleichzeitig vor dem Zivilgericht Abwehransprüche aus § 1004 Abs 1 durchzusetzen versuchen (OLG Stuttgart VersR 2001, 70, 71).

10 Nach hL sind **beide Rechtswege gleichwertig**, sodass weder die angerufenen Verwaltungsbehörden oder Verwaltungsgerichte auf die Möglichkeiten des zivilrechtlichen Rechtsschutzes verweisen können (Bross in: FS Hagen [1999] 357, 364; Jarass DVBl 1985, 193, 195; Bsp in OVG Rheinland-Pfalz OVGE 2008, 153, 163 [störende Kinder auf einem faktischen Bolzplatz und Anspruch auf ordnungsbehördliches Einschreiten]; NK-BGB/Ring[3] Rn 13; **aA** BVerwG ZfBR 1998, 106; Streitstand bei Peine JuS 1987, 170 ff), noch umgekehrt etwa die Zivilgerichte für die Klage aus § 1004 Abs 1 unter Hinweis auf die Möglichkeit verwaltungsgerichtlichen Rechtsschutzes das Rechtsschutzbedürfnis verneinen dürfen (BVerwGE 11, 331; BGH WM 1974, 572, 573; OLG Frankfurt NJW-RR 2013, 793, 794 [Abstandsflächenunterschreitung durch eine Luftwärmepumpe]; Steinberg NJW 1984, 457, 462 mwNw; Stich 291, 301 f; Schloms BlGBW 1978, 152, 153; Bender/Dohle Rn 20 ff; Meisner/Ring/Götz § 39 Rn 32).

11 Nach der Gegenauffassung kann die Verwaltung ermessensfehlerfrei auf den **Zivilrechtsweg verweisen** (und tut dies auch häufig, vgl Wiethaup NJW 1965, 142), soweit öffentlich-rechtliche drittschützende Normen zugleich als Schutzgesetze iS des § 823 Abs 2 aufgefasst werden können, den Abwehranspruch aus § 1004 Abs 1 auslösen und der zivilrechtliche Abwehranspruch nicht durch Sondervorschriften des öffentlichen Rechts ausgeschlossen ist (Konrad BayVBl 1984, 33, 35 ff; 73; Just BayVBl 1985, 289, 290; noch weitergehend Wiethaup NJW 1961, 492 f; Schmidt/H Müller JuS 1986, 127, 130 re Sp; zust Marburger 44 ff für Immissionen, die keine konkrete Gefahr für Leben, Gesundheit oder große Sachwerte bedeuten; auch Peine JuS 1987, 169 ff). Eine Verlagerung auf die Zivilgerichtsbarkeit hat vor allem durch die in verschiedenen Länderbauordnungen ermöglichten **genehmigungsfreien Bauvorhaben** stattgefunden, die eine Entlastung der Bauaufsichtsbehörden bezwecken (deutlich OVG Lüneburg NJOZ 2009, 405, 411 f [zu § 69a NdsBauO]).

12 In der umgekehrten Richtung werden bisweilen zivilrechtliche Ansprüche gegenüber dem öffentlichen Rechtsschutz für nachrangig gehalten (Schapp 214 ff). So könnte etwa § 22 BImSchG als lex specialis zu den §§ 1004, 906 BGB erwogen werden (in gleicher Richtung für das Baurecht Kretschmer JBlSaar 1967, 200, 202). Diese Auffassung ist wegen der **strukturellen Durchsetzungsschwäche des öffentlichen Rechts** nicht überzeugend (zu ihr Hagen ZfIR 1999, 413, 418; ders NVwZ 1991, 817, 820; krit auch Marburger 43 f). So bleibt der Antrag auf ein Einschreiten der Verwaltungsbehörden häufig

erfolglos, weil dafür eine Ermessensreduzierung auf Null gefordert wird (Bsp OVG Bremen NJW 2007, 939 [Antrag auf Einschreiten gegen ein im Rahmen einer Hotelveranstaltung durchgeführtes Feuerwerk]). In vielen Fällen kommt der gestörte Eigentümer selbst dann nicht zu seinem Recht, wenn die Verwaltungsbehörde durch Verwaltungsakt zu seinen Gunsten entschieden hat, weil er auf den Vollzug dieser Maßnahme weitgehend keinen Einfluss hat (insoweit auch Konrad BayVBl 1984, 70, 72 Fn 29; ausführlich H Roth UTR Bd 12 [1990] 329, 339 f). Bisweilen wird der Vollzug selbst bestandskräftiger Verwaltungsakte doch noch durch den im Petitionsweg angerufenen Landtagsausschuss abgewendet. Auch sind Verwaltungen oft mehr an der Wirtschaftsförderung in ihrem Bereich und an der zufließenden Gewerbesteuer interessiert als an den Belangen betroffener Privater (E Lang AcP 174 [1974] 381, 404; Mittenzwei MDR 1977, 99). Deshalb entfällt das Rechtsschutzbedürfnis für eine zivilgerichtliche Klage auf Beseitigung eines baurechtswidrigen Zustandes nicht deshalb, weil gegen den Beklagten bereits ein bestandskräftiger Verwaltungsakt auf Beseitigung eben dieses Zustandes ergangen ist (OLG Köln MDR 1994, 1121). Wenn es die Behörden versäumen, die Einhaltung von Lärmschutzregelungen durchzusetzen, kann darin ein Verstoß gegen ihre **Pflicht aus Art 8 EMRK** zum Schutz des Rechts auf Wohnung liegen (EGMR NJW 2005, 3767).

Zutreffend ist die hL (BGHZ 122, 1, 8 [Ballettschule]; OLG Stuttgart VersR 2001, 70, 71; **13** F Baur, in: FS Sontis [1977] 181, 191, 198 ff; Jarass VVDStRL 50 [1991] 239, 256; Salje/Peter, Umwelthaftungsgesetz² Einl 12; Olzen JURA 1991, 281, 282). Auch wenn die bestehende **Doppelgleisigkeit der Rechtswege** unbefriedigend sein mag, so ist ein Verweis auf den jeweils anderen Rechtsweg doch ein Verstoß gegen die Schutzpflichten des Staates. In der Verweisung auf den Zivilrechtsweg liegt deshalb eine unzulässige Privatisierung des öffentlich-rechtlichen Rechtsgutschutzes (Problemstand bei Just BayVBl 1985, 289, 290).

Umstritten ist vor allem die Lösung der sich aus der Doppelgleisigkeit der Rechts- **14** wege ergebenden **Rechtskraftprobleme** (zur Rechtshängigkeit oben Rn 9). Ist etwa der beeinträchtigte Nachbar im immissionsschutzrechtlichen Genehmigungsverfahren vor dem Verwaltungsgericht unterlegen, so ist er aus Gründen der Rechtskraft nicht daran gehindert, den zivilrechtlichen Anspruch auf Vorkehrungen zu erheben, welche die benachteiligenden Wirkungen ausschließen (§ 14 S 1 BImSchG). Das gilt auch dann, wenn man von der Voraussetzung ausgeht, dass die **Prüfungsmaßstäbe** der §§ 6, 5 BImSchG und des § 906 BGB im Wesentlichen gleich sind, oder das Verwaltungsgericht die Voraussetzungen des § 906 BGB zumindest in gleichem Umfang berücksichtigt hat, wie ein Zivilgericht dies hätte tun müssen (H Roth UTR Bd 12 [1990] 329, 337 ff, 341 [trotz Sinnzusammenhanges]; Seidel Rn 31 ff, 37; zum Problemkreis auch F Baur, in: FS Sontis [1977] 181, 191 Fn 28; Marburger 46 f [baurechtlicher Dispens]; Bross VerwArch 78 [1987] 91 ff; M Vollkommer/G Vollkommer, in: Erlanger FS Schwab [2000] 135 [Streitverkündung]; aA und für die Anwendung der „Kernpunkttheorie" mit der Konsequenz einer Vermeidung von Rechtsschutzkonkurrenzen mit beachtlichen Argumenten Zieglmeier 129 ff).

Rechtspolitisch wurde erwogen, den nachbarlichen Rechtsschutz in einer einzigen **15** Gerichtsbarkeit zusammenzufassen (Vorschläge von F Baur JZ 1962, 73, 75; ders JZ 1963, 41, 46; ders JZ 1969, 432; Mühl AcP 180 [1980] 300, 307).

2. Immissionsrechtliche Schutzgesetze iS des § 823 Abs 2 in ihrem Verhältnis zu § 906

16 Der Abwehranspruch aus § 1004 Abs 1 greift nur ein, wenn die Zuführung von Immissionen wesentlich und nicht ortsüblich ist, oder wesentlich und ortsüblich, aber durch wirtschaftlich zumutbare Maßnahmen verhinderbar. Dagegen käme es auf die Voraussetzungen des § 906 nicht mehr an, wenn sich insbes öffentlich-rechtliche Immissionsschutzvorschriften als **Schutzgesetze** iS des § 823 Abs 2 auffassen ließen (zu anderen Schutzgesetzen Laufke, in: FS H Lange [1970] 274, 281 ff) und damit den quasinegatorischen Beseitigungs- und Unterlassungsanspruch auslösten (so BGHZ 122, 1 mwNw [Ballettschule]). Dadurch ließe sich ein von den Voraussetzungen des § 906 losgelöster, vorverlagerter und vielfach erweiterter privatrechtlicher Immissionsschutz erreichen (Konrad BayVBl 1984, 33, 37).

17 Von weitreichender Bedeutung ist ein so begründeter privatrechtlicher Immissionsschutz, wenn man unter Schutzgesetz iS des § 823 Abs 2 nicht nur Gesetze im staatsrechtlichen Sinn, sondern **jede Rechtsnorm** (dazu Medicus JZ 1986, 778, 783) sowie behördliche **Einzelfallregelungen** versteht (Ronellenfitsch/R Wolf NJW 1986, 1955, 1961 li Sp). Auf diese Weise lässt sich in Fällen, in denen die behördliche Einzelfallanordnung strengere Anforderungen an den Immissionsschutz aufstellt als in § 906 vorgesehen, die privatrechtliche Duldungspflicht des Nachbarn herabsetzen und der Umweltschutz effektivieren (zust Fritzsche NJW 1995, 1121). Da sich drittschützende Normen insbes des BImSchG vielfach auch als **Schutzgesetze** nach § 823 Abs 2 BGB darstellen (Rummel in: Strasser, Privatrecht und Umweltschutz [1976] 137; Picker AcP 176 [1976] 28; F Baur JZ 1974, 657, 660; Simitis VersR 1972, 1087, 1093), tritt die Frage häufiger auf.

18 Nach zutreffender hL wird der quasinegatorische Anspruch aus einer Schutzgesetzverletzung nicht über § 906 eingeschränkt. Deshalb kann zB der Nachbar die Einhaltung einer in einer Baugenehmigung enthaltenen **bestandskräftigen Auflage** zu seinem Schutz gegen Lärm vor den Zivilgerichten durchsetzen, auch wenn die Voraussetzungen des § 906 im konkreten Fall nicht vorliegen (BGH NJW 1997, 55 [Notkamin] mit krit Anm Rehbinder LM BGB § 823 [B] Nr 12; 1995, 132, 134; BGHZ 122, 1, 7 [Ballettschule] mit Anm Rehbinder LM BGB § 823 [B] Nr 10; OLG Hamm JZ 1981, 277 mit Anm F Baur; zust Bross, in: FS Hagen [1999] 357, 365 ff; Rehbinder, Privates Immissionsschutzrecht Rn 34; K Schmidt, in: FS Zeuner [1994] 259, 274 ff; Dury, in: GS Burmeister [2005] 149, 160; Hagen ZfIR 1999, 413, 417; Röthel Jura 2000, 617, 620; Glaser ZMR 1983, 361; zweifelnd Palandt/Bassenge[74] Rn 3). Erreicht wird eine **Vorverlagerung** des Schutzes des Nachbarn iS eines abstrakten Gefährdungstatbestandes, ohne dass an einen konkret eingetretenen Verletzungserfolg angeknüpft werden müsste. Danach regelt § 906 für die dort aufgeführten Immissionen den privatrechtlichen Immissionsschutz **nicht abschließend** (aA Stich 291, 300; ohne Stellungnahme AK-BGB/Winter Rn 76). Parallel dazu kann die Auflage auch durch die zuständige Bauaufsichtsbehörde durchgesetzt werden, ohne dass der Nachbar auf die Inanspruchnahme zivilrechtlichen Rechtsschutzes verwiesen werden könnte (Bross, in: FS Hagen [1999] 357, 365; aA BVerwG ZfBR 1998, 106).

3.   Ausschluss oder Beschränkung des Abwehranspruchs aus §§ 1004, 906

In zahlreichen Fällen schließen Vorschriften des **öffentlichen Rechts** den Abwehr- **19** anspruch aus §§ 1004 Abs 1, 906 gegen die Immissionen von Privaten (zu den Immissionen der öffentlichen Hand unten Rn 38 ff) aus, obwohl dessen Voraussetzungen an sich vorliegen. Es handelt sich um **privatrechtsgestaltende Normen** des öffentlichen Rechts, die den privatrechtlichen Immissionsschutz für den durch sie geregelten Bereich in erster Linie auf Entschädigungsansprüche unter Duldung der Immission verweisen (BREUER DVBl 1986, 849, 854). Aus neuerer Zeit sei etwa § 23 GenTG (abgedruckt in SARTORIUS I Nr 270) genannt, der das Abwehrrecht gegenüber **gentechnischen Anlagen**, Arbeiten oder Freisetzungen ausschließt (OLG Stuttgart VersR 2001, 70, 71; G WAGNER VersR 2007, 1017 ff; zu Veränderungen des § 906 im Falle von gentechnischen Immissionen unten Rn 169, 175, 206, 237).

a)   § 14 BImSchG

§ 14 BImSchG (abgedruckt in SARTORIUS I Nr 296) (früher: § 26 GewO) statuiert eine **20** über §§ 1004 Abs 2, 906 Abs 1 und 2 BGB hinausreichende **Duldungspflicht** des gestörten Nachbarn. Die Vorschrift soll den Bestand von förmlich genehmigten gefährlichen Anlagen iS der §§ 4 ff BImSchG gegenüber privatrechtlichen Ansprüchen sichern, sofern diese nicht auf besonderen Titeln beruhen (näher STAUDINGER/ KOHLER [2010] UmweltHR E § 14 BImSchG Rn 3 ff; JARASS, BImSchG[10] § 14 Rn 1; BAUR/STÜRNER, Sachenrecht[18] § 25 Rn 30; VIEWEG/WERNER, Sachenrecht[6] § 9 Rn 30; PEINE NJW 1990, 2442, 2443). Der Schutz des betroffenen Nachbarn ist durch die **Beteiligungsmöglichkeit** am Genehmigungsverfahren nach § 10 BImSchG vorverlagert (BVerwGE 28, 131). Macht ein Nachbar Einwendungen nicht rechtzeitig geltend, so wird er mit ihnen unter den Voraussetzungen des § 10 Abs 3 S 5 BImSchG iSe materiellen Präklusionswirkung ausgeschlossen (JARASS JuS 1984, 351, 354). In diesem Falle beruht der Anspruchsausschluss bereits auf § 10 Abs 3 S 5 BImSchG, ohne dass es noch auf die Voraussetzungen des § 14 BImSchG ankäme (PAPIER NJW 1980, 314 f).

Die Genehmigung des § 4 BImSchG schützt aufgrund ihrer **Legalisierungswirkung 21** neben der Inanspruchnahme nach Privatrecht weitgehend auch vor Maßnahmen aufgrund von allgemeinem Polizei- und Ordnungsrecht (BVerwG GewArch 1978, 101 mit Anm P SELMER JuS 1978, 424).

§ 14 S 1 HS 1 BImSchG schließt Ansprüche aus, die auf **Einstellung des Betriebes 22** gerichtet sind. Dagegen lässt § 14 S 1 HS 2 BImSchG Abwehransprüche von Privaten aus § 1004 Abs 1 BGB unberührt, soweit diese lediglich auf **Schutzvorkehrungen** gerichtet sind (OLG Frankfurt VersR 1983, 41). Der Anspruch auf Schutzvorkehrungen geht auf Verminderung der Beeinträchtigung auf das nach § 906 zulässige Maß (JARASS, BImSchG[10] § 14 Rn 18). Neben dem Einbau von Technik wie etwa Filtern sind auch zeitliche Beschränkungen möglich (KG NZM 2013, 742 [offener Kamin]). Der durch § 14 S 1 HS 1 BImSchG bewirkte „Einbruch" in den privatrechtlichen Anspruch des § 1004 Abs 1 BGB ist geringer als vielfach angenommen wird (F BAUR, in: FS Sontis [1977] 181, 190): Auch bei uneingeschränkter Geltung des § 1004 Abs 1 kommt eine Beseitigung der Störungsquelle nur im Ausnahmefall in Betracht. In aller Regel ist es Sache des Emittenten, wie er die Beeinträchtigung verhindert. Die Beseitigung der Störungsquelle selbst kann nur dann verlangt werden, wenn das der einzige Weg ist, die Immission zu vermeiden (zB BGHZ 67, 252 [Schweinemästerei]; unten Rn 285).

23 Auch ein Anspruch auf **Schutzvorkehrungen** nach § 14 S 1 HS 2 BImSchG besteht nur, wenn die beeinträchtigende Einwirkung über den Rahmen des § 906 BGB hinausgeht (Bsp: OLG München BlGBW 1978, 151, 152 li Sp mAnm Schloms). Er ist zB nicht gegeben, wenn die Einwirkungen nur unwesentlich sind (Jarass, BImschG[10] § 14 Rn 18; Palandt/Bassenge[74] Rn 32; Baur/Stürner, Sachenrecht[18] § 25 Rn 34). Dagegen ist ein Anspruch auf Schutzvorkehrungen nach § 14 S 1 HS 2 BImSchG begründet, wenn es sich um wesentliche, ortsübliche, durch technische, wirtschaftlich zumutbare Maßnahmen zu verhindernde, aber nicht verhinderte Einwirkungen, handelt (Baur/Stürner, Sachenrecht[18] § 25 Rn 34). Wer dagegen nach § 906 Abs 2 S 1 BGB zur Duldung von Immissionen verpflichtet ist, kann auch nicht nach § 14 S 1 HS 2 BImSchG die Herstellung von Einrichtungen verlangen, welche die Immission ausschließen (so noch zu § 26 GewO LG Hamburg MDR 1965, 45; unten Rn 76).

24 Der Schutzvorkehrungsanspruch des § 14 S 1 HS 2 BImSchG ist vor den **Zivilgerichten** und nicht vor den Verwaltungsgerichten geltend zu machen (Stich 289, 294; zu Rechtsbehelfskonkurrenzen oben Rn 9). Eine Schranke für den privatrechtlichen Vorkehrungsanspruch bildet § 15 BImSchG. Im ordentlichen Rechtsweg können zB gegen die von einem Betrieb ausgehenden Geruchsbelästigungen Vorkehrungen nur verlangt werden, soweit Maßnahmen in Betracht kommen, die ohne behördliches Genehmigungsverfahren zulässig und dennoch geeignet sind, nicht zu duldende Einwirkungen auszuschließen (OLG Frankfurt VersR 1983, 41).

25 Die **Ausschlusswirkung** des § 14 BImSchG ist begrenzt. Bei § 26 GewO, dem Vorläufer von § 14 BImSchG, wurden nur solche **Nebenanlagen** von der Genehmigung des § 16 GewO und damit dessen Schutz erfasst, die notwendige Bestandteile der Hauptsache bilden und zur zweckentsprechenden Herstellung der Hauptanlage oder deren Betrieb unbedingt notwendig sind. Dabei ist der Begriff der Notwendigkeit im technischen Sinne zu verstehen; bloße Rentabilitätserwägungen scheiden aus (BGHZ 28, 225, 228 f). Danach ist ein *Kalksteinbruch* keine von § 26 GewO (§ 14 BImSchG) mit erfasste notwendige Nebenanlage von *Gipsöfen,* selbst wenn diese nur mit der Ausbeute eines bestimmten Kalksteinbruchs rentabel betrieben werden können (weitergehend Jarass JuS 1984, 351, 352). Der Anspruchsausschluss des § 14 S 1 BImSchG gilt nur zugunsten eines **genehmigungskonformen Anlagenbetriebs** (Jarass JuS 1984, 351, 356). Die Ausschlusswirkung tritt nur ein, wenn die **verwaltungsgerichtlichen Rechtsmittelfristen** für den Inhaber des zivilrechtlichen Anspruchs abgelaufen sind. Die Genehmigung muss daher für ihn unanfechtbar geworden sein, wobei unerheblich ist, dass etwa noch andere Personen befugt sind, Rechtsmittel vor den Verwaltungsgerichten einzulegen (Jarass BImschG[10] § 14 Rn 6). § 14 BImSchG ist für Erst- und Änderungsgenehmigungen und nach richtiger Ansicht auch für Teilgenehmigungen anwendbar (Jarass BImschG[10] § 14 Rn 2 mwNw des Streitstandes). § 14 BImSchG gilt nicht für genehmigungsfreie Anlagen. In diesem Falle bleibt es bei den allgemeinen Vorschriften der §§ 1004, 906.

26 § 14 BImSchG ist gem § 11 LuftVG auf **Flughäfen** entsprechend anwendbar, sodass nicht Betriebseinstellung verlangt werden kann. Wohl aber kann eine Unterlassungsklage zB auf Vorkehrungen wie Bewegungslenkungen, Betriebsregelungen, oder zeitliche und zahlenmäßige Beschränkung der Startvorgänge zur Verringerung des Fluglärms gerichtet werden (BGHZ 69, 118, 128; Schiller ZLW 2008, 192, 204; Wysk ZLW 1998, 18, 25). Für Einwirkungen, die von einer genehmigten Anlage nach dem **Atom-**

gesetz (abgedruckt in Sartorius I Nr 835) auf ein anderes Grundstück ausgehen, verweist § 7 Abs 6 AtG gleichfalls auf § 14 BImSchG. In gleicher Weise schließt § 23 **GenTG** Ansprüche auf Einstellung des Anlagenbetriebs aus, nicht aber Ansprüche auf Schutzvorkehrungen oder Schadenersatz. Aufgrund der in Art 125 EGBGB getroffenen Ermächtigung ist § 14 BImSchG vielfach durch **Landesrecht** auf Eisenbahn-, Dampfschifffahrts- und ähnliche Unternehmungen erstreckt worden. Dazu gehören etwa Kraftfahrzeuglinien, *Kleinbahnen, Straßenbahnen, Aufzüge* und *Schwebebahnen* (Staudinger/D Merten [2013] Art 125 EGBGB Rn 6). Von dieser Ermächtigung haben etwa Bayern (Art 54 AGBGB), Baden-Württemberg (§ 30 Nachbarrechtsgesetz) und Niedersachsen (§ 24 AGBGB) Gebrauch gemacht (Nachw bei Staudinger/Merten [2013] Art 125 EGBGB Rn 7).

b)   Planfeststellungsbeschlüsse
Neben § 14 S 1 BImSchG sind es insbes **unanfechtbare Planfeststellungsbeschlüsse,** **27** die den Beseitigungsanspruch aus §§ 1004 Abs 1, 906 BGB sowie auch den Ausgleichsanspruch aus § 906 Abs 2 S 2 ausschließen (zu letzterem BGH NJW 2010, 1141 Rn 17 [City-Tunnel Leipzig: nicht nur Betrieb, sondern auch Errichtung des Vorhabens] im Anschluss an BGHZ 161, 323; dazu H Roth LMK 2005, 52; de Witt NZM 2010, 428; ders DVBl 2010, 661 [Fluglärm]; OLG Düsseldorf, Urteil vom 29. 5. 2013, Az I-18 U 2/13, juris [U-Bahnbau]; OLG Hamm VersR 2011, 673 [Grundwasserveränderungen durch planfestgestellten U-Bahnbau]; auch LG Saarbrücken Zeitschrift für Bergrecht [2012] 178, 182; NK-BGB/Ring³ Rn 304). Der Anspruch aus § 906 Abs 2 S 2 tritt sogar dann zurück, wenn der Träger des Vorhabens die den Nachbar schützenden Planvorgaben nicht einhält (BGH NJW 2010, 1141). Nicht ausgeschlossen sind aber Ansprüche aus „echter" Enteignungsentschädigung nach Art 14 Abs 3 GG (BGH VersR 2013, 1404 im Anschluss an BGHZ 140, 285; 132, 63, 69; unten Rn 102). Die wichtigste dieser Vorschriften findet sich in **§ 75 Abs 2 S 1 VwVfG** (abgedruckt in Sartorius I Nr 100; für Flughäfen zB BGHZ 161, 323 ff; allgemein Lenke Das Grundeigentum 2014, 33 ff; de Witt LKV 2006, 5 ff). Vergleichbare Regelungen trifft für durch eine gehobene Erlaubnis (§ 15 WHG: Art 1 des G zur Neuregelung des Wasserrechts v 31. 7. 2009, BGBl I 2585) zugelassene Benutzung **§ 16 Abs 1 S 1 WHG**, und eine durch Bewilligung zugelassene Benutzung **§ 16 Abs 2 WHG**, wobei Abs 2 aber auch Ansprüche auf Herstellung von Schutzeinrichtungen und Schadensersatzansprüche ausschließt. Spezialvorschriften enthalten § 21 **WaStrG** sowie etwa § 9 Abs 3 **LuftVG**. Fehlen Sondervorschriften, so gilt für auf Bundesrecht beruhenden Planfeststellungsbeschlüsse § 75 Abs 2 S 1 VwVfG. Die Länder haben vergleichbare Regelungen getroffen, zB Art 75 Abs 2 S 1 **BayVwVfG** (dazu VGH München NJW-RR 2014, 701). Nahezu alle raumbedeutsamen Planungen, die im Wege von Planfeststellungsbeschlüssen getroffen werden, sind **bestandsfest** gegenüber privaten (und auch öffentlich-rechtlichen) Beseitigungsansprüchen, sodass eine Konkurrenzproblematik zum zivilrechtlichen Rechtsschutz naturgemäß nicht auftaucht (zum Ausschluss von Entschädigungsansprüchen wegen elektromagnetischer Strahlung einer elektrifizierten Bahnstrecke OLG Stuttgart NJW-RR 2001, 1313). Immer muss aber der Nachbar im Anfechtungsverfahren seine privaten Rechte im Umfang des **drohenden Rechtsverlustes** geltend machen können (BGH NJW 2010, 1141 Rn 22; Konrad BayVBl 1984, 74). Ein Planfeststellungsbeschluss der jüngeren Zeit findet sich in § 24 des G über Maßnahmen zur Beschleunigung des **Netzausbaus Elektrizitätsnetze** vom 28. 7. 2011 (BGBl 2011, 1690). – Zum Ausschluss von öffentlich-rechtlichen Störungsabwehransprüchen unten Rn 62.

Herbert Roth

28 Die genannten Vorschriften (insbes § 75 Abs 2 S 2 VwVfG) räumen für nicht voraussehbare nachteilige Wirkungen **Ansprüche auf Schutzvorkehrungen** gegenüber dem Träger des Vorhabens ein. Es handelt sich nicht um privatrechtliche, sondern um öffentlich-rechtliche Ansprüche, die ggf im Wege der verwaltungsrechtlichen Verpflichtungsklage durchzusetzen sind (BGH NJW 2010, 1141 Rn 31; BGHZ 140, 285, 296 f). Häufig geht es um Immissionen der öffentlichen Hand, insbes aus dem Bereich des Straßenbaus und des *Straßenbetriebs.* – Unten Rn 62 zum öffentlichen Recht.

c) Gemeinwichtige Betriebe Privater

29 Den Ausschluss von Ansprüchen aus § 1004 Abs 1 bestimmte das *Gesetz über die Beschränkung der Nachbarrechte gegenüber Betrieben, die für die Volksgesundheit von besonderer Bedeutung sind* (sog „Sportplatzgesetz") v 13. 12. 1933 (BGBl III 403-3). Das Gesetz war nach Art 125 GG Bundesrecht geblieben und wenigstens insoweit wirksam, als nicht auch der beschränkte Abwehranspruch sowie Schadensersatz, Ausgleichsansprüche und der Rechtsweg ausgeschlossen waren. Das Gesetz wurde durch Art 38 Abs 2 des **Zweiten Rechtsbereinigungsgesetzes** v 16. 12. 1986 (BGBl I 2441) aufgehoben. Gleichwohl wird nach ständiger höchstrichterlicher Rspr trotz Überschreitung der Duldungsgrenze des § 906 Abs 2 der „an sich" gegebene Abwehranspruch aus § 1004 Abs 1 versagt, wenn es sich zwar um Immissionen Privater handelt (zur bedeutsameren öffentlich-rechtlichen Seite unten Rn 42 ff), es aber um dem öffentlichen Interesse dienende, **lebens- oder gemeinwichtige Betriebe** geht. So wurde ein Anspruch aus § 1004 Abs 1 auf Beseitigung und Unterlassung etwa ausgeschlossen bei Geräuscheinwirkungen durch ein in den Formen des Privatrechts betriebenes *Umspannwerk* (BGH NJW 1970, 856), bei Lärmeinwirkungen einer durch eine Aktiengesellschaft betriebenen *Omnibuslinie* (BGH NJW 1984, 1242; dazu H Roth UTR Bd 12 [1990] 329 ff; dagegen hat OLG Bremen OLGReport 2007, 501 bei der Klage gegen ein Busunternehmen auf Unterlassung oder Geräuschreduzierung die Wesentlichkeit verneint [TA-Lärm]; zust Filthaut NZV 2008, 226, 229), durch *Fußballspielen* in einem Sportverein (OLG Hamm NVwZ-RR 2007, 756, 759 im Anschluss an BGH NJW 2000, 2901 [Drogenhilfezentrum]) oder bei der Anlockung von Krähen durch eine privat betriebene *Mülldeponie* mit dadurch verursachten Schäden auf einem benachbarten landwirtschaftlichen Grundstück (OLG Zweibrücken AgrarR 1986, 81, 82). Bei Immissionen des *Zugverkehrs* durch die Deutsche Bahn AG werden Betriebseinschränkungen ebenfalls nicht in Betracht kommen (VGH München NVwZ-RR 1997, 159, 164; dazu H Roth NVwZ 2001, 34, 37). Abgelehnt wurde jedoch eine Einschränkung des § 1004 Abs 1 bei Immissionen einer *Zeitungsdruckerei,* die sich auf die öffentlichen Aufgaben der Presse berufen hatte (BGH LM § 903 Nr 4). Dort handelte es sich um wesentliche und nicht ortsübliche Einwirkungen durch eine Rotationspresse. Nicht angewendet wurden die dargelegten Grundsätze auch auf Immissionen einer *privaten Schule* (Waldorfschule) (BGHZ 38, 61 mAnm Mattern LM Nr 29a) oder eines *Tennisplatzes* (BGH NJW 1983, 751; krit deshalb Köhler JURA 1985, 225, 228; Deutsch VersR 1984, 1101, 1103). Einschränkend wird formuliert, dass eine Duldungspflicht aus überwiegendem öffentlichen Interesse nur in Frage kommt, wenn auf andere, wirtschaftlich zumutbare Weise, nicht Abhilfe geschaffen werden kann (BGHZ 66, 37, 42 *[Niederspannungsfreileitung]*). Möglich bleibt danach eine auf **schützende Vorkehrungen** zur Abwehr oder Milderung von Immissionen gerichtete Klage aus § 1004 Abs 1, soweit durch solche Vorkehrungen keine wesentliche Änderung oder Beeinträchtigung des störenden Betriebs bewirkt wird (BGH NJW 1970, 856). So wurde ein Abwehranspruch, gerichtet auf Verlegung einer *Omnibuslinie,* anerkannt, weil er nicht darauf ausging, den Linienbetrieb lahmzulegen oder erheblich zu beeinträchtigen (BGH NJW 1984, 1242; dazu H RΟΤΗ UTR Bd 12 [1990] 329 ff; auch BGH NJW 1997, 744, 745 [Abwehrklage gegen die Deutsche Bahn AG]). Gegen die Deutsche Bahn AG könnte wohl auch die Errichtung eines *Lärmschutzwalls* erzwungen werden (H RΟΤΗ NVwZ 2001, 34, 37). Auch außerhalb von § 906 spielt diese Rspr eine Rolle. So wurde der Anspruch des Nachbarn auf Einstellung des Betriebs eines *Drogenhilfezentrums* wegen Behinderung des Zugangs zu seinem Grundstück ausgeschlossen. Gebilligt wurde ein Betretungs- und Verunreinigungsverbot (BGH NJW 2000, 2901 mit abl Anm H RΟΤΗ LM BGB § 1004 Nr 246).

Die Rspr des BGH (zu ihrer Entwicklung F SCHACK DB 1968, 2115) hat **Zustimmung** **30** erfahren (PALANDT/BASSENGE[74] Rn 34; BGB-RGRK/AUGUSTIN Rn 69; MATTERN WM 1972, 1412; NK-BGB/RING[3] Rn 305 ff; BENDER/DOHLE Rn 124 [Gewohnheitsrecht]; für den typischen Bereich des nachbarlichen Immissionsschutzes auch KIMMINICH NJW 1973, 1479, 1482). Heute wird sie mit Recht zunehmend kritisiert (eindrucksvoll MünchKomm/SÄCKER[6] Rn 154 ff; ferner BAM-BERGER/ROTH FRITZSCHE[3] Rn 73; AK-BGB/WINTER Rn 22; BENSCHING 124 ff, 155; PEINE NJW 1990, 2442, 2443 Fn 22; JARASS VVDStRL 50 [1991] 239, 252 Fn 86; OLZEN JURA 1991, 281, 289; W MARTENS, in: FS Schack [1966] 85, 90 ff; PAPIER NJW 1974, 1797, 1798; ders JuS 1985, 184; OVG Hamburg HambJVBl 1988, 4 [Fußballsport]; H RΟΤΗ LM BGB § 1004 Nr 246; zweifelnd auch ERMAN/WILHELMI[14] Rn 72). Die Rspr ist **abzulehnen**, weil durch sie Eingriffe in private Rechte zugunsten des öffentlichen Wohls ohne gesetzliche Ermächtigung zugelassen werden. Will der Gesetzgeber weitere, nicht schon zB über §§ 14 BImSchG, 11 LuftVG privilegierte private Betriebe mit Bestandsschutz ausstatten, so mag er dies durch den Erlass von zusätzlichen Spezialgesetzen tun. Selbst ein Bedürfnis dafür wäre wohl zu verneinen, weil es zu einer gänzlichen Betriebseinstellung über § 1004 Abs 1 ohnehin nur in seltenen Fällen kommen kann (oben Rn 22 zu § 14 BImSchG).

d) Sonstiges
Abwehransprüche deutscher Grundeigentümer gegen Fluglärm des **Flughafens Salz-** **31** **burg** sind durch Art 1 S 1 und Art 4 Abs 3 S 2 des Vertrages v 19. 12. 1967 zwischen der Bundesrepublik Deutschland und der Republik Österreich über Auswirkungen der Anlage und des Betriebs des Flughafens Salzburg auf das Hoheitsgebiet der Bundesrepublik Deutschland iVm Art 1 des ergangenen Zustimmungsgesetzes ein-geschränkt (BVerfG NJW 1986, 2188; auch WEHRLE, Der Streit um die Nordanflüge – völker-rechtliche Probleme des Anflugs auf grenznahe Flughäfen: Dargestellt am Beispiel des Flughafens Zürich [2008]; EISELE, Zur Eindämmung grenzüberschreitenden Fluglärms: beim An- und Abflug zum und vom Flughafen Zürich [2012]).

4. Der Einfluss von bestandskräftigen Verwaltungsakten

Sowohl privatrechtliche Ansprüche aus §§ 1004 Abs 1, 906 als auch öffentlich-recht- **32** liche Entschädigungsansprüche aus enteignendem (unten Rn 83) oder enteignungs-gleichem Eingriff (unten Rn 88) können in vielfältiger Weise dadurch beeinflusst werden, dass das die Immissionen hervorrufende Vorhaben des Privaten oder der öffentlichen Hand durch **Verwaltungsakt**, insbes durch Planfeststellungsbeschluss, für rechtens befunden worden ist (oben Rn 27). Dem Grundsatz nach gilt, dass Verwal-tungsakte in den Grenzen ihrer **Bestandskraft die Zivilgerichte binden**. Daher sind auch fehlerhafte Verwaltungsakte zu beachten, solange sie nicht durch die zustän-dige Behörde oder durch ein zuständiges Gericht aufgehoben worden sind (BGH NJW-RR 2007, 398, 399 mit Nachw).

33 Viele Verwaltungsakte berühren zivilrechtliche Beseitigungsansprüche aus § 1004 Abs 1 oder Ausgleichsansprüche aus § 906 Abs 2 S 2 nicht, weil sie die Rechtslage nicht gestalten, sondern unter dem **Vorbehalt privater Rechte** ergehen. So liegt es nach zutreffender Ansicht vor allem bei der schlichten **Bauerlaubnis**, die keine privatrechtlichen Hindernisse beseitigt (ganz hL: BGHZ 122, 1, 7 f; BGH NJW 1959, 2013; BayObLGZ 1979, 1625; OLG Düsseldorf MDR 1968, 496; mit kompetenzrechtlicher Begründung Bross, in: FS Hagen [1999] 357, 361; ders VerwArch 89 [1998] 490 [nur Evidenzkontrolle auf nichtbehebbare zivilrechtliche Hindernisse]; Seidel Rn 873 ff; Gerlach 81; Haag 246 ff; Dury, in: GS Burmeister [2005], 149, 159; Wenzel NJW 2005, 241, 245; Mattern WM 1972, 1410; Papier NJW 1974, 1797, 1801; ders, in: FS Weyreuther [1993] 291, 301; Steinberg NJW 1984, 459, 462; Kleinlein NVwZ 1982, 668, 669; Buschmann BlGBW 1981, 65, 69; Herold BlGBW 1982, 121, 122; Wiethaup DB 1962, 1332; Scherer DRiZ 1963, 49, 53 li Sp). Manche Autoren wollen dagegen auch der schlichten Bauerlaubnis rechtsgestaltende Kraft zumessen und privatrechtliche Ansprüche aus § 1004 Abs 1 ausschließen (Schulte, Eigentum und öffentliches Interesse [1970] 241; Dolderer DVBl 1998, 19, 25; Evers JuS 1962, 87, 91; Schrödter DVBl 1968, 37, 39; Schapp 164 ff; Bartlsperger VerwArch 60 [1969] 36, 59; ders DVBl 1971, 745 f; in die gleiche Richtung Gaentzsch NVwZ 1986, 601, 605; differenzierend Meisner/Ring/Götz § 39 Rn 6 ff). Doch ist das mE nicht überzeugend: So wäre etwa der Nachbar im **Außenbereich** (§ 35 BauGB) weitgehend rechtsschutzlos, wenn nicht ausnahmsweise Art 14 GG oder das baurechtliche drittschützende Rücksichtnahmegebot zur Anwendung kommen und ihm die öffentlich-rechtliche Nachbarklage erlauben (ebenso Kleinlein NVwZ 1982, 668, 669). Zu erwägen ist lediglich, dass der Nachbar nicht mittels eines öffentlich-rechtlichen Unterlassungsanspruchs Unterlassung der gerade durch die baurechtlich genehmigte Nutzung verursachten Immissionen verlangen kann (VGH Mannheim ZfBR 1985, 193).

34 Doch schließt ein **Dispens** von nachbarschützenden Bauvorschriften für die durch diese Vorschriften vor einem Bau geschützten Nachbarn den Abwehranspruch der §§ 1004 Abs 1, 823 Abs 2 aus. Der Bau muss geduldet werden, wenn den Betroffenen gegenüber der Dispens unanfechtbar geworden ist (Bettermann DVBl 1984, 473; Marburger 43). Dagegen begründet die Genehmigung nach § 13 **PBefG** (abgedruckt im Sartorius I Nr 950) keine Duldungspflicht des Gestörten hinsichtlich der von einem *Omnibusbetrieb* ausgehenden Immissionen (BGH NJW 1984, 1242 mAnm Bettermann DVBl 1984, 473; dazu H Roth UTR Bd 12 [1990] 329 ff). Private Rechtsschutzmöglichkeiten unberührt lassen etwa auch *Gaststättenerlaubnisse* oder nach § 19 BImSchG im *vereinfachten Verfahren* ergehende immissionsschutzrechtliche Genehmigungen.

35 Im Bereich von **privatrechtsgestaltenden Akten** der öffentlichen Hand sind die ordentlichen Gerichte nach bisher wohl hL gleichwohl nicht gehindert, die bestandskräftige öffentlich-rechtliche Entscheidung im nachfolgenden **Amtshaftungs-** oder **Entschädigungsprozess** als rechtswidrig zu qualifizieren (BGH NVwZ 1986, 76, 77 [Amtshaftung für Überschwemmungen durch Verlegung eines Gewässers und die Umgestaltung eines Ufers in Vollzug eines bestandskräftigen Planfeststellungsbeschlusses]; offengelassen in BGHZ 95, 28, 37 = JZ 1986, 180 mAnm Papier und vor allem in BGHZ 140, 285, 297). Nach zutreffender Ansicht bleiben Verwaltungsakte, die unanfechtbar geworden sind, ohne verwaltungsgerichtlich überprüft worden zu sein, **rechtswidrig** und können von den ordentlichen Gerichten als solche qualifiziert werden (BGHZ 90, 17, 23; 86, 356, 359; 54, 384, 386 f; anders weite Teile der Lit im öffentlichen Recht, zB Peine NJW 1990, 2442 ff mwNw; Diskussionsstand bei Haag 351 ff). War etwa ein Planfeststellungsbeschluss nach § 17

FStrG gegenüber dem Betroffenen bestandskräftig geworden, so ist zwar aufgrund der Gestaltungswirkung ein Unterlassungsanspruch ausgeschlossen (oben Rn 27). Im Rahmen von öffentlich-rechtlichen Entschädigungsansprüchen können jedoch die Voraussetzungen der betreffenden Anspruchsgrundlagen voll geprüft werden. Sind die Belästigungen wesentlich und nicht ortsüblich, so kommt ein Anspruch aus **enteignungsgleichem Eingriff** in Betracht (insoweit undeutlich BGHZ 54, 384, 387). Die Entscheidung bleibt für *Altanlagen* von Bedeutung. In neuerer Zeit wurde allerdings für **Planfeststellungsbeschlüsse** (oben Rn 27) wegen ihrer gesteigerten Bestandskraft ein Ausschluss oder eine Einschränkung der Nachprüfung erwogen. So kann der Anlieger einer Straße, die auf der Grundlage eines bestandskräftigen Planfeststellungsbeschlusses errichtet oder ausgebaut worden ist, nicht unter dem Gesichtspunkt des enteignenden Eingriffes einen Geldausgleich für im Planfeststellungsbeschluss nicht vorgesehene Schallschutzeinrichtungen auf dem betroffenen Grundstück verlangen (BGHZ 140, 285, 300 ff in teilweiser Abweichung von BGHZ 97, 117 [unten Rn 145]; bestätigt durch BGH NJW 2005, 660, 661 [Fluglärm]; aber oben Rn 27; KROHN in: ROTH/LEMKE/ KROHN, Der Bürgerlich-rechtliche Aufopferungsanspruch als Problem der Systemgerechtigkeit im Schadensersatzrecht [2001] 61 ff). Die Entscheidung des III. ZS ist von großer Bedeutung und drängt ein **„dulde und liquidiere"** noch weiter zurück. Gestärkt wird das Planfeststellungsverfahren (J F BAUR, in: Festgabe BGH [2000] 849, 866).

Anders ist die Rechtslage, wenn aufgrund eines **verwaltungsgerichtlichen Urteils 36 rechtskräftig** feststeht, dass ein Verwaltungsakt *rechtmäßig* ist. In diesem Fall kann auch das Zivilgericht keine Entschädigung wegen eines enteignungsgleichen rechtswidrigen Eingriffs zusprechen (BGHZ 95, 28 = JZ 1986, 180 mAnm PAPIER; BOUJONG UPR 1984, 137, 142). Ein Entschädigungsanspruch wegen rechtmäßigem enteignendem Eingriff bleibt aber möglich, wenn die Rechtskraft des verwaltungsgerichtlichen Erkenntnisses nicht auch die Voraussetzungen des enteignenden Eingriffs verneint hat (vgl BGHZ 95, 28 = JZ 1986, 180 mAnm PAPIER). Sind die Immissionen zwar wesentlich, aber ortsüblich und nicht durch zumutbare wirtschaftliche Maßnahmen vermeidbar, so kommt ein Anspruch aus enteignendem Eingriff in Betracht (BGHZ 54, 384, 387; unten Rn 83 ff). Insgesamt gesehen können zwar Planfeststellung und Straßenwidmung eine öffentlich-rechtliche Duldungspflicht des Gestörten begründen; sie machen die auftretenden Verkehrsimmissionen jedoch keineswegs immer zu rechtmäßigen Immissionen (grundlegend BGHZ 91, 20, 22 = JZ 1984, 744 mAnm OSSENBÜHL [gemeindliche Kläranlage]; aA MATTERN LM Nr 37). Im **Amtshaftungsprozess** des § 839 BGB, Art 34 GG sind die Zivilgerichte an rechtskräftige Entscheidungen von Verwaltungsgerichten im Umfang ihrer Rechtskraftwirkung (§ 121 VwGO) gebunden, weil die Gerichtszweige gleichwertig sind (BGHZ 175, 221 Rn 10 ff).

5. Wesentlichkeit; Ortsüblichkeit; Kausalitätsfragen

Vorschriften des **öffentlichen Immissionsschutzrechtes** haben vielfältige Auswirkun- 37 gen auf die **Auslegung** der einzelnen Tatbestandsmerkmale des § 906 sowie auf ihre **prozessuale** Behandlung (PALANDT/BASSENGE⁷⁴ Rn 3; MARBURGER 111 ff). So kann etwa die Einhaltung oder Nichteinhaltung von öffentlich-rechtlichen Immissionsschutzvorschriften von Bedeutung sein für die Beurteilung der **Wesentlichkeit** bei § 906 (§ 906 Abs 1 S 2, 3; PALANDT/BASSENGE⁷⁴ Rn 3; unten Rn 199 ff, 202). Insbes ist eine Überschreitung von öffentlich-rechtlichen Grenzwerten ein gewichtiges Indiz für die Annahme der Wesentlichkeit der Immission (unten Rn 202; zum Verhältnis von § 906 zu § 823 Abs 2 oben Rn 16). In gleicher Weise können öffentlich-rechtliche Emissionsgrenzen maßgeblich für den **Kausalitätsbeweis** zwischen Emission und Beeinträchtigung bei dem gestörten Grundstück werden (ADAMS ZZP 99 [1986] 129, 147 ff; unten Rn 200 ff). Schließlich können auch Bebauungspläne, Flächennutzungspläne und dgl indizielle Wirkung für die **Ortsüblichkeit** bei § 906 (unten Rn 214 ff) sowie für die **Zumutbarkeit** bei § 906 Abs 2 S 2 entfalten (unten Rn 272; F BAUR, in: FS Sontis [1977] 181, 188 ff; H WESTERMANN, in: 1. FS Larenz [1973] 1003, 1025). Heute ist weithin gesichert, dass im Interesse einer einheitlichen Rechtsprechung von BGH und BVerwG **Wesentlichkeit** iS des § 906 BGB und **Erheblichkeit** iS des § 22 BImSchG iVm § 3 BImSchG **gleich ausgelegt** werden (BGH NJW 2010, 1141 Rn 17; grundlegend BVerwGE 79, 254 = NJW 1988, 2396 [Feuersirene]; 81, 197, 200 [Bezirkssportanlage]; vorsichtiger BVerwGE 88, 210, 213 [Truppenübungsplatz]; BGHZ 111, 63 [Volksfest]; 122, 76, 78; BGH NJW 2003, 3699 [Rockkonzert]; unten Rn 60; BayVGH UPR 2014, 151, 152; KommP BY 1/2014; OVG Koblenz NJW 2005, 772, 773; PWW/LEMKE[9] Rn 17; PRÜTTING, Sachenrecht[34] Rn 333 Fn 18; zur Entwicklung HAGEN, in: FS Röhricht [2005] 1175, 1179 ff; ders NVwZ 1991, 817, 819; ders NVwZ 1999, 413, 415 f; zu verbleibenden Unsicherheiten H ROTH JR 1991, 149 f; sehr krit DIETRICH/KAHLE DVBl 2007, 18 [zu Kindergartenlärm]; G WAGNER NJW 1991, 3247, 3249; K ENGLER 141 f; JOHLEN S 72 ff). Unrichtig ist mE die Belastung der Beurteilung der Erheblichkeit von Lärm mit einer **„Güterabwägung"** (so aber VG Köln NVwZ 1993, 401, 402 mwNw [Altglas- und Altpapiercontainer]; ausführlich unten Rn 177 ff zum „verständigen Durchschnittsmenschen"). Das führt zu einem Funktionsverlust des Zivilrechts.

III. Immissionen der öffentlichen Hand

1. Grundsatz; Bedeutung

38 Von großer praktischer Bedeutung sind Immissionen, die in irgendeiner Form von der öffentlichen Hand herrühren, wobei **Straßen- und Fluglärm** (unten Rn 145 ff; 148 ff) im Vordergrund stehen. Die Rspr des BGH hält im Anschluss an das RG im Grundsatz zu Recht an der Auffassung fest, dass auch juristische Personen des öffentlichen Rechts mit ihrem Grundbesitz im Bereich des privatrechtlichen Eigentums stehen und mit diesem den Regeln des bürgerlichen Rechts, insbes denjenigen des Nachbarrechts aus § 906, unterworfen sind, soweit das nicht ihren öffentlichen Aufgaben widerstreitet und soweit keine Sonderbestimmungen eingreifen (RGZ 159, 129, 131 f [Immissionen durch eine Reichsautobahn]; BGHZ 54, 384, 387 = LM Nr 37 mAnm MATTERN [Bau- und Verkehrsimmissionen durch eine neu angelegte Fernstraße]; zust KLEINDIENST NJW 1968, 1953; aA PEINE JuS 1987, 169, 178). Danach entfaltet § 906 **prägende Kraft** auch außerhalb seines eigentlichen Anwendungsbereichs wie zB bei den Voraussetzungen eines öffentlich-rechtlichen Unterlassungsanspruchs (unten Rn 58 ff) sowie eines enteignenden (unten Rn 83 ff) oder eines enteignungsgleichen Eingriffs (unten Rn 88 ff). § 906 steckt auch bei Immissionen der öffentlichen Hand die Grenzen des entschädigungslos zu Duldenden ab (BGHZ 97, 97 [Kläranlage]; aA PEINE JuS 1987, 169, 179; zu Ausnahmen unten Rn 84, 86).

39 Soweit der Staat als **Fiskus** betroffen ist, etwa in seiner Eigenschaft als Bauherr (BGH LM Nr 1 [Errichtung von Garagen durch den Landkreis]), gelten für die Anwendbarkeit des § 906 keine Besonderheiten.

40 Im Übrigen nimmt die Rspr trotz der grundsätzlichen Unterwerfung der öffentlichen

Hand unter die §§ 1004 Abs 1, 906 gegenüber der Behandlung von privaten Immissionen über § 906 Abs 2 hinausgehende **gesteigerte Duldungspflichten** des Betroffenen im Hinblick auf die Möglichkeit der Beseitigung und Unterlassung an. Dagegen folgt das öffentliche Entschädigungsrecht in Anspruchsvoraussetzungen und Höhe iE weitgehend den Grundsätzen des § 906 Abs 2 (unten Rn 82 ff; zu Ausnahmen unten Rn 84, 86).

2. Betriebe von besonderer Bedeutung für die Volksgesundheit

Eine spezialgesetzliche Regelung für **Betriebe der öffentlichen Hand** enthielt das G **41** über die Beschränkung der Nachbarrechte gegenüber Betrieben, die für die Volksertüchtigung von besonderer Bedeutung sind, v 18. 10. 1935 (BGBl III 403-2) iVm dem – private Unternehmungen betreffenden (oben Rn 29) – G v 13. 12. 1933 (BGBl III 403-3). Das Gesetz schloss Einstellungs- und Unterlassungsansprüche gegenüber *Krankenhäusern, Heilanstalten, Genesungsheimen, Bade- und Kuranstalten,* soweit sie von juristischen Personen des öffentlichen Rechts betrieben wurden, aus, auch soweit sie gegen Immissionen geltend gemacht wurden, die über das nach § 906 zu duldende Maß hinausgingen (zB LG Osnabrück RdL 1956, 322 [Krankenhaus]). Entsprechend behandelt wurden *Kinderspielplätze* (LG Verden BlGBW 1971, 227; LG Düsseldorf ZMR 1960, 206). Durch das genannte Gesetz unberührt blieb ein beschränkter, auf Schutzvorkehrungen gerichteter Abwehranspruch (LG Düsseldorf ZMR 1960, 206) sowie ein Ausgleichsanspruch in entsprechender Anwendung des § 906 Abs 2 S 2, weil die insoweit entgegenstehenden Vorschriften des Gesetzes gegen Art 14 GG verstießen. Das Gesetz wurde durch Art 38 Abs 1 des Zweiten Rechtsbereinigungsgesetzes v 16. 12. 1986 (BGBl I 2441) aufgehoben (oben Rn 29).

3. Gemeinwichtige Betriebe der öffentlichen Hand

Die ständige Rspr des RG (beginnend mit RGZ 17, 103 [Funkenflug durch eine Lokomotive]) **42** sowie auch des BGH versagt dem durch Immissionen der öffentlichen Hand betroffenen Privaten eine öffentlich-rechtliche Unterlassungs- und Beseitigungsklage, soweit diese zur **Stilllegung** einer gemeinwichtigen Anlage führt (Einzelheiten unten Rn 58 ff).

Diese Rspr ist einmal zu beachten für Immissionen, die von der öffentlichen Gewalt **43** in Ausübung **genuin hoheitlicher Tätigkeiten** hervorgerufen werden, wie etwa bei Lärm durch Landen und Starten von Düsenflugzeugen auf einem *Militärflugplatz* (BGH NJW 1973, 326); *Manöverlärm* (BGH MDR 1978, 1005); Belästigungen durch Eröffnung und Unterhaltung eines *Clubs* der Stationierungsstreitkräfte (BGH LM Nr 17) oder bei durch *Schädlingsbekämpfungsmaßnahmen* der öffentlichen Hand bewirkten Schäden (BGHZ 16, 366 = LM Nr 3 mAnm Pagendarm). Eine Einschränkung des Rechtsschutzes kennt die Rspr auch für Immissionen, die im Rahmen der **schlicht hoheitlichen Daseinsverwaltung** entstehen. So wurden Unterlassungs- und Beseitigungsansprüche verneint für Lärmimmissionen durch den Ausbau einer *Moselstaustufe* aufgrund eines Planfeststellungsverfahrens (BGH MDR 1967, 913); für Belästigungen durch Bauarbeiten an einer *Autobahn,* gleich in welcher Rechtsform (BGHZ 48, 98, 104 = LM Nr 24 mAnm Kreft; ferner BGHZ 97, 114, 116, BGH NJW 1977, 894); Bau- und Verkehrsimmissionen bei einer aufgrund einer Planfeststellung neu angelegten und gewidmeten *Fernverkehrsstraße* (BGHZ 54, 384 = LM Nr 37 mAnm Mattern); Verkehrslärm einer ausgebauten, gewidmeten Straße (BGHZ 64, 220, 222), den Bau einer *Bundesstraße* (BGH NJW 1978, 318; 1980, 582; von BGHZ 72, 289, 294 offengelassen im Falle von öffentlich-rechtlich organisierten Straßenbauarbeiten, weil hier die Abwehrmöglichkeit schon aus tatsächlichen Gründen ausgeschlossen war); Geruchsimmissionen einer gemeindlichen *Kläranlage* (BGHZ 91, 20, 23; BGH NJW 1976, 1204) oder Einwirkungen durch eine *Mülldeponie* (BGH NJW 1980, 770 [Anlocken von Saatkrähen]). Der BGH führt damit die Rspr des RG fort, die ebenfalls gemeinwohlwichtige Betriebe betraf wie *Eisenbahn und U-Bahn* (RGZ 167, 14, 25); *Reichsautobahn* (RGZ 159, 129, 135) sowie die *Post* (RGZ 73, 270, 271 [Geräusche einer Rohrpostanlage]). Die Rspr hat wie ihr privatrechtliches Gegenstück zu Immissionen von gemeinwichtigen Betrieben von Privaten (oben Rn 29) Zustimmung gefunden (HABSCHEID MDR 1954, 260, 263; GRUNSKY JurA [Zivilrecht I] 1970, 407, 418 [aber einschränkend]; weiter F SCHACK DB 1968, 2115).

44 Möglich bleiben soll eine – öffentlich-rechtliche – Klage auf **Anbringung von Schutzvorkehrungen** zur Abwehr oder Milderung der von gemeinwichtigen Betrieben der öffentlichen Hand ausgehenden Immissionen, falls derartige Vorkehrungsmaßnahmen keine wesentlichen Änderungen des störenden Betriebs herbeiführen (BGHZ 91, 20, 24 [gemeindliche Kläranlage]).

45 Die Rspr des BGH erfährt zunehmend Kritik und ist aus den gleichen Gründen abzulehnen wie ihr privatrechtliches Gegenstück, betreffend Immissionen von gemeinwichtigen Betrieben von Privaten (oben Rn 29; MEDICUS JZ 1986, 778, 784; K ENGLER 171 ff). Im Übrigen ist die Rspr mE auch durch die Anerkennung eines im Verwaltungsrechtsweg verfolgbaren **öffentlich-rechtlichen Abwehranspruchs** überholt (unten Rn 58; wie hier W MARTENS, Negatorischer Rechtsschutz 32 ff; 36 f; E WOLF, Sachenrecht 178, 179; auch die oben Rn 30 genannte Lit; aA WOLFF/RAISER, Sachenrecht § 53 S 192, die von einer „weisen Praxis" sprechen).

46 Allerdings sind bei den im Vordergrund der Rspr stehenden Fällen regelmäßig Beseitigungs- oder Unterlassungsansprüche schon aufgrund von Vorschriften des **Planfeststellungsrechts** ausgeschlossen (§ 75 Abs 2 S 1 VwVfG sowie die oben Rn 27 genannten Fälle). Daher bedarf es im Regelfall nicht der Berufung auf ein überwiegendes öffentliches Interesse. Auch im Übrigen hat die Rspr des BGH nicht in erster Linie Bedeutung für den öffentlich-rechtlichen Abwehranspruch, für den ohnehin die Zuständigkeit der Verwaltungsgerichte gegeben ist, sondern für Ansprüche aus enteignendem oder enteignungsgleichem Eingriff (unten Rn 82 ff): Zu deren Anspruchsvoraussetzungen gehört nach der Definition der Rspr der Ausschluss eines „an sich" gegebenen primären Abwehranspruchs. In den genannten Fällen ist der primäre Abwehranspruch aber vielfach – abgesehen vom Planfeststellungsrecht – schon aus tatsächlichen Gründen ausgeschlossen, entweder, weil er nicht rechtzeitig geltend gemacht werden kann, oder seine Durchsetzung zu teuer oder mit zu großen rechtlichen Unwägbarkeiten belastet ist (unten Rn 68). Die Rspr zum gemeinwichtigen Betrieb könnte mE daher **folgenlos aufgegeben werden**.

IV. Rechtsbehelfssystematik (Privatrecht und öffentliches Recht)

47 Aufgrund der prägenden Kraft des § 906 sowohl im Bereich des Privatrechts als auch im Bereich des öffentlichen Rechts (oben Rn 38) stellt sich die **Rechtsbehelfssystematik** für den durch Immissionen gestörten Eigentümer eines Grundstücks als außerordentlich verwickelt dar (dazu NEUNER JuS 2005, 385 [Teilaspekte]; MATTERN Anm zu BGH LM Nr 45; ders WM 1972, 1410, 1412; H WEBER/CH WEBER VersR 1993, 22; H WEBER JuS 1971, 207 f; PIKART WM 1969, 82, 83; SPEISER NJW 1975, 1102 f). Ohne einen vorangestellten Überblick über die möglichen Rechtsbehelfe kann sich die Bedeutung von § 906 nicht ausreichend erschließen (auch STAUDINGER/KOHLER [2010] Einl 55 ff zum UmweltHR; HORST² Rn 177). Zudem wurde die Anspruchssystematik in bedeutsamer Weise verändert und zT neu gegründet (seit BGHZ 91, 20 = JZ 1984, 744 mAnm OSSENBÜHL; H WEBER JuS 1984, 714). Vor dieser Entscheidung war die systematische Deutung vielfach uneinheitlich und verwirrend.

1. Rechtsschutzziel

a) Überblick
Der durch Immissionen gestörte Eigentümer kann **drei Rechtsschutzziele** verfolgen: **48** In erster Linie mag es ihm um die Beseitigung, Unterlassung oder Verminderung der Beeinträchtigung selbst gehen (unten Rn 50 ff). Ist das aus tatsächlichen oder rechtlichen Gründen nicht möglich, so ist an verschuldensunabhängige Entschädigungsansprüche zu denken (unten Rn 64 ff). Führen diese nicht zu einem vollständigen Ausgleich, wird der Eigentümer versuchen, mit einem verschuldensabhängigen Entschädigungsanspruch zum Ziel zu kommen (unten Rn 105 ff). § 906 ist bei sämtlichen genannten Rechtsschutzzielen von Bedeutung, unabhängig davon, ob die Störung sich im Bereich des Privatrechts oder des öffentlichen Rechts bewegt. Eine nach § 906 zu duldende Beeinträchtigung ist **nicht rechtswidrig** (BGH NJW 1997, 2748, 2749; MARBURGER/H HERRMANN JuS 1986, 354, 355). Schließlich ist an die Gefährdungshaftung nach dem UmweltHG zu denken (zB BGH NJW 1997, 2748; sogl unten Rn 49). § 18 UmweltHG lässt eine Haftung aufgrund anderer Vorschriften unberührt (STAUDINGER/KOHLER [2010] § 18 UmweltHG Rn 2). Deshalb sind insbes zwischen § 906 Abs 2 S 2 BGB, § 14 S 2 BImSchG und dem UmweltHG **Anspruchskonkurrenzen** möglich, soweit es sich um Anlagen aus dessen Anhang 1 handelt.

b) UmweltHG
§ 906 BGB entfaltet prägende Kraft auch für die nicht an das Rechtswidrigkeiten- **49** urteil geknüpfte verschuldensunabhängige Haftung nach dem UmwHG (abgedruckt im SCHÖNFELDER Nr 28). Wird ein Anspruch nach **§ 1 UmwHG** geltend gemacht, so sind nach zutreffender Auffassung Schäden nicht ersatzfähig, welche durch Einwirkungen entstehen, die nach §§ 1004 Abs 1, 906 BGB nicht verboten werden können. Das lässt sich auf eine Analogie zu § 114 Abs 2 Nr 3 BBergG stützen (grdlgd PETERSEN 40 ff; ders NJW 1998, 2099, 2100; KLOEPFER § 6 Rn 78; dazu auch CHATZINERANTZIS/HERZ NJW 2010, 910). Da die in § 906 Abs 1 genannten Geräusche und Gerüche einen Menschen als Wahrnehmungssubjekt voraussetzen, könnten an sich auch **Gesundheitsbeeinträchtigungen** der Duldungspflicht des § 906 unterfallen, wenn sie nur gelegentlich auftreten (PETERSEN NJW 1998, 2100; zur Abgrenzung von der bloßen Belästigung MÖLLERS, Rechtsgüterschutz im Umwelt- und Haftungsrecht [1996] 35 ff). Doch wird die Gefahr von Gesundheitsschäden (zB Schlafstörungen, Kopfschmerzen) mE die Einwirkung stets zu einer wesentlichen machen (auch unten Rn 57 zu § 823 Abs 1). Wenigstens die eng verstandene Gesundheit wird man auch im Falle der „Ortsüblichkeit" stärker schützen als das Eigentum (MEDICUS NuR 1990, 145, 151; unten Rn 110). Bei richtigem Verständnis wird ohnehin meist keine Ortsüblichkeit vorliegen (unten Rn 231).

2. Unterlassungs- und Beseitigungsansprüche

50 Verfolgt der gestörte Eigentümer das Rechtsschutzziel der Unterlassung oder Beseitigung oder Verminderung der Beeinträchtigung, so ist zu unterscheiden, ob es sich um privatrechtliche oder öffentlich-rechtliche Ansprüche handelt. Die Einordnung kann nicht offen bleiben, weil von ihrer Beantwortung die **Rechtswegfrage** abhängt (§§ 13 GVG, 40 VwGO).

a) Privatrechtlicher Abwehranspruch

51 Er kommt in Betracht, wenn die „Natur" des Rechtsverhältnisses, aus dem der Gestörte nach seinem Tatsachenvortrag den Anspruch ableitet, **privatrechtlicher Art** ist (BGH NJW 1984, 1242 [Beseitigung einer Omnibushaltestelle]; HAGEN ZfIR 1999, 413). Das ist unproblematisch, wenn der Abwehranspruch sich gegen einen Privaten richtet und die von diesem verursachten Immissionen im Rahmen einer **privatwirtschaftlichen Tätigkeit** entstehen (zB BGH LM Nr 14 [Lärm durch Abbrucharbeiten eines Privaten]). So liegt es etwa auch bei Klagen gegen die Betreiber von *Biergärten* (eingehend RÖTHEL JURA 2000, 617, 619; zur öffentlich-rechtlichen Seite unten Rn 59). Der **Einzelrechtsnachfolger** ist nicht gebunden, wenn der Eigentümer eine von einem Nachbargrundstück ausgehende Störung gestattet, es sei denn, er hat die schuldrechtliche Duldungsverpflichtung seines Rechtsvorgängers übernommen (BGH VersR 2008, 1117).

52 Um einen Anspruch des Privatrechts handelt es sich auch dann, wenn der private Störer Aufgaben des öffentlichen Rechts, insbes Aufgaben der **öffentlichen Daseinsvorsorge**, wahrnimmt (BGH NJW 1984, 1242 = DVBl 1984, 473 m insoweit zust Anm BETTERMANN [durch eine Aktiengesellschaft betriebene Omnibuslinie]; NJW 1997, 744 [Störungen durch die Deutsche Bahn AG]; dazu auch H ROTH NVwZ 2001, 34 ff). Entgegen der Rspr des BGH kommen ein **Ausschluss** oder eine Einschränkung des Abwehranspruchs ohne ausdrückliche gesetzliche Grundlage nicht in Betracht (oben Rn 29 ff). Es wird mit Recht als unerheblich angesehen, wenn der Private dem Beseitigungsverlangen nur mit behördlicher **Genehmigung** oder Zustimmung nachkommen kann (H ROTH UTR Bd 12 [1990] 329 ff). Die Einordnung iS einer privatrechtlichen Streitigkeit bleibt auch dadurch unberührt, dass der Klage aus § 1004 Abs 1 gegen den störenden Privaten ein erfolgloser Verwaltungsrechtsstreit gegen die Behörde vorangegangen ist, in dem ein Tätigwerden der Behörde verlangt wurde. Es handelt sich – unabhängig von der Beiladung des Privaten gem §§ 63 Nr 3, 65, 121 VwGO – um **verschiedene Streitgegenstände** (BGH NJW 1984, 1242 [Omnibushaltestelle]; ausführlich H ROTH UTR Bd 12 [1990] 329 ff; zu Rechtshängigkeit und Rechtskraft oben Rn 9, 14). So wurde ein privatrechtlicher Abwehranspruch gegen die Lärmeinwirkungen einer in den Formen des Privatrechts betriebenen *Waldorfschule* bejaht (BGHZ 38, 61; oben Rn 29). Privatrechtlich einzuordnen sind auch Abwehransprüche gegen die **Deutsche Bahn AG** wegen *Erschütterungen, Lärmbelästigungen* oder *Fäkalienfluges* (BGH NJW 1997, 744; OLG Schleswig NJW-RR 1996, 399; VGH München NVwZ-RR 1997, 159, 160; H ROTH NVwZ 2001, 34, 36). Es handelt sich um eine Aktiengesellschaft (Art 87e Abs 3 GG; § 1 Abs 1 DBGrG), zu deren Aufgaben die Erbringung von Eisenbahnverkehrsleistungen sowie der Bau und die Unterhaltung von Eisenbahnanlagen gehört, und die den Gestörten auf der Ebene der Gleichordnung gegenübertritt. Handelt es sich bei dem Störer um eine **juristische Person des öffentlichen Rechts**, so kann gleichwohl nur ein privatrechtlicher Abwehranspruch gegeben sein, wenn **fiskalisch** gehandelt wird. So liegt es etwa, wenn ein Landkreis störende *Garagen* und Abstellplätze für Kraftwagen errichtet (BGH LM Nr 11).

Schwierigkeiten bereitet die Abgrenzung, wenn eine juristische Person des öffentlichen Rechts Immissionen in **Erfüllung öffentlicher Aufgaben** verursacht. So wurde **53** ein privatrechtlicher Unterlassungsanspruch bei dem Betrieb einer dreitägigen *Kirmesveranstaltung* auf einem gemeindeeigenen Grundstück angenommen (BGHZ 41, 264). Der BGH sah nicht in erster Linie den Zweck der Tätigkeit als ausschlaggebend an, da dieser nicht selten ein Handeln sowohl in öffentlich-rechtlichen als auch in privatrechtlichen Formen zulasse. Maßgebend sei vielmehr, ob sich der Träger hoheitlicher Gewalt bei der Ausnutzung und Verwendung seines Grundstücks der **besonderen Rechtssätze des öffentlichen Rechts** oder der allgemein verbindlichen Rechtssätze des Privatrechts bediene (BGHZ 41, 264, 267; 111, 63 [Volksfest]; 121, 248, 250 [Jugendzeltplatz]; OLG Karlsruhe NJW 1960, 2241 [Volksfest]; HAGEN ZfIR 1999, 413). Doch soll es sich nur dann um eine privatrechtliche Streitigkeit handeln können, wenn die **Vollstreckung** des dem Klageantrag stattgebenden Urteils nicht zur Aufhebung oder Änderung einer hoheitlichen Maßnahme führt (zust SCHERER BB 1965, 253, 255). In vergleichbarer Weise wird ein privatrechtlicher Abwehranspruch angenommen, wenn Grundstückseinwirkungen von einem *gemeindlichen Müllplatz* ausgehen, ohne dass das zum Zweck der Müllablagerung genutzte Grundstück dafür öffentlich-rechtlich gewidmet ist (BVerwGE 27, 170 = NJW 1967, 2128, 2129). Auch für Klagen auf Unterlassung von Belästigungen durch Geräusche einer *Fontänenanlage* in einem städtischen Park wurde der ordentliche Rechtsweg bejaht (BGH LM Nr 25 = DVBl 1968, 148 m abl Anm J MARTENS). Obwohl der Stadtpark dem öffentlichen Gebrauch gewidmet war, sollte die Grundstücksbenutzung, insbes im Verhältnis zu Dritten, den allgemeinen Regeln des Privatrechts unterliegen. Schließlich wurde auch der gegen eine Stadtgemeinde geltend gemachte Unterlassungsanspruch wegen Geräuscheinwirkungen, die von einer *Operettenaufführung* auf einer *Freilichtbühne* ausgingen, dem privaten Recht unterstellt (BGH MDR 1969, 744). Das Gleiche wird etwa auch für von Gemeinden veranstaltete *Kurkonzerte* zu gelten haben.

aa) Ansprüche aus §§ 1004, 906
Ist der Abwehranspruch dem privaten Recht und damit seine Geltendmachung dem **54** ordentlichen Rechtsweg zugewiesen, so ist weiter zu unterscheiden (RÖTHEL JURA 2000, 617, 618): Der Abwehranspruch aus §§ 1004 Abs 1, 906 hat grundsätzlich **Erfolg**, wenn es sich um eine wesentliche Einwirkung handelt (unten Rn 177), die entweder nicht ortsüblich ist (unten Rn 205 ff), oder zwar ortsüblich, aber mit zumutbarem wirtschaftlichem Aufwand verhinderbar (unten Rn 237 ff; BGHZ 91, 20, 22 = JZ 1984, 744 mAnm OSSENBÜHL [übermäßige Geruchsbelästigungen durch eine Kläranlage]; OLG Stuttgart U v 9. 2. 2009, Az 10 U 146/08, juris [Sonnenlichtreflexionen durch verglastes Oberlicht eines Nachbargrundstücks]; ZMR 2013, 1005). Vergleichbares gilt für Ansprüche aus §§ 862 Abs 1, 907 Abs 1 (MEISNER/RING/GÖTZ § 13 Rn 2). Auch Einwirkungen, die nach §§ 1004 Abs 1, 906 BGB an sich abwehrbar sind, müssen unter den Voraussetzungen der §§ 14 S 1 BImSchG (oben Rn 20), 11 LuftVG und 7 Abs 6 AtomG (oben Rn 26) geduldet werden. Der Abwehranspruch reduziert sich auf die **Errichtung schützender Vorkehrungen** (oben Rn 22). Mit diesem im Zivilrechtsweg geltend zu machenden Anspruch konkurriert gleichwertig die öffentlich-rechtliche Verpflichtungsklage gegen die Behörde auf Erlass von nachträglichen Anordnungen nach § 17 BImSchG (oben Rn 9 ff). Ähnlich wie in § 14 BImSchG vorgesehen, aber ohne gesetzliche

Herbert Roth

Grundlage, schränkt der BGH den an sich gegebenen Abwehranspruch auch dann ein, wenn der Private mit seinem Betrieb lebenswichtige Bedürfnisse befriedigt und der Anspruch darauf zielt, den Betrieb lahmzulegen oder erheblich zu beeinträchtigen (zur Kritik oben Rn 30).

bb)   Quasinegatorische Ansprüche aus § 1004 iVm § 823 Abs 2

55   Ein Abwehranspruch gegen die Störungen Privater kann sich auch aus § 1004 iVm § 823 Abs 2 ergeben, wenn gegen ein **Schutzgesetz** verstoßen wurde (zB OLG Köln MDR 1994, 1121; oben Rn 16). Dieser Anspruch konkurriert mit dem Anspruch aus §§ 1004, 906 und ist nach zutreffender Ansicht nicht an dessen Voraussetzungen gebunden (oben Rn 18).

cc)   Deliktischer Abwehranspruch aus § 823 Abs 2

56   Das gleiche Ergebnis wie über die §§ 1004, 906 lässt sich durch eine auf § 823 Abs 2, 249 gestützte deliktische Beseitigungsklage erzielen (oben Rn 18). Auch in diesem Falle reichen derartige Ansprüche bisweilen weiter als der Anspruch aus den §§ 1004, 906 (oben Rn 18). Die zeitlichen Einschränkungen für **Starts und Landungen** von § 1 Landeplatz-LärmschutzV (v 5. 1. 1999, BGBl I 35) können über § 823 Abs 2 BGB durchgesetzt werden.

dd)   Deliktischer Abwehranspruch aus § 823 Abs 1

57   Endlich lässt sich ein privatrechtlicher Abwehranspruch als Folge einer schuldhaften Eigentums- oder Gesundheitsverletzung nach §§ 823 Abs 1, 249 denken, da die Verletzung eines nach § 823 Abs 1 geschützten Rechtsgutes (mit Recht abl zur Anerkennung von Umweltgütern als „sonstige Rechte" MEDICUS JZ 1986, 778, 779 mwNw) grundsätzlich rechtswidrig ist, wenn nicht ein Rechtfertigungsgrund eingreift. Im Verhältnis zwischen Grundstücksnachbarn ist die nachbarrechtliche Sonderbestimmung des § 906 in dem davon erfassten Regelungsbereich maßgebend dafür, ob die von einem Grundstück ausgehenden Einwirkungen **rechtswidrig** sind. § 906 entscheidet deshalb darüber, ob eine widerrechtliche deliktische Handlung nach § 823 Abs 1 vorliegt oder nicht (BGHZ 90, 255, 258 [Zuführung chemischer Unkrautvernichtungsmittel durch Niederschlagswasser]; BGH NJW-RR 2000, 537 [abfließendes Oberflächenwasser]; SCHWABE VersR 1995, 371, 377; dagegen WILHELMI 94: „Relativität der Rechtswidrigkeit"). § 906 bildet keinen Rechtfertigungsgrund für wesentliche Emissionen (insoweit auch STAUDINGER/HAGER [1999] § 823 B Rn 189; unten Rn 110). Ob erhebliche Beeinträchtigungen des **Wohlbefindens** mit einer gewissen Dauerhaftigkeit wie *Schlafstörungen, Unwohlsein* oder *Kopfschmerzen* überhaupt unter § 823 Abs 1 fallen, ist eine genuine Frage des Deliktsrechts. Ich möchte sie bejahen und zudem im Sinne des § 906 Abs 1 stets Wesentlichkeit annehmen.

b)   Öffentlich-rechtliche Abwehransprüche
aa)   Verweisung

58   Der Rechtsweg zu den ordentlichen Gerichten ist ausgeschlossen, wenn sich der geltend gemachte Anspruch als öffentlich-rechtlicher Störungsabwehranspruch (**„Immissionsabwehranspruch"**; Überblick bei SCHENK GewArch Beilage WiVerw Nr 03/2013, 149, 163 ff; STÜHLER BauR 2004, 614, 617) und nicht als privatrechtlicher Abwehranspruch nach § 1004 qualifizieren lässt. Dann ist von den ordentlichen Gerichten bei dort fälschlich erhobener Klage gem § 17a Abs 2 GVG von Amts wegen an die Verwaltungsgerichte zu verweisen (zum umgekehrten Fall BVerwG NJW 1994, 956; noch zum

alten Recht OLG Karlsruhe NVwZ 1986, 964 – Eilverfahren). Eine Entscheidung durch die Zivilgerichte kommt im Wesentlichen nur bei **aufdrängender Verweisung** durch ein Verwaltungsgericht nach § 17a Abs 2 S 3 GVG in Betracht. Möglich ist trotz § 17 Abs 2 S 1 GVG bei verschiedenen prozessualen Ansprüchen auch eine **Teilverweisung**. So ist bei Abwehransprüchen gegen *liturgisches Glockengeläut* einer als Körperschaft öffentlichen Rechts anerkannten Kirche der Verwaltungsrechtsweg gegeben (BVerwGE 68, 62 = NJW 1984, 989; BVerwG NVwZ 1997, 390; VGH München NVwZ-RR 2005, 315 [dreimal täglich]; OVG Lüneburg NVwZ 1991, 801; OLG Frankfurt DVBl 1985, 861; krit Müssig DVBl 1985, 837; Goerlich JZ 1984, 221; Schatzschneider NJW 1984, 991; ferner VGH München BayVBl 1994, 721 [Anfechtungsklage gegen Baugenehmigung]). Dagegen ist für Glockengeläut als **„Zeitanzeige"** der Zivilrechtsweg einschlägig (BVerwG NJW 1994, 956; dazu D Lorenz JuS 1995, 492; LG Arnsberg NVwZ-RR 2008, 774 [viertelstündliche Glockenschläge; TA-Lärm]; LG Aschaffenburg NZM 2000, 733; Dury, in: GS Burmeister [2005] 149, 153; **aA** OVG Hamburg MDR 1992, 485; ferner vCampenhausen DVBl 1972, 316; zu den Rechtsschutzzielen einer Verpflichtungs- oder Anfechtungsklage OVG Saarlouis NVwZ 1992, 72; Revisionsentscheidung BVerwG NJW 1992, 2779 [Klage gegen eine Verfügung nach § 24 BImSchG]; Einzelheiten bei Laubinger VerwArch 83 [1992] 623 ff; Haass JURA 1993, 302). Die Abgrenzung der Rspr zwischen privatrechtlichem und öffentlich-rechtlichem Beseitigungsanspruch hat Kritik erfahren. So wird von manchen Autoren durchgängig eine privatrechtliche Einordnung vorgeschlagen (AK-BGB/Winter Rn 16). Wegen der bestehenden **Rechtswegspaltung** ist freilich de lege lata an den Ergebnissen der Rspr im Grundsatz nicht vorbeizukommen (so auch die Zusammenstellung in BT-Drucks 12/7425 v 27. 4. 1994, 85 zu § 906 Abs 1 S 2, 3 nF).

bb) Einzelfälle

Der öffentlich-rechtliche Störungsabwehranspruch wird häufig mit dem **Antrag for-** 59 **muliert** (Stühler BauR 2004, 614, 618), zB die beklagte Gemeinde zu verpflichten, „tags außerhalb der Ruhezeiten (8 Uhr bis 20 Uhr) einen Beurteilungspegel von 70 dB(A) und eine Geräuschspitze von 90 db(A), tags innerhalb der Ruhezeiten (6 Uhr bis 8 Uhr und 20 Uhr bis 22 Uhr) einen Beurteilungspegel von 65 dB(A) und eine Geräuschspitze von 85 dB(A) und nachts (22 Uhr bis 6 Uhr) einen Beurteilungspegel von 55 dB(A) und eine Geräuschspitze von 65 dB(A) einzuhalten, gemessen an dem auf Parzellennummer X der Beklagten zugewendeten geöffneten Fenster des Wohngebäudes des klägerischen Grundstücks" (ähnlich BGHZ 111, 63, 65; BGH NJW 2003, 3699). Der Antrag (BVerwG NJW 1972, 269; Ossenbühl 288 ff) kommt in folgenden Fällen in Betracht: Geräuschimmissionen, die von einem *Kinderspielplatz* („Bolzplatz", „Skaterplatz") ausgehen, wenn der Spielplatz im Bebauungsplan vorgesehen, im Vollzug dieser Planung von der Gemeinde eingerichtet sowie in Dienst gestellt und damit einem öffentlichen Zweck gewidmet worden ist, ohne dass es auf die Festlegung und Veröffentlichung einer förmlichen Benutzungsordnung ankäme. Doch folgt jetzt aus § 22 Abs 1a BImSchG ein **gesteigertes Toleranzgebot** (auch unten Rn 162) für den Regelfall (OVG Koblenz DVBl 2012, 1052; VGH Kassel NVwZ 2012, 21; VGH Mannheim NVwZ 2012, 837; BGH NJW 2015, 2177 bejaht Ausstrahlungswirkungen auch für das mietvertragliche Mängelrecht; die nachfolgend aufgeführte ältere Rspr ist daher nur noch mit Vorsicht heranzuziehen: BGH NJW 1976, 570; BVerwGE 42, 5; OVG Lüneburg NVwZ 2006, 1199; VGH München NVwZ 1993, 1006; 1987, 986; OVG Bremen NVwZ 1989, 272; VGH Baden-Württemberg BauR 1990, 590 [Toleranzgebot]; VGH Kassel NJW 1981, 2315; OLG Karlsruhe NVwZ 1986, 964; OVG Schleswig NVwZ 1995, 1019 [schärfere Anforderungen an Bolzplätze]; VG Berlin Das Grundeigentum 2007, 61 [vollständige Stilllegung]; VG Gießen ZUR 2006, 195 [zu § 22 BImSchG unter Heranziehung der LAI-Freizeitlärmrichtlinie] mit Anm Maass; VG Braunschweig DWW 1987, 167 [Abenteuerspielplatz im reinen Wohngebiet]; Hagen, in: FS Röhricht [2005] 1175, 1188 [keine unmittelbare Anwendung der Sportanlagen-LärmschutzVO, jedoch Freizeitlärm-Richtlinie als Anhaltspunkt]; Gaisbauer DWW 1990, 327; Dürr NVwZ 1982, 296; für den Zivilrechtsweg in derartigen Fällen jedoch LG Düsseldorf MDR 1959, 926; Wiethaup DWW 1972, 38; oben Rn 53). Bei einem faktisch entstandenen *Bolzplatz* kann ein Anspruch auf Einschreiten der Ordnungsbehörde gegeben sein (OVG Rheinland-Pfalz OVGE [AS RP-SL 35] 2008, 153 Nr 19: Verpflichtungsklage). Der Rechtsweg zu den Verwaltungsgerichten wurde auch angenommen für einen von der öffentlichen Hand betriebenen *Sportplatz* (Fußballplatz) (BVerwGE 81, 197 = NJW 1989, 1291 m zust Anm Peine JZ 1989, 951; BVerwG BauR 1991, 593; OVG Münster DWW 1990, 59; OVG Koblenz NVwZ 1990, 279; OVG Lüneburg DWW 1988, 220 [Sport- und Freizeitzentrum]; OVG Hamburg BauR 1986, 73; VG Berlin Urteil vom 7. 5. 2013, Az 10 K 107. 11, juris; VG Köln Urteil vom 12. 3. 2009, Az 13 K 3253/07, juris [Schulsportplatz]; VG Stuttgart DWW 1999, 392; aA LG Osnabrück MDR 1985, 1029 [zivilrechtlicher Anspruch aus § 1004 gegen den beklagten Landkreis]); ein von der Gemeinde betriebenes *Multifunktionsfeld* (VG Saarland Urteil vom 6. 8. 2009, Az 5 I 597/09, juris); einen *Fahrschulübungsplatz* mit öffentlicher Widmung (OLG Nürnberg NVwZ-RR 2014, 80; LG Nürnberg-Fürth MDR 2013, 1369); *Freizeitanlagen* (VGH München B v 18. 1. 2008, Az 22 ZB 07.15, juris [gemeindliche Mehrzweckhalle bei formeller baurechtlicher Illegalität]; OVG Schleswig NuR 2007, 624: erfolgreiche einstweilige Anordnung nach § 123 VwGO [„Multifunktionsflächen" für Ballspiel und Begegnungen]; VG Stuttgart DWW 1999, 392; BVerwG NVwZ 2001, 1167 [Gemengegeräusche aus Jugendhaus, Bürgerhaus mit Gaststätte, Sporthalle; umfassende Nachw bei Stühler BauR 2004, 614], den Lärm einer *Feuerwehrsirene* (BVerwGE 79, 254 = NJW 1988, 2396 [Folgeentscheidung: VGH München BayVBl 1992, 496]; dazu Kraft JuS 1990, 278); Lärm einer von der Stadt betriebenen *Skateranlage* (OVG Koblenz NVwZ 2000, 1190); Geräusche eines *Blockheizkraftwerks* einer Gemeinde (VGH Mannheim NVwZ 1999, 85), das *Aufstellen von Sammelbehältern (Wertstoffcontainer)* für verwertbare Abfälle (BayVGH BayVBl 2011, 180; NVwZ-RR 1995, 650 [teilweise]; OVG Sachsen B v 17. 12. 2007, Az 4 B 612/06 Rn 21 juris [Klage gegen die Überlassung des städtischen Grundstücks als Containerstandplatz]; VGH Kassel NVwZ-RR 2000, 668 [unter fehlerhafter Berücksichtigung der Sozialadäquanz der Störung]; VG Aachen Urteil vom 5. 6. 2013, Az 6 K 1362/12, juris [Altglascontainer]; VG Schleswig NVwZ-RR 2001, 22; VG Düsseldorf NVwZ-RR 2001, 23; VG Köln NVwZ 1993, 401); die Errichtung von *Mobilfunksendeanlagen* (OVG Lüneburg NVwZ 2001, 456; VG München NVwZ 2001, 461 [beide Male Anspruch auf behördliches Einschreiten verneint]); die Errichtung einer *Kläranlage* im Rahmen eines öffentlich-rechtlichen Planungs- und Funktionszusammenhangs (BVerwG NJW 1974, 817, 818; BGHZ 91, 20, 22); Geruchsbelästigung durch einen *gemeindlichen Abwasserkanal* (VGH München UPR 2014, 151), Beeinträchtigungen durch *Zelten* und *Feuermachen* auf öffentlichem Grund unter Duldung der Gemeinde (VGH Mannheim NVwZ 1986, 62); Lärmbelästigungen durch einen in den Formen des öffentlichen Rechts betriebenen *gemeindlichen Grillplatz* (VGH Mannheim MDR 1994, 917; VG Würzburg DWW 1987, 168); *Livemusik-Darbietungen* oder sonstige Vergnügungsveranstaltungen in Zelten oder im Freien (VGH München NVwZ 2005, 719 [Freizeitlärmrichtlinie]); *Schießlärm* von einem Truppenübungsplatz (BVerwG NVwZ 1991, 3165); *Feuerwerke* (OVG Bremen NJW 2007, 939; VG Hannover NVwZ-RR 1993, 474;); bei von Jugendlichen verursachtem Lärm in Umgebung einer *öffentlichen Parkbank* (OVG Nordrhein-Westfalen BauR 1986, 77); Lärmeinwirkungen durch den Ausbau einer *ungeplanten Gemeindestraße* (VG Stade NVwZ 1986, 151); Lärmbelästigungen wegen der Nutzung eines Kellergeschosses durch eine *Baukolonne der öffentlichen Hand* (OVG Nordrhein-Westfalen DÖV 1983, 1020 m krit Anm J Schwabe DÖV 1984, 387). Ferner wurde eine öffentlich-rechtliche Abwehrklage erwogen gegen die befürchteten Einwirkungen einer *Justizvollzugsanstalt* des offenen Vollzugs (OVG Nordrhein-Westfalen NJW 1985, 2350 [Verstoß gegen das Rücksichtnahmegebot verneint]); Belästigungen durch die Benutzung einer *Telefonzelle der Post* (VGH Mannheim NJW 1985, 2352; OVG Koblenz NJW 1986, 2779 [noch nach altem Recht]); Lärm durch *Disco-Veranstaltungen* in einer gemeindlichen Mehrzweckhalle (VGH Mannheim NJW 1985, 2354 [LS]) sowie Störungen durch den von einer *Straßenlampe* ausgehenden Lichtschein (OVG Lüneburg NVwZ 1994, 713; VGH München NJW 1991, 2660; VGH Hessen NJW 1989, 1500; OVG Koblenz NJW 1986, 953; VG Koblenz Urteil vom 23. 11. 2009, Az 4 K 473/09. KO, juris; VG Düsseldorf BeckRS 2008 34438; VG Regensburg DWW 1986, 128 f) und Beeinträchtigungen durch eine *Schulbushaltestelle* (VGH Kassel NJW 1986, 2781) oder eines *Osterfeuers* (VG Braunschweig NVwZ-RR 2009, 198); zu *Biergartenlärm* (VGH München NVwZ 1995, 1021 [§ 5 Abs 1 Nr 3 GaststG]; zur privatrechtlichen Seite oben Rn 51); zu Lärm durch einen *Fastnachtsumzug* (VG Frankfurt aM NJW 1999, 1986). Möglich ist auch eine **vorbeugende Unterlassungsklage** gegen die Gemeinde als Veranstalterin oder Betreiberin eines *Volksfestes,* soweit bestimmte Lärmeinwirkungen unterlassen werden sollen (VGH Kassel NVwZ-RR 2006, 531; auch VG Köln Urteil vom 5. 3. 2009, Az 1 K 1485/08, juris). Verboten werden können als Grobimmissionen *Balleinschläge* eines Spiel- und Sportplatzgeländes, auch wenn sie nur einige Male im Jahr auftreten (**aA** VGH München NJW 2005, 1882: Sozialadäquanz).

cc) Rechtsgrundlage; Voraussetzungen
Die Rspr hat bislang nicht abschließend entschieden, ob als **Rechtsgrundlage** auf die **60** Grundrechte mit den Art 2 Abs 2, 14 Abs 1 GG (VGH München UPR 2014, 151, 152 [aber letztlich offengelassen]; dafür K ENGLER 39), auf die §§ 1004, 906 BGB analog (BGH NJW 2015, 2177 Rn 41 [Lärm von einem Schulhofbolzplatz als Mietmangel: obiter dictum]; VGH München UPR 2014, 151, 152 [aber offengelassen, ob der Abwehranspruch auch auf die Grundrechte gestützt werden kann]; NJW 2005, 1882; VGH Kassel NVwZ 2012, 21; OVG Schleswig NuR 2007, 624, 625; OVG Rheinland-Pfalz OVGE 2008, 153 Nr 19 [obiter]; VG Berlin BeckRS 2014, 52580; VG München U v 10. 4. 2008, Az M 10 K 06. 4499, juris Rn 31; VG Braunschweig NVwZ-RR 2009, 198 [Anfechtungsklage Dritter wegen Osterfeuer]; DURY, in: GS Burmeister [2005] 149; mE vorzugswürdig), oder auf den Aspekt der Folgenbeseitigung (BIER ZfBR 1992, 15, 20) oder schon auf Gewohnheitsrecht abzustellen ist. Die verwaltungsgerichtliche Rspr richtet die **Voraussetzungen** des öffentlich-rechtlichen Abwehranspruchs als allgemeine Leistungsklage gegen die schlicht hoheitliche Nutzung in der Sache wohl überwiegend an den Tatbestandsmerkmalen des § 906 aus, der mit § 1004 Abs 1 entsprechend angewandt wird (VGH München UPR 2014, 151, 152 [aber offengelassen, ob das Abwehrrecht auf die Grundrechte gestützt werden kann]; NJW 2005, 1882 [sogar für Balleinschläge als Grobimmissionen]; NJW 1991, 2660; OVG Koblenz NVwZ 2000, 1190 [Skateranlage]; 1990, 279; VGH Kassel NJW 1993, 3088; VGH Mannheim NVwZ 1986, 62, 63 [Waldfestplatz]; NJW 1985, 2352, 2353 [Telefonzelle]; OVG Koblenz NJW 1986, 953, 954 [Lichtschein durch eine Straßenlampe]; VG Berlin Das Grundeigentum 2007, 61; VG Stade NVwZ 1986, 151, 152 [Ausbau einer Straße]; STELKENS Die Verwaltung 2013, 493, 521 konstatiert insoweit eine Vergleichbarkeit des Rechtsschutzes). Bisweilen wird die Grundlage für den Unterlassungsanspruch auch offen gelassen (BVerwGE 79, 254 = NJW 1988, 2396 [Feuersirene]; ebenso OVG Sachsen B v 17. 12. 2007, Az 4 B 612/06 Rn 23 juris; VGH Mannheim MDR 1994, 917; OVG Lüneburg NVwZ 1994, 713; OVG Nordrhein-Westfalen BauR 1986, 73, 77; VG Köln NVwZ 1993, 401). Anders abgegrenzt soll nur werden, soweit **spezielle Vorschriften des öffentlichen** Rechts vorhanden sind; diese fehlen jedoch meist. Der Maßstab des § 906 wurde vereinzelt verlassen, sofern es sich nur um „mittelbar" verursachte Immissionen der öffentlichen Hand handelt,

wie zB bei dem Anlocken von Insekten und Spinnen durch die öffentliche *Straßenbeleuchtung* (OVG Koblenz NJW 1986, 353). Dann soll ein öffentlich-rechtlicher Beseitigungsanspruch nur ausnahmsweise gegeben sein, wenn als Folge einer nachhaltigen Veränderung der vorgegebenen Grundstückssituation das Eigentum am anderen Grundstück „schwer und unerträglich getroffen wird" (so OVG Koblenz NJW 1986, 953, 954 im Anschluss an BVerwGE 69, 366 [372 f] = NJW 1985, 817; BVerwG NJW 1976, 1987, 1988). Doch ist diese Unterscheidung nicht im Gesetz angelegt. Als **Maßstab** (nicht: als Anspruchsgrundlage) wird zunehmend **§ 22 BImSchG** genannt (Nachw in VGH München NVwZ-RR 2005, 315 [liturgisches Glockenläuten]; OVG Schleswig NuR 2007, 624, 625). Vor allem bei **Freizeiteinrichtungen** handelt es sich um nach dem BImSchG nicht genehmigungsbedürftige Anlagen (ausführlich STÜHLER BauR 2004, 614). Dabei werden auch wertende Momente wie **Herkömmlichkeit, Sozialadäquanz** (VGH München NJW 2005, 1882: zu duldende Balleinschläge; NVwZ-RR 2005, 315: liturgisches Glockenläuten) und **Akzeptanz** in der Bevölkerung herangezogen. Die Zumutbarkeitsgrenze wird auf Grund einer umfassenden **Würdigung** aller Einzelfallumstände und der speziellen Schutzwürdigkeit des jeweiligen Baugebiets bestimmt (BVerwG NJW 2003, 3360 [Abwehranspruch gegen Livemusik-Veranstaltung; Freizeitlärm-Richtlinie]; BVerwGE 79, 254; 68, 62, 67 = NJW 1984, 989 [liturgisches Glockengeläut]; BVerwG NVwZ 1997, 390 [dreimal tägliches Angelusläuten]; oben Rn 58; OVG Schleswig NuR 2007, 624 [Multifunktionsanlage; Freizeitlärm-Richtlinie]; OVG Lüneburg DWW 1988, 220 [gemeindliches Sport und Freizeitzentrum]; BVerwGE 81, 197 = NJW 1989, 1291 [Sportplatz]; Vorinstanz OVG Hamburg HmbJVBl 1988, 4; VGH München NVwZ 1999, 87 [gemeindliche Mehrzweckhalle]; VG Braunschweig NVwZ-RR 2009, 198, 199 [in Anlehnung an BGH NJW 2003, 3699: Drittanfechtungsklage gegen Genehmigung eines Osterfeuers]; VG Berlin Das Grundeigentum 2007, 61 [Bolzplatz, Anwendung der Sportanlagen -LärmschutzVO]; VG Düsseldorf BeckRS 2008 34438 [öffentlich-rechtlicher Unterlassungsanspruch gegen blendende Straßenlampe: Lichtrichtlinie vom 10. 5. 2000]). Doch sollen die Ergebnisse denjenigen des § 906 mit dem Maßstab der **Wesentlichkeit** entsprechen (oben Rn 37; BVerwGE 81, 197 = NJW 1989, 1291; BVerwGE 79, 254, 258 [Feuersirene] = NJW 1988, 2396; VG Köln NVwZ 1993, 401, 402; VGH Kassel NVwZ-RR 2006, 531 [Volksfest]; VGH München NVwZ 1993, 1006; VGH Mannheim MDR 1994, 917; OVG Koblenz NVwZ 1990, 279; im Anschluss daran OVG Hamburg MDR 1992, 485; OVG Lüneburg NVwZ 1994, 713; OVG Münster DWW 1990, 59, 60; ebenso BGHZ 111, 63, 65 f mAnm H ROTH JR 1991, 149 [Volksfestlärm]; VG Düsseldorf BeckRS 2008, 34438 [Blendung durch Straßenlaterne]; STÜHLER BauR 2004, 614, 619). Heute werden die **Maßstäbe des öffentlichen und des privaten Immissionsschutzrechts von BGH und BVerwG weitgehend gleich ausgelegt** (BT-Drucks 12/7425 v 27. 4. 1994, 86; oben Rn 37). Das soll nicht nur für die Rechtsanwendung, sondern auch für die **Rechtsfortbildung** gelten (nachdrücklich für eine „Konformitätsvermutung" HAGEN, in: FS Röhricht [2005] 1175, 1177). Danach bezeichnet die in § 906 BGB verwendete „**Wesentlichkeit**" die gleiche Zumutbarkeitsschwelle wie die „**Erheblichkeit**" der §§ 3 Abs 1, 22 Abs 1 BImSchG. Die Ergebnisse der Rspr sind überwiegend beifallswert. Doch ziehe ich die analoge Anwendung der §§ 1004, 906 vor (anders KRAFT JuS 1990, 278, 280; PEINE JuS 1987, 169, 179). Die §§ 4 ff, 22 ff BImSchG sollen keine Duldungspflichten und Abwehransprüche im unmittelbaren Nachbarschaftsverhältnis zwischen Störer und Gestörten begründen (BVerwGE 79, 254 = NJW 1988, 2396 [Feuerwehrsirene]). Deshalb ist die Leistungsklage auf Beseitigung auch dann begründet, wenn die umstrittene Anlage **bauaufsichtlich genehmigt** ist (SCHLOTTERBECK NJW 1991, 2669, 2677). Häufig wird auch gegen die **gaststättenrechtliche Gestattung** des § 12 GastG im Wege der **Anfechtungsklage** oder gegen sonstige erteilte Genehmigungen vorgegangen (Überblick der Rspr bei STÜHLER BauR 2004, 614, 617; KETTELER DVBl 2008, 220, 226; VG

Braunschweig NVwZ-RR 2009, 198 [Ausnahmegenehmigung für ein Osterfeuer]) oder mit der **Verpflichtungsklage** ein Anspruch auf behördliches Einschreiten wegen Verstoßes gegen das Rücksichtnahmegebot (dazu STÜHLER BauR 2004, 614, 617) oder auf Erlass nachträglicher Auflagen wie etwa Lärmschutzauflagen oder Verkürzung der Sperrzeit (etwa der Fall bei SCHOBERTH JuS 2011, 730 [Gaststättenrecht]). Häufiger wird auch zB bei *Windkraftanlagen* bereits die **Baugenehmigung** unter Berufung auf § 35 Abs 3 S 1 Nr 3 BauGB, § 3 Abs 1 BImSchG angegriffen (BVerwG NVwZ 2008, 76 [zur Bedeutung der TA-Lärm]; vergleichbar OVG NRW DVBl 2008, 791: Anfechtung einer Baugenehmigung für eine beleuchtete Werbeanlage).

dd) Privatrechtliche Ausformung

Nach dem bisher Ausgeführten ist der negatorische Rechtsschutz im öffentlichen **61** Recht wegen seiner Durchsetzungsschwäche eher weniger stark (oben Rn 12) (jedenfalls nicht stärker: VGH Mannheim NVwZ 1986, 62, 63) ausgeprägt als im Privatrecht. Bei **seltenen Ereignissen** ergibt sich aus Nr 4. 4 der Freizeitlärm-Richtlinie eine Art „Bonus" für den Störer, der unabhängig von einem zivil- oder öffentlichrechtlichen Klageantrag gewährt wird. Allerdings kann das Eigentum gegenüber Einwirkungen der öffentlichen Hand anders abgegrenzt sein als gegenüber solchen von Privatpersonen (so insbes RUPP, Grundfragen der heutigen Verwaltungsrechtslehre [1965] 235 ff; W MARTENS, in: FS Schack [1966] 85, 92 ff). Doch knüpft Art 14 GG an auch und sogar in erster Linie **privatrechtlich ausgeformte Rechte** öffentlich-rechtliche Abwehransprüche (PAPIER NJW 1974, 1797, 1799), sodass § 906 BGB in verwaltungsrechtlichen Beziehungen Geltung beansprucht. Um eine rechtswidrige hoheitliche Störung handelt es sich erst dann, wenn der Rahmen des § 906 überschritten sind. In diesem Falle muss das hoheitliche Handeln aufgrund des **Vorbehalts des Gesetzes** gesetzlich gedeckt sein. Sofern der Duldungsrahmen des § 906 Abs 2 S 1 verlassen ist, kann gegen hoheitliche Immissionen im Wege der öffentlich-rechtlichen Abwehrklage vorgegangen werden (BGHZ 91, 20, 22 [gemeindliche Kläranlage]). Nicht zu halten ist die in ständiger Rspr vertretene Auffassung, wonach die öffentlich-rechtliche Unterlassungs- oder Beseitigungsklage nicht zu einer **Stilllegung** von öffentlichen Einrichtungen (zu den gemeinwichtigen Betrieben Privater oben Rn 29) führen dürfe, die in besonderer Weise dem öffentlichen Interesse dienen, sondern auf die Anbringung von Schutzvorkehrungen zur Abwehr oder Milderung der davon ausgehenden Immissionen beschränkt sei (BGHZ 91, 20, 23 [gemeindliche Kläranlage]; Kritik oben Rn 42 ff). Freilich wird auch im Bereich des öffentlich-rechtlichen Abwehranspruchs eine Einstellung des Betriebs nur in Ausnahmefällen in Betracht kommen (oben Rn 22; dazu W MARTENS, Negatorischer Rechtsschutz 36 f). Sind die Grenzen des § 906 dagegen eingehalten, so liegt eine **rechtswidrige Störung** nicht vor, auch wenn eine gesetzliche Ermächtigung fehlt (PAPIER JuS 1985, 184).

Für **Planfeststellungsverfahren** (oben Rn 27 f) schränkt das öffentliche Recht selbst den **62** öffentlich-rechtlichen Abwehranspruch auf bloße **Schutzvorkehrungen** unter Ausschluss von Beseitigungs- oder Unterlassungsansprüchen ein. Der wichtigste Fall findet sich in § 75 Abs 2 S 1, 2 VwVfG (zum Entfallen von § 17 Abs 4 FStrG aF als entbehrlich, BT-Drucks 11/4310, 94, 96). Es geht um öffentlich-rechtliche Ansprüche gegen die Verwaltung, die grundsätzlich im **Verwaltungsrechtsweg** durchzusetzen sind. Soweit im Planfeststellungsbeschluss etwa **Auflagen** nach § 74 Abs 2 S 2 VwVfG (zum Verhältnis zu § 41 Abs 1 BImSchG BVerwG DVBl 1995, 750) fehlen, die zur Vermeidung nachteiliger Wirkungen auf Rechte anderer notwendig sind (ebenso

§§ 21 WaStrG, §§ 19 Abs 1, 13 WHG), hat der Gestörte ebenfalls einen selbstständigen Anspruch, den er mit einer verwaltungsgerichtlichen *Verpflichtungsklage,* ei-
ner Neubescheidungsklage oder einer Teilanfechtungsklage gegen den Planfeststel-
lungsbeschluss durchsetzen kann (zu den Schutzauflagen BGH NJW 2010, 1141 Rn 16 [kein
Bedürfnis für die zusätzliche Anwendung des § 906 Abs 2 S 2 bei planfestgestellten Vorhaben]:
BVerwGE 51, 15 = DVBl 1976, 779; BVerwGE 61, 295 = DVBl 1981, 932; BVerwGE 71, 150 =
DVBl 1985, 896; BVerwG NVwZ 1998, 513; 2000, 567 [Planfeststellung für die Änderung eines
Schienenweges]; BVerwG NVwZ 2000, 565 [Ergänzung des Planfeststellungsbeschlusses bei der
Fernstraßenplanung um Maßnahmen des aktiven Schallschutzes]; 2001, 71, 77 [Änderungen eines
Schienenweges]; BVerwG NVwZ 2004, 1237 [die Einhaltung der Grenzwerte der 22. BImSchV zu
Luftverunreinigungen sei keine Rechtmäßigkeitsvoraussetzung für die Planfeststellung eines Straß-
enbauvorhabens]).

63 Öffentlich-rechtliche Abwehransprüche können im Wege der **verwaltungsgerichtlichen Leistungsklage** nicht mehr geltend gemacht werden, wenn der gestörte Eigentümer es versäumt hat, sich unter Beachtung der **gesetzlichen Frist** gegen eine **Genehmigung** zu wenden. Ansonsten liefen die Fristen der verwaltungsgerichtlichen
Anfechtungsklage leer (VGH Kassel NJW 1981, 2315). Es besteht demnach kein öffentlich-rechtlicher Folgenbeseitigungsanspruch, wenn der bestehende Zustand, dessen
Beseitigung begehrt wird, einem für den Verletzten unanfechtbaren Verwaltungsakt
entspricht (MünchKomm/Papier[6] § 839 Rn 86). Zu nennen sind etwa **gaststättenrechtliche
Gestattungen** (OVG Koblenz NJW 2005, 772 [Kirmesveranstaltungen in einem Festzelt]).

3.   Verschuldensunabhängige Entschädigungsansprüche

64 Geht das **Rechtsschutzziel** nicht auf Störungsabwehr (oben Rn 50), sondern auf verschuldensunabhängige Entschädigung unter Bestehenbleiben der Schädigung, so ist
wiederum zu unterscheiden, ob die Störung nach privatem oder nach öffentlichem
Recht zu beurteilen ist. Die Unterscheidung nach den bereits angeführten Kriterien
(oben Rn 51 ff; ferner unten Rn 82 ff) ist vor allem erforderlich, wenn es um Ausgleichsansprüche nach § 74 Abs 2 S 3 VwVfG geht, die grundsätzlich vor die **Verwaltungsgerichte** gehören (§ 40 Abs 1 S 1 VwGO), selbst wenn die Enteignungsschwelle
überschritten wird (BVerwGE 77, 295 = NJW 1987, 2884 f; BVerwG NJW 1989, 467; grundsätzlich zust BGHZ 140, 285, 300 f unter teilweiser Aufgabe von BGHZ 97, 117; dazu H Roth NVwZ
2001, 34, 35).

a)   Privatrechtliche Ansprüche
aa)   Der Ausgleichsanspruch des § 906 Abs 2 S 2

65 Er kommt in Betracht, wenn der Eigentümer eine Beeinträchtigung nach § 906
Abs 2 S 1 zu dulden hat und die Einwirkung eine ortsübliche Benutzung seines
Grundstücks oder dessen Ertrag über das zumutbare Maß hinaus beeinträchtigt
(Einzelheiten unten Rn 249 ff). Der Ausgleichsanspruch kann sich auch gegen **Minder-
jährige** richten (Medicus, in: FS Kramer [2004] 211, 221). Der Anspruch ist gegeben, wenn
es sich um wesentliche Beeinträchtigungen handelt (unten Rn 177), die durch eine
ortsübliche Benutzung (unten Rn 205) des störenden Grundstücks herbeigeführt sind
und durch wirtschaftlich zumutbare Maßnahmen nicht verhindert werden können
(BGHZ 91, 20, 22 [gemeindliche Kläranlage]). Die Beeinträchtigung darf nicht ausschließlich auf **Naturkräfte** zurückgehen (OLG Karlsruhe MDR 2010, 1117: Schäden durch
Saatkrähen). Es handelt sich um einen **Aufopferungsanspruch**, weil die Norm dem

Beeinträchtigten als Ausgleich für die erzwungene Aufopferung des Verbietungs-rechts aus § 1004 Abs 1 einen Ersatzanspruch gewährt (ausführlich H Roth [nach Lit-Verz] S 7 ff; Larenz/Canaris § 85 II 1 S 656; Konzen 145 ff; Süss 113 ff, 133; Überblick durch Schreiber JURA 2011, 263). Zwischen dem Abwehranspruch aus § 1004 Abs 1 und dem Ausgleichsanspruch aus § 906 Abs 2 S 2 besteht **kein Wahlrecht**. Der Beeinträchtigte kann nicht auf seinen an sich gegebenen Anspruch aus § 1004 Abs 1 verzichten und stattdessen den Ausgleich nach § 906 Abs 2 S 2 geltend machen. Dieser Grundsatz ist durch die Rspr jedoch aufgelockert worden. So wurde ein Ausgleichsanspruch aus § 906 Abs 2 S 2 für möglich gehalten, wenn nur einzelne Immissionen, wie zB Erschütterungen durch *Rammarbeiten,* den Rahmen der Ortsüblichkeit überschrei-ten (BGHZ 72, 289, 296), oder wenn einzelne *Sprengungen* sich möglicherweise nicht mehr im Rahmen der Ortsüblichkeit gehalten haben, sofern sich das Gesamtbild der Immissionen noch als ortsüblich darstellt (BGHZ 66, 70, 74 = LM Nr 47 mAnm Mattern). § 906 Abs 2 S 2 erscheint auf den ersten Blick als vollständig, weil gegen wesentliche und nicht ortsübliche, oder zwar wesentliche und ortsübliche, durch zumutbare wirtschaftliche Maßnahmen verhinderbare, jedoch nicht verhinderte Einwirkungen, im Regelfall der primäre Beseitigungsanspruch aus § 1004 Abs 1 gegeben ist. Eine Rechtsschutzlücke besteht aber, wenn der Beseitigungsanspruch im Einzelfall aus rechtlichen oder tatsächlichen Gründen nicht durchgesetzt werden kann. Hier hat in einem wichtigen Teilbereich der Gesetzgeber mit § 14 S 2 BImSchG und im Übrigen die Rspr mit der Gewährung eines **bürgerlich-rechtlichen Aufopferungsanspruchs** geholfen (sogleich unten Rn 66). Der Anspruch aus § 906 Abs 2 S 2 wegen Erschütte-rungen durch den Bergbau fällt in der **Rechtsschutzversicherung** nicht unter den Risikoausschluss für Bergbauschäden iS des § 31c ARB 94/2000 (BGH NJW 2011, 1536).

bb) Der bürgerlich-rechtliche Aufopferungsanspruch
Dieser Anspruch (der BGH zieht die Bezeichnung „nachbarrechtlicher Ausgleichsanspruch" vor, **66** BGHZ 48, 99, 100; 72, 289, 291; BGH NJW 2009, 3787 [Feuerwerksrakete als Grobimmission] mit Anm H Roth LMK 2009, 294262; BGH NJW 2004, 1037, 1040; NJW-RR 2000, 537; für Gewohn-heitsrecht halten ihn Wenzel NJW 2005, 241, 246; Hagen AcP 202 [2002] 996, 997; Überblick durch Bertkau zfs 2012, 483 ff) kommt in Betracht, wenn eine nach den Voraussetzungen des § 906 **rechtswidrige** (aber unten Rn 67 zu den gemeinwichtigen Betrieben) und deshalb **ab-wehrfähige Immission** von dem Eigentümer oder Besitzer (BGH NJW 2001, 1865, 1866) des betroffenen Grundstücks aus besonderen Gründen nicht verhindert werden kann (A Schmidt 191 ff; Hagen, in: FS Herm Lange [1992] 483 ff; Jauernig JZ 1986, 605, 611; Würdinger ZfIR 2008, 573; Überblick bei Rachlitz/Ringshandl JuS 2011, 970). Der bürger-lich-rechtliche Aufopferungsanspruch (in der Terminologie wie hier Kleindienst NJW 1968, 1953, 1954 Fn 11; Hubmann JZ 1968, 66) ist ein **richterrechtliches Institut** (zur Entwicklung der Rspr Hagen, in: FS Herm Lange [1992] 483 ff; Bälz, in: Freundesgabe Kübler [1997] 355 ff; Katzenstein, in: FS Picker [2010] 425 ff; F Schack BB 1965, 341; Jauernig JZ 1986, 605, 611; Lüneborg NJW 2012, 3745; Popescu/Majer NZM 2009, 181). Nach der ständig gebrauchten Definition ist er gegeben, wenn von einem Grundstück im Rahmen seiner privat-wirtschaftlichen Benutzung Einwirkungen auf ein anderes Grundstück ausgehen, die über das Maß dessen hinausgehen, was ein Grundstückseigentümer nach den Be-stimmungen des Nachbarrechts entschädigungslos hinzunehmen hat, gegen die gem § 1004 vorzugehen dem betroffenen Eigentümer jedoch aus besonderen Gründen, seien diese rechtlicher (unten Rn 67) oder tatsächlicher (unten Rn 68) Natur, versagt ist (zB BGHZ 48, 98, 101 = LM Nr 24 mAnm Kreft = JZ 1968, 64 mAnm Hubmann = NJW 1968, 47

mAnm Faber = DVBl 1967, 883 mAnm Schack [Straßenbauarbeiten]; BGHZ 72, 289, 292 [Straßen-ausschachtungsarbeiten]; BGHZ 85, 375, 385 [Rammarbeiten]; BGHZ 90, 256, 262 [Zuführung chemischer Unkrautvernichtungsmittel durch Niederschlagswasser]; BGHZ 111, 158, 162 f; 142, 66, 67; 142, 227, 235; 147, 45, 49 f; 155, 99 [Überschwemmungsschäden durch Bruch der Wasser-rohrleitung der Stadtwerke; anders aber bei öffentlich-rechtlichem Betrieb, unten Rn 93]; BGHZ 155, 99 [Bruch der Wasserrohrleitung der Stadtwerke]; BGHZ 157, 188, 189 f [Wasserschaden, dort aber für Mieter innerhalb desselben Grundstückseigentums abgelehnt]; BGHZ 157, 33, 44 ff [aus Rechtsgründen nicht abwehrbarer Laubwurf mit Verstopfung der Dachrinne, insoweit krit H Roth LMK 2004, 64]; BGHZ 160, 232, 236 [Umstürzen geschützter Bäume; dazu Weick NJW 2011, 1702, 1703]; BGH NJW 2012, 2343 Rn 8 [abgelehnt für das Verhältnis von Bruchteilseigentümern eines Hausgrundstücks, die sich jeweils eine Wohnung zur selbstständigen Nutzung zugewiesen haben]; 2011, 3294 [Schaden von 4000 Euro reicht aus]; BGH NJW 2006, 992 [Brandschaden durch tech-nischen Defekt, aber abgelehnt wegen fehlender Störereigenschaft]; NZM 1999, 925, 927 [mit Öl kontaminiertes fließendes Grundwasser]; NJW 1999, 1029 mit Anm H Roth LM § 906 Rn 100 [Sprengungsschäden: aber mE § 114 Abs 1 Alt 1 BBergG als lex specialis]; BGH NJW 1995, 714 [Rußimmissionen]; OLG Hamm NJW-RR 2014, 328 [Brandherd im Nachbarhaus]; OLG Saarbrü-cken NJW-RR 2014, 794 [Abbrennen von Abfällen auf dem Nachbargrundstück] mit Anm Kurek IMR 2014, 81; OLG Düsseldorf BauR 2012, 1979 [Vertiefungsschäden]; VersR 2003, 455 [Wasser-schaden durch defekte Wasserenthärtungsanlage]; VersR 2003, 74 [Umstürzen eines kranken Bau-mes durch Sturm, dem ein gesunder Baum standgehalten hätte]; OLG Frankfurt MDR 2010, 22 [Risse durch Hausabbruch bei einem Nachbarhaus]; OLG Koblenz BB 2002, 2089 [Vertiefungs-schäden]; NJOZ 2012, 1588 [Setzungsrisse durch Bauarbeiten auf dem Nachbargrundstück]; OLG Brandenburg NVZ 2011, 193 [übergreifender Brand eines Mähdreschers]; OLG Koblenz MDR 2009, 443 [übergreifender Brand]; OLG Hamm NJW 1988, 1031 [Thallium-Emission]; VersR 1997, 505, 506 [Besprühen mit Klärschlamm]; OLG Düsseldorf NJW-RR 1995, 1482 [Ammoniakgase durch Gülledüngung]; OLG Köln VersR 1988, 1268 [LS] [Hallenbegasung]; LG Münster NJW-RR 1986, 947; LG Hechingen NJW 1987, 2749, 2750; **Fallübersicht** bei Popescu/Majer NZM 2009, 181). Wenn die Durchführung von **Straßenbauarbeiten** privatrechtlich organisiert ist, kommt regelmäßig der bürgerlich-rechtliche Aufopferungsanspruch in Betracht (Mi-chalczyk IBR 2011, 640). Da der Anspruch aus dem nachbarlichen Gemeinschafts-verhältnis hergeleitet wird, kommt eine Zurechnung des **Verschuldens** von Hilfsper-sonen nach § 278 nicht in Betracht (BGH NJW 2006, 992).

67 Hauptfälle des Ausschlusses des § 1004 aus **rechtlichen Gründen** liegen nach Auf-fassung der Rspr in der Störertätigkeit durch Private, wenn sie der Durchführung einer im Allgemeinen **öffentlichen Interesse** liegenden Aufgabe dient (gemeinwich-tige Betriebe Privater; BGHZ 140, 200, 206 [Drogenhilfezentrum]; LG Essen MDR 1988, 864 [Omnibus-Haltestelle]; Überblick bei Bensching 123 ff; Kritik oben Rn 29). Wegen der Dul-dungspflicht nach § 1004 Abs 2 nimmt der BGH **rechtmäßiges Handeln** an (BGHZ 140, 200, 208 mit Anm H Roth LM § 1004 BGB Nr 246 [Drogenhilfezentrum]). Wenn schon ungeschriebene Duldungspflichten gegenüber derartigen Beeinträchtigungen ange-nommen werden, so müssen sie aus Gründen der Billigkeit auch ausgeglichen wer-den (Larenz/Canaris § 85 II 4 S 661; H Roth [nach Lit-Verz] S 15). Ein bürgerlich-recht-licher Aufopferungsanspruch ist auch dann gegeben, wenn der Gestörte aufgrund von Vorschriften des **öffentlichen Rechts** Immissionen dulden muss, deren Abwehr ihm nach den §§ 1004 Abs 1, 906 sonst möglich wäre und der Störer diese Gefah-renlage geschaffen hat (OLG München MDR 1991, 971 [Froschgequake]; unrichtig mE die Revisionsentscheidung BGHZ 120, 239, 251 ff; mit der hier vertretenen Tendenz aber jetzt BGHZ 160, 232, 238 [Niederbrechen geschützter Bäume durch Teilrodung] mit zust Anm Röthel JZ 2005,

578; AG Hamburg-Altona ZMR 2013, 448, 450 [versagte Ausnahmegenehmigung]; WENZEL NJW 2005, 241, 246 unten Rn 155). Ferner wurde ein derartiger Anspruch für Reinigungsaufwand von Dachrinnen anerkannt, wenn der Gestörte wegen Versäumung einer landesrechtlichen Ausschlussfrist das Zurückschneiden von innerhalb des vorgesehenen **Grenzabstands** stehenden Bäumen nicht verlangen kann (BGHZ 157, 33, 44 ff mit insoweit krit Anm H ROTH LMK 2004, 64; zust dagegen WENZEL NJW 2005, 241, 246).

Zu einem Ausschluss des § 1004 Abs 1 aus **tatsächlichen Gründen** kommt es insbes **68** dann, wenn der Abwehranspruch des § 1004 Abs 1 nicht rechtzeitig, auch nicht durch Antrag auf Erlass einer einstweiligen Verfügung, durchgesetzt werden kann, zB wenn dem Gestörten keine ausreichende Prüfungsfrist dafür zur Verfügung steht, ob mit nachteiligen Einwirkungen zu rechnen ist (BGHZ 85, 375, 385; 90, 255, 263 [zust KARSTEN 194]; Überblick bei BENSCHING 210 ff; jurisPK-BGB/VIEWEG/REGENFUS[7] Rn 118 ff), oder wenn eine abwehrfähige Immission nicht erkannt wurde (sehr krit zu diesem Institut SCHLECHTRIEM, in: FS Gernhuber [1993] 407, 413 ff; BENSCHING 222 ff; 273 ff). Konnte der Abwehranspruch aus § 1004 Abs 1 rechtzeitig geltend gemacht werden, so scheidet der bürgerlich-rechtliche Aufopferungsanspruch aus (BGH NJW 2003, 1732). Die genannten Entscheidungen sind für das System der Ausgleichsansprüche von maßgeblicher Bedeutung und finden ihre Entsprechung auch im Recht der öffentlich-rechtlichen Entschädigung (unten Rn 82). Es ging meist um wesentliche und nicht ortsübliche Immissionen (BGHZ 48, 98, 100 [Staubimmissionen durch Autobahnbau]; BGH MDR 1967, 913 [Moselstaustufe]; LM Nr 27 [Staubeinwirkung durch Autobahnarbeiten]; Überblick über die Rspr bei MAULTZSCH 24 ff). Daneben handelt es sich um Immissionen, die wesentlich und ortsüblich sind, aber bei denen mögliche Abhilfemaßnahmen unterlassen wurden (BGHZ 90, 255, 262 [Zuführung chemischer Unkrautvernichtungsmittel]).

Die Rspr wendet die Grundsätze des bürgerlich-rechtlichen Aufopferungsanspruchs **69** über die Immissionsfälle des § 906 (dazu BGH NJW 2004, 1037, 1040 [Abfallen von Laub ua]) hinaus auch auf Einwirkungen an, die von § 906 Abs 1 nicht erfasst werden (Überblick bei WENZEL NJW 2005, 241, 246 f). So liegt es bei **Grobimmissionen** (BGHZ 160, 232, 236 [Niederbrechen von Bäumen]; 157, 188, 190 [Wasser]; 28, 225, 231; 58, 149; BGH NJW 2011, 3294 Rn 20 [Niederschlags- oder Leitungswasser]; NJW 2009, 3787 [über 90 cm lange Feuerwerksrakete]; unten Rn 117; Thüringer OLG BzAR 11/2013 [Grundstücksüberschwemmung durch Bodenerosion]; LG Konstanz NJW-RR 2009, 1670 [Wasserschaden]), bei denen es aber für den Ausgleichsanspruch in der Sache um „rechtsethische Durchbrüche" geht (näher H ROTH [nach Lit-Verz] 14 im Anschluss an LARENZ/CANARIS § 85 II 4 S 662): Der an sich gegebene Abwehranspruch aus § 1004 Abs 1 wird aus Billigkeitsgründen versagt und muss daher aus Billigkeitsgründen durch einen Ausgleichsanspruch ersetzt werden. Nicht hierher gehört freilich die „Schrotbleientscheidung". Der Abwehranspruch aus § 1004 Abs 1 war an sich gegeben, konnte aber nicht durchgesetzt werden, weil die schleichende Vergiftung nicht erkannt wurde. Ein Aufopferungsanspruch konnte ausnahmsweise zugesprochen werden, weil sich das **Prognoserisiko** (unten Rn 71) in gleicher Weise verwirklicht hatte wie im Falle des § 906 (iE richtig daher BGH NJW 1990, 1910, 1911 [Schrotblei] mwNw mit Anm GERLACH JZ 1990, 980; **aA** A SCHMIDT 197 f). Jenseits von § 906 sind ferner zu nennen *Vertiefungsschäden* (BGHZ 72, 289; 85, 375; 90, 255, 262; 147, 45, 50; BGH NJW 2001, 1865; OLG Düsseldorf Urteil vom 18. 7. 2014, Az I-9 U 100/13, juris; OLG Koblenz BB 2002, 2098; unten § 909 Rn 64); *Behinderungen des Kontakts nach außen* (BGHZ 62, 361; LG Bremen MDR 2013, 1218 [Störung eines Gaststättenbetriebes durch Sperrung der Straße für 20 Monate wegen Bauarbeiten auf dem Nachbargrundstück]; unten Rn 129); *Verletzung von*

Grenzabstandsvorschriften (BayObLGZ 1979, 16, 29); *Zugangsbehinderungen* durch den Betrieb eines Drogenhilfezentrums (BGH NJW 2000, 2901 m abl Anm H Roth LM § 1004 BGB Nr 246) oder Grundstücksbeeinträchtigungen durch eine *Hochspannungsleitung* (BGHZ 60, 119 = LM § 1004 Nr 123 mAnm Kreft; krit dazu Ladewig DB 1973, 1387, 1388); Schäden durch das *sturmbedingte Umstürzen* eines alten oder kranken *Baumes* infolge eines Sturms, dem ein junger oder gesunder Baum standgehalten hätte (BGH NJW 2003, 1732 [dort verneint, weil die Gefahr dem Nachbarn bekannt war und er hätte nach § 1004 Abs 1 vorgehen können]; ferner BGH NJW 2004, 3701 [Umsturz naturgeschützter Bäume]; OLG Düsseldorf MDR 2014, 156 [dort abgelehnt, da keine Störereigenschaft]; OLG Brandenburg U v 18. 10. 2007 Az 5 U 174/06 Rn 29, juris; OLG Düsseldorf NZM 2002, 928 mit abl Anm Otto VersR 2003, 742; ZMR 2003, 917; AG Hamburg U v 5. 10. 2007 Az 7c C 102/05 Rn 20 ff, juris; W Schneider VersR 2007, 743, 757, 759; zur Gesamtproblematik instruktiv Weick JR 2011, 6 ff, 9; zu den eingeschränkten Möglichkeiten der Ordnungsbehörden Stollenwerk, Verwaltungsrundschau 2007, 28, 30). Zu versagen ist ein derartiger Anspruch aber etwa bei **technischen Unfallschäden** aus einem *Wasserrohrbruch* oder sonstigen defekten Geräten (aA BGH NJW 2011, 739 Rn 6; WM 1985, 1041; OLG Düsseldorf VersR 2003, 455; NJW-RR 1990, 1040) oder einem *Kurzschluss* (Überblick bei H Roth LMK 2014, 355577 sub 3; unten Rn 112; aA BGHZ 155, 99 [Bruch einer von den Stadtwerken privatrechtlich betriebenen Wasserversorgungsleitung]; BGH NJW-RR 2011, 739 Rn 6 [elektrisch verstellbares Bett]; NJW 2008. 992 [Brand im Nachbarhaus]; BGH NJW 1999, 2896 mit abl Anm H Roth LM § 906 BGB Nr 101; OLG Koblenz zfs 2008, 635 mit Anm Rixecker [mittelbares Übergreifen eines Feuers; dort auch zum Versicherungsschutz nach § 1 AHB]) oder einem durch eine Feuerwerksrakete verursachten *Brand* (OLG Stuttgart VersR 2009, 119; zutreffend verneint aber durch die Revisionsentscheidung BGH NJW 2009, 3787 mit Anm H Roth LMK 2009, 294262; Wellenhofer in: FS Wolf [2011] 324). In der Sache wurden hier auch *Brandschäden* auf einem angrenzenden Feld durch Mähdrescharbeiten eines Mähdreschers eingeordnet (ohne Problemsicht aber OLG Rostock OLG Report 2008, 736). Hier ist die Grenze zur **Gefährdungshaftung** überschritten (H Roth [nach Lit-Verz] 23 ff; ders LM BGB § 906 Nr 101; Larenz/Canaris § 85 III S 666; Wolf/ Wellenhofer, Sachenrecht[29] § 25 Rn 29; Maultzsch 118 ff; Benecke VersR 2006, 1037 [Ausgleichsansprüche nur, wenn die Duldungspflicht einseitig dem Störer nützt]; Katzenstein, in: FS Picker [2010] 425 ff; Littbarski EwiR 1999, 947, 948; Schimikowski r+s 1999, 409; Popescu/ Majer NZM 2009, 181, 185; Wellenhofer, in: FS Wolf [2011] 323; dagegen aber wiederum BGHZ 155, 99, 105 mit ausführlicher Begründung; der Entscheidung zustimmend BVerfGE 128, 1, 72; Wenzel NJW 2005, 241, 246; Lettl JuS 2005, 871, 876). Diese Fälle können im Rahmen einer Kommentierung zu § 906 nicht weiter verfolgt werden (dazu eindringlich Süss 70 ff, 96 ff mit Argumenten aus der Gesetzgebungsgeschichte; gegen eine allgemeine Verantwortung des Grundeigentümers auch Karsten 189 ff). Erforderlich ist stets, dass der **Anspruchsgegner Störer** iS des § 1004 Abs 1 ist, sodass etwa ein *Brand durch Blitzschlag* nicht genügt (BGH NZM 2014, 366 [keine Störereigenschaft wegen einer durch Starkregen ausgelösten Schlammlawine auf Unterliegergrundstück]; NJW 2008, 992 f mit Anm Würdinger ZfIR 2008, 573; NJW 1999, 2896, 2897; OLG Hamm NJW-RR 2014, 328, 329; OLG Saarbrücken NJW-RR 2014, 794, 795; OLG Düsseldorf MDR 2014, 156 [Schaden durch bei Windstärke 11 umstürzende 200-jährige Eiche]; NJW-RR 2003, 1521, 1522; OLG Köln Zeitschrift für Wasserrecht 52 [2013] 178 [Wasserüberlauf nach Naturereignis]; OLG Koblenz zfs 2008, 635). Damit soll eine allgemeine Gefährdungshaftung des Nachbarn vermieden werden (OLG Hamm NJW-RR 2014, 328, 329). Erforderlich ist für die Bejahung der Störereigenschaft zunächst, dass der Schuldner des Anspruches die Nutzungsart des störenden Grundstücks **bestimmt** oder wenigstens mitbestimmt, wobei die Eigentumsverhältnisse nicht entscheidend sind. Maßgeblich für die von der Bestimmungseigenschaft zu unterscheidende Störereigenschaft ist die

Benutzung und Beherrschung der Gefahrenquelle (BGH NJW-RR 2011, 739 Rn 8 ff [Beherrschung eines elektrisch verstellbaren Bettes durch die Ehefrau des Eigentümers]; allgemein zur Störereigenschaft: BGH NJW 2014, 2640 Rn 8 ff; OLG Saarbrücken NJW-RR 2014, 794). Die Rsp verlangt, dass sich aus der Nutzungsart des beeinträchtigenden Grundstücks eine **Sicherungspflicht** iS einer Pflicht zur Verhinderung möglicher Einwirkungen ergibt (OLG Hamm NJW-RR 2014, 328, 329 [Grillfest]; für eine Leerformel hält die Sicherungspflicht LÜNEBORG NJW 2012, 3745, 3748). So ist der Eigentümer eines Hauses oder einer selbst genutzten Wohnung, welche durch einen technischen Defekt seiner elektrischen Geräte in Brand gerät, Störer (BGH NJW 2008, 992, 993; OLG Koblenz zfs 2008, 635 mit Anm RIXECKER [mittelbares Übergreifen eines Brandes]; dort auch zur privaten Haftpflichtversicherung). Doch muss der Eigentümer für eine fahrlässige Brandstiftung seines **Mieters** nicht einstehen, da er insoweit nicht mittelbarer Handlungsstörer ist. Dafür reicht nur aus, wenn dem Mieter der Sachgebrauch mit der Erlaubnis zu störenden Handlungen überlassen wird oder es der Eigentümer unterlässt, den Mieter von den nach dem Mietvertrag unerlaubten Handlungen abzuhalten (BGH NJW 2006, 992 im Anschluss an BGHZ 144, 200, 204 [Drogenhilfezentrum] mit Anm H ROTH LM § 1004 BGB Nr 246).

Ausgleichsberechtigter ist über den Grundstückseigentümer hinaus auch der zur **70** Abwehrklage aus § 862 berechtigte Besitzer (BGHZ 198, 327, Rn 8 [beeinträchtigendes Sondereigentum]; 157, 188, 190 [für Mieter innerhalb desselben Grundstückseigentums aber mit Recht abgelehnt; oben Rn 5]; dazu H ROTH JZ 2004, 919; BGHZ 155, 99, 107; 147, 45, 50; OLG Düsseldorf VersR 2003, 455, 456 [Wasserschaden]; NJW-RR 2003, 1521 [Brandschaden]; VOGEL ZMR 2001, 701; aA POPESCU/MAJER NZM 2009, 181, 184; HORST MDR 2001, 804). Anspruchsberechtigt sind neben den unmittelbaren Nachbarn auch diejenigen, die von den schädigenden Auswirkungen betroffen sind (OLG Düsseldorf BauR 2012, 1979, 1980 [Vertiefungsschäden] mit Anm FUCHS IBR 2012, 517). Auch genügt die **mittelbare** Ausbreitung des Brandes über ein anderes Grundstück (OLG Koblenz OLGR 2009, 307). **Ausgleichspflichtig** ist der **Benutzer**, der die Benutzungsart bestimmt (BGHZ 155, 99, 102; [Stadtwerke]; BGH NJW 1999, 1029; SCHLECHTRIEM, in: FS Gernhuber [1993] 407, 419; OLG Brandenburg Urteil v 30. 4. 2008, Az 4 U 159/07 Rn 40 juris [zB Privatunternehmen kraft Betriebsführungsvertrages mit der Gemeinde bei Wasserschaden durch Trinkwasserleitung]). Benutzer ist nur der Bauherr (zB die Gemeinde bei Straßenbauarbeiten), nicht der Bauunternehmer (MAAS IBR 2013, 148 zu OLG Naumburg). Die Eigentumsverhältnisse sind für die stets erforderliche **Störereigenschaft** nicht entscheidend (oben Rn 69). Der Aufopferungsanspruch kann von dem Besitzer eines Grundstücks gegen den Besitzer eines anderen Grundstücks geltend gemacht werden. Doch muss die Störung stets von einem **anderen Grundstück** ausgehen. Daher reicht es nicht aus, wenn die Störung von einer Mietwohnung innerhalb desselben Grundstückseigentums auf eine andere Mietwohnung einwirkt. Der Aufopferungsanspruch ist nicht im **Verhältnis mehrerer Mieter** verschiedener Stockwerke eines Hauses gegeben (oben Rn 5). Hier fehlt es an dem vorausgesetzten von außen kommenden Eingriff in ein fremdes Grundstück (BGHZ 157, 188 ff; AG Dortmund ZMR 2005, 129; EMMERICH JuS 2004, 440 mit Nachw; aA früher OLG Düsseldorf VersR 2003, 455, 456 [Wasserschaden] mit zust Anm GÜNTHER; abl KRAHE/MIDDELBERG zfs 2002, 557, 561; NJW-RR 2003, 1521 [Brandschaden]). Nach der hier vertretenen Auffassung bedeutet diese Rspr eine begrüßenswerte Einschränkung der ausufernden Anwendung des Aufopferungsanspruchs auf Unfallschäden (oben Rn 69). Vom Ausgangspunkt des BGH aus lässt sie sich freilich nur schwer begründen (H ROTH JZ 2004, 918; DÖTSCH NZM 2004, 177; ferner WIELING LMK 2004, 82). Den Ausgleichsanspruch im Verhältnis **mehrerer Wohnungseigentümer (oder deren Mieter)** kann man dagegen wegen ihrer engeren Bindung untereinander (§§ 14 Nr 1, 15 Abs 3 WEG) und dem immerhin betroffenen beidseitigen Sondereigentum nicht verneinen (BGH NJW 2014, 459 = BGHZ 198, 327 mit Anm H Roth LMK 2014, 3555577 [Wasserschaden durch abgelöste Schlauchverbindung]; unten Rn 112; OLG Stuttgart ZMR 2006, 391 mit Anm Dötsch; OLG München NJW-RR 2008, 461, 463 re Sp; Dötsch NZM 2004, 177, 179 f; Wenzel NJW 2005, 241, 244; Gerecke/Valentin JuS 2007, 834, 837; offengelassen in OLG München MDR 2007, 647).

71 Die Rspr hält den Aufopferungsanspruch gegenüber Schadensersatzansprüchen für **subsidiär** (BGHZ 160, 18, 20; 120, 239, 249 [aber abgrenzend BGHZ 160, 232]; 72, 289, 295; ausführlich zum Diskussionsstand Kohler NuR [2011] 33: 7 ff). So liegt es etwa für § 22 Abs 2 aF WHG, wenn Schadstoffe wie *Öl* aus einer Anlage austreten, und mit dem Grundwasser in das Erdreich des Nachbargrundstücks gelangen (BGHZ 142, 227, 236). Die abschließende Wertung des Gesetzgebers drückt sich darin aus, dass er die verschuldensunabhängige Haftung nur dem *Inhaber* der Anlage auferlegt, also etwa nicht dem Vermieter oder Verpächter. Doch spricht jetzt § 89 Abs 2 **WHG** nicht mehr vom „Inhaber", sondern vom „Betreiber" der Anlage, sodass die Fortführung dieser Rspr fraglich ist. Auch § 114 Abs 1 Alt 1 **BBergG** ist lex specialis (BGHZ 148, 39, 53 [III ZS]; OLG Köln VersR 2009, 350, 351; aA BGH NJW 1999, 1029 mit insoweit abl Anm H Roth LM § 906 BGB Nr 100; zutreffend jetzt BGHZ 148, 39). Deshalb tritt der Aufopferungsanspruch auch dann zurück, wenn der Bergwerksunternehmer im Einzelfall für den Schaden nicht verantwortlich ist. Der bürgerlich-rechtliche Aufopferungsanspruch ist wegen seines lückenfüllenden Charakters in Bezug auf nicht durchsetzbare Abwehrrechte immer ausgeschlossen, soweit eine andere **in sich geschlossene Regelung** besteht (BGHZ 178, 90 Rn 23 [Erschütterungen durch untertägigen Bergbau] = NJW 2009, 762 Rn 23 mit Anm H Roth LMK 2009, 280109; Beddies, in: FS Kühne [2009] 455 ff; Kohler NuR [2011] 33: 7, 13 Fn 63). Doch ist die Anlagenhaftung des § 2 **HaftpflichtG** nicht Sonderregelung zum Aufopferungsanspruch. Das ergibt sich neben § 12 HaftpflichtG auch aus dessen Entstehungsgeschichte (BGHZ 155, 99, 107; OLG Düsseldorf VersR 2003, 455, 457; 1992, 326, 327). Nach der neueren Rspr ist wohl zu Recht anzunehmen, dass der Aufopferungsanspruch auch mit **deliktischen Ansprüchen** aus § 823 Abs 1 konkurrieren kann, sodass der früher aufgestellte Satz, aus der Bejahung des Aufopferungsanspruches folge die Verneinung des Schadensersatzanspruches (BGHZ 120, 239, 249: Froschlärm) nicht mehr mit Deutlichkeit gilt (BGHZ 160, 232, 234 [Umstürzen eines geschützten Baumes]; zust Röthel JZ 2005, 578, 580; Wenzel NJW 2005, 241, 247). Keine abschließende Sonderregelung liegt vor, wenn das Deliktsrecht des § 823 Abs 1, 2 an **landesrechtliche Nachbarvorschriften** anknüpft (BGH NJW 2011, 3294 Rn 22 [hier: § 27 HessNachbarRG]; aA OLG Brandenburg BeckRS 2009, 21997 Rn 29 ff [zu § 52 BbgNachbRG]). Die Subsidiarität ist nur dem bürgerlich-rechtlichen Aufopferungsanspruch eigen. Dagegen konkurriert § **906 Abs 2 S 2** in seiner direkten Anwendung grundsätzlich mit anderen Ansprüchen, die sich aus der Beeinträchtigung eines Grundstücks ergeben können (BGHZ 178, 90 Rn 24 = BGH NJW 2009, 762, 764 zu § 114 BBergG mit Anm H Roth LMK 2009, 280109; Beddies, in: FS Kühne [2009] 455 ff). Er wird nur durch **abschließende gesetzliche Sonderregelungen** (zB die Bestimmungen der §§ 74 Abs 2 S 3, 75 Abs 2 S 4 VwVfG: BGHZ 161, 323 ff [Fluglärm]; Wenzel NJW 2005, 241, 244) ausgeschlossen, zu der etwa § 114 BBergG nicht gehört (Nachweise in BGHZ 178, 90 = BGH NJW 2009, 762, 764 Rn 25 [Erschütterungen durch Bergbau] mit Anm H Roth LM 2009, 280109 [zu meiner Anm teils krit zur Begründung Krüger, in: FS Säcker [2011] 91, 99]; LG Saarbrücken Zeitschrift für Bergrecht [2012] 179, 182; Beckmann Agrar- und Umweltrecht [2012] 1, 6; Krüger ZfIR 2007, 2, 4; Kühne, in: FS Säcker [2011] 105, 114; Lemke und Ericke, in: Kühne/Ehricke, Bergrecht zwischen Tradition und Moderne [2010] 19 ff; 33 ff; BEDDIES, in: FS Kühne [2009] 455; BECKMANN Agrar- und Umweltrecht [2012] 1, 6; unten Rn 265). Doch können dem selbst beseitigenden Gestörten gegen den Störer auch im Falle des bürgerlich-rechtlichen Aufopferungsanspruches Ansprüche aus dem Recht der **Geschäftsführung ohne Auftrag** (§§ 683 Abs 1 S 1, 670; 684 S 1, 818) oder aus **Bereicherungsrecht** (§ 812 Abs 1 S 1) zustehen (BGHZ 142, 227, 237).

Wenigstens für den hier in Rede stehenden **Immissionsbereich** des § 906 werden **72** bürgerlich-rechtliche Aufopferungsansprüche aus tatsächlichen Gründen mit Recht anerkannt und stellen keinen Systembruch dar. Durch die in § 906 vorkommende Häufung von unbestimmten Rechtsbegriffen kann der Betroffene rechtswidrige und rechtmäßige Eingriffe kaum voneinander abgrenzen. Der Verursacher muss das **Prognoserisiko** tragen, weil er „näher dran" ist (grundlegend LARENZ/CANARIS § 85 III 1 S 664; ebenso HAGEN, in: FS Lange [1992] 483, 501 f; BÄLZ, in: Freundesgabe Kübler [1997] 355 ff; H ROTH [nach Lit-Verz] 16 f; ders LMK 2004, 64 [aber krit zu BGHZ 157, 33, 44 ff]; GERLACH 227 ff; WELLENHOFER, in: FS Wolf [2011] 323, 330 f; WENZEL NJW 2005, 241, 246; **aA** MAULTZSCH 114 ff; 249 ff; 262 ff; BENSCHING 276 ff [keine Gesetzeslücke und keine Legitimation für eine Rechtsfort-bildung]; vBAR Karlsruher Forum [1987] 9 f; WILHELM, Sachenrecht Rn 229; WILHELMI 98; NEUNER JuS 2005, 487, 491; GURSKY LdR [2. Bearb 1994] 15/30 S 18; SCHLECHTRIEM, in: FS Gernhuber [1993] 407, 417 f; A SCHMIDT 198 f; Gesamtdarstellung auch bei jurisPK-BGB- VIEWEG/REGENFUS[7] Rn 118 ff).

Aufgrund des bürgerlich-rechtlichen Aufopferungsanspruches ist nicht bereits dann **73** zu entschädigen, wenn zB die beeinträchtigende Immission wesentlich und nicht ortsüblich oder zwar wesentlich und ortsüblich ist, aber mögliche Abhilfemaßnah-men unterlassen werden. Vielmehr muss wie bei § 906 Abs 2 S 2 als **zusätzliches Tatbestandsmerkmal** hinzukommen, dass die betreffende Einwirkung eine ortsüb-liche Benutzung des gestörten Grundstücks oder dessen Ertrag über das *zumutbare Maß hinaus* beeinträchtigt. Die Rspr formulierte uneinheitlich: So wird heute als Voraussetzung des bürgerlich-rechtlichen Aufopferungsanspruchs genannt, dass der Beeinträchtigte Nachteile erleidet, die das zumutbare Maß einer **entschädigungslos** hinzunehmenden Beeinträchtigung übersteigen (BGH NJW 2011, 3294 Rn 21: Schaden von 4000 Euro; BGHZ 90, 255, 262; ebenso etwa GRUNSKY JurA [Zivilrecht I] 1970, 407, 420; E LANG AcP 174 [1974] 381, 400). Dagegen wurde in früheren Entscheidungen nicht auf die zusätzliche Voraussetzung der Unzumutbarkeit abgehoben (BGHZ 48, 98, 101, 102; BGH LM Nr 17). Diese Ablösung der Anspruchsvoraussetzungen des bürgerlich-recht-lichen Aufopferungsanspruchs von den Voraussetzungen des Ausgleichsanspruchs nach § 906 lässt sich dadurch erklären, dass die Entscheidung noch zu § 906 *aF* ergangen war, der eine entsprechende Voraussetzung nicht kannte. Mit der hL reicht es daher nicht aus, dass zB die Einwirkung wesentlich und nicht ortsüblich, gleich-wohl aber nach § 1004 Abs 1 aus rechtlichen oder tatsächlichen Gründen nicht verhinderbar ist. Zusätzlich muss wie bei § 906 Abs 2 S 2 hinzukommen, dass die ortsübliche Benutzung des geschädigten Grundstücks über das zumutbare Maß hinaus beeinträchtigt wird (überzeugend SCHLECHTRIEM, in: FS Gernhuber [1993] 407, 421).

Umstritten ist die **Höhe der Entschädigung**. Die Rspr entschädigt wie bei § 906 Abs 2 **74** S 2 (unten Rn 262) nach **Enteignungsgrundsätzen**, gewährt also grundsätzlich keinen vollen Schadensausgleich (aus dem Immissionsbereich ua zB BGHZ 90, 255, 263; 157, 33, 47; BGH NJW 2008, 992, 993 [Brand durch defektes Küchengerät]; ferner BayObLGZ 1962, 421, 437 ff;

OLG Düsseldorf NJW-RR 1995, 1482, 1484; zust SCHLECHTRIEM, in: FS Gernhuber [1993] 407, 420; HAGEN, in: FS Herm Lange [1992] 483, 502 f; HAGEN WM 1984, 677, 680; BGB-RGRK/AUGUSTIN Rn 71; F SCHACK BB 1965, 341, 343; ders DB 1968, 2115, 2117; G WAGNER NJW 1971, 595 f; MEISNER/RING/GÖTZ § 13 Rn 85; außerhalb des Immissionsbereichs zB BGH NJW 2008, 992 [Brandschaden durch defektes Küchengerät] mit Anm WÜRDINGER ZfIR 2008, 573; NJW 2000, 2901 mit Anm H ROTH LM § 1004 BGB Nr 246 [Zugangsbeschränkungen wegen eines Drogenhilfezentrums]; BGH NJW 1992, 2884 [„neu für alt"]; 1990, 3195; OLG Düsseldorf NJW-RR 1993, 664 [dieselbe Sache]; VersR 2003, 455, 457; NJW-RR 2003, 1521 f; OLG Karlsruhe NJW-RR 1994, 993; PWW/LEMKE[9] Rn 43; NK-BGB/RING[3] Rn 284; ERMAN/WILHELMI[14] Rn 45; BAMBERGER/ROTH/FRITZSCHE[3] Rn 86 [ohne eigene Stellungnahme]). Der **Unterschied zum Schadensersatz** liegt darin, dass nicht der Zustand hergestellt werden muss, der bestünde, wenn die Störung nicht eingetreten wäre; vielmehr ist der Anspruch beschränkt auf die Beseitigung der durch die Störung eingetretenen Vermögenseinbuße, deren Ersatz einer wertenden Entscheidung bedarf (BGHZ 157, 33, 47; 147, 45, 53). Allerdings wird der Anspruch bisweilen einem Schadensersatzanspruch angenähert (BGH MDR 1970, 577; Thüringer OLG BzAR 11/2013 [Substanzschäden]; OLG Düsseldorf VersR 2003, 455, 457 mit Anm GÜNTHER; erwogen auch durch OLG Hamm NJW-RR 2014, 328, 332). Wird die gewerbliche Nutzung eines Grundstücks beeinträchtigt, so ist entscheidend die **Ertragseinbuße** (OLG Stuttgart NZM 2007, 286, 288). Bei **Besitzstörungen** richtet sich der Ausgleich nach dem Vermögenswert, der auf dem Recht beruht, den Besitz innezuhaben. Der Mieter von Gewerberäumen kann daher Ausgleich seiner vermögenswerten Betriebsnachteile und für die auf dem Grundstück befindlichen **beweglichen Sachen** (zB Warenvorräte) verlangen, ohne dass es darauf ankommt, ob das Inventar etwa durch den Gebäudeeinsturz oder durch die Immissionen selbst beschädigt oder zerstört wird (BGHZ 147, 45, 52 f; BGH NJW 2008, 992, 993 mit Anm WÜRDINGER ZfIR 2008, 573 und VIEWEG/REGENFUS LMK 2008 II 7; in Abgrenzung zu BGHZ 92, 143 [Kupolofen]; OLG Stuttgart NZM 2007, 286 [Vorinstanz]). Bei **Substanzschäden** sind daher die Beseitigungskosten des Mieters ebenso zu ersetzen wie der eingetretene **Minderwert** und die vom Mieter eingebrachten zerstörten Sachen (OLG Düsseldorf NJW-RR 2003, 1521 f). Diese Rspr wird man auf die Wohnnutzung erweitern können (VIEWEG/REGENFUS LMK 2008 II 7). Die Rspr beschränkt den Entschädigungsanspruch auf die Kosten für die Beseitigung solcher Nachteile, die nicht über § 1004 vermieden werden können (OLG Koblenz NJOZ 2012, 1588). ME ist im Rahmen des bürgerlich-rechtlichen Aufopferungsanspruchs ebenso **voller Schadensausgleich** zu leisten wie bei § 14 S 2 BImSchG (unten Rn 77; ebenso BAUMANN JuS 1989, 433, 436; JAUERNIG/BERGER[15] Rn 15; JAUERNIG JZ 1986, 605, 611 Fn 94; PALANDT/BASSENGE[74] Rn 36; insoweit zutreffend FABER NJW 1967, 47, 48; **aA** SCHLECHTRIEM, in: FS Gernhuber [1993] 407, 419; H P WESTERMANN 129 „Rechtsfortbildung contra legem"; WILHELMI 100). Der Grund dafür liegt in der Eigenschaft des Anspruchs als Rechtsfortsetzungsanspruch. Soweit die Rspr dem bürgerlich-rechtlichen Aufopferungsanspruch einen Anwendungsbereich auch außerhalb des Immissionsbereichs einräumt (zB BGHZ 28, 225, 232 [herüberfliegende Steinbrocken]; unten Rn 117), wird ohnehin **volle Schadloshaltung** gewährt (BGH NJW 1990, 3195, 3197 [„je nach Art und Weise der Einwirkung"]). Die dort angeführte Begründung, wonach sich die volle Schadloshaltung durch den Ausschluss des an sich gegebenen § 1004 Abs 1 rechtfertigt, passt ohne Weiteres auch für die hier vorliegenden Immissionsfälle (**aA** G WAGNER NJW 1971, 595, 597). Für den noch ortsüblichen Teil der Immissionen braucht freilich nicht entschädigt zu werden. Bei der Bemessung des Ausgleichs ist ein **mangelhafter Zustand** des beeinträchtigten Grundstücks zu berücksichtigen, ohne den ein Schaden nicht oder nicht in dem tatsächlich erlittenem Umfang eingetreten wäre. Auf ein

Verschulden des Geschädigten kommt es nicht an (OLG Düsseldorf NJW-RR 2010, 1106; OLG Hamm MDR 2014, 150; OLG Hamm NJW-RR 2009, 1615, 1617 nimmt in derartigen Fällen eine unwesentliche Beeinträchtigung an, mE kaum zutreffend). Die **Verjährung** richtet sich nach den §§ 195, 199 BGB.

Der bürgerlich-rechtliche Aufopferungsanspruch ist iS des **§ 308 ZPO** gegenüber 75
einem geltend gemachten Schadenersatzanspruch nicht ein weniger (BGHZ 111, 158, 161 [Bodenverseuchung durch Schrotblei]; auch BGHZ 120, 239, 249 [Froschlärm]; aA OLG Stuttgart NJW 1989, 1224) Es handelt sich nach Auffassung des BGH um prozessual verschiedene Ansprüche, also um **verschiedene Streitgegenstände** (BGHZ 113, 384, 390; 120, 239, 249; 185, 371 Rn 15; BGH NJW 2012, 2343 Rn 6; 2011, 3294 Rn 19; 1999, 1029, 1030; HÖK ZfBR 2000, 376; zweifelnd BGH WM 2001, 1341, 1345 [III ZS]; offenlassend OLG Koblenz BB 2002, 2089, 2090; ganz abl PIEKENBROCK VersR 1999, 727). Das soll schon aus der Subsidiarität des Aufopferungsanspruches folgen. Mit dem prozessual bestimmten zweigliedrigen Streitgegenstand der hL lässt sich das freilich kaum vereinbaren (BREHM JZ 2001, 1088). Doch kann eine **Auslegung** des Klagebegehrens ergeben, dass es sich nicht auf die geltend gemachten deliktischen Ansprüche beschränkt, sondern auch die Ausgleichsforderung nach § 906 Abs 2 S 2 BGB analog erfasst (BGH NJW 2001, 1865, 1866; OLG Koblenz BB 2002, 2089, 2090). Das wird sogar der Regelfall sein. Ggf muss ein Hinweis nach § 139 ZPO erteilt werden.

cc)   Der Anspruch aus § 14 S 2 BImSchG
Der wichtigste verschuldensunabhängige privatrechtliche Aufopferungsanspruch ne- 76
ben § 906 Abs 2 S 2 BGB ist § 14 S 2 BImSchG, der den Fall von **unanfechtbar genehmigten Betrieben** nach § 4 BImSchG trifft (BGHZ 102, 350, 352 [Waldsterben]; auch BGH NJW 1995, 714; oben Rn 20 zur Ausschlusswirkung; ausführlich STAUDINGER/J KOHLER [2010] UmweltHR § 14 BImSchG Rn 1 ff; auch H ROTH [nach Lit-Verz] 2 f). Er weist bei streitiger Abgrenzung Ähnlichkeiten mit dem Ausgleichsanspruch des § 906 Abs 2 S 2 auf. Nach zutreffender Auffassung verbleibt es bei der Anwendung des § 906 Abs 2 S 2, soweit Abwehransprüche des Gestörten aus § 1004 Abs 1 bereits nach den Voraussetzungen des § 906 ausgeschlossen sind (BGHZ 69, 105, 110 = LM Nr 53 mAnm HAGEN [§ 11 LuftVG]; ERMAN/WILHELMI[14] Rn 64a; BAUR/STÜRNER, Sachenrecht[18] § 25 Rn 34; aA AK-BGB/WINTER Rn 30 ff). § 14 S 2 BImSchG gewährt sonach nur dann Schadensersatz, wenn ohne die dort ausgesprochene Pflicht zur Duldung der Immissionen ein **Abwehranspruch** gegen den Störer bestünde. Ein solcher Abwehranspruch steht dem betroffenen Eigentümer dann nicht zu, wenn er die Beeinträchtigung schon wegen § 906 Abs 2 S 1 nicht verbieten kann, weil die Beeinträchtigung zB zwar wesentlich, aber ortsüblich und durch wirtschaftliche Maßnahmen nicht verhinderbar ist (PALANDT/BASSENGE[74] Rn 32). In diesen Fällen kommt ein Ausgleichsanspruch nach § 906 Abs 2 S 2 in Betracht, wenn die Einwirkung über den Rahmen des **Zumutbaren** hinausgeht. Dagegen ist der Anspruch aus § 14 S 2 BImSchG gegeben, wenn dem betroffenen Eigentümer nach den §§ 1004 Abs 1, 906 ein Verbietungsrecht zustünde, dieses Recht aber wegen der staatlichen Genehmigung nach § 4 BImSchG nicht ausgeübt werden kann (so zu § 26 GewO schon OLG Stuttgart VersR 1959, 746, 747).

§ 14 S 2 BImSchG gibt nach Zweck und Wortlaut **vollen Schadenersatz** (zB OLG 77
Frankfurt VersR 1983, 41; ERMAN/WILHELMI[14] Rn 64 b). Ebenso wie § 906 Abs 2 S 2 (unten Rn 110) umfasst die Norm auch **Gesundheitsschäden**, zumal der Wortlaut keine Einschränkungen enthält (LARENZ/CANARIS, SBT II 2 § 85 II 5 S 663). Da die Vorschrift

privatrechtliche Abwehransprüche aus § 1004 Abs 1 über den Bereich hinaus ausschließt, in dem sie unter Anwendung von § 906 ausgeschlossen wären, also insbes bei wesentlichen und nicht ortsüblichen Einwirkungen, kann § 14 S 2 BImSchG als **Rechtsfortsetzungsanspruch** aufgefasst werden (allgemein H Roth AcP 180 [1980] 263 ff), der den aufgeopferten primären Anspruch aus § 1004 Abs 1 BGB durch einen verschuldensunabhängigen Schadensersatzanspruch ersetzt. § 14 S 2 BImSchG lässt sich daher als gesetzliches Modell für einen verschuldensunabhängigen Aufopferungsanspruch im privaten Immissionsschutzrecht verstehen.

78 Seit der Absenkung der Eingriffsschwelle für **nachträgliche Anordnungen** nach § 17 Abs 2 BImSchG (zB BVerwG NVwZ 1995, 994) durch die Zweite Novelle zum BImSchG v 4. 10. 1985 (BGBl I 1950) wird man auch den unverändert gebliebenen § 14 S 2 BImSchG iS der **Verhältnismäßigkeit** interpretieren müssen, da es nicht gerechtfertigt ist, die Reichweite des Bestandsschutzes gegenüber privatrechtlichen und öffentlich-rechtlichen Anforderungen unterschiedlich auszugestalten (insbes Schmidt/H Müller JuS 1986, 127, 129 Fn 40; G Hager NJW 1986, 1961, 1964). Das führt iE zu einer Stärkung des primären Vorkehrungsanspruchs (zu der Novelle Jarass DVBl 1985, 193, 194; Feldhaus WiVerw 1986, 67, 74 ff; Friauf WiVerw 1986, 87, 105 ff).

79 § 14 S 2 BImSchG gilt wegen seiner Immobiliarbezogenheit nicht für **bloße Benutzer** eines *Betriebsparkplatzes* (BGHZ 92, 143, 146; BAG NJW 2000, 3369, 3371; Marburger/H Herrmann JuS 1986, 354, 355; unten Rn 108). Erforderlich ist vielmehr **Besitz**.

80 Nach zutreffender Auffassung **verjährt** der Anspruch aus § 14 S 2 BImSchG nach den §§ 195, 199 BGB. Bei Verletzungen des Lebens, des Körpers oder der Gesundheit gilt § 199 Abs 3 BGB, da der Anspruch einer Gefährdungshaftung ähnelt.

dd) Zusammenfassung

81 Bei unwesentlichen Beeinträchtigungen iS des § 906 Abs 1 sind keine Entschädigungsansprüche gegeben. Bei wesentlichen, ortsüblichen und nicht zumutbar verhinderbaren Einwirkungen kommt ein Anspruch aus § 906 Abs 2 S 2 in Betracht. Das gilt auch, wenn es sich um eine nach § 4 BImSchG genehmigte Anlage handelt (oben Rn 76). Im Falle von wesentlichen und nicht ortsüblichen Immissionen ist ein Schadensersatzanspruch unter den Voraussetzungen des § 14 S 2 BImSchG gegeben. Handelt es sich um Immissionen außerhalb des Bereichs des § 4 BImSchG, so kommt auch bei wesentlichen und nicht ortsüblichen Immissionen oder bei wesentlichen, ortsüblichen, durch zumutbare Vorkehrungen verhinderbaren, aber nicht verhinderten Immissionen, ein bürgerlich-rechtlicher Aufopferungsanspruch in Betracht, wenn die Abwehrklage aus § 1004 Abs 1 aus rechtlichen oder aus tatsächlichen Gründen nicht mit Erfolg erhoben werden kann (oben Rn 66 ff). Ansonsten ist die Abwehrklage uneingeschränkt zulässig, sodass für das BGB von einer dreifachen Differenzierung gesprochen werden kann (Hagen, in: FS Röhricht [2005] 1175, 1177). Im **öffentlichen Recht** fehlt eine entsprechende gesetzliche Differenzierung, doch kommt die Rspr für den öffentlich-rechtlichen Abwehranspruch zu vergleichbaren Ergebnissen (oben Rn 60). Wegen der Möglichkeit von öffentlich-rechtlichen Entschädigungsansprüchen (sogleich unten Rn 82 ff), die vor den Zivilgerichten geltend zu machen sind, kehrt die Dreistufigkeit auch im öffentlichen Recht wieder (Hagen, in: FS Röhricht [2005] 1175, 1179).

b) Öffentlich-rechtliche Ansprüche

Ein Bedürfnis für die Gewährung von Ausgleichsansprüchen besteht auch außerhalb **82** des privaten Immissionsschutzrechts für den Bereich der **hoheitlichen Immissionen** (oben Rn 58 ff). Die maßgeblichen Instrumente sind Entschädigungsansprüche des öffentlichen Rechts, insbes Ansprüche aus **enteignendem Eingriff** (sogleich unten Rn 83) sowie aus **enteignungsgleichem Eingriff** (unten Rn 88; für eine Zusammenführung beider Institute E HERRMANN, Eigentum und Aufopferung „dem Wohle des gemeinen Wesens", in: ZIMMERMANN ua [Hrsg], Rechtsgeschichte und Privatrechtsdogmatik [2000] 601 ff im Anschluss an STAUDINGER/SEILER [2001] Vorbem 47 zu §§ 903 ff). Zu beachten ist der Vorrang von **Planfeststellungsbeschlüssen** (oben Rn 27; unten Rn 102; BGH VersR 2013, 1404). Öffentlich-rechtliche Entschädigungsansprüche werden nach Voraussetzungen und Rechtsfolgen in weitem Umfang von § 906 beherrscht (oben Rn 38). Letztlich wird der hoheitlich geprägte Immissionsbereich durch das **Privatrecht** determiniert (H WESTERMANN, in: FS Ernst [1980] 501, 513 Fn 28; LEISNER NJW 1975, 233; **aA** KLOEPFER VerwArch 76 [1985] 371, 380; ERBGUTH, Raumbedeutsames Umweltrecht [1986] 46; PEINE JuS 1987, 169 ff). Was ein Grundstückseigentümer an Immissionen hinnehmen muss, ist nach richtiger Auffassung in den §§ 1004, 906 geregelt (BGH NJW 1967, 1754 mAnm E SCHNEIDER). Diese Normen gehören zu den **Inhalts- und Schrankenbestimmungen des Eigentums** gem Art 14 Abs 1 S 2 GG und entsprechen auch der Substanzgarantie des Art 19 Abs 2 GG (BGH NJW 1967, 1754, 1755). Öffentlich-rechtliche Entschädigungsansprüche kommen in Betracht, wenn der gegen Immissionen der hoheitlichen Hand gegebene primäre öffentlich-rechtliche Abwehranspruch durch rechtliche oder tatsächliche Gründe ausgeschlossen ist (BGHZ 122, 76 ff [Fluglärm]; 91, 20 [gemeindliche Kläranlage]). Die früher bisweilen uneinheitliche Rspr zur Abgrenzung von rechtswidrigem enteignungsgleichem Eingriff und rechtmäßigem enteignendem Eingriff ist jetzt weithin konsolidiert (BGHZ 91, 20; undeutlich noch OLG München OLGZ 1975, 334, 335). An der nachfolgend dargestellten Unterscheidung von enteignendem und enteignungsgleichem Eingriff hat sich nichts dadurch geändert, dass der BGH den Enteignungsbegriff des BVerfG übernommen hat (BGHZ 121, 73; dazu KROHN ZfBR 1994, 5 ff; ENGELHARDT NVwZ 1994, 337 ff; LEGE JZ 1994, 431 ff). Diese Rspr betrifft nicht die Enteignung im engeren Sinne des Art 14 Abs 3 GG (BGHZ 122, 76, 78 [Fluglärm]; dazu ENGELHARDT NVwZ 1994, 337, 340; LEGE JZ 1994, 431, 435 [krit]; zust OSSENBÜHL JZ 1994, 263 ff).

aa) Enteignender Eingriff

Nach der Rspr des BGH lösen Beeinträchtigungen durch Immissionen hoheitlicher **83** (auch schlicht hoheitlicher) Verwaltung einen Entschädigungsanspruch wegen eines **rechtmäßigen** enteignenden Eingriffs aus, wenn die Zuführung der Immissionen nicht über einen primären öffentlich-rechtlichen Beseitigungsanspruch abgewehrt werden kann (zum Institut STAUDINGER/ALTHAMMER Einl 37 zu §§ 903 ff; OSSENBÜHL JZ 1984, 744, 745 li Sp), die Einwirkungen sich als unmittelbarer Eingriff in nachbarliches Eigentum darstellen und die Grenze dessen überschreiten, was unter privaten Nachbarn ohne Ausgleich nach § 906 hingenommen werden muss (BGHZ 122, 76 = JZ 1994, 263 mAnm OSSENBÜHL [Fluglärm durch Militärflughafen]; 129, 124 [Fluglärm durch Militärflughafen]; 91, 20, 21 = JZ 1984, 744 mAnm OSSENBÜHL [gemeindliche Kläranlage]; 97, 114 [Bau einer Bundesautobahn]; auch BGH NJW 1976, 1204 [gemeindliche Kläranlage]; BGHZ 16, 366, 374 = LM Nr 3 mAnm PAGENDARM [Bienensterben durch gemeindlich durchgeführte Schädlingsbekämpfungsmaßnahmen]; BGH MDR 1971, 912 [Umsatzrückgang durch den Bau einer Fußgängerpassage]; BGH NJW 1973, 326; MDR 1980, 655; NJW 1986, 2423 [Lärmimmissionen durch Militärflugplätze]; MDR 1978, 1005 [Manöverlärm]; NJW 1980, 770 [Mülldeponie]; MDR 1977, 128 [Bauarbeiten an

Herbert Roth

der Porta Nigra]; LG Aachen VersR 1990, 47 [Verkehrslärm]; zu Staub- und Lärmimmissionen durch Straßenbau und Straßenverkehr: BGHZ 48, 98, 101 = LM Nr 24 mAnm KREFT; BGHZ 54, 384 = LM Nr 37 mAnm MATTERN; BGHZ 64, 220; BGH WM 1987, 245; NJW 1977, 894; NJW 1978, 318, 319; NJW 1980, 582; OLG Jena OLGReport 2006, 663 [im Schmelzwasser gelöstes Tausalz von streuender Gemeinde]; OLG Celle NJW-RR 1988, 1040 [städtische Kläranlage]; allgemein AUST/JACOBS/PASTERNAK Rn 187 ff; STAUDINGER/SEILER [2001] Vorbem 37 ff zu §§ 903 ff; eine allgemeine Definition des enteignenden Eingriffs gibt BGH NJW 2013, 1736 Rn 7 ff).

84 Auch im Bereich des enteignenden Eingriffs zieht die Rspr eine weitgehende Parallele zu § 906 Abs 2 S 2, dessen **Anspruchsvoraussetzungen** auf den öffentlich-rechtlichen Anspruch übertragen werden (deutlich BGHZ 91, 20, 27: öffentlich-rechtliches Gegenstück; BGH NJW 2005, 660, 661 [Fluglärm]; 1986, 2423; OSSENBÜHL JZ 1984, 744, 745; KROHN, in: ROTH/LEMKE/KROHN, Der bürgerlich-rechtliche Aufopferungsanspruch [2001] 57; KROHN/LÖWISCH Rn 207, 231; GÖTZ AgrarR 1984, 1, 5; BOUJONG UPR 1984, 137, 142; H WEBER JuS 1984, 714; anders JAUERNIG JZ 1986, 605, 612). MaW kommen enteignende Eingriffe nur im Bereich des § 906 Abs 2 S 2 (analog) vor (BGHZ 91, 20, 24). Ansprüche des Betroffenen wegen eines hoheitlichen rechtmäßigen enteignenden Eingriffs könnten daher auch schlicht auf die **analoge Anwendung des § 906 Abs 2 S 2** gestützt werden (ERMAN/WILHELMI[14] Rn 49; HAGEN WM 1984, 677, 682; HORST Rn 380). Entschädigungsfähig sind auch Beeinträchtigungen von **Nutzungsmöglichkeiten** (BGHZ 91, 20, 28 ff; BGH NJW 1980, 770). Auch die Abwägung innerhalb der Zumutbarkeit ist nach zutreffender Auffassung nach denselben Grundsätzen vorzunehmen wie bei § 906 Abs 2 S 2. Es geht um einen Interessenausgleich nach Billigkeitsgesichtspunkten (HAGEN WM 1982, 410, 415). Vor allem handelt es sich um wesentliche, ortsübliche und durch wirtschaftlich zumutbare Maßnahmen nicht verhinderbare Einwirkungen durch die öffentliche Hand (zB BGH NJW 1980, 770 [Geruchseinwirkungen durch eine Mülldeponie]). Wegen der weitgehenden Deckungsgleichheit lässt die Rspr mit Recht bisweilen offen, ob ein öffentlich-rechtlicher Anspruch aus enteignendem Eingriff oder ein privatrechtlicher Anspruch aus § 906 Abs 2 S 2 gegeben ist, und prüft beide Ansprüche nebeneinander durch (BGHZ 48, 98, 103). Eine **Anspruchskonkurrenz** zwischen beiden Ansprüchen liegt nicht vor (BGHZ 72, 289, 293). Vielmehr ist entweder der eine oder der andere Anspruch gegeben. Allerdings liegt nach Auffassung der Rspr die **enteignungsrechtliche Zumutbarkeitsschwelle** deutlich über der Zumutbarkeitsgrenze des § 906 Abs 2 S 2 (BGHZ 122, 76, 79 [Militärflughafen]), ohne dass dafür einleuchtende Gründe genannt würden. Offengelassen wurde, ob sich der Anspruch aus § 906 Abs 2 S 2 auch allein auf eine Entschädigung für die **Wertminderung** des betroffenen Grundstücks richten kann und wie in einem solchen Fall die Zumutbarkeitsschwelle zu bestimmen wäre (BGHZ 122, 76, 79).

85 Der BGH (BGHZ 122, 76 [Militärflughafen]; 102, 350, 357 [neuartige Waldschäden]; 91, 20, 26 [gemeindliche Kläranlage]; BGH NJW 1986, 2423 [Militärflughafen]) hält an seiner Rspr trotz des **Nassauskiesungsbeschlusses** des BVerfG zu Recht fest (BVerfGE 58, 300, 324 = NJW 1982, 745; dazu ENGELHARDT NVwZ 1985, 621; BENDER JZ 1986, 888, 889; SCHMIDT-ASSMANN, in: FS der Juristischen Fakultät zur 600-Jahr-Feier der Ruprecht-Karls-Universität Heidelberg [1986] 107, 122 f; F BAUR JZ 1987, 317, 320; für die Rückbesinnung auf den Aufopferungsausgleich W SCHMIDT NJW 1999, 2847; krit RÜFNER, in: ERICHSEN/EHLERS [Hrsg], Allgemeines Verwaltungsrecht[13] 733 Rn 78). Im Bereich des enteignenden Eingriffs besteht das beanstandete **Wahlrecht** zwischen der Anfechtungsklage vor den Verwaltungsgerichten und der Geltendmachung von Entschädigung nicht, und für den Ausgleich der – meist –

atypischen und unvorhergesehenen Nachteile von an sich rechtmäßigen Maß-
nahmen gilt der Grundsatz der Gesetzmäßigkeit der Entschädigung nicht (zust Os-
SENBÜHL JZ 1994, 263; 1984, 744; PAPIER JuS 1985, 184; KROHN WM 1984, 825; KREFT Sonderbeil
Nr 6 zu WM 1985, 3, 5 ff; ENGELHARDT NVwZ 1985, 621; aA HEINZ/SCHMITT NVwZ 1992, 513;
OSTERLOH DVBl 1991, 906; MAURER DVBl 1991, 781; LEGE NJW 1990, 864; ders JZ 1994, 431, 435 f;
UEBERSOHN JA 1986, 139, 143; SCHRÖER NJW 1984, 1864; K R WAGNER BB 1986, 465, 474).
Klargestellt ist inzwischen (BGH VersR 1992, 322; NJW 1986, 2423), dass die Grundsätze
des enteignenden Eingriffs auch bei **typischen Nachteilen** Anwendung finden wie zB
bei Lärm durch einen Militärflughafen.

Die praktisch bedeutsamste Fallgruppe bildet die Entschädigung wegen **Verkehrs-** **86**
lärms. Dabei wird die Schwelle der Zumutbarkeit durch das BImSchG beeinflusst
(AUST/JACOBS/PASTERNAK 172 ff). Der BGH stellt bei Lärmimmissionen auf die Eigenart
des Eingriffs ab und entschädigt durch einen Geldausgleich für die Anbringung der
notwendigen Lärmschutzanlagen (zB *Schallschutzfenster)*. Dagegen kommt eine
Entschädigung für einen *Minderwert* des Grundstücks erst in Betracht, wenn Schutzeinrichtungen keine wirksame Abhilfe versprechen oder unverhältnismäßige Aufwendungen erfordern. Sie setzt, wenn keine (Teil-) Enteignung durchgeführt worden
ist, weiter voraus, dass die zugelassene Nutzung die vorgegebene Grundstückssituation nachhaltig verändert und dadurch das benachbarte Wohnungseigentum schwer
und unerträglich trifft (BGHZ 140, 285, 298 [Schallschutzmaßnahmen wegen Autobahnaus-
baus]; BGHZ 122, 76 [Militärflughafen]; 97, 114 [Bundesautobahn]; 64, 220, 229 ff; BGH NJW 1977,
894; NJW 1978, 318; NJW 1980, 582; BGHZ 97, 114, 116; 97, 361 f; offenlassend LG Aachen VersR
1990, 47, 50; OLG Celle NJW-RR 1988, 1040 [städtische Kläranlage]; zur Berechnung BGHZ 97,
361, 370). Die gleichen Grundsätze sollen auch für *Fluglärm* von einem Militärflughafen gelten (BGHZ 129, 124, 126; 122, 76, 77; BGH VersR 1992, 322; DWW 1986, 174 mAnm
PFEIFER; unten Rn 148). Die **enteignungsrechtliche Zumutbarkeitsgrenze** wird in Wohngebieten im Allgemeinen bei Mittelungspegeln von 70 bis 75 dB(A) tagsüber und 60
bis 65 db(A) nachts angenommen (BGHZ 129, 124, 127). Die rechtliche Sonderbe-
handlung des Straßenverkehrslärmes (Fluglärms) leuchtet nicht ein (krit SCHAPP 143).
Letztlich liegt darin eine ungerechtfertigte Privilegierung des Fiskus (Rechtsprechungsübersicht bei NÜSSGENS/BOUJOUNG, Eigentum, Sozialbindung, Enteignung [1987] 241 ff). Die
enteignungsrechtliche Zumutbarkeitsgrenze liegt danach deutlich über der Zumutbarkeitsgrenze iS des § 906 Abs 2 S 2 (JAUERNIG/BERGER[15] Rn 18; anders die frühere Rspr
BGH NJW 1980, 770 [Mülldeponie]; unten Rn 145 [Straßenlärm], Rn 148 [Fluglärm]).

Anspruchsgegner ist bei enteignendem Eingriff nicht die eingreifende Körperschaft, **87**
sondern der Begünstigte (BGH NJW 1980, 582). Bei Verkehrsimmissionen ist begünstigt der Träger der Straßenbaulast (BGH NJW 1980, 582; PALANDT/BASSENGE[74] Rn 38;
HAGEN WM 1982, 410, 415). Die **Verjährung** des Anspruchs richtet sich nach den §§ 195,
199 (wie oben Rn 80).

bb) Enteignungsgleicher Eingriff
Ein öffentlich-rechtlicher Anspruch aus enteignungsgleichem Eingriff kommt in **88**
Betracht, wenn sich die Immission als **rechtswidriger hoheitlicher Eingriff** in das
Eigentum des Geschädigten darstellt (allgemein zum Institut STAUDINGER/ALTHAMMER
Einl 41 zu §§ 903 ff; AUST/JACOBS/PASTERNAK Rn 203 ff). So liegt es, wenn die Duldungs-
grenze des § 906 Abs 2 S 1 überschritten, die Immission also an sich abwehrfähig ist.
Es geht um wesentliche Einwirkungen, die entweder nicht ortsüblich sind (zB BGHZ

54, 384 = LM Nr 37 mAnm MATTERN), oder zwar ortsüblich, aber mit zumutbarem wirt-schaftlichem Aufwand verhinderbar (BGHZ 91, 20, 22 = JZ 1984, 744 mAnm OSSENBÜHL; PALANDT/BASSENGE[74] Rn 38 nehmen einen enteignenden Eingriff an; zutreffend zur Rechtswidrig-keit schon RGZ 159, 129, 135 [Reichsautobahn]). Ebenso wie im privaten Bereich bei derartigen Einwirkungen ein primärer Abwehranspruch aus § 1004 bejaht wird, ist hier grundsätzlich ein primärer öffentlich-rechtlicher Beseitigungsanspruch (oben Rn 58 ff) gegeben, der vorrangig vor dem Entschädigungsanspruch aus enteignungs-gleichem Eingriff zu verfolgen ist (BGHZ 91, 20, 22 = JZ 1984, 744, 745 mAnm OSSENBÜHL). Ansprüche aus enteignungsgleichem Eingriff sind demnach anders als solche aus enteignendem Eingriff (oben Rn 83 ff) **subsidiär**; es gilt der **Vorrang des primären Rechtsschutzes** (BVerfGE 58, 300, 324 = NJW 1982, 745 [Nassauskiesung]; BVerfG NJW 2000, 1402; BGHZ 90, 17, 31; dazu KREFT Sonderbeil Nr 6 zu WM 1985, 14). Der Gestörte ist in erster Linie darauf verwiesen, gegen die Störung von den ihm von der Rechtsord-nung eingeräumten Rechtsbehelfen Gebrauch zu machen. Im Bereich des enteig-nungsgleichen Eingriffs sind derartige primäre Rechtsbehelfe wegen der Rechtswid-rigkeit des hoheitlichen Eingriffs grundsätzlich gegeben. Vor allem kommen Anfechtungsklagen gegen rechtswidrige Planfeststellungsbeschlüsse, Widmungen und Genehmigungen in Betracht (oben Rn 27, 32), oder zumindest die allgemeine verwaltungsgerichtliche Leistungsklage (oben Rn 59), die gegen rechtswidriges Ver-waltungshandeln zur Verfügung steht und vor rechtswidrigem öffentlichem Handeln schützt (zB BVerwG NJW 1972, 269, 270; BVerwGE 28, 155, 164; 35, 268, 272; 79, 254 [Feuersi-rene]; 81, 197 [Sportplatz]).

89 Aus den genannten Gründen wären Ansprüche aus enteignungsgleichem Eingriff häufig ausgeschlossen, wenn der Gestörte nicht mit den zur Verfügung stehenden primären Rechtsbehelfen vorgegangen ist. Demgegenüber kommen derartige An-sprüche gleichwohl in Betracht, wenn der **primäre Rechtsschutz versagt**, sei es, dass er überhaupt nicht gegeben ist, weil ihn die Rspr aus rechtlichen Gründen verweigert wie etwa bei überwiegenden Gemeinwohlbelangen (bestätigt durch BGHZ 91, 20, 22; 97, 144, 125; Kritik oben Rn 42 ff), sei es, dass der Betroffene aus tatsächlichen Gründen nicht in der Lage war, einen an sich möglichen Rechtsbehelf im Rahmen des pri-mären Rechtsschutzes einzulegen. Nach Umfang und Bedeutung ist die Geltung des **Subsidiaritätsgrundsatzes** vor allem durch die Rspr relativiert worden, wonach Ab-wehransprüche gegen Immissionen von öffentlichen Einrichtungen, die dem öffent-lichen Interesse dienen und lebenswichtige oder für das Gemeinwohl bedeutsame Betriebe darstellen, ausgeschlossen oder eingeschränkt sind. Allerdings ist ein öf-fentlich-rechtlicher Anspruch auf **Schutzvorkehrungen** zur Abwehr oder Milderung der von gemeinwichtigen Betrieben ausgehenden Immissionen anerkannt, falls der-artige Vorkehrungsmaßnahmen keine wesentliche Änderung des störenden Betriebs herbeiführen (BGHZ 91, 20, 24; oben Rn 44). Aber auch in dem verbleibenden Bereich ist die Inanspruchnahme primären öffentlich-rechtlichen Rechtsschutzes oft schon aus tatsächlichen Gründen ausgeschlossen, weil etwa eine einstweilige Anordnung nach § 123 VwGO zu spät gekommen wäre oder eine Klage aus sonstigen Gründen nicht zumutbar ist, sei es wegen rechtlicher Beurteilungsschwierigkeiten oder auf-grund des bestehenden Kostenrisikos (vor allem BGHZ 91, 20, 24; 90, 17; KREFT Sonderbeil Nr 6 zu WM 1985, 14; zur Parallele beim bürgerlich-rechtlichen Aufopferungsanspruch oben Rn 68).

90 Die Rspr würdigt die Schwierigkeiten des Gestörten in rechtlicher oder tatsächlicher

Hinsicht über den **Gedanken des § 254**. Wenn es der Betroffene schuldhaft unterlässt, den Eingriff mit den zulässigen Rechtsbehelfen abzuwenden, so kann er in entsprechender Anwendung des § 254 regelmäßig eine Entschädigung für solche Nachteile nicht verlangen, die er durch den Gebrauch des Rechtsmittels hätte vermeiden können (BGHZ 140, 285, 297; 90, 17, 31 ff; dazu KREFT Sonderbeil Nr 6 zu WM 1985, 3, 13 ff). Nach dem Gesagten kann im Einzelfall wegen Unzumutbarkeit für den Betroffenen selbst eine unterlassene Anfechtungsklage den Mitverschuldenseinwand nicht begründen (BGHZ 90, 17, 31 ff; 72, 289, 294 f; 91, 20, 24; BGH NVwZ 1986, 76, 78; OLG Celle NJW-RR 1988, 1040). Im Übrigen kann auch ein bestandskräftiger Verwaltungsakt vor den ordentlichen Gerichten im Entschädigungsprozess als rechtswidrig qualifiziert werden (oben Rn 35; offengelassen für Planfeststellungsbeschlüsse von BGHZ 140, 285, 297 f). Neuerdings verfolgt die Rspr einen anderen Ansatz: Stellt der Gesetzgeber im nachbarlichen Bereich ein Verfahren zur Verfügung, das auch und gerade die Rechte des einzelnen berücksichtigt, damit Beeinträchtigungen des Eigentums vermieden werden, zB Planfeststellungsverfahren, so müssen diese Möglichkeiten ergriffen werden. Tut der Gestörte das nicht, unterlässt er zB eine mögliche Anfechtungsklage, so hindert die Bestandskraft des **Planfeststellungsbeschlusses** auch öffentliche Entschädigungsansprüche (BGH NJW 2005, 660, 661 [Fluglärm]).

Ob ein primärer Abwehranspruch oder der sekundäre Anspruch aus enteignungs- **91** gleichem Eingriff gegeben ist, bemisst sich im Recht der öffentlichen Entschädigung nach den **Maßstäben des § 906**. Auch nach der hier vertretenen Auffassung (oben Rn 45), die den Ausschluss des primären Rechtsschutzes bei den „lebenswichtigen Betrieben der öffentlichen Hand" nicht billigt, wird man gleichwohl häufig zu Ansprüchen aus enteignungsgleichem Eingriff kommen: Die von der Rspr entwickelten Kriterien des Zeitbedarfs, des Kostenrisikos und der Schwierigkeit der Beurteilung der Rechtslage für den Gestörten (dazu OSSENBÜHL JZ 1984, 745; PAPIER JZ 1986, 549) schränken den Grundsatz der **Subsidiarität** aus tatsächlichen Gründen wesentlich ein (OSSENBÜHL, Neuere Entwicklungen im Staatshaftungsrecht [1984] sub III 5).

Der BGH hat wie für den enteignenden Eingriff (oben Rn 85) auch für den enteig- **92** nungsgleichen Eingriff trotz des **Nassauskiesungsbeschlusses** des BVerfG (BVerfGE 58, 300 = NJW 1982, 745) mit Recht an seinen früher entwickelten Grundsätzen festgehalten (BGHZ 92, 34; dazu KOSMIDER JuS 1986, 274; BGHZ 90, 17; 91, 20; PAPIER JZ 1984, 992; BGHZ 102, 350, 357 [neuartige Waldschäden]; ENGELHARDT NuR 1986, 185; OSSENBÜHL 222 ff; dagegen SCHRÖER NJW 1984, 1684; UEBERSOHN JA 1986, 139, 143). Es handelt sich um Gewohnheitsrecht, das sich auf den **Aufopferungsgedanken** stützt und von Art 14 GG abgekoppelt ist (übersehen von HORST Rn 383). Der BGH sieht zwischen Ansprüchen aus enteignendem Eingriff (oben Rn 83) und solchen aus enteignungsgleichem Eingriff im Ergebnis keine wesentlichen Unterschiede, sodass er häufiger beide Ansprüche zugleich durchprüft und bei Vorliegen der Voraussetzungen des einen wie des anderen Anspruchs die Anspruchsart letztlich offenlässt (BGHZ 91, 20, 25; OSSENBÜHL JZ 1984, 744: „Wahlfeststellung"; unten Rn 289).

Für die Bestimmung der **Zumutbarkeitsschwelle** sollten die maßgeblichen Kriterien **93** aus einer entsprechenden Anwendung des § 906 Abs 2 S 2 entnommen werden (etwa BGH NJW 2005, 660. 661 [Fluglärm]; ERMAN/WILHELMI[14] Rn 50; HAGEN WM 1984, 677, 684). Bisweilen wird auch vorsichtiger formuliert. Danach bleibe noch unentschieden, ob die Schwelle, bis zu der Immissionen entschädigungslos hingenommen werden müs-

Herbert Roth

sen, bei rechtswidrigen Einwirkungen niedriger anzusetzen ist als bei rechtmäßigen Einwirkungen (BGHZ 91, 20, 25). Der BGH betont jedoch, dass der **bürgerlich-rechtliche Aufopferungsanspruch** (oben Rn 66 ff) und der Anspruch aus enteignendem und enteignungsgleichem Eingriff trotz ihrer Funktionsverwandtschaft unterschiedliche Voraussetzungen aufweisen. Im öffentlich-rechtlichen Entschädigungsrecht komme es bei der wertenden Zurechnung der Schadensfolgen nach Verantwortungsbereichen und Risikosphären wesentlich auf die **Unmittelbarkeit** des Eingriffs an. Dagegen stelle das Haftungssystem des privaten Nachbarrechts auf die **Störereigenschaft** ab (BGHZ 155, 99, 104 f). Das hat zur Folge, dass *Wasserrohrbruchschäden* bei dem Bruch einer privatrechtlich betriebenen Wasserleitung verschuldensunabhängig entschädigt werden (BGHZ 155, 99), dagegen bei dem Bruch einer öffentlich-rechtlich betriebenen Wasserleitung der verschuldensunabhängige Anspruch aus enteignungsgleichem Eingriff nicht zuerkannt wird (BGHZ 55, 229, 231; 125, 19, 21; hingenommen von BGHZ 155, 99, 104).

94 Die Rspr entschädigt nach **Enteignungsgrundsätzen**, gibt also keinen vollen Schadensausgleich. Im Wesentlichen gilt für die hL das zu den Rechtsfolgen des § 906 Abs 2 S 2 Ausgeführte sinngemäß (unten Rn 262; BGB-RGRK/AUGUSTIN Rn 66). ME ist der Weg für einen **vollständigen Schadensersatz** frei, da der Entschädigungsanspruch aus enteignungsgleichem Eingriff nunmehr von seiner Grundlage in Art 14 Abs 3 GG gelöst ist, wonach die Entschädigung unter gerechter Abwägung der Interessen der Allgemeinheit und der Beteiligten zu bestimmen ist (BGHZ 90, 17). Die Grundlage für diesen Anspruch bildet nach richtiger Auffassung das Bürgerliche Recht; maßgeblich ist der **Aufopferungsgedanke**. Im Immissionsbereich sehe ich für eine Ungleichbehandlung mit dem strukturell vergleichbaren und richtigerweise auf vollen Schadensersatz gerichteten privatrechtlichen Anspruch aus bürgerlich-rechtlicher Aufopferung (oben Rn 73) keinen Anlass (aA AK-BGB/WINTER Rn 26). Für die **Verjährungsfrist** gelten die §§ 195, 199.

cc) Abgrenzungskriterien zwischen öffentlich-rechtlichen Entschädigungsansprüchen und zivilrechtlichen Ansprüchen; doppeldeutige Maßnahmen der öffentlichen Hand

95 Wenngleich sich wegen des Rückgriffs auf die Maßstäbe des § 906 Abs 2 S 2 verschuldensunabhängige Zivilrechtsansprüche und öffentlich-rechtliche Entschädigungsansprüche nach hL kaum unterscheiden (OSSENBÜHL JZ 1984, 745), ist in einzelnen Fällen **Abgrenzungsbedarf** gegeben. Das gilt in erster Linie dann, wenn das Klagebegehren über die Voraussetzungen des § 906 Abs 2 S 2 hinausgeht (vgl die Erwägungen in BGHZ 91, 20, 25 ff). Im Übrigen verlangt ein öffentlich-rechtlicher Entschädigungsanspruch – anders als § 906 Abs 2 S 2 – einen „**Eingriff**" sowie dessen **Unmittelbarkeit**, die aber nicht „Zielgerichtetheit" bedeutet. Sie wird in der Weise verstanden, dass die schädigende Auswirkung, dh das dem einzelnen durch den Eingriff auferlegte Sonderopfer, von der Eigenart der hoheitlichen Maßnahme ausgeht (zusammenfassend HAGEN WM 1982, 410, 414). Schließlich sind **öffentlich-rechtliche Sondervorschriften** wie die §§ 74 Abs 2 S 3 VwVfG; 42 Abs 2 S 1 BImSchG zu beachten (wichtig BGHZ 140, 285, 293 ff = BGH NJW 1999, 1247, 1250 ff; BGH NJW 2005, 660, 661; unten Rn 102 f). Einen Beispielsfall für das Erfordernis der Unmittelbarkeit bildet etwa das Anlocken von nahrungssuchenden Möwen durch eine schlicht hoheitlich betriebene *Mülldeponie*. Im Ergebnis wurde sie bejaht (BGH NJW 1980, 770).

Zivilrechtliche Ausgleichsansprüche gem § 906 Abs 2 S 2 (oder bürgerlich-rechtliche **96** Aufopferungsansprüche) liegen vor, wenn die Einwirkungen durch **privatwirtschaftliche Benutzung** (einschließlich der nicht hoheitlichen Tätigkeit der öffentlichen Hand) des Grundstücks verursacht sind. Dagegen kommen bei auf Eingriffen von **hoher Hand** beruhenden Einwirkungen Ansprüche aus enteignendem oder enteignungsgleichem Eingriff in Betracht (BGHZ 48, 98, 102). Eine einheitliche Linie ist schwer feststellbar (H WEBER JuS 1975, 804, 805; zur Abgrenzung zwischen privatrechtlichen und öffentlich-rechtlichen Abwehransprüchen oben Rn 50 ff).

Als **privatrechtliche Eingriffe** wurden in der früheren Rspr qualifiziert *Lärmeinwir-* **97** *kungen durch eine Straße* (BGHZ 49, 149, 150 = LM Nr 26 mAnm MATTERN; unten Rn 98). Privatrechtlich gedeutet wurde auch die Erweiterung eines *Saalbaus* durch eine Gemeinde in Verfolgung kommunaler Ziele (BGHZ 70, 212, 216); der Lärm eines internationalen *Verkehrsflughafens* (Düsseldorf) (BGHZ 79, 45 = LM Nr 65 mAnm HAGEN; BGHZ 69, 105, 106 = LM Nr 53 mAnm HAGEN; Einzelheiten bei WYSK ZLW 1998, 18, 22), oder eines als Verkehrsflughafen zugelassenen *Landeplatzes* (BGHZ 69, 118) sowie der *Laubfall* von städtischen Bäumen (LG Ulm NJW 1985, 440).

Als **öffentlich-rechtliche Eingriffe** werden heute eingeordnet *Lärmeinwirkungen,* die **98** von einer Straße ausgehen (spätestens seit BGHZ 54, 384 = LM Nr 37 mAnm MATTERN; BGHZ 97, 361, 362; Entwicklung der Rspr bei SCHMIDT-ASSMANN, in: FS Pikalo [1979] 273, 274; BREUER, Bodennutzung 305 ff; MATTERN WM 1979, 34, 38; H WESTERMANN, in: FS Ernst [1980] 1, 12 ff; zu den Einflüssen des BImSchG JARASS DVBl 1995, 589; KOCH NVwZ 2000, 490, 494 ff sowie unten Rn 145). Als Begründung wird angeführt, dass die Grundstücksbeeinträchtigung durch Verkehrsimmissionen die unmittelbare Folge der Eröffnung der Straße durch den durchfließenden Verkehr ist. Diese Zweckbestimmung beruhe auf der *Widmung* der Straße für diesen Gebrauch, wodurch zugleich die Anliegerpflicht begründet worden sei, die Verkehrsimmissionen zu dulden (BGHZ 64, 220; auch BGH NJW 1977, 894; 1980, 582; BGHZ 54, 388 f [Bau- und Verkehrsimmissionen bei einer aufgrund Planfeststellung neu angelegten Fernstraße]; BGH MDR 1978, 296 [Umwidmung eines Verkehrswegs zu einer Bundesstraße in einem allgemeinen Wohngebiet]; BGH NJW 1978, 318; BGHZ 97, 114; 97, 361; SCHMIDT-ASSMANN, Verfassungsrechtliche Grundlagen und Systemgedanken einer Regelung des Lärmschutzes an vorhandenen Straßen [1979] 3 ff). Die Schaffung, der Ausbau und die Unterhaltung des öffentlichen Straßennetzes ist eine öffentliche Aufgabe und weist hoheitlichen Charakter auf (BGH NJW 1980, 2703). An dieser Einordnung ist auch im Anwendungsbereich des FStrPrivFinG v 30. 8. 1994 (BGBl I 2243) wegen dessen § 1 Abs 4 festzuhalten (allgemein STEINER NJW 1994, 3150). Weiterhin wurden öffentlich-rechtlich qualifiziert Entschädigungsansprüche wegen der Errichtung und Unterhaltung einer *gemeindlichen Kläranlage* als einer Maßnahme der Daseinsvorsorge im Rahmen der schlicht hoheitlichen Verwaltung (BVerwG NJW 1974, 817; BGHZ 97, 97, 101; 91, 20; BGH NJW 1976, 1204); Immissionen aus Restaurierungsarbeiten an einem *Baudenkmal* (Porta Nigra) im Rahmen einer nach öffentlichem Recht gebotenen und geregelten Erhaltung des Denkmals (BGH MDR 1977, 128); *Manöverlärm* (NATO-Manöver) (BGH MDR 1978, 1005); *Fluglärm* (NATO-Flughafen) (BGH MDR 1980, 655); Saatschäden durch Möwen und Krähen aufgrund der Anlockungswirkung eines schlicht hoheitlich betriebenen *Müllplatzes* (BGH NJW 1980, 770); *Bienensterben* durch giftige Pflanzenschutzmittel aufgrund einer gemeindlichen Schädlingsbekämpfungsaktion (BGHZ 16, 366, 374 = LM Nr 3 mAnm PAGENDARM); Immissionen aus Straßenbauarbeiten zur Einrichtung einer *Fußgängerzone* (BGHZ 70, 212, 221); die Durchführung von *Tiefbauarbeiten* durch die Stadtwerke mit eigenen Leuten (BGHZ 72, 289, 293); die Errichtung und der Betrieb einer *Talsperre* (BGH NJW 1971, 750; BGHZ 54, 166).

99 Häufig ist die **Abgrenzung** schwierig, weil sich bestimmte Immissionen sowohl öffentlich-rechtlich als auch privatrechtlich deuten lassen. So wurde offengelassen, ob ein nachbarrechtlicher Ausgleichsanspruch oder ein öffentlich-rechtlicher Entschädigungsanspruch aus enteignendem Eingriff bei *Bauarbeiten* auf einer *Baustelle der Autobahn* durch eine Privatfirma unter der Aufsicht eines Landbauamts gegeben war (BGHZ 48, 98 = LM Nr 24 mAnm KREFT; aA FABER NJW 1968, 47 [Anspruchskonkurrenz]). Die Abgrenzung iSd öffentlich-rechtlichen Alternative zu einem bürgerlich-rechtlichen Aufopferungsanspruch (oben Rn 66) war deshalb zweifelhaft, weil sich nach hL die öffentliche Hand im Bereich der **schlichten Hoheitsverwaltung** wie der Schaffung und Unterhaltung des öffentlichen Straßennetzes zur Erfüllung ihrer öffentlichen Aufgaben privater Mittel bedienen und insoweit die Durchführung ihrer öffentlichen Aufgaben auf die Ebene des Privatrechts verlagern kann. Dieses **Wahlrecht** („Flucht in das Zivilrecht") ist zweifelhaft (vgl BGH NJW 1985, 197; vZEZSCHWITZ NJW 1983, 1873; EHLERS DVBl 1983, 422; vPESTALOZZA, Formenmißbrauch des Staates [1973] 166; H ROTH BayVBl 1982, 557, 559). Offengelassen wurde die Abgrenzung zwischen öffentlichem Recht und Zivilrecht auch bei Ersatzansprüchen wegen Umsatzrückgangs und Warenverschmutzung durch den *Bau* einer *Fußgängerpassage* (BGH MDR 1971, 912) sowie wegen der Durchführung von *Ausschachtungen* an einer *öffentlichen Straße* im Zuge privatrechtlich organisierter Ausbauarbeiten (BGHZ 72, 289, 293).

100 Die **Parallelität** von öffentlich-rechtlichen Entschädigungsansprüchen und privatrechtlichen Ausgleichsansprüchen geht so weit, dass sich auch die Abgrenzung zwischen dem Ausgleichsanspruch des § 906 Abs 2 S 2 und dem privatrechtlichen Aufopferungsanspruch (oben Rn 66) im System der öffentlich-rechtlichen Entschädigung widerspiegelt. So wurde entschieden (BGHZ 54, 384 = LM Nr 37 mAnm MATTERN), dass *Bau- und Verkehrsimmissionen* bei einer aufgrund einer Planfeststellung neu angelegten *Fernverkehrsstraße* einen entschädigungspflichtigen enteignenden Eingriff in das Eigentum des Nachbarn darstellen können, wenn die in § 906 gezogenen Nutzungsgrenzen überschritten werden, also wesentlich und nicht ortsüblich sind (jetzt: *enteignungsgleicher Eingriff;* oben Rn 88). Lägen dagegen ohne eine solche Überschreitung die Voraussetzungen eines Ausgleichs iS des § 906 Abs 2 S 2 vor, so könne ein dem privatrechtlichen Ausgleichsanspruch entsprechender öffentlich-rechtlicher Entschädigungsanspruch gegeben sein (jetzt: *enteignender Eingriff;* oben Rn 83). In dem genannten Fall wurden die Bauarbeiten selbst als öffentlich-rechtlich qualifiziert, weil sie nicht losgelöst von der öffentlich-rechtlichen Planfeststellung des § 17 FStrG gesehen werden konnten.

101 Mit einer gewissen Vereinfachung wird man sagen können, dass ein Anspruch aus **rechtmäßigem enteignendem Eingriff** dann gegeben ist, wenn im Falle einer Schädigung durch einen Privaten die Voraussetzungen des Ausgleichsanspruchs nach § 906 Abs 2 S 2 vorliegen. Dagegen liegt ein **rechtswidriger enteignungsgleicher Eingriff** vor, wenn im Falle der Schädigung durch einen Privaten der bürgerlich-rechtliche Aufopferungsanspruch gegeben ist (dazu BGHZ 91, 20 [Geruchsimmissionen durch eine gemeindliche Kläranlage]; H ROTH [nach Lit-Verz] S 30). Terminologie und systematische Einordnung der früheren Rspr weichen demgegenüber oftmals ab.

dd) Öffentlich-rechtliche Sondervorschriften; insbesondere §§ 74 Abs 2 S 3 VwVfG; 42 BImSchG

§ 74 Abs 2 S 3 VwVfG gewährt dem Betroffenen einen Anspruch auf angemessene **102** Entschädigung in Geld, wenn der **Anspruch auf Schutzvorkehrungen** nach § 74 Abs 2 S 2 VwVfG (oben Rn 62) mit dem Straßenbauvorhaben ua unvereinbar ist, oder die Vorkehrungen oder Anlagen untunlich sind. Vergleichbares gilt für § 42 BImSchG (zum Vorrang der §§ 41 ff BImSchG: BVerwGE 97, 367; BGHZ 140, 285, 299). Bei § 74 Abs 2 S 3 VwVfG handelt es sich um einfachgesetzliche, grundsätzlich vor die **Verwaltungsgerichte** (§ 40 Abs 1 VwGO) gehörende Ansprüche, selbst wenn damit eine enteignende Wirkung des geplanten Vorhabens geltend gemacht wird (BVerwGE 77, 295 = NJW 1987, 2884; BGHZ 140, 285, 300 f unter teilweiser Aufgabe von BGHZ 97, 114, 117 [jedenfalls wegen der Entschädigung für Schallschutzmaßnahmen]; Ossenbühl 282; ferner BGHZ 122, 76, 79). Vergleichbares gilt für den Entschädigungsanspruch aus § 75 Abs 2 S 4 VwVfG (dazu BGHZ 140, 285, 301; Schmidt-Assmann, Schutz gegen Verkehrslärm 303, 323 f). Damit wird eine **Spaltung des Rechtswegs** jetzt weitgehend vermieden, da der vor den ordentlichen Gerichten (§ 40 Abs 2 VwGO) zu verfolgende Anspruch aus **enteignendem Eingriff** präkludiert ist, wenn der den Antrag auf Anordnung von Schallschutzmaßnahmen zurückweisende **Planfeststellungsbeschluss** bestandskräftig wird (BGHZ 140, 285, 298 ff [mit Einschränkungen]; BGH NJW 2005, 660, 661 [Fluglärm]; OLG München BeckRS 2011, 26260 [Mittlerer Ring in München]; zur Abgrenzung BGH VersR 2013, 1404, 1405 [dort: Art 14 Abs 3 GG]; oben Rn 27). Zu einer Spaltung des Rechtswegs kann es außerhalb von **Planfeststellungsbeschlüssen** kommen, wenn über die auflagenrechtliche Zumutbarkeitsschwelle hinaus eine Überschreitung der (höher angesetzten) enteignungsrechtlichen Zumutbarkeitsschwelle vorliegt (BGHZ 122, 76, 79 [Fluglärm]; **aA** wohl Krohn, in: Roth/Lemke/Krohn, Der bürgerlich-rechtliche Aufopferungsanspruch [2001] 66 f; BGH NJW 2005, 660, 662 [Fluglärm]).

Ansprüche aus § 42 Abs 1 und 2 Abs 1 BImSchG auf **passive Schallschutzmaßnahmen** **103** ergeben sich iVm der 16. BImSchVO (VerkehrslärmschutzVO) v. 12. 6. 1990 (abgedruckt in Sartorius Ergänzungsband Nr 296/16) und der 24. BImSchVO (Verkehrswege-SchallschutzmaßnahmenVO) v. 4. 2. 1997 (abgedruckt in Sartorius Ergänzungsband Nr 296/24; dazu Koch NVwZ 2000, 490, 495). Doch gilt das nicht für einen Straßen-(aus-)bau, der vor dem Inkrafttreten der 16. BImSchVO v 12. 6. 1990 auf der Grundlage eines abgeschlossenen Planfeststellungsverfahrens verwirklicht worden war (BGHZ 140, 285, 293 ff). Der BGH ließ offen, ob es sich auf den Anspruch auf § 42 Abs 1 BImSchG auswirkt, wenn im Planfeststellungsbeschluss ein Anspruch des Eigentümers auf weitergehende Schallschutzmaßnahmen abgelehnt wird und der Eigentümer den Beschluss bestandskräftig werden lässt (BGHZ 140, 285, 295). ME ist das der Fall, weil der Grundsatz „dulde und liquidiere" immer mehr zurückgedrängt wird (so in der Tendenz auch OLG Stuttgart NJW-RR 2001, 1313, 1315 [elektromagnetische Strahlung]; dazu eindringlich Krohn, in Roth/Lemke/Krohn, Der bürgerlich-rechtliche Aufopferungsanspruch [2001] 57 ff und jetzt BGH NJW 2005, 660, 661).

Bei **Altstraßen** helfen die planfeststellungsrechtlichen Ansprüche nicht. Entschädi- **104** gungsansprüche sind gegeben, wenn die enteignungsrechtliche Zumutbarkeitsschwelle überschritten ist (BGHZ 97, 361, 364).

4. Verschuldensabhängige Entschädigungsansprüche

a) Privatrechtliche Ansprüche aus §§ 823 Abs 1, 823 Abs 2

105 Die nachbarrechtliche Vorschrift des § 906 ist in dem von ihr erfassten Regelungsbereich maßgebend dafür, ob eine **widerrechtliche Handlung** iS des § 823 Abs 1
vorliegt (BGHZ 92, 143 = JZ 1984, 1106 mAnm BAUMGÄRTEL [Staubauswürfe einer Schmelz-
anlage]; BGHZ 90, 255, 258 [Zuführung von Rückständen eines versprühten chemischen Unkraut-
vernichtungsmittels]; dazu BGH LM § 906 aF Nr 1 [Lärm durch Bauarbeiten]; Nr 14 [Lärm durch
Abbrucharbeiten in der Großstadt]; Nr 18 [Fassadenverschmutzung durch übermäßige Zuführung
von Rauch und Ruß]; BGHZ 62, 186, 187 = LM Nr 44 mAnm MATTERN [Glättebildung durch
Zementstaub]; BGHZ 70, 102 [Wirkung von Fluorabgasen auf Nadelgehölze]; BGH MDR 1971, 37
[Geräuschimmissionen durch gewerbliche Maschinen]; Thüringer OLG BzAR 11/2013; OLG Rostock NJW 2006, 3650 [Schädigung von Bio-Anbauflächen durch Herbizide]); jurisPK-BGB/VIE-
WEG/REGENFUS[7] Rn 18; M WOLF/WELLENHOFER, Sachenrecht[29] § 25 Rn 5; H ROTH JuS 2001, 1161;
oben Rn 57). Dagegen entscheidet im Bereich von § 823 Abs 2 **(Schutzgesetze)** die
Norm des § 906 nicht über die Rechtswidrigkeit der Immission (oben Rn 18, 56). Insbes
bei Geräuschimmissionen genügt zur Bejahung des Verschuldens bereits die Kenntnis des Schädigers von einer anhaltenden *Schlafstörung* bei dem Geschädigten (dazu
MATTERN WM 1972, 1410, 1411).

b) Amtshaftungsansprüche aus § 839

106 Auch für Amtshaftungsansprüche gilt, dass über § 839 BGB iVm Art 34 GG nicht
zum Schadensersatz führt, was nach § 906 BGB unter Privaten ohne Ausgleich
hinzunehmen ist (BGHZ 97, 97, 104). Amtshaftungsansprüche (vgl BGHZ 86, 356, 366
[Verletzung baurechtlicher Vorschriften]) sind im Immissionsbereich wegen des **„neuartigen Waldsterbens"** diskutiert worden, weil bei dieser Art von verwickelter summier-
ter Immission (unten Rn 277) das Zivilrecht weitgehend folgenlos bleibt. Die Gerichte
haben eine Verantwortlichkeit des Staates abgelehnt (BGHZ 102, 350 [die Verfassungsbeschwerde blieb erfolglos, BVerfG NJW 1998, 3264]; OLG München NVwZ 1986, 691; ferner
EBERSBACH NuR 1985, 165; ADAMS ZZP 99 [1986] 129, 160 ff [die Amtshaftung bei einem unzumutbaren Sonderopfer von einzelnen bejahend]). Bisweilen wird unter Annahme einer nachträglichen Regelungslücke für eine analoge Anwendung des § 14 S 2 BImSchG
gegenüber dem Staat unter Hinweis auf dessen Garantenstellung eingetreten
(vDÖRNBERG NuR 1986, 45; dagegen BGHZ 102, 350, 351 ff; gegen die Einführung einer allgemeinen Gefährdungshaftung de lege ferenda MARBURGER 125; abl zur Staatsverantwortlichkeit auch
BREUER DVBl 1986, 849, 858; BENDER VerwArch 77 [1986] 335, 370; bejahend MURSWIEK NVwZ
1986, 611; ferner LADEUR DÖV 1986, 445; J SCHWABE JZ 1987, 91; S LANGER NVwZ 1987, 195). –
Zu **militärischen Tiefflügen** oben § 905 Rn 21.

V. Voraussetzungen des Verbietungsanspruchs (§ 1004 Abs 1, § 906)

1. Eigentümer; Besitzer; Pächter; Arbeitnehmer ua

a) Dinglich und obligatorisch Berechtigte

107 Neben dem in § 906 genannten **Eigentümer** (auch Miteigentümer gem § 1011) findet
die Norm des § 906 (samt § 1004 Abs 1) auch Anwendung auf dinglich Berechtigte
wie den Grunddienstbarkeitsberechtigten (§ 1027), den Nießbraucher (§ 1065), den
Berechtigten einer persönlichen Dienstbarkeit (§§ 1090 Abs 2, 1027), den Erbbauberechtigten (§ 11 Abs 1 ErbbauV) sowie den Wohnungseigentümer, Teileigentümer

und Dauerwohnberechtigten (§ 34 Abs 2 WEG). Daneben wird § 906 in ständiger Rspr auf den **berechtigten Besitzer**, insbes den Mieter und den Pächter angewandt, dem der Anspruch aus § 862 zusteht (BGH LM Nr 1 [Bauarbeiten eines Mitmieters]; BGHZ 15, 146, 148 [Beeinträchtigung eines Pächters]; BGHZ 30, 273, 276 [Besitz des Gestörten als Mitglied einer Erbengemeinschaft]; BGH LM Nr 14 [Mitbesitz]; MDR 1969, 744 [Eigentümer und Besitzer]; BGHZ 62, 361 = LM Nr 45 mAnm MATTERN [Mieter]; BGH MDR 1977, 128 [Pächter]; BGHZ 70, 212, 220 [Besitzer]; BGHZ 90, 255, 260 [Pächter]; BGH NJW 1995, 132 [Mieter]; die Rspr bestätigend BGH NJW 2001, 1865, 1866; OLG Bremen ZMR 1956, 193 [Mieter]; LG Kempten NJW 1995, 970; MARBURGER 115; WILHELMI 88; MEDICUS JZ 1986, 778, 784 Fn 83). Einschränkend wird man dem Mieter eines *Urlaubsbungalows* zB keine Abwehransprüche aus § 1004 Abs 1 gegen chemische Immissionen zubilligen können (Bsp nach LARENZ/CANARIS § 85 II 6 S 664). § 906 soll auf das Verhältnis **mehrerer Mieter** untereinander nicht anwendbar sein, da es an dem erforderlichen Eingriff von außen fehle (BGHZ 157, 188 gegen BGH LM Nr 1; WILHELMI 88; zum Verhältnis von Vermieter und Mieter oben Rn 5; zum bürgerlich-rechtlichen Aufopferungsanspruch oben Rn 70). Wenigstens im direkten Anwendungsbereich des § 906 Abs 2 S 2 (unten Rn 249 ff) scheint das kaum begründbar, weil sich die Interessenlage nicht wesentlich von der in § 906 Abs 2 S 2 vorausgesetzten unterscheidet. Der Anspruch gibt für Eigentümer wie für Besitzer untereinander einen Ausgleich für die vom Gesetz aufgezwungene Aufopferung des an sich nach den §§ 1004, 862 gegebenen Verbietungsanspruches wegen rechtmäßiger Einwirkungen (H ROTH JZ 2004, 918 f, dort auch zur Rechtslage bei rechtswidrigen Immissionen; oben Rn 5). Auch ist im Verhältnis der Mieter zueinander für den Anspruch aus § 862 ist die Wesentlichkeitsschwelle des § 906 Abs 1 S 1 maßgebend (oben Rn 5). Auch wenn der Gläubiger des Ausgleichsanspruchs ein Mieter oder Pächter ist, kommt es für die Beurteilung der Unzumutbarkeit einer Beeinträchtigung iS des § 906 maßgebend auf den nachhaltigen Einfluss auf die Interessen des Eigentümers an, nicht jedoch auf diejenigen des zeitweiligen Besitzers (zutreffend MATTERN WM 1979, 34, 38). Anspruchsgläubiger kann im Einzelfall außer dem Grundstückseigentümer und -besitzer auch der **Inhaber eines eingerichteten und ausgeübten Gewerbebetriebs** sein (BGH WM 1978, 852; MATTERN WM 1979, 34, 41; StudK-BGB/M WOLF Anm 1). Ein **Einzelrechtsnachfolger** ist grundsätzlich nicht gebunden, wenn sein Rechtsvorgänger eine von dem Nachbargrundstück ausgehende Störung gestattet (BGH NJW-RR 2008, 827).

b) Erweiterungen des Berechtigtenkreises

Anspruchsinhaber nach § 906 Abs 2 S 2 kann nur sein, wer dinglich oder obligatorisch Berechtigter des von den Immissionen betroffenen Grundstücks ist. Nicht ausreichend ist es, wenn der Betroffene eine vergleichbar enge Beziehung zu dem immissionsbetroffenen Grundstück hat wie der Immobiliarberechtigte. Daher wurde § 906 Abs 2 S 2 nicht auf **Arbeitnehmer** erstreckt, deren Autos auf einem Betriebsparkplatz abgestellt und durch *Staub* aus den Schmelzöfen einer angrenzenden Schmelzanlage beschädigt wurden. Der Anspruch aus § 906 Abs 2 S 2 wird durch den Bezug zu dem von der Immission betroffenen Grundstück bestimmt und begrenzt **(Immobiliarbezogenheit)** und ist ein aus dem Grundstückseigentum abgeleiteter Anspruch (BGHZ 92, 143, 145 [Kupolofen]; jedoch zum Kreis der Berechtigten ebenso offenlassend wie BAG NJW 2000, 3369, 3371; BGH NJW 2010, 3160 [kein Schmerzensgeld]; 2009, 3787 Rn 17 [Feuerwerksrakete] mit Anm H ROTH LMK 2009, 294262; für einen Ausgleichsanspruch dagegen WILHELMI 89). Aus diesem Grund sind Schäden nicht ersatzfähig, die nicht über das betroffene Grundstück und seine Benutzung, sondern durch die Immission des Störers unmittelbar an beweglichen Sachen **bloßer Benutzer** herbeigeführt wer-

108

den. Vielmehr ist auf Seiten des Anspruchstellers stets eine Störung seines Eigentums oder Besitzes an einem Grundstück erforderlich (ebenso BAG NJW 2000, 3369, 3371; OLZEN JURA 1991, 281, 284 mwNw; **aA** MARBURGER 119; STAUDINGER/KOHLER [2010] Einl 139 zum UmweltHR; LARENZ/CANARIS § 85 II S 664; KONZEN 203; GERLACH 238 f; RONELLEN-FITSCH/R WOLF NJW 1986, 1956, 1960; GAENTZSCH NVwZ 1986, 601, 603, 606 in Anlehnung an §§ 3 Abs 1, 5 Abs 1 Nr 1 BImSchG; BOMHARD VersR 1974, 1008; SALJE DAR 1988, 302 [Gesetzesanalogie zu den §§ 906 Abs 2 S 2 BGB, 14 S 2 BImSchG]; J HAGER JURA 1991, 306 f; für eine behutsame Erweiterung auch jurisPK-BGB/VIEWEG/REGENFUS[7] Rn 29). Bloße Benutzer sind auf Schadensersatzansprüche aus § 823 Abs 1, 2 BGB und § 1 UmweltHG angewiesen (zu den Voraussetzungen HP WESTERMANN 112 f). Wegen des berührten Persönlichkeitsrechts werden nach §§ 1004, 906 neben dem Eigentümer und dem Besitzer auch deren **Familienangehörige** geschützt, selbst wenn diese nicht besitzen (zutreffend DEUTSCH VersR 1984, 1101).

c) Erweiterungen der geschützten Rechtsgüter; Immobiliarbezogenheit
aa) Fahrnis des Eigentümers

109 Rechte an **beweglichen Sachen** könnten bei isolierter Betrachtung für sich keinen Ausgleichsanspruch begründen, sodass stets eine Eigentums- oder Besitzstörung an einem Grundstück vorausgesetzt wird. Die Duldungspflicht besteht aber nicht nur für das Grundeigentum, sondern auch für die sich auf dem Grundstück befindliche **Fahrnis**, so zB das Eigentum an der erschütterten Standuhr, an Topfpflanzen bei der Immission von Gasen oder an eingegangenen weidenden Tieren, wenn der Eigentümer der Fahrnis zugleich Eigentümer oder Besitzer des Grundstücks sein (BGH NJW 2008, 992, 993; OLG Düsseldorf VersR 1995, 1446, 1447 [Schäden an in Pikierkästen eingetopften Erikakulturen]; HECK, Sachenrecht 220; PLANCK/STRECKER Anm 2; LARENZ/CANARIS § 85 II 5 S 662 f; KONZEN 203; GERLACH 236 f; WILHELMI 85 f). Für erforderlich wurde es wohl zunächst gehalten, dass die Schäden sich aus der Beeinträchtigung der Substanz oder der Nutzung des betroffenen Grundstücks selbst entwickeln (BGHZ 92, 143, 145: „allenfalls"; dazu jurisPK-BGB/VIEWEG/REGENFUS[7] Rn 24). So liegt es etwa, wenn Inventar durch den **Gebäudeeinsturz** zerstört wird. Nunmehr wird es mit Recht für ausreichend erachtet, dass etwa sich auf dem Grundstück befindliche Betriebsmittel wie **Warenvorräte** unmittelbar durch die auf das Grundstück einwirkenden Immissionen, zB durch *Rauch, Ruß* oder *Löschwasser* beschädigt werden (BGH NJW 2008, 992, 993 mit Anm K SCHMIDT JuS 2008, 559 in Klarstellung zu BGHZ 92, 143 [„Kupolofen"]). Stets ist aber eine Störung des Eigentums oder Besitzes an einem Grundstück erforderlich. Zum Ausgleich dient der Ausgleichsanspruch aus § 906 Abs 2 S 2 oder der bürgerlich-rechtliche Aufopferungsanspruch (oben Rn 66).

bb) Gesundheitsschäden

110 Abwehrfähig nach § 1004 Abs 1 analog und ersatzfähig in den Grenzen des § 906 Abs 2 S 2 oder eines bürgerlich-rechtlichen Aufopferungsanspruches (oben Rn 66) sind grundsätzlich auch **Gesundheitsschäden**, die der Immobiliarberechtigte erleidet (LARENZ/CANARIS § 85 II 5 S 663; GERLACH 236 ff; FORKEL 61 f; NASSALL jurisPR-BGHZivilR 22/2010, Anm 4; krit jurisPK-BGB/VIEWEG/REGENFUS[7] Rn 27: praktisch sehr selten zu § 906 Abs 2 S 2; ganz abl OLZEN Jura 1991, 281, 284; offenlassend BGH NJW 2010, 3160 Rn 9). Doch erstreckt sich die Norm gleichwohl nicht auf die Gewährung von **Schmerzensgeld** (BGH NJW 2010, 3160; unten Rn 262). Dem Grundsatz nach liegt der Maßstab der erheblichen Belästigung oder des erheblichen Nachteils bei § 906 **unterhalb der Grenze**, von der ab Immissionen eine Gesundheitsgefahr darstellen (BGH NJW 2001, 3054, 3055).

Die Gefahr von Gesundheitsschäden macht die Immission stets zu einer wesentlichen und ist daher mit § 1004 Abs 1 abwehrbar. Andererseits setzt die Bejahung von „Wesentlichkeit" keine Gefahr von Gesundheitsschäden voraus (**aA** OLG Rostock U v 13. 5. 2009 Az 3 U 3/08 juris [Infraschall]). Fraglich ist nach der anderen Seite, ob Gesundheitsbeeinträchtigungen im engeren Sinne über die Grenzen des § 906 hinaus nach § 1004 analog abwehrfähig sind und damit einen stärkeren rechtlichen Schutz genießen als das Eigentum. ME müssen wegen der im BImSchG ausgedrückten Wertung **Gesundheitsschäden** nie hingenommen werden, selbst wenn sie „ortsüblich" sind. Sie können daher über § 1004 analog grundsätzlich abgewehrt werden (WILHELMI 92; unten Rn 231; nicht ganz so weitgehend PETERSEN 8 f; sonderbarerweise nicht erörtert in der Habilitationsschrift [!] von MÖLLERS, Rechtsgüterschutz im Umwelt- und Haftungsrechts [1996] 38 ff mit einer unzutreffenden Vermengung von Erheblichkeit und Ortsüblichkeit auf S 44 und einem Fehlzitat in Fn 109). Häufig wird es allerdings schon an der Ortsüblichkeit fehlen. Scheitert ein Abwehranspruch aus rechtlichen oder tatsächlichen Gründen, so ist etwa nach § 906 Abs 2 S 2 analog (bürgerlich-rechtlicher Aufopferungsanspruch; oben Rn 66) ersatzfähig der Gesundheitsschaden, den ein *Asthmakranker* durch eine wesentliche, nicht ortsübliche Immission erlitten hat. Wegen der **Immobiliarbezogenheit** des § 906 sind nicht zu einer Abwehr nach §§ 1004, 906 berechtigt diejenigen Personen, die in ihrer Gesundheit beeinträchtigt sind, ohne dass ein Bezug zu dem betroffenen Grundstück hergestellt ist. So liegt es zB bei Personen, die sich dort nur zur Erholung aufhalten wie *Spaziergänger* oder *Wanderer* (zutreffend LARENZ/CANARIS § 85 II 6 S 663 f; AK-BGB/WINTER Rn 37 gegen G H ROTH NJW 1972, 921; FORKEL 70 ff; HECK, Sachenrecht 217; zur „Immobiliarbezogenheit" auch E LANG AcP 174 [1974] 381, 385). Diesem Personenkreis steht auch kein Ausgleichsanspruch aus § 906 Abs 2 S 2 oder ein verschuldensunabhängiger Aufopferungsanspruch zu. Die erforderliche Immobiliarbezogenheit fehlt auch für *Arbeitnehmer* (oben Rn 108; aA LARENZ/CANARIS § 85 II 6 S 663 f), weil es sich nicht um einen grundstücksvermittelten Schaden handelt. Ansprüche lassen sich nur aus § 823 Abs 1, 2 BGB oder aus § 1 UmweltHG herleiten. Diese Wertung entspricht auch dem öffentlichen Immissionsschutzrecht, wo in derartigen Fällen gleichfalls ein Klagerecht derart betroffener Personen verneint wird (JARASS DVBl 1985, 193, 195; ders NJW 1983, 2844, 2847 f).

cc) Immobiliarbezogenheit auf der Passivseite

Die **Immobiliarbezogenheit** ist auch auf der **Passivseite** im Hinblick auf das beeinträchtigende Grundstück erforderlich. So setzt der nachbarrechtliche Aufopferungsanspruch nach § 906 Abs 2 S 2 analog voraus, dass die „beeinträchtigende Einwirkung von einer der konkreten Nutzung entsprechenden Benutzung des Nachbargrundstücks ausgeht und zu dieser einen sachlichen Bezug aufweist" (BGH NJW 2009, 3787 = NZM 2009, 834 [Feuerwerkrakete] mit zust Anm H ROTH LMK 2009, 294262; Nachfolgeentscheidung OLG Stuttgart NJOZ 2011, 497; BENECKE ZJS 2010, 114; POPESCU/MAJER NZM 2010, 231; LAKKIS/RUPP JA 2012, 411; ST SCHREIBER NJ 2010, 35; ZOTT/LIEHR JA 2011, 260; krit KATZENSTEIN, in: FS Picker [2010] 425, 441): verneint für eine vom Nachbargrundstück abgeschossene **Feuerwerksrakete**. Präziser wäre es wohl, lediglich den Zustandsstörer und nicht den bloßen Handlungsstörer ausreichen zu lassen (so H ROTH LMK 2009, 294262). **111**

2. Von einem anderen Grundstück ausgehend (Eingriff von außen)

a) Mietwohnungen

112 Die Anwendung der §§ 1004 Abs 1, 906 setzt wegen des grundstücksbezogenen Regelungszusammenhangs des § 906 eine die **Grundstücksgrenze überschreitende Einwirkung** voraus, also einen Eingriff von außen (BGHZ 198, 327 Rn 13; 157, 188, 193; BGH NJW 2008, 1810, 1811; oben Rn 70). Deshalb reicht es für die Annahme eines bürgerlich-rechtlichen Aufopferungsanspruches (oben Rn 69) grundsätzlich nicht aus, wenn die Nutzung eines Teils des Grundstücks durch die Nutzung eines anderen Teils desselben Grundstücks beeinträchtigt wird, etwa durch Grobimmissionen einer **Mietwohnung** auf eine andere Mietwohnung innerhalb desselben Grundstücks (BGHZ 157, 188, 190 = NJW 2004, 775 [geplatzter Wasserschlauch] mit insoweit zust Anm H ROTH JZ 2004, 918 f; ders LMK 2014, 355577 sub 3: kein Anspruch aus § 906 Abs 2 S 2 analog; aA LÜNEBORG NJW 2012, 3745, 3750; oben Rn 5 zu den unterschiedlichen Falltypen). Bei Grobimmissionen fehlt es an der für eine Analogie vorausgesetzten Lücke. Anders liegt es mE aber im direkten Anwendungsbereich des § 906 Abs 2 S 2 (H ROTH JZ 2004, 919 gegen das obiter dictum von BGHZ 157, 188 und PALANDT/BASSENGE[74] Rn 4; oben Rn 5). Auch legt § 906 Abs 1 S 1 die Wesentlichkeitsschwelle im Rahmen des Abwehranspruches aus § 862 fest (oben Rn 5).

b) Verschachtelter Überbau; Benutzer verschiedener Anlagen

113 § 906 ist im Falle eines **verschachtelten Überbaus** (§ 912 Rn 58) analog anwendbar, soweit es um die Beeinträchtigung der Nutzung von Räumen des einen Eigentümers auf seinem Grundstück geht, die auf Einwirkungen beruht, welche von auf demselben Grundstück liegenden Räumen ausgehen, die eigentumsrechtlich dem anderen Grundstückseigentümer zuzurechnen sind (BGH NJW 2008, 1810, 1811 f). § 906 ist wenigstens entsprechend anwendbar, wenn **mehrere Benutzer verschiedener Anlagen** auf demselben Grundstück sich gegenseitig beeinträchtigen. So liegt es etwa, wenn die Gasrohre eines Gaswerks durch vagabundierende elektrische Ströme einer Straßenbahn, welche dieselbe Straße benutzt, in der die Rohre liegen, beschädigt werden (MOSICH JherJb 44 [1930] 255, 278 f; gegen RGZ 81, 216; PLANCK/STRECKER Anm 3 b; BGB-RGRK/AUGUSTIN Rn 27; K SCHMIDT JuS 1974, 257 f; gegen eine Gleichstellung auch PWW/ LEMKE[9] Rn 10; oben § 905 Rn 36). Dagegen liegt kein Fall des § 906 vor, wenn die Immissionen nicht von einem *Ufergrundstück* ausgehen, sondern von einem *Strandbad,* soweit durch das Baden auf Fische eingewirkt und hierdurch sowie durch die Anlagen im Wasser (Bojen und Steganlagen) der Fischfang beeinträchtigt wird (BGH MDR 1973, 1013; auch TOUSSAINT jurisPR-BGHZivilR 31/2007 Anm 2 zu BGH Urteil v 31. 5. 2007 Az III ZR 258/06).

c) WEG; Sondernutzungsrechte; ideelles Miteigentum

114 Im Bereich von **WEG** und **ideellem Miteigentum** gilt für den verschuldensunabhängigen Ausgleichsanspruch nach § 906 Abs 2 S 2 folgendes (Überblick bei GRZIWOTZ MietRB 2014, 122 ff; H ROTH LMK 2014, 355577): Bei gestörtem Sondereigentum nach § 1 Abs 2 WEG besteht ein Ausgleichsanspruch des Geschädigten bei Beeinträchtigung durch **störendes Sondereigentum** (BGHZ 198, 327 = NJW 2014, 458 mit zust Anm DÖTSCH; Anm H ROTH LMK 2014, 355577 sub 3a; DÖTSCH ZWE 2014, 86; ders NZM 2010, 607; GÜNTHER VersR 2014, 517; B MÜLLER IMR 2014, 25; krit WÜRDINGER JZ 2014, 690 [keine planwidrige Regelungslücke]; OTT ZfIR 2014, 70: Wasserschaden durch abgelöste Schlauchverbindung; anders noch LG Konstanz NJW-RR 2009, 1670). Der Störung von Sondereigentum durch

Sondereigentum steht gleich ein im Grundbuch nach dem WEG eingetragenes, durch ein anderes Sondernutzungsrecht gestörtes **Sondernutzungsrecht** (BGHZ 174, 20 = NJW 2007, 3636 mit Anm H ROTH LMK 2008, 251353; ders LMK 2014, 355577 sub 3b). Doch scheidet ein Anspruch aus, wenn das Sondereigentum durch Beeinträchtigungen gestört wird, die von **Gemeinschaftseigentum** ausgehen (BGHZ 185, 371 = NJW 2010, 2347 mit Anm H ROTH LMK 2010, 306351; ders LMK 2014, 355577 sub 3c; LG München I ZMR 2011, 62 [bestätigt durch den BGH]; LG Itzehoe ZWE 2010, 329; BECKER ZfIR 2010, 645; BRIESEMEISTER ZWE 2010, 325; DÖTSCH NZM 2010, 607; REINELT jurisPR-BGHZivilR 14/2010 Anm 1; abl P BRUNS JZ 2010, 902: Wassereinbruch aufgrund eines Konstruktionsfehlers an einem Tür-Fenster-Element der WEG-Anlage). Wegen der vergleichbaren Interessenlage dürfte das auch gelten, wenn umgekehrt das Gemeinschaftseigentum durch **Sondereigentum** beschädigt wird (DÖTSCH NZM 2010, 607, 610; ders NJW 2014, 462 [aber zweifelnd]). Ebenfalls kein Anspruch wird gewährt, wenn außerhalb des WEG **ideelle Bruchteilseigentümer** eines Hausgrundstücks einzelne Wohnungen des Hauses zur jeweiligen ausschließlichen Nutzung nach den §§ 745 Abs 2, 1010 zugewiesen haben (BGH NJW 2012, 2343; zust H ROTH LMK 2014, 355577 sub 3d; BRINKMANN IMR 2012, 205: Wasserschaden in der Erdgeschosswohnung durch Riss am Durchlauferhitzer in der darüber liegenden Wohnung).

d) Mittelbare Einwirkungen

Die schwersten Schädigungen gehen oft nicht von benachbarten, sondern von **weiter** **115** **entfernten** Grundstücken aus (PRÜTTING, Sachenrecht[34] Rn 327). Es ist daher weithin anerkannt, dass das andere Grundstück nicht unmittelbar benachbart zu sein braucht oder angrenzen muss (BGH LM Nr 6; BGB-RGRK/AUGUSTIN Rn 27; WOLFF/RAISER, Sachenrecht § 52 S 182; E WOLF, Sachenrecht 164 f; KÜHN 62; KRÜGER, in: FS Säcker [2011] 92). Entscheidend ist, wie weit sich die Einwirkung erstreckt (RGZ 50, 322; 105, 216; E LANG AcP 174 [1974] 381, 386; SIMITIS VersR 1972, 1087, 1091). So ist Störungsquelle der Belästigung durch den Straßenverkehr das *Straßengrundstück* (BGHZ 49, 148 = LM Nr 26 mAnm MATTERN; BGH NJW 1971, 94; H WESTERMANN, in: 1. FS Larenz [1973] 1003, 1011 Fn 13). Auch der mit einer **Großbaustelle** („ICE-Baustelle") verbundene Schwerlastverkehr ist dem Träger des Bauvorhabens zuzurechnen (OLG München NZM 2008, 821, 822). Vergleichbar gehen Geräuschimmissionen, die ein Grundstück durch benachbartes Landen und Starten von Düsenflugzeugen erleidet, iS des § 906 Abs 1 von einem „anderen" Grundstück aus, nämlich dem *Flugplatzgelände* (MEISNER/RING/GÖTZ § 13 Rn 18; jurisPK-BGB/VIEWEG/REGENFUS[7] Rn 28). Unerheblich ist, dass die störenden Geräusche unmittelbar von den Flugzeugen über dem Grundstück des Gestörten erzeugt werden (BGH NJW 1973, 326). Lärmimmissionen werden dem Flughafenunternehmer jedenfalls insoweit zugerechnet, als das beeinträchtigte Grundstück in dem nach §§ 2 ff FluglärmG ausgewiesenen *Lärmschutzbereich* des Flughafens liegt (BGHZ 69, 105 = LM Nr 53 mAnm HAGEN). Auch soweit landende und startende Flugzeuge schon oder noch unterhalb der Mindestflughöhe fliegen, ist der von ihnen verursachte Fluglärm einem *Landeplatzhalter* als Störer zuzurechnen (BGHZ 69, 118; auch BGH MDR 1980, 655; zust MARTIN NJW 1972, 558, 560; H WESTERMANN ZLR 1957, 259, 266; BEINE ZLR 1958, 369; RUHWEDEL NJW 1971, 641, 646; **aA** ACHTNICH DB 1962, 563; zum Fluglärm unten Rn 148). Der Lärm von Gaststättenbetrieben geht auch dann von dem *Gaststättengrundstück* aus, wenn die Geräusche nicht auf dem Grundstück selbst oder dem dazu gehörenden Parkplatz, sondern durch an- und abfahrende PKW sowie aus der Unterhaltung der Gäste auf der öffentlichen Straße in der Umgebung des störenden Grundstücks erzeugt werden (BGH LM Nr 17 [Clubbetrieb der

Stationierungsstreitkräfte, gegen RGZ 57, 239, 240]; jurisPK-BGB/Vieweg/Regenfus[7] Rn 31; AK-BGB/Winter Rn 38; Scherer BB 1965, 253, 255; aA wohl BGB-RGRK/Augustin Rn 27; Planck/Strecker Anm 3b). Doch kann der Eigentümer eines *Zwischengrundstücks* nicht nach den §§ 1004, 906 belangt werden, wenn etwa Ruß vom Ausgangsgrundstück, der sich auf sein Grundstück niedergelegt hat, von diesem durch den Wind ohne menschliches Zutun auf das gestörte Grundstück getrieben worden ist (Mosich JherJb 44 [1930] 255, 280). Zumindest entsprechend kann § 906 angewendet werden, wenn die Immission nicht unmittelbar vom Nachbargrundstück ausgeht, sondern durch **übermäßige Gehsteigbenutzung** hervorgerufen wird (BGHZ 62, 361, 367 = LM Nr 45 mAnm Mattern).

3. Zugeführte Einwirkungen

§ 906 wählt die im BGB seltene **Beispielstechnik**, indem der Einwirkungsbegriff nicht definiert, sondern durch die Beispiele des § 906 Abs 1 veranschaulicht wird (Mot III 265 = Mugdan III 146), weil sich ein für alle Fälle gültiges Merkmal nicht finden lässt. Die Fortentwicklung der Auslegung des § 906 wurde damit bewusst der Praxis überlassen (dazu Jauernig JZ 1986, 605, 606).

a) Begriff; Abgrenzung

116 Die Rspr definiert ausgehend von den im Gesetz aufgeführten Beispielen **Immissionen** als „sinnlich wahrnehmbare, wenn auch unwägbare Einwirkungen, die entweder auf das Grundstück und die dort befindlichen Sachen schädigend einwirken oder auf dem Grundstück sich aufhaltende Personen derart belästigen, dass ihr gesundheitliches Wohlbefinden gestört oder ein körperliches Unbehagen bei ihnen hervorgerufen wird". Maßgebend ist damit die weithin unkontrollierbare und **unbeherrschbare Ausbreitung** (etwa BGHZ 117, 110, 112 [Bienenflug]; BGHZ 95, 307 = JZ 1986, 146 mAnm Paschke [ideelle Beeinträchtigung durch Ausübung der Prostitution verneint]; BGHZ 88, 344, 346 = JZ 1984, 848 mAnm Mühl [Abschattung von Funkwellen verneint]; BGHZ 51, 396, 397; BGHZ 62, 361, 366; LG Dessau NJW-RR 2013, 87; ebenso in der Ausgangsinterpretation BGB-RGRK/Augustin Rn 6; Bamberger/Roth/Fritzsche[3] Rn 20 ff; Palandt/Bassenge[74] Rn 5; Soergel/JF Baur[13] Rn 34; MünchKomm/Säcker[6] Rn 30; NK-BGB/Ring[3] Rn 27; jurisPK-BGB/Vieweg/Regenfus[7] Rn 34; StudK-BGB/M Wolf Anm 2 a; AK-BGB/Winter Rn 36; Planck/Strecker Anm 3; Heck, Sachenrecht 218 ff; Wolff/Raiser, Sachenrecht 188 f; Kühn 63 f; Mattern WM 1972, 1410, 1413). Der gebräuchliche Ausdruck **„Imponderabilien"** ist nicht genau, weil etwa Ruß oder Rauch wägbar sind (vgl RGZ 160, 383; Wolff/Raiser, Sachenrecht 188; Planck/Strecker Anm 3 a). Der Sache nach sind gemeint die Einwirkungen von unkörperlichen oder leichten körperlichen Stoffen (zutreffend M Wolf/Wellenhofer, Sachenrecht[29] § 25 Rn 5; Wilhelm Sachenrecht[4] Rn 671: „leichtgewichtig"; Kühn 62; erwägenswert der Vorschlag von Jauernig JZ 1986, 605, 608, wonach Einwirkungen iS des § 906 nur solche sind, die je nach ihrer Intensität überhaupt nicht, wesentlich oder unwesentlich beeinträchtigen *können;* so jetzt auch BGHZ 117, 110, 112 f; auch Meisner/Ring/Götz § 13 Rn 10). Missverständlich ist das Abstellen der hL auf die „auf dem Grundstück sich aufhaltenden Personen", weil damit die vorausgesetzte **Immobiliarbezogenheit** des § 906 (oben Rn 108 ff) verwischt wird. Auch weiß das Gesetz nichts von dem Erfordernis einer „schädigenden" Wirkung, sodass störende Einwirkungen genügen (ebenso Dehner B § 16 II 1; krit auch E Wolf, Sachenrecht 167; offengelassen von Spiess JuS 1980, 100, 101 Fn 7; anders Palandt/Bassenge[74] Rn 5). Nicht unter § 906 fallen **Unfallschäden** wie etwa Explosionsschäden, weil der der Norm zugrunde liegende Gedanke einer sinnvollen

Nutzung des Grundstücks im nachbarlichen Raum von vornherein nicht passt (H Roth LM § 906 Nr 101; Süss 103 f)

aa) Grobimmissionen

Keine Einwirkungen iS des § 906 sind **feste Körper nicht unerheblichen Umfangs**, zB   **117** *Steinbrocken* aus Sprengungen (BGHZ 28, 225) oder angeschwemmtes *Geröll* und *Schlamm* (BGHZ 58, 149 [Marinedamm]; anders LG Koblenz NJW-RR 1991, 655), *Erdrutschungen* durch den Bergbau (OLG Köln VersR 2009, 350, 352 [Abgrenzung zu § 114 BBergG), von Zügen herabgeschleuderte *Erzkugeln* (OVG Bremen NVwZ-RR 1993, 468, 473), *Fußbälle* (OVG Münster DWW 1990, 59, 62; **aa** iE VGH Kassel NJW 1993, 3088 [landwirtschaftlich genutztes Grundstück]; VGH München NJW 2005, 1882 [Sozialadäquanz]) oder *Überwuchs* (OLG Schleswig NJOZ 2011, 344). Über einen (öffentlich-rechtlichen) Abwehranspruch zu verhindernde Grobimmissionen sind etwa auch auf ein Grundstück hinüberfliegende *Kugeln* aus einem Schießplatz (vgl RG WarnR 1911 Nr 330) oder auftreffende explodierende *Munition* (BGB-RGRK/Augustin Rn 24; Mattern WM 1972, 1410, 1413), zudem *Schrotladungen* aus einem Schießstand. Es handelt sich nicht um Imponderabilien (BGHZ 111, 158, 162 = BGH NJW 1990, 1910, 1911; der Entscheidung zust H Roth 16 Fn 44; abl A Schmidt 197 f). Auch *Fallobst* unterfällt nicht dem Anwendungsbereich des § 906 (insoweit **aA** AG Backnang NJW-RR 1989, 785, 786). Derartige Einwirkungen können in besonders gelagerten Ausnahmefällen aus Billigkeitsgründen gleichwohl zu dulden sein. Dabei muss es sich um **Extremfälle** wie zB die Gefährdung der Existenz des Störers handeln (zweifelhaft daher VGH Kassel NJW 1993, 3088). Der zur Duldung verpflichtete Eigentümer hat dann unter dem Gesichtspunkt eines bürgerlich-rechtlichen Aufopferungsanspruchs einen Anspruch auf volle Schadloshaltung ohne Rücksicht auf ein Verschulden des Störers (BGHZ 28, 225; 58, 149, 159; Palandt/Bassenge[74] Rn 4a, 35; ganz abl Konzen 208; oben Rn 69). Dabei handelt es sich um aus § 242 hergeleitetes einzelfallgebundenes **Billigkeitsrecht**, das mit der sonstigen Problematik der Aufopferungshaftung nur lose zusammenhängt (H Roth [nach Lit-Verz] S 14).

Zu den Grobimmissionen zählen auch **größere Tiere** wie etwa eindringende *Hunde,*   **118** *Hühner, Kaninchen* oder *Katzen,* die damit grundsätzlich nach § 1004 Abs 1 abwehrbar sind (OLG Köln NJW 1985, 2388; LG Bonn NJW-RR 2010, 310; Palandt/Bassenge[74] Rn 14; Erman/Wilhelmi[14] Rn 10; Endres 14). § 906 ist nicht anwendbar, sodass es – insoweit – keine Rolle spielt, ob die Nutzung des Grundstücks nicht oder nur unwesentlich beeinträchtigt wird oder Ortsüblichkeit vorliegt. Damit kann dem Grundsatz nach schon das bloße Betreten des Grundstücks durch derartige Tiere abgewehrt werden. Für **Katzen** (in Deutschland 1996 über 6 Millionen, dazu Blank ZMR 1998, 5 im Vortext) wird freilich von der Rspr das Verbietungsrecht des Nachbarn aus § 1004 Abs 1 über die Grundsätze des **nachbarlichen Gemeinschaftsverhältnisses** (Rücksichtnahmegebot) grundsätzlich mit Recht weitgehend ausgeschlossen (zust Endres 69; unten Rn 247). So wird etwa eine Duldungspflicht hinsichtlich *einer* Katze (nicht aber von fünf Katzen) in einer Wohngegend in einem Vorortviertel bejaht (OLG Köln NJW 1985, 2338; ebenso oder ähnlich OLG Celle NJW-RR 1986, 821; LG Oldenburg NJW-RR 1986, 883; AG Diez NJW 1985, 2339 [ein bis zwei Katzen]; OLG München NJW-RR 1991, 17 [zwei Katzen]; LG Darmstadt NJW-RR 1994, 147 [mehr ländlich geprägte Wohngegend]; AG Neu-Ulm NZM 1999, 4321 [1 Katze: Wohngebiet mit Einfamilien- und Reihenhäusern; nicht aber von 17 (!) Katzen]; LG Augsburg NJW 1985, 449 [Wohnvorort, freilich mit bedenklicher Begründung]; dazu Dieckmann NJW 1985, 2311; krit aber Grziwotz IMR 2010, 200 wegen der Ungleichbehandlung von Katzen und Hunden). Unrichtig ist es, den Beseitigungsanspruch des Nachbarn gem § 1004 Abs 1 stets für durchgreifend zu halten, ohne dem nachbarlichen Gemeinschaftsverhältnis Raum zu gewähren (so aber AG Passau NJW 1983, 2885; unten Rn 247). Im Ergebnis wird man das Freilaufenlassen selbst von nur 1 bis 2 Katzen über § 1004 Abs 1 aber verbieten können, wenn sie über das bloße Betreten des Grundstücks hinaus **weitere Beeinträchtigungen** verursachen, zB **Kotspuren** oder Erbrochenes hinterlassen (LG Bonn NJW-RR 2010, 310), **Lackkratzer** oder Staubablagerungen am Auto verursachen (LG Lüneburg NZM 2000, 397) und **Vögel** jagen. Der Betroffene kann zudem stets die Katzen verjagen und sie in den Grenzen des § 228 abwehren. Insbes darf nach § 228 der Singvogelbestand im Garten geschützt werden (auch LG Kassel AgrarR 1987, 58). Verboten werden kann in einer Wohngegend auch das Anfüttern von Katzen (OLG Köln NJW-RR 1989, 205 [10 Katzen]; STOLLENWERK DWW 2002, 22, 24).

119 Grobimmissionen sind auch **Flugenten** (PALANDT/BASSENGE[74] § 903 Rn 13; **aA** OLG Oldenburg VersR 1976, 644) und vor allem **Tauben** (BGB-RGRK/AUGUSTIN Rn 24; ERMAN/WILHELMI[14] Rn 10; **abl** OLG Celle NJW-RR 1989, 783 [zulässige Höchstzahl: 20 Tiere]; OLG Frankfurt NJW-RR 2006, 517 [20 Tauben mit einem Freiflug von täglich 30 Minuten im Rahmen des WEG]; differenzierend zwischen Überflug [§ 905] und Verschmutzung ENDRES 14 f; OLG Düsseldorf MDR 1968, 841 [LS] mAnm KUJATH; KG RdL 1969, 54; AG Hamburg MDR 1970, 329; HECK, Sachenrecht 219; PALANDT/BASSENGE[74] § 903 Rn 13). Bei Brieftauben kann sich ausnahmsweise für bestimmte Zeiträume und beschränkt auf eine gewisse Anzahl ein Duldungsanspruch aus dem nachbarlichen Gemeinschaftsverhältnis ergeben, soweit das betreffende Gebiet von der Taubenhaltung **geprägt** wird, wie zB in Teilen des Ruhrgebiets (vgl OLG Celle NJW-RR 1989, 783 [ländliches Gebiet]; LG Itzehoe NJW-RR 1995, 979 [100 Tauben]). Ansonsten besteht ein Verbietungsrecht aus § 1004 Abs 1 (großzügiger OLG Hamm MDR 1988, 966, 967 [bis zu 10 Tauben]; ebenso LG Hamburg DWW 1991, 339; zu weitherzig auch LG München II NJW-RR 1992, 462). Ob *Möwen* und *Krähen* zu den Grobimmissionen zählen, wird von der Rspr offengelassen (BGH NJW 1980, 770). ME ist es zu bejahen.

bb) Flüssigkeiten

120 Zu den nicht nach §§ 1004 Abs 1, 906 zu duldenden Einwirkungen gehört das Eindringen von Flüssigkeiten wie *Schlamm, Öl* oder **Wasser**, insbes auch *Sickerwasser* und **Niederschlagswasser** (BGHZ 90, 256, 258; LG Kassel MDR 1959, 844 [LS]; OLG Naumburg OLG-NL 2002, 128; OLG Nürnberg RdL 1972, 10; OLG Saarbrücken OLGReport 2006, 627 [aber undeutlich]; AG Brake NdsRpfl 1975, 271; BREUER, Öffentliches und privates Wasserrecht [3. Aufl 2004] Rn 239; PALANDT/BASSENGE[74] § 903 Rn 7/8; ERMAN/WILHELMI[14] Rn 12; BGB-RGRK/AUGUSTIN Rn 24; WOLFF/RAISER, Sachenrecht 189; F BAUR JZ 1964, 750 [Öl]). Das Eindringen von *wild abfließendem Regenwasser* oder *Schneeschmelze* kann aber nur über § 1004 Abs 1 abgewehrt werden, sofern eine Verhinderungspflicht des Eigentümers anzunehmen ist (verneint in OLG Naumburg OLG-NL 2002, 128; ausführlich STAUDINGER/GURSKY [2013] § 1004 Rn 61 [nicht abwehrbar, da natürliche Immission]; dazu LG Paderborn VersR 1958, 388; LG Kassel MDR 1959, 844 [LS]; M WOLF/WELLENHOFER, Sachenrecht[29] § 25 Rn 6). So ist ein Nachbar (auch im Anwendungsbereich von § 27 NachbG NW) nicht verpflichtet, sein Grundstück zB durch Entwässerungsrinnen oder durch Verwendung wasserundurchlässigen Betons so zu gestalten, dass der natürliche Wasserablauf vom Nachbargrundstück ferngehalten wird (OLG Köln VersR 2003, 911). Grundsätzlich fällt hierunter aber *Spritzwasser* von einer Straße (VGH München NVwZ 1998, 536 [aber Duldungspflicht aus nachbarlichem Gemeinschaftsverhältnis]). § 906 erfasst jedoch den Fall, dass unwägbare Substanzen wie zB Rückstände eines auf einem Grundstück versprühten chemischen **Unkrautvernichtungsmittels** durch *wild abfließendes Niederschlagswasser* einem anderen Grundstück zugeführt werden (BGHZ 90, 256, 259). Dasselbe gilt für in Schmelzwasser aufgelöstes *Tausalz* (OLG Jena OLGReport 2006, 663). Auch *phenolhaltiges Abwasser* wurde als Einwirkung iS des § 906 angesehen (LG Bayreuth BB 1959, 177). Einschränkungen des Verbietungsanspruchs aus § 1004 Abs 1 können sich aus *öffentlichem und privatem* **Wasserrecht** ergeben (BGH VersR 1965, 689; PALANDT/BASSENGE[74] Rn 4a; DEHNER B § 16 II 4; STADLER 132 ff).

Das Eindringen von **Flüssigkeiten** fällt unter § 906, wenn diese in der Luft suspendiert sind wie zB der „saure Regen" (Mot III 265 = MUGDAN III 146; RG SeuffA 76 Nr 90; BGB-RGRK/AUGUSTIN Rn 24; SOERGEL/JF BAUR[13] Rn 71). Deshalb ist das Eindringen von zerstäubtem Wasser eines *Springbrunnens* ein Fall des § 906, nicht aber das Eindringen des ganzen Wasserstrahls, auch wenn er durch den Wind auf das Nachbargrundstück getrieben wird (DEHNER B § 16 II 4 Fn 38 d). Auch in auftauendem Schnee *aufgelöstes Streusalz* dürfte unter § 906 fallen (BGHZ 90, 256, 259 f [gegen OLG Karlsruhe AgrarR 1983, 219]; auch OLG Zweibrücken DWW 1986, 77, 78; zudem KÜSTLER RdL 1986, 115). Ohne Weiteres über § 1004 abgewehrt werden kann auch die Beregnung durch einen auf das Nachbargrundstück reichenden **Rasensprenger**. **121**

cc) Negative Immissionen; insbesondere das Rücksichtnahmegebot
Nach hL fallen nicht unter § 906 sog **negative Immissionen**, die keine die Grundstücksgrenze überschreitende sinnlich wahrnehmbare Wirkung entfalten (OLG München BeckRS 2008, 09773 [Aufenthalt von Personen auf dem Beklagtengrundstück, welcher die tatsächliche Nutzung des Grundstücks des Klägers als Sonderlandeplatz wegen luftrechtlicher Auflagen beeinträchtigt]; KLINDT ZMR 1993, 204) wie zB das Abhalten von natürlichen Zuführungen wie *Licht* und *Luft* (BGH Urt v 10. 7. 2015, Az V ZR 229/14, juris; BGHZ 88, 344 = JZ 1984, 848 mAnm MÜHL; BGH NJW-RR 2003, 1313 [Zubau eines Fensters durch Errichtung eines direkt angrenzenden Wintergartens]; BGH LM § 903 Nr 1 und 2; LG Hamburg ZMR 2013, 992, 994 [Verschattung des Grundstücks]; OLG München, Urteil vom 27. 6. 2012, Az 20 U 4726/11, juris; ebenso BGB-RGRK/AUGUSTIN Rn 8; ERMAN/WILHELMI[14] Rn 11; MünchKomm/BALDUS[6] § 1004 Rn 124 ff; SOERGEL/JF BAUR[13] Rn 33; SCHERER DRiZ 1963, 49, 50; MARBURGER 101; JAUERNIG JZ 1986, 605, 609; EICHENHOFER NJW 2008, 2828, 2829; **anders** PWW/LEMKE[9] Rn 9; OSTENDORF JuS 1974, 756, 758; PLEYER JZ 1959, 306; TIEDEMANN MDR 1978, 272; PICKER, Negatorischer Beseitigungsanspruch 108 ff; StudK-BGB/M WOLF Anm 2 a; insbes HECK, Sachenrecht 218 f; OLG Düsseldorf NJW 1979, 2618; viele wN bei STAUDINGER/GURSKY [2013] § 1004 Rn 65 ff). So soll über §§ 1004, 906 nicht abwehrbar sein die Entziehung von Licht und Luft durch *Bäume* (BGH Urt v 10. 7. 2015, Az V ZR 229/14, juris; OLG Düsseldorf NVwZ 2001, 594, 595; MDR 1980, 54; LG Frankfurt aM NJW-RR 1986, 503), sodass weder das Fällen von Bäumen noch das Kappen der Kronen oder die Auslichtung von Zweigen verlangt werden kann (LG Hamburg MDR 1963, 50; AG Hamburg-Wandsbek BlGBW 1964, 143; LG Hamburg BlGBW 1964, 143; anders mit Recht AG Mettmann WuM 1991, 576 [Rücksichtnahmegebot]). Allerdings kann ein **Anpflanzungsverbot** vertraglich vereinbart werden (LG Stade BlGBW 1964, 144 [LS]). Das Gleiche gilt für die Entziehung von Licht und Luft durch ein *Bauwerk,* sodass auch eine etwa dadurch eintretende Wertminderung unbeachtlich bleibt (vgl BGH NJW-RR 2003, 1313, 1314; OLG Hamburg MDR 1963, 135; OLG Celle NdsRpfl 1959, 180; OLG Saarbrücken JBlSaar 1960, 88; LG Dortmund MDR 1965, 43). Überhaupt soll – dem Grundsatz nach – das *Zubauen der freien Aussicht* über §§ 1004, 906 nicht geschützt sein (BGH LM § 903 Nr 1 mAnm PRITSCH; HULVERSHORN NJW **122**

1961, 1448; WOLFF/RAISER, Sachenrecht 189; zur öffentlich-rechtlichen Seite BVerwG NVwZ 1995, 895 [§ 47 VwGO]; NVwZ 1994, 686 [kein Schutz der Aussicht]; VGH Mannheim NVwZ-RR 1994, 638; zur Beeinträchtigung der Aussicht durch einen Schilfmattenzaun AG Köln MDR 1961, 1015 mAnm WEIMAR; zur Verdeckung von Werbeanlagen durch die Werbeanlagen des Nachbarn TSCHIERSCHKE ZMR 1969, 8, 9; wNw bei STAUDINGER/GURSKY [2013] § 1004 Rn 65, 68).

123   Auch das **Abhalten des Windes** von einer *Windmühle* (RG JW 1909, 161), einer *Windkraftanlage* (OLG Frankfurt NJW-RR 2000, 1542, 1543 f [Abschattungs- und Verwirbelungseffekte]), die *Behinderung des Kaltluftabflusses* von einem benachbarten Weinberg (BGHZ 113, 384, 387 f) oder das *Abprallen des Windes und des Regens* von einem Neubau (RG Gruchot 58 [1914] 1028) werden nicht über die §§ 1004, 906 für verbietbar gehalten. Das Gleiche soll für **Blendwirkungen** durch den hellweißen Anstrich eines Nachbargebäudes gelten (OLG Düsseldorf MDR 1991, 56; **aA** LG Düsseldorf DWW 1997, 188 [wechselnde Reflexionen von Sonnenlicht auf wehenden Fahnentüchern]; abl HORST DWW 1997, 361, 370) oder die Bündelung von Sonnenlicht durch ein besonders ausgestaltetes *Glasdach* (**aA** mit Recht OLG Stuttgart MDR 2009, 1099 [Blendwirkung durch Oberlicht eines Gebäudes]; ZMR 2013, 1005; LG Frankfurt aM DWW 1998, 57 [Augenschmerzen durch konzentrierte Strahlen]) oder in den Himmel gerichtete (nicht das Nachbargrundstück anstrahlende) *Laserstrahler* (OLG Zweibrücken MDR 2001, 984; HORST DWW 1997, 361, 373). Das Gleiche soll für den *Diskoeffekt von Windrotoren* gelten. In den Blendungsfällen geht es mE aber nicht um die sonst kennzeichnende Entziehung von Vorteilen, sondern gerade darum, dass der Störer die Grenzen seines Grundstücks (sogar massiv) überschreitet. Es liegen ähnliche Einwirkungen vor (unten Rn 164), wenn es sich in der Sache aufgrund einer besonderen Anlage um vom Nachbarn gesteuerte Lichtquellen wie *wehende Fahnen, Windrotoren* oder ein großes *Facettenglasdach* handelt (ebenso OLG Stuttgart MDR 2009, 1099; REGENFUS JURA 2007, 279, 286; offenlassend HORST MDR 1998, 685 zu LG Frankfurt aM DWW 1998, 57: fließende Abgrenzung) oder eine *Photovoltaikanlage* (OLG Karlsruhe NJOZ 2014, 1010 = MDR 2014, 711: keine reine Natureinwirkung; OLG Stuttgart BauR 2013, 1463 [dort Duldung nach § 906 Abs 2 bejaht, jedoch mit unklarer Interessenabwägung: Berücksichtigung des EEG als gesamtstaatliches Ziel]; die Ortsüblichkeit wurde undifferenziert bejaht; LG Heidelberg NZM 2010, 919 [Ortsüblichkeit verneint] mit zust Anm FUCHS IMR 2011, 1020). Das Gleiche gilt erst recht für das **gezielte Anstrahlen** mit Lichtquellen (zu allem RÖGER passim). In den Blendfällen kommt auch ein Begehren des Gestörten auf ein **behördliches Einschreiten** in Betracht (VG Neustadt ad Weinstraße, Urteil vom 17. 10. 2012, Az 4 K 481/12. NW, juris: reflektierendes Ziegeldach).

124   Ein Sonderfall der negativen Immissionen ist die *Abschattung von Funkwellen* durch Hochhäuser mit der Folge, dass auf dem Nachbargrundstück Fernsehempfang nicht mehr möglich ist. In derartigen Fällen soll der Eigentümer des beeinträchtigten Grundstücks nicht beanspruchen können, auf Kosten des Hochhauseigentümers Anschluss an die Sammelantenne des Hochhauses zu erhalten; auch hat er keinen Anspruch auf Zahlung eines angemessenen Ausgleichs. Allerdings kommt eine Duldungspflicht des Hochhauseigentümers zum Anschluss benachbarter Fernsehanlagen an die Sammelantenne des Hochhauses in Frage (BGHZ 88, 344 = JZ 1984, 848 m abl Anm MÜHL = LM § 1004 Nr 161 mAnm HAGEN mwNw; ausführlich STAUDINGER/GURSKY [2013] § 1004 Rn 69). Eine Rolle hat in der Praxis auch das Entziehen der *Zugluft eines Schornsteins* durch das Höherbauen auf dem Nachbargrundstück gespielt (OLG München DWW 1957, 68; LG Düsseldorf BBauBl 1957, 355; KÜRZEL BlGBW 1962, 356; BRÄHMER BauR 1973, 77). In derartigen Fällen muss eine Gestattungspflicht des Höherbauenden zum

Hochführen und Einbinden des Schornsteins angenommen werden. Problematisch ist die Anwendung der §§ 1004, 906 auch bei der Abschattung von auf dem Dach angebrachten *Sonnenkollektoren* wegen ihrer damit bewirkten Nutzlosigkeit (zweifelnd JARASS JZ 1980, 119, 124 f). Einen weiteren wichtigen Unterfall der negativen Immission bildet die **Entziehung von Grundwasser**, die ebenfalls nicht über §§ 1004, 906 abwehrbar ist (BayObLGZ 1965, 12; BGHZ 69, 1, 4 m abw Begründung; dazu SCHULTE ZfW 1979, 133; ausführlich STAUDINGER/GURSKY [2013] § 1004 Rn 72). Nicht verhinderbar soll sein die *Erschwerung des Abflusses* von vorhandenem Grundwasser und eine dadurch eintretende Versumpfung (OLG Nürnberg RdL 1972, 10, 13).

Die Problematik lässt sich mE nicht allein anhand der Auslegung von § 906 lösen, **125** weil vorrangig die Frage zu entscheiden ist, ob die negative Immission überhaupt eine Beeinträchtigung nach § 1004 darstellt. Ist diese Frage zu bejahen, so ist anschließend zu prüfen, ob derartige Beeinträchtigungen nach § 906 hingenommen werden müssen (GRUNSKY JurA 1970 [Zivilrecht I] 407, 408). Auf der anderen Seite stellt § 906 Abs 1 den Zusammenhang mit der Zuführung von Immissionen und der Beeinträchtigung des Eigentums her. Heikel ist die Frage, ob die negative Immission deshalb durchgängig als Beeinträchtigung nach § 1004 Abs 1 eingeordnet werden darf, weil eine **uferlose Ausdehnung von Abwehrmöglichkeiten** über § 906 korrigiert werden kann. Die ablehnende hL wird vor allem mit der Erwägung gerechtfertigt, dass der Eigentümer, der sich in den **räumlichen Grenzen seines Grundstücks** hält, keine Rechtfertigung nach § 906 Abs 1 braucht, weil er mit negativen Immissionen die Grenzen seines Grundstücks nicht überschreitet (BGHZ 88, 344, 346 f; MünchKomm/ MEDICUS[4] § 1004 Rn 29; STAUDINGER/GURSKY [2013] § 1004 Rn 66; MARBURGER 102; grundsätzlich PICKER JZ 2010, 5341, 549 ff).

Diese Erwägungen sind für den Regelfall beifallswert. Doch sollte der gestörte **126** Eigentümer – abgesehen von Schikanefällen nach § 226 – auch bei Störungen durch negative Immissionen einen Abwehranspruch aus § 1004 Abs 1 geltend machen können, wenn das Recht des störenden Eigentümers unter dem Gesichtspunkt des **nachbarlichen Gemeinschaftsverhältnisses** (etwa STAUDINGER/GURSKY [2013] § 1004 Rn 67 [aber mit schärferen Anforderungen als hier: grob rücksichtslose Rechtsausübung]; unten Rn 247; dagegen und für eine weitgehende Abwehrfähigkeit negativer Immissionen BENSCHING 186 ff, 198) oder – besser – des in § 906 wenigstens auch ausgedrückten Gebots der **gegenseitigen Rücksichtnahme** (BGH LM Nr 1; 14; H ROTH JR 1994, 65; ders, Aufopferungsanspruch 41; jurisPK-BGB/VIEWEG/REGENFUS[7] Rn 39; STRESEMANN, in: FS Wenzel [2005] 425, 440), eingeschränkt ist. Bei Beeinträchtigungen durch Baumaßnahmen kommt es vor allem auf die Möglichkeiten einer zumutbaren nicht oder weniger störenden Alternativplanung an (BGH NJW-RR 2003, 1313 f). So hat der BGH im *„Kaltluftsee-urteil"* einen eingeschränkten Unterlassungsanspruch gegenüber einer im Landschaftsschutzgebiet nur als vorübergehend gedachten Einrichtung einer Deponie gewährt, wenn sie mit wirtschaftlich zumutbaren Mitteln so hätte ausgestaltet werden können, dass Schäden nicht eintraten (BGHZ 113, 384, 389; dazu H ROTH [nach Lit-Verz] 43). In Ausnahmefällen hat die Rspr (BGH LM § 903 Nr 1 und 2 [Entziehung von Licht und Luft durch Bauwerke]) auf § 242 zurückgegriffen, wogegen im Übrigen betont wird, dass § 906 dem Grundsatz des § 242 vorgeht (ausführlich unten Rn 241; skeptisch BROX JA 1984, 182, 183). Das Abstellen auf den unbestimmten § 242 ist unbefriedigend. Entscheidend ist, wie die **Intensitätsschwelle**, jenseits derer negative Im-

Herbert Roth

missionen ausnahmsweise nicht hingenommen zu werden brauchen, mit sicheren Kriterien festgelegt werden kann.

127 Eine deutliche Absenkung der Duldungsgrenze ist ohne Verlust an Rechtssicherheit möglich, wenn auf die Grundsätze des **Rücksichtnahmegebots** zurückgegriffen wird, wie sie das BVerwG insbes für das öffentliche Baurecht entwickelt hat. Dort wird dem betroffenen Nachbarn bei auftretenden Rechtsschutzlücken mit der Anerkennung eines drittschützenden Rücksichtnahmegebots geholfen, wenn in besonders qualifizierter und zugleich individualisierender Weise auf schutzwürdige Interessen eines erkennbaren Kreises Dritter Rücksicht zu nehmen ist (BVerwGE 52, 122 = NJW 1978, 62 [Schweinemästerfall]; BVerwGE 67, 334 = NJW 1984, 138; einschränkend BVerwG NVwZ 1985, 37; wNw bei Dolde NJW 1986, 1021, 1026; zur Entziehung von Licht und Luft durch eine Lärmschutzanlage OVG Bremen DÖV 1986, 702; ferner BVerwG ZfBR 1986, 46; 1986, 247; zu den Grenzen BVerwG NVwZ 1994, 686; anerkannt auch durch BGHZ 92, 34 = JZ 1984, 989 mAnm Papier = DÖV 1985, 27 mAnm Schwabe [Abwägungsfehler bei Aufstellen eines Bebauungsplans]; dazu Dolde NVwZ 1985, 250; Kosmider JuS 1986, 274; teilweise krit Jäde BayVBl 1985, 577; Dürr NVwZ 1985, 719; Wahl JuS 1984, 584 f; Lenz BauR 1985, 402; Schröer BauR 1985, 406; grundlegend Weyreuther BauR 1975, 1). Nach der genannten Rspr des BVerwG ist die Grundstücksnutzung mit einer Pflicht zur Rücksichtnahme insbes in Bereichen belastet, in denen Nutzungen unterschiedlicher Art und **unterschiedlicher Schutzwürdigkeit** zusammentreffen (BVerwG ZfBR 1986, 46; BGHZ 121, 248 mAnm H Roth JR 1994, 64). Eine besondere Ausprägung des drittschützenden Rücksichtnahmegebots findet sich in § 15 Abs 1 S 2 BauNVO (dazu OVG NRW DVBl 2008, 791 [Anfechtung der Baugenehmigung für eine beleuchtete Werbeanlage]).

128 Da die Rspr des BVerwG in der Sache auch Fälle von negativen Immissionen betrifft (zB BVerwG DVBl 1981, 928, 929; wNw bei Mühl JZ 1984, 850, 851), können dem Grundsatz nach auch die Entziehung von Licht und Luft sowie in Sonderfällen die Verbauung der freien Aussicht erfasst werden, wobei es für den „Normalfall" freilich keine Abhilfe gibt (BVerwG NVwZ 1994, 686; VGH Mannheim NVwZ-RR 1994, 638; dazu auch Vahle DVP 2007, 94, 95). Wegen der gemeinsamen Wurzeln des öffentlich-rechtlichen und des privatrechtlichen **Rücksichtnahmegebots** (dazu Mühl, in: FS Raiser [1974] 159, 182 ff; ders, in: FS Baur [1981] 83, 94 ff; Dürr NVwZ 1985, 719, 722; J Martens NJW 1985, 2302, 2306) ist die Formel des BVerwG ohne Systembruch geeignet, negative Immissionen in weiterem Umfang als bisher abzuwehren (in diese Richtung auch Mühl JZ 1984, 850). So kann das Zivilrecht mehr an Schutz gewähren als es zB die nachbarschützenden Vorschriften über die **Grenzabstände** des öffentlichen Rechts können (dazu Staudinger/Gursky [2013] § 1004 Rn 75; zu den Möglichkeiten des öffentlichen Baunachbarrechts Horst DWW 1998, 167 ff). Das Rücksichtnahmegebot ist zwischenzeitlich auch genügend ausdifferenziert, sodass unkontrollierte Billigkeitsentscheidungen vermieden werden können (ebenso Mühl JZ 1984, 851; nicht so weitgehend Staudinger/Gursky [2013] § 1004 Rn 67). Weniger Schutz als hier vorgeschlagen gewährt das Abstellen darauf, ob negative Immissionen zu einem schweren und unerträglichen Eingriff in den Lagevorteil des Nachbargrundstücks führen (dafür Hinz JR 1997, 137, 139, 141 ff; zum Verhältnis beider Ansätze BVerwG NJW 1978, 62). In die hier angedeutete Richtung führen auch Überlegungen, wonach negative Immissionen positiven Einwirkungen gleich stehen, wenn sie zu einer **unzumutbaren Beeinträchtigung** führen (eindrucksvoll Wenzel NJW 2005, 241, 247).

Für einen Sonderfall negativer Immissionen, nämlich das Abschneiden des Grund- **129**
stücks von seiner **Zugangsmöglichkeit**, hat die Rspr ohnehin eine Ausnahme gemacht
(Loewenheim NJW 1975, 826, 827). So wurde § 906 Abs 2 S 2 entsprechend auf Fälle
angewendet, in denen ein Grundstücksnachbar aufgrund zeitweiliger Sondernutzung
des Gehsteigs des Nachbargrundstücks durch nachhaltige Behinderung des Kontakts
nach außen beeinträchtigt oder Zufahrtsstraßen durch Bauarbeiten gesperrt wurden
(BGHZ 62, 361, 366 f = LM Nr 45 [Münchener U-Bahn] mAnm Mattern = JuS 1975, 53 mAnm
K Schmidt; ebenso BGH NJW 2000, 2901 mit Anm H Roth LM § 1004 Nr 246 [Zugangsbehin-
derung durch ein Drogenhilfezentrum]; OLG Karlsruhe NJW-RR 2002, 86 [Umsatzeinbuße durch
Straßensperrung wegen Bauarbeiten]; OLG Saarbrücken VersR 1988, 1131 [LS]; LG Bremen MDR
2013, 1218; BGB-RGRK/Augustin Rn 24; Wenzel NJW 2005, 241, 247). Bisweilen wird die
als Beeinträchtigung des **Anliegergemeingebrauchs** bezeichnete Fallgruppe analog
einer Emission behandelt (Mattern WM 1979, 34, 41; im Übrigen zu Anliegerschäden durch
Straßenarbeiten Arndt WM 1972, 1018).

dd) Ideelle Einwirkungen
Vergleichbar den negativen Einwirkungen (oben Rn 122) sollen nach hL auch die sog **130**
ideellen Einwirkungen aus dem Anwendungsbereich der §§ 1004, 906 ausgeschlossen
sein (umfassende Darstellung bei Staudinger/Gursky [2013] § 1004 Rn 76 ff; ferner Borrmann/
Greck ZMR 1989, 130; I Scherer JR 1997, 309 [Asylantenwohnheim]; iE auch AG Aachen WuM
1992, 621 [Sichtschutzzaun]; **aA** Bensching 201, die negatorischen Rechtsschutz gegen ideelle
Einwirkungen bejaht). Darunter fallen etwa Verletzungen des **ästhetischen Empfindens**
wie der *unschöne Anblick* eines Lagerplatzes für Baumaterial im Wohngebiet (BGHZ
51, 396 [dort wurde aber der Schikaneaspekt des Falles nicht ausreichend gewürdigt: F Baur JZ
1969, 432]; ferner BGH NJW-RR 2003, 1313 f [Zubau eines Fensters durch Errichtung eines Win-
tergartens]; OLG Hamm NZM 2015, 431 [Kinderspielturm an der Grundstücksgrenze]); durch
Schrottfahrzeuge neben einem Schlosshotel (BGHZ 54, 56, 59 = BGH LM Nr 39a mit Anm
Mattern; abl F Baur JZ 1969, 432). Ein Vorbehalt wird gemacht für Ausnahmefälle
(BGH NJW 1975, 170 mit Anm Loewenheim 826 [Wand aus Eisenstangen und Blech]) sowie für
Landesrecht (BGH MDR 1976, 747 zu § 1 Abs 3 S 2 NachbGNW; OLG Hamm MDR 1975, 664).
Nicht gestattet wurde daher die Errichtung einer nicht ortsüblichen *Mauer neben*
einem ortsüblichen Holzzaun (BGHZ 73, 272). Im Übrigen werden Abwehransprüche
nur vereinzelt anerkannt (gegen einen abgestellten alten Postbus aus dem Aspekt des Rücksichtnahmegebots bejaht durch AG Bonn JMBlNRW 1974, 8). Ferner wurde ein Abwehranspruch bei Verletzung des ästhetischen Empfindens in einem Fall zugesprochen,
der **Schikaneaspekte** aufwies, die eine Anwendung des § 826 ermöglicht hätten (AG
Münster NJW 1983, 2886; Medicus JZ 1986, 778; abl Künzl NJW 1984, 774 mwNw in Fn 2). Nach
zutreffender Auffassung ist ein Abwehranspruch wenigstens dann gegeben, wenn ein
Haus bewusst *heruntergewohnt* wird (Jauernig JZ 1986, 605, 609).

Vergleichbare Rechtsgrundsätze sollen gelten für Verletzungen des **moralischen** **131**
Empfindens. Freilich wird dort die Abwehrfähigkeit überwiegend leichter bejaht
als bei Beeinträchtigungen des ästhetischen Empfindens (Staudinger/Gursky [2013]
§ 1004 Rn 78). Es geht um Fälle wie den Anblick von *Nackten* in einem städtischen
Freibad (RGZ 76, 130, 131 f [heute wohl überholt]; ebenfalls jurisPK-BGB/Vieweg/Regenfus[7]
Rn 39), oder das nicht nach außen hin sichtbare Betreiben der *Prostitution* (BGHZ 95,
307 = JZ 1986, 146 mAnm Paschke; zust Marburger 101 f), wobei es auf einen dadurch
bewirkten **Wertverlust** des Grundstücks nicht ankommen soll (BGHZ 95, 307). Abwehrfähig sind aber die von einem Bordellbetrieb ausgehenden Lärmbelästigungen

(OLG Oldenburg WuM 1998, 164). Auch die *Erregung von Furcht* durch ein benachbartes, mit Feuer und Explosionsgefahr verbundenes, Gewerbe (RGZ 50, 227 [Petroleumraffinerie]; MEISNER/RING/Götz § 13 Rn 8 [Kernkraftwerk]) sowie die *Erregung von Schauder* durch den Anblick einer Leichenhalle oder eines rauchenden Krematoriums (FORKEL 81) soll einen Abwehranspruch nach §§ 1004, 906 nicht auslösen können. Gleichwohl ist bis heute die Behandlung der Fälle nicht abschließend geklärt, in denen Anstoß erregt, das Schamgefühl, die Menschenwürde oder das allgemeine Persönlichkeitsrecht berührt wird (MATTERN WM 1972, 1410, 1413: Überblick bei HORST DWW 2001, 122).

132 Auch bei den ideellen Einwirkungen gehört die Problematik wieder in erster Linie zu den §§ 1004, 903 (LOEWENHEIM NJW 1975, 826, 827). Die Rechtslage wird aber zusätzlich verkompliziert durch das Hineinwirken des **allgemeinen Persönlichkeitsrechts** (F BAUR JZ 1969, 432; ders, in: FS Michelakis [1973] 59; GRUNSKY JZ 1970, 785; ders JurA 1970 [Zivilrecht I] 407, 412 ff). Auch wenn man ideelle Immissionen als Beeinträchtigungen nach § 1004 Abs 1 ansieht, kommt es entscheidend auf die Festlegung der **Intensitätsschwelle** an, jenseits derer Abwehransprüche nach §§ 1004, 906 ausgelöst werden. Diese Frage stellt sich unabhängig davon, ob man die Wertungen der §§ 1004, 906 persönlichkeitsrechtlich „auflädt" (abl MünchKomm/SÄCKER[6] Rn 29) oder § 823 Abs 1 (allgemeines Persönlichkeitsrecht) als Anspruchsgrundlage nebst dem dadurch gewährten quasinegatorischen Schutz nach § 1004 Abs 1 analog annimmt (STAUDINGER/GURSKY [2013] Rn 78; MünchKomm/SÄCKER[6] Rn 29; FORKEL 35 ff; GRUNSKY JurA 1970 [Zivilrecht I] 407, 415 Fn 29). Im letzteren Fall sind Wesentlichkeit und Ortsüblichkeit als Abwägungsfaktoren zu berücksichtigen, wie bei Rahmenrechten auch sonst bekannt. Einzelheiten gehören zu § 1004 (umfassende Darstellungen bei STAUDINGER/GURSKY [2013] § 1004 Rn 78 f; MünchKomm/BALDUS[6] § 1004 Rn 132 ff). ME muss jedenfalls eine festgestellte **Wertminderung** des gestörten Grundstücks durch ideelle Immissionen ein Indiz für die Abwehrfähigkeit sein (JAUERNIG JZ 1986, 605, 609; JAUERNIG/BERGER[15] Rn 2; WIELING, Sachenrecht § 23 II 4 a dd; aA ERMAN/WILHELMI[14] Rn 11a [aber zweifelnd]; STAUDINGER/GURSKY [2013] § 1004 Rn 78; I SCHERER JR 1997, 309, 313), da hier der Hinweis auf Gefahren einer uferlosen Ausweitung des Rechtsschutzes nicht verfängt. Abgesehen davon neige ich der Auffassung zu, wonach auch außerhalb von krassen Ausnahmefällen das gestörte allgemeine Persönlichkeitsrecht mehr an Schutz gebietet als bislang von der Rspr zugestanden wurde (F BAUR JZ 1969, 432; E LANG AcP 174 [1974] 381, 390). Die Bedenken gegen eine **konturenlose Ausdehnung** des negatorischen Rechtsschutzes nach den §§ 1004, 906 sind nicht begründet, weil § 906 mit seinen Maßstäben der Wesentlichkeit und Ortsüblichkeit ein ausreichendes Korrektiv gewährt (JAUERNIG/BERGER[15] Rn 2; F BAUR JZ 1969, 433; GRUNSKY JurA 1970 [Zivilrecht I] 407, 414; LOEWENHEIM NJW 1975, 826, 827; abl STAUDINGER/GURSKY [2013] § 1004 Rn 78 mwNw; MARBURGER 102). Mit der „Wertungsfrage" dürfte der Richter auch nicht überfordert sein (zutreffend F BAUR, in: FS Michelakis [1972] 59, 65 ff; auch E LANG AcP 174 [1974] 381, 389 ff).

b)   Beispielscharakter

133 Die nachstehend wiedergegebene Rspr (ausführlich auch NK-BGB/RING[3] Rn 95 ff) zu den **einzelnen Immissionsarten** hat Beispielscharakter aus mehreren Gründen: Der erste liegt in § 906 selbst, der keine starre Norm darstellt, sondern auf dynamische Fortentwicklung ausgerichtet ist (RGZ 154, 161, 164; DIEDERICHSEN, in: FS R Schmidt [1976] 1, 8 ff; PAGENKOPF LZ 1932, 742; daran zweifelnd J F BAUR, in: Festgabe 50 Jahre BGH [2000] Bd 1, 849; krit gegenüber der Rspr JAUERNIG JZ 1986, 605, 606). Die Begriffe „wesentlich", „orts-

üblich", „wirtschaftlich zumutbar", „zumutbares Maß", sind jeweils **situationsabhängig** zu verstehen (WOLFF/RAISER, Sachenrecht 188; MITTENZWEI MDR 1978, 99, 101). Der zweite Grund ist darin zu sehen, dass die einzelnen Tatbestandsmerkmale des § 906 wie insbes Wesentlichkeit und Ortsüblichkeit durch eine untrennbare Verschlingung von Tat- und Rechtsfrage gekennzeichnet sind, wie sich auch in der eingeschränkten Revisibilität dieser Begriffe zeigt (unten Rn 198, 233). Der dritte Grund liegt in der sich in verschiedenen Zeitabschnitten unterschiedlich entwickelnden Rspr, die wenigstens bis zu RGZ 154, 161, 166 („Gute-Hoffnungs-Hütte II") aus dem Jahre 1937 eher **industrie- und verkehrsfreundlich** ausgelegt hat. Dort wurde der Aufopferungskonzeption des § 26 GewO folgend trotz ortsüblicher Nutzung des beeinträchtigenden Grundstücks rechtsfortbildend ein Ausgleichsanspruch für unzumutbare Beeinträchtigungen des ebenfalls ortsüblich genutzten landwirtschaftlichen Grundstücks angenommen (H ROTH [nach Lit-Verz] 31 ff; DIEDERICHSEN, in: FS R Schmidt [1976] 1, 3 ff; KLEIN-DIENST 26 ff; H WESTERMANN, in: 1. FS Larenz [1973] 1003; GEHRMANN BlGBW 1969, 161). Damit zusammenhängend sind auch Unterschiede in den methodischen Ansätzen der Rspr zu beachten (LAUFKE, in: FS H Lange [1970] 274 ff; MITTENZWEI MDR 1977, 99, 101 ff). Während das RG der **Aufopferungskonzeption** folgte (RGZ 154, 161), sieht das BGH das Motiv für den Ausgleichsanspruch in § 906 Abs 2 S 2 in erster Linie im **nachbarlichen Gemeinschaftsverhältnis** (BGHZ 30, 273; zur Entwicklung HAGEN, in: FS Herm Lange [1992] 483 ff).

Einen weiteren zeitlichen Einschnitt bedeutet die **Neufassung des § 906 Abs 2** am 1. 6. **134** 1960 durch das G zur Änderung der GewO und Ergänzung des BGB v 22. 12. 1959 (BGBl I 781), das im Wesentlichen die frühere Rspr des RG und des BGH aufgenommen hat (RGZ 154, 161, 167; 159, 129; 162, 209 und 357; 167, 14; BGHZ 28, 110 und 225; 30, 273), ohne dass der Gesetzgeber die zugrunde liegenden unterschiedlichen Prinzipien (oben Rn 133) voll erkannt hat (SÜSS 116 f; H ROTH [nach Lit-Verz] 31 ff; KONZEN 55 ff; HAGEN, in: FS Herm Lange [1992] 483, 494). Daher ist auch die Rspr vor dem 1. 6. 1960 nur mehr mit Vorsicht verwendbar, weil ortsübliche wesentliche Einwirkungen nicht mehr geduldet zu werden brauchen, wenn sie durch den Störer durch Maßnahmen verhindert werden können, die Benutzern dieser Art wirtschaftlich zumutbar sind (zu den Änderungen der Norm STAUDINGER/BGB-Synopse 1896–2005 § 906). Ferner geht der Ausgleichsanspruch des § 906 Abs 2 S 2 über den ursprünglich von der Rspr gegebenen Anwendungsbereich hinaus und ist nicht mehr nur auf Fälle der drohenden **Existenzvernichtung** (so RGZ 154, 161) oder einer schweren Beeinträchtigung des **wirtschaftlichen Fortkommens** (BGHZ 30, 273) beschränkt (nicht gesehen im Bericht des Abgeordneten Dr EVEN, in: Stenographische Berichte der Verhandlungen des Deutschen Bundestags, 3. Wahlperiode S 4855). Schließlich hat sich der Begriff der Beeinträchtigung „über das zumutbare Maß" durch Inkrafttreten des BImSchG v 15. 3. 1974 verändert, dessen Wertentscheidung von der Rspr berücksichtigt wird (BGHZ 64, 220 = NJW 1975, 1406; vollendet durch BGH JR 1991, 146 mAnm H ROTH [Volksfestlärm]; vgl dazu H WESTERMANN, in: 1. FS Larenz [1973] 1003, 1025; krit SCHAPP 131; zu älterer Rspr wird auf die Nachw bei STAUDINGER/SEUFERT[11] Rn 6 a ff verwiesen).

c)   Gase
Im Vordergrund stehen die **industriellen Gase** wie etwa die Schwefeldioxid enthal- **135** tenden Gase von Schmelzöfen (Kupolöfen) (BGHZ 15, 146 = LM Nr 2 mAnm PRITSCH); Schwefeldioxid durch die Röstanlage einer Erzgrube (BGHZ 30, 273); Fluorabgase eines Ziegeleiwerkes (BGHZ 70, 102 = NJW 1978, 419 mAnm WALTER ebd 1158); Fluor-

abgase eines Kryolith erzeugenden Industriewerkes (OLG Stuttgart VersR 1959, 746) oder PER-Dämpfe aus chemischen Reinigungen (KG VersR 1991, 826). Welche der zahllosen Gase im Einzelnen beeinträchtigend wirken können (zB BGH NJW 1992, 1043: „Äthylacrylat"), ist nicht in einer Kommentierung aufzulisten, weil das ohne rechtswissenschaftlichen Erkenntniswert ist. Vielmehr wird sich der Richter eines Sachverständigen bedienen (ohne Problemsicht Möllers AcP 197 [1997] 430, 434). Daneben spielen auch *Abgase durch den Straßenverkehr* eine Rolle (BGHZ 54, 384 = LM Nr 37 mAnm Mattern); *Motorenabgase,* ausgehend von Garagenstellplätzen (BGH LM Nr 11); Abgase durch die *Ölheizung* eines Nachbarhauses (BGH WM 1971, 278; OLG Düsseldorf MDR 1977, 931) oder *Ausgasungen* durch gebrauchte Bahnschwellen (OLG Köln VersR 1997, 121; DWW 2001, 24). Zu entscheiden war auch über Ammoniakgase durch freigesetzte *Gülle* in der Landwirtschaft (OLG Düsseldorf NJW-RR 1995, 1482; wN der älteren Rspr bei BGB-RGRK/Augustin Rn 15; Dehner B § 16 II Fn 9).

d) Dämpfe

136 An erster Stelle stehen **industriell verursachte Dämpfe** wie *Teerdämpfe* aus einer Bitumenmischanlage (BGH MDR 1968, 912); *Teerdämpfe* aus einem Kessel anlässlich von Bauarbeiten (BGH MDR 1971, 912; Rspr des RG bei Dehner B § 16 II Fn 10) oder *Ausdünstungen* von chemisch behandelten Bahnschwellen (OLG Köln VersR 1997, 121). Neuerdings ging es um die Verunreinigungen durch Zuführungen von *Stärke- und Wasserdampf* (OLG München Urteil v 19. 1. 2009 Az 19 U 3826/08, juris).

e) Gerüche

137 Von Bedeutung ist die **landwirtschaftliche Tierhaltung** (zu öffentlich-rechtlichen Problemen der Massentierhaltung Schink BauR 2011, 1425; Arnold BauR 2010, 411). Neben der Viehhaltung in der Umgebung eines Allgemeinen Wohngebiets (OLG Brandenburg DWW 2003, 231; AG Geislingen DWW 2004, 198) geht es um ekelerregende Gerüche aus einer *Schweinemästerei* (BGHZ 140, 1 = JZ 1999, 468 mit Anm Petersen; BGHZ 67, 252; 48, 31 = LM Nr 23 mAnm Mattern; OLG Düsseldorf AgrarR 1974, 27; OLG Oldenburg RdL 1976, 66 mAnm Schriftleitung in ZMR 1976, 304; AgrarR 1984, 73; OLG Hamm AgrarR 1981, 137; LG Kassel RdL 1969, 53; zu den bau- und immissionsschutzrechtlichen Problemen der *Massentierhaltung* Hötzel AgrarR 1978, 57; Wiethaup RdL 1970, 148; zur Schweinehaltung Mülbert BauR 1984, 442; allgemein zu ländlichen Emissionen Peinemann AgrarR 1972, 377; zur möglichen Kontingentierung Reidt BauR 2011, 1444) oder *Rindermästerei* (BGH NJW 2001, 3054, 3055). Auch in Dorfgebieten kann die „VDI-Richtlinie 3471 Emissionsminderung Tierhaltung/Schweine" unter Beachtung ihrer beschränkten Aussagekraft herangezogen werden (BGHZ 140, 1, 7; nach OLG Schleswig NJW-RR 2004, 1137, 1139 jetzt veraltet). Im Übrigen kann auch auf die **Geruchsimmissions-Richtlinie** v 13. 5. 1998 (GIRL) abgestellt werden, auch wenn es sich nicht um eine normkonkretisierende Verwaltungsvorschrift iS der §§ 48, 51 BImSchG handelt (dazu BGH NJW 2001, 3054, 3055 [Rindermästerei]; OLG Celle OLGR 2009, 917 [Rinderstall]; OLG Hamm NVwZ-RR 2007, 756, 759 [Grillgeruch]; OLG Brandenburg NL-BzAR 2007, 199 [Milchviehanlage]; OLG Karlsruhe NJW-RR 2001, 1236 [Geruchsbelästigung durch Bäckerei]; OLG Schleswig NJW-RR 2004, 1137 [Güllegestank durch Schweinemästerei]; AG Brandenburg WuM 2004, 34 [Geruchsbelästigung durch Gaststätte]; zu allem Mohr passim). Letztlich ist aber das „Empfinden eines verständigen Durchschnittsmenschen" entscheidend (VGH München UPR 2014, 151, 152). Daneben sind zu nennen Gerüche aus der gewerblichen *Hühnerhaltung* (OVG Münster AgrarR 1976, 205 [zur Frage der quantitativen Messbarkeit]; LG Tübingen ZMR 1956, 121); einer *Nerzfarm* (OLG Köln DB 1963, 199); eines *Misthaufens* (LG Esens NdsRpfl 1972, 161 [ortsüblich in ländlicher

Gegend]; zu den Messmethoden GABLENZ ZMR 2000, 499); einer *Futtersiloanlage* (AG Nidda RdL 1954, 13; AG Friedberg RdL 1954, 14; dazu GAISBAUER DWW 1979, 284); aus der landwirtschaftlichen Düngung mit *Gülle* (OLG Saarbrücken AgrarR 1978, 22, 23 [zu § 15 Abs 1 S 2 AbfG]; LG Augsburg AgrarR 1972, 259); aus einer *Kompostieranlage* (OLG Frankfurt VersR 1983, 41); aus einem *Komposthaufen* (LG München I NJW-RR 1988, 205) oder aus der *Katzenhaltung* (OLG München NJW-RR 1991, 17 [27 Katzen in einer Doppelhaushälfte]). Bei Geruchsbelästigungen wird sich der Richter in aller Regel auf seine eigenen Empfindungen bei einem **Augenschein** verlassen müssen (zu wissenschaftlichen Messmethoden GABLENZ ZMR 2000, 499). Im Vordergrund werden **wertende Elemente** stehen wie etwa eine ekelerregende Wirkung (mit Recht verneint für eine Bäckerei durch OLG Karlsruhe NJW-RR 2001, 1236). Doch ist das Verbietungsrecht keineswegs stets davon abhängig. So müssen Anwohner die ortsübliche Geruchsbelästigung durch *Milchviehhaltung* hinnehmen (OLG Brandenburg NL-BzAR 2007, 199: über 700 „Großvieheinheiten" bei einer Mindestentfernung von 100 bis 150 m). Künftig von zunehmender Bedeutung sein wird wohl die Geruchsbelästigung durch **Hausbrand**, insbesondere die Verfeuerung von Holz oder Kohle durch Nachbarn (zu den Beweisfragen ausführlich H ROTH UTR Bd 104 [2010] 223, 236 f). Etwa erforderliche kommunalrechtliche **Genehmigungen** aufgrund von Landesrecht knüpfen häufiger an den vom Störer konkret gekauften Ofentyp an, der typischerweise die landesrechtlich geforderten Grenzwerte einhalten soll. Derartige Genehmigungen hindern den Abwehranspruch des gestörten Nachbarn aus § 1004 Abs 1 selbst bei Einhaltung der Grenzwerte nicht. Allein entscheidend ist die Wesentlichkeit des § 906 Abs 1 S 1 (zur Indizwirkung unten Rn 202). Auch festgestellte Ortsüblichkeit vermag dem Störer häufig nicht zu helfen, weil es zB mit dem Umstellen auf die sehr viel weniger geruchsintensive Ölfeuerung eine „wirtschaftlich zumutbare Maßnahme" nach § 906 Abs 2 S 1 gibt, ohne dass es auf die finanzielle Leistungsfähigkeit gerade des konkreten Störers ankäme (unten Rn 254). Im Übrigen werden die Grenzwerte selbst bei genehmigten Ofenmodellen infolge einer unsachgemäßen Beheizung (nicht ausreichende Luftzufuhr; Verheizen feuchten Holzes usw) häufig nicht eingehalten. Für die Einhaltung der Grenzwerte ist der **Störer behauptungs- und beweispflichtig**, selbst wenn der betreffende Ofentyp von der Genehmigung umfasst wird. Werden die Grenzwerte eingehalten, so ist damit lediglich ein Indiz für Unwesentlichkeit gegeben, das durch den Nachbarn erschüttert werden kann (unten Rn 202). Der beliebte Einwand, die übrigen Nachbarn fühlten sich nicht gestört oder der Geruch von Holzheizungen werde von manchen als angenehm empfunden, ist unbeachtlich. Sind die Gerüche so deutlich, dass die ungestörte **Nachtruhe** nur durch Schließen der Fenster gesichert ist, so liegt stets Wesentlichkeit vor. Auf das Geltendmachen von Gesundheitsbeeinträchtigungen wie Schlafstörungen oder auftretende Kopfschmerzen kommt es nicht an. „Ökologisches Heizen mit nachwachsenden Rohstoffen" darf nicht auf Kosten der Nachbarschaft betrieben werden. Der Schutz durch das Zivilrecht ist umso nötiger, als ein Einschreiten der **Behörde** häufiger nicht zum Erfolg führt (zB VG München, Urteil vom 29. 10. 2009, Az M 11 K 09. 356, juris: allerdings Gewerbegebiet). **Gelegentliches Grillen** nehmen die Gerichte als sozialadäquat hin, etwa (zu großzügig) 20 bis 25 mal jährlich für je 2 Stunden (AG Schöneberg WuM 2007, 638 Rn 18; auch LG München WuM 2004, 368; ferner AG Westerstede NZM 2010, 336). Nach Nr 3. 1 der „GIRL" liegt die von den Gerichten beachtete Erheblichkeitsschwelle für Wohngebiete bei einer relativen Häufigkeit der Geruchsstunden von über 10 % der Jahresstunden (OLG Hamm NVwZ-RR 2007, 756, 759). ME sollte Grillen mit einem Holzkohlegrill jährlich nicht mehr als fünfmal erlaubt sein.

138 Mehrfach zu entscheiden war über Geruchsbelästigungen aus einer *Kläranlage* (BGH NJW 1976, 1204; BGHZ 91, 20; 97, 97; LG Konstanz MDR 1980, 64); durch einen aufgestellten *Müllbehälter* (OLG Koblenz MDR 1980, 578; zu Gerüchen von Müllkippen und Müllplätzen WIETHAUP BlGBW 1971, 110; ders DB 1972, 713, 715; ders BlGBW 1965, 97 [teils überholt]; ders DWW 1972, 250, freilich ohne Diskussion der Rechtswegzuständigkeit). Daneben war zu befinden über Gerüche durch *Ölfeuerungsabgase* (BGH WM 1971, 278; OLG Düsseldorf MDR 1977, 931) sowie aus einem *Gaststättenbetrieb* (BGH LM Nr 17). Als unwesentlich beurteilt wurden Gerüche aus einer *Dunstabzugshaube* (AG Meldorf NJW-RR 1999, 601 [aber Vermengung mit der Ortsüblichkeit]; Nachw auch der älteren Rspr bei BGB-RGRK/AUGUSTIN Rn 17; DEHNER B § 16 II Fn 11).

f) Rauch

139 Neben dem *Fabrikrauch* durch eine Erzgrube (BGHZ 30, 273) war zu entscheiden über Rauchbelästigungen durch die Heizungsanlage einer *Kohleheizung* (BGH LM Nr 18; auch oben Rn 137); die *Einzelofenanlage* eines Wohnblocks (LG Konstanz ZGenW 24 [1974] 84) oder den Rauchabzug einer *Bauhütte* (OLG Köln VersR 1965, 722). Zu beachten ist nach § 906 Abs 1 S 2 die VO über kleine und mittlere Feuerungsanlagen (abgedruckt in SARTORIUS Ergänzungsband Nr 296/1; weitere Rechtsquellen bei MünchKomm/SÄCKER[6] Rn 75 Fn 182; zur Beweislast unten Rn 202). Als lästig empfunden wird zunehmend die Rauchentwicklung durch das Verbrennen von *Gartenabfällen* (SCHICKEDANZ AgrarR 1985, 65). Der Rauch eines ordnungsgemäß unterhaltenen *Kaminfeuers* muss angeblich vom Grundstücksnachbarn regelmäßig hingenommen werden (LG Lüneburg WuM 1991, 593 [LS]). Demgegenüber wurde Unwesentlichkeit nur angenommen, wenn der Betrieb des offenen Kamins sich auf acht Tage im Monat mit jeweils fünf Stunden am Tag beschränkt (KG NZM 2013, 742; dazu BEUERMANN Das Grundeigentum 2013, 652; LG Dortmund, Urteil vom 3. 4. 2009, Az 3 O 29/08, juris). Nicht hingenommen werden muss das „wilde Beheizen" von *Wochenendhäusern,* zB mit Kanonenöfen. Daneben bleibt der Weg der *Verpflichtungsklage* gegen die zuständige Behörde (zB VGH Mannheim NJW 1990, 1930; OVG Koblenz UPR 1994, 273; zur Anfechtungsklage des Störers BVerwG NJW 1988, 2552; ältere Nachw bei DEHNER B § 16 II Fn 12). – Zur *Geruchsbelästigung* oben Rn 137, 138.

g) Ruß

140 Abnehmende Bedeutung kommt **Rußbelästigungen** zu. Neben den früher bedeutsamen Fällen von Rußschäden durch den *Eisenbahnbetrieb* (DEHNER B § 16 II Fn 13) sind heute zu nennen Rußbelästigungen durch *Kohlefeuerung* (BGH NJW 1995, 714; LM Nr 18; oben Rn 137); die Rußverschmutzung eines *Lagers* (OLG Köln VersR 1965, 722); Verrußungsschäden durch die *Einzelofenanlage* eines Wohnblocks (LG Konstanz ZGenW 24 [1974] 84) sowie durch den Rauchabzug einer Bauhütte (OLG Köln VersR 1965, 722; KÜRZEL DWW 1965, 388; MEISNER/RING/Götz § 13 Rn 9 Fn 63). Beurteilungswerte ergeben sich vor allem aus Nr 3. 1. 3 und 3. 1. 4 TA-Luft.

h) Staub; sonstige Verschmutzungen

141 Staub ist unter den Beispielen des § 906 nicht genannt, gehört aber jedenfalls zu den **ähnlichen Einwirkungen** und wird im Sachzusammenhang mit der Rußverschmutzung (oben Rn 140) mitbehandelt. Das Gleiche gilt für sonstige Verschmutzungen. Im Vordergrund steht die Staubentwicklung bei dem *Bau von Straßen* oder Schienenwegen (OLG München NZM 2008, 821, 823 [ICE-Baustelle]) sowie ihrer späteren Benutzung durch den *Autoverkehr* (BGHZ 48, 98 = LM Nr 24 mAnm KREFT; auch OLG Celle

NdsRpfl 1965, 85; BGH MDR 1968, 483; BGHZ 54, 384 = LM Nr 37 mAnm Mattern). Daneben ist erheblich die Staubentwicklung durch *Industrieemissionen* etwa bei der Produktion von Spanplatten (BGHZ 46, 35 = LM Nr 21 mAnm Mattern); Kohlestaubentwicklung durch eine *Bitumenmischanlage* (BGH MDR 1968, 912); Staubeinwirkungen eines *Splittwerks* in einem Industriegebiet (BGH MDR 1971, 286); Staubentwicklung durch ein *Luftstrahlgebläse* bei Bauarbeiten (BGH MDR 1977, 128); Glättebildung auf der Straße durch den *Zementstaub* eines benachbarten Zementwerks (BGHZ 62, 186 = LM Nr 44 mAnm Mattern); Staubauswürfe aus einer *Heißwind-Kupolofen-Schmelzanlage* (BGHZ 92, 143 = JZ 1984, 1106 mAnm Baumgärtel); Staubeinwirkungen von *Berghalden-Abbaubetrieben* (Fallgestaltung bei Wiethaup ZMR 1972, 105) oder Auswürfe von thalliumhaltigem Staub durch ein *Zementwerk* (LG Münster NJW-RR 1986, 947; OLG Hamm NJW 1988, 1031 [Berufungsentscheidung]; LG Münster DWW 1990, 209). Der *Bremsabrieb* durch Zugverkehr wurde als unwesentliche Beeinträchtigung eingestuft (LG Wiesbaden VersR 1994, 675). Staubimmissionen werden vor allem nach Nr 3. 1. 3. und 3. 1. 4 TA-Luft beurteilt.

Bei den **sonstigen Verschmutzungen** stehen Fälle des *Taubenfütterns* (AG Hamburg- **142** Altona MDR 1970, 329 mAnm Gaisbauer VersR 1970, 918; LG Berlin BlGBW 1967, 156) sowie des *Anlockens von Vögeln* im Vordergrund (Mosich JherJb 80 [1930] 255, 290; Wiethaup BlGBW 1962, 8; Gaisbauer DWW 1970, 275; ders DWW 1971, 282, 286; Hamann ZMR 1974, 3; BGB-RGRK/Augustin Rn 16). Ein gerichtliches Fütterungsverbot für Vögel verstößt nicht gegen Verfassungsrecht (so für das bayer Verfassungsrecht BayVerfGH ZMR 1960, 126). Ferner ist der Halter von Tauben verpflichtet, Vorkehrungen zu treffen, dass sich die Tauben nicht auf dem Grundstück des Nachbarn niederlassen (BayObLGZ 6, 400 [zum gemeinen Recht]). In derartigen Fällen ist in aller Regel ein Abwehranspruch aus §§ 1004 Abs 1, 906 gegeben (oben Rn 119).

i)   Wärme
Zu nennen sind Wärmeausstrahlungen eines *Dampfkesselraums* neben einem Eis- **143** keller (RG JW 1905, 495 Nr 21; dazu Dehner B § 16 II Fn 14). Heute dürfte die *Wärmebelastung von Gewässern* durch Industrie oder Kernkraftwerke mit der Dominanz des öffentlichen Rechts im Vordergrund stehen.

k)   Geräusche
Die **Geräuschentfaltung** spielt bei § 906 nach Vorkommen und Umfang mit Abstand **144** die bedeutsamste Rolle. Das Beispiel wurde erstmals durch die 2. Kommission mit der zutreffenden Begründung eingeführt (Mugdan III 581), die von der 1. Kommission (Mot III 266 = Mugdan III 147) erwogene Abhilfe durch das **Polizeirecht** reiche zugunsten des Einzelnen nicht aus. Unter den Geräuschimmissionen kommt dem Straßen-, Schienen- und Fluglärm die hervorragendste Bedeutung zu. Daneben sind Arbeits-, Freizeit- (insbes Sport-) und Tierlärm zu nennen (vgl Schmidt-Assmann, Schutz gegen Verkehrslärm 303, 305; zusätzliche Fälle bei Wiethaup DVBl 1959, 240, 241).

aa)   Straßenlärm
Mit **Straßenverkehrslärm** hatte sich die Rspr am häufigsten auseinanderzusetzen **145** (zum Lärmschutz bei der Straßenplanung: Halama, in: FS Stüer [2013] 413). Nach Inkrafttreten des BImSchG sowie der Neufassung des FStrG idF v 4. 7. 1974 (BGBl I 1401, 2414) gilt weithin für den **Neubau** von Straßen, die nach Inkrafttreten der Gesetze geplant und ausgeführt wurden, **öffentliches Recht** (oben Rn 98). Rechtsschutz wird insbes durch

auflagenrechtliche Ansprüche des öffentlichen Rechts gewährt (oben Rn 102 ff).
Gleichwohl kommt § 906 als Maßstabsnorm für öffentlich-rechtliche Ansprüche
aus enteignendem und enteignungsgleichem Eingriff (oben Rn 84, 93) zur Anwendung
(zu den verfassungsrechtlichen Anforderungen BVerfG NJW 1989, 1271, 1274). Im Einzelnen
gilt folgendes (ausführlich BGHZ 140, 285 ff; Ossenbühl 280 ff; Krüger ZfIR 2007, 2, 4; zur
öffentlich-rechtlichen Seite Koch NVwZ 2000, 490, 494 ff; Fickert, in: FS Bartlsperger [2006]
293 ff): Bei dem **Bau** oder der **wesentlichen Änderung** (Einzelheiten bei Jarass UPR 1998,
415; Michler VerwArch 90 [1999] 21 ff) öffentlicher Straßen gibt § 42 Abs 1, 2 BImSchG
für den Fall, dass die in der Rechtsverordnung nach § 43 Abs 1 Nr 1 BImSchG
festgelegten Immissionsgrenzwerte überschritten werden (§ 2 Verkehrslärmschutz-
VO – 16. BImSchV v 12. 6. 1990, BGBl I 1036; dazu Rebler/Scheidler 34 f; abgedruckt in
Sartorius Ergänzungsband Nr 296/16), einen Anspruch auf **Entschädigung**, die für Schallschutzmaßnahmen an den baulichen Anlagen in Höhe der erbrachten notwendigen
Aufwendungen zu leisten ist, soweit sich diese Maßnahmen im Rahmen der Rechtsverordnung nach § 43 Abs 1 Nr 3 BImSchG halten (Verkehrswege-SchallschutzmaßnahmenVO, 24. BImSchG v 4. 2. 1997, BGBl I 172; abgedruckt in Sartorius Ergänzungsband Nr 296/24). Die VerkehrslärmschutzVO hat die bislang in der Praxis
angewendeten Grenzwerte um jeweils 3 dB(A) abgesenkt (BR-Drucks 661/89 v 27. 11.
1989; Überblick bei Rebler/Scheidler 29). Die für **reine und allgemeine Wohngebiete**
maßgebenden Werte des Fachplanungsrechts betragen jetzt tagsüber 59 dB(A) und
nachts 49 dB(A). Doch wird dadurch die Berücksichtigung von Eigenheiten des
Einzelfalles nicht ausgeschlossen. Zudem betreffen diese Werte nicht die **enteignungsrechtliche Zumutbarkeitsschwelle**. Dabei hat die Rspr schon früher einen In-
nenpegel in Wohnräumen von 40 dB(A) und in Schlafräumen von 30 dB(A) ange-
strebt (dazu Koch NVwZ 2000, 490, 495; zu dem jeweiligen zeitlichen Übergangsrecht BGHZ 140,
285, 293 ff; BVerwG NJW 1995, 2572). Im Anwendungsbereich von §§ 41, 42 BImSchG ist
für Lärmbeeinträchtigungen ein Rückgriff auf die allgemeine Regelung des § 74
Abs 2 S 2 VwVfG inhaltlich nur nach Maßgabe des § 42 Abs 2 S 2 BImSchG möglich
(BVerwGE 97, 367, 371; nicht widersprochen durch BGHZ 140, 285 ff). Nach § 42 Abs 2 S 2
BImSchG iVm § 74 Abs 2 S 3 VwVfG werden vor allem Beeinträchtigungen des
Außenwohnbereichs (Terrasse) entschädigt (Strick, Lärmschutz an Straßen [1998] Rn 43).
Beruht die Errichtung oder der Ausbau einer öffentlichen Straße nicht auf der
Grundlage eines bestandskräftigen **Planfeststellungsbeschlusses** (oben Rn 27), so
kommt eine Entschädigung für die Geräuschimmissionen vor allem auf der Grundlage eines rechtmäßigen enteignenden Eingriffs in Betracht, wenn die Enteignungsschwelle überschritten ist, die deutlich über der **fachplanungsrechtlichen
Erheblichkeitsschwelle** liegt (BGHZ 140, 285, 298; 122, 76, 78 f; oben Rn 84). Die enteignungsrechtliche Zumutbarkeitsschwelle wird für Verkehrsimmissionen in Wohngebieten mit 70 bis 75 db(A) tagsüber und 60 bis 65 db(A) nachts angesetzt (BGHZ 122,
76, 81; 97, 114, 122 f; 97, 361, 366; BVerwG NVwZ 2000, 567, 569 [Schienenlärm]). Doch hängt die
Bestimmung der Zumutbarkeitsschwelle stark von den Umständen des Einzelfalles
ab (BGHZ 97, 361, 365; Krohn/Papier, Aktuelle Fragen der Staatshaftung und der öffentlich-rechtlichen Entschädigung [1986] 104 f). Der Entschädigungsanspruch besteht grundsätzlich in einem Geldausgleich für **Schallschutzmaßnahmen**. Der **Minderwert** des
Grundstücks wird erst entschädigt, wenn Schutzeinrichtungen keine wirksame Abhilfe versprechen oder unverhältnismäßige Aufwendungen erfordern. Ein Lärmbe-
troffener kann keinen Anspruch aufgrund **enteignenden Eingriffs** vor den Zivilgerichten geltend machen, wenn er den betreffenden **Planfeststellungsbeschluss** (oben
Rn 27), der Schallschutzmaßnahmen nicht vorsieht, bestandskräftig werden lässt

(BGHZ 140, 285, 300 ff in Abkehr von BGHZ 97, 114, 117 mit zust Anm KLEIN/SCHMAHL LM Art 14 [Ch] GrundG Nr 44; bestätigt durch BGHZ 161, 323, 328 f [Fluglärm] BVerwGE 77, 295 = NJW 1987, 2884 f; BVerwG NJW 1989, 476, 469; vergleichbar für elektromagnetische Störungen durch eine elektrifizierte Bahnstrecke OLG Stuttgart NJW-RR 2001, 1313, 1315). Auch sonstige öffentlich-rechtliche oder privatrechtliche **Ansprüche** (§ 906 Abs 2 S 2) sind dann **ausgeschlossen** (so BGHZ 161, 323 für den Fluglärm; oben Rn 27).

Eine Rolle gespielt haben Geräuschimmissionen durch **Kraftfahrzeuge** im Zusam- **146** menhang mit einem *Kfz-Abstellplatz* (BGH LM Nr 11); der *Durchgangsverkehr* mit Kraftfahrzeugen auf einem Grundstück (BGH MDR 1964, 666); Lärmimmissionen durch den Durchgangsverkehr mit *Lastkraftwagen* sowie bei einer Rampenbenüt-zung (BGH MDR 1971, 203); das unzulässige Halten und Parken von Zulieferlastkraft-wagen mit *laufendem Motor* vor einem Nachbargrundstück (BGH NJW 1982, 440); die Lärmentwicklung an einer *Omnibushaltestelle* (BGH NJW 1984, 1242) sowie Lärm durch die *Linienführung von Bussen* (OLG Köln VRS Bd 102 S 427 Nr 131). Bei dem *Laufenlassen* von Kfz-Motoren wird es im Regelfall auf die Ortsüblichkeit nach § 906 Abs 2 S 1 nicht ankommen, weil die Störung auf einfache Weise, nämlich durch Abstellen des Motors, verhindert werden kann.

bb) Schienenlärm
Es ist zu unterscheiden (Überblick zum öffentlichen Recht bei BERKA, in: FS Stüer [2013] 331; **147** ROMBACH [nach Lit-Verz]): Die Deutsche Bahn AG kann nach §§ 1004 Abs 1, 906 grundsätzlich vor den ordentlichen Gerichten im Rahmen sog **Lärmsanierungsan-sprüche** auf Unterlassung von durch den Streckenbetrieb hervorgerufenen Immis-sionen wie Erschütterungen und Lärm in Anspruch genommen werden (Einzelheiten bei H ROTH NVwZ 2001, 34). Da die Deutsche Bahn AG in den Genuss der Rspr zu den **gemeinwichtigen Betrieben** kommt (oben Rn 29), werden Begehren auf Betriebsein-schränkungen des Zugverkehrs in der Regel ohne Erfolg bleiben. Möglich bleibt vor den Zivilgerichten aber die Erzwingung aktiven Schallschutzes wie die Errichtung von **Lärmschutzwänden** oder ein Ausgleich für passive Schallschutzmaßnahmen (für letzteres LG Bochum BeckRS 2014, 16715). Nach § 906 Abs 2 S 2 ist ein Geldausgleich möglich, wenn der Bahn AG bauliche Veränderungen wirtschaftlich wegen § 906 Abs 2 S 1 (wesentliche, ortsübliche, nicht durch zumutbare Maßnahmen verhinder-bare Immissionen) nicht zumutbar sind (BGH NJW 2007, 168 [Eisenbahnbrücke]; NJW 1997, 744 f; anerkannt auch von VGH München NVwZ-RR 1997, 159, 162 ff; ferner BÜRGEL NJW 1996, 1804 f). Für den Betrieb alter Bahnanlagen (zB Eisenbahnbrücke) fehlt es an einer dem § 71 LuftVG entsprechenden Regel, wonach eine Planfeststellung fingiert wird (unten Rn 148). Deshalb sind Ansprüche gegen die Bahn aus § 906 Abs 2 S 2 nicht ausgeschlossen (BGH NJW-RR 2007, 168, 169). Dagegen müssen die auf §§ 41, 42 BImschG gestützten sog **Lärmschutzansprüche** vor den Verwaltungsgerichten gegen die Bundesrepublik Deutschland, vertreten durch das Eisenbahnbundesamt, geltend gemacht werden, soweit es um den Bau und die wesentliche Änderung von Eisen-bahnstrecken geht (Einzelheiten bei H ROTH NVwZ 2001, 34; MICHLER VBlBW 1998, 201; KOCH NVwZ 2000, 490, 496 f). Das gilt sowohl bei **planfeststellungspflichtigen Arbeiten** im Rahmen des § 18 AEG (abgedruckt in SARTORIUS I Nr 962; BVerwG NVwZ 1998, 513; 1998, 1071; Einzelheiten bei STEENHOFF DVBl 1996, 1236) als auch außerhalb davon (VGH Mün-chen NVwZ-RR 1997, 159, 160). Auch wenn die tatbestandsmäßigen Voraussetzungen der §§ 41, 42 BImSchG nicht vorliegen, müssen die Belange der Gestörten in die Abwägung nach § 18 Abs 1 S 2 AEG eingestellt werden. Im Wege der Neubeschei-

dungsklage kann bei einer Überschreitung der **enteignungsrechtlichen Zumutbarkeitsgrenzen** ein – weniger weitreichender – Schallschutz erreicht werden (BVerwG NVwZ 2000, 565, 568). Den Sonderfall einer Geräuschimmission betrifft eine besonders lärmintensive *Straßenbahnkehre* (BGH NJW 1968, 1133; ferner LG Düsseldorf NJW-RR 2000, 30). Das Überschreiten der **fachplanungsrechtlichen Erheblichkeitsschwelle** bemisst sich vorrangig nach § 2 der VerkehrslärmschutzVO-16. BImSchVO v 12. 6. 1990 (BGBl I 1036; abgedruckt in Sartorius Ergänzungsband Nr 296/16), die nach § 1 Abs 1 auch für den Bau von Schienenwegen der Eisenbahnen und Straßenbahnen gilt (zur Anfechtungsklage gegen eine eisenbahnrechtliche Plangenehmigung eines *Containerumschlagbahnhofs* im Hafen VG Ansbach U v 19. 1. 2007, Az AN K 04.03453, juris). Diese VO kann als Richtlinie auch für den Lärm von **Altschienenwegen** herangezogen werden (LG Bochum BeckRS 2014, 16715).

cc) Fluglärm

148 Für die Lärmentfaltung von **Zivilflughäfen** ist zu unterscheiden (BGHZ 161, 323 mit zust Anm H Roth LMK 2005, 52 [der Fall betrifft ein Haus außerhalb der durch das FluglärmschutzG festgelegten Schutzzone]; für innerhalb von Schutzzonen gelegene Häuser: § 9 Abs 1 [Tag-Schutzzone], 2 [Nacht-Schutzzone]; OLG Düsseldorf ZLW 2009, 322; ausführlich Krüger ZfIR 2007, 2, 3 ff): Sind **Flugplätze planfestgestellt** oder greift die Fiktion des § 71 LuftVG ein, so hat der Gestörte wegen §§ 9 Abs 3, 11 LuftVG keine Abwehransprüche aus § 1004 Abs 1 BGB. Auch sonst verdrängt das öffentliche Recht das private Recht. Vor allem sind Ansprüche des Geschädigten auf Aufwendungsersatz für **passiven Schallschutz** (§§ 9 Abs 2, 3 FluglärmG) und auf Ersatz des verbleibenden **Grundstücksminderwerts** den §§ 74 Abs 2 S 2 und 3, 75 Abs 2 S 2 und 4 VwVfG unterworfen und durch die Verwaltungsgerichte zu entscheiden (Einzelheiten bei Jannasch, Die neuere Rechtsprechung des Bundesverwaltungsgerichts zur Flughafenplanung und zu Flugrouten: mit besonderem Blick auf den Flughafen Berlin-Schönefeld [2015]; ders in: Ziekow [Hrsg], Aktuelle Probleme der Luftverkehrs-, Planfeststellungs- und Umweltrechts 2013 [2014] 103 ff Rn 563 ff; Koch, in: FS Sellner [2010] 277 ff). Für Beeinträchtigungen des Außenwohnbereichs sieht § 9 Abs 5 FluglärmG nF einen Entschädigungsanspruch vor. § 906 Abs 2 S 2 findet keine Anwendung. Doch kommt es zu einem Gleichlauf des öffentlichen Rechts mit dem Privatrecht, weil die genannten öffentlich-rechtlichen Ansprüche bereits dann entstehen, wenn die **fachplanungsrechtliche Duldungsschwelle** überschritten ist. Nicht ausschlaggebend ist daher die höher liegende **enteignungsrechtliche Zumutbarkeitsschwelle**. Auch wenn diese überschritten ist, wird einheitlich Ersatz nach den §§ 74 Abs 2, 75 Abs 2 VwVfG geleistet (BGHZ 140, 285, 300 [Autobahnlärm]; BVerwGE 77, 295). Der bestandskräftige Planfeststellungsbeschluss entfaltet eine umfassende Ausschlusswirkung sowohl für Ansprüche auf Aufwendungsersatz als auch für solche auf Ersatz des Minderwerts des Grundstücks. Wenn dort Ausgleichsleistungen nicht vorgesehen sind, so können bei Überschreiten der fachplanungsrechtlichen Zumutbarkeitsschwelle nicht nachträglich Ausgleichsansprüche nach § 906 Abs 2 S 2 geltend gemacht werden (Wenzel NJW 2005, 241, 244; Schiller ZLW 2008, 192, 206). Doch hilft § 75 Abs 2 S 2 und 4 VwVfG für nicht voraussehbare Wirkungen und im Falle der Fiktion des § 71 LuftVG wird vom Erfordernis der Voraussehbarkeit abgesehen. Zudem bleiben bei Zivilflughäfen vor allem **verwaltungsgerichtliche Klagen** gegen die Genehmigungsbehörde (§ 6 LuftVG), zB auf Erlass von **Nachtflugbeschränkungen**, möglich (zB BVerwG NVwZ 1998, 850; Einzelheiten zu den verwaltungsgerichtlichen Möglichkeiten bei Deutsch NVwZ 2006, 878; de Witt DVBl 2006, 1376; Boewe ZLW 2006, 634; Koch NVwZ 2000, 490, 497 ff; Geulen NJW 2001, 1038; zum Nacht- und Taglärmschutz BVerwGE 87,

332; 107, 313; 123, 261; 125, 116 [Flughafen Berlin-Schönefeld]; BVerwG LKV 2007, 23 [Flughafen Leipzig/Halle]; zum Lärmschutz bei der Flughafenplanung SCHLADEBACH Rn 557 ff; STOERMER 156 ff), oder die Feststellungsklage von Flughafenanwohnern gegenüber der Festlegung von **An- und Abflugstrecken** durch das Luftfahrt-Bundesamt von und zu Flugplätzen nach § 27a Abs 2 LuftVO sowie von **Warteschleifen** (BVerwG NJW 2000, 3584 mit Anm HUFEN JuS 2001, 406; BVerwG NVwZ 2004, 1229 [gerichtlich überprüfbare Abwägungsentscheidung, die aber nicht den Grundsätzen entsprechen muss, die für das Abwägungsgebot im Fachplanungsrecht gelten]; NVwZ 2005, 1061 mit Anm WALDHOFF JuS 2006, 469 [Klage des Flughafenbetreibers Zürich gegen Beschränkungen]; GEIS, in: FS Bartlsperger [2006] 215, 219 ff; REPKEWITZ VBlBW 2005, 1; MICHL ThürVBl 2011, 121; oben § 905 Rn 21). Maßgebend sind vor allem die 1. FluglärmschutzVO vom 27. 12. 2008 (BGBl I 2980) und die Flugplatz-Schallschutz- maßnahmenVO (2. FluglärmSchutzVO) vom 8. 9. 2009, (BGBl I 2992; dazu KOCH, in: FS Sellner [2010] 277, 294 ff).

Die Beurteilung des **Zivilrechts** ist maßgebend für die selteneren Fälle, dass der **149** Flughafen weder planfestgestellt ist noch einer fingierten Planfeststellung nach § 71 LuftVG unterliegt. Die Rspr vertritt insoweit eine zivilrechtliche Betrachtungsweise (BGHZ 161, 323, 333 ff [Flughafen Köln/Bonn] mit Anm H ROTH LMK 2005, 52; BGHZ 69, 105 = LM Nr 53 mAnm HAGEN [internationaler Zivilflughafen Düsseldorf]; zu ihm auch BGHZ 79, 45 = LM Nr 65 mAnm HAGEN; LG Saarbrücken ZLW 1987, 400 [Segelflugplatz]; WYSK ZLW 1998, 18, 22; ferner dazu SOELL, Schutz gegen Fluglärm 329 ff). Doch geben die §§ 1004, 906 (selbstverständlich) dem Lärmbetroffenen keinen Anspruch gegen die Genehmigungs- oder Planfeststellungsbehörde auf Verpflichtung des Flugplatzbetreibers, passiven Schallschutz zu gewähren, weil die Norm Duldungs- und Abwehransprüche nur im **unmittelbaren Nachbarschaftsverhältnis** begründet (BVerwG B v 21. 1. 2008, Az 4 B 50/07, juris Rn 6). Nur vereinzelt wird ähnlich wie bei der Beurteilung des Straßenlärms, der in neuerer Zeit als hoheitlicher Eingriff gewertet wird (oben Rn 98), auch für Privatflugplätze eine öffentlich-rechtliche Einordnung erwogen (HAGEN WM 1982, 410, 411). Die actio negatoria des § 1004 Abs 1 ist auch bei wesentlichen Beeinträchtigungen nach § 906 Abs 1 regelmäßig wegen § 906 Abs 2 S 1 ausgeschlossen, wenn Ortsüblichkeit vorliegt und Abhilfemaßnahmen wirtschaftlich unzumutbar sind. In diesem Fall können Ansprüche auf Aufwendungsersatz für **Schallschutzfenster** und den Ersatz des **Minderwerts** aus § 906 Abs 2 S 2 in direkter Anwendung hergeleitet werden, ohne dass die enteignungsrechtliche Zumutbarkeitsgrenze überschritten sein müsste (BGHZ 161, 323, 333 ff; dazu KRÜGER ZfIR 2007, 2, 3; H ROTH LMK 2005, 52). **Grenz- oder Richtwerte** iS von § 906 Abs 1 S 2 und 3 gibt es für Fluglärm nicht (BGHZ 161, 323, 334 ff). Die planungsrechtlichen Regelungen des *FluglärmG* (Neufassung Bek v 31. 10. 2007, BGBl I 2550; dazu KOCH, in: FS Sellner [2010] 277 ff) betreffen die zivilrechtlichen Nachbaransprüche nicht. Der im FluglärmG vorgesehene **Dauerschallpegel** dient nicht der Beurteilung individueller Lärmbeeinträchtigung (BGHZ 122, 76, 82; MünchKomm/SÄCKER[6] Rn 70; NK-BGB/RING[3] Rn 174; GRZIWOTZ/LÜKE/SALLER[2] 3. Teil Rn 124 Neufassung des Gesetzes GIEMULLA/RATHGEB DVBl 2008, 669; Regierungsbegründung BT-Drucks 16/508 vom 2. 2. 2006). Auch die Neufassung grenzt die Tagschutzzone nur durch den äquivalenten Dauerschallpegel ab. Abweichend wird seit der Novellierung von 2007 den in § 2 Abs 2 FluglärmG vorgesehenen Immissionswerten die Eigenschaft eines Gesetzes iS von § 906 Abs 1 S 2 zugemessen (SCHILLER ZLW 2008, 192, 205; offengelassen durch VGH Kassel NVwZ-RR 2008, 88, 89). Nach dieser Auffassung soll bei Einhaltung der Immissionswerte des § 2 Abs 2 S 2 FluglärmG ein **Ausgleichsanspruch** nach § 906 Abs 2 S 2 in der Regel ausscheiden (VGH Kassel ZUR 2009, 151;

Herbert Roth

mE zweifelhaft). Auch die TA-Lärm und die VerkehrslärmschutzVO (16. BimSchV), die im BImSchG wurzeln, können wegen § 2 Abs 2 LuftVG nicht herangezogen werden. Die für Verkehrslärm erlassenen Regelwerke dürfen nicht auf den Fluglärm übertragen werden (BVerwG B v 21. 1. 2008, Az 4 B 50/07, juris Rn 14). Deshalb können unabhängig von § 906 Abs 1 S 2 und 3 alle Besonderheiten des Fluglärms berücksichtigt werden, weil es dafür keine generell festgelegten Grenzen gibt. Gleichwohl können die nicht unter § 906 Abs 1 S 2 und 3 fallenden Grenzwerte als **Entscheidungshilfe** dienen (BGHZ 161, 323, 336). Auch wenn die Duldungsgrenze des § 906 Abs 2 überschritten ist, scheitert § 1004 Abs 1, weil es nach der Rspr um einen dem öffentlichen Interesse dienenden **gemeinwichtigen Betrieb** geht (oben Rn 29). In diesem Fall kommt ein bürgerlichrechtlicher Aufopferungsanspruch in Betracht (oben Rn 66 ff). § 11 LuftVG gilt nicht für *Landeplätze* (BGHZ 69, 118). Dagegen kommen *öffentlich-rechtliche* Entschädigungsansprüche, vor allem aus enteignendem Eingriff (oben Rn 86), in Betracht, soweit der Lärm von einem **Militärflugplatz** ausgeht (BGHZ 122, 76; zu den Grenzen BGH NVwZ-RR 2006, 669; BGHZ 129, 124 = NJW 1995, 1823; NJW 1973, 326; MDR 1980, 655; NJW 1986, 2423; Wysk ZLW 1998, 18, 33; Wiethaup BlGBW 1960, 145, 147). Die Rspr greift auf die enteignungsrechtlichen Zumutbarkeitsschwellen für Verkehrslärmimmissionen zurück (BGHZ 122, 76, 81; oben Rn 145) und trägt zutreffend der besonderen Bedeutung der Spitzenschallpegel Rechnung. Die **enteignungsrechtliche Zumutbarkeitsschwelle** liegt dabei deutlich über der Erheblichkeitsschwelle des § 906 Abs 2 S 2 (BGHZ 122, 76, 79). Das gilt auch nach der Novellierung des FluglärmG von 2007 (Schiller ZLW 2008, 192, 207). Entgegen der Rspr sollte im Wege der analogen Anwendung des § 906 Abs 2 S 2 der **Minderwert** des betroffenen Grundstücks auch dann entschädigt werden, wenn die Lärmbeeinträchtigung wesentlich ist, ohne dass das Grundeigentum schwer und unerträglich getroffen wird (aA BGHZ 122, 76, 78; Schiller ZLW 2008, 192, 207). Der Fluglärm durch startende und landende Flugzeuge ist dem Flughafen jedenfalls insoweit zuzurechnen, als diese unterhalb der Sicherheitsmindesthöhe fliegen (BGH NJW 1987, 1142, 1144; auch LG Saarbrücken ZLW 1987, 400, 401 [Segelflugplatz]). Wird in den Lärm eines Militärflughafens „**hineingebaut**", soll ein Anspruch auf Entschädigung aus enteignendem Eingriff nicht gegeben sein (BGH NVwZ-RR 2006, 669).

dd) Arbeitslärm

150 Der **Baulärm** (dazu Bodanowitz NJW 1997, 2351; Müller/Zabel/Jansen ZfIR 2011, 862 [Zivil- und öffentliches Recht]) sowie der *Industrielärm* bilden die beiden häufigsten Fallgruppen. Um *Bauarbeiten* ging es bei dem Einsatz eines Kompressors bei der Restaurierung der „Porta Nigra" (BGH MDR 1977, 128). Ferner wurde entschieden über *Abbrucharbeiten* in einer Großstadt unter Einsatz von Presslufthämmern und Räumbaggern (BGH LM Nr 14; OLG Hamm ZMR 1967, 21; LG Konstanz NJW-RR 1991, 916, 917 [keine Bindung an bestimmte Zeiten]); Bauarbeiten beim Ausbau einer *Moselstaustufe* unter Einrammen von Spundwänden (BGH MDR 1967, 913) sowie über *Kompressorenlärm* an einer Baustelle (OLG Karlsruhe BB 1965, 690). Um **Industriegeräusche** ging es in folgenden Fällen: *Hammerschmiede* (BGH NJW 2001, 3119); *Gewerbliche Maschinen* (BGH MDR 1971, 37 [Gesundheitsschädigung]); *Rotationsmaschine* einer Zeitungsdruckerei (BGH LM § 903 Nr 4; Wiethaup DWW 1970, 46; ders ZMR 1974, 260); *Kugelfabrik* (BGH LM Nr 5); *Materiallager* (Eisenlager) (BGH LM Nr 6); *Spanplattenfabrik* (BGHZ 46, 35 = LM Nr 21 mAnm Mattern); luftgekühlte Transformatoren eines *Umspannwerks* (BGH NJW 1970, 856; Sachverhaltsdarstellung auch bei Wiethaup DWW 1970, 427); *Wäschereibetrieb* im Kleingewerbegebiet (BGH ZMR 1965, 301); *Kühlanlage* (OLG München

BlGBW 1978, 150 mAnm Schloms); *Bäckereibetrieb* (LG Dortmund BlGBW 1965, 32); *Tischlereiwerkstatt* (OLG Bremen ZMR 1956, 193); *Schotterwerk* (dazu Wiethaup ZMR 1973, 165 [zur öffentlich-rechtlichen Seite]); *Betonsteinwerk* (Wiethaup ZMR 1966, 132 zum öffentlichen Recht); *Fertigbetonmischanlage* (Wiethaup BlGBW 1965, 125 [vornehmlich zum öffentlichen Recht]); *Bandwirkstühle* (Wiethaup DWW 1970, 12); *Weberei* (Wiethaup DWW 1970, 9); *Autowaschanlage* (Wiethaup BlGBW 1970, 230 [zum öffentlichen Recht]); *Transportbetonanlagen* (Wiethaup BlGBW 1974, 32 [zum öffentlichen Recht]); Kraftfahrzeuge der *Müllabfuhr* (Wiethaup BlGBW 1971, 141). Maßgebend ist die MaschinenlärmschutzVO v 29. 8. 2002 – 32. BImSchV (abgedruckt in Sartorius Ergänzungsband Nr 296/32) und die **AVV Baulärm** von 1970 als normkonkretisierende Verwaltungsvorschrift (BVerwG NVwZ 2012, 1393; Kahl JZ 2014, 772. 773; Zabel IBR 2013, 238; Müller/Zabel/Jansen ZfIR 2011, 862). Dagegen ist die Anwendbarkeit der TA-Lärm auf Baustellen ausgeschlossen (Nr 1 Buchst f TA Lärm).

ee) Freizeitlärm
Zunehmende Bedeutung gewinnt der Freizeitlärm, insbes der **Sportlärm** (Rspr bei   **151** Vieweg JZ 1987, 1104 ff; zur Modernisierung von Sportanlagen Deutsch/Tusch BauR 2009, 1840). In jüngerer Zeit standen Lärmeinwirkungen durch *Tennisplätze* im Vordergrund, die von der Rspr häufig als wesentlich und nicht ortsüblich beurteilt wurden (BGH NJW 1983, 751; OLG München NJW-RR 1986, 1142; OLG Köln MDR 1988, 777; LG Mainz DWW 1988, 15; LG Kempten DWW 1986, 18; zur planungsrechtlichen Seite, insbes zu § 34 BauGB und zum Rücksichtnahmegebot BVerwG NJW 1986, 393; VG Wiesbaden DWW 1989, 120; VGH München BayVBl 1986, 23; dazu teils krit Krähe 19 ff; Deutsch VersR 1984, 1001; Köhler Jura 1985, 225; Johlen BauR 1984, 134; Birk NVwZ 1985, 689; Gelzer, in: FS Korbion [1986] 117, 119 f). Daneben geht es um **Fußballspiel** und sonstige Sportarten (OLG Hamm NVwZ-RR 2007, 756). Unter Anwendung ua der SportanlagenlärmschutzVO – 18. BimSchV (unten Rn 190; abgedruckt in Sartorius Ergänzungsband Nr 296/18) kommt es etwa zu folgender **typischer Verurteilung**: „Die Beklagte wird verurteilt, von dem Vereinsgelände C.-Straße 1 ausgehende Geräuscheinwirkungen auf die Grundstücke C.- Straße 2 und 3 zu unterlassen, die dort folgende Immissionswerte, unter Berücksichtigung eines Abschlags von 3dB(A) für Altanlagen nach Nr 1. 3. 3. des Anhangs zur 18. BImSchV, aber ohne einen Messabschlag nach Nr 1. 6 des Anhangs zur 18. BImSchV überschreiten: an Werktagen: tags (8 bis 20 Uhr) 55dB(A), Ruhezeit (6 bis 8 Uhr und 20 bis 22 Uhr) 50 dB(A), nachts (0 bis 6 Uhr und 22 bis 0 Uhr) 40 dB(A); an Sonntagen: tags (8 bis 13 Uhr und 15 bis 20 Uhr) 55 dB(A), Ruhezeit (7 bis 9 Uhr und 13 bis 15 Uhr und 20 bis 22 Uhr) 50 dB(A), nachts (0 bis 7 Uhr und 22 bis 0 Uhr) 40 dB(A). Ausgenommen hiervon sind seltene Sportereignisse bis zu 15 Tagen pro Jahr, insoweit wird die Beklagte verurteilt es zu unterlassen, die vorstehenden Immissionswerte um mehr als 10 dB(A) zu überschreiten." Großzügiger verfahren wurde wegen der Mobilität seiner Nutzer im Falle eines beeinträchtigten *Campingplatzes* (OLG Karlsruhe NJW-RR 1989, 145). Abwehransprüche können sich auch gegen von der öffentlichen Hand betriebene *Sportplätze* ergeben (BVerwG NJW 1989, 1291; OVG Münster NVwZ 1994, 1018 [Eissporthalle]; oben Rn 59). Geräuschimmissionen durch (komplexe) **Freizeitanlagen** können einheitlich nach den Bestimmungen der **Freizeitlärmrichtlinie** (unten Rn 193) beurteilt werden (für einen öffentlich-rechtlichen Abwehranspruch OVG Berlin-Brandenburg NVwZ-RR 2010, 877 [Genehmigung von 20 Freiluftkonzertveranstaltungen im Innenhof einer Zitadelle]; VGH Kassel NVwZ-RR 2006, 531 [Volksfestlärm]; OVG Schleswig NuR 2007, 624, 625 [Freizeitfläche]; VG Stuttgart DWW 1999, 394; BVerwG NVwZ 2001, 1167). Die Richtlinie ist aber bloße Orientierungshilfe (BGHZ 111, 63, 67; BVerwG NJW 2003, 3360, 3361; Dietrich/Kahle DVBl 2007, 18 ff; Schröder/Kuras NdsVBl 2009, 329 ff; unten Rn 193). **Partylärm** des Nachbarn (Grillfeste) ist nur

begrenzt hinzunehmen. Doch sind vereinzelte Feiern im Freien während der Sommermonate regelmäßig ortsüblich und damit zu dulden, wenn sie das Übliche nicht überschreiten (STADLER 89: viermal im Jahr). Ab 22 Uhr wird aber verlangt werden können, die Feiern in das Haus oder die Wohnung zu verlegen. Solange geselliges Beisammensein rechtlich erlaubt ist, wird man umgekehrt einen Abwehranspruch gegen denjenigen Nachbarn haben, der die unerwünschte Feier des Nachbarn etwa seinerseits durch Lärmentfaltung (zB ständiges Hämmern oder den Betrieb lauter Gartengeräte) zu unterbinden sucht. Das erfordert das Rücksichtnahmegebot unter Nachbarn.

152 Nach privatem Recht beurteilt wurden von einem *Fußballplatz* ausgehende Lärmimmissionen (LG Osnabrück MDR 1985, 1029; zum Rechtsweg auch KRÄHE SpuRt 1994, 81). Dagegen werden derartige Immissionen bisweilen öffentlich-rechtlich eingeordnet (OVG Hamburg BauR 1986, 73; oben Rn 59). Lärmverursachende Sportarten sind insbes auch das *Schießen* (zu Schießständen OLG München ZMR 1998, 553; OLG Stuttgart NJW 1989, 1224 [Wurftaubenanlage]; DEUTSCH VersR 1984, 1001; WIETHAUP AgrarR 1973, 77; BVerwG NVwZ 1983, 155 [zur Anwendung des BImSchG auf private Schießstände]; OVG Rheinland-Pfalz UPR 1986, 198); *Kegeln* (BGH ZMR 1966, 50; OLG Hamm NJW-RR 1989, 1176; OLG Köln MDR 1965, 742 [30 Phon zur Nachtzeit zumutbar]; OLG Saarbrücken JBlSaar 1966, 162 [Besonderheit der gemeinsam benutzten Giebelwand]); *Minigolf* (OVG Münster DWW 1976, 137 [zur öffentlich-rechtlichen Seite]; WIETHAUP ZMR 1973, 291); *Go-Kart-Rennen* (WIETHAUP ZMR 1964, 161 m Mitteilung der dabei erreichten Phonwerte); *Gymnastik* (Musikbegleitung) (WIETHAUP BlGBW 1968, 92).

ff) Tierlärm

153 Eine weitere typische Lärmquelle mit zunehmender Bedeutung ist der Tierlärm aus **gewerblicher Tierhaltung** sowie aus **Liebhaberei** (dazu GAISBAUER NZM 1999, 982; KUNZ ZMR 1985, 397; MJ SCHMID WuM 1988, 343; Fälle auch bei WIETHAUP DWW 1969, 287). In landwirtschaftlich geprägten Gegenden ist auch heute noch das von umgehängten *Kuhglocken* ausgehende Geläut ortsüblich und daher regelmäßig hinzunehmen (LG Freiburg AgrarR 1977, 41; strenger AG Lindau NJW-RR 1992, 277; Einzelheiten bei GAISBAUER NZM 1999, 982, 988; ders ZMR 1997, 561). Das Gleiche gilt für das *Muhen* von Kühen (einschränkend LG Darmstadt AgrarR 1980, 319 mAnm LÜPKE). Übermäßiges *Gänseschnattern* kann im Einzelfall dem Verbietungsrecht unterliegen (RG WarnR 1917 Nr 244). **Öffentlich-rechtlich** kommt hier ein Vorgehen nach Baurecht, Immissionsschutzrecht und dem Recht der öffentlichen Sicherheit und Ordnung in Betracht (Überblick bei SCHEIDLER DVBl 2007, 936; VG Stade DWW 1990, 249: Hundegebell).

154 Unerheblich für die Anwendung des § 906 ist es, ob die Einwirkungen mit einer **wirtschaftlichen Betätigung** des Grundeigentümers zusammenhängen oder nicht, wenngleich § 906 Abs 2 S 1 („wirtschaftlich zumutbare Maßnahmen") auf letzteres hinzudeuten scheint (wie hier für § 906 aF MOSICH JherJb 44 [1930] 255, 280). Allerdings sind in Bezug auf Belästigungen durch **Liebhabereien** äußerst strenge Anforderungen zu stellen. Einwirkungen nach § 906 müssen auf irgendeine Weise, wenn auch nicht unmittelbar, mit der Grundstücksbenutzung des anderen Grundstücks und damit mit einem **menschlichen Verhalten** zusammenhängen. Ein von einem menschlichen Verhalten unabhängiges **Naturereignis** genügt für den Beseitigungs- und Unterlassungsanspruch aus § 1004 Abs 1, der einen „Störer" voraussetzt, nicht. Doch lässt es der BGH zunehmend ausreichen, dass auch bei dem Wirken von Naturkräften eine

Störung unter dem Aspekt des pflichtwidrigen Unterlassens in Betracht kommen kann (ausführlich und weiterführend WENZEL NJW 2005, 241 ff). Dabei trägt der Gestörte die **Behauptungs- und Beweislast** dafür, dass die Störung auf menschlichem Verhalten beruht (OLG Stuttgart MDR 2005, 329 [Insektenbefall]). Dabei reicht es aus, wenn das menschliche Verhalten wenigstens mitwirkend einen Zustand geschaffen hat, der das Wirken von Naturkräften ermöglicht. Wer etwa das *Quaken von Fröschen* (unten Rn 155), das *Schnattern von Gänsen* oder den Bau von *Schwalbennestern* und die daraus hervorgehenden Belästigungen auf seinem Grundstück duldet (**aA** AG Bad Kreuznach NJW-RR 1986, 98; ENDRES 27), unterfällt dem Anwendungsbereich des § 906 (RG JW 1910, 654 Nr 13). Für den Befall mit *Wollläusen* hat die Rspr dagegen das Zurückführen auf ein menschliches Verhalten verneint (BGH NJW 1995, 2633; vergleichbar OLG Stuttgart MDR 2005, 329 [Vernichtung einer Johannisbeerplantage durch Insekten von einem die Verbreitung nicht begünstigenden benachbarten Komposthaufen). Sehr viel strengere Voraussetzungen müssen an das Erlaubtsein von Tierlärm gestellt werden, der aus einer **privaten Liebhaberei** herrührt, weil dieser Lärm mutwillig verursacht wird (AG Nürnberg DWW 1996, 372 [Kleinpapageien]; GAISBAUER NZM 1999, 982, 983; **aA** ENDRES 47). So dürfte das Halten von vier *Hennen* in einem Villengebiet weder ortsüblich, noch die daraus hervorgehenden Belästigungen unwesentlich sein (dazu LG Kiel MDR 1966, 412). Mit Ausnahme von ausschließlich oder ganz überwiegend landwirtschaftlich geprägten Gebieten (so anscheinend im Fall LG Kleve DWW 1989, 362; AG Kenzingen MDR 2011, 1346: ländliches Dorfgebiet) ist die **Haltung eines Hahns** aus Liebhaberei regelmäßig ortsunüblich (Übersicht bei SCHEIDLER DVBl 2007, 936, 941; GAISBAUER DWW 1993, 192; ders NZM 1999, 982, 986). Auch dürften die daraus herrührenden Belästigungen selbst noch in größerer Entfernung stets als wesentlich anzusehen sein. Das gilt nicht nur während der Nachtruhe, sondern auch tagsüber (beispielhaft LG München I NJW-RR 1989, 1178). Jedenfalls während der Nachtruhe von 19 Uhr abends bis 8 Uhr morgens müssen Hähne in vollständig geschlossenen und schallgedämpften Ställen sowie in angemessener Entfernung vom beeinträchtigten Grundstück gehalten werden (zutreffend LG Stuttgart RdL 1967, 49, 51 [freilich mit etwas großzügigeren Zeiten]; zu Zwerghähnen LG Augsburg RdL 1983, 264; zudem LG München I NJW-RR 1988, 205; LG Ingolstadt NJW-RR 1991, 654). Das Gleiche gilt für *Pfaue* (OLG Frankfurt NJW-RR 1987, 1166 [einstweilige Verfügung]). Richtigerweise wird Hahnenkrähen stets zur Zeit der Nachtruhe von 19 bis 8 Uhr an Werktagen und bis 9 Uhr an Samstagen sowie an Sonn- und Feiertagen untersagt (so OLG Hamm MDR 1988, 966 f). ME sollten Abwehransprüche darüber hinaus ohne jede zeitliche Beschränkung bestehen (so im Falle von LG München I NJW-RR 1989, 1178). Selbst bei Ortsüblichkeit (selten) wird fast immer eine wirtschaftlich zumutbare Abhilfemaßnahme zu bejahen sein (LG München I NJW-RR 1989, 1178, 1179). Nach gesicherter Erfahrung krähen Hähne ab 3 Uhr morgens (LG Kleve DWW 1989, 362) bis zu 50 mal mit einer Durchschnittslautstärke von 47 Phon (Übersicht bei WIETHAUP RdL 1970, 117). Noch in einer Entfernung von 8 bis 10 m wurde ein Schallpegel von 75 db(A) gemessen (LG München I NJW-RR 1989, 1178). Bei den wegen ihrer Gleichförmigkeit weniger belastenden Verkehrslärmimmissionen begründete das bereits ein Überschreiten der enteignungsrechtlichen Zumutbarkeitsschwelle (oben Rn 145). Regelmäßig sind Lärmstörungen durch Hahnenkrähen geeignet, bei den Betroffenen unmittelbar gesundheitliche Gefahren wie Schlafstörungen herbeizuführen. Neben den Zivilgerichten können daher auch die **Sicherheitsbehörden** angerufen werden, die zum Einschreiten aufgrund der polizeilichen Generalklausel oder aus sonstigen Spezialvorschriften des öffentlichen Rechts wenigstens für die Nachtzeit verpflichtet sind (Widerspruchsbescheid einer Bezirksregierung in ZMR 1965, 63;

WIETHAUP RdL 1964, 119). Im Übrigen dienen zahlreiche Vorschriften des Landesrechts der Vermeidung von Tierlärm (Übersicht bei KUNZ ZMR 1985, 397 ff; OLG Düsseldorf NJW 1990, 1677 [Graupapagei]). Im Einzelfall können auch § 117 OWiG und § 223 StGB verwirklicht sein. Der **Tenor** eines Unterlassungsurteils darf allgemein gefasst werden (unten Rn 283) und verstößt wegen seiner Unbestimmtheit nicht gegen die Verfassung (Nichtannahmebeschluss des BVerfG vom 23. 7. 2009, Az 1 BvR 1243/09, juris). Selbst wenn der Tenor überschießend formuliert ist, kann er (auch im Vollstreckungsverfahren) so ausgelegt werden, dass nur „wesentliche" Beeinträchtigungen zu unterbinden sind.

155 Ähnlich strenge Anforderungen (verkannt von OLG Schleswig NJW-RR 1986, 884) sind an das **Halten von Fröschen** in natürlichen (eine erfolgreiche Klage bei LG Dortmund, Urteil vom 3. 7. 2012, Az 6 O 431/09, juris; **aA** insoweit ENDRES 25) oder künstlich angelegten Froschteichen zu stellen (dazu SCHEIDLER DVBl 2007, 936, 941). In beiden Fällen stellt die Ansiedlung von Fröschen kein bloßes Naturereignis dar, da sie auf menschliches Verhalten zurückzuführen ist (BGHZ 120, 239, 254 mit krit Bespr E REHBINDER LM § 823 [Dd] Nr 22 Naumburg NVwZ-RR 2014, 552 = BeckRS 2014, 05581; ferner VIEWEG NJW 1993, 2570; RG JW 1910, 654). Zutreffend ist es allerdings, dass das Anlegen von Gartenteichen zur ortsüblichen Nutzung eines Gartens gehören kann (zweifelhaft bei OLG Schleswig NJW-RR 1986, 884). Gehen von einem solchen Teich jedoch erhebliche Belästigungen aus, ist es für den Grundstückseigentümer regelmäßig zumutbar iS des § 906 Abs 2 S 1, den Teich insgesamt wieder zu entfernen, wenn andere Maßnahmen nicht zu einem störungsfreien Zustand verhelfen. Mit Recht wurde darauf hingewiesen, dass der Eigentümer nur in der Art und Weise der als Ganzes zu sehenden Gartenbenutzung eingeschränkt ist, sodass die Zumutbarkeit der Abwehrmaßnahme nicht unter dem Gesichtspunkt verneint werden kann, eine ortsübliche Nutzung werde damit überhaupt unmöglich (STADLER 108 ff). Die Beseitigung von kleineren künstlich angelegten Teichen verstößt grundsätzlich nicht gegen naturschutzrechtliche Bestimmungen (anders in BGHZ 120, 239 ff; zutreffend LG Lüneburg NJW-RR 1986, 503). Ergeben können sich aber zeitliche Einschränkungen für das Beseitigungsverlangen, da es nach **naturschutzrechtlichen Regelungen** verboten ist, Frösche zu fangen, zu töten oder den Froschlaich einschließlich der Kaulquappen zu zerstören. Der künstlich angelegte Teich muss dann zu einem Zeitpunkt entfernt werden, in dem sich im Teich weder Froschlaich und Kaulquappen, noch Frösche befinden. Es empfiehlt sich daher stets, die Anlegung derartiger Teiche bereits vorbeugend über § 907 zu verhindern. Unhaltbar ist es, den wesentlich beeinträchtigten Nachbarn unter Hinweis auf naturschutzrechtliche Bestimmungen selbst unter Inkaufnahme von Gesundheitsstörungen schutzlos zu lassen (so aber LG Hanau NJW 1985, 500; abl KUNZ ZMR 1985, 397; SCHNITZERLING DWW 1985, 172). Die **Ausnahmegenehmigung** nach § 45 Abs 7 Nr 4 BNatSchG v 29. 7. 2009 (abgedruckt im SARTORIUS I Nr 880) muss von der zuständigen Behörde in derartigen Fällen stets erteilt werden (Ermessensreduzierung auf Null) (ebenso LARENZ/CANARIS § 86 IV S 693; **aA**, aber immerhin eine Umsetzung der Frösche favorisierend, VGH München NJW 1999, 2914, 2917; gebilligt von BVerwG NJW 1999, 2912; zum Problem ausführlich REGENFUS, Komplexe Prozessführung – Durchsetzung zivilrechtlicher Abwehransprüche bei behördlichen Genehmigungserfordernissen [2007] 63). Dem Froschliebhaber kann wegen fehlender Praktikabilität nicht angesonnen werden, in seinem Teich nur – nicht quakende – weibliche Frösche zu halten (**aA** LG Lüneburg NJW-RR 1986, 503). Hat der Froschhalter selbst sein Schlafzimmerfenster zur lärmabgewandten Seite oder wohnt er auf dem betreffenden Grundstück überhaupt nicht, liegt ein

Verstoß gegen das Rücksichtnahmegebot vor. Ist ein Beseitigungsanspruch durch das öffentliche Recht (zunächst) aus Rechtsgründen ausgeschlossen (mit beachtlichen Gründen abl LARENZ/CANARIS § 86 IV S 693; zur Ausnahmegenehmigung nach § 31 Abs 1 Nr 1a BNatSchG aF: BGHZ 120, 239 ff; OLG Naumburg NVwZ-RR 2014 = BeckRS 2014, 05581 [dort zur Tenorierung]), so besteht ein verschuldensunabhängiger **bürgerlich-rechtlicher Aufopferungsanspruch** (OLG München MDR 1991, 971; oben Rn 67; unhaltbar die Revisionsentscheidung BGHZ 120, 239, 251 ff; auch OLG Hamm, Urteil vom 28. 2. 2013, Az U 24 182/12, juris), der sich auf vorangegangenes rechtswidriges Tun des Störers stützt. Die **Rechtswidrigkeit** liegt in der Ansiedlung der Frösche selbst (MünchKomm/MEDICUS[4] § 1004 Rn 47; LARENZ/CANARIS § 86 IV S 693; H ROTH [nach Lit-Verz] 3; aA ENDRES 136, 139;). Die entgegenstehende Rspr (BGHZ 120, 239) verstößt mE gegen Art 14 GG (auch LARENZ/CANARIS § 86 IV S 693; zweifelnd wegen der Erschwerung des Rechtsschutzes auch CALLIESS, Die Verwaltung [2001] 169, 192). Dort war bei einer massiven Störung der Nachtruhe mit 64 dB(A) die **Enteignungsschwelle** überschritten. Der Leidensweg der Beeinträchtigten war damit nicht beendet (BVerwG NJW 1999, 2912; VGH München NJW 1999, 2914). Der hier vertretenen Tendenz nähert sich aber die neuere Rspr in ausdrücklicher Abgrenzung von BGHZ 120, 239 an: Wenn der Grundstückseigentümer eine **Gefahrenlage geschaffen** hat (Beseitigung des Windschutzes für Bäume durch Rodung), an deren Beseitigung er durch Vorschriften des Naturschutzes gehindert ist (Fällungsverbot), ist er bei Verwirklichung der Gefahr dem Nachbarn im Wege des bürgerlich-rechtlichen Aufopferungsanspruches ausgleichspflichtig (BGHZ 160, 232 ff mit zust Anm RÖTHEL JZ 2005, 576 und WIELING LMK 2005, 26; umfassend REGENFUS, Vorgaben des Grundgesetzes für die Lösung sachenrechtlicher Zuordnungs- und Nutzungskonflikte [2013] 471 f). Linderung könnte in derartigen Fällen eine rechtswegüberschreitende **Streitverkündung** bringen (M VOLLKOMMER/G VOLLKOMMER, in: 2. Erlanger FS Schwab [2000] 135).

Regelmäßig verbietbar ist in einem großstädtischen Wohngebiet auch die *Vogelhaltung in Volieren* (OLG Hamburg MDR 1977, 492 [30 Wellensittiche und 8 große Sittiche]). Das Gleiche gilt für von *Pfauen* verursachter Lärm (dazu OLG Frankfurt NJW-RR 1987, 1166; WIETHAUP RdL 1967, 1; GAISBAUER NZM 1999, 982, 987). Auch die Haltung von *Papageien* und sonstiger exotischer Vögel im Freien ist zeitlich zu beschränken (LG Zwickau WuM 2001, 556 [täglich einstündiger Aufenthalt der Vögel im Freien innerhalb festgelegter Zeitspannen; AG Nürnberg DWW 1996, 372). Vergleichbare Anforderungen müssen auch an die *private Taubenhaltung* gestellt werden, soweit die Störungen durch das Gurren der Tauben hervorgerufen werden (GAISBAUER NZM 1999, 982, 987). **156**

Mit Recht haben sich auch die Maßstäbe für die **Hundehaltung** zunehmend verschärft (Überblick bei SCHEIDLER DVBl 2007, 936, 941; ders MDR 2009, 242, 243). Da Hundegebell besonderen Aufmerksamkeitswert hat, ist auch in Mischgebieten zu nächtlichen Ruhezeiten eine wesentliche Beeinträchtigung anzunehmen, selbst wenn die für Verkehrs- und Industriegeräusche noch hinnehmbaren Phonstärken nicht überschritten werden (OLG Brandenburg U v 11. 1. 2007 Az 5 U 152/05, juris). So ist (nach einer mE gleichwohl noch zu großzügigen Rspr) **ständiges Hundegebell** mindestens in den Zeiten von 13–15 Uhr und von 22–6 Uhr unzulässig (LG Mainz DWW 1996, 50 [erst ab 7 Uhr]). Zudem dürfen Hunde insgesamt täglich nicht länger als 30 Minuten bellen und nicht länger als 10 Minuten ununterbrochen (OLG Köln VersR 1993, 1242 m krit Anm GAISBAUER DWW 1994, 72; STOLLENWERK ZMR 1994, 355 ff; dagegen OLG Düsseldorf NJW-RR 1995, 542). Bisweilen wird dem Gestörten nur das Verlangen nach der Abwehr solcher Geräusche gestattet, die sein Grundstück mehr als unvermeidbar beeinträchtigen, **157** wobei die erforderlichen Maßnahmen vom Störer frei ausgewählt werden können (LG Schweinfurt NJW-RR 1997, 1104 [wohl Verstoß gegen § 139 ZPO]). Doch gibt man dem Gestörten damit Steine statt Brot. ME sollte die allgemeine Ruhezeit auch wochentags bis 8 Uhr angenommen werden (ebenso OLG Hamm MDR 1988, 966 f) und die Feierabendruhe ab 19 Uhr beginnen (OLG Hamm MDR 1988, 966 f; NJW-RR 1990, 335; GAISBAUER ZMR 1994, 248 f; zu Hähnen oben Rn 154). Lockerungen sind allenfalls in ländlichen Gegenden möglich (LG München I VersR 1988, 1153 [LS]; ohne Einschränkung aber LG Mainz DWW 1996, 50). Doch dürfen Hunde auch dort nicht nachts ständig anschlagen (AG Düsseldorf DWW 1989, 365). Im Regelfall fällt in überwiegend dem Wohnen dienenden Gebieten das Halten eines einzigen Hundes (nicht aber von drei Hunden) freilich in den Rahmen der gewöhnlichen Benutzung eines mit einem Wohnhaus bebauten Grundstücks (dazu LG Würzburg NJW 1966, 1032 m krit Anm KUCHINKE; AG Wiesbaden DWW 1988, 18; Rspr bei WIETHAUP DWW 1963, 348; ders DWW 1962, 40; KUNZ ZMR 1985, 397, 398). Nicht geduldet zu werden braucht das Bellen eines ausgesprochenen **„Kläffers"** (so der Fall bei LG Braunschweig NdsRpfl 1975, 275; auch AG Wiesbaden DWW 1988, 18; LG Darmstadt DWW 1993, 19 [Airedale-Terrier]). Auch ist die *Hundezucht* in einem Wohngebiet nur ganz eingeschränkt möglich (OLG Nürnberg NJW-RR 1991, 1230; OLG Stuttgart NJW-RR 1986, 1141; LG Baden-Baden MDR 1958, 604 [nicht mehr als fünf Hunde gleichzeitig]; zum landesrechtlichen Immissionsschutz WIETHAUP BlGBW 1971, 152; ders BlGBW 1971, 6; zu Lärmstörungen durch ein *Hundetierheim* BlGBW 1974, 232 [zum öffentlichen Recht]). Richtigerweise sollten die Gerichte nur noch **gelegentliches und vereinzeltes Bellen zur Tageszeit** erlauben (AG Düsseldorf DWW 1989, 365; GAISBAUER NZM 1999, 982, 983). Im Übrigen muss der Hund im Haus gehalten werden. Derartiges kurzzeitiges Anschlagen ist dann aber auch während der Mittagsruhe zu tolerieren (ENDRES 48). Die Gerichte sollten nicht zögern, Rechtsschutz auch im Wege der **einstweiligen Verfügung** (§ 940 ZPO) zu gewähren (OLG Hamm NJW-RR 1990, 335). Verfassungsrechtliche Bedenken gegen die Verhängung von Ordnungsgeldern bestehen nicht. Häufiges und anhaltende Hundegebell kann auch mit Mitteln des **öffentlichen Rechts** bekämpft werden (auch § 117 OWiG), wonach dem Hundehalter auferlegt wird, die Hunde vor allem nachts sowie während der üblichen Ruhezeiten und an Sonn- und Feiertagen im geschlossenen Gebäude zu halten (OVG Lüneburg NJW 2013, 2922). Gerechtfertigt sein kann auch eine behördliche **Sicherstellung** der Hunde nach landesrechtlichem Polizei- und Ordnungsrecht (OVG Bremen NJW 2010, 168).

gg) Musik

158 Zu entscheiden war über Geräuscheinwirkungen von *Rockkonzerten* (BGH NJW 2003, 3699), *Operettenaufführungen* auf einer Freilichtbühne (BGH MDR 1969, 744; auch WIETHAUP BlGBW 1966, 57; zur Blasmusik LG Offenburg DWW 1987, 74), *Orgelmusik* aus dem Dom (OLG Celle NJW-RR 2011, 1585 [dort Abwehranspruch verneint wegen Unwesentlichkeit]) oder ein *Glockenspiel* (AG Solingen NJW-RR 2014, 1430). Auch gegen den von *Volksfestveranstaltungen* (Kirmes) ausgehenden Lärm besteht uU ein Abwehranspruch (BGHZ 111, 63 = JR 1991, 146 mAnm H ROTH; BGHZ 41, 264; oben Rn 53). Abwehransprüche wurden auch bejaht gegen *Kirchenposaunenmusik* (LG Essen MDR 1970, 505; auch WIETHAUP ZMR 1970, 322) sowie die Lärmbelästigung durch eine *Diskothek* (OLG Frankfurt DWW 1985, 208) oder durch *Stereoanlagen und Fernseher* (AG Oberhausen DWW 1987, 131). Richtig entschieden wurde, dass *Musik* von der *Nachbarterrasse* bereits dann unterbunden werden kann, wenn sie ihrer Art nach deutlich wahrnehmbar ist (OLG München NJW-RR 1991, 1492). Die billigenswerte Konsequenz daraus ist, dass *Radio* und *Fernseher* ausschließlich innerhalb des Hauses benützt werden dürfen.

Differenziert zu beurteilen ist die **Hausmusik** (zum Klavierspiel AG Gießen DWW 1989, **159** 225, 226; zum Schlagzeugspiel LG Nürnberg-Fürth WuM 1992, 253; zum Akkordeonspiel LG Kleve DWW 1992, 26; zum sonntäglichen Musizieren in der eigenen Wohnung BVerfG NJW 2010, 754 [Klavierspiel von einer Stunde keine Ordnungswidrigkeit]). Richtigerweise ist die private Musikausübung unter den Maßstäben des BImSchG nur eingeschränkt zulässig, weil es sich – aus der Sicht des Betroffenen – um eine Lärmbelästigung zum bloßen Vergnügen handelt (zutreffend M J Schmid BlGBW 1983, 10; Einzelfälle bei Rau ZMR 1966, 227). Stets unzulässig, weil nicht ortsüblich, sind Störungen durch **länger anhaltendes Musizieren** sowie in den **Ruhestunden**, ohne dass bislang über die Festlegung der Zeiten Einklang erzielt worden wäre (dazu Stadler[7] 106; zum Musizierverbot in WEG-Anlagen BGHZ 139, 288, 293). Das Gleiche gilt generell für das Musizieren von Berufsmusikern oder Musikstudenten (dazu BayObLGZ 1985, 104, 110). ME sollte vor 10 Uhr morgens sowie von 12 Uhr bis 14 Uhr und nach 20 Uhr abends nicht für andere hörbar musiziert werden dürfen (aA BayObLGZ 1985, 104, 109 [WEG]; weiter auch OLG Karlsruhe NJW-RR 1989, 1179 [Klavier, Saxofon, Klarinette]; OLG Hamm NJW 1981, 465; Staudinger/Emmerich [2014] § 535 Rn 51 [Ruhe von 22 Uhr bis 8 Uhr und von 13 Uhr bis 16 Uhr sowie an Sonn- und Feiertagen ganztägig]; weitere Angaben bei Stadler 106 f; Leptihn BayVBl 1983, 267; Gaisbauer DWW 1980, 168; Glaser ZMR 1981, 1; Wiethaup MDR 1960, 632; differenzierend Meisner/Ring/Götz § 13 Rn 32; Überblick über die Rspr bei Skauradszun ZMR 2010, 657, 661). In einer Eigentumswohnanlage wurde die Ruhezeit von 20 Uhr bis 8 Uhr und von 12 Uhr bis 14 Uhr nicht beanstandet (BGHZ 139, 288, 293). Je nach den Umständen des Einzelfalls muss auch auf kranke Menschen oder Kleinkinder Rücksicht genommen werden (Stadler 107). Als Faustregel dürfte täglich eine Zeit von zwei Stunden für das Musizieren angebracht sein. Da das Musizieren innerhalb der eigenen Wohnung zwar zum sozial üblichen Verhalten gehört, andererseits aber durch den **Musiker zeitlich gesteuert** werden kann, vermögen die für Tierlärm entwickelten Maßstäbe keinen überzeugenden Anhalt für die einzuhaltenden Ruhezeiten zu geben (neben der Sache Möllers AcP 197 [1997] 430, 434 mit der Parallele zu Hundegebell und Hahnenkrähen).

hh) Verschiedenes
Lärm kann weiter ausgehen von *Schulen* (BGHZ 38, 61 = LM Nr 29a mAnm Mattern); **160** *Gastwirtschaften* oder *Clubs* (BGH LM Nr 17; MDR 1971, 119; zu den öffentlich-rechtlichen Abwehrmöglichkeiten Jarass NJW 1981, 721); *Jugendheimen* (LG Aachen DWW 1987, 162 [Trittschall]; LG Stuttgart DWW 1986, 271); *Kegelbahnen* (OLG Hamm NJW-RR 1989, 1176 m zust Anm Pfeifer DWW 1989, 353); *Schützenhallen* (LG Siegen NJOZ 2013, 266); *Stadtparkfontänen* (BGH LM Nr 21; Einzelheiten bei Wiethaup ZMR 1968, 194); *Manövern* (BGH MDR 1978, 1005 = LM Nr 61 [enteignender Eingriff]); *Alarmsirenen* (BVerwGE 79, 254; OLG Schleswig ZMR 1980, 146); *WC-Spülung* oder Rauschen eines *Bades* (OLG Düsseldorf MDR 1968, 496); Entleeren von *Müllbehältern* (OLG Koblenz MDR 1977, 578); *Rasenmähen* (Glaser ZMR 1983, 361, insbes die 32. VO zur Durchführung des BImSchG, Geräte- und MaschinenlärmschutzVO v 29. 8. 2002 [abgedruckt in Sartorius Ergänzungsband Nr 296/32; oben Rn 16 ff]; Zuschlagen von *Garagentoren* (AG Gießen DWW 1989, 225, 226); *Laufenlassen von Motoren* (OLG Celle DWW 1987, 294); *Trittschall* vom Nachbarhaus (AG Hildesheim DWW 1988, 212; LG München I DWW 1991, 111); überlautes *Radiohören* (LG München I DWW 1991, 111).

161 Das liturgische Läuten von **Kirchenglocken** ist in vernünftigem Maße hinzunehmen (BVerwGE 68, 62; oben Rn 58). Dort wurde unter Anwendung von § 22 Abs 1 S 1 Nr 1 BImSchG entschieden, dass Geräusche durch liturgisches Glockengeläute der Kirchen im herkömmlichen Rahmen regelmäßig keine erhebliche Belästigung iS des § 3 Abs 1 BImSchG sind, sondern eine zumutbare sozial adäquate Einwirkung.

162 Der von **Kinderspielplätzen** oder **Kindergärten** ausgehende Lärm (ausführlich Dietrich/ Kahle DVBl 2007, 18) steht unter einem besonderen Toleranzgebot (OLG Celle MDR 1997, 1023; OLG Düsseldorf NJW-RR 1996, 211; OVG Bremen NVwZ 1989, 272; Stollenwerk NZM 2004, 289; MünchKomm/Säcker[6] Rn 52; Grziwotz/Lüke/Saller[2] 3. Teil Rn 132; Stadler[7] 102; Fälle bei Wiethaup DWW 1972, 38; ders ZMR 1970, 35; mit gleichem Ergebnis für wertungsmäßig angereicherte Ortsüblichkeit Hagen, in: FS Röhricht [2005] 1175, 1186; oben Rn 59). Hinzuweisen ist vor allem auf **§ 22 Abs 1a BImSchG nF**, dessen Wertentscheidung auch auf das Zivilrecht ausstrahlt (für das WEG etwa BGH NJW-RR 2012, 1292 Rn 11; für das mietvertragliche Mängelrecht BGH NJW 2015, 2177; für öffentlich-rechtliche Unterlassungsansprüche VGH Mannheim NVwZ 2012, 837 mit Anm DVP 1/13, 37; Nusser IMR 2012, 255; OVG Koblenz UPR 2013, 77 2012, 1052: absolutes Toleranzgebot; dazu Kahl JZ 2014, 772, 773; Fricke/ Schütte LKRZ 2012, 182; Krumb BauR 2011, 1251; Scheidler Immissionsschutz 2014, 1. 14, 22 ff ZRP 2012, 253, 254). Danach sind Geräuscheinwirkungen, die von Kindertageseinrichtungen, Kinderspielplätzen und ähnlichen Einrichtungen wie beispielsweise Ballspielplätzen durch Kinder hervorgerufen werden, im Regelfall keine schädliche Umwelteinwirkung. Bei der Beurteilung der Geräuscheinwirkungen dürfen Immissionsgrenz- und -richtwerte nicht herangezogen werden. Das bedeutet aber **nicht Grenzenlosigkeit** (zutreffend Horst Das Grundeigentum 2011, 932). So muss Kinderlärm in einer verkehrsberuhigten Straße in einem reinen Wohngebiet nicht in der Mittagszeit und auch nicht ohne Lärmgrenzen ertragen werden (Jauernig/Berger[15] Rn 3; **aA** OLG Düsseldorf NJW-RR 1996, 211, 212 mit dem Rat an die Gestörten, wegzuziehen[!]). Allerdings wurde (nach altem Recht) eine Erhöhung des Grenzwerts nach der TA-Lärm und der VDI-Richtlinie 2058 um 3 dB(A) als gerechtfertigt angesehen (OLG Celle MDR 1997, 1023). Kinderspielplätze müssen schon aus Sicherheitsgründen in Wohngebieten liegen, um die Anfahrtwege nicht allzu lange werden zu lassen. Sie sind dort regelmäßig ortsüblich (VGH Baden-Württemberg BauR 1990, 590; VG Stuttgart Die Gemeinde 2013, 982; LG Trier BlGBW 1971, 227 Nr 4; Maass ZUR 2006, 196 ff). Entsprechende Erwägungen sind daher schon im Bauplanungsrecht anzustellen (OVG Münster DVP 2012, 38; BauR 1973, 371 Baden-Württemberg BauR 1990, 590; UPR 1986, 37; Rspr bei Stollenwerk NZM 2004, 289, 291 ff; zur öffentlich-rechtlichen Nachbarklage F Otto BlGBW 1982, 26; oben Rn 59). Im Einzelfall können **Ansprüche auf Schutzvorkehrungen** gegeben sein (OLG Celle MDR 1997, 1024 [Errichtung eines Walls]; LG Düsseldorf MDR 1959, 926; auch Wiethaup ZMR 1969, 261, 262). Zweifelhaft ist bisweilen die **Rechtswegfrage** (BVerwG DVBl 1974, 777; OVG Münster DVBl 1974, 365; oben Rn 59). Der Gestörte kann parallel vor den Behörden und Verwaltungsgerichten um Rechtsschutz nach §§ 24, 22 BImSchG nachsuchen und vor den Zivilgerichten gem §§ 1004, 906 BGB vorgehen. Wird die Erheblichkeitsschwelle des § 906 BGB überschritten, können Anordnungen nach § 24 BImSchG getroffen werden (Einzelheiten bei Dietrich/Kahle DVBl 2007, 18 ff; Stollenwerk NZM 2004, 289, 292). Kein Fall des § 906 liegt vor, wenn die Kinder Beschädigungen verursachen oder Steine werfen (dazu LG Aachen DWW 1969, 269). Ein entsprechendes Toleranzgebot gilt auch für Kindergeschrei aus einem *Säuglingsheim* (zu restriktiv RG Gruchot 58 [1914] 1024) wie überhaupt für Lärm, der von für Kinder oder Jugendliche geschaffenen *Sport-, Freizeit- oder Betreuungseinrichtungen* ausgeht (H

Roth JR 1994, 65 zu BGHZ 121, 248). Auch in einem **Mehrparteienmietshaus** ist der übliche Kinderlärm hinzunehmen (AG Kassel WuM 1991, 558; AG Starnberg WuM 1992, 471). Das Gleiche gilt für Kinderlärm, der von einer Spielstraße ausgeht (OLG Düsseldorf NJW-RR 1996, 211 [aber mit unzutreffenden Ausführungen zur Vollstreckung nach § 890 Abs 1 ZPO]). Ein beachtlicher Vorschlag für eine „Kinderlärm-Verordnung" wurde vorgelegt (Dietrich/Kahle DVBl 2007, 18 ff). Im Hinblick auf die Wertentscheidung des Art 3 Abs 3 S 2 GG gilt auch im Zusammenleben mit **behinderten oder pflegebedürftigen Menschen** ein gesteigertes Toleranzgebot, ohne dass jedoch die §§ 1004, 906 beiseite geschoben werden dürften (richtig entschieden durch das überaus sorgfältig begründete Urteil OLG Köln NJW 1998, 763; zudem OLG Karlsruhe WuM 2007, 279 [Pflegeheim]; AG Bonn NJOZ 2014, 974 zur Problematik Horst DWW 2001, 54; zur Subsidiarität der dagegen eingelegten Verfassungsbeschwerde BVerfG NZM 1998, 684; lesenswert Wassermann NJW 1998, 730; E Schneider MDR 1998, 279; unrichtig Lachwitz NJW 1998, 881; Klose NZM 1998, 652; die Belange der Gestörten zu Unrecht hintansetzend OLG Karlsruhe DWW 2000, 199 [Terror durch einen psychotisch gestörten Nachbarn]; auch LG Münster NJW 2009, 3730 [Schreien oder Kreischen eines autistischen Kindes]). Das OLG Karlsruhe hätte wenigstens wegen Nichtverhinderbarkeit aus rechtlichen Gründen einen bürgerlich-rechtlichen Aufopferungsanspruch gewähren müssen. Für **Bolz- und Skaterplätze** für ältere Jugendliche und jüngere Erwachsene gelten strengere Anforderungen (Hagen, in: FS Röhricht [2005] 1175, 1186).

l) Erschütterungen

Beeinträchtigende **Erschütterungen** (dazu Wiethaup BlGBW 1965, 52; zum Begriff Grziwotz/Lüke/Saller[2] 3. Teil Rn 108 mit Angaben der Beurteilungshilfen) kommen hauptsächlich vor bei *Straßenbauarbeiten,* insbes bei Ausschachtungen (BGHZ 72, 289; 85, 375, 381 [Einsatz eines Rüttelgeräts bei einem „Berliner Verbau"]; OLG Schleswig OLGReport 2007, 93). In derartigen Fällen kann auch die Vertiefungsvorschrift des § 909 zu beachten sein. Wesentliche Erschütterungen können auch von einem *Sägewerk* ausgehen (BGH MDR 1969, 648); einer *Druckerei* (Wiethaup DWW 1970, 46); einem *Steinbruchunternehmen* (BGHZ 66, 70 = LM Nr 47 mAnm Mattern); von Maschinen eines *Wäschereibetriebs* (BGH ZMR 1965, 301; dazu Wiethaup BlGBW 1965, 52); von *Bandwirkstühlen* (Wiethaup DWW 1970, 42; weitere ältere Nachw bei Dehner B § 16 II Fn 16). Erschütterungen können auch auftreten durch den *Straßenverkehr* (dazu OLG Celle NdsRpfl 1962, 251; E Schneider JurBüro 1965, 29, der aber zivilrechtlich einordnen will; zum öffentlichen Recht dagegen oben Rn 98), durch den *Straßenbahnbetrieb* (LG Düsseldorf NZM 1999, 1024 [auch zur maßgeblichen DIN-Norm]) oder durch *Sprengungen.* Die Einwirkungen von Erschütterungen auf Gebäude können anhand der DIN-Norm 4150 beurteilt werden. Doch ist entscheidend für die Annahme der Wesentlichkeit nicht die Immission als solche, sondern die Einwirkung auf das Grundstück und die dadurch dort verursachten Beeinträchtigungen (mit Recht BGH NJW 1999, 1029, 1030 mit Anm H Roth LM § 906 Nr 100). Das entspricht allein dem Wortlaut des § 906. **Schädigungen** sind immer wesentlich; zudem hat der Störer auf den Zustand eines Hauses Rücksicht zu nehmen (OLG Schleswig OLGReport 2007, 93).

m) Ähnliche Einwirkungen

Das Merkmal der Ähnlichkeit mit den in § 906 Abs 1 beispielhaft aufgeführten **164** Einwirkungen ist in der **Übereinstimmung der Interessenlage** zu finden (Heck, Sachenrecht 217; auch Jauernig JZ 1986, 605, 608). Von den ähnlichen Einwirkungen des § 906 Abs 1 wurden wegen des Sachzusammenhangs bereits behandelt der Staub und sonstige Verschmutzungen (oben Rn 141). Abgegrenzt wurden die ähnlichen Einwirkungen von den grobkörperlichen Immissionen (oben Rn 117 ff) sowie von den negativen (oben Rn 122) und ideellen Immissionen (oben Rn 130).

165 Zu den ähnlichen Einwirkungen werden insbes gezählt **Kleinstkörper**, die durch den Eigentümer nicht unter Kontrolle zu halten sind. So wurde entschieden für den *„Fäkalienflug"* von einer Eisenbahnhochbrücke (OLG Schleswig NJW-RR 1996, 399; LG Itzehoe NZV 1993, 73) oder die Düngung des Nachbargrundstücks mit verkleinertem *Klärschlamm* (OLG Hamm VersR 1997, 505). Dazu gehören ferner über die Grundstücksgrenze eindringende, besonders kleine Tiere, wie etwa Fliegen durch Schaf- oder Hühnerhaltung *(Fliegenplagen)* (RGZ 160, 381; LG Stuttgart RdL 1967, 49; JAUERNIG JZ 1986, 605, 608), durch das Betreiben einer Mistaufbereitungsanlage (LG Dortmund GewArch 1966, 186), oder das Eindringen von *Insekten* (nebst Geruchsbelästigung) durch einen Komposthaufen (OLG Stuttgart MDR 2005, 329 [Dickmaulrüssler]; LG München I NJW-RR 1988, 205, 206). Für die Begünstigung des Befalls durch das erforderliche **menschliche Handeln** trägt der Gestörte die **Beweislast** (OLG Stuttgart MDR 2005, 329). Das Gleiche gilt für das von einem Nachbargrundstück eindringende *Ungeziefer* wie Läuse oder Käfer (OLG Köln VersR 1991, 556 [Langwanzen]; zu Unrecht anders für Wollläuse BGH NJW 1995, 2633 [Natureinwirkung]; abl HERRMANN NJW 1997, 153, 156 [Haftung aufgrund kausalen Unterlassens]). Ebenso liegt es bei einer *Raupeninvasion* (LG Coburg NJW-RR 1991, 716).

166 Häufig zu entscheidende Fälle betreffen **Bienen** (Bienenflug, Blütenbefruchtung), die nach heute ganz hL zu den ähnlichen Einwirkungen iS des § 906 gehören (BGHZ 117, 110, 112 [Blütenbefruchtung]; 16, 366, 370 f = LM Nr 3 mAnm PAGENDARM; RGZ 141, 406, 408; LG Memmingen MDR 1988, 54; dazu PEINEMANN AgrarR 1972, 377, 379; GAISBAUER DWW 1971, 282, 284; JAUERNIG JZ 1986, 605, 608; HEINRICHSMEIER JuS 2010, 998). Der Bienenflug ist dann zu dulden, wenn er nur eine unwesentliche Beeinträchtigung mit sich bringt (LG Memmingen MDR 1988, 54; OLG Bamberg NJW-RR 1992, 406 [dort: Bienengiftallergie]; LG Ellwangen NJW 1985, 2339 [Beseitigungsanspruch bei einer Bienengiftallergie der höchsten Stufe]). Das kann auch bei dem jährlichen Reinigungsflug der Bienen mit der Ablagerung von Bienenkot der Fall sein (LG Dessau-Roßlau NJW-RR 2013, 87 unter Berufung auf RGZ 141, 406, 409). Beseitigungsansprüche sind auch bei Bienenüberfällen gegeben (AG Grafenau MDR 1958, 770). Im Regelfall wird man für den Durchschnittsbewohner einer Stadt die Bienenbelästigung als wesentlich anzusehen haben, weil er mit dem Verhalten von Bienen nicht umzugehen weiß (LG Kiel MDR 1966, 412). Zu großzügig wird entschieden, wenn bei 20 Bienenvölkern in einer Stadtrandlage mit Gärten kein Abwehranspruch gegeben wird (OLG Nürnberg RdL 1970, 95). Die Ortsüblichkeit der Bienenhaltung wurde mit Recht bejaht für ländliche Gebiete (AG Plön SchlHA 1958, 336) sowie bei teilweisem Siedlungscharakter eines Stadtteils (AG Hamburg-Blankenese ZMR 1966, 204). Dagegen liegt eine ortsübliche Benutzung bei vorhandenen sechs Imkern in einer Wohngegend noch nicht vor (zutreffend LG Lübeck MDR 1970, 506 mAnm GAISBAUER VersR 1970, 959 und A REICH VersR 1971, 162; anders für sieben Imker LG Bonn, Urteil vom 16. 1. 2013, Az 7 O 181/12, juris). Auch im Außenbereich ist das Halten von 160 Bienenvölkern in der Regel nicht ortsüblich (AG Kandel, Urteil vom 29. 6. 2009, Az 1 C 5/09, juris). Im Übrigen ist ganz auf den Einzelfall abzustellen, wobei mE an die Bejahung der Ortsüblichkeit eher strenge Anforderungen zu stellen sind (weitere Fälle bei LG Mannheim RdL 1983, 41; OLG Köln RdL 1968, 46; OLG Koblenz RdL 1968, 325; DEHNER B § 16 II Anm 36e). Nebeneinander oder nacheinander ist auch ein Einschrei-

ten der Behörden nach **öffentlichem Recht** möglich, zB Maßnahmen der Baubehörden (KARES/MEURS JuS 2009, 58 zur Bienenhaltung im Wohngebiet; oben Rn 9).

Das Hinüberfliegen von **Bienen** darf durch die Errichtung von Hecken, Zäunen und **167** dgl abgewehrt werden (GAISBAUER VersR 1970, 959; Endres 15). Dem gestörten Grundstückseigentümer ist es auch erlaubt, die Pflanzen seines Grundstücks mit bienengefährlichen **Schädlingsbekämpfungsmitteln** zu behandeln, wenn er das entsprechende öffentliche Recht, vor allem die BienenschutzVO v 22.7.1992 (BGBl I 1410), beachtet (Einzelheiten bei STADLER[7] 84 ff).

Zu den **ähnlichen Einwirkungen** zählen *Mäuse* und *Ratten* (aA PALANDT/BASSENGE[74] **168** Rn 10) (wohl auch *Maulwürfe)*, weil die Abhaltung vom Nachbargrundstück schwer beherrschbar ist. In derartigen Fällen ist jedoch zu prüfen, ob die Belästigungen noch auf eine menschliche Handlung zurückzuführen sind (oben Rn 114). So liegt es insbes, wenn Mäuse oder Ratten durch ein Getreidelager, das Aufbereiten von Tierfellen oder die Kartoffellagerung angelockt werden (DEHNER B § 16 II 3 Fn 36 p; abl PLANCK/STRECKER Anm 3a). Jedenfalls bei Grundstücken mit ortsüblichen Rasen- und Gartenanlagen wird man den störenden Eigentümern zumuten müssen, gegen Mäuse, Ratten und Maulwürfe im rechtlich zulässigen Rahmen vorzugehen.

Zunehmend werden Abwehransprüche oder Schadensersatzklagen gegen **Laubab-** **169** **wurf, Samenflug, Blüten- und Pollenflug, Nadelflug und Zapfenfall oder die Zuführung gentechnisch veränderter DNA** (zum letzteren ausführlich G WAGNER VersR 2007, 1017, 1022 ff; GLAS Beilage I/2007 in AUR 2/2007, 43, 44; KAUFMANN Beilage I/2007 zu AUR 2/2007, 28, 30; zu der Modifaktion von § 906 für gentechnische Immissionen unten Rn 175 [Wesentlichkeit], 206 [Ortsüblichkeit], 237 [Verhinderbarkeit durch wirtschaftlich zumutbar Maßnahmen]) von Sträuchern, Bäumen oder Feldern angestrengt (Überblick bei J MÜLLER NJW 1988, 2587). In derartigen Fällen kommt § 906 grundsätzlich zur Anwendung, weil diese Beeinträchtigungen letztlich auf **menschliches Verhalten** zurückgehen. Aus § 907 Abs 2 folgt, dass es nicht darauf ankommt, ob der betreffende Baum oder Strauch auf natürlichem Wege angewachsen ist oder ob er durch den Eigentümer gepflanzt wurde (BGHZ 157, 33, 41 f [Abfallen von Laub, Nadeln, Blüten und Zapfen] mit zust Anm H ROTH LMK 2004, 64; OLG Hamm NJW-RR 2009, 739, 740 Stuttgart VersR 2001, 70, 72 [Zuführung gentechnisch veränderter DNA auf ein Feld]; OLG Frankfurt NJW 1988, 2619; OLG Karlsruhe NJW 1983, 2886; LG Saarbrücken NJW-RR 1986, 1341; AG München NJOZ 2014, 690; AG Frankfurt aM NJW-RR 1990, 146; ENDRES 29; PLANCK/STRECKER Anm 3b; KÜSTLER RdL 1984, 228; K SCHMIDT JuS 1984, 224; anders im Ergebnis STAUDINGER/GURSKY [2013] § 1004 Rn 58 [Einhalten des Grenzabstands genügt]; aA OLG Düsseldorf VersR 1995, 1446, 1447; OLG Schleswig NuR 1994, 103; OLG Stuttgart NJW 1980, 2087 und VG Düsseldorf AgrarR 1984, 135, wonach das Untätigbleiben gegenüber dem Wirken von Naturkräften [Distelbewuchs] keine Störerhaftung begründen soll). Das Gesagte gilt auch für den Befall durch **Mehltau** durch brachliegende Weinberge (BGH NJW-RR 2001, 1208 [aber Ablehnung der für § 1004 I erforderlichen Verkehrssicherungspflicht]; dazu krit H ROTH JuS 2001, 1161). Auch herabfallende *Kiefern- oder Tannenzapfen* wird man noch als ähnliche Einwirkungen ansehen können (abl LG Kleve DWW 1984, 39; anders selbst für das Hinüberfallen von Blüten und Blättern BGB-RGRK/ AUGUSTIN Rn 23). An der Beeinträchtigung selbst ist nicht vorbeizukommen (mit Recht ENDRES 19). Häufiger werden derartige Beeinträchtigungen aber **unwesentlich** sein (so OLG Hamm OLGR 2009, 314; OLG Stuttgart NJW-RR 1988, 204 [aber mit zweifelhafter Begründung]; AG Frankfurt aM NJW-RR 1990, 146), soweit es sich nicht um physische Auswirkungen handelt (Verstopfung von Dachrinnen), jedenfalls regelmäßig aber **ortsüblich** sowie nicht verhinderbar (so OLG Frankfurt NJW 1988, 2619; AG München NJOZ 2014, 690; Wesentlichkeit bejaht mit Recht durch BGHZ 157, 33, 46 [wegen verstopfter Dachrinnen und dadurch verursachter Schäden sowie Schließung eines Gartenteiches]). Mit der **Wohlfahrtswirkung** von Bäumen hat das aber nichts zu tun (richtig BGHZ 157, 33, 46 jedenfalls dann, wenn der Grenzabstand nicht eingehalten wurde; eigenartige Begründung bei OLG Hamm NJW-RR 2009, 739). Entscheidend ist die konkrete Subsumtion unter die Tatbestandsmerkmale des § 906 (so mit Nachdruck ENDRES 52; **aA** dem Grundsatz nach BRITZ DÖV 1996, 505, 507 ff). Auch wird man einen **Ausgleichsanspruch** nach § 906 Abs 2 S 2 nur in Ausnahmefällen annehmen können, weil die Einwirkung regelmäßig eine ortsübliche Nutzung des Grundstücks des Gestörten nicht über das zumutbare Maß hinaus beeinträchtigt (für Ausnahmefälle bejahend BGHZ 157, 33, 44 [verstopfte Dachrinnen ua]; zudem OLG Karlsruhe Das Grundeigentum 2010, 124 [abgelehnt: zwei Eichen]; OLG Frankfurt NJW-RR 1987, 1101 [3 Birken]; OLG Hamm NJW-RR 2009, 739 [abgelehnt]; LG Berlin Das Grundeigentum 2010, 62 [abgelehnt]; LG Saarbrücken MDR 1988, 54 [abgelehnt]; AG Schöneberg Das Grundeigentum 2009, 851 [abgelehnt]; KLIMESCH IMR 2014, 36; SPIESS JuS 1980, 102; weiteres bei JUST BayVBl 1985, 289, 293 f; wie hier auch MünchKomm/SÄCKER[6] Rn 81; GRZIWOTZ/LÜKE/SALLER[2] 3. Teil Rn 155; GAISBAUER BlGBW 1977, 156; krit Überblick über die Rspr bei OTTO DWW 2004, 284). Bei rechtswidrigen Immissionen, zB bei fehlender Ortsüblichkeit wegen Nichteinhaltung des Grenzabstands oder wirtschaftlich zumutbarer Abhilfemöglichkeit, kommt ein bürgerlich-rechtlicher Aufopferungsanspruch in Betracht (BGHZ 157, 33, 45 [dort aber zweifelhaft, da sich der Gestörte seine rechtliche Verhinderung selbst zuzuschreiben hatte, H ROTH LMK 2004, 64]; oben Rn 66).

170 Die Einhaltung des landesrechtlich vorgeschriebenen **Grenzabstands** allein bewahrt noch nicht vor Ansprüchen aus §§ 1004, 906. Vor allem begründet § 907 keine Pflicht zur Duldung konkreter Immissionen (ENDRES 50; **aA** STAUDINGER/GURSKY [2013] § 1004 Rn 58). Dagegen stellt die Rspr darauf ab, ob der Bewuchs einer **ordnungsgemäßen Bewirtschaftung** entspricht, was bei Einhaltung des Grenzabstands offenbar der Fall sein soll (BGHZ 157, 33, 42 f mit insoweit abl Anm H ROTH LMK 2004, 64; krit auch WENZEL NJW 2005, 241, 242). Der **Laubfall** während fünf Monate des Jahres, der von städtischen Bäumen ausgeht, ist entschädigungslos zu dulden, weil er jedenfalls zumutbar iS des § 906 Abs 2 S 2 ist (LG Ulm NJW 1985, 440; bestätigt durch OLG Stuttgart NJW 1986, 2768; zust F OTTO BlGBW 1985, 77). Kein Ausgleich wurde auch gewährt bei einer Dachverschmutzung durch die Birkensämlinge von drei Birken (LG Stuttgart NJW 1985, 2340) sowie Laubfall, Samenflug und Anwehen von Zweigen durch drei Pappeln (OLG Frankfurt NJW 1988, 2618). Der Laubfall einer einzigen Birke wird meist ortsüblich sein (LG Karlsruhe MDR 1984, 401 [fragwürdig der Hinweis auf das „Baumsterben"]). In Einzelfällen wird ein angemessener Ausgleich in Geld nach § 906 Abs 2 S 2 gewährt (OLG Karlsruhe NJW 1983, 2886; dazu K SCHMIDT JuS 1984, 224 [300 DM Rente jährlich für die anfallende Reinigung]; OLG Karlsruhe RdL 1972, 8; LG Lübeck NJW-RR 1987, 532 [504 DM Rente jährlich für die Beseitigung von Kiefernnadeln]; LG Baden-Baden DWW 1989, 168 [240 DM Rente jährlich]; ferner H ROTH [nach Lit-Verz] 7 f). Für den *Blüten- und Samenflug* von fünf Birken wurde eine jährliche Rente von 100 DM zugesprochen (LG Wiesbaden NJW 1979, 2617; dazu SPIESS JuS 1980, 100). Abwehransprüche oder zumindest Ausgleichsansprüche sind eher zu erwägen bei Immissionen (Nadelflug) von *kranken Pflanzen oder Bäumen*. Im Falle des *Nadelflugs* bei von Pilzkrankheit befallenen Föhren wurden gleichwohl Ansprüche verneint (OLG Nürnberg RdL 1972, 36). Ist ein Abwehranspruch des gestörten Eigentümers aus § 1004 Abs 1 ausgeschlossen, weil die Beseitigung von

Bäumen durch Entfernen oder das Kürzen wegen Ablaufs einer landesrechtlichen **Ausschlussfrist** (zB § 54 Abs 2 NdsNachbG) nicht verlangt werden und ein Überfall von Zapfen uä anders nicht verhindert werden kann, so kommt ein bürgerlich-rechtlicher Aufopferungsanspruch aus Rechtsgründen in Betracht (BGH NJW 2004, 1037, 1040).

Ähnliche Einwirkungen sind auch hinüberfliegende **Pilzkeime** oder **Unkrautsamen.** **171** ME ist der Flug von Unkrautsamen (insbes von Löwenzahn) oder Wildkrautsamen aus naturnahen Gärten („Öko-Gärten") im Regelfall zumindest wesentlich (anders OLG Düsseldorf OLGZ 1993, 451), sodass es im Einzelfall auf die Ortsüblichkeit ankommt (ebenso F OTTO DWW 1985, 225, 226; ders RdL 1986, 227; dazu auch LG Baden-Baden MDR 1958, 604; **aA** OLG Düsseldorf NJW-RR 1995, 1231; LG Stuttgart RdL 1965, 22 [bloßes Wirken der Naturkräfte]; ENDRES 31; wNw bei DEHNER B § 16 II 5 unter Mitteilung der landesrechtlichen Regelungen des öffentlichen Rechts; H J KOCH JR 1957, 456; einschränkend STAUDINGER/GURSKY [2013] § 1004 Rn 60 [Abwehranspruch nur bei – derzeit nicht vorhandenen – landesrechtlichen Verordnungen zur Bekämpfung des Unkrauts]). Nach einer kaum beifallswerten Entscheidung muss im Neubaugebiet mit wild wachsenden Wiesen nur einmal jährlich gemäht werden, um den Unkrautsamenflug zu verhindern (AG Tecklenburg MDR 1981, 51).

Nach zutreffender Auffassung fallen **Ranken** (Efeu, wilder Wein, Knöterich oder **172** Staudengewächse) nicht unter § 906, sondern unterliegen der Regelung des Überhangs in § 910. Wenn § 910 dem Nachbarn hinsichtlich der meist wertvolleren Bäume und Sträucher ein Selbsthilferecht zubilligt, rechtfertigt sich seine analoge Anwendung auch auf derartige Einwirkungen (unten § 910 Rn 16; STADLER[7] 157 f; GLASER/DRÖSCHEL 242). Entsprechend fällt auch das Überwuchern von **Pflanzenpolstern** oder von **Pflanzenablegern** sowie von **Unkraut** nicht unter § 906 (BGB-RGRK/AUGUSTIN Rn 24; M J SCHMID NJW 1988, 29, 30; H J KOCH JR 1957, 456; LG Stuttgart RdL 1965, 22).

Als **ähnliche Einwirkungen** wurden angesehen *Feuerwerksrückstände* (RG JW 1927, 45; **173** nicht aber Feuerwerksraketen selbst: BGH NZM 2009, 834 [mehr als 90 cm lange Rakete] mit zust Anm H Roth LMK 2009, 294262; OLG Stuttgart VersR 2009, 119, 120 [Grobimmissionen]); *Strahlungen und grelle Lichtreflexe* (RGZ 76, 130 [als möglich angesprochen]; OLG Karlsruhe BeckRS 2014, 04515; OLG Stuttgart U v 9. 2. 2009 Az 10 U 146/08, juris [Sonnenlichtreflexionen durch verglastes Oberlicht des Nachbargrundstücks]; ZMR 2013, 1005; VGH München NJW 1991, 2660 [Straßenleuchten]; ferner VIEWEG BB 1961, 160, 161); mE auch *Flutlicht* (KRÄHE SpuRt 1994, 81, 82); *Blendungen* durch Lichtstrahler; Spotscheinwerfer oder Lichtorgeln (HORST DWW 1997, 361, 370) sowie sonstige durch den Nachbarn gesteuerte Lichtquellen wie zB *Leuchtreklamen* (OLG Hamburg MDR 1972, 1034; OLG Frankfurt BB 1970, 731, 732; zur Abgrenzung von negativen Immissionen oben Rn 123). Vom öffentlichen Recht ist hier wenig Hilfe zu erwarten (BVerwG ZfBR 1999, 358 [Abschirmmaßnahmen wie Vorhänge bei Lichtreflexionen durch einen verglasten Wintergarten]; OVG NRW DVBl 2008, 791 [Anfechtungsklage gegen die Baugenehmigung für eine beleuchtete Werbeanlage]). Ferner sind zu nennen auch *elektrische und magnetische Felder* (vgl BVerwG BB 1994, 2102 [zur gesundheitsbeeinträchtigenden Wirkung einer Bahnoberleitung]; ferner REBENTISCH DVBl 1995, 495; zum Mobilfunk BGH NJW 2004, 1317; VGH Kassel NVwZ 1995, 1010; speziell zum Zivilrecht FRITZ BB 1995, 2122; zu den Errichtungsvoraussetzungen nach öffentlichem Recht SCHMEHL/LUDEWIG JURA 2011, 669) oder *Schallwellen* (OLG Rostock U v 13. 5. 2009 Az 3 U 3/08 juris [abgelehnt für Infraschall]). Vorzugswürdig ist es wohl, **gezielte Grundstücksbenutzungen,** wie das Anstrahlen von Wänden mit politischen Äußerungen durch einen *Diapro-jektor*, die ebenso gut von einer anderen Stelle als vom Nachbargrundstück aus erfolgen können, ganz aus dem Begriff der „ähnlichen Einwirkung" herauszuneh-men und damit grundsätzlich § 1004 Abs 1 zu eröffnen (so OLG Dresden NJW 2005, 1871). Die VO über elektromagnetische Felder – 26. BImSchV v 16. 12. 1996 (BGBl I 1966; abgedruckt in Sartorius Ergänzungsband Nr 296/26 Kutscheidt NJW 1997, 2481) ist gem § 906 Abs 1 S 2 für die Zivilgerichte beachtlich (BVerfG NJW 2001, 1483; 1997, 2509; OLG Dresden MMR 2013, 475; dazu Hochhuth JZ 2004, 283). Dort wurde nichts dagegen er-innert, dass **elektromagnetische Strahlungen**, welche die Grenzwerte der VO einhal-ten, als unwesentlich angesehen wurden (BGH NJW 2004, 1317 [mit der Möglichkeit für den Kläger, die Indizwirkung für Unwesentlichkeit zu erschüttern]; im Anschluss daran OLG Dresden MMR 2013, 475; NVwZ 2013, 1028; OLG Frankfurt NJW-RR 2005, 1544; insoweit ebenso OLG Karlsruhe NJW-RR 2006, 1600 [dort aber zu einem anders gelagerten Fall des WEG]; OLG Frank-furt NJW-RR 2005, 1544 früher OLG Düsseldorf MDR 2002, 755 [aber unter Verkennung der Beweislast]; LG München II NJW-RR 1997, 465; zudem Kessler UPR 2000, 328, 332 [dort auch zur Duldungspflicht im Anwendungsbereich des EMVG]; Allgaier Agrar- und Umweltrecht 2006, 196 [zu den gleichrangigen Möglichkeiten des Vorgehens gegen die Baugenehmigung, von § 24 BImSchG und von §§ 1004, 906 BGB]; Kniep DWW 2005, 101; ders WuM 2004, 654 [für die Einholung von Sachverständigengutachten in jedem Einzelfall]; zum Verhältnis zur Planfeststellung nach § 75 Abs 2 VwVfG OLG Stuttgart NJW-RR 2001, 1313; Rechtsprechungsübersicht durch Hitpass ZMR 2007, 340). Hierher zählen auch *elektrische Ströme* (RGZ 133, 342); *Rönt-genstrahlen* und *ionisierende Strahlungen* (Palandt/Bassenge[74] Rn 10); *Funkenflug* (Nachw bei BGB-RGRK/Augustin Rn 23; F Schack NJW 1965, 1702); *Flugasche* (RG JW 1938, 1952 Nr 8; WarnR 1919 Nr 172) sowie *Flugkoks* (RGZ 156, 314). Der Kampf gegen **Feinstaubbelastungen** bei Überschreiten des Immissionsgrenzwerts ist vor den Ver-waltungsgerichten zu führen. So kann der unmittelbar betroffene Einzelne, gestützt auf europäisches Recht, bei den zuständigen nationalen Behörden die Erstellung eines Aktionsplans nach § 47 Abs 2 BImSchG erwirken (EuGH NVwZ 2008, 984 mit Anm Murswiek JuS 2009, 74; zum Vorlagebeschluss des BVerwG: Ruffert JZ 2007, 1102). Nach nationalem Recht besteht ein Anspruch auf Abwehr von gesundheitlichen Beein-trächtigungen durch planunabhängige Maßnahmen (dazu VGH München NVwZ 2007, 230; BVerwGE 128, 278 mit Anm Murswiek JuS 2008, 270; BVerwGE 129, 296 = NJW 2007, 3591 [zB Verbot des LkW-Durchgangsverkehrs im innerstädtischen Bereich] mit Anm Kotulla/Rolf-sen JZ 2009, 209; je mit wN; ferner Jarass VerwArch 2006, 429; Couzinet DVBl 2008, 754; Kloepfer, in: FS Rehbinder [2007] 379, 395; Sandner, in: FS R Schmidt [2006] 879, 884 ff, 889 ff [Rechtsschutz]; Geiger DAR 2007, 181 [aktuelle Rspr und Rechtsschutzmöglichkeiten]; Überblick bei Kirchhof AöR 135 [2010] 29 ff; Peine, in: FS Steiner [2009] 590 ff). Nicht als erfolgver-sprechend erwiesen hat sich die Anrufung des EGMR mit einer Rüge des Art 8 EMRK (EGMR NVwZ 2011, 93 [Greenpeace/Deutschland], dazu Murswiek JuS 2011, 767). Bei *Rundfunkstörungen* durch Funkamateure werden die Ansprüche aus §§ 1004, 906 nicht durch Spezialvorschriften des öffentlichen Rechts verdrängt (ausführlich zum früheren § 23 FAG Simon ZMR 1986, 1, 2 ff; wie hier Wolff/Raiser, Sachenrecht 192). Abwehr-fähig sind etwa Funktionsstörungen einer *Datenverarbeitungsanlage*, wenn sie von benachbarten Netzen oder Geräten ausgehen, welche die Voraussetzungen des § 3 EMVG (Gesetz über die elektromagnetische Verträglichkeit, BGBl I 1998, 2882) nicht erfüllen (Kessler UPR 2000, 328, 333). Ein Verstoß gegen das EMVG bedeutet für die Wesentlichkeit Indizwirkung. Eine ähnliche Einwirkung kann auch sein die künstlich erzeugte starke *Kälte* (BGB-RGRK/Augustin Rn 23) oder das Hinüberwehen von ver-sprühten *Giftstoffen* bei der Schädlingsbekämpfung oder der Unkrautvernichtung

(BGHZ 16, 374 = LM Nr 3 mAnm PAGENDARM; OLG Rostock NJW 2006, 3650). Das Gleiche gilt für die Zuführung eines chemischen Unkrautvernichtungsmittels durch wild abfließendes *Niederschlagswasser* (BGHZ 90, 255, 258 f; oben Rn 120). Ferner kommt in Betracht der *Sandflug,* nicht aber der von einer Halde abrollende Sand, der im Einzelfall über § 905 zu erfassen ist (RGZ 60, 140; H LANGE, Sachenrecht 131 Fn 9; oben § 905 Rn 16). Für das Anlocken von *Saatkrähen* durch eine private Mülldeponie wurde eine ähnliche Einwirkung erwogen (OLG Zweibrücken AgrarR 1986, 81; dort und in BGH NJW 1980, 770 offengelassen); mE liegt aber eine Grobimmission vor (oben Rn 119).

Keine ähnliche Einwirkung iS des § 906 ist das **Fotografieren** eines Originals **174** (BGB-RGRK/AUGUSTIN Rn 24; STAUDINGER/GURSKY [2013] § 1004 Rn 80). Es kann nach § 1004 Abs 1 S 2 als Eigentumsbeeinträchtigung abgewehrt werden, wenn die Abbildung vom Grundstück des Eigentümers aus angefertigt worden ist (BGH JZ 2011, 371 mit krit Anm SCHACK). Auch die Überwachung mit einer **Videokamera** fällt nicht darunter. Hier kann sich ein Unterlassungsanspruch aus § 1004 Abs 1 analog wegen Verletzung des allgemeinen Persönlichkeitsrechts ergeben (BGH NJW 2010, 1533 Rn 11 ff; OLG Köln NJW 2009, 1827; AG Nürtingen NJW-RR 2009, 377; HORST NJW 2009, 1789; SENKEL/NIGGEWEG WuM 2010, 72). Verneint wurden als ähnliche Einwirkungen *Dachlawinen* (LG Schweinfurt NJW-RR 1986, 1143); zu bejahen ist die Einordnung aber für *Schnee* (MEISNER/RING/GÖTZ § 13 Rn 11).

4. Keine oder unwesentliche Beeinträchtigung (§ 906 Abs 1 S 1)

Ein Abwehranspruch aus § 1004 Abs 1 besteht wegen § 906 Abs 1 S 1 für den **175** Eigentümer des gestörten Grundstücks nicht, wenn die Einwirkung die Benutzung seines Grundstücks **nicht oder nur unwesentlich beeinträchtigt**. In diesem Fall kommt es auch nicht darauf an, ob die Benutzung des störenden Grundstücks ortsüblich ist oder nicht. Für **gentechnische Immissionen** wird § 906 Abs 1 BGB in der Frage der Wesentlichkeit (sowie der gesamte nachbarliche Interessenausgleich) durch § 36a Abs 1 GenTG (abgedruckt in SARTORIUS I Nr 270) modifiziert (zB VGH München LRE Bd 64, 306 [Sicherheitsabstand für Genmais]; 283, zu Fragen der Ortsüblichkeit und der wirtschaftlichen Zumutbarkeit unten Rn 206, 237). So stellt der „Eintrag" von gentechnisch veränderten Organismen vor allem in den in Nrn 1 bis 3 aufgezählten Regelbeispielen eine wesentliche Beeinträchtigung iS von § 906 Abs 1 dar (näher EuGH NVwZ 2011, 1312 [Bablok/Freistaat Bayern]: Pollen einer genetisch veränderten Maissorte]; ARNOLD Natur und Recht 2006, 15 ff; HARTMANNSBERGER DVBl 2007, 726 [rechtspolitisch]; LUTTERMANN NJW 2011, 431; G WAGNER VersR 2007, 1017, 1022 f; G WAGNER/BRESSER NuR 2008, 695; GLAS Beilage I/2007 in AUR 2/2007, 42, 44; KAUFMANN Beilage I/2007 in AUR 2007, 28; KOHLER NUR 2005, 566 ff; NEUTZE Agrar- und Umweltrecht 2008, 193; Einzelheiten bei STAUDINGER/KOHLER UmweltHR [2010] F Gentechnikgesetz § 36a; BRESSER, Haftung im Gentechnikrecht [2011]). Der Sache nach wird „Wesentlichkeit" **marktbezogen** definiert (krit REHBINDER, Privates Immissionsschutzrecht Rn 37). § 36a GenTG ist mit dem **GG** vereinbar (BVerfGE 128, 1, 70 ff).

a) Begriff der Grundstücksbenutzung
Der Begriff der Grundstücksbenutzung, deren Beeinträchtigung infrage steht, ist **176** weit zu fassen, sodass etwa bei einem Wohngrundstück insbes auch die für den Verkehrswert des Grundstücks mitbestimmende **Annehmlichkeit des Wohnens** darunterfällt (BGH LM Nr 6; MDR 1980, 655; SCHERER DRiZ 1963, 49, 51). Freilich macht diese weite Auslegung den Begriff eher unbestimmt (PEINEMANN AgrarR 1972, 377, 379). Doch

kann das wegen der einzelfallorientierten Auslegung des § 906 insgesamt hingenommen werden (oben Rn 133). Eine **Gesundheitsgefährdung** oder – beeinträchtigung ist nicht erforderlich und muss daher vom Gestörten weder behauptet noch bewiesen werden.

b)   Unwesentliche Beeinträchtigung (§ 906 Abs 1 S 1)
aa)   Der verständige Durchschnittsmensch

177   Für die Frage der Wesentlichkeit einer Beeinträchtigung kam es nach früher ganz hL auf das Empfinden eines **Durchschnittsmenschen** an, wobei **Natur und Zweckbestimmung** des von der Einwirkung betroffenen Grundstücks, zB Wohngrundstück oder Industriegrundstück, von entscheidender Bedeutung sind (BGHZ 97, 97, 104; 90, 255, 260 f; 70, 102, 110; auch BVerwGE 68, 62; BGH LM Nr 6; 11; MDR 1969, 744; NJW 1982, 440; 1984, 1242; OLG München BlGBW 1978, 150, 151; OLG Hamm BB 1972, 1074; OLG Oldenburg AgrarR 1984, 73; OLG Köln MDR 1965, 742; WOLFF/RAISER, Sachenrecht 189; BOEDDINGHAUS BauR 1994, 713; HABSCHEID MDR 1954, 260, 261; FISCHER ZMR 1957, 397; E LANG AcP 174 [1974] 381, 391; JAUERNIG, in: FS Heidelberg [1986] 87, 99; JHERING JherJb [1963] 81 ff; zur Entwicklung der Rspr VIEWEG/WERNER, Sachenrecht[6] § 9 Rn 37). Nunmehr hat sich die Rspr dahin gewandelt, dass nicht auf das Empfinden eines „normalen", sondern auf dasjenige eines **„verständigen" Durchschnittsmenschen** abgestellt wird (WÜRDINGER NJW 2009, 732 bestreitet, dass es einen solchen gibt: „Oxymoron"), wobei nach wie vor an die konkrete Beschaffenheit des Grundstücks iS des Ausmaßes, in dem die Benutzung nach der **tatsächlichen Zweckbestimmung** erfolgt, angeknüpft wird (BGHZ 120, 239, 255 [Froschlärm]; 121, 248, 255 [Jugendzeltplatz] mit Anm H ROTH JR 1994, 64 f; BGHZ 140, 1, 5 [Schweinemästerei] = JZ 1999, 468, 469 mit Anm PETERSEN; BGHZ 148, 261, 264 [Hammerschmiede] mit Anm H ROTH JZ 2002, 245; BGHZ 157, 33, 43 [Laubfall] mit Anm H ROTH LMK 2004, 64 NJW 2008, 1810, 1813 [Kühlaggregate]; NJW-RR 2007, 168 [Lärm durch historische Eisenbahnbrücke]; 2006, 235, 237 [Belästigung durch Fuhrunternehmen bei fehlender öffentlich-rechtlicher Genehmigung]; NZM 2004, 957 [Windkraftanlage]; NJW 2004, 1317 [Mobilfunksendeanlage]; NJW 2003, 3600 [Rockkonzert]; NJW 2001, 3054, 3055 [Rindermast]; KG NZM 2013, 742 [offener Kamin]; OLG Celle NJW-RR 2011, 1585 [Orgelmusik aus dem Dom]; OLG Hamm NJW-RR 2009, 739, 740 [Laubfall]; OLG Karlsruhe WuM 2007, 279 [dort Art 3 Abs 3 S 2 GG]; OLG Brandenburg DWW 2003, 231 [Viehhaltung, aber mit Vermengung von Wesentlichkeit und Ortsüblichkeit]; OLG Köln VRS Bd 102 S 427 Nr 131 [Omnibuslinie]; AG München NJW 2005, 760 [Standheizung]; der Rspr zust VIEWEG/RÖTHEL NJW 1999, 969, 970 [verfassungsrechtlich geboten aufgrund des Verhältnismäßigkeitsgrundsatzes]; auch VIEWEG, in: FS Großfeld [1999] 1213, 1227 f; jurisPK-BGB/VIEWEG/REGENFUS[7] Rn 53; DURY, in: GS Burmeister [2005] 149, 155 [mittelbare Drittwirkung von Grundrechten]; L SCHWARZ SchAZtg 2008, 241, 246). Gemeint ist wohl eine **„verständige Würdigung"** (zust DIETRICH/KAHLE DVBl 2007, 18 ff; WÜRDINGER NJW 2009, 733, 734). Damit können auch **wertende Momente** iS der Würdigung von privaten und öffentlichen Belangen (OLG Celle NJW-RR 2011, 1585, 1586 [Orgelmusik aus dem Dom]; LGR Stuttgart 2009, 458, 459 [Sonnenlichtreflexionen]; OLG Hamm NJW-RR 2009, 739, 740 [Streben nach Erhaltung herkömmlicher Baumbestände]; OLG Frankfurt OLGReport 2009, 47 [Sportausübung]; OLG Bremen OLGReport 2007, 501 [Allgemeininteresse an einem funktionierenden öffentlichen Personennahverkehr]) einbezogen werden wie die Beachtung des **Naturschutzes**, das Umweltbewusstsein der Bevölkerung oder das Interesse einer kinder- und jugendfreundlichen Umgebung (BGHZ 157, 33, 43; BGH NJW 2008, 1810, 1813; AG Schöneberg WuM 2007, 638 [Jugendgästehaus]). Biswelen wird auch ausdrücklich auf die Einbeziehung ökologischer Aspekte hingewiesen (so LG Berlin MDR 2013, 643). Auf diese Weise wird mE die Beurteilung der Wesentlichkeit mit so unscharfen Kategorien wie

„geändertes Umweltbewusstsein" und „den auf Frösche bezogenen Artenschutz" in unzulässiger Weise vermengt (mit Recht krit daher J F BAUR, in: Festgabe 50 Jahre BGH [2000] 848, 852; ENDRES 41 ff). Andererseits erlaubt es die Definition, aus der wertenden Betrachtung über die Wesentlichkeit bestrittene und noch nicht gesicherte wissenschaftliche Erkenntnisse auszuklammern (BVerfG NJW 1997, 2509, 2510 [Gesundheitsgefährdung durch elektromagnetische Felder]). Auch wurde zB mit Recht die Einschränkung gemacht, dass die Beurteilung der Wesentlichkeit der Geruchsimmissionen einer *Schweinemästerei* nicht von Berechnungen zum Maß und dem landabhängigen Verhältnis der Futtererzeugung oder Gülleentsorgung abhängen kann. Jedes wertende Moment ist für sich zu beurteilen (BGHZ 140, 1, 5 [Schweinemästerei]). Auch kann das Fehlen einer erforderlichen **behördlichen Genehmigung** unter Würdigung aller Umstände des Einzelfalles die Prüfung der Wesentlichkeit beeinflussen, solange nicht feststeht, dass die Anlage ohne Einschränkungen genehmigungsfähig ist (BGHZ 140, 1, 6 [Schweinemast]; BGH NJW-RR 2006, 235, 236; OLG Brandenburg DWW 2003, 231, 234 [Viehhaltung, dort Bestandsschutz]). Doch schließt das Fehlen einer notwendigen Genehmigung die Ortsüblichkeit aus (BGH NJW-RR 2006, 235, 237). Davon abgesehen steht dem Abstellen auf den Durchschnittsmenschen nicht entgegen, dass der Gesetzeswortlaut des § 906 Abs 1 die Betonung des „subjektiven Empfindens" nahelegt (SPIESS JuS 1980, 100, 101; HECK, Sachenrecht 217, der aber der hier vertretenen Auffassung folgt). Bisweilen wird eine Beeinträchtigung dann für unwesentlich angesehen, wenn es sich um Einwirkungen handelt, die von jedem bewohnten Grundstück infolge der zum **Haushalt** erforderlichen Tätigkeit ausgehen (SPIESS JuS 1980, 100, 101 im Anschluss an PLANCK/STRECKER Anm 4a), weil das Abstellen auf das Gefühl des Durchschnittsmenschen nicht ausreichend nachvollziehbar sei. Das **BVerwG** verwendet für die Beurteilung von Immissionen in freilich nicht immer einheitlicher Rspr den Topos der „**Sozialadäquanz**", der ebenfalls die Berücksichtigung wertender Elemente iS einer **Güterabwägung** erlaubt (BVerwGE 90, 163, 165 f; BVerwG GewArch 2003, 360; NVwZ 1996, 1001; DVBl 2003, 808, 809; dazu STÜHLER BauR 2004, 614, 622 ff). Die Rspr des BGH wie des BVerwG führt im Hinblick auf die **Rechtssicherheit** zu einer kaum vorhersehbaren Einzelfallrechtsprechung (insoweit auch GRZIWOTZ 161: eigene Wertungen des entscheidenden Richters).

Insgesamt begegnet das Abstellen auf den „verständigen Durchschnittsmenschen" **178** trotz der angeführten Vorteile durchgreifenden **Bedenken**, gerade weil damit dem Gestörten unter Berufung auf schutzwürdige Interessen der Allgemeinheit nach einer **Güter- und Interessenabwägung** (dagegen H ROTH JR 1991, 149) wesentliche Immissionen zugemutet werden (eindrucksvoll ENDRES 41 ff; auch DIETRICH/KAHL DVBl 2007, 18 ff zum Kinderlärm; dem Grundsatz nach zust und für eine Abwägung unter Offenlegung der maßgebenden Faktoren aber HAGEN, in: FS Röhricht [2005] 1175, 1181). ME kann bei der Auslegung der „Wesentlichkeit" weder berücksichtigt werden, welche **sozialen Interessen** hinter dem Störer stehen (aA BGH NJW 2003, 3699, 3700 [Rockkonzert mit kommunaler Bedeutung an nur einem Tag im Jahr]; OLG Köln NJW-RR 1991, 1425 [„kirchliche Sozialarbeit"]; OLG Oldenburg MDR 2010, 1388 [viertägiges Musikfestival von kommunaler Bedeutung]; KÖHLER JURA 1985, 225, 227), noch, welche sozialen Auswirkungen ein Verbot der Störung nach sich ziehen kann (gegen eine Privilegierung von Sportlärm auch BVerwG NJW 1989, 1291, 1293). Eine Lärmbeeinträchtigung wird nicht dadurch unwesentlich, dass dem Verursacher dafür **gute Gründe** zur Seite stehen (zust M JOHLEN BauR 2001, 1848. 1849). Auch der „Verständige" braucht die von einer Photovoltaikanlage des Nachbarn ausgehenden Blendwirkungen nicht hinzunehmen (OLG Karlsruhe NJOZ 2014,

Herbert Roth

1010). Bedenklich ist es auch, das Gebot **gegenseitiger Rücksichtnahme** bereits in die Beurteilung der Störung als wesentlich oder als unwesentlich einzubeziehen (so aber M J Schmid ZMR 1998, 555). Massive Störungen der *Nachtruhe* werden auch bei einem „veränderten Umweltbewusstsein" nicht zu unwesentlichen Beeinträchtigungen (so auch BGHZ 120, 239 ff [Froschlärm]). Allerdings kann die dadurch erzwungene Hinnahme von *Volksfesten,* Feiern örtlicher Vereine oder traditioneller Umzüge damit begründet werden, dass es sich in der Umgebung um **seltene Ereignisse** handelt (BGH NJW 2003, 3699 [eintägiges Rockkonzert mit kommunaler Bedeutung]). Jährliche oder halbjährlich stattfindende ein oder zweiwöchige Volksfeste mit wesentlichen Beeinträchtigungen („Regensburger Dult") brauchen aber unter Berufung auf Interessen der Allgemeinheit niemals hingenommen zu werden. Die hL spricht im Übrigen mit Recht vom sog **differenziert-objektiven Maßstab** (BGHZ 111, 63, 65 [Volksfestlärm]; BGH LM Nr 6; OLG Köln VRS Bd 102 S 428 Nr 131; OLG Zweibrücken DWW 1991, 305, 306 [Wein- und Winzerfest]), weil es für die Frage der Wesentlichkeit nicht auf die individuelle Person des mehr oder weniger **empfindlichen Nachbarn** ankommt (subjektiver Maßstab; zu Allergikern Horst Das Grundeigentum 2012, 941), sondern auf das Empfinden des (wenngleich „verständigen") Durchschnittsmenschen (objektiver Maßstab). **Differenziert** ist der Maßstab, weil es nicht auf einen von den gegebenen örtlichen Verhältnissen losgelösten („verständigen") Durchschnittsmenschen schlechthin ankommt, sondern auf einen Durchschnittsbenutzer des betreffenden Grundstücks in seiner konkreten Beschaffenheit. Wenn sonach etwa dem Einwohner eines Ballungs- oder Industriegebiets oder dem Dorfbewohner (BGH NJW 2001, 3054, 3055) mehr zugemutet wird als dem Villenbewohner, so braucht eine Steigerung doch nicht unbegrenzt hingenommen zu werden (mit Recht MünchKomm/Säcker⁶ Rn 36). Daher sind nachgewiesene **Gesundheitsschädigungen** stets wesentlich iS des § 906 Abs 1 (oben Rn 110). Das Gleiche gilt bei dem Eintritt eines erheblichen **Sachschadens** (BGH NJW 1999, 1029, 1030 mit Anm H Roth LM § 906 BGB Nr 100 [sprengungsbedingte Erschütterungen]; aA Piekenbrock VersR 1999, 728) oder überhaupt von **physischen Auswirkungen** wie etwa verstopften Dachrinnen durch Laubflug (BGHZ 157, 33, 43 f). Unerheblich ist insoweit, ob bestehende **Grenzwerte** eingehalten oder unterschritten worden sind.

179 Die Rspr neigte früher dazu, an die Annahme einer unwesentlichen Beeinträchtigung einen **strengen Maßstab** anzulegen. So sollte eine solche nur dann vorliegen, wenn der durchschnittliche Mensch sie praktisch kaum noch empfindet (BGH NJW 1982, 440; OLG Koblenz DWW 1989, 355 [Volksfestlärm]; OLG Stuttgart NJW-RR 1986, 1339; verkannt von OLG Schleswig NJW-RR 1986, 884 [Frösche]). Dieser strenge Maßstab ist zutreffend und trägt entscheidend zur Durchsetzungsfähigkeit des privatrechtlichen Umweltschutzes bei. Das Abstellen auf den „verständigen Durchschnittsmenschen" hat diese Einsichten jetzt aber verwässert (seit BGHZ 120, 239 ff). Die strenge Auslegung wird auch durch die Wertentscheidung des § 1 BImSchG gestützt, weil damit der Gesetzgeber die Grundentscheidung für mehr Schutz vor umweltschädigenden Einwirkungen getroffen hat (H Westermann, in: 1. FS Larenz [1973] 1025; Baumgärtel/ Laumen/Prütting, Handbuch der Beweislast³ Rn 3; Marburger 111; OLG Karlsruhe ZMR 1989, 90, 91 [Minigolfanlage]). Der Rechtsbegriff der Wesentlichkeit wird jedoch verkannt, wenn man ihn mit **Unerträglichkeit** gleichsetzt (so aber OLG Celle NJW-RR 2011, 1585, 1586 [Orgelmusik aus dem Dom]). Mit der Bejahung der **Wesentlichkeit** der Beeinträchtigung ist in vielen Fällen zugleich die Entscheidung für die Bejahung der **Unzumutbarkeit** nach § 906 Abs 2 S 2 getroffen, da es kaum Grundstücksstörungen gibt, die wesentlich sind und doch zumutbar bleiben (zutreffend Baumgärtel/Laumen/Prüt-

TING[3], Beweislast Rn 9; unten Rn 254). Nicht durchweg entscheidend ist, ob es sich um eine lang andauernde, kontinuierliche Beeinträchtigung oder um eine **einmalige Störung** handelt (BGH DB 1958, 1039; SCHERER BB 1965, 253). *Lärmbelästigungen* können im Einzelfall auch dann wesentlich sein, wenn sie nur an einem einzigen Wochenende oder nur an einem Tag im Jahr auftreten (OLG Zweibrücken DWW 1991, 305, 306 [Wein- und Winzerfest]). Das gilt auch für eine einzige fortdauernde Störung der Nachtruhe. Die höchstrichterliche Rspr neigt aber hier in jüngerer Zeit zur Annahme von Unwesentlichkeit (BGH NJW 2003, 3699 [Rockkonzert mit kommunaler Bedeutung]: ein Tag im Jahr, aber nur bis Mitternacht). Für die Beurteilung der Wesentlichkeit spielt es keine Rolle, ob sich auch **andere Nachbarn** gestört fühlen oder nicht (OLG Frankfurt NJW-RR 2006, 517, 518).

Bei geräuschvollen Bauarbeiten in einem Wohnhaus wurde mit Recht darauf abge- **180** stellt, dass die gestörten Mieter eine *geistige Berufstätigkeit* ausübten (BGH LM Nr 1; MDR 1964, 666). In gleicher Weise darf bei einem besonders ruhigen Wohngebiet auf das Empfinden eines durchschnittlichen *Villenbewohners* abgehoben werden (BGH LM Nr 6). Dabei kann bei dem beeinträchtigten Grundstück weiter **örtlich differenziert** werden. So kann zB der rückwärtige Teil eines Grundstücks besonders schutzwürdig sein, weil er teils als Wohngarten für die Familie, teils für Patienten einer Klinik zum Aufenthalt und zur Erholung dient (BGH LM Nr 11). In Betracht kommt auch eine **zeitliche Differenzierung**, weil etwa für die Abendstunden ab 20 Uhr ein *erhöhtes Ruhebedürfnis* gegeben ist (BGH MDR 1969, 744). Privilegiert zu behandeln sind *Sonn- und Feiertage* sowie auch *Samstagnachmittage* (anders für letztere bei Sportlärm BVerwG NJW 1989, 1291, 1293).

bb) Konkrete Beschaffenheit
Maßgebend ist die Benutzung des **beeinträchtigten Grundstücks in seiner konkreten** **181** **Beschaffenheit**. Es kommt daher nicht darauf an, wie das Haus des Geschädigten theoretisch nach heutigen Maßstäben unter dem Gesichtspunkt der Lärmabwehr ausgestattet sein könnte. Da der Gestörte sein Eigentum innerhalb seiner Grenzen so nutzen darf, wie er es für richtig hält, ist er insbes nicht gehalten, den erzeugten unzulässigen Lärm durch den Einbau von *Doppelfenstern* (oder *Schallschutzfenstern*) abzuhalten (BGH NJW 1984, 1242). Das gilt auch für die Mitwirkung an sonstigen **Abhilfemaßnahmen** (BGH NJW 2008, 1810, 1812) wie zB das Schließen der Fenster (BGHZ 111, 63, 71 [Volksfestlärm] mAnm H ROTH JR 1991, 149; BGH MDR 1969, 744; OLG Koblenz DWW 1989, 355, 358) oder den Gebrauch von Vorhängen oder Jalousien bei Blendwirkungen von Photovoltaikanlagen (OLG Karlsruhe NJOZ 2014, 1010, 1012). Vor allem hat der Gestörte das Recht, nachts bei offenem Fenster zu schlafen (BGH MDR 1969, 744; GAISBAUER ZMR 1997, 63) und sich auch außerhalb des Hauses, insbes auf Balkonen und in Gärten, störungsfrei aufzuhalten (BGHZ 91, 20, 25 f; 97, 114, 124; BGH MDR 1969, 744; DWW 1986, 174 mAnm PFEIFER = NJW 1986, 2423). Der Gestörte ist auch nicht gehalten, etwa sein Schlafzimmer nach der ungestörten Seite des Hauses hin zu verlegen (ERMAN/WILHELMI[14] Rn 17). Damit nicht vereinbar sind Entscheidungen, wonach der beeinträchtigte Eigentümer dazu verpflichtet sein soll, das Eindringen von *Flugenten* (oben Rn 119) in seinen Fischteich durch das Ziehen eines Maschendrahtzaunes oder durch sonstige Maßnahmen zu verhindern (so aber OLG Oldenburg VersR 1976, 644, 645). Richtigerweise müssen Mitwirkungsmaßnahmen zur Vermeidung von Störungen nur in **krassen Ausnahmefällen** getroffen werden. Von Bedeutung ist es aber, wenn etwa das Gebäude des Gestörten von Anfang an nicht den erforderlichen

Schallschutz aufgewiesen hat und sich die Geräuschimmissionen der ordnungsgemäß eingerichteten Anlage des Störers im Falle der Einhaltung der Schallschutzvorschriften (DIN 4109) in den Grenzen der zulässigen Richtwerte hielte. In diesem Fall wird die Einwirkung als unwesentlich angesehen, auch wenn der Gestörte den **anfälligen Zustand** seines Eigentums nicht schuldhaft herbeigeführt hat (BGH NJW 2008, 1810, 1812 im Anschluss an BGHZ 148, 261 [Hammerschmiede]).

182 Da es für die Frage der Wesentlichkeit allein darauf ankommt, in welchem Ausmaß die Benutzung nach der **tatsächlichen Zweckbestimmung** des Grundstücks gestört wird, braucht sich etwa der Betreiber eines *biologischen Landbaus* nicht darauf verweisen zu lassen, sich auf eine Art des Anbaus zu beschränken, der den Einwirkungen eines durch Niederschlagswasser zugeführten Pflanzenschutzgiftes standgehalten hätte (BGHZ 90, 256, 261; dazu LÜBBE/WOLFF NVwZ 1986, 178, 183; OLG Rostock NJW 2006, 3650, 3652). Auf diese Weise wird auch der Schutz besonders empfindlicher Pflanzen gewährleistet. Auch braucht sich ein Autohändler nicht entgegenhalten zu lassen, die durch Abrissarbeiten verursachten *Staubablagerungen* auf den Verkaufswägen habe er sich selbst zuzuschreiben, weil er die Freiflächen zu Ausstellungszwecken nutze (unhaltbar LG Dortmund NJW-RR 2008, 471, 473). Wegen des Abstellens auf die tatsächliche Beschaffenheit bleiben **planerische Festsetzungen** für die Beurteilung der Wesentlichkeit grundsätzlich unmaßgeblich, können aber Bedeutung im Rahmen der „Verständigkeit" erhalten (MATTERN WM 1979, 34, 40; anders GAENTZSCH NVwZ 1986, 601, 604; zur vergleichbaren Frage bei der Ortsüblichkeit unten Rn 214). Anders liegt es für die Fälle des § 906 Abs 1 S 2, 3 (unten Rn 188 ff).

cc) Interessenabwägung

183 Mit Recht hat es der BGH (BGHZ 69, 118, 127) früher bei der Abgrenzung von wesentlichen und unwesentlichen Beeinträchtigungen abgelehnt, die **Interessen beider Parteien** an der Benutzung ihrer Grundstücke (zB Ruhebedürfnis auf der einen und Interesse an einer bestimmten Freizeitgestaltung auf der anderen Seite) abzuwägen. Die Entscheidung hängt allein davon ab, inwieweit die Benutzung des betroffenen Grundstücks beeinträchtigt ist. Zu einer Abwägung der gegenseitigen Interessen kommt es erst im Rahmen des § 906 Abs 2 S 2 (ENDRES 44; unten Rn 261). Einen Wandel der Rspr hat jetzt aber auch in diesem Punkt das Abstellen auf den „verständigen" Durchschnittsmenschen gebracht (oben Rn 177).

dd) Nutzungspriorität

184 Für die Beurteilung der Wesentlichkeitsfrage kommt es dem Grundsatz nach nicht auf die **Nutzungspriorität** an (BGH MDR 1969, 744; OLG München ZMR 1998, 553, 555; Thüringer OLG BzAR 11/2013; nachdrücklich für die Priorität: BISCHOFS 99 ff; einschränkend BGH NJW 2001, 3054, 3055; dazu auch KRÄHE SpuRt 1994, 81; **anders** für den Maßstab des § 22 BImSchG aber BVerwG NJW 1989, 1291, 1293; einen Überblick gibt BUCKEL [nach Lit-Verz]). Für den **primären Abwehranspruch** des § 1004 Abs 1 ist vielmehr maßgebender Zeitpunkt für die Beurteilung der Wesentlichkeit die letzte mündliche Tatsachenverhandlung (BGH NJW 2001, 3119, 3120). Wird aber ein **situationsbelastetes Grundstück** in Kenntnis oder grob fahrlässiger Unkenntnis einer vorhandenen Immissionsquelle erworben, unterliegt der Gestörte einer gesteigerten Duldungspflicht, sodass er diejenigen Immissionen dulden muss, die sich in den Grenzen der zulässigen Richtwerte halten (BGH NJW 2001, 3119 [Hammerschmiede] mit zust Anm H ROTH JZ 2002, 245: M JOHLEN BauR 2001, 1848: Lärm einer seit dreißig Jahren betriebenen Hammerschmiede unter Grunderwerb des

Gestörten erst vor zehn Jahren; BGH NJW-RR 2007, 168, 170 [Wohnbebauung in der Nähe einer alten Eisenbahnbrücke]; abl KLÖHN AcP 208 [2008] 777 ff; krit zur dogmatischen Begründung auch BISCHOFS 127 ff, 140 ff Rn 220). Werden diese Werte überschritten und besteht eine Duldungspflicht nach § 906 Abs 2 S 1, so steht dem Eigentümer ein **Ausgleichsanspruch** nach § 906 Abs 2 S 2 zu (BGH NJW-RR 2007, 168, 170). Wer das vermeiden will, muss vom Grundstückskauf Abstand nehmen oder eigene Schutzvorkehrungen treffen (DURY, in: GS Burmeister [2005] 149, 158). Der BGH verneint in derartigen Fällen nicht die „Wesentlichkeit" (zust H ROTH JZ 2002, 245, 246; für Unwesentlichkeit dagegen WENZEL NJW 2005, 241, 245), sondern stützt die Einschränkung des § 1004 auf das **nachbarliche Gemeinschaftsverhältnis** (zust M JOHLEN BauR 2001, 1848; zweifelnd WENZEL NJW 2005, 241, 245; ganz abl KLÖHN AcP 208 [2008] 777 ff; BISCHOFS 142 f). Vorzugswürdig ist es wohl, auf die **Ortsüblichkeit** abzustellen (unten Rn 220; abl BISCHOFS 115 ff). Doch braucht der neu Hinzugezogene keine Gesundheitsbeeinträchtigungen hinzunehmen (WENZEL NJW 2005, 241, 245 für das Konfliktlösungsmodell des § 2 Abs 2 18. BimSchV zu BVerwGE 81, 197; auch OLG Bremen OLGReport 2007, 501 [Omnibuslinie]). Auf die **Priorität** kommt es nicht an, wenn der neu Hinzugezogene wegen fehlender Kenntnis der Immissionen nicht in den „Lärm hineingebaut" hat (BGH NJW 2008, 1810, 1812). Die zeitliche Priorität findet dagegen stets Beachtung im Rahmen des **Ausgleichsanspruchs** nach § 906 Abs 2 S 2 (BGH NJW 2001, 3119, 3120; BGHZ 59, 378, 384 f; unten Rn 260). Zudem gilt auch im Zivilrecht das **Vorbelastungsprinzip**. Treffen Gebiete von unterschiedlicher Qualität und Schutzwürdigkeit zusammen, so muss der Belästigte Nachteile hinnehmen, die er außerhalb von derartigen Grenzgebieten (insbes Randlagen zum Außenbereich) nicht hinzunehmen hat. Im Ergebnis kommt es daher zu einer Berücksichtigung der Vorbelastung (BGHZ 121, 248, 254 [Jugendzeltplatz] m zust Anm H ROTH JR 1994, 64 f; BGH NJW 2001, 3054, 3055 [Amtshaftungsfall]; DURY, in: GS Burmeister [2005] 149, 157; teils krit aber SARNIGHAUSEN NJW 1994, 1375, 1377; unten Rn 220). Vergleichbar liegt es im **öffentlichen Recht**, wo das Vorbelastungsprinzip seit jeher seine Heimat hat (Nachw in OVG NRW DVBl 2008, 791; VGH Kassel NVwZ 1993, 1004, 1005). Danach muss etwa ein Grundstückseigentümer in der Randlage zum Außenbereich mit einer nachteiligen Änderung der Verhältnisse rechnen (BGHZ 121, 248, 253 f [Jugendzeltplatz]; OLG Frankfurt OLGReport 2009, 47 [Sportanlage]; unten 220). Anders als der BGH meint, sollte die Priorität aber nicht schon im Rahmen der **Wesentlichkeit**, sondern erst bei der Frage der **Ortsüblichkeit** angesiedelt werden (vermengt in BGH NJW 2001, 3054, 3055). In der Rspr deutet sich jetzt eine gewisse begrüßenswerte Einschränkung zur Figur des verständigen Durchschnittsbenutzers an. So soll für die Beurteilung der Wesentlichkeit bei jedem wertenden Moment geprüft werden, ob es nach seinem Sinn und Zweck die Erheblichkeitsprüfung beeinflussen kann (BGHZ 140, 1, 5). Die grundsätzliche Absage an das Prioritätsprinzip gilt im Übrigen nicht mit gleicher Deutlichkeit für die Beurteilung der Ortsüblichkeit (dazu HAGEN, in: FS Medicus [1999] 161 ff; unten Rn 220). Auch wird eine wesentliche Immission nicht dadurch zu einer unwesentlichen, dass auch wesentlich geringere, das Maß des Zulässigen nicht überschreitende Mengen in entsprechend längerer Zeit den gleichen Erfolg herbeigeführt hätten (BGH LM Nr 18 [Zuführung von Rauch und Ruß mit dadurch bewirkter Fassadenverschmutzung]).

ee) Schadensanfälligkeit

Ist eine Störung nur deshalb als wesentlich anzusehen, weil der Betroffene bei **185** rechtmäßigem Handeln des „Störers" selbst unrechtmäßig die **„Schadensanfälligkeit"** herbeigeführt hat, entweder weil er zu hoch oder mit zu dünnen Trennwänden gebaut, die Schallschutzvorschriften der DIN 4109 nicht eingehalten (BGH NJW 2008, 1810, 1812) oder seine Instandhaltungspflicht verletzt oder gar einen **Schwarzbau** errichtet hat (so der Fall von VGH Mannheim NVwZ 1986, 62), so kann er die Einwirkung nicht verbieten (so für die Untersagung nach § 25 Abs 2 BImSchG BVerwG NJW 1993, 342). Ganz allgemein gilt, dass **baurechtswidrige Nutzungen** gegenüber Immissionen aus rechtmäßig betriebenen Anlagen nicht geschützt sind. Wird umgekehrt der störende Betrieb ohne **behördliche Genehmigung** betrieben, beeinflusst das die Prüfung der Wesentlichkeit, solange nicht feststeht, dass der Betrieb ohne Einschränkungen genehmigungsfähig ist (BGHZ 140, 1, 6 f [Schweinemästerei]).

ff) Störungskonkurrenzen

186 Bei **Störungskonkurrenzen**, die auf verschiedenen Störungsquellen beruhen, etwa bei einem Zusammentreffen von Geräuschen, Erschütterungen oder Gerüchen, ist die Gesamtbeurteilung aller Störungen maßgeblich, auch wenn sich jede einzelne Einwirkung für sich betrachtet als unwesentlich darstellt (etwa PLANCK/STRECKER Anm 4 a; zur analogen Anwendung auf Beeinträchtigungen von Fischereirechten durch eine Bootsanlegestelle BGH NJW-RR 2007, 1319, 1320).

gg) Festgelegte Grenz- und Richtwerte (§ 906 Abs 1 S 2, 3)

187 Unter den Voraussetzungen des **§ 906 Abs 1 S 2, 3** (idF des SachenrechtsänderungsG v 21. 9. 1994 mit Wirkung v 1. 10. 1994, BGBl I 2457) ist allerdings „in der Regel" eine **unwesentliche** Beeinträchtigung anzunehmen (OLG Köln VRS Bd 102 S 427 Nr 131; zur dogmatischen Einordnung unten Rn 202). Die Neuregelung bedeutet **keinen privatrechtsgestaltenden Vorrang des öffentlichen Rechts** (BT-Drucks 12/7425 v 27. 4. 1994, 87; WENZEL NJW 2005, 241, 244; zur Gesetzgebungsgeschichte BITZER 85 ff; FRITZ NJW 1996, 573; HAGEN, in: FS Röhricht [2005] 1175, 1184; JOHLEN S 92 f). Sie zeichnet die Rspr von BGH und BVerwG in der Harmonisierung von öffentlichem und privatem Immissionsschutzrecht nach und bedeutet, dass für die Beurteilung der Unwesentlichkeit einer Beeinträchtigung im Regelfall die öffentlich-rechtlichen Vorschriften heranzuziehen sind (dazu BITZER 113 f; DURY SpuRt 1995, 102). Dem Zivilrichter bleibt aber stets die Möglichkeit und die Pflicht, den **besonderen Umständen des Einzelfalles** Rechnung zu tragen (BGH NJW 2003, 3699, 3700 [Rockkonzert]; 2001, 3119, 3129 [Hammerschmiede]; BT-Drucks 12/7425, 87 unter Hinweis auf BGHZ 70, 102 und BGH JZ 1984, 1106, 1108; OLG Köln VRS Bd 102 S 429 Nr 131 [Buslinie]). Damit bleibt die von der Rspr des BGH betonte Einzelfallprüfung des Zivilrichters mit dem geänderten § 906 Abs 1 S 2, 3 erhalten (BGH NJW 2008, 1810, 1813; 2004, 1317 mit Anm RÖTHEL JZ 2004, 1083; OLG München ZMR 1998, 553, 554 [Schießstand]; JOHLEN 121; J F BAUR, in: Festgabe 50 Jahre BGH [2000] 849, 858; BT-Drucks 12/7425, 87; H WEBER/C WEBER VersR 1995, 20, 21; WENZEL NJW 2005, 241, 244; einschränkend wohl OTTO ZMR 1995, 147, 148; MURSWIEK JuS 1995, 1138). Von einer „Interpretationsherrschaft" des öffentlichen Rechts kann keine Rede sein (aA CALLIES Die Verwaltung 2001, 169, 188). Schon eher lässt sich die Regelwirkung des § 906 Abs 1 S 2 und 3 als „gesetzlich zu berücksichtigende Konkretisierungsofferte" beschreiben (so RÖTHEL 254 f). Die technischen Regelwerke haben **Richtliniencharakter** und dürfen nicht schematisch angewendet werden. § 906 Abs 1 S 2, 3 betrifft allein die **Einhaltung von Grenz- oder Richtwerten**. Für den Fall der Einhaltung der Werte kommt nach der Rspr des BGH den Grenzwerten des § 906 Abs 1 S 2 nur **Indizwirkung** dafür zu, dass eine nur unwesentliche Beeinträchtigung vorliegt (BGH NJW 2004, 1317; unten Rn 202; noch offengelassen in BGH NJW 1995, 132, 133). Werden die **Werte überschritten**, so gelten die von der Rspr entwickelten Grundsätze mit der Annahme eines

Indizes für eine wesentliche Beeinträchtigung weiter (BT-Drucks 12/7425, 89 unter Bezugnahme auf BVerwG NJW 1988, 2396 und BGH DVBl 1990, 772; zusammengefasst in BGH NJW
2004, 1317; 1995, 132, 133; bestätigt durch BGH NJW 2008, 1810, 1812 [Schallschutz nach DIN 4109:
Mindestanforderungen an den Schallschutz im Hochbau]; REHBINDER, Privates Immissionsschutzrecht Rn 41; unten Rn 202). Man kann – allenfalls – von „limitierter Verwaltungsakzes-
sorietät" sprechen (PETERSEN 77). – Weithin ungeklärt ist, ob die Grenzwerte des
§ 906 Abs 2 S 2, 3 schon im **Probebetrieb** einer genehmigten Anlage Geltung beanspruchen (dazu DIEKMANN AbfallR 2007, 2).

Der in § 906 Abs 1 S 2 verwendete Begriff **„Grenzwert"** meint die zulässige absolute   **188**
Höchstgrenze (zu deren Autorität allgemein RÖTHEL JZ 2013, 1136), der Begriff **„Richtwert"**
lässt eine Überschreitung unter bestimmten Voraussetzungen zu. Erfasst sind sämtliche Immissions- und Emissionswerte. Unter **„Gesetzen"** sind nur Parlamentsgesetze des Bundes- und Landesrechts zu verstehen, nicht aber Gemeindesatzungen iSv
§ 49 Abs 3 BImSchG (PALANDT/BASSENGE[74] Rn 18). **„Rechtsverordnungen"** meint nur
förmliche Verordnungen. Die in § 906 Abs 1 S 3 genannten **„Verwaltungsvorschriften"** nach § 48 BImSchG sind nur beachtlich, wenn das dort vorgesehene Verfahren
für ihren Erlass eingehalten worden ist, und wenn sie den Stand der Technik wiedergeben (jurisPK-BGB/VIEWEG/REGENFUS[7] Rn 73). Eine auch hier passende Legalde-
finition findet sich in § 3 Abs 6 BImSchG (dazu SEIBEL NJW 2013, 3000, 3003).

c)   Einzelfälle
aa)   Lärm
Die Grenze der im **Einzelfall zumutbaren Lärmbelästigung** im Rahmen des § 906   **189**
Abs 1 S 1 lässt sich nicht mit mathematischer Exaktheit bestimmen, sondern hängt
von einer wertenden Beurteilung ab (BGHZ 148, 261, 265 [Hammerschmiede]; BGH NJW
2008, 1810, 1813; NJW-RR 2007, 168, 169; NJW 2003, 3699 [Rockkonzert] OLG Frankfurt OLG-
Report 2009, 47; AG Solingen NJW-RR 2014, 1430 [Glockenspiel]; oben Rn 144 ff). Für die
zivilrechtliche Frage nach der Wesentlichkeit der Beeinträchtigung kommt es ausschlaggebend auf die **Lästigkeit des Lärms** an, da die Lautstärke nur eine Lärm-
komponente ist. Daneben spielen die Lärmfrequenzen, die spektrale Zusammenset-
zung sowie die Einstellung des Lärmbetroffenen zum Geräusch eine wesentliche
Rolle (BGHZ 122, 76, 80 f [Fluglärm]; 121, 248, 251 [Jugendzeltplatz]; 120, 239, 256 [Froschlärm];
111, 63, 66 ff [Volksfest]; 46, 35, 38 [Fabriklärm] = LM Nr 21 mAnm MATTERN; BGH LM Nr 25;
OLG Köln VRS Bd 102 S 428 f Nr 131 [Buslinie]; OLG Koblenz ZMR 2003, 929, 930 [Lärm aus
einem Dorfgemeinschaftshaus]; OLG München ZMR 1998, 553, 554 [Schießstand]; NJW-RR 1991,
1492, 1493; BlGBW 1978, 150, 151; PALANDT/BASSENGE[74] Rn 19; PWW/LEMKE[9] Rn 20; Münch-
Komm/SÄCKER[6] Rn 43; AUER 80 ff). So kommt es bei *Gaststättenlärm* weniger auf den
allgemeinen Geräuschpegel als auf den Spitzenlärmpegel an (zu einem Sperrzeitenfall
OVG Münster DWW 1994, 158). Bereits aus diesem Grunde entscheiden die Zivilgerichte ohne absolute Bindung an die in öffentlich-rechtlichen Vorschriften enthaltenen **Grenzwerte** (BGHZ 97, 114, 122; 97, 361, 365 ff; LG Aachen NJW-RR 1986, 818; MEDICUS
JZ 1986, 778, 783; sogleich unten Rn 190). Aus § 906 Abs 1 S 2, 3 ergibt sich nichts anderes
(allgemein BGH NJW 2004, 1317; für Lärm OLG Koblenz ZMR 2003, 929, 930).

Im Anwendungsbereich des **§ 906 Abs 1 S 2, 3** (oben Rn 187 f) verdienen Hervorhe-   **190**
bung (Übersicht bei BITZER 13 ff; PALANDT/BASSENGE[74] Rn 2; BAMBERGER/ROTH/FRITZSCHE[3]
Rn 5) die *VerkehrslärmschutzVO* (16. BImSchV, zuletzt geändert durch VO vom
18. 12. 2014, BGBl I 2269; abgedruckt in SARTORIUS Ergänzungsband Nr 296/16; oben Rn 145;

zur zulässigen Prognoseberechnung ohne Messung bei *Bahnlärm* BGH NJW-RR 2007, 168, 169; oben Rn 147), die *SportanlagenlärmschutzVO* (18. BImSchV; abgedruckt in Sartorius Ergänzungsband Nr 296/18; oben Rn 151; zu ihrer Änderung Stühler BauR 2006, 1671), die *Geräte- und MaschinenlärmschutzVO* (32. BImSchV, abgedruckt in Sartorius Ergänzungsband Nr 296/32; oben Rn 149 f), sowie die *TA-Lärm* (OLG Celle NJW-RR 2011, 1585; abgedruckt in Sartorius Ergänzungsband Nr 296/100) und die *Freizeitlärmrichtlinie* (LAI-Hinweise, abgedruckt in NVwZ 1997, 469; zB VGH Kassel NVwZ-RR 2006, 531 [gemeindliches Volksfest]; oben Rn 151) (weiteres bei Johlen 106 ff; Klindt DWW 1996, 45, 46; Dietrich/ Kahl DVBl 2007, 18 ff). Im Einzelnen gilt Folgendes: Die genannten Vorschriften können die besondere Lästigkeit des Lärms nur zT erfassen. Daher sind die schon bisher hervorgehobenen zusätzlichen Bewertungskriterien des Einzelfalles maßgebend (BT-Drucks 12/7425, 88). Bei den Normen **privater Regelsetzer** bleibt es in vollem Umfang bei den auch schon bisher geltenden Grundsätzen (Fritz NJW 1996, 573, 574; zweifelnd Hagen ZfBR 1995, 61, 65 Fn 30). Sie können zur Wesentlichkeitsermittlung herangezogen werden (insoweit unzutreffend Klindt DWW 1996, 45, 47). Private Umweltstandards wie DIN-, VDI- und VDE-Normen begründen keine Regelfälle, doch hat ihre Einhaltung **Indizwirkung** und sie sind **Entscheidungshilfen** (OLG Düsseldorf NJW-RR 1997, 272; LG München II NJW-RR 1997, 465; Palandt/Bassenge[74] Rn 18; jurisPK-BGB/Vieweg/Regenfus[7] Rn 67; H Roth LM § 906 Nr 100; Rodegra WuM 2009, 151 [Schallschutznorm DIN 4109/89]; auch BGH NJW 2008, 1810, 1813; 2010, 3099 Rn 14 [„Empfehlungscharakter"]). Der Emittent bleibt für die Unwesentlichkeit der Beeinträchtigung behauptungs- und **beweispflichtig**. Nicht hierher gehört das **FluglärmG** (BGHZ 122, 76 ff; 69, 105 = LM Nr 53 mAnm Hagen; Johlen 107 f; oben Rn 149). Der dort vorgesehene äquivalente Dauerschallpegel dient der Festlegung eines regionalen Lärmschutzbereichs, nicht aber der Beurteilung individueller Lärmbeeinträchtigungen. Ihm können daher keine Richtwerte für die Beurteilung der enteignungsrechtlichen Zumutbarkeit entnommen werden. Die Rspr wird wohl auch nach der Novellierung des FluglärmG 2007 ihre Bedeutung behalten, sodass eine weitergehende Entschädigung möglich bleibt (Schiller ZLW 2008, 192, 203, oben Rn 148). Das FluglärmG ist daher nach wie vor kein Gesetz iS von § 906 Abs 1 S 2 (oben Rn 149). Bedeutsam ist die auf § 48 BImSchG gestützte **TA Lärm** 1998 (Technische Anweisung zum Schutz gegen Lärm v 26. 8. 1998, GMBl 503; herangezogen etwa durch OLG Koblenz ZMR 2003, 929 für die Lärmbelästigung aus einem Dorfgemeinschaftshaus; Darstellung bei Chotjewitz LKV 1999, 47; Friege ThürVBl 1999, 245, 246; zur bisherigen TA-Lärm BVerwG NJW 1992, 2779 [Zeitschlagen von Kirchturmuhren]; OLG München BlGBW 1978, 150, 151 mAnm Schloms). Ein der TA Lärm vergleichbares (privates) Regelwerk enthält die vom Verein Deutscher Ingenieure (VDI) herausgegebene **Richtlinie Nr 2058** über die Beurteilung von **Arbeitslärm** in der Nachbarschaft (dazu BGH NJW 1983, 751). Für die Wesentlichkeit von **Sportlärm** kann von den in der **SportanlagenlärmschutzVO** (18. BImSchVO v 18. 7. 1991, BGBl I 1588) enthaltenen Richtwerten ausgegangen werden (MünchKomm/Säcker[6] Rn 61; dazu BVerwG NVwZ 1995, 993; OLG Frankfurt OLGR 2009, 47; OLG Hamm NVwZ-RR 2007, 756 Celle SpuRt 1995, 126; OLG Frankfurt SpuRt 1995, 127; OLG Saarbrücken SpuRt 1995, 129; OLG Zweibrücken NJW 1992, 1242; zust Dury NJW 1994, 302; Hagen, in: FS Röhricht [2005] 1175, 1183). Es handelt sich um die speziellste Regelung für die Bewertung von Sportlärm, sodass insoweit nicht mehr auf die VDI-Richtlinie 2058 zurückgegriffen werden darf. Das bedeutet aber trotz § 906 Abs 1 S 2 BGB nicht, dass zivilrechtliche Abwehransprüche in entsprechend gelagerten **Einzelfällen** verkürzt werden dürfen (mit Recht Vieweg/Röthel DVBl 1996, 1171, 1180). Für den Bereich des öffentlichen Rechts sieht das BVerwG in der VO dagegen eine verbindliche abschließende Regelung (BVerwG NVwZ 1995, 993; 2000, 550; dazu Murswiek JuS 1995, 1138). Die VO wird auch für die Beurteilung von *sportstättenähnlichen Anlagen* herangezogen (VG Frankfurt aM NVwZ-RR 1993, 477 [Pausenhof einer Schule]). Im Ergebnis privilegiert die VO freilich aus politischen Gründen den Sportlärm. Die VO gilt nicht für **„public viewing"**, also das Verfolgen einer Fernsehübertragung auf einer Großleinwand. Doch existierten etwa für die Fußballweltmeisterschaft 2014 spezielle Lärmschutz-Verordnungen, die einzelne Vorschriften der 18. BImSchV entsprechend für anwendbar erklärten (dazu Scheidler, KommP BY 5/2014; ders UPR 2010, 213). Geräusche wurden früher in **DIN-Phon** bewertet (etwa BGHZ 46, 35 = LM Nr 21 mAnm Mattern; BGH LM Nr 25; NJW 1968, 1133; MDR 1969, 744; 1971, 203). Heute werden die Schallpegel in **dB(A)** gemessen. Dabei werden die VDI-Richtlinie 2058 sowie die TA Lärm auch außerhalb ihrer ursprünglich gedachten Geltungsbereiche herangezogen und auf anderweitig verursachten Lärm angewandt (BGHZ 120, 239, 256 [Froschlärm]). Das ist nicht zu beanstanden, sofern sich das Gericht der eingeschränkten Richtigkeitsgewähr und fehlenden Bindungswirkung bewusst ist. Sofern nicht die Werte des § 906 Abs 1 S 2 und 3 betroffen sind, können sie gleichwohl als bloße **Entscheidungshilfen** mit einbezogen werden (BGHZ 161, 323, 335 f [Fluglärm]; BGH NJW-RR 2007, 168, 169 [Bahnlärm zu § 2 Abs 1 Nr 2 16. BImSchV]).

Eine **Gesundheitsgefährdung** ist nicht erforderlich, um die Wesentlichkeitsschwelle **191** bejahen zu können (VGH Baden-Württemberg DWW 1986, 326 [LS]; AG München NJW 2005, 760, 761 [Standheizungslärm: Unterlassungsanspruch, dass die Standheizung näher als 30 m von der Wohnung entfernt betrieben wird]). Die genannten öffentlich-rechtlichen Vorschriften lassen sich in erster Linie als **Erkenntnishilfen** (Orientierungshilfen) für die Zivilgerichte im Rahmen der **Beweiswürdigung** beschreiben (BGH NJW 2004, 1317; 2003, 3699 [Rockkonzert]; AK-BGB/Winter Rn 43; Marburger 107; Pfeifer DWW 1990, 264 [Informationsgehalt als maßgebliches Kriterium]), die im Anwendungsbereich des § 906 Abs 1 S 2, 3 für das Zivilrecht mit bloß indizieller Wirkung ausgestattet wurden. Die Richtigkeit dieser Auffassung folgt schon daraus, dass die einzelnen Messwerte durch den Gesetzgeber nicht zur Ausfüllung der Beispiele des § 906 erlassen worden sind (zutreffend Deutsch VersR 1984, 1101, 1102) und für die Festlegung der Obergrenzen auch wirtschaftliche Interessen gewerblicher Unternehmen eingeflossen sind (so zur TA-Luft BGHZ 70, 102, 107). Mit Recht wurde auch darauf hingewiesen, dass Ansprüche aus den §§ 1004, 906 nur ausgelöst werden, wenn eine Emission zu einer iSv § 906 beeinträchtigenden Immission wird (H Westermann, in: 1. FS Larenz [1973] 1003, 1010). Die **Überschreitung** von bestehenden öffentlich-rechtlichen Emissionsgrenzwerten führt daher nicht immer schon zur Wesentlichkeit, gibt dafür aber ein (gewichtiges) Indiz (BGH NJW 2004, 1317; 2003, 3600 [Rockkonzert, Anwendung der LAI-Hinweise; BT-Drucks 12/7425, 89; unten Rn 202]). Wegen § 906 Abs 1 S 2, 3 müssen sämtliche darunter fallenden Vorschriften in jedem Urteil erörtert werden (vgl dazu schon H Westermann, in: 1. FS Larenz [1973] 1002, 1025; F Baur JZ 1974, 659; Ule BB 1976, 446; ausführlich Marburger 106 ff; LG Aachen NJW-RR 1986, 818). Das entsprach der Rechtslage zum alten Recht. Die Abweichung vom Tatbestand des § 906 Abs 1 S 2, 3 muss stets im Urteil begründet werden.

Die richterliche Praxis entnimmt Anhaltspunkte für die Lärmbeurteilung häufig aus **192** der **VDI-Richtlinie 2058** (oben Rn 190). Die VDI-Richtlinie enthält folgende Richtwerte für von *Gewerbe* und *Industrie* verursachten Lärm, die den Richtwerten der **TA-Lärm 1998** entsprechen (zB OLG Koblenz ZMR 2003, 929, 930 für Lärmbelästigung aus

Herbert Roth

Dorfgemeinschaftsbau: 40 dB [A] ab 22 Uhr bis 6 Uhr): In allgemeinen Wohngebieten 55 dB(A) tagsüber, 40 dB(A) nachts; in reinen Wohngebieten 50 dB(A) tagsüber, 35 dB(A) nachts; in Kurgebieten, Gebieten mit Krankenhäusern und Pflegeheimen 45 dB(A) tagsüber, 35 dB(A) nachts. Die frühere Bevorzugung der VDI-Richtlinie 2058 gegenüber der *TA Lärm* 1968 rechtfertigte sich daraus, dass sie aufgrund ihres jüngeren Datums den neueren Erkenntnisstand enthielt (dazu OVG Münster NJW 1979, 772; zust BREUER NJW 1979, 1862, 1867). Gegenüber der TA-Lärm 1998 schlägt das nicht durch, sodass deren Anwendung den Vorzug verdient (angewendet zB für den Lärm einer Windkraftanlage durch BGH NZM 2004, 957; ebenfalls BVerwG NVwZ 2008, 76 mit Anm JAHN JuS 2008, 1022 [aber dort mit Bindungswirkung im gerichtlichen Verfahren als normkonkretisierende Verwaltungsvorschrift]). So wurde die **VDI-Richtlinie 2058** als Beurteilungshilfe, meist für die Wertung von *Dauerlärm,* herangezogen für Lärmeinwirkungen durch eine *Fabrik* (BGHZ 46, 35 = LM Nr 25 mAnm MATTERN); *Trittschallgeräusche* (AG Hamburg DWW 1989, 140); eine *Minigolfanlage* (OLG Karlsruhe ZMR 1989, 90); ein *Wassermühlrad* (OLG Frankfurt OLGZ 1992, 84); den *Betriebshof* eines Postamts (VGH München NJW 1990, 2485); die *Belieferung eines Lebensmittelbetriebes* (KG GewArch 1995, 80); *Froschlärm* (BGHZ 120, 239, 256); eine *Fontänenanlage* (BGH LM Nr 25); eine *Straßenbahnkehre* (BGH NJW 1968, 1133); eine *Operettenaufführung auf einer Freilichtbühne* (BGH MDR 1969, 744); eine *Gastwirtschaft* (BGH MDR 1971, 119); *Kraftwagen* (BGH MDR 1971, 202); *Flugzeuge* (BGHZ 69, 105, 116 = LM Nr 53 mAnm HAGEN [auch zu § 2 FluglärmG]; BGHZ 69, 118; BGHZ 79, 45 = LM Nr 65 mAnm HAGEN mit der Angabe von Einzelheiten zur Messmethode; BGH DWW 1986, 174 mAnm PFEIFER = NJW 1986, 2423); *Straßenverkehr* (BGH MDR 1978, 296; BGHZ 97, 114, 122 orientierte sich an den Richtwerten des gescheiterten Verkehrslärmschutzgesetzes; ebenso HessVGH VerkMitt 1987, 31, 32); einen *Tennisplatz* (BGH NJW 1983, 751; zur Problematik von „Zuschlägen" PAPIER NVwZ 1986, 624 ff); einen *Bäckereibetrieb* (LG Dortmund BlGBW 1965, 32). Für den *Verkehrslärm* ist maßgebend die **VerkehrslärmschutzVO** (oben Rn 190). Die von deren Werten für reine und allgemeine Wohngebiete und Kleinsiedlungsgebiete mit 59 db(A) tagsüber (§ 3: 6 Uhr bis 22 Uhr) und 49 db(A) nachts (§ 3: 22 Uhr bis 6 Uhr) zu unterscheidende **enteignungsrechtliche Zumutbarkeitsschwelle** für Verkehrslärmimmissionen in Wohngebieten wird bei Werten von 70 bis 75 dB(A) tagsüber und von 60 bis 65 db(A) nachts (22 Uhr bis 6 Uhr, BGH NJW-RR 2007, 168, 170) angesetzt (BGHZ 122, 76, 81; BGH NJW-RR 2007, 168, 170; oben Rn 145).

193 Im Anschluss an die durch Messung ermittelten **Grenzwerte** (unter Heranziehung eines Sachverständigen) muss sich der Tatrichter trotz § 906 Abs 1 S 2, 3 (oben Rn 188) in erster Linie auf seine **eigenen Empfindungen** verlassen. Dabei muss im Urteil zum Ausdruck kommen, dass er sich der Grenzen der akustischen Messtechnik und des Aussagewertes der Messergebnisse bewusst ist (BVerwG NJW 1989, 1291, 1292 [„grober Anhalt" für Sportlärm]; auch BGH NJW 1995, 132, 133; BGHZ 120, 239, 256 ff [Froschlärm]). Als ausschlaggebende Komponenten sowohl für das Maß und die Eigenart der Empfindung und der dadurch bestimmten Lästigkeit des Geräusches, als auch für das Verhältnis der Empfindung der betreffenden Immission gegenüber derjenigen der übrigen Geräusche **(Grundstörpegel)** kommen insbes in Betracht: hohe Frequenzen der verschiedenen Lärmeinwirkungen (musikalische Aufführungen), die auch bei geringer Lautstärke andere Umgebungsgeräusche übertönen, sowie deren Unregelmäßigkeit (BGH MDR 1969, 744; AG Gießen DWW 1989, 225, 226 [Klavierspiel]); die besonders unangenehmen Erwartungsgeräusche bei musikalischen Darbietungen (etwa BGH LM Nr 32; AG Gießen DWW 1989, 225, 226 [Klavierspiel]) oder auch bei *Tierlärm,* vor allem Hahnenkrähen oder Hundegebell (OLG Hamburg MDR 1977, 492 [Zwitschern und Kreischen von Vögeln]; oben Rn 153 ff). Rechtlich bedeutsame Unterscheidungskriterien für die Bemessung der Wesentlichkeit sind Lärmeinwirkungen zur **Nachtzeit** ab 22 Uhr (BGH MDR 1971, 119; NJW 2003, 3699, 3700), wie etwa bei *Wirtshauslärm;* kurzzeitige hohe Schalldrücke in bestimmter Frequenzzusammensetzung wie insbes bei *Fluglärm* (BGHZ 122, 77, 80; 79, 45 = LM Nr 65 mAnm HAGEN; BGH NJW 1986, 2423); der besondere Impulscharakter des Lärms wie beim *Tennisspielen* (BGH NJW 1983, 751; ebenso BVerwG NJW 1986, 393, 394); die **Einwirkungsdauer** und Häufigkeit der Geräusche wie bei dem Plätschern einer *Fontänenanlage* (BGH LM Nr 25); die unangenehme Eigenart von Geräuschen wie etwa „das impulsartige Rumpeln in der Weiche, das Anheulen der Räder und Bremsgeräusche" bei einer *Straßenbahnkehre* (BGH NJW 1968, 1133). Bei einem **einmaligen Ereignis** werden die Richtwerte großzügiger gehandhabt (BGH NJW 2003, 3699 [Rockkonzert einmalig im Jahr bis Mitternacht]). Die störenden Merkmale nächtlicher Geräusche liegen gerade in Geräuschpegelsprüngen, wogegen der Mittelungspegel nicht entscheidend ist (OLG Hamm NJW-RR 1989, 1176 [Kegelbahn]). Entscheidend ist auch sonst die Lästigkeit (BVerwG NJW 1989, 1291, 1292; BauR 1989, 321, 322). Den sog *LAI-Hinweisen* (**„Freizeitlärmrichtlinie"**; abgedruckt in NVwZ 1988, 135; jetzt NVwZ 1997, 469) kommt (und kam) keine normative Wirkung zu (BVerwG NJW 1989, 1291, 1292; DVBl 2001, 1451, 1453; OVG Koblenz NJW 2005, 772 [zur Bedeutung der Brauchtumspflege]). Die Hinweise gelten für Freizeitanlagen, vor allem für Grundstücke, auf denen Lifemusikkonzerte, Volksfeste und vergleichbare Veranstaltungen im Freien stattfinden. Es handelt sich aber um Entscheidungshilfen (BGHZ 111, 63, 67 [Volksfestlärm] mAnm H ROTH JR 1991, 150 und Anm PFEIFER DWW 1990, 170; BGH NJW 2003, 3699, 3700 [Lärm durch Rockkonzert]; eine positive Einschätzung bei BVerwG BauR 1991, 593, 596; OVG Lüneburg NJW 1995, 900 [Openair-Konzerte]; Überblick bei SCHRÖDTER/KURAS NdsVBl 2009, 329 ff). Sie unterfallen nicht § 906 Abs 1 S 2, 3, können aber als **Orientierungswerte** dienen (zu den LAI-Hinweisen auch BGHZ 120, 239, 256 [Froschlärm]; BGH NJW 2003, 3699, 3700 [Rockkonzert]; OVG Berlin-Brandenburg NVwZ-RR 2010, 877 [Freiluftkonzerte]; STÜHLER BauR 2004, 614, 615). Für **seltene Ereignisse** enthält Nr 4.4 eine Art „Bonus-Regelung" (dazu STÜHLER BauR 2004, 614, 616). In die Beurteilung mit einzubeziehen ist auch die **konkrete Lebensführung** des Betroffenen wie zB bei Schicht- und Nachtarbeitern (zutreffend MünchKomm/SÄCKER[6] Rn 43; abl MEISNER/RING/GÖTZ § 13 Rn 28). Von *Kinderspielplätzen* als nicht-genehmigungsbedürftige Anlagen iS des BimSchG (§ 22, § 24 BImSchG) ausgehender Lärm mag vor allem für Kinderlose zwar wesentlich sein (ausführlich DIETRICH/KAHLE DVBl 2007, 18 ff; AK-BGB/WINTER Rn 51), er ist jedoch in aller Regel ortsüblich (unten Rn 205 ff). Auf die Beurteilung von Kinderlärm passen weder die TA-Lärm, die SportanlagenlärmschutzVO noch die Freizeitlärmrichtlinie (DIETRICH/KAHLE DVBl 2007, 18 ff); bezeichnend ist der besonders störende hohe Informationsgehalt. Allerdings steht er unter einem **besonderen Toleranzgebot** (oben Rn 162).

Häufig treten **Lärmkonkurrenzen** (zur allgemeineren Störungskonkurrenz oben Rn 186) auf. **194** Beim Zusammentreffen von verschiedenen Lärmquellen wie etwa Werft-, Flug- und Straßenlärm bedarf es einer **Gesamtschau** (BGH MDR 1971, 203; zu Freizeitanlagen BVerwG NVwZ 2001, 1167; Einzelheiten bei MORADI KARKAJ 149 ff [zur TA-Lärm]). Gleichwohl ist die gesonderte Beurteilung der einzelnen Lärmquellen auf dem Hintergrund des gesamten Lärmpegels nicht ausgeschlossen (OLG Stuttgart NJW-RR 1986, 1339). Als rechtsfehlerhaft wurde es angesehen, wenn zB zur Beurteilung der Wesentlichkeit eines *Kraftfahrzeugverkehrs,* der in die Tiefe von Wohngrundstücken hineinverlegt wurde, dieser mit dem vorhandenen Kraftfahrzeugverkehr auf der öffentlichen Straße nur zahlenmäßig verglichen wurde. Demgegenüber ist mit Recht darauf abgestellt worden, dass jeder Kraftfahrzeugverkehr auf Wohngrundstücken wegen der Geräusche und Abgase mehr oder weniger lästig ist und in aller Regel auch dann eine zusätzliche Belastung darstellt, wenn auf der Straße selbst schon ein reger Kraftfahrzeugverkehr herrscht (BGH MDR 1964, 666). Im Einzelfall wurde gegenüber *Fabriklärm* der Geräuschpegel einer 150 m entfernten *Bundesstraße* vernachlässigt (BGHZ 46, 35 = LM Nr 21 mAnm MATTERN). Jedenfalls darf die gegenseitige Beeinflussung verschiedener Geräuschquellen, wie etwa *Fontänengeplätscher* gegenüber dem Grundpegel eines vorhandenen Verkehrslärms, nicht unerörtert bleiben (BGH LM Nr 25). Auch überdeckt die lautstärkste Lärmquelle (zB eine *Straßenbahnkehre)* nicht ohne Weiteres die weniger starken Geräusche wie etwa den Verkehrslärm; das gilt jedenfalls für Töne mit annähernd gleicher Frequenz (BGH NJW 1968, 1133). Der Lärm durch *Buslinienverkehr* beeinträchtigt im Vergleich mit dem sonstigen Verkehrslärm nicht (OLG Köln VRS Bd 102 S 427 Nr 131). Umgekehrt können hochfrequente Geräusche, wie sie etwa aus *Musikdarbietungen* entstehen, auch bei geringerer Lautstärke andere Geräusche der Umgebung übertönen (BGH MDR 1969, 744). Das Gleiche gilt bei weitgestreuten Frequenzen, wie sie dem *Gaststättenlärm* eigen sind (BGH MDR 1971, 119; dazu BGB-RGRK/AUGUSTIN Rn 35).

195 Im Einzelfall werden die **VDI-Richtlinie 2058** oder die **TA-Lärm** 1998 nur richtig angewendet, wenn ein zuvor gebildeter **Mittelwert** zugrunde gelegt wird (BGHZ 148, 261, 264 [Hammerschmiede]; BGHZ 121, 248 ff [Jugendzeltplatz] mAnm H ROTH JR 1994, 61 ff; BGH NJW 1995, 132, 133; BVerwG BayVBl 1985, 214; MORADI KARKAJ 149 ff). So liegt es etwa, wenn benachbarte Gebiete eine **unterschiedliche Schutzwürdigkeit** aufweisen. So ist bei dem Zusammentreffen von Gebieten unterschiedlicher Schutzwürdigkeit (zB allgemeines Wohngebiet und Industriegebiet) jede Grundstücksnutzung mit einer Pflicht zur **Rücksichtnahme** belastet (BGHZ 148, 261, 264 [Hammerschmiede]). Vergleichbar liegt es im öffentlichen Baurecht (BVerwGE 98, 235, 243). Der Mittelwert darf dabei nicht schematisch iS einer mathematischen Interpolation festgesetzt werden. Bei der Beurteilung können auch **Gebietsart und Lärmvorbelastung** eine Rolle spielen. So kann im **Außenbereich** ein höheres Maß an Verkehrsimmissionen zugemutet werden (oben Rn 184). Doch ist auch dort nach den jeweils gegebenen tatsächlichen Verhältnissen zu unterscheiden. So verdient eine ruhige Lage im Außenbereich Schutz (BGHZ 122, 76, 81 [Fluglärm]; BGH WM 1987, 245, 246).

bb) Luftverunreinigungen

196 Als bedeutsames Hilfsmittel für die Beurteilung von Luftverunreinigungen ist insbes zu nennen die auf § 48 BImSchG gestützte **TA-Luft** (Erste Allgemeine Verwaltungsvorschrift zum BImSchG [Technische Anleitung zur Reinhaltung der Luft v 24. 7. 2002], abgedruckt in SARTORIUS Ergänzungsband Nr 296/101). Auf sie ist nach dem Wortlaut von § 906 Abs 1 S 2, 3 ausdrücklich verwiesen (dazu BT-Drucks 12/7425, 89; JOHLEN 119). Dagegen hatte der EuGH (Slg 1991 I 2567) der Regelung nicht die Qualität als Außenrecht zuerkannt. Daneben kommen noch weitere öffentlich-rechtliche **Grenzwertvorschriften** des Bundes- und Landesrechts in Betracht, insbes die VO über Immissionswerte für Schadstoffe in der Luft (22. BImSchV, weitere bei PALANDT/BASSENGE[74] Rn 2; BAMBERGER/ROTH/FRITZSCHE[3] Rn 5; MünchKomm/SÄCKER[6] Rn 67, 72). Auch in diesen Fällen entscheiden die Zivilgerichte vor allem, aber nicht nur, in atypischen Fällen **ohne Bindung an die Grenzwerte** nach dem Gesamterscheinungsbild (grundlegend

BGHZ 70, 102 = NJW 1978, 1158 [Wirkung von Fluorabgasen auf Nadelgehölze]; MARBURGER/ HERRMANN JuS 1986, 354, 357; WALTER NJW 1978, 1158; BT-Drucks 12/7425, 90). Das BVerwG (NJW 1978, 1450 mAnm H-R HORN NJW 1978, 2409; ferner BVerwG NVwZ 1995, 994) behandelt die durch die TA-Luft festgelegten Grenzwerte für die gerichtliche Beurteilung als **„antizipiertes" Sachverständigengutachten** (zust BREUER NJW 1979, 1862, 1867). – Zu den Möglichkeiten der **Bauleitplanung** BIRK, in: FS Sellner (2010) 207.

d) Sonstiges
Im Regelfall dürften als **unwesentlich** zu beurteilen sein die gewöhnlichen *Haus-* **197** *haltseinwirkungen* wie Küchengerüche sowie innerhalb der Wohnung gespielte *normal laute Radiomusik* (zu den Grenzen AG Hamburg DWW 1989, 142; LG Kleve DWW 1992, 26 [Zimmerlautstärke]; PFEIFER DWW 1985, 12). *Radiogeräusche* von der Nachbarterrasse in einer Reihenhausanlage sind bereits dann abwehrfähig, wenn sie ihrer Art nach deutlich wahrnehmbar sind (OLG München NJW-RR 1991, 1492). Dagegen sind *Hausgartenfeste* im Freien als Ausdruck üblicher Geselligkeit bis 22 Uhr hinzunehmen (LG Frankfurt aM NJW-RR 1990, 27 [dort viermal im Jahr]), wenn ihre Anzahl den Rahmen des gesellschaftlich Üblichen nicht überschreiten. Im Übrigen darf durch **lautstarkes Feiern** die Nachtruhe nicht gestört werden (OLG Düsseldorf NJW 1990, 1676 [Geldbuße]). Im Einzelfall kann auch die Benutzung von *Wasserinstallationen* und *sanitären Einrichtungen* verbietbar sein (OLG Karlsruhe NJW-RR 1991, 1491; ferner BayObLG WuM 1993, 287). Auch kann *nächtliches Baden* oder *Duschen* von mehr als 30 Minuten Dauer eine wesentliche Beeinträchtigung sein (AG Düsseldorf DWW 1991, 112; OLG Düsseldorf NJW 1991, 1625). Verbietbar ist uU auch das *Tischtennisspielen* im Freien während der Ruhezeiten (OLG Köln NJW-RR 1991, 1425). Nicht hingenommen zu werden brauchen auch die Geräusche aus einem längeren, die Nachtruhe störenden *Ehekrach* (AG Düsseldorf WuM 1992, 148 [Ordnungswidrigkeitenverfahren]), ggf im umgekehrten Fall auch überlautes *Liebesspiel*. Im Übrigen sind *normale Wohngeräusche* ortsüblich (LG Frankfurt aM NJW-RR 1993, 281; in diesem Sinn auch AG Mönchengladbach-Rheydt DWW 1994, 24). Für wesentlich gehalten wurde mit Recht der Geruch einer *Nerzfarm* (OLG Köln DB 1963, 199). Das Gleiche dürfte für alle von Raubtieren ausgehenden Gerüche gelten. Dagegen wurde als unwesentlich beurteilt das Geräusch aus der Benutzung von „neuzeitlichen", mit Schiebetüren und Gummipuffern ausgestatteten *Garagen* in der Großstadt (OLG Celle NdsRpfl 1958, 189; dagegen OLG Düsseldorf WuM 1991, 438).

e) Prozessuales
aa) Revisibilität
Die Kennzeichnung einer Beeinträchtigung als **wesentlich** oder **unwesentlich** (§ 906 **198** Abs 1 S 1) dient der Begrenzung des Grundeigentums und ist damit im Grundsatz eine überprüfbare **Rechtsfrage** (BGH LM Nr 11). Dieser Feststellung widerspricht es nicht, wenn die mit der Frage der Wesentlichkeit zusammenhängenden Tätigkeiten in erster Linie als Sache des Tatrichters bezeichnet werden (BGHZ 121, 248, 252; BGH NJW 1995, 132, 133; MDR 1969, 744; dazu VIEWEG UTR Bd 78 [2004] 351, 358 Fn 16). So sind Feststellungen über Beeinträchtigungen nach ihrer Art und Weise und nach ihrem Ausmaß ebenso wie Feststellungen über den Ort von störenden Anlagen tatsächlicher Art. Wird das Ergebnis einer Beweisaufnahme als „nicht wesentlich" gekennzeichnet, weil die festgestellten Störungen mit den Mitteln eines physikalischen Messsystems nicht ausreichend erfasst werden können, handelt es sich um eine zusammenfassende Feststellung aller tatsächlichen Umstände. Nur insoweit liegt daher eine **Tatfrage** vor (missverständlich BGB-RGRK/AUGUSTIN Rn 36). Eine Feststellung

dieser Art genügt, wenn die Urteilsgründe eine Erörterung und Würdigung des gesamten Sachvortrags und des Beweisergebnisses aufgrund von zutreffenden rechtlichen Gesichtspunkten erkennen lassen (BGH LM Nr 11; MDR 1969, 648; NJW 1983, 751; ebenso DEHNER B § 16 V Fn 59).

bb) Beweislast

199 Der Eigentümer eines Grundstücks kann die Zuführung der in § 906 angesprochenen Einwirkungen über § 1004 Abs 1 insoweit nicht verbieten, als die Einwirkung die Benutzung seines Grundstücks nicht oder nur unwesentlich **beeinträchtigt** (§ 906 Abs 1 S 1). Bei Erhebung seines Abwehranspruchs aus §§ 1004 Abs 1, 906 hat der Kläger neben seinem Eigentum oder Besitz (oben Rn 107) substantiiert eine **Beeinträchtigung seines Eigentums** durch Einwirkung einer Immission des Nachbargrundstücks zu behaupten und zu beweisen (BGHZ 95, 307 [Betreiben der Prostitution]; BGH MDR 1971, 119; OLG Rostock U v 13. 5. 2009 Az 3 U 3/08 juris [Infraschall]; OLG Stuttgart VersR 2001, 70, 71 [Übertragung gentechnisch veränderten Erbguts auf ein Feld]; überspannte Anforderungen bei OLG Schleswig NJW-RR 1986, 884 [Frösche]; ausführlich H ROTH UTR Bd 104 [2010] 223, 224 ff). Um der **Behauptungslast** für die Beeinträchtigung zu genügen, müssen die behaupteten Beeinträchtigungen nach Ursache, Art, Umfang und Häufigkeit nachvollziehbar dargelegt werden (OLG München NZM 2008, 821, 823 [Kalkstaubimmissionen]). Dafür kann es ausreichen, wenn ein typischer Geschehensablauf geschildert wird, der einen **Anscheinsbeweis** begründen kann (OLG München NZM 2008, 821, 823 [Kalkstaubimmission]; OLG Oldenburg NJW-RR 1991, 653 [Rauch- und Geruchsbelästigung durch Holzfeuerungsanlage]). Beweisen muss der Kläger damit auch die **Kausalität der Immission für die Beeinträchtigung** (BGHZ 70, 102; ausführlich H ROTH UTR Bd 104 [2010] 223, 228 ff; zur Ablehnung eines Anscheinsbeweises für die Kausalität von Sprengungen für Gebäudeschäden OLG Koblenz VersR 1974, 177).

200 Für die dem Kläger wegen der **Kausalität obliegende Beweisführung** ist die Bedeutung von öffentlich-rechtlichen Grenz- oder Richtwerten (oben Rn 187 ff) umstritten (zum Sonderfall der summierten Immission unten Rn 277 ff). Für den Fall, dass der Störer vorhandene öffentlich-rechtliche Grenzwerte nicht einhält, also **überschreitet**, trägt die Rspr (BGHZ 70, 102, 107) den Beweisschwierigkeiten des beeinträchtigten Eigentümers hinsichtlich der Kausalität der Sache nach auf der Ebene der **Beweiswürdigung** durch eine Ausdehnung des § 287 ZPO auf die haftungsbegründende Kausalität Rechnung (dazu WALTER NJW 1978, 1158, 1159). Da § 906 Abs 1 S 2, 3 allein die **Einhaltung** von Grenz- oder Richtwerten betrifft, gilt die angeführte Rspr für den Fall der **Überschreitung der Werte** unverändert weiter (BT-Drucks 12/7425, 89). Danach soll die Überschreitung der Werte „in der Regel" darauf hinweisen, dass eine Belastung mit schädlicher Umwelteinwirkung vorliegt (BGHZ 121, 248, 251 [Jugendzeltplatz]; 120, 239, 256 [Froschlärm: VDI-Richtlinie 2058]; 111, 63, 67 [Volksfestlärm: TA-Lärm]; in vergleichbarer Richtung für öffentlich-rechtliche Lärmschutzvorschriften BVerwG NJW 1988, 2396, 2398 [„indizielle Wirkung": aber abgelehnt für den Lärm einer Feuerwehrsirene]; LG Bielefeld MDR 1974, 670; krit dazu ADAMS ZZP 99 [1986] 129, 148; offengelassen in BGHZ 92, 143 = JZ 1984, 1106, 1107 mAnm BAUMGÄRTEL). Stärker noch kommen manche Autoren dem Geschädigten zur Hilfe mit einem **Anscheinsbeweis** hinsichtlich der Kausalität (F BAUR JZ 1974, 657; ebenso MITTENZWEI MDR 1977, 104), den der Störer freilich erschüttern kann (dazu NICK AgrarR 1985, 343, 344). Andere versuchen den Beeinträchtigten noch weiter dadurch zu privilegieren, dass sie im Falle einer Überschreitung von öffentlich-rechtlichen Richtwerten eine **Umkehr der Beweislast** annehmen. Auf diese Weise muss der Emittent nachweisen, dass die eingetretene Beeinträchtigung nicht von ihm verursacht worden ist (so etwa WALTER, Freie Beweiswürdigung [1979] 254 f; ders NJW 1978, 1158; DIEDERICHSEN/A SCHOLZ WiVerw 1984, 36; KÖNDGEN UPR 1983, 353; MARBURGER/H HERRMANN JuS 1986, 354, 358; noch weitergehend FEHN/LASCHET UPR 1998, 7, 11 [stets Wesentlichkeit bei Überschreitung]; dagegen jetzt aber BAUMGÄRTEL/LAUMEN/PRÜTTING/SCHUSCHKE, Beweislast[3] § 906 Rn 11). Dagegen spricht, dass dem Emittenten dieser Beweis kaum je gelingen wird. Daher wird gegen den Gedanken der Beweislastumkehr mit Recht die Gefahr der Übermaßhaftung eingewendet und bisweilen wenigstens in Schadensersatzfällen für eine Aufteilung des Schadens nach *Verursachungswahrscheinlichkeiten* plädiert (ADAMS ZZP 99 [1986] 129, 156). Für eine Klage aus §§ 1004, 906 ist dieser Weg jedoch wegen der Unteilbarkeit des Beseitigungsanspruchs nicht gangbar. Vorzugswürdig ist der flexible Weg des BGH (BGHZ 70, 102, 107), der dem Geschädigten einerseits entgegenkommt und andererseits eine Übermaßhaftung des Störers vermeidet. Eine Beweislastumkehr kommt nur bei fahrlässiger oder vorsätzlicher Aufklärungsvereitelung in Betracht. Mit der hier erörterten Problematik hat das nichts zu tun (ohne Problemsicht MÖLLERS AcP 197 [1997] 430, 434 unter unzutreffender Berufung auf BGH NJW 1983, 2935, 2936). Bei **Einhaltung oder Unterschreitung** der Grenzwerte kommen dem Gestörten freilich keine Erleichterungen zugute. Der Beweis einer überwiegenden Wahrscheinlichkeit genügt nicht (**aA** WALTER, Freie Beweiswürdigung [1979] 254 f).

Der Kausalitätsbeweis hat die **Beeinträchtigung** des Eigentums durch Einwirkung **201** einer Immission zum Gegenstand. Davon ist die Frage zu unterscheiden, wer darlegungs- und beweislastpflichtig dafür ist, *dass* vorhandene öffentlich-rechtliche **Grenzwerte überschritten** wurden. Der Geschädigte ist dazu mangels der erforderlichen Messgeräte regelmäßig nicht in der Lage. Vorzugswürdig ist es, auch im Bereich der Abwehrklage aus §§ 1004 Abs 1, 906 Abs 1 dem **Emittenten** die Darlegungs- und Beweislast für die Einhaltung der öffentlich-rechtlichen Grenzwerte aufzuerlegen (für § 906 Abs 2 S 2 LG Münster NJW-RR 1986, 947, 950; auch BT-Drucks 12/7425, 88 zu § 906 nF; vgl MARBURGER/H HERRMANN JuS 1986, 354, 356, aber wohl nur für die Geltendmachung von deliktischen Ansprüchen aus § 823 Abs 1; ERMAN/WILHELMI[14] Rn 19a; ferner den Beschluss des Länderausschusses für Immissionsschutz über Auskunftsrechte und Auskunftspflichten gegenüber Nachbarn bei Emissionen von Industrieanlagen, NVwZ 1986, 283; jetzt § 4 Umweltinformationsgesetz [UIG] v 22. 12. 2004 mit einem Anspruch auf freien Zugang zu Informationen über die Umwelt vor allem gegen Behörden; abgedruckt in SARTORIUS I Nr 294; **aA** PALANDT/BASSENGE[74] Rn 20: Beeinträchtigter habe die Beweislast).

Ist dem Gestörten aufgrund der vorhin angeführten Grundsätze der Beweis von **202** Eigentum, Beeinträchtigung und Kausalität gelungen, so muss grundsätzlich der **Störer** behaupten und beweisen, dass die **Beeinträchtigung nur unwesentlich** ist (BGHZ 120, 239, 257 [Froschlärm]; 111, 63, 69 [Volksfestlärm]; 95, 307 [Bordell] = JZ 1986, 146 mAnm PASCHKE; BGH NJW 2004, 1317 1971, 119; OLG Frankfurt NJW-RR 2013, 793, 794 [Luftwärmepumpen auf dem Nachbargrundstück; zur öffentlich-rechtlichen Seite USCHKEREIT NJW-Spezial 2015, 172]; KG NZM 2013, 742 [offener Kamin]; OLG Celle NJW-RR 2011, 1585 [Orgelmusik aus dem Dom]; OLG München NZM 2008, 821, 822 [Nutzungsbeeinträchtigung durch Schwerlastverkehr einer Großbaustelle] Stuttgart VersR 2001, 70, 71 [gentechnischer Freisetzungsversuch]; OLG München ZMR 1998, 553, 554; diese Grundsätze billigend BVerfG NJW 1997, 2509, 2510; ferner LG Wiesbaden VersR 1980, 982; OLG Karlsruhe ZMR 1989, 90, 91; LG München I NJW-RR 1989, 1178; verkannt von OLG Schleswig NJW-RR 1986, 884; mE unrichtig auch LG Saarbrücken ZLW 1987, 400, 401 f; ausführlich zu allem H ROTH UTR Bd 104 [2010] 223, 233 ff). Für den

Herbert Roth

Beweis der **Unwesentlichkeit** kam nach der früheren Rechtslage dem Störer noch nicht einmal ein Anscheinsbeweis zugute, wenn er die öffentlich-rechtlichen Grenzwerte **eingehalten** hatte (AK-BGB/WINTER Rn 43; MARBURGER 109; LG Bielefeld MDR 1970, 670; anders F BAUR JZ 1974, 657). Nach manchen Autoren soll die Neufassung des § 906 Abs 1 S 2, 3 jetzt zu einer Umkehr der Beweislast zu Lasten des Nachbarn geführt haben. Danach trüge der Emittent zwar die Beweislast für die Einhaltung der öffentlich-rechtlichen Grenzwerte, wogegen der Nachbar beweisen müsste, dass trotz der Einhaltung der Werte eine wesentliche Beeinträchtigung vorliegt (BT-Drucks 12/7425, 88; JOHLEN 122; FRITZ NJW 1996, 573, 574; in diese Richtung auch KÜHN 63: „gesetzliche Vermutung"; früher und schon in den Vorauflagen aufgegebenen STAUDINGER/H ROTH [1996] Rn 178). Nach richtiger Auffassung bedeutet die Neufassung des § 906 Abs 1 S 2, 3 **keine Umkehr der Beweislast** zu Lasten des Nachbarn (klargestellt in BGH NJW 2004, 1317 [Mobilfunksendeanlage]; OLG Frankfurt NJW-RR 2005, 1544 [Mobilfunksendeanlage]; eindrucksvoll MARBURGER, in: FS Ritter [1997] 901; VIEWEG/RÖTHEL NJW 1999, 969, 974 Fn 71; ERMAN/WILHELMI[14] Rn 19; BAUMGÄRTEL/LAUMEN/PRÜTTING/SCHUSCHKE, Beweislast[3] Rn 8; HAGEN, in: FS Röhricht, [2005] 1175, 1184; für die Deutung als Rechtsanwendungsnorm tritt ein BITZER 108 ff). Die pauschale Zuweisung des Unaufklärbarkeitsrisikos an den beeinträchtigten Nachbarn ist nicht gerechtfertigt. Sie verträgt sich nicht mit der sonst zugrunde gelegten Annahme, dass das notwendigerweise individuelle und situationsbezogene bürgerliche Nachbarrecht nicht sklavisch an öffentlich-rechtliche Regelungen gebunden sein kann (oben Rn 188). § 906 Abs 1 S 2, 3 hat die bisherige Rspr fixiert, ohne darüber hinauszugehen (JAUERNIG/BERGER[15] Rn 3). Es bleibt sonach grundsätzlich bei der allgemeinen Beweislastregel. Interpretiert man die Worte „in der Regel" als die gesetzgeberische Anordnung eines Anscheinsbeweises zugunsten des Emittenten, so reichte zu seiner Erschütterung durch den Geschädigten der bloße **Gegenbeweis** aus, der geringere Anforderungen stellt als der Beweis des Gegenteils (so MARBURGER, in: FS Ritter [1997] 901, 913). Deutet man § 906 Abs 1 S 2, 3 gar als bloßes **Regelbeispiel**, wie es etwa neuerer strafrechtlicher Regelungstechnik entspricht, so gibt die Norm nur Hinweise für die Richtung der richterlichen Wertung und ist ganz vom Beweisrecht abgelöst. Der BGH sprach zunächst von einem „gewissen einzelfallbezogenen tatrichterlichen Beurteilungsspielraum" (BGH NJW 2001, 3119, 3120). Nunmehr ist für die Praxis geklärt, dass der **Einhaltung oder Unterschreitung** der in Gesetzen oder Rechtsverordnungen iS des § 906 Abs 1 S 2 festgelegten Grenz- oder Richtwerte lediglich **Indizwirkung** dahin zukommt, dass eine nur unwesentliche Beeinträchtigung vorliegt. Der Beeinträchtigte, der trotz der (vom Störer zu beweisenden) Einhaltung der Grenzwerte eine wesentliche Beeinträchtigung geltend macht, hat dann tatsächliche Umstände darzulegen und zu beweisen, die diese **Indizwirkung erschüttern**. Dagegen muss der Beeinträchtigte nicht nachweisen, dass die Beeinträchtigung wesentlich ist (BGH NJW-RR 2006, 235, 237 [Fuhrunternehmen]; NJW 2004, 1317 [Mobilfunksendeanlage] mit zust Anm RÖTHEL JZ 2004, 1083; ebenso für den Mobilfunk OLG Dresden MMR 2013, 475; bestätigt in BGH NJW 2014, 1233 Rn 12 [keine Maßgeblichkeit der Geringfügigkeitsschwelle im WEG wegen des dort geschuldeten stärkeren Maßes an Rücksichtnahme] mit Anm HASENSTAB CR 2014, R 28; HOGENSSCHURZ ZfIR 2014, 253; MUMMENHOFF jurisPR-MietR 14/2014 Anm 6; RAPP ZWE 2014, 116; G SCHNEIDER jM 2014, 195; TIMME MDR 2014, 634, 635; BGH NZM 2004, 957 [Windkraftanlage; zu den privatrechtlichen und öffentlich-rechtlichen Abwehrmöglichkeiten REGENFUS Jura 2007, 279 ff, 285 ff]; BGHZ 148, 261, 264 [Hammerschmiede]; OLG Celle NJW-RR 2011, 1585 [Orgelmusik aus dem Dom]; OLG Frankfurt NJW-RR 2005, 1544 [Mobilfunksendeanlage]; OLG Koblenz ZMR 2003, 929, 930; KRÜGER ZfIR 2007. 2; HAGEN, in: FS Röhricht [2005] 1175, 1185]. Im Ergebnis reicht es aus, wenn der richterliche wertende Schluss auf die Unwesentlichkeit wieder zweifelhaft geworden ist. Das kann etwa der Fall sein, wenn die dargelegten Tatsachen wissenschaftlich begründete Zweifel an der Richtigkeit der Grenzwerte oder den „fundierten Verdacht einer erheblichen Beeinträchtigung" ergeben. Gerade bei *Lärmbeeinträchtigungen* wird diese Erschütterung häufig gelingen, weil es hier rechtlich ausschlaggebend auf die Lästigkeit des Lärms ankommt (oben Rn 193) und der Aussagewert auch wissenschaftlich korrekter Messergebnisse daher von vornherein begrenzt ist. Vergleichbar liegt es bei *Geruchseinwirkungen* (oben Rn 137). Sind die für die Indizwirkung maßgebenden Umstände erschüttert, trägt der **Störer die volle Beweislast** für die Unwesentlichkeit seiner Beeinträchtigung. Das Zweifelhaftmachen der richterlichen Regelwertung wird oftmals gelingen, vor allem, wenn es sich zB um die besondere Lästigkeit von bestimmten Lärmarten handelt. Zu empfehlen ist stets der richterliche *Augenschein*. Auch ist zu bedenken, dass die Rspr an die Annahme einer unwesentlichen Beeinträchtigung strenge Maßstäbe anlegt (oben Rn 179). § 906 Abs 1 enthält dagegen keine Regelung, wenn die **Grenzwerte überschritten** sind. Hier hat der Tatrichter alle Umstände des Einzelfalles zu würdigen und unter Berücksichtigung „des Empfindens eines verständigen Menschens" zu entscheiden, ob trotz der Nichteinhaltung der Grenzwerte eine unwesentliche Beeinträchtigung vorliegt (BGH NJW 2004, 1317, 1318 im Anschluss an BGHZ 111, 63, 66 ff): Zusammenfassend lässt sich festhalten, dass ein Überschreiten der Werte Indizwirkung für das Vorliegen einer wesentlichen Beeinträchtigung und das Einhalten oder Unterschreiten der Werte Indizwirkung für die Unwesentlichkeit der Beeinträchtigung hat (BGH NZM 2004, 957 [Windkraftanlage: TA Lärm]; OLG Frankfurt OLGR 2009, 47 [Lärmbelästigung bei Sportgelände]). Doch dürfte das **Überschreiten** der Werte nach der insoweit weiterhin maßgebenden alten Rspr ein **gewichtigeres Indiz** für die Wesentlichkeit geben als das Unterschreiten für die Unwesentlichkeit, sofern in den jeweiligen Regelwerken für die Festlegung der Obergrenze auch schon die wirtschaftlichen Interessen gewerblicher Unternehmen berücksichtigt sind (in diese Richtung OLG Koblenz 2003, 929, 930 [Lärm] im Anschluss an BGHZ 70, 102, 107 [zur TA-Luft]; für die indizielle Wirkung BGH NJW-RR 2006, 235, 237; BGHZ 111, 63, 67 [Volksfestlärm]; 120, 239, 256 [Froschlärm]; 121, 248, 251 [Jugendzeltplatz]; 70, 102, 110; Wenzel NJW 2005, 241, 244; Marburger 108; anders Mittenzwei MDR 1977, 99; zur Ortsüblichkeit unten Rn 234 f; zur Zumutbarkeit unten Rn 271). Der Störer hat danach die Unwesentlichkeit darzulegen und zu beweisen. In der Sache geht es bei der Einhaltung oder Nichteinhaltung von Grenz- oder Richtwerten um **bloße Entscheidungshilfen im Rahmen der Beweiswürdigung nach § 286 ZPO** (in gleichem Sinne Wenzel NJW 2005, 241, 244: „Beweiswürdigungsregel mit Indizcharakter"; Krüger ZfIR 2007, 2; im Ergebnis gleich oder ähnlich NK-BGB/Ring[3] Rn 325 ff; MünchKomm/Säcker[6] Rn 143; Erman/Wilhelmi[14] Rn 19, 19a; Bamberger/Roth/Fritzsche[3] Rn 95; jurisPK-BGB/Vieweg/Regenfus[7] Rn 166 ff; PWW/Lemke[9] Rn 45, 46; Jauernig/Berger[15] Rn 3; Palandt/Bassenge[74] Rn 15). Im Ergebnis kann das Tatsachengericht je nach Lage des Einzelfalles von dem Regelfall abweichen und trotz Nichterreichens der maßgeblichen Grenzwerte eine wesentliche Beeinträchtigung annehmen oder eine wesentliche Beeinträchtigung trotz Überschreitens der Werte verneinen (BGH NJW-RR 2006, 235, 237). Dagegen ist der Störer behauptungs- und beweispflichtig für die **Einhaltung der Grenz- oder Richtwerte** (oben Rn 201). Nur wenn ihm das gelingt, wird die Indizwirkung ausgelöst (BGH NZM 2004, 957, 958). Unsicherheiten bei der Sachverhaltsermittlung gehen damit zu Lasten des Störers. Als Folge davon sind allein die gemessenen Werte entscheidend, ohne dass deren Reduzierung durch **Messabschläge** wie nach Ziffer 6.9 TA-Lärm (3dB[A]) erlaubt wäre (grundlegend und zutreffend BGH NZM 2004, 957, 958;

ebenso AG München NJW 2005, 760 [Standheizung]; REGENFUS Jura 2007, 279, 286 [Windkraftanlage]).

203 Ausreichend ist es, wenn der Betroffene bei Einhaltung der Werte zwar nicht die Annahme der Unwesentlichkeit im Wege des Gegenbeweises erschüttern oder die richterliche Regelwertung zweifelhaft machen kann, wohl aber im Falle von § 906 Abs 1 S 3 beweisen kann, dass die eingehaltenen Vorschriften **nicht den Stand der Technik** wiedergeben (PALANDT/BASSENGE[74] Rn 19; PETERSEN 71; KLINDT DWW 1996, 45, 48 f – MÖLLERS AcP 197 [1997] 430, 437 spricht prozessual unsinnig von einer „Entkräftung der Beweislast"). Stand der Technik ist der Entwicklungsstand fortschrittlicher und in der Praxis bewährter Verfahren, Einrichtungen und Betriebsweisen, die nach deutlich überwiegender Meinung führender Fachleute die Erreichung des gesetzlich vorgegebenen Ziels als gesichert erscheinen lässt (BT-Drucks 12/425, 90). Das ist weniger als der Stand von „Wissenschaft und Technik", wie er in § 7 Abs 2 Nr 3 AtomG, § 6 Abs 2 GenTG verwendet wird (zutreffend KLINDT DWW 1996, 45, 46). Das Gericht wird sich dabei der Hilfe eines **Sachverständigen** bedienen. Der Stand der Technik schließt die Wirkungsforschung bei Immissionen ein (PALANDT/BASSENGE[74] Rn 18). Dahin gehende Zweifel werden etwa an der TA-Lärm geäußert (CHOTJEWITZ LKV 1999, 47, 50). Dort finden sich auch vielfach behördliche Beurteilungs- und Ermessensspielräume (dazu FELDHAUS UPR 1999, 1, 7), die einer automatischen Übernahme der betreffenden Werte in das Zivilrecht entgegenstehen. Die **Beweislast** trägt insoweit der Gestörte.

cc) Verfahren

204 Für den Beweis von Art und Ausmaß der Störungen sind die Einvernahme von **Zeugen** (BGH WM 1988, 1894, 1895 [Fluglärm]; OLG Düsseldorf NVwZ 1995, 1034 [Gartenparty]) sowie in erster Linie der richterliche **Augenschein** geeignet, bisweilen auch unabdingbar (BGH MDR 1964, 666; BGHZ 97, 361, 367 [Straßenlärm]; OLG Celle NJW-RR 2011, 1585 [Orgelmusik aus dem Dom]; OLG München NJW-RR 1986, 1142 [Tennisplatz]). Bei der Einnahme des Augenscheins ist besondere Sorgfalt aufzuwenden, da im Einzelfall dessen Beweiswert deshalb beeinträchtigt sein kann, weil der Störer dem Gericht eine von dem Normalfall abweichende Situation vorspielt (BGHZ 140, 1, 9 [zur Wiederholung von Ortsterminen]; BGH WM 1970, 492; BAUMGÄRTEL/LAUMEN/PRÜTTING/SCHUSCHKE, Beweislast[3] Rn 9 zu Rn 3). Bei einfach gelagerten Sachverhalten kann etwa für die Frage der Wesentlichkeit von Lärm der Zeugenbeweis genügen; im Übrigen empfiehlt sich zusätzlich zur Einnahme des Augenscheins die Einholung eines **Sachverständigengutachtens** (BGH LM Nr 17; BGHZ 97, 361, 367; OLG Celle NJW-RR 2011, 1585 München NJW-RR 1986, 1142 [Obergutachten]). Einmalige Messungen können genügen, wenn sie repräsentativ sind (OVG Münster DWW 1991, 118). Von einer Augenscheinseinnahme kann der Richter dann absehen, wenn er zB die Art des verursachten Lärms selbst kennt. Erfahrungsgemäß ist eine über einen längeren Zeitraum andauernde, nicht unwesentliche Lärmbeeinträchtigung wegen der damit verbundenen Schlafstörungen geeignet, zu gesundheitlichen Schäden zu führen. Selbst bei Bestreiten durch den Störer braucht dieser Umstand daher nicht bewiesen zu werden (zutreffend OLG München BlGBW 1978, 150, 152 li Sp mAnm SCHLOMS). Im Übrigen ist für die Annahme einer wesentlichen Beeinträchtigung ohnehin keine **Gesundheitsschädigung** erforderlich. Auch ist es iS des § 291 ZPO **offenkundig**, dass etwa Düsenflugzeuglärm durch kurzzeitige, plötzlich und impulsartig auftretende hohe Schalldrucke gekennzeichnet ist (BGHZ 122, 76, 83). Zur Regelung von Nachbarkonflikten können sich **Beweisverträge** anbieten, deren Zulässigkeit derzeit aber noch im Fluss

ist (eingehend VIEWEG UTR Bd 78 [2004] 351 ff). Auch bei Beweis durch Sachverständige hat das Gericht auf **Manipulationen** des Störers zu achten, der das Beweisergebnis zu seinen Gunsten beeinflussen will (OLG Koblenz NJOZ 2012, 14).

5. Ortsübliche Benutzung des anderen Grundstücks (§ 906 Abs 2)

a) Bedeutung

Das durch G v 22. 12. 1959 (BGBl I 781) in Abs 2 S 1 sprachlich geänderte Tatbe- **205** standsmerkmal der **Ortsüblichkeit** (Synopse der Gesetzesfassungen bei STAUDINGER/BGB-Synopse 1896–2005 § 906 BGB) bedeutet gegenüber der ursprünglichen Fassung von § 906 S 1 aF („die nach den örtlichen Verhältnissen bei Grundstücken dieser Lage gewöhnlich ist") keine sachliche Änderung (zutreffend KLEINDIENST 27; GANSCHEZIAN/FINCK NJW 1961, 1846, 1847; anders E WOLF, Sachenrecht 169 [Unwirksamkeit der Gesetzesänderung wegen Unbestimmtheit]). Auch eine wesentliche Beeinträchtigung kann nicht verboten werden, wenn sie durch eine ortsübliche Benutzung des anderen Grundstücks herbeigeführt wird und nicht durch Maßnahmen verhindert werden kann, die den Benutzern dieser Art wirtschaftlich zumutbar sind (zu letzterem unten Rn 237). Nach der Rspr des BGH beruht die nachbarrechtliche Begrenzung des Eigentums nach Maßgabe der Ortsüblichkeit seiner Nutzung auf dem Gedanken, dass benachbarte Grundstücke in etwa einheitlich genutzt werden und aus diesem Grund die das Nachbargrundstück treffenden Beeinträchtigungen dem Nachbarn zuzumuten sind (BGHZ 54, 384 = LM Nr 37 mAnm MATTERN; BGH LM Nr 11; MDR 1977, 128; SCHERER DRiZ 1963, 49, 51). Zwischen ortsüblichem und sozialadäquatem Verhalten besteht zwar eine gemeinsame Wurzel (zutreffend DEUTSCH VersR 1984, 1101, 1102), die aber nicht zur Annahme gleichlaufender Rechtsfolgen zwingt (unten Rn 232).

Der Ausgangspunkt der Rspr ist nicht unproblematisch (DIEDERICHSEN, in: FS R Schmidt **206** [1976] 1, 7): Träfe die Definition zu, so wäre ein Immissionskonflikt von vornherein ausgeschlossen. Dagegen tritt im Begriff der Ortsüblichkeit selbst die Nutzungskollision zutage. Dem entspricht es, dass die **Modellvorstellung des Gesetzgebers** zur Funktion der Ortsüblichkeit heute weitgehend überholt ist. Nach ihr sollten sich die Nachteile und Vorteile der in § 906 zugelassenen „ortsüblichen" Immissionen für die betroffenen Eigentümer von selbst ausgleichen, sei es, weil diese in einem Gebiet mit gleichartiger, etwa kleingewerblicher Nutzung, ihrerseits selbst emittieren konnten, sei es bei dem Vorhandensein von größeren Industrieansiedlungen, dass die „Hebung des Gewerbefleißes" den Wert des betroffenen Nachbargrundstücks zugleich günstig beeinflussen würde (krit E LANG AcP 174 [1974] 381, 392; MITTENZWEI MDR 1977, 99, 101; dem Gesetzgeber folgend PLANCK/STRECKER Anm 4 b). Diese Hoffnungen haben sich nicht erfüllt. Die schnelle Entwicklung von Technik, Verkehr und Industrie führten zu immer stärkeren Immissionen und wurden für die Eigentümer andersartig genutzter Nachbargrundstücke unerträglich, wogegen günstige Auswirkungen des „Gewerbefleißes" auf die Nachbarschaft ausblieben (vgl KLEINDIENST 26). Aus diesem Grunde wurde auch die Anknüpfung an den **deskriptiven Maßstab** des § 906 (KLEINDIENST 27) problematisch. Die Rspr hat das erkannt und ist der Problematik durch eine immer differenziertere Interpretation der Ortsüblichkeit begegnet, um sich dadurch zusätzliche Entscheidungsspielräume zu erschließen (J F BAUR, in: Festgabe 50 Jahre BGH [2000] 849, 853). Zusätzlich sind auch **normative Einschränkungen** erforderlich geworden (grundlegend KLEINDIENST 29; DIEDERICHSEN, in: FS R Schmidt [1976] 1, 9; unten Rn 229 ff). So konnte die befürchtete willkürliche Abgrenzung der Ortsüblichkeit vermieden werden (dazu E Lang AcP 174 [1974] 381, 392; ganz abl E Wolf, Sachen-recht 169; zweifelnd J F Baur, in: 50 Jahre BGH [2000] 849, 853 f). Die im Folgenden ge-brachten Rechtsprechungsnachweise verstehen sich in erster Linie als **Beispielsfälle**, weil Bejahung und Verneinung der Ortsüblichkeit stark von den jeweiligen Um-ständen des **Einzelfalls** abhängen (etwa Littbarski 44; Gehrmann GewArch 1979, 287). Eine Modifikation der Ortsüblichkeit findet sich für **gentechnische Immissionen** in § 36a Abs 3 GenTG (zur Wesentlichkeit oben Rn 175 und zur wirtschaftlichen Zumutbarkeit unten Rn 237). Danach kommt es für die Beurteilung der Ortsüblichkeit iS von § 906 BGB nicht darauf an, ob die Gewinnung von Erzeugnissen mit oder ohne gentech-nisch veränderte Organismen erfolgt (näher G Wagner VersR 2007, 1017, 1027 ff; Einzel-heiten bei Staudinger/Kohler [Neubearbeitung 2010] UmweltHR F GenTG § 36a Rn 24 ff).

207 Zudem unterliegt der Begriff der Ortsüblichkeit selbst ständigen **Wandlungen**. Die Mot bezeichnen ihn als „einigermaßen beweglichen Regulator" (Mot III 267 = Mugdan III 147; Habscheid MDR 1954, 260, 263; Pagenkopf LZ 1932, 742; Engler AgrarR 1972, 371, 375). Der Begriff ist nicht ein für allemal festgelegt, sondern richtet sich nach den Erfordernissen der wirtschaftlichen Entwicklung, den Fortschritten des Verkehrs und der Technik sowie auch nach den Anschauungen der beteiligten **Be-völkerungskreise** (BGH LM Nr 6; 14; MDR 1967, 913; BGHZ 48, 31, 32 = LM Nr 23 mAnm Mattern; OLG Stuttgart VersR 1959, 746; Wenzel NJW 2005, 241, 245; Pikart WM 1969, 82, 85). Die Anschauung der Bevölkerung ist allerdings nur ein Anhaltspunkt unter meh-reren und macht Einwirkungen nicht ortsüblich, die sonst im fraglichen Bereich nicht in vergleichbarer Weise vorkommen (BGH ZMR 1965, 301, 302).

b)   Maßgeblichkeit des schädigenden Grundstücks

208 Für die Beurteilung der Ortsüblichkeit kommt es schon nach dem Wortlaut des Gesetzes auf das **schädigende** und nicht auf das betroffene Grundstück an (BGH LM Nr 6; OLG Zweibrücken DWW 1991, 305, 306; OLG Hamm AgrarR 1981, 317, 319; OLG Nürnberg BB 1959, 392 f; Scherer DRiZ 1963, 49, 51; Engler AgrarR 1972, 371; Denecke MDR 1949, 613, 614; Von Der Goltz BB 1951, 267, 268; Fischer ZMR 1958, 5, 6 aE; M Wolf, Sachenrecht Rn 264; missverständlich OHG Köln MDR 1949, 612, 613). Diese Auslegung ist auch nach dem Normzweck zutreffend, weil ansonsten die Ortsüblichkeit der Benutzung mit der Frage der Zumutbarkeit der Beeinträchtigung vermengt würde. Dagegen ist für die Bestimmung der Wesentlichkeit der Beeinträchtigung das betroffene Grundstück maßgebend (oben Rn 175, 181). Entscheidend ist, ob im **maßgeblichen Vergleichsbe-reich** (sogl unten Rn 209 ff) eine Mehrzahl von Grundstücken mit nach Art und Umfang annähernd gleich beeinträchtigender Wirkung auf andere Grundstücke benutzt wer-den (BGHZ 120, 239, 260 [Froschlärm]; 117, 110, 113 f [Bienenflug]; 111, 63, 72 [Volksfestlärm]; 97, 97, 105 [Kläranlage]; BGH NJW 1983, 751). Der Grundsatz der Maßgeblichkeit des schä-digenden Grundstücks für die Ortsüblichkeit wird jedoch nicht ausnahmslos durch-gehalten. Bisweilen wird auch auf die Gesamtsituation abgestellt (etwa Klausing JW 1937, 68, 70). Insbes wurde danach unterschieden, ob **unbebaute oder bebaute Grund-stücke** beeinträchtigt sind (BGHZ 30, 273, 278). Es besteht demnach ein rechtlicher Unterschied zwischen Immissionen, die in der Hauptsache nur unbebaute Grund-stücke in Mitleidenschaft ziehen und solchen, die Wohngebiete beeinträchtigen (BGHZ 30, 273 [Rauch und Abgase einer Erzgrube]; zu Unrecht krit Kleindienst 28 Fn 48).

c)   Abgrenzung des Vergleichsgebiets

209 Die Abgrenzung des **Vergleichsgebiets** ist durch den Richter vorzunehmen (BGHZ 30,

273, 279; BGH LM Nr 11; LITTBARSKI 44). Maßgebend ist die Betrachtung der etwa gleichartigen Benutzung einer Mehrheit von Grundstücken derselben örtlichen Lage (BGHZ 54, 384 = LM Nr 37 mAnm MATTERN; BGHZ 15, 146 = LM Nr 2 mAnm PRITSCH). Rspr und Lit haben folgende Kriterien herausgearbeitet:

Im Grundsatz ist von den Verhältnissen im **ganzen Gemeindegebiet** auszugehen **210** (BGH LM Nr 11; OLG Brandenburg DWW 2003, 231 f [Viehhaltung]; NL-BzAR 2007, 199, 201 [Viehhaltung]; OLG Braunschweig NdsRpfl 1987, 185, 186 [landwirtschaftlicher Nebenerwerbsbetrieb]). Dieser Grundsatz hat Einschränkungen und Erweiterungen erfahren (BGHZ 111, 63, 72 [Volksfestlärm]). So ist eine Beschränkung auf ein **engeres Gebiet** geboten, wenn es infolge der gleichartigen Benutzung wie der Art der Bebauung oder der Art des Wirtschaftslebens in der gleichen örtlichen Lage ein gerade ihm eigentümliches, von anderen Ortsteilen erkennbar verschiedenes, Gepräge aufweist (BGH LM Nr 11; 6 [reine Wohngegend, zum Teil Villencharakter in einer Stadt mit Industriecharakter]; BGHZ 15, 146, 148 f = LM Nr 2 mAnm PRITSCH [Gärtnerei neben Fabrik mit Schmelzöfen]; OLG Karlsruhe NJW 1960, 2247; LG Stuttgart RdL 1967, 49, 50 li Sp [Hühnerhaltung in Wohngegend]; jurisPK-BGB/ VIEWEG/REGENFUS[7] Rn 81).

Erweiterungen erfährt der Grundsatz, wenn **einzelne Unternehmen** gebietsprägenden **211** Charakter aufweisen, so wie etwa eine *Erzgrube* (BGHZ 30, 273, 277), *Schmelzöfen* einer Fabrik (BGHZ 15, 146, 149 = LM Nr 2 mAnm PRITSCH), eine *Rindermastanlage* (BGH NJW 2001, 3054, 3055), ein *Braunkohlekraftwerk* (LG Kassel VersR 1956, 459), ein *Glockenspiel* in der Innenstadt (AG Solingen NJW-RR 2014, 1430) oder ein *Bergwerk* (LG Saarbrücken Zeitschrift für Bergrecht [2012] 178, 183). In derartigen Fällen ist es zwar nicht so anzusehen, als ob anstelle des beherrschenden Unternehmens in der Gegend mehrere kleine Betriebe ansässig seien, deren Immissionen dann als ortsüblich zu dulden wären. Vielmehr ist über den Unternehmenssitz hinausgehend auf das Maß von Einwirkungen abzustellen, das in weiteren Räumen von anderen Grundstücken ausgeht, die in gleicher Weise benutzt werden. Dabei bedarf es der Heranziehung von Vergleichsobjekten in der weiteren Umgebung (BGHZ 30, 273, 277). Am bedeutsamsten sind Störungen durch **überörtliche Verkehrsanlagen**, wobei der Vergleichsmaßstab der Ortsüblichkeit auf den gesamten verkehrsmäßig zu erschließenden Raum erstreckt wird. Letztlich bedeutet die Erweiterung des Vergleichsgebiets das Durchsetzen von Verkehrspolitik (J F BAUR, in: Festgabe 50 Jahre BGH [2000] 849, 854). In Betracht kommen Immissionen durch den *Autobahnverkehr* (RGZ 159, 129, 137; BGHZ 54, 384, 390 = LM Nr 37 mAnm MATTERN); *Eisenbahnbetrieb* (RGZ 70, 150, 153; OLG Schleswig NJW-RR 1996, 399, 400 [Brückengrundstück]); *Straßenbahnbetrieb* (LG Düsseldorf NZM 1999, 1024); *Flussausbau* (BGH MDR 1967, 913 [Moselstaustufe, dort aber abgelehnt]); *Omnibuslinien* (RGZ 133, 152, 154 [„Berlin-Dahlem"]); *Flughäfen* (auch Militärflughäfen) (BGH NJW 1973, 326; BGHZ 69, 105, 111 = LM Nr 53 mAnm HAGEN; BGH MDR 1980, 655; NJW 1995, 1823, 1825). In diesen Fällen erweitert sich der Begriff der Ortsüblichkeit zu dem Begriff der **Raumüblichkeit** (H LANGE, Sachenrecht 131). In der Sache geht es um die Interessenbevorzugung der Verkehrslinien aufgrund ihrer Bedeutung. Dazu wird der „Kunstgriff" eingesetzt, die einzelnen Teile der Verkehrslinie aus dem jeweiligen Ort zu lösen. Zuzugeben ist, dass mit der Erweiterung des Vergleichsmaßstabs das Ortsüblichkeitsmerkmal an Präzision und Konturierung verliert (so PAPIER 139; scharf abl E WOLF, Sachenrecht 178 [„Wortverdrehung"]). IE wird man aber an der **funktionellen Auslegung** der Ortsüblichkeit durch die Rspr nicht vorbeikommen (krit MARBURGER 112). Als einzelne Unternehmen von gebietsprägendem Charakter wurden auch erwogen *gemeindliche Kläranlagen* (BGH NJW 1976, 1204; BGHZ 97, 97, 105 [abgelehnt]); *Baudenkmäler* von überörtlicher Bedeutung (BGH MDR 1977, 128 [lang andauernde Restaurierungsarbeiten an der Porta Nigra, allerdings beschränkt auf den Stadtbereich]); *Tennisplätze* (BGH NJW 1983, 751 [abgelehnt]); *gemeindliche Mülldeponie* (BGH NJW 1980, 770, 771); *Bundesligafußballplatz* (STICH 291, 294); *Kirche* (OVG Hamburg MDR 1992, 485 [bejaht]) oder ein *Volksfestplatz* (BGHZ 111, 63, 73 [abgelehnt]). Diese Beispielsfälle zeigen zur Genüge, dass mit den Mitteln des Privatrechts nicht nur Nutzungskonflikte im kleinnachbarlichen Raum bewältigt werden können (MÜHL AcP 180 [1980] 300, 303).

212 Eine in **vielen Orten einer Region** anzutreffende Benutzung muss nicht in jedem Ort ortsüblich sein (OLG Karlsruhe NJW 1960, 2241 [Volksfest]; WOLFF/RAISER, Sachenrecht 190 gegen RG DJZ 1906, 486 [Dorfschmiede]; RG Recht 1911 Nr 2733 [Schützenhaus]; PEINEMANN AgrarR 1972, 377, 380; offengelassen von PALANDT/BASSENGE[74] Rn 21). Die hL ist jedenfalls zutreffend, wenn es sich um weit entfernte Ortschaften handelt (PLANCK/STRECKER Anm 4 b; MEISNER/RING/GÖTZ § 13 Rn 40).

d)   Gleichartige Störungen

213 Bei der Beurteilung der Ortsüblichkeit kommt es auf die **Gleichartigkeit** der Einwirkungen an. So können etwa Lärmbelästigungen nicht mit Rußeinwirkungen verglichen werden (BGHZ 46, 35, 42 = LM Nr 21 mAnm MATTERN), oder Lärm mit Geruch (RG WarnR 1912 Nr 215; PALANDT/BASSENGE[74] Rn 21; HABSCHEID MDR 1954, 260, 262). Wenn die Auswirkungen aber in etwa gleich sind, spielt es keine Rolle, wenn die Immissionen unterschiedlich erzeugt sind, wie etwa Sport- oder Gewerbelärm (BGH ZMR 1966, 50; PALANDT/BASSENGE[74] Rn 21). Als ungleichartig beurteilt wurden der Haustiergeruch einerseits und der Raubwildgeruch (Nerze) andererseits (OLG Köln DB 1963, 199). Bei der Bestimmung der Ortsüblichkeit müssen **andere Störquellen** in Betracht gezogen werden. Freilich sagt der **Grundpegel** des Verkehrslärms nicht ohne Weiteres etwas Entscheidendes über das Ausmaß des ortsüblichen Lärms im Übrigen aus (BGH MDR 1969, 744 [Operettenaufführungen auf Freilichtbühne]). Entsprechendes gilt für besonders lästige Impulsgeräusche wie zB durch das *Tennisspiel* im Vergleich mit den Einwirkungen eines vorhandenen Gewerbebetriebs (BGH NJW 1983, 751).

e)   Tatsächliche Benutzung und planerische Festsetzungen; Baugenehmigung

214 Nach ständiger Rspr ist die Frage der Ortsüblichkeit im Wesentlichen **tatsächlicher Natur.** Dadurch unterscheidet sie sich vor allem von dem normativ ausgeformten planungsrechtlichen Rechtsgrundsatz der *Gebietsverträglichkeit* (STÜHLER BauR 2007, 1350, 1358). Maßgebend ist der **tatsächliche** (gegenwärtige; OLG Brandenburg DWW 2003, 231 f) Gebietscharakter, nicht dagegen die Zweckbestimmung des Gebiets in **Plänen der Verwaltungsbehörden** für die künftige Bebauung (BGH NJW 1992, 2569; 1983, 751 [Tennisplatz; zur dann einsetzenden rechtspolitischen Diskussion HAGEN, in: FS Röhricht [2005] 1175, 1176]; LM Nr 5 [Kugelfabrik]; Nr 6 [Eisenlager]; MDR 1964, 666 [Durchgangsverkehr mit Kraftfahrzeugen]; BGHZ 46, 34, 40 = LM Nr 21 mAnm MATTERN [Spanplattenfabrik]; BGH MDR 1971, 286 [Splittwerk]; LM Nr 11 [Einfluss der Reichsgaragenordnung auf lästige Anlagen wie Garagen usw]; NJW 1976, 1204 [gemeindliche Kläranlage]; OLG Brandenburg DWW 2003, 231, 232 [Viehhaltung]; OLG Braunschweig NdsRpfl 1987, 185, 186 [landwirtschaftlicher Nebenerwerbsbetrieb]; OLG Karlsruhe ZMR 1989, 90, 92; OLG Stuttgart NJW-RR 1986, 1339; ebenso etwa SEIDEL Rn 880 ff; ENDRES 57 ff; JOHLEN 31 f; HAAG 138 ff; MARBURGER 102 ff; JAUERNIG, in: FS Heidelberg [1986] 87, 100 ff; WENZEL NJW 2005, 241, 245; STAUDINGER/KOHLER [2010] A Einl

291 ff zum UmweltHR). Vielmehr dient die **planerische Zulässigkeit** nur als allgemeiner Anhalt, die ortsübliche Nutzung zu ermitteln (BGH NJW 1983, 751). Anders entscheidet die verwaltungsgerichtliche Rspr (BVerwG NVwZ 1983, 155 [Schießstand]; VG Düsseldorf VerkBl 1972, 187, 188; offengelassen noch in BVerwG BBauBl 1962, 398), die zur Bestimmung der Ortsüblichkeit maßgeblich auf vorhandene **Bebauungspläne** abstellt. Die **tatsächliche Benutzung** wird anhand der tatsächlichen allgemeinen Übung sowie der allgemeinen Anschauung der Bevölkerung festgelegt (oben Rn 207). Dagegen sollen über den Begriff der Ortsüblichkeit in einem abgrenzbaren Gebiet nicht Maßstäbe eingeführt werden können, die zwar öffentlichen Interessen weitgehend entgegenkommen, in der tatsächlichen Benutzung der Bewohner und Eigentümer jedoch keine Grundlage finden (BGH LM Nr 11 [Garagenstellplätze]; MDR 1964, 666 [Durchgangsverkehr mit Kraftfahrzeugen]). Die Ortsüblichkeit von *Staubimmissionen* einer Getreidetrocknungsanlage lässt sich danach nicht schon damit bejahen, dass die Anlage in einem Gewerbegebiet liegt und neben einer Baustoffgroßhandlung angesiedelt ist. Entscheidend ist, ob die Trocknungsanlage in dem betreffenden Gebiet keine stärkere Staubbelastung erzeugt, als sie dort auch sonst vorkommt (HAGEN WM 1984, 677, 679). Auch eine vorhandene **Baugenehmigung** führt nicht automatisch zur Begründung von Ortsüblichkeit (BGHZ 140, 1, 9 [Schweinemästerei]; für indizielle Wirkung OLG München NZM 2008, 821, 822 [ICE-Baustelle]; weitergehend AK-BGB/WINTER Rn 63). Umgekehrt schließt ein Fehlen der Baugenehmigung aber die Ortsüblichkeit aus (BGHZ 140, 1, 9 f; zweifelnd WENZEL NJW 2005, 241, 245; unten Rn 231).

Die **zivilgerichtliche Rspr** ist heftig gescholten worden (gegen BGH NJW 1983, 751 **215** [Tennisplatz]: Nachw bei PAPIER, in: FS Weyreuther [1993] 291 ff; VELDHUIZEN, Die privatrechtsgestaltende Wirkung des öffentlichen Rechts im Umwelthaftungsrecht [1994]; DOLDERER DVBl 1998, 19, 24). So wird behauptet, ein wirksamer **örtlicher Bebauungsplan** beinhalte das, was nach § 906 ortsüblich sei oder gar, der Bebauungsplan begründe gegenüber dem Nachbarn eine Duldungspflicht, die sich als Inhaltsbestimmung des Eigentums darstelle und über § 1004 Abs 2 unmittelbare bürgerlich-rechtliche Wirkungen erzwinge (SALZWEDEL UPR 1985, 210; JOHLEN BauR 1984, 134; LANG UPR 1985, 185; PAPIER NVwZ 1986, 624, 626; GAENTZSCH UPR 1985, 102; KASTENS SchlHA 1985, 97, 99; T SCHWARZE DVBl 1986, 1050, 1051; für eine privatrechtsgestaltende Wirkung des Bebauungsplanes PEINE JuS 1987, 169, 176; zum Vergleich zwischen der Rspr der ordentlichen Gerichte und der Verwaltungsgerichtsbarkeit insbes KRÄHE 19 ff; ders SpuRt 1994, 81; PAPIER UPR 1985, 73; BIRK NVwZ 1985, 689, 696 ff; abl auch SCHAPP 34 ff; GERLACH 84; H WESTERMANN, in: 1. FS Larenz [1973] 1003, 1014; BARTLSPERGER DVBl 1971, 744; GEHRMANN GewArch 1979, 287, 295 [wegen der Risiken für den Gewerbetreibenden]; KLEINLEIN NVwZ 1982, 668, 669; GAENTZSCH NVwZ 1986, 601, 604 [bei der Wesentlichkeit ansetzend]; **gegen einen Vorrang** des öffentlichen Rechts VIEWEG/REGENFUS, in: FS Bartlsperger [2006] 405 ff [aber für ein Kooperationsverhältnis von Zivilrecht und öffentlichem Recht auf dem Hintergrund des Erlasses des Bebauungsplans]; vorsichtig für eine indizielle Wirkung des Bebauungsplans eintretend JARASS VVDStRL 50 [1991] 239, 266; für § 1004 als „Notbremse", wenn das öffentlich-rechtliche Immissionsschutzrecht keine Abhilfe gegen unzumutbare Beeinträchtigungen bildet, ausführlich ERMAN/WILHELMI[14] Rn 30).

Entgegen der geäußerten Kritik sollte an der Rspr des BGH festgehalten werden (so **216** SOERGEL/JF BAUR[13] Rn 11; BGB-RGRK/AUGUSTIN Rn 48; PALANDT/BASSENGE[74] Rn 20; PWW/LEMKE[9] Rn 28; BAMBERGER/ROTH/FRITZSCHE[3] Rn 63; NK-BGB/RING[3] Rn 80; AK-BGB/WINTER Rn 62; MEISNER/RING/GÖTZ § 13 Rn 6 a; MARBURGER 102 ff; BAUMANN JuS 1989, 433, 438; REHBINDER, Privates Immissionsschutzrecht Rn 48 [„eigenständige zivilrechtliche Wertungen"]; DURY in: GS Burmeister [2005] 149, 159 [geringere Kontrolldichte im Verwaltungsrecht]; vorsichtig HAGEN UPR 1985, 196 ff; ders NVwZ 1991, 817; dazu MEDICUS JZ 1986, 778, 784; vermittelnd Münch-Komm/SÄCKER[6] Rn 18 ff; de lege ferenda F BAUR AcP 176 [1976] 97, 108). Ausschlaggebend ist, dass im gesamten Fachplanungsrecht, insbes im Recht der Bauleitplanung, der Immissionsschutz und überhaupt der **Schutz privater Belange** nur ein abzuwägender Belang unter anderen ist und noch nicht einmal der wichtigste (vgl AK-BGB/WINTER Rn 62). Bezeichnend ist eine Entscheidung (BVerwG NJW 1975, 1373 [LS 3]), wonach der Immissionsschutz für die fernstraßenrechtliche Planung zwar einen gewichtigen abwägungserheblichen Belang ausmacht, aber nicht als Leitsatz das Ziel der Straßenplanung bestimmt (ebenso BREUER NJW 1977, 1025, 1032). Immerhin soll die SportanlagenlärmschutzVO (oben Rn 190) für die Bauleitplanung keinen Leitliniencharakter idS haben, dass die in ihr festgesetzten Immissionsrichtwerte stets ausgeschöpft werden dürften (BVerwG NVwZ 2000, 550). Ferner garantiert das öffentlich-rechtliche Planungsrecht nicht in gerichtlich voll nachprüfbarer Weise, dass die privaten Rechte des Nachbarn im Planverfahren „erschöpfend erwogen worden sind" (dazu KASTENS SchlHA 1985, 97, 99; jurisPK-BGB/VIEWEG/REGENFUS[7] Rn 88) und erst recht nicht, dass das Ergebnis dieser Abwägung dem Zivilrecht entspricht (zum Abwägungsgebot mwNw HEINZE NVwZ 1986, 87; zur Novellierung des Baugesetzbuches HOPPE DVBl 1994, 1033). Bezeichnenderweise wird vom (zu vermeidenden) Extrem der „allgemeinen nachbarlichen Planrüge" gesprochen (JÄDE BayVBl 1985, 577, 581). Nach wie vor ist ein **Rechtsschutzdefizit des Nachbarn im Verwaltungsrecht** zu beklagen (J MARTENS NJW 1985, 2302, 2304; ENDRES 58). Im Verwaltungsprozess können die Grenzen des Eigentumsrechts gegenüber einem Bauvorhaben gerichtlich nur geklärt werden, soweit **drittschützende Normen** verletzt sind (J MARTENS NJW 1985, 2302, 2305; Überblick bei MAMPEL DVBl 1994, 1053 ff). Anderenfalls bleibt der Nachbar im Verwaltungsprozess schutzlos, auch wenn seine Beeinträchtigung nicht durch Normen des öffentlichen Rechts gedeckt ist. Insoweit unterscheidet sich das öffentliche Recht grundlegend vom Zivilrecht (J MARTENS NJW 1985, 2302, 2307; vgl auch SELLNER NJW 1976, 265; BVerwG BauR 1987, 70).

217 Rechtsschutz im **öffentlichen Nachbarrecht** (umfassend MARBURGER 16 ff; MUCKEL JuS 2000, 132; DÜRR JuS 2007, 328 ff; 431 ff; 521 ff; VAHLE DVP 2007, 94; Rechtsprechung bei BECKMANN BauR 2006, 1676; zum anlagenbezogenen Immissionsschutz SCHLOTTERBECK NJW 1991, 2669 ff; MAMPEL DVBl 1994, 1053 ff; zum Bauordnungsrecht ORTLOFF NVwZ 2001, 997; zum Bauplanungsrecht GAENTZSCH NVwZ 2001, 990; STÜER DVBl 2006, 403) genießt der Nachbar etwa bei Verletzung von manchen **bauordnungsrechtlichen** Vorschriften, die wie zB die Bauwichregelung nachbarschützend sind (BGH NJW 1976, 1888; BayObLGZ 1979, 16, 21; wNw bei DEGENHART JuS 1984, 187). Doch können etwa verwaltungsrechtliche Anfechtungsklagen nach § 42 Abs 2 VwGO nicht durchgängig auf § 35 BauGB gestützt werden (BVerwGE 28, 262; WAHL JuS 1984, 577, 582). Soweit gegen **schwere und unerträgliche Eingriffe** vorgegangen werden kann, die eine nachhaltige Veränderung der Grundstückssituation zur Folge haben, sind Rechtsbehelfe (Art 14 GG) auf seltene Ausnahmefälle beschränkt (BVerwGE 32, 173 = NJW 1969, 1787; BVerwG NJW 1974, 811 = JuS 1974, 397 mAnm P SELMER; ausführlich BÖNKER DVBl 1994, 506). Die verbleibende Rechtsschutzlücke wird auch durch die Anerkennung des **drittschützenden Rücksichtnahmegebots** nur teilweise geschlossen (zB BGHZ 86, 356, 362 = NJW 1983, 1795; BVerwGE 52, 122, 126 = NJW 1978, 62; 67, 334 = NJW 1984, 138; BVerwG NJW 1994, 1546, 1548; BauR 1989, 320, 321; NVwZ 1985, 37; ZfBR 1986, 247; VGH München BayVBl 1986, 23; OVG Bremen DÖV 1986, 702; zur Rechtsprechungsentwicklung SEIBEL BauR 2007, 1831; SCHLOTTER-

BECK NJW 1991, 2669, 2673; MÜHL, in: FS Baur [1981] 83, 85 ff; WEYREUTHER BauR 1975, 1 ff; WAHL JuS 1984, 577 ff; DÜRR NVwZ 1985, 719 mwNw in Fn 3; oben Rn 127). Das Gesagte gilt bei dem Aufeinandertreffen von unterschiedlichen Baugebieten auch für § 15 Abs 1 S 2 BauNVO (abgedruckt in SARTORIUS I Nr 311), dem als Ausprägung des baurechtlichen Rücksichtnahmegebots drittschützende Wirkung zukommt (OVG NRW DVBl 2008, 791 [Lichtimmissionen durch Werbeanlage und Anfechtung der Baugenehmigung]). Der Nachbarschutz eines außerhalb der Grenzen eines Plangebiets liegenden Grundstückseigentums bestimmt sich nur nach dem in § 15 Abs 1 S 2 BauNVO enthaltenen Rücksichtnahmegebot (BVerwG NVwZ 2008, 427 mit Anm SELMER JuS 2008, 644). Keine drittschützende Wirkung hat § 5 Abs 1 Nr 2 BImSchG (Vorsorgeprinzip) (BVerwG NVwZ 1983, 32; BIER ZfBR 1992, 15, 17). Nachbarschützend ist dagegen § 5 Abs 1 Nr 1 BImSchG (VGH Stuttgart DÖV 1974, 706; OVG Hamburg DVBl 1975, 207; OVG Lüneburg DVBl 1977, 348; dazu BIER ZfBR 1992, 15, 16; BREUER NJW 1977, 1025, 1030; JARASS NJW 1983, 2844, 2845). Drittschützenden Charakter haben auch die §§ 24 S 1, 22 Abs 1 BImSchG (VGH Mannheim NJW 1990, 1930). Kein subjektiv öffentliches Recht auf immissionsschutzgerechte Planung erwächst dem beeinträchtigten Eigentümer aus § 50 BImSchG (BVerwG NJW 1982, 348; Nachw des Streitstandes bei JARASS[10], BImSchG § 50 Rn 22). Zudem sind Planungsfehlentscheidungen nicht eben selten (zB BGH NJW 1976, 1204 [Wohnbebauung an der Grenze zu einer gemeindlichen Kläranlage]; 1983, 751 [Tennisplatz neben Wohnbebauung]; JAUERNIG, in: FS Heidelberg [1986] 87, 102; einschränkend BVerwG NJW 1989, 1291 [mit Wohnnutzung verträgliche Sportausübung]; wie hier H P WESTERMANN 118; zu Einzelheiten des Abwägungsgebots im Fachplanungsrecht etwa BVerwGE 48, 56 = NJW 1975, 1375; BVerwGE 67, 74 = NJW 1983, 2459; W MÜLLER JuS 1975, 268 ff; HEINZE NVwZ 1986, 87).

Danach bilden planungsrechtliche Gegebenheiten lediglich ein **Indiz für die Ortsüb-** **218** **lichkeit**. So ist der Beseitigungsanspruch aus § 1004 Abs 1 nicht ausgeschlossen, wenn in einem bisher wenig bebauten und ruhigen Gelände, das planungsrechtlich als Industriegebiet ausgewiesen ist, sich immissionserhebliche Betriebe ansiedeln (**aA** LAUFKE, in: FS H Lange [1970] 274, 285). Eine entsprechende Anwendung des § 14 BImSchG lässt sich nicht begründen. Auch im Übrigen können öffentlich-rechtliche Vorschriften für die Beurteilung der Ortsüblichkeit nur Indizien liefern. Allein aus der Tatsache, dass die festgestellten Immissionen die in der *TA-Luft* festgesetzten Immissionsgrenzwerte nicht erreichen, kann nicht schon die Ortsüblichkeit geschlossen werden (BGHZ 70, 102). § 906 Abs 1 S 2, 3 betrifft die Frage der Ortsüblichkeit nicht.

Wurde der Nachbar im **Baugenehmigungsverfahren** angehört und hat er die Bauge- **219** nehmigung unanfechtbar werden lassen, so ist nur im seltenen Einzelfall an **Verwirkung** zu denken (MEISNER/RING/GÖTZ § 13 Rn 6 b; PIKART NVwZ 1985, 101; BIRK NVwZ 1985, 689, 697; insoweit abl JAUERNIG, in: FS Heidelberg [1986] 87, 101 f). Grundsätzlich wird der selbstständig zu beurteilende **Zivilrechtsweg** aber dadurch nicht ausgeschlossen. Der Nachbar mag gegen eine Baugenehmigung gerade deshalb nicht vorgegangen sein, weil es sich von einem verwaltungsgerichtlichen Verfahren keinen Erfolg versprochen hat und lieber auf die Rechtsbehelfe des Zivilrechts vertraut. Mit einer privatrechtsgestaltenden Kraft der Baugenehmigung (oben Rn 33) hat das nichts zu tun (vgl auch LG Kempten [Allgäu] DWW 1986, 18). Selbst gegenüber ungenehmigten Bauvorhaben können materiellrechtliche Abwehrrechte des Nachbarn verwirkt werden (BVerwG BauR 1988, 332). Es sind daran aber sehr strenge Anforderungen zu stellen (OLG Celle NJW 1988, 424, 425).

f) Priorität; Zeitpunkt der Beurteilung

220 Unerheblich war es nach hL für die Beurteilung des **primären Rechtsschutzes** nach den §§ 1004 Abs 1, 906 Abs 2 S 1, wenn die beeinträchtigte Benutzung des betroffenen Grundstücks zeitlich später begonnen hat als die Benutzung des emittierenden Grundstücks (anders aber für die Beurteilung der Zumutbarkeit bei § 906 Abs 2 S 2 als Norm des sekundären Rechtsschutzes; unten Rn 260). Es komme grundsätzlich nicht auf die zeitliche **Priorität** bei der Beurteilung der Ortsüblichkeit an (RGZ 154, 161, 165; BGHZ 15, 146, 148 = LM Nr 2 mAnm PRITSCH; BGH MDR 1969, 744; NJW 1976, 1204; OLG Nürnberg RdL 1972, 36, 38; LG Saarbrücken Zeitschrift für Bergrecht [2012] 178, 184; LG Aachen DWW 1987, 162, 163). Doch zeichnet sich in der Rspr eine Neuausrichtung iS einer Mitberücksichtigung der Priorität ab. Wer sich neu ansiedelt, weiß, in welchem Gebiet er lebt und muss sich in gewissen Grenzen anpassen. So müssen Industrielärmimmissionen, welche die zulässigen Richtwerte nicht überschreiten, bei späterer Wohnbebauung in der Nachbarschaft geduldet und können nicht nach § 1004 Abs 1 abgewehrt werden (BGH NJW 2001, 3119, 3121 [Hammerschmiede] mit zust Anm H ROTH JZ 2002, 245; HAGEN, in: FS Medicus [1999] 1175. 1183; ders, in: FS Röhricht [2005] 1175, 1183; oben Rn 184 zur Frage der Wesentlichkeit). Das Gleiche gilt etwa für die an eine im Außenbereich rechtmäßig errichtete *Schweine- oder Rindermästerei* heranrückende genehmigte Wohnbebauung (BGH NJW 2001, 3054, 3055; auch AG Geislingen DWW 2004, 198 [Weideviehhaltung neben Wohnhaus]). Ein Teil der Problematik wird dadurch entschärft, dass das BVerwG im öffentlichen Recht in gewissen Grenzen eine **offensive Abwehrklage** des zuerst angesiedelten Gewerbebetriebes gegen die **heranrückende Wohnbebauung** anerkannt hat (Darstellung bei ERMAN/WILHELMI[14] Rn 26, 27). Verbleibende Rechtsschutzlücken könnten in vorsichtiger Einschränkung des Abwehranspruchs der neu Hinzugekommenen aus § 1004 Abs 1 gegen den Gewerbetreibenden mehr als bisher vermieden werden. Die Berücksichtigung der Priorität im Rahmen der Ortsüblichkeit bildet dafür den systematisch richtigen Ort (im Anschluss an ERMAN/WILHELMI[14] Rn 26 ff; HAGEN, in: FS Medicus [1999] 161, 174 f; dagegen WENZEL NJW 2005, 241, 245 [unwesentliche Beeinträchtigung]; REHBINDER, Privates Immissionsschutzrecht Rn 45; BGH NJW 2001, 3119, 3120 [Hammerschmiede] stellt auf das aus dem nachbarlichen Gemeinschaftsverhältnis hergeleitete Rücksichtnahmegebot ab; insoweit krit H ROTH JZ 2002, 245; KLÖHN AcP 208 [2008] 777, 790; zust aber M JOHLEN BauR 2001, 1848; das Prioritätsprinzip ganz abl KLÖHN AcP 208 [2008] 777, 810, 815 mit der Behauptung, auf die Kenntnis oder grobfahrlässige Unkenntnis des Zuziehenden von der Störungsquelle komme es nicht an). Im Übrigen muss die **Wertentscheidung des BImSchG** insoweit beachtet werden, als es um die Erhaltung von noch weitgehend unbelasteten Gebieten geht, da darin eines seiner wichtigsten Ziele liegt (wie MARBURGER 112). Ohnehin stellt die Rspr für die Bestimmung der enteignungsrechtlichen Opfergrenze auf die **Gebietsvorbelastung** ab (BGHZ 122, 76, 81; BGH NJW 1995, 1823; BGHR GG vor Art 1/enteignender Eingriff – Fluglärm 1). Das Gleiche gilt für die Festlegung der Zumutbarkeitsgrenze in § 906 Abs 2 S 2 (unten Rn 260). Die Rspr des **BVerwG** berücksichtigt im öffentlichen Recht weitergehend, welche Nutzung jeweils früher vorhanden oder geplant war (BVerwGE 81, 197, 207 [Tegelsberg]; BVerwG NVwZ 1992, 884, 885 [Bolzplatz]). Auch für den auf §§ 1004 Abs 1, 906 gestützten Unterlassungsanspruch ist die Gebietsvorbelastung zu berücksichtigen, so etwa für Grundstücke in einer Randlage zum Außenbereich (Nachw bei OLG Frankfurt OLGReport 2009, 47 [Sportgelände]; oben Rn 184).

221 Die Ortsüblichkeit kann bei **Änderung der Verhältnisse** im nachhinein auch wieder entfallen (LG Augsburg AgrarR 1972, 259; RGZ 162, 216; PALANDT/BASSENGE Rn 21 f). So wurde die Ortsüblichkeit einer *Schweinemästerei* trotz mehr als 100-jähriger landwirtschaftlicher Nutzung verneint (LG Kassel RdL 1969, 53, 54). Ungeachtet seiner Bedeutsamkeit für die Ortsüblichkeit darf der Prioritätsgedanke nicht unbesehen zur **Privilegierung** vorhandener **industrieller Nutzung** angeführt werden (so aber KLAUSING JW 1938, 1681, 1683; HECK, Sachenrecht 217, der der Industrie bei der Umwandlung einer Vorstadt in ein Villengebiet den Vorrang einräumt). Auch insoweit ist die Wertentscheidung des BImSchG zu berücksichtigen (BGB-RGRK/AUGUSTIN Rn 51; AK-BGB/WINTER Rn 58; MünchKomm/SÄCKER[6] Rn 91; abl BVerwG BayVBl 1985, 214, 215).

Der maßgebende Zeitpunkt für die Beurteilung der Ortsüblichkeit ist die **letzte** **222** **mündliche Tatsachenverhandlung** (BGH LM Nr 5; NJW 1976, 1204). Der Richter hat darauf zu achten, dass alle Zufälligkeiten oder Manipulationen durch eine der Parteien ausgeschaltet werden. Derartige Versuche werden insbes bei der Einnahme eines *Augenscheins* gemacht (oben Rn 204). Bei nur zeitweilig auftretenden Immissionen muss auf diejenigen Zeitpunkte abgestellt werden, zu denen Immissionen regelmäßig auftreten (MünchKomm/SÄCKER[6] Rn 93). Unzulässige Einwirkungen werden nicht durch bloßen Zeitablauf zulässig. Das gilt selbst dann, wenn Grundstücke jahrelang in unverändertem Zustand nebeneinander gelegen haben (BGB-RGRK/AUGUSTIN Rn 51). Im Übrigen wird rasch üblich, was bei rechtzeitiger Abwehr leicht hätte verhindert werden können (JAUERNIG, in: FS Heidelberg [1986] 87, 99 f). Ein zur Bebauung geeignetes, aber noch nicht bebautes Grundstück, kann schon gestört werden (PLANCK/STRECKER Anm 4 a).

g) **Häufigkeit der Störung**
In der Regel kommt die die Beeinträchtigung bewirkende Benutzung öfter vor. Eine **223** **einmalige Maßnahme** genügt grundsätzlich nicht (BGHZ 30, 273, 278; BGH MDR 1977, 128 [Porta Nigra]; MDR 1978, 1005 [Manöverlärm]). Diese Regel erleidet **Ausnahmen**. Führt etwa eine ortsübliche Straßenbenutzung für *Manöverzwecke* im Einzelfall zu einer besonders störenden Einwirkung, so kann ihr dann nicht die Ortsüblichkeit abgesprochen werden, wenn sie sich im Rahmen dessen hält, womit bei militärischen Übungen im Allgemeinen zu rechnen ist (BGH MDR 1978, 1005). Besonderheiten wurden auch für länger dauernde Restaurierungsarbeiten an einem für die Umgebung prägenden *Baudenkmal* anerkannt (BGH MDR 1977, 128 [Porta Nigra]). Hier soll es bei Arbeiten, die zur Erhaltung einer derartigen Anlage erforderlich sind, nicht darauf ankommen, ob sie in verschiedenen Abschnitten und in jeweils kleinerem Ausmaß oder erst nach dem Ablauf von Generationen mit entsprechendem Zeitaufwand durchgeführt werden. Vielmehr seien sie immer als ortsüblich zu werten. Eine **Regelmäßigkeit** der Störung ist nach richtiger Auffassung nicht erforderlich (PLANCK/STRECKER Anm 3 c). Umgekehrt sind manche Störungen nur dann ortsüblich, wenn sie sich auf **bestimmte Zeiträume** beschränken. So ist der durch Abbrucharbeiten in einer Großstadt durch den Einsatz von *Presslufthämmern* und Räumbaggern verursachte Lärm nur innerhalb bestimmter Zeiträume ortsüblich, nämlich während der notwendigen Dauer der Arbeiten (BGH LM Nr 14). Auch kann im Einzelfall die Störung zwar *vormittags,* nicht aber *nachmittags* hinzunehmen sein (BGH NJW 1962, 2341; KÜRZEL DWW 1970, 425). Vergleichbares gilt für die Unterscheidung von *tagsüber* und des *Nachts* auftretenden Störungen.

h) **Konkrete und abstrakte Benutzung**
Im Regelfall genügt es für eine Bejahung der ortsüblichen Benutzung des störenden **224**

Grundstücks, dass im Vergleichsbezirk (oben Rn 208 ff) eine Mehrheit von Grundstücken in annähernd gleicher Weise, dh mit einer der **Art und dem Maß der Benutzung** nach einigermaßen gleichen beeinträchtigenden Einwirkung auf fremde Grundstücke, benutzt wird (BGHZ 30, 273, 279 m zust Anm Thieme MDR 1959, 997; BGH ZMR 1965, 301, 302). Selbst wenn die in Betracht kommenden Einwirkungen wie etwa *Rauch, Abgase, Staub* usw danach als ortsüblich anzusehen sind, kann gleichwohl eine **besonders schädigende Benutzungsweise** die Einwirkung zu einer ortsunüblichen machen (BGHZ 30, 273, 279). So kann es liegen, wenn eine dem Nachbarn schädliche Anordnung der Anlagen vorliegt, oder nur die betreffende Fabrik allein im Übermaß schädigende *Schwefeldioxidgase* ausstößt (BGHZ 15, 146, 149 = LM Nr 2 mAnm Pritsch). Ebenso liegt es, wenn zwar *Photovoltaikanlagen* in der Nachbarschaft vorhanden sind, diese aber im Unterschied zum störenden Nachbarn wegen der Ausrichtung keine Blendwirkungen verursachen (OLG Karlsruhe NJOZ 2014, 1010, 1012). Ebenso ist in einem Gebiet mit allgemeiner *Hundehaltung* die konkrete Hundehaltung eines Nachbarn ortsunüblich, der seine Hunde im Unterschied zur übrigen Nachbarschaft den ganzen Tag lang unbeaufsichtigt bellen lässt. Der beeinträchtigende Nachbar trägt die **Beweislast** dafür, dass gerade auch seine besonders schädigende Benutzungsweise in Ansehung der übrigen Nachbarschaft ortsüblich ist (beifallswert OLG Karlsruhe NJOZ 2014, 1010). So können vor allem solche Einwirkungen nicht mehr als ortsüblich anzusehen sein, die bei **schuldiger Rücksichtnahme** auf den Nachbarn vermeidbar gewesen wären (ebenso Kerst NJW 1964, 181; Scherer DRiZ 1963, 49, 52). Auf diese Weise kann eine „an sich" (abstrakt) gewöhnliche Einwirkung zur ortsunüblichen werden (BGH LM Nr 14 [Abbrucharbeiten in einer Großstadt]). Ortsüblich ist heute nur noch der Einsatz von **moderner Technik**, etwa dem Stand der Technik entsprechenden *lärmarmen Baumaschinen* (dazu die 32. BImSchV: Geräte- und MaschinenlärmschutzVO, abgedruckt bei Sartorius Ergänzungsband Nr 296/32; oben Rn 190). Das ist nicht erst bei der Zumutbarkeit des § 906 Abs 2 S 1 zu prüfen (zutr Scherer ZMR 1966, 33, 35).

225 **Gebietszonen unterschiedlicher Beurteilung** ergeben sich dadurch, dass sich besonders massierte Einwirkungen auf ein näher gelegenes Grundstück nicht in ähnlicher Weise auch für weiter entfernte Grundstücke finden (BGHZ 30, 273, 279; krit Kleindienst 28 Fn 48; oben Rn 208). Auch kann entscheidend für die Ortsüblichkeit sein, *auf welchem Teil* eines Grundstücks lästige Anlagen wie *Garagen* oder *Stellplätze* errichtet werden (BGH LM Nr 11). Werden etwa mehrere benachbarte Hinterliegergrundstücke durch Zufahrtswege erschlossen, so kann der Lärm durch an- und abfahrende Autos gleichwohl ortsunüblich sein, weil die Stellplätze bei vorhandenen Alternativen in der Nähe des Schlafzimmerfensters des Nachbarn angeordnet wurden. Bei an sich ortsüblichen Ausbaumaßnahmen kommt es auch auf den außergewöhnlichen Umfang der einzelnen Maßnahmen an, wie beim Ausbau einer *Moselstaustufe* (BGH MDR 1967, 913). Ob die Geräuscheinwirkungen zB einer *Schule* durch eine ortsübliche Grundstücksbenutzung herbeigeführt werden, ist auch vom Abstand der Lärmquelle (Schulgebäude, Schulhof und Schulzugang) von den Nachbargrundstücken (Wohnhäuser) abhängig sowie davon, wie weit bei vergleichbaren Schulen die Geräuschentwicklung gedämpft wird. Die Fragestellung, ob der „Betrieb einer Schule" ortsüblich ist, ist daher zu eng (beifallswert BGHZ 38, 61, 62 = LM Nr 29a mAnm Mattern; bestätigt durch BGHZ 48, 31, 33 = LM Nr 23 mAnm Mattern [Schweinemästerei]; BGHZ 111, 63, 73 [Volksfestlärm] m zust Anm H Roth JR 1991, 149, 150).

i)   Steigerungen von Einwirkungen
aa)   Vorübergehende Steigerungen
Ist das Halten der störenden Anlage als solche **ortsüblich**, so sind es auch **zeitweilige** 226
Erhöhungen von Einwirkungen, die bei gewöhnlichen Herstellungsarbeiten, zB an
einer Straße, entstehen, sofern nur das Gesamtbild der Einwirkungen ortsüblich ist
(BGHZ 72, 289, 296). Das Gleiche gilt bei Erhaltungsarbeiten wie *Straßenreparaturen*
(BGH MDR 1968, 912), *Restaurierungsarbeiten* (BGH MDR 1977, 128 [Porta Nigra]) sowie
Umgestaltungsarbeiten (BGH MDR 1971, 912 [Schaffung einer Fußgängerpassage]) und *Ab-*
brucharbeiten (BGH LM Nr 14). Bei **vermeidbaren** oder außergewöhnlich starken Ein-
wirkungen können aber auch derartige Benutzungen zu ortsunüblichen werden. So
kann die Ortsüblichkeit bei *Autobahnarbeiten* mit erheblichen Staubeinwirkungen
aufgrund eines besonders trockenen Sommers auf angrenzende landwirtschaftliche
Grundstücke zu verneinen sein (BGH MDR 1968, 483). Vergleichbar kann es beim
Straßenbau durch den Einsatz von *schweren Baumaschinen* liegen (BGHZ 54, 384 =
LM Nr 37 mAnm MATTERN [Abtragung eines Schieferrückens]).

bb)   Steigerungen des Verkehrs
Steigerungen des Verkehrs auf **öffentlichen Straßen** bleiben im Regelfall ortsüblich 227
(dazu GRUNSKY JurA [Zivilrecht I] 1970, 407, 417). Das gilt jedenfalls bei von alters her
angelegten Straßen mit Durchgangsverkehr in der Ortsmitte (BGHZ 49, 149, 151; weitergehend GANSCHEZIAN/FINCK NJW 1961, 1846, 1847; KLEINDIENST NJW 1968, 1953; Sachverhaltsdarstellung bei WIETHAUP DWW 1974, 60). Nicht ortsüblich ist aber etwa der Lärm,
der in einer ruhigen Wohngegend durch die *Gleiskehre* einer städtischen Straßenbahn verursacht wird (BGH NJW 1968, 1133). Als ortsüblich angesehen wurde eine
Verschärfung der Unverträglichkeit von Fluglärm durch die Zunahme des *Luftver-*
kehrs (BGHZ 69, 105, 111 = LM Nr 53 mAnm HAGEN; auch BGH VersR 1992, 322, 323). Doch
dürfte Ortsüblichkeit zu verneinen sein, wenn auf den Einsatz bereits verfügbarer
schallgedämpfter Flugzeugtypen verzichtet wird (oben Rn 224). So können wenigstens
die Betreiber von **privaten Flughäfen** außerhalb einer Planfeststellung zur Lärmver-
meidung über §§ 1004, 906 gezwungen werden (oben Rn 148). Doch steht hier für den
Rechtsschutz Dritter das öffentliche Recht im Vordergrund (GEULEN NJW 2001, 1038).
Entscheidend ist das *Rücksichtnahmegebot* (BGH LM Nr 14; oben Rn 224; eine zu weitgehende Einschränkung des § 242 im Anwendungsbereich des § 906 durch BGHZ 38, 61, 62; unten
Rn 247). Heute hat sich der technische Fortschritt darin auszudrücken, dass zugunsten der Nachbarn Verbesserungen durch geeignete Schutzmaßnahmen erreicht,
nicht dagegen Belästigungen noch gesteigert werden (PIKART WM 1969, 82, 85).

cc)   Wechsel der Betriebsart
Die Ortsüblichkeit entfällt nicht schon dann, wenn die allgemein geübte Benutzung 228
eines Grundstücks zu bestimmten Zwecken aus wirtschaftlichen Gründen in einer
anderen Art und Weise und damit für Nachbarn störender geschieht. Etwas anderes
kann gelten, wenn die **Betriebsart geändert** wird, wenn zB eine bäuerlich betriebene
Schweinemästerei auf dem Dorf nunmehr im Wege gewerblicher Schweinemast
betrieben wird (BGHZ 48, 31, 33 ff = LM Nr 23 mAnm MATTERN; auch LG Kassel RdL 1969,
53). ME sollte nicht auf das Kriterium des landwirtschaftlichen oder gewerblichen
Betriebs abgestellt werden, sondern auf den hervorgerufenen „**Störungspegel**" (wie
GRUNSKY JurA [Zivilrecht I] 1970, 407, 416 f).

k) Normative Einschränkungen

229 Die dargestellte Rspr hat die durch die tatsächliche Entwicklung weitgehend überholten Modellvorstellungen des Gesetzgebers (oben Rn 206) durch eine **Differenzierung des Ortsüblichkeitsbegriffs** in Richtung auf eine Eingrenzung der zu duldenden Immissionen in methodisch einwandfreier Weise korrigiert (KLEINDIENST 27). Im Wesentlichen wurde damit die Annahme einer ortsüblichen Benutzung erschwert. Dazu gehören insbes die zu Art und Maß der konkreten Benutzung entwickelten Voraussetzungen (oben Rn 224). Eine gegenläufige Entwicklung lässt sich lediglich für das Recht der *überörtlichen Verkehrsanlagen* feststellen (oben Rn 211; krit insoweit MARBURGER 112).

230 Neben den dargestellten Differenzierungen sind Fälle denkbar, in denen ein Verbietungsanspruch aus § 1004 Abs 1 auch dann bestehen muss, wenn die wesentliche, durch wirtschaftlich zumutbare Maßnahmen nicht verhinderbare, Beeinträchtigung iS des § 906 Abs 2 S 1 (unten Rn 237) an sich ortsüblich ist. Das lässt sich über eine **normative Einschränkung** des Ortsüblichkeitsbegriffs erreichen (ebenso LG Kiel SchlHA 1993, 145 [Holzsägen mit einer Kreissäge]). In gleichem Sinne wird von einer Anreicherung der Ortsüblichkeit mit offenen Wertungen gesprochen (ERMAN/WILHELMI¹⁴ Rn 27). Zu unbestimmt ist es, wenn der Begriff der Ortsüblichkeit zur **Gemeinverträglichkeit** erweitert werden soll (so aber MITTENZWEI MDR 1977, 99, 101; krit H P WESTERMANN 120 f; ENDRES 58). Der gleiche Einwand gilt für die erwogene wertende Einschränkung der Ortsüblichkeit durch den Begriff der **„Sozialadäquanz"** (so aber G H ROTH NJW 1972, 921, 924). Der Sache nach handelt es sich im Wesentlichen um drei Fallgestaltungen:

231 Erstens lässt sich der **Wertung des BImSchG** der Grundsatz entnehmen, dass unmittelbar **gesundheitsgefährdende** oder gar **lebensbedrohende Immissionen** niemals hingenommen werden müssen, auch wenn die Kriterien der Ortsüblichkeit im Übrigen erfüllt sein mögen (grundlegend DIEDERICHSEN, in: FS R Schmidt [1976] 1, 9; E WOLF, Sachenrecht 172; WILHELMI 92; E LANG AcP 174 [1974] 381, 388; KONZEN 204 ff; oben Rn 110). Das gilt selbst im Anwendungsbereich von § 14 BImSchG (E LANG AcP 174 [1974] 381, 388; E WOLF, Sachenrecht 172, der allerdings § 14 BImSchG für unwirksam hält und weiterhin § 26 GewO anwenden will). Zweitens wird man die Ortsüblichkeit auch verneinen müssen, wenn die Immission dem anderen Nachbarn eine ortsübliche Nutzung seines Grundstücks **schlechthin unmöglich** macht. Auch hier muss der Verbietungsanspruch aus § 1004 Abs 1 durchgreifen (ebenso BGB-RGRK/AUGUSTIN Rn 50; KLEINDIENST 39 f). ME können schließlich Beeinträchtigungen auch dann nicht als ortsüblich angesehen werden, wenn die die Ortsüblichkeit bewirkenden Handlungen ihrerseits **rechtswidrig** sind: **Das Privatrecht kann nicht zulassen, was das öffentliche Recht verbietet** (MünchKomm/SÄCKER⁶ Rn 12 Fn 28; H ROTH JR 1991, 149, 150). So ist etwa Ortsüblichkeit zu verneinen, wenn in einem Wohnviertel Wohnhäuser durch den *Heizungsqualm* aus einer wild entstandenen angrenzenden Wochenendhauskolonie beeinträchtigt werden. MaW kommt es darauf an, welche Art von Nutzung zulässigerweise ausgeübt wird (BVerwG ZfBR 1988, 283). So sind Geruchsbelästigungen aus einer *Schweinemästerei* nicht ortsüblich, wenn die Anlage ohne die **notwendige Genehmigung** betrieben wird (BGHZ 140, 1, bestätigt durch BGH NJW-RR 2006, 235, 237 mit der Einschränkung der fehlenden Genehmigungsfähigkeit im Anschluss an WENZEL NJW 2005, 241, 245; zur Wesentlichkeit bei fehlender Genehmigung oben Rn 177). **Öffentlich-rechtliche Vorschriften**, insbes Genehmigungen, können für sich allein demnach zwar keine Ortsüblichkeit begründen (oben Rn 214; zweifelnd J F BAUR, in: Festgabe 50 Jahre BGH [2000] 849, 857), wohl

aber die Entstehung von Ortsüblichkeit verhindern (zum umgekehrten Fall oben Rn 185).
IE kann die Berufung auf Ortsüblichkeit gegenüber den zum Umweltschutz
aufgrund des BImSchG erlassenen Vorschriften nicht durchdringen (BGB-RGRK/
AUGUSTIN Rn 48 aE; H WESTERMANN, in: 1. FS Larenz [1973] 1003, 1025). Vergleichbar wird
argumentiert, wenn die Duldungspflicht gegenüber wesentlichen ortsüblichen Beeinträchtigungen auf baurechtlich **bestandsgeschützte Anlagen** eingeschränkt wird
(GAENTZSCH NVwZ 1986, 601, 604 ff).

l) Normative Erweiterungen?

Erwogen wird die Bejahung der Ortsüblichkeit aus normativen Gründen über die 232
herkömmliche Auslegung hinaus, wenn **„soziale Interessen"** durch das Verbot einer
mit Lärm verbundenen Ausübung betroffen werden (KÖHLER JURA 1985, 225, 227 für
den Tennissport). Die Problematik liegt vergleichbar den „gemeinwichtigen Betrieben" (oben Rn 29, 42) und sollte ebenso gelöst werden. Wenn der Gesetzgeber eine
Privilegierung wünscht, muss er dies im Wege des Gesetzgebungsverfahrens durchsetzen (gegen eine derartige Privilegierung auch BGHZ 111, 63, 74 [Volksfestlärm] m zust Anm
H ROTH JR 1991, 149; OLG Celle NJW 1988, 424, 425 [Tennisplatz]; JAUERNIG, in: FS Heidelberg
[1986] 87, 103; ENDRES 58 ff [mit Einschränkungen]; dafür aber OLG Nürnberg NJW-RR 1988, 979
[Verkündungsauftrag der Kirche]).

m) Prozessuales
aa) Revisibilität

Die Beurteilung der Ortsüblichkeit liegt im Wesentlichen auf tatsächlichem Gebiet 233
und ist damit im **Revisionsverfahren** nur in beschränktem Umfang angreifbar, nämlich soweit die oben Rn 205 ff genannten Grundsätze verletzt sind (ständige Rspr,
BGHZ 111, 63, 72 [Volksfestlärm]; 120, 239, 260 [Froschlärm]; 54, 384, 389 = LM Nr 37 mAnm
MATTERN; 48, 31, 32 = LM Nr 23 mAnm MATTERN, 273, 277; BGH LM Nr 1 im Anschluss an RGZ
105, 213, 217; 139, 29, 31; BGH LM Nr 5; 11; BGH MDR 1967, 913; 1968, 483; 1969, 744 1973, 326;
1978, 318; 1977, 894; 1983, 571). Die Beurteilung des Tatrichters muss erkennen lassen,
dass er bei der Würdigung des Sachverhalts sowie des Beweisergebnisses von zutreffenden rechtlichen Gesichtspunkten ausgegangen ist. Soweit das Ergebnis einer
Beweisaufnahme als „ortsüblich" gekennzeichnet wird, weil es durch ein physika-
lisches Messsystem nicht erfasst werden kann, liegt darin eine zusammenfassende
Feststellung aller tatsächlichen Umstände (BGH LM Nr 11). Der Vortrag des Gläubigers, es handle sich iS der VDI-Richtlinie Nr 2058 (oben Rn 191) um „vorwiegend
Wohngebiet", ist kein Geständnis einer Tatsache nach § 288 ZPO. Der Kläger ist
daher nicht gehindert, später von einem „reinen Wohngebiet" auszugehen (BGH
MDR 1969, 744).

bb) Beweislast

Der **Störer** trägt die Behauptungs- und Beweislast dafür, dass die festgestellten 234
Beeinträchtigungen ortsüblich sind (BGHZ 92, 143; 111, 63, 73; 120, 239, 260; BGH MDR
1971, 203; ZMR 1965, 301, 302; KG NZM 2013, 742, 744; OLG Rostock NJW 2006, 3650, 3652).
Eine festgestellte planerische Zulässigkeit gibt für die Ortsüblichkeit nur einen
allgemeinen Anhalt (BGH NJW 1983, 751; oben Rn 214) und begründet keinen *Anscheinsbeweis* (ebenso PALANDT/BASSENGE[74] Rn 26). Umgekehrt ist die Annahme von
Ortsüblichkeit bis hin zu normativen Schranken (oben Rn 231) möglich, auch wenn
vorhandene planerische Festsetzungen nicht befolgt werden (PALANDT/BASSENGE[74]
Rn 30).

235 Aus der **Einhaltung von öffentlich-rechtlichen Richtwerten** kann nicht schon auf die Ortsüblichkeit derartiger Immissionen geschlossen werden. Daraus folgt für die Ortsüblichkeit nur ein allgemeiner Anhalt, nicht dagegen ein Anscheinsbeweis (BAUMGÄRTEL/LAUMEN/PRÜTTING/SCHUSCHKE, Beweislast[3] Rn 4; HAGEN WM 1984, 677, 679; MARBURGER 109 geht von indizieller Bedeutung aus; aA F BAUR JZ 1974, 657). Die Neufassung von § 906 Abs 1 S 2, 3 ändert daran nichts, weil sie sich nur auf die Frage der Wesentlichkeit bezieht. Allenfalls spricht die Einhaltung gem § 48 Nr 2 BImSchG für die Unverhinderbarkeit iS des § 906 Abs 2 S 1 BGB (BAUMGÄRTEL/LAUMEN/PRÜTTING/SCHUSCHKE, Beweislast[3] Rn 8; unten Rn 237). Soweit vorhandene immissionsschutzrechtliche **Grenzwerte überschritten** werden, ist Ortsüblichkeit nicht gegeben, weil das Zivilrecht nicht erlauben kann, was das öffentliche Recht verbietet (oben Rn 231; H ROTH UTR Bd 104 [2010] 223, 240, ders JR 1991, 149, 150; ebenso MITTENZWEI MDR 1977, 99).

cc) Verfahren

236 Das Gericht wird sich regelmäßig im Wege des **Augenscheins** über die Ortsüblichkeit vergewissern müssen (etwa BGH LM Nr 5; KLAUSING JW 1938, 1681, 1684).

6. Verhinderbarkeit durch wirtschaftlich zumutbare Maßnahmen (§ 906 Abs 2 S 1)

a) Zumutbarkeit

237 Das Erfordernis der Verhinderbarkeit durch wirtschaftlich zumutbare Maßnahmen gem § 906 Abs 2 S 1 wurde durch G v 22. 12. 1959 mit Wirkung v 1. 6. 1960 (BGBl I 781) zusätzlich eingefügt (dazu KLEINDIENST 34 ff; STAUDINGER/BGB-Synopse 1896–2005, § 906). Im ursprünglichen Gesetzgebungsverfahren (MUGDAN III 582) wurde bereits eine derartige Einfügung erwogen, aber im Vertrauen darauf verworfen, dass die Vorschriften des **öffentlichen Rechts** für ausreichende Schutzmaßnahmen Sorge tragen würden. Das war ein offensichtlicher Irrtum. Ob Zumutbarkeit gegeben ist, ist unter Berücksichtigung des nachbarschaftlichen Verhältnisses, der Vor- und Nachteile, der technisch-organisatorischen Möglichkeiten sowie der Leistungsfähigkeit eines **durchschnittlichen Benutzers** (nicht: des konkreten Benutzers) des emittierenden Grundstücks festzustellen. Das ergibt sich schon aus dem Wortlaut des § 906 Abs 2 S 1: „Benutzer dieser Art" (allgM: OLG Düsseldorf OLGZ 1980, 16; OLG Karlsruhe BB 1965, 690; LG Saarbrücken Zeitschrift für Bergrecht [2012] 178, 184; LG München I NJW-RR 1989, 1178, 1179; PALANDT/BASSENGE[74] Rn 26; SOERGEL/JF BAUR[13] Rn 98; MünchKomm/SÄCKER[6] Rn 139; ERMAN/WILHELMI[14] Rn 34; BGB-RGRK/AUGUSTIN Rn 54; jurisPK-BGB/VIEWEG/REGENFUS[7] Rn 97; JAUERNIG/BERGER[15] Rn 4; KLEINDIENST 36; STEPHANY BB 1960, 529, 531; MARBURGER 109 f; E KOCH BlGBW 1960, 70, 71). Ebenso wie bei der „Wesentlichkeit" der Beeinträchtigung (oben Rn 177) sollte mE nicht auf den **„verständigen"** Durchschnittsbenutzer abgestellt werden (aA PALANDT/BASSENGE[74] Rn 26). Eine etwaige Gemeinnützigkeit des Störers gibt kein maßgebliches Kriterium für die Bestimmung der wirtschaftlichen Zumutbarkeit ab (Anm FORKEL zu LG Konstanz ZGenW Bd 24 [1974] 84, 91; aA MEISNER/RING/GÖTZ § 13 Rn 69). Unzutreffend ist die Auffassung, wonach die Zumutbarkeit „kein mögliches Merkmal" der Rechtswidrigkeit einer Einwirkung ist (so aber E WOLF, Sachenrecht 169). Es ist darauf abzustellen, ob einem **Durchschnittsbetrieb der betreffenden Branche** die finanzielle Belastung durch die notwendigen Maßnahmen wirtschaftlich zugemutet werden kann. Danach ist eine Maßnahme wirtschaftlich nicht mehr vertretbar, wenn sie kostenmäßige Belastungen in einem solchen Umfang zur Folge hat, dass ein vergleichbares durchschnittliches Unternehmen der jeweiligen Betriebsart einen angemessenen Gewinn nachhaltig nicht mehr erzielen kann (SOERGEL/JF BAUR[13] Rn 98; BGB-RGRK/AUGUSTIN Rn 54). Die Unmöglichkeit, die Maßnahme aus laufenden Mitteln zu erwirtschaften, befreit den einwirkenden Betrieb allerdings nicht ohne Weiteres von der Pflicht, solche Maßnahmen durchzuführen (SOERGEL/JF BAUR[13] Rn 98). Hier kommt die **Gewährung einer Frist** in Betracht. Auch die wirtschaftlich aufwendige Umrüstung von Wagen der Deutschen Bahn AG mit geschlossenen *Toilettensystemen* wurde für zumutbar gehalten, aber zeitlich auf fünf Jahre gestreckt (beifallswert OLG Schleswig NJW-RR 1996, 399, 400). Bei *Konzernunternehmen* kommt es nicht auf den einzelnen Betrieb, sondern auf das Unternehmen insgesamt an, um Manipulationen durch eine geschickte Betriebsorganisation verhindern zu können (AK-BGB/WINTER Rn 67). Vergleichbar der Frage der „Wesentlichkeit" (oben Rn 178) gilt auch für die wirtschaftliche Zumutbarkeit ein **differenziert-objektiver Maßstab** (KLEINDIENST 36). Für **gentechnische Immissionen** wird die wirtschaftliche Zumutbarkeit des § 906 Abs 2 BGB (zur Wesentlichkeit oben Rn 175 und zur Ortsüblichkeit oben Rn 206) durch § 36a Abs 2 GenTG dahin gehend modifiziert, dass die „Einhaltung der guten fachlichen Praxis" nach § 16b Abs 2 und 3 GenTG als wirtschaftlich zumutbar iS des § 906 BGB gilt (näher G WAGNER VersR 2007, 1017, 1028 ff; Einzelheiten bei STAUDINGER/KOHLER UmweltHR [2010] GenTG § 36a Rn 29 ff). Beruht die wesentliche und ortsübliche Störung auf **Liebhaberei** (oben Rn 114, 153 f), zB Halten von *Hunden* ua, so passt die von Abs 2 S 1 verwendete Kategorie der „wirtschaftlichen" Zumutbarkeit nicht, weil die Störung schlicht durch Unterlassen der Hundehaltung aus der Welt geschafft werden könnte. Man wird die Vorschrift in diesen Fällen aber nicht durch teleologische Reduktion in dem Sinne einengen können, dass man auf die Möglichkeit der Verhinderung durch den Halter ganz verzichtet, weil sonst keine Art der störenden Liebhaberei mehr betrieben werden könnte. Der Unterlassungsanspruch des Gestörten aus § 1004 Abs 1 scheidet mE vielmehr dann aus, wenn dem Veranlasser die Verhinderung der wesentlichen ortsüblichen Beeinträchtigung **nicht zugemutet** werden kann. Das Tatbestandsmerkmal „wirtschaftlich" wird durch teleologische Reduktion unbeachtet gelassen. Hier werden häufig **zeitliche Einschränkungen** ausgesprochen werden können, wie es in der Sache ohnehin der gängigen Praxis entspricht (zB zeitlich beschränkte Bellverbote; Krähverbote; Taubenflugverbote usw). Im Einzelfall kann auch die gänzliche Entfernung der Störungsquelle zumutbar sein, zB im Fall des Hahnenkrähens (**aA** ENDRES 63). Den Maßstab für die Zumutbarkeit bildet das Rücksichtnahmegebot (unten Rn 242).

b) Verschärfungen des Zumutbarkeitsmaßstabes

ME haben sich durch die **Absenkung der Eingriffsschwelle** für nachträgliche Anordnungen nach § 17 Abs 2 BImSchG durch die Zweite Novelle zum BImSchG v 4. 10. 1985 (BGBl I 1950) und die dadurch zugleich bewirkte Verschärfung des § 14 S 2 BImSchG (anders wohl die Absicht des Gesetzgebers, MARBURGER 114 f) iS einer Verhältnismäßigkeitsinterpretation iE auch die Anforderungen an die Zumutbarkeit bei § 906 Abs 2 S 1 BGB zu Lasten des emittierenden Betriebes weiter verschärft (streng auch schon E LANG AcP 174 [1974] 381, 393). Es war für § 26 GewO, den Vorläufer des § 14 S 2 BImSchG, anerkannt, dass die Vorschriften in Parallele zu sehen sind und einheitlichen Auslegungsgrundsätzen gehorchen. Die Reichweite privatrechtlichen und öffentlich-rechtlichen Bestandsschutzes ist hier vergleichbar ausgestaltet (grundlegend KLEINDIENST 38; ebenso AK-BGB/WINTER Rn 64). Es ist daher wie in § 17

238

BImSchG auf Art, Menge und Gefährlichkeit der von der Anlage ausgehenden Emissionen und der von ihr verursachten Immissionen sowie die Nutzungsdauer und technischen Besonderheiten der Anlage zu sehen. Der mit der Erfüllung von Schutzmaßnahmen verbundene Aufwand darf nicht außer Verhältnis zu dem angestrebten Erfolg stehen (so bereits früher OLG Nürnberg MDR 1980, 667, 668). Das entspricht der sonstigen Tendenz der Rspr des BGH und des BVerwG, **öffentlich-rechtlichen** und **privaten Rechtsschutz** zu **harmonisieren** (jüngst wieder BGHZ 140, 1, 5; oben Rn 37).

239 Bestehende **wirtschaftliche Unzumutbarkeit** führt nicht dazu, schon die Störereigenschaft zu verneinen (erwogen von MATTERN WM 1979, 34, 40). Bei der hier vorgeschlagenen strengen Interpretation anhand der Voraussetzungen des § 17 BImSchG dürften sich auch die Einwände gegen die Unbestimmbarkeit des Zumutbarkeitskriteriums erledigen (erhoben von E LANG AcP 174 [1974] 381, 392 f). Ein gewisses Maß an Vorhersehbarkeit wird auch durch das Abstellen auf die Leistungsfähigkeit des durchschnittlichen Betriebes gewährleistet (differenziert-objektiver Maßstab). Einer Gesetzesänderung zur Angleichung der §§ 17 Abs 2, 14 S 2 BImSchG; 906 Abs 2 S 1 BGB bedarf es mE nicht (**aA** MARBURGER 115).

c)   Maßnahmen

240 Die geforderten Maßnahmen müssen **geeignet sein**, die Immissionen zu verhindern oder zu mildern. Die Maßnahme muss daher wie in § 17 Abs 2 BImSchG technisch durchführbar und wirksam sein (OLG Nürnberg MDR 1980, 667, 668). In diesem Bereich kann in weitem Umfang auf das BImSchG zurückgegriffen werden. In Frage kommen technische Einrichtungen wie etwa *Entstaubungsanlagen* (OLG Nürnberg MDR 1980, 667, 668), *schalldämmende Maßnahmen* (OLG Karlsruhe BB 1965, 690 [Kompressorlärm]; KLEINDIENST 35), die Anlegung von *Schutzwällen* oder *Bepflanzungen,* das Entfernen der Bepflanzung von der Anflugöffnung eines *Taubenschlags* (LG München II NJW-RR 1992, 462), das *Sägen* in einer Garage anstatt im Freien (LG Kiel SchlHA 1993, 145), die Verwendung von Baumaterial mit hoher *Lärmdämmung* (SOERGEL/JF BAUR[13] Rn 96; BGB-RGRK/AUGUSTIN Rn 53), das Anlegen eines *Schutzstreifens* sowie der Gifteinsatz bei einer *Raupeninvasion* (LG Coburg NJW-RR 1991, 716) sowie auch die Standortänderung etwa von *Baumaschinen,* insbes von Kompressoren (REUTER BlGBW 1962, 247, 248). Daneben ist auch an verbesserte organisatorische Maßnahmen zu denken wie etwa Weisungen an das Personal zu *schonendem Verhalten* (KLEINDIENST 35) oder eine schlichte **zeitliche Begrenzung** (OLG Zweibrücken DWW 1991, 305, 307). In Frage kommt auch die Durchführung von Arbeiten nur zu **bestimmten Zeiten**, wobei auftretende technische Störungen aufgefangen werden müssen (AG Münster MDR 1962, 581 [Nächtliche Bauarbeiten trotz Verbotes durch eine einstweilige Verfügung]; dazu WIETHAUP BlGBW 1962, 379).

d)   Die verbleibende Bedeutung des Rücksichtnahmegebotes

241 Trotz der Kodifizierung durch § 906 Abs 2 S 1 bleibt der Rückgriff auf das in § 242 wurzelnde **Rücksichtnahmegebot** (dazu BGH LM Nr 1) für **atypische Einzelfälle** erforderlich und auch möglich (ausführlich ERMAN/WILHELMI[14] Rn 74 ff; H WESTERMANN JZ 1963, 407). Der BGH (BGH LM Nr 14; auch schon RGZ 159, 129, 139 [Reichsautobahn]; OLG Hamm ZMR 1967, 21) hat in einer grundlegenden Entscheidung dazu ausgeführt: „Die Rechtmäßigkeit der Störung findet dort ihre Grenze, wo sie vermeidbar oder doch wenigstens durch wirtschaftlich zumutbare Maßnahmen auf einen erträglichen Umfang verringert werden kann. Die-

ser Gedanke hat in der seit 1. 6. 1960 geltenden Neufassung des § 906 seinen Ausdruck gefunden (Abs 2 Satz 1). Er entsprach aber schon vorher der in Rspr und Schrifttum, auch vom erkennenden Senat, vertretenen Auffassung." Zweifelhaft ist daher die Entscheidung, wonach die Zulässigkeit der Zuführung von unwägbaren Stoffen allein nach § 906 zu beurteilen ist und der allgemeine Grundsatz von Treu und Glauben (**nachbarliches Gemeinschaftsverhältnis**) daneben schlechthin nicht mehr zur Anwendung kommt (BGHZ 38, 61 = LM Nr 29a mAnm MATTERN; krit auch H WESTERMANN JZ 1963, 407; BROX JA 1984, 182, 183). Im Übrigen betraf das Urteil den umgekehrten Fall einer behaupteten Duldungspflicht gegenüber von über die Grenzen des § 906 hinausgehenden Immissionen (zutreffend BROX JA 1984, 182 f; weiter wohl auch BGH MDR 1969, 744 zur Frage einer Mitwirkungspflicht des Gestörten). ME gilt der Grundsatz, wonach das Gebot der rücksichtsvollen Rechtsausübung für den Grundstückseigentümer in **atypischen Ausnahmefällen** Anwendung findet, in denen vermeidbare Schädigungen durch Hinweis auf die Ortsübung nicht gerechtfertigt werden können (KLEINDIENST 35; BGH LM § 903 Nr 1 und 2 [nur für krasse Ausnahmefälle]; bestätigt in BGH NJW-RR 2003, 1313 f [Zubau eines Fensters nach Grundstücksteilung als negative Immission]; BGHZ 113, 384, 389 [Kaltluftsee: an sich nicht abwehrfähige negative Immissionen]; dazu H ROTH [nach Lit-Verz] 43; OLG Frankfurt NJW-RR 2000, 1542, 1544 [nicht abwehrfähige negative Immissionen]; oben Rn 126). Umgekehrt muss ein sein Grundstück nicht nutzender Eigentümer nicht aus dem Gesichtspunkt des nachbarlichen Gemeinschaftsverhältnisses heraus die Inanspruchnahme seines Grundstücks zB durch Ablagerungen oder Errichtung von Baulichkeiten dulden (BGH VersR 2001, 1248). Es handelt sich hier nicht um die unzulässige Ausübung eines an sich bestehenden Rechts wegen einer Pflicht zur gegenseitigen Rücksichtnahme von Grundstücksnachbarn („nachbarliches Gemeinschaftsverhältnis"). Vorzuziehen ist mE im Übrigen der Terminus **„Rücksichtnahmegebot"**, wogegen der (auch in dieser Kommentierung) im gleichen Sinne verwendete Begriff „nachbarliches Gemeinschaftsverhältnis" eher die oftmals bestehenden Interessengegensätze zwischen Nachbarn verschleiert (H ROTH [Lit-Verz] 38 ff; BAUR/STÜRNER[18], Sachenrecht § 25 Rn 38 „schwammige Figur"). Zudem wird auf diese Weise die systematische Einheit mit dem **öffentlichen Baurecht** gewahrt, wo das Rücksichtnahmegebot seit jeher als Rechtsprinzip anerkannt ist (dazu STÜHLER BauR 2009, 1076; VOSSKUHLE JuS 2010, 497).

Der Rückgriff auf das Gebot der **Rücksichtnahme** kommt insbes für Fälle in Betracht, die nicht im gewerblichen Sektor liegen, namentlich bei Immissionen, die aus **Liebhabereien** entstehen und auf die der Wirtschaftlichkeitsmaßstab des § 906 Abs 2 S 1 daher oft nicht recht passt (oben Rn 237 aE). Zu denken ist an das Halten von Hähnen und dgl, das Anlegen von Froschteichen oder die übermäßige Musikausübung (oben Rn 154 ff; 237 aE). Das Gleiche gilt überhaupt für Lärm durch **Freizeitveranstaltungen**. Wirtschaftliche Unzumutbarkeit läge hier nur vor, wenn der Störer unter wirtschaftlichen Aspekten gezwungen wäre, derartige Veranstaltungen durchzuführen (zutreffend OLG Koblenz ZMR 2003, 929, 930 für Hochzeitsfeiern usw in einem „Dorfgemeinschaftshaus"). Bei derartigen nichtwirtschaftlichen Betätigungen darf die mögliche wirtschaftlich zumutbare Maßnahme nicht zu eng abgegrenzt werden. Stets zumutbar sind bestehende **artgerechte Abhilfemöglichkeiten**, auch wenn sie wirtschaftlich nicht rentabel sind (ENDRES 62; **aA** LG Kleve DWW 1989, 326 f). Im Übrigen dürfte der Einwand des Störers, eine artgerechte Haltung sei nicht mehr möglich, nur in den seltensten Fällen durchgreifen. Gesteigerte Rücksichtnahmepflichten treffen die in **demselben Haus wohnenden Mieter** untereinander (BGH LM Nr 1). Doch bestehen zwischen den Mietern keine verschuldensunabhängigen Ausgleichs-

242

Herbert Roth

ansprüche (BGHZ 157, 188, 192; oben Rn 5). Das Rücksichtnahmegebot geht allerdings nicht bis hin zu dem Satz, dass ein Grundstückseigentümer beim Bestehen **verschiedener gleichwertiger Möglichkeiten** für die Nutzung seines Grundstücks stets diejenige zu wählen verpflichtet ist, die seinen Nachbarn nicht schädigt (BGH LM Nr 11; § 903 Nr 2). Das Rücksichtnahmegebot ist auch nicht das Mittel, allein aufgrund von sozialen Abwägungen Duldungspflichten zu begründen (**aA** KÖHLER JURA 1985, 225, 229 ff).

e)   Prozessuales

243   Im Rahmen des Abwehranspruchs aus §§ 1004, 906 ist der **Beeinträchtigende** behauptungs- **und beweispflichtig** dafür, dass die Einwirkungen von ihm nicht durch wirtschaftlich zumutbare Maßnahmen hätten verhindert werden können (BGHZ 72, 289, 296; 92, 143 [Kupolofen]; OLGR Stuttgart 2009, 458 [Sonnenlichtreflexion durch verglastes Oberlicht eines Nachbargrundstücks]; PALANDT/BASSENGE[74] Rn 24; SOERGEL/JF BAUR[13] Rn 131; KUCHINKE NJW 1966, 1031; BAUMGÄRTEL/LAUMEN/PRÜTTING/SCHUSCHKE, Beweislast[3] Rn 4; auch LG Dortmund BlGBW 1965, 32, 34). Wegen des objektivierenden Zumutbarkeitsmaßstabes wird der Beeinträchtigende bei einem Überschreiten von Emissionswerten nur selten den Nachweis führen können, dass er die Beeinträchtigung durch wirtschaftlich zumutbare Maßnahmen nicht habe verhindern können. Umgekehrt gibt das **Einhalten von Emissionswerten** allenfalls einen Anhalt für die wirtschaftliche Unzumutbarkeit zusätzlicher Schutzmaßnahmen (weitergehend MARBURGER 110 f [Anscheinsbeweis]). Die Neufassung von § 906 Abs 1 S 2, 3 gibt für diese Frage nichts her, weil sie sich nur auf die Bestimmung der Wesentlichkeit bezieht.

7.   Zusammenfassung der Voraussetzungen des Verbietungsanspruchs aus §§ 1004 Abs 1, 906

a)   Der Regelfall

244   Ein Verbietungsanspruch aus §§ 1004, 906 ist gegeben, wenn die Beeinträchtigung entweder wesentlich und nicht ortsüblich ist oder aber wesentlich und ortsüblich, aber durch wirtschaftlich zumutbare Maßnahmen verhinderbar ist.

b)   Erweiterungen

245   Eine Erweiterung des § 1004 Abs 1 über den Regelfall hinaus findet sich in zwei Fallgruppen: *Erstens* ist ein Abwehranspruch aus § 1004 gegeben, wenn dem Gestörten die **Existenzvernichtung** droht (RGZ 154, 161), wenn die ortsübliche Benutzung des eigenen Grundstücks aufgrund der Beeinträchtigungen unmöglich ist (oben Rn 231) oder wenn unmittelbare gesundheits- oder lebensbedrohende Immissionen vorliegen (oben Rn 231). Diese Fallgruppe kann konstruktiv auch durch eine normative Einschränkung des Tatbestandsmerkmals der „Ortsüblichkeit" erfasst werden (oben Rn 229).

246   *Zweitens* ist ein Anspruch aus § 1004 Abs 1 über den Regelfall hinaus bei Verstößen gegen das **Rücksichtnahmegebot** idS gegeben, dass der Störer in besonders qualifizierter und zugleich individualisierender Weise auf schutzwürdige Interessen eines erkennbaren Kreises Dritter Rücksicht zu nehmen hat (oben Rn 127). Ein von der Rspr anerkannter Sonderfall des Rücksichtnahmegebots liegt vor, wenn es sich um ungewöhnlich schwere Beeinträchtigungen des Grundstücks handelt, falls der störende Nachbar auch bei Vermeidung solcher Beeinträchtigungen ohne eine ins

Gewicht fallende Mehrbelastung sein Grundstück in der von ihm geplanten Weise nützen kann (BGH LM § 903 Nr 2; zust Brox JA 1984, 182, 183; oben Rn 241).

c) Einschränkungen

Auch wenn die Voraussetzungen eines Verbietungsanspruchs aus §§ 1004 Abs 1, 906 **247** an sich vorliegen, sind Einschränkungen des Anspruchs möglich (erwogen und mit Recht verneint durch LG Aschaffenburg NZM 2000, 733, 734 [Kirchturm-Zeitläuten]). In Betracht kommen drei Fallgruppen: *Erstens* geht es um die Einschränkung des § 1004 bei **gemeinwichtigen Betrieben** der öffentlichen Hand sowie von Privaten (zur Kritik oben Rn 29, 42). In derartigen Fällen kommt ein Aufopferungsanspruch in Betracht (oben Rn 67). *Zweitens* geht es um den Ausschluss des Abwehranspruchs aus § 1004 BGB durch **§ 14 BImSchG** (und vergleichbare Fälle (oben Rn 20). Als Ausgleich werden Schadensersatzansprüche nach § 14 S 2 BImSchG gewährt (oben Rn 76). *Drittens* geht es um aus dem **Rücksichtnahmegebot** herrührende Einschränkungen bei Grobimmissionen, die aber nur in Ausnahmefällen gerechtfertigt sind wie bei einer Existenzgefährdung des Störers (oben Rn 117), aber auch etwa in den *„Katzenfällen"* (oben Rn 118; zust Endres 69). Im Einzelfall wird voller Schadensersatz gewährt. Im eigentlichen Immissionsbereich des § 906 erkennt die Rspr derartige Einschränkungen nicht an (BGHZ 38, 61 [Schulfall]; oben Rn 241). Auch außerhalb des § 906 kann der Verbietungsanspruch des § 1004 Abs 1 durch das **nachbarliche Gemeinschaftsverhältnis** ausgeschlossen sein, weil dieses nach Abs 2 eine Duldungspflicht wegen vorrangiger Interessen des Störers begründet. Aus ihm folgt eine auf § 242 gestützte Pflicht der Nachbarn zur gegenseitigen Rücksichtnahme. Mit Rücksicht auf nachbarrechtliche Sonderregeln ist eine derartige Pflicht die **Ausnahme** und kann nur bejaht werden, wenn ein über die gesetzliche Regelung hinausgehender billiger Ausgleich der widerstreitenden Interessen „dringend geboten erscheint" (bejaht zB durch BGH NJW 2003, 1393 [Duldung einer Abwasserdurchleitung ua wegen des langen Zeitraums des störenden Zustandes]; verneint zB in BGHZ 157, 33, 38 [Zurückschneiden von Bäumen nach Ablauf der Ausschlussfrist von § 54 Abs 2 NdsNachbarrechtsG]; BGH NJW 2007, 3636, 3637 [zur Geltung des Nachbarrechts zwischen Wohnungseigentümern mit jeweiligem Gartennutzungsrecht mit Anm H Roth LMK 2008 I 23]. Umgekehrt kann sich aus dem nachbarlichen Gemeinschaftsverhältnis auch einmal ein Anspruch aus § 1004 Abs 1 ergeben, obwohl es um die Beurteilung an sich nicht abwehrfähiger negativer oder ästhetischer Immissionen geht (BGH NJW-RR 2003, 1313: Zubau eines Fensters nach Grundstücksteilung einer Burganlage).

d) Tatsächliche Abwehrmöglichkeiten

Der Ausschluss des § 1004 Abs 1 bedeutet nicht auch den **Ausschluss** von tatsächlichen Abwehrmöglichkeiten, soweit solche möglich bleiben, zB durch *Zurückstauung* des eindringenden Rauchs oder Errichtung von *Schutzwänden* und dgl (Mugdan III 148 = Mot III 268; Planck/Strecker Anm 2). Deshalb kann sich zB der Katzenhalter nicht mit einem Unterlassungsanspruch dagegen wenden, dass der gestörte Eigentümer auf seinem Grundstück einen Hund hält, der die eindringenden Katzen zu verletzen droht (AG Erlangen NJW-RR 1991, 83; Endres 15).

VI. Der Ausgleichsanspruch nach § 906 Abs 2 S 2

Als Ausgleich für den ausgeschlossenen Abwehranspruch nach §§ 1004 Abs 1, 906 **249** gibt § 906 Abs 2 S 2 einen **verschuldensunabhängigen Ausgleichsanspruch** in Geld, wenn die zu duldende Einwirkung eine ortsübliche Benutzung des beeinträchtigten Grundstücks oder dessen Ertrag unzumutbar beschränkt (zum Geltungsgrund WILHELMI 83; Überblick durch SCHREIBER JURA 2011, 263). Dabei ist vor allem die **Mieteinnahme** des Vermieters als Ertrag des Grundstücks anzusehen, was bei Mietminderungen eine Rolle spielt (SCHELINSKI NZM 2005, 211). Der Ausgleichsanspruch wurde durch das G v 22. 12. 1959 (BGBl I 781) eingefügt (KLEINDIENST 42 ff; STAUDINGER/BGB-Synopse 1896– 2005 § 906; zur Entwicklung der Rspr THIER 407; BENSCHING 5 ff) und ist nicht wegen Unbestimmtheit seiner Tatbestandsmerkmale unwirksam (**aA** E WOLF, Sachenrecht 170). Der zivilrechtliche Anspruch aus § 906 Abs 2 S 2 wegen Lärmbelästigung tritt hinter die wegen des **Planfeststellungsverfahrens** (hier: § 18 S 1 AEG „City-Tunnel Leipzig") gegebenen Rechtsbehelfe zurück. Das gilt auch dann, wenn der Träger des Vorhabens die den Nachbarn schützenden Planvorgaben nicht einhält (BGH NJW 2010, 1141 Rn 17 ff im Anschluss an BGHZ 161, 323 [Flughafenlärm]).

250 Diese Gesetzesänderung beruht auf **Richterrecht unterschiedlicher Herkunft** (dazu H ROTH [nach Lit-Verz] 31 ff; Überblick bei BENSCHING 15 ff; HAGEN, in: FS Herm Lange [1992] 483, 490 ff; Stenographische Berichte der Verhandlungen des Deutschen Bundestages, 3. Wahlperiode, S 4855). Zu nennen sind vor allem das dem Aufopferungsgedanken verpflichtete „Zweite Gutehoffnungshütten-Urteil" des RG von 1937 (RGZ 154, 161; mit Nachdruck für die Einordnung als Aufopferungshaftung BENSCHING 43 ff) und das das nachbarliche Gemeinschaftsverhältnis betonende „Erzröstanlagen-Urteil" des BGH von 1959 (BGHZ 30, 273). Die Rspr sieht das Motiv für den Ausgleichsanspruch vorrangig im **nachbarlichen Gemeinschaftsverhältnis** (BGH NJW 2010, 3158 Rn 14; BGHZ 38, 61, 64; 113, 384, 391). Jedenfalls ist in § 906 Abs 2 S 2 der Ausgleich gleichrangiger Nachbarinteressen als Ausdruck der Situationsgebundenheit der Grundstücke insofern angesprochen, als das Merkmal der ortsüblichen Benutzung sowohl für den Störer in § 906 Abs 2 S 1 als auch für den Gestörten in § 906 Abs 2 S 2 vorkommt.

251 Ein Anspruch aus § 906 Abs 2 S 2 analog wird von der Rspr nicht gegeben, wenn der Beseitigungsanspruch etwa durch eine **Baumschutzsatzung** (zu ihrer Bestimmtheit BVerwG MDR 1994, 1214) ausgeschlossen ist und die Duldungspflicht daher nicht auf § 906 beruht (OLG Hamm NJW-RR 2009, 739, 740; OLG Frankfurt NJW-RR 1991, 1364; LG Dortmund NJW-RR 1987, 1101; ENDRES 135 ff; F OTTO NJW 1989, 1783, 1785; WEICK NJW 2011, 1702, 1706). Das Gleiche gilt, wenn der störende *Baum als Naturdenkmal* eingestuft ist und deshalb nicht beschnitten werden darf (LG Aschaffenburg NJW 1987, 1271). Ich stimme dem zu, weil der Störer sonst eine Entschädigung für die Folgen einer gesetzlichen Regelung bezahlen müsste, die der Gesetzgeber nicht in seinem Interesse, sondern im Interesse der Allgemeinheit für erforderlich hält. Anders als im „Ingolstädter Froschfall" passen *hier* die Erwägungen des BGH, weil das Anpflanzen von Bäumen nicht als rechtswidrig angesehen werden kann (BGHZ 120, 239, 252; oben Rn 155; auch unten § 910 Rn 32). Im Übrigen begründen Baumschutzsatzungen eine Duldungspflicht iS des § 1004 Abs 2 (OLG Hamm NJW-RR 2009, 739, 740; OLG Düsseldorf NJW 1989, 1807; **aA** SEIDEL Rn 968 mwNw). Allerdings kann der Beseitigungsanspruch durchgesetzt werden, wenn auf Antrag des Gestörten oder des Störers eine mögliche **Befreiung** erteilt worden ist (Einzelheiten bei SEIDEL Rn 970). Hat der Grundstückseigentümer dagegen eine **Gefahrenlage** geschaffen, an deren Beseitigung er durch eine Baumschutzsatzung gehindert ist, kann sich ein Ausgleichsanspruch aus § 906 Abs 2 S 2 analog ergeben, wenn sich die Gefahr in einem Schaden des Nachbarn verwirklicht (BGHZ 160, 232 [fehlende Standsicherheit aufgrund einer Rodung] in

Abgrenzung zu BGHZ 120, 239). In diesem Falle ist es unerheblich, ob eine Ausnahmegenehmigung erlangt werden könnte. Ebenso liegt es, wenn eine Ausnahmegenehmigung nicht erteilt werden kann, weil eine Beseitigung der Bäume, deren Wachstum der Störer pflichtwidrig nicht verhindert hat, jetzt dem Zweck der Satzung widerspricht (BGH NZM 2005, 318). – Zu einem bürgerlich-rechtlichen Aufopferungsanspruch wegen Versäumung einer landesrechtlichen **Ausschlussfrist** für das Zurückschneiden von Bäumen o Rn 67.

1. Voraussetzungen

a) Ortsübliche Benutzung des beeinträchtigten Grundstücks

Im Rahmen des § 906 Abs 2 S 2 kommt es für die Beurteilung der Ortsüblichkeit auf **252** die Benutzung des betroffenen (beeinträchtigten) Grundstücks an (zB OLG Karlsruhe WuM 2007, 279, 281 [Wohn- und Geschäftshaus neben Pflegeheim]), wobei für die **Abgrenzung des Vergleichsgebiets** das oben Rn 209 Ausgeführte sinngemäß gilt. Es gibt daher nicht jede Benutzung des betroffenen Grundstücks eine Grundlage für den Ausgleichsanspruch ab. So kann etwa keinen Ausgleich nach § 906 Abs 2 S 2 beanspruchen, wer in einem reinen Industriegebiet ein Sanatorium betreibt. Ortsüblich ist aber zB das Wohnen im Gutshaus (Hofstelle) im Außenbereich des § 35 BauGB (BGH NJW 1968, 1953, 1954; MDR 1980, 655; NJW 1973, 326). Die ortsübliche Benutzung des beeinträchtigten Grundstücks sowie das Maß der Beeinträchtigung sind nur für den Ausgleichsanspruch nach § 906 Abs 2 S 2 erheblich. Allein der Umstand jedoch, dass diese Feststellung im Urteil schon im Zusammenhang mit der Wesentlichkeit der Beeinträchtigung (oben Rn 177) getroffen ist, stellt ihre Richtigkeit nicht in Frage; vielmehr dürfte sich im Urteil eine zusammenfassende Behandlung sogar anbieten (BGH MDR 1969, 648 [Erschütterungen durch ein Sägewerk]). Eine ortsübliche Benutzung des beeinträchtigten Grundstücks scheidet nicht aus, weil seine Nutzung besonders **immissionsempfindlich** ist. So wurde eine Vegetationsversuchsanlage im landwirtschaftlich genutzten Gebiet, die gegenüber Industrieimmissionen aus einer Bitumenmischanlage eine besondere Empfindlichkeit aufwies, als ortsübliche Benutzung des beeinträchtigten Grundstücks angesehen (BGH MDR 1968, 912; auch BGHZ 90, 256 [biologischer Landbau]). Doch finden sich jetzt in der Sache zweifelhafte Einschränkungen. So wurde die durch *Bienenanflug* beeinträchtigte Nutzung eines Gärtnereigrundstücks als ortsunüblich angesehen, weil die angebauten Pflanzen eine außergewöhnliche Lockwirkung auf Bienen ausübten und besonders empfindlich gegen Bienenanflug waren. Im Übrigen war in dem betreffenden Gebiet eine gärtnerische Grundstücksnutzung üblich (BGHZ 117, 110, 113). Besonders gefährdete Nutzungen können aber für die Frage der Bestimmung des „zumutbaren Maßes" iS des § 906 Abs 2 S 2 bedeutsam sein (unten Rn 254). Ortsüblich ist auch die Benutzung eines *Straßengrundstücks* selbst bei gesteigertem Verkehr, das durch von einem Zementwerk ausgehende *Zementstaubbildung* durch Glätte gefährdet ist (BGHZ 62, 187, 192 = LM Nr 44 mAnm MATTERN). Die Ortsüblichkeit der Nutzung des beeinträchtigten Grundstücks kann es beeinflussen, wenn der betroffene Nachbar bauliche Maßnahmen zur Verstärkung der *Standsicherheit* und der inneren Festigkeit von Bauten zu treffen hat und dies unterlässt. Im Rahmen der Ortsüblichkeit können selbst **aufwendige Maßnahmen** durchgeführt werden müssen, um zB den Erschütterungen eines nahegelegenen Steinbruchs zu begegnen (BGHZ 66, 70, 78 = LM Nr 47 mAnm MATTERN; BGHZ 79, 45, 53 = LM Nr 65 mAnm HAGEN [Fluglärm]). Die Frage berührt sich mit der Bestimmung des „zumutbaren Maßes" (KLEINDIENST 49 ff; unten Rn 254 f). In gleicher Weise ist der Eigentümer eines Wohnhauses in der Stadt gehalten, die nachteiligen Auswirkungen des städtischen Verkehrs durch entsprechende *bauliche Vorkehrungen* selbst zu verhindern (BGH NJW 1975, 1409).

b)   Beeinträchtigung über das zumutbare Maß hinaus

253   Das Zentralproblem des Ausgleichsanspruchs nach § 906 Abs 2 S 2 ist die richtige Festlegung des „zumutbaren Maßes", jenseits dessen die Beeinträchtigung ausgleichspflichtig wird. Für diese Beurteilung gilt grundsätzlich derselbe **Maßstab** wie für die Beurteilung, ob diese Einwirkungen zu einer wesentlichen Beeinträchtigung der Grundstücksnutzung nach § 906 Abs 1 S 1 führen. Daher ist nicht die enteignungsrechtliche Zumutbarkeitsschwelle maßgebend (BGH NJW-RR 2007, 168 [Lärm durch Eisenbahnbrücke]; PWW/LEMKE[9] Rn 35; H ROTH LMK 2005, 52, 53). Die Zumutbarkeitsgrenze des § 906 Abs 2 S 2 beurteilt sich nicht nach **mietrechtlichen Vorschriften**. Daher entsprechen die nach § 906 Abs 2 S 2 durch Dritte auszugleichenden Beeinträchtigungen nicht ohne Weiteres dem Umfang des mietrechtlichen Minderungsrechts (BGH NJW 2008, 2497, 2499).

aa)   Differenziert-objektiver Maßstab

254   Bei der Frage der Zumutbarkeit kommt es ebenso wie bei der Bestimmung der Wesentlichkeit der Beeinträchtigung (oben Rn 177) nicht auf die persönlichen konkreten Verhältnisse des betroffenen Eigentümers an, sondern auf das Empfinden eines („verständigen") **durchschnittlichen Benutzers** des betroffenen Grundstücks in seiner örtlichen Beschaffenheit, Ausgestaltung und Zweckbestimmung (OLG Düsseldorf VersR 1979, 578; SPIESS JuS 1980, 100, 102). Ein Straßenanlieger muss sich daher die ungünstige Lage seines Grundstücks, durch die sein Eigentum **situationsbedingt geprägt** wird, zurechnen lassen (OLG Jena OLGReport 2006, 663). Zu berücksichtigen sind gleichwohl die Umstände des Einzelfalles (BGHZ 49, 148, 153; BGH MDR 1980, 655; PALANDT/BASSENGE[74] Rn 26; KLEINDIENST 49 ff; HUBMANN JZ 1968, 271). In erster Linie entscheidend sind Zeitdauer, Art, Intensität und Auswirkung der Beeinträchtigung (MünchKomm/SÄCKER[6] Rn 139; BGB-RGRK/AUGUSTIN Rn 78). Im Regelfall werden Beeinträchtigungen, deren **Wesentlichkeit** bejaht worden ist, auch über das zumutbare Maß iS des § 906 Abs 2 S 2 hinausgehen (BGH NJW-RR 2007, 168; BAUMGÄRTEL/LAUMEN/ PRÜTTING/SCHUSCHKE, Beweislast[3] Rn 10; jurisPK-BGB/VIEWEG/REGENFUS[7] Rn 102). Für den *Fäkalienflug* aus Waggons der Deutschen Bahn AG wurde eine Beeinträchtigung über das zumutbare Maß hinaus mE zu Unrecht verneint (OLG Schleswig NJW-RR 1996, 399, 400; oben Rn 179).

bb)   Absenkungen der Zumutbarkeitsschwelle

255   Eine Beeinträchtigung über das zumutbare Maß hinaus liegt nicht erst dann vor, wenn der auf dem beeinträchtigten Grundstück betriebene Gewerbebetrieb in seiner Daseinsgrundlage **vernichtet** (so noch RGZ 159, 129, 141 [Reichsautobahn]) oder **schwer gefährdet** wird (BGHZ 30, 273, 280; BGH LM Nr 14). Nicht länger gefordert wird auch, dass das wirtschaftliche Fortkommen des gestörten Nachbarn *schwer beeinträchtigt* wird (BGHZ 49, 148, 154; BGH MDR 1971, 912). § 906 Abs 2 S 2 weiß von derartigen Einschränkungen nichts (MünchKomm/SÄCKER[6] Rn 136; HUBMANN JZ 1968, 271).

256   Eine weitere Absenkung der Zumutbarkeitsschwelle hat sich unter dem Einfluss des **öffentlichen Rechts** ergeben, insbes des BImSchG (MARBURGER 111 ff). Davon betrof-

fen sind nicht nur der privatrechtliche Ausgleichsanspruch des § 906 Abs 2 S 2 selbst, sondern auch öffentlich-rechtliche Entschädigungsansprüche wie zB aus enteignendem Eingriff, da deren Anspruchsvoraussetzungen dem § 906 Abs 2 S 2 weitgehend nachgeformt sind (oben Rn 84). Die frühere Rspr (Darstellung bei MATTERN WM 1979, 34, 42) nahm insbes bei Verkehrsimmissionen Unzumutbarkeit nur ganz ausnahmsweise bei besonders schweren Beeinträchtigungen an (BGHZ 49, 148 [noch zur privatrechtlichen Beurteilung des Verkehrslärms]; BGHZ 54, 384, 391 = LM Nr 37 mAnm MATTERN [bereits zur öffentlich-rechtlichen Einordnung]; oben Rn 98). Nach dieser Rspr musste auch bei Wohngrundstücken in unmittelbarer Nähe von Autostraßen der **Straßenverkehrslärm** im Allgemeinen hingenommen werden. Sie wurde ausdrücklich aufgegeben (durch BGHZ 64, 220 = NJW 1975, 1406 mAnm KASTNER 2319). Seitdem ist bei der Würdigung, welches Maß von Straßenlärm dem Eigentümer eines Wohngrundstücks entschädigungslos zugemutet werden kann, die **Wertentscheidung des BImSchG** für den Schutz von Wohngebieten vor schädlichen Umwelteinwirkungen zu beachten. Diese Wertentscheidung schließt es grundsätzlich aus, Unzumutbarkeit nur bei besonders schwerer Beeinträchtigung anzunehmen. Die wertungsbedingte Absenkung der Zumutbarkeitsschwelle ist methodisch bedenkenfrei (H WESTERMANN, in: FS Ernst [1980] 501, 517; MARBURGER 111 ff; krit dagegen vHEYL DÖV 1975, 601; KERSTEN BayVBl 1975, 623; BREUER NJW 1977, 1026, 1033; SCHROETER DVBl 1976, 761 f; KASTNER NJW 1975, 2319). Die Rspr wurde im Folgenden dahin gehend präzisiert, dass im **Außenbereich** des § 35 BauGB entsprechend des Gebietscharakters Straßenlärm in stärkerem Maße entschädigungslos hingenommen werden muss als in Wohngebieten (BGH NJW 1977, 894). Auszugehen ist von einer nach der Gebietsart abgestuften Zumutbarkeit von Lärmbelästigungen (BGHZ 97, 114, 122 f). Sonach ist das dem Eigentümer zumutbare Maß an Einwirkungen um so größer, je geringer die rechtliche **Anerkennung der Wohnfunktion des Eigentums** ist (BGH NJW 1977, 894; bestätigt durch BGH NJW 1978, 318, 319; auch OLG Düsseldorf VersR 1979, 578 [Omnibushaltestelle an einer Hauptverkehrsstraße]). In allgemeinen Wohngebieten können dem Gebietscharakter entsprechend an die Wohnqualität höhere Ansprüche gestellt werden als im Außenbereich (BGH MDR 1978, 296). Doch muss auch in Außenbereichslagen danach unterschieden werden, ob es sich um besonders ruhige Gebiete handelt oder nicht. Die Rspr des BGH hatte bis zum Erlass der VerkehrslärmschutzVO (oben Rn 190) weithin lückenfüllende Funktion. Jetzt ist in erster Linie das in den **§§ 41 ff BImSchG** normierte Lärmschutzsystem maßgeblich (oben Rn 145).

Vergleichbares wie für den Straßenverkehrslärm gilt auch für die Störung durch **257** **Fluglärm**, wo für die Bejahung der Unzumutbarkeit keine besonders schwere Beeinträchtigung zu verlangen ist (BGHZ 161, 323 mit zust Anm H ROTH LMK 2005, 52, 45, 48 = LM Nr 65 mit Anm HAGEN; auch HAGEN WM 1982, 410, 411; ausführlich oben Rn 148). Dazu wird mit Recht ausgeführt, dass in der Beurteilung der Unzumutbarkeit zwischen dem privatrechtlichen Ausgleichsanspruch des § 906 Abs 2 S 2 und dem von ihm geprägten öffentlich-rechtlichen Entschädigungsanspruch eine Unterscheidung nicht gerechtfertigt ist (SCHMIDT-ASSMANN, in: FS Pikalo [1979] 273, 275 f, 279 ff; H WESTERMANN, in: FS W Ernst [1980] 501). Demnach ist die Unzumutbarkeitsschwelle bei **Privatflugplätzen** ebenso anzusetzen wie bei **Militärflugplätzen**. Maßgebend ist jeweils die fachplanungsrechtliche Erheblichkeitsschwelle (auch KRÜGER ZfIR 2007, 2, 5). Demgegenüber setzt die Rspr für Militärflughäfen die enteignungsrechtliche Zumutbarkeitsschwelle für den enteignenden Eingriff deutlich höher an als im Falle der Beeinträchtigung über das zumutbare Maß hinaus iSd § 906 Abs 2 S 2 (BGHZ 122,

76, 78 ff). ME gibt es dafür keine Rechtfertigung. Richtig ist es, § 906 Abs 2 S 2 analog auch als Anspruchsgrundlage für die Entschädigung für die immissionsbedingte **Wertminderung** des betroffenen Grundstücks heranzuziehen und die Norm bei Erreichen der fachplanungsrechtlichen Zumutbarkeitsschwelle eingreifen zu lassen. Bei Fluglärm kann nicht zwischen startenden und landenden Flugzeugen oder lauten und leisen Maschinen unterschieden werden (BGH WM 1988, 1894). Bei Lärmsanierungsansprüchen gegen die **Deutsche Bahn** kommt § 906 Abs 2 S 2 in direkter Anwendung in Betracht. Ersetzt verlangt werden können die notwendigen Kosten für Schallschutzfenster. Für die Bejahung der Beeinträchtigung über das zumutbare Maß hinaus ist die **fachplanungsrechtliche Zumutbarkeitsschwelle** maßgebend, wie sie in den Grenzwerten der VerkehrslärmschutzVO niedergelegt ist. Dagegen kommt es nicht auf die viel höhere enteignungsrechtliche Zumutbarkeitsschwelle an (H ROTH NVwZ 2001, 34, 37 f gegen VGH München NVwZ-RR 1997, 159).

258 An die Wertentscheidung des BImSchG kann nicht in allen Fällen angeknüpft werden, weil die dargestellte Rspr auf eine dauernde Lärmbeeinträchtigung abgestellt ist. Bei **vorübergehenden Lärmbelästigungen**, wie zB Manöverlärm, hält der BGH daran fest, dass nur besonders schwere Beeinträchtigungen die Grenzen des Zumutbaren überschreiten (BGH MDR 1978, 1005). Das Gleiche muss dann auch für kurzzeitige Manöver der Luftstreitkräfte gelten (sogleich unten Rn 259).

259 Auch außerhalb des Bereichs von Straßen- (oben Rn 145), Flug- (oben Rn 148) und Schienenlärm (oben Rn 147) gilt für die Gewährung des Ausgleichsanspruchs aus § 906 Abs 2 S 2 nicht der Grundsatz, dass strenge Anforderungen an die Zumutbarkeit zu stellen sind. Vielmehr ist im Einzelfall unter Berücksichtigung aller Umstände zu entscheiden (BGHZ 62, 186, 193 = LM Nr 44 mAnm MATTERN). Richtigerweise wird man an die Zumutbarkeit einen **durchschnittlichen Maßstab** anzulegen haben (StudK-BGB/M WOLF Anm 3b). ME gilt das auch für kurzzeitigen Straßen- und Fluglärm (oben Rn 258 aE).

cc)   Verschärfungen der Zumutbarkeitsschwelle

260 Für die Festlegung der Zumutbarkeitsschwelle im Rahmen des § 906 Abs 2 S 2 kommt es auch mit darauf an, ob die zugrunde liegenden Beeinträchtigungen zur **Sphäre des Störers** oder zu derjenigen des **Betroffenen** zu rechnen sind (für eine analoge Anwendung des § 254 auf der Rechtsfolgenseite MAULTZSCH 234 ff). Für die Bestimmung der Anspruchshöhe sind die **beiderseitigen Verursachungsbeiträge** zu gewichten (BGHZ 49, 148, 153; BGH NJW 1995, 1823, 1824 [Entschädigung aus enteignendem Eingriff]; HUBMANN JZ 1968, 271, 272). Diese Zuordnung wird nicht durch den Hinweis überflüssig, dass das Abstellen auf die Sphäre nur etwas über die Herkunft der Beeinträchtigung aussagt und daher als Abgrenzungskriterium entbehrt werden kann (so aber SPIESS JuS 1980, 100, 103). So muss etwa gegen drohende Verschmutzungsschäden im Rahmen des billigerweise Zumutbaren Vorsorge getroffen werden (BGH MDR 1971, 912). Überhaupt sind alle Umstände zu berücksichtigen, die den Interessenkonflikt durch Maßnahmen des einen oder des anderen veranlasst oder verschärft haben (BGHZ 79, 45, 53 = LM Nr 65 mAnm HAGEN; BGH NJW 1995, 1823, 1824; 1973, 326). So liegt es etwa, wenn eine *Hofstelle* in der Verlängerung einer Landebahn errichtet, oder wenn die gestörte Benutzung erst in **Kenntnis** einer bereits vorhandenen oder nach dem Planungsstand bevorstehenden Einwirkung vorgenommen wird (BGH NJW 1977, 894; OLG München OLGZ 1975, 334, 339; LG Stuttgart NJW 1985, 2340). Daher ist für die Frage der **Zumutbarkeit** eine **plangegebene Vorbelastung** des gestörten Grundstücks zu berücksichtigen (BGH NJW 1980, 770, 771; OLG Zweibrücken AgrarR 1986, 81, 82; SOERGEL/JF BAUR[13] Rn 107; PALANDT/BASSENGE[74] Rn 26; MünchKomm/SÄCKER[6] Rn 139). Im Anschluss an die verwaltungsgerichtliche Rspr (BVerwG DÖV 1976, 387) lässt sich für die Frage der Zumutbarkeit bei § 906 Abs 2 S 2 formulieren: In den Bereichen, in denen Baugebiete von unterschiedlicher Qualität und unterschiedlicher Schutzwürdigkeit zusammentreffen, ist die Grundstücksnutzung mit einer gegenseitigen Pflicht zur **Rücksichtnahme** belastet, die dazu führt, dass der Belästigte Nachteile hinnehmen muss, die er außerhalb eines derartigen Grenzbereichs nicht hinzunehmen brauchte (BGH NJW 1995, 1823, 1824). Vergleichbar der Beurteilung der Ortsüblichkeit im Verständnis der jetzt gewandelten hL (oben Rn 220) spielt für den Anspruch aus § 906 Abs 2 S 2 nach allgM auch die **Priorität** für die Beurteilung der Zumutbarkeit eine Rolle (BGH NJW 2001, 3119, 3120 mit Anm H ROTH JZ 2002, 245; ERMAN/WILHELMI[14] Rn 36; MEISNER/RING/GÖTZ § 13 Rn 74; jurisPK-BGB/VIEWEG/REGENFUS[7] Rn 104 ff; BISCHOFS 133 ff; zum primären Anspruch aus § 1004 Abs 1 oben Rn 184). Allerdings wird dem Betroffenen nicht angesonnen, zB seinen Betrieb aufzugeben oder völlig umzustellen (BGB-RGRK/AUGUSTIN Rn 80). Die gelegentlich postulierte umfassende Umstellungspflicht des Beeinträchtigten hat sich mit Recht nicht durchgesetzt (gegen KLAUSING JW 1937, 68, 69).

Im Ergebnis kommt es bei der Zumutbarkeit des § 906 Abs 2 S 2 auf die **Abwägung** **261** **der beiderseitigen Interessen** an einer bestimmten Nutzung der jeweiligen Grundstücke an (BGHZ 69, 119, 127). Berücksichtigt werden kann etwa, dass eine *Gärtnerei* in der Nähe einer Ziegelei verstärkt Pflanzungen vornimmt (BGHZ 70, 102, 112). Ähnliche Erwägungen sind anzustellen, wenn *Saatschäden* an einem landwirtschaftlich genutzten Grundstück durch von einer angrenzenden Mülldeponie angelockte Krähen entstehen (BGH NJW 1980, 770, 771). Einschränkend wird formuliert, dass einem öffentlich-rechtlichen Entschädigungsanspruch nicht entgegenstehen soll, wenn sich die Umgebung einer gemeindlichen *Kläranlage* erst nach deren Planung und Baubeginn zu einem reinen Wohngebiet entwickelt hat (BGH NJW 1976, 1204; abgrenzend dazu BGH NJW 1995, 1823, 1825). Auch im Rahmen der Zumutbarkeit wird zutreffend von einem zu beachtenden Gebot der **gegenseitigen Rücksichtnahme** gesprochen (BGH NJW 1980, 770, 771).

2. Höhe des Ausgleichsanspruchs

§ 906 Abs 2 S 2 spricht schon nach seinem Wortlaut von einem **angemessenen Aus-** **262** **gleich** in Geld. Die Rspr gewährt demnach nicht Schadensersatz nach den §§ 249 ff, sondern bestimmt den Inhalt in Anlehnung an die Grundsätze der öffentlich-rechtlichen Enteignungsentschädigung (BGHZ 85, 375, 386; 49, 148, 155; 62, 361, 371 = LM Nr 45 mAnm MATTERN; BGH NJW 2010, 3160 Rn 8; 2009, 762, 765; NJW-RR 1989, 1291, 1292; MDR 1969, 648; ebenso BAMBERGER/ROTH/FRITZSCHE[3] Rn 77; ERMAN/WILHELMI[14] Rn 40; NK-BGB/RING[3] Rn 272; PWW/LEMKE[9] Rn 36; BGB-RGRK/AUGUSTIN Rn 80; WOLF/WELLENHOFER, Sachenrecht[29] § 25 Rn 20; W LÜKE, Sachenrecht[3] Rn 503; WILHELMI 83; BENSCHING 119; KLEINDIENST 51 ff; DEHNER B § 16 V 2 c; KREFT Sonderbeil Nr 7 zu WM 1982; ELSHORST NJW 2001, 3222, 3223; G HAGER NJW 1986, 1961, 1964). Der Ausgleichsanspruch des § 906 Abs 2 S 2 ist daher nicht wie ein Schadensersatzanspruch streng auf Ersatz aller entstandenen und zukünftigen Vermögenseinbußen gerichtet. Vielmehr ist sein Betrag **regelmäßig** **niedriger** als derjenige eines Schadensersatzanspruches (OLG Hamm NJW-RR 2009, 739,

741). Im Einzelnen sind die Maßstäbe freilich recht unsicher (K Schmidt JuS 1974, 736, 737; wie die Rspr auch Meisner/Ring/Götz § 13 Rn 75). Die von der Rspr angewendeten Grundsätze führen nicht notwendigerweise zu einer Schlechterstellung des Geschädigten im Vergleich mit einer Schadenshaftung nach den §§ 249 ff. Ausgleichsfähig nach § 906 Abs 2 S 2 sind nämlich auch **Nichtvermögensschäden** wie etwa die Beeinträchtigung der Nutzungsmöglichkeit eines Hausgrundstücks durch Erschütterungen eines *Bergbaubetriebs*, wenn der Eigentümer das Grundstück trotz der Störungen weiter bewohnt, ohne dass eine konkrete Vermögenseinbuße vorliegt (BGHZ 178, 90 = BGH NJW 2009, 762, 765 mit Anm H Roth LMK 2009, 280109; BGHZ 91, 20, 31; BGH NJW 1963, 2020). Dagegen ist die bloße **Beeinträchtigung der Nutzungsmöglichkeit** schadensrechtlich nach den §§ 249 ff als Nichtvermögensschaden nicht geschützt (BGHZ 75, 366, 371). Ein ersatzfähiger Vermögensschaden beginnt erst bei dem zeitweiligen völligen Verlust der Nutzungsmöglichkeit (BGHZ 98, 212 [Großer Senat für Zivilsachen] mit umfassenden Angaben des Streitstandes). Der in § 906 Abs 2 S 2 genannte „Ertrag" aus dem Grundstück ist vor allem die erzielte **Miete** (Horst DWW 2008, 332, 335; Schelinski NZM 2005, 211). Doch gewährt der Anspruch aus § 906 Abs 2 S 2 kein **Schmerzensgeld** (BGH NJW 2010, 3160; OLG Dresden NVwZ 2013, 1028; Majer LMK 2010, 309746; St Müller ZGS 2010, 538; krit Kühne, in: FS Säcker [2011] 105, 117 Fn 48; oben Rn 110).

263 Entgegen der Rspr sieht ein Teil der Lit zwischen dem Ausgleichsanspruch des § 906 Abs 2 S 2 und einem Schadensersatzanspruch keinen wesentlichen Unterschied (Pfeiffer 138; Spiess JuS 1980, 100, 103; Spyridakis, in: FG J Sontis [1977] 243; Jauernig JZ 1986, 605, 612). Daher wird auch bei § 906 Abs 2 S 2 **eine volle Schadloshaltung** nach §§ 249 ff für richtig gehalten (Palandt/Bassenge[74] Rn 27; MünchKomm/Säcker[6] Rn 138; Soergel/JF Baur[13] Rn 8; Jauernig/Berger[15] Rn 8; Konzen 45 ff). Begründet wird das damit, dass nur so die im privaten Interesse des Emittenten auferlegte Duldungspflicht ausreichend abgegolten wird. Dagegen spricht allerdings, dass es sich bei § 906 Abs 2 S 2 nach Zweck, Wortlaut und Entstehungsgeschichte in erster Linie um eine **Billigkeitsentschädigung** handelt (ebenso LG Baden-Baden DWW 1989, 168, 169; Grunsky JurA [Zivilrecht I] 1970, 407, 421; zur Mehrdeutigkeit der Entstehungsgeschichte H Roth [Lit-Verz] 31 ff). Der Vergleich mit der Rechtslage bei § 14 S 2 BImSchG (oben Rn 77) sowie mit dem privatrechtlichen Aufopferungsanspruch (oben Rn 73) überzeugt nicht (anders Wilhelmi S 84). Dort handelt es sich richtigerweise um rechtsfortsetzende Ansprüche, die den an sich gegebenen, aber aus bestimmten Gründen ausgeschlossenen Anspruch des § 1004 Abs 1 ersetzen sollen. Im Einzelfall kann der Anspruch des § 906 Abs 2 S 2 allerdings der Höhe nach die **völlige Schadloshaltung** des Grundstückseigentümers erreichen (OLG Oldenburg AgrarR 1979, 199; BGB-RGRK/Augustin Rn 80).

264 Der Anspruch aus § 906 Abs 2 S 2 ist im Allgemeinen am **Verkehrswert der entzogenen Substanz** und nicht an einer hypothetischen Vermögensentwicklung auszurichten (BGHZ 62, 361, 371; Elshorst NJW 2001, 3222, 3224). Nicht recht verständlich ist es, wenn bezweifelt wird, ob sich der Anspruch des § 906 Abs 2 S 2 auch (allein) auf eine Entschädigung für die **Wertminderung** des beeinträchtigten Grundstücks richten kann (offengelassen in BGHZ 122, 76, 79; dafür oben Rn 257). Bei vorübergehenden Beeinträchtigungen der gewerblichen Nutzung eines Grundstücks kann unmittelbar der **Ertragsverlust** zugrunde gelegt werden (BGHZ 57, 359, 368 f; 62, 361, 371; BGH NJW-RR 1988, 1291, 1292; LG Berlin Das Grundeigentum 2011, 695 [geminderte Mieteinnahmen]; dazu

ELSHORST NJW 2001, 3222). Im Falle einer vorübergehenden Nutzungswertminderung wird durch eine laufende **Rente** entschädigt, ohne dass es auf eine konkrete wirtschaftliche Einbuße ankommt (BGH LM Nr 17 [Stationierungsclub]). Auch im Übrigen ist oft ein Rentenausgleich zu befürworten, wenn die sonstige Entschädigung Schwierigkeiten macht (SPIESS JuS 1980, 100, 103). Dabei ist auch eine im Zeitlauf veränderliche Rentenregelung zu erwägen (SPIESS JuS 1980, 100, 103). Nicht auszugleichen sind vor allem bei Verkehrsbeschränkungen durch Straßenarbeiten die ersten Umsatzrückgänge für einige Wochen oder sogar Monate (BGHZ 57, 359, 368; ELSHORST NJW 2001, 3222, 3224). Ausgeglichen wird jeweils diejenige Vermögenseinbuße, die der Ausgleichsberechtigte des § 906 Abs 2 S 2 durch das Überschreiten der Zumutbarkeitsgrenze erleidet, also nur der **unzumutbare Teil der Beeinträchtigung** (so schon RGZ 139, 29, 33; BGHZ 91, 20, 31 f; 62, 361, 372; BGH NJW 2009, 762, 765 mit Anm H ROTH LM 2009, 280109; BGH NJW-RR 1988, 1291, 1292 mAnm K SCHMIDT JuS 1989, 232; LG Hamburg NJW-RR 1999, 378 [Mietzinsminderung]; LG Kempten NJW 1995, 970, 971; jurisPK-BGB/VIEWEG/REGENFUS[7] Rn 150 ff; ERMAN/WILHELMI[14] Rn 40; BGB-RGRK/AUGUSTIN Rn 79; HAGEN, in: FS Lange [1992] 483, 502; PWW/LEMKE[9] Rn 35 f; MEDICUS, in: FS Hagen [1999] 157, 170; HÖK ZfBR 2000, 376, 377; ELSHORST NJW 2001, 3222, 3224; MATTERN WM 1972, 1410, 1412; Rechenbeispiel bei BENECKE ZJS 2010, 114, 116 Fn 24). Der nach diesen Grundsätzen ermittelte Ausgleichsbetrag ist **nicht nochmals nach § 254 zu teilen** (BGHZ 49, 148; KLEINDIENST NJW 1968, 1953, 1955; GRUNSKY JurA [Zivilrecht I] 1970, 407, 422 f; abl HUBMANN JZ 1968, 271). Der Kläger muss sich also von dem aufgewendeten Betrag nicht erst einen in seine Sphäre fallenden Teil mit der Wirkung abziehen lassen, dass nur der Rest zur Ausgleichung kommt. Abgesehen davon kann auch eine **schuldlose Mitverursachung** des Geschädigten anspruchsmindernd berücksichtigt werden (OLG Hamm MDR 2014, 150). Alle für die Teilung maßgeblichen Elemente sind in § 906 Abs 2 S 2 selbst enthalten und bei der Frage der Zumutbarkeit zu prüfen. Die Nutzungsbeeinträchtigung bei einem *selbst bewohnten Haus* wird im Wege der **hypothetischen Minderung des Mietzinses** im Falle der Vermietung ausgeglichen, wobei auf § 287 ZPO zurückgegriffen werden kann (BGHZ 91, 20, 31 f; BGH NJW 2009, 765; OLG München NZM 2008, 821, 823). Zu ersetzen sind auch die Aufwendungen für die *Beseitigung* der Beeinträchtigung (BGHZ 62, 186; OLG Karlsruhe NJW 1983, 2886). Auszugleichen ist dabei der Unterschied zwischen dem infolge der Beeinträchtigung geminderten Verkehrswert und dem fiktiven Verkehrswert bei noch zumutbarer Beeinträchtigung. Dabei wird für den ertragsabhängigen Verkehrswert auf die Verhältnisse vor der Beeinträchtigung ohne Berücksichtigung einer hypothetischen Entwicklung abgestellt (BGHZ 62, 361, 371 ff mit genauer Berechnung). Zu berücksichtigen ist auch der *merkantile Minderwert* (BGH NJW 1981, 1663). Im Einzelfall wurde selbst Entschädigung für *entgangenen Gewinn* gewährt (BGH MDR 1968, 912). Als Faustregel gilt, dass die Einbuße auszugleichen ist, die ein Durchschnittsbenutzer des betroffenen Grundstücks durch den unzumutbaren Teil der Immissionen typischerweise erleiden würde (ERMAN/WILHELMI[14] Rn 40; KLEINDIENST NJW 1968, 1955). Die Rspr legt die gleichen Maßstäbe zugrunde, die auch für die **Beurteilung der Wesentlichkeit** einer Beeinträchtigung gelten (oben Rn 177). Es kommt daher auf das Empfinden eines („verständigen") durchschnittlichen Benutzers des Grundstücks in seiner konkreten Beschaffenheit, Ausgestaltung und Zweckbestimmung an, ohne dass das persönliche Empfinden des Gestörten entscheidend wäre (BGH NJW 2009, 762, 765; NJW-RR 2007, 168, 169). Es handelt sich demnach um einen **differenziert-objektiven Maßstab**. Im Übrigen wird die Form der Entschädigung, nämlich **Kapitalabfindung** oder **Rente**, den Erfordernissen des Einzelfalls angepasst (ERMAN/WILHELMI[14] Rn 36). Wenig einsichtige Besonderheiten gelten bei der Entschädigung wegen *Verkehrsimmissionen,* die im Rahmen des enteignenden Eingriffs dargestellt wurden (oben Rn 84, 145).

3. Subsidiarität

265 Zwischen der Geltendmachung des Abwehranspruchs aus §§ 1004 Abs 1, 906 und des Ausgleichsanspruchs aus § 906 Abs 2 S 2 besteht **keine Konkurrenz**, da der Ausgleichsanspruch nur gegeben ist, wenn die Einwirkung zu dulden ist. Der Beeinträchtigte kann daher nicht zwischen einem nicht nach § 906 Abs 2 ausgeschlossenen Abwehranspruch nach § 1004 Abs 1 und dem subsidiären Ausgleichsanspruch des § 906 Abs 2 S 2 **wählen** (PALANDT/BASSENGE[74] Rn 27; SCHREIBER JURA 2011, 263). Anders als der bürgerlich-rechtliche Aufopferungsanspruch (oben Rn 70) steht der Anspruch aus § 906 Abs 2 S 2 in seiner direkten Anwendung mit anderen Ansprüchen, zB § 114 BBergG, die sich aus der Beeinträchtigung eines Grundstücks ergeben können, in **Anspruchskonkurrenz**. § 906 Abs 2 S 2 wird nur durch **abschließende gesetzliche Sonderregeln** verdrängt (BGHZ 178, 90 = BGH NJW 2009, 762 mit Nachw in Rn 25; zust H ROTH LMK 2009, 280109; der Ausschluss des § 8 I Buchst c ARB 2001 umfasst nicht Ansprüche aus § 906 Abs 2 S 2; LG Saarbrücken r+s 2008, 471).

4. Dienstbarkeitsbestellung

266 Ein Grundstückseigentümer kann sich vertraglich dazu verpflichten, die vom Nachbargrundstück ausgehenden Belästigungen entschädigungslos zu dulden. Auch kann die übernommene Verpflichtung zum Gegenstand einer zugunsten des Nachbareigentümers einzutragenden **Grunddienstbarkeit** nach § 1018 gemacht werden (BGH NJW 1970, 856, 857; zur historischen Herleitung MÖLLER, in: FS Rottleuthner [2011] 228 ff). Gestritten wird darüber, inwieweit damit zugleich auf die Einhaltung öffentlich-rechtlicher Belange wirksam **verzichtet** werden, insbes, ob man sich die Nichtbeachtung derartiger Belange abkaufen lassen kann (verneinend BVerwG BauR 1978, 385; bejahend BGH NJW 1981, 811; dazu STICH 291, 296 f; für die Möglichkeit des Abkaufs überzeugend JAUERNIG, in: FS Heidelberg [1986] 87, 97 f). Für den Beeinträchtigten besteht jedenfalls keine Verpflichtung, als „Gegenleistung" für eine Ausgleichszahlung nach § 906 Abs 2 S 2 seinerseits zugunsten des Nachbargrundstücks eine Dienstbarkeit eintragen zu lassen, um den Schädiger gegen eine erneute Inanspruchnahme der gleichen Art abzusichern (BGH NJW 1970, 856, 857).

5. Zumutbarkeitsabwägung und öffentliche Interessen

267 § 906 beeinflusst in weitem Maße die **öffentlich-rechtlichen Entschädigungsansprüche** aus enteignendem und enteignungsgleichem Eingriff (oben Rn 38), nicht aber gilt das umgekehrt (BGHZ 62, 361, 366). Im Rahmen der privatrechtlichen Beziehungen zwischen Grundstückseigentümern spielen Momente einer **Sozialpflichtigkeit** keine Rolle (insoweit ebenso JAUERNIG, in: FS Heidelberg [1986] 87, 96 ff). Umgekehrt scheidet allerdings eine Enteignung von vornherein aus, wenn die Einwirkung von hoher Hand das Eigentum nicht in größerem Umfang beeinträchtigt, als dies der Eigentümer schon nach privatem Recht entschädigungslos dulden muss (BGHZ 69, 105, 114 f = LM Nr 53 mAnm HAGEN; oben Rn 84). Im Einzelfall wurde es offengelassen, ob der Umstand, dass etwa ein privates Flughafenunternehmen öffentliche Aufgaben von gemeinschaftswichtiger Bedeutung wahrnimmt (oben Rn 29), Einfluss auf die Abwä-

gung im Rahmen der Zumutbarkeit des § 906 Abs 2 S 2 hat (BGHZ 69, 105, 115). ME ist diese Frage zu verneinen. Eine mit der **Zumutbarkeitsschwelle** des § 906 Abs 2 S 2 BGB identische **Erheblichkeitsschwelle** weisen im öffentlich-rechtlichen Nachbarschaftsverhältnis § 74 Abs 2 S 3 VwVfG und die entsprechenden Vorschriften des Landesrechts sowie § 42 Abs 1 BImSchG auf (BGHZ 161, 323; 122, 76, 78 f [Fluglärm], oben Rn 148; BVerwGE 79, 254 = NJW 1988, 2396 [Feuerwehrsirene]). Das bedeutet einen zweckgebundenen Geldausgleich für den passiven Immissionsschutz, insbes für das Anbringen von *Schallschutzfenstern.*

6. Ausgleichsberechtigter; Ausgleichspflichtiger

Ausgleichsberechtigter des § 906 Abs 2 S 2 ist der Duldungspflichtige der Immission. **268**
Das muss im Einzelfall nicht der Eigentümer, sondern kann auch der geschädigte **Besitzer** eines Grundstücks sein (BGHZ 70, 212, 220; bestätigend BGH NJW 2001, 1865, 1866; **aA** BREHM JZ 2001, 1086; HORST MDR 2001, 804). Der bloße **Benutzer** ist allerdings nicht ausgleichsberechtigt (BGHZ 92, 143; oben Rn 108). Nimmt der **Mieter** als Besitzer einen Dritten nach § 906 Abs 2 S 2 in Anspruch, so bestimmt sich die Grenze der Zumutbarkeit nicht nach mietrechtlichen Normen. Die nach § 906 Abs 2 S 2 auszugleichenden Beeinträchtigungen entsprechen daher nicht ohne weiteres dem Umfang des mietrechtlichen Minderungsrechts (BGH NJW 2008, 2497, 2499).

Ausgleichspflichtiger bei § 906 Abs 2 S 2 ist der **Benutzer** iS des Bestimmers der **269** Nutzungsart (BGHZ 113, 384, 392 [Kaltluftsee]; MünchKomm/SÄCKER[6] Rn 137; ERMAN/WILHELMI[14] Rn 39; auch GRUNSKY JurA [Zivilrecht I] 1970, 407, 423; MATTERN WM 1972, 1410, 1412), also nicht ohne weiteres der *Begünstigte* (für den letzteren mit Nachdruck MAULTZSCH 237: Gedanke der marktimitierenden Aufopferungspflicht). Benutzer ist daher nur der *Bauherr,* nicht aber der *Bauunternehmer* (BGHZ 72, 289, 297; BGH NJW 2010, 3158 Rn 12 [Rüttelarbeiten]; 1966, 42; OLG München NZM 2008, 821, 823; OLG Rostock BauR 2001, 1127; ITZEL MDR 2012, 1444, 1447; SCHELINSKI NZM 2005, 211, 212) oder der *Architekt* (BGHZ 85, 375). Für die Benutzereigenschaft ist entscheidend, ob die betreffende Person eigenverantwortlich handeln darf und das Risiko für eine Beeinträchtigung Dritter trägt (BGH MDR 1968, 912). Ungenau ist es, vom „Störer" zu sprechen, da die Immission im direkten Anwendungsbereich des § 906 Abs 2 S 2 **rechtmäßig** ist (zutreffend JAUERNIG/BERGER[15] Rn 7; MARTIN NJW 1972, 563).

7. Verjährung

Es gelten die §§ 195, 199 (wie oben Rn 80; zu § 14 S 2 BImSchG oben Rn 80). **270**

8. Prozessuales

a) Beweislast

Der **Beeinträchtigte** trägt bei Geltendmachung des Ausgleichsanspruchs aus § 906 **271** Abs 2 S 2 die Behauptungs- und Beweislast für die Emission, die Beeinträchtigung der ortsüblichen Benutzung seines Grundstücks sowie für die Kausalität zwischen Emission und Beeinträchtigung und für das Vorliegen der Beeinträchtigung seines Grundstücks oder dessen Ertrag über das zumutbare Maß hinaus (BGHZ 117, 110, 113 [Bienenflug]; BGH NJW 1978, 373; OLG München NZM 2008, 821, 822 [ICE-Baustelle]; OLG Oldenburg AgrarR 1975, 258, 260; BGB-RGRK/AUGUSTIN Rn 89; BAUMGÄRTEL/LAUMEN/PRÜT-

TING/SCHUSCHKE, Beweislast[3] Rn 10; H ROTH UTR Bd 104 [2010] 223, 241). Dagegen trägt der **Benutzer** des anderen Grundstücks die Behauptungs- und Beweislast für die Unwesentlichkeit, Ortsüblichkeit und Unverhinderbarkeit durch wirtschaftlich zumutbare Maßnahmen (BGHZ 92, 143 = JZ 1984, 1106, 1107 mAnm BAUMGÄRTEL; OLG Rostock NJW 2006, 3650, 3652 [für die Prüfung der Rechtswidrigkeit im Rahmen des § 823 Abs 1]). Diese Verteilung hat ihren Grund in der schweren Beweisbarkeit für den Betroffenen (ebenso BAMBERGER/ROTH/FRITZSCHE[3] Rn 97; PALANDT/BASSENGE[74] Rn 30). An sich ist der Ausschluss des Abwehranspruchs aus § 1004 Abs 1 durch § 906 Abs 2 S 1 Anspruchsvoraussetzung für den Ausgleichsanspruch aus § 906 Abs 2 S 2.

272 Bei der Bewertung der **Zumutbarkeit** geben in **öffentlich-rechtlichen Vorschriften enthaltene Grenzwerte** nur Anhaltspunkte ab, ohne die Zivilgerichte zu binden. Nach **aA** soll bei einem Überschreiten vorhandener öffentlich-rechtlicher immissionsschutzrechtlicher Grenzwerte der *Anscheinsbeweis* für das Vorliegen der Unzumutbarkeit gegeben sein (etwa HÖTZEL AgrarR 1978, 57, 61) oder eine tatsächliche Vermutung für eine unzumutbare Beeinträchtigung streiten. Richtig ist lediglich, dass Grundstücksstörungen, die als wesentlich anzusehen sind, im Regelfall auch unzumutbar iS des § 906 Abs 2 S 2 sein werden (BAUMGÄRTEL/LAUMEN/PRÜTTING/SCHUSCHKE, Beweislast[3] Rn 10). Wird die Emission als *unwesentlich* beurteilt, so taucht die Frage des § 906 Abs 2 S 2 nicht auf. Werden dagegen die Grenz- und Richtwerte überschritten, so greift § 906 Abs 1 S 2, 3 nicht ein, und es gelten die allgemeinen Grundsätze (oben Rn 202).

b) Mitverursachung

273 Die Frage, ob sich eine **Mitverantwortung des Gestörten** an der Beeinträchtigung auf die zu zahlende Entschädigung nach § 906 Abs 2 S 2 auswirkt, gehört als Teil des Abwägungsvorgangs zum **Klagegrund**. Gleichwohl kann dem **Betragsverfahren** die Entscheidung überlassen bleiben, inwieweit zB dem lärmbeeinträchtigten Eigentümer aufwendige Abwehrmaßnahmen zumutbar sind, wenn mit hoher Wahrscheinlichkeit anzunehmen ist, dass auch bei Berücksichtigung einer Mitverursachung der Klageanspruch wenigstens teilweise bestehen bleibt (BGHZ 79, 45, 46 = LM Nr 65 mAnm HAGEN).

274 Der Übergang vom Unterlassungsanspruch des § 1004 Abs 1 BGB zum Ausgleichsanspruch des § 906 Abs 2 S 2 BGB bedeutet eine **Klageänderung** gem § 263 ZPO, weil es sich bei dem Erfordernis der Beeinträchtigung über das zumutbare Maß hinaus um eine zusätzliche Voraussetzung handelt (BGH MDR 1969, 648). Diese Klageänderung wird im Regelfall sachdienlich sein.

275 Für die **Schätzung der Höhe** des Ausgleichsanspruchs ist § 287 ZPO anwendbar (BGH MDR 1969, 648). Es genügt aber nicht, die Unzumutbarkeit nur mit allgemeinen Bemerkungen zu begründen (BGB-RGRK/AUGUSTIN Rn 78).

VII. Zuführung durch eine besondere Leitung (§ 906 Abs 3)

276 Die Zuführung von Immissionen durch eine besondere Leitung ist gem § 906 Abs 3 stets unzulässig. Derartige Zuführungen brauchen daher niemals geduldet zu werden, auch wenn sie für sich betrachtet **unwesentlich** sind (M WOLF/WELLENHOFER[29], Sachenrecht § 25 Rn 9). Aus Abs 3 ergibt sich vielmehr, dass die gezielte Zuleitung von

Imponderabilien als wesentliche Beeinträchtigung zu werten ist (BayObLG NJW-RR 2005, 385 [Außenentlüftungsanlage, im Übrigen zur Anwendbarkeit im WEG]). Die Leitung braucht nicht bis zur Grundstücksgrenze zu reichen; vielmehr genügt es, wenn sie durch ihre Richtung das **Eindringen vermittelt** (jurisPK-BGB/Vieweg/Regenfus[7] Rn 135). So ist es nach § 906 Abs 3 unzulässig, Schall durch Röhren zuzuführen, die in eine Brandmauer eingefügt sind. Eine besondere Leitung ist auch ein an der Grenze angebrachtes *Auspuffrohr* (OLG München OLGE 26, 125). Dagegen reicht es nicht aus, wenn der Schall deshalb laut durch die Betonmauer dringt, weil die zur Errichtung der Wand verwendeten Betonpfeiler ihn besonders gut leiten (RG HRR 1933 Nr 1928; abl Meisner/Ring/Götz § 13 Rn 20 aE). Die *Antenne* des Störers eines Rundfunkempfangs ist keine besondere Leitung, weil durch sie die Einwirkung nicht unmittelbar dem Grundstück des Gestörten zugeführt wird. Die **Beweislast** für die Zuführung durch eine besondere Leitung trägt der Betroffene (Baumgärtel/Laumen/Prütting/Schuschke, Beweislast[3] Rn 5).

VIII. Summierte Immissionen

1. Beweisschwierigkeiten

Regelmäßig hat der Emittent nur bei **feststehendem Ursachenzusammenhang** zwi- **277** schen Emission und eingetretener Beeinträchtigung einzustehen. Das gilt sowohl für den Abwehranspruch aus § 1004 Abs 1 als auch für den Ausgleichsanspruch des § 906 Abs 2 S 2 und die diesem nachgeformten verschuldensunabhängigen Ausgleichs- und Aufopferungsansprüche des bürgerlichen und des öffentlichen Rechts (vgl Diederichsen/A Scholz WiVerw 1984, 23, 28; Kleindienst 56 ff). Insbes bei summierten Immissionen einer Vielzahl von Anlagebetreibern bestehen für den Beeinträchtigten hinsichtlich der **Kausalitätsfrage erhebliche Beweisschwierigkeiten**. Hier liegt daher eine der empfindlichsten Lücken des privatrechtlichen Immissionsschutzes (dazu H Westermann, in: 1. FS Larenz [1973] 1012; F Baur JZ 1987, 317, 321; Diederichsen/A Scholz WiVerw 1984, 23, 37; Baumgärtel JZ 1984, 1109; G Hager NJW 1986, 1961, 1966 ff; Lummert/Thiem 180 ff; ausführlich Staudinger/Kohler [2010] A. Einl 156 ff zum UmweltHR). Der Grund für die unbefriedigende Rechtslage liegt darin, dass der private Immissionsschutz auf die Kollision einzelner bestimmter Eigentumsrechte zugeschnitten ist, während Immissionen immer häufiger auf der Raumbeschaffenheit insgesamt beruhen (K Schmidt JuS 1976, 467; auch Steinberg NJW 1984, 457; Rehbinder, Privates Immissionsschutzrecht Rn 81). Aus diesem Grund wohl wird dem privaten Immissionsschutzrecht bisweilen nur der Rang des „Flankenschutzes" zum öffentlichen Immissionsschutzrecht eingeräumt (etwa Kloepfer, Zum Umweltschutzrecht in der Bundesrepublik Deutschland [oJ] 50 f). Bei den von der Rspr entschiedenen Fällen sind Ursachenverknüpfungen zwischen mehreren Schädigern und Beeinträchtigung noch einigermaßen klar zu erkennen und lediglich die **Art der Verursachung** und die **Verursachungsanteile** ungeklärt geblieben (zB BGHZ 66, 70 = LM Nr 47 mAnm Mattern [Sprengungsschäden]; zutreffend Adams ZZP 99 [1986] 129, 160). Bei dem nicht bestimmungsgemäßen Betrieb (§ 6 Abs 2 UmweltHG) einer der im Anhang zum UmweltHG genannten Anlage hilft **§ 6 UmweltHG** mit einer **Ursachenvermutung** und löst damit den Schadenersatzanspruch nach § 1 UmweltHG aus. Einzelheiten zu den Problemen der summierten Immission finden sich in den Erl zu § 6 UmweltHG (Staudinger/Kohler UmweltHR [2010] B. Rn 21 ff; ferner G Hager NJW 1991, 134, 137 f). Nicht von § 6 UmweltHG erfasst ist freilich der **rechtmäßige Normalbetrieb**. Hier muss der Geschädigte die Kausalität nach den im nachfolgenden dargelegten Regeln nachweisen. Zu unterscheiden sind im Rahmen der summierten Immissionen (enger der Begriff bei MEDICUS JZ 1986, 778, 782) verschiedene Fallgruppen (im Anschluss an SOERGEL/JF BAUR[13] Rn 119 ff; auch AK-BGB/WINTER Rn 68 ff; BAMBERGER/ROTH/FRITZSCHE[3] Rn 89 ff; PALANDT/BASSENGE[74] Rn 29; NICK AgrarR 1985, 343, 345 ff).

2. Gesamtschuld

278 Sind die Beeinträchtigungen mehrerer Emittenten *jede für sich gesehen unwesentlich* (etwa OLG Oldenburg AgrarR 1975, 258), werden sie aber durch ihr Zusammenwirken wesentlich oder gehen sie im Zusammenwirken über das zumutbare Maß des § 906 Abs 2 S 2 hinaus, so kann wahlweise von jedem Emittenten Unterlassung verlangt werden, bis Unwesentlichkeit oder Zumutbarkeit erreicht sind (OLG Frankfurt DWW 1985, 208; PALANDT/BASSENGE[74] Rn 29; StudK-BGB/M WOLF Anm 3 a; KLEINDIENST 60; PLEYER AcP 165 [1965] 560; anders H WESTERMANN, in: 1. FS Larenz [1973] 1003, 1012). Im Falle der Durchsetzbarkeit des Abwehranspruchs aus § 1004 besteht ein Ausgleichsanspruch nach § 906 Abs 2 S 2 nicht (zutreffend OLG Oldenburg AgrarR 1975, 258). In derartigen Fällen ist die Durchsetzbarkeit des § 1004 freilich vielfach zweifelhaft, weil **Kleinemittenten** entweder mit öffentlicher Genehmigung handeln wie etwa beim Autofahren (DIEDERICHSEN/A SCHOLZ WiVerw 1984, 23, 33, 38), oder eben wegen ihrer Vielzahl nicht greifbar sind. In derartigen Fällen besteht bei Undurchsetzbarkeit des § 1004 allenfalls ein Anspruch aus § 906 Abs 2 S 2 **pro rata**, wobei der Anteil nach § 287 ZPO zu schätzen ist (H WESTERMANN, in: 1. FS Larenz [1973] 1012; RUHWEDEL NJW 1971, 645 re Sp; DIEDERICHSEN/A SCHOLZ WiVerw 1984, 23, 38). Eine **gesamtschuldnerische Haftung** lässt sich in derartigen Fällen nicht vertreten (MEDICUS JZ 1986, 778, 782; für gestörte Fischereirechte BGH NJW-RR 2007, 1319, 1320; anders BGHZ 66, 70; KLEINDIENST 75).

279 Reicht von mehreren Immissionen *jede für sich allein aus,* einen nach § 906 ausgleichspflichtigen Schaden herbeizuführen, besteht neben dem Unterlassungsanspruch gegen den einzelnen Störer nach richtiger Auffassung eine **gesamtschuldnerische Haftung aller** Störer (LARENZ/CANARIS § 85 II 1 c S 658; MARBURGER 124; SOERGEL/JF BAUR[13] Rn 123). Dagegen gesteht der BGH bei festgestelltem Tatbeitrag nur einen pro rata Ausgleich zu (BGHZ 72, 289, 297 ff; 85, 375, 387 [aber möglicherweise überholt durch BGHZ 101, 106, 111]; KLEINDIENST 75).

280 Besondere Bedeutung kommt der Fallgruppe zu, dass *mehrere Störer über das nach § 906 BGB zu duldende Maß hinaus* emittieren, ohne dass sich auch durch Anwendung des § 287 ZPO feststellen ließe, von welchem Schädiger ein bestimmter Ursachenanteil herrührt. Hier wird zT vertreten, dass die Störer in entsprechender Anwendung des § 830 Abs 1 S 2 **gesamtschuldnerisch** haften (MARBURGER 124; LARENZ/CANARIS § 85 II 1 c S 659; gegen jede Anwendung des § 830 Abs 1 S 2 jedoch LG Hamburg MDR 1965, 45). Mit Recht wird demgegenüber darauf hingewiesen, dass eine gesamtschuldnerische Haftung nur dann gerechtfertigt ist, wenn jeder den ganzen Schaden auch allein hätte verursachen *können* (MEDICUS JZ 1986, 778, 782). Die Rspr verlangt die Prüfung, welche Teile der Beeinträchtigung durch den einen oder den anderen der Störer allein oder im Zusammenwirken mit den Emissionen des anderen Störers verursacht worden sind oder jedenfalls verursacht worden sein konnten (BGHZ 66, 70, 75 = LM Nr 47 mAnm MATTERN). Der Richter soll gem § 287 ZPO schätzen können. Soweit nach dem Ergebnis der Schätzung ein bestimmter Teil des Schadens nur

durch das Zusammenwirken beider Ursachen herbeigeführt wird, haften beide Störer für *diesen Teil* gesamtschuldnerisch, weil keine der beiden Ursachen hinweggedacht werden kann, ohne dass der Schaden entfiele (**„progressive Schadenssteigerung"**). Ist auch unter Anwendung des § 287 ZPO für einen bestimmten Teil des Schadens die Verursachung unaufklärbar, so haften als Folge dieser Unaufklärbarkeit die Schädiger für *jenen Teil gesamtschuldnerisch* (BGHZ 66, 70, 77). Soweit eine Aufteilung auch unter Anwendung des § 287 ZPO wegen Beweisschwierigkeiten scheitert, kommt demnach der BGH letztlich zu einer **gesamtschuldnerischen Haftung** der Störer (K SCHMIDT JuS 1976, 467). ME liegt darin ein Verstoß gegen die Wertung des § 830 Abs 1 S 2.

3. Wahrscheinlichkeiten

Die dargestellten Grundsätze versagen, wenn Schädigungen durch eine unbestimmte Vielzahl von Störern hervorgerufen werden wie etwa beim **„neuartigen Waldsterben"** (ERMAN/WILHELMI[14] Rn 38; SOERGEL/JF BAUR[13] Rn 130; E LANG AcP 174 [1974] 381, 382; RUMMEL 51 f; G H ROTH NJW 1972, 921, 922). In derartigen Fällen lässt sich eine mögliche Verursachung allenfalls in **Wahrscheinlichkeiten** ausdrücken (ADAMS ZZP 99 [1986] 129, 156 ff). ME vermag das Zivilrecht hier nicht mehr zu helfen. Insbes lassen sich Verurteilungen nach § 906 Abs 2 S 2 nicht aufgrund von rein statistischen Wahrscheinlichkeitserwägungen rechtfertigen (ebenso ADAMS ZZP 99 [1986] 129, 160; H WESTERMANN, in: 1. FS Larenz [1973] 1003, 1012 f; MARBURGER 124 f; LARENZ/CANARIS § 85 I I 1 c S 661; anders NAWRATH NJW 1982, 2364; wohl auch G HAGER NJW 1986, 1961, 1969). Da auch das Staatshaftungsrecht keine Abhilfe zu bringen vermag (BGHZ 102, 350; ADAMS ZZP 99 [1986] 129, 160 ff; oben Rn 106), gehören derartige Schäden derzeit zum **allgemeinen Lebensrisiko.** 281

IX. Prozessuales

1. Außergerichtliche Streitbeilegung

Prozessuale Fragestellungen wurden jeweils bereits bei den einzelnen Tatbestandsmerkmalen des § 906 berücksichtigt. Es verbleiben daher nur noch einige **übergreifende** prozessuale Probleme. Nach **15a EGZPO** kann ua in Streitigkeiten nach § 906 BGB durch Landesgesetz bestimmt werden, dass die Erhebung der Klage erst zulässig ist, nachdem von einer durch die Landesjustizverwaltung eingerichteten oder anerkannten **Gütestelle** versucht wurden ist, die Streitigkeit einvernehmlich beizulegen (abgelehnt für Deliktsklagen durch OLG Koblenz MDR 2013, 399; abgelehnt für Zahlungsansprüche aus § 906 Abs 2 S 2 durch BGH MDR 2012, 579). Doch darf es sich nach § 15a EGZPO nicht um Einwirkungen von einem gewerblichen Betrieb handeln (dazu HARTMANN NJW 1999, 3745; ENDERS JurBüro 2000, 113). Von dieser Ermächtigung haben Gebrauch gemacht *Baden-Württemberg* (G v 28. 6. 2000, SchlGBW GBlBW 470); *Bayern* (G v 25. 4. 2000, BaySchlG, GVBl 268); *Brandenburg* (G v 5. 10. 2000, GVBl 134, 182); *Hessen* (G v 6. 2. 2001, GVBl 98); *Nordrhein-Westfalen* (G v 26. 1. 2010, GVBl 30); *Saarland* (G v 21. 2. 2001, ABl 532), *Sachsen-Anhalt* (G v 22. 6. 2001, GVBl 214), *Schleswig-Holstein* (G v 11. 12. 2001, GVOBl 361; dazu ZIETSCH/ROSCHMANN NJW 2001, Heft 51 Beilage S 30), *Rheinland-Pfalz* (G v 10. 9. 2008, LSchlG, GVBl 204), *Mecklenburg-Vorpommern* (G v 13. 9. 1990, § 34a eingefügt mit Wirkung vom 1. 10. 2010, GVOBl M-V 329) und *Niedersachsen* (G v 17. 12. 2009, GVBl 482). Die genannten Gesetze sind 282

abgedruckt im SCHÖNFELDER Ergänzungsband (Stand: 17. 10. 2014) Nrn 104 bis 104j
(Überblick über die Regelungen bei DECKENBROCK/JORDANS MDR 2013, 945; zur Kritik an der
obligatorischen Streitschlichtung etwa KNODEL/WINKLER ZRP 2008, 183).

2.   Die Fassung des Urteilstenors

283   Auf dem Gebiet der Immissionen genügt im Tenor das **Gebot, allgemein Störungen
bestimmter Art** (beispielsweise durch Geräusche oder Gerüche) zu unterlassen
(BGHZ 121, 248, 251 [Jugendzeltplatz] m zust Anm H ROTH JR 1994, 64; KG NZM 2013, 742
[offener Kamin]; OLG Celle NJW-RR 2011, 1585; OLG Düsseldorf NJW 2009, 3377 [Kinderlärm]).
Das liegt an den Schwierigkeiten, mit Worten das Maß der unzulässigen Einwirkung
so zu bestimmen, dass der beeinträchtigte Verletzte wirksam geschützt wird und
nicht schon eine geringfügige Änderung der Einwirkungen trotz einer fortdauern-
den, nicht zu duldenden Belästigung, das Verbot hinfällig macht (BGH LM Nr 5; BGHZ
67, 252; BGH ZMR 1965, 301, 302; OLG München Urteil v 19. 1. 2009 Az 19 U 3826/08, juris
[Verunreinigungen durch Stärke- und Wasserdampfemissionen]; OLG Karlsruhe ZMR 1989, 90, 92;
OLG Nürnberg RdL 1972, 10, 12; OLG Saarbrücken JBlSaar 1966, 162, 165; LG Stuttgart RdL 1967,
49, 51; AG Hamburg-Altona ZMR 2013, 448, 450; SCHERER DRiZ 1963, 49; SCHUBERT JR 1972,
177). So ist etwa folgender Tenor **ausreichend bestimmt**: „Der Beklagte wird verurteilt, es
zu unterlassen, den Kläger in seinem Besitz an dem Grundstück X durch Geräusche zu stören,
soweit es sich nicht um Einwirkungen handelt, die die Benutzung des Grundstücks des Klägers nur
unwesentlich beeinträchtigen" (SCHERER DRiZ 1963, 49, 53; vergleichbar LG München I NJW-RR
1989, 1178).

Bei **Geruchsbelästigungen** genügt zB das Verbot, „das Grundstück der Klägerin
durch vom Schweinemastbetrieb ausgehende Gerüche wesentlich zu beeinträchtigen" (BGHZ 140, 1, 3; KG NZM 2013, 742; OLG Celle OLGR 2009, 917; auch OLG Brandenburg
NL-BzAR 2007, 199, 201). Vergleichbares gilt für **Sonnenlichtreflexionen** durch das ver-
glaste Oberlicht eines Nachbargrundstücks (OLG Stuttgart U v 9. 2. 2009 Az 10 U 146/08,
juris). Freilich müssen wenigstens die **Entscheidungsgründe** Anhaltspunkte für die
nähere Abgrenzung ergeben (H ROTH JR 1994, 64, 65; MATTERN WM 1972, 1410, 1419),
sofern eine Quantifizierung überhaupt möglich ist. Bei Geruchsbelästigungen ist das
derzeit allerdings nicht der Fall (BGHZ 140, 1, 4; BayObLG NJW-RR 2001, 156, 157; OLG
Brandenburg DWW 2003, 231 [Viehhaltung]).

284   Wegen der Fortschritte der Messtechnik kann das Unterlassungsgebot jedoch zunehmend näher bestimmt werden, sodass auch der Umfang der zu unterlassenden
Einwirkungen schon im Erkenntnisverfahren für das **Vollstreckungsverfahren** konkretisiert werden kann (BGHZ 121, 248, 252; 67, 252; BGH NJW 1984, 1242; OVG Hamburg
BauR 1986, 73). Davon sollte nach Möglichkeit, ggf unter Hinzufügung von Zusätzen
(unten Rn 286), Gebrauch gemacht werden. Andernfalls besteht die Gefahr, das Erkenntnisverfahren in das anschließende Vollstreckungsverfahren zu verlagern. Der
Rechtsstreit wiederholt sich dann in der Vollstreckungsinstanz (RIEHL Gruchot 51
[1911] 142, 144). Umgekehrt steht es dem Gericht ohne Verstoß gegen § 308 ZPO
frei, einen konkretisierten Klageantrag in allgemeiner gehaltener Tenorierung zu
verbescheiden (OLG München NJW-RR 1991, 1492, 1494).

285   Grundsätzlich muss die **Art der Beseitigung der Störung** dem beklagten Störer überlassen bleiben. Insbes ist ihm die Entscheidung zugewiesen, ob er den Betrieb der

Anlage einstellen, umgestalten oder einschränken will (BGHZ 111, 63, 72 [Volksfestlärm]; BGH LM Nr 25; NJW 1983, 751; NJW-RR 2006, 235, 237; OLG Celle NJW 1988, 424, 426; OLG Köln VersR 1991, 556; OLG Koblenz MDR 1980, 578, 579; OLG Oldenburg AgrarR 1984, 73; OLG Stuttgart NJW-RR 1986, 1339, 1340; LG Konstanz ZGenW Bd 24 [1974] 84 mAnm Forkel). Zur Vornahme einer **konkreten Beseitigungshandlung** kann verurteilt werden, wenn feststeht, dass sich zB nur über eine umfassende Umgestaltung des Betriebs die Belästigungen vermeiden lassen (BGHZ 67, 252, 253 f [Schweinemästerei]; BGH NJW 1983, 751 [Tennisplatz]; NJW 1984, 1242, 1243 [Verlegung der Haltestelle einer Buslinie]; OLG Rostock U v 13. 5. 2009 Az 3 U 3/08, juris [Infraschall]; OLG Karlsruhe ZMR 1989, 90, 92 [gänzliche Unterlassung des Spielbetriebs einer Minigolfanlage]; OLG Nürnberg RdL 1970, 95 [Bienen]; OLG Bremen ZMR 1956, 193 [Tischlerei]; LG Aachen NJW-RR 1986, 818, 819 [Gemeinschaftshaus]; dazu Hagen WM 1984, 677), oder sich sonst anders die Beeinträchtigung nicht verhindern lässt (OLG Frankfurt DWW 1985, 208; OLG Köln VersR 1997, 121, 122 [Beseitigung verseuchter Bahnschwellen]; LG Siegen DWW 1987, 48 [Tennisplatz]). So konnte im Falle von vier störenden *Windkraftanlagen* der Betreiber dazu verurteilt werden, in der Zeit von 22 Uhr bis 6 Uhr den Betrieb von zwei Anlagen zu unterlassen, da ansonsten der nach der TA-Lärm zulässige Grenzwert von nachts 45 dB(A) nicht eingehalten werden konnte (BGH NZM 2004, 957).

Der **Tenor** darf auch **Zusätze aufweisen**. So ist ein Tenor zulässig, wonach die Be- **286** klagte Lärmeinwirkungen zu unterlassen hat, soweit diese bestimmte Geräuschwerte überschreiten „und damit eine nicht nur unwesentliche Beeinträchtigung des Klägers mit sich bringen" (BGH MDR 1969, 744). Der Urteilstenor braucht nicht den **Vorbehalt** einer etwaigen erforderlichen **behördlichen Genehmigung** zu enthalten (BGH NJW 1984, 1242, 1243 [Verlegung einer Bushaltestelle]). Doch ist ein solcher Vorbehalt im Tenor zur Klarstellung oftmals angebracht (BGH NJW 1995, 714 f; BGHZ 120, 239, 247 [§ 31 BNatSchG: Froschlärm]; OLG Naumburg NVwZ-RR 2014, 552 [Froschlärm] = BeckRS 2014, 05581; LG Hechingen NJW 1995, 971 [Schwalbenkunstnester]; ausführlich Regenfus 140 ff). Werden bei dem gestörten Grundstück die Anforderungen an den **Schallschutz** nicht eingehalten, so ist der Gestörte zur Duldung der Immissionen verpflichtet, die sich bei der Einhaltung der Anforderungen in den Grenzen der zulässigen Richtwerte hielte. Werden auch bei hypothetischer Einhaltung der Anforderungen die zulässigen Richtwerte überschritten (DIN 4109) und ergibt sich daraus eine abwehrfähige wesentliche Beeinträchtigung, so muss die Verurteilung dahin eingeschränkt werden, geeignete Maßnahmen zu ergreifen, die verhindern, dass die störenden Geräusche innerhalb der gestörten Räume den zulässigen Richtwert auch dann überschreiten, wenn deren Schalldämmung ausreichend wäre (BGH NJW 2008, 1810, 1813).

Bei der Vollstreckung soll es sich im Regelfall um eine **Unterlassungsvollstreckung** **287** gem § 890 ZPO handeln, nicht um eine Vollstreckung zur Vornahme einer *unvertretbaren* Handlung nach § 888 ZPO (OLG Köln VersR 1993, 1242 [Hundegebell]; OLG München MDR 1990, 442 [Hundegebell]; NJW-RR 1991, 1492, 1494 [Radiomusik]). Das gilt auch dann, wenn der Tenor dahin lautet, dass „Maßnahmen getroffen werden", die etwas „verhindern" (BGH MDR 1982, 395; **aA** AG Wiesbaden DWW 1988, 18, 19; LG München I NJW-RR 1989, 1178, 1179). Im Einzelfall kann der Störer auch zur Herstellung von Einrichtungen verurteilt werden. Wurde der Schuldner zB verurteilt, geeignete Maßnahmen zur Abwehr von Feuchtigkeitsimmissionen vorzunehmen (OLG Düsseldorf MDR 1998, 734) oder sonst geeignete Maßnahmen zu treffen, die den Austritt von

Gerüchen, Lärmbelästigungen oder Blendung durch Lichtreflexe verhindern (OLG Saarbrücken MDR 2000, 784; auch OLG Stuttgart U v 9. 2. 2009 Az 10 U 146/08 juris [Reflexblendungen durch Sonnenlicht durch verglastes Oberlicht eines Nachbargrundstücks]), so soll das Urteil nach § 887 ZPO zu vollstrecken sein, weil eine *vertretbare Handlung* geboten wurde. Vergleichbar liegt es bei der Verurteilung zur Ergreifung geeigneter Maßnahmen, damit Nutzer eines *Drogenhilfezentrums* und Dealer ein Grundstück nicht betreten (H ROTH LM § 1004 BGB Nr 246 zu BGH NJW 2000, 2901; ausführlich zur Vollstreckung STAUDINGER/GURSKY [2013] § 1004 Rn 246 mit zahlreichen Angaben). ME gilt folgendes: Die Fassung des Tenors als Unterlassungs- oder Handlungstitel beruht vielfach auf reinem **Zufall**. Deshalb kann es nicht maßgebend auf seine Auslegung ankommen. Man sollte daher den Gläubiger nicht an eine bestimmte Vollstreckungsart binden, sondern ihm ein **Wahlrecht** zwischen der **Unterlassungsvollstreckung** einerseits (§ 890 ZPO) und der **Handlungsvollstreckung** (§§ 887, 888 ZPO) andrerseits einräumen. Das Wahlrecht des Gläubigers stützt sich auf die analoge Anwendung des § 264 Abs 1 HS 1 BGB. Bis zur Befriedigung des Gläubigers kann der Schuldner nach § 264 Abs 1 HS 2 BGB analog noch freiwillig um den Preis der Belastung mit den Kosten erfüllen (Einzelheiten bei H ROTH, in: FS Ishikawa [2001] 443).

3. Rechtskraftwirkung

288 Eine zB aufgrund des bürgerlich-rechtlichen Aufopferungsanspruchs (oben Rn 66) zugesprochene Summe muss erkennen lassen, in welchem Umfang sie sich auf die verschiedenartigen Ersatzforderungen **verteilt**, wie etwa Positionen des Minderwerts, zu erwartende Zukunftsschäden oder in der Vergangenheit liegende Aufwendungen (BGHZ 28, 225, 232 f [Steinbrocken aus Sprengungen]).

4. Verurteilung aus wahlweisem Haftungsgrund

289 Bei allseits erfüllten Anspruchsmerkmalen kann **offen bleiben**, ob sich die Verurteilung zB auf den bürgerlich-rechtlichen Entschädigungsanspruch stützt (BGHZ 48, 98), oder etwa auf einen öffentlich-rechtlichen Anspruch aus enteignendem oder enteignungsgleichem Eingriff (BGHZ 91, 20, 25; OSSENBÜHL JZ 1984, 744; eine andere Sicht der Dinge bei KROHN, in: ROTH/LEMKE/KROHN, Der bürgerlich-rechtliche Aufopferungsanspruch [2001] 57 ff). In derartigen Fällen braucht sich der Richter nicht zu entscheiden und sollte es auch nicht tun (dazu HUBMANN JZ 1968, 66).

5. Örtliche Zuständigkeit

290 Für Abwehrklagen aus § 1004 Abs 1 BGB ist gem § 24 ZPO der ausschließliche **dingliche Gerichtsstand** gegeben. Zuständig ist demnach das Gericht, in dessen Bezirk die Sache belegen ist. Zu § 24 ZPO gehören aber nicht Ausgleichsansprüche aus § 906 Abs 2 S 2 BGB, der bürgerlich-rechtliche Aufopferungsanspruch und der Anspruch aus § 14 S 2 BImSchG, selbst wenn sich derartige Ansprüche als abgeschwächte Eigentumsfreiheitsansprüche verstehen ließen (dazu WOLFF/RAISER, Sachenrecht 191). Für Ansprüche aus § 823 Abs 1, 2 BGB ist der besondere Gerichtsstand der **unerlaubten Handlung** nach §§ 32, 35 ZPO gegeben. Da die Handlung iS des § 32 ZPO auch am Erfolgsort „begangen" ist, werden die Gerichtsstände der §§ 32, 24 ZPO im Ergebnis oft zusammenfallen. Das ist auch wünschenswert, weil damit die Verurteilung aus wahlweisem Haftungsgrund (oben Rn 289) erleichtert wird. ME

können auch öffentlich-rechtliche Entschädigungsansprüche aus enteignungsgleichem und enteignendem Eingriff sowie der verschuldensunabhängige Ausgleichsanspruch des § 906 Abs 2 S 2 BGB samt dem bürgerlich-rechtlichen Aufopferungsanspruch und dem Anspruch aus § 14 S 2 BImSchG mit § 32 ZPO erfasst werden (STEIN/JONAS/ROTH[23] § 32 Rn 20). Wegen der nach Tatbestand und Rechtsfolgen eng miteinander verwandten Ansprüche sollte wenigstens in diesem Bereich der **Gerichtsstand des Sachzusammenhangs** anerkannt werden (generell dafür H ROTH, in: FS Schumann [2001] 355). Der Gerichtsstand des § 32a ZPO gilt außer bei Schadensersatzansprüchen nach dem UmwHG auch für andere Haftungsgrundlagen wie zB §§ 823, 906 Abs 2 S 2 BGB. Doch muss es sich um eine Umwelteinwirkung durch eine **Anlage** handeln (ZÖLLER/VOLLKOMMER[30] § 32a Rn 4). – Zu § **26 ZPO** vgl OLG Frankfurt NZM 2014, 448.

6. Veräußerung des störenden Grundstücks

§ 266 ZPO erfasst auch die **Veräußerung des störenden Grundstücks**, von dem aus **291** Einwirkungen auf das gestörte Nachbargrundstück ausgehen, während des Rechtsstreits über die Abwehr dieser Einwirkungen nach §§ 1004 Abs 1, 906. Der Rechtsvorgänger führt den Rechtsstreit bis zur Übernahme durch den Rechtsnachfolger weiter (BGHZ 175, 253 Rn 5 ff; dazu ausführlich H ROTH in: FS Leipold [2009] 143 ff; LOOFF JURA 2009, 124).

§ 907
Gefahr drohende Anlagen

(1) Der Eigentümer eines Grundstücks kann verlangen, dass auf den Nachbargrundstücken nicht Anlagen hergestellt oder gehalten werden, von denen mit Sicherheit vorauszusehen ist, dass ihr Bestand oder ihre Benutzung eine unzulässige Einwirkung auf sein Grundstück zur Folge hat. Genügt eine Anlage den landesgesetzlichen Vorschriften, die einen bestimmten Abstand von der Grenze oder sonstige Schutzmaßregeln vorschreiben, so kann die Beseitigung der Anlage erst verlangt werden, wenn die unzulässige Einwirkung tatsächlich hervortritt.

(2) Bäume und Sträucher gehören nicht zu den Anlagen im Sinne dieser Vorschriften.

Materialien: VE § 114; E I § 864; II § 821; III § 891; SCHUBERT, SR I 746 ff; JAKOBS/SCHUBERT, SR I 459 ff; Mot III 293 ff; Prot III 157 ff; Denkschr 127; MUGDAN III 162 f; 601 ff.

Schrifttum

GRZIWOTZ/LÜKE/SALLER, Praxishandbuch Nachbarrecht (2. Aufl. 2013)
E HERRMANN, Der Störer nach § 1004 BGB,

Zugleich eine Untersuchung zu den Verpflichteten der §§ 907, 908 BGB (1987)
H ROTH, Der bürgerlich-rechtliche Aufopferungsanspruch, in: ROTH/LEMKE/KROHN, Der

bürgerlich-rechtliche Aufopferungsanspruch als
Problem der Systemgerechtigkeit im Schadensersatzrecht. Schriftenreihe der Juristischen
Studiengesellschaft Karlsruhe Bd 245
(2001) 1 ff

SÜSS, Die verschuldensunabhängige Haftung
analog § 906 Absatz 2 Satz 2 BGB (1998) 69
WERNEBURG, Das Nachbarrecht bei Grund-
stücksbauanlagen und Vertiefungen, GrundE
1928, 1112.

I. Normzweck

1 § 907 bedeutet für das Nachbarrecht eine **Konkretisierung des § 1004** für Eigentumsbeeinträchtigungen durch Anlagen auf dem Nachbargrundstück (Mot III 295; MünchKomm/Baldus[6] § 1004 Rn 11; Grziwotz/Lüke/Saller 3. Teil Rn 157). Die Norm bezweckte ursprünglich eine zeitliche Vorverlagerung des Eigentumsschutzes aus § 1004 auf denjenigen Zeitraum, in dem unzulässige Einwirkungen noch nicht stattgefunden hatten, aber mit Sicherheit vorauszusehen waren (Mot III 295). Mit dem Eintreten der Beeinträchtigung sollte § 907 durch § 1004 ersetzt werden (Mot III 295). Diese zeitliche Differenzierung ist nach heutigem Rechtsverständnis weitgehend eingeebnet, weil § 1004 auch schon bei drohender Erstgefahr Anwendung findet (Nachw bei Staudinger/Gursky [2013] § 1004 Rn 214). Zudem greift für derartige Anlagen § 1004 früher ein als § 907, weil die drohende Erstgefahr für § 1004 Abs 1 S 2 leichter zu bejahen ist als das **sichere Voraussehen** in § 907 (ebenso MünchKomm/Säcker[6] Rn 1; auch OLG Brandenburg 21. 6. 2012, 5 U 77/11 juris Rn 94; unten Rn 27). Mit der

Einfügung des § 907 in das BGB wurde die durch die **cautio damni infecti** gesicherte verschuldensunabhängige Schadensersatzklage des Gemeinen Rechts abgelöst (Nachw bei Süss 69 f).

Die eigenständige Funktion des § 907 gegenüber § 1004 folgt aus den **unterschied-** **2** **lichen Anspruchsinhalten** der beiden Vorschriften (PWW/Lemke[9] Rn 1; Westermann/ Gursky/Eickmann/H P Westermann[8], Sachenrecht, § 61 Rn 45). ein anderes Verständnis bei jurisPK-BGB/Vieweg/Regenfus[7] [2014] Rn 1). § 907 zielt auf die Unterlassung der Herstellung einer Anlage und auf deren Beseitigung, soweit sie bereits errichtet worden ist (unten Rn 36). Der Anspruchsinhalt des § 1004 bleibt dahinter zurück, weil diese Norm lediglich auf Unterlassung der Benutzung geht, wobei selbst die **Einstellung des störenden Betriebs** nur in Sonderfällen gefordert werden kann (oben § 906 Rn 285 mwNw). Gleichwohl können Überschneidungen auftreten. So kann die Unschädlichmachung der Anlage geschuldet sein, sofern sich die Störung in einer Anlage konkretisiert (MünchKomm/Medicus[4] § 1004 Rn 61). Doch hat § 907 der Stoßrichtung nach den weitergehenden Anspruchsinhalt (so auch Staudinger/Gursky [2013] § 1004 Rn 228; jurisPK-BGB/Vieweg/Regenfus[6] Rn 6; aA AK-BGB/Winter Rn 1: § 907 ohne selbstständige Bedeutung; Bamberger/Roth/Fritzsche[3] Rn 2 [„faktisch überflüssig"]).

II. Konkurrenzen mit § 1004

§ 907 Abs 1 S 1 und § 1004 Abs 1 stehen zueinander im Verhältnis der **Anspruchs-** **3** **konkurrenz.** Weder verdrängt § 907 den § 1004, noch ist das umgekehrt der Fall. Die Anwendung des § 1004 vermag für den Gestörten den zeitlichen Schutz vorzuverlagern (oben Rn 1), wogegen § 907 in seinem Anwendungsbereich den inhaltlich stärkeren Schutz gewährt (oben Rn 2). Demgegenüber müssen die abweichenden Vorstellungen der Gesetzesväter (oben Rn 1) zurücktreten. Die hier vertretene **kumulative Anwendung** der beiden Normen entspricht der hL (zB OLG Köln DWW 2001, 24 [Einfriedung mit imprägnierten Bahnschwellen]; Staudinger/Gursky [2013] § 1004 Rn 228; MünchKomm/Säcker[6] Rn 1; Grziwotz/Lüke/Saller[2] 3. Teil Rn 157; Erman/A Lorenz[14] Rn 1).

§ 907 Abs 1 S 2 bezieht sich entgegen dem Wortlaut nicht nur auf die Beseitigung **4** bereits bestehender Anlagen, sondern auch auf den **Anspruch auf Unterlassung** ihrer Herstellung (unten Rn 39). Richtigerweise muss § 907 Abs 1 S 2 auch auf den Unterlassungsanspruch aus § 1004 Abs 1 S 2 ausgedehnt werden, damit die Regelung nicht ins Leere geht. Solange die unzulässige Einwirkung nach § 907 Abs 1 S 2 noch nicht hervorgetreten ist, ist auch der konkurrierende Unterlassungsanspruch aus § 1004 Abs 1 S 2 ausgeschlossen (Staudinger/Gursky [2013] § 1004 Rn 228; Bamberger/Roth/ Fritzsche[3] Rn 2; MünchKomm/Säcker[6] Rn 16; Jauernig/Berger[15] Rn 1).

III. Anspruchsvoraussetzungen

1. Anspruchsberechtigter

Neben dem in § 907 Abs 1 S 1 genannten Grundstückseigentümer (auch Miteigen- **5** tümer nach § 1011) kommen **dinglich Berechtigte** in Betracht, die mit dessen Schutzansprüchen ausgestattet sind. Zu nennen sind der Nießbraucher des § 1065 (RGZ 59, 326, 327; BGH LM Nr 1), der Erbbauberechtigte des § 11 ErbbauRG (RGZ 59, 326, 327;

zweifelnd RGZ 72, 303, 306), Wohnungseigentümer, Teileigentümer und Dauerwohnberechtigte und Dauernutzungsberechtigte nach § 31 Abs 1, 2 WEG, die Inhaber
von Grunddienstbarkeiten (§ 1027) und die Berechtigten einer persönlichen Dienstbarkeit nach den §§ 1090 Abs 2, 1027 (RGZ 59, 326, 327).

6 Nach hL findet § 907 auch auf **Besitzer** wie Mieter oder Pächter Anwendung. Die
analoge Heranziehung des § 907 ist gerechtfertigt, weil deren Rechtsschutz nach
§§ 858, 862 dem Eigentumsschutz des § 1004 vergleichbar ausgestaltet ist (OLG Dresden OLGE 18, 123, 124; MünchKomm/Säcker[6] Rn 17; PWW/Lemke[9] Rn 4; Soergel/JF Baur[13]
Rn 12; Erman/A Lorenz[14] Rn 5; aA RGZ 59, 326, 327; OLG Bamberg NZM 1999, 1004; Grzi-
wotz/Lüke/Saller[2] 3. Teil Rn 172; Palandt/Bassenge[74] Rn 2; BGB-RGRK/Augustin Rn 3).
Das entspricht auch der Rechtslage bei den Ansprüchen aus den §§ 1004, 906 (oben
§ 906 Rn 107) sowie bei § 908 (unten § 908 Rn 11). Die Gegenauffassung lässt es aber zu,
dass der Besitzer zur **Ausübung** ermächtigt werden kann (Palandt/Bassenge[74] Rn 2).

7 Auf das **Bergwerkseigentum** kommt § 907 seit Inkrafttreten des BBergG v 13. 8. 1980
(BGBl I 1310) am 1. 1. 1982 zur Anwendung, da nach § 9 Abs 1 BBergG auf das
Bergwerkseigentum die für Grundstücke geltenden Vorschriften des BGB entsprechend anzuwenden sind, soweit das BBergG nichts anderes bestimmt. Zu diesen
Vorschriften gehört auch § 907 (MünchKomm/Säcker[6] Rn 17; aA noch BGB-RGRK/Augus-
tin Rn 3; zum Streitstand vor dem BBergG Staudinger/Beutler[12] Rn 3). Der Vorbehalt des
§ 9 Abs 1 BBergG („soweit") stellt sicher, dass § 907 nicht solche Anlagen des
Bergbaus beseitigt, deren Beeinträchtigungen durch die vom Bergbaurecht gewährten Befugnisse gedeckt sind (MünchKomm/Säcker Rn 17). Bedeutung kann § 907 vor
allem bei Anlagen eines nicht zugelassenen Betriebes erlangen, deren Beseitigung
der betroffene Grundstückseigentümer ohne Einschaltung der Aufsichtsbehörden
durchsetzen kann (MünchKomm/Säcker[16] Rn 17). Das bringt eine *Zweispurigkeit des
Rechtsweges* mit sich, wie sie dem Immissionsrecht auch sonst eigen ist (oben § 906
Rn 9; allgemein H Roth UTR Bd 12 [1990] 329 ff).

2. Anspruchsgegner

8 Anspruchsgegner des Anspruchs aus § 907 ist der **Störer**, dh derjenige, dem die
Beeinträchtigung iS eines Handlungs- oder Zustandsstörers zuzurechnen ist (dazu
Staudinger/Gursky [2013] § 1004 Rn 93 ff; mit anderer Terminologie, aber vergleichbar in der
Sache, MünchKomm/Medicus[4] § 1004 Rn 36 ff [„Tätigkeits- und Untätigkeitsstörer"; dazu krit jetzt
MünchKomm/Baldus[6] § 1004 Rn 81]). § 907 nennt, wenngleich eher undeutlich, als Stö-
rer den **Hersteller** oder den **Halter** der betreffenden Anlage.

9 **Hersteller** ist in erster Linie der Eigentümer. Es reicht aber auch zB die Eigenschaft
als Mieter, Pächter oder Nießbraucher aus (MünchKomm/Säcker[6] Rn 18). Auch **Halter**
der Anlage ist in erster Linie der Eigentümer. Dabei genügt es, wenn er die von
einem anderen hergestellte Anlage später erworben hat. Nach den Materialien soll
das Wort „gehalten" ausdrücken, dass auch der „Singularsukzessor", welcher die
Anlage nicht errichtet hat, zu deren Beseitigung verpflichtet ist (Jakobs/Schubert, SR I
460). Uneinigkeit besteht für diejenigen Fälle, in denen das Eigentum an der Anlage
und das Recht zu ihrer Nutzung auseinanderfallen. Neben dem Grundstückseigentümer kommen auch hier wieder sonstige Benutzer des Nachbargrundstücks in
Betracht (RG WarnR 3 Nr 336; MünchKomm/Säcker[16] Rn 18). Überwiegend wird wohl

die Auffassung vertreten, dass gegen den **nutzenden Dritten** lediglich ein Anspruch auf Unterlassung der Benutzung geltend gemacht werden kann, wogegen sich der Beseitigungsanspruch wegen der Anlage nur gegen den Eigentümer richten soll (so GRZIWOTZ/LÜKE/SALLER[2] 3. Teil Rn 173). Bisweilen wird der Beseitigungsanspruch gegen den Grundstückseigentümer auch daran geknüpft, dass dieser die Anlage errichtet hat (BGB-RGRK/AUGUSTIN Rn 4). Ein Beseitigungsanspruch gegen den nutzenden Nichteigentümer soll sich nur dann ergeben können, wenn dieser als Halter die Anlage selbst hergestellt hat (so STAUDINGER/BEUTLER[12] Rn 23). Dagegen muss nach zutreffender Auffassung unterschieden werden: Ist etwa der **Mieter Handlungsstörer**, so ist er der Anspruchsgegner. Geht es um Fälle der **Zustandsstörung**, so muss § 907 im Lichte des § 908 mit der darin enthaltenen Verweisung auf die §§ 836–838 ausgelegt werden (zutreffend LARENZ/CANARIS[13] § 86 III 3 686 f; grundsätzlich zust H ROTH LM § 1004 BGB Nr 246). Ausreichend ist es etwa, dass der Störer für den baulichen Zustand einer von ihm unterhaltenen und benützten *Privatstraße,* die *Druck* auf eine anschließende Mauer des Nachbarn ausübt, verantwortlich ist. Dabei ist nicht entscheidend, welchen eigenen Beitrag der Störer geleistet hat oder ob er beim Erwerb den störenden Zustand der Straße kannte (BGH NJW-RR 2008, 827). Zur Vornahme der geschuldeten Maßnahmen ist danach als Halter nach § 907 derjenige verpflichtet, der die Voraussetzungen der §§ 836–838 erfüllt. Der Mieter ist (alleiniger) Störer, wenn er *Eigenbesitzer* nach § 837 ist. Ist er unterhaltspflichtig nach § 838, so ist er neben dem Vermieter Halter gem § 907. Der Gestörte kann sowohl von dem Eigentümer als auch von dem Mieter vergleichbar einer Gesamtschuld Beseitigung verlangen, auch wenn der Eigentümer die Anlage nicht errichtet hat. In derartigen Fällen sind beide als Halter der Anlage einzuordnen (etwa MünchKomm/SÄCKER[6] Rn 18). Liegen die Voraussetzungen der §§ 837, 838 nicht vor, so ist der Mieter wegen § 836 Abs 3 nicht Halter nach § 907. Funktioniert die betreffende Anlage ohne Hinzutreten einer weiteren menschlichen Tätigkeit von selbst, wie zB Feuchtigkeit mitteilende wasserführende **Kanäle** oder **Gräben** (Bsp nach Mot III 295), oder aufgeschüttete Schlamm- oder Sandmassen (RGZ 60, 138), so kann man von einer Benutzung im engeren Sinn nicht reden. Störer ist hier neben dem Hersteller auch derjenige, der die Anlage unter seiner tatsächlichen und rechtlichen **Verfügungsmacht** bestehen lässt.

Wird die Anlage von niemandem mehr genutzt, so kann der **Eigentümer** des Grund- **10** stücks, auf dem sich die Anlage befindet, auf Beseitigung in Anspruch genommen werden. So liegt es etwa bei *stillgelegten Fabrikanlagen.* Es kommt nicht darauf an, ob die Anlage jetzt noch „gehalten" wird (**aA** MünchKomm/SÄCKER[6] Rn 19). Von dem Tatbestandsmerkmal der Herstellung kann dann abgesehen werden (PWW/LEMKE[9] Rn 6; BAUR AcP 160 [1961] 465, 479; **aA** STAUDINGER/ROTH [2009]). Vorausgesetzt wird, dass die Anlage im Wesentlichen noch ihrem ursprünglichen Zustand bei der Herstellung entspricht. Ist das wegen Naturgewalten *(Erdbeben)* oder Einwirkungen Dritter *(Bombenangriff;* Herbeiführung einer *Explosion)* nicht mehr der Fall, so fehlt es an einer Anlage iS des § 907 (dazu OLG Hamm NJW 1954, 273; OLG Köln NJW 1956, 1564). In derartigen Fällen hat der gestörte Eigentümer einen Anspruch auf **Gestattung der Beseitigung** durch ihn selbst (MünchKomm/SÄCKER[6] Rn 19; MünchKomm/MEDICUS[4] § 1004 Rn 79). Anspruchsgrundlage ist das *nachbarliche Gemeinschaftsverhältnis* (Nachw bei STAUDINGER/GURSKY [2013] § 1004 Rn 55 mit anderer Begründung: Analogie zu den §§ 867, 904, 1005).

3. Nachbargrundstück

11 Unter Nachbargrundstücken sind alle Grundstücke im **möglichen Einwirkungsbereich** der Anlage zu verstehen (RGZ 167, 14, 21 [zu § 909]; RG JW 1923, 288; OLG Düsseldorf VersR 2008, 1377 [obiter]; PALANDT/BASSENGE[74] Rn 1; MünchKomm/SÄCKER[6] Rn 6; SOERGEL/JF BAUR[13] Rn 7; ERMAN/A LORENZ[14] Rn 2). Nach dieser weiten Auslegung fallen nicht nur unmittelbar angrenzende Grundstücke darunter. Der Sache nach wird die Ablösung von der Nachbarschaftsbeziehung wieder dadurch eingegrenzt, dass die unzulässigen Einwirkungen mit „Sicherheit vorauszusehen" sind. Dagegen hat umgekehrt das Problem der Vorhersehbarkeit mit der Frage der Nachbarschaft nichts zu tun. Es handelt sich jeweils um selbstständige Tatbestandserfordernisse (BGB-RGRK/AUGUSTIN Rn 5).

4. Anlagen

12 Die hL versteht unter Anlagen **von Menschenhand** künstlich geschaffene Werke von gewisser Selbstständigkeit und Dauer (BGH BB 1965, 1125; LG Lübeck MDR 1970, 506; PALANDT/BASSENGE[74] Rn 1; GRZIWOTZ/LÜKE/SALLER[2] 3. Teil Rn 158; MünchKomm/SÄCKER[6] Rn 2; BGB-RGRK/AUGUSTIN Rn 6). In erster Linie (aber nicht ausschließlich) handelt es sich um *Bauwerke* und *Bauteile.* Der Anlagebegriff des § 907 ist nicht gleichbedeutend mit dem in § 921 verwendeten Begriff der Einrichtung (unten § 921 Rn 5). Nach ständiger Rspr kann der Eigentümer nur die Beseitigung solcher Anlagen verlangen, die in sinnlich wahrnehmbarer Weise über die Grundstücksgrenze auf das Nachbargrundstück unmittelbar positiv einwirken können. Dagegen müssen Anlagen grundsätzlich geduldet werden, die sich auf der Grundfläche des Grundstücks, auf dem sie errichtet wurden, halten, und nicht unmittelbar und positiv in das Gebiet des Nachbargrundstücks hinübergreifen, sondern dieses nur **negativ beeinträchtigen** (BGHZ 113, 384, 386 [Kaltluftsee]; 88, 344, 345 [Abschattung von Funkwellen]; BGH NJW 1980, 2580, 2581 [bloße Bodenerhöhung; aber unten Rn 24]; RGZ 51, 251, 253 f; 155, 154, 158; LG Aachen VersR 1987, 1226, 1227; unten Rn 23, 24).

13 Nicht ausreichend für die Bejahung des Anlagebegriffs sind **rein natürliche Gegebenheiten** eines Grundstücks, wie zB ein *Felsüberhang* (RGZ 134, 231, 234; F BAUR AcP 160 [1961] 465, 479; BGB-RGRK/AUGUSTIN Rn 6). Das Gleiche gilt für einen durch das Handeln von Dritten geschaffenen Zustand, wie zB durch Bombardierung entstandene *Trümmergrundstücke.* Es fehlt an der Anlage (oben Rn 10).

a) Verbindung mit Grund und Boden

14 Es kommt für die Anlage nicht auf die rechtliche Eigenschaft als **Grundstücksbestandteil** an. Deshalb fallen zB auch von einem **Pächter** errichtete Anlagen (Scheinbestandteile nach § 95) unter den Anlagenbegriff des § 907 (MünchKomm/SÄCKER[6] Rn 2; GRZIWOTZ/LÜKE/SALLER[2] 3. Teil Rn 158; aA RG Gruchot 46, 650, 652; PLANCK/STRECKER Anm 2b). Entgegen der hL muss die Anlage aber auch nicht eine **tatsächliche Verbindung** mit Grund und Boden aufweisen, sodass auch einzelne leicht bewegliche Sachen Anlagen iS des § 907 sein können (ERMAN/A LORENZ[14] Rn 3; aA RGZ 51, 251, 253; RG JW 1912, 752; STAUDINGER/BEUTLER[12] Rn 5; GRZIWOTZ/LÜKE/SALLER[2] 3. Teil Rn 158; PALANDT/BASSENGE[74] Rn 1). Anders als die §§ 908, 836 weiß § 907 von einer derartigen Einschränkung nichts (MünchKomm/SÄCKER[6] Rn 2). Nach dem Schutzzweck des § 907 ist es für den Beeinträchtigten gleichgültig, ob die mit Sicherheit zu erwartenden unzulässigen

Einwirkungen von einer ortsfesten oder von einer beweglichen Anlage ausgehen. Deshalb ist eine Anlage auch ein fahrbarer *Bienenstand,* selbst wenn er nur vorübergehend aufgestellt ist (Soergel/JF Baur[13] Rn 2; Erman/A Lorenz[14] Rn 3). Vergleichbares gilt zB für *Fahrgeschäfte, Buden* und *Zelte* eines Volksfestes. Der Grund für die Einführung des vorbeugend wirkenden § 907 (VE § 114) lag darin, dass die betreffenden Eingriffe sich allmählich und unmerklich zu vollziehen pflegen und die einmal eingetretenen Wirkungen schwer wieder zu beseitigen sind (vgl Schubert, SR I 746 ff). Diese Erwägung trifft gleichermaßen auf bewegliche Anlagen zu.

b)   Bestand und Nutzung
Unter § 907 fallen schon nach dem Wortlaut sowohl Anlagen, die allein durch ihren   **15** *Bestand* beeinträchtigen, also ohne Hinzutreten einer menschlichen Tätigkeit aus sich heraus funktionieren, wie zB Feuchtigkeit verbreitende *Teiche* und *Gräben* (Mot III 295; Prot III 160), als auch solche, die erst durch ihre *Benutzung* einwirken (Mot III 295; BGB-RGRK/Augustin Rn 6).

c)   Wasser- und bergrechtliche sowie öffentlich-rechtliche Anlagen
§ 907 findet auch auf *wasserrechtliche Anlagen* Anwendung (MünchKomm/Säcker[6]   **16** Rn 4; aA Soergel/JF Baur[13] Rn 6). Für die Zulässigkeit von Einwirkungen des Nachbarrechts gilt das BGB (RGZ 97, 112 [zu § 836]; 167, 14, 20; 145, 107, 115). Allerdings kann das **Landeswasserrecht** die Zulässigkeit bestimmter gefährlicher wasserrechtlicher Anlagen regeln. Dann ist das Verbietungsrecht aus § 907 ausgeschlossen, weil die landesrechtlichen Vorschriften sondergesetzlich und abschließend bestimmen, was als unzulässige Einwirkung iS von § 907 anzusehen ist (BGH NJW 1971, 750 [Eindringen von Wasser]; NJW-RR 2000, 537, 538 [Ablauf von Niederschlagswasser; zu §§ 26 Abs 1 Nr 1 und 2, 21 Abs 2 Nr 1 HessNachbG]; OLG Hamm IR 2012, 215; BGB-RGRK/Augustin Rn 10; MünchKomm/Säcker[6] Rn 4). Fraglich ist jetzt das Verhältnis zu § 37 WHG nF, der den Abfluss abschließend regelt (Zimmermann/Wiesner IR 2012, 215). Vergleichbare Grundsätze gelten auch für das *Bergrecht* (oben Rn 7).

Der Anspruch aus § 907 besteht grundsätzlich auch gegenüber **öffentlich-rechtlichen**   **17** gefährlichen Anlagen. Neben den Art 109, 125 EGBGB sowie den dem § 14 BImSchG nachgeformten Vorschriften kennt die Rspr aber weitreichende Ausnahmen, welche Unterlassungs- oder Beseitigungsansprüche weitgehend ausschließen (Darstellung oben § 906 Rn 42 ff). Vergleichbares gilt für *gemeinwichtige Betriebe Privater* (oben § 906 Rn 29 ff). Diese Rspr verdient aus den dort genannten Gründen Kritik. § 907 kann ebenso wenig wie § 1004 durch bloße Gemeinwohlerwägungen ausgeschaltet werden (zu Ersatzansprüchen unten Rn 51 ff).

d)   Bäume und Sträucher (Abs 2)
§ 907 Abs 2 nimmt Bäume und Sträucher ausdrücklich als Anlagen iS der Vorschrift   **18** aus. Abs 2 wurde durch die 2. Kommission eingefügt (Prot III 158 f), um Widersprüche mit § 910 (E I § 861) zu vermeiden (auch RGZ 51, 251, 254). Einwirkungen durch Bäume und Sträucher unterfallen den §§ 910, 911, 923 BGB sowie den landesrechtlichen Bestimmungen (Art 122, 124 EGBGB). Abs 2 will **Wertungswidersprüche** zu den §§ 910, 911, 923 BGB und den landesrechtlichen Vorschriften (Art 122, 124 EGBGB) vermeiden (BGH NJW 2014, 3780 Rn 15). Allerdings kann den Grundstückseigentümer eine **Verantwortlichkeit nach § 1004 Abs 1** treffen, wenn die von ihm unterhaltenen Bäume wegen Krankheit oder Überalterung ihre Wider-

standskraft gegenüber normalen Einwirkungen der Naturkräfte eingebüßt haben (BGHZ 122, 283, 285 mAnm Littbarski JR 1994, 67 [Sturm Wiebke]). In derartigen Fällen können sich auch Schadenersatzansprüche aus § 823 Abs 1 ergeben, soweit der Schaden auf den menschlichen Willen zurückzuführen ist (dazu RGZ 52, 373, 379; BGB-RGRK/Augustin Rn 14). Unter den Begriff „Sträucher" fallen auch der *Efeu,* der wilde *Wein* (BGB-RGRK/Augustin Rn 13) sowie *Hopfenpflanzen* und *Weinstöcke* wie auch *Weinberge* (BGH NJW-RR 2001, 1208; H Roth JuS 2001, 1161).

e)   Einzelfälle

19 Von der 2. Kommission wurden mit dem Anlagebegriff verbunden *Wassergräben, Viehställe, Backöfen, Rauchfänge, Düngergruben und Teiche* (Prot III 157). An der Beachtlichkeit dieser Aufzählung ändert nichts, dass die zunächst vorgeschlagene **Beispielstechnik** anders als bei § 906 für § 907 abgelehnt wurde, da sie zu einer zu engen Auslegung der Vorschrift führen könne (Prot III 160). Daneben sind zu nennen *Bienenstöcke,* unabhängig davon, ob sie mit Pflöcken auf der Erde standhaft angebracht wurden (LG Lübeck MDR 1970, 506), oder ob es sich nur um einen vorübergehend aufgestellten fahrbaren Bienenkorb handelt. Vergleichbares gilt für *Bienenhäuser* (auch oben Rn 14). Anlagen sind ferner *Garagen* zum Einstellen von Kraftfahrzeugen, wenn bei dem Ausfahren das Nachbargrundstück zum Wenden benötigt wird (BGH BB 1965, 1125). Das Gleiche gilt, wenn mit nicht nach § 906 zu duldenden Lärmeinwirkungen zu rechnen ist. Darunter fallen ferner ein *Taubenschlag* (OLG Düsseldorf OLGZ 1980, 16), *Schwalbenkunstnester* (LG Hechingen NJW 1995, 971) oder eine *Straße,* wenn durch sie der Abfluss von Regenwasser zu Lasten des Nachbarn ungünstig beeinflusst wird (RGZ 145, 107, 115). Doch werden Beseitigungsansprüche häufig durch Normen des **Planfeststellungsrechts** ausgeschlossen (oben § 906 Rn 27). Weiter sind zu nennen *Aufschüttungen von Sand- und Erdmassen,* wenn sie in Bewegung geraten können (RGZ 60, 138, 140); *Einfriedungen* aus imprägnierten Bahnschwellen (OLG Köln DWW 2001, 24); *Badeanstalten, Klosettanlagen* und *Leichenhäuser* (BGH WM 1955, 998, 999; OLG Marienwerder OLGE 4, 59; OLG Zweibrücken OLGE 4, 61; Soergel/JF Baur[13] Rn 2; Grziwotz/Lüke/Saller[2] 3. Teil Rn 158); *Wasserleitungen* (OLG Oldenburg NJW 1958, 1096, 1097); ein *Waschplatz mit Hebebühne* (OLG München NJW 1954, 513); ein *Froschteich* (BGHZ 120, 239, 250 [dort aber § 907 Abs 1 S 2]); die *dauerhafte Lagerung* aufgeschichteter beweglicher Sachen (Palandt/Bassenge[74] Rn 1), wie zB ein *Baustofflager* an der Nachbargrenze (offengelassen in BGHZ 51, 396, 399); der *Bau einer Rampe* (RGZ 145, 107); *Maschinen und Werkzeuge,* auch wenn sie nicht mit dem Grundstück fest verbunden sind (oben Rn 14); *Kleinbahnen* (RG JW 1907, 299); *Straßenbahnen* (OLG Dresden OLGE 18, 123, 124); die *Futtermauer* einer Straße (RG Recht 1915 Nr 538); eine *Sprengstofffabrik* (RGZ 104, 81 ff; 101, 102, 104); eine bedrohende *Straßeneinmündung* (OLG Marienwerder OLGE 2, 345); ein *Stauwerk* (RG JW 1908, 301); *Gasleitungen* (RGZ 63, 374, 378); ein *Munitionslager* (RG WarnR 1914 Nr 251); oder eine *verstopfte Regenwasserrinne* (Soergel/JF Baur[13] Rn 2).

20 Da die Rspr ein **positives Hinüberwirken** in das betroffene Grundstück verlangt (oben Rn 12), wurde die Anlageneigenschaft verneint für einen *Zaun,* der das Hinüberwechseln von Wild verhindert (OLG Kiel SchlHA 1940, 138, 140); einen *Autobahndamm,* der den Wind von einer Windmühle abhält (LG Liegnitz VAE 4, 468) oder *Erhöhungen von Straßen* (BGH NJW 1980, 2580, 2581; zust Bamberger/Roth/Fritzsche[3] Rn 4; mE unrichtig, unten Rn 24; wie hier MünchKomm/Säcker[6] Rn 4). *Bodenvertiefungen* fallen unter § 909 und nicht unter § 907 (OLG Braunschweig OLGE 4, 62; MünchKomm/Säcker[6] Rn 3). Weiter

sind zu nennen das *Aufschütten eines Kiesgrubengeländes* (LG Aachen VersR 1987, 1226); das *Abschatten* von Funk- und Fernsehwellen durch ein Hochhaus (BGHZ 88, 344); das *Steigen des Grundwasserspiegels* auf dem Nachbargrundstück durch bloße Anschüttungen (RGZ 155, 154, 157 ff) oder die Verursachung eines *Windstaus* durch ein Gebäude (RG WarnR 1914 Nr 57). Die Einwirkung iS von § 907 wird daher vergleichbar der Beeinträchtigung nach § 1004 beurteilt (BGHZ 113, 384 ff [Kaltluftsee]). Im Übrigen unterscheidet die Rspr bisweilen nicht zwischen dem Begriff der Anlage in § 907 und den davon ausgehenden unzulässigen Einwirkungen (deutlich BGHZ 113, 384, 386 [Kaltluftsee]; berechtigte Kritik bei MünchKomm/Säcker[6] Rn 4).

5.   Unzulässige Einwirkung

Der Begriff der unzulässigen Einwirkung wird durch § 907 nicht selbst festgelegt. Er **21** ergibt sich aus den allgemeinen Vorschriften über Eigentum und Nachbarrecht, insbes aus den §§ 903, 905, 906 (BGHZ 113, 384, 386 [Kaltluftsee]). Anders als § 906 meint § 907 neben den Imponderabilien auch **Grobimmissionen**. Stets erforderlich sind nach hL aber **sinnlich wahrnehmbare Stoffe** (BGHZ 113, 384, 386). Auch *ideelle* und *immaterielle* Einwirkungen scheiden nach hL aus dem Anwendungsbereich des § 907 aus (so in der Sache BGHZ 51, 396 ff; zur Kritik oben § 906 Rn 130 ff). Das gilt etwa für die Verletzung des *ästhetischen Empfindens.*

a)   Unmittelbarkeit
Die hL verlangt, dass die Anlage über die Grundstücksgrenze auf das Nachbar- **22** grundstück „unmittelbar" einwirkt, obgleich § 907 dem Wortlaut nach nicht zwischen mittelbaren und unmittelbaren Einwirkungen unterscheidet (BGHZ 113, 384, 386; Soergel/JF Baur[13] Rn 8). Diese Unterscheidung ist nicht unzweifelhaft und in erster Linie auf den Ausschluss **negativer Immissionen** gemünzt (unten Rn 23 ff). Jedenfalls wird es aber mit Recht als „unmittelbare" Einwirkung angesehen, wenn die Anlage zwar die betreffenden Vorgänge nicht verursacht hat, sie aber verstärkt oder beeinflusst. So liegt es zB für das *Zurückprallen von Regen und Wind* von einem Gebäude oder die *Reflexion* elektromagnetischer Wellen (MünchKomm/Säcker[6] Rn 7; **aA** Staudinger/Beutler[12] Rn 7; BGB-RGRK/Augustin Rn 9; Spruth BlGBW 1968, 144 f). ME handelt es sich zwar um „mittelbare" Einwirkungen, die aber gleichwohl unzulässig sind.

b)   Negative Einwirkungen
Nach hL werden negative Einwirkungen von § 907 nicht erfasst (BGHZ 113, 384, 386; **23** BGH NJW-RR 2003, 1313 [Zumauern von Fenstern]; Jauernig/Berger[15] Rn 2; MünchKomm/Säcker[6] Rn 7; Soergel/JF Baur[13] Rn 8; Erman/A Lorenz[14] Rn 3; Werneburg GrundE 1928, 1112, 1114; anders PWW/Lemke[9] Rn 12; zum Begriff oben § 906 Rn 122 ff; Beispiele oben Rn 20, 12; zu möglichen Einschränkungen oben § 906 Rn 126 ff). Doch hilft die Rspr in *Ausnahmefällen* mit Recht mit dem aus dem nachbarrechtlichen Gemeinschaftsverhältnis hergeleiteten **Rücksichtnahmegebot** (BGHZ 113, 384, 389 [Kaltluftsee]; BGH NJW-RR 2003, 1313; der Sache nach ebenso oben § 906 Rn 127). Freilich hätte in BGHZ 113, 384 eine positive Einwirkung bejaht werden können. Dort wurde durch die Errichtung einer Zwischendeponie der natürliche Kaltluftabfluss eines Weinbergs auf die tiefer gelegenen Nachbargrundstücke verhindert. Der dadurch gebildete Kaltluftsee führte zu Schäden an den Weinstöcken (selbst zweifelnd BGHZ 113, 384, 387).

24 Nach dem Gesagten reicht es nach hL nicht aus, wenn dem Nachbargrundstück durch die Anlage Vorteile entzogen werden, die vor ihrer Errichtung bestanden haben, wenn sich nur die Anlage auf der Grundfläche des Grundstücks hält, auf dem sie errichtet wurde. Deshalb ist über § 907 nicht abwehrbar das Entziehen von **Licht, Luft und Aussicht** (BGHZ 113, 381, 386; BGH NJW-RR 2003, 1313; RGZ 98, 15, 17; Horst MDR 1998, 685, 688) oder die *Überschwemmungsgefahr wegen Rückstaus* bei starkem Regen (RG WarnR 1910 Nr 447; weitere Bsp oben Rn 20). Doch können mE durch eine *Straßenerhöhung* ohne Weiteres positive Einwirkungen entstehen (schon den Anlagebegriff zu Unrecht verneinend BGH NJW 1976, 1840, 1841; 1974, 53, 54 im Anschluss an RGZ 51, 251, 253; mit Recht dagegen MünchKomm/Säcker[6] Rn 4 mwNw). **Bodenerhöhungen** sind bisweilen auch durch Landesrecht beschränkt, dessen Missachtung Entschädigungsansprüche auslösen kann (BGH NJW 1976, 1840).

c) Durch die Anlage vermittelte Einwirkungen

25 Gleichgültig ist es, ob die Anlage durch ihren **Bestand** selbst oder durch die **Benutzung** in unzulässiger Weise einwirkt (oben Rn 15). Doch reicht es nicht aus, wenn die Störungen lediglich durch menschliche Arbeiten im Rahmen einer gewerblichen Tätigkeit hervorgerufen werden, wenn diese Arbeiten nicht selbst zur Maschinenbenutzung gehören, selbst wenn sie damit in einem einheitlichen Arbeitsprozess stehen (MünchKomm/Säcker[6] Rn 8). In diesem Fall kann aber ein Abwehranspruch aus § 1004 bestehen, sodass der Frage im Ergebnis keine große Bedeutung zukommt.

d) Rücksichtnahmegebot

26 Wenngleich die hL den Anwendungsbereich des § 907 durch die Herausnahme der negativen Einwirkungen stark einschränkt (oben Rn 23), so kommt die Rspr doch mit Recht bisweilen über das nachbarrechtliche Rücksichtnahmegebot zu einem **eingeschränkten Unterlassungsanspruch** des Gestörten. So wurde entschieden, wenn die negativen Einwirkungen mit wirtschaftlich zumutbaren Maßnahmen vermeidbar gewesen wären (1), mit der störenden Anlage normalerweise nicht zu rechnen war (2), und der Gestörte durch die Auswirkungen schwer getroffen wurde (3) (BGHZ 113, 384, 389 [Kaltluftsee] unter Bezugnahme auf BGHZ 28, 110, 114; BGH LM § 903 Nr 1 und 2; NJW-RR 2003, 1313 [Zumauern von Fenstern]). Unter diesen Voraussetzungen besteht ein Anspruch auf Vermeidung der Störung. Das Gleiche gilt im Anwendungsbereich des § 906 (oben § 906 Rn 241). Im entschiedenen Fall hätte das Ergebnis freilich auch schon durch die Annahme einer positiven Einwirkung erreicht werden können (oben Rn 23).

6. Mit Sicherheit vorauszusehen

27 Die geforderte **sichere Voraussicht** lässt im Anwendungsbereich des § 907 den Schutz des Gestörten zeitlich erst nach dem weiterhin anwendbaren § 1004 beginnen (oben Rn 1, 3). Gemeint ist der Fall, dass die Beeinträchtigung durch die Anlage noch nicht eingetreten ist. Liegt sie bereits vor, so ist § 907 gleichwohl neben § 1004 anwendbar. Das ist wegen der unterschiedlichen Anspruchsinhalte (oben Rn 2) auch sinnvoll.

a) Maßstab

28 Nicht erforderlich ist eine (fast nie erreichbare) unbedingte Gewissheit iS einer mathematischen oder naturgesetzlichen Notwendigkeit. Vielmehr reicht es aus, wenn nach der Lebenserfahrung ein ernsthafter Zweifel darüber, ob das Ereignis früher oder später einmal eintreten muss, nicht bestehen kann. Das bedeutet eine der Gewissheit gleichkommende **hohe Wahrscheinlichkeit** (RGZ 134, 254, 256; in gleichem Sinne BGH WM 1955, 998, 999; RG Gruchot 66, 475, 476; PALANDT/BASSENGE[74] Rn 2; MünchKomm/SÄCKER[6] Rn 10; BAMBERGER/ROTH/FRITZSCHE[3] Rn 8). Unbedingte Gewissheit ist nicht erforderlich; die bloße Möglichkeit ist nicht ausreichend (Mot III 295). Unerheblich ist es, dass die unzulässigen Einwirkungen nur allmählich hervortreten (Mot III 295).

b) Normalzustand und ordnungsgemäße Benutzung

Die beschriebenen Einwirkungen sind nach hL nur dann mit der geforderten Si- **29** cherheit zu erwarten, wenn sie die Folge des normalen Zustandes und der ordnungsgemäßen Benutzung der Anlage sind (BGHZ 51, 396, 399; RGZ 63, 374, 378; RG JW 1923, 288; MünchKomm/SÄCKER[6] Rn 10; PALANDT/BASSENGE[74] Rn 1). Deshalb genügt nicht die sichere Erwartung, dass jede technische Anlage **versagen** oder **reparaturbedürftig** werden kann (MünchKomm/SÄCKER[6] Rn 10; GRZIWOTZ/LÜKE/SALLER[2] 3. Teil Rn 167). So besteht kein Abwehranspruch bei einer ordnungsgemäß verlegten *Rohrleitung*, da ein Wasserrohrbruch unwahrscheinlich ist (OLG Oldenburg NJW 1958, 1096). Ebenso liegt es bei einer *Petroleumraffinerie*, da dort allenfalls allgemein mit Feuer und Explosionen gerechnet werden muss (RGZ 50, 225, 229). Das Gleiche gilt für *Gasleitungen* (RGZ 63, 374, 378; 172, 156, 158) oder eine *Ölpipeline* (ENGERT BB 1963, 657, 661; SOERGEL/JF BAUR[13] Rn 9). Um eine eher entfernt liegende Möglichkeit handelt es sich auch im Falle eines *Minendepots* (RGZ 134, 254), Lagerstätten von *Feuerwerkskörpern* oder bei *Garagen,* deren Benutzung auf das Nachbargrundstück beschränkt ist (OLG Celle JW 1937, 2116; LG Coburg DAR 1937, 179). Anders liegt es zB, wenn unzulässige *Lärmeinwirkungen* sicher zu besorgen sind.

Ist aber mit einer der Gewissheit gleichkommenden Wahrscheinlichkeit (oben Rn 28) **30** anzunehmen, dass ein **unnormaler Zustand** eintritt oder die Anlage nicht ordnungsgemäß benutzt wird und dadurch die betreffenden Einwirkungen entstehen (oben Rn 29), so muss § 907 mE gleichfalls eingreifen. So kann es etwa liegen, wenn der betreffende Unternehmer gefährliche Anlagen dieser Art in der Vergangenheit stets mit unausgebildetem oder unzuverlässigem Personal betrieben hat und es in der vergleichbaren Nachbarschaft schon zu Schäden gekommen ist. Auch im Übrigen ist anerkannt, dass **menschliche Unvorsichtigkeiten** die schädlichen Wirkungen auslösen können, wenn nur diese ihre „erste Ursache" in der gefährlichen Beschaffenheit der Anlage haben (RG JW 1907, 299, 300; MünchKomm/SÄCKER[6] Rn 10). Auch ist es ohne Belang, dass *natürliche Umstände* einen Verursachungsbeitrag leisten (OLG Kassel JW 1924, 1540).

Kann sich eine unzulässige Einwirkung erst verwirklichen, wenn der Anspruchsbe- **31** rechtigte seinerseits auf seinem Grundstück **erlaubte Maßnahmen** vornimmt, so ist die erforderliche Sicherheit des Eintritts der Einwirkungen zu bejahen, wenn die Vornahme der betreffenden Maßnahme ihrerseits bevorsteht (MünchKomm/SÄCKER[6] Rn 10; **aA** OLG Hamburg OLGE 31, 319, 320).

Handelt es sich um Einwirkungen aufgrund von **Mängeln der Anlage** oder infolge **32** einer unsachgemäßen Benutzung und fehlt es an der erforderlichen Sicherheit der Voraussage (oben Rn 30), so kommt unter den Voraussetzungen des § 1004 Abs 1 gleichwohl ein Unterlassungsanspruch in Betracht, wenn die vorausgesetzte **drohen-**

de Erstgefahr vorliegt, die nicht den Grad der Gewissheit erreichen muss (oben Rn 1; auch PALANDT/BASSENGE[74] Rn 1). Es braucht nicht abgewartet zu werden, bis die Beeinträchtigung wirklich auftritt (anders offenbar SOERGEL/JF BAUR[13] Rn 9). Mit dem Unterlassungsanspruch aus § 1004 Abs 1 S 2 kann aber grundsätzlich nur die **Benutzung** untersagt werden (oben Rn 2). Danach löst nicht jede mangelhafte Errichtung oder Unterhaltung der Anlage schon den Beseitigungsanspruch des § 907 aus (aA Münch-Komm/SÄCKER[6] Rn 11). Vielmehr müssen zusätzlich die Voraussetzungen von oben Rn 30 vorliegen (vgl auch RG Gruchot 46, 650, 652). Kann eine technisch einwandfreie Anlage sowohl in störender als auch in nicht störender Weise benutzt werden, so fehlt es in der Regel ebenfalls an den Voraussetzungen des § 907, nämlich an der sicheren Vorhersehbarkeit der Störung. Es bleibt der Unterlassungsanspruch unter den Voraussetzungen des § 1004 Abs 1 (aA MünchKomm/SÄCKER[6] Rn 12).

c)   Abhilfemaßnahmen des Störers

33 Liegen die Voraussetzungen des § 907 bei normalem Zustand und ordnungsgemäßer Benutzung der Anlage vor, so kann der Nachbar **Beseitigung** verlangen. Diesen Anspruch kann der Inhaber der Anlage dadurch abwehren, dass er Einrichtungen anbringen lässt, welche geeignet sind, für die Zukunft unzulässige Einwirkungen auszuschließen. Dann fehlt es an der sicheren Vorhersehbarkeit, und ein Fall des § 907 liegt nicht mehr vor (vgl RG Gruchot 46, 650, 652). Werden die erforderlichen zusätzlichen Maßnahmen erst nach Prozessende durchgeführt, so kann der Störer die Zwangsvollstreckung nur durch die **Vollstreckungsabwehrklage** des § 767 ZPO verhindern.

34 Werden die erforderlichen Einrichtungen nicht angebracht, so kann auch die Abgabe einer *strafbewehrten Unterlassungserklärung* genügen. Doch reicht eine **bloße Nutzungsänderung** nicht aus (MünchKomm/SÄCKER[6] Rn 12; aA RG Recht 1909 Nr 2116). Es müssen vielmehr bauliche Veränderungen hinzutreten, welche die betreffende Nutzung auf Dauer ausschließen und dadurch eine Wiederholungsgefahr entfallen lassen.

d)   Rechtsprechungsfälle

35 Die erforderliche **sichere Voraussicht** wurde bejaht für *Bedürfnisanstalten* (RG JW 1900, 639, 640); *Aufschüttungen* von Sand- und Erdmassen mit Aufwirbelungsgefahr (RGZ 60, 138, 140); *Entgleisungsgefahren* bei Klein- und Straßenbahnen (OLG Kassel JW 1924, 1540); *Garagen,* wenn zum Wenden das Nachbargrundstück benötigt wird (BGH BB 1965, 1125); *Straßeneinmündungen,* die das Nachbargrundstück in Anspruch nehmen (OLG Marienwerder OLGE 2, 345, 346); sowie für *Sprengstofffabriken* mit Zerlegung von Munition (RGZ 104, 81 ff; 101, 102 ff). In vielen Fällen werden aber § 14 BImSchG sowie die vergleichbaren nachgeformten Vorschriften **Abwehransprüche versagen** (oben Rn 17).

IV.   Anspruchsinhalt

1.   Unterlassung und Beseitigung

36 Der Abwehranspruch des § 907 Abs 1 S 1 gehört zum **Inhalt des Eigentums** (RGZ 145, 107, 115) und ist ein **dinglicher Anspruch iS von § 198**, der das Eigentum verwirklicht. Für den Eigentümer der gefährlichen Anlage beschränkt er dessen Recht aus § 903.

Der Anspruch richtet sich zunächst auf **Unterlassung** der Herstellung der Anlage. Ist die Anlage bereits vorhanden, so geht der Anspruch auf deren **Beseitigung**. Beide Male müssen die Voraussetzungen des § 907 gegeben sein (REGENFUS JURA 2007, 279, 285 [Windkraftanlage]; oben Rn 5 bis 35).

Der **Unterlassungsanspruch** entsteht bereits dann, wenn mit der Verwirklichung des **37** Willens zur Errichtung der Anlage zu rechnen ist, zB durch Einreichen des *Bauplanes* (dazu OLG München NJW 1954, 513; MünchKomm/Säcker[6] Rn 15). Der Beginn der Bauarbeiten braucht also nicht abgewartet zu werden; es genügt die Absicht zur Errichtung der Anlage.

Der **Beseitigungsanspruch** setzt nicht voraus, dass der Errichtung der Anlage bereits **38** widersprochen wurde. Doch ist die Präklusionswirkung des § 10 Abs 3 S 5 BImSchG zu beachten. Der gestörte Nachbar kann sich damit begnügen, nur das Unterlassen der Benutzung der Anlage zu verlangen, anstatt auf der weiterreichenden Beseitigung zu bestehen (RGZ 104, 81, 84; GRZIWOTZ/LÜKE/SALLER[2] 3. Teil Rn 171; SOERGEL/JF BAUR[13] Rn 10). Es ist ohne praktische Bedeutung, wenn für diese Fälle der bloße Unterlassungsanspruch bisweilen ausschließlich dem § 1004 zugeordnet wird (dafür BGB-RGRK/AUGUSTIN Rn 1; MünchKomm/Säcker[6] Rn 15 Fn 96). Jedenfalls liegen hier stets auch die Voraussetzungen des § 1004 Abs 1 vor.

2. Einschränkung der Beseitigung (Abs 1 S 2)

§ 907 Abs 1 S 2 schränkt den Beseitigungsanspruch unter den dort genannten Vor- **39** aussetzungen ein. Die Vorschrift hat ihren gesetzgeberischen Grund in der Annahme, dass die Beachtung der Vorschriften über **Grenzabstände** sowie der sonstigen Schutzmaßregeln eine gewisse Gewähr gegen eine erhebliche Beeinträchtigung des Nachbargrundstücks bietet (JOHOW, wiedergegeben in: SCHUBERT, SR I 750). **Rechtspolitisch** ist das nicht überzeugend, wenn im Übrigen die sonstigen Voraussetzungen des § 907, nämlich insbes die **sichere Voraussicht** des Eintritts unzulässiger Einwirkungen, vorliegen (MünchKomm/Säcker[6] Rn 15; vgl auch Prot III 159). Die hL erstreckt die Regelung des Abs 1 S 2 auch auf den Anspruch auf *Unterlassung der Herstellung* (oben Rn 37), gleich, ob er auf § 907 Abs 1 S 1 oder auf § 1004 Abs 1 S 2 gestützt wird (oben Rn 4). Doch muss die erst geplante Anlage nach der vorgesehenen Ausführungsart den Grenzabstand einhalten oder den Schutzmaßregeln genügen (OLG München NJW 1954, 513, 514). Nehmen etwa die eingereichten Pläne auf derartige Vorschriften keine Rücksicht, so bleibt es bei dem Anspruch auf Unterlassung. Der Störer mag sich dann bei einer späteren Änderung der Anlage mit **§ 767 ZPO** wehren (aA STAUDINGER/BEUTLER[12] Rn 17).

Noch nicht ausreichend bedacht worden ist die Frage, ob nicht nur der Unterlas- **40** sungsanspruch gegen die Herstellung der Anlage, sondern auch der Unterlassungsanspruch gegen ihre **Benutzung** ausgeschlossen werden soll, sofern eine Gefahr nach den Maßstäben des § 1004 droht. Verneinendenfalls könnte die geplante Anlage zwar hergestellt, aber nicht betrieben werden. Andererseits setzt § 907 Abs 1 S 2 offensichtlich voraus, dass die gefährliche Anlage betrieben werden darf, bis die „unzulässige Einwirkung tatsächlich hervortritt". Deshalb muss § 907 Abs 1 S 2 in seiner analogen Anwendung auch den **Unterlassungsanspruch auf Benutzung** ausschließen.

41 § 907 Abs 1 S 2 nennt nur **landesrechtliche Vorschriften**, weil die Norm auf dem bei Inkrafttreten des BGB geltenden Rechtszustand beruht (Art 124 EGBGB). Es steht daher nichts entgegen, die Vorschrift auch auf entsprechende Regelungen des **Bundesrechts** anzuwenden (MünchKomm/Säcker[6] Rn 15; Grziwotz/Lüke/Saller[2] 3. Teil Rn 169). Unter Abs 1 S 2 fallen sowohl öffentlich-rechtliche Normen (zB *Abstandsvorschriften* nach den Landesbauordnungen) als auch privatrechtliche Vorschriften, die etwa nach Art 124 EGBGB ergangen sind (allgM, Soergel/JF Baur[13] Rn 11; MünchKomm/Säcker[6] Rn 15; Palandt/Bassenge[74] Rn 2). Es ist gleichgültig, ob die Abstands- oder Schutzvorschriften unmittelbar dem Schutz des Nachbarn oder in erster Linie anderen Zwecken dienen (deutlich Prot III 159). Man wird aber verlangen müssen, dass die betreffenden Normen bei ihrer Einhaltung *wenigstens allgemein geeignet sind,* die in § 907 gemeinten Einwirkungen zu verhindern (MünchKomm/Säcker[6] Rn 15; aA Bamberger/Roth/Fritzsche[3] Rn 11). Deshalb gilt § 907 Abs 1 S 2 auch für Abstandsvorschriften, die lediglich der Ordnung des Bauwesens dienen. Dagegen müssen die Normen nicht „gewährleisten", den betreffenden Einwirkungen vorzubeugen. In erster Linie kommen in Betracht **nachbar-, bauordnungs-, feuerpolizei- und gesundheitsrechtliche Vorschriften**. Nach dem Gesagten sind keine „Schutzmaßregeln" iS des § 907 Abs 1 S 2 Vorschriften über die *statische Sicherheit* einer Anlage, wenn zB dadurch Geruchs- oder Lärmbelästigungen nicht vermieden werden können. Danach lösen sowohl Abstandsvorschriften als auch Schutzmaßregeln die Rechtsfolgen des § 907 Abs 1 S 2 nicht aus, wenn sie „offensichtlich nicht geeignet sind, Einwirkungen der fraglichen Art zu verhindern". Damit werden iE weitgehend auch Streitigkeiten darüber vermieden, ob die betreffenden Bestimmungen im Einzelfall den Eigentümer vor unzulässigen Einwirkungen wirksam schützen können (MünchKomm/Säcker[6] Rn 15).

42 Bestehen nebeneinander landes- oder bundesrechtliche Vorschriften sowohl über den Grenzabstand als auch über Schutzmaßregeln, so müssen **sämtliche Normen** eingehalten sein, um die Rechtsfolgen des § 907 Abs 1 S 2 auszulösen. Die betreffenden *Grenzabstände* müssen stets bestimmt sein. Nicht ausreichend ist daher ein unbestimmter, lediglich nach allgemeinen Kriterien festgelegter, Abstand (MünchKomm/Säcker[6] Rn 15), weil ansonsten die Reduzierung der Gefährdungswahrscheinlichkeit (oben Rn 39) nicht mehr vom Gesetzgeber festgelegt worden ist.

43 Sind die betreffenden Vorschriften eingehalten worden, so fällt die Beschränkung des Abs 1 S 2 erst weg, wenn die unzulässige Einwirkung tatsächlich **hervortritt**. Dann ist der Nachbar in seinen Abwehrmöglichkeiten nicht mehr behindert. Da Ansprüche aus § 907 wegen § 924 nicht der *Verjährung* unterliegen, bedeutet die Formulierung „kann ... erst verlangt werden" in Abs 1 S 2 wohl nicht den Ausschluss der gerichtlichen Geltendmachung, sondern das **Fehlen der Fälligkeit** (aA Bamberger/Roth/Fritzsche[3] Rn 11). Deshalb kann der Störer mit der Beseitigung für den Zeitraum des § 907 Abs 1 S 2 auch nicht in **Schuldnerverzug** gesetzt werden. Die Regeln über den Schuldnerverzug müssen im Übrigen auf den Anspruch des § 907 in gleicher Weise Anwendung finden, wie das nach hL für den Anspruch aus § 1004 der Fall ist (Nachw bei Staudinger/Gursky [2013] § 1004 Rn 165). Der Landesgesetzgeber darf die Abwehrmöglichkeiten des § 907 durch Schaffung von Schutzvorschriften nicht so verändern, dass die Abwehrklage schlechthin ausgeschlossen ist (Prot III 160). Diese Möglichkeit hat nur der Bundesgesetzgeber, der davon in § 14 BImSchG Gebrauch gemacht hat.

3. Verjährung; Verzicht

Ansprüche nach § 907 unterliegen wegen § 924 **nicht der Verjährung**, weil sie fort- **44** während neu entstehen. Auf die Ansprüche kann auch nicht mit Wirkung gegenüber dem Einzelrechtsnachfolger **verzichtet** werden, weil sie aus der Anlage fortwährend neu entstehen (BAMBERGER/ROTH/FRITZSCHE[3] Rn 17).

V. Prozessuales

1. Beweislast

Der **Kläger** trägt nach hL die Behauptungs- und Beweislast für diejenigen Umstän- **45** de, aus denen sich ergibt, dass die Anlage hergestellt oder die Herstellung beabsichtigt ist, mit Sicherheit Einwirkungen entstehen werden und diese unzulässig sind (BGH LM § 559 ZPO Nr 8; MünchKomm/SÄCKER[6] Rn 21; SOERGEL/JF BAUR[13] Rn 13; ERMAN/A LORENZ[14] Rn 5; BAMBERGER/ROTH/FRITZSCHE[3] Rn 18; PWW/LEMKE[9] Rn 22; NK-BGB/RING[2] Rn 49; PALANDT/BASSENGE[74] Rn 2). Darin liegt eine Abweichung von den für § 906 geltenden Grundsätzen (oben § 906 Rn 202). Ich sehe für diese Ungleichbehandlung keinen einleuchtenden Grund. ME muss daher der **Störer** Tatsachen behaupten und beweisen, welche die Zulässigkeit der Einwirkungen dartun (so früher RG JW 1910, 20; PLANCK/STRECKER Anm 4 mwNw; für die hL aber BAUMGÄRTEL/LAUMEN/PRÜTTING/SCHUSCHKE, Handbuch der Beweislast[3] Rn 2).

Den **Beklagten** trifft die Behauptungs- und Beweislast dafür, dass der Anspruch zB **46** durch § 14 BImSchG ausgeschlossen ist (RGZ 104, 81, 84 [zu § 26 GewO]; BAUMGÄRTEL/ LAUMEN/PRÜTTING, Beweislast[3] Rn 3), sowie für die Einhaltung der Vorschriften iS des § 907 Abs 1 S 2 BGB (BAUMGÄRTEL/LAUMEN/PRÜTTING/SCHUSCHKE, Beweislast[3] Rn 3). Hat der Störer den Beweis gem § 907 Abs 1 S 2 erbracht, so muss der gestörte Nachbar behaupten und beweisen, dass die unzulässige Einwirkung tatsächlich hervorgetreten ist. Dabei genügt aber die Bezugnahme auf ein drittes Grundstück in gleicher Lage, auf dem bereits Einwirkungen hervorgetreten sind (BGB-RGRK/AUGUSTIN Rn 12; GRZIWOTZ/LÜKE/SALLER[2] 3. Teil Rn 181). In diesem Fall muss der Nachbar eines *Sprengstofflagers* also nicht abwarten, bis er selbst in die Luft geflogen ist.

2. Tenorierung

Bei einer bereits vorhandenen Anlage geht das Urteil auf **Beseitigung** (OLG Köln **47** DWW 2001, 24 [Einfriedung aus imprägnierten Bahnschwellen]), wobei sich die **Vollstreckung** nach § 887 ZPO oder § 888 ZPO richtet. Bei Personenverschiedenheit von Eigentümer und Nutzer muss ggf gegen beide ein Titel erwirkt werden (BAMBERGER/ROTH/ FRITZSCHE[3] Rn 13; oben Rn 9). Ist lediglich die Absicht zur Errichtung vorhanden, so lautet das Urteil auf Unterlassung der Herstellung der Anlage (oben Rn 36). Der Unterlassungsanspruch wird nach § 890 ZPO vollstreckt.

Sind die Voraussetzungen des § 907 Abs 1 S 1 im Zeitpunkt der letzten mündlichen **48** Tatsachenverhandlung gegeben, so ergeht das Unterlassungs- oder Beseitigungsurteil **ohne einen Vorbehalt im Tenor**, wonach der Verpflichtete diejenigen Umstände ausräumen darf, welche die Unzulässigkeit ergeben (oben Rn 33). Es ist Sache des Beklagten, sich im Wege der **Vollstreckungsgegenklage** nach § 767 ZPO gegen die

Vollstreckung zu wehren, wenn die Anlage künftig in zulässiger Weise gehalten oder genutzt wird (MünchKomm/Säcker[6] Rn 21; Wieser, Prozeßrechtskommentar zum BGB[2] Rn 3; aA Staudinger/Beutler[12] Rn 25).

3. Bindung an den Antrag (§ 308 ZPO)

49 Der **weitergehende Antrag** aus § 907 (oben Rn 2) umfasst den allgemeinen Störungsbeseitigungsanspruch des § 1004. Wenn die Voraussetzungen des § 907 nicht vorliegen, wohl aber diejenigen des § 1004, so ist aus letzterer Norm zu verurteilen, ohne dass damit gegen § 308 ZPO verstoßen würde (OLG Marienwerder OLGE 4, 59, 61; MünchKomm/Säcker[6] Rn 21 aE).

4. Einstweilige Verfügung

50 Die Ansprüche aus § 907 können im Wege der einstweiligen Verfügung gesichert werden. Wird der Unterlassungsanspruch geltend gemacht (oben Rn 36), so geht die einstweilige Verfügung auf Nichterrichtung der Anlage, auf Einstellung der Bauarbeiten (dazu OLG München NJW 1954, 513, 514; OLG Zweibrücken OLGE 4, 61; MünchKomm/Säcker[6] Rn 22) oder auf ein Verbot der Benutzung. Ist die Anlage bereits errichtet worden, so kann die Beseitigung grundsätzlich nicht durch eine einstweilige Verfügung erreicht werden, weil dadurch deren bloßer **Sicherungszweck** verfehlt würde. In diesem Falle muss regelmäßig das Benutzen der Anlage untersagt werden (MünchKomm/Säcker[6] Rn 22; Grziwotz/Lüke/Saller[2] 3. Teil Rn 185). Eine Beseitigung der Anlage kann nur erreicht werden, wenn schon ihr Bestand zu einer unzulässigen Einwirkung führt (Wieser, Prozeßrechtskommentar Rn 4). An die **Glaubhaftmachung** der §§ 936, 920 ZPO sind strenge Anforderungen zu stellen.

VI. Ersatzansprüche

1. Bürgerlich-rechtlicher Aufopferungsanspruch

51 Ein **verschuldensunabhängiger Aufopferungsanspruch** kann sich nach der Rspr ergeben, wenn der Abwehranspruch aus § 907 nach seinen tatbestandsmäßigen Voraussetzungen an sich gegeben ist, aber aus rechtlichen oder tatsächlichen Gründen nicht geltend gemacht werden kann (ausführlich oben § 906 Rn 66 ff). So kann es etwa bei **gemeinwichtigen Betrieben Privater** liegen (zur Kritik oben § 906 Rn 29, 67). Auch kann der Kläger einem **faktischen Duldungszwang** unterliegen, weil er die abzuwehrende Gefahr nicht rechtzeitig erkannt hat und auch nicht erkennen konnte (für § 907 Larenz/Canaris[13] § 85 III 666: unzulässige Handlungen; H Roth [nach Lit-Verz] 22 Fn 64). Das dürfte bei den in Betracht kommenden Anlagen aber selten sein. Ist der Anspruch wegen § 14 S 1 BImSchG ausgeschlossen, so ist ein Anspruch nach § 14 S 2 BImSchG gegeben (oben § 906 Rn 76 ff).

52 Auch außerhalb des Anwendungsbereichs des § 907 (zB *negative Einwirkungen,* oben Rn 23) erkennt die Rspr in Einzelfällen einen eingeschränkten Unterlassungsanspruch an (BGHZ 113, 384, 389; oben Rn 26). Kann dieser Anspruch aus besonderen Gründen nicht geltend gemacht werden, so erweitert die Rspr den bürgerlich-rechtlichen Aufopferungsanspruch auf im System des Nachbarrechts an sich nicht abwehrfähige Einwirkungen. Gestützt wird der Anspruch auf einen Durchgriff auf das

nachbarliche Gemeinschaftsverhältnis. In den Rechtsfolgen bestehen zu oben Rn 51 keine Unterschiede, zumal die Grenzen zur Immission fließend sind (BGHZ 113, 384, 391 [Kaltluftsee]; iE zust H Roth [nach Lit-Verz] 43). Vorzugswürdig ist es, auf ein qualifiziertes **Rücksichtnahmegebot** abzustellen (oben § 906 Rn 127 f, 241 f). Im konkreten Fall hätte wohl ein auf § 823 Abs 1 BGB gestützter Anspruch helfen können.

2. Schadenersatzansprüche (§ 823 Abs 1 u 2)

§ 907 ist ein **Schutzgesetz** iS von § 823 Abs 2 (BGH NJW-RR 2001, 1208 [dazu H Roth **53** JuS 2001, 1161]; BGH NJW 1980, 2580 f; RGZ 145, 107, 115; jurisPK-BGB/Vieweg/Regenfus⁶ Rn 7). Wer eine nach § 907 objektiv widerrechtliche Anlage schafft, muss behaupten und beweisen, dass er in seinem Verhalten keinen Verstoß gegen § 907 sehen musste (RGZ 145, 107, 116). Das dingliche Abwehrrecht des § 907 (oben Rn 36) ist auch ein **sonstiges Recht** nach § 823 Abs 1, sodass seine schuldhafte Verletzung zum Schadenersatz führt (RGZ 145, 107, 115; MünchKomm/Säcker⁶ Rn 21). Auch die Normen des § 907 Abs 1 S 2 kommen als Schutzgesetze nach § 823 Abs 2 in Betracht (vgl BGHZ 66, 354). Andererseits schließt ihre Einhaltung oder eine etwa erteilte **Baugenehmigung** eine rechtswidrige Handlung und damit einen Anspruch aus § 823 nicht aus (offengelassen in BGHZ 120, 239, 250 [Anlage eines Gartenteichs und Ansiedlung von Fröschen]). § 907 Abs 1 S 2 hindert aber einen Beseitigungsanspruch gegen eine rechtswidrig gehaltene Anlage. Deshalb hätte BGHZ 120, 239 ff einen Aufopferungsanspruch gewähren müssen (H Roth [nach Lit-Verz] 3; oben § 906 Rn 155). Wie der Fall des **rechtswidrigen entschuldigten Überbaus** mit § 912 Abs 2 zeigt, ist die Aufopferungshaftung nicht auf rechtmäßiges Handeln beschränkt. Ist der gestörte Eigentümer wegen § 907 Abs 1 S 2 an der Durchsetzung seines Unterlassungs- oder Beseitigungsanspruchs gehindert (oben Rn 39 f), und wird er durch die jetzt tatsächlich hervortretende Einwirkung geschädigt (zB *Explosion),* so hat er einen **verschuldensunabhängigen Aufopferungsanspruch** (BGB-RGRK/Augustin Rn 12 aE; offengelassen in RGZ 104, 83). Es handelt sich nicht um den Fall eines faktischen Duldungszwanges (oben Rn 51), sondern um den Ausschluss des Abwehranspruches aus Rechtsgründen. Zwingt der Gesetzgeber zur Aufopferung eines Rechts, so knüpft sich daran zwangsläufig ein Ausgleich.

3. Öffentlich-rechtliche Entschädigungsansprüche

Muss die betreffende Anlage als **hoheitliche Maßnahme** geduldet werden, so kommen Ansprüche aus *enteignendem Eingriff* (oben § 906 Rn 83 ff) oder aus *enteignungsgleichem Eingriff* (oben § 906 Rn 88 ff) in Betracht. **54**

§ 908
Drohender Gebäudeeinsturz

Droht einem Grundstück die Gefahr, dass es durch den Einsturz eines Gebäudes oder eines anderen Werkes, das mit einem Nachbargrundstück verbunden ist, oder durch die Ablösung von Teilen des Gebäudes oder des Werkes beschädigt wird, so kann der Eigentümer von demjenigen, welcher nach dem § 836 Abs. 1 oder den §§ 837, 838 für den eintretenden Schaden verantwortlich sein würde, verlangen, dass er die zur Abwendung der Gefahr erforderliche Vorkehrung trifft.

Materialien: E II § 822; Prot III 161 f; JAKOBS/
SCHUBERT, SR I 463 f; MUGDAN III 603 f.

Schrifttum

GRZIWOTZ/LÜKE/SALLER, Praxishandbuch
Nachbarrecht (2. Aufl 2013)
E HERRMANN, Der Störer nach § 1004 BGB,
Zugleich eine Untersuchung zu den Verpflichteten der §§ 907, 908 BGB (1987)
dies, Die Haftungsvoraussetzungen nach § 1004
BGB – Neue Entwicklungen und Lösungsvor-
schlag, JuS 1994, 273
H ROTH, Der bürgerlich-rechtliche Aufopfe-
rungsanspruch, in: ROTH/LEMKE/KROHN, Der
bürgerlich-rechtliche Aufopferungsanspruch als
Problem der Systemgerechtigkeit im Schadens-
ersatzrecht. Schriftenreihe der Juristischen Stu-
diengesellschaft Karlsruhe Bd 245 (2001) 1 ff
STADLER, Das Nachbarrecht in Bayern
(7. Aufl 2004) 120
STOLLENWERK, Drohender Gebäudeeinsturz im
Nachbarrecht, VersR 1998, 559
SÜSS, Die verschuldensunabhängige Haftung
analog § 906 Absatz 2 Satz 2 BGB (1998).

Systematische Übersicht

Alphabetische Übersicht

I. Normzweck

§ 908 ist **lex specialis** zu § 907 und erweitert den Eigentumsschutz gegenüber dieser **1**
Norm, weil es nicht erforderlich ist, dass der schädigende Einsturz oder die Ablösung mit Sicherheit zu erwarten sind (oben § 907 Rn 27 ff; STAUDINGER/GURSKY [2013]
§ 1004 Rn 51; MünchKomm/SÄCKER[6] Rn 1). Die Norm ist das negatorische Gegenstück
zur Deliktshaftung des § 836 BGB (PWW/LEMKE[9] Rn 2; HERRMANN JuS 1994, 273, 278).
Der (wegen § 924 **unverjährbare) vorbeugende Abwehranspruch** des § 908 beruht auf
der Erwägung der Gesetzesväter, dass der Rechtsbehelf des § 907 bei einem drohenden Gebäudeeinsturz nicht gegeben ist, weil diese Nachteile nicht Folgen des
Bestehens oder der Benutzung einer konkreten Anlage seien, sondern „die Folgen
eines allgemeinen Naturgesetzes, kraft dessen Gebäude wie alle irdischen Dinge mit
der Zeit zu Grunde gingen" (Prot III 161). Diese Sicht der Dinge war und ist freilich
nicht zutreffend, weil § 907 auch dann eingreift, wenn die Anlage **willentlich errichtet**
ist, die Einwirkungen aber ohne Hinzutritt einer menschlichen Tätigkeit aus sich
heraus entstehen (oben § 907 Rn 15). Daher ergänzt § 908 nicht die Regelung des § 907,
sondern verdrängt sie unter der erleichterten Voraussetzung einer bloß drohenden
Gefahr.

Der **verschuldensunabhängige Anspruch** des § 908 ergänzt den Schadensersatzan- **2**
spruch aus § 836 in dessen Vorfeld, sodass nicht erst der Schadenseintritt abgewartet
zu werden braucht (PWW/LEMKE[9] Rn 2; BAMBERGER/ROTH/FRITZSCHE[3] Rn 1). Auf das prä-
ventive Eingreifen der **Ordnungsbehörden** hat der Gesetzgeber mit Recht nicht
vertraut (Prot III 161 f). Freilich werden die Fälle des § 908 heute auch durch § 1004

erfasst, weil diese Norm ebenfalls auf schon drohende *Erstgefahren* Anwendung findet (oben § 907 Rn 1). Deshalb bedeutet § 908 eine *Konkretisierung* des § 1004 für die dort geregelten Eigentumsbeeinträchtigungen (MünchKomm/Baldus[6] § 1004 Rn 11, 131). ME ist § 908 daher entgegen der wohl hL in seinem Anwendungsbereich lex specialis zu § 1004 (Kolbe NJW 2008, 3618). Das bedeutet zunächst, dass § 908 unabhängig von den Voraussetzungen des § 1004 angewendet werden kann. Liegen die Voraussetzungen des § 908 nicht vor, weil etwa die Gefahr nicht aus der Beschaffenheit des Gebäudes, sondern allein aus einer menschlichen Einwirkung herrührt (unten Rn 7), so können drohende Beeinträchtigungen mit § 1004 abgewehrt werden (weitere Einzelheiten bei E Herrmann 156 ff; dies JuS 1994, 273, 278).

II. Anspruchsvoraussetzungen

1. Gebäude; Gebäudeteile; Werk; Werkteile

3 **Gebäude** ist ein durch Wände und Dach begrenztes, mit dem Erdboden zumindest durch eigene Schwere verbundenes Bauwerk, das den Eintritt von Menschen gestattet und Menschen oder Sachen schützen kann (vgl BGHSt 1, 163; Jauernig/Berger[15] Rn 3; jurisPK-BGB/Rösch[6] Rn 4: Staudinger/Belling [2012] § 836 Rn 22). **Gebäudeteile** sind den Gebäuden gleichgestellt. Es handelt sich um alle Bestandteile, die zur Herstellung des Gebäudes eingefügt und endgültig im Gebäude verbaut sind. Für die Zugehörigkeit zum Bauganzen entscheidet die Verkehrsanschauung (BGH VersR 1985, 666; Grziwotz/Lüke/Saller[2] 3. Teil Rn 189). Es muss sich nicht um fest verbundene oder um wesentliche Bestandteile iS der §§ 93 ff handeln (Bsp in Erl zu § 836 Rn 24 ff). *Dachlawinen* zählen nicht dazu.

4 Andere mit dem Grundstück verbundene **Werke** sind künstlich errichtete zweckbestimmte Sachen, die unter Verbindung mit dem Erdkörper (auch nur vorübergehend) hergestellt sind (Grziwotz/Lüke/Saller[2] 3. Teil Rn 188; Jauernig/Berger[15] Rn 3). **Beispiele** sind *Zäune, Gartenmauern, Gerüste, Pergolen, Öltanks,* ober- oder unterirdisch verlegte *Versorgungsleitungen* oder *Grabsteine* (Erl zu § 836 Rn 24 ff). Es muss sich stets um **Menschenwerk** handeln, sodass *gewachsener Fels* (RGZ 149, 205, 210) nicht darunter fällt. Die Zweckbestimmung wurde verneint für *aufgeschüttete Erdmassen,* soweit sie nicht als Böschung dienen (RGZ 60, 138, 139; ferner Picker, Der negatorische Beseitigungsanspruch [1972] 107). Auch *altersschwache Bäume* fallen nicht unter § 908 (Bsp für *Teile* eines Werkes Erl zu § 836 Rn 28).

2. Einsturz; Ablösung von Teilen

5 **Einsturz** bedeutet das Zusammenbrechen des Gebäudes im Ganzen (RGZ 97, 112, 114; Bsp Erl zu § 836 Rn 22). Darunter zählt nicht der *Abbruch* des Gebäudes (unten Rn 7). Die **Ablösung von Teilen** meint jede Trennung und jenseits des Wortlauts der Norm auch die *Lockerung* der Verbindung des Teiles mit dem Ganzen oder auch nur in seinem inneren Zusammenhang (RGZ 133, 1, 6; OLG München NJW-RR 1995, 540; NK-BGB/Ring[2] Rn 8; BGB-RGRK/Augustin Rn 4 f; Bsp Erl zu § 836 Rn 28; **aA** PWW/Lemke[9] Rn 13). Dazu gehört etwa das *Herabfallen von Steinen* usw. Es besteht kein Grund, den Begriff der Gebäudeteile bei § 908 weiter auszulegen, als er in den §§ 836 ff gebraucht wird (**aA** Westermann/Gursky/Eickmann/H P Westermann[8] § 61 Rn 46).

3. Nachbargrundstück

Der Abwehranspruch betrifft Gefahren, die von einem Nachbargrundstück ausge- **6** hen. Es muss sich nicht um ein unmittelbar angrenzendes Grundstück handeln. Vielmehr sind darunter alle Grundstücke zu verstehen, die im betreffenden **Gefähr-dungsbereich** liegen (MünchKomm/Säcker[6] Rn 2; Palandt/Bassenge[74] Rn 1). Die Rechtslage ist damit mit derjenigen bei § 907 vergleichbar (oben § 907 Rn 11).

4. Drohende Gefahr der Beschädigung

Die drohende Gefahr muss gerade auf der **Beschaffenheit** oder dem **Erhaltungszu-** **7** **stand** des Gebäudes oder Werkes beruhen (RGZ 70, 200, 206; Palandt/Bassenge[74] Rn 1; Grziwotz/Lüke/Saller[2] 3. Teil Rn 193; Erman/A Lorenz[14] Rn 2; MünchKomm/Säcker[6] Rn 3; Soergel/JF Baur[13] Rn 2). Eine ausschließlich menschliche Einwirkung genügt daher nicht. Deshalb besteht kein Verbietungsanspruch aus § 908, wenn die Einsturzgefahr aus dem *Abbruch* des Nachbarhauses herrührt (RGZ 70, 200, 206; Erman/A Lorenz Rn 2; oben Rn 5). In diesem Fall greift aber der Anspruch aus § 1004 ein (Stollenwerk VersR 1998, 559, 560; oben Rn 2). Andererseits schadet es nicht, wenn **menschliche Tätigkeit** (RG WarnR 19, 169), **Naturereignisse** (BGHZ 58, 149, 153 [Überflutung]) oder ein **Tier** sie auslösen. Es genügt also, dass die Beschaffenheit des Gebäudes oder des Werkes die zunächst wirkende Ursache ist, und die Gefahr durch ein hinzutretendes Ereignis ausgelöst wird (MünchKomm/Säcker[6] Rn 3), wenn damit unter den gegebenen Umständen gerechnet werden muss **(Adäquanz)**. Ungewöhnliche Umstände bleiben außer Betracht, da es dann an der drohenden Gefahr fehlt (BGB-RGRK/Augustin Rn 5; dort auch ältere Bsp).

Die **Ursache** für den baufälligen Zustand des Werkes oder des Gebäudes ist un- **8** erheblich. Deshalb kommt es nicht darauf an, ob der Einsturz oder die Ablösung die Folge (schuldhaft) fehlerhafter Errichtung oder mangelhafter Unterhaltung ist. Die Inbezugnahme des § 836 Abs 1 in § 908 bedeutet **keine Rechtsgrundverweisung**, sondern legt lediglich den **Anspruchsgegner** fest (allgM, LG Lübeck SchlHA 1951, 25; Palandt/Bassenge[74] Rn 1; MünchKomm/Säcker[6] Rn 3; Soergel/J F Baur[13] Rn 2; Erman/A Lorenz[14] Rn 1; iE Bamberger/Roth/Fritzsche[3] Rn 6; anders früher RGZ 70, 200, 206; BGB-RGRK/Augustin Rn 11 ff). Die Voraussetzungen des § 836 müssen nur vorliegen, wenn Schadenersatz begehrt wird. § 908 kommt auch zur Anwendung, wenn die Einsturzgefahr durch eine andere Ursache entstanden ist, zB durch eine *Explosion* oder eine *Überschwemmung* (RG Gruchot 58, 193).

Als **drohende Gefahr** reicht bereits die nicht ganz entfernte Möglichkeit des Scha- **9** denseintritts aus. Subjektive Befürchtungen sind dagegen nicht ausreichend. Es kommt darauf an, ob die vorliegenden objektiven Umstände einem „verständigen und ruhig überlegenden Menschen" Anlass geben, von seinem Abwehrrecht Gebrauch zu machen (BGH BB 1953, 559; Grziwotz/Lüke/Saller[2] 3. Teil Rn 192; PWW/Lemke[9] Rn 15; strenger wohl MünchKomm/Säcker[6] Rn 2 mit Fn 3).

Ein **Eigenverschulden** des Anspruchstellers hindert die Geltendmachung des An- **10** spruchs aus § 908 grundsätzlich nicht (LG Lübeck SchlHA 1951, 25; Palandt/Bassenge[74] Rn 1 aE). Doch kann er dem Anspruchsgegner dann selbst schadensersatzpflichtig werden (OLG Düsseldorf VersR 1973, 40). Geht der Schadenersatz nach § 249 S 1 auf die

Beseitigung des baufälligen Zustandes, so stellt sich die Geltendmachung des Anspruchs aus § 908 als unzulässige Rechtsausübung dar (MünchKomm/Säcker[6] Rn 3).

5. Berechtigter

11 Die **Anspruchsberechtigten** entsprechen dem Kreis der Berechtigten bei § 907 (oben § 907 Rn 5 f). Deshalb steht der Anspruch auch bloßen **Besitzern** wie zB Mietern oder Pächtern zu (hL, Erman/A Lorenz[14] Rn 3; Soergel/JF Baur[13] Rn 8; MünchKomm/Säcker[6] Rn 7; Wolff/Raiser § 53 V; Westermann/Gursky/Eickmann/H P Westermann[8] § 61 Rn 46; **aA** Palandt/Bassenge[74] Rn 2; BGB-RGRK/Augustin Rn 6). Bei § 908 decken sich Besitz- und Eigentumsobjekt. Deshalb muss der Anspruch aus § 908 unter dem Gesichtspunkt des Sachbesitzschutzes auch dem Besitzer zustehen.

6. Verpflichteter

12 Verpflichteter ist, wer bei Verschulden nach den §§ 836–838 schadensersatzpflichtig wäre. Anspruchsgegner kann daher sein der **Eigenbesitzer** des Grundstücks (§ 908 iVm §§ 836 Abs 1, 3; 872), derjenige, der auf einem fremden Grundstück in Ausübung eines Rechts das betreffende Gebäude oder Werk besitzt (§ 908 iVm § 837), zB ein **Erbbauberechtigter** oder ein **Nießbraucher** (aber auch der Fall der Errichtung nach § 95 Abs 1 [Stadler 121]) sowie derjenige, welcher die Unterhaltung des Gebäudes übernommen hat (§ 908 iVm § 838), zB **Mieter** oder **Pächter**. Ferner kann Anspruchsgegner sein derjenige, der das Gebäude aufgrund eines ihm zustehenden Nutzungsrechtes zu unterhalten hat (zB bei einer Grunddienstbarkeit oder einem Nießbrauch). Der Anspruch richtet sich nicht gegen den **früheren Besitzer**, da § 836 Abs 2 in § 908 nicht genannt ist (allgM, Grziwotz/Lüke/Saller[2] 3. Teil Rn 200; NK-BGB/Ring[2] Rn 19; PWW/Lemke[9] Rn 5; MünchKomm/Säcker[6] Rn 7; Soergel/JF Baur[13] Rn 8; im Einzelnen Erl zu § 836 Rn 69 ff, § 837 Rn 2 ff, § 838 Rn 1 ff). **Mehrere** Verpflichtete haften gem § 431 als *Gesamtschuldner.*

7. Ausschluss des Anspruches

13 In besonders gelagerten Ausnahmefällen kann der Grundstückseigentümer aufgrund von **Billigkeitserwägungen** (zeitweilig) zur Duldung des gefahrdrohenden Zustandes verpflichtet sein. Das wurde angenommen, wenn die Gefahr im Zuge bereits beschlossener Neubauarbeiten ohnehin demnächst beseitigt werden wird, und für die Zwischenzeit für eine wirksame Abhilfe erhebliche Kosten anfielen (BGHZ 58, 149, 161 f [Abhilfe durch geplante Eindeichung] mAnm Pehle LM Nr 1). In diesen Fällen wird dem Eigentümer des gefährdeten Grundstücks aus Gründen der Billigkeit mit Recht ein **verschuldensunabhängiger Aufopferungsanspruch** gewährt (BGHZ 58, 149, 159 f; Jauernig/Berger[15] Rn 2; H Roth [nach Lit-Verz] 22 Fn 64). Doch ist dieser Anspruch entgegen der Rspr (zB BGH WM 1985, 1041 [Wasserrohrbruch]) nicht auch gegeben, wenn der Abwehranspruch aus § 908 aus **faktischen Gründen** nicht geltend gemacht werden kann. Ansonsten würde die Verschuldenshaftung des § 836 unterlaufen (H Roth [nach Lit-Verz] 23 ff; Larenz/Canaris[13] § 85 III S 666; unten Rn 19; **aA** Vieweg/Werner Sachenrecht[6] § 9 Rn 50 mit Fn 309). Muss das betreffende Gebäude oder das Werk als *hoheitliche Maßnahme* geduldet werden, so kommen nach der Rspr Ansprüche aus enteignendem oder enteignungsgleichem Eingriff in Betracht (oben § 907 Rn 54; Palandt/Bassenge[74] Rn 3; Grziwotz/Lüke/Saller[2] 3. Teil Rn 203).

III. Anspruchsinhalt

Der Anspruch ist nach der Formulierung des § 908 darauf gerichtet, dass der An- **14** spruchsgegner die zur Abwendung der Gefahr **„erforderliche Vorkehrung"** trifft. Das kann entweder *Reparatur* oder *Abbruch* des Werkes oder des Gebäudes bedeuten. Das *Urteil* darf dem Beklagten die Vorkehrungen, die er treffen soll, nicht vorschreiben (RGZ 65, 73, 76; LG Lübeck SchlHA 1951, 25, 26; HORST DWW 1998, 167, 176). Vielmehr ist ihm die Auswahl der geeigneten Maßnahmen zu überlassen. Deshalb braucht auch der **Klageantrag** die zu treffenden Vorkehrungen nicht anzuführen. Die Wahl ist vom Gläubiger erst in der **Zwangsvollstreckung** nach § 887 ZPO zu treffen (PWW/LEMKE[9] Rn 22). Die erforderlichen Vorkehrungen können bei drohender Gefahr auch im Wege der **einstweiligen Verfügung** nach § 940 ZPO verlangt werden (WIESER, Prozessrechtskommentar zum BGB[2] Rn 6).

Die für den Beklagten anfallenden **Kosten** spielen für die Durchsetzung des An- **15** spruchs aus § 908 grundsätzlich keine Rolle. Etwas anderes gilt nur in Ausnahmefällen (oben Rn 13). Auch greift der Einwand regelmäßig nicht durch, die Beseitigung der Gefahr sei unmöglich, weil zuletzt stets der Abbruch bleibt.

IV. Beweislast

Der **Berechtigte** trägt die Beweislast für die Umstände, welche die drohende Gefahr **16** begründen (oben Rn 7 ff), seine Anspruchsberechtigung (oben Rn 11) sowie für die Verpflichtung des Gegners (oben Rn 12). Behauptet der **Gegner**, er habe das zur Abwendung der Gefahr Erforderliche bereits getan, so trägt er und nicht der Kläger dafür die Beweislast. Nach allgemeinen Beweislastgrundsätzen hat der Schuldner die Erfüllung seiner Verpflichtung zu beweisen (BAUMGÄRTEL/LAUMEN/PRÜTTING/ SCHUSCHKE, Handbuch der Beweislast[3] Rn 2; STOLLENWERK VersR 1998, 559, 560; gegen Münch-Komm/SÄCKER[6] Rn 8). Der Gegner kann sich nicht nach § 836 Abs 1 S 2 entlasten, da es auf sein Verschulden nicht ankommt (oben Rn 8). Da es ferner unerheblich ist, ob der drohende Einsturz oder die Ablösung die Folge der fehlerhaften Errichtung oder der mangelhaften Unterhaltung des Gebäudes ist (oben Rn 8), braucht der Berechtigte dazu nichts zu behaupten und zu beweisen (insoweit anders BAUMGÄRTEL/LAUMEN/PRÜTTING/SCHUSCHKE, Beweislast[3] Rn 1).

V. Selbsthilfe; Notstand; Selbstbeseitigung

Wenn keine verantwortliche Person vorhanden oder erreichbar ist, so ist der Eigen- **17** tümer auf das Eingreifen der **Ordnungsbehörden** angewiesen (etwa NK-BGB/RING[2] Rn 26; auch Prot III 161). Ist diese Hilfe rechtzeitig zu erlangen, so scheidet die Selbsthilfe nach § 229 aus. Näher liegt das Handeln im **Verteidigungsnotstand** nach § 228 (dazu auch RGZ 149, 205, 206). Doch wird auch hier das private Eingreifen nur „erforderlich" sein, wenn die Hilfe der Ordnungsbehörden zu spät kommen würde. Liegen die Voraussetzungen des § 228 einmal vor, so scheidet ein rechtswidriges Handeln aus. Erfüllen die nach § 908 erforderlichen Maßnahmen am Grundstück des Nachbarn die Voraussetzungen einer berechtigten **Geschäftsführung ohne Auftrag**, so kann der Geschäftsführer nach §§ 683 S 1, 670; 683 S 2, 679 Ersatz seiner Aufwendungen verlangen (dazu RGZ 149, 205, 206 ff). Im Falle einer unberechtigten

Geschäftsführung ohne Auftrag kann sich ein Anspruch des Geschäftsführers aus den §§ 684 S 1, 818 Abs 2 ergeben.

18 Liegen die Voraussetzungen des § 908 und auch des § 1004 nicht vor, weil es sich um **rein natürliche Einwirkungen** handelt (oben Rn 4), so ergibt sich aus dem nachbarlichen Gemeinschaftsverhältnis ein Anspruch auf Gestattung, dass der Gestörte die Gefahr selbst und auf eigene Kosten beseitigt (BGH NJW-RR 2001, 1208; H Roth JuS 2001, 1161; MünchKomm/Baldus⁶ § 1004 Rn 133).

VI. Schadenersatz

19 Ist ein **Schaden** eingetreten, so ist er von dem dazu Verpflichteten unter den Voraussetzungen der §§ 836 ff zu ersetzen. Daneben ist § 908 ein **Schutzgesetz** iS des § 823 Abs 2 (Palandt/Bassenge⁷⁴ Rn 3). Dagegen ist ein verschuldensunabhängiger bürgerlich-**rechtlicher Aufopferungsanspruch** nicht gegeben, wenn der Unterlassungsanspruch aus faktischen Gründen nicht durchgesetzt werden kann (oben Rn 13). Das bedeutete ansonsten einen Wertungswiderspruch zur Verschuldenshaftung des § 836, welche die auf die cautio damni infecti gestützte verschuldensunabhängige Schadensersatzklage des **Gemeinen Rechts** abgelöst hat (Windscheid/Kipp, Lehrbuch des Pandektenrechts [9. Aufl 1906] § 459, S 996 f; H Roth [nach Lit-Verz] 23 ff; aA Süss 70 ff).

§ 909
Vertiefung

Ein Grundstück darf nicht in der Weise vertieft werden, dass der Boden des Nachbargrundstücks die erforderliche Stütze verliert, es sei denn, dass für eine genügende anderweitige Befestigung gesorgt ist.

Materialien: VE § 111; E I § 865; II § 823; III 893; Schubert, SR I 732 ff; Jakobs/Schubert, SR I 464 f; Mot III 295 f; Prot III 162; Mugdan III 163 f; 604 f.

Schrifttum

Dehner, Nachbarrecht (58. Aktualisierung, Juni 2015) B § 20 1 ff
ders, Erddruck als Eigentumsverletzung?, NZM 2005, 172
B Fuchs, Die Zulässigkeit der Inanspruchnahme von Nachbargrundstücken bei der Ausführung von Tiefbauarbeiten (2004)
Gaisbauer, Grundwassersenkung infolge Straßenarbeiten, DWW 1974, 103
Gather, Rechtsfragen beim Bau von U-Bahnen, DWW 1966, 51
Gehrmann, Nochmals: Ausschachtungsarbeiten auf dem Nachbargrundstück, BlGBW 1961, 293
Glaser, Ausschachtungsarbeiten auf dem Nachbargrundstück, BlGBW 1961, 181
Grziwotz/Lüke/Saller, Praxishandbuch Nachbarrecht (2. Aufl 2013)
Hagn, Gefährdung Berliner Häuser durch Absenkung des Grundwassers, GrundE 1929, 633
Itzel, Tiefbaumaßnahmen im Straßenbereich – Fallgruben für Gemeinden und Bürger?, MDR 2012, 1444
Klausing/Paul, Häuser- und Grundstücks-

schäden durch künstliche Veränderung des
Grundwasserspiegels (1940)

KORBION/SCHERER, Gesetzliches Bauhaftungsrecht – Bauliches Nachbarrecht (1964)

KÜRZEL, Schäden durch Ausgrabung des
Grundstückes am Nachbargrundstück, DWW
1974, 101

MAASS, Nachbarrechtliche Probleme bei der
Baudurchführung, BauR 2007, 1650

MARWITZ, Zur Auslegung des § 909 BGB, JW
1916, 1179

PFEIFFER, Kaufvertragliches Gewährleistungs-
recht und nachbarrechtlicher Ausgleichsanspruch – BGH NJW 1988, 1202, in: JuS 1989, 357

H ROTH, Der bürgerlich-rechtliche Aufopferungsanspruch, in: ROTH/LEMKE/KROHN, Der
bürgerlich-rechtliche Aufopferungsanspruch als
Problem der Systemgerechtigkeit im Schadensersatzrecht. Schriftenreihe der Juristischen Studiengesellschaft Karlsruhe Bd 245 (2001) 1 ff

SCHERER, Die Rechtsprechung des Bundesgerichtshofes zur Grundstücksvertiefung, zum
Notwegrecht sowie zum Fenster- und Licht-
recht, DRiZ 1963, 112

SEESEMANN, Die Haftung des Bauherrn bei
Ausschachtungen, BlGBW 1960, 136

SÜSS, Die verschuldensunabhängige Haftung
analog § 906 Absatz 2 Satz 2 (1998)

WEBER, Das Problem der Entschädigung bei
Grundwassersenkungsschäden, GrundE
1942, 21

WEBER, Häuser- und Grundstückschäden durch
künstliche Veränderung des Grundwasserspiegels, GrundE 1940, 446

WERNEBURG, Das Nachbarrecht bei Grund-
stücksbauanlagen und Vertiefungen, GrundE
1928, 1112.

S ferner Schrifttum zu § 905 und § 906.

Systematische Übersicht

Herbert Roth

Alphabetische Übersicht

I. Normzweck

1 Die praktisch bedeutsame Vorschrift beinhaltet eine **Konkretisierung** des § 1004 und schränkt das Recht des Eigentümers nach § 903 ein (BGHZ 103, 39, 42), soweit sich sein Eigentumsinteresse senkrecht nach unten (§ 905) erstreckt (oben § 905 Rn 1). Obgleich § 909 anders als die §§ 907, 908 nicht als Anspruchsgrundlage formuliert, sondern lediglich als Verbot ausgestaltet ist, wird ein **Unterlassungsanspruch** mit Recht überwiegend aus § 909 direkt hergeleitet (etwa Korbion/Scherer 220 f; vgl aber auch BGH NJW 1983, 872, 874: § 1004; B Fuchs 154; aA Bamberger/Roth/Fritzsche[3] Rn 23). Dagegen werden für den **Beseitigungsanspruch** nach erfolgter Vertiefung, der sich auf Wiederherstellung der Festigkeit des Nachbargrundstücks richtet, bisweilen § 909 und § 1004 Abs 1 S 1 nebeneinander zitiert. Häufig wird als Anspruchsgrundlage auch allein auf § 1004 Abs 1 oder auf § 862 abgestellt (OLG Saarbrücken NJOZ 2012, 769; PWW/Lemke[9] Rn 8). Gegenüber § **907** kommt § 909 insoweit eine klarstellende Funktion zu, als eine Vertiefung auch dann verboten werden darf, wenn die durch das Graben in die Tiefe erfolgende Einwirkung nicht einer durch Erschütterung eingetretenen Einwirkung gleichgesetzt werden kann (Mot III 296). Zudem ist nicht unzweifelhaft, ob jede Vertiefung sich auch als Anlage iS von § 907 darstellt (oben § 907 Rn 12 ff). Selbstständige Bedeutung gegenüber § 907 hat § 909 möglicherweise insoweit, als sich eine Vertiefung nicht ohne weiteres iS eines „positiven Hinüberwirkens" deuten lässt (oben § 907 Rn 12), sondern eher einer – sonst für nicht abwehrfähig gehaltenen – negativen Immission ähnelt (BGH NJW 2001, 1865 mit Anm H Roth LM § 862 BGB Nr 3). Unter diesem Gesichtspunkt ginge § 909 dann auch über § 1004 Abs 1 hinaus, weil die „Einwirkung" nach § 907 und die „Beeinträchtigung" nach § 1004 in gleicher Weise beurteilt werden (BGHZ 113, 384, 388; wohl auch MünchKomm/Säcker[6] Rn 1). Das Präventivverbot des § 909 hat die durch Kaution vermittelte verschuldensunabhängige Schadensersatzklage des **Gemeinen Rechts** abgelöst (Einzelheiten bei Süss 67 ff; H Roth [nach Lit-Verz] 33 ff), weil sich der Gesetzgeber davon einen wirksameren Rechtsschutz versprach (zur historischen Entwicklung des Tiefbaurechts vgl B Fuchs 20 ff).

2 § 909 betrifft den **Inhalt des Eigentums** und regelt die Rechte der Eigentümer von Grundstücken untereinander. Geschützt werden soll die **Festigkeit des Bodens** eines in fremdem Eigentum stehenden Nachbargrundstücks und damit auch die **Standsicherheit** der darauf stehenden Gebäude (BGHZ 103, 39, 42; BGH NZM 2008, 377). § 909 will die natürliche bodenphysikalische Stütze sichern, die sich benachbarte Grundstücke gegenseitig gewähren und schränkt zu diesem Zweck das Eigentumsrecht (§ 903) an einem vertieften Grundstück zugunsten des benachbarten beeinträchtigten Grundstücks ein (BGHZ 91, 282, 284; LG Freiburg NJW-RR 1987, 141). Die Vorschrift sichert den Eigentümer eines Grundstücks damit vor unzulässigen Vertiefungen *Dritter* auf dem Nachbargrundstück (BGHZ 91, 282, 285). Das Verbot des § 909 richtet sich gegen jeden, der an der Vertiefung **mitwirkt** (BGH NJW 1996, 3205, 3206).

II. Anspruchsvoraussetzungen

1. Unzulässige Vertiefung

Die Worte „darf nicht" sind gleichbedeutend mit „ist unzulässig" (vgl Prot III 162). **3**
Gemeint sind stets „unzulässige Vertiefungen" (Korbion/Scherer 210; B Fuchs 154).

a) Öffentliches Recht; Landesrecht

Eine baubehördliche **Genehmigung** des betreffenden Vertiefungsverfahrens beseitigt **4**
eine privatrechtliche Unzulässigkeit der Vertiefung nicht (BGHZ 85, 375, 380; BGH WM
1979, 950; Korbion/Scherer 211; Stollenwerk ZMR 1995, 240; Kürzel DWW 1974, 101). Eine
Vertiefung kann auch dann nach § 909 unzulässig sein, wenn sie einer entsprechenden **behördlichen Auflage** nach vorgenommen wurde oder die Vertiefung einem
Bebauungsplan entsprach (BGH NJW 1980, 1679; Grziwotz/Lüke/Saller 3. Teil Rn 232).
Dagegen besteht kein Abwehranspruch, wenn die Vertiefung in eine **Planfeststellung**
wie zB nach § 75 Abs 2 S 1 VwVfG mit einbezogen wurde (BGH BauR 1980, 582;
Palandt/Bassenge[74] Rn 2; zum U-Bahn-Bau Gather DWW 1966, 51 ff).

Sind landesrechtlich geregelte **Abstandsvorschriften** eingehalten worden, so ist eine **5**
Vertiefung gleichwohl unzulässig, wenn die durch § 909 verbotenen Einwirkungen
eintreten oder einzutreten drohen (Prot III 162; Palandt/Bassenge[74] Rn 2; Bamberger/
Roth/Fritzsche[3] Rn 27; Korbion/Scherer 210). Es kommt dabei nicht darauf an, ob die
betreffenden Vorschriften den Nachbarn gerade vor den ihm aus der Grundstücksvertiefung erwachsenden Nachteilen schützen wollen oder durch sie andere Ziele
verfolgt werden, wie zB im Falle von bauordnungsrechtlichen Vorschriften über den
Bauwich (Prot III 162; B Fuchs 153). Der Landesgesetzgeber kann damit auch keine
über § 909 **hinausgehenden Duldungspflichten** anordnen (Prot III 162; nicht unbedenklich OLG Köln BauR 1987, 472).

Sind bestehende landesrechtliche Vorschriften über Vertiefungen **nicht eingehalten** **6**
worden, ohne dass die Voraussetzungen des § 909 vorliegen, so ergeben sich Unter-
lassungs- oder Beseitigungsansprüche jedenfalls nicht aus § 909. Sie können jedoch
aus den §§ 1004 Abs 1, 823 Abs 2 hergeleitet werden, wenn es sich um **Schutzgesetze**
iS des § 823 Abs 2 handelt, oder die betreffenden Regelungen selbst als Anspruchsgrundlagen ausgestaltet sind (Erman/A Lorenz[14] Rn 3: wohl auch MünchKomm/Säcker[6]
Rn 6). Zu nennen sind etwa die nach **Art 124 EGBGB** erlassenen Regelungen über
die **Gründungstiefe** (§ 7a NRG Baden-Württemberg; § 17 Abs 2 NachbG Brandenburg; § 15 Abs 2 NachbG Berlin; § 10 Hessisches Nachbarrechtsgesetz; §§ 16 Abs 2,
20 Niedersächsisches Nachbarrechtsgesetz; §§ 11, 21 Abs 1 NachbG Nordrhein-
Westfalen; § 13 Abs 3 Nachbarrechtsgesetz für Rheinland-Pfalz; § 15 Abs 3 Saarländisches Nachbarrechtsgesetz Nr 965; § 12 Abs 2 [auch § 17] NachbG Sachsen-Anhalt;
§ 12 Abs 2 NachbG Schleswig-Holstein; § 13 Abs 3 Thüringer Nachbarrechtsgesetz).
Vorschriften über die Einhaltung bestimmter Grenzabstände bei Vertiefungsarbeiten
können auch die jeweiligen landesrechtlichen Bauordnungsvorschriften enthalten.

b) Begriff

Für die Anwendung des § 909 genügt jede Einwirkung auf das Grundstück durch **7**
menschliches Handeln, die zur Folge hat, dass der Boden des Nachbargrundstücks in
der Senkrechten den Halt verliert, oder dass dort die Festigkeit der unteren Bo-

denschichten in ihrem waagerechten Verlauf beeinträchtigt wird (BGHZ 85, 375, 378 f; 63, 176, 179; 44, 130, 135; OLG Saarbrücken NJOZ 2015, 1001 Rn 22; OLG Brandenburg BauR 2001, 1129, 1130; Rösch, in: jurisPK-GB [7. Aufl 2014] Rn 2; ausführlich B Fuchs 155 ff). Ausreichend ist auch die Einschaltung in die Durchführung von Sicherungsmaßnahmen, wie die Vornahme von *Aussteifungen* (BGH NJW 1996, 3205, 3206). Gemeint sind das Grundstück vertiefende Handlungen, sodass das *Fortschwemmenlassen* von Uferland keine Vertiefung bedeutet (RG HRR 1935 Nr 1086). Ausreichend ist auch das Unterlassen privatrechtlich geschuldeter Handlungen, durch die Vertiefungen vermieden worden wären (BGB-RGRK/Augustin Rn 2). Kein Fall des § 909 liegt vor, wenn das Nachbargrundstück *angegraben* wird. Hier hilft § 1004 (Korbion/Scherer 210). Auch scheidet § 823 Abs 2 iVm § 909 aus, wenn die Schäden zwar aus Anlass der Grundstücksvertiefung, aber nicht durch Verlust der erforderlichen Bodenstütze, sondern durch **Bodenerschütterungen** verursacht worden sind. Hier kommt § 823 Abs 1 in Frage (BGHZ 85, 375, 381; OLG Rostock BauR 2001, 1127). Zweck und Dauer der Vertiefung sind gleichgültig (BGHZ 57, 370, 374). Deshalb ist auch eine nur *vorübergehende* Vertiefung, zB durch Ausheben eines alsbald wieder verfüllten Grabens für eine Abwasserleitung, unzulässig (BGH NJW 1978, 1051, 1052; ferner RGZ 144, 170, 172). So wird auch das kurzzeitige Ausheben von Fundamentgräben nach dem sog „Strauß'schen Gründungsverfahren" nach § 909 beurteilt (RGZ 51, 179; 144, 172). Ausreichend ist eine Vertiefung auf kleinstem Raum, zB durch ein *Bohrloch* (OLG Düsseldorf NJW-RR 2015, 211; Palandt/Bassenge[74] Rn 3). **Sonstige Veränderungen des Bodendrucks**, etwa durch Bebauung eines höher gelegenen Hanggrundstücks, die mit einer stärkeren Druckausübung auf das Unterliegergrundstück verbunden sind, fallen nicht unter § 909 BGB (Dehner NZM 2005, 172). Eine Vertiefung setzt stets eine **Senkung des Bodenniveaus** voraus und umfasst nicht die Entfernung oberirdischer Bauteile, sodass der Abriss einer **Stützmauer** keine Vertiefung darstellt (BGH NJW-RR 2012, 1160 Rn 12; 1980, 224; RGZ 70, 200, 206). Der Eigentümer eines tieferliegenden Grundstücks hat also das höherliegende Nachbargrundstück nicht abzustützen. Anders liegt es, wenn der Nachbar den Stützverlust durch eine Vertiefung verursacht hat. Dann darf er die von ihm errichtete Stützmauer nicht ersatzlos abreißen (BGH-NJW-RR 2012, 1160 Rn 18). Doch kann sich aus dem nachbarrechtlichen Gemeinschaftsverhältnis eine Pflicht ergeben, den Abbruch eines oberirdischen Bauwerks (Stützmauer) rechtzeitig anzukündigen, sodass der Grundstücksnachbar in die Lage versetzt wird, seinerseits Stützmaßnahmen zu treffen.

8 In der Regel kann auch eine vorher angelegte **künstliche Bodenerhöhung** vertieft werden (OLG Stuttgart SeuffArch 64, 111; OLG Hamburg OLGE 31, 319). Erforderlich ist aber etwa bei *Aufschüttungen,* dass diese nach der Verkehrsauffassung im Bereich einer gewöhnlichen Zweckwidmung liegen. So liegt es zB bei der Erhöhung eines zu niedrigen Baugeländes, dem Ausgleichen einer Bodensenkung oder bei Lärmschutzaufschüttungen (MünchKomm/Säcker[6] Rn 5; ferner Korbion/Scherer 213). Anders wurde für einen *Bahndamm* entschieden (OLG Hamburg OLGE 31, 319; Korbion/Scherer 213). Das zu vertiefende Grundstück unterfällt damit einem eigenen **vertiefungsrechtlichen Grundstücksbegriff** (Darstellung und Kritik bei B Fuchs 55 ff, 65). Gemeint ist der Erdkörper mit seinen natürlichen Bestandteilen sowie künstlichen „Anreicherungen" in dem genannten Rahmen. Nicht dazu gehören sonstige (wesentliche) Bestandteile wie zB Gebäude (unten Rn 10). Wenn ein Nachbar sein *Hanggrundstück* durch eine über die Grenze eines fremden Grundstücks reichende Aufschüttung verändert hat, so ist es dem nicht zustimmenden Eigentümer gestattet, die künstliche

Erhöhung seines Grundstücks wieder durch Vertiefung zu beseitigen. Das gilt selbst dann, wenn dadurch die Aufschüttung des Nachbarn ihren Halt verliert (BGH LM Nr 14).

Ausreichend ist auch die **Vertiefung einer Vertiefung** (BGH WM 1979, 1216). Auch **9** insoweit ist noch der Erdkörper mit seinen natürlichen Bestandteilen (oben Rn 8) betroffen.

c) Grenzen (insbes: Erhöhung)

§ 909 wird von der Rspr dem Wortlaut folgend nur auf Vertiefungen angewendet. **10** Darunter fällt etwa nicht die *Enttrümmerung* eines Grundstücks (SCHERER DRiZ 1963, 112 f). Auch scheidet § 909 insbes für **Erhöhungen** aus (BGH NJW 1976, 1840, 1841; 1974, 53, 54; RGZ 155, 154, 160; DEHNER NZM 2005, 172). Erhöhungen gehören nach Auffassung der Rspr auch nicht zu den **unzulässigen Anlagen** iS des § 907 (BGH NJW-RR 2012, 1160 Rn 16; NJW 1974, 53, 54; 1976, 1840, 1841; B FUCHS 155; zur Kritik oben § 907 Rn 20, 24), sodass der angrenzende Eigentümer insbes bei der Höherlegung von Straßen nicht nach Bundesrecht geschützt wird. Doch kann sich die Rechtswidrigkeit einer Erhöhung aus **Landesrecht** ergeben, wenn bei der Erhöhung der Oberfläche auf die Anliegergrundstücke keine Rücksicht genommen wird (BGH NJW-RR 2012, 1160 Rn 16; NJW 1976, 1840, 1841). Zu nennen sind etwa: Synopse bei GRZIWOTZ/LÜKE/SALLER[2] 3. Teil Rn 260 und DEHNER nach § 20: §§ 9, 10 NRG Baden-Württemberg; § 20 NachbG Berlin; §§ 26 f NachbG Brandenburg; § 26 Niedersächsisches Nachbarrechtsgesetz; § 30 Abs 1 NachbG Nordrhein-Westfalen; § 43 Nachbarrechtsgesetz für Rheinland-Pfalz; § 47 Saarländisches Nachbarrechtsgesetz Nr 965; § 17 NachbG Sachsen; § 17 NachbG Sachsen-Anhalt; § 25 NachbG Schleswig-Holstein; § 43 Thüringer Nachbarrechtsgesetz. Wenn es, wie zB in Bayern, an einer entsprechenden nachbarrechtlichen Vorschrift fehlt, so kann sich etwa die erforderliche Errichtung einer Stützmauer bei einer Bodenerhöhung aus dem **nachbarlichen Gemeinschaftsverhältnis** ergeben (BGH NJW 1976, 1840, 1841; GRZIWOTZ/SALLER, Bayerisches Nachbarrecht [3. Aufl 2015] 3. Teil Rn 89). Im Hinblick auf die sonach lückenlos geltenden Schutzvorschriften fehlt es schon an der für eine analoge Anwendung des § 909 erforderlichen (planwidrigen) Regelungslücke (BGH NJW –RR 2012, 1160 Rn 16; **aA** MünchKomm/SÄCKER[6] Rn 10: § 909 analog). Ohnehin bleiben mE die Schadensersatzvorschriften des BGB unberührt, sodass im Verschuldensfall auch bei Einhaltung der landesrechtlichen Vorschriften nach § 823 Abs 1 Schadensersatz zu leisten ist, wenn etwa Erhöhungsmaterial herunterfällt oder heruntergespült wird (GRZIWOTZ/LÜKE/SALLER[2] 3. Teil Rn 262; STAUDINGER/ALBRECHT [2013] Art 124 EGBGB Rn 16; anders wohl BGH NJW 1980, 2580). Verursacht allein das infolge der künstlichen Bodenerhöhung **wild abfließende Wasser** Schäden, so findet für zukünftige Fälle das Veränderungsverbot des § 37 Abs 1 S 2 WHG als Teil des privaten Nachbarrechts Anwendung (DEHNER B § 16 II 4 d mit Fn 116 zur Gesetzgebungskompetenz; GRZIWOTZ/LÜKE/SALLER[2] 3. Teil Rn 284). Danach darf der natürliche Ablauf wild ablaufenden Wassers nicht zum Nachteil eines tiefer liegenden Grundstücks verstärkt oder auf andere Weise verändert werden. Dem Beeinträchtigten stehen Unterlassungs- und Beseitigungsansprüche aus den §§ 1004 Abs 1, 862 und Schadensersatzansprüche aus § 823 Abs 2 mit § 37 WHG als Schutzgesetz zu.

d) Beseitigung von Bodenbestandteilen

Zu dem seit jeher gesicherten Anwendungsbereich des § 909 gehört die Vertiefung **11** durch **Beseitigung** (insbes Wegnahme: BGHZ 57, 370, 374) von **Bodenbestandteilen**

(BGHZ 101, 290, 291). Der Zweck oder die Art der technischen Durchführung der Arbeiten sind unerheblich. Das Einrammen einer *Spundwand* allein zur Sicherung einer Baugrube stellt aber keinen Teil einer Vertiefung dar (BGH LM Nr 7). Es ist nicht erforderlich, dass das allgemeine Bodenniveau unterschritten wird. Verboten sind Vertiefungen aller Art, auch etwa das *Abgraben* eines Hanges unterhalb des Nachbargrundstücks (BGH LM Nr 8, 14; NJW 1980, 1679).

e) Zusammenpressen von Bodenbestandteilen

12 Entgegen der Tendenz der früheren reichsgerichtlichen Rspr (RGZ 144, 170; 155, 160) liegt eine Vertiefung nach heute ganz hL auch dann vor, wenn die Bodensubstanz nicht vermindert wird, sondern sich das Bodenniveau ohne Entnahme von Bodenbestandteilen zB infolge des Gewichts eines Neubaus und der dadurch bedingten **Pressung des Untergrunds senkt** und dieser Gewichtsdruck weiter auf den Boden des Nachbargrundstücks eingewirkt hat (BGHZ 44, 130, 136; auch OLG Brandenburg BauR 2001, 1129, 1130 „Soilcrete-Verfahren"). Ebenso liegt es, wenn sich das Grundstücksniveau ohne Entnahme von Bodenbestandteilen infolge einer **Auflagerung** von gewichtigen Stoffen wie zB durch das Auskippen von Bauschutt und Erdaushub senkt, und der dabei auf das tieferliegende Erdreich ausgeübte Druck seitlich in den Boden des Nachbargrundstücks hinüberwirkt und dieses hierdurch seinen Halt verliert (BGH NJW 1971, 935). Nicht abgesehen wird aber von dem Erfordernis der Senkung des Bodenniveaus, sodass es sich um eine direkte Anwendung des § 909 handelt (anders MünchKomm/SÄCKER[6] Rn 10).

13 Auch der **Abbruch eines Kellers** kann eine Grundstücksvertiefung bedeuten (BGH NJW 1980, 224). Unerheblich ist es, ob der Keller bis zur Sohle abgetragen wird. Entscheidend ist vielmehr, dass der Nachbar zwischenzeitlich ein Bauwerk errichtet hat, dem durch die Entfernung der Kellerwand die Stütze entzogen wird. Auf die zusätzliche erneute Entnahme von Bodenbestandteilen kommt es nicht an.

f) Einflussnahme auf den Grundwasserspiegel

14 Schon nach der ständigen Rspr des RG wurde § 909 auf Grundwasserabsenkungen angewandt, die sich als Teil von Tiefbauarbeiten **(Kanalisationsarbeiten)** darstellten (RGZ 62, 370, 372; 132, 51 ff; 167, 14, 20 f; dazu WEBER GrundE 1942, 21). Der BGH hat diese Rspr fortgeführt. Ein Fall des § 909 (mit der Folge einer Entschädigung nach enteignungsgleichem Eingriff bei hoheitlichem Handeln) (unten Rn 69) liegt vor, wenn eine gemeindliche Kanalisationsanlage eine Senkung des Grundwassers bewirkt, die ihrerseits zu einer Beeinträchtigung der Standfestigkeit eines an der Straße liegenden Hauses führt. Die **erforderliche Vertiefung** stellen dabei die Kanalisationsgräben dar. Für den Entzug der erforderlichen Stütze des Nachbargrundstücks genügt es nicht allein, dass der Grundwasserstand sinkt (aber unten Rn 15). Vielmehr muss durch die Einwirkung der Vertiefung dem Boden des Nachbargrundstücks gerade seine in dem Grundwasser bestehende oder mit bestehende Stütze entzogen werden (BGHZ 57, 370, 374). Vergleichbare Grundsätze finden auch Anwendung, wenn durch die Kanalisationsarbeiten der Grundwasserstand zwar nicht beeinträchtigt wird, jedoch die durch die Betonrohre der gemeindlichen Kanalisationsanlage ausgehende Drainagewirkung die *Austrocknung* des Nachbargrundstücks in bezug auf das einsickernde Regenwasser herbeiführt. In dem entschiedenen Fall hatte sich die Feuchtigkeit des Regenwassers stabilisierend auf die Festigkeit des Bodens ausgewirkt (BGH NJW 1978, 1051, 1053; 1981, 50, 51).

Die erforderliche Vertiefung kann auch in der **Grundwasserentnahme** selbst liegen, **15** etwa durch Absenken des Grundwasserspiegels durch Abpumpen als Teil von Tiefbauarbeiten wie Ausschachtungs-, Fundamentierungs- und Kellergeschossarbeiten, wenn dadurch die Standfestigkeit des Erdreichs beeinträchtigt wird (BGH NJW 1977, 763; DEHNER B § 20 I 1 c; WESTERMANN/GURSKY/EICKMANN/H P WESTERMANN, Sachenrecht[8], § 61 Rn 48 [Wasserentnahme als Hilfsmaßnahme für einen Bau]; zu Entwässerungsmaßnahmen auch BGH WM 1983, 943). Vergleichbares gilt, wenn durch Bauarbeiten Grundwasserströmungen auftreten, und der Boden des Nachbargrundstückes durch das in Bewegung geratende Erdreich die erforderliche Stütze verliert (BGH VersR 1964, 1070; GAISBAUER DWW 1974, 103).

aa) Landeswassernachbarrecht

Nach den zu Art 65 EGBGB ergangenen landesnachbarrechtlichen Regelungen **16** können Einwirkungen auf den **Grundwasserstand** gleichfalls untersagt sein. Art 13 des G zur Neuregelung des Wasserrechts v 31. 7. 2009 (BGBl I 2585) hat Art 65 EGBGB zwar aufgehoben. Nach der Gesetzesbegründung soll die Aufhebung des Art 65 EGBGB aber den Grundsatz unberührt lassen, dass jedenfalls bis zum Inkrafttreten dieses Gesetzes die allgemeinen Vorschriften des BGB den speziellen Vorschriften der Länder grundsätzlich Vorrang einräumen (Begründung BR-Drucks 280/ 09 zu Art 13). Die Fortgeltung des Landesrechts soll sich nach Art 72 Abs 1 GG richten, sodass sich an der geltenden Rechtslage wohl nichts geändert hat (ebenso GRZIWOTZ/LÜKE/SALLER[2] Teil 3 Rn 268 Fn 933; DEHNER § 26a IV misst den landesrechtlichen Vorschriften nur geringe Bedeutung zu). So verbieten zB § 20 Hessisches Nachbarrechtsgesetz schlechthin und § 38 Niedersächsisches Nachbarrechtsgesetz sowie § 27 NachbG Schleswig-Holstein mit Ausnahmen die Absenkung des Grundwasserspiegels, wenn dadurch die Benutzung eines anderen Grundstücks erheblich beeinträchtigt wird (auch § 29 NachbG Sachsen-Anhalt). Bei dem Entzug der erforderlichen Stütze wird das regelmäßig der Fall sein. Die betreffenden Normen sind **Schutzgesetze** iS des § 823 Abs 2. Das Gleiche gilt für § 909 (unten Rn 45). Schadenersatzansprüche können daher aus beiden Normengruppen nebeneinander hergeleitet werden. Im bundesrechtlichen Regelungsbereich des § 909 können die landesrechtlichen Vorschriften aber keine Änderungen bewirken. Deshalb darf die **Rechtsposition des geschützten Nachbarn durch Landesrecht nicht verschlechtert** werden (arg Art 124 S 1 EGBGB; oben Rn 5).

Regeln landesrechtliche Bestimmungen des Wasserrechts eine bestimmte **Wasser-** **17** **nutzung**, so können dadurch die Rechte eines Betroffenen nach § 909 ebenfalls nicht eingeschränkt werden. Diejenigen Maßnahmen, die dem Grundstück des Beeinträchtigten Grundwasser und seinem Boden dadurch die erforderliche Festigkeit entziehen, beurteilen sich damit allein nach § 909. So liegt es auch für die **Fassung einer Quelle** und die Leitung des Quellwassers in die Kanalisationsstränge (BGHZ 57, 370, 375 im Anschluss an RGZ 62, 370, 372; 167, 14, 20 f; ferner BGH WM 1979, 1216, 1217). Erst recht nicht kann die Anwendbarkeit des § 909 BGB ganz ausgeschlossen werden (Art 31, 72 Abs 1, 74 Abs 1 Nr 1 GG). In Fällen der **Grundwasserabsenkung** ist die Anwendung des § 909 also auch geboten, wenn das in Betracht kommende Landeswassernachbarrecht eine entsprechende Regelung getroffen hat (offengelassen in BGH NJW 1978, 1051, 1052 [III. ZS] in Erwägung von BGH NJW 1977, 763 [V. ZS]). In diese Richtung geht auch die Gesetzesbegründung zum erwähnten Art 13 (BR-Drucks 280/09), wo zu Recht ausgeführt wird, dass der Bundesgesetzgeber im Rahmen seiner

Gesetzgebungskompetenz nach Art 74 Abs 1 Nr 1 GG weder gehindert war noch ist, privates Wasserrecht zu erlassen.

18 Wenn sich eine Wasserbaumaßnahme als **enteignender Eingriff** darstellt, so beziehen sich im Zweifel etwaige landesrechtliche Entschädigungsausschlüsse nicht auf die Rechte aus § 909 BGB, weil der Landesgesetzgeber die Eigentumsgarantie nach Art 14 GG hat respektieren wollen (BGH WM 1979, 1216, 1218).

bb) Wasserhaushaltsgesetz (WHG)
19 Der Wasserhaushalt gehört nach Art 74 Abs 1 Nr 32 GG zu der konkurrierenden Gesetzgebung des Bundes, von der der Bund nunmehr Gebrauch gemacht hat. Der Wasserhaushalt unterfällt ohne stoff- und anlagenbezogene Regelungen gem Art 72 Abs 3 Nr 5 WHG der Abweichungskompetenz der Länder. Nach Art 72 Abs 3 S 3 GG hat abweichendes Landesrecht nur Vorrang, wenn es später als die Bundesregelung erlassen worden ist. §§ 8 Abs 1, 10, 12, 14 Abs 3, 4 WHG idF v 31. 7. 2009 (BGBl I 2585; abgedruckt in SARTORIUS I Nr 845) **(Bewilligung)** sind **Schutzgesetze** iS von § 823 Abs 2 BGB, soweit sie dem Betroffenen eine materielle Rechtsstellung einräumen, sei es durch die nachteilige Einwirkung auf ein Recht (§ 14 Abs 3 WHG), sei es durch nachteilige Einwirkungen (§ 14 Abs 4 WHG) (zum früheren Recht BGHZ 69, 1, 22; 88, 34, 39; BGH NJW 1977, 763 [jeweils zu § 17 [jetzt § 27] WassG Nordrhein-Westfalen]). Das zu § 8 WHG aF erlassene materielle **Landeswassernachbarrecht** wurde in § 14 Abs 4 WHG nF übernommen (Begründung BR-Drucks 280/09 v 3. 4. 2009 Allgemeines A I und zu § 14 Abs 4). Es ist jetzt ohne eigene Bedeutung mehr enthalten in folgenden Normen: § 15 WassG Baden-Württemberg; Art 18 Bayerisches WassG; § 17 Berliner WassG; § 32 WassG Brandenburg; § 13 Bremisches WassG; § 18 Hamburger WassG; § 23 Hessisches WassG; § 13 Abs 3 Niedersächsisches WassG; § 27 WassG Nordrhein-Westfalen; § 29 WassG Rheinland-Pfalz; § 17 Saarländisches WassG; § 13 WassG Schleswig-Holstein; § 11 WassG Mecklenburg-Vorpommern; § 14 WassG Sachsen-Anhalt; § 15 WassG Sachsen; § 22 WassG Thüringen. Diese Regelungen sind jetzt der Sache nach in § 14 Abs 4 WHG nF enthalten. Bewilligungen, die vor dem 1. 3. 2010 nach § 8 WHG aF erteilt worden sind, gelten gem § 104 Abs 2 WHG nF als Bewilligungen nach diesem Gesetz fort. § 8 und § 14 WHG regeln unmittelbar nur das Bewilligungsverfahren für die **Wasserbenutzung**, zu der auch die **Grundwasserabsenkung** gehört (§ 9 Abs 1 Nr 5 WHG). Die Normen geben aber den von den Auswirkungen einer derartigen Wasserbenutzung Betroffenen Einwendungen gegen die Bewilligung. Das gilt ua für denjenigen, der durch eine beabsichtigte Grundwasserstandsveränderung in der bisherigen Benutzung seines Grundstücks beeinträchtigt werden kann (§ 14 Abs 4 Nr 2 WHG nF). Da die Bewilligung nur unter Berücksichtigung solcher nachteiligen Wirkungen erteilt werden darf, enthalten §§ 8, 14 Abs 3 und 4 WHG auch materielle Vorschriften zum Schutz der Rechte der betroffenen Dritten. Das gilt auch und gerade dann, wenn ein wasserrechtliches Bewilligungs- oder Erlaubnisverfahren gar nicht beantragt worden ist (BGHZ 69, 1 ff). Bei einer nach §§ 8, 10 Abs 1 WHG erteilten **Erlaubnis** zur Wassernutzung sind Schadenersatzansprüche nach § 823 Abs 2 BGB schon deshalb nicht ausgeschlossen, weil die wasserrechtliche Erlaubnis wegen § 16 WHG keinen Einfluss auf die privaten Rechtsverhältnisse hat (zum früheren Recht BGHZ 69, 1, 17; 88, 34, 40). Dagegen schließt die unanfechtbare wasserrechtliche Bewilligung nach § 16 Abs 2 WHG privatrechtliche Ansprüche benachteiligter Dritter, auch solche nach § 823 Abs 2 BGB iVm §§ 8 ff WHG (und früher den mitgeteilten ergänzenden

landesrechtlichen Bestimmungen), aus (BGHZ 88, 34, 40). Vergleichbar liegt es bei den jetzt bundeseinheitlich geregelten **„gehobenen Erlaubnissen"** des § 15 WHG nF mit der Wirkung des § 16 Abs 1 WHG nF.

Der **Schadenersatzanspruch aus § 823 Abs 2 BGB** iVm § 14 Abs 3 WHG nF (früher **20** § 8 Abs 3 WHG) und § 14 Abs 4 WHG nF (früher § 8 Abs 4 WHG mit den entsprechenden landesrechtlichen Vorschriften, zB § 27 WassG Nordrhein-Westfalen) kommt danach in Betracht, wenn durch die nicht bewilligte Grundwasserabsenkung einem anderen Grundstück die erforderliche Stütze entzogen wird (BGH NJW 1977, 763). Damit konkurriert ein Schadenersatzanspruch aus § 823 Abs 2 iVm § 909 als Schutzgesetz (anders in der Tendenz BGH NJW 1977, 963; offenlassend BGH NJW 1978, 1051, 1053). Der Stützentzug muss stets **schuldhaft** herbeigeführt werden (BGH NJW 1977, 763).

Nach dem Gesagten war und ist die **bisherige Rspr** zur Anwendung von § 909 bei **21** Stützverlusten durch **Grundwasserabsenkung** nicht überholt (ebenso MünchKomm/Säcker[6] Rn 11 f; Soergel/JF Baur[13] Rn 4; **aA** Laufke, in: FS Lange [1970] 275, 285). Der nachbarrechtliche Schutz des Wasserrechts kann wegen fehlenden Verschuldens versagen, weil sich etwa die Grundwasserabsenkung im Rahmen einer nach §§ 8, 10 WHG nF erteilten **Erlaubnis** hält, ohne dass es so sein müsste (BGHZ 88, 34, 43). In diesem Fall hilft der Unterlassungs- oder Beseitigungsanspruch aus den §§ 909, 1004 Abs 1 BGB, da die Erlaubnis der §§ 8, 10 WHG auf das privatrechtliche Verbot des § 909 BGB ohne Einfluss ist (oben Rn 19; MünchKomm/Säcker[6] Rn 12). Dagegen führt die unanfechtbare wasserrechtliche **Bewilligung** nach § 8, 10 WHG wegen § 16 Abs 2 S 1 WHG zu einem Ausschluss von Unterlassungs-, Beseitigungs-, Vorkehrungs- und Schadenersatzansprüchen. Diese Vorschrift darf als Bundesrecht auch in den Anwendungsbereich des § 909 eingreifen. Das gilt aber nur dann, wenn der Betroffene am Bewilligungsverfahren gem § 11 Abs 2 WHG beteiligt war. Ist eine Beteiligung unterblieben, so bleibt es bei der Anwendung der §§ 909, 1004, 823.

2. Stützverlust für das Nachbargrundstück

a) Benachbarte Grundstückslage
Ein Grundstück ist benachbart, wenn es im **Einwirkungsbereich** der Vertiefungs- **22** arbeiten liegt (BGH WM 1996, 1093, 1094; RGZ 167, 17, 21; Jauernig/Berger[15] Rn 1; Münch-Komm/Säcker[6] Rn 2; Weber GrundE 1942, 21). Die Grundstücke müssen also nicht unmittelbar aneinandergrenzen. Daher fällt zB auch ein durch einen öffentlichen Weg getrenntes Grundstück in den Schutzbereich des § 909 (RG JW 1910, 150 Nr 15; Korbion/Scherer 212).

b) Grundbuchrechtlicher Grundstücksbegriff
Die Rspr schützt über § 909 nur die **Festigkeit des Bodens des Nachbargrundstücks**. **23** Dagegen soll es nicht ausreichen, wenn nicht der Boden selbst, sondern infolge der Vertiefung nur die Bebauung die erforderliche Stütze verliert (BGHZ 12, 75; BGH NJW 1979, 1166 [LS]; OLG Saarbrücken NJOZ 2015, 1001 Rn 25; hL, MünchKomm/Säcker[6] Rn 4; Jauernig/Berger[15] Rn 1; Palandt/Bassenge[74] Rn 6; Soergel/JF Baur[13] Rn 2; Korbion/Scherer 212). Deshalb genüge es nicht, wenn durch die Vertiefung das Nachbargebäude einstürzt und dadurch das anschließende Gebäude beschädigt wird, weil es mit dem anderen Gebäude baulich verbunden ist. Diese Rspr beruht darauf, dass unter

„Grundstück" ein mit einer bestimmten Nummer im Bestandsverzeichnis des Grundbuches eingetragener Teil der Erdoberfläche verstanden wird. Das Grundeigentum wird also durch das **Grundbuchrecht** abgegrenzt (BGHZ 12, 75, 78). Das hat zur Folge, dass § 909 etwa dann eingreift, wenn das eingestürzte Nachbargebäude und das dadurch beschädigte weitere Gebäude derselben Person gehören, und der Eigentümer sie als ein Grundstück hat eintragen lassen. Diese Konsequenz hält auch BGHZ 12, 75, 78 für befremdlich. Die Sichtweise der Rspr ist mE zu eng. Da § 909 den Begriff „Grundstück" nicht selbst bestimmt, ist es ausreichend, wenn durch die vertiefenden Handlungen der Boden eines Grundstücks die erforderliche Stütze verloren hat und dadurch dem Nachbareigentümer adäquat verursachte Schäden entstanden sind, auch wenn der Boden seines Grundstücks unverändert bleibt (ebenso BAUR/STÜRNER, Sachenrecht[18] § 25 Rn 41; krit zur Begründung auch WESTERMANN/GURSKY/ EICKMANN/H P WESTERMANN, Sachenrecht[8] § 61 Rn 47; **aA** B FUCHS 165). Freilich kann sich in derartigen Fällen eine Ersatzpflicht auch aus **§ 823 Abs 1** ergeben (BGH NJW 1979, 1166 [LS]).

c)   Grundstück und Bestandteile

24 Unter „Boden des Nachbargrundstücks" ist der **Erdkörper** mit seinen natürlichen Bestandteilen zu verstehen. Andere wesentliche Bestandteile wie zB *Gebäude* oder *Bäume* gehören nicht dazu. Sie sind aber mittelbar insoweit geschützt, als sie durch eine Beeinträchtigung der Festigkeit von Grund und Boden des Grundstücks Schaden nehmen, auf dem sie stehen. Auf diese Weise geschützt sind dann iE die auf Bodenfestigkeit angewiesenen Grundstücksbestandteile und die im Eigentum Dritter stehenden **Scheinbestandteile** (LG Köln VersR 1970, 644; PALANDT/BASSENGE[74] Rn 4).

25 **Aufschüttungen** gehören zum Nachbargrundstück, wenn sie im Bereich der gewöhnlichen Zweckwidmung liegen (vgl für den umgekehrten Fall des vertieften Grundstücks oben Rn 8). Finden die Aufschüttungen ihren Halt ausschließlich in ihrem über die Grenze hinweg geschütteten Teil, der dort nicht rechtlich geschützter Bestandteil geworden ist, weil zB der Eigentümer des Nachbargrundstücks von der Aufschüttung nichts wusste, so stellt es keine Vertiefung seines Grundstücks dar, wenn der Nachbar bis auf den *gewachsenen Boden* abträgt (BGH LM Nr 14). Damit bleiben widerrechtliche Aufschüttungen ungeschützt.

d)   Erforderliche Stütze

26 Es kommt darauf an, ob auf das Grundstück so eingewirkt wird, dass hierdurch der Boden des Nachbargrundstücks in der **Senkrechten** den Halt verliert, oder dass die unteren Bodenschichten im **waagerechten Verlauf** beeinträchtigt werden (BGHZ 101, 106, 109; 101, 290, 291 f; 85, 375, 378; 44, 130, 133; BGH NJW 1980, 224; KORBION/SCHERER 217). Der Boden verliert seine Stütze einmal dadurch, dass er, der Schwerkraft nachgebend, nach unten oder nach der Seite hin absinkt. So kann es liegen infolge einer Vertiefung durch Wegnahme von Bodenbestandteilen, durch *Wasserentzug* oder infolge eines *Wegschwemmens* von Bodenbestandteilen. Zum anderen liegt ein Stützverlust auch dann vor, wenn der Boden vom Nachbargrundstück her in Bewegung gerät und in sich den Halt verliert (zusammenfassend BGHZ 44, 130, 135). Diese Stütze kann auch durch das **Grundwasser** mitgegeben werden (BGHZ 101, 106, 109; 63, 176, 180) und dadurch verloren gehen, dass das Grundwasser gesenkt, entzogen oder in der Strömung umgelenkt wird (oben Rn 21). So liegt es auch, wenn dadurch *Grün-*

dungspfähle anfaulen (BGH WM 1979, 1216). Die erforderliche Stütze kann ferner dadurch beseitigt werden, dass infolge der Vertiefung das **Grundwasser ansteigt** und dadurch der Untergrund aufweicht (PALANDT/BASSENGE[74] Rn 5; **aA** RGZ 155, 160). Vergleichbar liegt es, wenn von einer **Kanalisationsanlage** eine *Drainagewirkung* ausgeht, und sich dadurch die Feuchtigkeit durch Regenwasser nicht mehr stabilisierend auf die Festigkeit des Bodens auswirken kann (BGH NJW 1978, 1051, 1053; 1981, 50, 51; oben Rn 14 aE). Die Stütze, die ein seitliches Abstürzen verhindern will, kann zB auch verloren gehen bei einer **Abschwemmung** durch einen durchfließenden Wasserlauf (BGHZ 63, 176 ff). Die Stütze ist bereits dann entzogen, wenn der Zusammenhang der Bodenbestandteile derart **gelockert** ist, dass die Gefahr einer Bodenbewegung besteht. Gewissheit ist dazu nicht erforderlich. § 909 schützt daher die Festigkeit des Bodens auch insoweit, als die Gefahr einer Bodenbewegung durch *Frostaufbrüche* besteht (LG Freiburg NJW-RR 1987, 141, 142).

In welchem Umfang die Stütze im Einzelfall „erforderlich" ist, richtet sich nach den **27** **örtlichen Verhältnissen**. Dabei ist auch die vorhandene oder die zu erwartende Benutzung des Nachbargrundstücks zu berücksichtigen (BGHZ 63, 176, 179). Maßgebend ist, welche Befestigung das Nachbargrundstück nach seiner **tatsächlichen Beschaffenheit benötigt** (BGHZ 101, 290, 293; 101, 106, 109). Danach ist eine Vertiefung auch dann unzulässig, wenn das Nachbarhaus auf **ungünstigem Baugrund** steht und seine Beeinträchtigungen durch weniger tragfähige Fundamente begünstigt werden (BGHZ 44, 130, 136 f; 101, 106, 109; 101, 290, 293; enger GLASER BlGBW 1961, 181, 182; GEHRMANN BlGBW 1961, 293; MARWITZ JW 1916, 1179). Selbst eine **besondere Schadensanfälligkeit** des Nachbarhauses beseitigt das Vertiefungsverbot nicht (BGHZ 85, 375, 379 [Alter und Kriegseinwirkung]; 101, 106, 109; 101, 290, 293; OLG Brandenburg BauR 2001, 1129, 1131; OLG Koblenz NJW-RR 2003, 1458). Wenn feststeht, dass infolge der Vertiefung Schäden am Nachbarhaus eintreten werden und keine technischen Möglichkeiten gegeben sind, auf andere Weise für die erforderliche Stütze zu sorgen, muss die Vertiefung regelmäßig unterbleiben (BGHZ 101, 290, 293). Hat der Geschädigte den Schaden durch Vernachlässigung seiner Gebäudeunterhaltspflicht oder wegen einer besonderen Schadensanfälligkeit des Hauses **mitverursacht**, wird eine Haftung nicht ausgeschlossen, sondern allenfalls gemindert (OLG Koblenz NJW-RR 2003, 1458 mit Nachw).

In besonderen Ausnahmefällen kann sich jedoch aus dem **Gebot der gegenseitigen** **28** **Rücksichtnahme** eine Einschränkung eines an sich bestehenden Abwehranspruchs gegenüber einer Vertiefung ergeben. So wird eine Vertiefung zugelassen, wenn die Anwendung des § 909 den Eigentümer, der zur wirtschaftlichen Verwertung und Ausnutzung seines Grundstücks auf die Vertiefung angewiesen ist, im Verhältnis zum Nutzen des Grundstücks zu außergewöhnlichen Opfern für die Schonung des bestehenden Bauwerkes gezwungen wäre (BGHZ 44, 130, 137; 58, 149, 158; 101, 290, 294 f; BGH WM 1988, 200, 204). Als Ausgleich steht dem Beeinträchtigten dann in analoger Anwendung des § 906 Abs 2 S 2 ein verschuldensunabhängiger bürgerlich-rechtlicher **Aufopferungsanspruch** zu, der sich aber nur gegen den Eigentümer oder den Nutzer des vertiefenden Grundstücks richtet (BGHZ 101, 290, 294; unten Rn 64). Das nachbarrechtlich Zulässige wird damit haftungsrechtlich kompensiert (eher zurückhaltend MünchKomm/SÄCKER[6] Rn 14). Ich halte die Rspr des BGH, welche dem Rücksichtnahmegebot (oben § 906 Rn 241) den angemessenen Raum einräumt, für zutreffend, weil sie den Gegebenheiten des Einzelfalles gerecht wird (so auch die hL, PALANDT/BASSENGE[74] Rn 7; JAUERNIG/BERGER[15] Rn 4; GRZIWOTZ/LÜKE/SALLER[2] 3. Teil Rn 250; ERMAN/A LORENZ[14] Rn 2; einschränkend SOERGEL/JF BAUR[13] Rn 11 mit Darstellung der strengeren reichsgerichtlichen Rspr). Es handelt sich um Einzelfallentscheidungen, die durch einen rechtsethischen Durchbruch gefordert werden (H ROTH 14 f). Für richtig halte ich es auch, dass die **Schadensanfälligkeit** des Nachbargebäudes grundsätzlich (oben Rn 27) unberücksichtigt bleibt, weil dies das Eigentumsrecht (§ 903) respektiert. Die bei § 909 für angemessen gehaltene Wertung entspricht dem übrigen nachbarlichen Immissionsschutzrecht. Auch dort darf der Gestörte sein Eigentum innerhalb seiner Grenzen so nutzen, wie er es für richtig hält (oben § 906 Rn 181). Der Ausschluss des § 1004 kann freilich von der Durchsetzbarkeit des Ausgleichsanspruchs abhängen, sodass im Einzelfall zB die Leistung einer **Sicherheit** gefordert werden darf (BGHZ 101, 290, 296).

3. Genügende anderweitige Befestigung

29 Die Widerrechtlichkeit der Vertiefung (und damit ihre Unzulässigkeit) entfällt, wenn für eine genügende anderweitige Befestigung gesorgt wird. Das bedeutet aber **keine Verpflichtung** des vertiefenden Grundstückseigentümers, für eine genügende anderweitige Befestigung des Nachbargrundstückes zu sorgen (RGZ 132, 58; aA KLAUSING/PAUL 42 ff). Gegenstand des Anspruchs des Gestörten ist die Beseitigung der Beeinträchtigung und nicht die anderweitige Befestigung (SOERGEL/JF BAUR[13] Rn 10; MünchKomm/SÄCKER[6] Rn 16). Die Schutzvorkehrungen müssen ausreichen, um die erforderliche Stütze vollständig zu ersetzen. Was als anderweitige Befestigung „genügend" ist, richtet sich allein nach **physikalisch-technischen Gesetzen** und nicht nach rechtlichen Erwägungen (oben Rn 27). Ist eine anderweitige Befestigung in dem erforderlichen Maße nicht zu erreichen, so ist die Vertiefung grundsätzlich unzulässig (RGZ 62, 370; MünchKomm/SÄCKER[6] Rn 16; oben Rn 27). Zu berücksichtigen sind sowohl vorhandene als auch künftige Bauwerke in dem Maße, wie sie nach den örtlichen Verhältnissen vernünftigerweise zu erwarten sind (DEHNER NZM 2005, 172, 174). Dabei muss in Rechnung gestellt werden, dass die **Nutzung über den bisherigen Umfang** hinausgeht. Nicht beachtlich ist lediglich eine ganz ungewöhnliche, den Rahmen einer bestimmungsgemäßen Inanspruchnahme offensichtlich überschreitende Ausnutzung des Grund und Bodens (BGHZ 63, 176, 180; BGH NJW 1968, 1327, 1329). In aller Regel sind auch solche Befestigungen erforderlich, welche die betreffenden Ausschachtungsarbeiten mehr als üblich erschweren (BGH NJW 1969, 2140, 2142 [unzureichendes Fundament]).

30 Die maßgebende Befestigung muss schon **zur Zeit** der Vertiefung wirken, sodass jede Gefahr, sei es auch nur für einen kurzen Zeitraum, ausgeschlossen ist (KORBION/SCHERER 219). Es müssen alle zur Zeit möglichen und notwendigen Schutzvorkehrungen vorgenommen werden.

31 Die **Art** der genügenden anderweitigen Befestigung ist der **Auswahl** des vertiefenden Nachbarn zu überlassen (unten Rn 38, 41). Er ist nicht verpflichtet, eine ästhetischen Ansprüchen genügende Befestigung zu wählen (OLG Zweibrücken OLGZ 1974, 317, 320). Doch muss die betreffende Anlage, zB eine **Stützmauer**, ständig in ordnungsgemäßem Zustand gehalten werden. Ist das nicht der Fall, so liegt keine genügende anderweitige Befestigung (mehr) vor, und die Vertiefung wird unzulässig (vgl BGH WM 1979, 1312).

Die Anlagen zur anderweitigen Befestigung müssen grundsätzlich **auf dem Grund-** 32
stück des Vertiefenden hergestellt werden (BGH NJW 1997, 2595, 2596; PALANDT/BASSEN-
GE[74] Rn 8; MünchKomm/SÄCKER[6] Rn 17; BAMBERGER/ROTH/FRITZSCHE[3] Rn 12; NK-BGB/RING[2]
Rn 23; PWW/LEMKE[9] Rn 23; BGB-RGRK/AUGUSTIN Rn 5; SOERGEL/JF BAUR[13] Rn 10; zu dem
eine durch Wurzeldruck beschädigte Stützmauer betreffenden Fall von BGH NJW 2004, 1035 siehe
DEHNER NZM 2005, 172; **aA** MAASS BauR 2007, 1650, 1653). Der Nachbar kann die Befestigung auf seinem Grundstück nach den §§ 1004, 905 verbieten und widrigenfalls
wegen der dadurch bedingten Wertminderung Schadensersatz nach den §§ 823
Abs 1, 251 Abs 1 verlangen (BGH NJW 1997, 2595, 2596). Doch kommt eine **vorüber-**
gehende Inanspruchnahme des Nachbargrundstücks bis zur Herstellung der erforderlichen Stütze auf dem eigenen Grundstück unter bestimmten Umständen nach
den Grundsätzen des nachbarlichen Gemeinschaftsverhältnisses in Betracht (OLG
Stuttgart NJW 1994, 739 ff [im Nachbargrundstück rückverankerte Bohrpfahlwand]; BITZER
DZWiR 1995, 367, 372; oben § 905 Rn 9), wenn anders das Bauvorhaben überhaupt nicht,
nur mit größeren Gefahren oder unverhältnismäßig hohen Kosten durchgeführt
werden könnte. In diesem Fall ist ein verschuldensunabhängiger bürgerlich-rechtlicher **Aufopferungsanspruch** gegeben (unten Rn 64). Doch scheidet eine Inanspruchnahme auf Dauer wohl stets aus (OLG Stuttgart NJW 1994, 739; **aA** STAUDINGER/BEUTLER[12]
Rn 14; MAASS BauR 2007, 1650, 1653). Deshalb bedarf auch eine **Unterfangung** in der
Regel der Zustimmung des Nachbarn (OLG Bamberg VersR 1984, 337; KORBION/SCHERER
223). Dieses Einverständnis liegt nicht schon in der Unterzeichnung der **Baupläne**
(OLG Bamberg VersR 1984, 337, 338).

Das Nachbargrundstück darf zum Zwecke der Anbringung der Befestigung grund- 33
sätzlich nicht betreten werden. § 226 findet so gut wie nie Anwendung (OLG Köln
Recht 1904 Nr 1164). **Betretungsrechte** können sich aber durch landesrechtlich einge-
räumte (Art 124 EGBGB) *Hammerschlags-* oder *Leiterrechte* ergeben. Solche sind
zahlreich: § 7c NRG Baden-Württemberg; Art 46b bayer AGBGB; § 17 NachbG
Berlin; §§ 23 f NachBG Brandenburg; § 28 Hessisches Nachbarrechtsgesetz; § 47
Niedersächsisches Nachbarrechtsgesetz; § 24 NachbG Nordrhein-Westfalen; § 21
Nachbarrechtsgesetz Rheinland-Pfalz; § 24 Saarländisches NbG; § 24 NachbG Sachsen; §§ 18 ff NachbG Sachsen-Anhalt; § 17 NachbG Schleswig-Holstein; § 21 Thüringer NachbG. Soweit derartige Rechte nicht bestehen, ergibt sich ein entsprechendes Betretungsrecht aus dem *nachbarlichen Gemeinschaftsverhältnis,* wenn die (nach
öffentlichem Recht zulässige) Befestigung anders nicht oder nur mit unverhältnismäßigen Kosten angebracht werden kann, und die mit der Duldung verbundenen
Nachteile oder Belästigungen nicht außer Verhältnis zu dem erstrebten Vorteil
stehen. Wird der Zutritt verweigert und erhebt der beeinträchtigte Nachbar eine
Schadenersatzklage, so kann ihm die Einwendung des *mitwirkenden Verschuldens*
nach § 254 entgegengehalten werden (RG JW 1910, 330; MünchKomm/SÄCKER[6] Rn 17; unten
Rn 58).

III. Rechtsfolgen

Als Ansprüche des betroffenen Nachbarn kommen bei Nichtbeachtung des Ver- 34
tiefungsverbots in Betracht solche auf **Unterlassung** (sogl unten Rn 35 ff); **Beseitigung**
der Beeinträchtigung (unten Rn 40 ff); **Schadensersatz** (unten Rn 45 ff); verschuldensunabhängige bürgerlich-rechtliche **Aufopferungsansprüche** (unten Rn 64 ff); Ansprüche aus **Geschäftsführung ohne Auftrag** (unten Rn 72); sowie bei hoheitlich durch-

geführten Maßnahmen solche aus **enteignendem** und **enteignungsgleichem Eingriff**, ferner aus **Amtspflichtverletzung** (§ 839) (unten Rn 69 ff).

1. Anspruch auf Unterlassung

a) Berechtigte

35 **Anspruchsberechtigt** sind Eigentümer und Miteigentümer (§ 1011 BGB), Wohnungseigentümer (§ 1 WEG) sowie auch der *Anwartschaftsberechtigte* (BGHZ 114, 161, 163 [entschieden für einen Schadenersatzanspruch]; abl PAULUS JZ 1993, 555; dem Grundsatz nach zust SELB JZ 1991, 1087; auch PALANDT/BASSENGE[74] Rn 9). Daneben sind zu nennen Nießbraucher (§ 1065), Erbbauberechtigter (§ 11 Abs 1 ErbbauRG) und Dienstbarkeitsberechtigter (§§ 1027, 1090 Abs 2). Nach richtiger Ansicht ist auch der **Besitzer** in den Schutzbereich des § 909 mit einbezogen (ERMAN/A LORENZ[14] Rn 4; SOERGEL/JF BAUR[13] Rn 13; BGB-RGRK/AUGUSTIN Rn 8 [für den Eigenbesitz]; **aA** PALANDT/BASSENGE[74] Rn 9; PLANCK/STRECKER Anm 3a; offenlassend BGHZ 114, 161, 164). Der Besitzer ist überdies nach § 862 geschützt (BGH NJW 2001, 1865 mit zust Anm H ROTH LM § 862 BGB Nr 3). Der Anspruch entfällt, wenn die Genannten oder deren Rechtsvorgänger selbst das Nachbargrundstück vertieft haben (BGHZ 91, 282, 285; 103, 39, 42; OLG Saarbrücken NJOZ 2012, 769, 770). Nach dem Sinn des § 909 soll ua der Eigentümer eines Grundstücks vor unzulässigen Vertiefungen **Dritter** auf dem Nachbargrundstück geschützt werden (oben Rn 2).

b) Verpflichtete

36 Verpflichtet ist in erster Linie, wer während der Störung **Eigentümer** oder Besitzer ist (vgl BGHZ 91, 282, 285; BGH NJW-RR 2012, 1160 Rn 12). In Betracht kommen als Schuldner eines Unterlassungsanspruchs daneben auch andere Vertiefende wie *Architekt, Bauunternehmer,* bauleitender *Ingenieur* oder *Statiker* (PALANDT/BASSENGE[74] Rn 9; unten Rn 53 ff).

c) Voraussetzungen

37 Bei drohender erster oder wiederholter Vertiefung gewährt § 909 selbst einen Unterlassungsanspruch, der von den Voraussetzungen des § 1004 unabhängig ist (oben Rn 1; PALANDT/BASSENGE[74] Rn 9). Liegen auch die Voraussetzungen des § 1004 Abs 1 S 1 iS einer drohenden Eigentumsstörung vor, so konkurrieren beide Ansprüche (Überblick bei B FUCHS 245 ff). Die Gefahr einer unzulässigen Vertiefung muss zumindest in Aussicht stehen. Dazu muss der Kläger als (materiellrechtliche) Voraussetzung des Anspruchs ein bestimmtes, die Festigkeit seines eigenen Grundstücks gefährdendes, Verhalten des Nachbarn vortragen (MünchKomm/SÄCKER[6] Rn 18; BAUMGÄRTEL/LAUMEN, Handbuch der Beweislast im Privatrecht[2] Rn 4).

d) Klageantrag; Urteil; Beweislast

38 Der Anspruch richtet sich bei drohendem Stützverlust grundsätzlich nicht auf ein **Unterlassen der Vertiefung schlechthin**, da dem Beklagten vorbehalten bleiben muss, nach § 909 für eine genügende anderweitige Befestigung zu sorgen. In diesem Fall ist die drohende Vertiefung nicht unzulässig (oben Rn 29). Geklagt werden muss daher auf das Unterlassen einer iS von § 909 unzulässigen Vertiefung. So kann etwa dergestalt auf Unterlassung geklagt werden, dass der Beklagte sein Grundstück so vertieft, dass das Nachbargrundstück die erforderliche Stütze verliert, sofern zur Abwendung dieser Gefahr keine genügende anderweitige Befestigung vorgenom

men wird (BGH NJW 2009, 2528, 2529; PWW/LEMKE[9] Rn 39). Im Falle eines **Beseitigungs-anspruches** bei bereits eingetretenem Stützverlust muss die zu **erhaltende Festigkeit** des bedrohten Grundstücks sowohl im Klageantrag als auch im Urteil angegeben werden (vgl BGH NJW 1978, 1584; bestätigt durch BGH NJW 2009, 2528, 2529). Das ist nach dem soeben Angeführten nicht erforderlich, wenn vom Beklagten verlangt wird, eine unzulässige Vertiefung zu **unterlassen** (BGH NJW 2009, 2528, 2529; PWW/LEMKE[9] Rn 39; **aA** noch STEIN/JONAS/ROTH, ZPO [22. Aufl 2008] § 253 Rn 35; PALANDT/BASSENGE[74] Rn 7). Vielmehr genügt hier die die Wiedergabe des in § 909 BGB enthaltenen Verbots, weil Störer und Vollstreckungsgericht das Verbot erkennen können, dem Boden des gestörten Grundstücks die erforderliche Stütze zu entziehen. Ein **Anspruch auf anderweitige Befestigung** besteht nicht, da der Beklagte zu ihr nicht verpflichtet, sondern nur dazu berechtigt ist (RGZ 132, 51, 58; oben Rn 29). Für einen auf §§ 1004, 909 beruhenden **Beseitigungsanspruch** ist erforderlich, dass der Schuldner (noch) Verfügungsmacht oder Sachherrschaft über das vertiefte Grundstück hat, weil er dessen **Störereigenschaft** voraussetzt in dem Sinne, dass von dessen Willen die Fortdauer der Beeinträchtigung abhängt (BGH NZM 2008, 377).

Der **Kläger** hat lediglich zu **beweisen**, dass die Gefahr einer unzulässigen Vertiefung **39** in Aussicht steht (MünchKomm/SÄCKER[6] Rn 18; BAUMGÄRTEL/LAUMEN/PRÜTTING/SCHUSCHKE, Beweislast[3] Rn 4). In derartigen Fällen ist häufig der parallele Antrag auf Erlass einer **einstweiligen Verfügung** geboten (vgl BGH NJW 1978, 1584). Die Gerichte sollten für die Glaubhaftmachung wegen der häufig gegebenen Irreversibilität der Folgen und der Schwere drohender Schäden nicht zu strenge Maßstäbe anlegen.

2. Anspruch auf Beseitigung

a) Voraussetzungen

Ist die Vertiefung bereits durchgeführt, so kann nach § 909 unabhängig von § 1004 **40** Abs 1 S 1 **Beseitigung** des beeinträchtigenden Zustandes verlangt werden (PALANDT/BASSENGE[74] Rn 9; auch oben Rn 1). Soweit in der vorgenommenen Vertiefung eine Eigentumsstörung liegt, kann daneben auch der inhaltsgleiche Anspruch aus § 1004 Abs 1 gegeben sein (vgl BGH NJW 1968, 1327, 1328: „§§ 1004, 909"; oben Rn 1).

b) Klageantrag; Urteilstenor

Der beeinträchtigte Grundstückseigentümer kann nur verlangen, dass der Boden **41** seines Grundstücks durch eine genügende anderweitige Befestigung die erforderliche Stütze behält. Dagegen besteht kein **Anspruch auf eine bestimmte Maßnahme** zur Beseitigung der Beeinträchtigung. Vielmehr hat der Beklagte die Wahl der Vorkehrungen. Nach § 253 Abs 2 Nr 2 ZPO braucht (und darf) deshalb nicht angegeben zu werden, welche konkreten Maßnahmen der Beklagte zur Beseitigung der Grundstücksbeeinträchtigung ergreifen soll (BGH NJW 1978, 1584 f; LG Freiburg NJW-RR 1987, 141, 142). Als Voraussetzungen für einen Anspruch auf Beseitigung hat der Kläger zu **behaupten** und zu **beweisen** das Vorliegen einer Vertiefung, die Nachbareigenschaft des Grundstücks und den Stützverlust infolge der Vertiefung. Der **Beklagte** trägt die **Beweislast** dafür, dass für genügende anderweitige Befestigung gesorgt ist (dazu BAUMGÄRTEL/LAUMEN/PRÜTTING/SCHUSCHKE, Beweislast[3] Rn 3). Die Klage muss die Angabe der vor der beeinträchtigenden Maßnahme **vorhanden gewesenen Festigkeit** des beeinträchtigten Grundstücks enthalten (BGH NJW 1978, 1584 f; 2009, 2528). Deshalb genügt etwa nicht der Klageantrag, „den Beklagten zu verurteilen, die

Böschung an der Grundstücksgrenze des Klägers so zu befestigen, dass das Grundstück des Klägers in der Weise belastet werden kann, wie es vor Abgraben der Böschung durch den Beklagten der Fall war". Ausreichend ist aber etwa der Klageantrag auf „Verurteilung zur Wiederherstellung der Standsicherheit des Gebäudes an der Grundstücksgrenze bis zu einer frostfreien Tiefe von achtzig cm" (LG Freiburg NJW-RR 1987, 141; weiteres Bsp durch OLG Saarbrücken NJOZ 2012, 769). Der Gläubiger hat die Wahl der betreffenden Maßnahme erst in der **Zwangsvollstreckung** nach § 887 ZPO zu treffen (**aA** STAUDINGER/BEUTLER[12] Rn 19).

c) Berechtigte; Verpflichtete

42 Der Kreis der Berechtigten ist identisch mit den oben Rn 35 Genannten. Als Verpflichteter des Beseitigungsanspruchs kommt in aller Regel der **derzeitige Eigentümer** des Grundstücks in Betracht (RGZ 103, 174; MünchKomm/SÄCKER[6] Rn 20). Der Beseitigungsanspruch setzt voraus, dass der Verpflichtete im Zeitpunkt der letzten Tatsachenverhandlung zur **Verfügung** über das Grundstück berechtigt ist. Ohne die Möglichkeit der Abhilfe käme es zu einer Verurteilung zu einer unmöglichen Leistung (BGH NZM 2008, 377). Ausreichend ist es, wenn nicht er selbst, sondern ein **Rechtsvorgänger** die Vertiefung vorgenommen hat (BGH NJW 1968, 1327, 1328; OLG Saarbrücken NJOZ 2012, 769, 770). Das Untätigbleiben des neuen Eigentümers bedeutet einen Verstoß gegen § 909, weil der gefährliche Zustand aufrechterhalten bleibt. Die Beseitigungspflicht des Rechtsvorgängers erlischt mit der Veräußerung des Grundstücks vor Rechtshängigkeit (RGZ 103, 174, 176; MünchKomm/SÄCKER[6] Rn 20). Bei Veräußerung des vertieften Grundstücks während des Rechtsstreits gilt § 265 ZPO.

43 Beseitigungsansprüche gegen den Eigentümer schließen weitere derartige Ansprüche gegen **Dritte** nicht aus. Doch können andere Vertiefende wie Architekt, Bauunternehmer, Ingenieur oder Statiker (oben Rn 36) kaum jemals auf Beseitigung in Anspruch genommen werden, weil ihnen die **Verfügungsmacht** über das Grundstück zum betreffenden Zeitpunkt (oben Rn 42) nicht mehr zusteht (hL, RGZ 103, 174, 177; BGB-RGRK/AUGUSTIN Rn 12; PALANDT/BASSENGE[74] Rn 9; MünchKomm/SÄCKER[6] Rn 21; KORBION/SCHERER 222; **aA** SOERGEL/JF BAUR[13] Rn 7: negatorischer Anspruch, wenn die Voraussetzungen der deliktischen Unterlassungsklage gegeben sind).

44 Der Beseitigungsanspruch kann sich auch gegen sonstige Personen richten, denen die **tatsächliche Herrschaft** über das Grundstück zusteht (SOERGEL/JF BAUR[13] Rn 7). Ist der Benutzer ohne den Willen des Eigentümers im Grundstücksbesitz und ist die Vertiefung vom Besitzer schon durchgeführt, so ist auch der Eigentümer neben dem Besitzer als **Gesamtschuldner** zur Beseitigung verpflichtet, weil er für den gesetzmäßigen Zustand seines Grundstückes verantwortlich ist.

3. Schadenersatzanspruch

a) Anspruchsgrundlagen

45 Anspruchsgrundlage ist § 823 Abs 2 iVm § 909 als **Schutzgesetz** (RGZ 144, 170, 173; BGHZ 101, 290, 291; 63, 176, 179; BGH NZM 2008, 377; NJW 1996, 3205, 3206; 1980, 1679; 1977, 763; OLG Brandenburg BauR 2001, 1129, 1130; OLG Düsseldorf BauR 1998, 1271; OLG Köln OLGZ 1987, 363, 364; B FUCHS 256 ff; ITZEL MDR 2012, 1444, 1446; STOLLENWERK ZMR 1995, 240 f; SCHERER DRiZ 1963, 113). Im Bereich des nachbarrechtlichen Schutzes gegen unzulässige Vertiefungen grenzt grundsätzlich § 909 die rechtmäßige von der **rechts-**

widrigen Benutzung eines Grundstücks ab und entscheidet damit über den Anwendungsbereich des § 823 (oben § 906 Rn 57; Weber GrundE 1940, 446). Daraus wird gefolgert, dass im Allgemeinen die nachbarrechtliche Regelung über Grundstücksvertiefungen (§ 823 Abs 2 iVm § 909) einem Anspruch aus § 823 Abs 1 wegen desselben Sachverhalts vorgeht (BGHZ 114, 161, 166; RG JW 1936, 804 Nr 16). Doch bleibt § 823 Abs 1 bei einem **unmittelbaren Eingriff** in das Nachbargrundstück, soweit dieser sich nicht als Vertiefung darstellt, anwendbar (BGH NJW 1970, 608; 1997, 2595 [Unterfangen des auf dem Nachbargrundstück stehenden Gebäudes durch Beton]; Palandt/Bassenge[74] Rn 10; Grziwotz/Lüke/Saller[2] 3. Teil Rn 238 [Unterfangen einer Giebelmauer]).

b) Rechtswidrigkeit

Das Verbot des § 909 richtet sich nicht nur an den Eigentümer oder Benutzer des **46** vertieften Grundstücks, sondern an jeden, der ein Grundstück vertieft oder daran mitwirkt (BGH NJW 1996, 3205, 3206; WM 1996, 1093, 1094; OLG Koblenz BauR 2000, 120 [Baufirma]; OLG Düsseldorf BauR 1998, 1271; unten Rn 53 ff). Jeden der Beteiligten trifft eine **eigenverantwortliche Prüfungspflicht**. Ist der Bauherr im Verhältnis zum Geschädigten in Ausnahmefällen aus dem nachbarlichen Gemeinschaftsverhältnis zur Vornahme der schädigenden Vertiefung berechtigt (oben Rn 28), so handelt er nicht rechtswidrig (BGHZ 101, 290, 293). In diesem Fall verhalten sich auch der beauftragte Architekt sowie andere Personen, die dem Bauherrn bei der Verwirklichung des nicht rechtswidrigen Bauvorhabens helfen, rechtmäßig (BGHZ 101, 290, 294).

c) Schuld

§ 909 wird **schuldhaft verletzt**, wenn der Störer vorhergesehen hat oder bei Anwen- **47** dung der im Verkehr erforderlichen Sorgfalt (§ 276 Abs 2) vorhersehen hätte müssen, dass gerade dem Grundstück des geschädigten Nachbarn und nicht nur dem Nachbargelände überhaupt durch die Vertiefung die erforderliche Stütze entzogen werden könnte, und er gleichwohl nicht die gebotenen Vorsichtsmaßnahmen trifft, um diese Vertiefungsfolgen zu vermeiden (BGH NJW 1977, 763, 764). Das Verschulden muss sich also auf den Verlust der Stütze erstrecken. Es ist unerheblich, ob der genaue Zusammenhang zwischen Vertiefung und Stützentzug vorhersehbar war (BGH WM 1979, 950, 951). Schadensersatzpflichtig werden kann nicht nur der Eigentümer (sogleich unten Rn 48), sondern **jeder Vertiefende** (unten Rn 53 ff). Entsprechend ist für die Verschuldensfrage zu unterscheiden.

aa) Eigentümer; Besitzer

Es haftet der gegenwärtige oder frühere Eigentümer (Besitzer), der die Vertiefung **48** fortdauern lässt oder veranlasst hat (RGZ 103, 174; 167, 28). Der frühere Eigentümer ist zwar nicht mehr einem Beseitigungsanspruch ausgesetzt (oben Rn 42), wohl aber einem Schadenersatzanspruch. An die Pflichten des Eigentümers (Bauherrn) stellt die Rspr **hohe, bisweilen überspannte Anforderungen**. Vertretbar sind noch erhöhte Sorgfaltsanforderungen, wenn der Eigentümer selbst sachkundig ist, weil er zB Architekt ist (OLG Köln OLGZ 1987, 363, 364). Auch im Übrigen soll aber der Eigentümer (Bauherr) nicht schon dadurch den ihm obliegenden Sorgfaltspflichten genügen, dass er die Bauarbeiten auf seinem Grundstück einem Architekten oder Bauunternehmer überträgt. Vielmehr muss er sich auch bei Beauftragung von fachkundigen und zuverlässigen Personen nach Kräften selbst um den Bau kümmern, wenn eine erhöhte Gefahrenlage gegeben ist (BGH NJW-RR 1997, 1374; WM 1988, 200, 204; NJW 1969, 2140, 2141; LM Nr 9; RGZ 132, 51, 58 f; OLG Düsseldorf BauR 1996, 881; OLG

Bamberg VersR 1984, 337, 338; Seesemann BlGBW 1960, 136). Diese Anforderungen werden in jüngerer Zeit durch den BGH selbst in Zweifel gezogen (BGH WM 1996, 1093, 1094). Nunmehr wird einschränkend wieder der Grundsatz betont, dass der Grundstückseigentümer seiner Verpflichtung dadurch genügt, wenn er sorgfältig ausgewählte fachkundige Architekten, Ingenieure und Bauunternehmer beauftragt (BGH NJW 2001, 1865 f mit zust Anm H Roth LM § 862 BGB Nr 3; OLG Koblenz NJW-RR 2003, 1458). IE hatte die Rspr eine weitere **Gefährdungshaftung** geschaffen. Freilich sind die Auswirkungen gering, da bei faktisch nicht abwehrbaren Vertiefungsschäden ein verschuldensunabhängiger **Aufopferungsanspruch** gegen den Eigentümer gewährt wird (unten Rn 64). Verschuldenshaftung und Ausgleichshaftung stehen zueinander im Verhältnis der **alternativen Klagehäufung** (BGH NJW-RR 1997, 1374). Behält sich der Grundstückseigentümer selbst die Koordinierung der verschiedenen eingesetzten Fachleute vor, so sind ihm Koordinierungs- und Informationsmängel zuzurechnen (OLG Düsseldorf BauR 1996, 881).

49 Die **Gefahrenlage für das Nachbargrundstück** ist immer genau zu prüfen (BGH NJW 1983, 872 [ungünstiger Bauzustand]). Die Verpflichtung zur Überwachung der eingesetzten Kräfte endet erst mit Beendigung der Baumaßnahme (RGZ 132, 51, 60; BGH VersR 1960, 824). Hat sich der Bauherr vergewissert, dass die ihm obliegende Pflicht aus § 909 durch den beauftragten Dritten wirklich erfüllt wird, so kann er sich als Laie im Allgemeinen auf die Sachkunde und Erfahrung des Architekten verlassen, wenn sich nicht auch einem Laien Bedenken aufdrängen müssen (RGZ 132, 51, 59; BGH VersR 1960, 824). In diesem Fall muss er den *Architekten* zur Einholung weiterer sachkundigen Rates veranlassen (BGH MDR 1976, 1010) und auch dessen Durchführung kontrollieren. Hat der Bauherr etwa durch Hinweise des Nachbarn besondere Gefahren erkannt (RGZ 132, 51, 60), so muss er diese Hinweise unverzüglich an den betreffenden Unternehmer weitergeben. In diesem Fall kann der Bauherr verpflichtet sein, auf einer Untersuchung der Bodenverhältnisse zu bestehen (BGH NJW 1969, 2140).

50 Die Beachtung der im Verkehr erforderlichen Sorgfalt zwingt auch zur Vornahme **ungewöhnlicher Sicherungsmaßnahmen**, da eine Schadensanfälligkeit des Nachbargrundstücks das Vertiefungsverbot regelmäßig nicht ausschließt (oben Rn 27). Zeigt sich die Vertiefungsgefahr erst später und konnte sie auch bei sorgfältiger Prüfung nicht vorausgesehen werden, so müssen die erforderlichen Sicherungsmaßnahmen noch nachträglich getroffen werden, um einen Schadensersatzanspruch zu vermeiden (Mot III 296). Das Vorliegen einer öffentlich-rechtlichen **Baugenehmigung** ua befreit den Bauherrn nicht von seinen Prüfungspflichten (BGH NJW 1977, 763).

51 Für ein Verschulden von **Bauunternehmer** oder **Architekten** muss der Eigentümer **(Bauherr)** nicht nach **§ 278** einstehen. Zwar besteht ein nachbarliches Gemeinschaftsverhältnis, doch wirkt sich dieses in erster Linie als Schranke der Rechtsausübung aus (vgl BGHZ 101, 290, 293; BGH WM 2000, 832, 833) und stellt sich nicht als Grundlage von (schuld- oder sachenrechtlichen) Rechten und Pflichten dar (hL, BGH WM 1988, 200, 204; NJW 1960, 335; OLG Koblenz NJW-RR 2003, 1458; Jauernig/Berger[15] Rn 3; Palandt/Bassenge[74] Rn 12; Baur/Stürner, Sachenrecht[18] § 5 Rn 16; Scherer DRiZ 1963, 112, 113; Glaser BlGBW 1961, 181; **aA** MünchKomm/Säcker[6] Rn 25; zweifelnd jetzt auch BGHZ 135, 235, 243 f). Für eine Anwendung des § 278 besteht auch kein Bedürfnis, weil die

Anforderungen an ein Eigenverschulden des Eigentümers von der Rspr bislang sehr leicht als erfüllt angesehen werden (oben Rn 48).

Der Bauherr haftet für **Hilfspersonen** grundsätzlich nach § 831. Doch sind Archi- **52** tekten, Bauunternehmer, Statiker oder Ingenieure **keine Verrichtungsgehilfen**, da es regelmäßig an der Weisungsabhängigkeit fehlt (BGH NJW 2001, 1865 f mit zust Anm H Roth LM § 862 BGB Nr 3; OLG Koblenz NJW-RR 2003, 1458; JAUERNIG/BERGER[15] Rn 3; PALANDT/BASSENGE[74] Rn 11; SOERGEL/JF BAUR[13] Rn 8; GLASER BlGBW 1961, 181; für eine gemeinschaftliche Grenzmauer auch BGHZ 42, 374, 375; anders BGH WM 1988, 200, 204; NJW 1960, 335). Für eine entsprechende Anwendung des § 831 besteht kein Anlass (aA STAUDINGER/BEUTLER[12] Rn 25), zumal den Bauherrn auch eine verschuldensunabhängige Aufopferungshaftung treffen kann (unten Rn 64).

bb) Architekt; Bauingenieur

Da § 909 für jeden gilt, der das Grundstück vertieft oder daran mitwirkt, kommt **53** insbes der vom Bauherrn mit der Bauleitung beauftragte **Architekt** als Schuldner nach § 823 Abs 2 iVm § 909 in Betracht (BGHZ 101, 290, 291; 85, 375, 378; BGH LM Nr 4a; NJW 1996, 3205, 3206; 1969, 2140, 2142; WM 1996, 1093; OLG Köln NJW-RR 1994, 89). Die Anforderungen an die **Sorgfaltspflicht des Architekten** sind ebenfalls hoch (BGH LM Nr 4a; WM 1996, 1093, 1094). Bei Übernahme der örtlichen Bauaufsicht muss sich der Architekt an Ort und Stelle um das Baugeschehen mit häufigen Kontrollen kümmern. Bei einem eigenmächtigen Bauherrn müssen den eingesetzten Arbeitnehmern gegenüber zudem ein bestimmtes Auftreten, genaue Anweisungen und richtige Belehrungen eingesetzt werden (BGH NJW 1969, 2140, 2142). Der bauleitende Architekt darf sich auch nicht auf den planenden Architekten verlassen. Er ist vielmehr verpflichtet, eigenverantwortlich zu überprüfen, ob durch die gewählte Art und Weise der Bauausführung eine Beeinträchtigung des Nachbargrundstücks durch Verlust der erforderlichen Stütze zu befürchten war oder nicht (OLG Köln BauR 1987, 472, 473). Die nachbarrechtlichen Vorschriften muss der Architekt ebenso kennen und befolgen wie die einschlägigen DIN-Vorschriften (OLG Düsseldorf BauR 1998, 1271; SCHMALZL NJW 1968, 23). Fehlen ihm die erforderlichen Fachkenntnisse, so muss er einen Spezialisten beiziehen (BGH VersR 1965, 800, 801; BGB-RGRK/AUGUSTIN Rn 16). Erforderlichenfalls ist ein **Baugrund- und Gründungsgutachten** einzuholen (BGH WM 1996, 1093, 1095). Für die Haftung des Architekten ist es unerheblich, ob er gegenüber seinem Vertragspartner (Bauherrn) vertragliche Pflichten verletzt hat oder nicht (BGH NZM 2005, 239).

Auch an die Überwachungstätigkeit des **bauleitenden Bauingenieurs** werden hohe **54** Anforderungen gestellt (BGH VersR 1964, 1070). Er haftet selbstständig neben Eigentümer, Architekten, Bauunternehmer und Statiker.

cc) Bauunternehmer

Den mit der Bauausführung beauftragten **Bauunternehmer** trifft die Haftung aus **55** § 823 Abs 2 iVm § 909, wenn er hätte voraussehen müssen, dass der Boden des Nachbargrundstücks die erforderliche Stütze verlieren könnte (BGH NJW 1981, 50, 51; 1961, 1523; VersR 1964, 1070, 1072; 1960, 1116; OLG Koblenz BauR 2000, 120 [zu schwerer Bagger]; OLG Köln BauR 1987, 472). Ein Verschulden des Bauunternehmers entfällt noch nicht einmal dann, wenn er sich auf die Statik verlassen hatte (OLG Köln BauR 1987, 472). Der Bauunternehmer kann sich auch nicht damit entlasten, dass ihm die auftrag-

Herbert Roth

gebende Gemeinde die Verwendung eines Füllmaterials mit Drainagewirkung vorgeschrieben hat. In diesem Fall muss auf eine Änderung des Leistungsverzeichnisses hingewirkt werden; ggf ist die Fortsetzung der Arbeiten zu verweigern (BGH NJW 1981, 50, 51). Der Bauunternehmer darf sich auch nicht auf die Weisungen des Architekten verlassen. Im Einzelfall muss der Bauunternehmer bodenmechanische Untersuchungen vornehmen lassen oder wenigstens darauf drängen (BGH NJW 1973, 2207, 2208). Betont wird stets die Eigenverantwortlichkeit des Bauunternehmers neben derjenigen des Architekten (BGH NJW 1961, 1523). Der Bauunternehmer haftet für weisungsabhängige **Subunternehmer** nach § 831 (OLG Düsseldorf BauR 1993, 351, 353; PALANDT/BASSENGE[74] Rn 12; **aA** OLG Rostock BauR 2001, 1127; für den Regelfall verneinend BGH NJW 1994, 2756, 2757). Ein Bauunternehmer ist keiner Haftung aus den §§ 823 Abs 2 iVm § 909 ausgesetzt, wenn er die Schäden nur aus Anlass der Vertiefung durch *Bodenerschütterungen,* aber nicht durch Entziehung der erforderlichen Bodenstütze verursacht hat (OLG Rostock BauR 2001, 1127).

dd) Statiker

56 Der Statiker muss das Verbot des § 909 ebenfalls **eigenverantwortlich** beachten. Dazu muss nicht nur die Statik rechnerisch richtig sein. Vielmehr ist zu prüfen, welche Gründungsmaßnahmen nach seiner Kenntnis der Dinge auf Grund der örtlichen Gegebenheiten erforderlich sind (BGH WM 1971, 682, 684; OLG Köln BauR 1987, 472; OLG Düsseldorf BauR 1975, 71). Es reicht aus, wenn der verantwortliche Statiker erkennen kann, dass die gewählte Baukonstruktion insgesamt zu Schäden an dem Nachbargrundstück führen konnte (OLG Köln BauR 1987, 472, 473).

d) Schadensumfang; Mitverschulden

57 Für die Bemessung des **Schadensumfanges** gelten die allgemeinen Grundsätze der §§ 249 ff. § 823 Abs 2 iVm § 909 setzt voraus, dass der Schaden durch Verwirklichung derjenigen Gefahr verursacht worden ist, die § 909 nach deren Art und Entstehungsweise entsprechend seinem Zweck verhindern will („Schutzzweck der Norm"). Der Rechtsschutz muss nach dem **Inhalt und Zweck der Norm** hinsichtlich der Person des Geschädigten, des geschädigten Rechtsgutes sowie der Art und Entstehungsweise der Schädigung gewährt werden, wie er wegen der behaupteten Schädigung in Anspruch genommen wird (BGHZ 114, 161, 163; 63, 176, 179). Zu ersetzen sind regelmäßig die **Wiederaufbau- und Aufräumungskosten** (BGH NZM 2008, 377) sowie der **Minderwert** des Nachbargrundstücks (zu letzterem BGH NJW 1997, 2595, 2596). Wenn das Gebäude noch steht, sind nach § 249 Abs 2 S 1 die Kosten der Wiederherstellung seiner Standfestigkeit zu ersetzen (BGH NZM 2008, 377). Bei einem baufälligen Gebäude beschränkt sich der Anspruch auf den zusätzlich herbeigeführten Schaden (BGH NJW 1966, 42, 43; ferner RG WarnR 1937 Nr 141; KÜRZEL DWW 1974, 101, 102). Eine geforderte **Naturalrestitution** nach § 249 Abs 2 S 1 hängt davon ab, ob der Nachbar der Ausführung der Arbeiten zustimmt, wenn hierzu Arbeiten auf dem Nachbargrundstück erforderlich sind (BGH NZM 2008, 377).

58 Ist der Umfang der Beschädigungen durch einen **„anfälligen Zustand"** des beschädigten Hauses beeinflusst worden, so kommt eine Berücksichtigung im Rahmen des § 823 Abs 2 iVm § 909 grundsätzlich nicht in Betracht. Eine **Ausnahme** ist anerkannt, wenn von dem Vertiefenden ganz außerordentliche Opfer zur Befestigung des Nachbargrundstücks verlangt werden, sodass es unbillig wäre, wenn er sie alleine tragen müsste (oben Rn 28). Als **Mitverschulden** des Klägers (§ 254) kann aber eine schuld-

hafte Verletzung der Unterhaltungspflicht in Bezug auf das anfällige Gebäude gewertet werden (BGHZ 63, 176, 182; OLG Koblenz NJW-RR 2003, 1458; PWW/Lemke[9] Rn 35). In gleicher Weise ist eine **schuldhaft mangelhafte Erstellung des Gebäudes** zu berücksichtigen (OLG Düsseldorf NJW-RR 1997, 146; Palandt/Bassenge[74] Rn 13; Grziwotz/Lüke/ Saller[2] 3. Teil Rn 249). Auch ist § 254 anwendbar, wenn die Schäden etwa durch Bodenbewegungen beim Neubau mitverschuldet sind (BGH WM 1988, 200, 204 [obiter dictum]). Ein Mitverschulden kann auch darin liegen, dass dem Nachbarn verboten wird, das Grundstück zur Ausübung von Sicherungsmaßnahmen zu **betreten** (oben Rn 33). Der Nachbar ist verpflichtet, alle ihm bekannten Umstände, die zu einem Vertiefungsschaden führen können, dem Schädiger mitzuteilen. Das gilt nicht nur für verborgene Schadensanlagen (enger MünchKomm/Säcker[6] Rn 26; Korbion/Scherer 227; Glaser BlGBW 1961, 181).

e) Haftung mehrerer

Bauherr, Architekt, Bauunternehmer, Ingenieur und Statiker haften im Verschuldensfall gem § 840 als **Gesamtschuldner** (BGH NJW 1969, 2140, 2142 f; OLG Düsseldorf BauR 1993, 351, 352). Wenn Grundstückseigentümer und Architekt für ein- und dieselbe Schadensursache verantwortlich sind, so ist § 840 auch anwendbar, wenn der Architekt aus § 823 haftet und den Eigentümer nur eine verschuldensunabhängige nachbarrechtliche Ausgleichspflicht trifft (BGHZ 85, 375, 386; BGH NJW 2001, 1865, 1868). Das Gleiche gilt für das Verhältnis von Bauherr und Bauunternehmer (OLG Koblenz BauR 2000, 120). Die **Verursachungsvermutung** aus § 830 Abs 1 S 2 (dazu BGHZ 85, 375, 383; BGH NJW 1996, 3205, 3207) greift auch dann ein, wenn einer der möglichen Schadensverursacher aus unerlaubter Handlung haftet und ein anderer Ausgleich wegen eines bürgerlich-rechtlichen Aufopferungsanspruchs oder aus enteignendem oder enteignungsgleichem Eingriff schuldet (BGHZ 101, 106 ff). Mehrere Entschädigungspflichtige eines enteignungsrechtlichen Anspruchs haften als Gesamtschuldner, soweit nicht eine trennbare Sonderbegünstigung einzelner vorliegt (BGHZ 72, 289, 297). 59

f) Beweislast

Geht der Kläger (ausnahmsweise, oben Rn 45) nach § 823 Abs 1 vor, so muss er den rechtswidrigen Eingriff in sein Grundstück, die Kausalität und das Verschulden beweisen (Baumgärtel/Laumen/Prütting/Schuschke, Beweislast[3] Rn 5; MünchKomm/Säcker[6] Rn 22). 60

Bei einem Schadenersatzanspruch aus § 823 Abs 2 iVm § 909 muss der Geschädigte die Unzulässigkeit der Vertiefung iS des Verstoßes gegen § 909, die Kausalität der Vertiefung für den eingetretenen Schaden (BGH NJW-RR 2009, 1393 Rn 8) und den Schaden behaupten und beweisen. Von Bedeutung ist dabei der enge zeitliche Zusammenhang zwischen dem Beginn zB der Ausschachtungsarbeiten und dem Schadenseintritt (BGH NJW 1996, 3205, 3206). Steht die Kausalität fest, so kann sich der Anspruchsgegner entlasten, indem nachweist, dass für eine ausreichende anderweitige Befestigung gesorgt wurde (BGH NJW-RR 2009, 1393 Rn 8). Für die Beurteilung der **haftungsausfüllenden Kausalität** kann § 287 ZPO herangezogen werden (BGHZ 85, 375, 383; Baumgärtel/Laumen, Beweislast Rn 7; Soergel/JF Baur[13] Rn 4 aE mit Fn 21). Ein **Anscheinsbeweis** ist bei typischen Geschehensabläufen möglich (BGH WM 1983, 943, 944). Für die das **Verschulden** begründenden tatsächlichen Umstände kommt es nach dem Gesagten und der zutreffenden hL zu einer **Beweislastumkehr**. Derjenige, der 61 das Schutzgesetz verletzt hat, muss die tatsächlichen Umstände behaupten und beweisen, die seine Schuldlosigkeit dartun. Die Beweislastumkehr rechtfertigt sich daraus, dass sich die unzulässige Vertiefung in der Sphäre des Beklagten abspielt (BGH NJW-RR 2009, 1393 Rn 8; OLG Düsseldorf NJW-RR 1997, 146; BAUMGÄRTEL/LAUMEN, Beweislast Rn 8; MünchKomm/SÄCKER[6] Rn 28; BGB-RGRK/AUGUSTIN Rn 22; GRZIWOTZ/LÜKE/ SALLER[2] 3. Teil Rn 247; NK-BGB/RING[2] Rn 41; PWW/LEMKE[9] Rn 41; HORST MDR 1998, 685, 688; noch offengelassen in BGH NJW 1973, 2207 [bejaht aber von der Vorinstanz]).

62 Werden bei dem Aushub einer Baugrube **DIN-Normen** nicht beachtet, so spricht eine widerlegliche Vermutung dafür, dass im örtlichen und zeitlichen Zusammenhang mit dem Aushub auf dem Nachbargrundstück entstandene Schäden auf die Verletzung der betreffenden DIN-Norm zurückzuführen sind (BGHZ 114, 273 ff).

g)   Verjährung

63 Der Schadenersatzanspruch verjährt nach den §§ 195, 199. Für den **Beginn** der Verjährungsfrist kommt es darauf an, ob eine abgeschlossene oder eine fortdauernde Handlung gegeben ist. So können etwa unterschiedliche Verjährungsfristen laufen für die verschiedenen Komplexe des Ausschachtens eines Kellers, des Abpumpens von Wasser und der Erstellung des Rohbaus (BGH NJW 1981, 573).

4.   Bürgerlich-rechtlicher Aufopferungsanspruch

64 Dem beeinträchtigten Nachbarn steht ein **verschuldensunabhängiger** bürgerlich-rechtlicher Aufopferungsanspruch gegen den Eigentümer des vertieften Grundstücks zu, wenn er sich aus besonderen (rechtlichen oder tatsächlichen) Gründen gegen die von einer privatwirtschaftlichen Nutzung ausgehende Störung nicht nach den §§ 1004 Abs 1, 909 wehren kann (BGHZ 103, 39, 42; 101, 290, 294; 85, 375, 384; 72, 289, 292; BGH NJW-RR 1997, 1374; WM 1988, 200, 204; OLG Düsseldorf NJW-RR 2015, 211 [Rissbildung am Nachbarhaus wegen unsachgemäßer Bohrungen für eine Erdwärmepumpe von bis zu 100 m Tiefe]; BauR 2012, 1979; OLG Koblenz NJW-RR 2003, 1458; MünchKomm/SÄCKER[6] Rn 27; ERMAN/A LORENZ[15] Rn 5; JAUERNIG/BERGER[15] Rn 4; PALANDT/BASSENGE[74] Rn 14; Einzelheiten oben § 906 Rn 66 ff). Der Anspruch besteht unter den gegebenen Voraussetzungen (sogleich unten Rn 65) gerade dann, wenn eine Schadensersatzpflicht aus § 823 Abs 2 iVm § 909 wegen fehlenden Verschuldens ausscheidet (BGHZ 85, 375, 384; 72, 289, 292; OLG Koblenz BauR 2000, 120). Der Anspruch steht auch dem **Besitzer** zu, ohne dass § 864 BGB zur Anwendung kommt (BGH NJW 2001, 1865 [mit Schadensberechnung] mit zust Anm H ROTH LM § 862 BGB Nr 3; VOGEL ZMR 2001, 701; **aA** BREHM JZ 2001, 1086; HORST MDR 2001, 804). Er kann neben den Schadensersatzanspruch wegen Besitzstörung (§§ 823 Abs 1, 823 Abs 2 iVm § 858 Abs 1) treten (BGH NJW 2001, 1865). Doch richtet sich der Anspruch nicht gegen **Dritte** wie zB den Architekten usw (BGH WM 1996, 1093, 1095). Die **Verjährung** bemisst sich nach den Grundsätzen von oben § 906 Rn 74.

a)   Voraussetzungen

65 Der Anspruch setzt voraus, dass die betreffenden Einwirkungen über das Maß dessen hinausgehen, was ein Grundstückseigentümer nach den Bestimmungen des Nachbarrechts entschädigungslos hinzunehmen hat (BGH NJW 2001, 1865 mit zust Anm H ROTH LM § 862 BGB Nr 3; BGHZ 72, 289, 291 f; OLG Düsseldorf NJW-RR 2015, 211). Das erfasst alle Beeinträchtigungen, die darauf zurückzuführen sind, dass ein Grundstück entgegen § 909 derart vertieft ist, dass der Boden des Nachbargrundstücks die erforderliche Stütze verliert. Meistens handelt es sich um Beeinträchtigungen, die aus **tatsächlichen Gründen nicht abwehrbar** sind, weil sich etwa Schäden am Haus erst Jahre nach den betreffenden Arbeiten zeigen und daher auch nicht über eine einstweilige Verfügung abgewehrt werden können (BGHZ 85, 375, 385; 72, 289, 294; BGH WM 1988, 200, 204; OLG Düsseldorf NJW-RR 2015, 211). Auch besteht kein Anlass, Abwehrmaßnahmen zu ergreifen, wenn etwa bei Ausschachtungsarbeiten darauf vertraut werden kann, dass die sachkundigen Beamten der Baubehörde schadensmindernde Maßnahmen treffen (BGHZ 72, 289, 294; auch OLG Koblenz BauR 2000, 120, 121; NJW-RR 2003, 1458). In Vertiefungsfällen sind derartige verschuldensunabhängige Ansprüche in **Analogie zu § 912 Abs 2** anzuerkennen, weil die Vertiefung sich im Vergleich mit dem rechtswidrigen entschuldigten Überbau als intensivere Inanspruchnahme des Grundstücks darstellt (näher H ROTH [nach Lit-Verz] 19 ff; iE auch LARENZ/CANARIS[13] § 85 III S 666). Daneben kann der an sich gegebene Abwehranspruch auch aus **rechtlichen Gründen ausgeschlossen** sein, weil es sich zB um gemeinwichtige Betriebe Privater handelt (Einzelheiten und Kritik oben § 906 Rn 29, 67). In derartigen Fällen ist ein Ausgleich aus Billigkeitsgründen zwingend. Der Ausgleichsanspruch kommt erst in Betracht, wenn nicht eine andere gesetzliche Bestimmung den konkreten Fall abschließend regelt (BGHZ 72, 289, 295).

b)   Höhe

Die hL bestimmt den Inhalt des Aufopferungsanspruchs nach den Grundsätzen, die **66** für die **Enteignungsentschädigung** gelten (BGH NJW 2001, 1865, 1867 [zum geschädigten Besitzer]; BGHZ 85, 375, 386; BGH NJW-RR 1997, 1374; WM 1988, 200, 204; oben § 906 Rn 73). Wird der **Besitz** gestört, so ist der vermögenswerte Nachteil für den vom Besitzer unterhaltenen Betrieb auszugleichen. Neben dem Ertragsverlust sind auch die Aufwendungen zu ersetzen, die für eine ungestörte Fortführung des Betriebs erforderlich sind (BGH NJW 2001, 1865). Demgegenüber halte ich bei Vertiefungsschäden einen **vollen Schadensausgleich** schon deshalb für richtig, weil der Gesichtspunkt der Ortsüblichkeit der störenden Nutzung hier nicht passt, der sonst Einschränkungen der Ersatzpflicht plausibel macht (OLG Düsseldorf BauR 2012, 1979, 1981; grundlegend LARENZ/CANARIS[13] § 85 III 2 S 668; im Anschluss daran H ROTH LM § 862 BGB Nr 3; VOGEL ZMR 2001, 701). Für **Substanzschäden** kommt der BGH der hier vertretenen Auffassung ohnehin nahe, weil Mängelbeseitigungskosten einschließlich der Planungskosten ebenso ersetzt werden wie der verbleibende Minderwert, der entstandene Mietausfall samt gewissen sonstigen Folgekosten (BGH NJW-RR 1997, 1374, 1375).

Für die Höhe des Anspruchs ist der **schadensanfällige Zustand** eines von der Ein- **67** wirkung betroffenen Grundstücks zu berücksichtigen. Dabei ist es gleichgültig, ob der Mitverursachungsbeitrag schuldlos oder schuldhaft herbeigeführt wurde (BGH WM 1988, 200, 205; ERMAN/A LORENZ[14] Rn 2; STOLLENWERK ZMR 1999, 7, 9), sodass der Eigenbeitrag (anders als bei § 823; oben Rn 58) stets ins Gewicht fällt. Zu demselben Ergebnis gelangt man, wenn der Ersatzanspruch auf die Wiederherstellung des vor der Vertiefung gegebenen baulichen Zustandes beschränkt wird (OLG Koblenz BauR 2000, 120, 122). Dagegen zählen im Rahmen des Schadenersatzanspruches aus § 823 Abs 2 iVm § 909 regelmäßig nur schuldhafte Beiträge (oben Rn 58).

c)   Anspruchsgegner

Der Anspruch richtet sich gegen den Eigentümer oder **Benutzer** des vertiefenden **68**

Grundstücks (JAUERNIG/BERGER[15] Rn 4; auch die privatwirtschaftlich handelnde auftraggebende Gemeinde, OLG Koblenz BauR 2000, 120), nicht aber gegen die am **Bau Beteiligten** wie Architekt, Statiker, Bauunternehmer oder Ingenieur (BGHZ 101, 290, 294; 85, 375, 378, 384; BGH WM 1996, 1093, 1095; NJW 1977, 763, 764; 1966, 42). Dadurch unterscheidet sich dieser Anspruch auch von dem Schadenersatzanspruch aus § 823 (oben Rn 45 ff). Mehrere Verpflichtete haften anteilig nach dem von ihnen verursachten Schaden (BGHZ 85, 375, 387). Eine **gesamtschuldnerische** Haftung in analoger Anwendung des § 840 kommt jedoch in Betracht, wenn mehrere Beteiligte für ein- und dieselbe Einwirkung verantwortlich sind (BGHZ 85, 375, 387; BGH NJW 2001, 1865). Das gilt auch dann, wenn zB die auftraggebende Gemeinde verschuldensunabhängig und die Baufirma aus Delikt haftet (OLG Koblenz BauR 2000, 120, 121).

5. Enteignungsgleicher und enteignender Eingriff; Amtshaftung

69 Anstelle des bürgerlich-rechtlichen Aufopferungsanspruches kommt ein öffentlich-rechtlicher Entschädigungsanspruch in Betracht, wenn durch einen Eingriff von **hoher Hand** Eigentum beeinträchtigt und dem Beeinträchtigten dadurch ein besonderes, anderen nicht zugemutetes Opfer für die Allgemeinheit abverlangt wird (BGH NJW 1978, 1051, 1052). Eingriffe müssen entschädigungslos hingenommen werden, wenn sie nicht das Maß dessen übersteigen, was ein Nachbar ohne Ausgleich ertragen muss. Nach § 909 unzulässige Vertiefungen sind daher **stets ausgleichspflichtig** (BGHZ 72, 289, 292 ff; MünchKomm/SÄCKER[6] Rn 27; GRZIWOTZ/LÜKE/SALLER[2] 3. Teil Rn 253). Es wird sich in aller Regel um einen an sich über einen öffentlich-rechtlichen Störungsbeseitigungsanspruch abwehrfähigen **rechtswidrigen enteignungsgleichen** Eingriff handeln (vgl die Erwägungen in BGH WM 1988, 200, 204), weil die Duldungsgrenze des § 909 überschritten ist. Der Anspruch ist gleichwohl nur gegeben, wenn der **vorrangig** zu verfolgende öffentlich-rechtliche Beseitigungsanspruch aus rechtlichen oder tatsächlichen Gründen nicht geltend gemacht werden kann (BGHZ 72, 289, 293 f; BGH NJW 1980, 1679, 1680; oben § 906 Rn 88; **aA** STAUDINGER/BEUTLER[12] Rn 32 aE). Der Betroffene hat also **kein Wahlrecht** dahin gehend, ob er sich gegen die rechtswidrige Grundstücksvertiefung zur Wehr setzen will oder stattdessen Entschädigung verlangt (ebenso MünchKomm/SÄCKER[6] Rn 27). In der Höhe decken sich bürgerlich-rechtlicher Aufopferungsanspruch und Anspruch aus enteignungsgleichem Eingriff weitgehend (insoweit zutreffend BGH WM 1988, 200, 204). Ein **rechtmäßiger enteignender Eingriff** (oben § 906 Rn 83) kommt wohl nur in Betracht, wenn die öffentliche Hand in Ausnahmefällen zur Vornahme der schädigenden Handlung berechtigt ist (oben Rn 46 mit Rn 28; vgl aber auch BGH NJW 1978, 1051). Ausgleichspflichtig ist jeweils der die Maßnahme veranlassende **Hoheitsträger.** Bei einem schuldhaften Eingriff kommen auch **Amtshaftungsansprüche** aus Art 34 GG iVm § 839 BGB in Betracht (BGH NJW 1980, 1679). Doch dürfte das nicht die Regel sein (GLASER BlGBW 1961, 181; zur Aufstellung eines Bebauungsplanes für ungeeignetes Gelände BGH WM 1988, 200, 202).

70 Ob ein bürgerlich-rechtlicher Aufopferungsanspruch oder ein öffentlich-rechtlicher Entschädigungsanspruch gegeben ist, hängt davon ab, ob die betreffende Stelle (oft: Gemeinde) die Vertiefungsarbeiten **hoheitlich oder auf der Ebene des Privatrechts** ausführt (BGHZ 103, 39, 41; 72, 289, 292 f; BGH WM 1988, 200, 204; NJW 1981, 50, 51; 1978, 1051, 1052). Bei dem Einsatz von Privaten wird auf die Intensität der Einflussnahme abgehoben (BGHZ 103, 39, 41; BGH WM 1988, 200, 203; OLG Koblenz BauR 2000, 120; ferner oben § 906 Rn 95 ff).

Dem öffentlich-rechtlichen Entschädigungsanspruch kann ein **Mitverschulden** nach 71
§ 254 analog entgegengesetzt werden, obgleich es sich um einen verschuldensunabhängigen Anspruch handelt (BGH WM 1988, 200, 204 f). Vergleichbar liegt es bei un-
verschuldeten Verursachungsbeiträgen (BGH WM 1988, 200, 205).

6. Geschäftsführung ohne Auftrag; ungerechtfertigte Bereicherung

Wird ein Grundstück nach § 909 unzulässig vertieft und unternimmt der Vertiefende 72
nichts zur Beseitigung des gefährlichen Zustandes, so kommt ein Anspruch aus den
§§ 683 S 1, 2, 679, 670 in Betracht, wenn der **beeinträchtigte Nachbar** die notwendigen Arbeiten selbst durchführen lässt. So kann es etwa bei der Errichtung einer
Stützmauer liegen (BGH NJW 1968, 1327, 1328; bestätigt durch BGHZ 91, 282, 284). Gegen
den Architekten und sonstige Personen, unter deren Verantwortung die Vertiefung
vorgenommen worden ist, kann ein derartiger Anspruch nicht geltend gemacht
werden, weil deren Geschäfte nicht geführt werden (BGH WM 1996, 1093, 1095). Auch
Ansprüche aus **ungerechtfertigter Bereicherung** scheiden aus, weil sie nicht von einer
Verpflichtung befreit werden (BGH WM 1996, 1093, 1095)

7. Abweichende Regelungen; Verzicht

Die Sonderregelungen des **Kaufgewährleistungsrechts** haben abschließenden Cha- 73
rakter. Soweit das Leistungsinteresse des Käufers an der Mangelfreiheit der Kaufsache durch die §§ 434 ff geschützt wird, greifen die §§ 1004, 906 Abs 2 S 2 (analog)
gegen eine Vertiefung nicht ein (zum alten Recht BGHZ 103, 39 ff; zust MEDICUS EWiR § 909
BGB 1/88, 361; krit PFEIFFER JuS 1989, 352).

Den Parteien steht es frei, Ansprüche wegen unzulässiger Vertiefung durch eine 74
Vereinbarung zu regeln, sie auch auszuschließen (BGB-RGRK/AUGUSTIN Rn 23). Auch
können die Rechte des betroffenen Eigentümers erweitert werden.

Verzichtet ein Eigentümer auf seine Rechte aus § 909, so muss sich das ein **Rechts-** 75
nachfolger nur entgegenhalten lassen, wenn im Grundbuch eine betreffende Dienstbarkeit eingetragen ist (GRZIWOTZ/LÜKE/SALLER[2] 3. Teil Rn 235; KORBION/SCHERER 211). An
schuldrechtliche Vereinbarungen von Rechtsvorgängern sind die jetzigen Eigentümer
nicht gebunden (BGHZ 91, 282, 285). Liegt in dem Verzicht eine Zustimmung zur Vertiefung, so entfällt zunächst die **Rechtswidrigkeit**. Doch verliert der **Rechtsnachfolger**
seine Rechte aus § 909 nur dann, wenn er von der schädigenden Vertiefung gewusst
hat und aus besonderen Gründen anzunehmen ist, dass er in die seinem Rechtsvorgänger dem Nachbarn gegenüber bestehende Duldungspflicht hat eintreten wollen.

§ 910
Überhang

**(1) Der Eigentümer eines Grundstücks kann Wurzeln eines Baumes oder eines
Strauches, die von einem Nachbargrundstück eingedrungen sind, abschneiden und
behalten. Das Gleiche gilt von herüberragenden Zweigen, wenn der Eigentümer
dem Besitzer des Nachbargrundstücks eine angemessene Frist zur Beseitigung bestimmt hat und die Beseitigung nicht innerhalb der Frist erfolgt.**

(2) Dem Eigentümer steht dieses Recht nicht zu, wenn die Wurzeln oder die Zweige die Benutzung des Grundstücks nicht beeinträchtigen.

Materialien: VE § 108; E I § 861; II § 824; III § 894; SCHUBERT, SR I 718 f; JAKOBS/SCHUBERT, SR I 467 ff; Mot III 287 f; Prot III 138 ff; Denkschr 128; MUGDAN III 159 f; 592; 973.

Schrifttum

BRELOER, Bäume, Sträucher und Hecken im Nachbarrecht (6. Aufl 2002)

CANARIS, Das Rangverhältnis der „klassischen" Auslegungskriterien, demonstriert an Standardproblemen aus dem Zivilrecht, in: FS Medicus (1999) 25, 53

DEHNER, Nachbarrecht (56. Aktualisierung, Januar 2014) § 21

ENDRES, Eigentumsfreiheitsklage contra Naturschutz (1997)

FOAG, Unkraut aus dem Nachbargrundstück, RdL 1965, 85

FROMHERZ, Erstreckt sich das Recht des Nachbarn, nach fruchtloser Fristsetzung überhängende Zweige abzuschneiden und zu behalten, bei Obstbäumen auch auf das an den Zweigen hängende Obst?, Recht 1906, 1069

FROSCH, Obstbäume an Grundstücksgrenzen, HuW 1948, 232

GAISBAUER, Baumwurzeln aus der Sicht des Nachbarrechts, DWW 1970, 428

ders, Wem gehört der Baum an der Grenze, dessen Wurzeln sich überwiegend im Nachbargrund befinden?, BlGBW 1973, 31

ders, Selbsthilferecht gegenüber einer Knöterichhecke aus dem Nachbargrundstück?, BlGBW 1974, 48

GLASER, Nachbarrechtliche Beschränkungen – Streitigkeiten zwischen Grundstücksnachbarn, BlGBW 1952, 53

GRZIWOTZ/LÜKE/SALLER, Praxishandbuch Nachbarrecht (2. Aufl 2013)

HORST, Nachbarrechtliche Ansprüche aus Laubfall und Überhang, DWW 1991, 322

ORTLOFF, Rechtsschutz betr. Überhang, Über-

fall, Grenzbaum im Nachbarrecht, ArchBürgR 17 (1900) 234

OTTO, Nachbarrecht und Baumschutzordnung, UPR 1998, 187

PICKER, Beseitigungsanspruch, nachbarliches Selbsthilferecht und Verjährung von Ansprüchen aus eingetragenen Rechten – BGHZ 60, 235, in: JuS 1974, 357

H ROTH, Der bürgerlich-rechtliche Aufopferungsanspruch, in: ROTH/LEMKE/KROHN, Der bürgerlich-rechtliche Aufopferungsanspruch als Problem der Systemgerechtigkeit im Schadensersatzrecht. Schriftenreihe der Juristischen Studiengesellschaft Karlsruhe Bd 245 (2001) 1 ff

SCHMID, Das Verhältnis des Beseitigungsanspruches nach § 1004 BGB zum Selbsthilferecht nach § 910 BGB, BlGBW 1984, 121

SCHMIDT, Das Recht des Überhangs und Überfalls (1886)

SCHUMACHER, Herüberragende Zweige des Nachbargrundstücks, BlGBW 1960, 278

STADLER, Das Nachbarrecht in Bayern (7. Aufl 2004)

TRENDEL, Feld- und Wald-Nachbarrecht in bezug auf Pflanzungen, SeuffBl 1906, 508

WEBER, Grundstücksbeeinträchtigungen durch Hecken und Bäume auf dem Nachbargrundstück, GrundE 1937, 874

WIETHAUP, Zur Rechtslage bei Verstopfung von privaten Haus-Kanalanschlüssen durch eingedrungene Wurzeln städtischer Straßenbäume, VersR 1973, 801

WITTIG, Die Wegnahmerechte im Bürgerlichen Gesetzbuch (2012).

Systematische Übersicht

Alphabetische Übersicht

I. Normzweck

1 Die Vorschrift gewährt dem gestörten Nachbarn in den Schranken von Abs 2 ein **Selbsthilferecht** (OLG Koblenz MDR 2014, 25; Wittig). Darin liegt eine Konkretisierung der sich schon aus den §§ 903, 905 ergebenden Ausschließungsbefugnisse des Eigentümers. § 910 will Prozesse zwischen Nachbarn nach Möglichkeit vermeiden und zielt auf eine rasche **Erledigung** etwaiger entstehender Streitigkeiten ab (Prot III 141). Die Norm ist deshalb nötig, weil andere Selbsthilferechte wie zB § 859 schon daran scheitern, dass das Herüberragen von Zweigen und Wurzeln schwerlich iSe Aktes verbotener Eigenmacht nach § 858 gedeutet werden kann (Mot III 288). § 910 greift nicht ein, wenn nicht ein Überhang beseitigt werden soll, sondern auf dem Nachbargrundstück befindliche Pflanzen *(Hecke)* in der Höhe zurückgeschnitten werden (KG NJW-RR 2000, 160). Die Norm steht auch **Hoheitsträgern** zur Seite. So ist sie zugunsten des *Straßenbaulastträgers* nicht durch Art 29 Abs 2 BayStrWG (abgedruckt in ZIEGLER/TREMEL Nr 790) ausgeschlossen (VGH München NJW 2005, 2569, 2571; unten Rn 8). Für die Anwendung des § 910 bestehen im Rahmen des **WEG** Besonderheiten (HORST DWE 2008, 4, 12; KG NZM 2005, 745 einerseits; OLG Düsseldorf NJW-RR 2002, 81 andererseits sowie die Kommentare zum WEG).

II. Verhältnis zu § 1004

Das Selbsthilferecht des § 910 tritt neben den **Beseitigungsanspruch** aus § 1004 Abs 1. **2** Es bildet damit nicht den ausschließlichen Schutz des Nachbarn und verdrängt insbes nicht den Beseitigungsanspruch. Es gilt der Grundsatz der **Gleichrangigkeit** der beiden Bestimmungen (BGHZ 97, 231, 234; 60, 235, 241 ff; BGH NJW 2004, 603 mit zust Anm H ROTH LMK 2004, 64; NJW 1992, 1101, 1102; OLG Schleswig NJOZ 2011, 344; KG NJW 2008, 3148; OLG Celle MDR 2005, 804; ausdrücklich noch Mot III 287 f; hL, ausführlich begründet bei STAUDINGER/GURSKY [2013] § 1004 Rn 45 f; MünchKomm/SÄCKER⁶ Rn 11; ERMAN/A LORENZ¹⁴ Rn 2; NK-BGB/RING² Rn 6; PALANDT/BASSENGE⁷⁴ Rn 1; PWW/LEMKE⁹ Rn 2; BAMBERGER/ROTH/FRITZSCHE³ Rn 12; SOERGEL/JF BAUR¹³ Rn 7 [Beseitigungsanspruch aus § 1004 jedenfalls dann, soweit er über das Selbsthilferecht hinausreicht]; GRZIWOTZ/LÜKE/SALLER² 2. Teil Rn 365; STADLER⁷ 163 f; JAUERNIG/BERGER¹⁵ Rn 1; ENDRES 17; H ROTH JZ 1998, 94; ferner SCHMID BlGBW 1984, 121; **aA** mit ausführlicher Begründung insbes DEHNER § 21; WILHELM Rn 673; LARENZ/CANARIS¹³ § 86 II 3 S 680 f; CANARIS, in: FS Medicus [1999] 25, 53 ff [mit dem Hinweis auf § 907 Abs 2; ARMBRÜSTER NJW 2003, 3087, 3089]; Prot III 142, 158). Es steht dem Nachbarn frei, ob er den Anspruch aus § 1004 Abs 1 geltend macht, oder sein Selbsthilferecht nach § 910 Abs 1 ausübt (OLG Saarbrücken U v 23. 8. 2007 Az 8 U 385/06 juris). Doch ist § 910 Abs 2 auf den Beseitigungsanspruch des § 1004 Abs 1 **entsprechend anwendbar** (BGHZ 157, 33, 39; KG NJW 2008, 3148; OLG Saarbrücken U v 23. 8. 2007, Az 8 U 385/06 juris; LG Bonn NJW-RR 1987, 1421; LG Saarbrücken NJW-RR 1986, 1341; AG Würzburg NJW-RR 2001, 953; STAUDINGER/GURSKY [2013] § 1004 Rn 46; PALANDT/BASSENGE⁷⁴ § 1004 Rn 3; das Problem zu Unrecht bestreitend BAMBERGER/ROTH/FRITZSCHE³ Rn 12). Die hL verdient Zustimmung. Zutreffend ist es zwar, dass die 2. Kommission den E I § 861, dessen S 1 ausdrücklich einen Beseitigungsanspruch vorsah (Mot III 287), iS eines exklusiven Selbsthilferechts verändern wollte (Prot III 142). Danach sollte E I § 861 folgenden S 2 erhalten: „Ein Anspruch darauf, daß der Besitzer die Beseitigung vornehme, steht ihm nicht zu" (zur Gesetzgebungsgeschichte auch PICKER JuS 1974, 357). Dieser den Beseitigungsanspruch aus § 1004 Abs 1 ausdrücklich ausschließende Satz wurde aber dann doch nicht in den jetzigen § 910 aufgenommen (dazu JAKOBS/SCHUBERT, SR I 470 ff). ME bedeuten die **Erwägungen der 2. Kommission** nur eine *schwache Motivation*, sodass über sie hinweggegangen werden kann. Das gilt um so mehr, als sie in § 910 selbst keinen Niederschlag gefunden haben. Das Gesagte gilt einmal für die Annahme, ein Beseitigungsanspruch sei „unpraktisch" (Prot III 142): Dem Gestörten steht es frei, den umständlicheren Weg einer **Klage** zu gehen, wenn er die damit verbundenen Mühen auf sich nehmen will. Nicht durchschlagend ist auch die weitere Erwägung, wonach es sich in den Fällen des § 910 nicht um einen schuldhaft widerrechtlichen Eingriff handele, weil der Baum einfach aus natürlichen Gründen wachse (Prot III 142): Ein Verschulden ist für den Beseitigungsanspruch ohne Bedeutung. Im Übrigen ist man sich heute weitgehend einig, dass derartige Beeinträchtigungen letztlich auf menschliches Verhalten zurückgehen und nicht lediglich auf dem bloßen Wirken von **Naturkräften** beruhen (oben § 906 Rn 169). Gewiss stützt § 907 Abs 2 mit seiner Begründung (Prot III 158) die Gegenauffassung. Doch muss deshalb der Konflikt zwischen dem Schweigen des § 910 und der Regelung des § 907 Abs 2 nicht zwangsläufig zu Lasten des § 910 (und des § 1004 Abs 1) ausgetragen werden (dazu auch H Roth JZ 1998, 94; dagegen Canaris, in: FS Medicus [1999] 55). Mit Recht hat deshalb der BGH (BGHZ 60, 235, 242) der **Entstehungsgeschichte** des § 910 keine entscheidende Bedeutung zugemessen.

3 Die Anerkennung des Beseitigungsanspruches aus § 1004 Abs 1 neben dem Selbsthilferecht aus § 910 hat insbes eine Rolle gespielt, wenn **Baumwurzeln** eines von der Gemeinde auf öffentlichem Straßengrund angepflanzten Baumes in die **Abwasserleitung** eines angrenzenden Grundstücks eingedrungen sind und diese verstopft haben (BGHZ 97, 231, 234; 106, 142; zu einem Fall unter Privaten BGHZ 135, 235, 238 [Wurzeln im Tennisplatz] mit Anm H Roth JZ 1998, 94; BGH NJW 2004, 603 [Anheben von Betonplatten] mit Anm H Roth LMK 2004, 64; KG NJW 2008, 3148 [Aufwölbungen eines Hofwegs]; älterer Überblick bei Wiethaup VersR 1973, 801). Die **Störereigenschaft** des Eigentümers folgt schon aus dem Normzweck des § 910, wonach er gehalten ist, dass die Baumwurzeln innerhalb seiner Grundstücksgrenzen bleiben (BGH NJW 2004, 603, 604; KG NJW 2008, 3148). Dagegen taucht die Konkurrenzproblematik zwischen § 1004 und § 910 nicht auf, wenn die Baumwurzeln noch im Bereich der öffentlichen Straße in die dem Gestörten gehörenden Leitungen eingedrungen sind (so die Fälle in BGHZ 114, 273 mAnm H Roth JR 1992, 195; BayObLGZ 1968, 76 = NJW 1968, 1236 [LS]). Hier besteht nur der Anspruch aus § 1004 Abs 1 auf Beseitigung der Verstopfung (unten Rn 9). In den Fällen des § 1004 Abs 1 erkennt der BGH dem Gestörten, der die Beeinträchtigung selbst beseitigt, mit Recht einen Anspruch auf **Ersatz der notwendigen Kosten**, die der Störer zur Erfüllung des Beseitigungsanspruchs aus § 1004 Abs 1 hätte aufwenden müssen, aus der Nichtleistungskondiktion des § 812 Abs 1 S 1 Alt 2 zu (BGH NJW 2004, 603 f; WM 1995, 76; BGHZ 60, 235, 243; 114, 273; 106, 142; 97, 231; AG Königstein NJW-RR 2000, 1256; zust H Roth JR 1992, 195; ders LMK 2004, 64; **abl** Gursky JZ 1992, 312; Picker JuS 1974, 357, 361 f; Kahl LM BGB § 1004 Nr 217). Allerdings geht der Anspruch nach Auffassung der Rspr auf **Wiederherstellung** (BGH NJW 2004, 603, 604 mit insoweit krit Anm H Roth LMK 2004, 64; im Anschluss an BGHZ 135, 235, 238 f), was die Grenzen zwischen Beseitigung und Schadensersatz verwischt. Auch im Übrigen wird überwiegend anerkannt, dass der gestörte Nachbar einen Anspruch aus § 812 Abs 1 S 1 Alt 2 hat, wenn der Störer seiner Verpflichtung zur Beseitigung nicht nachkommt und die Selbstbeseitigung gerade der **Ersatzvornahme** in bezug auf den bestehenden Beseitigungsanspruch dient (BGHZ 60, 235, 242; BGH NZM 1999, 925, 927 [Ölverunreinigungen]; OLG Düsseldorf NJW 1986, 2648; Soergel/JF Baur[13] Rn 14; MünchKomm/Säcker[6] Rn 12; **aA** Staudinger/Gursky [2013] § 1004 Rn 159; Picker JuS 1974, 357, 361 [Geschäftsführung ohne Auftrag]; dagegen H Roth JR 1992, 195). Gegen den Bereicherungsanspruch kann mE die Einwendung der **Mitverursachung** nicht erhoben werden. Der Störer kann sich also nicht auf eine fehlerhaft verlegte Abwasserleitung berufen (**aA** BGH WM 1995, 76; dagegen ausführlich H Roth AcP 180 [1980] 263 ff mwNw). Die Rspr wendet im Rahmen des Beseitigungsanspruchs aus § 1004 Abs 1 ebenfalls § 254 an (Nachw bei KG NJW 2008, 3148) und neuerdings § 275 Abs 2, wenn die Beseitigung mit Aufwendungen verbunden ist, die in keinem vertretbaren Verhältnis zu dem Nachteil des Beeinträchtigten stehen (BGH NJW 2008, 3122). Im Falle der Mitverursachung wird die **Verurteilung** zur Beseitigung durch die Feststellung beschränkt, dass sich der gestörte

Eigentümer in Höhe seiner Haftungsquote an den Kosten der Beseitigung zu beteiligen hat (BGHZ 135, 235; KG NJW 2008, 3148 f). Ebenfalls umstritten ist die von §1004 zu sondernde Frage, ob die **Kosten der Selbsthilfe** nach §910 erstattet werden können. Richtigerweise ist sie ebenfalls zu bejahen (unten Rn 27). Der potenzielle Störer kann die Ausübung des Selbsthilferechts durch den Beeinträchtigten nicht im Wege einer auf §1004 Abs 1 gestützten **vorbeugenden Unterlassungsklage** verhindern, weil er selbst über den Zeitpunkt des Rückschnitts entscheiden will (KG FGPrax 2005, 249 [zur analogen Anwendung des §910 im Verhältnis von Gartenflächen-Sondernutzungsberechtigten nach WEG untereinander]). Gegen den Anspruch aus §1004 Abs 1 kann eine Gemeinde keinen Vorrang **örtlichen Gewohnheitsrechts** einwenden, wonach Inhaber von Ackerflächen den Überwuchs selbst zu entfernen haben (OLG Celle MDR 2005, 804).

III. Voraussetzungen

Die Voraussetzungen des Selbsthilferechts sind unterschiedlich ausgestaltet, je nachdem, ob der Gestörte (sogleich unten Rn 5 ff) sich gegen eingedrungene **Wurzeln** (§910 Abs 1 S 1; unten Rn 9 ff) oder gegen herüberragende **Zweige** (§910 Abs 1 S 2; unten Rn 11 ff) wendet. Nur in letzterem Fall muss eine Frist zur Beseitigung bestimmt werden. Beiden Fällen gemeinsam sind jedoch die Voraussetzungen des Abs 2 (unten Rn 18 ff). 4

1. Berechtigter

§910 Abs 1 S 1 nennt als Berechtigten des Selbsthilferechts nur den *„Eigentümer"*, 5 worunter auch der Miteigentümer nach §1011 fällt. Anerkannt ist auch die Berechtigung des *Erbbauberechtigten* (§11 ErbbauRG). Unter die Norm fallen in analoger Anwendung auch **dinglich Berechtigte** wie zB der Inhaber einer Grunddienstbarkeit (offengelassen in BGH NJW 1992, 1101, 1102; wie hier MünchKomm/Säcker[6] Rn 8; BGB-RGRK/ Augustin Rn 4; **aA** Schumacher BlGBW 1960, 278 ff).

Obligatorisch Berechtigten wie *Mietern* oder *Pächtern* steht das Selbsthilferecht des 6 §910 aus eigenem Recht nicht zu (hL, Palandt/Bassenge[74] Rn 1; Soergel/JF Baur[13] Rn 10; Erman/A Lorenz[14] Rn 1; **aA** MünchKomm/Säcker[6] Rn 8). Doch können sie durch den Eigentümer zur **Ausübung ermächtigt** werden; *Gärtner* dürfen zum Abschneiden beauftragt werden. Da §910 eine Konkretisierung des §903 bedeutet (oben Rn 1), muss es der **Entscheidung des Eigentümers** überlassen bleiben, ob er von seinem Selbsthilferecht Gebrauch machen will oder nicht. Zudem können Eigenmächtigkeiten zB des Mieters das nachbarliche Klima verschlechtern, was dem Schutzzweck des §910 zuwiderläuft (oben Rn 1). Erst recht nicht steht dem bloßen **Besitzer** das Selbsthilferecht des §859 zu. Einmal fehlt es regelmäßig an dessen tatbestandlichen Voraussetzungen (oben Rn 1). Zum anderen würde bejahendenfalls das Fristerfordernis des §910 Abs 1 S 2 im Falle von herüberragenden Zweigen ausgehebelt (MünchKomm/Säcker[6] Rn 9; **aA** Glaser BlGBW 1952, 53, 55). Ist einem Versorgungsunternehmen die Verlegung von *Versorgungsleitungen* unter städtischen Straßen von der Gemeinde gestattet, so kann hierin die Ermächtigung zur Ausübung des Selbsthilferechts nach §910 liegen (LG Stuttgart RdL 1987, 93).

Landesrechtliche Erweiterungen des Selbsthilferechts zugunsten des *Besitzers* versto- 7 ßen gegen Art 122 EGBGB, der einen derartigen Eingriff in die bundesrechtliche Regelung nicht gestattet (Staudinger/Mayer [2013] Art 122 EGBGB Rn 6; Soergel/ J F Baur¹³ Rn 10; MünchKomm/Säcker⁶ Rn 15). Art 122 EGBGB erlaubt nur eine Beschränkung des Selbsthilferechts zugunsten des *Obstbaumbesitzers,* darf aber nicht zu einer Erweiterung der Nachbarrechte führen.

8 **Eigentümern öffentlicher Grundstücke** steht gegenüber einem privaten Eigentümer ebenfalls das Selbsthilferecht aus § 910 zu. Weitergehende Ansprüche geben zum Schutz des Verkehrs auf öffentlichen Straßen zB § 11 Abs 2 FStrG (abgedruckt in Sartorius I Nr 932) und etwa Art 29 Abs 2 BayStrWG (oben Rn 1). Beeinträchtigen Anpflanzungen die **Verkehrssicherheit,** so ist deren gesamte Beseitigung zu dulden. Umgekehrt steht das Selbsthilferecht des § 910 auch dem privaten Grundeigentümer zu, wenn die Beeinträchtigung von öffentlichem Grund ausgeht (BGH NJW 1990, 3195; LG Münster AgrarR 1982, 135 [zu § 1004]; unten Rn 24). Liegen die Voraussetzungen des § 910 nicht vor, so richten sich Abwehrmöglichkeiten gegen die Beeinträchtigung von **Straßenbepflanzungen** gleichwohl grundsätzlich nach privatem Recht. Anders kann es dann liegen, wenn die gepflanzten Bäume gefällt oder in ihrem Standort verändert werden müssten (BGHZ 97, 231, 234). Im Übrigen kommt insbes § 1004 zur Anwendung und es ist die Zuständigkeit der ordentlichen Gerichte gegeben (BGHZ 97, 231, 233 f; 106, 142, 143; 114, 273 mAnm H Roth JR 1992, 195).

2. Wurzeln

9 Die Wurzeln (dazu Gaisbauer DWW 1970, 428) müssen über die Grundstücksgrenze hinaus in das Grundstück des Nachbareigentümers **eingedrungen** sein (BayObLGZ 1968, 76; oben Rn 3). Es ist also eine **Grenzüberschreitung** erforderlich. Andernfalls besteht nur ein Anspruch aus § 1004 Abs 1 (oben Rn 3). Der Eigentümer darf sie unter den Voraussetzungen des Abs 2 abschneiden (unten Rn 18 ff) und behalten (zu den Kosten unten Rn 27). Mit dem Abschneiden erwirbt der Selbsthilfeberechtigte das Eigentum an den abgeschnittenen Wurzeln. Vorher standen sie im Eigentum des Baumeigentümers (näher unten Rn 25 ff).

10 Das Selbsthilferecht wegen der Wurzeln ist nicht an die weiteren Voraussetzungen des Abs 1 S 2 gebunden. Es muss also **keine Beseitigungsfrist** gesetzt werden (LG Frankfurt aM NJW-RR 1986, 503; MünchKomm/Säcker⁶ Rn 3; **aA** noch Ortloff ArchBürgR 17 [1900] 277 f). Eine Gleichbehandlung mit der Rechtslage für Zweige widerspräche dem Gesetz. Im Einzelfall kann das aus dem nachbarlichen Gemeinschaftsverhältnis entspringende **Rücksichtnahmegebot** erfordern, dass der Nachbar von dem bevorstehenden Abschneiden der Wurzeln unterrichtet wird, damit er die notwendigen Schutzmaßnahmen ergreifen kann (OLG Köln DWW 1993, 332; OLG Kiel OLGE 39, 215; Soergel/JF Baur¹³ Rn 4; Palandt/Bassenge⁷⁴ Rn 2). Das Entfernen der Wurzeln geschieht grundsätzlich auf die Gefahr des Baumeigentümers hin, da das Abschneiden nicht rechtswidrig ist. Dem Eigentümer des Baumes obliegen sonach die erforderlichen Maßnahmen, um Folgeschäden zu verhindern (OLG Köln DWW 1993, 332). Er muss ein **Absterben des Baumes** hinnehmen, wenn es auch durch ein sachgerechtes und vorsichtiges Abschneiden der Wurzeln nicht vermieden werden kann (BGB-RGRK/Augustin Rn 11; ebenso für § 1004: KG NJW 2008, 3148). Doch steht das Gesagte stets unter den Anforderungen des Abs 2 (unten Rn 18 ff). Grundsätzlich scheiden **Schadenersatzansprüche wegen Eigentumsverletzung** aus. Der Eigentümer kann sich auch dadurch gegen das Weiterwachsen der Wurzeln schützen, dass er einen Graben zieht (Prot III 143 [freilich wenig praktisch]). Nicht auf § 910 gestützt werden kann das Begehren auf **Fällen** von Bäumen, die durch ihr Wurzelwerk etwa eine Mauer des Nachbarn bedrohen. Hier hilft § 1004 Abs 1 2 (Fall bei BRINGEWAT/ SANDER JuS 2011, 449 [dort auch zur Verurteilung, eine aufgrund einer Baumschutzsatzung erforderliche Genehmigung zu beantragen]).

3. Zweige

Das Selbsthilferecht in Bezug auf Zweige (etwa OLG Koblenz MDR 2014, 25) besteht **11** ebenfalls nur, wenn eine **Grenzüberschreitung** vorliegt. So liegt es nicht, wenn eine nicht überhängende *Hecke* nur in der Höhe zurückgeschnitten wird (KG NJW-RR 2000, 160; ausführlich SCHMIDT passim [zur Rechtsgeschichte und Rechtsvergleichung]). § 910 ist daher bei einem bloßen Unterschreiten des **Grenzabstands** nicht anwendbar. Dagegen schützt das nach Art 124 EGBGB ergangene Landesnachbarrecht über **Grenzabstände** (unten Rn 35). Diese Bestimmungen stehen neben § 910; sie ergänzen den Nachbarschutz und verlagern ihn im Verhältnis zu § 910 vor (unten Rn 35). Erst recht ist § 910 nicht anwendbar, wenn die betreffenden Bäume und Sträucher auf dem Nachbargrundstück den Grenzabstand einhalten und auch keine Zweige über die Grenze hängen, wohl aber *Licht und Luft* entzogen werden (aber oben § 906 Rn 122 ff [zu § 1004]). Für die Anwendung des § 910 kommt es nicht auf *Ortsüblichkeit* an (OLG Koblenz MDR 2014, 25; OLG Saarbrücken U v 23. 8. 2007 Az 8 U 385/06 juris Rn 20; AG Würzburg NJW-RR 2001, 953).

Herüberragende Zweige dürfen in **jeder Höhe** abgeschnitten werden, sofern die **12** Voraussetzungen des Abs 2 gewahrt sind (AG Königstein NJW-RR 2000, 1256; unten Rn 18 ff). **Landesrechtliche Ausnahmen** gelten aufgrund von Art 122 EGBGB für **Obstbäume**, nach Art 183 EGBGB für **Waldbäume** sowie im Einzelfall (angeblich) für Bäume an **öffentlichen Wegen** (§ 25 NRG Baden-Württemberg; unten Rn 23, 24). Von einer Beschränkung des § 910 auf die niedrigeren Zweige wurde von den Gesetzesvätern ua aus Gründen der Praktikabilität abgesehen (Mot III 288).

Nach Abs 1 S 2 muss „dem Besitzer des Nachbargrundstücks" eine **„angemessene 13 Frist"** zur Beseitigung bestimmt werden. Dadurch wird es dem Nachbarn ermöglicht, seinerseits das erforderliche Ausästen vorzunehmen. Er kann daran insbes bei wertvollen Obstbäumen ein Interesse haben (Prot III 142). Das Gesetz schließt für das Selbsthilferecht **bestimmte Zeiten** nicht von vornherein aus. Doch muss bei der Fristsetzung die *Wachstums- und Erntezeit* berücksichtigt werden (dazu FROMHERZ Recht 1906, 1070). Ein Antrag, das Selbsthilferecht in der Zeit vom 1. April bis 30. September zu versagen, fand in der 2. Kommission keine Mehrheit (Prot III 139, 143). So kann das Selbsthilferecht ausnahmsweise etwa auch in der **Erntezeit** ausgeübt werden, wenn ein Bauwerk errichtet werden soll (Prot III 143; abl dagegen PWW/ LEMKE[9] Rn 8). Für *Obstbäume* regelt § 23 Abs 3 S 1 NRG Baden-Württemberg, dass der Besitzer des Baumes zur Beseitigung der Zweige in der Zeit vom 1. März bis 30. September nicht verpflichtet ist (zu dieser Vorschrift auch DEHNER B § 21 III; unten Rn 23). Eine sofortige Beseitigung setzt dort ein dringendes Bedürfnis voraus.

Die Länge der zu bemessenden Frist richtet sich nach den Umständen des Einzel- **14** falles. So ist eine längere Frist einzuräumen, wenn das Ausschneiden wie zB bei ausgedehnten Hecken viel Arbeit macht. Eine kürzere Frist reicht aus, wenn etwa der Selbsthilfeberechtigte selbst bauen will (Prot III 142). Den Eigentümer trifft allerdings dann das Risiko, wenn er nach Ablauf einer nach seiner Meinung angemessenen Frist die Selbsthilfe ausübt. In diesem Fall handelt er rechtswidrig und ist uU zum Schadenersatz verpflichtet, wenn ihn ein Verschulden trifft. Der erforderliche Schaden liegt aber nicht schon allein darin, dass verfrüht abgeschnitten worden ist (unten Rn 30). Ist eine nicht angemessene Frist bestimmt worden, so wird dadurch eine angemessene Frist in Lauf gesetzt. Der Eigentümer darf dann nach deren Ablauf abschneiden, ohne eine neue Frist setzen zu müssen (MünchKomm/ SÄCKER⁶ Rn 4; DEHNER B § 21 Fn 4).

15 Die Frist ist nach der Formulierung des § 910 Abs 1 S 2 dem **„Besitzer"** des Nachbargrundstücks zu setzen. Fallen Baumeigentum und Besitz an dem Baum auseinander, so muss das Selbsthilferecht gegen den Besitzer ausgeübt werden (Prot III 142). Gemeint ist wohl der Fall des Art 181 Abs 2 EGBGB. **Erklärungsgegner** ist danach derjenige, der die tatsächliche Verfügungsbefugnis hat, da der nichtbesitzende Eigentümer nicht in der Lage ist, die Zweige zu beseitigen (MünchKomm/SÄCKER⁶ Rn 4). Die Aufforderung ist also regelmäßig an denjenigen zu richten, der, wie ein *Pächter* oder *Nießbraucher,* das Grundstück bewirtschaftet (DEHNER B § 21 Fn 2). ME gilt das aber nicht für den **Mieter**. Da das Abschneiden von Ästen nicht ohne Weiteres zum vertragsmäßigen Gebrauch der Mietsache gehört, kann der Mieter der Beseitigungsaufforderung des § 910 Abs 1 S 2 oftmals nicht nachkommen (aA STAUDINGER/BEUTLER¹² Rn 7). In diesem Falle ist die Frist *auch* dem Eigentümer zu setzen. Fallen wegen § 95 Grundstückseigentum und Baumeigentum auseinander (zB **Scheineigentum** bei pachtender Baumschule), so ist dem Baumeigentümer die Frist zu setzen.

4. Bäume; Sträucher, sonstige Gewächse

16 Es muss sich um Wurzeln oder Zweige eines **Baumes** oder eines **Strauches** handeln. Auf die botanische Bezeichnung kommt es nicht an. Insbes zählen auch **lebende Hecken** (WEBER GrundE 1937, 874) zu den Sträuchern (Mot III 288). Nach richtiger Auffassung gilt § 910 auch für hinüberwuchernde andere Pflanzen als Bäume und Sträucher. Zu nennen sind zB **Schlinggewächse** (dazu OLG Schleswig NJOZ 2011, 344; GAISBAUER BlGBW 1974, 48 f), Ranken, Stauden und auch Unkraut sowie begleitende Samenunkräuter (OLG Schleswig NJOZ 2011, 344; SCHMID NJW 1988, 29; FOAG RdL 1965, 85; PALANDT/BASSENGE⁷⁴ Rn 1). Das Gleiche gilt für *Rhizome,* dh unterirdisch fortwuchernde Wurzeln (OLG Karlsruhe AgrarR 1972, 432; LG Osnabrück, Urteil vom 21. 5. 2010, Az 7 O 361/10, juris [Schilf]). Die entsprechende Anwendung rechtfertigt sich, weil der Eigentümer ansonsten auf Beseitigung klagen müsste. Wenn aber der Eigentümer im Hinblick auf die regelmäßig wertvolleren Bäume und Sträucher ein Selbsthilferecht hat, so muss das erst recht für die weniger wertvollen anderen Gewächse gelten (oben § 906 Rn 172; STADLER 165; aA SOERGEL/JF BAUR¹³ Rn 5).

17 Ragen nicht die Zweige eines Baumes herüber, sondern infolge eines **schiefen Wachstums** der auf dem Nachbargrundstück (anders als in § 923) aus dem Boden heraustretende Baum selbst, so findet § 910 keine Anwendung. Doch ist der Beseitigungsanspruch aus § 1004 Abs 1 gegeben (DEHNER B § 21 S 2; BGB-RGRK/AUGUSTIN Rn 8; verneint in AG Norden MDR 2003, 739 [Hinüberragen erst in einer Höhe von 6 m]).

5. Beeinträchtigung (Abs 2)

Gemeinsame Voraussetzung für die rechtmäßige Ausübung des Selbsthilferechts ist **18** es, dass die Wurzeln oder die Zweige (oder die sonstigen Gewächse, oben Rn 16) die **Benutzung des Grundstücks beeinträchtigen** (OLG Koblenz MDR 2014, 25 [bis zu 7 m lange Äste und Zweige]; zur Beweislast unten Rn 33). Damit sollte ursprünglich möglichen Schikanen entgegengetreten werden (Prot III 141). Speziell für das Abschneiden von Wurzeln war ein gewisser Schutz gegen das zwecklose Beschädigen von Bäumen beabsichtigt (Prot III 143). Heute wird Abs 2 oftmals zu Unrecht weiter ausgelegt. Das Abschneiderecht wird etwa dann ausgeschlossen, wenn zwar eine Beeinträchtigung vorliegt, diese aber nur ganz **unerheblich** ist (OLG Koblenz MDR 2014, 25; Köln NJW-RR 1997, 656; 1989, 1177; PALANDT/BASSENGE[74] Rn 3; offengelassen in BGH NJW 2004, 1037, 1039). Diese Rspr verdient keinen Beifall, da Abs 2 nicht zwischen erheblichen und unerheblichen Beeinträchtigungen unterscheidet (ebenso PWW/LEMKE[9] Rn 12). Abs 2 eröffnet nicht den Raum für richterliche Billigkeitsentscheidungen (ebenso das vorzüglich begründete Urteil AG Königstein NJW-RR 2000, 1256). Eine Beeinträchtigung nach § 910 Abs 2 liegt auch dann vor, wenn der bereits vorhandene Überwuchs eine erst **nachträglich vorgenommene Grundstücksnutzung** stört (BGHZ 135, 235, 241 [Anlegung von Tennisplätzen neben schon vorhandener Pappelreihe]). Eine bloß hypothetische Beeinträchtigung reicht nicht aus. Auch entscheidet nicht das subjektive Empfinden. Maßgebend ist vielmehr eine **objektive** aktuelle Beeinträchtigung der Grundstücksnutzung (BGHZ 157, 33, 39; etwa MünchKomm/SÄCKER[6] Rn 6; ENDRES 71). Sie liegt insbes vor, wenn die **wirtschaftliche Verwertung des Grundstücks** durch die Wurzeln oder Zweige nach irgendeiner Richtung verhindert oder erschwert ist (DEHNER B § 21, S 4; MünchKomm/SÄCKER[6] Rn 6). Doch ist das andererseits keine Voraussetzung für das Selbsthilferecht, das ohne Weiteres auch die Entscheidung des Eigentümers schützt, ein reines *Freizeitgrundstück* anzulegen und zu halten (beifallswert OLG Schleswig NJOZ 2011, 344, 346; AG Königstein NJW-RR 2000, 1256). Maßgebend sind zunächst die *konkreten Verhältnisse* des Grundstücks, sodass es entscheidend auf die Beschaffenheit und Benutzungsweise ankommt. So liegt stets eine Beeinträchtigung vor, wenn etwa der auf dem Grundstück verlaufende Privatweg des Hinterliegergrundstücks durch hereinragende Zweige verengt wird. Beachtlich ist aber auch ein unmittelbar bevorstehender **Wechsel der Bewirtschaftung**. Dagegen reicht die entfernte Möglichkeit einer späteren Änderung nicht aus (vgl auch BGHZ 60, 235; DEHNER B § 21, S 5; anders wohl PLANCK/STRECKER Anm 4a). Der Grundstückseigentümer ist in seiner Entscheidung über die Nutzungsart ohne Rücksicht auf Ortsüblichkeit und Zweckmäßigkeit frei (OLG Schleswig NJOZ 2011, 344, 346; AG Königstein NJW-RR 2000, 1256; MünchKomm/SÄCKER[6] Rn 7). Umgekehrt kommt es auch nicht darauf an, ob die herüberragenden Wurzeln oder Zweige des störenden Grundstücks auf dessen **ortsüblicher** Nutzung beruhen. § 910 weiß anders als § 906 nichts von dem Kriterium der Ortsüblichkeit (beifallswert OLG Koblenz MDR 2014, 2526; Saarbrücken U v 23. 8. 2007 Az 8 U 385/06 juris Rn 20; LG Osnabrück, Urteil vom 21. 5. 2010, Az 7 O 361/10 [Schilf]; AG Würzburg NJW-RR 2001, 953; GRZIWOTZ/LÜKE/SALLER[2] 2. Teil Rn 388 gegen AG Frankfurt aM NJW-RR 1990, 146; 1990, 1101; LG Saarbrücken NJW-RR 1986, 1341; unten Rn 20). Eine iS des § 910 Abs 2 bestehende Beeinträchtigung kann auch nicht dadurch folgenlos gemacht werden, dass sie durch die Berufung auf das **nachbarliche Gemeinschaftsverhältnis** überwunden wird (zu Unrecht anders AG Frankfurt aM NJW-RR 1990, 146; 1990, 1101; wie hier GRZIWOTZ/LÜKE/SALLER[2] 2. Teil Rn 393). Nach dem Gesagten ist auch die Anlage und Gestaltung eines reinen **Ziergartens** geschützt, wenn durch den Überhang der Wuchs eigener Bäume behindert wird (mit Recht AG Königstein NJW-RR 2000, 1256; **aA** OLG Köln NJW-RR 1997, 656 [Zweigüberhang in über 2 m Höhe in einer Breite von 2 m]). Lässt der Nachbar eine nach Abs 1 gesetzte Frist folgenlos verstreichen, weil er die Beeinträchtigung nicht für gegeben hält, so muss er seinerseits gerichtlich aktiv werden, wenn ihm an einer endgültigen Klärung gelegen ist, wobei er die **Beweislast** dafür trägt, dass eine solche nicht vorliegt (KG FGPrax 2005, 249). Der Nachbar ist bei Nichtbeachtung des Abs 2 auf einen Schadensersatzanspruch angewiesen.

19 Nach dem Ausgeführten beeinträchtigen **herüberragende Wurzeln** ein als Wiese genutztes Nachbargrundstück in aller Regel nicht. Anders liegt es zB, wenn die Wiese in einen Tennisplatz (BGHZ 135, 235) oder in ein Ackergrundstück umgewandelt wird oder jetzt gebaut werden soll (oben Rn 18; DEHNER B § 21, S 4). Ebenso liegt es, wenn *Plattenwege* oder der *Teerbelag* einer Straße angehoben werden (KG NJW 2008, 3148), die Wurzeln in Fundamente oder Abflussrohre eindringen (BGHZ 97, 230, 234), oder sie Risse oder Unebenheiten in einem Hof oder am Garagenboden verursachen (OLG Köln NJW-RR 1989, 1177; auch LG Itzehoe NJW-RR 1995, 978). Abs 2 ist auch dann erfüllt, wenn dem Boden die nach der konkreten Benutzung erforderliche notwendige *Feuchtigkeit* entzogen wird (zB Gärtnerei). Nicht ausreichend ist aber die Tatsache an sich, dass Wurzeln allgemein dem Boden Nahrung entziehen (Prot III 143). Es kommt immer entscheidend auf die Beeinträchtigung der **konkreten Benutzung** an. Es muss also zB im Falle landwirtschaftlich genutzter Grundstücke die Fruchtgewinnung erschwert oder die Bodenbestellung beeinträchtigt sein (DEHNER B § 21, S 5). Ein Selbsthilferecht aus § 910 kann sich auch ergeben, wenn die *Standfestigkeit einer Mauer* durch Baumwurzeln beeinträchtigt wird, die von der Bepflanzung des angrenzenden Grünstreifens einer Gemeindestraße herrühren (vgl den Fall von BGH NJW 1990, 3195, 3196; zum bürgerlich-rechtlichen Aufopferungsanspruch unten Rn 31). Wenn nur *ein Teil* der Wurzeln beeinträchtigend wirkt, so darf nur dieser abgeschnitten werden.

20 Für **Zweige** folgt aus § 910 Abs 2, dass allein die Tatsache des Überhangs noch nicht das Selbsthilferecht auslöst. So kann je nach Einzelfall ein Herüberragen von Ästen in drei Meter Höhe und darüber keine Beeinträchtigung bewirken mögen (BGH NJW 2004, 1037, 1039; insoweit richtig LG Saarbrücken NJW-RR 1986, 1341 [ansonsten aber zweifelhaft wegen der Vermengung mit § 906]; oben Rn 18). Doch liegt eine Beeinträchtigung vor, wenn die herüberragenden Zweige *Laub- und Blütenfall* bewirken, der sich zB auf Dachrinnen, Terrasse und Wege auswirkt oder den Wuchs der eigenen Pflanzen beeinträchtigt oder wenn mit dem Überhang Gefahren für Leib und Leben verbunden sind (so im Falle des OLG Koblenz MDR 2014, 25). § 910 Abs 1 darf nicht unter Berufung auf das **nachbarliche Gemeinschaftsverhältnis** oder eine bestehende Ortsüblichkeit ausgehebelt werden (in allem beifallswert AG Königstein NJW-RR 2000, 1256; grundsätzlich anders LG Saarbrücken NJW-RR 1986, 1341; abweichend auch OLG Köln NJW-RR 1997, 656 [gewandelte Sozialanschauung]; oben Rn 18). Anders liegt die Rechtslage für pflanzliche Immissionen, die nicht von herüberragenden Ästen ausgehen (oben § 906 Rn 169). Eine Beeinträchtigung liegt auch vor, wenn eine beträchtliche Zahl von *Mostbirnen* auf das Grundstück fällt (AG Backnang NJW-RR 1989, 785). Das bloße Abtropfen von Niederschlag oder der Fall einiger weniger Blätter oder Früchte (Tannenzapfen) stellen in der Regel keine Beeinträchtigung dar (LG Kleve MDR 1982, 230). Abweichend liegt es bei erforderlichen **häufigen Reinigungsarbeiten** durch Laubfall in größerer Menge oder durch das Tropfen von klebrigen Baumsäften auf eine Garageneinfahrt (Grziwotz/Lüke/Saller[2] 2. Teil Rn 378, 379). Grundsätzlich ausreichend ist es für Abs 2, wenn gerade durch die überhängenden Zweige dem Grundstück Licht oder Luft entzogen wird (aA AG Frankfurt aM NJW-RR 1990, 146; wie hier Endres 73; offengelassen durch AG Königstein NJW-RR 2000, 1256). Maßgebend ist die jeweilige Benutzung. Doch scheidet § 910 aus, wenn trotz der vorgenommenen Beseitigung des Überhangs durch die im Übrigen stehenbleibenden Bäume in nahezu gleicher Weise Licht entzogen werden würde (insoweit richtig OLG Köln NJW-RR 1997, 656; OLG Oldenburg NJW-RR 1991, 1367; LG Saarbrücken NJW-RR 1986, 1341). Eine Beeinträchtigung liegt vor, wenn **Gartenarbeiten** nur in gebückter Haltung vorgenommen werden können (AG Frankfurt aM NJW-RR 1990, 1101, 1102 stellt auf das Ausmaß der Belästigung ab; davon weiß Abs 2 nichts). Es darf stets nur derjenige Teil der Zweige abgeschnitten werden, der beeinträchtigt (oben Rn 19 aE).

6. Einschränkungen durch Baumschutzsatzungen

Das Selbsthilferecht des § 910 (sowie der Beseitigungsanspruch aus § 1004 Abs 1) **21** können durch öffentliches Naturschutzrecht, auch Landes- und Gemeinderecht, **ausgeschlossen** werden (Überblick bei Endres 84 ff). Die betreffenden **Baumschutzsatzungen** (oder Baumschutzverordnungen) sowie der Ausschluss des Selbsthilferechts in Landschafts- oder Naturschutzgebieten schränken sowohl das Recht des Baumeigentümers wie auch die Rechte des beeinträchtigten Nachbarn ein (oben § 906 Rn 251; OLG Hamm NJW 2008, 453; OLG Düsseldorf VersR 1992, 458; NJW 1989, 1807; LG Aschaffenburg NJW 1987, 1271; LG Dortmund NJW-RR 1987, 1101; aA AG Kerpen NJW-RR 2011, 597: kommunale Baumschutzsatzungen unterfallen nicht dem Art 111 EGBGB). Die Verbote wirksamer Baumschutzsatzungen sind auch von dem Nachbarn hinzunehmen (OLG Hamm NJW 2008, 453; OLG Düsseldorf NJW 1989, 1807; Staudinger/Gursky [2013] Rn 188; Palandt/Bassenge Rn 3; Otto NJW 1989, 1783; aA OLG Karlsruhe AgrarR 1988, 263; zu Entschädigungsansprüchen des Duldenden unten Rn 32). **Ausnahmegenehmigungen** können sowohl vom störenden Nachbarn als auch vom beeinträchtigten Grundstückseigentümer beantragt werden (OVG Lüneburg NJW 1996, 3225).

Schneidet der Nachbar Wurzeln oder Zweige ab, obwohl ein Baum unter die Baum- **22** schutzregelung fällt, so hat der Eigentümer des Baumes gegen ihn **keinen Schadenersatzanspruch** aus § 823 Abs 1 wegen Eigentumsverletzung, obwohl die Bäume in allen ihren Bestandteilen auch wesentliche Bestandteile des Grundeigentums sind (§ 94 Abs 1 S 2). Die Beschränkung des Selbsthilferechts wirkt nur im Verhältnis zur öffentlichen Gewalt (aA OLG Düsseldorf VersR 1992, 458; str, Nachw bei Otto RdL 1993, 113, 115). Auch sind **Baumschutzregelungen keine Schutzgesetze** iS des § 823 Abs 2, da sie als Schutzzweck das öffentliche Interesse an der Erhaltung bestimmter Bäume haben (OLG Karlsruhe AgrarR 1988, 263; Otto NJW 1989, 1783, 1784). Kann eine behördliche **Ausnahmegenehmigung** zum Fällen oder zum Verändern des Baumes beantragt werden und ist diese noch nicht rechtsbeständig abgelehnt, so hat das Zivilgericht die Voraussetzungen zu prüfen und ggf zur Beseitigung (im Falle von § 1004, oben Rn 2) unter **Vorbehalt** der **Genehmigung** zu verurteilen (OLG München OLGReport 2008, 691; LG Landshut NJW-RR 1989, 1420; Stadler 169; Uerpmann NuR 1994, 386, 390; Otto UPR 1998, 187; im Grundsatz zust Endres 114 ff). Maßgebend dafür sind die Grundsätze der höchstrichterlichen Rspr (BGHZ 120, 239 ff [Froschlärm]; ebenso Günther NuR 1998, 637, 643; oben § 906 Rn 155). Der beeinträchtigte Nachbar kann den betreffenden Antrag auch selbst stellen (OVG Lüneburg NJW 1996, 3225; Schink DÖV 1991, 7, 15; Horst DWW

1991, 322, 324; Otto NJW 1989, 1783). Das Zivilgericht kann über die Erteilung der Genehmigung nicht selbst entscheiden (Otto UPR 1998 187 gegen OLG Köln UPR 1998, 194), sondern muss sein Verfahren ggf nach § 148 ZPO aussetzen (so im Falle von VG Koblenz DVBl 2007, 520 (LS)) oder (vorzugswürdig) unter Vorbehalt der Genehmigung verurteilen.

7. Einschränkungen für Obst- und Waldbäume sowie Bäume an und auf öffentlichen Wegen

23 Einschränkungen des Selbsthilferechts können sich aus Art 122 EGBGB für **Obstbäume** ergeben (dazu allg Frosch HuW 1948, 232). Diese vom Bundesrecht abweichenden Vorschriften des Landesrechts haben Vorrang vor § 910. Obstbaumbesitzer genießen danach einen weiteren Schutz als nach allgemeinem Recht (Staudinger/ Mayer [2013] Art 122 EGBGB Rn 6). Von diesem Vorbehalt hat allein das **Land Baden-Württemberg** in den §§ 23, 24, 35 NRG Baden-Württemberg (idF v 8. 1. 1996, GBl 54) Gebrauch gemacht (MünchKomm/Säcker[6] Art 122 EGBGB Rn 2). Vergleichbar erlaubt Art 183 EGBGB Einschränkungen des Selbsthilferechts in bezug auf **Waldbäume** (dazu schon Trendel SeuffBl 1906, 516). Landesrecht ist danach nur zulässig, soweit es dem Waldbestand günstiger ist als die Regelung des § 910. Die Vorschrift ist auch heute noch von praktischer Bedeutung (Dehner B § 21 IV). Zu nennen sind vor allem § 34 NRG Baden-Württemberg; Art 51 Abs 3, 4 bayer AGBGB (dazu Stadler 160; weitere Länder bei Staudinger/Mayer Art 183 EGBGB [2013] Rn 5; MünchKomm/Säcker[6] Art 183 EGBGB Rn 2).

24 Eine Sondervorschrift enthält § 25 NRG Baden-Württemberg für **Bäume an öffentlichen Wegen**, der dem Nachbarn eine Beseitigung nur bis zur Höhe von 3 m gestattet. Da Art 122 EGBGB nicht eingreift, bedeutet die Norm wohl eine unzulässige Abweichung vom maßgebenden Bundesrecht des § 910 BGB (Dehner B § 21, S 20; MünchKomm/Säcker[6] Rn 15 Fn 49). Auch im Übrigen finden die allgemeinen Vorschriften des bürgerlichen Rechts auf Bäume auf öffentlichen Wegen Anwendung (BGH WM 1979, 1219). Im Bereich von **§ 32 NRWStrWG** haben die Anlieger von auf dem Straßenkörper befindlichen Pflanzungen der zuständigen Behörde rechtzeitig vorher anzuzeigen, wenn sie Wurzeln von Straßenbäumen abschneiden wollen. Damit wird das Recht der Anlieger, die Entfernung störender Wurzeln zu verlangen oder selbst vorzunehmen, vorausgesetzt (BGHZ 97, 231, 235; BGH NJW 1990, 3195, 3196). Diese Rspr ist auch maßgebend für den Überhang von Zweigen (übersehen von Horst DWW 1991, 322, 324). Zwar haben nach § 32 Abs 2 S 1 NRWStrWG die Anlieger neben den Erhaltungsmaßnahmen auch die Einwirkungen von Pflanzen zu dulden. Doch sollten damit nicht weitergehende Duldungspflichten geschaffen werden (BGH NJW 1990, 3195, 3196; im gleichen Sinne LG Aachen VersR 1986, 397, 398). Bei einer abweichenden Auslegung fehlte dem Landesgesetzgeber auch die Gesetzgebungskompetenz (aA OLG Düsseldorf NVwZ 2001, 594 [dort auch zur Rechtswegfrage]). Ein Selbsthilferecht für Nutzungsberechtigte von **Telekommunikationslinien** für Ausästungen unter Beschränkung auf das unbedingt notwendige Maß enthält § 73 Abs 1 S 2 TKG (abgedruckt in Sartorius Ergänzungsband Nr 920). Eine Schadensersatz- und Kostenregelung findet sich in § 73 Abs 3 TKG.

IV. Inhalt des Selbsthilferechts

1. Abschneiden und Aneignung

Der Eigentümer darf unter den gegebenen Voraussetzungen (oben Rn 4 ff) Wurzeln **25** und Zweige **abschneiden und behalten**. Dabei dürfen Wurzeln und Zweige nur soweit abgeschnitten werden, wie sie tatsächlich über die Grundstücksgrenze ragen (LG Bielefeld NJW 1960, 678; SOERGEL/JF BAUR[13] Rn 6; MünchKomm/SÄCKER[6] Rn 10; BGB-RGRK/ AUGUSTIN Rn 11). Zweige dürfen daher nicht am Stamm abgetrennt werden, auch wenn dadurch zukünftige Beeinträchtigungen durch ein Nachwachsen nachhaltig eingeschränkt wären (aA SCHUMACHER BlGBW 1960, 278). Eine **gewisse Großzügigkeit** ist aber schon aus praktischen Gründen angebracht; das gilt insbes bei dichtem oder verfilztem Überwuchs. Wenn mit ständig neuen Beeinträchtigungen zu rechnen ist, sollte nach § 1004 Abs 1 auf **Unterlassung** geklagt werden (GRZIWOTZ/LÜKE/SALLER[2] 2. Teil Rn 399; OLG Düsseldorf NJW 1986, 2648 [in die Abwasserleitung eindringende Wurzeln]; OLG Schleswig NJOZ 2011, 344, 346; zu eng OLG Karlsruhe OLGZ 1991, 448 ff; zutreffend für einen Heckenrückschnitt nach § 39 Hess NachbG OLG Frankfurt NJW-RR 1997, 657). ME ist auch eine Klage auf **Feststellung** zulässig, dass der Nachbar verpflichtet ist, die von seinem Grundstück künftig herüberragenden beeinträchtigenden Zweige regelmäßig abzuschneiden (aA LG Bonn NJW-RR 1987, 1421; STADLER 166; unten Rn 34). Dürfen (ausnahmsweise) auch Zweige mit **daranhängendem Obst** abgeschnitten werden (oben Rn 13), so fällt das Obst dem Selbsthilfeberechtigten zu; er erwirbt daran Eigentum (DEHNER B § 21 Fn 9; aA FROMHERZ Recht 1906, 1070). In der Regel wird aber ein Fall des Abschneidens zur Unzeit gegeben sein. Die abgeschnittenen Wurzeln oder Zweige darf der Selbsthilfeberechtigte behalten. Ihm ist aber in keinem Fall erlaubt, sie auf das andere Grundstück **hinüberzuwerfen**. In Abweichung von § 953 erwirbt er daran **Eigentum**. Wird die Abtrennung durch dinglich Berechtigte vorgenommen (oben Rn 5), so erwerben diese Eigentum an den abgetrennten Teilen nach § 954 iVm § 910. Bis zum Zeitpunkt der Abtrennung stehen Zweige und Wurzeln als wesentliche Bestandteile des Baumes im Eigentum desjenigen, aus dessen Grundstück der Stamm hervortritt (GAISBAUER BlGBW 1973, 31). Das Risiko der Schädigung durch eine erlaubte Abtrennung trägt der Eigentümer des betreffenden Gewächses (oben Rn 10 zu Ausnahmen). § 910 gewährt grundsätzlich kein Recht, das Nachbargrundstück zum Zweck der Abtrennung zu **betreten** (KG OLGE 26, 72, 73; MünchKomm/SÄCKER[6] Rn 10; aA SCHUMACHER BlGBW 1960, 278). Auch umgekehrt kann der nach § 1004 Abs 1 auf Beseitigung in Anspruch genommene Besitzer nicht verlangen, seinerseits das Nachbargrundstück zur Beseitigung des Überhangs betreten zu dürfen (LG München II WuM 1988, 163). Lediglich in eng begrenzten Ausnahmefällen kann sich ein **Betretungsrecht** aus dem nachbarlichen Gemeinschaftsverhältnis ergeben.

Liegen die Voraussetzungen für die Ausübung des Selbsthilferechts nach § 910 nicht **26** vor, so handelt der Eigentümer **rechtswidrig**. Die abgeschnittenen Teile gehören dann nach § 953 dem Eigentümer des Baumes. Dieser hat **Herausgabeansprüche** aus den §§ 985, 861 und ein **Abholungsrecht** aus den §§ 867, 1005 (PALANDT/BASSEN-GE[74] Rn 4). Zudem kann der beeinträchtigte Eigentümer aus § 1004 Abs 1 auf Unterlassung der Ausübung des Selbsthilferechts klagen. Daneben hat er uU zB bei unsachgemäßem Abschneiden oder fehlender oder nicht ausreichender Fristsetzung einen **Schadenersatzanspruch** aus § 823 Abs 1 wegen Eigentumsverletzung (auch oben

Rn 14; unten Rn 30). Hat der Baumeigentümer der Aufforderung nach § 910 Abs 1 S 2 Folge geleistet, so verbleiben ihm als Eigentümer die abgeschnittenen Zweige. Hat er (wenigstens) mit Zustimmung des Nachbarn die Wurzeln selbst beseitigt, so gehört ihm als Baumeigentümer auch das Wurzelholz. Dann darf er die rechtmäßig abgeschnittenen Teile auch vom Nachbargrundstück abholen (DEHNER B § 21, S 4).

2. Kosten der Beseitigung

27 Wird im Falle des § 1004 Abs 1 die Störung vom Eigentümer des beeinträchtigten Grundstücks selbst beseitigt, so steht ihm gegen den Störer wegen der **Beseitigungskosten** ein Anspruch aus Nichtleistungskondiktion nach § 812 Abs 1 S 1 Alt 2 zu (oben Rn 3). Das Gleiche gilt auch dann, wenn der Eigentümer von seinem Selbsthilferecht aus § 910 Gebrauch macht. Das wird sich vielfach auch nicht unterscheiden lassen (BGHZ 97, 231, 234; OLG Koblenz MDR 2014, 25; OLG Düsseldorf NJW 1986, 2648, 2649; LG Münster AgrarR 1982, 135; AG Königstein NJW-RR 2000, 1256; GRZIWOTZ/LÜKE/SALLER[2] 2. Teil Rn 402; MünchKomm/SÄCKER[6] Rn 12; JAUERNIG/BERGER[15] Rn 1; STADLER 158; STOLLENWERK ZMR 1999, 7, 10 aA LG Hannover NJW-RR 1994, 14; LG Bonn NJW-RR 1987, 1421; LG Frankfurt aM NJW-RR 1986, 503; LG Aachen VersR 1986, 397, 398 [zu § 32 LStrGNRW]; SOERGEL/JF BAUR[13] Rn 8; DEHNER B § 21 [13 ff]). § 910 soll die Rechtsstellung des gestörten Eigentümers verbessern und nicht verschlechtern. ME kommt es lediglich darauf an, ob dem Eigentümer neben § 910 auch ein Beseitigungsanspruch nach § 1004 Abs 1 zugestanden „hätte" (vgl BGHZ 97, 231, 234). Die Unterscheidung danach, ob der Eigentümer von seinem Anspruch nach § 1004 Abs 1 Gebrauch gemacht hat oder aber sein Recht aus § 910 hat durchsetzen wollen, ist unpraktikabel und meist undurchführbar (aA STAUDINGER/BEUTLER[12] Rn 13; BAYER/LINDNER/GRZIWOTZ 156). Rabulistische Abgrenzungsversuche (insbes von PICKER JuS 1974, 357 ff) vermögen daher nicht zu überzeugen. Das Argument, der Eigentümer erwerbe für seine Mühe das Eigentum am abgetrennten Holz, verfehlt die Realität. In den allermeisten Fällen wird der Eigentümer Wurzeln oder Zweige vielmehr mit zusätzlichen Kosten entsorgen müssen. Die entgegenstehende Auffassung der Gesetzesväter, die davon ausgegangen waren, dass der Eigentümer die Zweige oder Wurzeln auf seine Kosten beseitige (Prot III 142), bindet für die Auslegung nicht (oben Rn 2). Da unter den gegebenen Voraussetzungen des § 910 Abs 1, 2 auch das Vorliegen eines Anspruchs aus § 1004 Abs 1 zu bejahen ist, ist die Entscheidung über die Kostentragung bereits mit der Anerkennung der Gleichrangigkeit der beiden Bestimmungen gefallen (oben Rn 2). Den Selbsthilfeberechtigten des § 910 könnte allenfalls die Kostenlast treffen, wenn sein Beseitigungsanspruch aus § 1004 Abs 1 schon verjährt ist (vgl die Prüfung in BGHZ 60, 235, 242 f) und nur noch das unverjährbare (unten Rn 28) Selbsthilferecht besteht. Doch ist nach richtiger Auffassung der Beseitigungsanspruch des Grundeigentümers wegen § 902 Abs 1 S 1 **unverjährbar** (ausführlich MünchKomm/MEDICUS[3] § 1004 Rn 70; aA BGHZ 125, 56, 63; differenzierend jetzt nach Verwirklichung des Rechts selbst einerseits und Störung in der Ausübung andererseits BGHZ 187, 185 = BGH NJW 2011, 1068; BGH NJW 2014, 3780 Rn 11; mit Recht krit dazu STAUDINGER/GURSKY [2013] § 1004 Rn 201). Das gilt auch für die in § 907 Abs 2 aus dem Anlagebegriff herausgenommenen Bäume und Sträucher (ausführlich zum Problem, STAUDINGER/GURSKY [2013] § 1004 Rn 201).

3. Verjährung

28 Das Selbsthilferecht des § 910 unterliegt **keiner Verjährung**, da es sich nicht um einen

Anspruch iS des § 194 handelt. Aus diesem Grunde schadet es nicht, dass es in § 924 nicht erwähnt ist (allgM, MünchKomm/Säcker[6] Rn 14; Soergel/JF Baur Rn 11). Allenfalls ist ausnahmsweise **Verwirkung** möglich. Nach der Rspr (zur berechtigten Kritik an ihr: Staudinger/Gursky [2013] § 1004 Rn 205) gilt: **Wechselt der Berechtigte**, so läuft keine neue Verjährungsfrist. Wenn aber die Beeinträchtigung durch den Überhang erst dadurch eintritt, dass die Benutzung des betroffenen Grundstücks geändert wird, so beginnt die Verjährung erst mit der Nutzungsänderung zB iS der Bebauung eines bisher nicht genutzten Grundstücks (BGHZ 60, 235, 242).

V. Schadenersatzansprüche

1. Überwuchsschäden

Wenn durch überhängende Zweige oder eindringende Wurzeln ein **Schaden** am **29** Eigentum des Beeinträchtigten entsteht, so ist der Baumeigentümer nach § 823 Abs 1 zum Schadenersatz verpflichtet, wenn ihn ein Verschulden trifft. So liegt es etwa bei Wasserschäden, weil Wurzeln eines auf der Gemeindegrenze stehenden Baums einen Abwasserkanal verstopfen (OLG Nürnberg VersR 2008, 553 mit abl Anm Otto). Ein Anspruch aus § 823 Abs 2 scheidet deshalb aus, weil § 910 für Überwuchsschäden kein Schutzgesetz ist. Der Normzweck trifft lediglich das Abschneide- und Aneignungsrecht zum Vermeiden von Streitigkeiten (oben Rn 1). Dagegen verbietet § 910 nicht das Anpflanzen oder Wachsenlassen bestimmter (auch **giftiger**) Pflanzen (OLG Düsseldorf NJW 1975, 739 [giftige Eibenhecke]).

2. Beseitigungsschäden

Dem störenden Eigentümer können gegen den die Selbsthilfe ausübenden Nachbarn **30** Schadenersatzansprüche nach § 823 Abs 1 aus Eigentumsverletzung zustehen, wenn die Voraussetzungen des § 910 nicht vorliegen, sei es, dass unsachgemäß abgeschnitten, sei es, dass zu weit hineingeschnitten wird, oder dass das Selbsthilferecht gänzlich ausgeschlossen war (OLG Düsseldorf VersR 1992, 458 [Baumschutzsatzung]; oben Rn 22). Ein Schadenersatzanspruch kann sich auch aus § 823 Abs 1 ergeben, wenn zur **Unzeit** geschnitten wird (oben Rn 13). Ist die Frist nach § 910 Abs 1 S 2 nicht gesetzt oder zu kurz bemessen worden, liegen die Selbsthilfevoraussetzungen aber im Übrigen vor, und hätte der Störer auch bei Einhaltung von Abs 1 S 2 das Abschneiden und seine Ausführung nicht vermeiden können, so ist dem Selbsthilfeberechtigten die Berufung auf **rechtmäßiges Alternativverhalten** möglich (ebenso jetzt LG Gießen NJW-RR 1997, 655; auch oben Rn 14). Die verletzte Pflicht aus Abs 1 S 2 will die Selbsthilfe nicht ganz ausschließen, sondern nur verschieben. Es fehlt damit an dem erforderlichen Pflichtwidrigkeitszusammenhang.

VI. Bürgerlich-rechtlicher Aufopferungsanspruch ua

Ist der Eigentümer aus **tatsächlichen** (zu den rechtlichen Gründen unten Rn 32) **Gründen** **31** gehindert, eine Einwirkung nach § 910 selbst zu beseitigen (oder über den Anspruch aus § 1004 Abs 1 zu verhindern), und geht die von dem Nachbargrundstück ausgehende Einwirkung über das zumutbare Maß einer entschädigungslos hinzunehmenden Beeinträchtigung hinaus, so kommt nach gefestigter Rspr ein **verschuldensunabhängiger** bürgerlich-rechtlicher Aufopferungsanspruch (nachbarrechtlicher

Ausgleichsanspruch) in Betracht. So liegt es zB, wenn die Standfestigkeit einer Mauer durch Baumwurzeln beeinträchtigt wird, die von der Bepflanzung des angrenzenden Randstreifens herrühren, und der Geschädigte erst im Rechtsstreit von dieser Tatsache erfährt (BGH NJW 1990, 3195, 3197; 1992, 2884 [dieselbe Angelegenheit]). Diese Rspr unterliegt Bedenken. Allerdings konnte die Ausbreitung des Wurzelwerkes an sich nach § 1004 Abs 1 (und jedenfalls nach § 910) verhindert werden. Auch wirft § 910 Abs 2 ähnliche **Prognoserisiken** auf, wie sie bei § 906 bekannt sind. Der Sache nach handelt es sich freilich um eine Art Gefährdungshaftung für das Halten von Bäumen mit der Wurzelausbreitung als eines gefährlichen Zustandes. Deshalb möchte ich einen verschuldensunabhängigen Anspruch ablehnen (H Roth 18; **aA** Karsten, Der nachbarrechtliche Ausgleichsanspruch gemäß § 906 Abs 2 Satz 2 analog im System der Ausgleichsansprüche [1998] 191 f). Die Verstärkung des Primärrechtsschutzes aus § 1004 durch § 910 lässt das als gerechtfertigt erscheinen. Ist der betreffende Sachverhalt öffentlich-rechtlich einzuordnen, so kommt nach Auffassung der Rspr mit identischen Rechtsfolgen eine Entschädigung wegen **enteignungsgleichen Eingriffs** in Betracht (BGH NJW 1990, 3195, 3197; Einzelheiten, insbes zu Höhe und Verjährung des Anspruchs, Erl oben § 906 Rn 73 f [bürgerlich-rechtlicher Aufopferungsanspruch] und oben § 906 Rn 94 [enteignungsgleicher Eingriff]). Allerdings hält die Rspr den bürgerlich-rechtlichen Aufopferungsanspruch mit Recht für **subsidiär**, sodass er nicht eingreift, wenn der Gestörte nach Selbstbeseitigung die Kosten für die Beseitigung von Baumwurzeln und die Wiederherstellung eines Weges schon über § 812 Abs 1 S 1 Alt 2 verlangen kann (BGH NJW 2004, 603, 605; oben Rn 3).

32 Ist der Eigentümer aus **rechtlichen Gründen** an der Ausübung seines Selbsthilferechts gehindert, so kann er für die Aufopferung seines Rechts ebenfalls keinen verschuldensunabhängigen Anspruch geltend machen (Endres 139). So liegt es etwa, wenn Baumwurzeln in einen Abwasserkanal eindringen (oben Rn 3) und das Selbsthilferecht des § 910 durch eine Baumschutzsatzung (oben Rn 21) ausgeschlossen ist (zur Begründung oben § 906 Rn 251). Denkbar bleiben aber Entschädigungsansprüche gegenüber der **Behörde** (zB Art 36 Bayer Naturschutzgesetz).

VII. Prozessuales

Nach § 15a EGZPO kann für Streitigkeiten aus § 910 durch Landesgesetz bestimmt werden, dass die Erhebung der Klage erst zulässig ist, nachdem von einer durch die Landesjustizverwaltung eingerichteten oder anerkannten **Gütestelle** versucht worden ist, die Streitigkeit einvernehmlich beizulegen (zu den einschlägigen Regelungen oben § 906 Rn 282; zu Art 1 § 1 Nr 2 Buchst a HessSchlichtG etwa OLG Frankfurt NJOZ 2008, 1996; zur verfassungsgemäßen weiten Auslegung der Öffnungsklausel des § 15a Abs 1 Nr 2 EGZPO: BVerfG NJW-RR 2009, 1026: auch Erstattungs- und Schadensersatzansprüche; OLG Frankfurt NJOZ 2008, 1996).

1. Beweislast

33 Der durch **Wurzeln** beeinträchtigte Eigentümer hat im Streit um die Selbsthilfe und das Aneignungsrecht die Voraussetzungen des § 910 Abs 1 S 1 zu behaupten und zu beweisen. Im Streit um herüberragende **Zweige** hat der Eigentümer zusätzlich das Setzen und Einhalten einer angemessenen Frist zu behaupten und zu beweisen (Baumgärtel/Laumen/Prütting/Schuschke, Handbuch der Beweislast[3] Rn 2). In beiden Fällen trägt der störende Nachbar die Behauptungs- und Beweislast dafür, dass nach § 910 Abs 2 keine Beeinträchtigung vorliegt (BGHZ 157, 33, 39; Prot III 141). Abs 2 bedeutet eine rechtshindernde Einwendung (Prot III 141 sprechen von „Einrede"). Werden **Beseitigungsschäden** eingeklagt (oben Rn 30), so muss der Nachbar beweisen, dass der Eigentümer den Mangel seines Rechts bei der Abtrennung kannte oder kennen musste (BAUMGÄRTEL/LAUMEN/PRÜTTING/SCHUSCHKE, Beweislast[3] Rn 4). Fordert der Eigentümer *Beseitigungskosten* (oben Rn 27 und Rn 3), so muss er die tatsächlichen Voraussetzungen des § 910 sowie die entstandenen Kosten beweisen.

2. Tenor; Klageantrag

Klageantrag (§ 253 Abs 2 Nr 2 ZPO) und Urteil müssen im Falle des § 1004 Abs 1 **34** BGB **hinreichend bestimmt** sein und mindestens die örtliche Lage der betreffenden Pflanzen oder wenigstens deren Art bezeichnen (zur konkreten Abgrabtiefe bei der Beseitigung von Baumwurzeln LG Itzehoe NJW-RR 1995, 978). Keinen vollstreckungsfähigen Inhalt hat daher das Verlangen, „grenzüberschreitende Pflanzen von dem Restgrundstück im F-Weg 6 a" zu beseitigen (BGH NJW 1992, 1101, 1102). Ein Titel auf Beseitigung eines Überhangs von Zweigen soll sich regelmäßig nur auf bereits entstandene Störungen beziehen und nicht auf erst in der Zukunft entstehende Beeinträchtigungen (OLG Karlsruhe OLGZ 1991, 448 f [mE zu eng; oben Rn 25]). Einer **Feststellungsklage** darauf, dass der Nachbar verpflichtet sei, die von seinem Grundstück künftig herüberragenden Zweige regelmäßig abzuschneiden, fehlt nicht das Feststellungsinteresse nach § 256 Abs 1 ZPO (aA LG Bonn NJW-RR 1987, 1421). Die Gegenauffassung produziert ohne Not immer wieder erneute Prozesse. Ggf ist die auf § 1004 Abs 1 gestützte Verpflichtung zum Rückschnitt des Überwuchses unter dem Vorbehalt der **behördlichen Genehmigung** auszusprechen (OLG München OLGReport 2008, 691).

VIII. Vorbeugendes Landesnachbarrecht

Die **landesrechtlichen Regelungen** über den **Grenzabstand** von Pflanzen ergänzen **35** § 910 und stehen auch neben den Unterlassungsansprüchen aus den §§ 1004, 906 (Übersicht bei RING NotBZ 2007, 341 ff, 2008, 1 ff [Landesrecht in den neuen Bundesländern]; STOLLENWERK DWW 1996, 338; zum Heckenrückschnitt ders NZM 1998, 324). Sie wirken **vorbeugend**, weil sie schon den Überwuchs von Wurzeln und Zweigen weitgehend verhindern und es damit erst gar nicht zu den Voraussetzungen des Selbsthilferechts kommen lassen. Nach hL besteht jenseits des Rechts des Grundeigentümers aus § 910 (§ 1004) und auf Einhaltung des Grenzabstands keine Möglichkeit, die Entziehung von Licht und Luft durch Bäume des Nachbargrundstücks abzuwehren (oben § 906 Rn 122 ff; dort auch zu den Ausnahmen). Ist die Ausschlussfrist des § 50 Abs 1 NdsNachbG abgelaufen, muss der Baumeigentümer weder auf die zulässige noch auf eine andere Höhe zurückschneiden (BGH NJW 2004, 1037, 1038). Doch kann unter den strengen Voraussetzungen des **nachbarlichen Gemeinschaftsverhältnisses** ausnahmsweise verlangt werden, dass die Bäume auch nach Fristablauf zurückgeschnitten werden. Dazu muss der Nachbar aber wegen der Baumhöhe ungewöhnlich schweren und nicht mehr hinzunehmenden Beeinträchtigungen ausgesetzt sein (BGH NJW 2004, 1037, 1038). Einer Entfernungspflicht nach § 1004 Abs 1 wegen eindringender **Wurzeln** steht nicht entgegen, dass eine Entfernung der Bäume wegen Nichteinhaltung des Grenzabstands nicht mehr verlangt werden kann, weil zB der

Beseitigungsanspruch nach Ablauf von fünf Jahren wegen § 32 BerlNachbG **ausgeschlossen** ist (BGH NJW 2004, 1035, 1037; KG NJW 2008, 3148; OLG Saarbrücken U v 23. 8. 2007 Az 8 U 385/06 juris Rn 18 [Beseitigung von Überwuchs]). Doch darf etwa eine nach § 1004 Abs 1 geforderte Beseitigung des Überhangs in diesem Fall nicht dazu führen, dass die Bäume absterben, weil dies auf die (ausgeschlossene) Beseitigung hinauslaufen würde (OLG Saarbrücken U v 11. 1. 2007 Az 8 U 77/06 juris Rn 25).

36 Es finden sich folgende Regelungen über den **Grenzabstand von Pflanzen**: §§ 12 ff, 33 NRG Baden-Württemberg; Art 47 ff bayAGBGB; §§ 27 ff NachbG Berlin; §§ 37 ff NachbG Brandenburg; §§ 38 ff Hessisches Nachbarrechtsgesetz; §§ 50 ff Niedersächsisches Nachbarrechtsgesetz; §§ 40 ff NachbG Nordrhein-Westfalen; §§ 44 ff Nachbarrechtsgesetz für Rheinland-Pfalz; §§ 48 ff Saarländisches Nachbarrechtsgesetz Gesetz Nr 965; §§ 48 ff NachbG Sachsen; §§ 34 ff NachbG Sachsen-Anhalt; §§ 37 ff NachbG Schleswig-Holstein; §§ 44 ff Thüringer Nachbarrechtsgesetz (Einzelheiten bei STAUDINGER/ALBRECHT [2013] Art 124 EGBGB Rn 35 ff).

§ 911
Überfall

Früchte, die von einem Baume oder einem Strauche auf ein Nachbargrundstück hinüberfallen, gelten als Früchte dieses Grundstücks. Diese Vorschrift findet keine Anwendung, wenn das Nachbargrundstück dem öffentlichen Gebrauch dient.

Materialien: VE § 109; E I § 862; II § 825; III § 895; SCHUBERT, SR I 718 ff; JAKOBS/SCHUBERT, SR I 474 f; Mot III 289; Prot III 148 f; MUGDAN III 160; 597; 973.

Schrifttum

DEHNER, Nachbarrecht (Stand: 58. Aktualisierung, Juni 2015) § 23
GRZIWOTZ/LÜKE/SALLER, Praxishandbuch Nachbarrecht (2. Aufl 2013)

ORTLOFF, Rechtsschutz betr Überhang, Überfall, Grenzbaum im Nachbarrecht, ArchBürgR 17 (1900) 234.

Systematische Übersicht

Alphabetische Übersicht

I. Normzweck

§ 911 ergänzt die Regelung des § 910 und will nachbarlichen Streitigkeiten wegen **1** des Auflesens von Früchten (Fallobst) **vorbeugen** (Mot III 289). Die Norm bedeutet eine **Ausnahme von § 953**, da ohne sie der Eigentümer des Baumes oder des Strauches auch Eigentümer der übergefallenen Früchte wäre (Schubert SR I 722). Die Rechte dieses Eigentümers werden damit beschränkt. Dabei wird in S 1 und S 2 zwischen *Privatgrundstücken* (sogleich Rn 2 ff) und *öffentlichen Grundstücken* (unten Rn 6 ff) unterschieden. Nach § 15a EGZPO kann für Streitigkeiten aus § 911 durch Landesgesetz bestimmt werden, dass die Erhebung der Klage erst zulässig ist, nachdem von einer durch die Landesjustizverwaltung eingerichteten oder anerkannten

Herbert Roth

Gütestelle versucht worden ist, die Streitigkeit einvernehmlich beizulegen (zu den einschlägigen Regelungen oben § 906 Rn 282).

II. Hinüberfallen auf ein Privatgrundstück (S 1)

1. Hinübergefallene Früchte

2 Der Ausdruck „**Frucht**" wird nicht im Gesetzessinn (§ 99), sondern im **natürlichen Sinn** gebraucht (Mot III 289). Darunter fallen also etwa *Obst, Eicheln,* aber auch *Baumblätter,* die als Dünger dienen können (DEHNER B § 23 Fn 2). Anders als in § 923 (unten § 923 Rn 2) gehören dazu nicht abbrechende *Zweige* oder *Äste* (BGB-RGRK/ AUGUSTIN Rn 1). In aller Regel meint der Ausdruck „Hinüberfallen", dass die Früchte durch die Fallbewegung nach der Lösung von einem Baum oder Strauch, der über die Grenze in den Luftraum des Nachbarn hineinragt, auf das Nachbargrundstück gelangen. Doch reicht es auch aus, wenn der betreffende Baum oder Strauch nicht überhängt, und die Früchte zunächst auf dem Grundstück des Baumeigentümers auftreffen und erst dann über die Grenze rollen (DEHNER B § 23 [2]; MünchKomm/SÄ-CKER⁶ Rn 2; BAMBERGER/ROTH/FRITZSCHE³ Rn 4). Dieser Fall kann etwa bei aneinander-grenzenden *Hanggrundstücken* vorkommen. Nicht hierher gehören aber Früchte, die bereits ruhig auf dem Grundstück des Baumeigentümers gelegen haben und zB erst im Anschluss daran durch einen *Sturm* über die Grenze geweht werden. Zu denken ist an von einem Wald auf eine Wiese gewehtes *Laubstreu* (DEHNER B § 23 [2]). Für diesen Ausnahmefall trägt der Baumeigentümer die **Beweislast** (DEHNER B § 23 [2]).

3 Gleichgültig ist der **Grund des Hinüberfallens**. Es kann sich vor allem handeln um die natürliche Reife der Früchte, Windeinwirkung, Frost, oder auch das Schütteln eines Dritten, selbst des Baumeigentümers. Letzteres kommt zB vor, wenn bei der Obst-ernte durch den Baumeigentümer auch Früchte auf das Nachbargrundstück fallen. Doch findet § 911 nach seinem Normzweck keine Anwendung, wenn der Nachbar selbst die Früchte pflückt oder abschüttelt. Er handelt vielmehr **widerrechtlich** und erwirbt *kein Eigentum* an den Früchten. Der Baumeigentümer kann gegen ihn Herausgabe nach den §§ 985, 812 Abs 1 S 1 Alt 2, 823 geltend machen (DEHNER B § 23 [2]; JAUERNIG/BERGER¹⁵ Rn 1; MünchKomm/SÄCKER⁶ Rn 5; PALANDT/BASSENGE⁷⁴ Rn 1; NK-BGB/RING² Rn 8; PWW/LEMKE⁹ Rn 4; **aA** PLANCK/STRECKER Anm 1b; zur Gesetzgebungs-geschichte ORTLOFF ArchBürgR 17 [1900] 234, 280 ff). Daneben wird uU **Schadenersatz** nach § 823 Abs 1, 2 geschuldet. Steht dem Nachbarn (ausnahmsweise) aber ein **Selbst-hilferecht** nach § 910 wegen der herüberragenden Zweige zu und schneidet er diese ab, so erwirbt er auch das Eigentum an den daran hängenden Früchten (oben § 910 Rn 25). Im Übrigen ist es dem Nachbarn nicht gestattet, Früchte von den auf sein Grundstück hineinragenden Zweigen abzupflücken.

2. Rechtslage vor der Ablösung

4 Solange die Früchte noch am Baum oder am Strauch hängen, ist der Baumeigen-tümer auch deren **Eigentümer**, weil sie samt dem Baum wesentliche Bestandteile des Grundstücks sind. Das gilt auch dann, wenn die Früchte in das Nachbargrundstück überhängen. Voraussetzung ist, dass der Baum mit seinem Stamm aus dem Grund und Boden des Eigentümers heraustritt (zur Rechtslage bei Grenzbäumen unten § 923 Rn 4 ff). Der Eigentümer darf auch die überhängenden Früchte zB durch Hinüber-

greifen, Abschütteln in einen darunter gehaltenen Korb oder mit einem *Obstpflücker* abernten (DEHNER B § 23 [2 f]; BGB-RGRK/AUGUSTIN Rn 1). Das Recht des Nachbarn aus § 905 wird insoweit eingeschränkt (§ 905 S 2). Allerdings darf der Baumeigentümer das Nachbargrundstück nicht zum Zweck des Aberntens **betreten** (BGB-RGRK/AUGUSTIN Rn 1; MünchKomm/SÄCKER⁶ Rn 3). Das Gesagte gilt neben dem Eigentümer auch für die **Aneignungsberechtigten** der §§ 954 ff.

3. Rechtslage nach der Ablösung

Nach der Ablösung (oben Rn 2 f) greift die **Fiktion** des § 911 S 1 ein. Damit wollte der 5 Gesetzgeber die Geltung der §§ 953 ff klarstellen (Mot III 289). Regelmäßig wird also der Eigentümer des Nachbargrundstücks nach § 953 **Eigentum** an den Früchten erlangen. Ist das Grundstück mit einem *Nießbrauch* belastet, so erwirbt der Nießbraucher nach § 954 Eigentum an den Früchten. Ein *Pächter* erwirbt Eigentum nach § 956. Die abgefallenen Früchte gelangen sofort in den *Besitz* des Nachbarn (§ 854 Abs 1). Der Baumeigentümer hat **kein Verfolgungsrecht** aus § 867. Das wäre mit dem Zweck des § 911 unvereinbar. Liest der Baumeigentümer gleichwohl die auf das Nachbargrundstück gefallenen Früchte auf, so handelt er rechtswidrig (MünchKomm/SÄCKER⁶ Rn 4; DEHNER B § 23 [2]). Hat aber der Nachbar seinerseits in rechtswidriger Weise gepflückt oder geschüttelt (oben Rn 3), so wird man dem Baumeigentümer das Verfolgungsrecht des § 867 einräumen müssen (DEHNER B § 23 Fn 9), sofern nicht der Nachbar inzwischen die Früchte in Besitz genommen hat. Der allgemeine Besitzwille wird dazu nicht genügen.

III. Hinüberfallen auf ein öffentliches Grundstück (S 2)

Dient das Nachbargrundstück dem **öffentlichen Gebrauch**, so findet nach § 911 S 2 6 die Fiktion des S 1 keine Anwendung. Es bleibt also dabei, dass die hinübergefallenen Früchte nach § 953 dem Eigentümer des Baumes oder des Strauches oder nach den §§ 954 ff den zum Fruchtbezug Berechtigten gehören. Die auf das öffentliche Grundstück hinübergefallenen Früchte werden nach dem Gesagten **nicht herrenlos** (ein entsprechender Antrag wurde abgelehnt, Prot III 148). S 2 wurde von der 2. Kommission eingefügt, da der Normzweck des S 1, Streitigkeiten wegen des Betretens des Nachbargrundstücks zu vermeiden (oben Rn 1), hier nicht einschlägig ist (Prot III 149). Auch haben die betreffende Gemeinde oder der Staat als Eigentümer des öffentlichen Grundstücks keine Gelegenheit, die herabgefallenen Früchte zu ernten (Prot III 149). Mit S 2 wurde etwa an Fälle gedacht, dass ein **Sturm** die gesamte Obsternte auf ein öffentliches Grundstück schleudert. Hier verdient der Baumeigentümer Schutz (Prot III 149). Aber auch Spaziergänger, die das öffentliche Grundstück begehen, haben kein Recht, das hinübergefallene Obst zu sammeln.

1. Öffentlicher Gebrauch

Öffentlich genutzte Grundstücke sind etwa öffentliche **Straßen** oder **Plätze**, aber 7 auch öffentliche Flüsse oder Seen (so noch ausdrücklich Antrag 3 zur Entscheidung der 2. Kommission, Prot III 149). Maßgebend dafür ist das **Landesrecht** (MünchKomm/SÄCKER⁶ Rn 6; DEHNER B § 23 [3]), für die öffentlichen Gewässer insbes das Wasserrecht. Bei Flüssen oder Seen werden in aller Regel nur *Uferzonen* praktisch.

2. Herrenlose Früchte

8 Wegen S 2 kann der Baumeigentümer das in der Regel frei zugängliche öffentliche Gelände betreten und die Früchte einsammeln (DEHNER B § 23 [3]). Der Eigentümer ist wohl auch hinsichtlich der hinübergefallenen Früchte **Eigenbesitzer** (§ 872), bis nach den Umständen ein Preisgeben anzunehmen ist (DEHNER B § 23 [3]). Wenn ein **Dritter** die Früchte wegnimmt, handelt er rechtswidrig und macht sich ggf eines Diebstahls schuldig.

9 S 2 hat kaum Bedeutung für hinübergefallene *einzelne Früchte,* für die wohl in der Regel **Herrenlosigkeit** iS des § 959 anzunehmen ist (Prot III 149). Ein Verzichtswille iS des § 959 ist ferner dann anzunehmen, wenn der Eigentümer die hinübergefallenen Früchte für längere Zeit auf dem öffentlichen Grundstück liegen lässt. Damit ist jedermann nach § 958 zur **Aneignung** berechtigt. Das Gleiche wird auch für Früchte zu gelten haben, die für den Eigentümer keinen Wert haben, wie zB wilde (nicht essbare) *Kastanien, Eicheln* (ERMAN/A LORENZ[14] Rn 1); *Tannenzapfen* ua (allgM, DEHNER B § 23 [3]; MünchKomm/SÄCKER[6] Rn 6 [anders dort für Haselnüsse]). ME ist es vorzugswürdig, auf den **Verzichtswillen** des Eigentümers und nicht auf die „jeweilige örtliche Auffassung" abzustellen (**aA** STAUDINGER/BEUTLER[12] Rn 7).

IV. Duldung von Überfallfrüchten

10 Entgegen den Vorstellungen des Gesetzgebers können sich unter den heutigen Verhältnissen übergefallene Früchte für den Nachbarn als äußerst **lästig** erweisen. So besteht zB bei herabfallenden *Mostbirnen* gegen den Baumeigentümer ein Beseitigungsanspruch hinsichtlich der Zweige und ggf ein Schadenersatzanspruch (AG Backnang NJW-RR 1989, 785; DEHNER B § 23 [4]: nur bei Verzug). Aus dem Eigentumserwerb folgt **keine Duldungspflicht** (PALANDT/BASSENGE[74] Rn 1).

§ 912
Überbau; Duldungspflicht

(1) Hat der Eigentümer eines Grundstücks bei der Errichtung eines Gebäudes über die Grenze gebaut, ohne dass ihm Vorsatz oder grobe Fahrlässigkeit zur Last fällt, so hat der Nachbar den Überbau zu dulden, es sei denn, dass er vor oder sofort nach der Grenzüberschreitung Widerspruch erhoben hat.

(2) Der Nachbar ist durch eine Geldrente zu entschädigen. Für die Höhe der Rente ist die Zeit der Grenzüberschreitung maßgebend.

Materialien: VE § 107; E I § 857; II § 826; III § 896; SCHUBERT, SR I 716 ff; JAKOBS/SCHUBERT, SR I 475 ff; Mot III 282 ff; Prot III 133 ff; Denkschr 128 f; MUGDAN III 156 ff; 588 ff; 973 f.

Schrifttum

BENZ, Die Rechtsverhältnisse am Überbau nach dem BGB (1903)

BRÜNGER, Eigentumswohnungen auf teilweise fremdem Grundstück, MittRhNotK 1987, 269

BULL, Überbau und Anbau, AcP 138 (1934) 80

DEHNER, Nachbarrecht (Stand: 56. Aktualisierung Januar 2014 [Loseblatt]) § 24

DELBRÜCK, Der Überbau auf eigenen Boden. Das Eigentum am Überbau, ArchBürgR 39 (1913) 406

DEMHARTER, Wohnungseigentum und Überbau, Rpfleger 1983, 133

DIENINGHOFF, Der Grenzüberbau nach gemeinem Recht und Bürgerlichem Gesetzbuch (1908)

EBEL, Überbau und Eigentum, AcP 141 (1935) 183

EICHLER, Der unentschuldete Überbau – BGHZ 41, 157, in: JuS 1965, 479

FRIEDMANN, Welche rechtlichen Folgen hat der Bau auf fremdem Boden nach römischem und bürgerlichem Recht? (1910)

FRIEDRICH, Der Grenzüberbau auf fremdem Boden nach deutschem, österreichischem und schweizerischem Recht unter Berücksichtigung der geschichtlichen Entwicklung (1965)

GLASER, Der Grenzüberbau, ZMR 1985, 145

ders, Der Grenzüberbau, BlGBW 1961, 4

GLASER/DRÖSCHEL, Das Nachbarrecht in der Praxis (3. Aufl 1971) 274

GOLLNICK, Eigentum am Überbau, insbesondere bei einer halbscheidigen Giebelmauer, AcP 157 (1958/1959) 460

GRZIWOTZ/LÜKE/SALLER, Praxishandbuch Nachbarrecht (2. Aufl 2013) 2. Teil Rn 231

HAGENA, Der Grenzüberbau nach gemeinem Recht, preussischem Landrecht und bürgerlichem Gesetzbuch (1902)

HEIDEMANN, Eigentumsrechtliche Konzeptionsmöglichkeiten bei grenzüberschreitender Bebauung (2014)

HEINZMANN, Der Wärmeschutzüberbau bei geschlossener Bauweise und unterschiedlicher Gebäudehöhe oder unterschiedlicher Gebäudetiefe, BWNotZ 2006, 153

HERR, Unberechtigter Überbau und öffentliches Recht, MDR 1957, 340

HODES, Bauen unter Inanspruchnahme fremden Eigentums, NJW 1964, 2382

HORST, Grenzüberbau – Anspruch des belasteten Grundstückseigentümers, MDR 2000, 494

ders, Grenzüberbau durch Wärmedämmung, NJW 2010, 122

HUBER, Bereicherungsansprüche beim Bau auf fremdem Boden, JuS 1970, 515

KINNE, Rechtsfragen des Überbaus, Das Grundeigentum 2007, 490

ders, Nachträglicher Überbau: Von der Duldung über die Geldrente bis zum Beseitigungsanspruch, Das Grundeigentum 2009, 240

KLEINDIENST, Die Beeinträchtigung einer Dienstbarkeit durch Überbauung, JZ 1963, 633

KLEMPT, Eigentumsverhältnisse bei nicht entschuldigtem Überbau, JZ 1969, 223

KONKOLEWSKI, Die Rechtsverhältnisse am Überbau nach dem BGB (1911)

KORBION/SCHERER, Gesetzliches Bauhaftungsrecht. Bauliches Nachbarrecht (1964) 248 ff

LUDWIG, Grenzüberbau bei Wohnungs- und Teileigentum, DNotZ 1983, 411

ders, Überbaurente und Parteivereinbarung, DNotZ 1984, 541

MÜLLER, Zur Lehre von der Verletzung der landesrechtlichen Baugrenze, Gruchot 61 (1917) 607

NEUMANN/DUESBERG, Das Eigentümer-Besitzverhältnis bei unentschuldigtem Grenzüberbau, BlGBW 1965, 101

PICKER, Der privatrechtliche Rechtsschutz gegen baurechtswidrige Bauten als Beispiel für die Realisierung von Schutzgesetzen, AcP 176 (1976) 28

RASTÄTTER, Raumeigentum und Grenzüberbau, BWNotZ 1986, 79

RING, Der Überbau auf fremden Grund und Boden, JA 2000, 414

RÖLL, Grenzüberbau, Grunddienstbarkeiten und Wohnungseigentum, ZfBR 1983, 201

H ROTH, Der bürgerlich-rechtliche Aufopferungsanspruch, in: ROTH/LEMKE/KROHN, Der bürgerlich-rechtliche Aufopferungsanspruch als Problem der Systemgerechtigkeit im Schadensersatzrecht. Schriftenreihe der Juristischen Studiengesellschaft Karlsruhe Bd 245 (2001) 1

ROTTHEGE, Grenzüberschreitende Bebauung
und Nachbar-Erbbaurecht, in: FS Spiegelberger
(2009) 1243
SCHERER, Die Rechtsprechung des Bundesge-
richtshofes zum Überbau, DRiZ 1962, 412
ders, Das Nachbarrecht in der Rechtsprechung
des Bundesgerichtshofes, BB 1965, 253
SCHMALZL, Zum Tatbestand des Bauens über
die Grenze (§§ 912 ff BGB), BauR 1981, 328
SCHMITT, Eigentum am Überbau, BayZ 1914, 58
SCHUSTER, Überbau auf fremdem Grund und
Boden nach geltendem Recht (1936)
STOLLWERK, Rechtsfragen zum Grenzüberbau,
DWW 1997, 375
TERSTEEGEN, Der Überbau in der notariellen
Praxis, RNotZ 2006, 433
ders, Gestaltung der Eigentumsverhältnisse an

der zentralen Tiefgarage unter großen Baugebieten, ZNotP 2008, 21
VENNEMANN, Gebäude auf fremdem Grund
und Boden, MDR 1952, 75
VOGEL, „Überbau" – was ist das und wie ist er
zu entschädigen?, Das Grundeigentum 2007,
492
WALLER, Überbau auf eigenem Boden, JW
1909, 745
WEITNAUER, Die Tiefgarage auf dem Nachbargrundstück, ZfBR 1982, 97
WOITE, Eigentumsverhältnisse beim unentschuldigten Grenzüberbau, MDR 1961, 895
WOLFF, Der Bau auf fremdem Boden usw
(1900).

S ferner Schrifttum zu § 921.

Systematische Übersicht

Alphabetische Übersicht

Herbert Roth

I. Normzweck

Baut der Eigentümer eines Grundstücks bei der Errichtung eines Gebäudes über die **1**
Grenze, so erwürbe bei Anwendung allgemeiner Grundsätze (§§ 93, 94 Abs 1, 946)
der Eigentümer des überbauten Grundstücks stets auch das Eigentum an dem
überbauten Teil des Gebäudes. Zudem könnte er nach § 1004 Abs 1 die Beseitigung
des störenden Überbaus verlangen. Demgegenüber will § 912 Härten vermeiden
und (auch im öffentlichen Interesse) wertvernichtende Zerstörungen von Gebäuden
verhindern (BGHZ 102, 311, 314; 97, 292, 294; BGH NJW-RR 2013, 652 Rn 17; RING JA 2000,
414). Zweck des Überbaurechts ist daher die **Erhaltung wirtschaftlicher Werte** (BGH
ZfIR 2015, 568 Rn 30 mit zust Anm H ROTH; NJW-RR 2013, 652 Rn 17 [Öltank]; 2009, 24 [Wärme-
dämmung] mit Anm RING LMK 2008, 271888; BGH NJW 2008, 1810, 1811 [verschachtelter Über-
bau]; KOLBE NJW 2008, 3618, 3620; MEDER/FLICK JuS 2011, 160, 161). Die Durchsetzung der
Eigentumsrechte (§ 903) des überbauten Nachbarn wird gegenüber dem Gebäu-
deerhalt hintan gesetzt (Mot III 283; Prot III 135 [„volkswirtschaftliches Interesse"];
RGZ 160, 166, 180). Unter den Voraussetzungen des § 912 Abs 1 hat daher der Nachbar den Überbau gegen eine **Geldrente** zu dulden (§§ 912 Abs 2, 913, 914). Es
handelt sich um eine an ein rechtswidriges Handeln geknüpfte **verschuldensunabhängige Aufopferungshaftung** (H ROTH 3). Anstelle der Rentenzahlung kann nach
§ 915 der **Abkauf** der überbauten Fläche verlangt werden. In seinem sachlichen

Anwendungsbereich grenzt § 912 die rechtmäßige von der **rechtswidrigen Benutzung** eines Grundstücks ab und entscheidet damit über den **Anwendungsbereich des § 823**. Ein nur leicht fahrlässiger Überbau kann daher nicht über die §§ 823 Abs 1, 249 Abs 1 beseitigt werden. Zu Überbausituationen kann es auch aufgrund von **fehlgeschlagenen Verträgen** kommen, etwa wegen § 1 Abs 3 ErbbauRG nichtiger Erbbaurechtsverträge *(„Nachbarerbbaurecht")* (HEINZ/JAEGER ZfIR 2008, 318, 324; ROTTHEGE, in: FS Spiegelberger [2009] 1243). Die analoge Anwendung der §§ 912 ff im **öffentlichen Recht** ist grundsätzlich nicht ausgeschlossen, scheitert aber vor allem im Straßen- und Wegerecht wegen der abschließenden Regelungen zB der Art 18 ff BayStrWG an der für eine Analogie erforderlichen Lücke (BayVGH B v 29. 12. 2008 Az 8 CS 08. 1374 juris Rn 15 [Überbauung einer öffentlichen Straße durch den Eigentümer eines privaten Grundstücks]; B v 29. 12. 2008 Az 8 CS 08. 1371 juris Rn 15; BayVBl 1999, 561 f).

2 § 912 bringt einen **allgemeinen Grundsatz** zum Ausdruck, der jenseits der in der Norm direkt geregelten Fälle auf vergleichbare Tatbestände ausgedehnt werden kann (BGHZ 97, 292, 294; 39, 5, 11; RGZ 160, 166, 174 ff; DELBRÜCK ArchBürgR 39 [1913] 407, 426). Damit wurde die frühere Auffassung des RG überwunden, wonach es sich bei den §§ 912 ff um nicht-analogiefähige Ausnahmetatbestände handele (so noch RGZ 47, 356, 360; 65, 361, 362 f; 72, 269, 272). Von Bedeutung ist dieser Rechtsprechungswandel vor allem für die Beurteilung des *Eigengrenzüberbaus* (BGH NJW 2014, 311 Rn 14) sowie noch für weitere Fälle (unten Rn 53 ff; zur älteren Rspr des BGH SCHERER DRiZ 1962, 412 ff; ders BB 1965, 253, 256 ff). Eine gegenläufige Tendenz findet sich jüngst darin, dass der nicht den **Regeln der Baukunst** entsprechende Überbau nicht geduldet zu werden braucht (BGH NJW-RR 2009, 24, 25). Das gilt wohl auch für den entschuldigten unrechtmäßigen Überbau. Der Nachbar ist nicht auf einen Anspruch auf „Nachbesserung" beschränkt. Hier überwiegt das Interesse des Beeinträchtigten. Der **Begriff** „Überbau" meint das Bauen über die Grundstücksgrenze hinweg und und kann auch **unterirdische Überbauten** betreffen, wie zB *Tiefgaragen,* die sich unter einem Grundstück erstrecken (TERSTEEGEN ZNotP 2008, 21 ff; ders RNotZ 2006, 433, 435; für eine analoge Anwendung der §§ 912 ff dagegen MünchKomm/COMMICHAU[6] § 1 WEG Rn 27).

3 § 912 bedeutet für den gestörten Nachbarn eine **gesetzliche Beschränkung seines Eigentumsrechts** aus § 903 (SCHMITT BayZ 1914, 58, 59). Entsprechend werden die Eigentümerbefugnisse für das begünstigte Grundstück erweitert. Bereits aus der systematischen Stellung der Vorschrift ergibt sich, dass § 912 weder vergleichbar einer gesetzlichen Grunddienstbarkeit (**aA** BAUR/STÜRNER, Sachenrecht[18] § 25 Rn 13; HAGENA 43; DIENINGHOFF 27), noch als grunddienstbarkeitsähnliches Recht (so Mot III 285; RGZ 160, 166, 179) aufgefasst zu werden braucht (wie hier MünchKomm/SÄCKER[6] Rn 2; GRZIWOTZ/LÜKE/SALLER[2] 2. Teil Rn 233; DEHNER B § 24 II [24]). Von Bedeutung ist diese Einordnung in erster Linie für das **Grundbuchrecht** (unten § 914 Rn 2 ff). Eine Erweiterung des gesetzlich vorgesehenen Überbaurechts unter Berufung auf einen **Gemeinwohlbezug**, wie etwa iS einer Pflicht, **wärmedämmende Maßnahmen** als Überbau zu dulden, ist abzulehnen und kann auch nicht aus den Grundsätzen über das nachbarliche Gemeinschaftsverhältnis hergeleitet werden (HEINZMANN BWNotZ 2006, 153).

II. Typen des Überbaus

4 Ein sog **rechtmäßiger Überbau** liegt vor, wenn er von der *Gestattung* des Nachbarn gedeckt ist. Auf ihn passen die in den §§ 912 ff geregelten Rechtsfolgen nicht (BGH

NJW 1983, 1112 f; Stollenwerk DWW 1997, 375, 376). Gleichwohl wird nach richtiger hL
der Überbauende Eigentümer des ganzen Gebäudes (BGHZ 62, 141, 145 f; BGH ZfIR
2015, 568 Rn 32 mit zust Anm H Roth; Jauernig/Berger[15] Rn 1; aA Weitnauer ZfBR 1982, 102 ff
[vertikale Teilung]; unten Rn 66 ff). Eine erteilte **Baugenehmigung** macht einen rechtswidrigen Überbau nicht zu einem rechtmäßigen, da sie private Rechte unberührt
lässt (LG Leipzig Rpfleger 1999, 272 mit zust Anm Wudy). Auf der anderen Seite kann sich
der Eigentümer nicht mit der verwaltungsgerichtlichen *Anfechtungsklage* gegen eine
Baugenehmigung wehren, die ein Vorhaben zulässt, das sein Grundstück im Wege
des Überbaus in Anspruch nimmt (VGH Mannheim NJW 1996, 3429). Die §§ 912 ff
treffen den Fall des **entschuldigten unrechtmäßigen Überbaus** (Tersteegen RNotZ 2006,
433, 434; Horst MDR 2000, 494, 495; Stollenwerk ZMR 1999, 7, 10; unten Rn 5 ff) samt den
durch *Analogie* eröffneten Anwendungsmöglichkeiten (unten Rn 53 ff). Voraussetzung
dafür ist, dass dem Überbauenden höchstens leichte Fahrlässigkeit zur Last fällt und
der Nachbar nicht sofort widerspricht. In diesem Fall wird der über die Grundstücksgrenze gebaute Teil des Gebäudes wesentlicher Bestandteil nicht des überbauten Grundstücks, sondern des auf dem Nachbargrundstück befindlichen Stammgebäudes und damit des Stammgrundstücks selbst und fällt deshalb nach § 946 in das
Eigentum des Überbauenden (BGHZ 27, 204, 205 f; unten Rn 42 ff). Ein **unentschuldigter
unrechtmäßiger Überbau** liegt vor, wenn dem Überbauenden grobe Fahrlässigkeit
oder Vorsatz zur Last fallen oder der Nachbar bei auch nur leichter Fahrlässigkeit
widerspricht. Der Nachbar kann hier nach § 1004 Abs 1 die Beseitigung des Überbaus auf Kosten des Überbauenden verlangen. Die Rspr nimmt mit Recht an, dass
das Eigentum am Gebäude auf der Grenzlinie real (vertikal) geteilt wird (BGHZ 27,
204, 207 f; BGH NJW 1985, 789, 790; Meder/Flick JuS 2011, 160, 162; unten Rn 73 ff). Die
genannten Unterscheidungen betreffen in erster Linie den Konflikt zwischen zwei
Grundstückseigentümern (vgl BGHZ 27, 204, 208). Um den (zusätzlichen) Konflikt
zweier Gebäudeeigentümer (etwa Gollnick AcP 157 [1958/1959] 460, 461) geht es im
Falle einer **gemeinsam benutzten Grenzmauer** („Nachbarwand") (näher unten § 921
Rn 19 ff). Bei *entschuldigtem unrechtmäßigem Überbau* (§ 912 Abs 1) steht die Mauer
nach hL zunächst im Alleineigentum des Überbauenden. Baut der Nachbar seinerseits unter Verwendung der Giebelmauer ein Haus an oder wird gleichzeitig angebaut, so entsteht für die Grundstückseigentümer Miteigentum zu 1/2 an der Giebelmauer (BGHZ 27, 197 ff). Wird die Mauer *unrechtmäßig unentschuldigt* über die
Grenze gesetzt, so wird das Eigentum an der Mauer auf der Grenzlinie des Grundstücks lotrecht (vertikal) geteilt. Eine Umwandlung in Miteigentum tritt gleichwohl
ein, wenn der Nachbar sein Haus anbaut und sich dadurch die übergebaute Giebelmauer selbst zunutze macht (BGHZ 43, 127, 129; unten § 921 Rn 36).

III. Entschuldigter unrechtmäßiger Überbau

1. Voraussetzungen

§ 912 regelt den entschuldigten unrechtmäßigen Überbau (oben Rn 4). Die Termino-   **5**
logie schwankt. So wird (in mE fehlerhafter Weise) auch von einem „rechtmäßigen
entschuldigten Überbau" gesprochen (etwa Glaser ZMR 1985, 145; wie hier Jauernig/
Berger[15] Rn 2). Dahinter steht das Sachproblem, ob § 912 **objektive Rechtswidrigkeit**
des Überbaus voraussetzt. Das ist mit der hL zu bejahen. Der Überbau ist rechtswidrig, wenn auch entschuldigt (BGHZ 62, 141, 145; Wolff 96; Dehner B § 24 S 18; aA
MünchKomm/Säcker[6] Rn 12; jurisPK-BGB/Rösch [7. Aufl 2014] Rn 11). Deshalb passt § 912

auch nicht auf den rechtmäßigen Überbau (oben Rn 4; unten Rn 66 ff). Dagegen begründet § 912 Abs 1 lediglich eine Duldungspflicht, ohne etwa einen Rechtfertigungsgrund für den Überbau zu bilden (**aA** MünchKomm/Säcker[6] Rn 12). Wird eine Duldungspflicht nach § 912 bejaht, so ist ein **Schadensersatzanspruch** nach § 990 Abs 2 ausgeschlossen (BGHZ 156, 170, 172).

a) Errichtung eines Gebäudes

6 Der Begriff des „**Gebäudes**" entspricht im Kernbereich der Verwendung in § 908 (oben § 908 Rn 3; auch BGH LM Nr 25). Gebäude ist ein Bauwerk, das durch räumliche Umfriedung gegen äußere Einflüsse Schutz gewährt und den Eintritt von Menschen gestattet. Es braucht sich nicht um einen völlig umschlossenen Raum zu handeln. Der in § 912 zum Ausdruck kommende allgemeine Grundsatz der **Werterhaltung** (oben Rn 2) erfordert sowohl Ausweitungen als auch Einschränkungen. So gehören auch *größere Bauwerke*, die nicht dem Gebäudebegriff unterfallen, wie zB *Großantennen, Ufermauern* oder *Brücken* unter den Anwendungsbereich des § 912, wenn sie wegen ihres Wertes erhaltungsbedürftig sind (hL, BGH ZfIR 2015, 568 Rn 29 ff [Ufermauer] mit zust Anm H Roth; LG Meiningen OLG-NL 1996, 281, 283 [Auffangbecken einer Siloanlage]; Palandt/Bassenge[74] Rn 4; Wolff/Raiser, Sachenrecht § 55 Fn 2; Jauernig/Berger[15] Rn 5; Dieninghoff 31; iE auch MünchKomm/Säcker[6] Rn 5: § 251 Abs 2; Tersteegen RNotZ 2006, 433, 435; offengelassen durch BGH LM Nr 25). Andererseits sind *leicht versetzbare Gebäude* aus dem Regelungsbereich des § 912 ausgeschlossen, weil hier eine Beseitigung nach § 1004 Abs 1 ohne Zerstörung erheblicher wirtschaftlicher Werte möglich ist (OLG Stuttgart Recht 1913 Nr 1290; Palandt/Bassenge[74] Rn 4; Grziwotz/Lüke/Saller[2] 2. Teil Rn 238). So liegt es etwa bei einem *Schuppen* oder einem *Gartenhaus* (Vogel Das Grundeigentum 2007, 492; Glaser ZMR 1985, 145; zu Behelfsheimen Vennemann MDR 1952, 75) und auch bei einem *Carport,* nicht dagegen bei einer *Garage* (OLG Karlsruhe NJW-RR 1993, 665; Tersteegen RNotZ 2006, 433, 435).

7 Es muss sich um ein **einheitliches Gebäude** handeln. Ansonsten liegen rechtlich selbstständige Gebäude vor, auf die § 912 keine Anwendung findet (BGHZ 110, 298, 301; BGH NJW-RR 1989, 1039; 1988, 458; NJW 1982, 756; Tersteegen RNotZ 2006, 433, 435). Neben der körperlichen **bautechnischen Beschaffenheit** (BGH NJW 1983, 2022, 2023 [Tiefgarage]) kommt es auf die funktionale Einheit an (BGHZ 110, 298, 301). Ein Gebäude, dessen Teile nicht voneinander getrennt werden können, ohne dass der eine oder andere zerstört oder in seinem Wesen verändert wird, ist grundsätzlich ein einheitliches Gebäude (§ 93) (BGH NZM 2013, 244; NJW 1982, 756 [Tiefgarage]; OLG Rostock NJOZ 2014, 343 [abgelehnt für Beseitigung einer Terrasse und eines Kellerniedergangs]; OLG Brandenburg BeckRS 2013, 21209 [abgelehnt für eine Veranda]; OLG Koblenz BauR 1996, 410, 412 [Drainage und Isolierung einer Garage]). Im Einzelfall kann sich aus der Verkehrsanschauung oder einer „natürlichen Betrachtungsweise" ein anderes Ergebnis ergeben (BGH NJW 1982, 756; Tersteegen RNotZ 2006, 433, 439 [statische Verzahnung von Tiefgarage und aufstehenden Häusern]). Auch hindert die Einheitlichkeit nicht, dass etwa *Ver-* und *Entsorgungsleitungen* technisch ohne Weiteres getrennt werden können (BGH NJW-RR 1989, 1039). Verneint wurde die Einheitlichkeit dagegen mit Recht für eine vollständig auf dem Nachbargrundstück errichtete *Doppelhaushälfte* (OLG Karlsruhe BWNotZ 1988, 91; Tersteegen RNotZ 2006, 433, 438).

8 Nach dem Gesagten fallen **nicht unter den Begriff des Gebäudes** *Wegpflasterungen* oder *Holzabtrennungen,* die eine Grundstücksgrenze überschreiten (BGH JZ 2010, 631

Rn 19 mit Anm Katzenstein) oder *Luftwärmepumpenanlagen* (OLG Frankfurt NJW-RR
2013, 793). Hier kann Beseitigung nach § 1004 Abs 1 iVm § 823 Abs 2 BGB mit
Vorschriften des Bauordnungsrechts über den Grenzabstand als Schutzgesetze verlangt werden. Ferner gehören darunter nicht *Zäune* (BGH LM Nr 25; OLG Koblenz BauR
1996, 410, 412; Kinne Das Grundeigentum 2007, 490), *Schwimmbäder* (OLG Brandenburg U
v 7. 8. 2008 Az 5 U 89/07 juris Rn 20); *Planken, Tore* (OLG Brandenburg, Urteil vom 21. 2. 2013,
5 U 187/08 juris = BeckRS 2013, 04177), *Denkmäler,* einzeln aufgeführte (freistehende)
Mauern, Rotorblätter einer *Windenergieanlage,* die nur bei bestimmter Windrich-
tung in den Luftraum des Nachbargrundstücks hineinragen (LG Flensburg NJW-RR
2005, 1610), *Schleusen, Dämme* (aber oben Rn 6), *Gruben* (AG Garmisch-Partenkirchen
MDR 1966, 505), *Abflussvorrichtungen* (BGH MDR 1973, 39), ein seitenoffener *Carport*
(OLG Karlsruhe NJW-RR 1993, 665) oder *Rankgerüste* für Wein sowie *Terrassen* (BGH
NZM 2013, 244, 245; OLG Rostock NJOZ 2014, 343) oder *Vordächer,* soweit sie von dem
betreffenden Wohnhaus ohne Zerstörung von Dach oder Gebäude getrennt werden
können (BGH NZM 2013, 244, 246, auch zu §§ 3, 4 NachbG Baden-Württemberg). Doch zählen
Garagen darunter (OLG Karlsruhe NJW-RR 1993, 665 f). Ferner gehören nicht hierher
Hundehütten, Backöfen (BGH LM Nr 1), *Taubenschläge* (BGB-RGRK/Augustin Rn 9)
oder eine *Pergola.* Anderes gilt wohl für den Zutritt von Menschen gestattende
Backöfen (Dehner B § 24 [6] Fn 26). Nicht erforderlich ist es, dass das Bauwerk ver-
schließbar ist (Dehner B § 24 [6]). Eine **gewisse Dauerhaftigkeit** und Festigkeit des
verwendeten **Baumaterials** wird zu fordern sein (Dehner B § 24 [6]; **aA** Wolff 90).
Soweit es sich nach dem Gesagten nicht um Gebäude handelt, kann ohne Weiteres
Beseitigung nach § 1004 Abs 1 verlangt werden, gleich ob zB ein jenseits der Grenze
errichteter Zaun oder eine Mauer ein wesentlicher Bestandteil des Grundstücks
geworden ist oder nicht (AG Hamburg U v 14. 8. 2006, Az 644 C 689/04 juris Rn 30). Derartige Nutzungen können aber mit einer beschränkt persönlichen **Dienstbarkeit**
abgesichert werden (zB LG Flensburg NJW-RR 2005, 1610: Rotorblätter einer Windenergieanlage).

Die **Zeitbauten** des § 95 Abs 1 S 1 unterfallen bis zur Erfüllung ihres Bestimmungs- **9**
zwecks ebenfalls der Regelung der §§ 912 ff (OLG Nürnberg DWW 1963, 124 [massiv
gebautes Behelfsheim]; Palandt/Bassenge[74] Rn 4; Dehner B § 24 [7]; Wolff 90; BGB-RGRK/
Augustin Rn 9; Tersteegen RNotZ 2006, 433, 436). Eine gewisse Dauerhaftigkeit ist auch
hier notwendig, sodass zB *Hütten* nicht geschützt sind. Auch muss etwa der von dem
Pächter errichtete Überbau dem Eigentümer des Grundstücks überhaupt zuzurechnen sein (unten Rn 11). Beseitigung kann verlangt werden, wenn die Pachtzeit des
Erbauers abgelaufen ist (**aA** Staudinger/Beutler[12] Rn 2). Sollte das Gebäude von
vornherein auf dem Grundstück belassen werden (zB BGHZ 104, 298, 301), so liegt
kein Fall des § 95 Abs 1 S 1 vor. Nach richtiger Auffassung trifft den Inhaber des
Zeitbaus auch die Pflicht zum *Abkauf* nach § 915. Wenn ihm das sein Zeitbau nicht
wert ist, so mag er ihn beseitigen (hL, Dehner B § 24 [7]; Erman/A Lorenz[14] Rn 2;
MünchKomm/Säcker[6] Rn 6; **aA** Palandt/Bassenge[74] § 915 Rn 1; Wolff 90 f). Doch wird
der Zeitbau eigentumsrechtlich nicht dem Stammgrundstück zugeordnet, weil es
sich um eine **bewegliche Sache** handelt.

§ 912 setzt seinem Wortlaut nach voraus, dass „**bei der Errichtung**" eines Gebäudes **10**
über die Grenze gebaut wird. Wegen der Analogiefähigkeit der Norm (oben Rn 2)
reicht es aber aus, wenn im Zuge von *Reparaturen* oder *Modernisierungsmaßnahmen*
im Wege der nachträglichen Veränderung eines zunächst sich innerhalb der Grund-

stücksgrenzen haltenden Gebäudes über die Grenze gebaut wird, zB um Erfordernissen der **Wärmedämmung** Rechnung zu tragen. Dazu muss nicht stets der vorhandene Baukörper erweitert werden. Vielmehr ist entscheidend, ob sich die Beseitigung des Überbaus auf diesen beschränken lässt oder die gesamte Gebäudeeinheit beeinträchtigt und so zu einem Wertverlust der innerhalb der Grundstücksgrenzen stehenden Gebäudeteile führt (BGH NJW-RR 2009, 24 [Dacherneuerung zur Wärmedämmung]; unten Rn 15, 17). Die §§ 912 ff greifen auch ein, wenn das betreffende Gebäude noch **nicht fertiggestellt** ist. Es ist ausreichend, wenn mit der Errichtung begonnen und diese soweit vorangeschritten ist, dass die Beseitigung des übergreifenden Teils vom **wirtschaftlichen Standpunkt** aus als sinnlos oder unvertretbar erscheint (DEHNER B § 24 [7]). So liegt es regelmäßig, wenn der übergebaute Gebäudeteil schon aus dem Boden getreten ist. Bei kostspieligeren Fundamentierungsarbeiten, wie zB bei Hochhäusern, braucht das Gebäude nicht schon über die Bodengleiche hinausgeführt worden zu sein (DEHNER B § 24 [7]).

b) Überbau durch den Eigentümer

11 Nach Wortlaut und Zweck des § 912 muss der Eigentümer (Miteigentümer) des überbauenden Grundstücks das Gebäude errichten. Gleichgestellt ist der Überbau durch einen **Erbbauberechtigten** (§ 11 ErbbauRG; TERSTEEGEN RNotZ 2006, 433, 457; offengelassen in BGH NJW 1985, 789, 790; zum Nachbar-Erbbaurecht ROTTHEGE, in: FS Spiegelberger [2009] 1243 ff). Ausreichend ist auch der Überbau durch einen *Vorerben*. Ein *Nießbraucher* oder *Pächter* steht dem Eigentümer nicht gleich, da der Überbau unter den Voraussetzungen des § 912 das Stammgrundstück (unten Rn 13) mit der Rentenpflicht des Abs 2 „belastet" und damit die Eigentümerrechte (§ 903) beschneidet (BGHZ 15, 216, 219; OLG Frankfurt MDR 1968, 496; WOLFF 110; BAMBERGER/ROTH/FRITZSCHE[3] Rn 14; PWW/LEMKE[9] Rn 2; PALANDT/BASSENGE[74] Rn 5; DEHNER B § 24 [12]; aA MünchKomm/SÄCKER[6] Rn 11). Die Werterhaltung wird eben nur geschützt, wenn der Eigentümer selbst zurechenbar handelt. Der Überbau eines bloßen (auch redlichen) **Besitzers** kann daher im Wege des § 1004 Abs 1 beseitigt werden (aA MünchKomm/SÄCKER[6] Rn 11). Doch kann der Eigentümer einem von einem Dritten ausgehenden Bau in sinngemäßer Anwendung des § 185 zustimmen und ihn damit zu „seinem Überbau" machen. Eine Genehmigung hat wegen § 184 rückwirkende Kraft (BGHZ 15, 216, 219; SOERGEL/JF BAUR[13] Rn 6; PALANDT/BASSENGE[74] Rn 5; ERMAN/A LORENZ[14] Rn 5; TERSTEEGEN RNotZ 2006, 433, 442). Die entsprechende Anwendung rechtfertigt sich aus dem verfügungsähnlichen Charakter des Überbaus (aA MünchKomm/SÄCKER[6] Rn 11). Diese Sichtweise ist auch dann gerechtfertigt, wenn § 912 nicht als ein Recht verstanden wird, das der Grunddienstbarkeit ähnelt (oben Rn 3).

12 Es kommt nicht auf die rein **handwerkliche Tätigkeit** des Bauens an. Entscheidend ist, dass das Gebäude im Namen und im wirtschaftlichen Interesse des betreffenden Eigentümers (sog **„Geschäftsherr"**) gebaut wird (BGHZ 110, 298, 302; BGH NJW 1983, 2022, 2023). Die Festlegung des Geschäftsherrn hat auch Bedeutung für die Bestimmung des **Stammgrundstücks** (BGHZ 110, 298, 302; unten Rn 13). Über die Eigenschaft als Geschäftsherr entscheidet die Verkehrsauffassung und der „Standpunkt eines mit den Verhältnissen vertrauten objektiven Beurteilers" (BGHZ 20, 159, 163; BGH NJW 1983, 2022, 2023). Tritt etwa ein **Baubetreuer** zwar im eigenen Namen auf, dient er aber dem wirtschaftlichen Interesse eines Dritten, so ist Geschäftsherr wohl derjenige, in dessen Interesse gehandelt wird (BGH NJW 1983, 2022, 2023; näher DEHNER B § 24 [15]). Wer die Eigenschaft als Geschäftsherr beansprucht, ohne unmittelbar mit der Her-

stellung des Gebäudes befasst gewesen zu sein, muss die maßgeblichen Tatsachen **beweisen** (BGH NJW 1983, 2022, 2023; Palandt/Bassenge[74] Rn 5). Indizielle Wirkung hat auch das nachträgliche Verhalten des Grundstücksnachbarn (BGH NJW 1983, 2023, 2024).

c) Grenzüberschreitung
aa) Stammgrundstück

Es muss ein **einheitliches Gebäude** (oben Rn 7) *über die Grenze* gebaut worden sein. **13** Ein Grenzüberbau kann auch vorliegen, wenn ohne vollständigen Neubau unter Verwendung bereits vorhandener Wände eine *Gebäudeerweiterung* über die Grenze hinaus stattgefunden hat (BGHZ 110, 298, 300). Es muss stets ein Grundstück das überbauende Grundstück (sog **Stammgrundstück**) sein (BGH NJW 1985, 789, 790; BGHZ 62, 141, 143 f; OLG Karlsruhe BWNotZ 1988, 91 [Doppelhaushälfte]). Maßgebend dafür sind die Absichten und wirtschaftlichen Interessen des Geschäftsherrn (oben Rn 12) zum Zeitpunkt der Inanspruchnahme des Nachbargrundstücks. Für die Bestimmung des Stammgrundstücks kommt es weder entscheidend auf die Größe und die wirtschaftliche Bedeutung des übergebauten Gebäudeteils, noch auf den Ort des Baubeginns an (BGHZ 110, 298, 301; 62, 141; BGH ZfIR 2015, 568 Rn 31 mit zust Anm H Roth; NJW 1985, 789, 790; Rothe LM Nr 26). Kein Überbau liegt daher vor, wenn **ausschließlich auf fremdem Grund und Boden** gebaut worden ist (RGZ 160, 166, 183; OLG Brandenburg U v 7. 8. 2008 Az 5 U 89/07 juris Rn 36; Soergel/JF Baur[13] Rn 2; Schmalzl BauR 1981, 328). Ein Stammgrundstück (und damit ein Überbau) fehlt bei einem sog **Zwischenbau:** Dieser dient dazu, eine Lücke zwischen zwei auf verschiedenen Grundstücken stehenden Gebäuden auszufüllen und gehört wirtschaftlich und baulich weder allein zu dem einen noch allein zu dem anderen Gebäude, mag er auch Teilflächen beider Grundstücke in Anspruch nehmen (RGZ 169, 172, 178). Ist ein Stammgrundstück nicht bestimmt oder nicht bestimmbar, so kann ein Überbau von einem Grundstück auf ein anderes iS des § 912 nicht festgestellt werden (BGH NJW 1985, 789, 790; Tersteegen RNotZ 2006, 433, 438). Es kommt zu einer **vertikalen Teilung** auf der Grundstücksgrenze (BGH NJW 1985, 789, 791; OLG Karlsruhe BWNotZ 1988, 91, 93; differenzierend Tersteegen RNotZ 2006, 433, 438).

Zur näheren Bestimmung des **Stammgrundstücks** hat die Rspr im Wesentlichen **drei** **14** **Fallgruppen** unterschieden (BGHZ 110, 298, 302; Tersteegen RNotZ 2006, 433, 443): Für den hier behandelten „Normalfall" der *ersten* Fallgruppe, dass sich das Gebäude auf Grundstücken *verschiedener Eigentümer* befindet, sind die Absicht und wirtschaftlichen Interessen des Geschäftsherrn maßgebend (oben Rn 13). Indizien für diese Absicht können wiederum objektive Anknüpfungspunkte sein wie die erwähnte wirtschaftliche Interessenlage, die Zweckbeziehung des überbauten Gebäudes und die räumliche Erschließung durch einen Zugang (BGH WM 1961, 716). Die *zweite* Fallgruppe ist dadurch gekennzeichnet, dass das Gebäude auf einem *einheitlichen Grundstück* errichtet und erst später geteilt wird (unten Rn 58). Hier ist eine Anknüpfung an die Absichten des Erbauers nicht möglich, sodass auf objektive Kriterien abgestellt werden muss (dazu BGHZ 110, 298; 64, 333, 337 f). Als Stammgrundstück wird dasjenige Grundstück angesehen, auf dem sich nach Umfang, Lage und wirtschaftlicher Bedeutung der eindeutig maßgebende Gebäudeteil befindet (BGHZ 64, 333, 337 f; 102, 311, 314; 105, 202, 204; Wolff 103 f; Ebel AcP 141 [1935] 183, 192 ff; unten Rn 58). Die *dritte* Fallgruppe bildet der *Eigengrenzüberbau* (unten Rn 54 ff). Hier überschreitet ein Eigentümer zweier Grundstücke mit dem Bau auf einem dieser Grundstücke die Grenze des anderen und es gelangen die bebauten Grundstücksteile später in das Eigentum verschiedener Personen. Dabei werden die Absichten des Erbauers zwar ebenfalls in den Vordergrund gestellt; doch dürfen sie im Wesentlichen aus den objektiven Gegebenheiten erschlossen werden (BGHZ 110, 298, 303; unten Rn 54 ff).

bb) Art und Umfang

15 Es ist wegen § 905 ohne Belang, ob die Grenze im **Luftraum** (LG Flensburg NJW-RR 2005, 1610; anders für die Rotorblätter einer Windenergieanlage wegen fehlender Gebäudeeigenschaft) oder auf oder unter der Erde überschritten wird. Eine **Verbindung zum überbauten Grundstück** braucht nicht vorzuliegen (TERSTEEGEN RNotZ 2006, 433, 441). Eine die Anwendung der §§ 912 ff ausschließende Duldungspflicht kann sich zwar aus § 905 S 2 ergeben (oben § 905 Rn 9). Doch dürfte es sich dabei um Ausnahmefälle handeln. Einen Überbau können nach dem Gesagten zB bedeuten *Erker, Giebel, Balkone, Dachvorsprünge* (BGH NJW 1983, 1112; WM 1979, 644; DB 1968, 799), das Hineinreichen eines oberen *Stockwerks* in den Luftraum (BGHZ 65, 395; 39, 5, 13) oder eine sich über die Grenze nachträglich *neigende Wand* (BGHZ 97, 292, 294). Grundsätzlich erfüllt jedes Hineinragen des Gebäudes in den Luftraum den Tatbestand des § 912 (BGHZ 97, 292, 294). Deshalb fallen darunter auch *Mauerausbauchungen* (RGZ 88, 39, 41; unten Rn 50, 61). Mit Recht wird aber eine Einschränkung dergestalt vertreten, dass bloß **an- oder eingefügte Gebäudeteile** nicht der Regelung des § 912 unterstehen, wenn sich durch einen **Rückbau** nicht die von § 912 vorausgesetzten nachteiligen Folgen ergeben (oben Rn 10). Wenn sich die Beseitigung des Überbaus auf diesen selbst beschränken lässt und die Einheit des Gebäudes nicht durch Wertverlust beeinträchtigt, kann stets nach § 1004 Abs 1 Beseitigung verlangt werden (BGH NJW-RR 2013, 652 [Öltank]). § 912 verlangt zudem, dass „über die Grenze gebaut" wird. Deshalb können überragende *Fensterläden* oder *Jalousien, Markisen oder ein nicht in das Gebäude eingefügter Öltank* u dgl stets beseitigt werden. Von einer sinnlosen Zerstörung wirtschaftlicher Werte kann hier nicht gesprochen werden (BGH NJW-RR 2013, 652 Rn 17 [Öltank]; 2009, 24 mit Anm RING LMK 2008, 271888; DEHNER B § 24). In vergleichbarer Weise und vorbehaltlich der genannten Ausnahmen genügt es, dass ein *Keller* (Fundament) in das Erdreich des Nachbargrundstücks hinübergreift (vgl auch BGHZ 53, 5 [Mitverwendung von Mauerresten im Kellergeschoss]). Es bleibt sich gleich, ob der Überbau lediglich den fremden Grund und Boden oder auf dem Nachbargrundstück bereits vorhandenes Mauerwerk überdeckt (BGHZ 53, 5; BGH LM Nr 19), da es nicht darauf ankommt, in welcher Höhe über dem Erdboden über die Grenze gebaut wird (zum Anbau unten Rn 20).

16 Es ist unerheblich, in welchem **Umfang** die Grenze überschritten wird. Gleichgültig ist insbes, ob der Stammteil den größeren Teil bildet oder nicht. Der Bau darf sich selbst auf das ganze Nachbargrundstück erstrecken (BGH MDR 1960, 482) oder wenigstens zum weitaus größten Teil dort stehen (BGH MDR 1960, 482). Doch muss sich stets ein Stammgrundstück feststellen lassen (oben Rn 13). Deshalb liegt kein Überbau vor, wenn nicht vom eigenen Grundstück aus, sondern ganz (RGZ 160, 166, 183) oder doch überwiegend (OLG München HRR 1939 Nr 837; SOERGEL/JF BAUR[13] Rn 2) auf fremden Grund und Boden gebaut wird (zu letzterem Fall offenlassend MünchKomm/SÄCKER[6] Rn 9 Fn 27). Bei ganz **geringfügigem Überbau** kann der Beseitigungsanspruch **rechtsmissbräuchlich** sein (OLG Köln NJW-RR 2003, 376: 11 cm Grenzabstand). Das Gleiche gilt, wenn dem Anspruch nur unter unverhältnismäßigen nicht zumutbaren Aufwendungen entsprochen werden kann, auch wenn vorgeschriebene Abstände (unten Rn 52) nicht eingehalten werden (BGH NJW 2004, 1798, 1801).

cc) Zeitpunkt

Die Duldungspflicht des § 912 setzt in ihrem direkten Anwendungsbereich voraus, **17** dass die Grenze „bei der Errichtung eines Gebäudes" überschritten wird. Die **analoge Anwendung** des § 912 ist möglich, wenn bei der **Veränderung** eines Gebäudes erstmals über die Grenze gebaut wird; sie ist nicht auf bestimmte Baumaßnahmen wie auf die Erweiterung des bestehenden Baukörpers beschränkt. Daher kann auch die **Veränderung oder Erweiterung** eines bereits vorhandenen nicht überbauenden Gebäudes in Ausdehnung der Regelung des § 912 einen Überbau bedeuten (oben Rn 10). Abzustellen ist auf das Gesamtgebäude. Die Anwendung der Überbauvorschriften hängt nicht von der Art der Baumaßnahme ab, sondern von den mit dem Rückbau verbundenen Folgen. Entscheidend für die analoge Anwendung ist, ob sich die Beseitigung des Überbaus auf diesen beschränken lässt oder ob sie auch zu einem **Wertverlust** der innerhalb der Grundstücksgrenzen befindlichen Gebäudeteile führt (BGH NJW-RR 2009, 24 [Erweiterung der Dachkonstruktion] mit Anm GEISLER jurisPR-BGHZivilR 25/2008 Anm 2; KINNE Das Grundeigentum 2009, 240; RGZ 169, 172, 178; BGH LM Nr 9; TERSTEEGEN RNotZ 2006, 433, 441; auch OLG Hamburg 28. 9. 2012, 11 U 76/12 juris; OLG Brandenburg U v 22. 5. 2008 Az 5 U 58/07 juris Rn 44). Daher handelt es sich nicht um einen Überbau im Rechtssinne, wenn bei der Beseitigung nachträglich angefügter Gebäudeteile wie zB *Fensterläden* oder *Markisen* wirtschaftliche Werte nicht zerstört werden. Vergleichbar dürfte es liegen bei einem **nachträglich angebauten** unerheblichen Gebäudeteil wie einem *Balkon* oder *Erker* (RGZ 169, 172, 178; LG Kassel ZMR 1999, 713, 714 [Regenrinne]; PALANDT/BASSENGE[74] Rn 7; zweifelnd TERSTEEGEN RNotZ 2006, 433, 441; für die Duldungspflicht eines Verandavordaches dagegen OLG Brandenburg BeckRS 2013, 21209). Bei einer Erweiterung des bestehenden Baukörpers ist Voraussetzung, dass das erweiterte Gebäude nun mit wesentlichen Teilen auf zwei Grundstücken steht. Nach dem Gesagten liegt ein Überbau auch dann nicht vor, wenn **nachträglich ein Anbau** wie zB eine *Garage* errichtet wird, der vollständig auf dem Nachbargrundstück durchgeführt ist und ohne Nachteil für das Hauptgebäude abgerissen werden kann (dazu RGZ 169, 172, 178; KG ZfIR 2000, 371; PALANDT/BASSENGE[74] Rn 7; **aA** TERSTEEGEN RNotZ 2006, 433, 441). Anders liegt es, wenn die Garage etwa infolge eines gemeinsamen Hausdaches in den Baukörper des Gebäudes einbezogen ist und ein Abriss dann auch das sich innerhalb des Grundstücks befindliche Gebäude beeinträchtigt. Für einen Überbau ausreichend ist auch die Überschreitung bei Erweiterung durch Versetzen der Außenwand (BGH LM Nr 9). Nicht zu dulden ist die nachträgliche Anbringung von **Wärmedämmplatten** an der Gebäudewand eines an der Grundstücksgrenze gebauten Nachbarhauses, die 15 cm in den Luftraum des Grundstücks ragen. Diese Platten lassen sich auch nicht als untergeordnetes Bauteil nach § 7b BadWürttNachbG verstehen (OLG Karlsruhe NJW 2010, 620).

Die §§ 912 ff werden mit Recht **analog** angewendet, wenn sich die *Grenzmauer* eines **18** Gebäudes erst nach der Errichtung über die Grenze neigt (BGHZ 97, 292; heute hL, PALANDT/BASSENGE[74] Rn 7; anders noch RGZ 88, 40; PLANCK/STRECKER Anm 1a; BGB-RGRK/ AUGUSTIN Rn 8, 14; weitere Fälle unten Rn 61).

Wird ein **bestehender Überbau erweitert**, sei es durch **Aufstocken** oder durch Fort- **19** setzung nach unten, so sind die §§ 912 ff nicht direkt anwendbar, weil nicht vom eigenen Stammgrundstück aus übergebaut wird und sich die Duldungspflicht des Nachbarn nicht auf eine erweiterte Inanspruchnahme seines Grundstücks erstreckt. Daher kann ein zu duldender Überbau zB nicht nach freiem Belieben aufgestockt werden (dazu LG Freiburg NJW-RR 2007, 812 [keine grobe Fahrlässigkeit]; aA noch GLASER BlGBW 1961, 4, 5). Es handelt sich vielmehr um einen neuen Eingriff in das Recht des Nachbareigentümers. Das Recht des Grundeigentümers an dem *Luftraum* über dem Grundstück (§ 905 S 1) ist nur in dem räumlichen Umfang des auf dem Grundstück errichteten Gebäudes selbst und insoweit ausgeschaltet, als es die Nutzung dieses Gebäudes erfordert. Im Übrigen besteht es fort (BGHZ 64, 273 ff in Abweichung von BGHZ 41, 177, 181 und WOLFF 137; HAGENA 44). Doch kann sich die Erweiterung wiederum als ein **neuer Überbau** darstellen, der dann den §§ 912 ff gehorcht (unten Rn 37). Anderes gilt für einen **bloßen Anbau an den Überbau**, der stets nach § 1004 Abs 1 beseitigt werden kann (PALANDT/BASSENGE⁷⁴ Rn 8). Anbauten werden nicht vom eigenen Grundstück her errichtet (BGB-RGRK/AUGUSTIN Rn 14; aA RGZ 169, 180).

dd) Anbau an Grenzwand

20 Ein Überbau liegt nicht vor, wenn ein Grundstückseigentümer bei Errichtung eines Gebäudes die Mauer **(Grenzwand)** eines ausschließlich auf dem Nachbargrundstück stehenden Gebäudes als Mauer seines Bauwerks verwendet. Der Nachbar bleibt Alleineigentümer der Mauer (BGHZ 41, 177, 181; PALANDT/BASSENGE⁷⁴ Rn 8; aA HODES NJW 1962, 1261; unten Rn 44; ferner unten § 921 Rn 54). Der Anbau ist ohne Zustimmung **rechtswidrig** (BGH NJW 1977, 1447 ff). Ein Überbau kann gleichwohl vorliegen, wenn nicht auf unbebauten Grund und Boden, sondern auf eine *Ruinenkellermauer* aufgebaut wird, die vollständig jenseits der Grenze steht. Dann wird das restliche Kellermauerwerk als notwendiger Teil des Gebäudes wesentlicher Bestandteil des Überbaus (BGH NJW 1969, 1481, 1482; DEHNER B § 24). Das Gleiche gilt für den Bau auf den Resten einer halbscheidigen, im Miteigentum der Grundstücksnachbarn stehenden *Giebelmauer* (BGHZ 53, 5, 10; unten § 921 Rn 50).

ee) Abweichendes Landesrecht

21 Einige Landesrechte ordnen an, dass das **Übergreifen von Bauteilen** in ein fremdes Grundstück zu dulden ist (Überblick bei GRZIWOTZ/LÜKE/SALLER² 2. Teil Rn 337). Die Vorschriften beziehen sich auf geringfügige Übergriffe in den Luftraum (zB § 7 b Nachbarrechtsgesetz Baden-Württemberg [abgelehnt für Wärmedämmplatten durch OLG Karlsruhe NJW 2010, 620: 15cm Hineinragen]; § 21 Niedersächsisches Nachbarrechtsgesetz; § 23 NachbG Nordrhein-Westfalen; § 15 NachbG Schleswig-Holstein). Spezialvorschriften für zulässige überbauende **Wärmedämmmaßnahmen** finden sich ewa in folgenden Vorschriften: Art 46a bayer AGBGB; § 7c Nachbarrechtsgesetz Baden-Württemberg; § 10a HessNachbG [dazu OLG Frankfurt NJW 2012, 3729], § 21a Niedersächsisches Nachbarrechtsgesetz, § 24a bremisches AGBGB, § 23a NachbG Nordrhein-Westfalen, § 16a Nachbargesetz Berlin; dazu KIRCHHOF ZfIR 2012, 777. Diese Vorschriften verstoßen mE sämtlich gegen Bundesrecht und sind daher nichtig, da ein Überbau auch vorliegt, wenn die Grenzverletzung im Luftraum stattfindet (oben Rn 15). Die Normen durften nach **Art 124 EGBGB** nicht erlassen werden, da sie die bundesrechtlichen Beschränkungen modifizieren. Das Überbaurecht ist im BGB abschließend geregelt. Deshalb darf der Landesgesetzgeber die Pflicht zur Duldung eines Überbaus weder erweitern noch beschränken. Auch eine nähere Ausgestaltung des § 905 S 2 liegt darin nicht (ausführlich MünchKomm/SÄCKER⁶ Rn 57; STAUDINGER/ALBRECHT [2013] Art 124 EGBGB Rn 8 [aber die Rspr des BVerfG begrüßend]; DEHNER B § 24 [14];

zur Rechtslage bei der Kommunmauer unten § 921 Rn 20). Anders entscheidet das nachbarrechtliche Schrifttum der jeweiligen Länder und jetzt das **BVerfG**, das § 7b Abs 1 S 1 NRG BW für **verfassungsgemäß** hält (BVerfG NJW-RR 2008, 26 mit Anm Grziwotz ZfIR 2008, 108). Das beruht auf einem Verständnis des Art 124 EGBGB als Vorbehalt für eine landesgesetzliche Regelung zur weitergehenden Duldung des Überbaus.

d) Leichte Fahrlässigkeit

Den Überbauenden darf im Zeitpunkt der Grenzüberschreitung (BGH WM 1979, 644; **22** oben Rn 17) höchstens leichte Fahrlässigkeit treffen (Bsp LG Berlin NJOZ 2015, 363). Geschieht die Grenzüberschreitung vorsätzlich iS von bewusst oder grobfahrlässig, so kann der Nachbar auch bei fehlendem Widerspruch (unten Rn 29) Beseitigung nach § 1004 Abs 1 verlangen. Auch bei leichter Fahrlässigkeit kann der Überbau verhindert werden, wenn vor oder sofort nach der Grenzüberschreitung **Widerspruch** erhoben wird. Wenn der Überbauende erst nach dem Zeitpunkt der Grenzüberschreitung den Grenzverlauf erkennt, so darf er trotz Nachbarwiderspruchs zu Ende bauen (BGH WM 1979, 644). Das Verschulden muss sich auf die Grenzüberschreitung und die fehlende Befugnis dazu beziehen (RGZ 88, 39, 41; BGH WM 1968, 432; 1979, 644, 645; Wolff 115 ff; Palandt/Bassenge[74] Rn 9; BGB-RGRK/Augustin Rn 15).

aa) Einzelfälle

Der Eigentümer handelt iS des § 912 **vorsätzlich**, wenn er weiss, dass er die Grenze **23** überschreitet und sich dabei bewusst ist, hierzu keine Befugnis zu haben (BGH WM 1968, 432; NJW 1974, 1552, 1553). Ein Verschulden liegt nicht vor, wenn der Bauende die Grenze bewusst in der Annahme überschreitet, zu diesem Vorgehen berechtigt zu sein, und diese Annahme weder auf Vorsatz noch auf grober Fahrlässigkeit beruht (RGZ 51, 15, 17; 83, 142, 145; Westermann/Gursky/Eickmann/H P Westermann, Sachenrecht[8] § 62 Rn 6). Das entspricht der im Zivilrecht herrschenden „Vorsatztheorie", wonach zum Vorsatz das Bewusstsein der Rechtswidrigkeit gehört. Eine Schädigungs- oder Kränkungsabsicht ist nicht erforderlich. Der gute Glaube des Überbauenden braucht nach dem Gesagten daher nicht auf einem Irrtum über den Grenzverlauf selbst zu beruhen (Soergel/JF Baur[13] Rn 8).

Grobe Fahrlässigkeit bedeutet (wie sonst auch) jedes besonders unsorgfältige Ver **24** halten, das in irgendeiner Weise für die Grenzüberschreitung kausal war (Soergel/JF Baur[13] Rn 7; MünchKomm/Säcker[6] Rn 15; NK-BGB/Ring[2] Rn 37 f). Vor allem darf der Eigentümer nicht alles dem *Architekten* oder *Bauunternehmer* überlassen. So kann dem Bauunternehmer nicht ohne genaue Grenzangaben freie Hand gelassen werden (BGB-RGRK/Augustin Rn 15). Wer im Bereich der Grenze baut, hat stets die Pflicht, sich zuverlässig über den Grenzverlauf zu unterrichten, ggf durch Hinzuziehung eines *Vermessungsingenieurs* (BGHZ 156, 170, 171; BGH NJW-RR 2009, 24, 25; OLG München BeckRS 2012, 23207; OLG Brandenburg BauR 2011, 705, 706; KG ZMR 2000, 331, 333). Das gilt nicht nur bei der Errichtung des Gebäudes, sondern auch dann, wenn bei der **Veränderung** des Gebäudes erstmals über die Grenze gebaut wird (BGH NJW-RR 2009, 24, 25; OLG Karlsruhe NJW 2010, 620 [nachträgliches Anbringen von Wärmedämmplatten]). Bei einem **Aufstockungsüberbau** (Abgrenzung oben Rn 19) ist ein großzügiger Maßstab anzulegen, weil der Aufstockende davon ausgehen kann, dass die Grenzverhältnisse bereits bei der Errichtung des ursprünglichen Gebäudes geprüft wurden (LG Freiburg NJW-RR 2007, 812). Auch besteht nach einzelnen **Landesrechten** unter bestimmten Voraussetzungen die Pflicht, vor der Durchführung des Neubauvorhabens die

Grundstücksgrenze feststellen und **vermarken** zu lassen (zB § 1 Abmarkungsgesetz Hessen; § 16 Niedersächsisches Vermessungs- und Katastergesetz; § 1 Gesetz über den Grenznachweis bei Neubauten und die Gebäudeeinmessung Rheinland-Pfalz; § 1 Abmarkungsgesetz Saarland; dazu auch unten § 919 Rn 12). Wird dieser Verpflichtung nicht nachgekommen oder wird trotz entsprechender Grenzfeststellung über die Grenze gebaut, so ist in aller Regel grobe Fahrlässigkeit anzunehmen (DEHNER B § 24 [23]).

25 Ferner ist **grobe Fahrlässigkeit** zu bejahen, wenn die Giebelwand auf Fundamenten aufgebaut wird, die in erkennbarer Weise auch das angrenzende Gebäude tragen (RGZ 65, 73, 75). Zudem muss bei der Errichtung einer Mauer unmittelbar an der Grenze regelmäßig *gelotet* werden (RGZ 88, 39, 41). Grob fahrlässig handelt auch, wer ohne weitere Nachprüfung einen *Gartenzaun* als Grenzmarkierung annimmt (OLG Nürnberg RdL 1968, 102). § 254 ist nicht anwendbar, wenn der Nachbar den Irrtum über den Grenzverlauf mitverschuldet hat, wenn er zB als Verkäufer dem Käufer die Grenze unrichtig angegeben hat. Doch wird dann regelmäßig grobe Fahrlässigkeit fehlen (DEHNER B § 24 [23]).

26 Der Überbauer trägt die **Behauptungs- und Beweislast** für das Fehlen von Vorsatz und grobem Verschulden (BGHZ 42, 63, 68; 39, 5, 14; OLG Brandenburg BauR 2011, 705, 706; BAUMGÄRTEL/LAUMEN/PRÜTTING/SCHUSCHKE, Handbuch der Beweislast³ Rn 3; PALANDT/BASSENGE⁷⁴ Rn 9; DEHNER B § 24 [24]). Wenn die Grenzüberschreitung erst nach längerer Zeit entdeckt wird, so spricht das für einen entschuldbaren Irrtum (Mot III 284; DEHNER B § 24 [24]).

bb) Verschulden von Hilfspersonen
27 Die Rspr rechnet dem Bauherrn in analoger Anwendung des § **166** das Verschulden seines **Architekten** zu (BGHZ 42, 63, 69 im Anschluss an WOLFF 114; OLG Köln NJW-RR 2003, 376; KG ZMR 2000, 331, 333; DEHNER B § 24 [23]; PALANDT/BASSENGE⁷⁴ Rn 9; PWW/LEMKE⁹ Rn 14; BGB-RGRK/AUGUSTIN Rn 15). Der Bauherr hat danach für Vorsatz oder grobe Fahrlässigkeit des Architekten ohne Exkulpationsmöglichkeit einzustehen. Das ist schwerlich richtig, weil Überbau und Rechtsgeschäft miteinander nicht vergleichbar sind (MEDICUS/PETERSEN BürgR²⁴ Rn 799; SOERGEL/JF BAUR¹³ Rn 8; SCHULTZ MDR 1955, 260 ff). Aus der bloßen Nachbarschaft entspringt auch keine für die Anwendung des § **278** ausreichende Sonderverbindung (oben § 909 Rn 51). Anders liegt es nur bei **gemeinsamen Grenzeinrichtungen** wie einer gemeinsamen *Giebelmauer,* weil dort § 922 S 4 auf die §§ 741 ff (§ 743 Abs 2) und damit auf das Recht der Sonderverbindungen verweist (MEDICUS/PETERSEN, BürgR²⁴ Rn 799; **aA** BGHZ 42, 374 ff; unten § 921 Rn 52). Richtig ist mE die Anwendung des § **831**, weil auch der entschuldigte Überbau rechtswidrig ist (oben Rn 5) und der unentschuldigte Überbau (unten Rn 73) eine unerlaubte Handlung darstellt (MEDICUS, AT¹⁰ Rn 904; SOERGEL/JF BAUR¹³ Rn 9; **aA** BGHZ 42, 63, 69). Allerdings fällt zB der Architekt wegen seiner Unabhängigkeit nicht unter § 831 (oben § 909 Rn 52). Dem Nachbarn bleibt jedoch die Widerspruchsmöglichkeit und ggf die Überbaurente. Zudem sind an die Sorgfaltspflichten des Bauherrn selbst hohe Anforderungen zu stellen (oben Rn 24).

28 Im Gegensatz zum Architektenverschulden werden dem Grundstückseigentümer beim Überbau Vorsatz und grobe Fahrlässigkeit des **Bauunternehmers** und seiner Gehilfen *(Polier)* grundsätzlich nicht zugerechnet (BGH NJW 1977, 375; OLG Köln

NJW-RR 2003, 376). Der BGH wendet § 166 nicht analog an; im Übrigen bleibt er bei der Ablehnung der Anwendung von § 278 und von § 831 (für § 278: MünchKomm/Sä-cker[6] Rn 20 in Widerspruch zu seiner These Rn 12, der entschuldigte Überbau setze keine Rechts-widrigkeit voraus). Allerdings fehlt auch dem Bauunternehmer die Eigenschaft als Verrichtungsgehilfe (oben § 909 Rn 52). Es bleibt dem Nachbarn die Widerspruchs-möglichkeit sowie die Geldrente nach § 912 Abs 2. Ferner helfen ihm die strengen Sorgfaltsanforderungen an den Überbauenden und damit die Möglichkeit des Ei-genverschuldens (oben Rn 27 aE).

e) Widerspruch

Widerspruch braucht nur erhoben zu werden, wenn den Überbauenden höchstens **29** **leichte Fahrlässigkeit** trifft (oben Rn 22). Wird der Widerspruch unterlassen, so ergibt sich die Duldungsfolge des Abs 1 kraft Gesetzes (unten Rn 35). Wird dagegen der Widerspruch rechtzeitig erhoben, so schließt er die Duldungspflicht des Nachbarn aus. Ein unterbliebener Widerspruch bedeutet keine Zustimmung iS von oben Rn 4 (Jauernig/Berger[15] Rn 8). Der Widerspruch ist eine einseitige empfangsbedürftige formlose **Willenserklärung** (Benz 51), die auch stillschweigend (für Ausdrücklichkeit Hagena 36) möglich ist (BGHZ 59, 191, 194; BGB-RGRK/Augustin Rn 23; Jauernig/Ber-ger[15] Rn 8). Er bedarf keiner Begründung. Erforderlich und ausreichend ist die Kundgabe des Willens, das beanstandete Bauwerk nicht zu dulden (BGHZ 59, 191, 194). Gleichgültig ist danach, ob eine tatsächlich gegebene Begründung richtig ist oder nicht (BGHZ 59, 191, 194). Es kommt maßgebend darauf an, ob der *Bauende* durch den Widerspruch hinsichtlich der geplanten Bauweise *gewarnt* war. Der Wi-derspruch kann auch (wenngleich in irriger Weise) auf einen bestimmten Gebäu-deteil räumlich beschränkt werden. Für den sonstigen Überbau besteht dann eine Duldungspflicht (RGZ 109, 107, 110; BGHZ 59, 191, 195 f). Die Rücknahme des Wider-spruchs ist zulässig (OLG Posen OLGE 15, 350).

Die durch einen unterlassenen Widerspruch ausgelöste Duldung stellt sich als **ge- 30 setzliche Verschweigensfolge** dar (BGHZ 59, 191, 193 im Anschluss an Wolff 117 f). Die Kenntnis oder Erkennbarkeit der betreffenden Überschreitung ist unerheblich (BGHZ 97, 292, 294; OLG Köln NJW-RR 2003, 376, 377). Unterbleibt der Widerspruch, so tritt die Duldungspflicht unwiderruflich ein, wobei die Gründe für das Versäumnis wie zB Ortsabwesenheit, Unkenntnis des Grenzverlaufs, Verschulden oder Nicht-verschulden, ohne Bedeutung sind (BGHZ 97, 292, 294; 59, 191, 193). Da das bloße Untätigbleiben keine Willenserklärung ist, kann es auch aus keinem Grunde ange-fochten werden (RGZ 83, 142, 147; 109, 107, 110; BGHZ 59, 191, 193; Wolff 123; Palandt/ Bassenge[74] Rn 10; MünchKomm/Säcker[6] Rn 26). Der betroffene Grundstückseigentümer muss noch nicht einmal die theoretische Möglichkeit gehabt haben, mit Erfolg Widerspruch gegen den Überbau einzulegen (BGHZ 97, 292, 294; BGH NJW-RR 1989, 1039, 1040).

aa) Widerspruchsberechtigte; Adressaten

Widerspruchsberechtigter ist der in § 912 Abs 1 genannte **„Nachbar"**. Gemeint ist **31** der **Eigentümer** des Nachbargrundstücks mit der Erweiterung in § 916. Das geht hinreichend deutlich aus der Verweisung des § 912 Abs 2 auf § 913 Abs 1 („jewei-liger Eigentümer des Nachbargrundstücks") hervor (BGH NJW 2004, 1798, 1801; Münch-Komm/Säcker[6] Rn 22). Gleichgestellt sind Miteigentümer (§ 1011 BGB), Wohnungs-oder Teileigentümer (§ 3 WEG) und wohl auch *Dauerwohnberechtigte* nach § 31

WEG (MünchKomm/Säcker[6] Rn 22 Fn 71). *Hypotheken- und Grundschuldgläubiger* und *Vorkaufsberechtigte* sind ebenso wenig widerspruchsberechtigt wie **Besitzer** (Mieter oder Pächter) (RG Recht 1902 Nr 258; Wolff 119; MünchKomm/Säcker[6] Rn 23, 22). Der Widerspruch des bloßen Besitzers hat nur Bedeutung für dessen **Besitzstörungsklage** (Wolff 118). Allerdings können *Mieter* oder *Pächter* mit Wirkung für den Eigentümer als dessen Vertreter oder in berechtigter Geschäftsführung ohne Auftrag widersprechen. Oftmals dürften Mieter oder Pächter zur Vornahme aller dringlichen Handlungen zur Wahrung der Eigentümerrechte als stillschweigend bevollmächtigt gelten (Dehner B § 24 [25]; Bamberger/Roth/Fritzsche[3] Rn 19). Hat von **mehreren Widerspruchsberechtigten** nur einer widersprochen, so wirkt seine Erklärung auch zugunsten der anderen. Neben Miteigentümern und Gesamthandseigentümern gilt das etwa auch für Eigentümer und *Erbbauberechtigten* (Kinne Das Grundeigentum 2007, 490). Das Ergebnis lässt sich auf eine Analogie zu § 1011 stützen (iE hL, MünchKomm/Säcker[6] Rn 23; Palandt/Bassenge[74] Rn 10; Erman/A Lorenz[14] Rn 7; Dehner B § 24 [26]; Hagena 42; **aA** Wolff/Raiser, Sachenrecht 198; Benz 55; Konkolewski 22).

32   Der Widerspruch ist grundsätzlich dem **Grundeigentümer** oder dessen Vertreter (BGH NJW 2004, 1798, 1801) gegenüber zu erklären (insbes wohl Architekt und Bauleiter). Wird der Bau von mehreren errichtet (zB **Erbengemeinschaft**), so genügt der Widerspruch gegenüber einem von ihnen (Palandt/Bassenge[74] Rn 10; Erman/A Lorenz[14] Rn 7; Grziwotz/Lüke/Saller[2] 2. Teil Rn 261; Glaser ZMR 1985, 145, 148; **aA** Dehner B § 24, S 26 Fn 119; Wolff 120). Die Erklärung des Widerspruchs gegenüber einem **Bauarbeiter** reicht jedoch nicht aus. Auf das Rechtsverhältnis zwischen den mehreren Bauenden kommt es nicht an (**aA** Planck/Strecker Anm 1e).

bb) Rechtzeitigkeit

33   Der Widerspruch muss nach § 912 Abs 1 „vor oder sofort nach der Grenzüberschreitung" erhoben werden. Dabei heißt „sofort" nicht „unverzüglich" wie in § 121. Der Widerspruch muss lediglich so rechtzeitig erklärt werden, dass die bereits übergebauten Gebäudeteile **ohne erhebliche Zerstörung** wieder beseitigt werden können (allgM, Mot III 284 f; RGZ 109, 107, 109; BGHZ 59, 191, 196; BGH NJW 2004, 1798, 1801; Palandt/Bassenge[74] Rn 10; MünchKomm/Säcker[6] Rn 25; Dehner B § 24 [27]). Deshalb kann ein Widerspruch 15 Monate nach Beginn und alsbaldiger Unterbrechung der Bautätigkeit noch rechtzeitig sein (BGHZ 59, 191, 196). Maßgebend sind die Umstände des Einzelfalles. Es kann bereits genügen, wenn die Fundamente so weit fortgeschritten sind, dass dabei teilweise das Nachbargrundstück in Anspruch genommen wird (Dehner B § 24 [27]). Doch muss der Nachbar nicht schon dann Widerspruch erheben, wenn lediglich beim Aufgraben des Erdreichs die Grenze nicht eingehalten wird, oder aus der Art des Baugerüsts entnommen werden kann, dass über die Grenze gebaut werden wird (Dehner B § 24 [27]). Umgekehrt ist der Nachbar an einem früheren Widerspruch nicht gehindert. Der erhobene Widerspruch bleibt wirksam, wenn nach den äußeren Anhaltspunkten (zB Einmessungspunkte) eine Grundstücksüberschreitung durch den späteren Bau droht. Nach § 912 Abs 1 kann der Widerspruch ja auch schon vor der Grenzüberschreitung erhoben werden. Der die Beseitigung des Überbaus verlangende Nachbar trägt die **Beweislast** dafür, dass er rechtzeitig gegen die Grenzüberschreitung Widerspruch erhoben hat (Palandt/Bassenge[74] Rn 10; unten Rn 83).

2. Rechtsfolgen

Der entschuldigte unrechtmäßige Überbau (MünchKomm/Säcker[6] Rn 27 spricht von **34** einem „rechtmäßigen" Überbau) führt zu einer **Duldungspflicht** bezüglich des Überbaus (sogleich unten Rn 35) und zur Entschädigung des Nachbarn durch eine **Geldrente** (unten Rn 46 ff). Nicht durch § 912 geregelt sind die Fragen des **Eigentums** an der überbauten Grundfläche (aber § 913 Abs 1; unten Rn 41) sowie insbes des Eigentums am Überbau (unten Rn 42 ff). Eine Duldungspflicht des Nachbarn nach § 912 Abs 1 bezieht sich nur auf den Überbau (zB Garage) und dessen wesentliche Bestandteile nach §§ 93, 94. Daraus folgt aber nicht das Recht des überbauenden Eigentümers zur Nutzung der (teilweise) auf dem Grundstück des Nachbarn belegenen **Garagenzufahrt** (BGH NJW 2014, 310 Rn 15 ff). Die Inanspruchnahme von **„Funktionsflächen"** des überbauten Grundstücks, die eine Benutzung der Überbauwerks erst ermöglichen sollen, ist nur möglich, wenn die Normen des **Notwegerechts** nach § 917 dies gestatten (BGH NJW 2014, 310 Rn 20; OLG Hamm OLG Report NRW 8/2013 Anm 9; Zühlke Info M 11/13).

a) Duldungspflicht (Abs 1)

Den jeweiligen Eigentümer (ferner § 916) des überbauten Grundstücks trifft nach **35** § 912 Abs 1 eine Duldungspflicht als gesetzliche Eigentumsbeschränkung (§ 903), da ihm das aus seinem Eigentum fließende Verbietungsrecht (§ 1004 Abs 1) versagt wird (BGH LM Nr 1 und Nr 33; oben Rn 3). Die Duldungspflicht besteht **kraft Gesetzes** und kann im *Grundbuch* nicht eingetragen werden (allgM, BGH NJW 2014, 310 Rn 9; LM Nr 1; MünchKomm/Säcker[6] Rn 27). Sie entspricht einem Duldungsrecht des jeweiligen Eigentümers des überbauenden Grundstücks (Wolff/Raiser, Sachenrecht 198 f). Danach bildet das Recht, den Überbau stehen zu lassen, einen **Teil des Eigentumsinhalts**. Es bedarf dann der Vorstellung nicht mehr, das Recht auf Beibehaltung des Überbaus sei nach § 96 mit dem Eigentum am Stammgrundstück verbunden und belaste das Nachbargrundstück gleich einer Grunddienstbarkeit (Wolff/Raiser, Sachenrecht 198 f; mE inkonsequent Soergel/JF Baur[13] Rn 13; MünchKomm/Säcker[6] Rn 27; Staudinger/Beutler[12] Rn 21). Die Duldungspflicht besteht nicht, wenn der Überbau nicht den **Regeln der Baukunst** entspricht und deshalb eine über die bloße Grenzverletzung hinausreichende Beeinträchtigung des überbauten Grundstücks zu befürchten ist. Hier überwiegt das Beseitigungsinteresse des Nachbarn, der nicht auf einen bloßen Nachbesserungsanspruch beschränkt ist. Eine Duldungspflicht lässt sich dann auch nicht auf die Grundsätze des nachbarlichen Gemeinschaftsverhältnisses stützen (BGH NJW-RR 2009, 24, 25 mit zust Anm Schimrick NJ 2009, 30; BGH LM Nr 25). Doch soll die Duldungspflicht nicht ohne Weiteres dadurch entfallen, dass ein zunächst nach den Regeln der Baukunst errichteter Überbau **allmählich verfällt** (OLG Frankfurt NJOZ 2012, 1721, mE zweifelhaft). Die Duldungspflicht trifft auch denjenigen, der das Grundstück im Wege der **Zwangsversteigerung** erworben hat. Das gilt auch dann, wenn das Recht im Zwangsversteigerungsverfahren nicht angemeldet war (RGZ 160, 166, 182; Dehner B § 24 [34]). Das ist von der hier vertretenen Auffassung als Eigentumsbeschränkung aus selbstverständlich. Sie hängt nicht davon ab, dass die Rente nach § 912 Abs 2 bezahlt wird. § 273 steht nicht entgegen, weil sich aus der Überbauregelung „ein anderes" ergibt (Wolff 127; Dehner B § 24 [29]). Der Überbau muss geduldet werden, solange er besteht. Die Duldungspflicht endet erst mit der **Beseitigung des Überbaus**, wobei die Ursache dafür unerheblich ist (zB *Blitzschlag, Abriss*). Eine vollständige Beseitigung ist nicht erforderlich. Vielmehr genügt es, wenn die Gebäudeüberreste keine selbstständige wirtschaftliche Bedeutung mehr haben. Es kann dann Beseitigung dieser Überreste nach § 1004 Abs 1 verlangt werden. Das gilt auch für sonstige Beeinträchtigungen, die nach der Beseitigung des Überbaus noch vorhanden sind (Dehner B § 24 [33]). Haben die Gebäudereste durch Teilabriss keine selbstständige wirtschaftliche Bedeutung mehr, entfällt zwar die Duldungspflicht, doch ist Eigentümer der **Gebäudereste** weiterhin der überbauende Grundstückseigentümer (BGH NJW-RR 2014, 973 Rn 24). Der **Wiederaufbau** eines Überbaus ist aber dann zu dulden, wenn noch Baureste von wirtschaftlicher Bedeutung stehengeblieben sind (BGH LM Nr 8). Hat der Duldungspflichtige selbst den Überbau beseitigt, so kann der Duldungsberechtigte den **Neuaufbau** nach den §§ 823 Abs 1, 249 Abs 1 verlangen.

36 Bestehende Zweifel an dem Bestehen einer Duldungspflicht können durch eine **Grunddienstbarkeit** klargestellt werden (BGH NJW 2014, 310 Rn 9; OLG Düsseldorf OLGZ 1978, 19; Palandt/Bassenge[74] Rn 11; Wolff/Raiser, Sachenrecht 199). Doch greifen auch dann die Vorschriften über den Überbau nach den §§ 912 ff ein, um eine Rechtsverkürzung des überbauenden Eigentümers zu vermeiden (BGH NJW 2014, 310 Rn 13). Die Duldungspflicht kann auch ganz aufgehoben werden. Erforderlich dafür ist die Begründung einer Grunddienstbarkeit am Stammgrundstück zugunsten des überbauten Grundstücks (§§ 1018, 873; mit Recht Wolff/Raiser, Sachenrecht 199 Fn 15 gegen Wolff 157 Fn 3 [dort: § 875]; ferner BGH LM Nr 9; Palandt/Bassenge[74] Rn 11).

37 Der Überbau muss nur in seinen **ursprünglichen Abmessungen** geduldet werden (BGHZ 64, 273, 276). Wenn er schuldlos und ohne sofortigen Widerspruch begonnen wurde, so darf er **plangemäß vollendet** werden, auch wenn der Bauende später den Grenzverlauf kennt (BGH WM 1979, 644, 646). Eine spätere horizontale **Erweiterung, Aufstockung** (BGHZ 64, 273, 276) oder **Vertiefung** (OLG Nürnberg RdL 1968, 102) brauchen nicht geduldet zu werden (oben Rn 19). Doch ist die Veränderung (mit Ausnahme des **Anbaus**) als erneuter Überbau zu behandeln (Dehner B § 24 [32]). Deshalb können bei einer Erweiterung erneut die Tatbestandsmerkmale eines entschuldigten Überbaus gegeben sein. So liegt es aber wohl nur, wenn der erste Überbau noch nicht bekannt wurde.

38 Den Duldungspflichtigen treffen in bezug auf den Überbau **keine Verkehrssicherungspflichten** (BGH VersR 1964, 975). Verkehrssicherungspflichtig ist vielmehr der Überbauende. Das Gesetz sieht freilich zugunsten des Überbauenden **kein Betretungsrecht** vor, damit der Überbau zB durch *Reparaturen* oder *erforderliche Anstriche* erhalten werden kann. Maßgebend sind in erster Linie die landesrechtlichen Vorschriften über Hammerschlags- und Leiterrecht (oben § 909 Rn 33). Soweit solche Rechte nicht bestehen, kann sich ein Betretungsrecht auch aus dem **nachbarlichen Gemeinschaftsverhältnis** ergeben (oben § 909 Rn 33). Jedenfalls bestehen auch dann Betretungsrechte nur unter engen Grenzen (BGH NJW 2014, 311 Rn 20). Doch kann auch aufgrund eines Hammerschlags- oder Leiterrechts die Betretung des Grundstücks, etwa zur Sanierung einer Wand, nicht verlangt werden, auch wenn der Beseitigungsanspruch im Hinblick auf den Überbau aus § 1004 Abs 1 **verjährt** ist. Ein unberechtigter unentschuldigter Überbau bleibt auch nach Verjährung rechtswidrig und muss vom Eigentümer nicht geduldet werden (BGH NJW 2011, 1069 Rn 28; 2011, 1068 Rn 9).

Beeinträchtigt der Überbau das Grundstück des Nachbarn in **zusätzlicher Weise**, 39
indem etwa auf Fundamente des überbauten Grundstücks aufgebaut wird und diese
dadurch beschädigt werden, so greift insoweit die Duldungspflicht des § 912 nicht
ein. Daher kann trotz der im Übrigen gegebenen Voraussetzungen des § 912 Entfernung des Überbaus verlangt werden (RGZ 65, 73; Soergel/JF Baur[13] Rn 15).

Wird auf eine **öffentliche Straße hinübergebaut**, so bestimmt sich das Verhältnis zum 40
Straßeneigentümer (oben § 905 Rn 24) grundsätzlich ebenfalls nach § 912. So liegt es
etwa, wenn ein oberes Stockwerk in den Luftraum über eine öffentliche Straße
hineinragt (BGHZ 65, 395 [dort vor allem zur Bemessung der Überbaurente]). Doch kann
§ 912 durch das öffentliche Recht **überlagert** werden. So darf ein an sich nach § 912
zu duldender Überbau aus Gründen des öffentlichen Verkehrs untersagt werden.
Das **Anliegerrecht** auf gesteigerten Gemeingebrauch (oben § 905 Rn 24) rechtfertigt in
der Regel keine in den Luftraum der Straße ragenden Gebäudeteile (BGHZ 60, 365;
BGH WM 1978, 1184).

b)   Eigentum an der überbauten Grundfläche
Das Eigentumsrecht an der überbauten **Grundfläche** wird durch den Überbau nicht 41
berührt (allgM, RGZ 169, 172, 175; BGHZ 64, 273, 274; Schuster 14; Schmitt BayZ 1914, 58, 59;
Dehner B § 24 [30]; Erman/A Lorenz[14] Rn 10; Meder/Flick JuS 2011, 160, 161;). Daher behält
der Eigentümer als Grundeigentümer auch die Herrschaft über den *Luftraum*
(§ 905) über dem überbauten Gebäude (BGHZ 64, 273, 278). Das Duldungsrecht
des Eigentümers des überbauenden Grundstücks ist allerdings verbunden mit einem
Recht zum Besitz am überbauten Grundstücksteil. Damit ist der Herausgabeanspruch des beeinträchtigten Nachbarn aus § 985 auf Herausgabe der überbauten
Grundstücksfläche ausgeschlossen (BGHZ 27, 204, 206; BGH NJW 2014, 310 Rn 15). In
vergleichbarer Weise ist auch der Beseitigungsanspruch wegen **Besitzstörung** durch
das fremde Bauwerk aus § 1004 Abs 1 nicht gegeben. Überdies bedeutet das Duldungsrecht einen rechtlichen Grund iS von § 812 (RG Recht 1924 Nr 456; Soergel/JF
Baur[13] Rn 17).

c)   Eigentum am Überbau
Für den nach § 912 Abs 1 zu duldenden Überbau verdrängt der analog anzuwen- 42
dende **§ 95 Abs 1 S 2** die §§ 94, 946. Deshalb gehört in Durchbrechung des **Akzes-
sionsprinzips** nach dem Prinzip des **Gebäudezusammenhangs** auch der auf dem Nachbargrundstück (oben Rn 41) stehende Teil des Bauwerks dem Überbauenden (allgM,
BGHZ 110, 298, 300; 64, 333, 336; 62, 141, 145 f; 57, 245, 248; 27, 197, 199; 27, 204, 206; BGH-RR
2014, 973 Rn 23; OLG Brandenburg U v 22. 5. 2008 Az 5 U 58/07 juris Rn 44). Danach ist das
ganze Gebäude **wesentlicher Bestandteil** des Stammgrundstücks (BGH NJW-RR 2014,
973 Rn 23: NJW 1985, 789, 790; iE Palandt/Bassenge[74] Rn 12 [für die Betonung der §§ 93, 94];
Bamberger/Roth/Fritzsche[3] Rn 23; NK-BGB/Ring[2] Rn 67; PWW/Lemke[9] Rn 27; Erman/A Lo-
renz[14] Rn 9; Soergel/JF Baur[13] Rn 24 [für die Betonung der §§ 93, 94]; BGB-RGRK/Augustin
Rn 20; Grziwotz/Lüke/Saller[2] 2. Teil Rn 274; Wolff 133 f; Baur/Stürner, Sachenrecht[18] § 25
Rn 13; Prütting, Sachenrecht[35] Rn 344; Westermann/Gursky/Eickmann/H P Westermann,
Sachenrecht[8] § 62 Rn 9; Vieweg/Werner, Sachenrecht[6] § 9 Rn 60; bereits RGZ 160, 177; 169, 175;
Bull AcP 138 [1934] 80 f; Tersteegen RNotZ 2006, 433, 442; **aA** MünchKomm/Säcker[6] Rn 36 ff
[Aufgliederung des Gebäudes in wirtschaftlich sinnvolle Einheiten]). Die hL ist vorzugswürdig.
Die Eigentumslage wird von § 912 nicht geregelt. Doch entspricht die hL dem **Willen
der Gesetzesväter** (BGHZ 110, 298, 300; Mot III 287; Gollnick AcP 157 [1958/1959] 460,

Herbert Roth

461). Dort wird von der (allerdings direkten) Anwendung des § 95 Abs 1 S 2 (E I § 785) ausgegangen. Die Ergebnisse der Rspr entsprechen dem Prinzip einer eigentumsmäßigen Zusammenfassung wirtschaftlicher Einheiten; sie könnten heute zudem schon aus Gründen der **Rechtssicherheit** nicht mehr aufgegeben werden (MEDER/ FLICK JuS 2011, 160, 161). Eigentum und Nutzungsbefugnis am Gebäude bleiben in einer Hand. Der Konflikt zwischen den beiden einander widerstreitenden gesetzlichen Geboten, nämlich der Rechtseinheit zwischen dem Grundstück und den darauf befindlichen Bauteilen einerseits (Akzessionsprinzip: §§ 94 Abs 1 S 1, 93) und dem der Rechtseinheit zwischen den einzelnen Teilen des Gebäudes andererseits (§ 94 Abs 2), wird in zutreffender Weise durch Abheben auf das Gebot der **Rechtseinheit** zwischen den einzelnen Gebäudeteilen gelöst. Die bisweilen bevorzugte Aufteilung des Gebäudes in wirtschaftlich sinnvolle Einheiten mit der Zuordnung der durchschnittenen Raumeinheiten gem dem Verteilungsschlüssel in analoger Anwendung des § 947 führt zu nicht auflösbaren Rechtsunsicherheiten (dafür aber ausführlich MünchKomm/SÄCKER[6] Rn 43; gegen ihn etwa H WESTERMANN/GURSKY/EICKMANN/H P WESTERMANN, Sachenrecht[8] § 62 Rn 9). Der Eigentümer des Überbaus darf diesen nach Belieben **nutzen** (§ 903). Nur bauliche Erweiterungen wie zB **Aufstockungen** (oben Rn 19), **Vertiefungen** oder **Ausweitungen** sind untersagt. Nutzungsänderungen sind ebenfalls gestattet, auch wenn sie zu größeren Beeinträchtigungen führen (OLG Karlsruhe NJW-RR 1988, 524, 525; MATTERN LM Nr 28).

43 Die Rechtsfolgen ergeben sich allein aus den §§ 912 Abs 2 ff. Die allgemeinen **Verwendungsregelungen** sind damit ausgeschlossen. Wegen der dargestellten Eigentumslage fehlt es an einer Verwendung auf das Nachbargrundstück (MEDICUS/PETERSEN, BürgR[24] Rn 887).

44 Der Überbauende wird **Eigentümer des gesamten Gebäudes**, einschließlich der in den Überbau einbezogenen Kellermauerreste auf dem Nachbargrundstück (BGH NJW 1969, 1481, 1482; oben Rn 20). Abweichend zu beurteilen ist der Fall des **Anbaus** an eine ausschließlich auf dem Nachbargrundstück stehende Mauer, auch wenn diese Mauer gleichzeitig **erhöht** wird. So liegt es jedenfalls dann, wenn sie überwiegend vom Nachbarn errichtet bleibt (BGHZ 41, 177). In diesem Falle ändern sich die Eigentumsverhältnisse an der Mauer nicht (**aA** HODES NJW 1962, 1261). Eine waagerechte Teilung der Mauer ist ausgeschlossen (vgl Art 182 EGBGB; BGHZ 41, 177, 180). Die Mauererhöhung selbst bedeutet einen Überbau (zweifelnd BGHZ 41, 177, 181), sodass gegen jede Erhöhung der Widerspruch möglich bleibt (ebenso auch BGHZ 41, 177, 181). Das muss in diesem Fall erst recht gelten, weil selbst ein im Eigentum des Überbauenden stehender Überbau nur unter den Voraussetzungen des § 912 wiederum aufgestockt werden kann (oben Rn 37, 19).

45 Aufgrund der dargestellten Eigentumslage ist der Eigentümer des Überbaues jedenfalls dann zu seinem **Abriss** berechtigt, wenn dieser im Rahmen eines einheitlichen Bauvorhabens zur Veränderung des Stammgebäudes geschieht (BGHZ 105, 202). Der nach § 912 zur Duldung verpflichtete Nachbar hat keinen Anspruch darauf, dass der Überbau stehen bleibt. Von der Beseitigungsmöglichkeit geht ersichtlich auch § 914 Abs 1 S 2 aus. Die Abrissberechtigung ist nicht davon abhängig, auf welchem Grundstück mit dem Abriss begonnen wird. Die Rspr hat offengelassen, ob ohne Weiteres auch abgerissen werden kann, wenn nicht im Rahmen eines einheitlichen Bauvorhabens vorgegangen wird (BGHZ 105, 202, 205). ME darf sich der Abbruch auf den Überbau beschränken, wenn dem Nachbarn dadurch kein Schaden zugefügt wird.

d) Überbaurente
aa) Zeitpunkt

Der Anspruch auf Überbaurente aus § 912 Abs 2 ist nicht auf Schadenersatz, son- **46** dern auf **Wertersatz** für die dem Eigentümer entzogene Grundfläche gerichtet. Ausgeglichen wird der **Nutzungsverlust** (BGHZ 65, 395, 398; Denkschr 125; MATTERN LM Nr 30). Im Einzelfall scheidet die Zahlung einer Rente wegen Geringfügigkeit des Wertverlustes aus (OLG Köln NJW-RR 2003, 376 f [Überschreitung des Grenzabstands von 11 cm mit einer jährlichen Rente von 10 Euro]). Für die Höhe der Rente ist nach § 912 Abs 2 S 2 ein für allemal der **Zeitpunkt der Grenzüberschreitung** maßgebend (BGHZ 97, 292, 297). Die Nichtberücksichtigung späterer Wertveränderungen wurde durch den Gesetzgeber in Kauf genommen. Es sollten damit für die Überbaurente feste Verhältnisse geschaffen und fortgesetzte nachbarliche Streitigkeiten über den jeweiligen Wert der überbauten Fläche abgeschnitten werden (BGHZ 57, 304, 305; BERG JR 1972, 152; Mot III 285, 287; Denkschr 129). Veränderungen des Grundstückswertes nach oben oder nach unten, die erst nach der Grenzüberschreitung eintreten, bleiben damit für die Bemessung der Rente ohne Bedeutung. Das gilt sowohl für einen Wechsel in der Benutzungsart wie auch für reine Bewertungsänderungen (BGHZ 57, 304, 306; PALANDT/BASSENGE[74] § 913 Rn 4). Der Gestörte ist behauptungs- und **beweislastpflichtig** für den zur Rentenberechnung maßgebenden Zeitpunkt (BGHZ 97, 292, 298). Die Geldrente ist auch dann zuzubilligen, wenn die Duldungspflicht nicht auf § 912 Abs 1 gestützt wird, sondern auf dem allgemeinen Rechtsgedanken beruht, dass das Beseitigungsverlangen **rechtsmissbräuchlich** ist (BGH NJW 2004, 1798, 1801; unten Rn 75).

bb) Höhe

Ausschlaggebend für die Höhe der Rente ist der in üblicher Weise zu ermittelnde **47** **Verkehrswert der überbauten Fläche** im Zeitpunkt der Grenzüberschreitung. Aus ihm wird die Bodenrente berechnet (BGHZ 97, 292, 296; 57, 304, 306; BGH NJW 2011, 1069 Rn 31; 1983, 1112, 1113; BGB-RGRK/AUGUSTIN Rn 26; MünchKomm/SÄCKER[6] Rn 31; SOERGEL/JF BAUR[13] Rn 20 Fn 18; Beispiele bei VOGEL Das Grundeigentum 2007, 492 ff; HORST MDR 2000, 494, 499). Zum maßgebenden Zeitpunkt bestehende rechtliche **Bebauungsmöglichkeiten** schlagen sich regelmäßig im Verkehrswert nieder. Die Verhinderung einer tatsächlichen Bebauung wird man berücksichtigen können, wenn im Zeitpunkt des Überbaus schon konkrete Baupläne bestanden (offengelassen in BGHZ 57, 304, 307; 97, 292, 296; wie hier MünchKomm/SÄCKER[6] Rn 31). Die dargestellten Grundsätze verstoßen weder gegen Art 14 GG noch gegen § 905 BGB. § 912 Abs 2 S 2 lässt sich angesichts der bewussten gesetzgeberischen Entscheidung auch nicht über § 242 korrigieren (mit Recht BGHZ 97, 292, 298). Nach dem Gesagten ist wegen der **„Versteinerung"** des **Rentenanspruchs** (auch BGH NJW 2004, 1237, 1238) die Anwendung des § 323 ZPO ausgeschlossen. Dem Rentenanspruch kann weder der Einwand fehlenden Interesses (§ 905 S 2), noch auch der **Mitverschuldenseinwand** aus § 254 entgegengesetzt werden (RGZ 74, 87, 90; SOERGEL/JF BAUR[13] Rn 19). Für einen vor dem 3. 10. 1990 im **Beitrittsgebiet** geschehenen Überbau wird die Überbaurente nach dem Bodenwert eines „im gleichen Zustand und in vergleichbarer Lage belegenen Grundstücks" in den alten Ländern" im Zeitpunkt der Grenzüberschreitung berechnet (BGH NJW 2011, 1069 Rn 40 ff).

48 Wenn sich ein Verkehrswert nicht bestimmen lässt, wie zB bei der **Überbauung einer öffentlichen Straße**, so wird das übliche Nutzungsentgelt zugrunde gelegt (BGHZ 65, 395, 398; PALANDT/BASSENGE[74] § 913 Rn 4; DEHNER B § 24 [40]).

cc)   Schadenersatzansprüche; nachbarliche Ausgleichsansprüche

49 Soweit der Ausgleich für die Grenzüberschreitung (Verlust der Bodennutzung) in Rede steht, kommt neben der Überbaurente des § 912 Abs 2 ein Schadenersatzanspruch gegen den Überbauenden aus **unerlaubter Handlung** (§ 823 Abs 1, leichte Fahrlässigkeit; oben Rn 22) nicht in Betracht. § 912 Abs 2 (§ 915) bedeutet insoweit eine abschließende Sonderregelung (BGHZ 156, 170, 172; 97, 292, 295; 57, 304, 308; SCHMALZL BauR 1981, 328, 331). In gleicher Weise wird auch die Anwendung des subsidiären verschuldensunabhängigen bürgerlich-rechtlichen **Aufopferungsanspruches** (oben § 906 Rn 66) ausgeschlossen (BGHZ 97, 292, 294; PALANDT/BASSENGE[74] Rn 13; aber unten Rn 50).

50 Der Überbauende kann aber aus § 823 Abs 1 in Anspruch genommen werden, wenn durch den Überbau eine **weitergehende Verletzung des Eigentums** oder sonstiger Nachbarrechte schuldhaft herbeigeführt wurde, die nicht durch § 912 Abs 2 abgegolten ist (RGZ 65, 73, 76 f; BGH JZ 1958, 744 mAnm H WESTERMANN; BGHZ 28, 110, 114; 57, 304, 308 f; 97, 292, 295). Fehlt es an einem Verschulden, so kann ein auf Billigkeit gegründeter (dazu H ROTH 20 f) **bürgerlich-rechtlicher Aufopferungsanspruch** gegeben sein (BGHZ 28, 110, 114, 116), soweit der Normzweck des § 912 Abs 2 nicht entgegensteht, es also nicht nur um den Verlust der Bodennutzung geht. So lag es im Falle einer durch Kriegseinwirkung herbeigeführten (nachträglichen) *Ausbauchung* in der Brandmauer des Nachbargrundstücks (oben Rn 15). Dadurch musste der Nachbar sein eigenes Gebäude in entsprechendem Abstand (24 cm) von der Grenze errichten und den Hohlraum zwischen den beiden Gebäuden ausfüllen (bestätigt durch BGHZ 97, 292, 295). Der Deliktsanspruch wie der bürgerlich-rechtliche Aufopferungsanspruch sind schon deshalb nicht ausgeschlossen, weil der Überbauende im Anwendungsbereich des § 912 **rechtswidrig** handelt (oben Rn 5; anders SOERGEL/JF BAUR[13] Rn 21).

51 Soweit es um die gerade aus dem Überbau selbst entstehenden Nachteile geht (oben Rn 49), kann auch nicht aus § 823 gegen einen von dem Überbauenden beauftragten **Architekten** oder **Bauunternehmer** vorgegangen werden, da es keinen Unterschied machen kann, ob der Überbauende selbst oder unter Einschaltung Dritter baut. § 912 Abs 2 bedeutet auch insoweit eine abschließende Regelung (zutr SOERGEL/JF BAUR[13] Rn 22; PWW/LEMKE[9] Rn 25; **aA** die hL, BGH JZ 1958, 745 mit zust Anm H WESTERMANN; BGHZ 57, 304, 308; BGH NJW 1981, 1362, 1363; PALANDT/BASSENGE[74] Rn 13; JAUERNIG/BERGER[15] Rn 9). Anders liegt es nur, wenn es um die weitergehenden Beeinträchtigungen von oben Rn 50 geht.

52 Nicht durch die Regelung des § 912 Abs 2 ausgeschlossen sind mögliche **Schadenersatzansprüche des Käufers** gegen den Verkäufer aus §§ 437 Nr 3, 280, 281, wenn sich auf einem zum Zweck der Bebauung gekauften Grundstück ein entschuldigter Überbau befindet (BGH NJW 1981, 1362 [zum alten Recht]).

IV.   Analoge Anwendung des § 912

53 § 912 ist eine **analogiefähige Norm** (oben Rn 1), da ihr als tragender Grundsatz die

Erhaltung wirtschaftlicher Werte zugrunde liegt (BGH NJW 2004, 1798, 1801 [vom Aufteilungsplan abweichende Bauausführung einer Wohnungseigentumsanlage; TERSTEEGEN RNotZ 2006, 433, 434]). Es treten immer wiederkehrende Falltypen auf. Einige Fälle einer analogen Anwendung sind bereits im betreffenden Zusammenhang für die **Erweiterung** eines bestehenden Überbaus (oben Rn 17, 37), die Ausdehnung auf größere Bauwerke (oben Rn 6) sowie den vom Eigentümer genehmigten Überbau des Pächters (oben Rn 11) dargestellt worden (zum Recht der Kommunmauer [Nachbarwand] unten § 921 Rn 19 ff). § 912 ist auch analog anwendbar, wenn der Überbau zwar nicht das Eigentum, wohl aber ein anderes Recht des Nachbarn, etwa eine **Grunddienstbarkeit** (Wegerecht), beeinträchtigt (BGH NJW 2008, 3123, 3124; BGHZ 39, 5, 8 ff; 42, 63, 68).

1. Eigengrenzüberbau

Der Eigengrenzüberbau betrifft den Fall, dass ein **Eigentümer zweier Grundstücke** 54 mit dem Bau auf einem dieser Grundstücke die Grenze des anderen überschreitet und die bebauten Grundstücke später in das Eigentum verschiedener Personen gelangen. Hier werden die §§ 912 ff mit der Folge analog angewendet, dass der hinübergebaute Gebäudeteil nicht Bestandteil des überbauten Grundstücks wird, sondern das Gebäude als einheitliche Einheit einen wesentlichen Bestandteil desjenigen Grundstücks bildet, von dem aus überbaut wurde (seit RGZ 160, 166, 177; BGH NJW 2014, 311 Rn 14; NJW-RR 2014, 971 Rn 5 [rechtsähnlicher Fall]; 2013, 652 Rn 16 [dort aber für einen Öltank abgelehnt, der nicht in das Gebäude eingefügt ist]; NJW 2008, 1810, 1811; LM Nr 9; BGHZ 64, 333, 336 f; 102, 311, 314; 105, 202, 203; 110, 298, 300; OLG Brandenburg BeckRS 2012, 14957; OLG Frankfurt OLGReport 2006, 860; TERSTEEGEN RNotZ 2006, 433, 434, 446; WOLFF 102; wie oben Rn 42). Gleichbehandelt wird der Fall, dass ein Grundstück so aufgeteilt wird, dass ein aufstehende Gebäude von der Grenze der beiden neu gebildeten Grundstücke durchschnitten wird (BGH NJW-RR 2014, 971 Rn 5). Es muss (wie sonst auch) ein **einheitliches Gebäude** (oben Rn 7) über die Grenze gebaut worden sein. Ansonsten kommt es zu einer vertikalen Teilung (BGHZ 110, 298, 301). Die Frage nach dem **Stammgrundstück** soll sich auch hier in erster Linie nach den Absichten des Erbauers beantworten (Gutachten DNotI-Report 01/2007, 2 [Aufteilung in Wohnungseigentum bei Eigengrenzüberbau]). Die Rspr stellt aber mit Recht auf objektive Gegebenheiten ab, wenn die Absicht nicht feststellbar ist (OLG Frankfurt OLGReport 2006, 860; TERSTEEGEN RNotZ 2006, 433, 446 [Stammgrundstück einer großen Tiefgaragenanlage ist regelmäßig das Grundstück, wo sich die Ein- und Ausfahrt befindet]; dazu auch OLG Karlsruhe Justiz 1994, 480). Indizien für diese Absichten sind insbes die wirtschaftliche Interessenlage, auf welchem Grundstück sich der größere Teil des Gebäudes befindet, die Zweckbeziehung des übergebauten Gebäudes sowie die räumliche Erschließung durch einen Zugang (BGHZ 110, 298, 303 f; BGH NJW-RR 2014, 971 Rn 6 [größerer Teil des Gebäudes und überwiegende wirtschaftliche Bedeutung]; OLG Köln DWW 1997, 120). Das Gesamtgebäude wird **Eigentum** des jeweiligen Eigentümers des Stammgrundstücks. Ein Erwerber des überbauten Grundstücks hat den Überbau zu dulden. Bereits mit der Errichtung des Überbaus ist dieser wesentlicher Bestandteil des Stammgrundstücks und haftet somit nach § 1123 für dessen **Grundpfandrechte** (BGH LM Nr 9). Das in § 912 Abs 1 genannte Verschulden ist für den Eigengrenzüberbau bedeutungslos, da der Eigentümer **nicht rechtswidrig** handelt. Auch ein Widerspruch des Nachbarn ist hier schon der Sache nach ausgeschlossen. Eine spätere andere Zuordnung durch schuldrechtliche Vereinbarungen ändert an der Eigenschaft als Stammgrundstück nichts (OLG Köln DWW 1997, 120).

55 Lässt sich ein Stammgrundstück nicht feststellen, oder sind die jeweiligen Gebäudeteile selbstständige Raumeinheiten, so wird der auf dem einzelnen Grundstück stehende Gebäudeteil wesentlicher Grundstücksbestandteil und damit **Eigentum des jeweiligen Grundstückseigentümers** (BGH WM 1984, 1283; PALANDT/BASSENGE[74] Rn 14; WEITNAUER ZfBR 1982, 99 f). In diesen Fällen ist kein Miteigentum anzunehmen (**aA** STAUDINGER/BEUTLER[12] Rn 26; WOLFF/RAISER, Sachenrecht 197 Fn 5; BENZ 61; WALLER JW 1909, 745 ff). Vielmehr kommt es zu einer Spaltung des Eigentums.

56 Für den **Erwerber** gelten die §§ 912 Abs 2, 915 ab dem Zeitpunkt des Erwerbs. Das **Rentenzahlungsrecht** entsteht auch beim Eigengrenzüberbau sofort nach § 912 Abs 2 S 2 mit der Errichtung des Überbaus und mit der sich danach bemessenden Höhe. Die Rentenhöhe richtet sich nach den Wertverhältnissen im Zeitpunkt der Errichtung des Baus (BGH NJW-RR 2014, 971 Rn 8; aber unten Rn 58 zum nachträglichen Eigengrenzüberbau). Nicht entscheidend ist dagegen der Übergang des Eigentums an einen anderen Eigentümer (OLG Hamm NJW-RR 1991, 656). Nach hL **„ruhen"** Duldungspflicht und Rentenpflicht bis zu einem Auseinanderfallen des Eigentums an den beiden Grundstücken (RGZ 160, 166, 181; 169, 172, 175; BGH NJW 2014, 311 Rn 14; NJW-RR 2014, 971 Rn 8; MünchKomm/SÄCKER[6] Rn 50; SOERGEL/JF BAUR[13] Rn 35). Doch liegt dieser Annahme wieder die Annahme von Duldungspflicht und Rentenpflicht iS von subjektiv-dinglichen Rechten zugrunde (so ausdrücklich STAUDINGER/BEUTLER[12] Rn 26). ME handelt es sich (mit gleichem Ergebnis) lediglich um eine nähere Bestimmung des gesetzlichen Eigentumsinhalts (oben Rn 3).

57 Nicht zu folgen ist den Vorschlägen, die für den Eigengrenzüberbau entwickelten Regeln nur auf die unbeabsichtigte Überbauung zu erstrecken und bei bewusstem Überbau die rechtliche Vereinigung der beiden Grundstücke anzunehmen (so aber DEHNER B § 24 [56]). Damit entfernt man sich ohne Not von dem **Grundstücksbegriff** des geltenden Rechts. Zudem schafft die subjektive Komponente für den überbauenden Eigentümer Rechtsunsicherheit (für die Unterscheidung in der Sache aber auch WEITNAUER ZfBR 1982, 97, 100 [aber für vertikale Teilung und Gemeinschaftsverhältnis]).

2. Grundstücksteilung; verschachtelter Überbau

58 Wird das betreffende Gebäude auf einem **einheitlichen Grundstück** errichtet und dieses erst später in der Weise **geteilt**, dass das Gebäude von der Grenze der neu gebildeten Grundstücke durchschnitten wird, und eines der Grundstücke anschließend veräußert (**„nachträglicher Eigengrenzüberbau"**), so werden die §§ 912 ff ebenfalls entsprechend angewendet (BGHZ 64, 333, 337; 105, 202, 204; 110, 298, 302; BGH NJW-RR 2014, 971 Rn 5; NJW 2008, 1810, 1811; WM 2004, 1340; OLG Karlsruhe NJW-RR 1988, 524, 525). Die **Höhe** der Überbaurente richtet sich hier nach den Wertverhältnissen zum Zeitpunkt der Grundstücksteilung (BGH NJW-RR 2014, 971 Rn 9; aber oben Rn 56). Auf die Absichten des Eigentümers wird man dann abstellen können, wenn bereits im Zeitpunkt der Gebäudeerrichtung eine **Teilungsabsicht** des Eigentümers bestand (TERSTEEGEN RNotZ 2006, 433, 447). Auch in diesem Falle bleibt das Eigentum an dem Gebäude als ganzem mit dem Eigentum am Stammgrundstück verbunden (**aA** WEITNAUER ZfBR 1982, 100 f; DEHNER B § 24 [58]: Teilung wegen §§ 93, 94 Abs 2 unzulässig). Durchschneidet die Aufteilung nicht eine natürlich-wirtschaftliche Einheit des aufstehenden Gebäudes, sondern führt sie zu zwei Gebäuden mit selbstständigen Wohneinheiten, und ragt ein Teil eines Gebäudes in das Nachbargrundstück herein, so bleibt dieser Teil mit dem Eigentum an dem Gebäude, dessen wesentlicher Bestandteil er ist, verbunden (BGHZ 102, 311, 315 mit zust Anm HEINRICHS EWiR § 912 BGB 1/88, 461; OLG Hamm BauR 1997, 862). Da bei der Grundstücksteilung (meistens) nicht an die Absichten des Erbauers angeknüpft werden kann, müssen zur Bestimmung des Stammgrundstücks **objektive Kriterien** entscheidend sein. Als Stammgrundstück wird dabei dasjenige Grundstück angesehen, auf dem sich nach Umfang, Lage und wirtschaftlicher Bedeutung der eindeutig maßgebende Gebäudeteil befindet (BGHZ 110, 298, 302 f). Lässt sich nach dieser Bewertung ein Stammgrundstück nicht feststellen, so bleibt es (wie oben Rn 55) bei dem Grundsatz der **vertikalen Teilung** (OLG Düsseldorf NJW-RR 1987, 397; PALANDT/BASSENGE[74] Rn 15; HEINRICHS EWiR § 912 BGB 1/88, 461, 462; **aA** OLG Karlsruhe OLGZ 1989, 341 [für Miteigentum bei einem einen Fluss überspannendes Turbinenhaus]; NJW 1991, 926 [für Miteigentum an einer Brücke]; TERSTEEGEN RNotZ 2006, 433, 447 will je nach Lage des Einzelfalles vertikale Teilung oder Miteigentum annehmen). Auch im Falle eines „**gemeinschaftlichen Überbaus**" handelt es sich um die Variante des nicht feststellbaren Stammgrundstücks mit der Rechtsfolge der vertikalen Teilung. So liegt es etwa, wenn zwei Grundstücksnachbarn auf ihrem Grundstück jeweils eine Eigentumswohnanlage bauen und unter beiden Wohnanlagen eine gemeinschaftliche *Tiefgarage* errichten (Einzelheiten bei TERSTEEGEN RNotZ 2006, 433, 445). Werden einzelne Geschosse wechselseitig überbaut (**verschachtelter Überbau**) und bildet jedes Geschoss bei natürlich-wirtschaftlicher Betrachtung insgesamt eine Einheit mit einem der beiden Gebäude, sind die überbauten Räume wesentlicher Bestandteil des Grundstücks, auf dem das Gebäude steht, welchem das Geschoss zuzuordnen ist (BGH NJW 2008, 1810, 1811 in Fortführung von BGHZ 102, 311; BGH WM 2004, 1340). Somit setzt sich § 93 BGB mit dem Gedanken der wirtschaftlichen Einheit von Gebäuden gegenüber § 94 Abs 1 BGB mit der darin bestimmten Zuordnung zu dem Grundstückseigentum und der dadurch bewirkten vertikalen Aufspaltung des Gebäudeeigentums durch. Eigentümer der Räume in den überbauten Geschossen ist damit derjenige Eigentümer des Grundstücks, auf dem sich das Gebäude befindet, dem die Geschosse zuzuordnen sind (zum Abwehranspruch wegen *Immissionen* oben 906 Rn 113).

3. Grenzabstand

Die §§ 912 ff sind ferner analog anwendbar auf die unrechtmäßige Verletzung von **Grenzabständen** (Grenzabstandslinien), soweit es um Gebäude geht (oben Rn 6). Wenn schon der Nachbar unter den Voraussetzungen des § 912 die Überbauung mit einem Gebäude dulden muss, so kann er keine weitergehenden Rechte haben, wenn gar nicht in sein Grundstück eingegriffen wurde (BGH NZM 2013, 244, 245; NJW 2004, 1798, 1801; OLG Frankfurt NJW-RR 2013, 793, 794 [nicht jedoch für Luftwärmepumpenanlagen als Nichtgebäude]; OLG Köln NJW-RR 2003, 376 [dort aber Rechtsmissbrauch: 11 cm]; OLG Koblenz NJW-RR 1999, 1394; OLG Karlsruhe NJW-RR 1993, 665, 666). In diesen Fällen ist in analoger Anwendung des § 912 Abs 2 eine **Geldrente** zu leisten (OLG Koblenz NJW-RR 1999, 1394). Das Gesagte gilt einmal für die Verletzung von **Abstandsvorschriften** des öffentlichen Baurechts, die sich in allen Landesbauordnungen (Bauwich) finden (hL, OLG Köln NJW-RR 2003, 376; DEHNER B § 24 [59]; MünchKomm/SÄCKER[6] Rn 54; PALANDT/BASSENGE[74] Rn 1; SOERGEL/JF BAUR[13] Rn 34; ERMAN/A LORENZ[14] Rn 1; Überblick über die Abstandsflächen bei BOEDDINGHAUS BauR 2005, 1734; **aA** zu Unrecht PICKER AcP 176 [1976] 28, 56 f). Wer annimmt, eine Abstandsfläche nicht einhalten zu müssen, handelt dann vorwerfbar, wenn die sich später als unrichtig erweisende Annahme

59

ihrerseits auf grober Fahrlässigkeit beruht (BGH NJW 2004, 1798, 1801). Kann danach
§ 1004 Abs 1 nicht angewendet werden, so kann die Beseitigung auch nicht über
§ 823 Abs 2 iVm den Abstandsvorschriften als **Schutzgesetzen** verlangt werden, da
darin ein Wertungswiderspruch zu § 912 Abs 1 läge (OLG Koblenz NJW-RR 1999, 1394).
Vergleichbar liegt es auch bei einem Verstoß gegen privatrechtlich geordnete Abstandsvorschriften (PALANDT/BASSENGE[74] Rn 1; **aA** RGZ 87, 371, 373). Derartige **zivilrecht-**
liche Verpflichtungen finden sich heute nur noch selten. Zu nennen ist etwa § 62
Niedersächsisches Nachbarrechtsgesetz mit einer Modifizierung des § 912 BGB für
Gebäude im Außenbereich. Auch regelt § 3 iVm § 1 NachbG Nordrhein-Westfalen
den Ausschluss des Beseitigungsanspruchs eigenständig und verstößt damit gegen
Art 124 EGBGB (**aA** DEHNER B § 24 [59]). Das Gleiche gilt zB für § 42 Abs 2 NachbG
Schleswig-Holstein; § 3 Abs 3 NRG Baden-Württemberg. Eine entsprechende Anwendung des § 912 kommt vor allem bei der Verletzung von **altrechtlichen Abstands-**
vorschriften in Frage (näher DEHNER B § 24 [59]). Die öffentlich-rechtlichen Befugnisse
der **Bauaufsichtsbehörde** bleiben unberührt.

60 Das Gesagte gilt auch bei der Verletzung von **dinglichen Rechten.** So sind die §§ 912
bis 916 entsprechend anzuwenden, wenn durch die Errichtung eines Gebäudes ohne
Überschreitung der Grundstücksgrenze eine *Grunddienstbarkeit* beeinträchtigt wird
(BGHZ 39, 5 ff [Wegerecht] mNw der Gegenauffassung; BGH NJW 2008, 3123 Rn 14; heute hL:
AG Solingen DWW 2000, 130; PALANDT/BASSENGE[74] Rn 1; MünchKomm/SÄCKER[6] Rn 53; DEHNER
B § 24 [58]; SOERGEL/JF BAUR[13] Rn 34; KLEINDIENST JZ 1963, 633; **aA** zu Unrecht EICHLER JZ 1963,
446). Vergleichbar liegt es für altrechtliche Dienstbarkeiten nach Art 184 S 2
EGBGB. Verbietet die Dienstbarkeit neben der Errichtung von Gebäuden etwa
auch die Errichtung von **sonstigen Bauwerken** innerhalb der Abstandsfläche, die
nicht unter die §§ 912 ff fallen, so kann jedenfalls die Beseitigung leicht versetzbarer
Bauwerke wie zB *Rankgerüste* oder *Pergolen* verlangt werden (oben Rn 6). Die
§§ 912 ff kommen ferner dann analog zur Anwendung, wenn eine nur **schuldrechtlich**
vereinbarte horizontale oder vertikale Bebauungsgrenze verletzt wird (hL: Münch-
Komm/SÄCKER[6] Rn 53; DEHNER B § 24 [58]; PALANDT/BASSENGE[74] Rn 1; SOERGEL/JF BAUR[13]
Rn 34; **aA** WOLFF/RAISER § 55 Fn 8: § 251 Abs 2). Der kraft Schuldrecht Berechtigte kann
nicht besser stehen als der Eigentümer des überbauten Grundstücks. Freilich passen
hier die Vorschriften über die Überbaurente nach § 912 Abs 2 nicht. Es bleibt daher
bei der Anwendung des § 912 Abs 1 und einem Schadenersatzanspruch aus dem
zugrunde liegenden Vertrag (PALANDT/BASSENGE[74] Rn 1).

4. Nachträgliche Grenzverletzungen

61 Die Vorschriften über den Überbau sind mit Recht auch entsprechend auf eine
nachträglich eingetretene **Gebäudeneigung** angewendet worden. Gleiches gilt auch
für eine nachträglich hervortretende **Mauerausbauchung** (BGHZ 97, 292; ebenso schon
GLASER BlGBW 1961, 4; **aA** BGB-RGRK/AUGUSTIN Rn 8, 14). Anwendbar bleibt § 912 Abs 2
S 2 (oben Rn 46). Der Eigentümer des überbauten Grundstücks ist behauptungs- und
beweispflichtig für den maßgebenden Zeitpunkt des § 912 Abs 2 S 2. Eine analoge
Anwendung des § 910 ist für beide Absätze ausgeschlossen (DEHNER B § 24 [63] Fn 288
gegen MONICH IherJb 38, 155, 179). Das Gericht kann sich der Möglichkeit des § 287 ZPO
bedienen (BGHZ 97, 292, 298). Tritt die Ausbauchung einer Mauer in großer Höhe auf,
so sind die Voraussetzungen des § 905 S 2 zu prüfen (oben Rn 15). Bei **Einsturzgefahr**
kann § 908 zur Anwendung gelangen. Ist die nachträgliche Neigung der Mauer oder

ihre Ausbauchung auf eine unsachgemäße Errichtung zurückzuführen, so kommt § 912 wohl schon direkt zur Anwendung (DEHNER B § 24 [62]). Auch im Falle der nachträglichen Beeinträchtigung muss der Grundstückseigentümer noch nicht einmal die theoretische Möglichkeit des Widerspruchs gehabt haben (BGHZ 97, 292, 294).

Werden Häuser zB infolge von *Bergbau* durch **auftretende Erdbewegungen** seitlich **62** über die Grenze geschoben, so finden die §§ 912 ff nach ihrem Normzweck ebenfalls entsprechende Anwendung (OLG Frankfurt NJW-RR 1992, 464; DEHNER B § 24 [61]). Der unter dem Überbau befindliche Boden steht auch weiterhin im Eigentum des Nachbarn (oben Rn 41). Dieser wird durch die Überbaurente nach § 912 Abs 2 entschädigt. Maßgebend ist der Zeitpunkt der Grenzverschiebung, den der Richter mit sachverständiger Hilfe feststellen wird. Auf einen Widerspruch des Nachbarn kann es nicht ankommen. Er ist funktionslos, weil die Erdbewegungen nicht durch den Eigentümer gesteuert werden können (DEHNER B § 24 [61]).

5. Katasterraub

Die §§ 912 ff werden mit Recht analog angewendet, wenn der Eigentümer eines **63** bebauten Grundstücks durch **gutgläubigen Erwerb** des Nachbarn (§ 892) einen Teil seines Grundstücks verliert und die neue Grenze einen Teil des auf dem Grundstück stehenden Gebäudes durchschneidet (DEHNER B § 24 [63]).

6. Sonder- und Teileigentum nach WEG

Wird durch bauliche Maßnahmen die Grenze zwischen Sonder- oder Teileigentum iS **64** des WEG einerseits und **Gemeinschaftseigentum** andererseits überschritten, so kommen die §§ 912 ff BGB entsprechend zur Anwendung (OLG Hamm OLGZ 1976, 61; KG ZMR 2000, 331, 333). Es setzt sich der Normzweck des § 912 mit der Erhaltung wirtschaftlicher Werte durch (**aA** OLG Köln NZM 1998, 1015; BayObLG MittBayNot 1993, 287; dazu krit RÖLL MittBayNot 1993, 265 [Überbau einer Eigentumswohnung in den teilungsplanmäßigen Bereich einer anderen]).

7. Überbau des Nutzungsberechtigten auf ein eigenes Grundstück

Baut der Nutzungsberechtigte (zB **Pächter**) des Stammgrundstücks mit Einwilligung **65** oder Genehmigung des Eigentümers (oben Rn 11) auf ein eigenes Nachbargrundstück über, so kommen die §§ 912 ff entsprechend zur Anwendung. Der Pächter hat in seiner Eigenschaft als Eigentümer des Nachbargrundstücks grundsätzlich von der Beendigung des Pachtverhältnisses an Anspruch auf die Überbaurente nach § 912 Abs 2 (BGHZ 15, 216, 220 f; PALANDT/BASSENGE[74] Rn 15).

V. Rechtmäßiger Überbau

Der von der **Zustimmung** des Nachbarn gedeckte rechtmäßige Überbau (BGH NJW **66** 2008, 3122; OLG Jena NJOZ 2013, 197) unterfällt nicht den §§ 912 ff (LG Köln RNotZ 2006, 289; oben Rn 4). Die Terminologie ist uneinheitlich. So wird bisweilen (fälschlich) von einem „entschuldigten" Überbau gesprochen (BGH NJW-RR 1989, 1039, 1040). In Wirklichkeit fehlt es aber schon (anders als in § 912 vorausgesetzt, oben Rn 5) an der Rechtswidrigkeit des Überbaus (BGH NJW 1971, 426, 427).

1. Duldungspflicht; Zustimmung

67 Die Beteiligten können die Rechtsfolgen eines Überbaus abweichend von den §§ 912 ff regeln. Die Pflicht des Nachbarn zur Duldung des Überbaus richtet sich dann nicht nach § 912 Abs 1, sondern sie folgt aus seinem **Einverständnis** (OLG Jena NJOZ 2013, 197). Ferner bestimmen sich Art und Höhe der für die Inanspruchnahme des Grundstücks zu zahlenden Entschädigung in erster Linie nach dem Inhalt der getroffenen Vereinbarungen und nicht nach § 912 Abs 2 (BGH NJW 1983, 1112, 1113; 1971, 426, 427; unten Rn 68). Dieser verbleibende Bereich von **Privatautonomie** folgt schon daraus, dass § 912 sowohl in der Person des Überbauenden („Vorsatz oder grobe Fahrlässigkeit") als auch in derjenigen des Geschädigten („Widerspruch") auf den Willen der beiden Nachbarn abhebt (BGH NJW 1971, 426, 427). Die **Zustimmung** wird in aller Regel **ausdrücklich** erklärt werden müssen, zB im Mietvertrag (BGH NJW 2004, 1237; LG Freiburg NJW-RR 2007, 812). Sie ist nicht schon im unterlassenen Widerspruch des Nachbarn gegen den Anbau an eine vorhandene halbscheidige Giebelmauer enthalten (BGHZ 42, 374, 375; auch OLG Nürnberg RdL 1968, 102; unten § 921 Rn 21 ff). Die Zustimmung kann aber in der Rücknahme eines Widerspruchs liegen (OLG Nürnberg DWW 1963, 124). Beschränkt sich der Widerspruch auf einen Teil des beabsichtigten Überbaus, so kann darin eine teilweise Zustimmung für den Rest gesehen werden (RGZ 109, 107, 110). Auch die *Unterzeichnung des Protokolls* über eine *Grenzvermessung,* mit der ein Überbau festgestellt wurde, bedeutet keine Genehmigung des Überbaus (vgl BGH WM 1979, 644, 645). Ist die Zustimmung einmal erteilt worden, so wird die auf ihrer Grundlage geschehene Überbauung nicht mit ihrem Widerruf unrechtmäßig (RGZ 74, 87, 90). Die Zustimmung kann zeitlich beschränkt werden. Dann besteht nach Zeitablauf keine Duldungspflicht mehr (BGH BB 1966, 961). Ist die Zustimmung dahin beschränkt, dass nur in einer bestimmten Breite über die gemeinschaftliche Grenze überbaut werden darf, so gelten für den weitergehenden Überbau die §§ 912 ff (BGH NJW 1971, 427). Wenn die Zustimmung als Teil einer *schuldrechtlichen Vereinbarung* **unwirksam** oder undurchführbar ist (dazu RGZ 74, 87, 90), gelten die §§ 912 ff (DEHNER B § 24 [20]).

2. Rentenzahlung; Abkauf

68 Für die Entschädigung oder einen Abkauf sind nicht die §§ 912 Abs 2, 915 anwendbar, sondern es ist die betreffende *vertragliche Vereinbarung maßgebend* (BGH NJW 1983, 1112, 1113; LG Köln RNotZ 2006, 289, 290; dazu LUDWIG DNotZ 1984, 541 ff). So kann auf eine Überbaurente auch **verzichtet** werden. Doch muss der Verzicht dann in das Grundbuch nach § 914 Abs 2 eingetragen werden, um eine Drittwirkung herbeizuführen (LG Köln RNotZ 2006, 289, 290 im Anschluss an BGH NJW 1983, 1112, 1113). Wenn eine Entschädigungsregelung fehlt, so muss durch Auslegung (§ 157) ermittelt werden, ob eine Rente nicht gezahlt werden soll. Andernfalls ist anzunehmen, dass die Beteiligten die gesetzliche Rechtsfolge des § 912 Abs 2 gewollt haben (RGZ 74, 87; OLG Frankfurt MDR 1980, 229; LG Frankenthal BB 1958, 755; MünchKomm/SÄCKER[6] Rn 48).

3. Verdinglichung der Zustimmung

Der **Einzelrechtsnachfolger** des Zustimmenden ist im Ausgangspunkt nicht an die **69** nur schuldrechtlich wirkende Zustimmung seines Vorgängers gebunden. Deshalb wird der Überbau ihm gegenüber rechtswidrig, und er kann dem noch nicht ausgeführten Überbau widersprechen (MünchKomm/SÄCKER[6] Rn 47; DEHNER B § 24 [19]). Ist dagegen der Überbau bereits durchgeführt worden, so gilt § 912 analog. Der **Sonderrechtsnachfolger** (zB Käufer) muss den Überbau dulden und kann ihm nicht mehr widersprechen. Die Rspr nimmt an, dass dem Überbauenden weder Vorsatz noch grobe Fahrlässigkeit zur Last fallen, wenn der Vorgänger zugestimmt hat, und damit ein **entschuldigter Überbau** iS des § 912 Abs 1 vorliege (BGH NJW 1983, 1112, 1113; 1983, 2023, 2024; bestätigt durch BGH NJW 2011, 1069 Rn 37; OLG Karlsruhe NJW-RR 1988, 524, 525). Richtigerweise muss der Sonderrechtsnachfolger aber dulden, weil der Überbau vorher rechtmäßig war und jetzt ein Widerspruch zeitlich zu spät käme. Danach hat der jeweilige Eigentümer des überbauten Grundstücks den Überbau stets zu dulden. Darin liegt iE eine **Verdinglichung** der obligatorischen Zustimmung in Ansehung der Duldungspflicht (auch BGH NJW 2004, 1237, 1238; ERMAN/A LORENZ[14] Rn 1; TERSTEEGEN RNotZ 2006, 433, 444 wendet § 912 Abs 1 analog an). Als Konsequenz der Duldungspflicht steht jetzt dem neuen Eigentümer des überbauten Grundstücks ein Anspruch auf Zahlung einer **Überbaurente** zu (BGH NJW 1983, 1112, 1113). Insoweit bleibt es also bei der relativen Wirkung eines erklärten Rentenverzichts der Vorgänger (BGH NJW 1983, 1112, 1113). Auf die zwischen seinem Rechtsvorgänger und dem Überbauenden vereinbarte Gegenleistung hat er keinen Anspruch, wenn kein Vertrag zugunsten Dritter vorliegt (§ 328) und ein Verzicht bindet ihn nicht. Anders liegt es nur bei der Eintragung des Verzichts im Grundbuch nach § 914 Abs 2 S 2. Zudem hat der Erwerber das Recht aus § 915. Das Gesagte gilt auch für die Sonderrechtsnachfolge auf der Seite des Überbauenden. Die einmal erteilte Zustimmung gilt auch zu seinen Gunsten, sodass der Überbau rechtmäßig bleibt. Gleichwohl gilt die vereinbarte Unentgeltlichkeit der Gestattung nur relativ (OLG Koblenz NJW-RR 1999, 1394). Doch kann im Wege des Vertrages zugunsten Dritter die Zahlung der Überbaurente abbedungen werden, sodass der Rechtsnachfolger des Eigentümers des Stammgrundstücks keine Überbaurente schuldet (OLG Düsseldorf NJW-RR 1998, 1388, 1389; PALANDT/BASSENGE[74] Rn 2). Vergleichbar gestaltet sich die Rechtslage bei dem Bau einer **Nachbarwand** (unten § 921 Rn 29).

Durch **Eintragung in das Grundbuch** kann eine noch weiterreichende dingliche Wir- **70** kung der Gestattung herbeigeführt werden, die auch vor Durchführung des Überbaus den Widerspruch des Sonderrechtsnachfolgers ausschließt. Die Duldungspflicht folgt dann aus dem Inhalt des dinglichen Rechts. In Frage kommen die Bestellung einer Grunddienstbarkeit, einer beschränkten persönlichen Dienstbarkeit, eines Nießbrauches oder eines Erbbaurechtes (zu letzterem OLG Stuttgart NJW 1975, 786, 787; ROTHOEFT NJW 1974, 665, 666; ESSER NJW 1974, 921, 922; KRÄMER DNotZ 1974, 647; beiläufig **aA** BGH LM § 1 ErbbauVO Nr 7, 8; zur Problematik jüngst ROTTHEGE, in: FS Spiegelberger [2009] 1243, 1246 ff). Das Eigentum am Stammgrundstück erstreckt sich auf den durch Grunddienstbarkeit am Nachbargrundstück abgesicherten Überbau (TERSTEEGEN RNotZ 2006, 433, 444, 447 f mit eingehender Begründung; RÖLL ZfBR 1983, 201, 202). Die Eintragung einer **Grunddienstbarkeit** zur Sicherung des Überbaurechts setzt voraus, dass als Rechtsinhalt nicht lediglich der gesetzliche Inhalt des § 912 vereinbart, sondern die Duldungspflicht ohne Rücksicht auf das Vorliegen der Voraussetzungen des § 912 geregelt wird, oder Zweifel ausgeschlossen werden sollen, ob zB ein entschuldigter Überbau vorliegt (OLG Düsseldorf OLGZ 1978, 19). In diesem Fall wird durch die Eintragung der Dienstbarkeit in der Form des § 29 GBO nachgewiesen, dass das gesamte Gebäude einschließlich des Überbaus wesentlicher Bestandteil des Stammgrundstücks als des herrschenden Grundstücks ist. Die gesetzliche Duldungspflicht entsteht dagegen als Eigentumsbeschränkung (oben Rn 3) ohne Eintragung und ist den allgemeinen Vorschriften über Rechte an Grundstücken nicht unterstellt (KG JFG 3, 329; BGB-RGRK/Augustin Rn 19). Erlischt die absichernde Grunddienstbarkeit im *Zwangsversteigerungsverfahren,* so ist der Überbau gleichwohl zu dulden, da zum Zeitpunkt des Überbaus die in der Dienstbarkeitseinräumung liegende Gestattung ebenso wirkt wie eine Gestattung ohne Einräumung einer Dienstbarkeit (oben Rn 69; BGH NJW 1982, 756).

4. Eigentumslage

71 Nach hL wird der **rechtmäßige Überbauer** in analoger Anwendung des § 95 Abs 1 S 2 (Prinzip des Gebäudezusammenhangs) Eigentümer des gesamten Gebäudes (oben Rn 4; BGHZ 62, 141, 145 f; BGH ZfIR 2015, 568 Rn 32 mit zust Anm H Roth; NJW 2011, 1069 Rn 36; 2008, 3122; 2004, 1237; LM Nr 7; Klempt JZ 1969, 223; Korth ZJS 2008, 647, 649; Tersteegen RNotZ 2006, 433, 443). Die Eigentumslage ist nicht gesetzlich geregelt. Es sind die gleichen Grundsätze maßgebend, wie sie im Falle des entschuldigten rechtswidrigen Überbaus gelten (oben Rn 42). Wenn schon bei dem rechtswidrigen Überbau der Grundsatz der Werterhaltung zum Eigentum des Bauenden am hinübergebauten Gebäudeteil führt, so muss das erst recht bei einer vom Nachbarn gestatteten rechtmäßigen Grenzüberschreitung gelten (BGHZ 62, 141, 145 f; Ludwig DNotZ 1984, 541, 542; Schmalzl BauR 1981, 328, 329). Wird ein Überbau vorbehaltlos und unbefristet gestattet, so kann der Gestattende weder Beseitigung des Überbaus nach § 1004 noch Herausgabe der überbauten Fläche nach § 985 verlangen (BGH NJW 2011, 1069 Rn 36). Demgegenüber bedeutet die Gegenauffassung, die **vertikale Teilung** unter Anwendung der §§ 921, 922 annimmt, wegen der Schlechterstellung des rechtmäßig Überbauenden einen **Wertungswiderspruch** (dafür aber Weitnauer ZfBR 1982, 102 ff). Die Lit ist der Rspr mit Recht weitgehend gefolgt (Palandt/Bassenge[74] Rn 2; Grziwotz/Lüke/Saller[2] 2. Teil Rn 317; Soergel/JF Baur[13] Rn 23; Baur/Stürner, Sachenrecht[18] § 25 Rn 12; Korbion/Scherer M 154 S 280). Das Stammgrundstück bestimmt sich nach den Absichten und Interessen des Erbauers und nicht nach Größe und wirtschaftlicher Bedeutung des übergebauten Gebäudeteils (BGHZ 62, 141, 146). Desgleichen kommt es nicht auf den Ort des Baubeginns an. Deshalb ist auch ein „umgekehrter Überbau" möglich (BGH ZfIR 2015, 568 Rn 31 mit zust Anm H Roth). Wird die **Berechtigung zum Überbau beendet,** zB durch Kündigung des Mietvertrages, bleibt das Eigentum des rechtmäßig Überbauenden am Überbau unberührt (arg aus § 925 Abs 2). Er schuldet aber dem Eigentümer des überbauten Grundstücks Rückabwicklung. Infrage kommt die Belastung des Stammgrundstücks mit einer Grunddienstbarkeit am Grundstück des Mieters, welche den Ausschluss der Ausübung des Überbaurechts zum Gegenstand hat (§ 1018 3. Alt). Daneben ist auch die Aufhebung der Gestattung und die Trennung des Überbaus vom übrigen Gebäude in Gestalt der Realteilung möglich (Einzelheiten in BGH NJW 2004, 1237, 1238; 2008, 3122; zweifelnd Baur/Stürner, Sachenrecht[18] § 25 Rn 12). Die geschilderte dingliche Rechtslage wird durch einen Eigentumswechsel am Stammgrundstück nicht berührt (BGH NJW 2004, 1237). Einem auf Beseitigung des Überbaus auf § 1004 Abs 1 gestützten Anspruch kann die **Ein-**

rede aus § 275 Abs 2 entgegengesetzt werden (BGH NJW 2008, 3122; zweifelhaft, vgl KOLBE NJW 2008, 3618: Duldungspflicht nach § 912 analog; KORTH ZJS 2008, 647). Wird im Falle des rechtmäßigen Überbaus das Stammgrundstück nach dem **WEG** geteilt, entsteht an den tragenden Teilen des Gebäudes, insbes dessen Außenmauern, Miteigentum. Das gilt auch insoweit, als die Außenmauern nur das Sondereigentum des einzelnen Wohnungs- oder Teileigentümers umschließen (BGH NJW 2008, 3122).

5. Abweichende Vereinbarungen

Möglich ist eine Vereinbarung, wonach das Eigentum am Überbau dem Eigentümer **72** des überbauten Grundstücks zustehen soll und damit **wesentlicher Bestandteil** dieses Grundstücks wird. So liegt es zB, wenn der Überbau später für das Gebäude, zu dem er gehört, seine Zweckbestimmung verliert oder überflüssig wird. Der Überbauende muss hier auf sein Duldungsrecht zB durch Eintragung einer Grunddienstbarkeit wirksam verzichten (§ 1018 Alt 3) (BGH LM Nr 9; TERSTEEGEN RNotZ 2006, 433, 451). Die bloße Kundgabe des Willens des Überbauenden, zB durch Eintragung des Gebäudeteils als Bestandteil auf dem Grundbuchblatt des überbauten Grundstücks, genügt nicht (**aA** RGZ 83, 142, 149; ferner OLG München OLGE 29, 341; für formlose Abrede auch BGB-RGRK/AUGUSTIN Rn 21). Die Rentenpflicht erlischt dadurch (BGH LM Nr 9). Die **Form** des § 311b braucht nicht eingehalten zu werden, da sich der Überbauer nicht zur Übertragung des Eigentums an einem Grundstück verpflichtet. Vielmehr wird der übergebaute Gebäudeteil kraft Gesetzes (§ 94 Abs 1) Bestandteil des überbauten Grundstücks (zur Vereinbarung der Rentenhöhe Erl zu § 914 Rn 3 ff). Beim Bau **zentraler Tiefgaragen** unter großen Baugebieten, die sich unter allen Grundstücken erstrecken, wird häufiger ein zentrales Zufahrtsgrundstück für die Tiefgarage herausgemessen, wobei die überbaute („unterbaute") Tiefgarage als Überbau durch Grunddienstbarkeiten zugunsten des Zufahrtsgrundstücks abgesichert wird (TERSTEEGEN ZNotP 2008, 21).

VI. Unentschuldigter unrechtmäßiger Überbau

Liegen die Voraussetzungen des entschuldigten unrechtmäßigen Überbaus nach **73** § 912 Abs 1 (oben Rn 5 ff) weder in seinem direkten noch auch in seinem analogen Anwendungsbereich (oben Rn 53 ff) vor, und hat auch der Nachbar dem Überbau nicht zugestimmt (oben Rn 67 ff), so liegt ein unentschuldigter unrechtmäßiger Überbau vor, der in manchem Besonderheiten aufweist. Ein unrechtmäßiger Überbau muss erst recht nicht geduldet werden, wenn er den **Regeln der Baukunst** nicht entspricht und daher über die Grenzverletzung hinausreichende Beeinträchtigungen des gestörten Grundstücks erwarten lässt (BGH NJW-RR 2009, 24, 25 [Verstoß gegen bayer Bauordnung] mit Anm RING LMK 2008, 271888).

1. Beseitigung (§ 1004); Herausgabe (§ 985); Schadensersatz (§ 990 Abs 2)

Der Eigentümer des Nachbargrundstücks kann nach § 1004 Abs 1 Beseitigung des **74** Überbaus (GLASER ZMR 1985, 145) auf Kosten des Überbauers und nach § 985 Herausgabe der überbauten Fläche verlangen. Beide Ansprüche stehen in **Anspruchskonkurrenz** nebeneinander (etwa BGHZ 40, 18, 22; BGH NJW 2011, 1069 Rn 23; **aA** ausführlich STAUDINGER/GURSKY [2013] § 1004 Rn 42, 43 mwNw). Diese Ansprüche sind gemeinschaftsbezogene Ansprüche nach § 10 Abs 6 S 3 Alt 1 **WEG** (OLG München

NJW 2011, 83, 84). Da der unentschuldigte unrechtmäßige Überbau eine **unerlaubte Handlung** bedeutet, kann auch Wiederherstellung des früheren Zustandes nach § 823 Abs 1 iVm § 249 Abs 1 verlangt werden. Zudem ist an einen Anspruch aus Besitzstörung nach § 862 zu denken. Der Beseitigungsanspruch ist nicht daran gebunden, dass der Überbau für den Nachbarn Nachteile mit sich bringt. Er kann im Einzelfall (selten) **verwirkt** werden (BGH WM 1979, 644, 646). Die langjährige Duldung allein reicht dafür jedoch nicht aus (OLG Nürnberg RdL 1968, 102). Zudem kommen etwa **Schadensersatzansprüche** wegen der Verzögerung der Herausgabe nach § 990 Abs 2 in Betracht (BGHZ 156, 170, 172). Wird nach § 1004 Abs 1 die **Beseitigung** des Überbaus verlangt, so soll der Anspruch trotz § 902 nach Auffassung des BGH in der dreijährigen Verjährungsfrist des § 195 **verjähren** (BGH NJW 2011, 1069 Rn 16; SCHUSTER IMR 2013, 474; OLG Koblenz MDR 2013, 1394). Doch verbleiben dem Eigentümer auch nach Verjährung des Beseitigungsanspruches der nicht der Verjährung (§ 902) unterworfene Anspruch auf **Herausgabe** nach § 985. Die Herausgabe kann also auch dann verlangt werden, wenn der Überbau nicht entfernt wird. Will der Eigentümer den überbauten Teil des Grundstücks anders nutzen, so hat er den auf seinem Grundstück stehenden Gebäudeteil **selbst abzureißen** (BGH NJW 2011, 1069 Rn 18). Über § 985 kann nämlich nicht Entfernung des Überbaus verlangt werden, sondern lediglich die Aufgabe des Besitzes an dem Überbau und Überlassung des Besitzes an dem auf dem Grundstück des Eigentümers stehenden Gebäudeteils (BGH NJW 2011, 1069 Rn 24). Vergleichbare Grundsätze gelten bei der Verjährung eines **öffentlich-rechtlichen Folgenbeseitigungsanspruches.** Auch hier kann der Gestörte nach Eintritt der Verjährung die Beseitigung des rechtswidrig geschaffenen Zustandes auf eigene Kosten durchführen (VGH München NJOZ 2013, 623 [Überbau der Straßenfläche in ein nicht gewidmetes Grundstück hinein]).

75 In eng umgrenzten **Ausnahmefällen** hatte die Rspr den Beseitigungsanspruch aus § 1004 Abs 1 unter Anwendung von § 251 Abs 2 analog ausgeschlossen, wenn er für den Überbauenden mit unverhältnismäßig großen, ihm bei Berücksichtigung der beiderseitigen Interessen billigerweise **nicht zuzumutenden Aufwendungen** verbunden wäre (BGHZ 62, 388, 391; BGH NJW 2004, 1798, 1801; WM 1979, 644; LM Nr 25; GLASER ZMR 1985, 145; **aA** OLG Nürnberg RdL 1968, 102). Nunmehr wird gegen den Anspruch aus § 1004 Abs 1 die **Einrede aus § 275 Abs 2** zugelassen (BGH NJW 2008, 3122 Rn 17 mit Anm GSELL LMK 2008, 266937; BGH NJW 2008, 3123 Rn 18). Dieses Leistungsverweigerungsrecht soll durch die Regelung des § 912 nicht verdrängt werden. Doch kommt in Fällen vorsätzlichen oder grob fahrlässigen Überbaus ein Ausschluss des Beseitigungsanspruches über § 275 Abs 2 regelmäßig nicht in Betracht (BGH NJW 2008, 3123 Rn 23; OLG Brandenburg BauR 2011, 705, 706; anders in einem Ausnahmefall OLGR Stuttgart 2009, 802, 804). Zudem kann auch bei einem grob fahrlässig errichteten Überbau der Beseitigungsanspruch des Nachbarn aus § 1004 Abs 1 ausgeschlossen sein, wenn der Überbaute mit dem Verlangen auf Beseitigung vorwerfbar (§ 254 Abs 2) zuwartet. Doch bleiben die anderen Ansprüche wegen der rechtswidrigen und schuldhaften Rechtsverletzung aus § 990 Abs 2 unberührt (BGH NJW 2008, 3123, 3125). Selten muss die Überbauung des Grundstücks unter dem Aspekt des **nachbarlichen Gemeinschaftsverhältnisses** geduldet werden, wenn etwa ein durch *Wärmedämmung* erhöhtes Dach ohne Überbauung des Nachbardachs nicht oder nur mit unvertretbar hohem Aufwand fachgerecht abgeschlossen werden kann und der Nachbar dadurch tatsächlich nicht beeinträchtigt ist (verneint in BGH NJW-RR 2009, 24, 25 unter Bezugnahme auf BGH NJW-RR 2003, 1313, 1314). Diese Annahmen werden wohl jetzt durch die

Anwendung des § 275 Abs 2 verdrängt, der ebenfalls im Grundsatz von Treu und Glauben wurzelt. Das soll erst recht gelten, wenn die bei Errichtung von Bauwerken vorgeschriebenen Abstände nicht eingehalten werden (BGH NJW 2004, 1798, 1801). Diese Rspr ist sehr bedenklich, weil weder der vorsätzlich Handelnde noch auch der grob Fahrlässige als schutzbedürftig erscheinen (im Unterschied zu den Fällen von Rn 16; auch in anderem Zusammenhang OHLY GRURInt 2008, 787, 797). Letztlich liegt darin eine Art Zwangsenteignung des Nachbarn. Allerdings kann ein Beseitigungsanspruch bei nur ganz **geringfügigen Beeinträchtigungen** ausgeschlossen sein (BGH WM 1977, 536; anders der Fall in KG ZMR 2000, 331, 333). Der Beseitigungsanspruch kann auch durch öffentlich-rechtliche **Zweckentfremdungsverbote** ausgeschlossen sein, wenn sie auch das Verbot der Vernichtung von Wohnraum enthalten. In derartigen Fällen kann sich für den an der Beseitigung gehinderten Nachbarn ein auf Billigkeit gestützter (dazu H ROTH 14 f) bürgerlich-rechtlicher **Aufopferungsanspruch** ergeben, dessen Höhe dem Rentenrecht nach § 912 Abs 2 entspricht (vgl den anders gelagerten Fall von BGHZ 68, 350; unten Rn 77).

2. Eigentumslage

Nach hL wird bei dem unentschuldigten unrechtmäßigen Überbau das Eigentum an **76**
dem Bauwerk an der Grundstücksgrenze **vertikal geteilt**. Jeder Teil gehört dem Eigentümer des Grundstücksfläche, auf dem er steht (BGHZ 27, 204, 207; 41, 157; 57, 245, 249; 62, 141, 143; 64, 333, 337; 102, 311, 314; BGH NJW-RR 2014, 973 Rn 25; NJW 2011, 1069 Rn 17; 1982, 756; 1985, 789, 790 f; NJW-RR 1989, 1039; 2004, 1237 mit Anm SCHUBERT JR 2004, 414; KLEMPT JZ 1969, 223; NEUMANN/DUESBERG BlGBW 1965, 101, 102; STAUDINGER/GURSKY [2013] § 1004 Rn 42; PALANDT/BASSENGE[74] Rn 16, ERMAN/A LORENZ[14] Rn 9; BAUR/STÜRNER, Sachenrecht[18] § 25 Rn 11; TERSTEEGEN RNotZ 2006, 433, 443; aA GOLLNICK AcP 157 [1958/1959] 460, 464 f; HODES NJW 1964, 2382, 2386; SCHUSTER 18 ff). Es gilt das *Akzessionsprinzip*. Die eigentumsmäßige Zusammenfassung wirtschaftlicher Einheiten findet dort ihre Grenze, wo bei der Schaffung dieser Einheit fremdes Eigentum verletzt wird. Es hat bis in die neuere Zeit hinein immer wieder Versuche gegeben, die vertikale Teilung zu vermeiden und den Fall eigentumsmäßig so zu behandeln wie den entschuldigten unrechtmäßigen Überbau mit Eigentum für den überbauenden Grundstückseigentümer (oben Rn 42; DEHNER B § 24 [31]; SOERGEL/JF BAUR[13] Rn 24). Bisweilen wird auch eine Aufteilung in analoger Anwendung des § 947 befürwortet (Münch-Komm/SÄCKER[6] Rn 43) oder das Eigentum am einheitlichen Gebäude nach der Lage des Hauptgebäudes zugeordnet (SCHMITT BayZ 1914, 58, 60; EBEL AcP 141 [1935] 183, 192; WOITE MDR 1961, 895). Für diese Gegenauffassung spricht, dass die vertikale Teilung insbes, wenn sie durch Räume hindurchgeht, zu zweckwidrigen Nutzungen führen kann. Dagegen ist aber einzuwenden, dass der Eigentümer des überbauten Grundstücks jedenfalls **Beseitigung** des überbauten Gebäudeteils verlangen kann (§ 1004 Abs 1, oben Rn 74). Damit ist die betonte wirtschaftliche Sacheinheit gerade nicht gegen Zerstörung geschützt (und kann auch dagegen nicht geschützt werden) (ERMAN/A LORENZ[14] Rn 9; KLEMPT JZ 1969, 223, 224; unhaltbar PICKER, Der negatorische Beseitigungsanspruch [1972] 122 ff). Die hL verdient daher Zustimmung. Die Anwendung der §§ 94 Abs 1 S 1, 946 passt nach Wortlaut und Sinn.

3. Nutzungen; Verwendungen; Wegnahmerecht

Der überbaute Nachbar ist **Eigentümer von Grund und Boden** sowie des aufstehen- **77** den Gebäudeteils. Der Überbauende ist regelmäßig sowohl **Besitzer** hinsichtlich des überbauten Geländeteils als auch der herübergebauten Bauteile (gleich, ob Eigen- oder Fremdbesitzer), ohne zum Besitz berechtigt zu sein (§ 986) (BGHZ 27, 204, 206; BGH NJW 2011, 1069 Rn 17). In aller Regel liegt daher ein **Eigentümer-Besitzer-Verhältnis** nach den §§ 987 ff vor (BGHZ 27, 204 ff). Dem überbauten Nachbarn stehen die **Nutzungen** hinsichtlich des übergebauten Teils nach den §§ 987, 990, 988, 100 zu (BGHZ 27, 204, 209; Folgesache BGHZ 41, 157 ff; Bespr von EICHLER JuS 1965, 47; BGH NJW 2011, 1069 Rn 18). Insbes können daher Mieterträge (§§ 100, 99 Abs 3) herausverlangt werden.

78 Der Eigentümer des überbauten Grundstücks kann **wählen**, ob er den Abriss nach § 1004 Abs 1 verlangt (oben Rn 74), oder ob er seinen Eigentumsteil behalten und nutzen will. Wird der Anspruch aus § 985 auf Herausgabe erhoben, so soll der Überbauer **keinen Verwendungsersatzanspruch** aus § 996 für den Hausbau haben, da derartige sachändernde Aufwendungen keine Verwendungen seien. Das betrifft in erster Linie die meist beträchtlichen Bauaufwendungen, für die dann auch kein Zurückbehaltungsrecht nach § 1000 geltend gemacht werden kann (BGHZ 41, 157, 159 ff). Da der BGH auch die *Verwendungskondiktion* aus § 951 Abs 1 S 1 (§§ 946, 947 Abs 2) iVm § 812 Abs 1 S 1 Alt 2 ausschließt, obwohl die sachverändernde Bebauung gerade nicht als Verwendung angesehen wird (BGHZ 41, 157, 159, 162 in Abgrenzung zu BGHZ 10, 171; anders schon FRIEDMANN 45), bleibt lediglich das (meist wertlose) **Wegnahmerecht** nach § 997 iVm § 258 (BGH NJW 2011, 1069 Rn 18). Das bedeutet den **Abbruch** des Überbaus mit der dann möglichen Verwendung der frei werdenden Baustoffe. Da im entschiedenen Fall der Abbruch nach öffentlichem Recht verboten und damit das Wegnahmerecht ausgeschlossen war (allgemein dazu HERR MDR 1957, 340; oben Rn 75), wurde dann doch über § 242 ein Ausgleichsanspruch zugesprochen (BGHZ 41, 157, 165). Dabei wurde der geschuldete Betrag aber nicht allein nach dem Wert des Wegnahmerechts berechnet, sondern auch unter Berücksichtigung des Vorteils des Eigentümers. Richtig erscheint es, auch die **sachändernden Verwendungen dem § 996** unterfallen zu lassen und Härten für den Eigentümer über die Regeln der *aufgedrängten Bereicherung* auszugleichen (so MünchKomm/BALDUS[6] § 994 Rn 11; zum Verwendungsbegriff eingehend STAUDINGER/GURSKY [2013] Vorbem 8 zu §§ 994–1003; H ROTH JuS 1997, 1087, 1089, je mit zahlr Nachw der in der Lit hL).

VII. Bildung von Wohnungs- oder Teileigentum

1.   Rechtmäßiger und entschuldigter unrechtmäßiger Überbau

79 Nach § 1 Abs 4 WEG kann **Wohnungseigentum** (§ 1 Abs 2 WEG) und **Teileigentum** (§ 1 Abs 3 WEG) nicht in der Weise begründet werden, dass das Sondereigentum mit Miteigentum an mehreren Grundstücken verbunden ist. Heute ist weithin gesichert, dass **§ 1 Abs 4 WEG** für den rechtmäßigen Überbau (oben Rn 67 ff) und den entschuldigten unrechtmäßigen Überbau (§ 912 Abs 1, oben Rn 5 ff) die Einbeziehung des Überbaus in die Begründung von Raumeigentum nicht verbietet (OLG Karlsruhe ZWE 2014, 23; BWNotZ 1986, 84; OLG Stuttgart FGPrax 2011, 285 [Begründung von Teileigentum an einer Tiefgarage]; Rpfleger 1982, 375; OLG Hamm Rpfleger 1984, 98; LG Stade Rpfleger 1987, 63 mit krit Anm W SCHMIDT Rpfleger 1987, 411; PALANDT/BASSENGE[74] § 1 WEG Rn 7; Gutachten DNotI-Report 01/2007, 1 ff; SANDWEG BWNotZ 2013, 117; TERSTEEGEN RNotZ 2006, 433, 452 ff; BRÜNGER MittRhNotK 1987, 269; RASTÄTTER BWNotZ 1986, 79; DEMHARTER Rpfleger 1983, 133,

134; RÖLL ZfBR 1983, 201, 202; ders MittBayNot 1982, 172; WEITNAUER ZfBR 1982, 99). § 1 Abs 4 WEG untersagt nicht, das Sondereigentum an einheitlichen Gebäuden auf mehreren Grundstücken zu begründen. Es reicht vielmehr aus, wenn das ganze Gebäude wesentlicher Bestandteil eines Stammgrundstücks ist und ihm eigentumsrechtlich einheitlich zugeordnet wird, wie das in den genannten Konstellationen der Fall ist. Deshalb kann das Sondereigentum im gesamten Gebäude mit dem Miteigentum am Stammgrundstück zu Wohnungseigentum (Teileigentum) verbunden werden, selbst wenn die Sondereigentumseinheit nur auf dem Nachbargrundstück gelegen ist (OLG Karlsruhe BWNotZ 1986, 84). Diese eigentumsrechtliche Zuordnung braucht aus dem **Grundbuch** nicht ersichtlich zu sein (mit Recht DEMHARTER Rpfleger 1983, 133; **aA** OLG Stuttgart Rpfleger 1982, 375 [Grunddienstbarkeit]). Auch bei Vorliegen eines **Eigengrenzüberbaus** scheidet die Bildung von Wohnungseigentum nicht grundsätzlich aus, wenn das Gebäude einheitlich dem aufzuteilenden Stammgrundstück zugeordnet werden kann (Einzelheiten Gutachten DNotI-Report 01/2007, 1 ff).

Kennt das **Grundbuchamt** die Grenzüberschreitung, so muss ihm in der **Form des § 29** **80** **GBO** nachgewiesen werden, dass entweder kein Überbau vorliegt, oder aber der übergebaute Gebäudeteil wesentlicher Bestandteil des Stammgrundstücks ist (DEMHARTER Rpfleger 1983, 133, 136 f; LG Bautzen NZM 2001, 201 [Erker]). Die Einzelheiten sind streitig und gehören in das Grundbuchrecht (Streitstand bei WUDY Rpfleger 1999, 273 zu LG Leipzig 272). So genügt es (ist aber nicht erforderlich), wenn das Gebäude in Ausübung einer zuvor bestellten *Dienstbarkeit* über die Grenze gebaut worden ist (zu dem nur relativen Aussagegehalt der Dienstbarkeit neben der Gestattung LUDWIG DNotZ 1983, 411, 416). Anders liegt es, wenn die Dienstbarkeit erst nachträglich entstanden ist (LG Stade Rpfleger 1987, 63; **aA** OLG Hamm Rpfleger 1984, 98). Die subjektiven Momente wie das **Fehlen von Vorsatz und grober Fahrlässigkeit** in § 912 Abs 1 können wohl durch Vorlage eines Urteils nachgewiesen werden, das im Verhältnis zwischen den beiden Grundstückseigentümern das Recht zur Duldung des Überbaus feststellt (DEHNER B § 24 [35]; Bedenken bei LUDWIG DNotZ 1986, 755, 757).

2. Unentschuldigter unrechtmäßiger Überbau

In diesem Falle sind die Gebäudeteile eigentumsrechtlich den jeweiligen Grundstücken zugeordnet, auf denen sie stehen (oben Rn 76). Hier kann das auf ihnen befindliche Sondereigentum nur mit dem Miteigentum am dazugehörenden Grundstück zu Wohnungseigentum (Teileigentum) verbunden werden. Voraussetzung für die Begründung von Wohnungs- und Teileigentum ist es, dass dem **Grundeigentümer** das Gebäude gehört (PALANDT/BASSENGE[74] § 1 WEG Rn 9 mwNw). **81**

VIII. Übergangsrecht

Nach Art 181 EGBGB gelten für einen Überbau, der vor dem 1.1.1900 durchgeführt worden ist, die §§ 912 ff BGB (dazu RGZ 169, 172; BGHZ 97, 292, 293 f; 102, 311, 313; OLG Frankfurt OLGReport 2006, 860; KONKOLEWSKI 39 ff). Die Duldung eines Überbaus gehört zum Inhalt des Eigentums. Auch wenn sich eine *nachträgliche Gebäudeneigung* (oben Rn 61) schon vor dem **Jahre 1900** abgespielt hat, finden die Überbauvorschriften der §§ 912 ff Anwendung (BGHZ 97, 292, 293 f). Für die Bemessung der Überbaurente ist nicht die Zeit der Grenzüberschreitung, sondern diejenige des Inkrafttretens des BGB maßgebend (OLG Frankfurt DWW 1964, 21; DEHNER B § 24 [45]; **82**

Wolff 191). Erst zu diesem Zeitpunkt ist die Duldungspflicht und damit der Rentenanspruch entstanden. Die §§ 912 ff sind dagegen nicht anwendbar, wenn der Überbauende durch den Überbau schon vor dem 1. 1. 1900 nach altem Recht das Eigentum an der überbauten Fläche erlangt hat (RGZ 46, 143; 47, 115; 52, 16). Nach Art 231
§ 5 Abs 5, Art 233 § 2 Abs 1 EGBGB ist § 912 BGB auch auf die vor dem 3. 10. 1990
errichteten Überbauten anwendbar, wenn der Überbau zu **DDR-Zeiten** errichtet
wurde (BGH NJW 2011, 1069 Rn 37 [auch zur Berechnung der Überbaurente für einen im
Beitrittsgebiet geschehenen Überbau]; OLG Jena NJOZ 2013, 197; OLG Brandenburg U v. 22. 5.
2008 Az 5 U 58/07 juris Rn 46).

IX. Prozessuales

83 § 912 Abs 1 bedeutet gegenüber dem Beseitigungsanspruch des Nachbarn aus § 1004
Abs 1 eine **Einwendung** für den Überbauenden (nicht eine *Einrede*, wie Schmitt BayZ
1914, 58, 59 meint). Der Überbauende muss diejenigen Umstände behaupten und
beweisen, die Schuldlosigkeit oder leichte Fahrlässigkeit dartun (oben Rn 22, 26;
RGZ 47, 114, 117; BGHZ 39, 5, 14; Hagena 36). Dagegen muss der Gestörte behaupten
und beweisen, dass er rechtzeitig Widerspruch erhoben hat (oben Rn 33; Prot III 135;
BGH WM 1963, 483, 485; Hagena 36). Beruft sich der Beklagte gegenüber der Beseitigungsklage auf **Rechtsmissbrauch** (oben Rn 75), so hat er die Umstände zu beweisen,
welche die unzumutbare Höhe der Kosten ergeben (Baumgärtel/Laumen/Prütting/
Schuschke, Beweislast[3] Rn 8). Das Vorliegen eines Überbaus selbst hat der gestörte
Nachbar zu beweisen (Baumgärtel/Laumen/Prütting/Schuschke, Beweislast[3] Rn 1). –
Wegen der **Beschwer** (Stein/Jonas/H Roth, ZPO [23. Aufl 2014] § 7 Rn 5; BGH NZM 2010,
215; 2007, 300 [LS] mit Anm der Schriftleitung).

84 Ob es sich um grobe oder um leichte Fahrlässigkeit iS von § 912 handelt, ist eine
Rechtsfrage, die dem Beweis nicht zugänglich ist (vgl BGHZ 10, 14, 17). Es obliegt der
Entscheidung des Tatrichters, ob ein vorwerfbares Verhalten als grob fahrlässig zu
werten ist. Dessen Wertung wird durch das Revisionsgericht nicht überprüft, wenn
er nicht den Rechtsbegriff der groben Fahrlässigkeit verkannt hat oder der Wertung
fehlerhaft gewonnene Feststellungen zu Grunde gelegt hat (BGH NJW 2008, 3123,
3124). Die Entscheidung, wer über die Grenze gebaut hat, bedeutet keine reine
Tatsachenfeststellung, sondern bereits eine rechtliche Würdigung (BGH NJW 1985, 789,
790). Ob die erforderliche *Gebäudeeinheit* vorliegt (oben Rn 7), obliegt in erster Linie
der Beurteilung des Tatrichters. Doch kann das Revisionsgericht überprüfen, ob er
dabei von den richtigen rechtlichen Wertungen ausgegangen ist und alle wesentlichen Umstände des Falles berücksichtigt hat (BGH NJW-RR 1989, 1039; zur Geschäfts-
herreneigenschaft oben Rn 12; zum Zeitpunkt der Rentenberechnung oben Rn 46).

§ 913
Zahlung der Überbaurente

**(1) Die Rente für den Überbau ist dem jeweiligen Eigentümer des Nachbargrund-
stücks von dem jeweiligen Eigentümer des anderen Grundstücks zu entrichten.**

(2) Die Rente ist jährlich im Voraus zu entrichten.

Materialien: E I §§ 857, 858; II § 827; III § 897;
Mot III 286; Prot III 136 f; 377; VI 299;
Denkschr 129; MUGDAN III 156 ff; 589 f; 974.

Schrifttum

Angaben bei § 912.

I. Rentenrecht

Rentenberechtigter ist der **jeweilige Eigentümer** (sowie unten § 916 Rn 1) des Nach- **1**
bargrundstücks, dh des überbauten Grundstücks (zur Eigentumslage am Grundstück oben
§ 912 Rn 41). Das Rentenrecht gehört zum Inhalt des Eigentums am überbauten
Grundstück; es bedeutet den Ausgleich für den versagten Eigentumsfreiheitsan-
spruch (§ 1004 Abs 1) (BGH NJW-RR 2014, 971 Rn 9; WOLFF/RAISER, Sachenrecht 200; DEH-
NER B § 24 [37]; WESTERMANN/GURSKY/EICKMANN/H P WESTERMANN, Sachenrecht⁸ § 62 Rn 10).
Die **Höhe** der Überbaurente bemisst sich nach dem Verkehrswert der überbauten
Bodenfläche im Zeitpunkt der Grenzüberschreitung (BGH NJW 2011, 1069 Rn 31).
Dem entspricht das Verständnis der Duldungspflicht wegen des Überbaus als einer
Eigentumsbeschränkung (oben § 912 Rn 3). Daraus ergibt sich bereits, dass das Ren-
tenrecht von dem Eigentum des überbauten Grundstücks nicht getrennt werden
kann. Es ist selbstständig weder abtretbar noch pfändbar. Anderes gilt für den
Anspruch auf die einzelne Rentenzahlung (PALANDT/BASSENGE⁷⁴ Rn 2; DEHNER B § 24
[39]). Bei gleichem Ergebnis setzt die Rspr für die Begründung die Akzente anders.
Mit Blick auf § 914 Abs 3 wird § 1110 angewendet (RGZ 160, 166, 179; 65, 361, 362 f).
Wegen der in § 914 Abs 3 enthaltenen Verweisung ist es auch nach der hier vertretenen Meinung nicht falsch, von einem „reallastähnlichem" Verhältnis zu sprechen. Gläubiger der zur Zeit des Eigentumsübergangs **fälligen Einzelleistungen**
bleibt der Veräußerer (PALANDT/BASSENGE⁷⁴ Rn 2; GRZIWOTZ/LÜKE/SALLER² 2. Teil Rn 279).
Wird das Nachbargrundstück, auf dem der Überbau steht, *geteilt,* so gilt nach § 914
Abs 3 die Norm des § 1109 Abs 3. Rentenberechtigt ist dann nur der Eigentümer
desjenigen Teils, auf dem sich der Überbau jetzt befindet. Steht das Eigentum am
überbauten Grundstück in *Miteigentum,* so kann jeder Miteigentümer den Anspruch
in voller Höhe nach Maßgabe des § 432 geltend machen (WOLFF 139; heute allgM). Bei
einem Verkauf liegt in der Belastung des Käufers mit der Überbaurente ein Rechts-
mangel vor (§§ 437 Nr 3, 435, 280, 281) (OLG Koblenz NZM 2008, 224).

II. Rentenpflicht

Die Rentenpflicht trifft den jeweiligen Eigentümer des **Stammgrundstücks** (oben § 912 **2**
Rn 13). Sie ist **Inhalt des Eigentums** am Stammgrundstück und bildet den Ausgleich
für die Ausdehnung des Eigentums (WOLFF/RAISER, Sachenrecht 200). Auch der in
Ansehung der Rentenpflicht gutgläubige Erwerber schuldet die Rente. Nach
Art 116 EGBGB kann die Pflicht zur Rentenzahlung durch **Landesrecht** nicht ausgeschlossen werden. Wird das überbauende Grundstück geteilt, so haften alle Teileigentümer für die Rente als *Gesamtschuldner* nach Maßgabe von § 914 Abs 3 iVm
§ 1108 Abs 2 (BGB-RGRK/AUGUSTIN Rn 6; **aA** WOLFF 140). Während der Dauer seines
Eigentums schuldet der Eigentümer nach § 914 Abs 3 iVm § 1108 Abs 1 die fälligen

Leistungen auch persönlich. Wird das überbauende Grundstück veräußert, so schuldet der Veräußerer auch die **Rückstände** weiter persönlich. Dagegen haftet der **Rechtsnachfolger** für die Rückstände nach § 914 Abs 3 iVm den §§ 1107, 1113 ff nur dinglich.

III. Grundpfandgläubiger

3 Das Rentenrecht steht nur dem **Eigentümer** und den in § 916 genannten Beteiligten (unten § 916 Rn 1) zu, nicht dagegen anderen Realberechtigten. Zwar wird den Grundpfandgläubigern der überbaute Teil aus der Haftung entzogen. Doch haftet stattdessen nach § 914 Abs 3 iVm den §§ 1107, 1126, 1192, 1200, 96 die Überbaurente (DEHNER B § 24 [38]). Die Grundpfandgläubiger haben deshalb ein Interesse an der Feststellung der gesetzlichen Rentenhöhe und können auf deren **Feststellung** klagen (BGB-RGRK/AUGUSTIN Rn 2; DEHNER B § 24 [39]; vgl auch Prot III 136; Mot III 286).

IV. Beginn; Vorauszahlung; Verjährung

4 Die Rentenzahlungspflicht **entsteht** mit dem Tage des Beginns des Überbaus, auch wenn dieser erst später entdeckt wird (hL; PALANDT/BASSENGE[74] Rn 3; MünchKomm/SÄCKER[6] Rn 3; VOGEL Das Grundeigentum 2007, 492 mit Beispielen). Für die stattdessen befürwortete Haftung nach den §§ 987 ff besteht keine innere Rechtfertigung (so aber Mot III 287). Die hier vertretene Ansicht lässt sich darauf stützen, dass das Rentenrecht **Inhalt des Eigentums** ist (oben Rn 1). Die einjährige Zahlungsweise erklärt sich aus dem meist nur geringen Betrag der zu leistenden Rente. Die Rente ist nach Abs 2 jährlich im Voraus zu entrichten. Ein **Schuldnerverzug** führt nicht dazu, dass die Beseitigung des Überbaus verlangt werden könnte (oben § 912 Rn 35). Wegen § 914 Abs 3 iVm den §§ 1107, 289 können keine Verzugszinsen verlangt werden. Eine abweichende Regelung der Zahlungsmodalitäten ist möglich. Doch gewinnen derartige Abreden dingliche Wirkung nur durch Grundbucheintragung (Denkschr 129; MünchKomm/SÄCKER[6] Rn 4; unten § 914 Rn 3).

5 Das Rentenstammrecht kann **nicht verjähren**. Dagegen unterliegen die Ansprüche auf die einzelnen fälligen Renten der Verjährung des § 195 in drei Jahren. Gleichgültig dafür ist es, wann der einzelne Anspruch nach Art und Höhe festgestellt wird (OLG Stuttgart Recht 1913 Nr 1292; SOERGEL/JF BAUR[13] Rn 2).

§ 914
Rang, Eintragung und Erlöschen der Rente

(1) Das Recht auf die Rente geht allen Rechten an dem belasteten Grundstück, auch den älteren, vor. Es erlischt mit der Beseitigung des Überbaus.

(2) Das Recht wird nicht in das Grundbuch eingetragen. Zum Verzicht auf das Recht sowie zur Feststellung der Höhe der Rente durch Vertrag ist die Eintragung erforderlich.

(3) Im Übrigen finden die Vorschriften Anwendung, die für eine zugunsten des jeweiligen Eigentümers eines Grundstücks bestehende Reallast gelten.

Materialien: E I § 858; II § 827; III § 898;
Mot III 286; Prot III 136 f; 377; IV 589; VI 229 ff;
Denkschr 129.

Schrifttum

BÖHRINGER, Grundbuchverfahren beim Verzicht auf die Überbaurente, Rpfleger 2008, 177
KINNE, Rechtsfragen des Überbaus, Das Grundeigentum 2007, 490
LUDWIG, Überbaurente und Parteivereinbarung, DNotZ 1984, 541

TERSTEEGEN, Der Überbau in der notariellen Praxis, RNotZ 2006, 433, 460 ff.

Weitere Angaben bei § 912.

I.   Rang (Abs 1 S 1)

Das Rentenrecht (oben § 913 Rn 1) geht allen Rechten an dem belasteten Grundstück **1** (oben § 913 Rn 2), insbes auch den älteren Rechten, vor. Das Gesagte gilt für das *Stammrecht* in gleicher Weise wie für das *Recht auf die Einzelleistungen*. Treffen mehrere Überbaurenten (zB § 916) oder eine Überbaurente mit einer Notwegrente (§ 917 Abs 2 S 1) zusammen, so richtet sich der Rang nach der **Entstehung des einzelnen Rechts** (oben § 913 Rn 4). Das Rentenrecht kann wegen § 914 Abs 2 S 1 nicht in das Grundbuch eingetragen werden.

II.   Grundbuchrecht

Trotz der in § 914 Abs 2 S 1 getroffenen Regelung wirft das Rentenrecht eine Reihe **2** von grundbuchrechtlichen Fragen auf (Überblick bei BÖHRINGER Rpfleger 2008, 177). Da das Grundbuch insoweit nicht mit **öffentlichem Glauben** ausgestattet ist, darf das Rentenrecht grundsätzlich noch nicht einmal aufgrund einer Bewilligung des Eigentümers des Stammgrundstücks eingetragen werden (BGH LM Nr 1). Das Rentenrecht und die damit verbundenen Rechte und Pflichten sind weder eintragungsbedürftig noch auch eintragungsfähig. Der *öffentliche Glaube* des Grundbuchs „steht ihm weder zur Seite noch entgegen" (SOERGEL/JF BAUR[13] Rn 2).

Grundbuchrechtlich ohne Belang sind schuldrechtliche Vereinbarungen der Partei- **3** en, die nur inter partes wirken und nicht mit dinglicher Wirkung ausgestattet sind. Danach steht es den Parteien stets frei, **Vereinbarungen** über die Höhe der Rente zu treffen. Kommt es darüber zu keiner Einigung, so wird die Rente in ihrer gesetzlichen Höhe nach § 912 Abs 2 S 1, 2 (oben § 912 Rn 47) geschuldet und muss ggf eingeklagt werden, wenn sie nicht freiwillig bezahlt wird. Doch wirkt auch das Urteil nach § 325 ZPO grundsätzlich nur zwischen den Parteien. Lediglich schuldrechtliche Wirkung entfaltet auch der **formlose Erlassvertrag** (§ 397) über die Rente. Sollen dingliche Wirkungen herbeigeführt werden, fordert § 914 Abs 2 S 2 für zwei Fälle (Verzicht und Feststellung der Rentenhöhe durch Vertrag) die Eintragung des Rentenrechts im **Grundbuch**. Diese Regelung wird mit Recht nicht als abschließend verstanden. Soll nämlich das Rentenrecht in sonstiger Weise vertraglich in seinem Inhalt geändert werden (zB oben § 913 Rn 4), so ist eine Eintragung möglich und erforderlich (ERMAN/A LORENZ[14] Rn 2; SOERGEL/JF BAUR[13] Rn 2). Das gilt für alle Vereinbarungen, welche die gesetzliche Rechtslage abändern oder wenigstens verbindlich klarstellen wollen, sofern ihnen Drittwirkung beigelegt werden soll.

4 Mit dem **„Verzicht auf das Recht"** meint das Gesetz keinen dinglichen Vertrag (arg § 914 Abs 2 S 2 Alt 2; richtig LUDWIG DNotZ 1984, 541, 543), sondern die einseitige Erklärung des Berechtigten. In der Sache ähnelt der Verzicht der Aufhebung nach § 875 Abs 1 S 1, wenngleich das Rentenrecht nach richtiger Auffassung kein selbstständiges Recht am Stammgrundstück iS einer gesetzlichen Reallast ist, sondern sich als **Eigentumsinhalt** darstellt (oben § 913 Rn 1 f; für direkte Anwendung des § 875 Abs 1 die hL, zB TERSTEEGEN RNotZ 2006, 433, 460 mit Nachw). Zudem schreibt die Aufhebung des § 875 eine Löschung des Rechts im Grundbuch vor, die nach § 46 GBO an sich durch **Löschungsvermerk** in der Löschungsspalte des Grundbuchs und nach § 17 GBV durch Rötung geschieht. Eine Löschung in dieser technischen Form ist für das Rentenrecht jedoch wegen § 914 Abs 2 S 1 nicht möglich. Nach hL in Rspr und Lit ist der Rentenverzicht im Grundbuch des **rentenbelasteten** (überbauenden) **Grundstücks** in Abteilung II Spalte 3 (§ 10 Abs 1 lit a, Abs 4 GBV analog) einzutragen (BayObLG NJW-RR 1998, 1389; DNotZ 1977, 111; KG JFG 4, 387; OLGZ 1967, 328; OLG Bremen DNotZ 1965, 295; OLG Düsseldorf OLGZ 1978, 19; LG Düsseldorf Rpfleger 1990, 288; PALANDT/BASSENGE[74] Rn 3; MünchKomm/SÄCKER[6] Rn 3; ERMAN/A LORENZ[14] Rn 2; SOERGEL/JF BAUR[13] Rn 2; BGB-RGRK/AUGUSTIN Rn 4; BÖTTCHER NJW 2013, 2805; Eintragungstext bei BÖHRINGER Rpfleger 2008, 177, 180). Daneben kann (nicht: muss) der beim rentenpflichtigen Grundstück eingetragene Verzicht auf die Überbaurente in analoger Anwendung des § 9 GBO auf dem Grundbuchblatt des **rentenberechtigten Grundstücks** vermerkt werden (überzeugend KG Rpfleger 1968, 52, 54; OLG Bremen Rpfleger 1965, 55, 56; LG Düsseldorf Rpfleger 1990, 288; MünchKomm/SÄCKER[6] Rn 5; **aA** BGH NJW 2014, 1179 Rn 12 ff [gegen eine analoge Anwendung des § 9 GBO]; BayObLG NJW-RR 1998, 1389 mit Nachw; KG NJOZ 2012, 764 = Rpfleger 2012, 135; DEMHARTER, GBO[29] § 9 Rn 5; MEIKEL/BÖTTCHER, GBO [10. Aufl 2009] § 9 Rn 25; PALANDT/BASSENGE[74] Rn 3; PWW/LEMKE[9] Rn 4; BÖTTCHER NJW 2013, 2805). Das schafft für den Rechtsverkehr Klarheit, dass dem Eigentümer des überbauten Grundstücks keine Rechte aus dem Überbau zustehen. Auch bei einem **rechtmäßigen Überbau** ist der Verzicht auf eine Überbaurente im Grundbuch einzutragen (LG Köln RNotZ 2006, 289). Das Ergebnis der hL rechtfertigt sich für diejenigen, die im Rentenrecht (zu Unrecht) ein selbstständiges subjektives Recht sehen (dagegen oben § 913 Rn 1, „gesetzliche Reallast") ohne Weiteres. Die betreffende Rechtsfolge lässt sich aber auch nach der hier vertretenen Auffassung iS eines Verständnisses als Eigentumsbeschränkung halten, wenn man die Verweisungen des § 913 Abs 3 auf die Vorschriften der Reallast *einschließlich* der dafür maßgeblichen grundbuchrechtlichen Vorschriften versteht (in diese Richtung wohl auch WOLFF/RAISER, Sachenrecht 200). Die **Gegenauffassung** setzt sich für eine Eintragung bei dem **rentenberechtigten (überbauten) Grundstück** ein (insbes DEHNER B § 24 [50]; BESSELL DNotZ 1965, 297; ders DNotZ 1968, 617; BÖCK MittBayNot 1976, 63). Sieht man wie hier (oben § 913 Rn 1) das Rentenrecht als Teil der Befugnisse, die das Eigentum am überbauten Grundstück bilden, so ist der Zusammenhang des Verzichts mit einer Grunddienstbarkeit hergestellt, welche die Ausübung eines Rechts ausschließt, das sich aus dem Eigentum an dem überbauten Grundstück ergibt (§ 1018 Alt 3). ME wird man der gesetzlichen Regelung, welche das Rentenrecht einerseits als Eigentumsinhalt ansieht, es andererseits aber in § 914 Abs 3 wie eine subjektiv dingliche Reallast behandelt, am ehesten gerecht, wenn auf **beiden Grundbuchblättern** eingetragen wird. Dieser Haltung entspricht es, die Unentgeltlichkeit des Überbaus auch durch eine **Grunddienst-**

barkeit nach § 1018 Alt 3 absichern lassen zu dürfen, deren Wirkungen freilich weniger weit reichen als der Verzicht (LUDWIG DNotZ 1984, 541, 544; gegen diese Möglichkeit BayObLG DNotZ 1977, 111). Es handelt sich um eine Grunddienstbarkeit zu Lasten des rentenberechtigten überbauten Grundstücks. Nach § 876 S 2 ist die Zustimmung der Realberechtigten des rentenberechtigten Grundstücks erforderlich, da die Rente anstelle der überbauten Fläche haftet.

Die „**Feststellung der Höhe der Rente durch Vertrag**" mit dinglicher Wirkung wird **5** nach hL ebenfalls auf dem mit der Rente belasteten Grundstück (überbauendes Grundstück) in Abteilung II mit der Möglichkeit eines **Aktivvermerks** nach § 9 GBO analog auf dem Blatt des berechtigten Grundstücks eingetragen (BGH MDR 1983, 568; MünchKomm/SÄCKER[6] Rn 2, 3; PALANDT/BASSENGE[74] Rn 2). Für die Eintragung einer **höheren** als der gesetzlichen Rente ist das Ergebnis unbestritten. Wird dagegen eine **niedrigere** Rente als die gesetzliche vereinbart, so sollen nach manchen Autoren die Grundsätze von oben Rn 4 gelten und die Eintragung auf dem rentenberechtigten Grundstück vorzunehmen sein (DEHNER B § 24 [51]). In der grundbuchrechtlichen und notariellen Praxis wird sich freilich meistens nicht sicher feststellen lassen, ob die Rente durch die Vereinbarung herauf- oder herabgesetzt worden ist. Kann sich demnach die Vereinbarung sowohl erhöhend als auch ermäßigend auswirken, so sollte mE auf den **Grundbuchblättern beider Grundstücke** eingetragen werden (wie DEHNER B § 24 [51]; unentschieden NK-BGB/RING[2] Rn 17). Dagegen differenziert die hL nicht und trägt in allen Fällen auf dem Grundbuchblatt des belasteten Grundstücks ein. Ist die vereinbarte Rente niedriger als die gesetzliche, so müssen die dinglich Berechtigten am überbauten Grundstück zustimmen, weil sich der Haftungsgegenstand verringert. Sicherheitshalber sollten aber stets in allen Fällen die möglichen **Zustimmungen eingeholt** werden.

Der **Vorrang** des Rentenrechts nach § 914 Abs 1 S 1 wirkt nur in der **gesetzlichen 6 Höhe** der betreffenden Rente, nicht dagegen für denjenigen Teil der vertraglichen Rentenerhöhung, der darüber hinausreicht. Ist das Grundstück des Rentenpflichtigen (überbauendes Grundstück) mit **Grundpfandrechten** belastet, so kann der über die gesetzliche Höhe hinausgehende Teil der Rente nur bei einer Vorrangeinräumung (§ 880) denselben Rang erhalten wie die gesetzliche Rente (allgM, MünchKomm/ SÄCKER[6] Rn 4; PALANDT/BASSENGE[74] Rn 2; ERMAN/A LORENZ[14] Rn 1; BGB-RGRK/AUGUSTIN Rn 5; Denkschr 129).

III. Zwangsversteigerung

Das Rentenrecht bleibt nach § 52 Abs 2 ZVG auch dann bestehen, wenn es bei der **7** Feststellung des **geringsten Gebots** (§ 44 ZVG) nicht berücksichtigt ist. Für die *rückständige Rente* ist die Einschränkung des § 10 Nr 4 ZVG zu beachten. Wird das duldungspflichtige Grundstück (überbautes Grundstück) beschlagnahmt (§ 20 ZVG), so erfasst die Beschlagnahme auch das Rentenrecht (§§ 20 Abs 2 ZVG; 865 ZPO; 96 BGB). Bei der **Zwangsversteigerung** wird nach § 21 Abs 2 Alt 2 ZVG aber nicht der Rentenanspruch umfasst. Anders liegt es wegen § 148 Abs 1 ZVG bei der **Zwangsverwaltung**. Mit dem Zuschlag erwirbt der neue Eigentümer das Rentenrecht (§§ 90 Abs 2, 55 Abs 1, 20 Abs 2 ZVG).

IV. Analoge Anwendung der Reallastvorschriften (Abs 3)

8 Die Überbaurente wird nach § 914 Abs 3 wie eine subjektiv dingliche **Reallast** behandelt. Es gelten entsprechend die §§ 1107, 1108 (oben § 913 Rn 2), § 1109 Abs 3 (oben § 913 Rn 1), § 1110. Nicht anwendbar sind dagegen die §§ 1111, 1112. Die Verweisungsnorm umfasst auch die betreffenden Regelungen des **Grundbuchrechts** (oben Rn 4).

V. Erlöschen

9 Das Rentenrecht erlischt mit **Verzicht** (oben Rn 4) und mit der Beseitigung des Überbaus (auch oben § 912 Rn 45). Dabei ist es gleichgültig, durch wen oder auf wessen Veranlassung hin der Überbau beseitigt wurde. Wegen § 914 Abs 2 S 1 sind im Grundbuch grundsätzlich keine Maßnahmen veranlasst. Befinden sich dagegen auf die Rente bezogene Eintragungen im Grundbuch (oben Rn 3), so wird das Grundbuch nach § 894 BGB iVm den §§ 9, 23, 24 GBO berichtigt. Vor der Berichtigung ist nach § 892 *Vertrauensschutz* möglich (Wolff 160). Wenn die Rente bereits im Voraus entrichtet war (§ 913 Abs 2), so wird anteilig abgerechnet.

§ 915
Abkauf

(1) Der Rentenberechtigte kann jederzeit verlangen, dass der Rentenpflichtige ihm gegen Übertragung des Eigentums an dem überbauten Teil des Grundstücks den Wert ersetzt, den dieser Teil zur Zeit der Grenzüberschreitung gehabt hat. Macht er von dieser Befugnis Gebrauch, so bestimmen sich die Rechte und Verpflichtungen beider Teile nach den Vorschriften über den Kauf.

(2) Für die Zeit bis zur Übertragung des Eigentums ist die Rente fortzuentrichten.

Materialien: E I § 859; II § 828; III § 899;
Mot III 287; Prot III 138.

Schrifttum

Angaben bei § 912.

I. Normzweck

1 Die überbaute Grundfläche bleibt im **Eigentum** desjenigen, dem sie auch vor dem Überbau gehörte (oben § 912 Rn 41). Damit wird in der Regel aber nur wenig oder gar kein Nutzen verbunden sein, da die Beseitigung des Überbaus nicht absehbar ist und im Übrigen vom Willen des Überbauenden abhängt (**„Schattenrecht"**). Daher gibt das Gesetz dem Rentenberechtigten ein Recht auf Abkauf (Grundabnahme) anstelle der Rente. Das „Verlangen" des § 915 Abs 1 S 1 bedeutet weder einen Anspruch noch auch einen Antrag auf Abschluss eines Kaufvertrages. Vielmehr handelt es sich um die Ausübung eines **Gestaltungsrechts**, wie auch das Wort „Befugnis" in Abs 1 S 2 nahelegt (allgM, RGZ 74, 90; PALANDT/BASSENGE[74] Rn 1; BAMBERGER/ROTH/FRITZSCHE[3] Rn 1; GRZIWOTZ/LÜKE/SALLER[2] 2. Teil Rn 302; MünchKomm/SÄCKER[6] Rn 3; BGB-RGRK/ AUGUSTIN Rn 3; TERSTEEGEN RNotZ 2006, 433, 459). Die Form des § 311b braucht nicht eingehalten zu werden. Im Ergebnis werden durch § 915 Eigentum und Nutzung nicht dauernd getrennt gehalten. Die **Unverjährbarkeit** ergibt sich schon aus der Eigenschaft als Gestaltungsrecht (unten § 924 Rn 1).

II.   Berechtigter; Adressat

Das Recht auf Abkauf steht allein dem **rentenberechtigten Eigentümer** des über- **2** bauten Grundstücks zu. Dagegen gehören die sonstigen in § 916 genannten Rentenberechtigten nicht zu den Begünstigten, da eine entsprechende Verweisung fehlt. Umgekehrt kommt dem Rentenverpflichteten (oben § 913 Rn 2) keine Ablösungsbefugnis zu. Steht das überbaute Grundstück im *Miteigentum,* so kann das Recht auf Grundabnahme nur durch die Miteigentümer zusammen geltend gemacht werden. Der einzelne Miteigentümer hat das Recht nicht, da er ansonsten die anderen Miteigentümer zur Übereignung verpflichten könnte (MünchKomm/SÄCKER[6] Rn 2; PALANDT/BASSENGE[74] Rn 1; SOERGEL/JF BAUR[13] Rn 1). Der Berechtigte braucht bei Ausübung des Rechts die Übereignung der Grundfläche nicht ausdrücklich anzubieten. Vielmehr reicht es aus, wenn sich dies aus den Umständen hinreichend deutlich ergibt. Das **Gestaltungsrecht** ist bedingungsfeindlich. § 915 ist auch auf **Zeitbauten** anwendbar (oben § 912 Rn 9 mNw zum Streitstand). Das Abkaufrecht setzt das Bestehen eines Rentenrechts voraus. Es ist daher nicht gegeben, wenn ein Verzicht (oben § 914 Rn 4) vorliegt (PALANDT/BASSENGE[74] Rn 1).

Adressat der empfangsbedürftigen (§ 130) Willenserklärung ist (sind) der oder die **3** Rentenpflichtige(n) (oben § 913 Rn 2). Ist ein Rentenpflichtiger derzeit nicht vorhanden, so muss nach den §§ 58, 787 ZPO ein Grundstücksvertreter bestellt werden (DEHNER B § 24 [44]).

Das Recht auf Grundabnahme kann auch durch den **Vorerben** geltend gemacht **4** werden (KG Rpfleger 1974, 222). Die §§ 2113, 2120 mit der Einwilligungspflicht der Nacherben sind anwendbar, wenn das Wertersatzverlangen sich als ordnungsgemäße Verwaltung der Vorerbschaft darstellt (BGB-RGRK/AUGUSTIN Rn 8).

III. Rechtsfolgen

Mit der Ausübung des Gestaltungsrechts entsteht zwischen den Beteiligten ein **5** Rechtsverhältnis, auf das nach § 915 Abs 1 S 2 die **Vorschriften über den Kauf** anwendbar sind (Prot IV 589; WOLFF 174), ohne dass unter ihnen ein Kaufvertrag abgeschlossen werden muss. Anwendbar sind die §§ 433 ff, nicht aber § 439 aF (WOLFF 177) (§ 442 nF), sowie auch die Vorschriften über gegenseitige Verträge. Da ein Kaufvertrag gerade nicht abgeschlossen wird, kann ein **Vorkaufsberechtigter** sein Vorkaufsrecht nicht ausüben (MünchKomm/SÄCKER[6] Rn 3 Fn 3; PALANDT/BASSENGE[74] Rn 1; WOLFF 174; BGB-RGRK/AUGUSTIN Rn 5). Die Kaufregeln gelten nur für beide Teile, nicht aber für Dritte. Der Rentenberechtigte hat gegen den Rentenpflichtigen einen Anspruch auf Zahlung des Grundstückswertes (sogleich unten Rn 6), Zug um Zug (§§ 320, 322, **aA** BGB-RGRK/AUGUSTIN Rn 4: §§ 273 Abs 1, 274) gegen lastenfreien Eigentumserwerb (Auflassung und Eintragung, WOLFF 177 ff). Die Entgegennahme der Auflassung durch den Rentenpflichtigen kann nach § 894 ZPO durch rechtskräftiges Urteil ersetzt werden. Mit Rechtsausübung entstandene Ansprüche **verjähren** nach Kaufrecht (ERMAN/A LORENZ[14] Rn 1).

6 Für die **Wertbemessung** (auch oben § 912 Rn 47) ist nach Abs 1 S 1 der Zeitpunkt der Grenzüberschreitung maßgebend (oben § 912 Rn 46). Es kann nicht mehr als der Wert des überbauten Grundstücksteils gefordert werden. Entscheidend ist der übliche Verkehrswert. Allerdings kann die Höhe der zu zahlenden Abfindung nicht ohne Weiteres durch eine Kapitalisierung der Überbaurente ermittelt werden, da die Abfindung des § 915 für den völligen Eigentumsverlust entschädigen soll, die Rente des § 912 aber nur für einen zwar langen, aber begrenzten Zeitraum wegen der Beeinträchtigung des Eigentums an der Grundfläche gedacht ist (wie DEHNER B § 24 [43]).

IV. Fortentrichtung der Überbaurente (Abs 2)

7 Die Überbaurente ist nach Abs 2 bis zur Eigentumsübertragung weiterzuzahlen. Rentenzahlungen sind auf den Wertersatz nicht anzurechnen. Das gilt auch für die bisher bezahlte Rente. Für die Anwendung des Abs 2 hat sich die **Einschränkung** durchgesetzt, dass der Anspruch auf Rentenzahlung bereits entfällt, wenn der Wertersatz bezahlt ist, auch wenn das Eigentum noch nicht übertragen wurde (WOLFF 186; SOERGEL/JF BAUR[13] Rn 2; MünchKomm/SÄCKER[6] Rn 4). Dagegen erlischt die gesetzliche Eigentumsbeschränkung des überbauten Grundstücks (oben § 912 Rn 3) erst mit dem Eigentumsübergang (Mot III 287; MünchKomm/SÄCKER[6] Rn 4). Der übereignete Grundstücksteil wird ein selbstständiges Grundstück, wenn er nicht dem Stammgrundstück zugeschrieben wird.

V. Entsprechende Anwendung des § 915

8 § 915 wurde entsprechend angewendet auf die *Rückgabepflicht* eines Grundstückskäufers, der trotz nichtigen Kaufvertrags das Grundstück durch wertvolle Bebauung so verändert hatte, dass der Eigentümer statt Herausgabe nur Wertersatz nach § 818 Abs 2 verlangen konnte (RGZ 133, 293, 296; LEHMANN JW 1931, 3271; ERMAN/A LORENZ[14] Rn 2; PALANDT/BASSENGE[74] Rn 2; **aA** FEILER, Aufgedrängte Bereicherung bei den Verwendungen des Mieters und Pächters [1968] 102 f; MünchKomm/SÄCKER[6] Rn 5; STAUDINGER/GURSKY [2013] § 1003 Rn 20).

§ 916
Beeinträchtigung von Erbbaurecht oder Dienstbarkeit

Wird durch den Überbau ein Erbbaurecht oder eine Dienstbarkeit an dem Nachbargrundstück beeinträchtigt, so finden zugunsten des Berechtigten die Vorschriften der §§ 912 bis 914 entsprechende Anwendung.

Materialien: E I § 860; II § 829; III § 900;
Mot III 286; Prot III 138.

Schrifttum

Angaben bei § 912.

Erbbauberechtigter (§§ 1, 11 ErbbauRG) und **Dienstbarkeitsberechtigter** (§§ 1018 ff; **1**
1030 ff; 1090 ff BGB) am Nachbargrundstück müssen neben dem Nachbareigentümer die Beeinträchtigung durch den Überbau unter den Voraussetzungen des § 912
(sowie den analogen Anwendungsfällen von oben § 912 Rn 53 ff) dulden. § 916 ordnet für
jeden Beeinträchtigten ein **selbstständiges Rentenrecht** nach Maßgabe der ihn treffenden Beeinträchtigung an. Doch steht ihm das Abkaufrecht des § 915 nicht zu
(oben § 915 Rn 2). Wohnungs- und Teileigentum sowie das Dauerwohnrecht werden
unmittelbar durch § 912 geschützt.

§ 916 lässt sich nicht erweitern auf **andere Realberechtigte** wie Hypothekare oder **2**
Grundschuldgläubiger, da ihnen anstelle der überbauten Fläche das Rentenrecht
haftet (§§ 96, 1107, 1126, oben § 913 Rn 3).

§ 917
Notweg

**(1) Fehlt einem Grundstück die zur ordnungsmäßigen Benutzung notwendige Ver-
bindung mit einem öffentlichen Wege, so kann der Eigentümer von den Nachbarn
verlangen, dass sie bis zur Hebung des Mangels die Benutzung ihrer Grundstücke
zur Herstellung der erforderlichen Verbindung dulden. Die Richtung des Notwegs
und der Umfang des Benutzungsrechts werden erforderlichenfalls durch Urteil bestimmt.**

**(2) Die Nachbarn, über deren Grundstücke der Notweg führt, sind durch eine
Geldrente zu entschädigen. Die Vorschriften des § 912 Abs. 2 Satz 2 und der
§§ 913, 914, 916 finden entsprechende Anwendung.**

Materialien: VE § 110; E I § 863; II § 830; III
§ 901; SCHUBERT, SR I 722 ff; JAKOBS/SCHU-
BERT, SR I 491 ff; Mot III 289 ff; Prot III 149 ff;
MUGDAN III 160 ff; 597 ff; 974 f.

Schrifttum

ALLWEIL, Der Notweg – eine gesetzliche Ein-
schränkung des Eigentums, DWW 1966, 293
BUCH, Der Notweg (1919)
CARONI/RUDOLF, Der Notweg (1969)
DEHNER, Nachbarrecht (Stand: Januar 2014, 56.
Aktualisierung [Loseblatt]) B § 27
ENDEMANN, Notweg und öffentlicher Weg, in:
FS O vGierke (1911) 951

EUSANI, Wegerecht ohne Grundbuch – Baulast,
Mietrecht oder Notweg?, ZfIR 2006, 827
FIGGE, Der Notweg, AcP 160 (1961) 409
GAISBAUER, Notwegerecht bei mehreren geeig-
neten Grundstücken, BlGBW 1973, 189
GLASER, Notwegrecht, ZMR 1984, 361
GRZIWOTZ/LÜKE/SALLER, Praxishandbuch
Nachbarrecht (2. Aufl 2013) 4. Teil Rn 2 ff

Herbert Roth

Josef, Notweg und öffentlicher Weg, Recht
1911 Nr 649
Karding, Beiträge zur Lehre vom Notweg, AcP
99 (1906) 407
Kirchhof, Möglichkeiten und Grenzen der
Inanspruchnahme des Nachbargrundstücks für
die Durchführung eigener Baumaßnahmen,
ZfIR 2012, 777
Kürzel, Die Verpflichtung des Nachbarn zur
Duldung eines Notweges auf seinem Grund-
stück, ZMR 1964, 356
Liver, Gesetzliche Eigentumsbeschränkungen
und Dienstbarkeiten in der Gesetzgebung und
Lehre Frankreichs, Deutschlands, der Schweiz
und Italiens, in: FG Gutzwiller (1959) 749
Menzel, Das Recht des Notweges, JBl 1896,
217 ff; 229 ff; 241 ff; 253 ff (österr Recht)
Moojer, Nutzungsrechte an privaten Grund-
stücken für Versorgungsanlagen in den neuen
Bundesländern, DtZ 1996, 362
Nienhaus, Wegerechte für Telekommunikati-
onslinien auf Privatgrundstücken (2000)

Säcker/Paschke, Der Notweg im System des
nachbarrechtlichen Zivilrechts, NJW 1981, 1009
F Schmidt, Notwegerecht, ZWE 2006, 484
O Schulze, Das Eigentum an Versorgungs-
anlagen bei der Mitbenutzung fremder Grund-
stücke und Gebäude durch Energieversor-
gungsunternehmen, Rpfleger 1999, 167
Schütz, Wegerechte für Telekommunikations-
netze – Chancen für mehr Wettbewerb auf den
liberalisierten Telekommunikationsmärkten?,
NVwZ 1996, 1053
Stadler, Das Nachbarrecht in Bayern
(7. Aufl 2004) 135
Stollenwerk, Das Notwegerecht und seine
Bedeutung, ZMR 1992, 427 (= DWW 1992, 238)
Weimar, Zum Umfang der Duldungspflicht bei
einem Notweg, BlGBW 1960, 211
Wilhelms, Abwasserleitung über fremde
Grundstücke, MDR 2006, 125.

Älteres Schrifttum s Staudinger/Seufert[11].

Systematische Übersicht

Alphabetische Übersicht

Herbert Roth

I. Normzweck

Die §§ 917, 918 räumen ein **Benutzungsrecht** für das verbindungslose („gefangene") **1**
Grundstück ein und erweitern damit den **Eigentumsinhalt** (§ 903). Die Duldungspflicht für das Verbindungsgrundstück bedeutet als Gegenstück dazu eine gesetzliche Beschränkung des Eigentums (dazu FIGGE AcP 160 [1961] 409, 412; MENZEL JBl 1896,
253 f [„Nachbarrechtstheorie"]; ALLWEIL DWW 1966, 293; ausführlich und grundlegend Münch-
Komm/SÄCKER[6] Rn 1 ff) und wird durch eine Geldentschädigung nach § 917 Abs 2
ausgeglichen (Mot III 291). Es handelt sich um eine **verschuldensunabhängige Aufopferungshaftung** (H ROTH, Der bürgerlich-rechtliche Aufopferungsanspruch, in: ROTH/LEMKE/
KROHN, Der bürgerlich-rechtliche Aufopferungsanspruch als Problem der Systemgerechtigkeit im
Schadensersatzrecht, Schriftenreihe der Juristischen Studiengesellschaft Karlsruhe Bd 245 [2001] 2).
Das Benutzungsrecht wurde im *Privatinteresse* des betreffenden Eigentümers geschaffen und trägt seiner **Notstandssituation** wegen der fehlenden Verbindung Rechnung (Mot III 289; Prot III 152; OLG Koblenz DWW 1992, 77, 78). Dem Notwegrecht
liegt damit das Prinzip des überwiegenden Interesses zugrunde, wie es auch für § 904
und § 912 (oben § 912 Rn 1) bezeichnend ist und belegt zugleich die Existenz eines
Anliegergebrauchs. Dieser reicht soweit, wie die angemessene Nutzung des Grundeigentums eine Benutzung der Straße erfordert (BayVGH BayVBl 2007, 45, 46). Maßgebend ist der Gedanke der **wirtschaftlichen Ausnutzung** des verbindungslosen
Grundstücks. Dagegen schützt § 917 nicht in erster Linie das öffentliche Interesse
an einer ökonomisch sinnvollen Nutzung von Grund und Boden, sodass es für das
Entstehen des Notwegrechts nicht genügt, wenn eine in Aussicht genommene Nutzung des Grundstücks der **Allgemeinheit** Vorteile bringt (richtig OLG Düsseldorf OLGZ
1992, 208, 213; unten Rn 20). Die Durchsetzung des öffentlichen Interesses ist Sache der
Enteignungsgesetze (eindeutig Prot III 152; Mot III 291). Das Notwegrecht bedeutet
im Lichte des Art 14 GG eine gesetzlich angeordnete Sozialbindung des Eigentums
(grundlegend SÄCKER/PASCHKE NJW 1981, 1009 ff gegen LIVER, in: FS Gutzwiller [1959] 749, 762;
CARONI/RUDOLF 42, 48; in der Sache ebenso Mot III 291). Doch lassen sich aus der
verfassungsrechtlichen Überhöhung mE keine konkreten Folgerungen für die Dogmatik des Notwegrechts ableiten (ebenso DEHNER B § 27 [3]; aA SÄCKER/PASCHKE NJW 1981,
1009, 1012 ff). Im Gegenteil werden dadurch maßgebende Fragestellungen eher verschleiert. Entscheidend sind vielmehr die durch das Privatrecht selbst getroffenen
Wertungen. Fehlen die tatbestandlichen Voraussetzungen eines Notwegrechts, so
können sie regelmäßig nicht durch die Grundsätze des **nachbarlichen Gemeinschaftsverhältnisses** überwunden werden. § 917 trifft insoweit eine abschließende Regelung
(BGH NJW 2014, 311 Rn 26; 1964, 1321, 1322; OLG Karlsruhe MDR 2013, 397; OLG Koblenz
NJOZ 2013, 353; OLG Saarbrücken NJW-RR 2002, 1385; MDR 2005, 1166; OLG Brandenburg DtZ
1996, 389, 390 f; OLG Köln NJW-RR 1992, 213; OLG Koblenz DWW 1992, 77, 78). Im Einzelfall
kann sich ein Benutzungsrecht des anderen Grundstücks auch durch eine Widmung
einer Privatstraße für den Gemeingebrauch kraft **unvordenklicher Verjährung** erge-

ben. Sie erbringt Beweis für eine in früherer Zeit von der zuständigen Obrigkeit erteilte Verleihung, wenn der als Recht beanspruchte Zustand in einem Zeitraum von 40 Jahren als Recht besessen worden ist und weitere 40 Jahre vorher keine Erinnerung an einen anderen Zustand seit Menschengedenken bestand (abgelehnt in BGH NJW-RR 2009, 515 Rn 13 ff). Innerhalb von **Wohnungseigentümergemeinschaften** ist auf § 917 nicht unmittelbar zuzugreifen (Nachw bei HORST DWE 2008, 4, 12). Liegen die Voraussetzungen für ein Notwegerecht vor, kann ein Hinterliegergrundstück zum Kreis der **ausbaubeitragspflichtigen Grundstücke** (zB Art 5 Abs 1 KAG) gehören (BayVGH B v 7. 11. 2007 Az 6 ZB 07.401 juris Rn 6). Dagegen setzt das **Erschließungs-beitragsrecht** eine Bebaubarkeit des Grundstücks als Erschließungsvorteil voraus, sodass die Zufahrtsmöglichkeit über eine Dienstbarkeit zu sichern ist (BayVGH BayVBl 2006, 223; unten Rn 25). Das Notwegerecht bedeutet einen schwerwiegenden Eingriff in die Eigentümerstellung des Nachbarn. Daher ist an alle tatbestandlichen Erfordernisse des § 917 Abs 1 S 1 ein **strenger Maßstab** anzulegen (OLG Karlsruhe MDR 2013, 397; OLG Koblenz NJOZ 2013, 353).

II. Das Notwegrecht als Anspruch auf Duldung

1. Subjektives Recht und Anspruch

2 Das Notwegrecht lässt sich nicht iS einer gesetzlichen Verpflichtung als „Anspruch auf Einräumung einer Wegedienstbarkeit" verstehen (ausdrücklich Mot III 291 Fn 2 gegen den Bayr Entwurf III Art 183; Prot III 156 f). Vielmehr hat § 917 die Be-schränkung des Eigentums für den Wegepflichtigen (oben Rn 1) auf der Seite des verbindungslosen Eigentümers als subjektives Recht in der Form eines **Anspruchs nach § 194** auf Duldung der Benutzung ausgestaltet (Prot III 157). Auf diesem Verständnis beruht auch der **Verjährungsausschluss** in § 924. Der Bestand dieses Anspruchs ist unabhängig davon, ob er außergerichtlich oder gerichtlich durch Klage geltend gemacht wird. Der Anspruch entsteht (wie auch sonst) mit dem Vorliegen der Voraussetzungen für das Notwegrecht, wozu nach richtiger Auffas-sung auch das **Duldungsverlangen** gehört (dazu sogleich unten Rn 3). Daraus lässt sich keineswegs ableiten, dass der Berechtigte das Nachbargrundstück von dem Augen-blick an benutzen darf, von dem an die Voraussetzungen des Notwegrechts vorliegen (BGH NJW 1979, 359 [zu § 30 HessNRG]; BayObLG ZMR 2005, 889, 890; OLG Braunschweig NdsRpfl 1971, 231 [zu § 47 NdsNRG]; KG OLGZ 1977, 448 [zu § 17 BlnNRG]; DEHNER B § 27 [28b]; PALANDT/BASSENGE⁷⁴ Rn 12; PWW/LEMKE⁹ Rn 2; BAMBERGER/ROTH/FRITZSCHE³ Rn 1; NK-BGB/RING² Rn 7; ERMAN/A LORENZ¹⁴ Rn 1; SOERGEL/J F BAUR¹³ Rn 13; PLANCK/STRECKER Anm 2). Der Anspruch auf Duldung bedeutet **kein eigenmächtiges Benutzungsrecht** iS von § 858, sondern muss – wie alle anderen Ansprüche iSd § 194 auch – erst ge-richtlich durchgesetzt werden. Das daraufhin ergehende Duldungsurteil (Tenor etwa wiedergegeben in BGH NJW 1991, 176; auch WIESER, Prozeßrechtskommentar zum BGB² Rn 5) wird dann nach den §§ 890, 892 ZPO vollstreckt (zB OLG Hamm OLGZ 1985, 222, 223). Erst jetzt kann das bestehende Notwegrecht durchgesetzt werden. Jedenfalls bei mehreren gleichwertigen Benutzungsmöglichkeiten handelt es sich um ein **Gestal-tungsurteil** (WIESER Rn 14; für bloß deklaratorische Bedeutung MünchKomm/SÄCKER⁶ Rn 21). Die Gestaltungswirkung tritt mit formeller Rechtskraft mit Wirkung ex nunc ein. Kommt nur eine einzige Benutzungsmöglichkeit in Betracht, handelt es sich um ein **Feststellungsurteil** nach § 256 ZPO (WIESER Rn 13; PALANDT/BASSENGE⁷⁴ Rn 10). Die **Ge-genauffassung** berücksichtigt nicht ausreichend, dass das Notwegrecht iS eines Dul-

dungsanspruchs nach § 194 und nicht als subjektives Selbsthilferecht nach dem Vorbild des § 910 ausgestaltet ist. Sie liest § 917 Abs 1 in folgender Weise: „... so kann der Eigentümer (nach entsprechendem Verlangen) bis zur Hebung des Mangels die Nachbargrundstücke zur Herstellung der erforderlichen Verbindung benutzen." So ist § 917 aber nicht formuliert und auch nicht gemeint (aA LG Hannover MDR 1991, 870; MünchKomm/Säcker[6] Rn 23; Wolff/Raiser, Sachenrecht 203 Fn 19; Karding AcP 99 [1906] 407, 425 ff; offengelassen in OLG Hamm OLGZ 1985, 222, 224). Eine **verbotene Eigenmacht** liegt selbst dann vor, wenn lediglich eine einzige Benutzungsmöglichkeit in Betracht kommt (aA Wieser Rn 3). Demgegenüber ist es eine zweitrangige Frage, ob das ergehende Urteil (vgl § 917 Abs 1 S 2) deklaratorisch oder konstitutiv wirkt (oben Rn 2; unten Rn 38).

2. Verlangen

Eine mit der erörterten Anspruchsproblematik (oben Rn 2) nicht zusammenhängende **3** Frage ist es, ob das „Verlangen" in § 917 Abs 1 S 2 als **Tatbestandsmerkmal** des § 917 aufzufassen ist oder nicht (dafür BGHZ 94, 160, 162; BGH BeckRS 2014, 09239 Rn 14; NJW-RR 2006, 1160, 1161; NJW 1990, 2555, 2556; OLG Brandenburg BeckRS 2013, 04177; OLG Hamm OLGZ 1985, 222, 224, jeweils mwNw; aA MünchKomm/Säcker[6] Rn 19, 39). Wird das bejaht, so muss der Klage auf Duldung ein **gescheiterter Einigungsversuch** der Nachbarn untereinander vorangegangen sein. Erst dann entsteht der Duldungsanspruch von oben Rn 2. Andernfalls kommt es zur Abweisung der Klage als unbegründet. Für die hL spricht insbes der Wortlaut von S 1, das Merkmal „erforderlichenfalls" in S 2 sowie die unterschiedliche Formulierung von § 912 Abs 1 einerseits und § 917 Abs 1 S 1 andererseits. Zudem wird erst mit dem „Verlangen" der **Rentenanspruch** des § 917 Abs 2 ausgelöst (unten Rn 51). Mit dem tatsächlich gestellten Verlangen entsteht der Duldungsanspruch nach § 194, **nicht jedoch ein Selbsthilferecht** (oben Rn 2; unten Rn 41). Ein **Einzelrechtsnachfolger** des Berechtigten hat nur ein Benutzungsrecht und umgekehrt trifft ihn nur eine Verpflichtung zur Rentenzahlung, wenn er einen Notweg verlangt (BGH BeckRS 2014, 09239 Rn 14). Spiegelbildlich ist für einen Einzelrechtsnachfolger des in Anspruch genommenen Grundstücks zu entscheiden. Ihn trifft eine Duldungspflicht erst dann, wenn auch ihm gegenüber die Benutzung verlangt wird. Umgekehrt entsteht für ihn ein Rentenanspruch erst mit dem erneuten Verlangen (BGH BeckRS 2014, 09239 Rn 14).

III. Sondernormen des Notwegrechts; Notleitungsrecht; Landesrecht

Die bundesrechtliche Regelung des § 917 gilt auch für das Notwegrecht („Notlei- **4** tungsrecht") der **Versorgungsleitungen**, für die allerdings auch sonstiges Bundes- und Landesrecht besteht (sogleich unten Rn 5 ff). Daneben gibt es noch verschiedene landesrechtliche Regelungen, deren Gültigkeit zweifelhaft ist (unten Rn 8). Das sog **Notleitungsrecht** (OLG Hamm NJW-RR 1992, 723; VG Regensburg Urteil v 11. 3. 2008 Az Rn 3 K 07. 02343 juris Rn 19; ausführlich Wilhelms MDR 2006, 125) untersteht gleichfalls der Regelung des § 917, weil die Verbindung zum öffentlichen Weg nicht selbst ein Weg sein muss. Deshalb ist die Bezeichnung „Notweg" streng genommen irreführend (Jauernig/Berger[15] Rn 3). Dazu gehören Versorgungsleitungen wie zB unterirdische *Abwasserkanäle, Wasser-* und *Gasrohre* oder *Stromkabel*, soweit nicht schon die nachfolgend erwähnten Regelungen das Abstellen auf § 917 überflüssig machen. Das Notleitungsrecht folgt direkt aus § 917 (BGHZ 79, 307, 309 [zur Verlegung nach § 1023

Abs 1 S 1 analog]) und nicht nur aus einer **analogen Anwendung** (so aber BGHZ 177, 165 Rn 15 [Abwasserleitung] mit Anm LEIDIG ZfIR 2009, 104; BGH NJW 1991, 176 f; OLG Köln ZMR 1994, 115, 116; BREUER, Öffentliches und privates Wasserrecht [3. Aufl 2004] Rn 1054; dagegen zutr JAUERNIG/BERGER[15] Rn 3). Auch daran scheitert der Erlass von abweichendem Landesrecht (zu weiteren Gründen unten Rn 7). Der Anspruch kann auch auf **Mitbenutzung** einer schon bestehenden Abwasserleitung des Nachbarn gerichtet sein (BGHZ 177, 165 Rn 7; BGH WM 1968, 434; NJW 1981, 1036). Bei dem geforderten Anschluss an das kommunale Versorgungsnetz kann der Eigentümer nicht auf die Errichtung einer biologischen Kläranlage verwiesen werden (OLG Hamm NJW-RR 1992, 723). Selbst bei Voraussetzung einer Lücke und der Annahme einer lediglich analogen Anwendung von § 917 ist die Analogie durch die Kompetenzvorschriften der Art 70 bis 74 GG oder durch die Regelung des § 18a WHG aF nicht gehindert (BGHZ 177, 165 ff). Bestehen und Inanspruchnahme eines Notleitungsrechts nach § 917 Abs 1 sowie ein Anspruch auf Notwegrente nach Abs 2 sind für Anlagen und Leitungen insbes der Strom-, Wasser – und Telekommunikationsversorgung **ausgeschlossen**, soweit die Träger unabhängig von den Voraussetzungen des § 917 Abs 1 die Grundstücke anderer nach bundesrechtlichen Vorschriften im Sinne von Rn 5 und 6 in Anspruch nehmen können (BGH NZM 2013, 204 Rn 18).

1. Telekommunikationslinien; allgemeine Versorgungsbedingungen

5 Soweit Sondervorschriften des Bundes bestehen, ist § 917 ausgeschlossen (BGH NZM 2013, 204; oben Rn 4 am Ende). Die Betreiber **öffentlicher Telekommunikationsnetze** sind für die Errichtung von Telekommunikationslinien und die damit einhergehende Benutzung der Verkehrswege und sonstiger Grundstücke (dazu auch unten Rn 34) nicht auf das Notwegrecht des § 917 angewiesen. Vielmehr räumen ihnen die §§ 68, 69, 76 TKG (abgedruckt in SARTORIUS Ergänzungsband Nr 920) entsprechende Benutzungsrechte ein (oben § 905 Rn 22; zu § 57 Abs 1 Nr 2 TKG aF BVerfG NJW 2000, 798; zu § 57 Abs 1 Nr 1 TKG aF BGH NJW 2000, 3206; OLG Oldenburg NJW 1999, 957 [Leerrohrverlegung]; OLG Düsseldorf NJW 1999, 956 [Leerrohrverlegung]; OLG Frankfurt NJW 1997, 3030; MMR 1999, 161 mit zust Anm HAMM [teilweise aufgehoben durch BGH NJW 2000, 3206]; ferner J SCHERER NJW 1998, 1607, 1614; SCHÜTZ NVwZ 1996, 1053 ff; NIENHAUS 67 ff). Verfassungsrechtlich umstritten war die unentgeltliche Nutzung öffentlicher Wege nach § 50 TKG aF (§ 68 TKG) (die Verfassungsmäßigkeit bejahend BVerfG NVwZ 1999, 520; ferner SCHÜTZ NVwZ 1996, 1053, 1057; Einzelheiten bei BURGI DVBl 2001, 845).

6 Im Bereich der **Energieversorgung** wird § 917 BGB durch mehrere Verordnungen über die Versorgung mit **Elektrizität** (oben § 905 Rn 29) und **Gas** (oben § 905 Rn 33) sowie mit **Wasser** (oben § 905 Rn 33) und **Fernwärme** (oben § 905 Rn 33) entlastet (dazu O SCHULZE Rpfleger 1999, 167 ff; MOOJER DtZ 1996, 362 ff; STADLER 27 ff). Danach werden **Abnehmer** ua verpflichtet, Leitungen zum Zweck der örtlichen Versorgung uä auf ihren Grundstücken unter bestimmten Voraussetzungen unentgeltlich zu dulden. Im Anwendungsbereich der Verordnungen ist das betreffende Unternehmen für das Legen von Leitungen unter Inanspruchnahme von Zwischengrundstücken nicht auf § 917 angewiesen, ohne dass den Kunden ein Anspruch auf Entgelt eingeräumt ist (BGH NZM 2013, 204; oben Rn 4). Für Elektrizitäts- und Gasleitungen gilt für die öffentlichen **Verkehrswege von Gemeinden** zudem § 46 EnWG (abgedruckt in SARTORIUS I Nr 830) mit der Pflicht zum Abschluss von Wegenutzungsverträgen. Für die Inanspruchnahme

von Grundstücken von **Nichtabnehmern** ist das betreffende Unternehmen auf Gestattung, den § 917 BGB oder auf Enteignung angewiesen (zB § 45 EnWG).

2. Landesrecht für Versorgungsleitungen

Vielfach erleichtern bestehende **landesrechtliche nachbarrechtliche Regelungen** den **7** Anschluss von Grundstücken an Versorgungsleitungen, Abwasserleitungen oder Vorflutern unter Inanspruchnahme von fremden Grundstücken, auch ohne dass die strengeren Voraussetzungen von § 917 gegeben sein müssten (§ 7e NRG Baden-Württemberg [dazu BGH NJW 1991, 176; OLG Karlsruhe Die Justiz 1985, 315; AG Rastatt BWNotZ 1999, 177; P BRUNS BWNotZ 2006, 160], § 44 NachbG Brandenburg; § 30 Hessisches Nachbarrechtsgesetz, § 26 Nachbarrechtsgesetz für Rheinland-Pfalz, § 27 Saarländisches Nachbarrechtsgesetz, §§ 19 ff NachbG Sachsen, § 26 Thüringer Nachbarrechtsgesetz [Synopse I bei DEHNER B § 27 [nach 54] sowie 42a). Da diese Materie aber nach der hier vertretenen Auffassung schon direkt in § 917 erfasst ist, bietet **Art 124 EGBGB** dafür **keine ausreichende Ermächtigungsgrundlage.** Die Vorschrift erlaubt den Ländern lediglich, den Eigentümer zugunsten seines Nachbarn anderen Beschränkungen als nach dem BGB zu unterwerfen, nicht dagegen, die bundesrechtlichen Beschränkungen abzuändern. Die genannten **Normen** sind daher mE **nichtig** (ebenso [früher] STAUDINGER/ALBRECHT [2013] Art 124 EGBGB Rn 28; DEHNER B § 27 [42]; MünchKomm/SÄCKER[6] Rn 3 [„problematisch"]; STOLLENWERK ZMR 1999, 7, 10; **aA** die hL, BGHZ 177, 165 Rn 7; BGH NJW 1991, 176; OLG Karlsruhe Die Justiz 1985, 315, 316; LG Freiburg MDR 1981, 644; STAUDINGER/BEUTLER[12] Rn 46; PALANDT/BASSENGE[74] Rn 1; WILHELMS MDR 2006, 125, 129; zweifelnd STOLLENWERK DWW 1992, 238 f; eine Kommentierung findet sich bei DEHNER B § 27 [42 ff]). Die neuere Rspr des **BVerfG** (NJW-RR 2008, 26) äußert keine kompetenzrechtlichen Bedenken.

3. Landesrecht für Waldgrundstücke

In mehreren Landesrechten ist ein Notwegrecht an **Waldgrundstücken** geregelt **8** (§§ 28 ff Landeswaldgesetz Baden-Württemberg, § 15 Landeswaldgesetz Saarland, § 17 Hessisches Forstgesetz, § 17 Forstgesetz Rheinland-Pfalz, § 9 Abs 2 Landeswaldgesetz Schleswig-Holstein; § 14 Landeswaldgesetz Brandenburg, § 17 Landeswaldgesetz Mecklenburg-Vorpommern, § 26 Landeswaldgesetz Sachsen, § 26 Landeswaldgesetz Thüringen). Diese Regelungen werden überwiegend für **wirksam gehalten** (etwa PALANDT/BASSENGE[74] Rn 1; ohne Stellungnahme MünchKomm/SÄCKER[6] Rn 41 aE; Synopse „Forstliches Notwegrecht und Grundstücksbenutzungsrecht des Waldbesitzers" I und I zu § 28 bei DEHNER). Es bestehen aber ebenfalls erhebliche Bedenken, ob diese Rechte der Gesetzgebungskompetenz des **Art 124 EGBGB** entsprechen. ME ist das nicht der Fall (wie DEHNER B § 28 [25]).

IV. Voraussetzungen

1. Fehlende Verbindung zwischen Grundstück und öffentlichem Weg

a) Grundstück

„Verbindung" meint die tatsächliche oder rechtliche Zugangsmöglichkeit (zB We-**9** gerecht; OLG Braunschweig OLGE 26, 29). Auf die Ursache des Fehlens kommt es nur unter den Voraussetzungen des § 918 an (unten § 918 Rn 2). Das Notwegrecht besteht lediglich für Grundstücke. Es ist nicht erforderlich, dass das Grundstück im **Grundbuch** eingetragen ist (aA LG Düsseldorf NJW 1954, 681; DEHNER B § 27 [4 Fn 4]). Maßgebend ist vielmehr, ob ihm als einheitlich genutztem Wirtschaftsgrundstück ein Zugang fehlt (MünchKomm/SÄCKER[6] Rn 7; REINECKE MDR 1948, 358). „Grundstück" kann auch ein *See* sein (DEHNER B § 27 [4 Fn 4]). Doch reicht als „Grundstück" eine selbstständige Gerechtigkeit nach Art 187 EGBGB nicht aus (DEHNER B § 27 [4]).

b) Öffentlicher Weg

10 Ob ein Weg öffentlich ist, richtet sich nach dem maßgebenden **öffentlichen Bundes- und Landesrecht.** Die Verbindung zu einem nicht-öffentlichen Weg (zB gemeindlicher Wirtschaftsweg) oder zu einem sonstigen Privatweg reicht nicht aus (grundsätzlich ebenso OLG Koblenz NJW-RR 1992, 724). Dabei kommt es nicht darauf an, ob dieser Weg befestigt ist oder nicht, wenn er nur zum Befahren geeignet ist (zweifelhaft insoweit OLG Koblenz NJW-RR 1992, 724). Ausreichend kann daher auch ein **Feldweg** sein (BGH NJW-RR 2014, 398 Rn 10; OLG Düsseldorf NJOZ 2015, 913). Öffentlich ist ein Weg, der ausdrücklich dem öffentlichen Verkehr **gewidmet** ist (zB § 2 Abs 1 FStrG und die entsprechenden Vorschriften der Landesstraßengesetze). Ausreichend ist es aber auch, wenn der Weg mit stillschweigender **Duldung** der rechtlich Beteiligten (Ordnungsbehörde, Wegeunterhaltspflichtiger, Grundstückseigentümer) dem Verkehr dient. Die bloße Duldung des öffentlichen Verkehrs durch den Eigentümer eines Privatwegs genügt aber nicht (OLG München NJW 1954, 1452; OLG Hamm NJW 1953, 1519; MünchKomm/SÄCKER[6] Rn 6). Die Eigenschaft eines Weges als öffentlich wird im Wege der **Vorfragenkompetenz** (wie sonst auch) durch die ordentlichen Gerichte beurteilt (BGH MDR 2014, 149; KÜRZEL ZMR 1964, 356). Stets muss die Verbindung zu einem öffentlichen Weg führen. Nicht ausreichend ist das Fehlen einer (wenngleich erforderlichen) Verbindung zu einer *Eisenbahnstrecke* oder einer *öffentlichen Wasserstraße* (vgl Art 123 EGBGB; BGH LM § 891 Nr 3 [Wasserstraße]). Das nach Art 123 EGBGB mögliche Landesrecht ist nicht erlassen worden. Auch der öffentliche Weg, zu dem die Verbindung führt, muss den Anforderungen einer ordnungsmäßigen Benutzung genügen. Deshalb reicht zB ein unbrauchbarer Weg nicht aus, der bei feuchtem Wetter für den ordnungsmäßigen Fahrzeugverkehr nicht benutzt werden kann (DEHNER B § 27 [17]; abweichend ENDEMANN, in: FS vGierke [1911] 951 ff).

c) Typen der Verbindungslosigkeit

11 Die **Verbindung fehlt**, wenn das betroffene Grundstück von dem öffentlichen Weg durch dazwischenliegende Grundstücke völlig **abgeschnitten** ist (Mot III 291). Ferner fehlt sie, wenn eine vorhandene Verbindung für eine ordnungsmäßige Benutzung (unten Rn 18 ff) nicht ausreicht (OLG Düsseldorf NJOZ 2015, 913; OLG Köln NJW-RR 1992, 213). So liegt es etwa, wenn bei einem großflächig bebauten Grundstück eine **zusätzliche weitere Verbindung** erforderlich ist (BGH NJW 2006, 3426; 1954, 1321; auch OLG Celle NJOZ 2014, 3774 [abgeschnittener Grundstücksteil]; MünchKomm/SÄCKER[6] Rn 7; DEHNER B § 27 [17]; REINECKE MDR 1948, 358 f; KÜRZEL ZMR 1964, 356, 357; aA LG Dortmund MDR 1948, 358; LG Düsseldorf NJW 1954, 681). Eine Verbindung fehlt schließlich, wenn eine vorhandene Zugangsmöglichkeit unter **wirtschaftlichen Gesichtspunkten** nicht in Betracht kommt (BGH NJW 1964, 1321). Davon ist auszugehen, wenn eine technisch mögliche Verbindung mit **unzumutbar hohen Aufwendungen** verbunden wäre. Dabei kommt es darauf an, in welchem Verhältnis die entstehenden Kosten zum Gesamtertrag des Grundstücks stehen und nicht darauf, wie sie sich zu den Kosten eines Notwegs verhalten (BGH NJW 2006, 3426, 3427; 1964, 1321, 1322; 1980, 585; OLG Celle NJOZ

2014, 3774, 3775 [vom Zugang abgeschnittener Grundstücksteil]; OLG Frankfurt ZfIR 2000, 124, 126; OLG Koblenz NJW-RR 1992, 724). Vergleichbar liegt es etwa, wenn ohne den Notweg ein 7 km langer Umweg in Kauf genommen werden müsste (RG JW 1925, 474). Auch braucht sich der Notwegeberechtigte nicht auf die Durchsetzung eines Erschließungsanspruches gegen die Stadt in einem langwierigen Verwaltungsverfahren mit unsicherem Ausgang verweisen zu lassen (OLG Frankfurt ZfIR 2000, 124, 126). Dabei ist stets ein **strenger Maßstab** anzulegen. Eine fehlende Verbindung liegt daher nicht vor, wenn die bestehende lediglich zu **Unbequemlichkeiten** oder zu **zumutbaren Umwegen** oder zu einer kostspieligeren Benutzung führt (BGHZ 75, 315, 319; BGH NJW 2014, 311 Rn 23; 2006, 3426, 3427; 1964, 1321; WM 1968, 434; OLG Köln MDR 2003, 25; OLG Brandenburg DtZ 1996, 389, 390; OLG Koblenz NJW-RR 1992, 724; DWW 1992, 77, 78; LG Gießen MDR 1995, 257, 258).

Eine **vorübergehende Verbindungslosigkeit** reicht aus. So fehlt ein Zugang iS des **12** § 917 auch dann, wenn eine an sich ausreichende Verbindung häufiger durch *Überschwemmungen* unterbrochen wird (RGZ 79, 116, 120; OLG Nürnberg RdL 1968, 78; FIGGE AcP 160 [1961] 409, 414). Fehlt die Verbindung wegen einer **Entwidmung** oder einer **Widmungsbeschränkung**, so muss der Eigentümer zunächst die bestehenden Rechtsmittel ausschöpfen (OLG Köln OLGZ 1967, 156). So liegt es etwa, wenn die Verbindung in einem öffentlichen Weg besteht, der für den Kraftfahrzeugverkehr gesperrt ist, sofern die Benutzung mit einem Kraftfahrzeug erforderlich ist (unten Rn 27). Doch müssen keine aussichtslosen Klagen vor den Verwaltungsgerichten geführt werden (OLG Koblenz NJW-RR 1992, 724). Eine nur kurzfristig bestehende Zugangsnot wegen einer bloßen Zeitverzögerung für *Rettungsfahrzeuge* genügt nicht (OLG Köln NJW-RR 1992, 213; unten Rn 21).

Die bestehende Verbindung mit einem **schiffbaren Fluss oder See** kommt nicht in **13** Betracht (aA STAUDINGER/BEUTLER[12] Rn 20). Allerdings kann dadurch die Notwendigkeit einer Landverbindung (unten Rn 27) ausgeschlossen werden (BGH BB 1967, 436; DEHNER B § 27 [5 mit Fn 17] zur Insellage). Der Notweganspruch setzt eine durch das Fehlen einer Verbindung nach außen hervorgerufene Notlage des Grundstücks voraus (BGH WM 1969, 1463; OLG Koblenz DWW 1992, 77, 78). Die vorausgesetzte Notlage fehlt, solange der Eigentümer über **andere eigene Grundstücke** die öffentliche Straße erreichen kann, auch wenn diese wirtschaftlich selbstständig gegen das eingeschlossene Grundstück abgegrenzt sind (OLG Hamburg MDR 1964, 325; BGB-RGRK/AUGUSTIN Rn 1; PALANDT/BASSENGE[74] Rn 5).

Das Notwegrecht kann trotz einer fehlenden Verbindung ferner an der erforder- **14** lichen **Notlage** (oben Rn 13) scheitern, wenn die Verbindung auf andere Weise hergestellt werden kann. So liegt es, wenn ein **dingliches Wegerecht** besteht (OLG Celle RdL 1964, 157, 160), oder wenigstens ein Anspruch darauf gegeben ist (OLG Braunschweig OLGE 26, 29), diese Möglichkeiten aber nicht genutzt werden. Im Einzelfall kann die Notlage auch durch ein bloß **schuldrechtliches Wegerecht** behoben werden, wenn es als ausreichende Sicherung des Zugangs angesehen werden kann (RGZ 157, 305, 308; WOLFF/RAISER, Sachenrecht § 56 I 1). So kann es im Ausnahmefall selbst bei einem bestehenden Wegerecht aufgrund eines **Leihvertrages** liegen (dazu OLG Köln NJW-RR 1992, 1497; LG Gießen MDR 1995, 257, 258; LG Kassel NJW 1969, 1174 mit krit Anm HODES). Ein bestehender Leihvertrag über die Benutzung des Grundstücks kann allerdings jederzeit **gekündigt** werden, zB durch Absperrung des Weges (OLG Hamm

NJOZ 2014, 1406; OLG Koblenz NJOZ 2013, 353; OLG Brandenburg U v 30. 10. 2008 Az 5 U 131/
07 juris Rn 49; OLG Saarbrücken NJW-RR 2002, 1385). Wenn über ein an einem anderen
Grundstück bestehendes Wegerecht Streit besteht, so muss der Verlangende zunächst seinen möglichen Anspruch gerichtlich geltend machen, sofern mit einer
Entscheidung innerhalb einer wirtschaftlich zumutbaren Frist gerechnet werden
kann (RG JW 1925, 474). Eine **öffentlich-rechtliche Baulast** führt nicht zu einem Nutzungsrecht des durch die Baulast Begünstigten (OLG Koblenz NJOZ 2013, 2001).

15 Ob das Grundstück in der **Stadt** oder auf dem **Land** liegt, macht für die rechtliche
Beurteilung keinen Unterschied (zweifelhaft OLG München NJW-RR 1993, 474). Unerheblich ist es für den Anspruch aus § 917, wie lange die Verbindung bereits gefehlt
hat.

16 Derjenige, der den Notweg verlangt, ist dafür behauptungs- und **beweispflichtig**, dass
die erforderliche Verbindung mit dem öffentlichen Weg fehlt (BAUMGÄRTEL/LAUMEN/
PRÜTTING/SCHUSCHKE, Handbuch der Beweislast³ Rn 1; DEHNER B § 27 [7]; RG JW 1925, 475).
Der Verlangende trägt auch die Beweislast dafür, dass kein anderes Wegerecht
besteht.

2. Verbindungsnotwendigkeit zur ordnungsmäßigen Benutzung

17 Die fehlende Verbindung muss für die ordnungsmäßige Benutzung des eingeschlossenen Grundstücks **notwendig** sein. Das Merkmal der „ordnungsmäßigen Benutzung" (sogleich unten Rn 18) dient dem Bedürfnis des eingeschlossenen Grundstücks
für eine wirtschaftlich sinnvolle Ausnutzung. § 917 setzt also nicht voraus, dass dem
betreffenden Grundstück oder Grundstücksteil (oben Rn 9) jede Verbindung mit
einem öffentlichen Weg fehlt. Es reicht vielmehr aus, dass keine Verbindung vorhanden ist, die eine ordnungsmäßige Benutzung zulässt (BGH NJW 1954, 1321; LG
Aachen MDR 1963, 678). Dagegen schützt das Kriterium der *Notwendigkeit* (unten
Rn 27) das **Ausschlussinteresse** des in Anspruch genommenen Grundstücks (auch
MünchKomm/SÄCKER⁶ Rn 15). Da ein Notwegrecht regelmäßig einen gravierenden Ein-
griff in das Eigentum bedeutet, sind an die Notwendigkeit der Verbindung **strenge
Anforderungen** zu stellen (oben Rn 11; BGHZ 75, 315; BGH NJW 2014, 311 Rn 23; 1964, 1321;
OLG Saarbrücken NJW-RR 2002, 1385; OLG Brandenburg DtZ 1996, 389, 390; OLG Karlsruhe
NJW-RR 1995, 1042; LG Coburg U v 2. 6. 2006 Az 32 S 13/06 juris Rn 22; allgM: PALANDT/BAS-
SENGE⁷⁴ Rn 5; MünchKomm/SÄCKER⁶ Rn 15; SOERGEL/JF BAUR¹³ Rn 3). Das gilt mE auch
dann, wenn das belastete Grundstück keine Wertminderung erfährt (aA OLG Frank-
furt MDR 1981, 932).

a) Ordnungsmäßige Benutzung
aa) Objektiver Maßstab

18 Benutzung meint eine Bewirtschaftung des verbindungslosen Grundstücks iS seines
Gebrauchs und seiner Ausbeutung. Die Ordnungsmäßigkeit der Benutzung beurteilt
sich nach einem **objektiven strengen Maßstab**, der sich an den Eigenschaften des
Grundstücks ausrichtet. Entscheidend ist, ob die Nutzung nach allen vorliegenden
objektiven Umständen, insbes nach Größe, Lage und Kulturart des Grundstücks
sowie nach seiner Umgebung und der dort üblichen Nutzung eine nach vernünftigem
Ermessen **naheliegende Bewirtschaftung** darstellt (RGZ 79, 116, 119; BGH NJW-RR 2014,
398 Rn 11; 2009, 515 Rn 18; NJW 1964, 1321; LM Nr 12/13; OLG Schleswig MDR 2011, 974; OLG

Koblenz NJOZ 2013, 353; DWW 1992, 77, 78; allgM, Palandt/Bassenge[74] Rn 4; Soergel/JF Baur[13] Rn 5). Besondere Beachtung muss die Vereinbarkeit mit einem Flächennutzungs- oder **Bebauungsplan** finden (mit Recht Dehner § 27 [11 f]). Dagegen kommt es nicht auf die rein **persönlichen Bedürfnisse** des Eigentümers oder Nutzungsberechtigten an (BGH NJW-RR 2014, 398 Rn 11; 2010, 445 Rn 15 [Jagdhütte]; 2009, 515 Rn 18; LM Nr 14; OLG Düsseldorf NJOZ 2015, 913 Rn 14 [Bedürfnis nach modernen großen Landwirtschaftsmaschinen]; OLG Celle NJOZ 2014, 3774, 3777 [abgeschnittener Grundstücksteil]; OLG Koblenz NJOZ 2013, 353, 355; MünchKomm/Säcker[6] Rn 9). Wird der Weg benötigt, weil der Eigentümer verpachten will, so besteht ein Duldungsanspruch, wenn die von dem Pächter beabsichtigte Nutzung ordnungsmäßig ist (MünchKomm/Säcker[6] Rn 10; **aA** RGZ 79, 116, 119). Die Rspr betont stets die *Umstände des Einzelfalles* (RGZ 157, 305, 309; BGH NJW 1964, 1321), was den ganz unterschiedlich gelagerten Sachverhalten entspricht. Die **langjährige Grundstücksnutzung** in der Vergangenheit durch Gestattung des Nachbarn vermag aber Ordnungsgemäßheit der Benutzung nicht zu begründen (BGH NJW-RR 2014, 398 Rn 21).

bb) Bedürfnisse des verbindungslosen Grundstücks
Für die Beurteilung der Ordnungsmäßigkeit kommt es ausschließlich auf die Bedürf-   **19** nisse des abgeschnittenen Grundstücks an. Eine **Abwägung der beiderseitigen Interessen** unter dem Gesichtspunkt der Verhältnismäßigkeit unter Berücksichtigung des Ausmaßes der Beeinträchtigung des Nachbargrundstücks findet nicht statt (BGH NJW 1964, 1321, 1323; OLG Karlsruhe MDR 2013, 397; NJW-RR 1995, 1042; BGB-RGRK/Augustin Rn 3; Grziwotz/Lüke/Saller[2] 4. Teil Rn 18; **aA** OLG Nürnberg RdL 1971, 177, 178; LG Lübeck MDR 1975, 665; MünchKomm/Säcker[6] Rn 14). Deshalb kann ein nach den Voraussetzungen des § 917 nicht begründbares Notwegrecht nicht unter Berufung darauf bejaht werden, das Nachbargrundstück werde nur geringfügig beeinträchtigt. Dem Gesetzgeber war es keineswegs um einen „optimalen Gesamtnutzen" für die beteiligten Nachbarn zu tun (**aA** MünchKomm/Säcker[6] Rn 14). Vielmehr setzt sich das Privatinteresse des Eigentümers des verbindungslosen Grundstücks (oben Rn 1) nur durch, wenn es aufgrund einer **vorhandenen Notstandssituation** überwiegt. Der Maßstab ist auch nicht dann weniger streng, wenn das Nachbargrundstück kaum spürbar beeinträchtigt wird (**aA** Staudinger/Beutler[12] Rn 9). Wenn dem Grundstück die zur ordnungsmäßigen Benutzung notwendige Verbindung mit einem öffentlichen Weg nicht fehlt, so muss sich der Eigentümer im Rahmen seines Eigentumsrechts halten (§ 903) und darf fremde Grundstücke nicht in Anspruch nehmen. Eine Interessenabwägung kommt erst auf der nachgeordneten Prüfungsstufe der Festlegung des Wegeverlaufes in Betracht (unten Rn 38).

cc) Beachtung der Rechtsordnung
Eine ordnungsmäßige Benutzung liegt allenfalls vor, wenn sie sich im **Rahmen der**   **20** **Gesetze** hält und die ungeschriebenen Rechtssätze beachtet. Die Errichtung oder Nutzung einer Anlage, welche die Verbindungslosigkeit des Grundstücks begründet, muss also mindestens den Vorschriften des **öffentlichen Rechts** entsprechen. Für eine ordnungsmäßige Nutzung spricht, dass sie sich im Rahmen eines maßgeblichen **Bebauungsplanes** hält Deshalb kommt ein Notwegrecht für *Schwarzbauten* nicht in Betracht. Dazu muss die Nutzung **privatrechtlich zulässig** sein, darf also zB nicht gegen eine Grunddienstbarkeit verstoßen (Dehner B § 27 [8]). Auch verhindern natur-, landschaftsschutz-, straßen- oder verkehrsrechtliche Gründe das Entstehen eines Notwegrechts. Nach richtiger Auffassung kann ein Notwegrecht auch nicht

bejaht werden, wenn es um den Zugang zu einem Grundstück geht, das im Rahmen *öffentlichen Gemeingebrauchs* genutzt werden soll. Das verhindert den Einsatz eines von Grundstücken privater Eigentümer umschlossenen Grundstücks etwa zur Errichtung eines *Kinderspielplatzes*. Die so geschaffene Verbindung würde wegen der Vielzahl der Benutzer ohne Widmung zu einem öffentlichen Weg (richtig OLG Düsseldorf OLGZ 1992, 208, 213). Hier hilft nur eine Enteignung (oben Rn 1).

dd) Vorübergehende außergewöhnliche Bedürfnisse

21 Sie geben keinen Maßstab für eine ordnungsmäßige Benutzung des Grundstücks ab. Deshalb entsteht kein Notwegrecht, wenn sich bei einer an sich ordnungsmäßigen Zufahrt für *Rettungsfahrzeuge* (Feuerwehreinsatz, Krankentransporte) Zeitverzögerungen ergeben (OLG München OLGZ 1966, 284; OLG Nürnberg WuM 1987, 226 [LS]; OLG Köln NJW-RR 1992, 213; BGH WM 1966, 145). UU wird § 904 anwendbar sein, der von § 917 unberührt bleibt (BayObLG ZMR 2005, 889, 890; BGB-RGRK/Augustin Rn 2; Dehner B § 27 [14]). Die **Rettungsfahrzeuge** selbst können auch aufgrund von öffentlich-rechtlichen Befugnissen etwa bestehende Wirtschaftswege befahren. Ein Rentenzahlungsanspruch entsteht in allen Fällen nicht.

22 Davon zu unterscheiden ist die Möglichkeit eines **zeitlich befristeten Notwegrechts** (oben Rn 12) zB für die Dauer von *Hausreparaturen,* Straßenbauarbeiten, Transport schwerer Güter oder des Auftretens von Schneeverwehungen. Bis zur Befriedigung des vorübergehenden Bedürfnisses besteht ein Notwegrecht (BGH NJW-RR 2009, 515 Rn 21; BayObLG ZMR 2005, 889; Dehner B § 27 [14]; Wolff/Raiser, Sachenrecht § 56 I 1; MünchKomm/Säcker[6] Rn 8; Westermann/Gursky/Eickmann/H P Westermann, Sachenrecht[8] § 63 Rn 2). In derartigen Fällen handelt es sich nicht um das außergewöhnliche Bedürfnis von oben Rn 21, sondern um ein gewöhnliches, das nicht immer, sondern nur zeitgebunden auftritt.

ee) Steigerung der Benutzung

23 Eine Steigerung der Benutzung des Grundstücks mit der Folge der Entstehung eines Notwegrechts ist möglich, wenn sie infolge der technischen und wirtschaftlichen Fortentwicklung zur Aufrechterhaltung eines **rentablen Wirtschaftsbetriebs** erforderlich ist (BGH BB 1966, 639; Palandt/Bassenge[74] Rn 4). So kann etwa der aus wirtschaftlichen Gründen erforderliche Einsatz von *schweren Maschinen* einen bisher genutzten Weg wegen seiner fehlenden Breite oder des unsicheren Untergrundes unzulänglich machen. Auch kann eine Benutzung ordnungsmäßig sein, wenn durch die Erweiterung eines kleineren Geschäfts die den Weg in Anspruch nehmende Besucherzahl anwächst. Ein gesteigertes Bedürfnis für eine ordnungsgemäße Nutzung muss aber vom Eigentümer des abgeschnittenen Grundstücks **substantiiert** dargetan werden (BGH NJW-RR 2010, 445 Rn 19 [Jagdhütte und angebliches Bedürfnis, das Hüttengrundstück mit Kraftfahrzeugen zu befahren]).

ff) Änderung der Benutzungsart

24 Der Eigentümer des abgeschnittenen Grundstücks ist nicht auf die **Beibehaltung der bisherigen Benutzung** seines Grundstücks verwiesen. E I § 863 hatte dagegen noch von „seiner bisherigen ordnungsmäßigen Benutzung" gesprochen, wogegen das Wort „bisherig" im E II § 830 gestrichen wurde. Dadurch sollte bei **veränderten Bedürfnissen** ein Notweg erzwungen werden können, wenn dieser nur ordnungsmäßig war (Prot III 152 f). Eine Änderung der Benutzung kann ordnungsmäßig sein,

wenn sie der technischen und wirtschaftlichen Entwicklung und den örtlichen Verhältnissen Rechnung trägt (RG WarnR 14 Nr 290; BGH LM Nr 3; eine derartiger Fall in der Sache auch bei OLG Celle NJOZ 2014, 3774; OLG Brandenburg DtZ 1996, 389, 390; PALANDT/BASSENGE[74] Rn 4; RENKEN GrundE 1964, 298; mit Recht abgelehnt von OLG Köln BauR 1986, 727 [Errichtung eines „Saunabetriebs"]).

Mit einer **beabsichtigten zukünftigen Bebauung** kann ein Notwegrecht solange nicht **25** begründet werden, als die Bebauung nach öffentlich-rechtlichen Vorschriften nicht möglich ist. Die Bauordnungen der Länder verlangen durchweg einen Anschluss des Baugrundstücks an einen öffentlichen Verkehrsweg. Die Erschließung des verbindungslosen Grundstücks muss also schon vorher hergestellt sein (Nachw der Vorschriften bei DEHNER B § 27 [Fn 20b]). Deshalb kann die vorgesehene Bebauung eines nicht bebauten Grundstücks die Inanspruchnahme eines Notwegs nicht rechtfertigen, weil die Errichtung gegen öffentliches Baurecht verstößt und damit keine ordnungsmäßige Nutzung des Grundstücks ist (BGH LM Nr 14; bestätigt durch BGH NJW 1991, 176, 177 [anders aber für § 7e Nachbarrechtsgesetz Baden-Württemberg: Leitungsrecht; oben Rn 7, sehr zweifelhaft]; BVerwG NJW 1976, 1987, 1989; NJW-RR 1999, 165, 166; DEHNER B § 27 [Fn 20 b]; OLG Schleswig MDR 2011, 974; PALANDT/BASSENGE[74] Rn 4; ERMAN/A LORENZ[14] Rn 2). Wird dem Eigentümer des abgeschnittenen Grundstücks in rechtswidriger Weise gleichwohl eine **Baugenehmigung** erteilt, so ist dem Nachbarn der Einwand abgeschnitten, die Benutzung sei wegen des Verstoßes gegen öffentliches Baurecht nicht ordnungsmäßig (oben Rn 20). Diese Baugenehmigung kann der Nachbar daher selbst dann nach den Normen der VwGO anfechten, wenn ihn der Eingriff nicht schwer und unerträglich trifft (BVerwG NJW 1976, 1987, 1989; bestätigt durch BVerwG NVwZ-RR 1997, 271; NJW-RR 1999, 165, 166: BayVGH NVwZ-RR 2008, 80, 83 [für die entsprechende Geltung bei einem Notleitungsrecht]; B v 14. 1. 2009 Az 15 ZB 08. 2630 juris Rn 9 f; B v 16. 5. 2007 Az 1 ZB 06. 1180 juris Rn 17; B v 19. 2. 2007 Az 1 ZB 06. 92 juris Rn 15; BayVBl 2000, 472; VG München 1 B v 5. 10. 2006, Az M 1 SN 06. 3435 juris Rn 21). Das Gleiche gilt, wenn die Baugenehmigung den Umfang eines bereits bestehenden Notwegerechts **nachteilig verändern** würde (VG Augsburg U v 12. 10. 2006 Az Au 5 K 05.505 juris Rn 31; VG Ansbach U v 24. 9. 2008 Az AN 3 K 07. 01241 juris Rn 18, 20). Verwaltungsbehörden und Gerichte haben als zivilrechtliche **Vorfrage** zu prüfen, ob die Zufahrt ausreichend gesichert und nicht auf ein Notwegerecht angewiesen ist (VG München 1 B v 6. 6. 2006, Az M 1 SN 06. 1698 juris Rn 24). Allerdings muss es sich stets um eine „notwegerhebliche Rechtswidrigkeit" handeln. Unerheblich unter dem Blickwinkel des Notwegrechts ist es deshalb, wenn dem Vorhaben aus dem öffentlichen Recht nur Vorschriften entgegenstehen, die sich auf die Notwegbedürfnisse nicht auswirken (BVerwG NJW 1976, 1987, 1989). Ist die **rechtswidrige Baugenehmigung** dagegen bestandskräftig geworden, so kann im Notwegeprozess die fehlende Ordnungsmäßigkeit nicht mehr mit der Baurechtswidrigkeit begründet werden (BGH ZfIR 2015, 663 Rn 16 mAnm GRZIWOTZ; BGH NJW 2006, 3426, 3427). Gleiches soll gelten, soweit **baurechtlicher Bestandsschutz** reicht (TOUSSAINT jurisPR-BGHZivilR 4/2009 Anm 2). Allerdings kann sich die fehlende Ordnungsmäßigkeit aus anderen Gründen ergeben (zB § 918; auch oben Rn 18 ff). Keine ordnungsmäßige Benutzung stellt die Errichtung und Unterhaltung eines Wohngebäudes dar, wenn ein bisheriges *Behelfsheim* nur mit Zustimmung des Nachbarn erreichbar war (BGH LM Nr 14).

Nicht jede denkbare **Änderung** der Benutzung genügt für die Entstehung eines **26** Notwegrechts. Vielmehr müssen auch für die **neue Nutzung** die Voraussetzungen von oben Rn 18 vorliegen (OLG Schleswig MDR 2011, 974). So liegt es regelmäßig nicht, wenn auf dem abgeschnittenen Grundstück ein Unternehmen begonnen wird, das nicht ohne eine umfangreiche Inanspruchnahme anderer Grundstücke durchführbar ist (RGZ 157, 309; auch OLG Düsseldorf OLGZ 1992, 208, 213; oben Rn 20). Die Umwandlung eines bisher landwirtschaftlich genutzten Grundstücks in einen *Steinbruch* kann sich dagegen als ordnungsmäßige Benutzung darstellen.

b) Notwendigkeit
aa) Art und Ausmaß

27 Die Benutzung des Verbindungsgrundstücks (oben Rn 11) muss für die ordnungsmäßige Benutzung des verbindungslosen Grundstücks (oben Rn 18 ff) **notwendig** sein (zur Funktion dieses Tatbestandsmerkmals oben Rn 17), wobei die Duldung als solche sich als notwendig erweisen muss (oben Rn 11 ff). Die Verpflichtung zur Duldung eines Notwegs kann nicht damit begründet werden, dass das Grundstück sonst nicht zu einem angemessenen Preis vermietet oder verpachtet werden könne (BGH NJW-RR 2006, 1161 [Vermietung von Bootsliegeplätzen mit landseitigem Zugang]). Notwendig sein müssen aber auch *Art und Ausmaß der Benutzung*. So ist die ordnungsgemäße Nutzung eines mit einer Jagdhütte bebauten **Waldgrundstücks** grundsätzlich auch ohne einen Zugang mit einem **Kraftfahrzeug** möglich (BGH NJW-RR 2010, 445 Rn 22). Das Gleiche wird für den Zugang zu einem bloßen **Wochenendhaus** oder einem Freizeitgrundstück zu gelten haben. Auch hier reicht eine fußläufige Erreichbarkeit aus. Bei einem **Wohngrundstück** muss dagegen die Erreichbarkeit über Kraftfahrzeuge gesichert sein, sodass die bloße Erreichbarkeit zu Fuß oder mit dem Fahrrad über eine öffentliche Fläche nicht ausreicht. Gemeint ist damit die Möglichkeit, das Wohngrundstück mit einem Personenkraftwagen anzufahren (BGH ZfIR 2015, 663 Rn 14 mAnm Grziwotz; BGH NJW 2014, 311 Rn 22; NJW-RR 2014, 398 Rn 12; 2009, 515 Rn 24 mit Anm Toussaint jurisPR-BGHZivilR 4/2009 Anm 2; BeckRS 2014, 09239 Rn 12; OLG Hamm NJOZ 2014, 1406; PWW/Lemke[9] Rn 7; eine fußläufige Verbindung hält für ausreichend OVG Lüneburg NJOZ 2011, 1866). Anders ist etwa die Belieferung mit Öl, die Versorgung mit Lebensmitteln oder die Müllabfuhr nicht ordnungsgemäß gesichert. So gehört zu der ordnungsgemäßen Benutzung einer **Wohnungseigentumsanlage** mit Tiefgaragen und Stellplätzen auch das Befahren mit Kraftwagen (OLG Frankfurt ZfIR 2000, 124, 126 [entgegen der Entscheidung aber nicht auch das Abstellen von Kraftfahrzeugen in den Garagen]). Doch muss der **Hauseingangsbereich** mit einem Kraftfahrzeug nicht erreicht werden können (BGH NJW-RR 2014, 398 Rn 12 = MDR 2014, 149). Ausreichend ist, es wenn das Kraftfahrzeug unmittelbar an das Wohngrundstück heranfahren kann und von dieser Stelle aus der Eingangsbereich in „zumutbarer Weise" (auch mit sperrigen Gegenständen) erreicht werden kann (im konkreten Fall: 50 m und Wegeneigung von 29, 36 %). Überholt ist die früher teilweise abweichende Rspr (OLG Karlsruhe NJW-RR 1995, 1042; BayObLG ZMR 2005, 889, 890). Davon zu unterscheiden ist die anders gelagerte Frage, ob zur ordnungsmäßigen Grundstücksbenutzung von **Wohngrundstücken** notwendigerweise die Möglichkeit gehört, **Kraftfahrzeuge** auf ihnen **abzustellen**. Der BGH hat mit Recht entschieden, dass Nachbargrundstücke nicht in Anspruch genommen werden dürfen, wenn Personenkraftwagen in benachbarten Straßen, wenn auch unter Schwierigkeiten, abgestellt werden können. Ein Notwegrecht könne sich dann nur aus besonderen Umständen des Einzelfalles ergeben (BGHZ 75, 315, 319 f; bestätigt durch BGH NJW 2014, 311 Rn 23; NJW-RR 2014, 398 Rn 12, 18; 2009, 515 Rn 24; BeckRS 2014, 09239 Rn 12; ebenso OLG Hamm NJOZ 2014, 1406; OLG Schleswig MDR 2003, 25; OLG Saarbrücken NJW-RR 2002, 1385; OLG Karlsruhe NJW-RR 1995, 1042). Deshalb hat auch eine Baugenehmigung für die Nutzungsänderung zu einer Garage nicht die Entste-

hung eines Notwegerechts zur Folge (BayVGH B v 11. 1. 2007 Az 14 B 03.572 juris Rn 26). Der BGH hat bei (bloß) fehlender Abstellmöglichkeit die Ordnungsmäßigkeit der Nutzung zu Wohnzwecken nicht bezweifelt und zugleich die Notwendigkeit der Zufahrt verneint (BGHZ 75, 315, 319 f; OLG Schleswig MDR 2003, 25; OLG Saarbrücken NJW-RR 2002, 1385; bedenklich OLG München NJW-RR 1993, 474 [Notwegrecht bejaht für den ländlichen Bereich an einer Gemeindeverbindungsstraße]). Ein **öffentliches Interesse** iS eines allgemeinen Bedarfes an Abstellflächen auf privaten Grundstücken wurde zutreffend als nicht ausschlaggebend erachtet (BGHZ 75, 315, 319; eine andere Sicht bei Münch-Komm/SÄCKER⁶ Rn 14; oben Rn 1). Bei der Entscheidung des Falles wurde mit Recht auch von einer umfassenden Interessenabwägung abgesehen (oben Rn 19). Nicht richtig ist es mE, ein Notwegrecht immer dann zu bejahen, wenn bereits auf dem Nachbargrundstück ein Garagenzufahrtsweg besteht, der wegen seiner grenznahen Lage ohne Weiteres **mitbenutzt** werden kann (aA MünchKomm/SÄCKER⁶ Rn 13). Wenn die Voraussetzungen des Notwegrechts fehlen, können sie nicht durch ein Abstellen auf eine nur **geringfügige Beeinträchtigung** des Nachbarn überwunden werden (oben Rn 19; aA OLG Frankfurt MDR 1981, 932; LG Aachen MDR 1986, 936). Bei einem **Waldgrundstück** mit beschwerlichem Zugang besteht nicht in jedem Fall Anspruch auf die Erreichbarkeit des Grundstücks mit dem PKW (angedeutet bei OLG Düsseldorf NJW-RR 2001, 162, 163).

Dagegen wird bei der **gewerblichen Nutzung** eines Grundstücks eine Zufahrtsmög- **28** lichkeit eher notwendig sein (anders soll es bei der Unterhaltung einer Arzt- oder Anwaltspraxis liegen, BGHZ 75, 315, 320 zur Abstellmöglichkeit). So ist es zur ordnungsmäßigen Benutzung eines Grundstücks, auf dem 1,8 km von der öffentlichen Straße entfernt ein *Alpengasthof* betrieben wird, erforderlich, dass Inhaber und Lieferanten den Gasthof mit Fahrzeugen erreichen können. Nicht notwendig ist aber die Zufahrt für Gäste (BGH LM Nr 2). Die **bloße Absicht der Gewinnsteigerung** reicht für die Notwendigkeit des Notwegrechts nicht aus. Die Zufahrt auf ein Gewerbegrundstück ist insbes dann erforderlich, wenn dort be- und entladen werden muss. Doch darf sich dieser Vorgang nicht auf dem Verbindungsgrundstück abspielen (BGHZ 31, 159, 161; unten Rn 30).

bb) Maßgebender Zeitpunkt

Für die Frage, ob die Verbindung eines Grundstücks mit einem öffentlichen Weg zur **29** ordnungsmäßigen Grundstücksbenutzung notwendig ist, kommt es auf die **letzte mündliche Tatsachenverhandlung** an. Nicht entscheidend ist dagegen die Klageerhebung (BGH NJW 1965, 537). Maßgebend sind die gegenwärtigen wirtschaftlichen Verhältnisse. Unter den Voraussetzungen des § 259 ZPO können aber auch bevorstehende Änderungen der Benutzungsart berücksichtigt werden, soweit die zukünftigen wirtschaftlichen Interessen konkretisierbar sind.

3. Bloße Wegebenutzung

Die Benutzung des Verbindungsgrundstücks darf ausschließlich dazu dienen, einen **30** Zugang zwischen dem verbindungslosen Grundstück und dem öffentlichen Weg herzustellen. Es muss sich also um eine Verbindung handeln, die von dem einen zum anderen *über* das Nachbargrundstück führt. Der Eigentümer darf sich dagegen nicht *auf* dem **Nachbargrundstück aufhalten**, um dort Handlungen vorzunehmen, die über eine bloße Wegebenutzung hinausgehen (BGHZ 31, 159, 161). Erlaubt ist es danach, in beiden Richtungen über das Nachbargrundstück zu gehen, zu fahren, zu reiten, Fässer zu rollen oder Baumstämme zu schleifen (BGHZ 31, 159, 161). Doch ist auch die Einräumung eines **beschränkten Notwegrechts** möglich, das Einschränkungen hinsichtlich der Benutzungszeit, des Umfangs (zB nur Gehen, oben Rn 27) oder der Berechtigten (oben Rn 28) enthält.

31 Nicht erlaubt ist dagegen das **Be- und Entladen** durch den Notwegberechtigten auf dem Verbindungsgrundstück (BGHZ 31, 159, 161) oder das Durchführen von **Bauarbeiten** etwa durch Aufstellen eines Kranes oder Baggers. Verboten ist auch stets das **Parken** (unrichtig OLG Frankfurt MDR 1981, 932; wie hier STOLLENWERK ZMR 1992, 427). Deshalb ist es zB auch nicht möglich, ein nicht an die öffentliche Kläranlage angeschlossenes verbindungsloses Grundstück durch ein *Grubenentleerungsfahrzeug* zu entsorgen, wenn sich der Beladungsvorgang auf dem Verbindungsgrundstück abspielen soll. Auch sonst darf sich der Notwegberechtigte nicht auf dem Grundstück aufhalten.

V. Inhalt

1. Anspruchsberechtigter

32 Der Anspruch auf Einräumung eines Notwegrechts steht dem **Eigentümer** (auch: Wohnungseigentümer) des abgeschnittenen Grundstücks zu (zB BGH NJW 1990, 2555, 2556). **Mehrere Eigentümer** können die Einräumung des Notwegs trotz § 1011 nur gemeinschaftlich verlangen. Ansonsten könnte der einzelne die alle Miteigentümer belastende Rentenpflicht nach Abs 2 begründen. Eine derartige Befugnis ist ihm vom Gesetz nicht eingeräumt (BGH NJW 2006, 3426; RG Gruchot 30, 443; PALANDT/BASSENGE[74] Rn 8; ERMAN/A LORENZ[14] Rn 4; BGB-RGRK/AUGUSTIN Rn 7; SOERGEL/JF BAUR[13] Rn 7; aA MünchKomm/SÄCKER[6] Rn 16). Sie können auch nur gemeinsam klagen (§ 62 Fall 2 ZPO) (WIESER Rn 16 mit einer Ausnahme in Rn 6). Doch können **Wohnungseigentümer** und **Teileigentümer** trotz § 1 Abs 2, 3 WEG nicht wie sonstige ideelle Miteigentümer behandelt werden, da hier das Sondereigentum dominiert und somit der Zugang zum einzelnen Sondereigentum nicht der Mitwirkung der übrigen, teils überhaupt nicht betroffenen Wohnungs- oder Teileigentümer bedarf (aA insoweit BGH NJW 2006, 3426 mit abl Anm F SCHMIDT ZWE 2006, 484). Dem Eigentümer gleichgestellt sind die Inhaber eines **grundstücksgleichen Rechts**, insbes eines *Erbbaurechts* (§ 11 ErbbauRG; OLG Brandenburg U v 30. 10. 2008 Az 5 U 131/07 juris Rn 45), oder der Berechtigte iS des Art 68 EGBGB (RGZ 79, 116, 118). Verfügungsbefugte wie der *Insolvenzverwalter* (§ 80 InsO), der *Zwangsverwalter* (LG Landau NJW 1968, 2013) oder der *Testamentsvollstrecker* dürfen das Eigentumsrecht im eigenen Namen außergerichtlich und gerichtlich in gesetzlicher Prozessstandschaft geltend machen. Dinglich und obligatorisch Berechtigte **(Besitzer)** wie Nießbraucher, Pächter und Mieter haben keinen Anspruch; sie müssen sich an den Eigentümer halten (hL; BGH NJW-RR 2006, 1160 [Notweg zum Seeufer]; LM Nr 6; PALANDT/BASSENGE[74] Rn 8; DEHNER B § 27 [21 f]; GRZIWOTZ/LÜKE/SALLER[2] 4. Teil Rn 46; aA MünchKomm/SÄCKER[6] Rn 16 für die dinglich Berechtigten). Das gilt auch dann, wenn der Mieter auf dem gemieteten Grundstück ein Gebäude als **Scheinbestandteil** errichtet, dessen Eigentümer er also ist (BGH NJW-RR 2006, 1160, 1161 im Anschluss an RGZ 79, 116, 118). Allerdings dürfen die Nutzungsberechtigten den dem Eigentümer eingeräumten **Notweg benützen** (BGH NJW-RR 2014, 526 Rn 12; NJW 1963, 1917, 1918) und können das Notwegrecht dem Nachbarn auch einredeweise entgegenhalten (BGH NJW-RR 2006, 1160, 1161; unten Rn 45). Schuldner der Notwegrente nach Abs 2 werden sie damit nicht. **Mieter** können das Notwegerecht des Vermieters auch in **gewillkürter Prozessstandschaft** geltend machen (BGH NJW-RR 2014, 526 Rn 11). **Einzelrechtsnachfolger** des Berechtigten müssen die Einräumung eines Notwegerechts erneut verlangen (oben Rn 3).

2. Anspruchsgegner

Anspruchsgegner und damit Duldungspflichtige sind die **Eigentümer** aller Grund- **33** stücke, die zwischen dem abgeschnittenen Grundstück und dem öffentlichen Weg liegen. Gleichgültig ist es, ob sie unmittelbar an das notleidende Grundstück angrenzen oder nicht (Denkschr 126 = MUGDAN III 974). Die Eigentümer mehrerer betroffener Grundstücke können einzeln in Anspruch genommen werden. Dagegen kann ein Anspruch gegen mehrere **Miteigentümer** eines einzigen Grundstücks nur gegenüber allen gemeinsam durchgesetzt werden. Geschieht das nicht, so ist die Klage unzulässig. Sie sind materiellrechtlich notwendige Streitgenossen nach § 62 Fall 2 ZPO (BGHZ 36, 187; BGH NJW 1984, 2210 mwNw; MünchKomm/SÄCKER[6] Rn 18; WIESER Rn 7; aA LG Nürnberg-Fürth NJW 1980, 2477 m zust Anm WALDNER JR 1981, 184; GLASER ZMR 1984, 361, 366). Wird durch den Notweg ein *Erbbaurecht* oder eine *Dienstbarkeit* an dem Nachbargrundstück beeinträchtigt, so ist das Verlangen zusätzlich an die Inhaber dieser Rechte zu richten (§ 917 Abs 2 S 2 iVm § 916). Der Inhaber eines *Dauerwohnrechts* (§ 31 Abs 1 WEG) steht gleich. Das so entstandene Notwegrecht (oben Rn 3) wirkt auch gegenüber deren Nutzungsberechtigten (PALANDT/BASSENGE[74] Rn 8). Von einem nur dinglich Berechtigten oder einem **Benutzer** des Grundstücks kann und braucht die Einräumung des Notwegs nicht verlangt zu werden (OLG Braunschweig SeuffA 56 Nr 150; MünchKomm/SÄCKER[6] Rn 18). **Einzelrechtsnachfolger** sind erst dann einer Duldungspflicht ausgesetzt, wenn die Einräumung des Notwegerechts ihnen gegenüber verlangt wird (oben Rn 3).

3. Duldungspflicht

a) Umfang

Zu dulden ist die **notwendige Benutzung** (oben Rn 27). Der Umfang der Duldungs- **34** pflicht richtet sich nach den Bedürfnissen des abgeschnittenen Grundstücks (BGHZ 31, 159, 161; oben Rn 18). Im Einzelfall kann das bloße **Begehen** des Notwegs genügen, wenn es sich nicht um ein Wohngrundstück handelt (oben Rn 27). UU kann aber auch das Befahren mit schwersten Fahrzeugen (zB Holztransporter) erforderlich sein. Es wird wohl auch ein *Feldbahngleis* als einzige das Grundstück erschließende Verbindung zu einem öffentlichen Weg in Betracht kommen (zu den Grenzen oben Rn 13). Der Notweg braucht nicht unbedingt über den Grund und Boden zu führen (oben Rn 5 ff). Vielmehr kann sich auch eine oberhalb oder unterhalb des Bodens (§ 905) geführte Verbindung als zweckmäßig erweisen (zB RGZ 157, 305, 309; RG Recht 1914 Nr 211). Im **Gebirge** darf deshalb auch eine *Seilbahn (Steg; Brücke)* als Notweg dienen (SOERGEL/JF BAUR[13] Rn 11; aA BayObLG SeuffA 62 Nr 41; BGB-RGRK/AUGUSTIN Rn 15). Daneben kommt etwa auch eine Untertunnelung in Betracht (zB *Tiefgaragenausfahrt).* Ist der Zugang zu dem Notweg zB mit einem Gatter oder einem Tor **verschlossen**, so muss der **Schlüssel** (oder eine zum Öffnen geeignete Chipkarte, ein oder dgl) ausgehändigt werden (OLG Nürnberg RdL 1968, 78). Ausreichend ist auch die Möglichkeit, mittels eines **Fingerabdrucks** das Tor zu öffnen.

b)   Herstellung; Mitbenutzung

35 Der Nachbar ist nach Wortlaut und Zweck des § 917 Abs 1 S 1 lediglich zur **Duldung der Benutzung** seines Grundstücks zur Herstellung der Verbindung verpflichtet, nicht aber zur Unterhaltung. Es ist daher Sache des Notwegberechtigten, den Notweg **auf seine Kosten herzustellen** und zu **unterhalten** (BGH NJW-RR 2009, 515 Rn 25; WM 1995, 1195, 1198; BayObLG ZMR 2005, 889, 890; SeuffA 62 Nr 41; OLG Brandenburg BeckRS 2013, 04177; allgM). Als **Verkehrssicherungspflichtigen** trifft ihn bei Schnee- und Eisglätte daher die **Streupflicht**. Der Wegeeigentümer darf einen solchen Weg mitbenutzen, soweit dadurch die Bedürfnisse des abgeschnittenen Grundstücks noch befriedigt werden. Die **Unterhaltungskosten** sind dann zwischen den Benutzern nach den Grundsätzen der Gemeinschaft (§§ 741 ff analog, 748) zu **teilen** (BGHZ 179, 165 Rn 24; BGH NJW-RR 2009, 515 Rn 25). Das gilt auch für die Unterhaltung einer gemeinsam benutzten **Notleitung** (BGHZ 177, 165 Rn 24). Ist bereits ein Weg vorhanden, so besteht der Inhalt des Notwegrechts in der *Mitbenutzung* des Weges durch den Eigentümer des abgeschnittenen Grundstücks. Auch hier richtet sich die Lasten- und Kostentragung nach § 748 analog (iE BGH NJW-RR 2009, 515 Rn 25).

36 Treffen **mehrere Notwegrechte** zusammen, so kann § 1024 entsprechend angewendet werden. Eine direkte Anwendung scheidet aus, weil das Notwegrecht eine Eigentumserweiterung des verbindungslosen Grundstücks bedeutet und daher keine gesetzliche Grunddienstbarkeit ist (oben Rn 1; dazu BUCH 95 ff). Auch muss der Notwegberechtigte in analoger Anwendung des § 1020 S 1 auf die Interessen des Nachbarn soweit wie möglich Rücksicht nehmen (WEIMAR BlGBW 1960, 211). Der Duldungspflichtige kann ferner entsprechend § 1023 Abs 1 **Verlegung** verlangen (BGHZ 79, 307 [Notleitungsrecht]; OLG Hamm NJOZ 2014, 1406 [Kostentragung durch Duldungspflichtigen]). Er soll die Kosten dann tragen müssen, wenn die beteiligten Grundstücke früher in einer Hand waren und der damalige Eigentümer die Leitung zur Versorgung der Grundstücke des Notwegberechtigten verlegt hatte (§ 1023 Abs 1 S 1 HS 2; mE bedenklich; dazu DEHNER B § 27 [29 Fn 96 a]). Im Regelfall wird der Notwegberechtigte mit den **Kosten** zu belasten sein, sofern die Notwegrente nicht frei vereinbart worden ist. Der Duldungspflichtige hat bis zur Zahlung der fälligen Notwegrente ein *Zurückbehaltungsrecht* (BGH LM Nr 12/13; unten Rn 43).

c)   Grundbuch

37 Das Notwegrecht ist als **gesetzliche Eigentumsbeschränkung** nicht im Grundbuch eintragungsfähig (KG JFG 4, 388; FGPrax 2013, 102; KÜRZEL ZMR 1964, 356; dazu ROETTGEN, Zwei grundbuchrechtliche Fragen [1914]). Doch können vom gesetzlichen Inhalt abweichende Vereinbarungen als **Grunddienstbarkeit** eingetragen werden. Das Gleiche gilt bei Zweifeln über die gesetzliche Duldungspflicht (klarstellende Grunddienstbarkeit) (OLG Düsseldorf OLGZ 1978, 19; PALANDT/BASSENGE[74] Rn 11; BGB-RGRK/AUGUSTIN Rn 16; wohl auch MünchKomm/SÄCKER[6] Rn 24). Das Notwegrecht (soweit nicht eingetragen) untersteht nicht dem öffentlichen Glauben und kann auch nicht in einem *Rangverhältnis* zu anderen eingetragenen Rechten stehen.

4.   Mehrere mögliche Verbindungen

38 Das Gesetz trifft keine Aussage darüber, welche Kriterien für die **Wahl des Notwegberechtigten** maßgebend sind, wenn eine Mehrheit von möglichen Wegen auf einem Grundstück oder mehrere denkbare Verbindungsgrundstücke zur Verfügung stehen

(dazu GAISBAUER BlGBW 1973, 189). Grundsätzlich muss der Berechtigte die Verbindung wählen, die nach den örtlichen Gegebenheiten naturgemäß in Betracht kommt (OLG Nürnberg RdL 1968, 78; DEHNER B § 27 [23]). Der Eigentümer des eingeschlossenen Grundstücks hat keinen Anspruch darauf, dass stets der für ihn kürzeste Weg maßgebend ist (BayObLG SeuffA 62 Nr 41; OLG Nürnberg RdL 1968, 78; PALANDT/BASSENGE[74] Rn 6). Bei mehreren Möglichkeiten kommt es zu einer **Abwägung der Interessen** an der geringsten Belastung durch den Notweg einerseits und denjenigen an der größten Effektivität des Notwegs andererseits (dazu OLG Koblenz NJW-RR 1992, 724, 725; LG Frankfurt aM MDR 1969, 925; LG Verden MDR 1957, 547; PALANDT/BASSENGE[74] Rn 6; DEHNER B § 27 [27]; SOERGEL/JF BAUR[13] Rn 9; BGB-RGRK/AUGUSTIN Rn 14). Dabei sind die konkurrierenden Interessen des Notwegberechtigten und der Eigentümer der betroffenen Grundstücke nicht gleich zu gewichten. Vielmehr sind die **Interessen der belasteten Eigentümer** vorrangig zu berücksichtigen. Der Notwegberechtigte muss sich an denjenigen halten, dem unter Berücksichtigung aller Umstände der geringste Nachteil entsteht (BGB-RGRK/AUGUSTIN Rn 14; DEHNER B § 27 [27]; **aA** MünchKomm/SÄCKER[6] Rn 33 Fn 102; SÄCKER/PASCHKE NJW 1981, 1012 f; GAISBAUER BlGBW 1973, 189). Nur für die Beurteilung der ordnungsmäßigen Benutzung des abgeschnittenen Grundstücks kommt es ausschließlich auf die Bedürfnisse dieses Grundstücks an, ohne dass die Interessen des beeinträchtigten Grundstücks mit einbezogen würden (oben Rn 19). Folgte man der Gegenauffassung, so würden die Interessen des eingeschlossenen Grundstücks in zweifacher Weise gewichtet und berücksichtigt. Zudem will § 917 lediglich einer bestehenden **Notlage** abhelfen (oben Rn 1). Ist dieses Ziel erreicht, so besteht für eine Interessenabwägung zugunsten des Berechtigten kein Raum mehr. Die Interessen des beeinträchtigten Eigentümers verdienen bis zur **Grenze der wirtschaftlichen Unzumutbarkeit** für den Eigentümer des abgeschnittenen Grundstücks (oben Rn 11) den Vorrang (OLG Düsseldorf NJOZ 2015, 913 Rn 21; GRZIWOTZ/LÜKE/SALLER[2] 4. Teil Rn 41 1; **aA** MünchKomm/SÄCKER[6] Rn 34). Auch bei (seltener) völliger Gleichwertigkeit der zur Verfügung stehenden Möglichkeiten kennt das Gesetz kein freies Wahlrecht des Berechtigten. Vielmehr ist eine konstitutive Gerichtsentscheidung nach § 917 Abs 1 S 2 erforderlich (LG Verden MDR 1957, 547; ERMAN/A LORENZ[14] Rn 5; PALANDT/BASSENGE[74] Rn 10; WOLFF/RAISER, Sachenrecht § 56 II 1 b; oben Rn 2; **aA** KARDING AcP 99 [1906] 407, 413; STAUDINGER/BEUTLER[12] Rn 24 aE).

Die Eigentümer der nicht in Anspruch genommenen Grundstücke werden von der **39** **Duldungspflicht frei** (BUCH 89). Das ergibt sich nicht aus § 422, sondern aus § 917 selbst, weil jetzt die erforderliche Verbindung vorliegt.

5. Erlöschen; Verjährung

Der Duldungsanspruch **verjährt** wegen § 924 nicht. Das Recht am eingeräumten **40** Notweg verjährt ebenfalls nicht, weil es kein Anspruch ist (abweichend SOERGEL/JF BAUR[13] Rn 16). Beide Rechte **erlöschen** mit dem Wegfall ihrer tatbestandsmäßigen Voraussetzungen. So liegt es, wenn das Bedürfnis für das Notwegrecht entfällt, weil das Grundstück jetzt zB durch den Bau einer öffentlichen Straße, ein privates Wegerecht oder Hinzukauf eines weiteren Grundstücks erschlossen wird (SOERGEL/JF BAUR[13] Rn 16). Das Gleiche gilt zB, wenn der Notweg wegen Geschäftsaufgabe nicht mehr benötigt wird (DEHNER B § 27 [30]).

VI. Durchsetzung

1. Außergerichtliche Geltendmachung

41 Unter den gegebenen tatbestandlichen Voraussetzungen des § 917 (oben Rn 9 ff) entsteht mit dem „Verlangen" des Eigentümers der Duldungsanspruch (§ 194) (oben Rn 3). Das Verlangen ist eine **empfangsbedürftige Willenserklärung**, die keiner Form bedarf. Bei einer Mehrheit von Duldungspflichtigen (zB Miteigentümer; oben Rn 33) muss sie gegenüber allen abgegeben werden. Das Verlangen hat keine inhaltsbestimmende Wirkung. Deshalb entsteht der Duldungsanspruch unter den gegebenen Voraussetzungen auch dann, wenn objektiv ein falscher Weg verlangt wird, der den Verpflichteten übermäßig belastet (oben Rn 38). Sind die Voraussetzungen des § 917 nicht gegeben, begründet eine stillschweigende Duldung der unentgeltlichen Zufahrt lediglich ein **Leihverhältnis** nach den §§ 598 ff, das grundsätzlich ohne besonderen Grund gekündigt werden darf (OLG Brandenburg DtZ 1996, 389, 390; OLG Hamm NJW-RR 1987, 137; in diese Richtung auch BGH NJW-RR 2009, 515 Rn 18).

42 Kommt es aufgrund des Verlangens unter den gegebenen Voraussetzungen des § 917 zu einer außergerichtlichen Einigung der Nachbarn über den Verlauf des Notwegs, so liegt darin ein Vertrag, der nur zwischen den Parteien, nicht aber gegen **Sonderrechtsnachfolger** wirkt (BGH NJW-RR 2006, 1160, 1161; PALANDT/BASSENGE[74] Rn 2). Anders liegt es nur, wenn eine entsprechende Grunddienstbarkeit eingetragen wird (oben Rn 37). Ob die Vereinbarung mit der Annahme der hL nur *deklaratorische Wirkung* hat, ist eine Frage, die bisher ohne praktische Auswirkungen geblieben ist. Der Nachbar kann seine Duldung davon abhängig machen, dass zuvor die **Notwegrente** bezahlt wird (BGH LM Nr 12/13; OLG Koblenz NJW-RR 1992, 724, 725). In der Geltendmachung des **Zurückbehaltungsrechts** kann sein Einverständnis mit der Benutzung des Weges im Falle vorheriger Zahlung zu sehen sein. Setzt der Inhaber des Duldungsanspruchs sein Recht in **verbotener Eigenmacht** durch, anstatt das Gericht anzurufen (oben Rn 2), so steht dem Eigentümer des duldenden Grundstücks das **Notwehrrecht** nach § 227 zu, weil es sich um einen rechtswidrigen Angriff handelt. Nur in **Notfällen** (zB *Krankentransport)* ist unter den Voraussetzungen des § 904 eine eigenmächtige Benutzung des Weges gestattet.

2. Gerichtliche Geltendmachung

43 Führt das Verlangen des Eigentümers nicht zu einer außergerichtlichen Lösung (oben Rn 41 f), so muss der Duldungsanspruch gerichtlich durchgesetzt werden, im Fall mehrerer Kläger nach § 62 Fall 2 ZPO. Nach § 917 Abs 1 S 2 braucht der **Klageantrag** die Richtung des Notwegs, den Zeitraum und den Umfang des Benutzungsrechts nicht zu nennen. Darin liegt eine Ausnahme zu § 253 Abs 2 Nr 2 ZPO (dazu OLG Brandenburg U v 30. 10. 2008 Az 5 U 131/07 juris Rn 36; OLG Frankfurt U v 6. 2. 2009 Az 4 W 72/08 juris Rn 4; PALANDT/BASSENGE[74] Rn 13; SOERGEL/JF BAUR[13] Rn 14; **aA** wegen des Umfangs DEHNER B § 27 [28c]). Die Konkretisierung geschieht im **Urteil** (oben Rn 2; dort auch zur Vollstreckung; zur Klage gegen mehrere Miteigentümer oben Rn 33). Es ist unschädlich, wenn in der gerichtlichen Entscheidung lediglich der Kläger als Notwegeberechtigter genannt ist, weil er gleichwohl den beauftragten Handwerkern das Überfahren gestatten kann (OLG Frankfurt U v 6. 2. 2009 Az 4 W 72/08 juris Rn 6). Wenn der Berechtigte sein Grundstück während des Prozesses **veräußert**, so darf er nach § 265 ZPO den Prozess fortführen (BGH LM Nr 12/13). Der *Verwaltungsrechtsweg* ist gegeben, wenn das Verbindungsgrundstück hoheitlichen Zwecken dient (BGH MDR 1969, 650; OLG Koblenz MDR 1981, 671; Abgrenzungsentscheidung OLG Düsseldorf OLGZ 1992, 208, 211). Der Kläger braucht mit dem Klageantrag keinen bestimmten Rentenbetrag anzubieten. Doch kann der Nachbar die Duldung der Wegebenutzung solange verweigern, wie der Berechtigte mit der Rentenzahlung im Rückstand ist (DEHNER B § 27 [27]). Der das Notwegrecht in Anspruch Nehmende hat das **Verbindungsbedürfnis**, nämlich das, was zur ordnungsgemäßen Nutzung seines Grundstücks gehört, **substantiiert darzulegen** (BGH NJW-RR 2010, 445 Rn 16 ff).

Der Duldungsanspruch kann auch **hilfsweise geltend** gemacht werden. So kann er **44** eventualiter mit dem Feststellungsantrag, dass der betreffende Weg kraft einer bestehenden Dienstbarkeit zu dulden sei, verbunden werden (RGZ 144, 71). Maßgebend sind die Verhältnisse zur Zeit der letzten Tatsachenverhandlung (BGH NJW 1965, 537; oben Rn 29). Ändern sich später die Verhältnisse wesentlich, so kann jeder Teil eine Änderung der Richtung oder des Umfangs verlangen (SOERGEL/JF BAUR[13] Rn 14; auch oben Rn 36). **Gerichtsstand** für die Klage ist § 24 ZPO. Der **Streitwert** wird nach den Grundsätzen des § 7 ZPO festgelegt (näher STEIN/JONAS/H ROTH, ZPO[23] § 7 Rn 5 mwNw).

3. Verteidigungsweises Vorbringen

Klagt der Eigentümer des Verbindungsgrundstücks aus § 1004 Abs 1 auf **Unterlas- 45 sung** der Benutzung des Wegs, so kann das Notwegrecht mit der Widerklage oder auch mit der Einwendung aus § 1004 Abs 2 geltend gemacht werden (zB OLG Celle MDR 2000, 81; AG Dresden DtZ 1996, 153; PALANDT/BASSENGE[74] Rn 13). Auch der Pächter oder sonstige Besitzer des abgeschnittenen Grundstücks kann sich auf das dem Eigentümer zustehende Notwegrecht berufen (BGH NJW-RR 2006, 1160, 1161; LM Nr 6; oben Rn 32). Wird aus den §§ 861, 862 wegen verbotener Eigenmacht geklagt (oben Rn 2), so ist wegen § 863 nur die **petitorische Duldungs-Widerklage möglich** (dazu HAGEN JuS 1972, 124). Doch kann die Widerklage auch auf die nach § 863 ausgeschlossene Einwendung gestützt werden (BGH NJW 1979, 1358). Es muss durch Teilurteil (§ 301 ZPO) über die in der Regel zuerst entscheidungsreife Besitzschutzklage entschieden werden. Sind Klage und Widerklage gleichzeitig entscheidungsreif, so muss die Besitzschutzklage entsprechend § 864 Abs 2 BGB abgewiesen werden, um widersprüchliche Verurteilungen zu vermeiden (PALANDT/BASSENGE[74] § 863 Rn 3).

4. Rechtsschutz

Das Notwegrecht genießt als Eigentumsinhalt (oben Rn 1) den Schutz des § 1004 **46** Abs 1 (OLG Koblenz NJW-RR 1992, 724, 725; OLG München OLGE 29, 339; PALANDT/BASSEN-GE[74] Rn 14; SOERGEL/JF BAUR[13] Rn 15; DEHNER B § 27 [30]). Damit kann sich der Notwegberechtigte insbes gegen **Behinderungen des Zugangs und der Zufahrt** durch den Eigentümer des Verbindungsgrundstücks zur Wehr setzen. Möglich ist auch eine *einstweilige Verfügung* auf Unterlassung (OLG Frankfurt ZfIR 2000, 124). Des Umwegs über § 1027 bedarf es deshalb nicht.

Der Eigentümer des verbindungslosen Grundstücks hat nicht den **generellen Besitz- 47 schutz**, da sich der Besitzschutz am Grundstück nach den §§ 861, 862 nicht ohne

Weiteres auf den Notweg erstreckt (PWW/Lemke[9] Rn 25; **aA** Soergel/JF Baur[13] Rn 15; Wolff/Raiser, Sachenrecht 203 Fn 19; Figge AcP 160 [1961] 409, 418). Oftmals wird sich aus den örtlichen Verhältnissen oder aus der nur gelegentlichen Benutzung ergeben, dass der Notwegberechtigte nicht die Sachherrschaft iS des § 854 ausübt. In der Regel wird auch **kein Mitbesitz** des Berechtigten am Notweg bestehen (Palandt/Bassenge[74] Rn 14). Etwas anderes kann sich etwa bei einem ständig gemeinsam benutzten Weg ergeben (oben Rn 35).

48 Doch genießt der Notwegberechtigte **Besitzschutz** in analoger Anwendung des § 1029 (hL, Palandt/Bassenge[74] Rn 14; NK-BGB/Ring[2] Rn 53 BGB-RGRK/Augustin Rn 24; Kulenkampff, Notwegrecht und Besitzschutz [1911] 73 ff; Karding AcP 99 [1906] 407, 425 ff). Es steht nicht entgegen, dass das Notwegrecht, anders als in § 1029 vorausgesetzt, nicht im Grundbuch eintragungsfähig ist (Erman/A Lorenz[14] Rn 5; auch Prot III 155; **aA** noch Mot III 292). Begreift man das Notwegrecht als Teil des Eigentums am verbindungslosen Grundstück (oben Rn 1), bietet sich die Analogie an.

VII. Geldrente

49 Die jährlich im Voraus zu zahlende (§ 917 Abs 2 S 2 iVm § 913 Abs 2) **Notwegrente** des § 917 Abs 2 S 1 ist der Ausgleich für die dem Nachbarn auferlegte Eigentumsbeschränkung (Mot III 292; RGZ 87, 424, 425; BGHZ 113, 32, 35). Der Anspruch entspricht der Überbaurente (oben § 912 Rn 46 ff) und ist durch § 917 Abs 2 S 2 rechtlich wie diese ausgestaltet. Wenn ein Weg über ein Privatgrundstück seit langer Zeit als Erschließung eines Hinterliegergrundstücks besteht, kann sich ein örtlich geltendes *Gewohnheitsrecht* herausgebildet haben, das den Anspruch auf eine Rente ausschließt (OLG Schleswig MDR 2007, 457, mE zweifelhaft).

1. Entstehung

50 Rentenrecht und Rentenpflicht gehören zum **Eigentumsinhalt** sowohl des dienenden als auch des herrschenden Grundstücks (auch oben Rn 1). Die Rente ist als gesetzliche Last daher weder eintragungsbedürftig noch auch eintragungsfähig. Anderes gilt für abweichende vertragliche Festlegungen (zB Verzicht) (oben § 914 Rn 3 ff). **Gläubiger** der Rente ist der jeweilige Eigentümer (auch § 916) des Verbindungsgrundstücks (§ 917 Abs 2 S 2 iVm § 913 Abs 1; oben § 913 Rn 1). **Schuldner** der Rente ist der jeweilige Eigentümer des verbindungslosen Grundstücks, nicht dagegen der Nutzungsberechtigte (BGH NJW 1963, 1917) (§ 917 Abs 2 S 2 iVm § 913 Abs 1; oben § 913 Rn 2). Die Rente bleibt auch bei der *Zwangsversteigerung* des rentenpflichtigen Grundstücks bestehen.

51 Der Rentenanspruch *entsteht* mit dem Notwegrecht (BGHZ 94, 160, 162). Das „Verlangen" des § 917 Abs 1 S 1 (oben Rn 3) ist damit Tatbestandsmerkmal auch für das Entstehen der Rentenzahlungspflicht (hL, Palandt/Bassenge[74] Rn 15; Grziwotz/Lüke/Saller[2] 4. Teil Rn 60; Soergel/JF Baur[13] Rn 18; BGB-RGRK/Augustin Rn 19). Sind auch die sonstigen tatbestandlichen Voraussetzungen des § 917 Abs 1 S 1 gegeben, so kommt es weder auf den Eintritt der Rechtskraft des Urteils an (**aA** RGZ 87, 424, 425; insoweit aber auch Soergel/JF Baur[13] Rn 18), noch auf den Zeitpunkt, in welchem dem Nachbarn wegen der auferlegten Duldungspflicht ein Vermögensnachteil entsteht (**aA** Münch-

Komm/Säcker[6] Rn 39). Die **tatsächliche Benutzung** des Notwegs hat auf die Entstehung des Rentenanspruches keinen Einfluss.

2. Höhe

Die Rentenhöhe richtet sich nach dem **Nachteil** für das **Verbindungsgrundstück**. Es **52** ist also nicht auf den Vorteil oder Nutzen abzustellen, den der Berechtigte aus dem Notweg zieht, sondern auf den Umfang des dem verpflichteten Eigentümers (oben Rn 33) durch die Duldungspflicht entstehenden Nutzungsverlustes (BGHZ 113, 32, 34 m zahlr Nachw mit Anm PASCHKE JR 1991, 329; BGH WM 1995, 1195, 1198; OLG Hamm NJOZ 2014, 1406; NJW-RR 1992, 723). Entscheidend ist die **Minderung des Verkehrswerts** des gesamten Grundstücks aufgrund des Notwegs (BGHZ 113, 32, 35 f; OLG Koblenz NJW-RR 1992, 724, 725). Darin liegt der Unterschied zur Überbaurente (oben § 912 Rn 47 f), die als Bodenrente aus dem Verkehrswert der überbauten Fläche berechnet wird. Die besonderen Umstände des Einzelfalls sind mit zu berücksichtigen. Als die Wertminderung beeinflussende Faktoren können von Bedeutung sein Größe, Lage und Zuschnitt des Grundstücks und der beanspruchten Teilfläche sowie Art und Intensität der Nutzung durch den Notwegberechtigten. Auch bestehende Notwegrechte anderer Nachbarn sind von Bedeutung (BGHZ 113, 32, 36; ferner OLG Koblenz OLGZ 1992, 320). Die **Verweisung** von § 917 Abs 2 S 2 auf § 912 Abs 2 S 2 bedeutet, dass für die Höhe der Rente die tatsächlichen Verhältnisse im **Entstehungszeitpunkt** (des Notwegrechts und damit des Rentenrechts, oben Rn 51) maßgebend sind (BGHZ 113, 32, 36; OLG Brandenburg BeckRS 2013, 04177; PALANDT/BASSENGE[74] Rn 15). Eine Änderung der Rente ergibt sich also nur dann, wenn sich das Notwegrecht und mit ihm der Umfang der Duldungspflicht ändert. Entscheidend ist dafür ein neu gestelltes Verlangen. Die **Rente kann entfallen**, wenn jeder Nachteil für das duldende Grundstück fehlt (LG Aachen ZMR 1983, 382) oder eine Beeinträchtigung des Verkehrswerts nicht feststellbar ist (OLG Frankfurt ZfIR 2000, 124, 127). Bei unterirdisch verlegten *Rohrleitungen* ist regelmäßig die Gefahr eines Rohrbruchs zu bedenken (DEHNER B § 27 [33] Fn 103; auch OLG Hamm NJW-RR 1992, 723). Die Höhe des entstehenden Nachteils wird nach § 287 ZPO unter Heranziehung von Sachverständigen geschätzt.

3. Sonstiges

Da § 917 Abs 2 nicht auf § 915 verweist, steht dem Nachbarn kein Anspruch auf **53** **Kapitalabfindung** gegen Abtretung der für den Notweg in Anspruch genommenen Fläche zu. Im Übrigen gelten insbes die Erl zu § 912 Abs 2 S 2 (oben § 912 Rn 46 [Zeitpunkt]); § 913 (oben § 913 Rn 4 [Verzugszinsen]; Rn 4 [Vorauszahlung]; Rn 5 [Verjährung]; Rn 1 f [Teilung]); § 914 (oben § 914 Rn 1 [Rang]; Rn 2 ff [Grundbucheintragung]; Rn 4 [Verzicht]; Rn 5 [Rentenhöhe]; Rn 9 [Erlöschen]) entsprechend.

VIII. Landesrechtliche Betretungsrechte

Nach der bundesrechtlichen Norm des § 917 muss der Eigentümer ua das **Betreten 54** **seines Verbindungsgrundstücks dulden**, um – in engen Grenzen – den Zugang vom abgeschnittenen Grundstück zu einem öffentlichen Weg zu ermöglichen (dazu BGH NJW 2014, 311 Rn 20). Daneben bestehen eine Reihe von Sondervorschriften des Landesrechts, die ein Betreten des Nachbargrundstücks zu **besonderen Zwecken** gestatten (Überblick durch KIRCHHOF ZfIR 2012, 777). Diese Rechte stützen sich auf

Art 124 EGBGB und sind von den Voraussetzungen des § 917 unabhängig. Zu nennen sind *Hammerschlags- und Leiterrechte* (Art 46b AGBGB Bayern; § 7c Baden-Württemberg [dazu ALLGAIER Agrar- und Umweltrecht 2012, 294]; § 17 Berlin; § 23 Brandenburg; § 28 Hessen; § 47 Niedersachsen; § 24 Nordrhein-Westfalen; § 21 Rheinland-Pfalz; § 24 Saarland; § 24 Sachsen; § 18 Sachsen-Anhalt; § 17 Schleswig-Holstein; § 21 Thüringen; ferner § 74 Hamburgische Bauordnung [Synopse bei DEHNER B zu § 28]; *Schaufelschlagsrechte* (dazu DEHNER B § 28 [16, 17]); *Anwenderechte* (Art 53 bayAGBGB; § 31 Niedersachsen; dazu DEHNER B § 28 [17]); *Schwengel- und Trepprechte* (dazu DEHNER § 28 [20]; PALANDT/BASSENGE[74] Art 124 EGBGB Rn 4). Nicht um ein modifiziertes Notwegerecht, sondern um eine gebietsspezifische gewohnheitsrechtliche Regelung geht es bei dem *„Inwiekenrecht"* iS einer allgemeinen Zugangsregelung als Wegerecht entlang von Nebenkanälen im Fehngebiet **Ostfrieslands**. Eine Entschädigungspflicht wie in § 917 ist nicht vorgesehen (BGH NJW-RR 2009, 311; Vorinstanz OLG Oldenburg NdsRpfl 2008, 138). Soweit derartige Vorschriften ganz oder teilweise fehlen, muss auf die Grundsätze des **nachbarlichen Gemeinschaftsverhältnisses** zurückgegriffen werden (GRZIWOTZ/SALLER, Bayerisches Nachbarrecht [3. Aufl 2015] 4. Teil Rn 5, 6; STADLER[7] 151; aber oben Rn 1; zu Waldgrundstücken oben Rn 8).

§ 918
Ausschluss des Notwegrechts

(1) Die Verpflichtung zur Duldung des Notwegs tritt nicht ein, wenn die bisherige Verbindung des Grundstücks mit dem öffentlichen Wege durch eine willkürliche Handlung des Eigentümers aufgehoben wird.

(2) Wird infolge der Veräußerung eines Teils des Grundstücks der veräußerte oder der zurückbehaltene Teil von der Verbindung mit dem öffentlichen Wege abgeschnitten, so hat der Eigentümer desjenigen Teils, über welchen die Verbindung bisher stattgefunden hat, den Notweg zu dulden. Der Veräußerung eines Teils steht die Veräußerung eines von mehreren demselben Eigentümer gehörenden Grundstücken gleich.

Materialien: VE § 110; E I § 863; II § 831; III § 902; SCHUBERT, SR I 722 ff; JAKOBS/SCHUBERT, SR I 491 ff; Mot III 289 f; Prot III 149 ff; MUGDAN III 160 ff; 597 ff; 974 f.

Schrifttum

Siehe das Schrifttum zu § 917.

I.   Normzweck

1   Ein **Duldungsanspruch** (oben § 917 Rn 2) **entsteht nicht**, wenn die bestehende Notlage (oben § 917 Rn 1) durch eine **willkürliche Handlung** (nicht: Naturereignisse) des Eigentümers herbeigeführt wurde. Abs 1 enthält einen allgemeinen Rechtsgedanken.

Daher kann ein Anspruch auf einen Zugang nicht hergeleitet werden, wenn der Eigentümer den maßgebenden Zustand durch Maßnahmen auf seinem Grundstück erst herbeigeführt hat (BGH NJW-RR 2006, 1160 im Anschluss an RGZ 79, 116; OLG Brandenburg U v 30. 10. 2008 Az 5 U 131/07 juris Rn 46). § 918 Abs 2 (unten Rn 7) regelt einen Unterfall des selbst verursachten Notwegebedarfs iS von § 918 Abs 1. Deshalb ist auch im **Veräußerungsfall** des Abs 2 eine willkürliche Handlung nach Abs 1 erforderlich (OLG München NJW-RR 1993, 474). Es handelt sich bei § 918 um eine **rechtshindernde Einwendung**, die der Sache nach ("freiwillige Handlung") schon im VE § 110 enthalten war. § 863 E I sprach dagegen von „Vorsatz oder Fahrlässigkeit", wogegen die 2. Kommission mit E II § 831 den Ausdruck „willkürliche Handlung" verwendete (Prot III 149 ff). Das Notwegerecht ist „ultima ratio" (OVG Lüneburg NJOZ 2011, 1866).

II. Willkürliche Handlung (Abs 1)

Eine willkürliche Handlung iS des § 918 Abs 1 meint jede **freiwillige** (oben Rn 1) **2 Handlung**, mit der eine bestehende Verbindung aufgegeben wird, und der einer ordnungsmäßigen Grundstücksbenutzung (BGH DB 1975, 2469; oben § 917 Rn 18 ff) unter Beachtung der Interessen des Nachbarn (zutr OLG Brandenburg DtZ 1996, 389, 390; OLG München NJW-RR 1993, 474, 475; JAUERNIG Rn 1) widerspricht. Willkür liegt regelmäßig vor, wenn der Eigentümer unter den verschiedenen Möglichkeiten einer ordnungsgemäßen Grundstücksnutzung diejenige wählt, die einen Notweg erforderlich macht (BGH NJW 2006, 3426, 3427 f; OLG Celle NJOZ 2014, 3774, 3777 [abgeschnittener Grundstücksteil durch Umbau eines Ladengeschäfts]). Der Anspruch auf Einräumung eines Notwegrechts ist aber nicht zwangsläufig ausgeschlossen, weil ein Gebäude so errichtet wurde, dass es zu einem Teil nicht ohne einen Zugang über ein Nachbargrundstück genutzt werden kann (BGH NJW 2006, 3426, 3427 [ein nach WEG aufgeteiltes Grundstück]). Der Zusammenhang zwischen der ordnungsmäßigen Benutzung und ihrer Verneinung durch eine willkürliche Handlung wurde von der 2. Kommission (Prot III 153) zutreffend gesehen. „Willkürliche Handlung" ist nicht gleichbedeutend mit einer „schuldhaften Handlung". Ein **Verschulden** ist weder erforderlich noch auch ausreichend, um eine Handlung als willkürlich erscheinen zu lassen (SOERGEL/JF BAUR[13] Rn 1). Auch der Ausdruck „Verschulden gegen sich selbst" (so WOLFF/RAISER, Sachenrecht § 56 I 2; MünchKomm/SÄCKER[6] Rn 1) ist nicht ganz treffend, weil darin die erforderliche objektive Komponente der „ordnungsmäßigen Grundstücksbenutzung" nicht hinreichend deutlich angesprochen wird.

Eine willkürliche Aufhebung einer Verbindung ist etwa darin zu sehen, dass eine **3** *Brücke* abgebrochen, eine *Mauer* errichtet, ein *Tordurchgang* verschlossen, ein *Zugang* verschüttet, oder ein Haus *(Garage)* gebaut, umgebaut (dazu OLG Celle NJOZ 2014, 3774 [dort aber abgelehnt]) oder erweitert und dadurch die Zugangsmöglichkeit abgeschnitten wird (dazu BGH DB 1975, 2469; RG JW 1925, 474, 475; SeuffA 75 Nr 160 OLG Brandenburg DtZ 1996, 389, 390; OLG Dresden JW 1921, 252; LG Dortmund MDR 1948, 358; ERMAN A LORENZ[14] Rn 2), oder die Anbindung an einen öffentlichen Weg durch **Grundstücksverkäufe** vereitelt wird (OLG München Urteil v 16. 5. 2007 Az 19 U 2129/07 juris Rn 12). Wird ein **Bauwerk** errichtet, so ist zunächst erforderlich, dass die Grundstücksbebauung überhaupt einer ordnungsmäßigen Benutzung des Grundstücks entspricht (oben § 917 Rn 18 ff, 25). Zusätzlich muss beim Bau darauf Rücksicht genommen werden, dass die **Verbindungsmöglichkeit** erhalten bleibt (BGH DB 1975, 2469; LG

Gießen MDR 1995, 257, 258). Wer sich keinen Weg offenhält, kann keinen Notweg verlangen. Das gilt auch dann, wenn der später in Anspruch genommene Nachbar nichts gegen den Bau unternommen hat oder ihn etwa als Grenzbebauung durch Einräumung einer entsprechenden Dienstbarkeit (Abweichen vom Bauwich) gestattet hat. Ebenso liegt es, wenn der Anspruchsteller ein bestehendes **Wegerecht aufgibt**, auf ein Notwegrecht über ein anderes Grundstück *verzichtet* oder sonst dem Grundstück mit seiner Billigung der Zugang abgeschnitten wird (BGHZ 53, 166; MünchKomm/Säcker[6] Rn 2). Die Zustimmung des Wegebedürftigen zur Verlegung eines **öffentlichen Weges** ist willkürlich, wenn die Verlegung gegen seinen Willen nicht geschehen wäre (Dehner B § 27 [17]). Nicht willkürlich ist dagegen die **Ersteigerung** eines zugangslosen Grundstücks durch den Gläubiger (BGH WM 1959, 1463, 1464; LG Frankfurt aM MDR 1969, 925). Ausschlaggebend sind die wirtschaftlichen Bedürfnisse des Grundstücks als solchen. In gleicher Weise fehlt es an der Willkür, wenn die Grundstücksgrenze in Erfüllung einer öffentlich-rechtlichen Pflicht geändert wird.

4 Eine willkürliche Handlung setzt die Veränderung der Zugangsverhältnisse in **tatsächlicher Beziehung** voraus. Der Duldungsanspruch erlischt nicht schon dann, wenn der Zugang allein infolge eines Eigentumswechsels unzureichend wird (RG JW 1925, 474, 475 m zust Anm vHallermann; MünchKomm/Säcker[6] Rn 3). Ebenso liegt es, wenn die Notlage durch eine Änderung der **Benutzungsart** des Grundstücks herbeigeführt wird, diese aber einer ordnungsmäßigen Benutzung iS des § 917 entspricht (RG WarnR 1914 Nr 290; OLG Celle NJOZ 2014, 3774; MünchKomm/Säcker[6] Rn 3; oben § 917 Rn 24). Die Durchführung eines **Bebauungsplans** ist für sich zwar keine willkürliche Handlung (LG Frankfurt aM MDR 1969, 925). Gleichwohl darf sich der Eigentümer dadurch keine bestehende Verbindung abschneiden.

5 Es kommt maßgebend auf die willkürliche Handlung des **Eigentümers** an. Bei Miteigentümern oder Gesamthandseigentümern reicht das entsprechende Handeln eines von ihnen. Andere Notwegeberechtigte sowie deren Vertreter oder Gehilfen stehen gleich (Wolff/Raiser, Sachenrecht § 56 I 2; Palandt/Bassenge[74] Rn 1; aA Müller/Erzbach IherJb 73, 146). Ein späterer Eigentümer (Einzelrechtsnachfolger) muss die entsprechenden Handlungen seines **Rechtsvorgängers dulden** (BGH DB 1975, 2469; Dehner B § 27 [18]; PWW/Lemke[9] Rn 3). Das gilt auch und gerade dann, wenn er nicht Gesamtrechtsnachfolger ist (ausdrücklich VE § 110). Die nachteiligen Folgen des Abs 1 können also nicht durch eine Veräußerung ungeschehen gemacht werden. Die Willkür eines **Bucheigentümers** wird erheblich, wenn er das Grundstück nach § 892 wirksam veräußert. Hier muss der Erwerber den Nachteil tragen (Wolff/Raiser, Sachenrecht § 56 I 2). Die willkürliche Handlung muss gerade in der Aufhebung der bisherigen Verbindung des Grundstücks mit dem öffentlichen Weg liegen. Das ist nicht der Fall, wenn ein Grundstück **gekauft** wird, dessen bereits vorhandene Zugangsnot der Käufer kennt (RG JW 1925, 474 m zust Anm vHallermann).

6 Der Duldungspflichtige des Notwegs trägt die **Behauptungs- und Beweislast** für die Umstände, welche die willkürliche Handlung und die dadurch herbeigeführte Verbindungslosigkeit des Grundstücks begründen (Baumgärtel/Laumen/Prütting/Schuschke, Handbuch der Beweislast[3] Rn 1; aA Leonhard, Die Beweislast[2] 390).

III. Grundstücks(teil)veräußerung (Abs 2)

Bei der **Veräußerung** eines Grundstücks(teils) (Abs 2 S 2) wird durch Abs 2 das **7**
Notwegrecht **räumlich begrenzt** (BGHZ 53, 166, 170; OLG Hamm NJOZ 2014, 1406; OLG
Stuttgart NJOZ 2013, 1407; OLG München NJW-RR 1993, 474; AG Dresden DtZ 1996, 153, 154;
BayVGH B v 28. 8. 2008 Az 4 ZB 08. 1071 juris Rn 10; VG Regensburg Urteil v 11. 3. 2008 Az Rn 3 K
07. 02343 juris Rn 10 [Notleitungsrecht]). Auch im Rahmen des Abs 2 ist eine **willkürliche
Handlung** erforderlich (Denkschr 126; oben Rn 1). Der Tatbestand des Abs 1 muss also
erfüllt sein. Das Notwegrecht wird durch Abs 2 auf dasjenige Verbindungsgrundstück
konkretisiert, das bisher die rechtliche und tatsächliche Verbindung ermöglichte. In
dieser Beziehung *erweitert* also Abs 2 den Abs 1, bei dessen Anwendung jeder Notweg verwehrt wäre. Zum andern wird das Notwegrecht gegenüber den Grundstücken
anderer Nachbarn ausgeschlossen (BGHZ 53, 166; OLG Braunschweig OLGE 26, 29). Entscheidend ist die **Zugangsmöglichkeit**, auch wenn der Zugang bisher tatsächlich ohne
entsprechendes Recht oder nur aufgrund einer schuldrechtlichen Gestattung über ein
anderes, dem Veräußerer nicht gehörendes, Grundstück genommen wurde (BGHZ 53,
166, 171). Aus Abs 2 ergibt sich aus einem arg e contrario, dass ein Notwegerecht nicht
entsteht, wenn wenn trotz des Eigentümerwechsels bei dem Vorderliegergrundstück
das **Hinterliegergrundstück** nach wie vor über eine Verbindung zu einem öffentlichen
Weg verfügt (BayVGH B v 28. 8. 2008 Az 4 ZB 08. 1071 juris Rn 10).

Der rechtsgeschäftlichen Veräußerung steht die **Zwangsversteigerung** gleich (RGZ **8**
157, 305; OLG Stuttgart NJOZ 2013, 1407). Das Gleiche gilt für die Fälle des § 180 ZVG.
Betreibt etwa ein Miterbe die Teilungsversteigerung eines der der Erbengemein-
schaft gehörenden Grundstücke (§ 918 Abs 2 S 2), und wird dadurch das andere
Grundstück abgeschnitten, so kann dafür kein Notwegrecht nach § 917 geltend
gemacht werden. Vielmehr gilt die räumliche Beschränkung des § 918 Abs 2 S 1.
Im Falle der Veräußerung eines von mehreren demselben Eigentümer gehörenden
Grundstücken hat der Notweg über jenes Grundstück zu führen, über das der
Eigentümer vor der Veräußerung von dem nunmehr abgeschnittenen Grundstück
zu dem öffentlichen Weg gelangen konnte (BGB-RGRK/AUGUSTIN Rn 4). Abs 2 ge-
währt kein Recht auf Duldung der bisherigen Verbindung. Vielmehr gehorcht die
Richtungsbestimmung den Grundsätzen des § 917 (RGZ 160, 166, 184). Abs 2 gilt für
und gegen alle **Rechtsnachfolger** der Eigentümer der durch Veräußerung getrennten
Grundstücke oder Grundstücksteile (OLG München NJW-RR 1993, 474; OVG Koblenz
NVwZ 1995, 225, 226). Auch im Fall des Abs 2 besteht die **Rentenzahlungspflicht** (DEH-
NER B § 27 [24]). § 918 Abs 2 S 1, 2 ist gegen seinen Wortlaut mE auch dann anwendbar, wenn die Notwegebedürftigkeit erst **nach der Veräußerung** eintritt. So kann es
etwa liegen, wenn nach Veräußerung auf dem öffentlichen Weg die öffentliche
Kanalisation mit Anschluss- und Benutzungszwang für das abgeschnittene Grund-
stück verlegt wird. Auch hier erscheint es nicht als gerechtfertigt, das Notleitungsrecht gegenüber den anderen Nachbarn zu beanspruchen (ebenso BAMBERGER/ROTH/
FRITZSCHE[3] Rn 7; offenlassend NK-BGB/RING[2] Rn 17).

Der Berechtigte kann auch durch ausdrücklichen oder stillschweigenden **Verzicht 9**
anlässlich der Veräußerung eines Grundstücksteils seinen Anspruch auf Einräumung
eines Notwegs bindend aufgeben (dazu Prot III 153 f). Dingliche Wirkung wird
dabei nur durch Bestellung einer **Grunddienstbarkeit** erreicht (BGH BeckRS 2014,
09239; DEHNER B § 27 [28]). Einzutragen ist im Grundbuch des durch den Verzicht

belasteten Grundstücks (BGH BeckRS 2014, 09239). Der nur schuldrechtliche Verzicht wirkt nicht zugunsten des **Sonderrechtsnachfolgers** im Eigentum des Verbindungsgrundstücks. Die Grundstücksnachbarn können nicht auf ein Notwegrecht in Anspruch genommen werden, gleich, ob es sich um einen nur schuldrechtlich oder aber dinglich wirkenden Verzicht handelt (anders offenbar STAUDINGER/BEUTLER[12] Rn 10). In beiden Fällen ist nämlich die Notlage durch eine willkürliche Handlung iS des Abs 1 herbeigeführt worden (so wohl auch MünchKomm/SÄCKER[6] Rn 9; ferner OVG Koblenz NVwZ 1995, 225, 226).

§ 919
Grenzabmarkung

(1) Der Eigentümer eines Grundstücks kann von dem Eigentümer eines Nachbargrundstücks verlangen, dass dieser zur Errichtung fester Grenzzeichen und, wenn ein Grenzzeichen verrückt oder unkenntlich geworden ist, zur Wiederherstellung mitwirkt.

(2) Die Art der Abmarkung und das Verfahren bestimmen sich nach den Landesgesetzen; enthalten diese keine Vorschriften, so entscheidet die Ortsüblichkeit.

(3) Die Kosten der Abmarkung sind von den Beteiligten zu gleichen Teilen zu tragen, sofern nicht aus einem zwischen ihnen bestehenden Rechtsverhältnis sich ein anderes ergibt.

Materialien: VE § 100; E I § 851; II § 832; III § 903; SCHUBERT, SR I 682; JAKOBS/SCHUBERT, SR I 499 ff; Mot III 268 ff; Prot III 125 f; MUGDAN III 148 f; 582.

Schrifttum

BENGEL/SIMMERDING, Grundbuch, Grundstück, Grenze (5. Aufl 2000)
DEHNER, Nachbarrecht (Stand: Juni 2015 Aktualisierung 58 [Loseblatt]) B § 5
DIEHL ua, Grenzrecht und Grenzzeichen (1940)
GRZIWOTZ/LÜKE/SALLER, Praxishandbuch Nachbarrecht (2. Aufl 2013)
GRZIWOTZ/SALLER, Bayerisches Nachbarrecht (3. Aufl 2015) 2. Teil Rn 5 ff
HÄDE, Die Abmarkung der Grundstücke im Zusammenspiel von Verwaltungs- und Privatrecht, BayVBl 1994, 417
HEROLD, Grenzstreitigkeiten und ihre Regelung, BlGBW 1961, 225
ders, Die Grenze und ihre Vermarkung, BlGBW 1964, 26 (= AIZ 1982, 14)

HOENIGER, Die Grenzstreitigkeiten nach deutschem bürgerlichen Rechte (1901)
KRIEGEL, Grundstücks-Abmarkung (1964)
PINKWART/HEUBES, Grenzrecht und Grenzprozeß (1958)
PLÄHN, Der Grenzprozeß (1911)
REISS, Grenzrecht und Grenzprozeß (1914)
ROETTGEN, Über die Grundstücksgrenzen im Grundbuchrecht, Gruchot 56 (1912) 208
RÖNNBERG, Die Grenzscheidungsklage nach römischem und gemeinem Recht sowie nach den Entwürfen eines bürgerlichen Gesetzbuches für das Deutsche Reich, ArchBürgR 11 (1896) 119, 272
STADLER, Das Nachbarrecht in Bayern (7. Aufl 2004).

Systematische Übersicht

Alphabetische Übersicht

I. Normzweck; Bedeutung; öffentlich-rechtliche Abmarkung

1 § 919 (zur grammatikalischen Fehlerhaftigkeit der Normformulierung „verrückt gewordene Grenzzeichen": WÜRDINGER NJW 2009, 732, 733) dient der Kennzeichnung einer **festliegenden bekannten unstreitigen Grenze** (Mot III 261; allgM, LG Saarbrücken NJOZ 2014, 168; JAUERNIG/BERGER[15] Rn 1; PALANDT/BASSENGE[74] Rn 1; SOERGEL/JF BAUR[13] Rn 1; WOLFF/RAISER, Sachenrecht 204; KRIEGEL 4; HEROLD BlGBW 1961, 225). Die §§ 919 bis 923 sind systematisch aufeinander bezogen, da sämtliche Normen die Rechtsverhältnisse benachbarter Eigentümer an der Grenze regeln. § 919 gewährt jedem Nachbareigentümer gegen den anderen einen **zivilrechtlichen Anspruch** (§ 194) auf gemeinschaftliche Setzung fester Grenzzeichen. Dagegen geht es in § 920 um die Bestimmung einer **streitigen Grenze** (unten § 920 Rn 1). Die Grenzabmarkung des § 919 (Grenzerneuerung, Versteinigung, Vermarkung, Aussteinung) will eine Grenzverdunkelung verhindern, die Grenzscheidung des § 920 will eine schon eingetretene Grenzverdunkelung beheben (WOLFF/RAISER, Sachenrecht 204; ERMAN/A LORENZ[14] Rn 2). Die Abmarkung nach § 919 besteht im **Errichten** oder **Wiederherstellen** fester Grenzzeichen. Davon zu unterscheiden ist der nicht dieser Vorschrift unterfallende Anspruch auf **Freilegung (Aufdeckung)** eines noch vorhandenen, aber derzeit verdeckten (zB zubetonierten oder zugeschütteten) Grenzzeichens. Dieser Anspruch gründet sich auf § 823 Abs 2 iVm der jeweiligen landesrechtlichen Vorschrift und setzt ein Verschulden voraus (OLG Celle OLGReport 2006, 669 [§ 7 Abs 2 Nr 2 NvermG]; AG Lebach NJW-RR 1999, 1179 [§ 9 Abs 1 Saarl AbmarkG]; BAMBERGER/ROTH/FRITZSCHE[3] Rn 2; LG Saarbrücken NJOZ 2014, 168 nimmt dagegen einen Anspruch auf Abmarkung auch dann an, wenn eine Freilegung nur mit unverhältnismäßigem Aufwand möglich ist [überbaute Grenzzeichen]; zust PALANDT/BASSENGE[74] Rn 1). Die **Kostenfolge** des § 919 Abs 3 kann hier nicht eingreifen (OLG Celle OLGReport 2006, 669). Die fehlende Abmarkung hindert bei katastermäßiger Flächenerfassung die **Bildung eines Grundstücks** im Rechtssinne nicht (OLG München Rpfleger 2009, 673, 674).

2 Die Regelung des § 919 hat einen zunehmenden **Funktionsverlust** erfahren, da in zahlreichen Bundesländern eine unterschiedlich strenge **öffentlich-rechtliche Abmarkungspflicht** besteht, die von den Voraussetzungen des § 919 unabhängig ist. § 919 hat daher heute den größten Teil seiner praktischen Bedeutung verloren (DEHNER B § 5 [2]; HÄDE BayVBl 1994, 417, 427). Zudem kann die öffentlich-rechtliche Abmarkung auch gegen den Willen des Grundstücksnachbarn durchgesetzt werden, zumindest wenn der Nachweis im Liegenschaftskataster eine einwandfreie Feststellung des Grenzverlaufs zulässt (zB Art 2 Abs 2, 14 Abs 2 BayAbmG, abgedruckt in ZIEGLER/TREMEL Nr 10; dazu GRZIWOTZ/SALLER[2] 2. Teil Rn 5). Das etwa in Art 2 Abs 2 BayAbmG genannte „Bestreiten" deckt sich daher nicht mit der Bedeutung der unstreitigen Grenze iS des § 920 BGB. Vielmehr werden meist zugleich die Voraussetzungen des

§ 919 BGB und des Art 2 Abs 2 BayAbmG (und der verwandten Vorschriften) vorliegen (mit Recht Häde BayVBl 1994, 417, 427). Nach dem Recht der meisten Bundesländer findet die Abmarkung gegen den Widerspruch eines Nachbarn, zT sogar gegen denjenigen aller Beteiligten statt (Dehner B § 5 Fn 5 a).

Insbes fehlt einer auf § 919 gestützten Klage in denjenigen Ländern das **Rechts-** **3** **schutzbedürfnis** (auch PWW/Lemke[9] Rn 4; aA Grziwotz/Lüke/Saller[2] 2. Teil Rn 20), in denen einer der beiden Nachbarn auf seinen Antrag hin die Abmarkung durchführen lassen kann, oder in denen von Amts wegen abgemarkt wird (§ 1 Vermessungsgesetz Baden-Württemberg; Art 5, 14 Abs 1, 2 S 1 Abmarkungsgesetz Bayern; § 15 Vermessungs- und Katastergesetz Bremen; § 14 Vermessungsgesetz Sachsen; § 5 Abs 2 Nr 2 Abmarkungsgesetz Thüringen; wohl auch § 16 des Niedersächsischen Gesetzes über die Landesvermessung und den Liegenschaftskataster; § 16 Vermessungs- und Katastergesetz Mecklenburg-Vorpommern; zu allem Dehner B § 5 [9 ff]; Gesetzesfundstellen unten Rn 12). Nach § 1 Abs 2 Buchst c Abmarkungsgesetz Rheinland-Pfalz und § 1 Abs 2 Buchst c Abmarkungsgesetz Saarland ist dagegen die Klage aus § 919 BGB ein geeignetes Mittel, um die Vermessungsstellen eine Abmarkung durchführen zu lassen. Ebenso liegt es auch für Berlin, Brandenburg und Nordrhein-Westfalen (Dehner B § 5 Fn 23). Auch Art 23 bayer Abmarkungsgesetzes geht von der Möglichkeit des § 919 BGB aus, obwohl dort die Abmarkung auch bei Widerspruch des Nachbarn wenigstens auf Antrag eines der Beteiligten durchgeführt wird. Die dafür in Betracht kommenden Fälle dürften selten sein (LG Saarbrücken NJOZ 2014, 168 zu § 18 S 3 saarl Vermessungs und Katastergesetz; Bsp bei Häde BayVBl 1994, 417, 427; Sachverhalt in VG Augsburg U v 26. 3. 2008 Az Au 4 K 08. 85 juris).

II. Abmarkungsanspruch (Abs 1)

1. Dinglicher Anspruch

Es handelt sich um einen aus dem Grundstückseigentum (§ 903) fließenden (RGZ 56, **4** 58) **unverjährbaren** (§ 924) **dinglichen Anspruch** (§ 198) (heute hL, Herold BlGBW 1961, 225; Palandt/Bassenge[74] Rn 1; Soergel/JF Baur[13] Rn 2; Hoeniger 48; aA Mot III 268 [„obligatorische Natur mit dinglicher Basis"]; Rönnberg ArchBürgR 11 [1896] 119, 273). Auf den Anspruch kann mit dinglicher Wirkung nicht verzichtet werden, sodass der **Sonderrechtsnachfolger** durch einen Verzicht nicht gebunden wird. Die Bestellung einer entsprechenden **Grunddienstbarkeit** scheitert an § 1019, da es an dem notwendigen Vorteil für die Benutzung des herrschenden Grundstücks fehlt (ebenso iE Grziwotz/Lüke/Saller[2] 2. Teil Rn 4; BGB-RGRK/Augustin Rn 5; Soergel/JF Baur[13] Rn 2; Prot III 126). Ein nur schuldrechtlich wirkender **Verzicht** ist aber möglich (Mot III 270; Prot III 126; Dehner B § 5 [5]) und unterliegt keinen Bedenken, da § 919 kein zwingendes Recht darstellt. Die *Realberechtigten* (insbes Grundpfandgläubiger) müssen bei der Abmarkung nicht mitwirken, weil diese am Grundstücksbestand nichts ändert (unten Rn 16). Der Abmarkungsanspruch steht auch demjenigen Eigentümer zu, der die Unkenntlichkeit der Grenze selbst verschuldet hat, weil der Anspruch (wenigstens auch) das **öffentliche Interesse** an klar erkennbaren Grenzlinien durchsetzt (Soergel/JF Baur[13] Rn 2; Mot III 268; missverständlich Prot III 126).

2. Anspruchsberechtigter; Anspruchsgegner

5 Anspruchsberechtigter ist nach Wortlaut und Zweck des § 919 der jeweilige **Eigentümer** des Grundstücks. Miteigentümer können wegen § 1011 auch einzeln vorgehen. Der *Vormerkungsberechtigte* fällt wohl auch darunter (STADLER 37 f; **aA** DEHNER B § 5 Fn 6). Nicht berechtigt sind die Inhaber sonstiger Rechte am Grundstück wie zB Nießbraucher, Grundpfandgläubiger oder Dienstbarkeitsberechtigte (DEHNER B § 5 Fn 6. Der *Erbbauberechtigte* (§ 11 Abs 1 ErbbauRG) kann nur die Abmarkung der vom Erbbaurecht betroffenen Fläche verlangen, dagegen nicht diejenige des ganzen Grundstücks, soweit es nicht vom Erbbaurecht betroffen ist (DEHNER B § 5 Fn 7 a; PALANDT/BASSENGE[74] Rn 1; SOERGEL/JF BAUR[13] Rn 3). Der Anspruch steht wohl auch dem *Dauernutzungsberechtigten* nach § 31 WEG nicht zu.

6 **Anspruchsgegner** ist der jeweilige **Eigentümer** des Nachbargrundstücks. Beim Erwerb einer Teilfläche kann sich der Anspruch gegen den Veräußerer und Inhaber des Restgrundstücks wie gegen Dritte richten, soweit deren Grenzen betroffen sind (STADLER 38 Fn 4). Miteigentümer müssen gemeinsam in Anspruch genommen werden (§ 62 Fall 2 ZPO) (RG JW 1906, 233). *Mieter* und *Pächter* sind weder aktiv noch passiv legitimiert (dazu HEROLD BlGBW 1964, 26). Doch sind die in Art 68 EGBGB aufgeführten Nutzungsberechtigten dem Eigentümer sowohl auf der Aktiv- wie auf der Passivseite gleichzustellen.

III. Unstreitiger Grenzverlauf

7 Die Grenze des Nachbargrundstücks muss **gewiss und unbestritten** sein, da die Abmarkung nach ihrem Zweck gerade die beiderseitige Anerkennung der Grenze nach außen sichtbar machen soll (BayObLG RdL 1962, 243; OLG Celle NJW 1956, 632; KG DFG 1937, 188; MünchKomm/SÄCKER[6] Rn 2). Unbestritten in diesem Sinne ist die Grenze auch, wenn der Nachweis im **Liegenschaftskataster** eine einwandfreie Feststellung des Grenzverlaufs zulässt, wenngleich der Nachbar die abzumarkende Grundstücksgrenze bestreitet (PWW/LEMKE[9] Rn 3; oben Rn 1; NK-BGB/RING[2] Rn 2). Die Nachbargrundstücke müssen unmittelbar aneinander angrenzen (HEROLD BlGBW 1964, 26). Gleichgültig ist es, ob es sich um katastermäßig erfasste Wegegrundstücke, Grundstücke des Staates oder von Gemeinden oder um Gebäude mit festen Grenzwänden handelt (DEHNER B § 5 [2, 4]; unten Rn 9).

8 Besteht ein **Streit um die Grenze** selbst oder ist die Grenze **ungewiss**, so kommt § 919 nicht zur Anwendung. In diesem Fall muss der Grenzverlauf zunächst geklärt werden. Dazu dient die **Feststellungsklage** (§ 256 ZPO) auf Feststellung des Eigentums am umstrittenen Grenzstreifen. Ihr kann die Klage aus § 919 nachfolgen. Möglich ist es auch, beide Klagen zu verbinden und die Klage aus § 919 hilfsweise zu erheben. Der Kläger kann auch Klage nach § 985 auf Herausgabe des genau bezeichneten Grundstücksteils erheben. Doch können die Klagen aus § 985 und aus § 919 bei Bestreiten der Grenze nicht verbunden werden, da das Eigentum des Klägers nicht rechtskräftig und unbestritten festgestellt wird (OLG Celle NJW 1956, 632). Die **Grenzscheidungsklage** des § 920 ist erst zulässig, wenn keiner der Streitenden in der Lage ist, den Nachweis zu führen, die richtige Grenze also nicht zu ermitteln ist (unten § 920 Rn 1). Doch können die Klage aus § 920 und diejenige aus § 919 verbunden werden (zum Verhältnis der einzelnen Klagen zueinander unten § 920 Rn 3 ff).

4. Grenzzeichen

Fehlt ein Grenzzeichen von Anfang an oder durch späteren Verlust ganz, so geht der **9** Anspruch auf **Errichtung**. Ist das Grenzzeichen **verschoben** worden (das Gesetz spricht sprachlich verfehlt von „verrückt ... geworden ist"), oder ist mit einem **unkenntlichen** Grenzzeichen ein sonstiger Fall der Verdunkelung eines bestehenden Grenzzeichen gegeben, so geht der Anspruch auf Mitwirkung bei der **Wiederherstellung**. Unter einem „festen Grenzzeichen" ist ein physisches, auf der Erdoberfläche in Erscheinung tretendes Zeichen zu verstehen (Mot III 268, 269). Es muss auch für die Zukunft zur Grenzmarkierung fortdauernd geeignet bleiben. **Grenzmauern** sind keine Grenzzeichen. Der Grund für das Fehlen usw spielt keine Rolle. Ausreichend für § 919 ist es auch, wenn das Grenzzeichen von Anfang an falsch gesetzt worden ist (Dehner B § 5 [5]). Die Verrückung kann auf einem Erdrutsch, Bodensenkungen, Bauarbeiten (Abgrabung) usw beruhen. Für das Unkenntlichwerden kommen Verwitterung oder mechanische Beschädigungen in Frage. Nicht unter § 919 fällt die **Aufdeckung** (oben Rn 1).

5. Mitwirkung; Klage; Urteil

Die Verpflichtung zur Mitwirkung geht so weit, wie das Bedürfnis für die Sicherung **10** der Grenze reicht. Der **Inhalt der Klage** richtet sich nach den maßgebenden (Abs 2) Abmarkungsverfahren der Länder (die einschlägigen Gesetze sind abgedruckt bei Dehner B § 5 [8, 16]; Fundstellen unten Rn 12). Eine wirkliche „Mitwirkung" kommt heute allenfalls noch in Hamburg in Betracht (zu den Bedenken gegen das G v 30. 6. 1993 [GVBl 135] Dehner B § 5 [13]). Es ist dort zu klagen auf „Mitwirkung bei der Abmarkung". Dabei handelt es sich um eine vertretbare Handlung, die nach § 887 ZPO vollstreckt wird (Palandt/Bassenge[74] Rn 1). In den übrigen Ländern ist eine aktive Mitwirkung des Nachbarn bei der Abmarkung nicht mehr erforderlich. Die Klage geht hier auf Zustimmung zu dem maßgebenden Abmarkungsverfahren. Hier wird nach § 894 ZPO vollstreckt (Palandt/Bassenge[74] Rn 2; MünchKomm/Säcker[6] Rn 7; Grziwotz/Lüke/Saller[2] 2. Teil Rn 18). Im Regelfall wird aber eine Vollstreckung nicht erforderlich sein, weil schon das betreffende Urteil das Tätigwerden des betreffenden Organs in Gang setzt (richtig Dehner B § 5 [7]). Behindert der Gegner die Tätigkeit der zuständigen Stellen, so wird sein Widerstand mit den Mitteln des Verwaltungszwangs gebrochen (Kriegel 51 ff). In der Klage wird stets die **Grenze bezeichnet** werden müssen, weil diese nach dem Tatbestand des § 919 feststehen und außer Streit sein muss (oben Rn 1).

6. Prozessuales

Geklagt wird vor den **Zivilgerichten**. Je nach der Höhe des Streitwerts sind die Amts- **11** oder Landgerichte zuständig. **Örtlich zuständig** ist nach § 24 ZPO das Gericht, in dessen Bezirk die Grundstücke liegen. Wenn die Grundstücke in verschiedenen Gerichtsbezirken belegen sind, kommt § 36 Abs 1 Nr 4 ZPO zur Anwendung. Streitigkeiten über die öffentlich-rechtliche Abmarkungspflicht (oben Rn 2) oder die Anfechtung der von einem Vermessungsorgan getroffenen Abmarkungsentscheidung gehören regelmäßig vor die **Verwaltungsgerichte** (näher Dehner B § 5 [24a]). Für die **Kosten des Rechtsstreits** sind die §§ 91 ff ZPO maßgebend. § 919 Abs 3 betrifft nur die **Kosten des Abmarkungsgeschäfts** selbst (unten Rn 13). Das Urteil wirkt nur zwischen den Parteien (zur Klagenverbindung oben Rn 8).

III. Verfahren (Abs 2)

12 Art und Verfahren der Abmarkung bestimmen sich nach den **Landesgesetzen**. Das sind die Abmarkungs-, Vermessungs- und Katastergesetze der Länder (zusammengestellt nach dem Stand von November 2014 bei DEHNER B § 5 [16] dort samt ihren Änderungen. Es gelten (jeweils mit Änderungen) in *Baden-Württemberg* das Vermessungsgesetz v 1. 7. 2004 (GBl 989); in *Bayern* das Abmarkungsgesetz v 6. 8. 1981 (BayRS 219-2-F); in *Berlin* das G über das Vermessungswesen v 9. 1. 1996 (GVBl 56); in *Brandenburg* das G v 27. 5. 2009 (GVBl 166); in *Bremen* das Vermessungs- und Katastergesetz v 16. 10. 1990 (GBl 313); in *Hamburg* das G v 30. 6. 1993 (GVBl 135); in *Hessen* das Vermessungs- und Geoinformationsgesetz v 6. 9. 200 (GVBl I 548); in *Mecklenburg-Vorpommern* das Geoinformations- und Vermessungsgesetz v 16. 12. 2010, (GVOBl M-V 713); in *Niedersachsen* das G über das amtliche Vermessungswesen v 12. 2. 2002, (GVBl 2003, 5); in *Nordrhein-Westfalen* das Vermessungs- und Katastergesetz v 1. 3. 2005 (GVBl 174) idF v 30. 5. 1990 (GVBl 360); in *Rheinland-Pfalz* das G über das amtliche Vermessungswesen v 20. 12. 2000 (GVBl 572); im *Saarland* das Vermessungs- und Katastergesetz v 16. 10. 1997 (ABl 1130); in *Sachsen* das G v 29. 1. 2008 (GVBl 138); in *Sachsen-Anhalt* das G v 15. 9. 2004 (GVBl 716); in *Schleswig-Holstein* das Vermessungs- und Katastergesetz v 12. 5. 2004 (GVBl 128); in *Thüringen* das G v 16. 12. 2008 (GVBl 574). Im Übrigen entscheidet nach § 919 Abs 2 aE **Ortsüblichkeit** (eingehende Kommentierung des maßgebenden Landesrechts bei DEHNER B § 5 [7 ff].)

IV. Kosten (Abs 3)

13 Nach § 919 Abs 3 sind die **Kosten der Abmarkung** von den Beteiligten zu gleichen Teilen zu tragen, wenn sich nicht aus einem zwischen ihnen bestehenden Rechtsverhältnis etwas anderes ergibt. So kann uU volle Kostentragung nach § 823 Abs 2 BGB iVm § 274 Abs 1 Nr 3 StGB folgen. Auch können besondere vertragliche Vereinbarungen vorliegen. Betrifft ein Abmarkungsverfahren eine größere Anzahl von Grundstücken, so trägt jeder beteiligte Grundeigentümer nur die Hälfte der auf die Abmarkung seiner Grenze entfallenden Kosten (Prot III 126). Für den Erstattungsanspruch ist der ordentliche Rechtsweg gegeben. Über die **Kosten des Rechtsstreits** wird nach den §§ 91 ff ZPO entschieden (oben Rn 11). Der Anspruch nach § 919 Abs 3 unterliegt der **Verjährung** nach § 195. § 924 gilt nur für den Hauptanspruch. Es handelt sich bei § 919 Abs 3 nicht um den dinglichen Eigentumsanspruch (SOERGEL/JF BAUR[13] Rn 7).

14 Von § 919 Abs 3 zu unterscheiden ist die **öffentlich-rechtliche Verpflichtung** zur Tragung der Kosten des Abmarkungsverfahrens gegenüber der **Vermessungsbehörde**. Nach den Art 18 Abs 2 Nr 2 bayer Abmarkungsgesetz trägt zB derjenige die Kosten der Abmarkung, der sie beantragt hat. Er ist der Behörde gegenüber **Kostenschuldner**. Vergleichbare Bestimmungen kennen zB die §§ 19 ff des Saarländischen Abmarkungsgesetzes (oben Rn 12) und die §§ 17 ff des Thüringischen Abmarkungsgesetzes (oben Rn 12). Dadurch wird freilich die Verteilung der Abmarkungskosten zwischen den beteiligten Grundeigentümern nicht geregelt. Wer danach als Kostenschuldner herangezogen wurde, hat nach § 919 Abs 3 den **privatrechtlichen Rückgriffsanspruch** gegen den Nachbarn in Höhe der Hälfte der gezahlten Kosten (GRZIWOTZ/LÜKE/SALLER[2] 2. Teil Rn 22; STADLER 36). Das gilt auch und gerade dann, wenn kein Verfahren nach § 919 vorangegangen ist (Streitstand bei GRZIWOTZ/LÜKE/SALLER[2] 2. Teil Rn 22). Wird lediglich ein verschütteter, aber zutreffend eingefügter Grenzstein **freigelegt**, besteht kein Kostenbeteiligungsanspruch (OLG Celle OLGR 2006, 670; PWW/LEMKE[9] Rn 8).

Bei dem in § 919 **vorausgesetzten unstreitigen** Grenzverlauf (oben Rn 1) fallen unter **15** die Ausgleichspflicht des § 919 Abs 3 auch die **Vermessungskosten** für die Vermessung, die der Abmarkung vorausgeht. Es handelt sich um notwendige Kosten der Abmarkung (STADLER 39 [str]). Ist der Abmarkung eine Vermessung vorangegangen, so werden die durch die Vermessung anfallenden Kosten von § 919 Abs 3 auch dann erfasst, wenn im Landesgesetz zwischen Abmarkung und Vermessung unterschieden wird (AG Viechtach NJW-RR 2001, 1457). Das Setzen eines Grenzsteins ist nicht möglich, ohne dass die betreffende Stelle für das neue Grenzzeichen in der Natur durch Vermessung ermittelt wird. Ist der Grenzverlauf dagegen **streitig**, so findet § 919 Abs 3 keine Anwendung, da dann die tatbestandlichen Voraussetzungen der Norm nicht vorliegen (oben Rn 1; STADLER 39; GRZIWOTZ/LÜKE/SALLER[2] 2. Teil Rn 23).

V. Wirkung der Abmarkung

Die Abmarkung ändert den Grenzverlauf nicht; sie hat **keine konstitutive Wirkung** **16** (OLG Brandenburg NJW-RR 2009, 1097, 1098; HEROLD BlGBW 1964, 26). Damit bleiben auch die **Eigentumsverhältnisse** und die dinglichen Rechte Dritter unverändert. Der wahre Grenzverlauf bleibt bestehen (KG OLGE 15, 351). Die nach den betreffenden **Landesrechten** (oben Rn 12) ordnungsgemäß durchgeführte Abmarkung bedeutet aber im Prozess ein starkes **Beweismittel („Beweisanzeichen")** iS des § 286 ZPO dafür, wieweit sich das Eigentum erstreckt (OLG Brandenburg NJW-RR 2009, 1098, 1099; OLG Nürnberg BayJMBl 1965, 79, 80). Der Abmarkung kommt selbst dann ein **erheblicher Beweiswert** zu, wenn sie nicht von allen Beteiligten als richtig anerkannt worden ist. Doch ist der Partei der Nachweis möglich, dass das zuständige Organ die Grenze unrichtig abgemarkt hat. Auch wenn die Richtigkeit des **Abmarkungsbescheides** im Verwaltungsrechtsweg vergeblich angefochten worden ist (dazu auch BVerwG DÖV 1972, 174), kann sich der Beeinträchtigte im Zivilprozess auf die Unrichtigkeit der Abmarkung berufen (DEHNER B § 5 [24b]).

An der dargestellten Rechtslage ändern die in mehreren Landesgesetzen niedergelegten **Vermutungen** nichts, wonach die abgemarkte Grenze die richtige sei, sofern die Abmarkung mit dem **Kataster** übereinstimmt (so § 1 Abs 2 Vermessungsgesetz Baden-Württemberg; § 15 Abs 5 Vermessungs- und Katastergesetz Bremen; § 2 Abs 2 Abmarkungsgesetz Rheinland-Pfalz; § 18 Abs 2 Abmarkungsgesetz Saarland; § 1 Abs 4 Abmarkungsgesetz Thüringen). Diese Bestimmungen sind unwirksam, weil dem Landesgesetzgeber für die dem Bürgerlichen Recht zugehörigen Beweislastregeln keine Kompetenz zukommt (DEHNER B § 5 [24]b). Ohnehin sind derartige Vermutungen wegen der starken Beweiskraft der Abmarkung überflüssig.

Die **Vermutung des § 891** erstreckt sich auf die **katastermäßige Grenze** (STAUDINGER/ **18** GURSKY [2013] § 891 Rn 30 ff mwNw; BAUMGÄRTEL/LAUMEN/PRÜTTING/SCHUSCHKE, Handbuch der Beweislast[3] Rn 3; HEROLD BlGBW 1961, 225, 227; ROETTGEN Gruchot 56 [1912] 208 ff). Eine Abmarkung widerlegt die Vermutung, wenn die eingetragene Grenze mit der abgemarkten nicht übereinstimmt. Die vermarkte Grenze gilt bis zum Beweis des Gegenteils als die richtige, vorausgesetzt, dass beide Angrenzer die Abmarkung anerkannt haben (Palandt/Bassenge[74] Rn 3; Erman/A Lorenz[14] Rn 5; Meisner SeuffBl 77 [1912] 255 ff; MünchKomm/Säcker[6] Rn 9 spricht ungenau von „Gegenbeweis"). Fehlt es an der Anerkennung, so widerlegt umgekehrt die Vermutung des § 891 die Abmarkung (PWW/Lemke[9] Rn 7). In der Unterzeichnung der Abmarkungsniederschrift kann auch der Abschluss eines **Grenzfeststellungsvertrages** liegen (unten § 920 Rn 21). Das muss jedoch nicht stets der Fall sein. Maßgebend sind die Umstände des Einzelfalles.

19 Die Kenntnis der Nichtübereinstimmung der abgemarkten Grenze mit der im Grundbuch ausgewiesenen schließt einen **gutgläubigen Erwerb** nach § 892 aus (MünchKomm/Säcker[6] Rn 9; Palandt/Bassenge[74] Rn 3; Soergel/JF Baur[13] Rn 6; Reiss 48 ff). Der gutgläubige Erwerber kann die Grenzen auch dann beanspruchen, wenn sie erwiesenermaßen unrichtig sind (Dehner B § 5 [24]).

§ 920
Grenzverwirrung

(1) Lässt sich im Falle einer Grenzverwirrung die richtige Grenze nicht ermitteln, so ist für die Abgrenzung der Besitzstand maßgebend. Kann der Besitzstand nicht festgestellt werden, so ist jedem der Grundstücke ein gleich großes Stück der streitigen Fläche zuzuteilen.

(2) Soweit eine diesen Vorschriften entsprechende Bestimmung der Grenze zu einem Ergebnis führt, das mit den ermittelten Umständen, insbesondere mit der feststehenden Größe der Grundstücke, nicht übereinstimmt, ist die Grenze so zu ziehen, wie es unter Berücksichtigung dieser Umstände der Billigkeit entspricht.

Materialien: VE § 101; E I § 852; II § 833; III § 904; Schubert, SR I 684 ff; Jakobs/Schubert, SR I 504 ff; Mot III 270 ff; Prot III 126 f; Mugdan III 149 f; 583.

Schrifttum

Dehner, Nachbarrecht (Stand: Juni 2015, 58. Aktualisierung), Loseblatt, B § 6
Grziwotz/Lüke/Saller, Praxishandbuch Nachbarrecht (2. Aufl 2013) 2. Teil Rn 28 ff
Herold, Grenzverwirrung und Grenzbereinigung, BlGBW 1985, 55
Meisner, Die Bedeutung der geometrischen

Vermessung für die Ermittlung der Grenzen, SeuffBl 77 (1912) 251
Thiele, Das Versäumnisverfahren bei der Grenzscheidungsklage des § 920, JW 1912, 765.

S ferner Schrifttum zu § 919.

Systematische Übersicht

Alphabetische Übersicht

Herbert Roth

I. Normzweck; Bedeutung; Subsidiarität

1 § 920 dient der Behebung einer **bereits eingetretenen Grenzverdunkelung** bei streitiger Grenze. Die Grenze ist nicht schon dann **streitig**, wenn die Nachbarn unterschiedlicher Ansicht über den Grenzverlauf sind. Erforderlich ist vielmehr, dass die wirkliche Grenzlinie durch objektive Kriterien nicht bestimmt werden kann (PWW/Lemke[9] Rn 1; unten Rn 2). Der Rechtsbehelf *ergänzt* die auf § 985 und § 1004 Abs 1 BGB gestützte Leistungsklage sowie die Eigentumsfeststellungsklage (§ 256 Abs 1 ZPO), wenn der Kläger deren tatsächliche Voraussetzungen nicht beweisen kann. Ohne die in § 920 geregelte **Gestaltungsklage** (auch unten Rn 17) auf richterliche Grenzbestimmung entstünde zwischen den Eigentümern der aneinandergrenzenden Grundstücke bei der vorausgesetzten Grenzverwirrung (unten Rn 6) eine prozessuale Pattsituation, weil keiner von ihnen gegen den anderen mit den erwähnten Eigentumsklagen durchdringen könnte (Reiss 131). § 920 hat also nur dann eine Funktion, wenn keiner der beiden Nachbarn die richtige Grenze beweisen kann (BayObLG RdL 1962, 243; OLG Brandenburg U v 7. 8. 2008 Az 5 U 89/07 juris Rn 31). Bei der Eigentumsklage aus § 985 wird um die Zugehörigkeit einer bestimmten Fläche zum Grundstück des Klägers gestritten mit der Folge der Klageabweisung, wenn die Zugehörigkeit nicht bewiesen werden kann. Bei § 920 ist eine sachliche Entscheidung zu treffen (Kriegel 5).

Die Regelung ist *gesetzestechnisch missglückt* und bringt den mit ihr verfolgten Zweck nur andeutungsweise zum Ausdruck. Wie aus § 924 hervorgeht, soll sich aus § 920 ein **Anspruch** des Klägers gegen den Beklagten iS des § 194 ergeben. Die 2. Kommission hat die Problematik freilich deutlich gesehen (Prot III 127 f). Der Sache nach ähnelt § 920 eher einem **Antragsverfahren der freiwilligen Gerichtsbarkeit** iS der allgemeinen Rechtsfürsorge (zutr Wolff/Raiser, Sachenrecht 205 Fn 4; Bamberger/Roth/Fritzsche[3] Rn 2). Man wird § 920 kaum als dinglichen Anspruch auffassen können, da der Gegner weder ein Tun noch ein Unterlassen schuldet (**aA** RGZ 56, 58; Palandt/Bassenge[74] Rn 2; PWW/Lemke[9] Rn 3). Näherliegend ist die Annahme, dass jede Partei ein **prozessuales Gestaltungsrecht** auf Grenzziehung hat, dem ein je subjektives materielles Gestaltungsrecht zugrunde liegt (dazu unten Rn 20 zur

Widerklage). Es wird also nicht um Ansprüche, wohl aber um materielle subjektive Rechte gestritten. Das vermeidet die Konzeption eines bloßen publizistischen Rechtsschutzanspruches gegen den Staat auf Grenzziehung (so aber in der Sache WOLFF/RAISER, Sachenrecht 205; ERMAN/A LORENZ[14] Rn 2).

Die Norm hat **keine große Bedeutung** erlangt, da sich heute in den meisten Fällen die **2** Grenze mit den Hilfsmitteln der modernen Vermessungstechnik feststellen lässt (aber BGH NJW-RR 2008, 610 mit zust Anm H ROTH LMK 2008 II, 10; Vorinstanz OLG Rostock OLGReport 2007, 66 mit Anm ZENKER NJ 2007, 173; OLG Brandenburg U v 7. 8. 2008 Az 5 U 89/07 juris; weitere Urteilsbeispiele bei PLÄHN 25 ff; PINKWART/HEUBES 25 ff). Zudem ist die Norm in zweifacher Richtung **subsidiär**: Besteht wie zB in § 20 des G über das Vermessungswesen Berlin (oben § 919 Rn 12) ein **öffentlich-rechtlicher Rechtsbehelf** zur Feststellung zweifelhafter Grenzen, so muss zunächst die Grenzfeststellung im **Verwaltungsweg** versucht werden, weil ansonsten nicht die für § 920 erforderliche Behauptung aufgestellt werden kann, die Grenze lasse sich nicht ermitteln (auch unten Rn 23 zum BoSoG). Zudem ist für die Grenzscheidungsklage des § 920 kein Raum, solange bei einem eingetragenen Grundstück die **Vermutung des § 891** für die Richtigkeit der durch das Katasteramt verzeichneten Grenzen nicht ausgeräumt ist (heute allgM, BGH NJW-RR 2006, 662, 664; OLG Celle NJW 1956, 632; STAUDINGER/GURSKY [2013] § 891 Rn 31; PALANDT/BASSENGE[74] Rn 2; PWW/LEMKE[9] Rn 2; SOERGEL/JF BAUR[13] Rn 3; MünchKomm/SÄCKER[6] Rn 1, NK-BGB/RING[2] Rn 4). Dem öffentlichen Glauben des Grundbuchs unterfallen auch diejenigen Eintragungen, die eine bestimmte Grundfläche als zu einem bestimmten Grundstück gehörig ausweisen (oben § 919 Rn 18; RGZ 73, 125, 129; RG Gruchot 68, 68; OLG Celle NJW 1956, 632; STAUDINGER/GURSKY [2013] § 891 Rn 31). Die im **Liegenschaftskataster** eingetragenen Grundstücksgrenzen nehmen daher an der Richtigkeitsvermutung des Grundbuches teil (BGH NJW-RR 2006, 662, 663). In diesem Fall kann auf Feststellung des Eigentums (§ 256 Abs 1 ZPO), nach § 985 BGB auf Herausgabe oder nach § 1004 Abs 1 BGB auf Unterlassung geklagt werden. Die Vermutung des § 891 greift aber nicht ein, wenn die gleiche Parzelle auf mehreren Grundbuchblättern gebucht ist. Auch bei einem bestehenden *Grenzfeststellungvertrag* (unten Rn 21) scheidet § 920 als Rechtsbehelf aus (OLG Nürnberg DNotZ 1966, 33). § 920 provoziert die Parteien im Falle einer vorliegenden Grenzverwirrung dazu, die streitige Fläche oder eine Teilfläche **eigenmächtig in Besitz zu nehmen**, um den für die Gerichtsentscheidung maßgebenden Besitzstand zu präjudizieren. Der Wettlauf um den **Besitz** kann durch die Anwendung der Grundsätze des nachbarlichen Gemeinschaftsverhältnisses und das daraus entspringende **Rücksichtnahmegebot** vermieden werden, indem auf die einseitige Besitzanmaßung mit einer einstweiligen Unterlassungsverfügung (Leistungsverfügung) reagiert wird (BGH NJW-RR 2008, 610 [Errichtung einer Pumpstation durch die Gemeinde] mit Anm H ROTH LMK 2008 II 10; OLG Brandenburg U v 7. 8. 2008 Az 5 U 89/07 juris Rn 34). Mit gleichem Ergebnis ist es mE gesetzesnäher, den lückenhaften Wertungsplan des § 920 zu ergänzen, da die Norm keine Regelung darüber enthält, *wie* der Besitzstand erlangt werden darf, der für ihren Anwendungsbereich maßgebend ist (H ROTH LMK 2008 II, 10, 11). Das Gesagte gilt auch im Falle eines **öffentlich-rechtlichen Unterlassungsanspruches** (BGH NJW-RR 2008, 619 [verbotene Eigenmacht durch die Behörde]).

II. Eigentumsklage und Grenzscheidungsklage

Behauptet der Kläger sein Grundstückseigentum bis zu einer **bestimmten Linie**, so ist **3** er auf die Eigentumsfeststellungsklage (§ 256 Abs 1 ZPO), die Herausgabeklage (§ 985 BGB) oder die Eigentumsstörungsklage (§ 1004 Abs 1 BGB) angewiesen (KG DFG 37, 188). Ein **Bestreiten** des Nachbarn führt nicht schon zur Grenzverwirrung iS des § 920 (oben Rn 1). In diesem Falle wäre eine gleichwohl erhobene Grenzscheidungsklage aus § 920 unbegründet, weil unschlüssig, da es schon nach der Behauptung des Klägers an einer Grenzverwirrung fehlt. Stellt sich im Verlaufe der – richtig erhobenen – Eigentumsklage heraus, dass der Kläger sein Eigentum nicht, wie behauptet, beweisen kann, so ist im Prozess im Wege der **Klageänderung**, die stets sachdienlich iS von § 263 ZPO ist, zur Grenzscheidungsklage des § 920 BGB überzugehen. Empfehlenswert ist schon die **hilfsweise Erhebung** der Grenzscheidungsklage für den Fall, dass die Eigentumsklage unbegründet ist, weil die behauptete Grenze nicht bewiesen werden kann (BGH NJW 1965, 37, 38). Für den Fall, dass die jetzt zur Entscheidung des Gerichts gestellte Grenzscheidungsklage aus § 920 erfolgreich ist, kann sogleich *hilfsweise* die **Abmarkungsklage** aus § 919 erhoben werden (oben § 919 Rn 8; Fallbeispiel bei PLÄHN 25).

4   Kann der Kläger sein Grundeigentum (zB infolge Unkenntnis) nicht bis zu einer **bestimmten Linie behaupten**, so wäre eine Eigentumsklage schon unschlüssig (RGZ 68, 24). Diese Rechtsschutzlücke füllt der Rechtsbehelf des § 920 (oben Rn 1). Bei dieser Klage darf der Kläger sein Eigentum bis zu einer bestimmten Linie an sich noch nicht einmal behaupten (oben Rn 3). Vielmehr ist der korrekte **Klageantrag** auf Abgrenzung der Grundstücke durch den Richter gerichtet (BGH NJW 1965, 37; SOERGEL/JF BAUR[13] Rn 4; **aA** REISS 132 f). Ausreichend ist es, dass der Kläger Eigentümer des Grundstücks ist, dessen Grenzen zum Nachbargrundstück nicht ermittelbar sind (BGH NJW 1965, 37, 38). Im Anwendungsbereich der Grenzscheidungsklage kann freilich ein Antrag auf **Festsetzung eines bestimmten Grenzverlaufs** (OLG Koblenz OLGZ 1975, 216) gestellt werden, wobei der Richter gleichwohl eine andere Grenzlinie festsetzen darf. Allerdings darf wegen § 308 ZPO dem Kläger nicht mehr zugesprochen werden als er mit dem bestimmten Antrag begehrt (BGH NJW 1965, 37). Anders liegt es bei einer bloßen Anregung. Die Grenzscheidungsklage greift auch dann voll durch, wenn sich die durch das Gericht gestaltete Grenze nicht mit der vom Kläger vorgeschlagenen (angeregten) Grenze deckt (BAUMGÄRTEL/LAUMEN, Handbuch der Beweislast im Privatrecht [2. Aufl 1999] Rn 3). Das unterscheidet die Klage aus § 920 von der Eigentumsklage (oben Rn 3), bei der es in derartigen Fällen zur Teilabweisung kommt (**aA** BGB-RGRK/AUGUSTIN Rn 4: Teilabweisung).

5   Ist wegen **missverständlicher Anträge** unklar, ob eine Eigentumsklage (oben Rn 3) oder eine Grenzscheidungsklage (oben Rn 4) erhoben ist, so hat der Richter sein Fragerecht aus § 139 ZPO auszuüben. Entscheidend ist immer, ob der Eigentümer im Kern sein Grundstückseigentum bis zu einer bestimmten Grenze in Anspruch nimmt oder nicht. ME ist in entsprechender Anwendung des § 140 BGB auch eine *Umdeutung* möglich (dazu STAUDINGER/H ROTH [2015] § 140 Rn 11).

III.   Voraussetzungen

1.   Grenzverwirrung

6   Voraussetzung für § 920 ist eine Grenzverwirrung idS, dass keine der Parteien in der Lage ist, den Grenznachweis zu führen (oben Rn 1). Der **Kläger** muss die Grenz-

verwirrung behaupten und **beweisen**. Behauptet er sie noch nicht einmal, so ist die Klage unschlüssig (BGB-RGRK/Augustin Rn 12). Kann im Verlaufe der Grenzscheidungsklage der **Beklagte** die Grenze beweisen, so wird die Klage abgewiesen, da andernfalls der recht behaltende Beklagte die Kosten tragen müsste. Der Kläger kann sich aber das Vorbringen des Beklagten zu eigen machen und **hilfsweise** eine der Eigentumsklagen erheben (oben Rn 3).

Eine Grenzverwirrung kann nur bei **unmittelbar aneinanderstoßenden** Grundstücken **7** vorkommen. Gleichgültig ist, ob es sich um Stadt- oder um Landgrundstücke handelt. Eine Grenzverwirrung ist auch bei **überbauten Grundstücken** (§ 912), insbes auch bei **Grenzeinrichtungen** nach § 921 möglich (unten Rn 14). Bei einem ordnungsgemäß **vermarkten** Grundstück (§ 919) wird eine Grenzverwirrung nach § 920 nicht entstehen können. Wer sich gegen die vermarkte Grenze wenden will, muss sein Eigentum beweisen (oben § 919 Rn 16).

2. Kläger; Beklagter

Die **Eigentümer** der aneinandergrenzenden Grundstücke sind aktiv und passiv für **8** die Klage legitimiert. Wegen § 1011 (analog) kann auch ein Miteigentümer allein Klage erheben. Doch können mehrere Miteigentümer nur gemeinschaftlich verklagt werden, da sie notwendige Streitgenossen aus materiellrechtlichem Grund sind (§ 62 Fall 2 ZPO). **Realberechtigte** (zB Nießbraucher; Grundpfandgläubiger) können weder klagen noch verklagt werden (Palandt/Bassenge[74] Rn 2; MünchKomm/Säcker[6] Rn 2; aA Westermann/Gursky/Eickmann/H P Westermann, Sachenrecht[8] § 64 Rn 7). Sie können aber wegen des gegenständlichen Umfangs ihres Rechts gegen jeden auf Feststellung klagen (§ 256 Abs 1 ZPO), der sie in dieser Hinsicht beeinträchtigt. Dann sind die Grundsätze des § 920 BGB entsprechend anzuwenden (Mot III 273; Palandt/Bassenge[64] Rn 2; BGB-RGRK/Augustin Rn 7; MünchKomm/Säcker[6] Rn 2). Ein solches Urteil wirkt aber nur gegen den Eigentümer, wenn er an dem Verfahren **beteiligt** war (BGB-RGRK/Augustin Rn 7; Reiss 142; auch unten Rn 18 ff).

3. Prozessuales

Für die Entscheidung sind die **ordentlichen Gerichte** zuständig, je nach dem Streit- **9** wert Amts- oder Landgericht. Für den **Streitwert** entscheidet nach § 3 ZPO das Interesse des Klägers. Doch ist bei § 920 ausnahmsweise auch die Einlassung des Beklagten zu berücksichtigen (Stein/Jonas/H Roth, ZPO[23] § 2 Rn 17; § 3 Rn 53 „Grenzklagen"). Die **örtliche Zuständigkeit** richtet sich nach § 24 ZPO. Neben der Klage auf Grenzabmarkung nach § 919 (oben Rn 3) können auch Klagen auf Schadenersatz oder auf Erstattung von Früchten **verbunden** werden (zum Klageantrag oben Rn 4).

IV. Urteilsmaßstab

1. Richtige Grenze

Der Richter soll in erster Linie die richtige Grenze feststellen (§ 920 Abs 1). Dabei **10** können im Rahmen der **freien richterlichen Beweiswürdigung** (§ 286 ZPO) alle Beweismittel herangezogen werden, wie zB Marksteine, Kataster, aber auch Zeugenaussagen und Privaturkunden oder Sachverständige (OLG Brandenburg U v 7. 8. 2008 Az

Herbert Roth

5 U 89/07; Soergel/JF Baur[13] Rn 2; Grziwotz/Lüke/Saller[2] 2. Teil Rn 36). Maßgebend ist der **zivilprozessuale Verhandlungs-** und nicht der Untersuchungsgrundsatz (Reiss 135). Es handelt sich auch im Falle der Festlegung der richtigen Grenze um ein **Gestaltungsurteil** mit konstitutiver und nicht nur deklaratorischer Bedeutung (aA BGB-RGRK/Augustin Rn 17).

2. Besitzstand (Abs 1 S 1)

11 Lässt sich die richtige Grenze nicht zur Überzeugung des Gerichts (§ 286 ZPO) feststellen, so ist für die richterliche Abgrenzung in erster Linie der **Besitzstand** maßgebend (Bsp bei Plähn 27). Für das Immobiliarsachenrecht bedeutet das eine Ausnahme (arg § 1006). Maßgebend ist der Besitzstand **zur Zeit des Urteils** (Palandt/ Bassenge[74] Rn 3). Hat der Nachbar den derzeitigen Besitzstand durch **verbotene Eigenmacht** (§ 858) erlangt, so ist der frühere Besitzstand maßgebend (oben Rn 2). Die Besitzklage braucht nicht erhoben zu werden. Wäre eine Besitzklage allerdings wegen § 864 durch Zeitablauf ausgeschlossen, so ist auch der fehlerhaft erlangte Besitz zu berücksichtigen (hL, Soergel/JF Baur[13] Rn 7; Palandt/Bassenge[74] Rn 3; aA OLG Koblenz OLGZ 1975, 216). Ein „ruhiger Besitzstand" ist nicht erforderlich (Mot III 271).

3. Hälftige Flächenteilung (Abs 1 S 2)

12 Wenn sich auch ein Besitzstand nicht feststellen lässt, dann liegt zwischen den Grundstücken ein Landstreifen, bei dem Besitz und Eigentumsverhältnisse ungewiss sind („streitige Fläche"). Das kann insbes bei nicht kultivierten Grundstücken der Fall sein. Dann teilt der **Richter** jedem Eigentümer ein gleich großes Stück der streitigen Fläche zu. Auf Wert und Bonität kommt es nicht an. Bei der Teilung braucht **keine bestimmte Teilungslinie** eingehalten zu werden (E I § 852). Es sind verschiedene Grenzlinien möglich, wenn nur die vorgeschriebene hälftige Teilung erreicht wird (Prot III 126). Zu wählen ist die zweckmäßigste Grenzziehung. In allen Fällen muss das streitige Gebiet nach Form und Inhalt feststehen (OLG Koblenz OLGZ 1975, 216).

4. Grenzziehung nach Billigkeit (Abs 2)

13 Die nach Abs 1 vorgenommene Grenzziehung ist nach Abs 2 daraufhin zu überprüfen, ob sie unter Berücksichtigung aller ermittelten Umstände der **Billigkeit** entspricht. Abs 2 gilt gegenüber Abs 1 S 1 (Besitzstand) wie gegenüber Abs 1 S 2 (hälftige Teilung) (RG SeuffA 76 Nr 181; OLG Dresden Recht 1901 Nr 1329). Als Bsp („insbesondere") für widerstreitende ermittelte Umstände führt das Gesetz die Nichtübereinstimmung des nach Abs 1 erzielten Ergebnisses mit der „feststehenden Größe der Grundstücke" an. Es wurde erwogen (Prot III 126), dass trotz Grenzverwirrung genau feststehen könne, ein wie großer Teil des streitigen Flächenabschnittes dem einen oder dem anderen der Nachbarn gehöre. So könne feststehen, dass von zwei benachbarten Grundstücken das eine 100, das andere 200 qm groß sei. In diesem Falle müsse jeder Nachbar ein Grundstück von dem ihm unzweifelhaft zustehenden Flächeninhalt erhalten. Sehr praktisch ist diese Erwägung freilich nicht, da im Falle der Grenzverwirrung meistens auch die Größe der einzelnen Grundstücke nicht feststehen wird. Nach hL soll die „feststehende Größe" den **tatsächlichen**

Flächeninhalt der Grundstücke in der Natur bedeuten und nicht die aus dem Grundbuch oder Kataster ersichtliche Größe, da diese Angaben im Falle der Grenzverwirrung nicht zuverlässig seien (BGH MDR 1969, 469; PALANDT/BASSENGE[74] Rn 3). Richtigerweise wird man von feststehenden Größen aber auch dann ausgehen können, wenn sie sich zwar nicht aus dem tatsächlichen Flächeninhalt, wohl aber aus anderen zuverlässigen Quellen ergeben.

Bei **unterschiedlichen Größenverhältnissen** der Nachbargrundstücke meint Abs 2 **14** wohl nicht die *proportionale Teilung,* da sonst die Regelung des Abs 1 S 2 bei den häufig vorkommenden unterschiedlichen Größen der Grundstücke durch Abs 2 regelmäßig überwunden würde. Doch kann eine Korrektur über Abs 2 dann angezeigt sein, wenn natürliche Grenzeinrichtungen (zB ein *Bach)* vorhanden sind, deren Verlauf mit dem nach Abs 1 gefundenen Ergebnis nicht übereinstimmt. Eine bloße Unzweckmäßigkeit der gefundenen Grenze genügt aber nicht. Den wichtigsten Fall von Abs 2 werden wohl bestehende gemeinschaftliche **Grenzeinrichtungen** nach § 921 bilden (oben Rn 7), wenn die nach dem Besitzstand gebildete Grenze (Abs 1 S 1) mit dem von § 921 vermuteten Recht zur gemeinschaftlichen Benutzung im Widerspruch stehen würde. Hier kann die Grenzlinie durch die Mitte der Grenzeinrichtung gelegt werden (**aA** HOENIGER 102), wenn nicht die Vermutung des § 921 durch äußere Merkmale entkräftet wird (unten § 921 Rn 3).

V. Urteil

1. Tenor

Die durch das Gericht festgelegte Grenze muss im **Urteilstenor** konkret bezeichnet **15** werden. Das geschieht entweder durch die Benennung der Grenzlinie in Worten oder – besser – durch Bezugnahme auf einen dem Urteil beigefügten **Plan.**

2. Säumnis

Die Grenzfeststellung durch das Gericht kann auch nach einem vorangegangenen **16** Säumnisverfahren ergehen (WIESER, Prozeßrechtskommentar zum BGB[2] Rn 5). Voraussetzung ist nach § 331 ZPO, dass eine Grenzverwirrung **schlüssig** vorgetragen wird. Ergibt sich aus der Klage, inwieweit das Eigentum zwischen beiden Nachbarn unstreitig ist, kann der Richter die „streitige Fläche" nach § 920 Abs 1 S 2 wenigstens hälftig teilen. Wird ein bestimmter Besitzstand schlüssig behauptet, dann kann auf der Grundlage von § 920 Abs 1 S 1 entschieden werden. Empfehlenswert ist stets die Beigabe eines Plans durch den Kläger (HOENIGER 103; REISS 138; überhaupt gegen ein Versäumnisurteil THIELE JW 1912, 765).

3. Wirkung

Das ergehende Urteil ist ein **Gestaltungsurteil** (oben Rn 1). Es wirkt in allen Fällen **17** konstitutiv (oben Rn 10) und begründet **originäres Eigentum** (heute hL, OLG Brandenburg U v 7. 8. 2008 Az 5 U 89/07 juris Rn 28: KG OLGE 20, 405; SOERGEL/JF BAUR[13] Rn 8; PALANDT/ BASSENGE[74] Rn 3; MünchKomm/SÄCKER[6] Rn 5; WOLFF/RAISER, Sachenrecht § 57 II; WIESER Rn 1; **aA** RG JW 1906, 302; Mot III 273 [aber zu dem die Beweisführung betreffenden E I § 852]). Das Urteil wirkt mit formeller Rechtskraft **ex nunc** (WIESER Rn 6; **aA** WOLFF/

RAISER, Sachenrecht 206). Das Gestaltungsurteil ist einer Vollstreckung nicht zugänglich. Nach Rechtskraft bildet es den Nachweis der Unrichtigkeit des Grundbuchs (KG OLGE 20, 405; REISS 177). Die **Berichtigung** geschieht im Wege des § 22 GBO. Einer Auflassung oder einer Bewilligung des betroffenen Eigentümers bedarf es nach dem Gesagten nicht. Das Grenzscheidungsurteil ist Grundlage für einen Anspruch auf *Abmarkung* nach § 919 (zu Verbindungsmöglichkeiten oben Rn 3). Wird nach Urteilserlass der wahre Grenzverlauf bekannt, so ändert sich an der Urteilswirkung nichts (WOLFF/RAISER, Sachenrecht 206 Fn 7). Eine spätere Abänderung ist nur im Wege der *Wiederaufnahme* des Verfahrens möglich, wenn zB eine Urkunde über den wahren Grenzverlauf aufgefunden wird (§ 580 Nr 7 Buchst b ZPO).

18 Das Urteil wirkt für und gegen jedermann, also auch gegenüber den an den Grundstücken **dinglich Berechtigten**. Ihre Zustimmung zur Grundbuchberichtigung ist nicht erforderlich (SOERGEL/JF BAUR[13] Rn 8; BGB-RGRK/AUGUSTIN Rn 9; PALANDT/BASSENGE[74] Rn 3; **aA** WESTERMANN/GURSKY/EICKMANN/H P WESTERMANN, Sachenrecht[8] § 64 Rn 9). Das Ergebnis folgt schon daraus, dass das Urteil originär neues Eigentum schafft.

19 Ist eine der Prozessparteien in Wahrheit nicht Eigentümer des betreffenden Grundstücks (zB bloßer **Bucheigentümer)**, so entfaltet das Urteil dem wahren Eigentümer gegenüber keine Gestaltungswirkung, weil es nicht zwischen den richtigen Prozessparteien ergangen ist (iE heute allgM, PALANDT/BASSENGE[74] Rn 3; MünchKomm/SÄCKER[6] Rn 5; WOLFF/RAISER, Sachenrecht 206; GRZIWOTZ/LÜKE/SALLER[2] 2. Teil Rn 46; WIESER Rn 6). § 892 vermag insoweit nicht zu helfen, weil es nicht um rechtsgeschäftlichen, sondern um originären Eigentumserwerb geht. Eine **Rechtskrafterstreckung** auf den wahren Eigentümer wird schon durch Art 103 Abs 1 GG verhindert, weil er keine Möglichkeit zu seiner Verteidigung hatte. Ein vergleichbares Problem ergibt sich im Rahmen des § 239 ZPO bei der Prozessaufnahme durch den *Scheinerben* (dazu STEIN/JONAS/H ROTH, ZPO[22] § 239 Rn 26). Die aufgezeigten Grenzen hat auch das **Vermessungsamt** zu beachten (**aA** wohl BayVGH RdL 1979, 36). Das Urteil wirkt aber stets für und gegen **Einzelrechtsnachfolger**.

4. Kosten

20 Wird auf die Klage hin die Grenze durch das Gericht gezogen, so trägt der Beklagte die **Kosten** des Rechtsstreits (§ 91 ZPO), auch wenn sie anders geführt wird, als sie der Kläger in seiner Klagebegründung angeregt hatte (oben Rn 4). Der Kläger braucht ja keinen bestimmten Antrag zu stellen, sondern nur ein richterliches Handeln zu begehren (oben Rn 4). Die Klage wird auch dann nicht teilweise abgewiesen, wenn die Grenze ungünstiger geführt wurde als sie nach seiner Behauptung zu ziehen gewesen wäre (**aA** BGB-RGRK/AUGUSTIN Rn 4; oben Rn 4). Der Beklagte hat im Falle der Grenzverwirrung aber jederzeit die Möglichkeit der **Widerklage**, auch wenn der Kläger die Grenzfeststellung bereits beantragt hat. In diesem Falle haben die Parteien die Kosten des Rechtsstreits je zur Hälfte zu tragen (GRZIWOTZ/LÜKE/SALLER[2] 2. Teil Rn 44; MEISNER/RING[6] § 6 II). Die Möglichkeit der „Widerklage" (Gegenantrag) ist etwa auch in Scheidungssachen anerkannt. Auch dort kommt es nicht zu Rechtshängigkeitsproblemen, weil beide Anträge – wie hier – einen unterschiedlichen Streitgegenstand aufweisen (oben Rn 1; dazu H ROTH, in: ROLLAND, Familienrechtskommentar [1996] § 611 Rn 5; H ROTH, in: FS Schwab [2005] 701).

VI. Grenzfeststellungsvertrag

Die Nachbarn brauchen nicht das Gericht einzuschalten, um eine Grenzverwirrung 21 aufzuhellen, sondern können das auch durch einen Grenzfeststellungsvertrag selbst tun. Wenn die Parteien lediglich eine bestehende Ungewissheit ausräumen wollen, so ist die **Form** des § 311b nicht erforderlich (OLG Brandenburg NJW-RR 2009, 1097, 1098). Formbedürftig ist die Vereinbarung lediglich, wenn auch nur ein Nachbar davon ausgeht, dass er eine ihm gehörige Fläche übereignet (RG JW 1906, 302; OLG Nürnberg DNotZ 1966, 33; SOERGEL/JF BAUR[13] Rn 9; MünchKomm/SÄCKER[6] Rn 6; PALANDT/BASSENGE[74] Rn 4; offengelassen von BGH WM 1979, 580). Der Vertrag hat **konstitutive Wirkung**, wenn die Grenze endgültig festgelegt werden soll. Es kann dann hinterher nicht mehr eingewendet werden, die Grenze verlaufe doch anders (SOERGEL/JF BAUR[13] Rn 9). Ein Grenzfeststellungsvertrag bindet allerdings nicht, wenn dem Vermesser bei der Vermessung grobe Fehler unterlaufen sind (BGH WM 1979, 22 [Wegfall der Geschäftsgrundlage]; OLG Brandenburg NJW-RR 2009, 1097, 1100; DEHNER B § 5 [24 c]). Möglich und häufig ist auch die Grenzfeststellung durch einen **Prozessvergleich** (KG OLGE 15, 351; dazu REISS 171 ff; 183 ff).

Ein Grenzfeststellungsvertrag kann auch in der unterschriftlichen Anerkennung 22 eines **Abmarkungsprotokolls** liegen (dazu OLG Nürnberg DNotZ 1966, 33). Doch wird man verlangen müssen, dass beide Nachbarn die Abmarkung beantragt haben und ein beiderseitiger Wille vorliegt, dass die ermittelte Grenze auch privatrechtlich verbindlich sein soll (OLG Brandenburg NJW-RR 2009, 1097, 1099). Es kann je nach den Umständen des Einzelfalls auch so liegen, dass die Unterzeichnung lediglich anerkennen will, dass die Vermessung technisch richtig durchgeführt worden ist (dazu DEHNER B § 5 [24 a]; ZEILER BayZ 1911, 372). Das dürfte sogar wohl der Regel entsprechen. Stets ist zu prüfen, welche Bedeutung die Unterzeichnung des Abmarkungsprotokolls nach den betreffenden Abmarkungsgesetzen der Länder haben soll (oben § 919 Rn 12; DEHNER B § 5 [24 b]).

VII. Neue Bundesländer

Nach § 1 Nr 1 BoSoG kann im **Beitrittsgebiet** (Art 3 Einigungsvertrag) durch **Son-** 23 **derungsbescheid** die räumliche Umgrenzung unvermessenen Eigentums und unvermessener Nutzungsrechte bestimmt werden. Nach den §§ 16, 13 Abs 2 S 2 BoSoG begründet ein laufendes Sonderungsverfahren bis zum bestandskräftigen Abschluss eine **Einrede** gegen Ansprüche aus den §§ 919 f BGB. Die Durchführungsvorschriften zum BoSoG sind in der am 27. 11. 1994 in Kraft getretenen SonderungsplanVO v 2. 12. 1994 (BGBl I 3701) enthalten (Einzelheiten bei SPIESS NJW 1998, 2553 ff; SCHMIDT-RÄNTSCH/MARX DtZ 1994, 354; SCHMIDT-RÄNTSCH DtZ 1995, 74).

§ 921
Gemeinschaftliche Benutzung von Grenzanlagen

Werden zwei Grundstücke durch einen Zwischenraum, Rain, Winkel, einen Graben, eine Mauer, Hecke, Planke oder eine andere Einrichtung, die zum Vorteil beider Grundstücke dient, voneinander geschieden, so wird vermutet, dass die Eigentümer der Grundstücke zur Benutzung der Einrichtung gemeinschaftlich berechtigt seien,

sofern nicht äußere Merkmale darauf hinweisen, dass die Einrichtung einem der Nachbarn allein gehört.

Materialien: VE § 103 Abs 1; E I § 854 Abs 1; II § 834 Abs 1; III § 905; SCHUBERT, SR I 689 ff; JAKOBS/SCHUBERT, SR I 508 ff; Mot III 274 ff; Prot III 129 ff; MUGDAN III 151 ff; 583 ff.

Schrifttum

BIERMANN, superficies solo cedit, IherJb 34, 169

BÖHM, Grundstückseinfriedungen und Stützmauern in bauplanungsrechtlicher, bauordnungsrechtlicher und nachbarrechtlicher Sicht, BlGBW 1974, 204

BULL, Immer wieder: Abstriche von der Rechtssicherheit, JR 1958, 294

BUSCH, Eigentumsverhältnisse beim Bau auf der Grenze, BayZ 1914, 158

DEHNER, Nachbarrecht (Stand: Oktober 2014, Lfg 57 [Loseblatt]) B §§ 7, 8

DROSTE, Das Anbauen an eine übergebaute Giebelmauer, Gruchot 60 (1916) 251

GLASER, Rechtsverhältnisse an einer gemeinschaftlichen Giebelmauer, MDR 1956, 449

ders, Die Gartenhecke als Grenzeinrichtung, BlGBW 1962, 268

ders, Die gemeinschaftliche Giebelmauer, JR 1976, 495

GRZIWOTZ/LÜKE/SALLER, Praxishandbuch Nachbarrecht (2. Aufl 2013)

HODES, Haftet der Nachbar für Kosten der Herstellung und Unterhaltung von Grenzanlagen?, NJW 1955, 1782

ders, Der Anbau an die Giebelmauer, NJW 1962, 773

ders, Eigentumsverhältnisse an der gemeinschaftlichen Giebelmauer nach Kriegszerstörung eines der beiden Gebäude, NJW 1965, 2088

ders, Probleme der halbscheidigen Giebelmauer, NJW 1970, 87

HURST, Zustandshaftung bei einer gemeinschaftlichen Giebelmauer und Regreßanspruch gegen den Grundstücksnachbarn, ZMR 1969, 226

MAASS, Nachbarrechtliche Probleme bei der Baudurchführung, BauR 2007, 1640

SCHERER, Die Eigentumsverhältnisse an der gemeinschaftlichen Giebelmauer, MDR 1963, 548

SCHMALZL, Die Eigentumsverhältnisse an der gemeinschaftlichen Giebelmauer, MDR 1957, 341

TEITGE, Die gemeinschaftliche Giebelmauer bei Doppelhäusern, DWW 1960, 72

TOUSSAINT, Voraussetzungen und Folgen der Annahme einer „Grenzanlage" i.S.d. §§ 921, 922 BGB, ZfIR 2006, 747

WARNEYER, Ein Beitrag zur Kommunmauerfrage, BayZ 1915, 211

WIETHAUP, Instandhaltung einer gemeinschaftlichen rückwärtigen Grenzmauer, BlGBW 1959, 101

TH WOLFF, Die Grenzanlagen, Recht 1900, 477.

S ferner Schrifttum zu § 912; älteres Schrifttum STAUDINGER/SEUFERT[11].

Systematische Übersicht

Alphabetische Übersicht

Herbert Roth

I. Normzweck

1 Häufiger bestehen zwischen zwei Grundstücken Einrichtungen, die dem **Vorteil beider dienen**. Ihr Ursprung kann oftmals weit zurückreichen und lässt sich vielfach nicht mehr aufklären. Deshalb und angesichts der Lage zwischen den Grundstücken (mit manchmal unsicheren Grenzen) können die rechtlichen Verhältnisse ebenso leicht streitig werden, wie sie schwierig zu ermitteln wären. Eine Vereinbarung der Parteien könnte nur schuldrechtlich wirken und die Bestellung einer *Grunddienstbarkeit* liegt meistens fern. Diesen Schwierigkeiten beugt § 921 vor, indem er eine **widerlegliche Vermutung** eines Rechts zur **gemeinschaftlichen Benutzung** (unten Rn 12) der zwischen den beiden Grundstücken liegenden Einrichtung und § 922 S 2 eine Pflicht zur **gemeinschaftlichen Unterhaltung** aufstellt; § 922 S 3 verbietet eine **einseitige Beseitigung** oder **Veränderung** (Mot III 274; BGHZ 154, 139, 144 [Zufahrtsweg]; 143, 1 [Hecke]; 112, 1, 3 [Durchfahrt]; BGH NJW-RR 2014, 973 Rn 35 [Garagenwand]; 2012, 346 Rn 32 [als Zufahrt genutzte Abstandsfläche zwischen zwei Gebäuden]; OLG Saarbrücken MDR 2006, 1166 [gemeinsame Zufahrt]). Die §§ 921, 922 finden auch auf Einrichtungen Anwendung, die schon vor dem **Inkrafttreten des BGB** bestanden (Art 173, 181 EGBGB; RGZ 53, 307; BGH NJW-RR 2012, 346 Rn 32).

§ 921 betrifft zwei Fälle: Ist der **konkrete Grenzverlauf sicher** und wird die betref- 2
fende Einrichtung von der Grenze (nicht notwendig in der Mitte) **geschnitten**, so greift die Vermutung des gemeinschaftlichen Benutzungsrechts nach § 921 ein (so im Fall von BGHZ 154, 139, 145 [Zufahrtsweg]). Ist der **konkrete Grenzverlauf unsicher**, so wird gleichwohl ein gemeinschaftliches Benutzungsrecht vermutet (LG Heidelberg DWW 1985, 182, 183). Die möglicherweise nur *scheinbare Grenzeinrichtung* soll für die gemeinschaftliche Benutzung als eine wirkliche gelten (hL, ausdrücklich Mot III 275 f; auch Prot III 131; BGHZ 143, 1, 4 [Hecke]; BGH NJW-RR 2014, 973 Rn 35; BGB-RGRK/Augustin Rn 8; Wolff/Raiser, Sachenrecht 207; Erman/A Lorenz Rn 1[14]; Bamberger/Roth/Fritzsche[3] Rn 1; Grziwotz/Lüke/Saller[2] 2. Teil Rn 58). Auch diese in § 921 nicht direkt angesprochene Vermutung kann **widerlegt** werden (dazu unten Rn 12 ff). § 921 stellt in der Sache daher **zwei Vermutungen** auf: Erweist sich die Einrichtung äußerlich als dem Vorteil beider Grundstücke dienend, so wird vermutet, dass beide Nachbarn zu ihrer Benutzung gemeinschaftlich berechtigt sind. Zugleich spricht eine weitere Vermutung dafür, dass die den beiden Grundstücken vorteilhafte Einrichtung tatsächlich von der Grenze durchschnitten wird (Prot III 131; Baumgärtel/Laumen, Handbuch der Beweislast im Privatrecht [2. Aufl 1999] Rn 1; **aA** Dehner B § 7 [2]). Dagegen spricht sich § 921 über die Eigentumsverhältnisse an der betreffenden Einrichtung bewusst nicht aus (unten Rn 16 ff). Die **Eigentumslage** ist wegen der Möglichkeit der gemeinschaftlichen Benutzung meistens gerade von untergeordneter Bedeutung (Mot III 275 [grunddienstbarkeitsähnliches Nutzungsrecht]). Die in § 921 angeordnete Duldungspflicht überlagert als **gesetzliche Eigentumsbeschränkung** (Mot III 274; BGHZ 154, 139, 146; Toussaint ZfIR 2006, 747, 748) die wie auch immer geartete Eigentumslage an der Grenzeinrichtung (LG Gießen MDR 1995, 41, 42; dazu unten Rn 33 ff zur Nachbarwand). Allerdings rückt in der Rspr die Eigentumslage insbes bei der **Nachbarwand** als dem wichtigsten Fall der gemeinsamen Grenzeinrichtung bisweilen in den Vordergrund (unten Rn 36 ff). Steht fest, dass die **Einrichtung die Grenze nicht überschreitet**, so liegt eine Grenzanlage iS des § 921 nicht vor (BGH NJW-RR 2001, 1528, 1529).

II.   Verhältnis zu Grenzklagen (§§ 919, 920) und Überbau (§ 912)

Die Feststellung, dass die betreffende Einrichtung von der **Grenze geschnitten** wird, 3
also teils zu dem einen, teils zu dem anderen Grundstück gehört (RGZ 70, 200, 203; BGHZ 68, 350, 352; 41, 177; unten Rn 6 ff), setzt die genaue Festlegung der Grenze voraus. Ist der **Grenzverlauf** dagegen **unklar**, so gilt zunächst die Vermutung für das Vorliegen einer Grenzeinrichtung (oben Rn 2). Doch schließt das Bestehen der Einrichtung

eine Klage auf *Abmarkung* nach § 919 bei unstreitigem Grenzverlauf (oder das Betreiben der Abmarkung nach den Landesgesetzen; oben § 919 Rn 3) oder die *Grenzscheidungsklage* des § 920 bei streitigem Grenzverlauf (Grenzverdunkelung) nicht aus (Mot III 275). Zeigt sich daraufhin, dass sich die betreffende Einrichtung ausschließlich auf dem Grundstück eines der Nachbarn befindet, so scheidet die Anwendung des § 921 aus; die Vermutung ist **widerlegt** (Mot III 276) und eine Grenzanlage liegt nicht vor. Wird auf Grenzscheidung nach § 920 geklagt, so führt eine ergehende Billigkeitsentscheidung nach § 920 Abs 2 in aller Regel dazu, dass die Grenzlinie durch die Mitte der Grenzeinrichtung gelegt wird (oben § 920 Rn 14). Ergibt die Abgrenzung nach dem Besitzstand (§ 920 Abs 1 S 1) *Mitbesitz,* so gilt iE das gleiche (vgl Mot III 275). In aller Regel wird daher auch die Grenzscheidungsklage zur Annahme führen, dass die Einrichtung von der Grenze geschnitten wird. Daraus ergibt sich die Anwendbarkeit des § 921.

4 Der in § 912 geregelte **Überbau** ist ebenfalls dadurch gekennzeichnet, dass er von der Grenze geschnitten wird. Gleichwohl spielt die Norm des § 912 im Anwendungsbereich des § 921 grundsätzlich keine Rolle, weil bei § 912 ein Gebäude oder wenigstens ein erhaltungswürdiges Bauwerk vorausgesetzt wird (oben § 912 Rn 6). Dagegen sind **Gebäude keine Einrichtungen** iS des § 921, weil ihre Grenzlage als solche weder für das eine noch für das andere Grundstück vorteilhaft ist (RGZ 70, 200, 205). Eine (bedeutsame) Ausnahme gilt freilich für die **Nachbarwand**, bei der § 912 und § 921 zusammentreffen (Bsp BGH NJW-RR 2014, 973; unten Rn 19).

III. Voraussetzungen

1. Grenzeinrichtung

a) Eigenschaften

5 Das Gesetz hat in § 921 wie auch in § 906 (anders als in § 907) die **Beispielstechnik** gewählt, weil eine Grenzeinrichtung verschiedenen Zwecken dienen kann, und die entsprechend verschiedenen Arten ihrer Beschaffenheit sich nicht in einem einheitlichen Begriff ausdrücken lassen (Mot III 275). Die „**Einrichtung**" setzt keine bauliche Anlage voraus und braucht auch nicht von alters her bestanden zu haben (Mot III 275). Aus den in § 921 aufgeführten Beispielen ergibt sich, dass die Einrichtung nicht von den Eigentümern der Grundstücke hergestellt worden sein muss. Deshalb fällt auch eine *wild wachsende Hecke* (zur Grenzhecke auch unten § 923 Rn 1) darunter. Die bisweilen für die Einrichtung gebrauchte Definition einer „**einverständlich getroffenen Veranstaltung**" ist daher zu eng (bejahend aber DEHNER B § 7 [3]; SOERGEL/JF BAUR[13] Rn 1). Ausreichend ist auch eine zur gemeinsamen Benutzung verwendete und eingerichtete *Fläche* (Mot III 275). Dabei handelt es sich insbes um den in § 921 aufgeführten **Zwischenraum** zwischen zwei Häusern (enge Reihe, Winkel, Schlucht) (RG Recht 1916 Nr 1123). Hierher gehört auch ein von den Grundstücksnachbarn gemeinsam benutzter *Zufahrtsweg,* wenn er zwischen den Grundstücken liegt (BGHZ 112, 1 ff; 154, 139, 144; BGH NJW-RR 2012, 346 Rn 33; LG Mannheim NJW 1964, 408; OLG Düsseldorf MDR 1968, 322) oder eine gemeinsame *Garagenzufahrt* (LG Zweibrücken MDR 1996, 46). Nicht ausreichend ist es schon nach dem Wortlaut des § 921, dass die Einfahrt **nur dem Vorteil des einen Grundstücks dient** (OLG Saarbrücken MDR 2005, 1166). Auch Rain, Winkel (BGH WM 1966, 143) oder *Wassergraben* (VGH München NuR 1984, 28) müssen Bestandteile beider Grundstücke sein. Auf die Größe (Breite) des Zwischenraums kommt es nicht an (MünchKomm/Säcker[6] Rn 2; Rötelmann RdL 1958, 211; **aA** Dehner B § 7 [10]). Als nicht gesondert aufgeführte Grenzeinrichtungen kommen ferner in Betracht *gemeinsame Dachrinnen, Dunglegen* (Soergel/JF Baur[13] Rn 2), *Brunnen* (OLG Dresden ZBlFG 5, 256; unten Rn 8), *Baumreihen* (LG Frankfurt aM NJW-RR 1992, 88), *Steinwälle,* und vor allem *Zäune* (BGH NJW 1985, 1458; LG Bochum NJW-RR 1992, 913; Grziwotz/Lüke/Saller[2] 2. Teil Rn 54). Eine gewisse **Selbstständigkeit** der Einrichtung und eine gewisse **Dauer** wird man aber verlangen müssen. Vom **Anlagebegriff** des § 907 (oben § 907 Rn 12) unterscheidet sich die Einrichtung nach dem Gesagten dadurch, dass sie nicht künstlich von Menschenhand geschaffen sein muss. Von den in § 921 genannten Beispielen waren Gegenstand der Rspr insbes *Mauern* (BGHZ 41, 177; OLG Karlsruhe Urteil v 9. 4. 2008 Az 9. 4. 2008 juris; OLG Düsseldorf OLGZ 1992, 113) und *Hecken* (BGHZ 143, 1; OLG Düsseldorf OLGZ 1978, 190; KG BlGBW 1982, 217; LG Gießen MDR 1995, 41; LG Oldenburg WuM 1986, 283; dazu Glaser BlGBW 1962, 268). Keine Grenzeinrichtungen sind über die Grenze gebaute *Gebäude* (oben Rn 4). Eine *Ufermauer* bleibt auch dann Grenzanlage, wenn die Uferlinie bei Mittelwasserstand bestimmt wird und sich mit diesem verändern kann (BGH ZfIR 2015, 568 Rn 34 mit zust Anm H Roth).

b) **Grenzlinie**

§ 921 trifft nur von der **Grenze geschnittene**, nicht notwendig und in voller Länge **6** (auch vermutete, oben Rn 2) **Grenzeinrichtungen** und daher nicht solche, die in ihrem ganzen Umfang neben der Grenzlinie stehen (insbes **Grenzwand,** unten Rn 54) (hL, RGZ 70, 200, 203; BGHZ 41, 177; 68, 350, 352; BGH NJW-RR 2014, 973 Rn 35; WM 2001, 1903, 1904; LG Oldenburg WuM 1986, 283 [Hecke]; Toussant ZfIR 2006, 747, 749; **aA** LG Göttingen NdsRpfl 1958, 92). Es ist aber nicht erforderlich, dass die Grenze gerade durch die **Mitte der Einrichtung** geht (BGHZ 143, 1, 3 [Hecke]; 154, 139, 143; BGH NJW-RR 2012, 346 Rn 33; OLG Karlsruhe MDR 2008, 855; OLG Saarbrücken MDR 2005, 1166; LG Aachen MDR 1998, 591, 592; Palandt/Bassenge[74] Rn 1). Auch der „scheinbare", nur auf einem der benachbarten Grundstücke stehende Teil einer Grenzeinrichtung ist danach zusammen mit dem von der Grenze durchschnittenen Teil insgesamt eine Grenzeinrichtung (BGH NJW-RR 2014, 973 Rn 35). Maßgebend ist, dass die Grenzeinrichtung beiden Grundstücken nutzt, auf denen sie errichtet worden ist (BGH NJW-RR 2012, 346 Rn 33 [als Zufahrt genutzte Abstandsfläche zwischen den Gebäuden]). Bei einer *Hecke* kommt es nicht auf den Zeitpunkt der Pflanzung, sondern auf den Jetztzustand an. Die Hecke ist in ihrem gesamten Verlauf Grenzeinrichtung, wenn auch nur einige Stämme der Heckenpflanzen, dort wo sie aus dem Boden heraustreten, von der Grenze durchschnitten werden (BGHZ 143, 1, 4 f). Deshalb ist es auch unerheblich, wenn etwa eine gemeinsam errichtete *Bruchsteinmauer* teilweise vollständig auf einem der beiden Grundstücke steht (LG Aachen MDR 1998, 591, 592), wenn sie nur von einem nicht unerheblichen Teil von der Grenze geschnitten wird. Steht die Einrichtung ausschließlich auf einem der Grundstücke, so handelt es sich nicht um eine Grenzeinrichtung iS des § 921. Ein Benutzungsrecht **(Anbaurecht)** mit dinglicher Wirkung kann dann nur durch eine Grunddienstbarkeit begründet werden (BGHZ 68, 350, 352; unten Rn 55). Auch *Flächen* wie ein Zwischenraum, eine Einfahrt, ein Hohlraum oder ein Weg, fallen nur unter § 921, wenn die Fläche teils zu dem einen, teils zu dem anderen Grundstück gehört (BGHZ 112, 1). Im Miteigentum stehende **Zwischengrundstücke** scheiden ebenfalls aus (OLG Celle SeuffA 62 Nr 207). Auf sie sind die §§ 1009, 741 ff anzuwenden. Bei **unsicherem Grenzverlauf** gelten die Ausführungen von oben Rn 2 und Rn 3.

Herbert Roth

7 Der **Nachweis**, dass sich die Einrichtung ausschließlich auf einem der beiden benachbarten Grundstücke befindet, es sich also nicht um eine Grenzeinrichtung des § 921 handelt, kann auch (und in erster Linie) durch die Berufung auf **§ 891** geführt werden (RGZ 73, 125, 129; STAUDINGER/GURSKY [2013] § 891 Rn 31; BAUMGÄRTEL/LAUMEN[2] Rn 2). Der **äußere Anschein** ist zur Widerlegung der Rechtszustandsvermutung des § 891 niemals geeignet (wie hier ERMAN/A LORENZ[14] Rn 3; MEISNER/RING § 7 II; **aA** OLG Bamberg BayZ 1929, 181; SOERGEL/JF BAUR[13] Rn 4; MEISNER SeuffBl 77, 281). Die in § 921 genannten **„äußeren Merkmale"** beziehen sich nur auf den Fall, dass der Grenzverlauf **ungewiss** ist (PWW/LEMKE[9] Rn 8; unten Rn 13 f).

c)   Beiderseitiger Grundstücksvorteil

8 Die Grenzeinrichtung muss so beschaffen sein, dass sie bei **objektiver Betrachtungsweise** und äußerlich erkennbar dem **Vorteil beider Grundstücke** dient und der Nutzung der aneinander grenzenden Grundstücke untergeordnet ist (BGHZ 154, 139, 145; BGH NJW-RR 2012, 346 Rn 34; 2001, 1528; OLG Saarbrücken MDR 2006, 1166; LG Aachen ZMR 1998, 591, 592). So liegt es zB nicht bei einem *Gebäude* über die Grenze (RGZ 70, 200; oben Rn 4). **Zeitlich** maßgebend sind dafür die Verhältnisse bei der Herstellung der Grenzeinrichtung (BGH NJW-RR 2012, 346 Rn 36). Der erforderliche Vorteil wurde etwa angenommen für ein beiderseits der Grundstücksgrenze errichtetes gemeinschaftliches *Treppenhaus* benachbarter **WEG-Gemeinschaften** mit der Folge der gemeinschaftlichen Unterhaltung nach § 922 S 2 (OLG Hamm ZMR 2006, 878). Im Einzelfall wurde § 921 analog angewendet *(„Nachbareigentum")*, wenn eine nichttragende Mauer zwei Sonderrechtseinheiten voneinander oder eine Sondereigentumseinheit vom Gemeinschaftseigentum trennt. Dabei kann es als Ausnahme zu § 1 Abs 4 WEG ausnahmsweise zu *gemeinsamem Sondereigentum* kommen (dazu PFEILSCHIFTER jurisPR-MietR 9/2007 Anm 5). Eine *Mauer* als Grenzanlage ist nicht deshalb ausgeschlossen, weil sie auf Teilbereichen zur **Abstützung einer Aufschüttung** des einen Nachbargrundstücks dient (OLG Karlsruhe MDR 2008, 855). In Betracht kommt ein **Vorteil jeglicher Art** wie zB die Sichtschutzfunktion einer *Hecke* (BGHZ 143, 1, 5). Er kann, muss aber nicht in der **grenzscheidenden Wirkung** der Einrichtung bestehen (hL, BGHZ 154, 139, 143 ff [grdlg]; BGH NJW 1985, 1458, 1459; OLG Karlsruhe MDR 2008, 855, 856; OLG Düsseldorf MDR 1968, 322 [gemeinschaftliche Garagenzufahrt]; PALANDT/BASSENGE[74] Rn 1; SOERGEL/JF BAUR[13] Rn 3; MünchKomm/SÄCKER[6] Rn 3; **aA** RGZ 70, 200, 205; noch offengelassen in BGHZ 112, 1, 2). Vielmehr zählen zu § 921 alle sich auf der Grenze befindlichen Einrichtungen, die dem Vorteil der benachbarten Grundstücke dienen (BGH NJW-RR 2012, 346 Rn 34). Wenn sich die Grundstücksnachbarn für eine bestimmte Grenzeinrichtung entschieden haben, so kann jeder Nachbar die **Erhaltung der Anlage** auch in ihrer *äußeren Beschaffenheit* und in ihrem bestehenden Erscheinungsbild verlangen. Deshalb darf neben einem 60 cm hohen *Spriegelzaun* nicht noch ein 2 m hoher Holzzaun auf einem der Nachbargrundstücke errichtet werden, auch wenn dadurch die Grenzmarkierungsfunktion des Spriegelzaunes nicht beeinträchtigt wird (BGH NJW 1985, 1458, 1459; BVerfG MDR 2013, 1113). Der Wortlaut des § 921 steht nicht entgegen, weil darin auch der bloße Hinweis auf die Lage der Einrichtung zwischen oder auf beiden Grundstücken gesehen werden kann. Deshalb fallen unter die Grenzeinrichtung auch **Brunnen**, selbst wenn sie nicht geeignet sind, eine eindeutige Grenzscheidung zu bewirken, **gemeinsame Dachrinnen, Lichthöfe** (RG WarnR 1916, 264) oder **gemeinschaftliche Garagenzufahrten** (BGH NJW-RR 2012, 346 Rn 33). Freilich werden Grenzscheidungsfunktion und andere Vorteile, wie zB Sichtschutz

und Luftverbesserung bei Anpflanzungen, häufig zusammentreffen (LG Frankfurt aM
NJW-RR 1992, 88, 89 [aber mit eher rechtspolitischer Begründung]).

d)   Zustimmung des Nachbarn

Eine Grenzeinrichtung liegt nur vor, wenn der Nachbar der Grenzüberschreitung   **9**
ausdrücklich oder wenigstens stillschweigend (BGHZ 143, 1, 5 [Hecke]; BGH NJW-RR
2012, 346 Rn 35 [gemeinsame Grundstückszufahrt]) **zugestimmt** hat. Es kann nicht der Will-
kür eines Grundeigentümers überlassen bleiben, ohne oder gegen den Willen seines
Nachbarn eine Grenzeinrichtung zu schaffen, dafür seinen Grund und Boden in
Anspruch zu nehmen und ihn noch mit den Unterhaltskosten zu belasten (allgM,
BGHZ 143, 1, 5; 91, 282, 286; BGH NJW-RR 2014, 973 Rn 33; WM 2001, 1903, 1904; OLG Karlsruhe
Urteil v 9. 4. 2008 Az 6 U 199/06 juris Rn 9 [Mauer]; OLG Frankfurt NJW-RR 1992, 462; OLG
Düsseldorf OLGZ 1992, 113, 114 f; LG Zweibrücken MDR 1996, 46; HODES NJW 1955, 1782, 1783;
SOERGEL/JF BAUR¹³ Rn 5; MünchKomm/SÄCKER⁶ Rn 3; **aA** TOUSSANT ZfIR 2006, 747, 750). Der
Nachbar kann die Errichtung nach § 1004 Abs 1 untersagen und später Beseitigung
verlangen, soweit die Anlage auf seinem Grundstück steht (BGH WM 1984, 1231). Eine
Zustimmung kann aber in der stillschweigenden Hinnahme oder in der Mitbenutzung einer Grenzanlage liegen (OLG Düsseldorf OLGZ 1992, 113, 115). Die Zustimmung
kann nämlich auch nachträglich als Genehmigung und auch konkludent erteilt
werden (BGH NJW-RR 2014, 973 Rn 33). Doch muss der Nachbar wissen oder zumindest
damit rechnen, dass die Einrichtung auf der Grenze steht. Der Widerspruch ist von
dem die Grenzeinrichtung bestreitenden Nachbarn zu **beweisen**. Das ergibt sich aus
der Rechtszustandsvermutung des § 921 (unten Rn 12). Für die Tatsachen, welche für
die Kenntnis des beeinträchtigten Nachbarn von der Grenzüberschreitung sprechen,
ist hingegen der andere Nachbar **beweispflichtig** (OLG Düsseldorf OLGZ 1992, 113, 115).
Eine nachträgliche Zustimmung (Genehmigung) steht der Einwilligung gleich. So
kann es liegen, wenn der Nachbar zunächst zwar widersprochen, aber dann doch
nicht ernstlich die Beseitigung der Einrichtung betrieben hat. Die aus § 921 folgende
Beweislastregel beschränkt sich nicht auf schon länger bestehende Einrichtungen (**aA**
SOERGEL/JF BAUR¹³ Rn 5, die zudem in zweifelhafter Weise auf eine „tatsächliche Vermutung"
abstellen). Der **Einzelrechtsnachfolger** ist nach allgM an die erteilte Zustimmung
gebunden, was in der Sache deren **Verdinglichung** bedeutet (BGH NJW-RR 2012, 346
Rn 35; LG Aachen MDR 1998, 591, 592; PALANDT/BASSENGE⁷⁴ Rn 2).

Die Zustimmung des Nachbarn ist entbehrlich, wenn er sich schon kraft **Vertrages**   **10**
zur Duldung verpflichtet hat, oder wenn das Gesetz die Duldung einer Grenzeinrichtung vorschreibt. Das BGB weiß von einer derartigen Pflicht freilich nichts.
Dagegen kennen mehrere auf Art 124 EGBGB gestützte **Landesnachbarrechte**
den **Einfriedungszwang** von Grundstücken **auf der Grenze**, der dann zu Grenzein-
richtungen iS des § 921 führt (aber auch unten Rn 58). Zu nennen sind zB: § 33 S 2
NachbG Brandenburg; § 24 S 2 NRG Berlin, § 14 Abs 2 NRG Hessen (dazu AG
Königstein i Ts NZM 2001, 112), § 30 NRG Niedersachsen, § 36 NRG Nordrhein-Westfalen, § 40 Abs 2 NRG Rheinland-Pfalz, § 4 S 2 NachbG Sachsen; § 24 Abs 3
NachbG Sachsen-Anhalt; § 30 NRG Schleswig Holstein (weiteres Landesrecht bei DEH-
NER B § 9 S 17 ff mit eingehender Kommentierung; ebenso GRZIWOTZ/LÜKE/SALLER² 2. Teil Rn 65;
MünchKomm/SÄCKER⁶ Art 124 EGBGB Rn 5). Gegen diese Vorschriften bestehen keine
kompetenzrechtlichen Bedenken, da § 921 über das Entstehen von Grenzeinrichtungen nichts aussagt. Wird etwa nach diesen Vorschriften ein *Zaun* auf der Grenze
errichtet, so kann wegen § 921 dessen Beseitigung nach § 1004 Abs 1 nicht verlangt

werden (iE AG Königstein i Ts NZM 2001, 112). Nicht hierher gehören die landesrechtlichen Vorschriften der Nachbarrechte, die eine Einfriedung **jenseits der Grenzlinie**
auf dem eigenen Grundstück vorschreiben. ZT sind hier sogar **Abstandsvorschriften**
einzuhalten (unten Rn 58).

2. Aneinandergrenzende Grundstücke

11 § 921 betrifft notwendigerweise aneinandergrenzende Grundstücke. Ansonsten
könnte nicht von beiden Teilen ein Stück des Grund und Bodens zu der Grenzeinrichtung beigetragen werden. Die Norm berücksichtigt nicht den Fall, dass **mehr
als zwei Nachbarn** von einer gemeinsamen Grenzeinrichtung Nutzen ziehen. Doch
kommen dann die §§ 921, 922 entsprechend zur Anwendung (Mot III 277).

IV. Rechtsfolgen

1. Vermutung

12 § 921 ordnet für die genannten Grenzanlagen eine **gesetzliche Vermutung** iS eines
Rechts zur gemeinschaftlichen Benutzung für beide Nachbarn an. Es handelt sich
um eine **Rechtszustandsvermutung** (ROSENBERG, Die Beweislast[5] § 16; ROSENBERG/SCHWAB/
GOTTWALD, Zivilprozessrecht[17] § 112 Rn 35; BAUMGÄRTEL/LAUMEN/PRÜTTING/SCHUSHCKE, Beweislast[3] Rn 1; krit TOUSSANT ZfIR 2006, 747: Tatsachenvermutung). Der **nähere Umfang**
des Benutzungsrechts ist in § 922 geregelt. Die damit einhergehende Eigentumsbeschränkung (oben Rn 2) kann nicht im **Grundbuch** eingetragen werden (allgM; **aA** TH
WOLFF Recht 1900, 477). Das Benutzungsrecht kann auch nicht von dem Eigentum
getrennt und gesondert auf Dritte **übertragen** werden (§ 96 entsprechend).

13 Der **Beweis des Gegenteils** ist zulässig, auch wenn er nicht unmittelbar durch § 292
ZPO gedeckt ist (etwa ROSENBERG/SCHWAB/GOTTWALD, Zivilprozessrecht[17] § 112 Rn). Die
Vermutung des gemeinsamen Benutzungsrechts wird entsprechend dem Wortlaut
des § 921 insbes durch den Nachweis zerstört, dass die Grenzeinrichtung einem der
Nachbarn **allein gehört** (hL, RG WarnR 1911 Nr 243; 1915 Nr 270; PALANDT/BASSENGE[74] Rn 3;
DEHNER B § 7 [3]; BGB-RGRK/AUGUSTIN Rn 8; WOLFF/RAISER, Sachenrecht § 58 I; MünchKomm/
SÄCKER[6] Rn 4; PWW/LEMKE[9] Rn 8; PLANCK/STRECKER Anm 3 b; Mot III 275, 276; **aA** SOERGEL/
JF BAUR[13] Rn 4). Hauptfall ist der Beweis, dass die Einrichtung in vollem Umfang auf
einem der Grundstücke steht, also nicht durch die Grenze geschnitten ist (oben Rn 6).
In diesem Fall liegt eine Grenzanlage nicht vor (zur rechtmäßig übergebauten Nachbar-
wand unten Rn 22). Wenn das **Alleineigentum feststeht**, so bedarf es nicht zusätzlich des
Vorliegens der in § 921 aE genannten „äußere(n) Merkmale"(oben Rn 7).

14 Die Vermutung des § 921 wird ferner zerstört, wenn „**äußere Merkmale**" darauf
hinweisen, dass die Einrichtung einem der Nachbarn allein gehört. Doch wird das
nur bei **unklarem Grenzverlauf** praktisch (oben Rn 2, 7; dazu RGZ 70, 203). Diese Merkmale brauchen sich nicht gerade an der Grenzeinrichtung selbst zu befinden. Solche
Merkmale sind zB gegeben, wenn der Aushub eines *Grabens* nur auf einer Seite
liegt, die *Zaunpfosten* nur auf einer Seite stehen, *Nischen* in einer Mauer, *Wappen*
oder *Inschriften* nur auf einer Wand angebracht sind (Mot III 276). Liegen derartige
äußere Merkmale vor, steht aber gleichwohl fest, dass die Einrichtung von der
Grenzlinie **geschnitten** wird, so bleibt es bei der Vermutung des § 921.

Steht die betreffende „Grenzeinrichtung" im **Alleineigentum** eines der Nachbarn, so **15** kann sich ein Mitbenutzungsrecht gleichwohl aus einer **vertraglichen Vereinbarung** ergeben. Doch wird das Mitbenutzungsrecht dann eben nicht vermutet. Eine dingliche Wirkung lässt sich nur durch die Bestellung einer Grunddienstbarkeit herbeiführen.

2. Eigentumsverhältnisse

§ 921 regelt die **Eigentumslage** für die Grenzeinrichtung nicht. Behandelt wird darin **16** nur das **Mitbenutzungsrecht** (oben Rn 2). In aller Regel kommt es auf die Eigentumslage auch nicht an, weil die danach maßgebenden Rechtsfolgen der §§ 921, 922 etwa bestehende Eigentumsrechte überlagern (BGHZ 143, 1, 4 [Hecke]). Im Übrigen ist nach der Art der betreffenden Einrichtung zu unterscheiden. Wenn es sich um bloße *Grenzflächen* wie Raine oder Winkel handelt (oben Rn 5), so ist jeder Nachbar Eigentümer bis zur Grenzlinie. Grundstücksteilflächen sind nicht wesentliche Bestandteile iS des § 93.

Auch im Übrigen gelten die allgemeinen Grundsätze, wenn die betreffende Anlage **17** mit dem Grund und Boden fest verbunden ist. Es entscheidet nach den §§ 946, 94 Abs 1 die Grenze, und es kommt nach hL zur lotrechten **(vertikalen) Teilung**: Jedem Nachbarn gehört der auf seinem Grundstück stehende Teil der Einrichtung (RGZ 162, 209, 212; BGH ZfIR 2015, 568 Rn 8 mit zust Anm H ROTH; OLG Düsseldorf NJW-RR 1991, 656, 657; MünchKomm/SÄCKER[6] Rn 5; SOERGEL/JF BAUR[13] Rn 8; PALANDT/BASSENGE[74] Rn 4; ERMAN/A LORENZ[14] Rn 1; GRZIWOTZ/LÜKE/SALLER[2] 2. Teil Rn 97; DEHNER B § 7 [15]; offengelassen in BGHZ 143, 1, 8; 91, 282, 287). Das Gesagte gilt in erster Linie für freistehende, nicht mit einem Gebäude verbundene **Grenzmauern** (zur abweichenden Rechtslage bei der Nachbarwand unten Rn 36), **Zäune** und **Hecken** (zu letzteren OLG Düsseldorf OLGZ 1978, 190; KG BlGBW 1982, 217; LG Gießen MDR 1995, 41). Grenzeinrichtungen nach § 921 stehen deshalb regelmäßig nicht im **Miteigentum** der Nachbarn (Mot III 274).

Ein **ideelles Miteigentum** nach Bruchteilen ist nur ausnahmsweise möglich, wenn es **18** sich um eine mit dem Grund und Boden nicht fest verbundene Anlage handelt (§ 947). Zu nennen sind zB aus losen Steinen aufgeschichtete *Steinwälle* (SOERGEL/JF BAUR[13] Rn 9; DEHNER B § 7 [14]). In das ideelle Miteigentum der Nachbarn fallen ansonsten nur die unmittelbar über der Grenzlinie befindlichen Teile *abgebrochener Grenzeinrichtungen* (RGZ 70, 200, 202; SOERGEL/JF BAUR[13] Rn 9). Werden bei einer *Hecke* die auf der Grenze stehenden Pflanzen vom Grundstück getrennt (ausgegraben), so entsteht Miteigentum (RGZ 70, 200; PALANDT/BASSENGE[74] Rn 4). Dagegen gehören diejenigen Teile, die vor der Trennung auf dem Grundstück des Nachbarn eingefügt waren, diesem allein. Für die von beiden Nachbarn zum Anbau genutzte **Nachbarwand** ist dagegen Miteigentum anzunehmen (BGHZ 27, 197, 201; unten Rn 36).

V. Nachbarwand

1. Bedeutung

Der wichtigste Fall einer Grenzeinrichtung nach § 921 ist die **Nachbarwand** (halb- **19** scheidige Giebelmauer, Kommunmauer). Darunter ist eine Mauer zu verstehen, die von dem Eigentümer des einen Grundstücks (in der Regel) zur Hälfte auf seinem und zur anderen Hälfte auf dem Grundstück des Nachbarn (deshalb auch: halb-scheidige Giebelmauer) mit der **beiderseitigen Verabredung** oder wenigstens in der **einseitigen Erwartung** gebaut wird, dass der Nachbar diese Mauer beim gleichzeiti-gen oder späteren Bau seines Hauses zum Anbau benutzen kann (BGH NJW-RR 2014, 973 Rn 26; BeckRS 2012, 18858; NJW-RR 2011, 515 Rn 8; PWW/LEMKE⁹ Rn 10; GLASER MDR 1956, 449). Die Zweckbestimmung als Nachbarwand muss nicht schon bei ihrer Er-richtung vorliegen, sondern kann auch später durch (auch konkludente) Vereinba-rung der Nachbarn getroffen werden (BGH NJW-RR 2014, 973). Gleichgültig ist es, ob die Grenze genau hälftig verläuft. Steht dagegen die betreffende Mauer ganz auf dem eigenen Grundstück an der Grenze, so handelt es sich nicht um eine **Nach-barwand**, sondern um eine **Grenzwand** mit anderen Rechtsfolgen (BGH NJW-RR 2011, 515 Rn 8; unten Rn 54). Für die Darstellung der Nachbarwand werden hier die heute weithin gesicherten Ergebnisse der **höchstrichterlichen Rspr** zugrunde gelegt (jüngst BGH NJW-RR 2014, 973; NJW 2008, 2032). Sie sind mE zunächst in der Sache zutreffend. Zum anderen könnte von der Kontinuität der gefestigten Rspr auch aus Gründen der **Rechtssicherheit** und des **Vertrauensschutzes** nicht mehr ohne Not abgegangen werden, sodass ein Festhalten an der einmal eingeschlagenen Entwicklung geboten ist. Frühere teils abweichende Lit und Rspr haben daher im Wesentlichen heute nur noch erklärenden Wert.

2. Landesnachbarrecht

20 Das Recht der **Nachbarwand** ist in den Landesnachbarrechten zT ausführlich ge-regelt. Das gilt für *Berlin* (§§ 4–13), *Brandenburg* (§§ 5–15); *Hessen* (§§ 1–7), *Nie-dersachsen* (§§ 3–15), *Nordrhein-Westfalen* (§§ 7–18; dazu BGH NJW-RR 2014, 973 Rn 27), *Rheinland-Pfalz* (§§ 3–12), *Saarland* (§§ 3–14), *Sachsen-Anhalt* (§§ 5–10), *Schleswig-Holstein* (§§ 4–10) und *Thüringen* (§§ 3–12). Teils ist nur die Erhöhung der Nachbarwand betroffen, so in *Bayern* (Art 46) und in *Bremen* (§ 24). In *Ham-burg* (aber § 74 Abs 3 Hamb Bauordnung) und *Baden-Württemberg* sowie in *Meck-lenburg-Vorpommern* und *Sachsen* finden sich keine Vorschriften (dargestellt in meh-reren Synopsen bei DEHNER Anh zu B § 8; ebenfalls ausführlich GRZIWOTZ/LÜKE/SALLER² 2. Teil Rn 113 ff). Die Landesnachbarrechte regeln weder die Eigentumslage an der Nach-barwand (unten Rn 36) noch die Eigenschaft als Grenzeinrichtung. Insoweit ist allein **Bundesrecht** maßgebend. Die Landesgesetze schreiben den halbscheidigen Mauer-bau auch nicht vor. Vielmehr setzen sie jeweils die **schuldrechtliche Einigung** der beteiligten Grundeigentümer voraus. Insoweit ist freilich die auf Art 124 EGBGB gestützte Kompetenz des Landesgesetzgebers fraglich, weil sich daraus keine Er-mächtigung ergibt, Bestimmungen über den Abschluss oder den Inhalt von schuld-rechtlichen Vereinbarungen zu treffen (richtig DEHNER B § 8 [12 a]). Allerdings weist die neuere Rspr des **BVerfG** nunmehr in die andere Richtung (BVerfG NJW-RR 2008, 26). Vergleichbare Bedenken (ebenso STAUDINGER/ALBRECHT [2013] Art 124 EGBGB Rn 24) ergeben sich in Ansehung der landesrechtlich geregelten **Ausgleichszahlungen** (unten Rn 41) bei dem **Anbau** an eine bestehende Nachbarwand (§§ 8 NRG Berlin, 9 NRG Brandenburg, 3 Abs 2 NRG Hessen, 7 Abs 2–5 NRG Niedersachsen, 12 Abs 2–3 Nordrhein-Westfalen, 7 NRG Rheinland-Pfalz, 8 NRG Saarland, 7 NRG Sachsen-Anhalt, 6 Abs 2–5 NRG Schleswig-Holstein, 7 NRG Thüringen). Unbedenklich sind die landesrechtlichen Regelungen insoweit, als sie die **Erhöhung** und **Verstärkung** einer Nachbarwand (unten Rn 46) sowie die Verpflichtungen beim **Abriss** eines der

beiden an der Wand angebauten Gebäude regeln. Auch die Regelung des **Anbau-rechts** (unten Rn 28) ist wohl noch zulässig (**aA** DEHNER B § 8 [13]).

3. Rechtsverhältnisse vor dem Anbau

a) Vereinbarungsgemäße Errichtung

Eine gesetzliche Befugnis zur Grenzüberschreitung gibt es nicht. Sie setzt vielmehr **21** die **Zustimmung** des Nachbarn voraus. In diesem Fall liegt ein *rechtmäßiger Überbau* vor und § 912 findet keine Anwendung. Vor dem Anbau des Nachbarn steht die Nachbarwand im **Alleineigentum** des jeweiligen Eigentümers des überbauenden Grundstücks (oben § 912 Rn 71; RGZ 83, 142, 146; BGHZ 27, 197, 199; 57, 245, 248; BGH NJW 1971, 426, 427; SOERGEL/JF BAUR[13] Rn 14; STADLER[7] 49). Die Mauer ist wesentlicher Bestandteil des Gebäudes, das sie abschließt, und damit wesentlicher Bestandteil des Stammgrundstücks. **§ 94 Abs 2** überwindet deshalb die Regelung des § 94 Abs 1. Die überbaute **Grundstücksfläche** bleibt dagegen im Eigentum des Nachbarn.

Vor dem Anbau ist die Nachbarwand keine Grenzeinrichtung iS des § 921. Das folgt **22** schon aus dem Alleineigentum an der Nachbarwand (oben Rn 13; PALANDT/BASSENGE[74] Rn 7; DEHNER B § 8 [18]; **aA** RG WarnR 15 Nr 270; BGH LM § 912 Nr 8; SOERGEL/JF BAUR[13] Rn 12). Die Möglichkeit des Anbaus reicht für sich allein nicht als Vorteil nach § 921 aus. Erst der spätere Anbau selbst vermag diesen Vorteil zu begründen und macht die Wand zur Grenzeinrichtung (BGH NJW 2008, 2032). Deshalb kann der überbau-ende Mauereigentümer vor dem Anbau die Mauer wieder beseitigen, weil § 922 nicht entgegensteht (unten Rn 24 zu landesrechtlichen Regelungen). Dieses unzweifelhaft richtige Ergebnis kann von der Gegenauffassung nicht begründet werden.

Die Abrede über die Nachbarwand bindet die Vertragsparteien sowie auch ihre **23** **Sonderrechtsnachfolger**. Tritt die Rechtsnachfolge ein, nachdem die Nachbarwand bereits erbaut war, so folgt die **dingliche Wirkung** der Vereinbarung aus den Grund-sätzen von oben § 912 Rn 69. Da die Vereinbarung aber auf die künftige Schaffung einer Grenzeinrichtung zielt, wird man den Schutz des Bauenden noch vorverlagern dürfen. Danach sind die Sonderrechtsnachfolger schon gebunden, wenn die Wand wenigstens in Bau ist und die Abrede damit eine gewisse nach außen hin erkennbare **Vergegenständlichung** gefunden hat (DEHNER B § 8 [19]). Der Eintragung einer ent-sprechenden Grunddienstbarkeit bedarf es also nicht (zur Bindung an die Verpflichtung, den Anbau zu dulden, unten Rn 29).

Die **Zustimmung** des Nachbarn kann auch stillschweigend gegeben werden. Soweit **24** etwa § 8 Nr 2 NRG Nordrhein-Westfalen oder § 5 NRG Berlin **Schriftlichkeit** ver-langen, ändert sich daran nichts, weil das Landesrecht das Bundesrecht insoweit nicht verdrängen kann (oben Rn 20; **aA** STAUDINGER/BEUTLER[12] Rn 22; offenlassend BGH NJW-RR 2014, 973 Rn 33). Der Eigentümer der Nachbarwand trägt die *Errichtungs-kosten*. Ihm obliegt auch die *Unterhaltung* (OLG Karlsruhe NJW-RR 1990, 1164), auf die aber der Nachbar keinen Anspruch hat. Allein der Wandeigentümer hat das *Nut-zungsrecht* zB zu Reklamezwecken auf der Nachbarseite (PALANDT/BASSENGE[74] Rn 7). Er hat vor dem Anbau auch das Recht, die Wand wieder zu beseitigen (oben Rn 22). Allerdings steht dem Nachbarn dann ein Bereicherungsanspruch (Nichtleistungs-kondiktion) aus § 812 Abs 1 S 1 Alt 2 auf Ausgleich der Grundstücksnutzung zu (PALANDT/BASSENGE[74] Rn 7). Soweit landesrechtliche Regelungen das *Beseitigungsrecht* an die Einwilligung des Nachbarn knüpfen oder sonst einschränken oder erschweren, liegt darin mE eine Überschreitung der Regelungskompetenz des Landesgesetzgebers (§ 11 NRG Berlin, § 13 NRG Brandenburg, § 9 NRG Sachsen-Anhalt, § 5 NRG Hessen, § 11 NRG Niedersachsen, § 14 NRG Nordrhein-Westfalen, § 10 NRG Rheinland-Pfalz, § 11 NRG Saarland, § 9 NRG Schleswig-Holstein, § 10 NRG Thüringen; oben Rn 20). Das Gleiche gilt für die in den betreffenden Regelungen vorgesehene **Vergütungspflicht**, die sich schon aus dem bundesrechtlichen Bereicherungsrecht ergibt (DEHNER B § 8 [12 a ff]; **aA** STAUDINGER/BEUTLER[12] Rn 23).

25 Ist die Mauer vereinbarungsgemäß auf die Grenze gesetzt worden, so kann der Nachbar weder *Grundabnahme* noch *Überbaurente* verlangen (RGZ 52, 15; 83, 142; DEHNER B § 8 [20]). Diese Rechte sind durch die Vereinbarung in der Regel stillschweigend abbedungen (BGHZ 53, 5, 6). § 912 ist aber anwendbar, soweit der Überbauende weiter als vereinbart über die Grenze gebaut hat (BGH NJW 1971, 426).

b)   Unrechtmäßige entschuldigte Errichtung

26 Hat der Eigentümer, der als erster das Haus mit der Nachbarwand errichtet, zwar rechtswidrig übergebaut, ist der Überbau aber **entschuldigt**, so kommen die §§ 912 ff zur Anwendung (oben § 912 Rn 5 ff). Insbes wird nach § 912 Abs 2 eine Überbaurente geschuldet, und es kann nach § 915 Abkauf verlangt werden. Der Nachbar hat die überbaute Nachbarwand nach § 912 Abs 1 zu dulden. Die Duldungspflicht besteht auch für die **Sonderrechtsnachfolger** (oben § 912 Rn 35). Der Erbauer ist **Alleineigentümer** (BGHZ 27, 197, 199; 57, 245, 248; oben § 912 Rn 42) und kann die Wand auch alleine nutzen. Er hat sie allein zu unterhalten und darf sie auch beseitigen. Die betreffende Mauer stellt keine Grenzeinrichtung iS der §§ 921, 922 dar. Einmal steht sie im Alleineigentum des Überbauenden (oben Rn 22). Zum anderen wurde sie nicht im Einverständnis beider Nachbarn (oben Rn 9) errichtet (BGH NJW 1984, 2463; GRZIWOTZ/LÜKE/SALLER[2] 2. Teil Rn 108).

c)   Unrechtmäßige unentschuldigte Errichtung

27 Ist die Wand ohne Zustimmung des Nachbarn in **rechtswidriger** Weise erbaut worden, und ist der Überbau auch nicht iS des § 912 **entschuldigt**, so wird jeder Nachbar Eigentümer des auf seinem Grundstück stehenden Teils der Nachbarwand. Das Eigentum wird also lotrecht real **(vertikal) geteilt** (BGHZ 27, 197; 27, 204; 43, 127, 129; oben § 912 Rn 76; **aA** DEHNER B § 8 [23]). Jeder Nachbar darf seinen Wandteil alleine nutzen und hat ihn alleine zu unterhalten. Der Eigentümer des überbauten Grundstücks kann nach seiner Wahl die **Beseitigung** nach § 1004 Abs 1 verlangen, kann aber schon aufgrund seines Eigentums auch jederzeit anbauen (unten Rn 31). Der unrechtmäßige unentschuldigte Überbau ist keine Grenzeinrichtung iS der §§ 921, 922, da es an der Zustimmung des anderen Eigentümers fehlt.

d)   Anbaurecht des Nachbarn

28 Im Falle der vertraglich **vereinbarten Nachbarwand** (oben Rn 21) folgt das **Anbaurecht** des Nachbarn aus der betreffenden vertraglichen Abrede. Von Gewohnheitsrecht wird man nicht sprechen können. Auf den betreffenden Vertrag braucht nicht zurückgegriffen werden, soweit bereits die einzelnen Landesnachbarrechte ein Anbaurecht vorsehen (oben Rn 20 aE). Die §§ 921, 922 werden dadurch nicht verändert, weil die **Grenzeinrichtung** erst durch den Anbau geschaffen wird (oben Rn 22). Derartige Regelungen sind zahlreich (§ 6 Abs 1 NRG Berlin, § 7 NRG Brandenburg, § 3

Abs 1 NRG Hessen, § 7 Abs 1 NRG Niedersachsen, § 12 Abs 1 NRG Nordrhein-Westfalen, § 5 Abs 1 NRG Rheinland-Pfalz, § 6 Abs 1 NRG Saarland, § 7 NRG Sachsen-Anhalt, § 6 Abs 1 NRG Schleswig-Holstein, § 5 NRG Thüringen).

Schwierigkeiten ergeben sich im Falle der **Sonderrechtsnachfolge**, wenn noch nicht **29** angebaut worden ist, und Landesrecht nicht eingreift (oben Rn 28), wie das zB in Bayern der Fall ist (dazu GRZIWOTZ/LÜKE/SALLER² 2. Teil Rn 102). Nach richtiger Auffassung darf auch der Einzelrechtsnachfolger des Eigentümers des überbauten Grundstücks anbauen, wenn im Zeitpunkt der Rechtsnachfolge die Mauer errichtet oder wenigstens im Bau war (oben Rn 23). Bei der Einzelrechtsnachfolge auf seiten des überbauenden Grundstückseigentümers bleibt die Verpflichtung, den Anbau zu dulden, erhalten (**aA** GRZIWOTZ/LÜKE/SALLER² 2. Teil Rn 124). Im zuerst genannten Fall wird die Möglichkeit eines **Vertrags zugunsten Dritter** nach § 328 erwogen, wenn eine Verdinglichung der Vereinbarung abgelehnt wird (so GRZIWOTZ/LÜKE/SALLER² 2. Teil Rn 124, jedoch mit zutreffendem Hinweis auf BGH NJW 2004, 1237 [Verdinglichung]; PALANDT/BASSENGE⁷⁴ Rn 8). Doch kennen sowohl § 921 (oben Rn 9) als auch § 912 (oben § 912 Rn 69) eine **Verdinglichung der Zustimmung**. Da es sich bei der Errichtung einer Nachbarwand mit späterem Anbau um einen zeitlich gestreckten Tatbestand handelt, ist wenigstens die Anknüpfung an die im Bau befindliche Nachbarwand als vergegenständlichter erster Teilakt der gemeinsamen Grenzeinrichtung gerechtfertigt. Immer ist es aber möglich, das Anbaurecht in Form einer *Grunddienstbarkeit* dinglich zu sichern.

Auch bei einem **unrechtmäßigen entschuldigten Überbau** (oben Rn 26) besteht ein **30** Anbaurecht des Nachbarn, selbst wenn vertragliche Vereinbarungen regelmäßig fehlen werden (**aA** PALANDT/BASSENGE⁷⁴ Rn 6). Die landesrechtlich geregelten Anbaurechte (oben Rn 28) gehen von dem Fall einer vereinbarten Nachbarwand (oben Rn 21) aus. Sicher ist, dass der Nachbar stets Überbaurente und Grundabnahme verlangen kann (oben Rn 26). Da die Wand vor dem Anbau noch keine Grenzeinrichtung ist (oben Rn 22), wird man ein Anbaurecht aus dem durch den Überbau konkretisierten **nachbarlichen Gemeinschaftsverhältnis** herleiten können (so WESTERMANN/GURSKY/EICKMANN/H P WESTERMANN, Sachenrecht⁸ § 64 Rn 14; BGB-RGRK/AUGUSTIN § 922 Rn 13). Der Überbau betrifft eine Nachbarwand, deren Entwicklung zur gemeinschaftlichen Einrichtung nach § 921 mit dem Bau angelegt ist. Die Rspr scheint ein Anbaurecht der Sache nach als selbstverständlich vorauszusetzen, weil sie von einer Grenzeinrichtung ausgeht (vgl BGHZ 27, 197 ff).

Für den Fall der **unrechtmäßigen unentschuldigten Errichtung** der Nachbarwand (oben **31** Rn 27) hat der Nachbar stets ein Anbaurecht, weil der übergebaute Mauerteil in seinem Eigentum steht (hL, RG WarnR 1924, 121, 122; BGH NJW-RR 2014, 973 Rn 40; PWW/LEMKE⁹ Rn 12; BGB-RGRK/AUGUSTIN § 922 Rn 21; GRZIWOTZ/LÜKE/SALLER² 2. Teil Rn 121; STADLER 50; **aA** DEHNER B § 8 [24]).

4. Rechtsverhältnisse nach dem Anbau

a) Anbau

Ein Anbau liegt nur vor, wenn die Nachbarwand **wesentlicher Bestandteil** des auf **32** dem Nachbargrundstück errichteten Bauwerks wird (ausführlich BGHZ 36, 46 ff mAnm ROTHE LM § 93 Nr 10; BGH NJW 1963, 1868; SOERGEL/JF BAUR¹³ Rn 19; PALANDT/BASSENGE⁷⁴

Rn 8; Hodes NJW 1962, 773; Scherer MDR 1963, 548). Erforderlich sind ein räumlicher Zusammenhang und eine körperliche Verbindung idS, dass die Mauer für den Anbau bautechnisch in Anspruch genommen wird. Als Anhaltspunkt kann die in den **Landesnachbarrechten** enthaltene Definition herangezogen werden, wonach die Nachbarwand „den Bauwerken beider Grundstücke als Abschlusswand oder zur Unterstützung oder Aussteifung dient oder dienen soll" (§ 3 NRG Niedersachsen; vergleichbar § 5 NRG Brandenburg, § 5 NRG Sachsen-Anhalt, § 7 NRG Nordrhein-Westfalen; § 4 NRG Berlin; § 1 NRG Hessen; § 4 NRG Schleswig-Holstein; § 3 NRG Thüringen; § 3 NRG Rheinland-Pfalz; § 3 NRG Saarland). Es reicht aus, wenn die Nachbarwand ohne tragende Funktion in das Skelett des Nachbargebäudes eingefügt wird und dessen Abschlusswand bildet (OLG Karlsruhe NJW 1967, 1232). Genügend ist es auch, wenn die Wand des Nachbargebäudes erst durch die Anlehnung an die Nachbarwand Standsicherheit erhält (BGHZ 36, 46). Ist das Haus ohne die Mauer **standsicher**, so kommt es nicht darauf an, ob die Baugenehmigungsbehörde beim Fehlen der Nachbarwand eine stärkere Ausführung der vorhandenen eigenen Abschlusswand des Hauses gefordert hätte (BGH NJW 1963, 1868). Das **bloße Nebeneinander standsicherer Wände** oder durch eine isolierende Dehnungsfuge verbundener Wände (LG Bonn ZMR 1971, 89) reicht nicht aus. IE ist es erforderlich, dass die Wände zu einer Sacheinheit zusammengefügt sind (OLG Düsseldorf ZMR 1969, 20; Palandt/Bassenge[74] Rn 8).

b) Gemeinschaftliche Grenzeinrichtung

33 Nach dem Anbau durch den Nachbarn von dem überbauten Grundstück aus (oben Rn 22) wird die Nachbarwand zur **gemeinschaftlichen Grenzeinrichtung** iS der §§ 921, 922 (BGH NJW-RR 2014, 973 Rn 26; NJW 2008, 2032; 1989, 2541; anders Toussant ZfIR 2006, 747, 750; ders jurisPR-BGHZivilR 13/2008 Anm 1). Entscheidend ist das **gemeinschaftliche Mitbenutzungsrecht** (§ 922 S 1), die Tragung der **Unterhaltskosten** (§ 922 S 2) und das **Beseitigungs- und Veränderungsverbot** (§ 922 S 3). Diese Rechte beschränken etwaige aus dem Eigentum an der Nachbarwand (unten Rn 36) fließenden Einwirkungs- und Ausschließungsbefugnisse (§ 903). Demgegenüber stellt die Rspr die eigentumsrechtliche Lage an der Nachbarwand (**Miteigentum**, unten Rn 36) in den Vordergrund (anders aber BGH NJW 2008, 2032). Doch muss die gemeinschaftliche Nutzungsberechtigung und die daraus folgende Unterhaltslast nicht stets von der Eigentumslage abhängen (richtig OLG Düsseldorf OLGZ 1992, 198, 201). Deshalb zählen nicht zu den Unterhaltskosten (§ 922 S 2) einer Nachbarwand der Erhaltungsaufwand für Bestandteile der Mauer, die nicht Gegenstand der gemeinschaftlichen Nutzungsberechtigung sind (*Innenputz* der Nachbarwand, *Holzverkleidung, Tapeten*).

34 Für die **Verwaltung** gilt § 922 S 4 iVm den §§ 744 ff. Erträge und Unterhaltskosten werden regelmäßig unter beiden Nachbarn je zur Hälfte aufgeteilt (eine Ausnahme wegen einseitigen Nutzens in BGH NJW 2008, 2032). Bringt eine Nachbarwand freilich Erträge durch die **Nutzung** nur eines Nachbarn auf seiner Seite, entspringen also die Erträge der Raumnutzung in Richtung auf sein eigenes Grundstück, so gebühren sie ihm allein (BGHZ 43, 127, 134 [Vermietung der Nachbarwand zu Reklamezwecken]).

35 Für die Tragung der **Unterhaltskosten** gilt § 922 S 2 unabhängig davon, ob sie nur durch Benutzung eines Nachbarn entstanden sind (OLG Karlsruhe MDR 1971, 1011). Doch führt diese Regel bei einem nur **teilweisen Anbau** zu Unbilligkeiten. ZT wird

eine prozentuale Kostenbeteiligung vertreten, die sich an der Quote des Miteigentums an der Nachbarwand orientiert (GLASER/DRÖSCHEL 338). Nach anderer Auffassung wird nur der zum Anbau benutzte Teil der Nachbarwand als Grenzeinrichtung angesehen (KORBION/SCHERER M Rn 363; dagegen unten Rn 38). ME ist es allein zutreffend, die Kostentragungsfrage von der bestehenden Miteigentumsquote abzulösen und eine **gegenständliche Beschränkung** zu bevorzugen: Danach kann der Anbauende nur hinsichtlich derjenigen Fläche der Nachbarwand zur Hälfte in Anspruch genommen werden, die er durch seinen Anbau tatsächlich nutzt (OLG Karlsruhe NJW-RR 1990, 1164, 1165). Betreffen dagegen Unterhaltskosten allein den nicht angebauten Teil der Nachbarwand (zB *Feuchtigkeitsschäden* durch Witterungseinflüsse), so hat sie der andere Nachbar allein zu tragen. Diese Auffassung vermeidet auch die schwierige Unterscheidung danach, ob der Anbau der Länge oder der Höhe nach geschieht (so noch STAUDINGER/BEUTLER[12] Rn 43). Auch die Nachbarrechtsgesetze mancher **Länder** stellen auf die gegenständliche Beschränkung ab (zB § 10 Abs 2 S 1 NRG Niedersachsen; § 8 Abs 2 S 1 NRG Schleswig-Holstein).

c) Ideelles Miteigentum

Baut der Nachbar an die Nachbarwand an, so entsteht mit der Vollendung des **36** Rohbaus (BGH NJW 1958, 1180) **ideelles Miteigentum** (und **Mitbesitz**) an der Mauer, gleichgültig, ob es sich um einen rechtmäßigen Überbau (oben Rn 21), einen unrechtmäßigen entschuldigten Überbau (oben Rn 26) oder einen unrechtmäßigen unentschuldigten Überbau (oben Rn 27) handelt. Das Gesagte gilt gleichermaßen für den **nachträglichen** wie für den **gleichzeitigen** Anbau (heute ganz hL, BGHZ 27, 197, 203; dazu abl GOLLNICK AcP 157 [1958/1959] 460 ff; BGHZ 41, 177, 179; 43, 127, 129 [unrechtmäßiger unentschuldigter Überbau]; 57, 245, 248 f; 78, 397, 398; BGH NJW-RR 2014, 973 Rn 26; PALANDT/BASSENGE[74] Rn 9; STADLER 50; GRZIWOTZ/LÜKE/SALLER[2] 2. Teil 132; NK-BGB/RING[2] Rn 40; BAMBERGER/ROTH/FRITZSCHE[3] Rn 22; BGB-RGRK/AUGUSTIN § 922 Rn 12; TEITGE DWW 1960, 72; zweifelnd SOERGEL/JF BAUR[13] Rn 16; Mot III 274). Diese Lösung ist zutreffend, weil die Nachbarwand in ihrem gesamten Umfang wesentlicher Bestandteil beider Gebäude geworden ist (§ 94 Abs 2). Überholt ist heute die früher häufig vertretene Auffassung mit der Annahme der Realteilung der Nachbarwand auf der Grenze mit Alleineigentum jedes Nachbarn an der hälftigen Mauer (so noch RGZ 53, 307, 311; 162, 209, 212; SCHMALZL MDR 1957, 341; GOLLNICK AcP 157 [1958/1959] 460, 468; anders auch BULL JR 1958, 294; DROSTE Gruchot 60 [1916] 251 ff). Dagegen bleiben die beiden **Grundstücke** bis zur Grenze jeweils im Alleineigentum der Nachbarn. Letztlich kommt es mE aber entscheidend auf die **Mitbenutzungsregelung** des § 922 an, die in manchen Bereichen nicht der Lösung aus dem Miteigentum folgt (oben Rn 33, 35).

Miteigentum entsteht auch bei der **gleichzeitigen Errichtung** der Gebäude. So werden **37** häufig Reihen- oder Doppelhäuser auf dem Grund und Boden eines Eigentümers (oftmals *Bauträger)* errichtet. Anschließend wird das betreffende Grundstück parzelliert, geteilt und an verschiedene Erwerber veräußert. Wird der neue Eigentümer im Grundbuch eingetragen, so entsteht an der Nachbarwand ideelles Miteigentum (STADLER 50; GRZIWOTZ/LÜKE/SALLER[2] 2. Teil Rn 133).

Wird über die **ganze Nachbarwand hin angebaut**, so entsteht an der Mauer ideelles **38** Miteigentum der beiden Nachbarn je zur Hälfte (BGHZ 57, 245, 247 mwNw). Bei dem rechtmäßigen und dem unrechtmäßigen entschuldigten Überbau verliert der überbauende Eigentümer daher sein Alleineigentum an der Mauer. Dieses wandelt sich ipso iure in Miteigentum um (BGHZ 27, 197). Bei unrechtmäßigem unentschuldigtem Überbau mit lotrechter Teilung des Eigentums an der Grenze tritt ebenfalls von selbst die Umwandlung in Miteigentum ein (BGHZ 43, 127, 129). Wird in der Tiefe oder in der Höhe nur **teilweise angebaut**, so erwirbt der Anbauende zu dem Bruchteil Miteigentum an der Wand, der dem Verhältnis der halben von ihm zugebauten Fläche zur Gesamtfläche der Nachbarwand entspricht (BGHZ 36, 46). Gleichwohl ist die **gesamte Wand** Nachbarwand und eine **gemeinschaftliche Grenzeinrichtung** (BGH NJW 2008, 2032). Bedeckt zB der Nachbar mit seinem Neubau nur 1/2 der Mauerfläche, so wird er zu 1/4 und der bisherige Alleineigentümer zu 3/4 Miteigentümer der Mauer. Unentschieden geblieben ist, ob das Miteigentum, wenn der Nachbar an eine längere Grenzmauer nur auf einem verhältnismäßig kurzen Abschnitt anbaut, sich ebenfalls auf die gesamte Länge der Mauer erstreckt oder lediglich auf den Teil des Anbaus (BGHZ 36, 46). ME ist Miteigentum an der gesamten Giebelmauer anzunehmen, ohne dass damit schon eine Entscheidung über die Tragung des Unterhalts getroffen wäre (OLG Karlsruhe NJW-RR 1990, 1164, 1165; oben Rn 35).

d)   Ablösungsanspruch (§§ 951, 812 Abs 1 S 1 Alt 2)

39 Wer durch den Anbau sein Alleineigentum an der Wand verliert, erlangt gegen den Anbauenden einen **Vergütungsanspruch** aus den §§ 951, 812 Abs 1 S 1 Alt 2, 818 Abs 2 in Höhe des Wertes des erworbenen Miteigentumanteils (oben Rn 36, 38). Entscheidend ist der entsprechende Bruchteil des objektiven Mauerwertes zur Zeit des Anbaus (allgM, BGHZ 27, 197, 203; 36, 46, 53; 53, 5, 8; OLG Düsseldorf NJW-RR 1987, 531; dagegen für die Anwendung des Rechts der Geschäftsführung ohne Auftrag BULL AcP 138 [1934] 80, 89). Anbauende Miteigentümer haften anteilig. Der Ablösungsanspruch steht demjenigen aber nicht zu, der **unrechtmäßig unentschuldigt** übergebaut hat. Durch den Anbau wandelt sich lediglich das jeweilige Alleineigentum, das durch die vertikale Teilung der Mauer auf der Grenze entstanden ist, in ideelles Miteigentum um (iE auch WESTERMANN/GURSKY/EICKMANN/H P WESTERMANN, Sachenrecht[8] § 64 Rn 16; **aA** STADLER 53). Wird nicht angebaut, sondern für das neue Gebäude eine eigenständige Giebelwand errichtet, so so besteht auch kein Ablösungsanspruch (OLG Köln VersR 1997, 368, 369).

40 Für die **Höhe des Ablösungsanspruchs** kommt es nach dem Gesagten nicht auf den Betrag der von dem Anbauenden ersparten Aufwendungen an (BGHZ 36, 46, 54), weil die Bereicherung im erworbenen Miteigentum besteht. Ein Abzug für eine ersparte Überbaurente findet nicht statt (OLG Karlsruhe MDR 1960, 761). Unberücksichtigt bleiben bauliche Maßnahmen auf der **Innenseite** des Erstbauenden (OLG Köln NJW 1961, 1820). Der Ablösungsanspruch kann gemindert werden durch Aufwendungen des Anbauenden, die auch dem Erstbauenden wesentliche Vorteile bringen wie zB bei *Schallschutzmaßnahmen* (OLG Düsseldorf ZMR 1969, 20). Keine Minderung tritt ein durch Aufwendungen, die den Anbau ermöglichen (OLG Düsseldorf ZMR 1969, 20; OLG Köln NJW 1961, 1820). Dem Ablösungsanspruch kann auch entgegengesetzt werden, dass das neu erworbene Miteigentum wegen einer ungünstigen Giebelgestaltung einen geringeren Wert habe (BGHZ 53, 5, 8; zu entstandenem Raumverlust ferner OLG Düsseldorf NJW 1963, 161; anders OLG Köln NJW 1965, 2109; weitere Einzelheiten bei DEHNER B § 8 [36 ff]).

41 Die **Nachbarrechte der Länder** konkretisieren die dargestellten bereicherungsrechtlichen Erwägungen in Einzelregelungen zur Höhe der Vergütung für den Anbau (§ 8 NRG Berlin, § 9 NRG Brandenburg, § 3 Abs 2 NRG Hessen, § 7 NRG Niedersachsen, § 12 NRG Nordrhein-Westfalen, § 7 NRG Rheinland-Pfalz, § 8 NRG Saarland, § 7 NRG Sachsen-Anhalt, § 6 NRG Schleswig-Holstein und § 7 NRG Thüringen). Allerdings wird Art 124 EGBGB kaum landesrechtliche Regelungen decken, welche den Ausgleich der Bereicherung betreffen, die sich aus der Verschiebung der Eigentumsverhältnisse beim Anbau an eine bestehende Nachbarwand ergibt (DEHNER B § 8 [14]). Abgesehen davon beziehen sich die genannten Vorschriften nur auf den **vereinbarten Mauerbau** (oben Rn 20).

Der **Ablösungsanspruch** entsteht mit der Fertigstellung des Anbaus im Rohbau und **42** wird mit diesem Zeitpunkt auch **fällig** (DEHNER B § 8 [39 mwNw]). So regeln es für die Fälligkeit auch verschiedene Landesrechte (§ 8 Abs 4 NRG Berlin; § 9 Abs 4 S 1 NRG Brandenburg; § 3 Abs 2 S 3 NRG Hessen [Rohbauabnahme]; § 7 Abs 5 S 1 HS 1 NRG Niedersachsen; § 12 Abs 3 S 1 NRG Nordrhein-Westfalen; § 7 Abs 4 S 1 HS 1 NRG Rheinland-Pfalz [Rohbauabnahme]; § 8 Abs 4 S 1 HS 1 NRG Saarland [Rohbauabnahme]; § 7 Abs 3 NRG Sachsen-Anhalt [Rohbauabnahme], § 6 Abs 5 S 1 NRG Schleswig-Holstein; § 7 Abs 4 S 1 HS 1 NRG Thüringen [Rohbauabnahme]). Einige Landesrechte sehen auch einen Anspruch auf **Sicherheitsleistung** vor (§ 8 Abs 4 S 4 NRG Berlin; § 9 Abs 4 S 4 NRG Brandenburg; § 3 Abs 2 S 4 NRG Hessen; § 7 Abs 5 S 3 NRG Niedersachsen; § 12 Abs 3 S 5 NRG Nordrhein-Westfalen; § 7 Abs 4 S 3 NRG Rheinland-Pfalz; § 8 Abs 4 S 3 NRG Saarland; § 6 Abs 5 S 4 NRG Schleswig-Holstein; § 7 Abs 4 S 3 NRG Thüringen). Wird ein solches Verlangen gestellt, so darf der Anbau erst nach Leistung der Sicherheit begonnen oder fortgesetzt werden. Doch besteht wohl auch für die genannten Regelungen keine Landeskompetenz (vor allem DEHNER B § 8 [40]).

Gläubiger und **Schuldner** des Anspruchs sind die Eigentümer der Nachbargrund- **43** stücke im Zeitpunkt des Anbaus (des fertiggestellten Rohbaus), weil sich nur zwischen diesen die Änderung der Eigentumsverhältnisse vollzieht (RG WarnR 1915, 418, 421; DEHNER B § 8 [44]). IdR wird der Anspruch von dem Gläubiger bei Übereignung seines Grundstücks **stillschweigend abgetreten**. Eine Vereinbarung über die Ablösungssumme wirkt nicht für und gegen den **Sonderrechtsnachfolger** (PALANDT/BASSENGE[74] Rn 10; **aA** OLG Celle NdsRpfl 1959, 228; KORBION/SCHERER M Rn 342). Anspruch und Schuld gehen auf die Gesamtrechtsnachfolger über. Tritt Einzelrechtsnachfolge auf seiten des Schuldners des Ablösungsanspruchs ein, so geht dagegen die Schuld nicht auf den Erwerber über.

Nur der **Eigentümer** des zuerst erbauten Hauses kann den Anspruch im Zeitpunkt **44** des Anbaus wirksam **abtreten**. Auch kann nur gegen ihn der Anspruch wirksam gepfändet werden. Doch ist vor dem Anbau die Abtretung der künftigen Forderung möglich. Wirksam wird sie jedoch nur, wenn der Abtretende auch zur Zeit des Rohbaus des Anbaus noch Eigentümer des zuerst erbauten Hauses ist (OLG München OLGE 34, 190; WARNEYER BayZ 1915, 211). Die gleichen Grundsätze gelten für die **Pfändung** (OLG Dresden OLGE 34, 191) sowie für Verfügungen wie **Verzicht** oder **Aufrechnung** (DEHNER B § 8 [45 ff]). Der Anspruch gehört zur **Insolvenzmasse**, wenn er bei Insolvenzeröffnung schon entstanden war. Wird eines der beiden Grundstücke beschlagnahmt und versteigert, so erfasst die **Zwangsversteigerung** den schuldrechtlichen Ablösungsanspruch nicht (DEHNER B § 8 [45]).

5.   Erhöhung der Nachbarwand

45 Gegen den Willen des Nachbarn darf die Nachbarwand nach **Bundesrecht nicht erhöht** werden. Das gilt gleichermaßen für die Zeit vor wie nach einem Anbau. Das Gesagte ist auch für eine sonstige Vergrößerung wie zB eine Verlängerung maßgebend (BGHZ 29, 372 ff). Auch der Mauereigentümer darf nicht ohne Zustimmung des Nachbarn erhöhen (BGHZ 64, 273, 276; oben § 912 Rn 19). Doch kann die rechtswidrige Erhöhung der Mauer wiederum ein nach § 912 **entschuldigter Überbau** sein (oben § 912 Rn 19).

46 **Einzelne Landesrechte** sehen eine **Erhöhungsmöglichkeit** vor. Diese Regelungen sind durch Art 124 EGBGB gedeckt (BGHZ 29, 372 ff; oben Rn 20), weil der Regelungsbereich des § 922 weder hinsichtlich der Benutzung noch auch in Ansehung der Veränderung berührt wird. Zu nennen sind: Art 46 bayAGBGB; § 24 bremAGBGB; § 12 NRG Berlin; § 14 NRG Brandenburg, § 6 NRG Hessen; § 12 NRG Niedersachsen; § 15 NRG Nordrhein-Westfalen; § 11 NRG Rheinland-Pfalz; § 12 NRG Saarland; § 8 NRG Sachsen-Anhalt, § 10 NRG Schleswig-Holstein; § 11 NRG Thüringen (Kommentierung durch GRZIWOTZ/LÜKE/SALLER² 2. Teil Rn 139). Das **Eigentum** an dem erhöhten oder auch verstärkten Mauerteil folgt den Eigentumsverhältnissen an der übrigen Mauer (DEHNER § 10 [14]). Für die Beseitigung der Erhöhung oder der Verstärkung gelten die für die Beseitigung der ganzen Mauer maßgeblichen Grundsätze (§ 922 S 3).

6.   Zerstörung oder Abriss eines oder beider Häuser

47 Wird von zwei Häusern mit gemeinsamer Wand das *eine* durch Naturkatastrophen (Sturm, Feuer, Erdbeben), Kriegseinwirkungen oder sonstige Ereignisse wie Explosionen usw **zerstört**, so bleibt das Miteigentum beider Grundstückseigentümer an der bestehen gebliebenen Nachbarwand erhalten (BGHZ 43, 127 ff [Kriegseinwirkung]; OLG Düsseldorf OLGZ 1992, 198, 200; OLG Karlsruhe NJW-RR 1990, 1164). Daraus wird ein fortdauerndes Recht auf **Mitbenutzung** der Mauer, insbes in der Form des Wiederanbaus oder der Vermietung zu Reklamezwecken, gefolgert. Werden *beide Häuser* durch Naturkatastrophen, Kriegsereignisse usw völlig zerstört, so ändern sich die Eigentumsverhältnisse an der Nachbarwand ebenfalls nicht. Es bleibt bei **ideellem Miteigentum**, wenn die Giebelmauer wenigstens teilweise bestehen geblieben ist (BGHZ 57, 245, 247; **aA** OLG Köln NJW-RR 1993, 87 [Alleineigentum]; ebenso HODES NJW 1970, 87 ff). Das Gesagte gilt erst recht, wenn beide Häuser lediglich beschädigt werden, aber als Gebäudeeinheiten vorhanden bleiben. Desgleichen besteht in den genannten Fällen **Mitbesitz** an der Mauer (BGHZ 29, 372, 377). Die stehengebliebene Mauer bleibt auch **Grenzeinrichtung** iS des § 921, sofern sie wie ein Zaun die beiderseitigen Grundstücke scheidet (OLG Düsseldorf OLGZ 1992, 198, 200). Das gilt sogar dann, wenn die Mauer zB bis zur Höhe von 70 cm abgetragen worden ist (BGHZ 29, 372, 374). Doch bedarf es für die **Erhöhung** eines Erhöhungsrechts (oben Rn 45).

48 Wird von zwei Häusern **das eine abgerissen** („freiwilliger Abbruch"), so bleibt die Nachbarwand jedenfalls dann im Miteigentum, wenn damit der Zweck verbunden ist, alsbald an Stelle des abgebrochenen Hauses ein neues an die Nachbarwand anzubauen (BGHZ 57, 245, 249 ff). Es reicht sogar aus, wenn sich die Giebelmauer in anderer Weise, etwa durch Vermietung zu **Reklamezwecken**, nutzen lässt (BGH

WM 1975, 663; BGHZ 78, 397, 398; GLASER JR 1976, 495). Die *Früchte,* die jeder Nachbar in Richtung auf sein Grundstück aus der Giebelmauer zieht, gebühren ihm allein und nicht anteilig auch dem Nachbarn (BGHZ 43, 127, 133 ff; OLG Düsseldorf DWW 1997, 306, 307 [Vermietung der Mauer zu Werbezwecken]). Auch nach Abriss oder Zerstörung des einen Hauses darf daher jeder der beiden Nachbarn die Giebelwand nur in Richtung auf sein eigenes Haus benutzen, sodass jedem Miteigentümer die alleinige Nutzung der seinem Grundstück zugewandten Außenfläche zusteht, zB Vermietung zu Reklamezwecken (GRZIWOTZ IMR 2006, 167). Auf die Wiederanbauabsichten sollte mE nicht abgestellt werden, weil sich dieses subjektive Kriterium jederzeit ändern kann. Maßgebend sind vielmehr **objektive Merkmale.** Nur wenn ein Wiederanbau gänzlich ausgeschlossen und auch eine sonstige Nutzung nicht mehr vorstellbar ist, erwirbt der Eigentümer des anderen Hauses **Alleineigentum** an der Nachbarwand (OLG Karlsruhe NJW-RR 1990, 458). Das jederzeitige **Abrissrecht** folgt aus § 903 (BGHZ 78, 397, 399). Doch muss der Eigentümer des beseitigten Anbaus eine notwendig gewordene *Außenisolierung* oder *Wärmedämmung* auf eigene Kosten vornehmen (BGHZ 78, 397 ff; BGH NJW-RR 2011, 515 Rn 8; NJW 2010, 1808 Rn 7; 1989, 2541; OLG Dresden NJW-RR 2008, 613; MAASS BauR 2007, 1650, 1655; unten § 922 Rn 8). Das Gesagte gilt in vollem Umfang auch dann, wenn *beide Häuser* abgerissen werden, wenn nur die Nachbarwand ganz oder teilweise erhalten bleibt (PALANDT/BASSENGE[74] Rn 12). Die Mauer bleibt auch hier **Grenzeinrichtung.** Für die Verwaltung und Nutzung gelten dieselben Grundsätze wie nach Abriss nur eines Anbaus (PALANDT/BASSENGE[74] Rn 12). Zur **Schadensbeseitigung** finden sich im **Landesrecht** eigenständige Regelungen (Übersicht bei GRZIWOTZ/LÜKE/SALLER[2] 2. Teil Rn 150)

Weder bei einem einseitigen noch bei einem beiderseitigen **Wiederanbau** ändern sich **49** die Miteigentumsquoten an der Nachbarwand. Eine Quotenänderung ergibt sich nur, wenn der frühere Teilanbau vergrößert oder jetzt kleiner angebaut wird (PALANDT/BASSENGE[74] Rn 12). Der Miteigentumsanteil des seinen Anbau abbrechenden Nachbarn an der Nachbarwand kann durch Übereignung auf den Eigentümer des weiterhin angebauten Hauses übertragen werden. Dafür genügt die Einigung zwischen den Nachbarn über den Eigentumsübergang iVm der Aufhebung des Benutzungsrechts (vgl BGHZ 57, 245, 251; OLG Karlsruhe NJW-RR 1990, 458).

7. Zerstörung oder Abriss der Nachbarwand

Wird die **Nachbarwand selbst** ganz oder größtenteils zerstört, so hat das zunächst auf **50** die Eigentumsverhältnisse an einem etwa stehengebliebenen Rest keinen Einfluss (BGHZ 27, 197, 202 f [stehengebliebenes Fundament und Reste im Kellerbereich]). Wird die Nachbarwand unter Verwendung der wenigen übrig gebliebenen Reste wieder neu über die Grenze hinweg aufgebaut, so liegt darin kein Anbau mehr an eine noch vorhandene Giebelmauer, sondern der **Wiederaufbau** der im Wesentlichen zerstörten Nachbarwand vor. Deshalb gelten jetzt die **Regeln des erstmaligen Baus über die Grenze.** Bei Vorliegen der Voraussetzungen des § 912 (unrechtmäßiger entschuldigter Überbau) verwandelt sich das ideelle Miteigentum an den Mauerresten in Alleineigentum des Überbauenden. Der über die Grenze gebaute Teil der Nachbarwand wird mit der ganzen Wand wesentlicher Bestandteil des Hauses und damit des Grundstücks des Bauenden (§§ 946, 95 Abs 1 S 2 analog) (BGHZ 27, 197, 203; 53, 5, 8 [erhaltene 38 cm starke Giebelmauer im Kellergeschoss]; OLG Köln NJW-RR 1993, 87 [dort aber wohl unrichtig entschieden, da größere Teile noch erhalten waren]). Baut anschließend oder gleichzeitig der Nachbar wieder an die neu erstellte Giebelmauer an, so entsteht an der Mauer wieder **ideelles Miteigentum** (BGHZ 27, 197, 203; 53, 5, 8).

51 Ein **Recht zum Wiederaufbau** der ganz oder im Wesentlichen zerstörten Mauer kann sich aus einer früheren vertraglichen Vereinbarung der Nachbarn ergeben. Im Übrigen wird der neue Überbau meist nach § 912 entschuldigt sein, weil die frühere Mauer Grenzeinrichtung war (BGHZ 27, 197, 203). Das gilt auch, wenn ein Anbau des Nachbarn wegen Änderung der Bauplanung nicht in Betracht kommt (BGH LM Nr 8). Eine **Pflicht zum Wiederaufbau** der Nachbarwand besteht für keinen der Nachbarn (BGB-RGRK/AUGUSTIN § 922 Rn 16).

8.   Haftung

52 § 922 S 4 verweist für die Nachbarwand als gemeinsame Grenzeinrichtung auf die §§ 741 ff (§ 743 Abs 2) und damit auf das Recht der **Sonderverbindungen**. Deshalb kommt § **278** zur Anwendung. Wenn also beim Wiederbaufbau eines zerstörten Hauses der Architekt des Aufbauenden die Nachbarwand so stark belastet, dass sie beschädigt wird, so muss der Bauherr für das Verschulden seines **Architekten** einstehen (MEDICUS/PETERSEN, BürgR[24] Rn 799; BAUR/STÜRNER, Sachenrecht[18] § 5 Rn 16 mwNw; PALANDT/BASSENGE[74] Rn 5; **aA** BGHZ 42, 374 ff; BGH NJW 2011, 3294 Rn 17; OLG Hamm NJW-RR 2009, 1616; Überblick bei BROX JA 1984, 182).

53 Wird der Grundeigentümer durch Baumaßnahmen des Nachbarn in seinen Rechten an der Nachbarwand verletzt, so kann er von ihm nach § 1004 Abs 1 **Unterlassung** und im Verschuldensfall nach § 823 Abs 1 **Schadensersatz** verlangen (RG WarnR 1916 Nr 169; OLG Düsseldorf OLGZ 1992, 198, 199). Ein **Abbruch** der Nachbarwand verstößt gegen § 922 S 3 (BGH BeckRS 2012, 18858; NJW 1989, 2541; LG Heidelberg DWW 1985, 182, 183; unten § 922 Rn 10). Geht von einer gemeinsamen Nachbarwand eine unmittelbare **Einsturzgefahr** aus, so müssen die Miteigentümer der Wand diese Gefahr beseitigen. Handelt nur einer der Eigentümer, so kann er von dem anderen über die Vorschriften der Geschäftsführung ohne Auftrag (§§ 683 S 1, 670) anteiligen Aufwendungsersatz verlangen (BGHZ 16, 12; dazu HURST ZMR 1969, 226 ff). Wird das an die Nachbarwand angrenzende Gebäude abgerissen und kommt es dadurch zu einer Beeinträchtigung der Funktionsfähigkeit des Nachbargebäudes, kommt ein nachbarrechtlicher **Aufopferungsanspruch** nach § 906 Abs 2 S 2 analog in Betracht (OLG Brandenburg BauR 2011, 1382 [LS]).

VI.   Grenzwand

54 Eine Mauer (Grenzwand, Grenzmauer), die ein Nachbar entlang seiner Grundstücksgrenze *ausschließlich* auf seinem Grundstück errichtet hat, ist weder eine Nachbarwand (oben Rn 19 ff) noch überhaupt eine Grenzeinrichtung iS der §§ 921, 922 (BGHZ 41, 177, 182; BGH NJW-RR 2014, 973 Rn 35; WM 2001, 1903, 1904 [= NJW-RR 2001, 1528]; KIRCHHOF ZfIR 2012, 777, 781). Die **Grenzwand** steht im **Alleineigentum** des jeweiligen Grundstückseigentümers (BGH NJW 2008, 2032, 2033). Dem Nachbarn steht **kein Mitbenutzungsrecht** zu; vielmehr ist allein der Eigentümer zur Nutzung berechtigt. Durch den ohne die Grenzwand nicht allein standfesten **Anbau** eines Nachbarn wird die Grenzwand weder zur Grenzeinrichtung, noch entsteht an ihr Miteigentum. Die Grenzwand steht im Eigentum des einen, der Anbau im Eigentum des anderen Nachbarn (BGHZ

41, 177, 179; BGH WM 2001, 1903, 1904 [**aA** Vorinstanz OLG Köln ZfBR 2000, 557]; OLG Düsseldorf DWW 1997, 306). Das gilt auch bei *gleichzeitiger Erhöhung der Grenzmauer* jedenfalls dann, wenn sie überwiegend vom Nachbarn errichtet bleibt (BGHZ 41, 177). Sie steht selbst dann im Eigentum des Errichtenden, wenn sie ohne sein Zutun auf das Nachbargrundstück **verschoben** wird (OLG Frankfurt NJW-RR 1992, 464).

Ein **Anbaurecht des Nachbarn** kann sich nur aufgrund einer Zustimmung des Ei- **55** gentümers ergeben. Dabei ist der Einzelrechtsnachfolger des Eigentümers nicht an die lediglich schuldrechtlich wirkende Zustimmung des Rechtsvorgängers gebunden (BGH WM 2001, 1903, 1904; NJW 1977, 1447; **aA** OLG Köln DWW 1975, 164). Anders liegt es bei einer eingeräumten *Grunddienstbarkeit.* Der Eigentümer kann nach § 1004 Abs 1 Beseitigung des nichtgestatteten Anbaus verlangen und nach § 823 Abs 1 im Verschuldensfall Schadenersatz wegen Eigentumsverletzung fordern. Lässt er die **nicht standfeste Giebelwand** des Nachbarn bestehen, so kommen Ansprüche aus §§ 683 S 1, 670 BGB in Betracht (BGH WM 2001, 1903, 1904). Der Beseitigungsanspruch kann nur unter ganz besonderen Voraussetzungen nach § 242 (nachbarliches Gemeinschaftsverhältnis) aus Billigkeitsgründen ausgeschlossen sein (BGHZ 68, 350). In diesem Fall wird anstelle des Beseitigungsanspruchs mit Recht ein **verschuldensunabhängiger bürgerlich-rechtlicher Aufopferungsanspruch** gewährt, der in der Höhe aber nicht über eine nach § 912 zu bemessende Überbaurente hinausgeht, soweit der auszugleichende Schaden nur im Verlust der Bodennutzung liegt (BGHZ 68, 350). Ein unzulässiger Anbau liegt nicht vor, wenn der Nachbar zB bei der Errichtung eines **Reihenhauses** neben einer bereits errichteten Grenzwand seinerseits auf seinem Grundstück eine standfeste Grenzwand errichtet, die lediglich eine Trennfuge aufweist und nicht mit der anderen Wand zu einer gemeinsamen Bausubstanz verbunden wird. Dann handelt es sich um **zwei Grenzwände** (STADLER 56). Wird an eine Grenzbebauung angebaut und entstehen nunmehr am bereits bestehenden Gebäude Feuchtigkeitsschäden, weil ein jetzt erforderlicher Wandanschluss nicht ausgeführt wurde, so wird vom Anbauenden in analoger Anwendung von § 906 Abs 1 S 2 verschuldensunabhängig gehaftet (so freilich ohne zureichende Begründung OLG Köln ZMR 2011, 404, 405).

Da die Grenzwand **keine Grenzeinrichtung** nach § 921 begründet, hat der Mauer- **56** eigentümer an einem nicht angebauten Teil der Grenzwand das **alleinige Nutzungsrecht**, zB durch Vermietung zu *Reklamezwecken* (dazu KIRCHHOF ZfIR 2012, 777, 781). Aus dem Alleineigentum des Eigentümers an der Grenzwand folgt, dass er diese und ein etwa auf seiner Seite angebautes Gebäude jederzeit abreißen kann. Der Eigentümer muss seine Grenzwand nur ganz ausnahmsweise unter dem Gesichtspunkt des § 242 stehen lassen (BGHZ 68, 350). Bricht der Eigentümer sein angebautes Gebäude ab und lässt er die Grenzwand stehen, so bleibt er ihr **Alleineigentümer**, auch wenn der Nachbar angebaut hat (GRZIWOTZ/LÜKE/SALLER[2] 2. Teil Rn 183), und kann die Grenzwand auch alleine zu Reklamezwecken nützen (OLG Düsseldorf DWW 1997, 306, 307). ME muss die Grenzwand nicht in einem Zustand erhalten werden, dass durch sie nicht **Feuchtigkeit** in das angebaute Haus des Nachbarn eintritt (anders OLG Frankfurt OLGZ 1982, 352 mAnm [sehr zweifelhaft]; zur uneinheitlichen Rspr MAASS BauR 2007, 1650, 1655). Vielmehr baut der Nachbar an eine Grenzwand auf **eigenes Risiko** an. Bei einem einseitigen Abriss eines angebauten Hauses oder einer Stallung durch einen der Nachbarn, kann das Gebäude auf dem anderen Grundstück nunmehr **Witterungseinflüssen** ausgesetzt sein. Gleichwohl hat der benachteiligte Nachbar keinen

Ausgleichsanspruch (BGH NJW 2010, 1808 Rn 8 [auch nicht nach §§ 16 ff NdsNachbG]; NJW-RR 2011, 515 Rn 6).

57 Häufiger bestehen **landesrechtliche Vorschriften über die Grenzwand**, gestützt auf Art 124 EGBGB (§§ 14 ff NRG Berlin, 16 ff NRG Brandenburg, 8 ff NRG Hessen, 16 ff NRG Niedersachsen, 19 ff NRG Nordrhein-Westfalen, 13 ff NRG Rheinland-Pfalz, 15 ff NRG Saarland, 11 ff NRG Sachsen-Anhalt, 11 ff NRG Schleswig-Holstein, 13 ff NRG Thüringen). Einzelfragen der Grenzwand finden sich in den §§ 7 a, 7 b NRG Baden-Württemberg geregelt. In Bayern, Bremen, Hamburg, Mecklenburg-Vorpommern und Sachsen gibt es keine derartigen Vorschriften (synoptische Übersichten bei DEHNER nach B § 8; Kommentierung durch GRZIWOTZ/LÜKE/SALLER[2] 2. Teil Rn 167). Die Vorschriften regeln ua Gründung, Unterfangen, Unterhaltung, Errichten einer zweiten Grenzwand, die Verfüllung der zwischen den Grenzwänden entstehenden Fuge, den Anbau sowie Anzeigepflichten. Da diese Normen weder § 912 noch auch die §§ 921, 922 abändern, sind sie **wirksam erlassen** worden; sie gehen den Ausführungen von oben Rn 54 bis 56 vor, soweit sie Regelungen treffen.

VII. Umfriedungen diesseits der Grenze

58 Nach den §§ 903, 905 kann jeder Eigentümer sein Grundstück auf seinem **eigenen Grund und Boden** ohne Inanspruchnahme des Nachbargrundstücks **umfrieden**, um die Grenze zu sichern oder das Grundstück gegen den unbefugten Eintritt von Menschen oder das Eindringen von Tieren zu schützen (Scheidungen, Umfriedungen, Einfriedungen, Einfriedigungen). Dabei handelt es sich nicht um Grenzeinrichtungen iS der §§ 921, 922, da sie nicht von der Grenzlinie geschnitten werden (oben Rn 6). Diese Einrichtungen stehen im **Alleineigentum** des Erbauers. Es existieren dazu zahlreiche Vorschriften der **Landesnachbarrechtsgesetze** und der **Landesbauordnungen** sowie sonstiges öffentliches Recht. Dabei können Einfriedungen sowohl vorgeschrieben als auch verboten werden (Übersichten bei STAUDINGER/ALBRECHT [2013] Art 124 EGBGB Rn 34 ff; PALANDT/BASSENGE[74] Art 124 EGBGB Rn 4; GRZIWOTZ/LÜKE/SALLER[2] 2. Teil Rn 65; DEHNER B § 11; BÖHM BlGBW 1974, 204). Geregelt sind darin insbes Einfriedungspflichten, Kosten der Einfriedung, Beschaffenheit der Einfriedung ua. Soweit allerdings die betreffenden Vorschriften des Landesrechts die Grundstückseinfriedungen **auf der Grenze** vorschreiben, handelt es sich um **Grenzeinrichtungen**, die den §§ 921, 922 unterfallen (Einzelheiten bei DEHNER B § 9 [1 ff]; zu § 36 NRWNachbG: BGH NJW-RR 2014, 973 [zur Frage der Ortsüblichkeit]; oben Rn 10).

§ 922
Art der Benutzung und Unterhaltung

Sind die Nachbarn zur Benutzung einer der in § 921 bezeichneten Einrichtungen gemeinschaftlich berechtigt, so kann jeder sie zu dem Zwecke, der sich aus ihrer Beschaffenheit ergibt, insoweit benutzen, als nicht die Mitbenutzung des anderen beeinträchtigt wird. Die Unterhaltungskosten sind von den Nachbarn zu gleichen Teilen zu tragen. Solange einer der Nachbarn an dem Fortbestand der Einrichtung ein Interesse hat, darf sie nicht ohne seine Zustimmung beseitigt oder geändert werden. Im Übrigen bestimmt sich das Rechtsverhältnis zwischen den Nachbarn nach den Vorschriften über die Gemeinschaft.

Materialien: VE § 103 Abs 2, 3; E I § 854 Abs 2;
II § 835; III § 906; Schubert, SR I 689 ff;
Jakobs/Schubert, SR I 508 ff; Mot III 274 ff;
Prot III 129 ff; Mugdan III 151 ff; 583 ff.

Schrifttum

Hodes, Haftet der Nachbar für Kosten der Herstellung und Unterhaltung von Grenzanlagen?, NJW 1955, 1782
Maass, Nachbarrechtliche Probleme bei der Baudurchführung, BauR 2007, 1650
Rank, Die Verpflichtung zur Tragung der Unterhaltungskosten an einer Kommunmauer, ZMR 1984, 181

Wiethaup, Unterhaltungskosten bei nur teilweiser Inanspruchnahme der gemeinschaftlichen Giebelmauer, BlGBW 1962, 41.

S auch das bei § 921 aufgeführte Schrifttum.

Systematische Übersicht

I. Normzweck

§ 922 konkretisiert die in § 921 angeordnete gemeinschaftliche Berechtigung zur **1 Benutzung der Grenzeinrichtung**. Das Benutzungsrecht wird von § 922 vorausgesetzt. Die Norm ist gleichermaßen anwendbar auf die in § 921 enthaltene Vermutung wie auf eine vertragliche Abmachung der Nachbarn, sofern darin die Rechtsfolgen nicht abweichend geregelt sind (Soergel/JF Baur[13] Rn 1). Der wichtigste Fall des § 922 ist die **Nachbarwand** (dazu oben § 921 Rn 33 ff; zB BGH NJW 2008, 2032). Die Materialien deuten die beiderseitigen Nutzungsrechte als je gesonderte subjektiv dingliche grunddienstbarkeitsartige Rechte mit gleichem Rang (Mot III 276), was die Anwendbarkeit des § 96 nahelegt (BGHZ 43, 127, 133). Jedenfalls ist das Benutzungsrecht **Inhalt des jeweiligen Grundeigentums**. Die Regelung des § 922 ist erforderlich, weil die Voraussetzungen der **Bruchteilsgemeinschaft** nach § 741, wonach ein Recht ungeteilt mehreren Personen zusteht, nicht vorliegen. Vielmehr treffen im Fall der Grenzeinrichtung zwei Rechte zusammen (Mot III 276). Die Verweisung von § 922 S 4 auf die §§ 741 ff bedeutet also deren analoge Anwendung. Anders liegt es für die im Miteigentum stehende **angebaute Nachbarwand** (oben § 921 Rn 36; zB BGHZ 43, 127, 133). Hier passen die §§ 741 ff für die Grenzeinrichtung direkt. Die Regelungen des **WEG** können die §§ 921, 922 BGB überlagern, doch ist eine analoge Anwendung des § 922 möglich (Einzelheiten bei HORST DWE 2008, 4, 13; OLG München MDR 2006, 258 [zu § 14 WEG]).

II. Benutzungsrecht (S 1)

1. Umfang

2 Jeder Eigentümer hat das Recht, die gesamte gemeinschaftliche Einrichtung zu **benutzen**, also auch denjenigen Teil, der die Grundstücksgrenze überschreitet (dazu oben § 921 Rn 16 f [vertikale Teilung]) und ihm daher nicht gehört (zB OLG Karlsruhe Urteil v 9. 4. 2008 Az 6 U 199/06 juris Rn 13: Bepflanzen einer Mauer). Eine **Nachbarwand** ist dazu bestimmt, von jedem der beiden Nachbarn in Richtung auf sein eigenes Grundstück durch Anbau, nicht aber in Richtung auf das Nachbargrundstück, benutzt zu werden (BGH NJW 2008, 2032; BGHZ 43, 127, 133). Danach wird das Eigentum (§ 903) sowohl erweitert als auch das Benutzungsrecht des anderen Nachbarn beschränkt (dazu RGZ 53, 312; RG JW 1911, 367 [Einfügen von Treppenstufen in eine Mauer auch über die Mittellinie hinaus]). Doch bezieht sich das Benutzungsrecht nur auf die **Grenzeinrichtung selbst**; es erstreckt sich nicht auf das Nachbargrundstück (RG WarnR 1916 Nr 169). Dieses darf insbes nicht **betreten** werden. Doch muss der Teilhaber einer gemeinsamen auf der Grenze stehenden **Nachbarwand** (oben § 921 Rn 19) eine in den Luftraum seines Grundstücks hinreinragende fachgerechte *Fassadenwärmedämmung* dulden, wenn er auf der freien Fläche selbst noch nicht anbauen will (BGH NJW 2008, 2032). Dagegen müssen überragende Wärmedämmungen an **Grenzwänden** (oben § 921 Rn 54) nur unter den Voraussetzungen des § 912 geduldet werden (HORST, Rechtshandbuch Nachbarrecht [2. Aufl 2006] Rn 285 ff). Gleichgültig ist es, ob die Grenzeinrichtung genau hälftig auf der Grundstücksgrenze verläuft oder nicht. Eine Nachbarwand darf **angebaut** werden (oben § 921 Rn 28 ff). Das Benutzungsrecht berechtigt aber nicht dazu, sie zu **unterfangen**, weil der Grund und Boden unter der Mauer nicht Teil der Grenzeinrichtung ist (OBERMEYER SeuffBl 68, 496 ff; auch oben § 909 Rn 32). Doch sehen **landesrechtliche Vorschriften** die Möglichkeit des Unterfangens vor (zB § 6 Abs 2 NRG Berlin [Nachbarwand]; ferner § 20 NRG Niedersachsen [Grenzwand]; § 22 Abs 3 NRG Nordrhein-Westfalen [Grenzwand]).

2. Beschränkungen

a) Zweck

3 Der Inhalt des Benutzungsrechts wird bestimmt und beschränkt durch den Zweck der Einrichtung, der sich aus ihren **objektiven Merkmalen** ergibt (Mot III 276). Maßgebend ist die Beschaffenheit der Grenzeinrichtung selbst (BGH NJW 2008, 2032; WM 1966, 143, 144). So ist zB ein *Zwischenraum* bestimmt zum Zuführen von Luft und Licht zu den angrenzenden Gebäuden, zum Hindurchgehen und zum Aufstellen von Leitern und Gerüsten. Ein *Grenzgraben* ist bestimmt zur Aufnahme von Oberflächenwasser, ein *Rain* zum Wenden landwirtschaftlicher Maschinen. Eine *freistehende Nachbarwand* ist bestimmt zum Scheiden der Grundstücke. Sie kann bepflanzt oder getüncht werden; es dürfen Gegenstände wie Blumenkästen aufgehängt oder *Rohrleitungen* verlegt werden, sofern dadurch keine wesentlichen Geräuschbelästigungen entstehen oder sich die Rohre gar als verbotene Zuführung nach § 906 Abs 3 darstellen (sogleich unten Rn 4; lesenswert OLG Braunschweig BrschwZ 1926, 42). Das gilt auch und gerade für angebaute Nachbarwände (auch *Brandmauern*). Doch gehören

bei einer Mauer nicht dazu die *Erhöhung* (oben § 921 Rn 45) oder der *Einbau von Fenstern* (BGHZ 29, 372; RGZ 162, 209). Dagegen dürfen etwa in der Hausmauer *Nischen* angebracht werden, sofern dadurch das Haus nicht Witterungseinflüssen ausgesetzt wird, oder durch die Verschmälerung der Mauer Nachbargespräche im anderen Hause mitgehört werden müssen (sogleich unten Rn 4; OLG Zweibrücken OLGE 4, 294; weitere Bsp bei DEHNER B § 7 [30 ff]). Der Teilhaber einer gemeinsamen *Giebel-mauer,* der an diese noch nicht vollständig angebaut hat und derzeit auch nicht anbauen will, muss das Aufbringen einer **Wärmedämmschicht** (14 cm) durch den anderen Teilhaber dulden, die dem freien Bereich der Wand einen den heutigen Anforderungen entsprechenden Standard verleiht. Wird **später angebaut** (§ 922 S 1), so muss der Ausbauende die Fassadenverkleidung in dem erforderlichen Umfang wieder auf seine Kosten entfernen (BGH NJW 2008, 2032).

b) Beeinträchtigung der Mitbenutzung

Eine weitere Beschränkung folgt aus dem **Mitbenutzungsrecht des Nachbarn**. So darf **4** der Nachbar zB einem *Grenzgraben* nicht übermäßig viel Wasser zuführen (RG Gruchot 47, 1066). *Grenzraine* dürfen nicht durch Geröll und Steine verschüttet werden. Auch darf etwa der dem Nachbarn zugekehrte Teil einer Scheidemauer nicht durch das Anbringen eines *Gitters* verändert werden (DEHNER B § 7 [31]). Ein *Zwischenraum* beinhaltet nicht ohne Weiteres das Recht, dort Gegenstände zu lagern. Doch soll der Nachbar auf den ihm gehörenden Teil einer Mauer eine **Brandmauer** aufsetzen können, wenn der Nachbar dabei nicht in seinem Benutzungsrecht gestört wird (RG Gruchot 52, 1061 [zweifelhaft]).

3. Rechtsbehelfe

Der Nachbar hat bei der Beeinträchtigung seines Mitbenutzungsrechts einen **Ab- 5 wehranspruch** aus § 1004 Abs 1 (§ 1027 analog; oben Rn 1), der auf Beseitigung (Wiederherstellung einer Hecke: BGHZ 143, 1, 5) oder Unterlassung geht (allgM, BGHZ 154, 139, 146 [Ankündigung des einseitigen Rückbaus des Zufahrtsweges]; RG WarnR 1916 Nr 169; LG Zweibrücken MDR 1996, 41 [Aufstellung eines Metallpfostens in der gemeinsamen Zufahrt]; PA-LANDT/BASSENGE[74] Rn 2; MünchKomm/SÄCKER[6] Rn 4). **Besitzschutz** wird nur bei einem völligen Entzug des Mitbenutzungsrechts (arg § 866) gewährt (BGHZ 29, 372). Im Verschuldensfall kommen vor allem Ansprüche aus § 823 Abs 2 iVm §§ 1004, 922 S 3, 249 Abs 1 in Betracht (BGHZ 143, 1, 5). Der Anspruch auf eine bestimmte Benutzung der Grenzeinrichtung setzt voraus, dass der Grundstücksnachbar an der begehrten Ausübung ein **Interesse** hat (BGH WM 1966, 143). Bei Streit der Parteien über eine bestimmte Nutzung gilt über § 922 S 4 die Norm des § 745 Abs 2, 3.

III. Unterhaltungskosten (S 2)

Nach S 2 tragen die Nachbarn die **Unterhaltungskosten zu gleichen Teilen**. Die Be- **6** stimmung gilt anders als die §§ 742, 748 nicht nur „im Zweifel“. Doch steht § 922 S 2 zur Disposition der Parteien, sodass abweichende Vereinbarungen getroffen werden können (OLG Karlsruhe MDR 2008, 855). Unterhaltungskosten umfassen nur diejenigen Aufwendungen, die erforderlich sind, die Grenzeinrichtung in einer ihrem Zweck entsprechenden Beschaffenheit zu erhalten (dazu HODES NJW 1955, 1782). Die Teilung der Unterhaltungskosten gilt auch dann, wenn die Grenzeinrichtung den Nachbarn **unterschiedliche Vorteile** bietet, oder wenn die Kosten nur durch die Benutzung durch einen Nachbarn entstanden sind (SOERGEL/JF BAUR[13] Rn 5; **aA** MünchKomm/Sä-CKER[6] Rn 5: § 242).

7 Zu den Unterhaltungskosten gehören etwa die Niederlegung der Einrichtung **(Abbruch)** bei einer drohenden Gefahr (BGHZ 16, 12, 16 f), das Nachpflanzen oder Beschneiden von Bäumen oder Sträuchern bei einer Allee oder einer Hecke als Grenzeinrichtung, das Verputzen oder Tünchen einer Mauer, die Erneuerung morscher Zaunpfosten (BGH NJW 1985, 1458, 1459), das Abmähen des Grenzrains, grundsätzlich auch die Unterhaltung einer freigelegten Giebelmauer (OLG Köln ZMR 1996, 139) usw.

8 Die **Kosten der Errichtung einer Grenzanlage** trägt der Erbauer. Es handelt sich dabei um die Schaffung und nicht um die Unterhaltung einer Grenzanlage. Nicht unter die Unterhaltung fällt die Errichtung einer Stützwand neben der Grenzeinrichtung (OLG Zweibrücken AgrarR 1979, 81). Muss eine **Nachbarwand** (oben § 921 Rn 19) nach dem Abriss eines der beiden Gebäude durch die Errichtung einer zusätzlichen Mauer verstärkt werden, um einen drohenden Einsturz abzuwenden, so handelt es sich nicht um Unterhaltungsaufwand (SOERGEL/JF BAUR[13] Rn 5; **aA** OLG Karlsruhe MDR 1971, 1011, 1012). Es muss immer um Maßnahmen an der Grenzeinrichtung selbst gehen. Keine Unterhaltungskosten sind die Aufwendungen für den *Innenputz* einer Nachbarwand (OLG Düsseldorf OLGZ 1992, 198) oder für die *Isolierung* einer Nachbarwand nach Abriss eines Anbaus (BGHZ 78, 397, 399 f; **aA** RANK ZMR 1984, 181). Überhaupt liegen Unterhaltungskosten nicht vor, wenn ein Nachbar dadurch Kosten verursacht, dass er die gemeinsame Grenzeinrichtung im Übermaß benutzt, sie beschädigt oder zerstört. Er trägt dann die anfallenden Kosten allein (BGHZ 78, 397). Wird eine bestehende Grenzeinrichtung durch äußere Einflüsse ganz oder überwiegend **zerstört**, so braucht sie nicht mehr errichtet zu werden (BGH NJW 1985, 1458, 1459). Wird sie gleichwohl neu erstellt, so bedarf das der Zustimmung des Nachbarn (oben § 921 Rn 9), der sich auch bei erteilter Zustimmung nicht an den Kosten zu beteiligen braucht.

IV. Beseitigung oder Änderung der Einrichtung (S 3)

9 Die bestehende Grenzeinrichtung wird nach S 3 mit **Bestandsschutz** ausgestattet, solange einer der Nachbarn an ihrem Fortbestand ein Interesse hat. Die Grenzeinrichtung kann daher nur aufgehoben oder geändert werden, wenn beide Teile damit einverstanden sind (BGHZ 154, 139, 145; BGH NJW-RR 2012, 346 Rn 36). Satz 3 ist nur auf Grenzeinrichtungen anwendbar (OLG Naumburg NJOZ 2011, 884 gegen OLG Frankfurt MDR 1982, 848 [auch keine analoge Anwendung auf Wände in geschlossener Bebauung]). Die **Zustimmung** ist nicht formgebunden und kann auch durch schlüssiges Verhalten ausgedrückt werden. Ist eines der Grundstücke mit dem Recht eines Dritten belastet (zB Grundpfandrecht), so ist zur Aufhebung der Grenzeinrichtung seine Zustimmung iS des § 876 nicht erforderlich, da das Mitbenutzungsrecht kein Recht nach § 876 darstellt (PLANCK/STRECKER Anm 1c; **aA** TH WOLFF Recht 1900, 477).

10 Wird von einem Nachbarn entgegen S 3 die Grenzeinrichtung aufgehoben oder geändert, so besteht gegen ihn ein Anspruch auf **Errichtung einer neuen Grenzanlage** aus § 1004 Abs 1 iVm § 922 S 3 (offengelassen in BGH NJW 1985, 1458; bejaht in BGHZ 143, 1, 5 [Hecke]; BGH NJW 1989, 2541; PALANDT/BASSENGE[74] Rn 4; SOERGEL/JF BAUR[13] Rn 10). Liegt

(wie wohl meist) ein Verschulden vor, so ergeben sich Wiederherstellungsansprüche auch aus § 823 Abs 2 iVm §§ 1004, 922 S 3, 249 Abs 1 (BGHZ 143, 1, 5; LG Aachen MDR 1998, 591, 592). Dabei kommt es gerade nicht auf die **Eigentumsfrage** an der Grenzeinrichtung an (oben § 921 Rn 17; BGHZ 143, 1, 8; BGH NJW 2008, 2032). Der Schadensersatzanspruch wegen der Beeinträchtigung des Rechts auf Fortbestand der ganzen Hecke hängt also nicht von der Eigentumslage an den jeweiligen Bestandteilen der Hecke ab. Bedeutung hat das Gesagte auch für den **Abriss eines Hauses**, wenn dadurch die Nachbarwand in ihrer Funktionsfähigkeit durch das Eindringen von Feuchtigkeit beeinträchtigt wird. Dann wird die gemeinsame Innenwand zur Außenwand des stehen bleibenden Hauses. Der Abriss ist durch § 922 S 3 nicht ausgeschlossen, wenn das Recht des Nachbarn auf ungehinderte Weiterbenutzung der Giebelmauer gewährleistet bleibt (BGHZ 78, 396, 399; BGH BeckRS 2012, 18858). Der Störer hat daher die erforderlichen *Isolierungen* vorzunehmen oder nach den §§ 683 S 1, 670 oder §§ 812 Abs 1 S 1 Alt 2, 818 Abs 2 die Kosten für die Isolierung zu erstatten (BGHZ 78, 396, 398; BGH BeckRS 2012, 18858; OLG Köln ZMR 1996, 139; OLG Dresden NJW-RR 2008, 613 [Ausschluss von Tauwasserbildung]). Vor Beseitigung der Störung kommt ein Zahlungsanspruch nur nach Deliktsrecht in Betracht (BGH NJW 1989, 2541 [Mitglied einer Erbengemeinschaft]). Möglich ist auch ein nachbarrechtlicher Aufopferungsanspruch nach § 960 Abs 2 S 2 analog (OLG Brandenburg BauR 2011, 1382 LS). Ein Anspruch kann sich auch aus § 743 Abs 2 ergeben (ERMAN/A LORENZ[14] Rn 1). Die genannten Ansprüche bestehen auch bei **Änderungen des äußeren Erscheinungsbildes** der Grenzeinrichtung (BGH NJW 1985, 1458; OLG Karlsruhe Urteil v 9. 4. 2008 Az 6 U 199/06 juris Rn 15; oben § 921 Rn 8). Vor allem bei der Zerstörung oder Beschädigung von *Bäumen* oder *Hecken* wendet die Rspr § 251 Abs 2 S 1 an, wenn die Herstellung nur mit unverhältnismäßigen Aufwendungen möglich ist und verurteilt etwa zur Neuanpflanzung mit jüngeren (billigeren) Bäumen oder Heckenpflanzen (BGHZ 143, 1, 8 f).

V. Verweisung auf die Vorschriften über die Gemeinschaft (S 4)

Die Verweisung des S 4 bedeutet die **analoge Anwendung der §§ 741 ff** (oben Rn 1), **11** soweit nicht die Rechtsfolgen in § 922 S 1 bis 3 geregelt sind. Danach steht die **Verwaltung** in Anwendung der §§ 744, 745 beiden Nachbarn gemeinsam zu. Nach § 744 Abs 2 darf jeder Nachbar auch ohne Zustimmung des anderen die zur **Erhaltung** *notwendigen Maßnahmen,* wie zB Reparatur eines Gartenzaunes, auf beiderseitige Kosten treffen (OLG Köln ZMR 1969, 244). Für bloß *zweckmäßige Maßnahmen* gilt § 745 Abs 2. Dieser Anspruch muss ggf mit der **Leistungsklage** durchgesetzt werden, zB auf Duldung des Anbringens einer Fassadenverkleidung einschließlich des Anspruchs auf zeitweise Aufstellung eines Gerüsts auf dem Nachbargrundstück (BGH NJW 2008, 2032 [freier Bereich einer gemeinsamen Giebelwand] mit krit Anm TOUSSAINT jurisPR-BGHZivilR 13/2008 Anm 1); **Selbsthilfe** ist nicht erlaubt (Einzelheiten bei STAUDINGER/LANGHEIN [2008] § 745 Rn 57; MAASS BauR 2007, 1650, 1655). Die Lasten, die Kosten der Verwaltung und der gemeinschaftlichen Benutzung sind nach § 748 von beiden Nachbarn gleichmäßig zu tragen. Nützt aber etwa die *Fassadenverkleidung* des freien Bereichs der Giebelmauer ausschließlich oder ganz überwiegend dem Bauherrn, so trägt dieser die **Kosten** alleine (BGH NJW 2008, 2032, 2033). An **gezogenen Früchten** der Grenzeinrichtung gebührt nach § 743 Abs 1 jedem Nachbarn ein gleicher Anteil. Er darf jedoch die aus der ihm zugekehrten Seite der Anlage gezogenen Früchte behalten (BGHZ 43, 127, 133 [Vermietung einer Nachbarwand]; oben § 921 Rn 34).

12 Die **Verweisung** des § 922 S 4 erstreckt sich **nicht** auf § **747 S 1**, weil das Benutzungsrecht untrennbar mit dem Eigentum verbunden ist. Es kann nicht Gegenstand einer besonderen Verfügung sein und ist sonderrechtsunfähig. ME ergibt sich das schon daraus, dass das Benutzungsrecht Inhalt des jeweiligen Eigentums ist (oben Rn 1), sodass nicht notwendigerweise auf § 96 zurückgegriffen werden muss, der zudem nicht von „wesentlichen" Bestandteilen des Grundstücks spricht. Die Verweisung des § 922 S 4 meint auch die Anwendung des § 278 im Verhältnis zwischen den Nachbarn (str, oben § 921 Rn 52). Unanwendbar sind die Vorschriften über die **Aufhebung der Gemeinschaft** (§§ 749 ff). Wegen § 922 S 3 darf nicht nach § 749 Abs 1 „jederzeit die Aufhebung der Gemeinschaft verlangt werden" (BAMBERGER/ROTH/FRITZSCHE[3] Rn 6).

13 Verwaltung und Benutzung können mit Wirkung gegen **Sonderrechtsnachfolger** (§ 746) von den Nachbarn näher geregelt werden (dazu BGH WM 1976, 128). § 1010 ist nicht anwendbar (SOERGEL/JF BAUR[13] Rn 9; **aA** BGB-RGRK/AUGUSTIN Rn 9): Im Regelfall liegt an der Grenzeinrichtung kein Miteigentum, sondern **vertikal geteiltes Eigentum** vor (oben § 921 Rn 16, 17). Bei der **Nachbarwand** ist **Miteigentum** an der Grenzeinrichtung, aber nicht an den Grundstücken gegeben (oben § 921 Rn 36). Eine Eintragung im Grundbuch ist nur über die Vereinbarung einer Grunddienstbarkeit (§§ 1018 ff) möglich.

VI. Landesrecht

14 Der Landesgesetzgeber kann in die bundesrechtliche Regelung des § 922 auch über **Art 124 EGBGB** nicht eingreifen. § 922 geht allen landesrechtlichen Regelungen vor, welche die Benutzung der gemeinschaftlichen Einrichtung in einem der Einwirkungsmöglichkeit des einzelnen Nachbarn günstigeren oder ungünstigeren Sinn regeln. Auch dürfen landesrechtliche Regelungen das Recht eines Nachbarn zu Eingriffen in die Grenzeinrichtung nicht an schwächere oder schärfere Voraussetzungen knüpfen als in § 922 S 3 vorgesehen ist oder es ganz ausschließen (SOERGEL/JF BAUR[13] Rn 11; oben § 921 Rn 20). Das Gesagte gilt auch für die **Unterhaltungspflicht** des § 922 S 2. Deshalb dürften zB § 10 Abs 2 S 2 NRG Niedersachsen; § 8 Abs 2 NRG Rheinland-Pfalz; § 9 Abs 2 NRG Saarland; § 8 Abs 2 S 2 NRG Schleswig-Holstein; § 8 Abs 2 NRG Thüringen nichtig sein.

§ 923
Grenzbaum

(1) Steht auf der Grenze ein Baum, so gebühren die Früchte und, wenn der Baum gefällt wird, auch der Baum den Nachbarn zu gleichen Teilen.

(2) Jeder der Nachbarn kann die Beseitigung des Baumes verlangen. Die Kosten der Beseitigung fallen den Nachbarn zu gleichen Teilen zur Last. Der Nachbar, der die Beseitigung verlangt, hat jedoch die Kosten allein zu tragen, wenn der andere auf sein Recht an dem Baume verzichtet; er erwirbt in diesem Falle mit der Trennung das Alleineigentum. Der Anspruch auf die Beseitigung ist ausgeschlossen, wenn der Baum als Grenzzeichen dient und den Umständen nach nicht durch ein anderes zweckmäßiges Grenzzeichen ersetzt werden kann.

(3) Diese Vorschriften gelten auch für einen auf der Grenze stehenden Strauch.

Materialien: VE § 104; E I § 855; II § 836; III
§ 907; Schubert, SR I 698 f; Jakobs/Schubert,
SR I 516 ff; Mot III 277 ff; Prot III 132 f;
Mugdan III 153 f; 585.

Schrifttum

Dehner, Nachbarrecht (Stand: Juni 2015,
Lfg 58 [Loseblatt]) § 12
Glaser/Dröschel, Das Nachbarrecht in der
Praxis (3. Aufl 1971) 250

Grziwotz/Lüke/Saller, Praxishandbuch
Nachbarrecht (2. Aufl 2013).

Systematische Übersicht

I.   Normzweck

§ 923 geht von dem Grundsatz der **vertikalen Eigentumsteilung** an einem auf der **1**
Grundstücksgrenze stehenden **Baum** (oder **Strauch**) aus (unten Rn 4; BGHZ 160, 18, 22 =
BGH NJW 2004, 3328, 3329) und möchte vermeiden, dass durch die an sich mögliche
Zerstörung eines Teiles des Baumes, soweit er im Alleineigentum des Nachbarn
steht, der Baum insgesamt **vernichtet** wird (Mot III 278; BGB-RGRK/Augustin Rn 1;
NK-BGB/Ring² Rn 1). Jeder Nachbar ist daher in der tatsächlichen Verfügung über
den Baum beschränkt und darf nur in Gemeinschaft mit dem anderen Nachbarn
vorgehen. Im Unterschied zu Grenzeinrichtungen des § 921 ist die Gemeinschaft der
Nachbarn bei § 923 nicht von einem dauernden Zweck getragen. Anders als § 922
S 3 kennt § 923 Abs 2 S 1 daher **keinen Bestandsschutz** des Grenzbaums oder Grenz-
strauches. Vielmehr kann jeder der Nachbarn von dem anderen Zustimmung zur
Beseitigung verlangen (Mot III 278 f; Schubert, SR I 669). Allerdings kann im Einzelfall ein Baum oder ein Strauch eine **Grenzeinrichtung** sein oder zu einer solchen
gehören *(Baumalleen, Grenzhecken;* oben § 921 Rn 5; Mot III 279). In diesem Fall ist
§ 922 S 3 lex specialis zu § 923 Abs 2 S 1 (LG Frankfurt aM NJW-RR 1992, 88, 89; Palandt/
Bassenge⁷⁴ Rn 1).

II.   Grenzbaum; Grenzstrauch; Frucht

Ein **Grenzbaum** liegt nur vor, wenn der Stamm des Baumes bei seinem Heraustreten **2**
aus dem Boden von der Grenze durchschnitten wird. Dabei muss die Grenzlinie
nicht notwendigerweise in der Mitte geschnitten werden. Gleichgültig ist, ob diese
Situation bereits im Zeitpunkt der Anpflanzung oder des natürlichen Aufwuchses
bestand (BGH NJW 2004, 3328; OLG Oldenburg MDR 2002, 694). Auf die Wurzelung
kommt es nicht an (BGH NJW 2004, 3328, 3329; OLG München NJW-RR 1992, 1369; bedenklich AG Nordenham NJW-RR 1992, 1368). Entsprechendes gilt für Stämme einer *Thuja-*

hecke (BGHZ 143, 1, 4; KG NJW-RR 2000, 160) und den **Grenzstrauch** (Abs 3), der sich ohne einen Zentralstamm bereits bei dem Austreten aus der Erde in mehrere Äste teilt, wenn wenigstens ein Ast auf dem Nachbargrundstück hervortritt. **Stauden**, die im Winter in ihrem oberirdischen Wuchs absterben, gehören nicht zu den Sträuchern (GRZIWOTZ/LÜKE/SALLER[2] 2. Teil Rn 186). Unter **Früchten** iS des Abs 1 sind Früchte im natürlichen Sinn zu verstehen. Doch zählt dazu auch *dürres Holz* (BGB-RGRK/AUGUSTIN Rn 3; MünchKomm/SÄCKER[6] Rn 3).

3 **§ 923 kommt nicht zur Anwendung**, wenn sich der Stamm eines Baumes beim Heraustreten aus dem Boden außerhalb der Grenze befindet oder wenn der Strauch nicht auf, sondern in vollem Umfang neben der Grenze steht (BayObLG WuM 1988, 95, 96). Hier gehört der Baum (Strauch) allein dem Eigentümer des Grundstücks, auf dem er heraustritt, samt herüberragenden Zweigen und eingedrungenen Wurzeln. Maßgebend dafür ist § 910. Ragt der Baum infolge **schiefen Wuchses** über die Grenze, so gelten weder § 923 noch auch § 910. Vielmehr kann der Nachbar Beseitigung nach § 1004 Abs 1 verlangen (oben § 910 Rn 17).

III. Eigentumsverhältnisse

4 § 923 enthält keine ausdrückliche Regelung der Eigentumsverhältnisse des Grenzbaums (Grenzstrauchs) (unrichtig BAMBERGER/ROTH/FRITZSCHE[3] Rn 1). Nach hL besteht **vor Fällung** des Baumes **vertikal geteiltes Eigentum** idS, dass jedem Grundstückseigentümer der Baum gehört, soweit er sich auf seinem Grundstück befindet. § 94 Abs 1 geht also dem § 93 vor (Mot III 278; BGH NJW 2004, 3328, 3329; PALANDT/BASSENGE[74] Rn 1; SOERGEL/JF BAUR[13] Rn 1; GRZIWOTZ/LÜKE/SALLER[2] 2. Teil Rn 190; **aA** LG München II NJW 1976, 973; AG Sinsheim NJW-RR 1987, 142; MünchKomm/SÄCKER[6] Rn 4; DEHNER B § 12 [1]; LAIBLING AgrarR 1994, 28: ideelles Miteigentum). Das Alleineigentum umfasst demgemäß auch die **ungetrennten Früchte**. Sie stehen im Eigentum desjenigen Nachbarn, über dessen Grundstück sie hängen (PALANDT/BASSENGE[74] Rn 1; **aA** DEHNER B § 12 [3]; § 23 [1]: ideelles Miteigentum). Daraus folgt, dass jeden Grundstückseigentümer für den ihm gehörenden Teil des Grenzbaums eine **Verkehrssicherungspflicht** trifft, deren Verletzung einen Anspruch aus § 823 Abs 1 auslösen kann (BGH NJW 2004, 3328; LG Detmold U v 30. 6. 2008 Az 9 0 276/06 juris).

5 **Nach der Fällung** des Baumes besteht an ihm **ideelles Miteigentum zu je 1/2** (§ 923 Abs 1). Eine Ausnahme besteht nach Abs 2 S 3 Alt 2 (unten Rn 9). Es kommt also nicht auf die Bruchteile nach dem Verhältnis der Grenzlinie an. Das Gleiche wird auch nach *Naturereignissen* wie zB bei einem Umstürzen des Baumes nach einem Blitzschlag anzunehmen sein. Dementsprechend wird dem Wortlaut des § 923 Abs 1 Alt 1 entsprechend angenommen, dass die **Früchte** (oben Rn 2) *nach der Trennung* (Aberntung) den Nachbarn als Miteigentümern zu gleichen Teilen gehören (PALANDT/BASSENGE[74] Rn 1; SOERGEL/JF BAUR[13] Rn 1). Geteilt wird nach den Regeln der §§ 752, 753. Die Früchte werden regelmäßig nach der Ernte zwischen den Nachbarn aufgeteilt (GLASER/DRÖSCHEL 250). An der Ernte muss jeder Nachbar nach den §§ 744 Abs 1, 745 Abs 2 mitwirken. Es handelt sich um die analoge Anwendung dieser Vorschriften, obgleich § 923 eine Verweisungsnorm wie § 922 S 4 nicht kennt. Die Materialien gehen von einer in § 923 teilweise geregelten „Gemeinschaft" aus (SCHUBERT, SR I 669; Mot III 278 f). Diese Auffassung hat zur Konsequenz, dass etwa bei einem **Obstbaum**, dessen einziger früchtetragender Ast vollständig in das Nachbargrundstück hängt, mit der Ernte gleichwohl **ideelles Miteigentum** der Nachbarn an den abgeernteten Früchten entsteht. Mit der Annahme des vertikal geteilten Eigentums am Baum (oben Rn 4) ist das freilich nur schwer zu vereinbaren. Denkbar wäre auch die Vorstellung, wonach der betreffende Nachbar zunächst nach § 953 Alleineigentum an den getrennten herüberhängenden Früchten erhält. Diese Eigentumslage würde alsdann durch § 923 Abs 1 entsprechend dem Vorbild des § 743 Abs 1 schuldrechtlich korrigiert. Die Materialien gehen wohl mit der hL von einem ideellen Miteigentum an den getrennten Früchten aus (Mot III 279), da die Eigentumslage an den Früchten der Eigentumslage an dem abgetrennten Baum gleichgestellt werden sollte. Folgt man dem, so bedeutet das Wort „gebühren" bei § 923 etwas anderes als in § 743 Abs 1. Die unterschiedliche dogmatische Konstruktion dürfte nur selten praktische Auswirkungen haben. **Sonstige Fruchtziehungsberechtigte** (zB Nießbraucher) erwerben nach § 954 das Miteigentum an den getrennten Früchten zu gleichen Teilen mit dem anderen Nachbarn. Da auch der Baum eine Frucht im weiteren Sinne ist, erwirbt ein *Nießbraucher* das Miteigentum auch an dem gefällten Baum. Ein **Nießbraucher** ist daher dem Nachbarn iS des § 923 gleichgestellt. *Pächter* erwerben nach § 956 das ideelle Miteigentum an den Früchten im engeren Sinn (oben Rn 2 aE). Dagegen erwerben sie wegen § 581 wohl nicht das Miteigentum an dem gefällten Baum (Dehner B § 12 [3]: Einzelfallentscheidung). Für **Fallobst** gilt § 911 (Glaser/Dröschel 250). Es gehört demjenigen allein, auf dessen Grundstück es gefallen ist.

Aus der vertikalen Teilung des Eigentums an dem Baumstamm folgt an sich, dass **6** jeder der Nachbarn herüberhängende **Zweige** oder eingedrungene **Wurzeln** schon aufgrund seines Eigentums abschneiden darf (aA Glaser/Dröschel 251). ME sollte **§ 911 analog** angewendet werden, sodass ein Selbsthilferecht bei fehlender Beeinträchtigung ausscheidet.

IV. Beseitigungsanspruch (Abs 2)

Nach Abs 2 kann jeder der Nachbarn von dem anderen die **Zustimmung** zur Besei- **7** tigung des Baumes verlangen (§ 194). Eine eigenmächtige Durchsetzung ist verboten. Die Formulierung des Abs 2 S 1 ist ungenau, da der andere widerstrebende Nachbar nicht seinerseits zur Beseitigung gezwungen werden kann. Der Anspruch ist, wenn keine abweichenden Vereinbarungen zwischen den Nachbarn getroffen worden sind, nicht an weitere Voraussetzungen gebunden. Deshalb kann die Zustimmung im Regelfall vor Gericht erzwungen werden. Nur ausnahmsweise können dem Beseitigungsverlangen § 226 oder § 242 entgegenstehen. In keinem Fall reicht das Anführen von **ökologischen Gründen** aus (AG Sinsheim NJW-RR 1987, 142; ferner OLG München NJW-RR 1992, 1369). Das ergehende Urteil ersetzt nach § 894 ZPO die verweigerte Zustimmung. **Öffentliches Naturschutzrecht** (insbes eine Baumschutzsatzung) kann einer Beseitigung entgegenstehen (oben § 910 Rn 22). Bei **eigenmächtiger Beseitigung** besteht ein Schadensersatzanspruch aus § 823 Abs 1 nur, wenn kein Zustimmungsanspruch bestand (Palandt/Bassenge[74] Rn 1; Soergel/JF Baur[13] Rn 2; **aA** LG München II NJW 1976, 973). Bestand – wie meist – ein Anspruch auf Zustimmung, so ist ein Schaden nicht entstanden (OLG Oldenburg MDR 2002, 694). Die Berufung auf rechtmäßiges Alternativverhalten ist damit möglich. Der die Zustimmung zur Beseitigung des Baumes verlangende Nachbar muss **beweisen**, dass der Baum auf der

Grenze steht (BAUMGÄRTEL/LAUMEN/PRÜTTING/SCHUSCHKE, Handbuch der Beweislast[3] Rn 1). Der Anspruch ist nach § 923 **unverjährbar**.

8 Der Anspruch auf Zustimmung ist nach § 923 Abs 2 S 4 ausgeschlossen, wenn der Baum ein **unersetzliches Grenzzeichen** bildet. Diese Ausnahme wurde wegen der in Überschwemmungsgebieten bestehenden Notwendigkeit, die Grenzen von Wiesengrundstücken durch sog Kopfbäume (gekappte Weiden) zu bezeichnen, für erforderlich gehalten (Prot III 133). Derjenige, der den Baum erhalten will, hat die **Beweislast** dafür, dass der Baum als Grenzzeichen dient. Derjenige, der den Baum beseitigen will, trägt die Beweislast dafür, dass der Baum durch ein anderes zweckmäßiges Grenzzeichen ersetzt werden kann (BAUMGÄRTEL/LAUMEN/PRÜTTING/SCHUSCHKE, Beweislast[3] Rn 2; DEHNER B § 12 [2] Fn 5).

9 Nach § 923 Abs 2 S 2 tragen die beiden Nachbarn die **Kosten der Beseitigung** zu gleichen Teilen. Doch kann nach § 923 Abs 2 S 3 derjenige Nachbar, der den Baum erhalten will, auf sein Recht am Baum formlos verzichten. Gemeint ist der Miteigentumsanteil am gefällten Baum nach § 923 Abs 1. In diesem Fall trägt der Verlangende die Beseitigungskosten allein. Nach § 923 Abs 2 S 3 Alt 2 erwirbt er mit der Trennung das **Alleineigentum** am Baum. Das bedeutet eine Abweichung von der Regel des Abs 1 (oben Rn 5). Der Verzicht wird in der Regel erklärt werden, wenn die Beseitigung des Baumes möglicherweise mehr Kosten verursacht als Gewinn verschafft (Mot III 279). Ist das Grundstück mit einem **Nießbrauch** belastet, so ist nur der Nießbraucher zu der Trennung und zur Verfügung über die getrennten Stücke des Baumes, die in sein Eigentum fallen, berechtigt. Der Baum ist eine Frucht iS des § 954 (Mot III 279; oben Rn 5). Der Verzicht kann auch noch nach der Beseitigung des Baumes erklärt werden. Er wirkt dann auf den Zeitpunkt der Trennung zurück (BGB-RGRK/AUGUSTIN Rn 5).

10 Bleiben nach der Fällung des Grenzbaums noch der *Baumstumpf* und das *Wurzelwerk* zurück, so ist § 923 auf diese **Überreste** nicht anwendbar. Der fällende Nachbar ist daher stets nach § 1004 Abs 1 verpflichtet, die auf dem Grundstück des anderen Nachbarn befindlichen störenden Reste zu beseitigen.

V. Analoge Anwendung des § 923

11 Da das Eigentum an **Grenzeinrichtungen** iS des § 921 gleichfalls auf der Grenzlinie vertikal geteilt wird (oben § 921 Rn 16 f), kann § 923 analog angewendet werden, wenn eine solche Grenzeinrichtung (zB freistehende Mauer) abgebrochen oder beseitigt wird und das dem bisherigen Eigentum entsprechende *Wertverhältnis* nicht festgestellt werden kann (SOERGEL/JF BAUR[13] Rn 3).

VI. Außergerichtliche Streitbeilegung

12 Nach § 15a EGZPO kann für Streitigkeiten aus § 923 BGB der Landesgesetzgeber bestimmen, dass die Erhebung der Klage erst zulässig ist, nachdem von einer durch die Landesjustizverwaltung eingerichteten oder anerkannten **Gütestelle** versucht worden ist, die Streitigkeit einvernehmlich beizulegen (zu den einschlägigen Regelungen oben § 906 Rn 282).

§ 924
Unverjährbarkeit nachbarrechtlicher Ansprüche

Die Ansprüche, die sich aus den §§ 907 bis 909, 915, dem § 917 Abs. 1, dem § 918 Abs. 2, den §§ 919, 920 und dem § 923 Abs. 2 ergeben, unterliegen nicht der Verjährung.

Materialien: VE § 102; E I § 853; II § 837; III
§ 908; SCHUBERT, SR I 688 f; JAKOBS/SCHUBERT,
SR I 924 ff; 585 ff; Mot III 273 f; Prot III 127 ff;
156 f; VI 231 f; MUGDAN III 151.

Der **Ausschluss der Verjährung** für die in § 924 genannten nachbarrechtlichen An- **1** sprüche beruht einmal auf der Vorstellung, dass die betreffenden Ansprüche **fortwährend neu entstehen** (PALANDT/BASSENGE[74] Rn 1; BGB-RGRK/AUGUSTIN Anm; MünchKomm/SÄCKER[6] Rn 1). Diese Erwägung ist wenig überzeugungskräftig, weil sie auch für alle übrigen dinglichen Ansprüche (iS des § 198) Geltung beanspruchen müsste (so auch Mot III 273). Dagegen wird für die „Ansprüche" aus den §§ 919, 920 die Unverjährbarkeit auf ein **öffentliches Interesse** gestützt (Mot III 273; Prot III 129; BGB-RGRK/AUGUSTIN Anm). Allerdings liegt § 920 überhaupt kein Anspruch iSd § 194 zugrunde (oben § 920 Rn 1). § 912 ist mit Recht in § 924 nicht erwähnt, weil Rechte außerhalb von Ansprüchen nicht verjähren können (ERMAN/A LORENZ[14] Rn 1). Das gilt an sich auch für das Gestaltungsrecht des § 915 (oben § 915 Rn 1). Die Verjährung **einzelner Raten** bei den Rentenrechten (§ 912 Abs 2; § 917 Abs 2) richtet sich nach § 195 (oben § 913 Rn 5). Die Verjährung der Ansprüche auf Kostenerstattung nach § 919 Abs 3 und § 923 Abs 2 S 2 unterliegt den allgemeinen Regeln (§ 195; oben § 919 Rn 13).

Auch **landesrechtliche Vorschriften** ordnen die Unverjährbarkeit nachbarrechtlicher **2** Ansprüche an (zB Art 52 Abs 1 S 1 bayAGBGB).

Sachregister

Die fetten Zahlen beziehen sich auf die Paragrafen, die mageren Zahlen auf die Randnummern.

oHG Dr. Arthur L. Sellier & Co. KG – Walter de Gruyter GmbH, Berlin
Postfach 30 34 21, D-10728 Berlin, Telefon (030) 2 60 05-0, Fax (030) 2 60 05-222